湖南圖書館
古籍普查登記目録
（四）
索引

全國古籍普查登記目録

國家圖書館出版社
National Library of China Publishing House

書名筆畫字頭索引

一畫

一 …………………………… 27
乙 …………………………… 27

二畫

二 …………………………… 27
十 …………………………… 29
丁 …………………………… 32
七 …………………………… 32
卜 …………………………… 33
八 …………………………… 33
人 …………………………… 34
入 …………………………… 34
九 …………………………… 34
力 …………………………… 35
乃 …………………………… 35
了 …………………………… 35

三畫

三 …………………………… 35
干 …………………………… 39
于 …………………………… 39
工 …………………………… 40
士 …………………………… 40
土 …………………………… 40
下 …………………………… 40
大 …………………………… 40
才 …………………………… 48
寸 …………………………… 48
上 …………………………… 48
巾 …………………………… 48
山 …………………………… 48
芇 …………………………… 49

千 …………………………… 50
乞 …………………………… 50
川 …………………………… 50
久 …………………………… 50
丸 …………………………… 50
夕 …………………………… 50
尸 …………………………… 50
己 …………………………… 50
已 …………………………… 50
也 …………………………… 50
女 …………………………… 51
小 …………………………… 51
子 …………………………… 54
孑 …………………………… 55

四畫

王 …………………………… 55
井 …………………………… 57
天 …………………………… 57
元 …………………………… 60
廿 …………………………… 63
木 …………………………… 63
五 …………………………… 63
支 …………………………… 66
不 …………………………… 66
太 …………………………… 66
友 …………………………… 67
比 …………………………… 67
切 …………………………… 68
牙 …………………………… 68
瓦 …………………………… 68
止 …………………………… 68
少 …………………………… 68
日 …………………………… 68
中 …………………………… 70
內 …………………………… 72

牛	73		甘	92	
午	73		世	92	
毛	73		艾	93	
壬	74		古	93	
升	74		本	99	
仁	74		札	99	
什	74		可	100	
片	74		丙	100	
化	74		左	100	
介	75		石	101	
今	75		右	103	
分	75		布	103	
公	76		戊	103	
月	76		平	103	
勿	76		打	105	
丹	76		北	105	
勾	77		占	105	
卞	77		目	105	
六	77		且	106	
文	79		甲	106	
方	85		申	106	
火	86		田	106	
心	86		由	106	
尹	86		冊	106	
尺	86		史	106	
引	86		只	109	
巴	86		叩	109	
孔	87		四	109	
水	87		生	113	
幻	89		矢	113	
			丘	113	
五畫			仕	113	
			代	113	
玉	89		仙	114	
未	91		白	114	
邗	91		瓜	116	
示	91		令	116	
巧	91		用	116	
正	91		印	116	
邛	92		句	117	
功	92		外	117	

冬 …………………………………… 117
包 …………………………………… 117
立 …………………………………… 117
玄 …………………………………… 117
半 …………………………………… 117
汀 …………………………………… 118
永 …………………………………… 118
司 …………………………………… 118
民 …………………………………… 119
弘 …………………………………… 119
出 …………………………………… 119
皮 …………………………………… 119
弁 …………………………………… 120
台 …………………………………… 120
幼 …………………………………… 120

六畫

匡 …………………………………… 120
耒 …………………………………… 120
式 …………………………………… 120
刑 …………………………………… 120
迁 …………………………………… 120
圭 …………………………………… 120
吉 …………………………………… 120
考 …………………………………… 121
老 …………………………………… 121
地 …………………………………… 122
耳 …………………………………… 122
共 …………………………………… 122
芝 …………………………………… 122
臣 …………………………………… 122
再 …………………………………… 123
西 …………………………………… 127
在 …………………………………… 127
百 …………………………………… 128
有 …………………………………… 129
而 …………………………………… 129
存 …………………………………… 129
灰 …………………………………… 129
列 …………………………………… 129

成 …………………………………… 130
托 …………………………………… 130
夷 …………………………………… 130
至 …………………………………… 130
此 …………………………………… 130
尖 …………………………………… 130
光 …………………………………… 130
早 …………………………………… 131
吐 …………………………………… 131
曲 …………………………………… 131
同 …………………………………… 132
因 …………………………………… 132
屾 …………………………………… 132
回 …………………………………… 132
屺 …………………………………… 132
朱 …………………………………… 132
先 …………………………………… 134
竹 …………………………………… 135
伍 …………………………………… 136
伏 …………………………………… 136
伐 …………………………………… 136
延 …………………………………… 136
仲 …………………………………… 136
任 …………………………………… 136
仰 …………………………………… 136
仿 …………………………………… 136
自 …………………………………… 136
伊 …………………………………… 137
血 …………………………………… 137
向 …………………………………… 137
行 …………………………………… 137
舟 …………………………………… 137
全 …………………………………… 137
合 …………………………………… 139
企 …………………………………… 139
邠 …………………………………… 139
刖 …………………………………… 139
朵 …………………………………… 139
危 …………………………………… 139
旭 …………………………………… 139
旬 …………………………………… 139

3

各 …………………………………… 139
名 …………………………………… 139
多 …………………………………… 140
交 …………………………………… 140
衣 …………………………………… 140
亦 …………………………………… 140
亥 …………………………………… 140
充 …………………………………… 140
羊 …………………………………… 140
并 …………………………………… 140
米 …………………………………… 140
州 …………………………………… 140
汗 …………………………………… 140
江 …………………………………… 140
汲 …………………………………… 142
池 …………………………………… 142
汝 …………………………………… 143
守 …………………………………… 143
安 …………………………………… 143
冰 …………………………………… 143
字 …………………………………… 144
祁 …………………………………… 144
聿 …………………………………… 145
艮 …………………………………… 145
阮 …………………………………… 145
防 …………………………………… 145
那 …………………………………… 145
如 …………………………………… 145
好 …………………………………… 146
巡 …………………………………… 146

七畫

形 …………………………………… 146
戒 …………………………………… 146
攻 …………………………………… 146
赤 …………………………………… 146
孝 …………………………………… 146
志 …………………………………… 146
芙 …………………………………… 147
邯 …………………………………… 147

芸 …………………………………… 147
芷 …………………………………… 147
花 …………………………………… 147
芥 …………………………………… 147
芬 …………………………………… 148
芳 …………………………………… 148
克 …………………………………… 148
杜 …………………………………… 148
村 …………………………………… 148
杏 …………………………………… 150
杉 …………………………………… 150
巫 …………………………………… 150
李 …………………………………… 150
車 …………………………………… 150
甫 …………………………………… 153
更 …………………………………… 153
吾 …………………………………… 153
酉 …………………………………… 153
辰 …………………………………… 153
邳 …………………………………… 153
夾 …………………………………… 154
扶 …………………………………… 154
批 …………………………………… 154
折 …………………………………… 154
投 …………………………………… 154
抗 …………………………………… 154
求 …………………………………… 154
步 …………………………………… 154
肖 …………………………………… 155
里 …………………………………… 155
呈 …………………………………… 155
見 …………………………………… 155
助 …………………………………… 155
足 …………………………………… 155
男 …………………………………… 155
困 …………………………………… 155
串 …………………………………… 155
呂 …………………………………… 156
吟 …………………………………… 156
吹 …………………………………… 156
吳 …………………………………… 157

别 ……………………………… 157
岐 ……………………………… 158
岑 ……………………………… 158
牡 ……………………………… 158
利 ……………………………… 158
秀 ……………………………… 158
私 ……………………………… 158
我 ……………………………… 158
兵 ……………………………… 158
邱 ……………………………… 158
何 ……………………………… 159
佐 ……………………………… 159
攸 ……………………………… 159
伸 ……………………………… 159
佚 ……………………………… 159
作 ……………………………… 159
伯 ……………………………… 159
身 ……………………………… 160
佛 ……………………………… 160
近 ……………………………… 160
余 ……………………………… 161
希 ……………………………… 162
坐 ……………………………… 162
谷 ……………………………… 162
豸 ……………………………… 162
含 ……………………………… 162
邰 ……………………………… 162
狂 ……………………………… 162
狄 ……………………………… 162
角 ……………………………… 162
删 ……………………………… 162
彤 ……………………………… 162
言 ……………………………… 163
亨 ……………………………… 163
辛 ……………………………… 163
忘 ……………………………… 163
忻 ……………………………… 163
快 ……………………………… 163
弟 ……………………………… 163
冷 ……………………………… 163
汪 ……………………………… 163

沅 ……………………………… 163
沔 ……………………………… 163
沙 ……………………………… 164
冲 ……………………………… 164
汽 ……………………………… 164
沃 ……………………………… 164
沂 ……………………………… 164
汾 ……………………………… 164
泛 ……………………………… 164
汴 ……………………………… 164
沈 ……………………………… 164
沁 ……………………………… 164
完 ……………………………… 165
宋 ……………………………… 165
冶 ……………………………… 165
良 ……………………………… 169
初 ……………………………… 169
罕 ……………………………… 169
即 ……………………………… 169
壮 ……………………………… 169
改 ……………………………… 169
阿 ……………………………… 170
附 ……………………………… 170
妙 ……………………………… 170
妖 ……………………………… 170
邵 ……………………………… 170
甫 ……………………………… 170

八畫

奉 ……………………………… 171
玩 ……………………………… 171
武 ……………………………… 171
青 ……………………………… 171
表 ……………………………… 172
長 ……………………………… 173
坦 ……………………………… 173
坤 ……………………………… 174
幸 ……………………………… 175
坡 ……………………………… 175
亞 ……………………………… 175

5

取 ………………………… 175
若 ………………………… 175
茂 ………………………… 175
苗 ………………………… 175
英 ………………………… 175
茌 ………………………… 176
苑 ………………………… 176
范 ………………………… 176
直 ………………………… 176
苕 ………………………… 177
苔 ………………………… 177
茅 ………………………… 177
林 ………………………… 177
枝 ………………………… 177
板 ………………………… 178
來 ………………………… 178
松 ………………………… 178
杭 ………………………… 178
述 ………………………… 179
枕 ………………………… 179
東 ………………………… 179
或 ………………………… 180
臥 ………………………… 184
事 ………………………… 184
刺 ………………………… 184
兩 ………………………… 184
雨 ………………………… 184
協 ………………………… 185
郁 ………………………… 185
奈 ………………………… 185
奇 ………………………… 186
拓 ………………………… 186
拔 ………………………… 186
拍 ………………………… 186
抱 ………………………… 186
拙 ………………………… 186
披 ………………………… 186
非 ………………………… 187
叔 ………………………… 187
些 ………………………… 187
卓 ………………………… 187

虎 ………………………… 187
尚 ………………………… 187
盱 ………………………… 187
具 ………………………… 188
果 ………………………… 188
味 ………………………… 188
昆 ………………………… 188
昌 ………………………… 189
門 ………………………… 189
明 ………………………… 190
易 ………………………… 190
迪 ………………………… 193
典 ………………………… 195
固 ………………………… 195
忠 ………………………… 196
呻 ………………………… 196
邵 ………………………… 196
狀 ………………………… 197
岵 ………………………… 197
峆 ………………………… 197
岸 ………………………… 197
帕 ………………………… 197
峋 ………………………… 197
岷 ………………………… 197
岡 ………………………… 197
垂 ………………………… 197
制 ………………………… 197
知 ………………………… 197
牧 ………………………… 198
物 ………………………… 198
乖 ………………………… 198
和 ………………………… 199
委 ………………………… 199
季 ………………………… 199
佳 ………………………… 199
侍 ………………………… 199
岳 ………………………… 199
使 ………………………… 199
岱 ………………………… 199
兒 ………………………… 199
佩 ………………………… 199

依 ———————————— 200	空 ———————————— 213
郎 ———————————— 200	宛 ———————————— 213
阜 ———————————— 200	郎 ———————————— 213
欣 ———————————— 200	房 ———————————— 213
徂 ———————————— 200	祈 ———————————— 213
往 ———————————— 200	建 ———————————— 214
彼 ———————————— 200	居 ———————————— 214
所 ———————————— 200	屈 ———————————— 214
金 ———————————— 200	弧 ———————————— 214
郤 ———————————— 201	弦 ———————————— 214
采 ———————————— 204	弢 ———————————— 214
受 ———————————— 204	陌 ———————————— 214
念 ———————————— 204	陔 ———————————— 214
肺 ———————————— 204	姑 ———————————— 214
朋 ———————————— 205	姓 ———————————— 215
周 ———————————— 205	始 ———————————— 215
京 ———————————— 205	迦 ———————————— 215
夜 ———————————— 209	承 ———————————— 215
庚 ———————————— 209	孟 ———————————— 215
放 ———————————— 209	孤 ———————————— 215
刻 ———————————— 209	函 ———————————— 215
育 ———————————— 209	
性 ———————————— 209	**九畫**
怡 ———————————— 209	
卷 ———————————— 210	契 ———————————— 215
炎 ———————————— 210	奏 ———————————— 216
法 ———————————— 210	春 ———————————— 216
河 ———————————— 210	珍 ———————————— 216
沾 ———————————— 211	玲 ———————————— 221
沮 ———————————— 212	珊 ———————————— 222
泪 ———————————— 212	封 ———————————— 222
泗 ———————————— 212	城 ———————————— 222
泊 ———————————— 212	政 ———————————— 222
泖 ———————————— 212	埏 ———————————— 222
泌 ———————————— 212	郝 ———————————— 222
波 ———————————— 212	荆 ———————————— 222
治 ———————————— 212	茸 ———————————— 222
宗 ———————————— 212	茉 ———————————— 223
定 ———————————— 212	草 ———————————— 223
宜 ———————————— 212	茛 ———————————— 223
官 ———————————— 213	荃 ———————————— 223

茶 …………………………… 223
荀 …………………………… 223
茗 …………………………… 223
荽 …………………………… 224
荒 …………………………… 224
故 …………………………… 224
胡 …………………………… 224
茹 …………………………… 224
荔 …………………………… 225
南 …………………………… 225
柯 …………………………… 225
柘 …………………………… 230
查 …………………………… 230
相 …………………………… 230
柏 …………………………… 230
柳 …………………………… 230
柿 …………………………… 231
桦 …………………………… 231
柬 …………………………… 231
咸 …………………………… 231
濟 …………………………… 231
威 …………………………… 231
研 …………………………… 231
厚 …………………………… 232
面 …………………………… 232
耐 …………………………… 232
郊 …………………………… 232
持 …………………………… 232
括 …………………………… 232
拾 …………………………… 232
指 …………………………… 232
貞 …………………………… 232
省 …………………………… 232
是 …………………………… 232
則 …………………………… 233
冒 …………………………… 233
映 …………………………… 233
禺 …………………………… 233
星 …………………………… 233
昨 …………………………… 233
昭

毗 …………………………… 233
毘 …………………………… 234
虹 …………………………… 234
思 …………………………… 234
韋 …………………………… 234
品 …………………………… 235
咽 …………………………… 235
哈 …………………………… 235
峉 …………………………… 235
罘 …………………………… 235
峒 …………………………… 235
迴 …………………………… 235
幽 …………………………… 235
拜 …………………………… 235
看 …………………………… 235
矩 …………………………… 235
香 …………………………… 235
秋 …………………………… 235
科 …………………………… 236
重 …………………………… 237
段 …………………………… 237
便 …………………………… 242
俠 …………………………… 242
修 …………………………… 242
保 …………………………… 242
侶 …………………………… 242
俄 …………………………… 243
信 …………………………… 243
皇 …………………………… 243
鬼 …………………………… 243
泉 …………………………… 247
禹 …………………………… 247
侯 …………………………… 247
追 …………………………… 247
俟 …………………………… 248
盾 …………………………… 248
衍 …………………………… 248
待 …………………………… 248
衍 …………………………… 248
律 …………………………… 248
後 …………………………… 248

8

叙	…………………… 248	洛	…………………… 254
俞	…………………… 249	浽	…………………… 254
弇	…………………… 249	洋	…………………… 254
俎	…………………… 249	洴	…………………… 254
食	…………………… 249	津	…………………… 254
逃	…………………… 249	宣	…………………… 254
胠	…………………… 250	宧	…………………… 254
脉	…………………… 250	客	…………………… 254
胎	…………………… 250	冠	…………………… 255
勉	…………………… 250	軍	…………………… 255
風	…………………… 250	扁	…………………… 255
急	…………………… 250	衲	…………………… 255
計	…………………… 250	祖	…………………… 255
訂	…………………… 250	神	…………………… 255
哀	…………………… 250	祝	…………………… 255
亭	…………………… 250	祠	…………………… 255
饅	…………………… 250	郡	…………………… 255
亮	…………………… 251	退	…………………… 255
度	…………………… 251	既	…………………… 255
庭	…………………… 251	咫	…………………… 256
疫	…………………… 251	屏	…………………… 256
施	…………………… 251	陣	…………………… 256
弈	…………………… 251	眉	…………………… 256
音	…………………… 251	陝	…………………… 256
帝	…………………… 251	陟	…………………… 256
紗	…………………… 252	除	…………………… 256
恆	…………………… 252	姚	…………………… 256
恪	…………………… 252	娩	…………………… 256
美	…………………… 252	飛	…………………… 256
姜	…………………… 252	勇	…………………… 256
前	…………………… 252	癸	…………………… 256
首	…………………… 252	柔	…………………… 256
逆	…………………… 253	孩	…………………… 257
炳	…………………… 253	紅	…………………… 257
炮	…………………… 253	約	…………………… 257
洪	…………………… 253	紀	…………………… 257
洞	…………………… 253	紉	…………………… 257
洗	…………………… 253	耕	…………………… 258
活	…………………… 254	耘	…………………… 258
洮	…………………… 254	馬	…………………… 258
染	…………………… 254		

十畫

秦 …………………………… 258	振 …………………………… 265
泰 …………………………… 258	捐 …………………………… 265
珠 …………………………… 258	挹 …………………………… 266
班 …………………………… 259	哲 …………………………… 266
素 …………………………… 259	挽 …………………………… 266
袁 …………………………… 259	致 …………………………… 266
都 …………………………… 259	晉 …………………………… 266
耆 …………………………… 260	柴 …………………………… 266
埃 …………………………… 260	逍 …………………………… 266
恥 …………………………… 260	時 …………………………… 267
華 …………………………… 260	畢 …………………………… 267
莆 …………………………… 260	財 …………………………… 267
莽 …………………………… 260	眠 …………………………… 267
莫 …………………………… 260	晃 …………………………… 267
莊 …………………………… 260	晁 …………………………… 267
荷 …………………………… 261	剔 …………………………… 267
莠 …………………………… 261	晏 …………………………… 267
荻 …………………………… 262	哭 …………………………… 267
莘 …………………………… 262	烊 …………………………… 267
真 …………………………… 262	恩 …………………………… 267
桂 …………………………… 262	峽 …………………………… 267
郴 …………………………… 262	峭 …………………………… 267
栢 …………………………… 262	峨 …………………………… 268
桐 …………………………… 262	峰 …………………………… 268
栝 …………………………… 262	郵 …………………………… 268
桃 …………………………… 263	氣 …………………………… 268
格 …………………………… 263	乘 …………………………… 268
栘 …………………………… 263	秣 …………………………… 268
校 …………………………… 264	秘 …………………………… 268
核 …………………………… 264	笑 …………………………… 268
連 …………………………… 265	笏 …………………………… 268
酌 …………………………… 265	借 …………………………… 268
夏 …………………………… 265	倚 …………………………… 268
原 …………………………… 265	倡 …………………………… 268
套 …………………………… 265	候 …………………………… 268
烈 …………………………… 265	倭 …………………………… 269
盉 …………………………… 265	倪 …………………………… 269
捕 …………………………… 265	健 …………………………… 269
	射 …………………………… 269
	皋 …………………………… 269
	躬 …………………………… 269

息	…… 269		浦	…… 280
師	…… 269		浭	…… 280
徑	…… 269		涷	…… 280
徐	…… 270		浯	…… 280
殷	…… 270		酒	…… 281
般	…… 271		浙	…… 281
航	…… 271		涇	…… 281
舫	…… 271		涉	…… 281
拿	…… 271		娑	…… 281
殺	…… 271		消	…… 281
奚	…… 271		浩	…… 281
倉	…… 271		海	…… 281
釘	…… 271		浮	…… 281
翁	…… 271		浣	…… 283
島	…… 271		浪	…… 284
胭	…… 271		涌	…… 284
烏	…… 271		浚	…… 284
舨	…… 271		宸	…… 284
留	…… 272		家	…… 284
芻	…… 272		宮	…… 284
討	…… 272		容	…… 284
訓	…… 272		宰	…… 284
記	…… 272		案	…… 285
高	…… 272		冢	…… 285
郭	…… 272		袖	…… 285
座	…… 273		祥	…… 285
效	…… 273		書	…… 285
病	…… 273		弱	…… 285
疹	…… 273		陸	…… 287
唐	…… 273		陵	…… 288
畜	…… 273		陳	…… 288
悟	…… 279		陰	…… 288
悔	…… 279		陶	…… 290
悅	…… 279		姬	…… 290
瓶	…… 279		娠	…… 292
益	…… 279		恕	…… 292
兼	…… 280		娛	…… 292
朔	…… 280		通	…… 292
烟	…… 280		能	…… 292
剡	…… 280		桑	…… 295
郯	…… 280		孫	…… 295

純 ⋯⋯⋯⋯⋯⋯⋯⋯⋯⋯⋯⋯⋯ 295
納 ⋯⋯⋯⋯⋯⋯⋯⋯⋯⋯⋯⋯⋯ 295
紙 ⋯⋯⋯⋯⋯⋯⋯⋯⋯⋯⋯⋯⋯ 295

十一畫

理 ⋯⋯⋯⋯⋯⋯⋯⋯⋯⋯⋯⋯⋯ 296
現 ⋯⋯⋯⋯⋯⋯⋯⋯⋯⋯⋯⋯⋯ 296
琉 ⋯⋯⋯⋯⋯⋯⋯⋯⋯⋯⋯⋯⋯ 296
堵 ⋯⋯⋯⋯⋯⋯⋯⋯⋯⋯⋯⋯⋯ 296
埤 ⋯⋯⋯⋯⋯⋯⋯⋯⋯⋯⋯⋯⋯ 296
教 ⋯⋯⋯⋯⋯⋯⋯⋯⋯⋯⋯⋯⋯ 296
培 ⋯⋯⋯⋯⋯⋯⋯⋯⋯⋯⋯⋯⋯ 296
執 ⋯⋯⋯⋯⋯⋯⋯⋯⋯⋯⋯⋯⋯ 297
勘 ⋯⋯⋯⋯⋯⋯⋯⋯⋯⋯⋯⋯⋯ 297
聊 ⋯⋯⋯⋯⋯⋯⋯⋯⋯⋯⋯⋯⋯ 297
黃 ⋯⋯⋯⋯⋯⋯⋯⋯⋯⋯⋯⋯⋯ 297
著 ⋯⋯⋯⋯⋯⋯⋯⋯⋯⋯⋯⋯⋯ 297
菱 ⋯⋯⋯⋯⋯⋯⋯⋯⋯⋯⋯⋯⋯ 299
勒 ⋯⋯⋯⋯⋯⋯⋯⋯⋯⋯⋯⋯⋯ 299
菽 ⋯⋯⋯⋯⋯⋯⋯⋯⋯⋯⋯⋯⋯ 299
萸 ⋯⋯⋯⋯⋯⋯⋯⋯⋯⋯⋯⋯⋯ 299
菜 ⋯⋯⋯⋯⋯⋯⋯⋯⋯⋯⋯⋯⋯ 299
菊 ⋯⋯⋯⋯⋯⋯⋯⋯⋯⋯⋯⋯⋯ 299
萃 ⋯⋯⋯⋯⋯⋯⋯⋯⋯⋯⋯⋯⋯ 299
菩 ⋯⋯⋯⋯⋯⋯⋯⋯⋯⋯⋯⋯⋯ 299
萍 ⋯⋯⋯⋯⋯⋯⋯⋯⋯⋯⋯⋯⋯ 299
乾 ⋯⋯⋯⋯⋯⋯⋯⋯⋯⋯⋯⋯⋯ 300
菉 ⋯⋯⋯⋯⋯⋯⋯⋯⋯⋯⋯⋯⋯ 300
菇 ⋯⋯⋯⋯⋯⋯⋯⋯⋯⋯⋯⋯⋯ 300
菰 ⋯⋯⋯⋯⋯⋯⋯⋯⋯⋯⋯⋯⋯ 300
菑 ⋯⋯⋯⋯⋯⋯⋯⋯⋯⋯⋯⋯⋯ 300
梵 ⋯⋯⋯⋯⋯⋯⋯⋯⋯⋯⋯⋯⋯ 300
梧 ⋯⋯⋯⋯⋯⋯⋯⋯⋯⋯⋯⋯⋯ 300
梶 ⋯⋯⋯⋯⋯⋯⋯⋯⋯⋯⋯⋯⋯ 300
梅 ⋯⋯⋯⋯⋯⋯⋯⋯⋯⋯⋯⋯⋯ 300
梓 ⋯⋯⋯⋯⋯⋯⋯⋯⋯⋯⋯⋯⋯ 300
梯 ⋯⋯⋯⋯⋯⋯⋯⋯⋯⋯⋯⋯⋯ 301
專 ⋯⋯⋯⋯⋯⋯⋯⋯⋯⋯⋯⋯⋯ 301
鄄 ⋯⋯⋯⋯⋯⋯⋯⋯⋯⋯⋯⋯⋯ 301
曹 ⋯⋯⋯⋯⋯⋯⋯⋯⋯⋯⋯⋯⋯ 301

敕 ⋯⋯⋯⋯⋯⋯⋯⋯⋯⋯⋯⋯⋯ 301
副 ⋯⋯⋯⋯⋯⋯⋯⋯⋯⋯⋯⋯⋯ 301
區 ⋯⋯⋯⋯⋯⋯⋯⋯⋯⋯⋯⋯⋯ 301
堅 ⋯⋯⋯⋯⋯⋯⋯⋯⋯⋯⋯⋯⋯ 301
戚 ⋯⋯⋯⋯⋯⋯⋯⋯⋯⋯⋯⋯⋯ 301
帶 ⋯⋯⋯⋯⋯⋯⋯⋯⋯⋯⋯⋯⋯ 302
戛 ⋯⋯⋯⋯⋯⋯⋯⋯⋯⋯⋯⋯⋯ 302
硃 ⋯⋯⋯⋯⋯⋯⋯⋯⋯⋯⋯⋯⋯ 302
匏 ⋯⋯⋯⋯⋯⋯⋯⋯⋯⋯⋯⋯⋯ 302
盛 ⋯⋯⋯⋯⋯⋯⋯⋯⋯⋯⋯⋯⋯ 302
雩 ⋯⋯⋯⋯⋯⋯⋯⋯⋯⋯⋯⋯⋯ 302
雪 ⋯⋯⋯⋯⋯⋯⋯⋯⋯⋯⋯⋯⋯ 302
捫 ⋯⋯⋯⋯⋯⋯⋯⋯⋯⋯⋯⋯⋯ 302
推 ⋯⋯⋯⋯⋯⋯⋯⋯⋯⋯⋯⋯⋯ 303
授 ⋯⋯⋯⋯⋯⋯⋯⋯⋯⋯⋯⋯⋯ 303
掖 ⋯⋯⋯⋯⋯⋯⋯⋯⋯⋯⋯⋯⋯ 303
探 ⋯⋯⋯⋯⋯⋯⋯⋯⋯⋯⋯⋯⋯ 303
掃 ⋯⋯⋯⋯⋯⋯⋯⋯⋯⋯⋯⋯⋯ 303
救 ⋯⋯⋯⋯⋯⋯⋯⋯⋯⋯⋯⋯⋯ 303
處 ⋯⋯⋯⋯⋯⋯⋯⋯⋯⋯⋯⋯⋯ 303
敝 ⋯⋯⋯⋯⋯⋯⋯⋯⋯⋯⋯⋯⋯ 303
庤 ⋯⋯⋯⋯⋯⋯⋯⋯⋯⋯⋯⋯⋯ 303
常 ⋯⋯⋯⋯⋯⋯⋯⋯⋯⋯⋯⋯⋯ 303
野 ⋯⋯⋯⋯⋯⋯⋯⋯⋯⋯⋯⋯⋯ 303
晨 ⋯⋯⋯⋯⋯⋯⋯⋯⋯⋯⋯⋯⋯ 303
眼 ⋯⋯⋯⋯⋯⋯⋯⋯⋯⋯⋯⋯⋯ 304
問 ⋯⋯⋯⋯⋯⋯⋯⋯⋯⋯⋯⋯⋯ 304
曼 ⋯⋯⋯⋯⋯⋯⋯⋯⋯⋯⋯⋯⋯ 304
晦 ⋯⋯⋯⋯⋯⋯⋯⋯⋯⋯⋯⋯⋯ 304
晞 ⋯⋯⋯⋯⋯⋯⋯⋯⋯⋯⋯⋯⋯ 304
晚 ⋯⋯⋯⋯⋯⋯⋯⋯⋯⋯⋯⋯⋯ 304
異 ⋯⋯⋯⋯⋯⋯⋯⋯⋯⋯⋯⋯⋯ 305
略 ⋯⋯⋯⋯⋯⋯⋯⋯⋯⋯⋯⋯⋯ 305
蛉 ⋯⋯⋯⋯⋯⋯⋯⋯⋯⋯⋯⋯⋯ 305
鄂 ⋯⋯⋯⋯⋯⋯⋯⋯⋯⋯⋯⋯⋯ 305
唱 ⋯⋯⋯⋯⋯⋯⋯⋯⋯⋯⋯⋯⋯ 305
婁 ⋯⋯⋯⋯⋯⋯⋯⋯⋯⋯⋯⋯⋯ 305
國 ⋯⋯⋯⋯⋯⋯⋯⋯⋯⋯⋯⋯⋯ 305
唾 ⋯⋯⋯⋯⋯⋯⋯⋯⋯⋯⋯⋯⋯ 305
唯 ⋯⋯⋯⋯⋯⋯⋯⋯⋯⋯⋯⋯⋯ 310
崧 ⋯⋯⋯⋯⋯⋯⋯⋯⋯⋯⋯⋯⋯ 310

崔 ……	310	庸 …… 314
嶂 ……	310	康 …… 314
崇 ……	310	鹿 …… 315
崆 ……	310	旌 …… 316
過 ……	311	裹 …… 316
梨 ……	311	章 …… 316
移 ……	311	竟 …… 316
動 ……	311	産 …… 316
笛 ……	311	商 …… 316
笙 ……	311	望 …… 316
笠 ……	312	率 …… 317
筒 ……	312	情 …… 317
第 ……	312	惜 …… 317
敏 ……	312	惕 …… 317
偃 ……	312	眷 …… 318
偵 ……	312	粗 …… 318
偶 ……	312	剪 …… 318
進 ……	312	清 …… 318
停 ……	312	淩 …… 318
偏 ……	312	淇 …… 320
貨 ……	312	淅 …… 320
得 ……	312	淞 …… 320
從 ……	312	涿 …… 320
船 ……	312	淑 …… 320
釣 ……	313	涮 …… 320
斜 ……	313	淮 …… 320
欲 ……	313	淫 …… 320
彩 ……	313	淨 …… 321
覓 ……	313	淳 …… 321
鳥 ……	313	淡 …… 321
脫 ……	313	深 …… 321
象 ……	313	梁 …… 322
逸 ……	313	淥 …… 322
猗 ……	313	涵 …… 322
凰 ……	314	淄 …… 322
猛 ……	314	寇 …… 322
許 ……	314	寄 …… 322
訟 ……	314	宿 …… 322
麻 ……	314	窒 …… 323
庚 ……	314	密 …… 323
衰 ……	314	啟 …… 323

視 …………………………………… 323
尉 …………………………………… 323
張 …………………………………… 323
隋 …………………………………… 323
鄐 …………………………………… 324
階 …………………………………… 324
陽 …………………………………… 324
隆 …………………………………… 324
婦 …………………………………… 325
習 …………………………………… 325
翏 …………………………………… 325
參 …………………………………… 325
貫 …………………………………… 325
鄉 …………………………………… 325
紺 …………………………………… 325
紹 …………………………………… 325
巢 …………………………………… 326

十二畫

貳 …………………………………… 326
絜 …………………………………… 326
琵 …………………………………… 326
琴 …………………………………… 326
琳 …………………………………… 326
琊 …………………………………… 326
堯 …………………………………… 326
塔 …………………………………… 326
項 …………………………………… 327
越 …………………………………… 327
超 …………………………………… 327
博 …………………………………… 327
彭 …………………………………… 327
煮 …………………………………… 327
蛩 …………………………………… 328
報 …………………………………… 328
達 …………………………………… 328
壹 …………………………………… 328
壺 …………………………………… 328
惡 …………………………………… 328
斯 …………………………………… 328
葤 …………………………………… 328
葉 …………………………………… 329
葬 …………………………………… 329
萬 …………………………………… 329
葛 …………………………………… 329
萼 …………………………………… 330
董 …………………………………… 330
葆 …………………………………… 330
敬 …………………………………… 330
落 …………………………………… 330
葦 …………………………………… 331
蒃 …………………………………… 331
朝 …………………………………… 331
喪 …………………………………… 331
葵 …………………………………… 331
植 …………………………………… 331
焚 …………………………………… 331
椒 …………………………………… 331
棲 …………………………………… 331
棉 …………………………………… 331
棣 …………………………………… 331
極 …………………………………… 331
惠 …………………………………… 332
粟 …………………………………… 332
棗 …………………………………… 332
厦 …………………………………… 332
皕 …………………………………… 332
硯 …………………………………… 332
雁 …………………………………… 332
殘 …………………………………… 332
雄 …………………………………… 332
雲 …………………………………… 332
揚 …………………………………… 332
提 …………………………………… 333
揭 …………………………………… 334
插 …………………………………… 334
搜 …………………………………… 334
援 …………………………………… 334
握 …………………………………… 334
搔 …………………………………… 334
雅 …………………………………… 334

悲	……………………	334	復	……………………	341
紫	……………………	334	徧	……………………	345
虛	……………………	334	須	……………………	345
棠	……………………	335	舒	……………………	345
晴	……………………	335	鈍	……………………	345
最	……………………	335	鈐	……………………	345
貽	……………………	335	欽	……………………	345
鼎	……………………	335	鈕	……………………	345
閏	……………………	335	畬	……………………	351
開	……………………	336	翕	……………………	351
閑	……………………	336	番	……………………	351
景	……………………	336	爲	……………………	351
跌	……………………	336	創	……………………	351
貴	……………………	337	勝	……………………	351
郎	……………………	337	觚	……………………	351
喟	……………………	337	然	……………………	352
喉	……………………	337	鄒	……………………	352
喻	……………………	337	詁	……………………	352
喀	……………………	337	評	……………………	352
黑	……………………	337	詅	……………………	352
圍	……………………	337	註	……………………	352
無	……………………	337	詠	……………………	352
智	……………………	337	詞	……………………	352
剩	……………………	338	詒	……………………	352
稌	……………………	338	就	……………………	354
程	……………………	338	敦	……………………	354
喬	……………………	338	痘	……………………	354
等	……………………	338	痢	……………………	354
策	……………………	338	疹	……………………	354
答	……………………	338	痛	……………………	354
筆	……………………	339	遊	……………………	354
備	……………………	339	童	……………………	354
傅	……………………	339	惺	……………………	354
貸	……………………	339	愧	……………………	355
順	……………………	339	憎	……………………	355
集	……………………	339	惲	……………………	355
焦	……………………	339	善	……………………	355
皖	……………………	340	普	……………………	355
衆	……………………	341	粧	……………………	355
遁	……………………	341	尊	……………………	355
御	……………………	341	道	……………………	355

遂	……………………………………	355
曾	……………………………………	357
勞	……………………………………	357
馮	……………………………………	359
湛	……………………………………	359
湖	……………………………………	359
湘	……………………………………	360
湯	……………………………………	378
測	……………………………………	381
溫	……………………………………	381
渭	……………………………………	381
滑	……………………………………	382
淵	……………………………………	382
游	……………………………………	382
渼	……………………………………	382
滋	……………………………………	383
渾	……………………………………	383
溉	……………………………………	383
湄	……………………………………	383
滁	……………………………………	383
割	……………………………………	383
寒	……………………………………	383
富	……………………………………	383
寓	……………………………………	383
運	……………………………………	383
補	……………………………………	383
裕	……………………………………	383
尋	……………………………………	385
畫	……………………………………	385
犀	……………………………………	385
強	……………………………………	385
費	……………………………………	385
巽	……………………………………	385
疏	……………………………………	385
賀	……………………………………	385
登	……………………………………	385
發	……………………………………	385
婺	……………………………………	385
結	……………………………………	385
絳	……………………………………	385
絡	……………………………………	385

絕	……………………………………	386
絲	……………………………………	386
幾	……………………………………	386

十三畫

瑟	……………………………………	386
瑞	……………………………………	386
瑜	……………………………………	386
填	……………………………………	386
載	……………………………………	386
鄠	……………………………………	386
塤	……………………………………	386
遠	……………………………………	386
鼓	……………………………………	386
塘	……………………………………	386
聖	……………………………………	386
鄞	……………………………………	387
勤	……………………………………	388
蓮	……………………………………	388
靳	……………………………………	388
夢	……………………………………	388
蒼	……………………………………	388
蓬	……………………………………	389
蒿	……………………………………	389
蒲	……………………………………	389
蓉	……………………………………	389
蒙	……………………………………	389
蔭	……………………………………	389
蓰	……………………………………	389
蒸	……………………………………	389
椿	……………………………………	389
楪	……………………………………	389
禁	……………………………………	389
楚	……………………………………	390
楝	……………………………………	390
楷	……………………………………	392
楊	……………………………………	392
楞	……………………………………	392
楣	……………………………………	393
槐	……………………………………	393

榆	……………………………………………………	393
嗇	……………………………………………………	394
楓	……………………………………………………	394
槎	……………………………………………………	394
楹	……………………………………………………	394
賈	……………………………………………………	394
感	……………………………………………………	394
辜	……………………………………………………	394
碑	……………………………………………………	394
碎	……………………………………………………	395
匯	……………………………………………………	395
鄠	……………………………………………………	395
電	……………………………………………………	395
雷	……………………………………………………	395
零	……………………………………………………	395
損	……………………………………………………	395
頓	……………………………………………………	395
裘	……………………………………………………	396
督	……………………………………………………	396
歲	……………………………………………………	396
虞	……………………………………………………	396
當	……………………………………………………	396
睦	……………………………………………………	396
睡	……………………………………………………	396
睢	……………………………………………………	396
愚	……………………………………………………	396
暖	……………………………………………………	396
暗	……………………………………………………	396
路	……………………………………………………	396
箋	……………………………………………………	396
遣	……………………………………………………	396
蛾	……………………………………………………	396
畹	……………………………………………………	396
農	……………………………………………………	396
嗣	……………………………………………………	396
罪	……………………………………………………	397
蜀	……………………………………………………	397
嵊	……………………………………………………	397
嵩	……………………………………………………	397
圓	……………………………………………………	397
稗	……………………………………………………	397
筠	……………………………………………………	397
節	……………………………………………………	397
與	……………………………………………………	398
傳	……………………………………………………	398
催	……………………………………………………	398
傷	……………………………………………………	398
像	……………………………………………………	398
魁	……………………………………………………	398
粵	……………………………………………………	398
奧	……………………………………………………	398
微	……………………………………………………	399
鉗	……………………………………………………	399
鉢	……………………………………………………	399
鉛	……………………………………………………	399
會	……………………………………………………	399
愛	……………………………………………………	399
亂	……………………………………………………	399
飽	……………………………………………………	399
飴	……………………………………………………	399
詹	……………………………………………………	399
獅	……………………………………………………	399
解	……………………………………………………	399
試	……………………………………………………	399
詩	……………………………………………………	400
誠	……………………………………………………	400
話	……………………………………………………	403
詳	……………………………………………………	403
廉	……………………………………………………	403
痰	……………………………………………………	404
鄘	……………………………………………………	404
靖	……………………………………………………	404
新	……………………………………………………	404
意	……………………………………………………	404
雍	……………………………………………………	412
慎	……………………………………………………	412
愷	……………………………………………………	412
慊	……………………………………………………	412
義	……………………………………………………	412
煎	……………………………………………………	413
慈	……………………………………………………	413
煉	……………………………………………………	413

資	……	413
滇	……	413
漣	……	414
溥	……	415
溧	……	415
滁	……	415
溪	……	415
滄	……	415
滂	……	415
溯	……	415
塞	……	415
惥	……	415
裨	……	415
福	……	415
肅	……	415
群	……	415
彙	……	416
辟	……	416
預	……	416
遜	……	417
經	……	417
綉	……	419
綏	……	420
彙	……	420
馭	……	420

十四畫

碧	……	420
瑤	……	421
摰	……	421
趙	……	421
嘉	……	421
赫	……	422
臺	……	422
穀	……	422
壽	……	422
綦	……	422
聚	……	422
摹	……	422
慕	……	422

蔣	……	422
蔡	……	422
蔗	……	423
熙	……	423
蔚	……	423
碬	……	423
蓼	……	423
榑	……	423
榿	……	423
槍	……	423
榴	……	423
榕	……	423
歌	……	424
監	……	424
碩	……	424
奩	……	424
爾	……	424
奪	……	426
臧	……	426
摭	……	426
摘	……	426
輩	……	426
裴	……	426
對	……	426
嘗	……	426
賑	……	426
暢	……	426
閨	……	426
聞	……	426
閩	……	426
踈	……	426
蜨	……	426
蝸	……	426
鳴	……	426
嘯	……	427
圖	……	427
鄽	……	427
舞	……	427
製	……	427
種	……	427
稱	……	427

箋	………………	427
算	………………	428
管	………………	428
毓	………………	428
儆	………………	428
銜	………………	428
槃	………………	428
銅	………………	428
銓	………………	429
銘	………………	429
銀	………………	429
鄀	………………	429
遞	………………	429
鳳	………………	429
疑	………………	429
獄	………………	429
語	………………	429
說	………………	429
認	………………	435
誦	………………	435
塾	………………	435
廣	………………	435
瘥	………………	437
瘍	………………	437
瘟	………………	437
瘦	………………	437
塵	………………	437
廖	………………	437
彰	………………	437
韶	………………	437
端	………………	437
適	………………	437
齊	………………	437
頪	………………	438
精	………………	438
鄰	………………	438
鄭	………………	438
歎	………………	438
榮	………………	438
熒	………………	438
熔	………………	438

漢	………………	438
滿	………………	441
漆	………………	441
漸	………………	441
漕	………………	441
漱	………………	441
潄	………………	441
漁	………………	441
演	………………	442
滬	………………	442
賓	………………	442
察	………………	442
寧	………………	442
蜜	………………	443
寥	………………	443
實	………………	443
肇	………………	443
暨	………………	443
隨	………………	443
熊	………………	444
鄧	………………	444
翠	………………	444
綺	………………	444
綱	………………	444
網	………………	444
維	………………	444
綿	………………	445
綴	………………	445
綠	………………	445
緇	………………	445

十五畫

慧	………………	445
璜	………………	445
璇	………………	445
髯	………………	446
駐	………………	446
趣	………………	446
翬	………………	446
增	………………	446

縠	……	449
蕙	……	449
戳	……	449
邁	……	449
蕪	……	449
蕉	……	449
蕩	……	449
樞	……	449
樗	……	449
樓	……	450
樊	……	450
樟	……	451
敷	……	451
輞	……	451
暫	……	451
輪	……	451
輟	……	451
甌	……	451
歐	……	452
賢	……	453
遷	……	453
醉	……	453
憂	……	453
遼	……	453
確	……	454
震	……	454
撮	……	454
撫	……	454
播	……	454
劇	……	454
鄲	……	454
輝	……	454
賞	……	454
賦	……	454
賭	……	455
賜	……	455
瞑	……	455
閱	……	455
閭	……	455
影	……	455
遺	……	455
蝶	……	455
緩	……	455
數	……	455
嶠	……	456
墨	……	456
稽	……	457
黎	……	457
稼	……	457
箴	……	457
範	……	457
箴	……	457
篆	……	457
牖	……	457
儉	……	457
儀	……	457
質	……	459
德	……	459
衛	……	460
徵	……	460
徹	……	460
磐	……	460
盤	……	460
銷	……	460
鋤	……	460
劍	……	460
餘	……	460
膝	……	461
滕	……	461
膠	……	461
魯	……	461
劉	……	461
請	……	462
諸	……	462
諏	……	463
課	……	463
論	……	463
調	……	464
談	……	464
摩	……	464
瘡	……	464
慶	……	464

毅 …………………………………… 464
憫 …………………………………… 464
養 …………………………………… 465
遵 …………………………………… 466
導 …………………………………… 466
潮 …………………………………… 466
潭 …………………………………… 466
潛 …………………………………… 466
澗 …………………………………… 467
潋 …………………………………… 467
澳 …………………………………… 467
潘 …………………………………… 467
潙 …………………………………… 467
潼 …………………………………… 467
潯 …………………………………… 467
澄 …………………………………… 467
寫 …………………………………… 467
窮 …………………………………… 467
審 …………………………………… 467
憨 …………………………………… 468
履 …………………………………… 468
遲 …………………………………… 468
選 …………………………………… 468
險 …………………………………… 468
駕 …………………………………… 468
豫 …………………………………… 468
樂 …………………………………… 468
練 …………………………………… 469
緬 …………………………………… 469
緝 …………………………………… 469
緯 …………………………………… 469
編 …………………………………… 469
緣 …………………………………… 469
畿 …………………………………… 469
璞 …………………………………… 469
靜 …………………………………… 469
駱 …………………………………… 470
駢 …………………………………… 470

十六畫

撼 …………………………………… 471

據 …………………………………… 471
操 …………………………………… 471
熹 …………………………………… 471
擇 …………………………………… 471
壇 …………………………………… 471
擁 …………………………………… 471
燕 …………………………………… 471
薛 …………………………………… 471
薈 …………………………………… 471
蒼 …………………………………… 471
蕭 …………………………………… 471
翰 …………………………………… 471
頤 …………………………………… 471
噩 …………………………………… 472
薜 …………………………………… 472
薩 …………………………………… 472
樹 …………………………………… 472
橫 …………………………………… 472
樸 …………………………………… 472
輶 …………………………………… 472
整 …………………………………… 473
賴 …………………………………… 473
融 …………………………………… 473
瓢 …………………………………… 473
醒 …………………………………… 473
勵 …………………………………… 473
歷 …………………………………… 473
曆 …………………………………… 477
霍 …………………………………… 477
頻 …………………………………… 477
餐 …………………………………… 477
虜 …………………………………… 477
盧 …………………………………… 477
曉 …………………………………… 477
曇 …………………………………… 477
膠 …………………………………… 477
器 …………………………………… 477
戰 …………………………………… 477
還 …………………………………… 478
嶧 …………………………………… 478
圜 …………………………………… 478

默 …………………………………… 478
黔 …………………………………… 478
積 …………………………………… 479
穆 …………………………………… 479
篤 …………………………………… 479
篷 …………………………………… 479
舉 …………………………………… 479
興 …………………………………… 479
學 …………………………………… 479
儒 …………………………………… 481
衡 …………………………………… 481
錢 …………………………………… 482
錫 …………………………………… 482
錦 …………………………………… 482
館 …………………………………… 482
雕 …………………………………… 482
鮑 …………………………………… 482
獲 …………………………………… 482
穎 …………………………………… 482
獨 …………………………………… 482
獪 …………………………………… 483
鴛 …………………………………… 483
謀 …………………………………… 483
諫 …………………………………… 483
諧 …………………………………… 483
諭 …………………………………… 483
諮 …………………………………… 483
憑 …………………………………… 483
凝 …………………………………… 483
磨 …………………………………… 483
瘴 …………………………………… 483
塵 …………………………………… 483
辨 …………………………………… 483
親 …………………………………… 483
龍 …………………………………… 483
劑 …………………………………… 484
憺 …………………………………… 484
憶 …………………………………… 484
甑 …………………………………… 485
燃 …………………………………… 485
營 …………………………………… 485

燈 …………………………………… 485
澠 …………………………………… 485
潞 …………………………………… 485
澧 …………………………………… 485
澤 …………………………………… 485
激 …………………………………… 485
澹 …………………………………… 485
濂 …………………………………… 485
憲 …………………………………… 486
寰 …………………………………… 486
窺 …………………………………… 486
窟 …………………………………… 486
禪 …………………………………… 486
閻 …………………………………… 486
避 …………………………………… 486
隰 …………………………………… 486
隱 …………………………………… 486
縉 …………………………………… 486

十七畫

麾 …………………………………… 486
環 …………………………………… 486
匱 …………………………………… 487
戴 …………………………………… 487
蟄 …………………………………… 487
聲 …………………………………… 487
聰 …………………………………… 487
聯 …………………………………… 487
藍 …………………………………… 487
藏 …………………………………… 488
舊 …………………………………… 488
韓 …………………………………… 488
隸 …………………………………… 490
檉 …………………………………… 490
檢 …………………………………… 490
檐 …………………………………… 490
檀 …………………………………… 490
樹 …………………………………… 490
擊 …………………………………… 490
臨 …………………………………… 490

磵	……………………………………	491
霜	……………………………………	491
霞	……………………………………	491
擬	……………………………………	491
豳	……………………………………	491
黻	……………………………………	491
嬰	……………………………………	491
闌	……………………………………	491
闇	……………………………………	491
曙	……………………………………	491
覬	……………………………………	491
嶺	……………………………………	491
嶽	……………………………………	492
點	……………………………………	492
魏	……………………………………	492
輿	……………………………………	493
黛	……………………………………	493
儲	……………………………………	493
龜	……………………………………	493
徽	……………………………………	493
禦	……………………………………	493
鍥	……………………………………	493
鍼	……………………………………	493
鍾	……………………………………	493
爵	……………………………………	493
甋	……………………………………	493
鮚	……………………………………	493
鮮	……………………………………	494
講	……………………………………	494
謝	……………………………………	494
謠	……………………………………	494
謙	……………………………………	494
襄	……………………………………	494
應	……………………………………	494
療	……………………………………	494
麇	……………………………………	494
鴻	……………………………………	494
濠	……………………………………	494
濱	……………………………………	495
濰	……………………………………	495
邃	……………………………………	495

禮	……………………………………	495
檗	……………………………………	497
彌	……………………………………	497
翼	……………………………………	497
孺	……………………………………	497
績	……………………………………	497
縹	……………………………………	497
縵	……………………………………	497
總	……………………………………	497
繆	……………………………………	497

十八畫

瓊	……………………………………	497
鰲	……………………………………	497
矗	……………………………………	497
藕	……………………………………	498
藝	……………………………………	498
鞮	……………………………………	498
藤	……………………………………	498
蘊	……………………………………	499
藥	……………………………………	499
轉	……………………………………	499
覆	……………………………………	499
醫	……………………………………	499
擷	……………………………………	500
豐	……………………………………	500
叢	……………………………………	500
題	……………………………………	500
瞿	……………………………………	500
瞻	……………………………………	500
闕	……………………………………	500
曠	……………………………………	501
壘	……………………………………	501
蟬	……………………………………	501
蟲	……………………………………	501
蟬	……………………………………	501
鵑	……………………………………	501
韞	……………………………………	501
顓	……………………………………	501
黟	……………………………………	501

簫	……	501
簪	……	501
簡	……	501
鵝	……	501
雙	……	501
邊	……	502
歸	……	502
鎮	……	502
翻	……	503
鯉	……	503
謫	……	503
顏	……	503
雜	……	503
瓜	……	503
離	……	503
顏	……	503
燼	……	503
瀏	……	503
鎏	……	504
濼	……	504
璧	……	504
隴	……	504
彝	……	504
繞	……	504
繚	……	504
織	……	504
斷	……	504
騷	……	504

十九畫

難	……	504
攉	……	504
蘑	……	504
蘆	……	504
蘄	……	504
勸	……	504
蘮	……	505
蘅	……	505
蘇	……	505
警	……	506

藻	……	506
麓	……	506
攀	……	506
繫	……	506
麗	……	506
礦	……	506
願	……	506
鄙	……	506
攘	……	506
贈	……	507
曝	……	507
關	……	507
疇	……	507
蹶	……	507
嚴	……	507
韡	……	508
韜	……	508
羅	……	508
籀	……	509
鏡	……	509
雞	……	509
辭	……	509
鵬	……	509
騰	……	509
鯤	……	509
鯨	……	509
譚	……	509
識	……	509
證	……	509
廬	……	509
龐	……	510
癡	……	510
瓣	……	510
韻	……	510
懶	……	511
懷	……	511
類	……	511
爆	……	512
瀚	……	512
瀟	……	512
瀕	……	512

瀛 ⋯⋯⋯⋯⋯⋯⋯⋯⋯⋯⋯ 512
疆 ⋯⋯⋯⋯⋯⋯⋯⋯⋯⋯⋯ 512
嬾 ⋯⋯⋯⋯⋯⋯⋯⋯⋯⋯⋯ 513
繹 ⋯⋯⋯⋯⋯⋯⋯⋯⋯⋯⋯ 513
繪 ⋯⋯⋯⋯⋯⋯⋯⋯⋯⋯⋯ 513
蘭 ⋯⋯⋯⋯⋯⋯⋯⋯⋯⋯⋯ 514
醴 ⋯⋯⋯⋯⋯⋯⋯⋯⋯⋯⋯ 514
酆 ⋯⋯⋯⋯⋯⋯⋯⋯⋯⋯⋯ 514
耀 ⋯⋯⋯⋯⋯⋯⋯⋯⋯⋯⋯ 514
鶡 ⋯⋯⋯⋯⋯⋯⋯⋯⋯⋯⋯ 514

二十畫

蠔 ⋯⋯⋯⋯⋯⋯⋯⋯⋯⋯⋯ 514
蠙 ⋯⋯⋯⋯⋯⋯⋯⋯⋯⋯⋯ 515
蠕 ⋯⋯⋯⋯⋯⋯⋯⋯⋯⋯⋯ 515
嚶 ⋯⋯⋯⋯⋯⋯⋯⋯⋯⋯⋯ 515
嚼 ⋯⋯⋯⋯⋯⋯⋯⋯⋯⋯⋯ 515
籌 ⋯⋯⋯⋯⋯⋯⋯⋯⋯⋯⋯ 515
纂 ⋯⋯⋯⋯⋯⋯⋯⋯⋯⋯⋯ 515
覺 ⋯⋯⋯⋯⋯⋯⋯⋯⋯⋯⋯ 515
鐔 ⋯⋯⋯⋯⋯⋯⋯⋯⋯⋯⋯ 515
鐈 ⋯⋯⋯⋯⋯⋯⋯⋯⋯⋯⋯ 515
鐘 ⋯⋯⋯⋯⋯⋯⋯⋯⋯⋯⋯ 515
鐙 ⋯⋯⋯⋯⋯⋯⋯⋯⋯⋯⋯ 515
釋 ⋯⋯⋯⋯⋯⋯⋯⋯⋯⋯⋯ 515
饒 ⋯⋯⋯⋯⋯⋯⋯⋯⋯⋯⋯ 516
饋 ⋯⋯⋯⋯⋯⋯⋯⋯⋯⋯⋯ 516
臏 ⋯⋯⋯⋯⋯⋯⋯⋯⋯⋯⋯ 516
鰈 ⋯⋯⋯⋯⋯⋯⋯⋯⋯⋯⋯ 516
護 ⋯⋯⋯⋯⋯⋯⋯⋯⋯⋯⋯ 516
懺 ⋯⋯⋯⋯⋯⋯⋯⋯⋯⋯⋯ 516
孽 ⋯⋯⋯⋯⋯⋯⋯⋯⋯⋯⋯ 516
灌 ⋯⋯⋯⋯⋯⋯⋯⋯⋯⋯⋯ 517
竇 ⋯⋯⋯⋯⋯⋯⋯⋯⋯⋯⋯ 517
賣 ⋯⋯⋯⋯⋯⋯⋯⋯⋯⋯⋯ 517
響 ⋯⋯⋯⋯⋯⋯⋯⋯⋯⋯⋯ 517
繼 ⋯⋯⋯⋯⋯⋯⋯⋯⋯⋯⋯ 517

二十一畫

鬢 ⋯⋯⋯⋯⋯⋯⋯⋯⋯⋯⋯ 517

權 ⋯⋯⋯⋯⋯⋯⋯⋯⋯⋯⋯ 517
欂 ⋯⋯⋯⋯⋯⋯⋯⋯⋯⋯⋯ 518
礔 ⋯⋯⋯⋯⋯⋯⋯⋯⋯⋯⋯ 518
露 ⋯⋯⋯⋯⋯⋯⋯⋯⋯⋯⋯ 518
攝 ⋯⋯⋯⋯⋯⋯⋯⋯⋯⋯⋯ 518
攜 ⋯⋯⋯⋯⋯⋯⋯⋯⋯⋯⋯ 518
纍 ⋯⋯⋯⋯⋯⋯⋯⋯⋯⋯⋯ 518
儷 ⋯⋯⋯⋯⋯⋯⋯⋯⋯⋯⋯ 518
儼 ⋯⋯⋯⋯⋯⋯⋯⋯⋯⋯⋯ 518
鐵 ⋯⋯⋯⋯⋯⋯⋯⋯⋯⋯⋯ 518
臟 ⋯⋯⋯⋯⋯⋯⋯⋯⋯⋯⋯ 519
麝 ⋯⋯⋯⋯⋯⋯⋯⋯⋯⋯⋯ 519
辯 ⋯⋯⋯⋯⋯⋯⋯⋯⋯⋯⋯ 519
顧 ⋯⋯⋯⋯⋯⋯⋯⋯⋯⋯⋯ 519
鶴 ⋯⋯⋯⋯⋯⋯⋯⋯⋯⋯⋯ 519
續 ⋯⋯⋯⋯⋯⋯⋯⋯⋯⋯⋯ 519

二十二畫

聽 ⋯⋯⋯⋯⋯⋯⋯⋯⋯⋯⋯ 522
蘿 ⋯⋯⋯⋯⋯⋯⋯⋯⋯⋯⋯ 523
驚 ⋯⋯⋯⋯⋯⋯⋯⋯⋯⋯⋯ 523
鷗 ⋯⋯⋯⋯⋯⋯⋯⋯⋯⋯⋯ 523
鑒 ⋯⋯⋯⋯⋯⋯⋯⋯⋯⋯⋯ 523
囊 ⋯⋯⋯⋯⋯⋯⋯⋯⋯⋯⋯ 523
躔 ⋯⋯⋯⋯⋯⋯⋯⋯⋯⋯⋯ 523
疊 ⋯⋯⋯⋯⋯⋯⋯⋯⋯⋯⋯ 523
巖 ⋯⋯⋯⋯⋯⋯⋯⋯⋯⋯⋯ 523
體 ⋯⋯⋯⋯⋯⋯⋯⋯⋯⋯⋯ 523
穰 ⋯⋯⋯⋯⋯⋯⋯⋯⋯⋯⋯ 523
鑄 ⋯⋯⋯⋯⋯⋯⋯⋯⋯⋯⋯ 523
鑑 ⋯⋯⋯⋯⋯⋯⋯⋯⋯⋯⋯ 523
臞 ⋯⋯⋯⋯⋯⋯⋯⋯⋯⋯⋯ 523
讀 ⋯⋯⋯⋯⋯⋯⋯⋯⋯⋯⋯ 523
龔 ⋯⋯⋯⋯⋯⋯⋯⋯⋯⋯⋯ 527
竊 ⋯⋯⋯⋯⋯⋯⋯⋯⋯⋯⋯ 527

二十三畫

驗 ⋯⋯⋯⋯⋯⋯⋯⋯⋯⋯⋯ 528
曬 ⋯⋯⋯⋯⋯⋯⋯⋯⋯⋯⋯ 528

顯 ································· 528
鷦 ································· 528
麟 ································· 528
樂 ································· 528
變 ································· 528

二十四畫

觀 ································· 528
蠹 ································· 529
鹽 ································· 529
靈 ································· 529
靄 ································· 530
攬 ································· 530
蠱 ································· 530
鷺 ································· 530
籬 ································· 530
衢 ································· 530
讒 ································· 530
鷹 ································· 530
贛 ································· 530
彎 ································· 530

二十五畫

蠻 ································· 530

二十六畫

灤 ································· 530

二十七畫

鑿 ································· 530
鸚 ································· 530

二十九畫

鸛 ································· 530
驚 ································· 530

三十一畫

灩 ································· 530

書名筆畫索引

一畫

一八九八年之西美戰史……………… 2－158

一八九八年之西美戰史……………… 2－158

一切如來心秘密全身舍利寶篋印陀

　羅尼經一卷……………………… 2－428

一切如來心秘密全身舍利寶篋印陀

　羅尼經一卷……………………… 2－428

一切經音義二十五卷……………… 2－444

一切經音義二十五卷……………… 2－444

一切經音義二十五卷……………… 2－444

一切經音義二十五卷……………… 2－444

一中堂通書三卷首一卷末一卷…… 2－410

一西自記年譜一卷附記一卷……… 1－326

一行居集八卷附一卷……………… 3－347

一見哈哈笑四卷…………………… 3－461

一角園詩存一卷…………………… 3－216

一枝山房詩鈔一卷文鈔一卷……… 3－357

一枝山館遺草一卷………………… 3－295

一草亭目科全書一卷……………… 2－278

一乘決疑論一卷…………………… 2－454

一乘決疑論一卷…………………… 2－454

一規八棱硯齋詩鈔六卷類鈔一卷詞

　鈔一卷文鈔一卷時文一卷……… 3－286

一得錄三卷………………………… 1－121

一貫真詮四卷……………………… 2－476

一貫真詮四卷……………………… 2－476

一粟廬詩一稿四卷二稿二卷……… 3－188

一硯樓詩草一卷…………………… 3－377

一鳴集存詩不分卷 ……………… 3－81

一樓集二十卷……………………… 3－342

一甌睡足詩草二卷淡園文集一卷… 3－371

一劍二琴齋印譜…………………… 2－344

一瓢齋詩存六卷…………………… 3－402

一瓢齋詩存六卷抱珠軒詩存六卷斫桂

　山房詩存六卷吾以吾鳴集鈔一卷 … 3－402

一鐙精舍甲部稿五卷……………… 1－120

一鐙精舍甲部稿五卷……………… 1－120

一鐙精舍甲部稿五卷……………… 1－120

一鐙精舍甲部稿五卷……………… 3－552

一鶴山房詩鈔六卷………………… 3－386

乙巳占十卷………………………… 2－404

乙巳年終在省各學堂職員教員調查錄

　………………………………… 1－387

乙巳東瀛游記一卷………………… 2－106

乙卯避暑錄話二卷………………… 2－362

乙部隨筆四卷……………………… 1－401

二畫

二十一史…………………………… 1－189

二十一史…………………………… 1－189

二十一史文選一百卷……………… 2－528

二十一史文選一百卷……………… 2－528

二十一史指掌錄□□卷…………… 1－196

二十一史精義二十一卷…………… 1－389

二十一史論贊輯要三十六卷……… 1－397

二十二子…………………………… 2－171

二十二子…………………………… 2－172

二十二子…………………………… 2－172

二十二子…………………………… 2－172

二十二子…………………………… 2－172

二十二子…………………………… 2－172

二十二子…………………………… 2－172

二十二子…………………………… 2－172

二十二子…………………………… 2－172

二十二子…………………………… 2－172

二十二子…………………………… 2－172

二十二子…………………………… 2－172

二十二子三百三十七卷…………… 3－541

二十二子三百三十七卷…………… 3－541

二十二史感應錄二卷……………… 1－390

二十二史感應錄二卷 …………… 1－390
二十二史感應錄二卷 …………… 1－390
二十二史感應錄二卷 …………… 1－390
二十二史感應錄二卷 …………… 1－390
二十二史感應錄二卷 …………… 1－390
二十五子匯函 …………………… 2－172
二十世紀之怪物帝國主義 ……… 2－380
二十世紀奇書快睹 ……………… 3－452
二十世紀新論十種 ……………… 2－380
二十四史 ………………………… 1－189
二十四史 ………………………… 1－189
二十四史 ………………………… 1－189
二十四史 ………………………… 1－189
二十四史 ………………………… 1－189
二十四史 ………………………… 1－189
二十四史 ………………………… 1－189
二十四史 ………………………… 1－190
二十四史 ………………………… 1－190
二十四史 ………………………… 1－190
二十四史 ………………………… 1－190
二十四史 ………………………… 1－190
二十四史 ………………………… 1－190
二十四史 ………………………… 1－190
二十四史 ………………………… 1－190
二十四史 ………………………… 1－190
二十四史 ………………………… 1－190
二十四史 ………………………… 1－190
二十四史 ………………………… 1－190
二十四史 ………………………… 1－190
二十四史 ………………………… 1－190
二十四史 ………………………… 1－190
二十四史 ………………………… 1－190
二十四史 ………………………… 1－190
二十四史三千二百五十卷 ……… 3－532
二十四史通政典類要合編三百二十卷
　　　　　………………………… 1－419
二十四史論海三十二卷 ………… 1－389
二十四史論贊七十八卷 ………… 1－390
二十四詩品一卷 ………………… 3－479
二十四詩品淺解一卷 …………… 3－487

二十家子書 ……………………… 2－171
二十家子書 ……………………… 2－171
二十家文稿五卷 ………………… 3－21
二太史樂府聯璧四卷 …………… 3－443
二水樓文集二十卷首一卷詩集十八卷
　　　　　………………………… 3－227
二水樓文集二十卷首一卷詩集十八卷
　　　　　………………………… 3－227
二申野錄八卷 …………………… 1－264
二申野錄八卷 …………………… 1－264
二申野錄八卷 …………………… 1－264
二百蘭亭齋古印考藏六卷 ……… 2－339
二曲全集二十六卷 ……………… 3－233
二曲集二十八卷四書反身錄十四卷
　　　　　………………………… 3－233
二曲集二十六卷 ………………… 3－232
二曲集二十六卷 ………………… 3－232
二曲集四十六卷 ………………… 3－233
二曲集錄要四卷首一卷附錄一卷 … 2－193
二如亭群芳譜二十八卷 ………… 2－353
二如亭群芳譜三十卷首一卷 …… 2－353
二如亭群芳譜三十卷首一卷 …… 2－353
二如亭群芳譜三十卷首一卷 …… 2－353
二如亭群芳譜三十卷首一卷 …… 2－353
二如亭群芳譜三十卷首一卷 …… 2－353
二李唱和集一卷 ………………… 3－57
二酉堂叢書 ……………………… 3－499
二酉堂叢書 ……………………… 3－499
二酉堂叢書 ……………………… 3－499
二酉堂叢書 ……………………… 3－499
二酉堂叢書 ……………………… 3－499
二希堂文集十一卷首一卷 ……… 3－389
二希堂文集十一卷首一卷 ……… 3－389
二希堂文集十一卷首一卷 ……… 3－389
二初齋讀書記十卷 ……………… 3－289
二林居集二十四卷 ……………… 3－347
二林居集二十四卷 ……………… 3－347
二林居集二十四卷 ……………… 3－347
二林居集二十四卷 ……………… 3－347
二林居集二十四卷 ……………… 3－347

二知軒詩鈔十四卷詩續鈔十六卷 …… 3－190
二知軒詩鈔十四卷詩續鈔十六卷 …… 3－190
二知軒詩鈔十四卷詩續鈔十六卷 …… 3－190
二知軒詩鈔十四卷詩續鈔十六卷 …… 3－190
二知軒詩鈔十四卷詩續鈔十六卷 …… 3－190
二思堂叢書 ……………………………… 3－520
二亭詩鈔六卷 …………………………… 3－212
二家詩鈔二十卷 ………………………… 2－516
二陶遺稿 ………………………………… 3－510
二娛小廬詩鈔五卷詞鈔二卷詩鈔補
　編一卷 ………………………………… 3－200
二渠九河考一卷圖一卷關中水道記四卷
　………………………………………… 2－91
二程子遺書纂二卷二程子外書纂一卷
　………………………………………… 2－192
二程先生全書 …………………………… 3－508
二程先生書五十一卷 …………………… 2－187
二程全書 ………………………………… 3－508
二程全書 ………………………………… 3－509
二程全書 ………………………………… 3－509
二程全書 ………………………………… 3－509
二程全書不分卷 ………………………… 2－187
二程全書六十二卷 ……………………… 2－187
二程語錄十八卷 ………………………… 2－183
二程語錄十八卷 ………………………… 2－183
二程語錄十八卷 ………………………… 2－183
二程語錄十八卷 ………………………… 2－183
二程粹言二卷 …………………………… 2－187
二程粹言二卷 …………………………… 2－187
二程粹言二卷 …………………………… 2－187
二熊君詩二卷 …………………………… 3－43
二論詳解四卷 …………………………… 1－110
二蕭篇一卷附錄一卷 …………………… 3－183
二藍集 …………………………………… 3－44
十一經音訓 ……………………………… 1－9
十一經音訓 ……………………………… 1－9
十二月渾天圖一卷 ……………………… 2－405
十二石山齋詩話十卷 …………………… 3－484
十二門論宗致義記三卷 ………………… 2－445
十二門論宗致義記三卷 ………………… 2－445

十二門論宗致義記三卷 ………………… 2－445
十二梅花書屋詩六卷 …………………… 3－302
十二梅花書屋詩六卷 …………………… 3－302
十二梅花書屋詩六卷 …………………… 3－302
十二梅花書屋詩六卷 …………………… 3－302
十二經脉歌一卷 ………………………… 2－285
十二樹梅花書屋叢著 …………………… 3－525
十七史 …………………………………… 1－189
十七史商榷一百卷 ……………………… 1－399
十七史商榷一百卷 ……………………… 1－399
十七史商榷一百卷 ……………………… 1－399
十七史商榷一百卷 ……………………… 1－399
十七史商榷一百卷 ……………………… 1－399
十七史商榷一百卷 ……………………… 1－399
十七史商榷一百卷 ……………………… 1－399
十七史商榷一百卷 ……………………… 1－399
十七史商榷一百卷 ……………………… 1－399
十七史商榷一百卷 ……………………… 1－399
十七史商榷一百卷 ……………………… 1－399
十七史商榷一百卷 ……………………… 1－399
十七史商榷一百卷 ……………………… 1－399
十七史商榷一百卷 ……………………… 1－399
十七史商榷一百卷 ……………………… 1－399
十七史商榷一百卷 ……………………… 1－400
十七史商榷一百卷 ……………………… 3－548
十七史詳節 ……………………………… 1－388
十七史詳節 ……………………………… 1－388
十七史詳節 ……………………………… 1－388
十七史詳節 ……………………………… 1－388
十七銘草堂唾餘一卷 …………………… 3－264
十八空論一卷 …………………………… 2－427
十八空論一卷 …………………………… 2－427
十八空論一卷 …………………………… 2－427
十八省綠營官數表不分卷 ……………… 1－467
十八家詩鈔二十八卷 …………………… 2－553
十八家詩鈔二十八卷 …………………… 2－553
十八家詩鈔二十八卷 …………………… 2－553
十八家詩鈔二十八卷 …………………… 2－553
十八家詩鈔二十八卷 …………………… 2－553
十八家詩鈔二十八卷 …………………… 2－554
十八家詩鈔二十八卷 …………………… 2－554

十九世紀外交史不分卷 …………… 1－465

十三峰書屋文稿一卷詩集二卷書札
　四卷批牘二卷 …………… 3－231

十三峰書屋文稿一卷詩集二卷書札
　四卷批牘二卷 …………… 3－231

十三峰書屋文稿一卷詩集二卷書札
　四卷批牘二卷 …………… 3－231

十三峰書屋文稿一卷詩集二卷書札
　四卷批牘二卷 …………… 3－231

十三峰書屋文稿一卷詩集二卷書札
　四卷批牘二卷 …………… 3－231

十三峰書屋文稿一卷詩集二卷書札
　四卷批牘二卷 …………… 3－231

十三經 …………… 1－4

十三經 …………… 1－4

十三經不二字啟蒙句讀歌括三卷 …… 1－120

十三經文字偏旁考略二卷 …………… 1－167

十三經古註 …………… 1－2

十三經札記 …………… 1－8

十三經札記 …………… 1－8

十三經札記 …………… 1－8

十三經札記 …………… 1－8

十三經考異摘要十三卷 …………… 1－126

十三經西學通義十四卷 …………… 1－119

十三經西學通義十四卷 …………… 1－119

十三經西學通義十四卷 …………… 1－119

十三經西學通義十四卷 …………… 1－119

十三經序不分卷 …………… 1－128

十三經注疏 …………… 1－2

十三經注疏 …………… 1－3

十三經注疏 …………… 1－3

十三經注疏 …………… 1－3

十三經注疏三百四十六卷 …………… 3－531

十三經注疏附考證三百四十七卷 …… 3－544

十三經音略十三卷附錄一卷 ………… 3－544

十三經客難 …………… 1－9

十三經客難 …………… 1－9

十三經策案二十二卷首一卷 ……… 1－117

十三經集字音釋四卷照畫檢字一卷
　…………… 1－123

十三經集字音釋四卷照畫檢字一卷 … 1－124

十三經集字摹本不分卷摘錄一卷分
　畫便查一卷 …………… 1－125

十三經集字摹本不分卷摘錄一卷分
　畫便查一卷 …………… 1－125

十三經集字摹本不分卷摘錄一卷分
　畫便查一卷 …………… 1－125

十三經集字摹本不分卷摘錄一卷分
　畫便查一卷 …………… 1－125

十三經註疏 …………… 1－2

十三經註疏 …………… 1－2

十三經註疏附考證 …………… 1－3

十三經註疏附考證 …………… 1－3

十三經註疏附考證 …………… 1－3

十三經註疏附考證 …………… 1－3

十三經註疏附考證 …………… 1－3

十三經註疏附考證 …………… 1－3

十三經註疏校勘記識語四卷 ………… 1－119

十三經源流口訣一卷 …………… 1－127

十三經對聯大成四卷 …………… 2－490

十三經諸家引書異字同聲考十三卷
　…………… 1－179

十三經獨斷一卷 …………… 1－126

十三經舊學加商二卷 …………… 1－120

十三經證異七十九卷首一卷 ………… 1－126

十三經證異七十九卷首一卷 ………… 1－126

十三經證異七十九卷首一卷 ………… 1－126

十三經韻語一卷 …………… 1－117

十子全書 …………… 2－171

十子全書 …………… 2－171

十子全書 …………… 2－171

十子全書 …………… 2－171

十子全書 …………… 2－171

十子全書 …………… 2－171

十子全書 …………… 2－171

十子全書 …………… 2－172

十子全書 …………… 2－172

十子全書 …………… 2－172

十子全書 …………… 2－172

十子全書 …………… 2－172

十子全書 …………… 2－172

十五弗齋詩存一卷文存一卷 ……… 3－188
十五弗齋詩存一卷文存一卷 ……… 3－188
十五芝山房時文不分卷 ……………… 3－371
十五家年譜叢書 …………………… 1－317
十不二門指要鈔詳解二卷 ………… 2－436
十友草堂詩集四卷 ………………… 3－394
十六長樂堂古器款識考四卷 ……… 2－123
十六金符齋印存十二卷 …………… 2－340
十六金符齋印存十二卷 …………… 2－340
十六國春秋一百卷 ………………… 1－269
十六國春秋一百卷 ………………… 1－269
十六國春秋一百卷 ………………… 1－269
十六國春秋一百卷 ………………… 1－269
十六國春秋一百卷 ………………… 1－269
十六國春秋一百卷 ………………… 1－269
十六國春秋一百卷 ………………… 1－270
十六國宮詞二卷 …………………… 3－257
十六國宮詞二卷 …………………… 3－257
十六國宮詞二卷 …………………… 3－257
十六國疆域志十六卷 ……………… 1－519
十六國疆域志十六卷 ……………… 1－519
十六國疆域志十六卷 ……………… 1－519
十六國疆域志十六卷 ……………… 1－519
十六國疆域志十六卷 ……………… 1－519
十六國疆域志十六卷 ……………… 1－519
十六國疆域志十六卷 ……………… 1－519
十六國疆域志十六卷 ……………… 1－519
十六國疆域志十六卷 ……………… 1－519
十四層啟蒙捷訣二卷 ……………… 3－291
十地經論十二卷 …………………… 2－427
十年讀書之廬重刊韻史二卷 ……… 1－390
十先生中庸集解二卷 ……………… 1－113
十先生中庸集解二卷 ……………… 1－113
十先生中庸集解二卷 ……………… 1－113
十竹齋東山詩草四卷 ……………… 3－378
十竹齋書畫譜不分卷 ……………… 2－321
十竹齋書畫譜不分卷 ……………… 2－321
十竹齋書畫譜不分卷 ……………… 2－321
十名家詞集 ………………………… 3－421
十住毗婆沙論十七卷 ……………… 2－423

十科策略箋釋十卷 ………………… 3－181
十科策略箋釋十卷 ………………… 3－181
十華小築詩鈔四卷 ………………… 3－247
十家詩鈔 …………………………… 2－517
十家語錄摘要二卷詠梅軒札記一卷
　剩稿一卷增訂一卷 ……………… 2－216
十家語錄摘要二卷詠梅軒札記一卷
　剩稿一卷增訂一卷 ……………… 2－216
十家題跋 …………………………… 2－320
十國春秋一百十六卷 ……………… 1－270
十國春秋一百十六卷 ……………… 1－270
十國春秋一百十六卷 ……………… 1－270
十國春秋一百十六卷 ……………… 1－270
十國春秋一百十六卷 ……………… 1－270
十國宮詞一百卷首一卷 …………… 3－237
十國宮詞一百卷首一卷 …………… 3－237
十國雜事詩十九卷 ………………… 3－412
十國雜事詩十九卷 ………………… 3－412
十國雜事詩十九卷 ………………… 3－412
十國雜事詩十九卷 ………………… 3－412
十國雜事詩十九卷 ………………… 3－412
十國雜事詩十九卷 ………………… 3－412
十國雜事詩十九卷 ………………… 3－412
十萬卷樓叢書 ……………………… 3－498
十萬卷樓叢書 ……………………… 3－498
十萬卷樓叢書 ……………………… 3－498
十萬卷樓叢書 ……………………… 3－498
十萬卷樓叢書 ……………………… 3－499
十發庵集字楹帖三卷 ……………… 3－418
十經齋文集四卷 …………………… 3－216
十種古逸書 ………………………… 3－494
十種古逸書 ………………………… 3－494
十種古逸書 ………………………… 3－495
十種古逸書 ………………………… 3－495
十種古逸書 ………………………… 3－495
十種唐詩選 ………………………… 2－510
十種唐詩選 ………………………… 2－510
十種唐詩選 ………………………… 2－510
十種唐詩選 ………………………… 2－510
十種唐詩選 ………………………… 2－510
十種唐詩選 ………………………… 2－510

十種唐詩選十七卷附唐賢三昧集三卷
　　………………………………………　3－4
十誦羯磨比丘要用一卷 ……………　2－433
十誦齋集詩四卷詞一卷雜文一卷 ……　3－256
十髮庵叢書 ……………………………　3－510
十髮庵叢書 ……………………………　3－510
十髮庵叢書 ……………………………　3－510
十駕齋養新錄二十卷十駕齋養新餘
　　錄三卷 ………………………………　2－392
十駕齋養新錄二十卷十駕齋養新餘
　　錄三卷 ………………………………　2－392
十駕齋養新錄二十卷十駕齋養新餘
　　錄三卷 ………………………………　2－392
十駕齋養新錄二十卷十駕齋養新餘
　　錄三卷 ………………………………　2－392
十駕齋養新錄二十卷十駕齋養新餘
　　錄三卷 ………………………………　2－392
十駕齋養新錄二十卷十駕齋養新餘
　　錄三卷 ………………………………　2－393
十駕齋養新錄二十卷十駕齋養新餘
　　錄三卷 ………………………………　2－393
十駕齋養新錄二十卷十駕齋養新餘
　　錄三卷 ………………………………　2－393
十藥神書註解一卷 …………………　2－271
丁文誠公奏稿二十六卷首一卷附十
　　五弗齋詩存一卷文存一卷 …………　3－533
丁文誠公奏議二十六卷 ……………　1－499
丁未年終在省各學堂職員調查錄 ……　1－387
丁未和會類要四卷 …………………　1－464
丁未和會類要四卷 …………………　1－464
丁卯集二卷 ……………………………　3－97
丁酉年通書 ……………………………　2－411
丁辛老屋集十二卷 ……………………　3－190
丁祭禮樂備考三卷 ……………………　1－427
丁祭禮樂備考三卷 ……………………　1－427
丁祭禮樂備考三卷 ……………………　2－345
丁傳璐鄉試硃卷 ………………………　3－187
七十二峰足徵集八十八卷 …………　3－29

七十二峰足徵集八十八卷文集十六卷
　　………………………………………　3－29
七十二候表一卷 ……………………　2－298
七十二候表一卷 ……………………　2－298
七十家賦鈔六卷 ……………………　2－538
七十家賦鈔六卷 ……………………　2－538
七十家賦鈔六卷 ……………………　2－538
七十家賦鈔六卷 ……………………　2－538
七十家賦鈔六卷 ……………………　2－538
七十家賦鈔六卷 ……………………　2－538
七十家賦鈔六卷 ……………………　2－538
七十家賦鈔六卷 ……………………　2－538
七十家賦鈔六卷 ……………………　2－538
七十家賦鈔六卷 ……………………　2－538
七子詩話 ………………………………　2－509
七子詩話 ………………………………　2－509
七子詩選 ………………………………　2－515
七巧圖二卷 ……………………………　2－350
七巧圖合璧一卷 ………………………　2－350
七言律詩鈔十八卷 ……………………　2－551
七政臺曆全書：道光十三年至光緒
　　十八年 ………………………………　2－298
七修類稿五十一卷續稿七卷 ………　2－487
七修類稿五十一卷續稿七卷 ………　2－487
七修類稿五十一卷續稿七卷 ………　2－487
七俱胝佛母所說准提陀羅尼經會釋三卷
　　………………………………………　2－429
七家後漢書二十一卷 ………………　1－255
七家後漢書二十一卷 ………………　1－255
七家後漢書二十一卷 ………………　1－255
七家後漢書二十一卷 ………………　1－255
七家試帖輯註彙鈔九卷 ………………　3－48
七家試帖輯註彙鈔九卷 ………………　3－48
七家試帖輯註彙鈔九卷 ………………　3－48
七家試帖輯註彙鈔九卷 ………………　3－49
七家試帖輯註彙鈔九卷 ………………　3－49
七家試帖輯註彙鈔九卷 ………………　3－49
七家試帖輯註彙鈔九卷 ………………　3－49
七家試帖輯註彙鈔九卷 ………………　3－49
七家試帖輯註彙鈔九卷 ………………　3－49

七家試帖輯註彙鈔九卷 ……………	3－49	八代詩選二十卷 ……………	2－555
七家詩詳註七卷 …………	3－49	八代詩選二十卷 ……………	2－556
七國地理考七卷 …………	1－517	八代詩選二十卷 ……………	2－556
七國地理考七卷 …………	1－517	八代詩選二十卷 ……………	2－556
七頌堂文集二卷 …………	3－400	八代詩選二十卷 ……………	2－556
七經精義 …………………	1－9	八代詩選二十卷 ……………	2－556
七經精義 …………………	1－9	八代詩選二十卷 ……………	2－556
七經樓文鈔六卷 …………	3－382	八代詩選二十卷 ……………	2－556
七緯附補遺 ………………	1－4	八代詩選二十卷 ……………	2－556
七錄齋集六卷論略一卷 …	3－172	八代詩選二十卷 ……………	2－556
卜易偶鈔四卷 ……………	2－407	八宅明鏡二卷 ……………	2－419
卜法詳考四卷 ……………	2－407	八宅明鏡二卷 ……………	2－419
卜法詳考四卷 ……………	2－407	八宅明鏡二卷 ……………	2－419
卜筮正宗十四卷 …………	2－407	八字圖說一卷 ……………	2－216
卜筮正宗十四卷 …………	2－407	八卦餘生十八卷 ……………	2－406
卜筮正宗十四卷 …………	2－407	八卦觀象解二卷卦氣解一卷 ………	1－20
卜筮正宗十四卷 …………	2－407	八卦觀象解二卷卦氣解一卷 ………	1－20
卜筮正宗十四卷 …………	2－407	八指詩存二卷 ……………	3－352
卜筮正宗十四卷 …………	2－407	八指頭陀詩集十卷補遺一卷詞附存	
八十一玉山房玉紀一卷 …	2－352	一卷雜文一卷 …………	3－357
八十一寒詞一卷 …………	3－430	八指頭陀詩集十卷補遺一卷詞附存	
八史經籍志三十卷 ………	2－134	一卷雜文一卷 …………	3－357
八史經籍志三十卷 ………	2－134	八指頭陀詩集十卷補遺一卷詞附存	
八史經籍志三十卷 ………	2－134	一卷雜文一卷 …………	3－357
八史經籍志三十卷 ………	2－134	八指頭陀詩集十卷補遺一卷詞附存	
八史經籍志三十卷 ………	2－134	一卷雜文一卷 …………	3－357
八史經籍志三十卷 ………	2－134	八指頭陀詩集十卷補遺一卷詞附存	
八史經籍志三十卷 ………	2－134	一卷雜文一卷 …………	3－357
八史經籍志三十卷 ………	2－134	八指頭陀詩集十卷補遺一卷詞附存	
八矢註字圖說一卷鍾律陳數一卷……	1－189	一卷雜文一卷 …………	3－357
八代文粹四集二百二十卷目錄十八卷		八烈贈詩七卷 ……………	3－22
…………	2－541	八家文鈔 …………………	2－515
八代文粹四集二百二十卷目錄十八卷		八家四六文鈔 ……………	2－515
…………	2－541	八家四六文鈔 ……………	2－515
八代文粹四集二百二十卷目錄十八卷		八家四六文鈔 ……………	2－515
…………	2－541	八家四六文鈔 ……………	2－515
八代詩選二十卷 ……………	2－555	八家四六文鈔 ……………	2－515
八代詩選二十卷 ……………	2－555	八家四六文註 ……………	2－515
八代詩選二十卷 ……………	2－555	八家四六文註 ……………	2－515
八代詩選二十卷 ……………	2－555		

八家四六文註……………………… 2－515
八家四六文註……………………… 2－516
八家四六文註……………………… 2－516
八家四六文註……………………… 2－516
八家四六文註……………………… 2－516
八家四六文註……………………… 2－516
八家四六文註……………………… 2－516
八家四六文註……………………… 2－516
八家四六文補註一卷補註增訂一卷
　　……………………………… 3－417
八家四六文補註一卷補註增訂一卷
　　……………………………… 3－417
八家詩選…………………………… 2－515
八家詩選…………………………… 2－515
八銘堂塾鈔八卷…………………… 3－245
八銘堂塾鈔八卷…………………… 3－245
八旗文經六十卷…………………… 3－26
八旗滿洲氏族通譜八十卷………… 1－379
八綫備旨四卷八綫學總習問一卷…… 2－310
八綫備旨四卷八綫學總習問一卷…… 2－310
八綫備旨四卷八綫學總習問一卷…… 2－310
八綫對數簡表一卷八綫簡表一卷…… 2－305
八編類纂二百八十五卷…………… 2－488
八編類纂二百八十五卷六經圖六卷
　　地類圖二卷…………………… 2－488
八編類纂二百八十五卷六經圖六卷
　　地類圖二卷…………………… 2－489
八識規矩補註二卷………………… 2－439
八識規矩頌一卷大乘百法明門論一卷
　　……………………………… 2－451
人天奧理三卷……………………… 2－286
人天奧語一卷……………………… 2－376
人生必讀書十二卷………………… 2－476
人表考九卷………………………… 1－295
人物志三卷………………………… 2－358
人海記二卷………………………… 2－370
人海記二卷………………………… 2－370
人海記二卷………………………… 2－370
人參譜四卷………………………… 2－258
人極衍義一卷……………………… 2－197

人境廬詩草十一卷………………… 3－344
人境廬詩草十一卷………………… 3－344
人壽金鑒二十二卷………………… 1－386
人壽金鑒二十二卷………………… 1－386
人壽金鑒二十二卷………………… 1－386
人壽金鑒二十二卷………………… 1－386
人壽金鑒二十二卷………………… 1－386
人壽金鑒二十二卷………………… 1－386
人壽金鑒二十二卷………………… 1－386
人範六卷…………………………… 2－215
人範六卷…………………………… 2－215
人範須知六卷……………………… 2－208
人範須知六卷……………………… 2－208
人範須知六卷……………………… 2－208
人範須知六卷……………………… 2－208
人鏡類纂四十六卷………………… 2－501
人譜一卷人譜類記二卷…………… 2－202
人譜一卷人譜類記五卷…………… 2－202
人譜一卷人譜類記增訂六卷……… 2－201
人譜二卷…………………………… 2－201
人譜二卷…………………………… 2－201
人譜六卷…………………………… 2－202
人譜正篇一卷人譜類記增訂六卷…… 2－202
人譜正篇一卷人譜類記增訂六卷…… 2－202
人譜正篇一卷人譜類記增訂六卷…… 2－202
人譜正篇一卷人譜類記增訂六卷…… 2－202
人譜類記二卷……………………… 2－202
入地眼全書十卷…………………… 2－414
入法界體性經一卷………………… 2－430
入雲編四卷………………………… 3－384
入幕須知…………………………… 1－437
入楞伽心玄義一卷………………… 2－445
入楞伽心玄義一卷………………… 2－445
入楞伽經十卷……………………… 2－428
入楞伽經十卷……………………… 2－428
九九新論二卷……………………… 2－380
九九銷夏錄十四卷………………… 2－370
九天應元雷聲普化天尊說玉樞寶經
　　……………………………… 2－478
九史同姓名略七十二卷補遺四卷…… 1－289

34

［同治］九江府志五十四卷首一卷
  末一卷 …………………………… 2－7
［光緒］九江儒林鄉志二十一卷 ……… 2－29
九更寶卷一卷 …………………………… 3－448
九岩遺詩一卷 …………………………… 3－341
九柏山房詩十六卷 ……………………… 3－359
九面樓詩集二卷 ………………………… 3－279
九都祀總簿 ……………………………… 1－492
九華山志十卷首一卷末一卷 …………… 2－80
九華山志十卷首一卷末一卷 …………… 2－81
九家集註杜詩三十六卷 ………………… 3－83
九通 ……………………………………… 1－408
九通分類總纂二百四十卷 ……………… 1－419
九通序不分卷 …………………………… 1－419
九通通二百四十八卷 …………………… 1－419
九通提要十二卷 ………………………… 1－419
九國志十二卷 …………………………… 1－270
九國志十卷 ……………………………… 1－270
九章算術細草圖說九卷海島算經細
  草圖說一卷 …………………………… 2－302
九章算術細草圖說九卷海島算經細
  草圖說一卷 …………………………… 2－302
九章算術細草圖說九卷海島算經細
  草圖說一卷 …………………………… 2－302
九章算術細草圖說九卷海島算經細
  草圖說一卷 …………………………… 2－302
九煙先生集四卷補遺一卷別集二卷
  …………………………………………… 3－257
九煙先生集四卷補遺一卷別集二卷
  …………………………………………… 3－257
九煙先生集四卷補遺一卷別集二卷
  …………………………………………… 3－257
九煙先生遺集六卷 ……………………… 3－257
九溪文稿□□卷 ………………………… 3－193
九經 ……………………………………… 1－2
九經 ……………………………………… 1－2
九經今義二十八卷 ……………………… 1－118
九經古義十六卷 ………………………… 1－123
九經古義十六卷 ………………………… 1－123
九經古義十六卷 ………………………… 1－123
九經古義十六卷 ………………………… 1－123

九經古義十六卷 ………………………… 3－531
九經讀本 ………………………………… 1－2
九疑山志四卷 …………………………… 2－77
九疑行一卷 ……………………………… 3－203
九數外錄一卷 …………………………… 2－305
九數外錄一卷 …………………………… 2－305
九數通考十一卷首一卷末一卷 ………… 2－303
九數通考續集十卷 ……………………… 2－303
九鐘精舍金石跋尾甲編一卷 …………… 2－112
九鐘精舍金石跋尾甲編一卷 …………… 2－112
九鐘精舍金石跋尾甲編一卷 …………… 2－112
九靈山房集三十卷補編二卷 …………… 3－152
力學拾級二卷 …………………………… 2－311
乃有廬雜著一卷 ………………………… 3－377
了凡四訓一卷 …………………………… 2－201
了凡四訓一卷 …………………………… 2－201
了凡四訓一卷附錄一卷 ………………… 2－201
了庵文集九卷 …………………………… 3－195
了庵詩十卷 ……………………………… 3－196
了庵詩集不分卷 ………………………… 3－196

三畫

三十二百福草堂詩集四卷 ……………… 3－308
三十二百福草堂詩集四卷 ……………… 3－308
三十二蘭亭室詩存八卷 ………………… 3－396
三十二蘭亭詩存八卷續刻二卷 ………… 3－396
三十二蘭亭詩存八卷續刻二卷 ………… 3－396
三十六灣草廬稿十卷 …………………… 3－339
三十六灣草廬稿十卷 …………………… 3－339
三十初度倡和詩 ………………………… 3－60
三十科同館賦鈔三十二卷 ……………… 3－46
三十科會墨回瀾八卷 …………………… 3－47
三十家詩鈔六卷首一卷末一卷 ………… 2－554
三十家詩鈔六卷首一卷末一卷 ………… 2－554
三十家詩鈔六卷首一卷末一卷 ………… 2－554
三十家詩鈔六卷首一卷末一卷 ………… 2－554
三十家詩鈔六卷首一卷末一卷 ………… 2－554
三十家詩鈔六卷首一卷末一卷 ………… 2－554
三十家詩鈔六卷首一卷末一卷 ………… 2－554
三才紀要不分卷 ………………………… 1－517

三才略三卷 ……………………… 2－505
三才略三卷 ……………………… 2－505
三才略三卷 ……………………… 2－505
三才略紀不分卷 ………………… 2－495
三才圖會一百〇六卷 …………… 2－486
三山同聲集四卷續編一卷 ……… 3－19
三山拙齋林先生尚書全解四十卷 …… 1－27
三子合刊十三卷 ………………… 2－464
三子合刊十三卷 ………………… 2－464
三元秘授六卷 …………………… 3－480
三支比量義鈔一卷八識規矩補註證
　義一卷 ………………………… 2－439
三公奏議 ………………………… 1－501
三水小牘二卷 …………………… 3－454
[嘉慶]三水縣志十六卷首一卷 … 2－29
三水關紀事和詩三卷 …………… 3－39
三世因果一卷 …………………… 3－446
三世因果一卷 …………………… 3－446
三古圖 …………………………… 2－351
三史同名錄四十卷 ……………… 1－289
三史拾遺五卷 …………………… 1－195
三史拾遺五卷 …………………… 1－195
三史拾遺五卷 …………………… 1－195
三史拾遺五卷 …………………… 1－195
三史拾遺五卷 …………………… 1－195
三史拾遺五卷 …………………… 1－196
三史拾遺五卷 …………………… 1－196
三史拾遺五卷 …………………… 1－196
三史拾遺五卷 …………………… 1－196
三代兩漢遺書讀本八卷 ………… 2－531
三白寶海三卷 …………………… 2－415
三冬識餘二卷 …………………… 2－392
三百單方一卷 …………………… 2－265
三百篇原聲七卷 ………………… 1－46
三朱遺編 ………………………… 3－43
三先生類要五卷 ………………… 2－190
三名臣書牘 ……………………… 3－61
三江水利紀略四卷 ……………… 2－96
三字經集註音疏二卷 …………… 2－215
三字經集註音疏二卷 …………… 3－539
三字經註解備要一卷 …………… 2－198

三字經註解備要二卷 …………… 2－198
三字經註解備要二卷 …………… 2－198
三字經註解備要二卷 …………… 2－198
三吳水利錄四卷續錄一卷附錄一卷 …… 2－97
三角公式輯要二卷 ……………… 2－304
三角法解源五卷 ………………… 2－306
三角數理十二卷 ………………… 2－307
三角數理十二卷 ………………… 2－307
三角數理十二卷 ………………… 2－307
三宋人集 ………………………… 2－512
三宋人集 ………………………… 2－512
三宋人集 ………………………… 2－512
三宋人集 ………………………… 2－512
三長物齋詩略五卷文略六卷 …… 3－339
三長物齋詩略五卷文略六卷 …… 3－339
三長物齋詩略五卷文略六卷 …… 3－339
三長物齋叢書 …………………… 3－500
三長物齋叢書 …………………… 3－500
三長物齋叢書 …………………… 3－500
三長物齋叢書 …………………… 3－500
三長物齋叢書 …………………… 3－500
三茅真君宣化度世寶卷二卷 …… 3－448
三事忠告 ………………………… 1－436
三事忠告 ………………………… 1－436
三岡識略十卷 …………………… 2－376
三岡識略十卷續識略一卷 ……… 2－376
三官寶卷 ………………………… 3－448
三南紀游三卷 …………………… 2－102
三指禪三卷 ……………………… 2－260
三指禪三卷 ……………………… 2－260
三指禪三卷 ……………………… 2－260
三指禪三卷 ……………………… 2－260
三指禪三卷 ……………………… 2－260
三指禪三卷 ……………………… 2－260
三指禪三卷 ……………………… 2－260
三指禪三卷 ……………………… 2－260
三指禪三卷 ……………………… 2－260
三指禪三卷 ……………………… 2－260
三指禪三卷 ……………………… 2－260
三指禪三卷 ……………………… 2－260
三指禪三卷 ……………………… 2－261

三省邊防備覽十八卷	1－473	三通考輯要七十六卷	1－418
三省邊防備覽十八卷	1－473	三通考輯要七十六卷	1－418
三省邊防備覽十八卷	1－473	三通考輯要七十六卷	1－418
三省邊防備覽十八卷	1－473	三通序一卷	1－418
三省邊防備覽十四卷	1－473	三通序一卷	1－418
三省邊防備覽十四卷	1－473	三通序一卷	1－418
三省邊防備覽十四卷	1－473	三通序一卷	1－419
三省邊防備覽十四卷	1－473	三通序一卷	1－419
三省邊防備覽十四卷	1－473	三通序一卷	1－419
三省邊防備覽十四卷	1－473	三通序一卷	1－419
三省邊防備覽十四卷	1－473	三通序一卷	1－419
三省邊防備覽十四卷	1－473	三通序一卷	1－419
三省邊防備覽十四卷	1－473	三通序三卷	3－548
三省邊防備覽十四卷	1－473	三通序不分卷	1－418
三省邊防備覽十四卷	1－473	三通序目一卷	1－418
三省邊防備覽十四卷	1－473	三通序詳說三卷	3－548
三昧水懺三卷	2－445	三國史辨誤一卷	1－205
三香吟館詩鈔五卷	3－319	三國志六十五卷	1－202
三袁先生集五卷	2－513	三國志六十五卷	1－202
三恥齋初稿八卷	3－237	三國志六十五卷	1－202
[光緒]三原縣新志八卷	1－540	三國志六十五卷	1－202
三徑草堂詩鈔四卷	3－381	三國志六十五卷	1－202
三唐人文集	2－509	三國志六十五卷	1－202
三唐人集	2－512	三國志六十五卷	1－202
三流道里表不分卷	1－484	三國志六十五卷	1－202
三流道里表不分卷	1－484	三國志六十五卷	1－202
三流道里表不分卷	1－484	三國志六十五卷	1－202
三流道里表不分卷	1－484	三國志六十五卷	1－202
三流道里表不分卷	1－484	三國志六十五卷	1－203
三家宮詞	2－507	三國志六十五卷	1－203
三家宮詞二家宮詞	2－507	三國志六十五卷	1－203
三家宮詞二家宮詞	2－507	三國志六十五卷	1－203
三家詩異文疏證六卷補遺三卷	1－39	三國志六十五卷	1－203
三家詩補遺三卷	1－45	三國志六十五卷	1－203
三家詩補遺三卷	1－45	三國志六十五卷	1－203
三家詩補遺三卷	1－45	三國志六十五卷	1－203
三家醫案合刻三卷	2－269	三國志六十五卷	1－203
三書寶鑒	2－222	三國志六十五卷	1－203
三書寶鑒	2－222	三國志六十五卷	1－203
三通	1－408	三國志六十五卷	1－203

三國志六十五卷……………… 1－203　　三魚堂文集十二卷外集六卷附錄一卷
三國志六十五卷……………… 1－203　　　……………………………… 3－325
三國志六十五卷……………… 1－203　　三魚堂文集十二卷外集六卷附錄一卷
三國志六十五卷……………… 1－203　　　……………………………… 3－325
三國志六十五卷……………… 1－203　　三魚堂文集十二卷外集六卷附錄一卷
三國志六十五卷……………… 3－532　　　……………………………… 3－325
三國志考證八卷……………… 1－204　　三魚堂文集十二卷外集六卷附錄一卷
三國志考證八卷……………… 1－204　　　……………………………… 3－325
三國志旁證三十卷…………… 1－204　　三魚堂文集十二卷外集六卷附錄一卷
三國志旁證三十卷…………… 1－204　　　……………………………… 3－325
三國志註證遺四卷…………… 1－204　　三魚堂文集十二卷外集六卷附錄一卷
三國志註證遺四卷…………… 1－204　　　……………………………… 3－325
三國志註證遺四卷補四卷…… 1－203　　三魚堂文集十二卷外集六卷附錄一卷
三國志註證遺四卷補四卷…… 1－203　　　……………………………… 3－325
三國志註證遺四卷補四卷…… 1－204　　三魚堂文集十二卷外集六卷附錄一卷
三國志補註續一卷…………… 1－204　　　……………………………… 3－325
三國志補註續一卷…………… 1－204　　三魚堂文集十二卷外集六卷附錄一
三國志補註續一卷…………… 1－204　　　卷賸言十二卷……………… 3－325
三國志質疑六卷……………… 1－204　　三魚堂四書集註大全四十卷…… 1－105
三國志辨疑三卷……………… 1－204　　三魚堂全集…………………… 3－522
三國志辨疑三卷……………… 1－205　　三魚堂賸言十二卷…………… 2－194
三國志辨疑三卷……………… 1－205　　三魚堂賸言十二卷…………… 2－195
三國志辨疑三卷……………… 1－205　　三朝北盟會編二百五十卷…… 1－240
三國志證聞三卷……………… 1－205　　三朝北盟會編二百五十卷…… 1－240
三國志證聞三卷……………… 1－205　　三朝北盟會編二百五十卷…… 1－240
三國志證聞三卷……………… 1－205　　三朝北盟會編二百五十卷…… 1－240
三國郡縣表八卷……………… 1－518　　三朝北盟會編二百五十卷…… 1－240
三國郡縣表八卷……………… 1－518　　三朝聖諭一卷………………… 2－456
三國郡縣表八卷……………… 1－518　　三硯齋詩賸一卷……………… 3－385
三國會要二十二卷首一卷…… 1－420　　三無性論二卷………………… 2－427
三國會要二十二卷首一卷…… 1－420　　三湖漁人全集八卷…………… 3－393
三國職官表三卷……………… 1－276　　三統術衍三卷鈐一卷………… 2－293
三國疆域志補註十九卷……… 1－205　　三統術衍三卷鈐一卷………… 2－293
三魚堂日記十卷……………… 1－330　　三統術衍三卷鈐一卷………… 2－293
三魚堂文集十二卷外集六卷附錄一卷　　三統術衍三卷鈐一卷………… 2－293
　……………………………… 3－324　　三統術衍三卷鈐一卷………… 2－293
三魚堂文集十二卷外集六卷附錄一卷　　三統術詳細說四卷…………… 2－293
　……………………………… 3－324　　三統術詳細說四卷…………… 2－294
三魚堂文集十二卷外集六卷附錄一卷　　三塘漁唱三卷………………… 3－187
　……………………………… 3－325　　三聖圓融觀門一卷…………… 2－446

三農記二十四卷 ……………………… 2-238
三農記二十四卷 ……………………… 2-238
三農記二十四卷 ……………………… 2-238
三農記十卷 ……………………………… 2-238
三經日課 ………………………………… 2-420
三經合解 ………………………………… 2-420
三臺齋簡摩試帖百首不分卷 ………… 3-52
三輔黃圖一卷 …………………………… 2-54
三輔黃圖六卷 …………………………… 2-54
三輔黃圖六卷補遺一卷 ……………… 2-54
三輔黃圖六卷補遺一卷 ……………… 2-54
三輔黃圖六卷補遺一卷 ……………… 2-54
三輔黃圖六卷補遺一卷 ……………… 2-54
三輔黃圖六卷補遺一卷 ……………… 2-54
三輔黃圖六卷補遺一卷 ……………… 2-54
三輔黃圖六卷補遺一卷 ……………… 2-54
三輔黃圖六卷補遺一卷 ……………… 2-54
三管英靈集五十七卷 …………………… 2-553
三遷志十二卷 …………………………… 2-66
三遷志六卷 ……………………………… 2-66
三影閣叢書 ……………………………… 3-310
三餘書屋叢書 …………………………… 3-502
三論玄義二卷 …………………………… 2-445
三禮考註六十四卷序錄一卷綱領一卷
　　　　　　　　　　　　　　　　 1-70
三禮考註六十四卷序錄一卷綱領一卷
　　　　…………………………………… 1-70
三禮考註六十四卷序錄一卷綱領一卷
　　　　…………………………………… 1-70
三禮便讀九卷 …………………………… 1-70
三禮通論一卷 …………………………… 1-70
三禮通釋二百八十卷目錄四卷 ……… 3-543
三禮通釋二百八十卷首一卷目錄四卷
　　　　…………………………………… 1-70
三禮通釋二百八十卷首一卷目錄四卷
　　　　…………………………………… 1-70
三禮從今三卷 …………………………… 1-75
三禮從今三卷 …………………………… 1-75
三禮從今三卷 …………………………… 1-75
三禮義證十二卷 ………………………… 1-70
三禮箋六十九卷 ………………………… 1-69

三禮鄭註考三卷 ………………………… 1-71
三藩紀事本末二十二卷 ……………… 1-246
三藩紀事本末二十二卷 ……………… 1-247
三藩紀事本末二十二卷 ……………… 1-247
三藩紀事本末二十二卷 ……………… 1-247
三藩紀事本末四卷 ……………………… 1-246
三蘇文定九卷 …………………………… 3-41
三蘇文集七十卷 ………………………… 3-40
三蘇先生文集七十卷 …………………… 3-40
三蘇先生文粹七十卷 …………………… 3-40
三蘇全集 ………………………………… 3-40
三蘇全集 ………………………………… 3-40
三蘇全集 ………………………………… 3-40
三蘇全集 ………………………………… 3-40
三蘇全集 ………………………………… 3-40
三蘇全集 ………………………………… 3-40
三蘇經史策論四十卷 …………………… 3-11
三蘇經史策論四十卷 …………………… 3-11
三續千字文註一卷 ……………………… 1-174
三續尚友錄二十四卷明史尚友錄八卷
　　　　…………………………………… 1-294
[光緒]三續華州志十二卷 ………… 1-541
三續疑年錄十卷 ………………………… 1-297
三續疑年錄十卷 ………………………… 1-297
三體驪珠集九卷 ………………………… 3-27
三讓堂四書遵註合講:論語十卷 …… 1-109
三讓堂重訂古文釋義新編八卷 ……… 2-532
干支糾繆一卷 …………………………… 2-295
干支糾繆一卷 …………………………… 2-296
干支糾繆一卷 …………………………… 2-296
干支偶錄二卷 …………………………… 3-279
干支集錦二十四卷 ……………………… 2-495
干支類聯二卷 …………………………… 2-501
干祿字書一卷 …………………………… 3-545
于清端公政書八卷 ……………………… 1-475
于清端公政書八卷 ……………………… 1-475
于清端公政書八卷首編一卷外集一卷
　　　　…………………………………… 1-499
于越先賢像傳贊二卷 …………………… 1-329
于雲贊選拔貢卷 ………………………… 3-188

于湖小集六卷金陵雜事詩一卷漚簃

　擬墨一卷 …………………… 3－281

工部局衛生清冊一卷 …………… 1－458

工程致富論略十三卷 …………… 2－319

工程致富論略十三卷圖一卷 …… 2－291

工程做法七十四卷附物料價值四卷 … 1－508

工業與國政相關論二卷 ………… 1－447

士那補釋一卷 …………………… 2－238

士那補釋一卷 …………………… 2－238

士那補釋一卷 …………………… 2－238

士林立命錄內集三卷外集三卷 … 2－400

士禮居黃氏叢書 ………………… 3－500

士禮居黃氏叢書 ………………… 3－500

士禮居黃氏叢書 ………………… 3－500

士禮居黃氏叢書 ………………… 3－500

士禮居藏書題跋記六卷 ………… 3－549

士禮居藏書題跋記六卷續目一卷年

　譜二卷 ……………………… 2－149

土官底簿二卷 …………………… 1－385

下學寮匯稿四卷 ………………… 3－375

下學寮匯稿四卷 ………………… 3－375

下學寮匯稿四卷 ………………… 3－376

大川對類二十卷 ………………… 2－486

大凡一卷餘論一卷 ……………… 3－87

大小雅堂詩集一卷 ……………… 3－254

大元聖政國朝典章六十卷新集至治

　條例不分卷 ………………… 1－420

大元聖政國朝典章六十卷新集至治

　條例不分卷 ………………… 1－421

大元聖政國朝典章六十卷新集至治

　條例不分卷 ………………… 1－421

大比丘三千威儀二卷 …………… 2－428

大日本中興先覺志二卷 ………… 1－387

大日本中興先覺志二卷 ………… 1－387

大中丞靜齋朱公奏疏一卷詩文遺稿一卷

　………………………………… 1－500

大六壬大全十三卷 ……………… 2－407

大六壬大全十三卷 ……………… 2－408

大六壬大全十三卷 ……………… 2－408

大六壬鈐不分卷六壬畢法賦一卷六

　壬兵占二卷 ………………… 2－406

大六壬尋原四卷 ………………… 2－408

大文堂重訂古文釋義新編八卷 … 2－532

大文堂重訂古文釋義新編八卷 … 2－532

大文堂綱鑑易知錄九十二卷 …… 1－227

大文堂綱鑑易知錄九十二卷明鑑易

　知錄十五卷 ………………… 1－228

大方便佛報恩經七卷 …………… 2－457

大方便佛報恩經七卷 …………… 2－457

大方便佛報恩經七卷 …………… 2－457

大方便佛報恩經七卷 …………… 2－457

大方等大集經一卷 ……………… 2－425

大方等如來藏經一卷 …………… 2－421

大方廣佛華嚴經八十一卷 ……… 2－432

大方廣佛華嚴經八十一卷 ……… 2－432

大方廣佛華嚴經八十一卷 ……… 2－433

大方廣佛華嚴經入不思議解脫境界

　普賢行願品卷第四十一卷 …… 2－431

大方廣佛華嚴經五卷 …………… 2－431

大方廣佛華嚴經六十卷 ………… 2－421

大方廣佛華嚴經著述集要 ……… 2－421

大方廣佛華嚴經著述集要 ……… 2－421

大方廣佛華嚴經著述集要 ……… 2－421

大方廣佛華嚴經普賢行願品別行疏

　鈔十五卷 …………………… 2－435

大方廣佛華嚴經普賢行願品別行疏

　鈔十五卷 …………………… 2－435

大方廣佛華嚴經普賢行願品別行疏

　鈔十五卷 …………………… 2－435

大方廣佛華嚴經普賢行願品疏科文一卷

　……………………………… 2－435

大方廣佛華嚴經普賢行願品疏科文一卷

　……………………………… 2－435

大方廣佛華嚴經普賢行願品疏科文一卷

　……………………………… 2－435

大方廣佛華嚴經疏序演義鈔八卷 … 2－433

大方廣佛華嚴經疏序演義鈔八卷 … 2－436

大方廣佛華嚴經疏序演義鈔八卷首一卷

　……………………………… 2－436

大方廣佛華嚴經疏鈔會本八十卷首一卷

　大方廣佛華嚴經疏鈔懸談二十八卷

　……………………………… 2－436

大方廣佛華嚴經疏鈔懸談二十八卷
　　首一卷 …………………………… 2－446
大方廣佛華嚴經疏論纂要懸亦一百
　　二十卷 …………………………… 2－436
大方廣圓覺修多羅了義經二卷 ……… 2－430
大方廣圓覺修多羅了義經二卷 ……… 2－430
大方廣圓覺修多羅了義經二卷 ……… 2－430
大方廣圓覺修多羅了義經二卷 ……… 2－430
大方廣圓覺修多羅了義經二卷 ……… 2－430
大方廣圓覺修多羅了義經二卷 ……… 2－430
大方廣圓覺修多羅了義經二卷 ……… 2－430
大方廣圓覺修多羅了義經近釋六卷
　　…………………………………… 2－438
大方廣圓覺修多羅了義經直解二卷
　　…………………………………… 2－440
大方廣圓覺修多羅了義經略疏二卷
　　…………………………………… 2－435
大方廣圓覺修多羅了義經略疏二卷
　　…………………………………… 2－435
大方廣圓覺修多羅了義經略疏二卷
　　…………………………………… 2－435
大方廣圓覺修多羅了義經簡要二卷
　　…………………………………… 2－452
大方廣圓覺經大疏十六卷首一卷 …… 2－435
大方廣圓覺經大疏三卷首一卷末一卷
　　…………………………………… 2－435
大生要旨二卷 ………………………… 2－281
大生要旨八卷 ………………………… 2－281
大生要旨五卷 ………………………… 2－280
大生要旨五卷 ………………………… 2－281
大生要旨五卷 ………………………… 2－281
[正德]大同府志十八卷 …………… 1－535
[乾隆]大同府志三十二卷首一卷 … 1－535
大同圖解一卷 ………………………… 2－473
[道光]大同縣志二十卷首一卷末一卷
　　…………………………………… 1－535
[咸豐]大名府志二十二卷首一卷續
　　志六卷末一卷 …………………… 1－534
大字足本繡像第一俠義奇女傳四卷
　　五十三回 ………………………… 3－474

[同治]大邑縣志二十卷 …………… 2－34
大別山志十卷首一卷 ………………… 2－81
大別山志十卷首一卷 ………………… 2－81
大佛頂如來密因修證了義諸菩薩萬
　　行首楞嚴經十卷 ………………… 2－431
大佛頂如來密因修證了義諸菩薩萬
　　行首楞嚴經十卷 ………………… 2－431
大佛頂如來密因修證了義諸菩薩萬
　　行首楞嚴經十卷 ………………… 2－431
大佛頂如來密因修證了義諸菩薩萬
　　行首楞嚴經十卷 ………………… 2－431
大佛頂如來密因修證了義諸菩薩萬
　　行首楞嚴經十卷 ………………… 2－431
大佛頂如來密因修證了義諸菩薩萬
　　行首楞嚴經十卷 ………………… 2－431
大佛頂如來密因修證了義諸菩薩萬
　　行首楞嚴經十卷 ………………… 2－431
大佛頂如來密因修證了義諸菩薩萬
　　行首楞嚴經十卷 ………………… 2－431
大佛頂如來密因修證了義諸菩薩萬
　　行首楞嚴經十卷 ………………… 2－431
大佛頂如來密因修證了義諸菩薩萬
　　行首楞嚴經十卷 ………………… 2－431
大佛頂如來密因修證了義諸菩薩萬
　　行首楞嚴經十卷 ………………… 2－431
大佛頂如來密因修證了義諸菩薩萬
　　行首楞嚴經十卷 ………………… 2－437
大佛頂如來密因修證了義諸菩薩萬
　　行首楞嚴經十卷 ………………… 2－437
大佛頂如來密因修證了義諸菩薩萬
　　行首楞嚴經文句十卷玄義二卷…… 2－439
大佛頂如來密因修證了義諸菩薩萬
　　行首楞嚴經四依解十卷懸叙一卷
　　…………………………………… 2－452
大佛頂如來密因修證了義諸菩薩萬
　　行首楞嚴經玄義二卷文句十卷…… 2－439
大佛頂如來密因修證了義諸菩薩萬
　　行首楞嚴經玄義二卷文句十卷…… 2－439

大佛頂如來密因修證了義諸菩薩萬
　　行首楞嚴經玄義二卷文句十卷 …… 2－439
大佛頂如來密因修證了義諸菩薩萬
　　行首楞嚴經合論十卷 ……………… 2－436
大佛頂如來密因修證了義諸菩薩萬
　　行首楞嚴經合論十卷 ……………… 2－447
大佛頂如來密因修證了義諸菩薩萬
　　行首楞嚴經合轍十卷 ……………… 2－449
大佛頂如來密因修證了義諸菩薩萬
　　行首楞嚴經合轍十卷 ……………… 2－449
大佛頂如來密因修證了義諸菩薩萬
　　行首楞嚴經合轍十卷 ……………… 2－449
大佛頂如來密因修證了義諸菩薩萬
　　行首楞嚴經合轍十卷 ……………… 2－449
大佛頂如來密因修證了義諸菩薩萬
　　行首楞嚴經合轍十卷 ……………… 2－449
大佛頂如來密因修證了義諸菩薩萬
　　行首楞嚴經如說十卷 ……… 2－434
大佛頂如來密因修證了義諸菩薩萬
　　行首楞嚴經直指十卷 ……… 2－441
大佛頂如來密因修證了義諸菩薩萬
　　行首楞嚴經宗通十卷 ……………… 2－441
大佛頂如來密因修證了義諸菩薩萬
　　行首楞嚴經宗通十卷 ……………… 2－441
大佛頂如來密因修證了義諸菩薩萬
　　行首楞嚴經要解二十卷 ………… 2－436
大佛頂如來密因修證了義諸菩薩萬
　　行首楞嚴經要解二十卷 ………… 2－436
大佛頂如來密因修證了義諸菩薩萬
　　行首楞嚴經貫珠集十卷 ………… 2－449
大佛頂如來密因修證了義諸菩薩萬
　　行首楞嚴經貫珠集十卷 ………… 2－449
大佛頂如來密因修證了義諸菩薩萬
　　行首楞嚴經集註十卷 ……… 2－441
大佛頂如來密因修證了義諸菩薩萬
　　行首楞嚴經道眼十卷 ……… 2－453
大佛頂如來密因修證了義諸菩薩萬
　　行首楞嚴經會解二十卷 ………… 2－437

大佛頂如來密因修證了義諸菩薩萬行首
　　楞嚴經纂註十卷首一卷末一卷 …… 2－437
大佛頂如來密因修證了義諸菩薩萬行首
　　楞嚴經纂註十卷首一卷末一卷 …… 2－438
大佛頂首楞嚴正脉科一卷 ………… 2－452
大佛頂首楞嚴經正脉疏十卷 ……… 2－438
大佛頂首楞嚴經正脉疏四十卷首一卷
　　………………………………………… 2－437
大佛頂首楞嚴經玄義四卷 ………… 2－441
大佛頂首楞嚴經疏解蒙鈔六十卷首一卷
　　………………………………………… 2－442
大佛頂經序指昧疏一卷 …………… 2－443
大谷山人集□□卷 ………………… 3－214
大宋重修廣韻五卷 ………………… 1－176
大宋重修廣韻五卷 ………………… 1－176
大宋重修廣韻五卷 ………………… 1－176
大宋重修廣韻五卷 ………………… 1－176
大宋重修廣韻五卷 ………………… 1－176
大宋重修廣韻五卷 ………………… 1－176
大宋重修廣韻五卷 ………………… 1－176
大宋重修廣韻五卷 ………………… 1－177
［同治］大冶縣志十八卷首一卷 ……… 2－23
大英國志八卷 ……………………… 2－169
大英國志八卷 ……………………… 2－169
大英國志八卷 ……………………… 2－169
大英國志八卷 ……………………… 2－169
大英國志八卷 ……………………… 2－169
大英國志八卷 ……………………… 2－169
大英國志八卷續刻一卷 …………… 2－169
大英國志八卷續刻一卷 …………… 2－169
大東合邦新義 ……………………… 2－163
大東合邦新義 ……………………… 2－163
大東合邦新義 ……………………… 2－163
大事記十二卷通釋三卷解題十二卷
　　………………………………………… 1－232
大事記十二卷通釋三卷解題十二卷
　　………………………………………… 1－232
大事記十二卷通釋三卷解題十二卷
　　………………………………………… 1－232
大明三藏聖教目錄四卷 …………… 2－419

大明仁孝皇后夢感佛說第一希有大
　功德經二卷 …………………… 2－425
大明正德乙亥重刊改并五音類聚四
　聲篇十五卷五音集韻十五卷 ……… 1－177
大明正德皇游江南傳四卷二十一回 … 3－469
大明成化丁亥重刊改并五音類聚四
　聲篇十五卷 …………………… 1－177
大明會典二百二十八卷 …………… 1－421
大明會典二百二十八卷 …………… 1－421
大易札記五卷 …………………… 1－19
大金國志四十卷 ………………… 1－274
大金國志四十卷 ………………… 1－274
大金集禮四十卷 ………………… 1－425
大金集禮四十卷 ………………… 1－425
大宗地玄文本論略註四卷首一卷 … 2－443
[道光]大定府志六十卷 …………… 2－39
大衍合其譜不分卷 ……………… 2－350
大衍制用圖說四卷 ……………… 2－303
大衍筮法直解一卷仙源礪士參語一
　卷夏小正箋疏一卷 …………… 2－407
大衍筮法直解一卷仙源礪士參語一
　卷夏小正箋疏一卷 …………… 2－407
大亭山館叢書 …………………… 3－501
大美國史略八卷 ………………… 2－170
大美聯邦志略二卷 ……………… 2－170
大美聯邦志略二卷 ……………… 2－170
大美聯邦志略二卷 ……………… 2－170
[同治]大埔縣志十八卷首一卷 …… 2－29
大華嚴經略策一卷 ……………… 2－446
大乘入楞伽經七卷 ……………… 2－433
大乘大方等日藏經八卷 ………… 2－428
大乘大集地藏十輪經十卷 ……… 2－429
大乘止觀法門二卷 ……………… 2－427
大乘止觀法門四卷 ……………… 2－443
大乘止觀法門四卷 ……………… 2－443
大乘止觀法門四卷 ……………… 2－443
大乘止觀法門四卷 ……………… 2－443
大乘止觀法門四卷 ……………… 2－443
大乘止觀法門釋要六卷 ………… 2－450
大乘止觀法門釋要六卷 ………… 2－450
大乘中觀釋論十卷 ……………… 2－433

大乘中觀釋論四卷 ……………… 2－433
大乘本生心地觀經八卷 ………… 2－432
大乘本生心地觀經八卷 ………… 2－432
大乘本生心地觀經報恩品二卷 …… 2－432
大乘百法明門論解二卷 ………… 2－439
大乘金剛經論一卷 ……………… 2－457
大乘法界無差別論一卷 ………… 2－427
大乘法界無差別論疏二卷 ……… 2－435
大乘修行菩薩行門諸經要集三卷 …… 2－432
大乘修行菩薩行門諸經要集三卷 …… 2－432
大乘修行菩薩行門諸經要集三卷 …… 2－446
大乘起信論一卷 ………………… 2－427
大乘起信論一卷 ………………… 2－427
大乘起信論一卷 ………………… 2－427
大乘起信論一卷 ………………… 2－427
大乘起信論一卷 ………………… 2－433
大乘起信論一卷 ………………… 2－433
大乘起信論一卷 ………………… 2－433
大乘起信論一卷 ………………… 2－433
大乘起信論直解二卷 …………… 2－440
大乘起信論科註一卷 …………… 2－442
大乘起信論科註一卷 …………… 2－442
大乘起信論裂網疏六卷 ………… 2－439
大乘起信論裂網疏六卷 ………… 2－439
大乘起信論裂網疏六卷 ………… 2－440
大乘起信論疏二卷 ……………… 2－435
大乘起信論疏記會本六卷 ……… 2－435
大乘起信論疏筆削記會閱十卷附一卷
　……………………………… 2－435
大乘起信論疏解彙集 …………… 2－421
大乘起信論義記七卷 …………… 2－445
大乘莊嚴經論十三卷 …………… 2－433
大乘般若出三界要集經一卷 …… 2－442
大乘般若出三界要集經一卷 …… 2－442
大乘理趣六波羅密多經十卷 …… 2－432
大乘理趣六波羅密多經十卷 …… 2－432
大乘理趣六波羅密多經十卷 …… 2－432
大乘理趣六波羅密多經十卷 …… 2－432
大乘密嚴經三卷 ………………… 2－429
大乘密嚴經三卷 ………………… 2－429
大乘密嚴經三卷 ………………… 2－429

大乘密嚴經三卷……………………2－429

大乘瑜伽金剛性海曼殊室利千臂千
　鉢大教王經十卷………………2－429

大乘寶要義論四卷…………………2－433

大般若波羅蜜多經六百卷…………2－429

大般涅槃經四十卷…………………2－425

大般涅槃經玄義二卷………………2－444

大般涅槃經玄義二卷………………2－444

大般涅槃經玄義發源機要六卷……2－462

大般涅槃經後分二卷………………2－425

大般涅槃經疏三十六卷……………2－435

大唐西域記十二卷…………………2－461

大唐西域記十二卷…………………2－461

大唐開元占經一百二十卷…………2－404

大唐開元占經一百二十卷…………2－404

大唐開元占經一百二十卷…………2－404

大唐開元禮一百五十卷……………1－424

［康熙］大理府志三十卷首一卷………2－41

大梅山館集…………………………3－519

大清一統志三百五十六卷…………1－523

大清一統志五百卷…………………1－523

大清一統志五百卷…………………1－523

大清一統志表不分卷………………1－523

大清一統志表不分卷………………1－523

大清一統志表不分卷………………1－523

大清一統志表不分卷………………1－523

大清一統志表不分卷………………1－523

大清一統志表不分卷………………1－523

大清一統志表不分卷………………1－523

大清一統志表不分卷………………1－523

大清一統輿圖海道集釋七卷 ………2－90

大清中外一統輿圖十六卷…………2－100

大清中外一統輿圖三十卷首一卷……2－100

大清中樞備覽二卷…………………1－384

大清中樞備覽二卷…………………1－384

大清分省輿圖………………………2－100

大清刑律草案………………………1－486

大清光緒二十一年歲次乙未時憲書
　…………………………………2－297

大清光緒二十二年歲次丙申時憲書
　…………………………………2－297

大清光緒二十七年歲次辛丑時憲書
　…………………………………2－297

大清光緒二十八年歲次壬寅時憲書
　…………………………………2－297

大清光緒二十九年歲次癸卯時憲書
　…………………………………2－297

大清光緒二十三年歲次丁酉時憲書
　…………………………………2－297

大清光緒二十五年歲次己亥時憲書
　…………………………………2－297

大清光緒二十六年歲次庚子時憲書
　…………………………………2－297

大清光緒二十六年歲次庚子時憲書
　…………………………………2－297

大清光緒二十四年歲次戊戌時憲書
　…………………………………2－297

大清光緒二十年歲次甲午時憲書……2－297

大清光緒十一年歲次乙酉時憲書……2－297

大清光緒十八年歲次壬辰時憲書……2－297

大清光緒十九年七政經緯躔度時憲書
　…………………………………2－297

大清光緒十九年歲次癸巳時憲書……2－297

大清光緒十年歲次甲申時憲書………2－296

大清光緒七年歲次辛巳時憲書………2－296

大清光緒八年歲次壬午時憲書………2－296

大清光緒九年歲次癸未時憲書………2－296

大清光緒三十一年歲次乙巳時憲書
　…………………………………2－297

大清光緒三十二年歲次丙午時憲書
　…………………………………2－297

大清光緒三十三年歲次丁未時憲書
　…………………………………2－297

大清光緒三十五年歲次己酉時憲書
　…………………………………2－297

大清光緒三十四年歲次戊申時憲書
　…………………………………2－297

大清光緒三十年歲次甲辰時憲書……2－297

大清光緒六年歲次庚辰時憲書………2－296

大清光緒新法令……………………1－485

44

大清光緒新法令 ······················· 1–485　　大清通禮五十四卷 ··················· 1–427

大清同治十四年歲次乙亥時憲書 ······ 2–296　　大清通禮五十四卷 ··················· 1–427

大清直省府州縣錄不分卷 ············· 1–529　　大清通禮五十卷 ····················· 1–426

大清法規大全續編 ··················· 1–486　　大清通禮五十卷 ····················· 1–426

大清咸豐二年歲次壬子時憲書 ········ 2–296　　大清通禮五十卷 ····················· 1–426

大清重刻龍藏彙記一卷 ··············· 2–453　　大清通禮五十卷 ····················· 1–426

大清重刻龍藏彙記一卷 ··············· 2–453　　大清通禮品官士庶人喪禮傳二卷 ····· 1–62

大清律例三十九卷 ··················· 1–485　　大清通禮品官士庶人喪禮傳二卷 ····· 1–62

大清律例三十九卷 ··················· 1–485　　大清通禮品官士庶儀纂六卷 ·········· 1–428

大清律例三十九卷 ··················· 1–485　　大清通禮品官士庶儀纂六卷 ·········· 1–428

大清律例四十七卷 ··················· 1–484　　大清通禮品官士庶儀纂六卷 ·········· 1–428

大清律例按語一百〇四卷 ············· 1–485　　大清現行刑律 ······················· 1–486

大清律例根源一百二十四卷 ·········· 1–485　　大清現行刑律案語不分卷 ············· 1–486

大清律例統纂集成四十卷 ············· 1–485　　大清教育新法令 ····················· 1–486

大清律例匯輯便覽四十卷 ············· 1–484　　大清國與英美條款 ··················· 1–467

大清律例匯輯便覽四十卷 ············· 1–484　　大清康熙三十八年歲次己卯時憲曆

大清律例匯輯便覽四十卷 ············· 1–484　　　　······························ 2–296

大清律例匯輯便覽四十卷 ············· 1–485　　大清最新百官錄不分卷 ··············· 1–384

大清律例匯輯便覽四十卷 ············· 1–485　　大清道光十一年歲次辛卯時憲書 ······ 2–296

大清律例匯輯便覽四十卷 ············· 1–485　　大清道光十二年歲次壬辰時憲書 ······ 2–296

大清律例匯輯便覽四十卷 ············· 1–485　　大清道光十三年歲次癸巳時憲書 ······ 2–296

大清律例增修統纂集成四十卷 ········ 1–485　　大清道光十五年歲次乙未時憲書 ······ 2–296

大清律例總類不分卷 ················· 1–485　　大清道光十六年歲次丙申時憲書 ······ 2–296

大清律例總類不分卷 ················· 1–485　　大清道光十四年歲次甲午時憲書 ······ 2–296

大清律講義 ·························· 1–486　　大清道光十年歲次庚寅時憲書 ········ 2–296

大清律講義 ·························· 1–486　　大清道光七年歲次丁亥時憲書 ········ 2–296

大清律講義 ·························· 1–486　　大清道光八年歲次戊子時憲書 ········ 2–296

大清宣統二年歲次庚戌時憲書 ········ 2–297　　大清道光三十年歲次庚戌時憲書 ······ 2–296

大清宣統三年歲次辛亥時憲書 ········ 2–297　　大清會典四卷 ······················· 1–421

大清宣統三年歲次辛亥時憲書 ········ 2–298　　大清縉紳全書四卷 ··················· 1–383

大清宣統四年歲次壬子時憲書 ········ 2–298　　大清縉紳全書四卷 ··················· 1–383

大清宣統新法令 ····················· 1–485　　大清縉紳全書四卷 ··················· 1–383

大清宣統新法令 ····················· 1–485　　大清縉紳全書四卷 ··················· 1–384

大清宣統新法令 ····················· 1–485　　大清縉紳全書四卷 ··················· 1–384

大清郵政章程 ······················· 1–462　　大清縉紳全書四卷 ··················· 1–384

大清通禮五十四卷 ··················· 1–426　　大清縉紳全書四卷 ··················· 1–384

大清通禮五十四卷 ··················· 1–426　　大清縉紳全書四卷 ··················· 1–384

大清通禮五十四卷 ··················· 1–426　　大清縉紳全書四卷 ··················· 1–384

大清通禮五十四卷 ··················· 1–426　　大清縉紳全書四卷 ··················· 1–384

大清通禮五十四卷 ··················· 1–427　　大清縉紳全書四卷大清中樞備覽二卷

　　　　　　　　　　　　　　　　　　　　　　　······························ 1–383

大清縉紳全書四卷大清中樞備覽二卷
　　…………………………… 1－383
大清縉紳全書四卷大清中樞備覽二卷
　　…………………………… 1－383
大清縉紳全書四卷大清中樞備覽二卷
　　…………………………… 1－383
大清縉紳全書四卷大清中樞備覽二卷
　　…………………………… 1－383
大清縉紳全書四卷大清中樞備覽二卷
　　…………………………… 1－383
大清縉紳全書四卷大清中樞備覽二卷
　　…………………………… 1－384
大清縉紳全書四卷增一卷……… 1－384
大清縉紳全書四卷增補一卷…… 1－384
大清礦務章程………………… 1－458
大雲山房文稿初集四卷………… 3－337
大雲山房文稿初集四卷二集四卷… 3－337
大雲山房文稿初集四卷二集四卷…… 3－337
大雲山房文稿初集四卷二集四卷…… 3－337
大雲山房文稿初集四卷二集四卷…… 3－337
大雲山房文稿初集四卷二集四卷… 3－338
大雲山房文稿初集四卷二集四卷…… 3－338
大雲山房文稿初集四卷二集四卷言
　　事二卷 ……………………… 3－337
大雲山房文稿初集四卷二集四卷言
　　事二卷 ……………………… 3－337
大雲山房文稿初集四卷二集四卷言
　　事二卷 ……………………… 3－337
大雲山房文稿初集四卷二集四卷言
　　事二卷 ……………………… 3－337
大雲山房文稿初集四卷二集四卷言
　　事二卷 ……………………… 3－337
大雲山房文稿初集四卷二集四卷言
　　事二卷 ……………………… 3－337
大雲山房文稿初集四卷二集四卷言
　　事二卷 ……………………… 3－337
大悲神咒聖像一卷…………… 2－457
大悲聖像一卷………………… 2－457
大智度論一百卷……………… 2－423
大雷餘音一卷………………… 3－248

大意尊聞三卷附錄一卷………… 2－366
大意尊聞三卷附錄一卷………… 2－366
大意尊聞三卷附錄一卷………… 2－366
大慈恩寺三藏法師傳十卷……… 2－461
大滌山房詩錄八卷試帖一卷……… 3－305
大經元通書三卷末一卷………… 2－411
大誓答問一卷 ………………… 1－36
大墅草堂詩八卷白癡詞二卷…… 3－314
大廣益會玉篇三十卷………… 1－170
大廣益會玉篇三十卷………… 1－170
［光緒］大寧縣志八卷首一卷 …… 2－37
大慧普覺禪師年譜一卷………… 2－459
大慧普覺禪師宗門武庫一卷…… 2－447
大慧普覺禪師宗門武庫一卷…… 2－459
大慧普覺禪師宗門武庫一卷雪堂行
　　和尚拾遺錄一卷…………… 2－459
大慧普覺禪師語錄三十卷……… 2－459
大溈一燈十二卷……………… 2－454
大溈山古密印寺志八卷 ……… 2－54
大溈山古密印寺志八卷 ……… 2－54
大溈山房遺稿九卷…………… 3－342
大樂元音七卷………………… 2－348
大薩遮尼乾子受記經十卷……… 2－428
大薩遮尼乾子受記經十卷……… 2－428
大薩遮尼乾子受記經十卷……… 2－428
大還閣琴譜六卷溪山琴況一卷萬峰
　　閣指法秘箋一卷…………… 2－346
大還閣琴譜六卷溪山琴況一卷萬峰
　　閣指法秘箋一卷…………… 2－346
大還閣琴譜六卷溪山琴況一卷萬峰
　　閣指法秘箋一卷…………… 2－347
大興徐氏三種八卷 …………… 2－76
大興徐氏三種八卷 …………… 2－76
大學一卷中庸一卷…………… 3－543
大學分條證史五十八卷首一卷… 1－112
大學分條證史五十八卷首一卷… 1－113
大學正說一卷………………… 1－112
大學古本質言一卷…………… 1－112
大學古本薈參一卷續編一卷…… 1－112
大學古本釋一卷……………… 1－112
大學私訂本一卷……………… 1－112

大學衍義四十三卷 …………………… 2－178　　大學章句一卷大學或問二卷………… 1－112

大學衍義四十三卷 …………………… 2－178　　大學章句一卷大學或問二卷………… 1－112

大學衍義四十三卷 …………………… 2－178　　大學章句一卷大學或問二卷………… 1－112

大學衍義四十三卷 …………………… 2－178　　大學章句質疑一卷 ………………… 1－112

大學衍義四十三卷 …………………… 2－178　　大學章句質疑一卷 ………………… 1－112

大學衍義四十三卷 …………………… 2－178　　大學章句質疑一卷 ………………… 1－112

大學衍義四十三卷 …………………… 2－178　　大學補釋一卷中庸補釋一卷……… 1－106

大學衍義四十三卷 …………………… 2－178　　大學補釋一卷中庸補釋一卷……… 1－106

大學衍義四十三卷 …………………… 2－179　　大學義疏一卷中庸義疏二卷……… 1－106

大學衍義四十三卷 …………………… 2－179　　大學讀本一卷 ……………………… 1－113

大學衍義四十三卷 …………………… 2－179　　大學讀本一卷 ……………………… 1－113

大學衍義四十三卷 …………………… 2－179　　大義覺迷錄四卷 …………………… 1－494

大學衍義四十三卷 …………………… 2－179　　大戴禮記十三卷 …………………… 1－63

大學衍義四十三卷 …………………… 2－179　　大戴禮記十三卷 …………………… 1－63

大學衍義四十三卷 …………………… 2－179　　大戴禮記十三卷 …………………… 1－63

大學衍義四十三卷 …………………… 2－179　　大戴禮記十三卷 …………………… 1－63

大學衍義四十三卷 …………………… 2－179　　大戴禮記集註十三卷 ……………… 1－69

大學衍義四十三卷 …………………… 2－179　　大戴禮記註補十三卷 ……………… 1－67

大學衍義補一百六十卷……………… 2－180　　大戴禮記補註十三卷 ……………… 1－66

大學衍義補一百六十卷……………… 2－180　　大戴禮記補註十三卷 ……………… 1－66

大學衍義補一百六十卷首一卷 …… 2－179　　大戴禮記補註十三卷 ……………… 1－66

大學衍義補一百六十卷首一卷 …… 2－179　　大戴禮記補註十三卷 ……………… 1－66

大學衍義補一百六十卷首一卷 …… 2－179　　大戴禮記解詁十三卷 ……………… 1－66

大學衍義補一百六十卷首一卷 …… 2－180　　大戴禮記解詁十三卷 ……………… 1－66

大學衍義補一百六十卷首一卷 …… 2－180　　大戴禮記解詁十三卷 ……………… 1－66

大學衍義補一百六十卷首一卷 …… 2－180　　大戴禮記解詁十三卷 ……………… 1－66

大學衍義補輯要十二卷首一卷…… 2－179　　大戴禮記審議二卷 ………………… 1－69

大學衍義補輯要十二卷首一卷…… 2－179　　大藏一覽十卷 ……………………… 2－452

大學衍義補輯要十二卷首一卷…… 2－179　　大藏經 ……………………………… 2－420

大學衍義補輯要十二卷首一卷…… 2－179　　大戲禪師語錄十卷 ………………… 2－459

大學衍義補輯要十二卷首一卷…… 2－180　　大嶽太和山紀略八卷 ……………… 2－84

大學衍義輯要六卷………………… 2－179　　大嶽太和山紀略八卷 ……………… 2－84

大學衍義輯要六卷………………… 2－179　　大題文府不分卷 …………………… 3－45

大學衍義輯要六卷………………… 2－179　　大覺普濟玉林禪師語錄十二卷……… 2－460

大學衍義輯要六卷………………… 2－179　　大覺普濟能仁國師[通琇]年譜二卷

大學衍義續七十卷………………… 2－182　　　　 …………………………………… 2－460

大學衍義續七十卷………………… 2－182　　大寶積經一百二十卷 ……………… 2－432

大學章句一卷大學或問二卷………… 1－112　　大寶積經一百二十卷 ……………… 2－432

大學章句一卷大學或問二卷………… 1－112　　大鶴山房全書 ……………………… 3－530

大學章句一卷大學或問二卷………… 1－112　　大觀亭志六卷首一卷末一卷 ……… 2－57

47

大觀樓詩鈔不分卷 ……………… 2－550

才調集十卷 …………………… 3－10

才調集十卷 …………………… 3－10

才調集十卷 …………………… 3－10

才調集十卷 …………………… 3－10

才調集十卷 …………………… 3－10

才調集十卷 …………………… 3－11

才調集十卷 …………………… 3－11

才調集補註十卷 ……………… 3－11

才調集補註十卷 ……………… 3－11

才調集補註十卷 ……………… 3－11

才調集補註十卷 ……………… 3－11

才調集補註十卷 ……………… 3－11

寸心知室全書正編六卷首一卷續編二卷

…………………………………… 3－333

寸草詩鈔一卷 ………………… 3－329

寸草詩鈔一卷 ………………… 3－329

寸草廬奏稿一卷 ……………… 1－504

[宣統]上元江寧鄉土合志六卷 … 1－549

[乾隆]上元縣志二十七卷首一卷末一卷

…………………………………… 1－549

[同治]上江兩縣志二十九卷首一卷 … 1－549

[乾隆]上杭縣志十二卷首一卷末一卷

…………………………………… 2－15

[乾隆]上杭縣志六卷首一卷末一卷 …… 2－15

[嘉慶]上高縣志十七卷 ………… 2－10

[同治]上高縣志十四卷首一卷末一卷

…………………………………… 2－10

[康熙]上高縣志六卷 …………… 2－10

上海指南八卷 ………………… 2－69

上海指南八卷 ………………… 2－69

[同治]上海縣志三十二卷首一卷末一卷

…………………………………… 2－1

[光緒]上海縣志札記六卷 ……… 2－1

[光緒]上猶縣志十八卷首一卷 …… 2－13

上虞塘工紀要二卷 …………… 2－98

上虞詩選四卷 ………………… 3－31

[光緒]上虞縣志四十八卷首一卷末一卷

…………………………………… 2－6

[光緒]上虞縣志校續五十卷首一卷

末一卷 ………………………… 2－6

上蔡謝先生語錄三卷 …………… 2－188

上學務大臣張冶秋條議 ………… 1－432

上醫本草四卷 …………………… 2－255

上雙江橋志一卷 ………………… 2－62

上雙江橋志一卷 ………………… 2－62

[同治]上饒縣志二十六卷首一卷 …… 2－9

上鐵星使湘省礦務現在辦法覆端午

帥水口山歷年開辦情形說帖 …… 1－459

上鐵星使湘省礦務現在辦法覆端午

帥水口山歷年開辦情形說帖 …… 1－459

巾經纂二十卷 …………………… 2－399

巾經纂二十卷 …………………… 2－399

巾經纂二十卷 …………………… 2－399

巾經纂二十卷 …………………… 2－399

山木居士外集四卷 ……………… 3－404

山木居士外集四卷 ……………… 3－404

山中白雲詞八卷 ………………… 3－427

山中白雲詞八卷附錄一卷 ……… 3－427

山中白雲詞八卷附錄一卷 ……… 3－427

山中白雲詞八卷詞源二卷 ……… 3－427

山中白雲詞八卷詞源二卷 ……… 3－427

山中白雲詞八卷詞源二卷 ……… 3－427

山中白雲詞八卷詞源二卷 ……… 3－427

山中白雲詞八卷樂府指迷一卷 … 3－427

山中集目錄 ……………………… 3－187

山左金石志二十四卷 …………… 2－116

山左校士錄不分卷 ……………… 3－49

山左訪碑錄十三卷 ……………… 2－125

山左碑目四卷 …………………… 2－126

山左碑目四卷 …………………… 2－126

山右石刻叢編四十卷 …………… 2－126

山右金石錄一卷 ………………… 2－114

山右金石錄一卷 ………………… 2－114

[乾隆]山西志輯要十卷首一卷清涼

山志一卷 ……………………… 1－535

[光緒]山西通志一百八十四卷首一卷

…………………………………… 1－535

[雍正]山西通志二百三十卷 …… 1－535

[雍正]山西通志二百三十卷 …… 1－535

山西通志金石記八卷 …………… 2－116

山西藩庫內外銷收支各款說明書 …… 1－450

山舟法書 …………………… 2－334
山谷老人刀筆二十卷 …………… 3－131
山谷老人刀筆二十卷 …………… 3－131
山谷黃先生大全詩註三十九卷 …… 3－132
山谷詞二卷 …………………… 3－428
山谷詩內集註二十卷外集註十七卷外集
　補四卷別集註二卷別集補一卷 … 3－132
山谷詩集註二十卷外集詩註十七卷
　別集詩註二卷 ………………… 3－132
山谷詩集註二十卷外集詩註十七卷
　別集詩註二卷 ………………… 3－132
山谷詩集註二十卷外集詩註十七卷
　別集詩註二卷 ………………… 3－132
山谷詩集註二十卷外集詩註十七卷
　別集詩註二卷 ………………… 3－132
山谷題跋九卷 ………………… 2－146
山谷題跋三卷 ………………… 3－131
山東考古錄一卷 ……………… 2－71
山東曲阜孔子世家譜二十二卷首一
　卷末一卷 ……………………… 1－336
山東直隸河南三省黃河全圖 …… 2－101
山東軍興紀略二十二卷 ………… 1－267
山東軍興紀略二十二卷 ………… 1－267
[宣統]山東通志二百卷首一卷 … 1－545
[乾隆]山東通志三十六卷首一卷 … 1－545
[乾隆]山東通志三十六卷首一卷 … 1－545
山東通省運河全圖 …………… 2－101
山東黃河南岸十三州縣遷民圖說一卷
　 ……………………………… 1－442
山東運河備覽十二卷 ………… 2－97
山東運河備覽十二卷圖說一卷 …… 1－447
山東運河備覽十二卷圖說一卷 …… 1－447
山東諮議局會議第一期報告書 …… 1－478
山東鹽法志十四卷圖一卷首一卷 … 1－449
山門新語二卷 ………………… 2－346
山法全書十九卷 ……………… 2－418
山法全書十九卷首二卷 ………… 2－418
山法全書十九卷首二卷 ………… 2－418
山法全書十九卷首二卷 ………… 2－418

菲薖山房詩集八卷文集五卷 ……… 3－368
菲薖山房詩集八卷文集五卷 ……… 3－368
菲薖山房詩集八卷文集五卷 ……… 3－368
山居閑談五卷 ………………… 2－378
山南詩選四卷 ………………… 2－555
山洋指迷原本四卷 …………… 2－415
山洋指迷原本四卷 …………… 2－415
山海經十八卷 ………………… 1－510
山海經十八卷 ………………… 1－510
山海經十八卷 ………………… 1－510
山海經十八卷 ………………… 1－511
山海經十八卷 ………………… 1－511
山海經十八卷 ………………… 1－511
山海經十八卷 ………………… 1－511
山海經十八卷 ………………… 1－511
山海經十八卷 ………………… 2－85
山海經十八卷圖一卷 ………… 1－511
山海經十八卷圖一卷 ………… 1－511
山海經十八卷圖一卷 ………… 1－511
山海經十八卷圖一卷 ………… 1－511
山海經十八卷圖一卷 ………… 1－511
山海經十八卷圖一卷 ………… 1－511
山海經十八卷圖一卷 ………… 1－511
山海經十八卷圖一卷 ………… 1－511
山海經十八卷圖一卷 ………… 1－511
山海經十八卷圖一卷 ………… 1－511
山海經十八卷圖一卷 ………… 1－511
山海經存九卷 ………………… 1－511
山海經存九卷 ………………… 1－511
山海經箋疏十八卷圖贊一卷訂譌一
　卷叙錄一卷 …………………… 1－512
山海經箋疏十八卷圖贊一卷訂譌一
　卷叙錄一卷 …………………… 1－512
山海經箋疏十八卷圖贊一卷訂譌一
　卷叙錄一卷 …………………… 1－512
山海經箋疏十八卷圖贊一卷訂譌一
　卷叙錄一卷 …………………… 1－512
山海經箋疏十八卷圖贊一卷訂譌一
　卷叙錄一卷 …………………… 1－512

山海經箋疏十八卷圖贊一卷訂譌一
　　卷叙錄一卷 …………………… 1－512
山海經箋疏十八卷圖贊一卷訂譌一
　　卷叙錄一卷 …………………… 1－512
山海經箋疏十八卷圖贊一卷訂譌一
　　卷叙錄一卷 …………………… 1－512
山海經箋疏十八卷圖贊一卷訂譌一
　　卷叙錄一卷 …………………… 1－512
山海經箋疏十八卷圖贊一卷訂譌一
　　卷叙錄一卷 …………………… 1－512
山海經箋疏十八卷圖贊一卷訂譌一
　　卷叙錄一卷 …………………… 1－512
山海經箋疏十八卷圖贊一卷訂譌一
　　卷叙錄一卷 …………………… 1－512
山海經廣註十八卷 ………………… 1－512
山海經廣註十八卷 ………………… 1－512
山海經釋義十八卷 ………………… 1－511
[嘉慶]山陰縣志三十卷首一卷 …… 2－6
山堂先生群書考索別集二十五卷…… 2－485
山堂肆考二百二十八卷補遺十二卷
　　 ……………………………… 2－489
山堂肆考二百二十八卷補遺十二卷
　　 ……………………………… 2－489
山堂肆考五集二百四十卷 ………… 2－505
山澗詩集合編十二卷 ……………… 3－41
千工橋帳簿 ………………………… 1－492
千手千眼觀世音菩薩廣大圓滿無礙
　　大悲心陀羅尼經一卷 ………… 2－431
千古文章不分卷 …………………… 2－528
千字文義一卷 ……………………… 1－174
千金裘二十七卷二集二十六卷 …… 2－503
千金裘二十七卷二集二十六卷 …… 2－503
千金翼方三十卷 …………………… 2－261
千金翼方三十卷 …………………… 2－261
千金翼方三十卷 …………………… 2－261
千金翼方三十卷 …………………… 2－261
千甓亭古磚圖釋二十卷 …………… 2－127
千甓亭古磚圖釋二十卷 …………… 2－127
千甓亭磚錄六卷續四卷 …………… 2－127

千甓亭磚錄六卷續四卷 …………… 2－127
千嚴和尚語錄不分卷 ……………… 2－459
乞食圖二卷題詞考據一卷 ………… 3－443
川南經緯學堂學律一卷 …………… 1－434
久芬室詩集六卷 …………………… 3－380
久芬室詩集六卷 …………………… 3－380
久芬室詩集六卷 …………………… 3－380
久芬室詩集六卷 …………………… 3－380
久誦延年一卷 ……………………… 2－457
久誦延年一卷 ……………………… 2－457
久誦延年一卷 ……………………… 2－457
丸經二卷 …………………………… 2－350
夕堂戲墨七種七卷 ………………… 3－193
尸子二卷 …………………………… 2－355
尸子二卷 …………………………… 2－355
尸子二卷存疑一卷 ………………… 2－355
尸子二卷存疑一卷 ………………… 2－355
尸子二卷存疑一卷 ………………… 2－355
尸子二卷存疑一卷 ………………… 2－355
尸子二卷存疑一卷 ………………… 2－355
尸子三卷首一卷 …………………… 2－355
己未詞科錄十二卷 ………………… 1－381
己任編八卷 ………………………… 2－273
己酉新通書 ………………………… 2－411
己庚消寒倡和集一卷 ……………… 3－60
己庚消寒倡和集一卷 ……………… 3－60
己畦詩集十卷附殘餘一卷 ………… 3－355
已山太史存稿不分卷 ……………… 3－195
已山先生文集十卷別集四卷 ……… 3－195
也居山房文集八卷詩集十卷補錄一卷
　　 ……………………………… 3－367
也居山房文集八卷詩集十卷補錄一卷
　　 ……………………………… 3－367
也居山房文集八卷詩集十卷補錄一卷
　　 ……………………………… 3－367
也居山房文集八卷詩集十卷補錄一卷
　　 ……………………………… 3－367
也居山房文集八卷詩集十卷補錄一卷
　　 ……………………………… 3－367
也居山房文集八卷詩集十卷補錄一卷
　　 ……………………………… 3－367

也居山房文集八卷詩集十卷補錄一卷
　　………………………………… 3－367
也是園詩鈔五卷 ……………… 3－242
女士錄不分卷 ………………… 1－304
女子四書讀本 ………………… 2－203
女子四書讀本 ………………… 2－203
女子四書讀本 ………………… 2－203
女四書集註 …………………… 2－203
女英傳四卷 …………………… 1－303
女科二卷 ……………………… 2－281
女科二卷產後編二卷 ………… 2－281
女科二卷產後編二卷 ………… 2－281
女科二卷產後編二卷 ………… 2－281
女科二卷產後編二卷 ………… 2－281
女科二卷產後編二卷 ………… 2－281
女科二卷產後編二卷 ………… 2－281
女科二卷產後編二卷 ………… 2－281
女科二卷產後編二卷 ………… 2－281
女科輯要二卷 ………………… 2－280
女學篇二卷 …………………… 2－214
女蘿亭詩稿五卷 ……………… 3－277
小十誦寮詩存四卷 …………… 3－257
小大學程十卷 ………………… 2－204
小山山房詩存二卷 …………… 3－238
小山山房詩存二卷 …………… 3－238
小山畫譜二卷 ………………… 2－338
小山畫譜二卷 ………………… 2－338
小山嗣音四卷 ………………… 2－550
小山樂府六卷 ………………… 3－443
小山類稿選二十卷 …………… 3－172
小方壺齋輿地叢鈔十二帙 …… 1－510
小方壺齋輿地叢鈔十二帙 …… 1－510
小方壺齋輿地叢鈔十二帙 …… 1－510
小方壺齋輿地叢鈔十二帙 …… 1－510
小方壺齋輿地叢鈔十二帙 …… 1－510
小方壺齋輿地叢鈔再補編十二帙 …… 1－510
小石山房印譜四卷小石山房印譜集名刻
　　一卷小石山房印譜歸雲來辭一卷 … 2－343
小石山房印譜四卷小石山房印譜集名刻
　　一卷小石山房印譜歸雲來辭一卷 … 2－344

小石山房叢書 ………………… 3－504
小石山房叢書 ………………… 3－504
小石山房叢書 ………………… 3－504
小石山房叢書 ………………… 3－504
小石山房叢書 ………………… 3－504
小石帆亭著錄六卷 …………… 3－484
小石帆亭著錄六卷 …………… 3－484
小四書 ………………………… 3－489
小四書 ………………………… 3－489
小四書 ………………………… 3－489
小四書 ………………………… 3－489
小四書 ………………………… 3－489
小四書 ………………………… 3－489
小四書 ………………………… 3－489
小四書 ………………………… 3－489
小芋香館遺集十二卷 ………… 3－225
小芋香館遺集十二卷 ………… 3－225
小芋香館遺集十二卷 ………… 3－225
小芋香館遺集十二卷 ………… 3－225
小芋香館遺集十二卷 ………… 3－225
小芋香館遺集十二卷 ………… 3－225
小字錄一卷 …………………… 1－385
小字錄一卷 …………………… 2－485
小字錄補六卷 ………………… 1－385
小酉腴山館文集十二卷詩集八卷自
　　著年譜二卷 ………………… 3－235
小酉腴山館文鈔七卷集外文三卷詩
　　鈔二卷詩補錄一卷詩續編二卷詩
　　三編二卷 …………………… 3－235
小酉腴山館文鈔七卷集外文三卷詩
　　鈔二卷詩補錄一卷詩續編二卷詩
　　三編二卷 …………………… 3－235
小酉腴山館文鈔九卷集外文三卷 …… 3－235
小谷口紀事畫引一卷 ………… 3－379
小松石齋集五卷 ……………… 3－384
小松石齋詩集五卷文集五卷 … 3－384
小東山房詩集二十卷 ………… 3－400
小知錄十二卷 ………………… 2－500
小兒衛生總微論方二十卷 …… 2－284
小兒衛生總微論方二十卷 …… 2－284
小庚詞存三卷 ………………… 3－432

51

小迦陵館文集一卷 …………………… 3 - 323

小品般若波羅蜜經十卷 ………… 2 - 423

小重山房初稿詩十六卷詞三卷試帖
　一卷文二卷賦二卷 …………… 3 - 309

小重山房詩續錄十二卷 ………… 3 - 309

小栗山房詩鈔十卷 ……………… 3 - 202

小峴山人文集六卷 ……………… 3 - 278

小峴山人詩集二十八卷 ………… 3 - 279

小倉山房文集三十五卷 ………… 3 - 279

小倉山房文集三十五卷外集八卷詩
　集三十六卷詩集補遺二卷 …… 3 - 279

小倉山房文集三十五卷外集八卷詩
　集三十六卷詩集補遺二卷 …… 3 - 279

小倉山房文集三十五卷外集八卷詩
　集三十六卷詩集補遺二卷 …… 3 - 279

小倉山房文集三十五卷外集八卷詩
　集三十六卷詩集補遺二卷 …… 3 - 279

小倉山房文集不分卷詩集三十一卷
　補遺一卷附一卷 ……… 3 - 279

小倉山房尺牘六卷 ……………… 3 - 280

小倉山房尺牘六卷 ……………… 3 - 280

小倉山房四六八卷 ……………… 3 - 280

小倉山房四六八卷 ……………… 3 - 280

小倉山房往還書札全集十八卷 …… 3 - 280

小倉山房詩集三十一卷補遺一卷附一卷
　………………………… 3 - 279

小倉山房詩集三十五卷補遺二卷 …… 3 - 279

小容齋詩鈔十卷 ………………… 3 - 262

小琅環園詩錄七卷又一卷詞錄一卷
　………………………… 3 - 308

小琅環園詩錄七卷又一卷詞錄一卷
　………………………… 3 - 308

小琅環園詩錄七卷又一卷詞錄一卷
　………………………… 3 - 308

小琅環園詩錄七卷又一卷詞錄一卷
　………………………… 3 - 308

小琅環園詩錄七卷又一卷詞錄一卷
　………………………… 3 - 308

小寄園詩鈔聽鯨吟二卷 ………… 3 - 311

小嫏環山館彙刊類書 …………… 2 - 480

小嫏環山館彙刊類書 …………… 2 - 480

小嫏環山館彙刊類書 …………… 2 - 480

小嫏環山館彙刊類書 …………… 2 - 480

小壺天集九卷 …………………… 3 - 332

小葫蘆十二卷 …………………… 2 - 500

小萬卷齋詩稿三十二卷續稿十二卷
　末一卷 …………………… 3 - 210

小萬卷齋詩稿三十二卷續稿十二卷
　末一卷 …………………… 3 - 210

小萬卷齋詩稿三十二卷續稿四卷經
　進稿四卷 ………………… 3 - 210

小萬卷齋詩稿三十二卷續稿四卷經
　進稿四卷 ………………… 3 - 210

小萬卷齋詩稿三十二卷續稿四卷經
　進稿四卷 ………………… 3 - 210

小雲廬晚學文稿八卷 …………… 3 - 209

小腆紀年附考二十卷 …………… 1 - 264

小腆紀年附考二十卷 …………… 1 - 264

小腆紀年附考二十卷 …………… 1 - 264

小腆紀年附考二十卷 …………… 1 - 264

小腆紀年附考二十卷 …………… 1 - 264

小腆紀年附考二十卷 …………… 1 - 264

小腆紀年附考二十卷 …………… 1 - 264

小腆紀傳六十五卷補遺六卷 …… 1 - 294

小腆紀傳六十五卷補遺六卷 …… 1 - 294

小游仙詞一百首一卷 …………… 3 - 432

小窗自紀四卷艷紀十四卷清紀五卷
　別紀四卷 ………………… 3 - 455

小窗自紀四卷艷紀十四卷清紀五卷
　別紀四卷 ………………… 3 - 455

小窗幽記十二卷 ………………… 2 - 365

小畫山房詩鈔十二卷 …………… 3 - 386

小蓬萊傳奇十種 ………………… 3 - 443

小蓬萊閣金石文字不分卷 ……… 2 - 116

小蓬萊閣金石文字不分卷 ……… 2 - 116

小蓬萊閣金石文字不分卷 ……… 2 - 116

小睡足寮詩錄四卷續錄二卷補錄二
　卷附錄一卷 ……………… 3 - 278

小滄浪筆談四卷 ………………… 2 - 369

小爾雅訓纂六卷 ………………… 1 - 136

52

小爾雅訓纂六卷⋯⋯⋯⋯⋯⋯ 1－136　　小學答問一卷⋯⋯⋯⋯⋯⋯⋯ 1－130

小爾雅訓纂六卷⋯⋯⋯⋯⋯⋯ 3－546　　小學答問一卷⋯⋯⋯⋯⋯⋯⋯ 1－130

小爾雅疏八卷⋯⋯⋯⋯⋯⋯⋯ 1－136　　小學集註六卷⋯⋯⋯⋯⋯⋯⋯ 2－198

小爾雅疏八卷⋯⋯⋯⋯⋯⋯⋯ 1－136　　小學集註六卷⋯⋯⋯⋯⋯⋯⋯ 2－198

小爾雅疏八卷⋯⋯⋯⋯⋯⋯⋯ 3－546　　小學集註六卷⋯⋯⋯⋯⋯⋯⋯ 2－198

小爾雅疏證五卷⋯⋯⋯⋯⋯⋯ 1－136　　小學集註六卷⋯⋯⋯⋯⋯⋯⋯ 2－198

小爾雅疏證五卷⋯⋯⋯⋯⋯⋯ 3－546　　小學集註六卷⋯⋯⋯⋯⋯⋯⋯ 2－198

小爾雅義證十三卷補遺一卷⋯⋯ 1－136　　小學集註六卷⋯⋯⋯⋯⋯⋯⋯ 2－198

小墨莊法古印存一卷蕉窗十則篆印一卷　　小學集註六卷⋯⋯⋯⋯⋯⋯⋯ 2－198

⋯⋯⋯⋯⋯⋯⋯⋯⋯⋯ 2－343　　小學集註六卷⋯⋯⋯⋯⋯⋯⋯ 2－198

小學六卷⋯⋯⋯⋯⋯⋯⋯⋯⋯ 2－198　　小學集解六卷⋯⋯⋯⋯⋯⋯⋯ 2－199

小學六卷⋯⋯⋯⋯⋯⋯⋯⋯⋯ 2－198　　小學集解六卷⋯⋯⋯⋯⋯⋯⋯ 2－199

小學六卷⋯⋯⋯⋯⋯⋯⋯⋯⋯ 2－198　　小學集解六卷⋯⋯⋯⋯⋯⋯⋯ 2－199

小學六卷⋯⋯⋯⋯⋯⋯⋯⋯⋯ 2－198　　小學集解六卷⋯⋯⋯⋯⋯⋯⋯ 2－199

小學六卷⋯⋯⋯⋯⋯⋯⋯⋯⋯ 2－199　　小學集解六卷⋯⋯⋯⋯⋯⋯⋯ 2－199

小學六卷⋯⋯⋯⋯⋯⋯⋯⋯⋯ 2－199　　小學集解六卷⋯⋯⋯⋯⋯⋯⋯ 2－199

小學六卷⋯⋯⋯⋯⋯⋯⋯⋯⋯ 2－199　　小學集解六卷⋯⋯⋯⋯⋯⋯⋯ 2－199

小學考五十卷⋯⋯⋯⋯⋯⋯⋯ 1－129　　小學集解六卷⋯⋯⋯⋯⋯⋯⋯ 2－199

小學考五十卷⋯⋯⋯⋯⋯⋯⋯ 1－129　　小學集解六卷⋯⋯⋯⋯⋯⋯⋯ 2－199

小學考五十卷⋯⋯⋯⋯⋯⋯⋯ 1－129　　小學集解六卷⋯⋯⋯⋯⋯⋯⋯ 2－199

小學考五十卷⋯⋯⋯⋯⋯⋯⋯ 1－129　　小學集解六卷⋯⋯⋯⋯⋯⋯⋯ 2－199

小學考五十卷⋯⋯⋯⋯⋯⋯⋯ 1－130　　小學集解六卷⋯⋯⋯⋯⋯⋯⋯ 2－199

小學考五十卷⋯⋯⋯⋯⋯⋯⋯ 1－130　　小學集解六卷⋯⋯⋯⋯⋯⋯⋯ 2－199

小學考五十卷⋯⋯⋯⋯⋯⋯⋯ 1－130　　小學集解六卷⋯⋯⋯⋯⋯⋯⋯ 2－199

小學考五十卷⋯⋯⋯⋯⋯⋯⋯ 1－130　　小學集解六卷⋯⋯⋯⋯⋯⋯⋯ 2－199

小學考五十卷⋯⋯⋯⋯⋯⋯⋯ 1－130　　小學集解六卷⋯⋯⋯⋯⋯⋯⋯ 2－199

小學考五十卷⋯⋯⋯⋯⋯⋯⋯ 3－531　　小學集解六卷⋯⋯⋯⋯⋯⋯⋯ 2－200

小學或問一卷⋯⋯⋯⋯⋯⋯⋯ 2－203　　小學集解六卷⋯⋯⋯⋯⋯⋯⋯ 2－200

小學弦歌八卷⋯⋯⋯⋯⋯⋯⋯ 2－550　　小學集解六卷⋯⋯⋯⋯⋯⋯⋯ 2－200

小學弦歌八卷⋯⋯⋯⋯⋯⋯⋯ 2－550　　小學集解六卷⋯⋯⋯⋯⋯⋯⋯ 3－550

小學弦歌八卷⋯⋯⋯⋯⋯⋯⋯ 2－550　　小學鈎沈十九卷⋯⋯⋯⋯⋯⋯ 1－129

小學弦歌八卷⋯⋯⋯⋯⋯⋯⋯ 2－550　　小學鈎沈十九卷⋯⋯⋯⋯⋯⋯ 1－129

小學書十卷⋯⋯⋯⋯⋯⋯⋯⋯ 2－202　　小學鈎沈十九卷⋯⋯⋯⋯⋯⋯ 1－129

小學書詳解十卷⋯⋯⋯⋯⋯⋯ 2－203　　小學鈎沈十九卷⋯⋯⋯⋯⋯⋯ 1－129

小學紺珠十卷⋯⋯⋯⋯⋯⋯⋯ 2－482　　小學鈎沈十九卷⋯⋯⋯⋯⋯⋯ 1－129

小學紺珠十卷⋯⋯⋯⋯⋯⋯⋯ 2－505　　小學鈎沈十九卷⋯⋯⋯⋯⋯⋯ 1－129

小學紺珠十卷⋯⋯⋯⋯⋯⋯⋯ 2－505　　小學鈎沈十九卷字林考逸八卷新字

小學紺珠十卷⋯⋯⋯⋯⋯⋯⋯ 2－505　　　林一卷⋯⋯⋯⋯⋯⋯⋯⋯ 1－167

小學答問一卷⋯⋯⋯⋯⋯⋯⋯ 1－130

小學鈎沈十六卷 …………………… 3－545
小學鈎沈續編八卷 ………………… 1－130
小學彙函 …………………………… 1－129
小學彙函 …………………………… 1－129
小學彙函 …………………………… 1－129
小學彙函 …………………………… 1－129
小學廣韻外篇一卷 ………………… 2－217
小學韻語一卷 ……………………… 2－216
小學韻語一卷 ……………………… 2－216
小學韻語一卷 ……………………… 2－216
小學韻語一卷 ……………………… 2－216
小學韻語一卷 ……………………… 2－216
小學韻語一卷 ……………………… 2－216
小學類編 …………………………… 1－143
小學類編 …………………………… 1－143
小學纂註二卷 ……………………… 1－98
小隱岩詩稿五卷 …………………… 3－379
小檀欒室匯刻閨秀詞 ……………… 3－422
小檀欒室匯刻閨秀詞 ……………… 3－422
小謨觴館全集 ……………………… 3－524
小謨觴館全集 ……………………… 3－524
小謨觴館全集 ……………………… 3－524
小謨觴館詩集八卷詩續集二卷詩餘
　　一卷文集四卷文續集二卷 ……… 3－345
小謨觴館詩集八卷詩續集二卷詩餘
　　一卷文集四卷文續集二卷 ……… 3－345
小謨觴館詩集八卷詩續集二卷詩餘
　　一卷文集四卷文續集二卷 ……… 3－345
小謨觴館詩集註八卷文集註四卷文續集
　　註二卷詩續集註二卷詩餘附錄註一卷
　　…………………………………… 3－345
小謨觴館詩集註八卷詩餘附錄註一卷文
　　集註四卷詩續集註二卷詩餘續附錄註
　　一卷文續集註二卷 ……………… 3－345
小謨觴館詩集註八卷詩餘附錄註一卷文
　　集註四卷詩續集註二卷詩餘續附錄註
　　一卷文續集註二卷 ……………… 3－345
小謨觴館詩集註八卷詩餘附錄註一卷文
　　集註四卷詩續集註二卷詩餘續附錄註
　　一卷文續集註二卷 ……………… 3－345

小瓊海詩初集三卷二集六卷三集八
　　卷四集四卷 ……………………… 3－320
小題文府不分卷 …………………… 3－44
小題文府不分卷 …………………… 3－44
小題文觳二集不分卷 ……………… 3－47
小題文藪不分卷 …………………… 3－45
小題正鵠三集 ……………………… 3－45
小題搭芥編初集不分卷二集不分卷
　　…………………………………… 3－45
小羅浮山館詩鈔十五卷 …………… 3－237
小羅浮草堂文集九卷詩集四十卷首一卷
　　…………………………………… 3－336
小羅浮草堂詩集四十卷 …………… 3－336
小蘿樆館詩鈔十卷 ………………… 3－409
小鷗波館詩鈔十卷詩補錄二卷詞鈔一卷
　　…………………………………… 3－389
小靈蘭館家乘三種五卷 …………… 2－98
子史精言集錄印譜 ………………… 2－344
子史精華一百六十卷 ……………… 2－492
子史精華一百六十卷 ……………… 2－492
子史精華一百六十卷 ……………… 2－492
子史精華一百六十卷 ……………… 2－492
子史精華一百六十卷 ……………… 2－492
子史精華一百六十卷 ……………… 2－492
子史精華一百六十卷 ……………… 2－492
子史精華一百六十卷 ……………… 2－492
子史精華一百六十卷 ……………… 2－492
子史精華一百六十卷 ……………… 2－492
子史精華一百六十卷 ……………… 2－493
子史精華一百六十卷 ……………… 2－493
子史精華一百六十卷 ……………… 2－493
子史精華一百六十卷 ……………… 2－493
子史精華一百六十卷 ……………… 2－493
子史精華一百六十卷 ……………… 2－493
子史精華一百六十卷 ……………… 2－493
子史精華一百六十卷 ……………… 2－493
子史精華一百六十卷 ……………… 2－493
子史精華一百六十卷 ……………… 2－493
子史精華一百六十卷 ……………… 2－493
子史精華一百六十卷 ……………… 2－493

子史精華一百六十卷 …………………… 2 - 493
子史精華一百六十卷 …………………… 2 - 493
子史精華一百六十卷 …………………… 2 - 493
子史精華一百六十卷 …………………… 2 - 493
子史精華一百六十卷 …………………… 3 - 551
子史精華三十卷 ………………………… 2 - 492
子史精華三十卷 ………………………… 2 - 492
子史輯要詩賦題解四卷續編四卷 …… 2 - 495
子史輯要詩賦題解四卷續編四卷 …… 2 - 495
子良駢體文鈔 …………………………… 3 - 322
子思内篇七卷 …………………………… 2 - 173
子華子十卷 ……………………………… 2 - 355
子書百家 ………………………………… 2 - 172
子書百家 ………………………………… 2 - 172
子書百家一百〇一種五百〇九卷 …… 3 - 541
子問二卷又問一卷 ……………………… 2 - 196
子問二卷又問一卷 ……………………… 2 - 196
子問二卷又問一卷 ……………………… 2 - 196
子虛記十卷十回 ………………………… 3 - 446
子匯 ……………………………………… 2 - 170
子劉子行狀二卷 ………………………… 1 - 311
子藥準則一卷 …………………………… 2 - 230
子遺錄一卷 ……………………………… 1 - 264
子遺錄一卷 ……………………………… 1 - 264

四畫

王又村印譜 ……………………………… 2 - 340
王子安集註二十卷首一卷末一卷 …… 3 - 80
王子安集註二十卷首一卷末一卷 …… 3 - 80
王五公山人乾坤大略十一卷 …………… 2 - 226
王日旦徵銘錄一卷 ……………………… 1 - 311
王介祺鄉試硃卷 ………………………… 3 - 194
王氏四種 ………………………………… 3 - 513
王氏存笥稿二十卷 ……………………… 3 - 156
王氏脉經十卷 …………………………… 2 - 259
王氏脉經十卷 …………………………… 2 - 259
王氏脉經十卷 …………………………… 2 - 259
王氏脉經十卷 …………………………… 2 - 259
王氏家藏集三十三卷 …………………… 3 - 156
王氏書苑 ………………………………… 2 - 320

王氏書苑 ………………………………… 2 - 320
王氏書苑 ………………………………… 2 - 320
王氏楚詞釋一卷 ………………………… 3 - 70
王氏說文三種八十卷 …………………… 1 - 147
王氏漁洋詩鈔十二卷 …………………… 3 - 191
王氏醫存十七卷 ………………………… 2 - 268
王氏醫案二卷 …………………………… 2 - 268
王氏醫案二卷 …………………………… 2 - 268
王氏醫案二卷 …………………………… 2 - 268
王氏醫案續編八卷 ……………………… 2 - 268
王氏醫案續編八卷 ……………………… 2 - 268
王氏醫案續編八卷 ……………………… 2 - 268
王文公年譜考略節要四卷 ……………… 1 - 319
王文成公全書 …………………………… 3 - 511
王文成公全書三十八卷 ………………… 3 - 154
王文成公全書三十八卷 ………………… 3 - 155
王文成公全集 …………………………… 3 - 511
王文成公集要七卷附一卷 ……………… 2 - 179
王文治安虛詞行書冊 …………………… 2 - 332
王文恪公集三十六卷 …………………… 3 - 157
王文恪公集三十六卷 …………………… 3 - 157
王文靖公集二十四卷 …………………… 3 - 198
王文肅公年譜二卷 ……………………… 1 - 321
王文肅公遺文一卷 ……………………… 3 - 194
王文肅公牘草十八卷 …………………… 3 - 157
王文愍公墨迹六幅 ……………………… 2 - 333
王文簡公遺集八卷 ……………………… 3 - 194
王正學文華書院課卷 …………………… 3 - 194
王本史記一百三十卷 …………………… 1 - 192
王本史記一百三十卷 …………………… 1 - 192
王本史記一百三十卷 …………………… 1 - 192
王丕鰲鄉試硃卷 ………………………… 3 - 194
王右丞集二十八卷首一卷末一卷 …… 3 - 80
王右丞集二十八卷首一卷末一卷 …… 3 - 80
王右丞集二十八卷首一卷末一卷 …… 3 - 81
王右丞集二十八卷首一卷末一卷 …… 3 - 81
王右丞集二十八卷首一卷末一卷 …… 3 - 81
王必名會試硃卷 ………………………… 3 - 194
王百穀集 ………………………………… 3 - 511
王光祿遺文集六卷 ……………………… 3 - 195
王先生十七史蒙求十六卷 ……………… 2 - 482

王先生十七史蒙求十六卷 …………………… 2－482
王先生十七史蒙求十六卷 …………………… 2－482
王先謙自定年譜二卷 ………………………… 1－327
王先謙自定年譜三卷 ………………………… 1－328
王先謙自定年譜三卷 ………………………… 1－328
王先謙自定年譜三卷 ………………………… 1－328
王先謙自定年譜三卷 ………………………… 1－328
王先謙自定年譜三卷 ………………………… 1－328
王先謙自定年譜三卷 ………………………… 1－328
王先謙自定年譜三卷 ………………………… 1－328
王先謙自定年譜三卷 ………………………… 1－328
王安石新法論 ………………………………… 2－222
王艮齋詩集十卷文集四卷 …………………… 3－197
王艮齋詩集十卷文集四卷 …………………… 3－197
王良弼殿試卷 ………………………………… 3－194
王壯武公年譜二卷 …………………………… 1－322
王壯武公遺集二十四卷首一卷 ……… 3－199
王壯武公遺集二十四卷首一卷 ……… 3－199
王壯武公遺集二十四卷首一卷 ……… 3－199
王壯武公遺集二十四卷首一卷 ……… 3－199
王壯武公遺集二十四卷首一卷 ……… 3－199
王壯武公遺集二十四卷首一卷 ……… 3－199
王壯武公練勇芻言一卷 ……………………… 2－230
王叔和圖註難經脉訣 ………………………… 2－242
王叔和圖註難經脉訣 ………………………… 2－243
王叔和難經脉訣規正 ………………………… 2－246
王明德會試硃卷 ……………………………… 3－195
王忠文公文集二十四卷 ……………………… 3－156
王狀元集百家註編年杜陵詩史三十二卷
　　　　　　　　　　　　　……………… 3－83
王狀元集百家註編年杜陵詩史三十二卷
　　　　　　　　　　　　　……………… 3－83
王狀武公年譜二卷 …………………………… 1－322
王制訂一卷 …………………………………… 1－69
王制箋一卷 …………………………………… 1－66
王制箋一卷 …………………………………… 1－66
王制箋一卷 …………………………………… 1－66
王制箋一卷 …………………………………… 1－66
王季重先生文集十三卷 ……………………… 3－156
王荆公唐百家詩選一卷 ……………………… 3－1
王荆公唐百家詩選一卷 ……………………… 3－1
王荆公唐百家詩選二十卷 …………………… 3－1
王荆文公詩五十卷 …………………………… 3－112
王荆文公詩五十卷 …………………………… 3－112
王荆文公詩五十卷 …………………………… 3－112
王荆文公詩五十卷補遺一卷 ………………… 3－112
王荆石先生批評韓文十卷 …………………… 3－106
王香倬策問 …………………………………… 3－196
王施海鄉試卷 ………………………………… 3－196
王洪緒先生外科證治全生不分卷 …… 2－276
王洪緒先生外科證治全生不分卷 …… 2－276
王洪緒先生外科證治全生不分卷 …… 2－276
王洪緒先生外科證治全生不分卷 …… 2－276
王洪緒先生外科證治全生不分卷 …… 2－276
王洪緒先生外科證治全生不分卷 …… 2－276
王洪緒先生外科證治全生不分卷 …… 2－276
王洪緒先生外科證治全生不分卷 …… 2－276
王洪緒先生外科證治全生不分卷 …… 2－276
王洪緒先生外科證治全生不分卷 …… 2－276
王洪緒先生外科證治全生不分卷 …… 2－276
王家勖行狀一卷 ……………………………… 1－311
王菉友九種 …………………………………… 3－513
王船山古近體詩評選 ………………………… 2－548
王船山先生四種 ……………………………… 3－512
王船山先生年譜二卷 ………………………… 1－322
王船山先生年譜二卷 ………………………… 1－323
王船山先生年譜二卷 ………………………… 1－323
王船山先生年譜二卷 ………………………… 1－323
王船山先生年譜二卷 ………………………… 1－323
王船山先生年譜二卷 ………………………… 1－323
王船山先生年譜二卷 ………………………… 1－323
王船山先生年譜二卷 ………………………… 1－323
王船山先生年譜二卷 ………………………… 1－323
王船山先生年譜二卷 ………………………… 1－323
王船山先生經史論八種七十三卷 …… 3－548
王船山經史論 ………………………………… 1－398

王船山經史論八種 ··············· 3 – 513
王船山叢書校勘記二卷 ········· 3 – 398
王象乾貢卷 ······················· 3 – 198
王陽明先生文集二卷 ············· 3 – 155
王陽明先生文鈔二十卷 ········· 3 – 155
王陽明先生文鈔二十卷 ········· 3 – 155
王陽明先生全集二十二卷首一卷 ··· 3 – 155
王陽明先生全集二十卷首一卷 ··· 3 – 155
王陽明先生書疏證四卷 ········· 2 – 194
王陽明先生經說弟子記四卷 ······· 1 – 121
王蒙友九種十二卷 ··············· 3 – 554
王葵園四種 ······················· 3 – 529
王葵園四種 ······················· 3 – 529
王葵園四種 ······················· 3 – 529
王葵園四種 ······················· 3 – 529
王葵園四種 ······················· 3 – 529
王葵園四種 ······················· 3 – 529
王評孟子四卷 ····················· 1 – 111
王註正譌一卷 ····················· 3 – 141
王註正譌一卷 ····················· 3 – 142
王註正譌一卷 ····················· 3 – 142
王註正譌一卷 ····················· 3 – 142
王註正譌一卷 ····················· 3 – 142
王湘綺詩文稿 ····················· 2 – 336
王湘綺詩稿一卷 ·················· 3 – 415
王夢樓詩稿 ······················· 2 – 332
王會篇箋釋三卷 ·················· 1 – 258
王廣心稿一卷 ····················· 1 – 102
王端毅公文集六卷續文集二卷 ··· 3 – 156
王漁洋遺書 ······················· 3 – 512
王漁洋遺書 ······················· 3 – 512
王摩詰集六卷 ····················· 3 – 80
王摩詰集六卷 ····················· 3 – 80
王摩詰集六卷 ····················· 3 – 80
王摩詰集六卷 ····················· 3 – 80
王摩詰集六卷 ····················· 3 – 80
王摩詰集六卷 ····················· 3 – 80
王摩詰詩集七卷 ·················· 3 – 80
王摩詰詩集七卷 ·················· 3 – 80
王摩詰詩集七卷 ·················· 3 – 80
王龍谿先生全集二十卷 ········· 3 – 156

王龍谿先生全集二十卷 ········· 3 – 157
王龍谿先生全集二十卷 ········· 3 – 157
王營減壩說略一卷 ··············· 2 – 96
王臨川文集四卷 ·················· 3 – 112
王臨川文集四卷 ·················· 3 – 112
王臨川文集四卷 ·················· 3 – 112
王臨川文集四卷 ·················· 3 – 112
王臨川文集四卷 ·················· 3 – 112
王臨川全集一百卷目錄二卷 ··· 3 – 111
王臨川全集一百卷目錄二卷 ··· 3 – 111
王臨川全集一百卷目錄二卷 ··· 3 – 111
王臨川全集一百卷目錄二卷 ··· 3 – 111
王臨川全集一百卷目錄二卷 ··· 3 – 111
王臨川全集一百卷目錄二卷 ··· 3 – 112
王臨川全集一百卷目錄二卷 ··· 3 – 112
王臨川全集一百卷目錄二卷 ··· 3 – 112
王臨川全集一百卷目錄二卷 ··· 3 – 112
王臨川全集一百卷目錄二卷 ··· 3 – 112
王龜齡文集不分卷 ··············· 3 – 111
王繩祖集 ··························· 3 – 513
王繼穀潛孝錄一卷 ··············· 1 – 311
井田圖考二卷 ····················· 1 – 53
[雍正]井陘縣志八卷 ··············· 1 – 531
井窗蛩吟集二卷 ·················· 3 – 253
井礦工程三卷 ····················· 2 – 314
井礦工程三卷 ····················· 2 – 315
天一閣書目四卷 ·················· 2 – 140
天一閣書目四卷 ·················· 2 – 140
天一閣現存書目四卷首一卷末一卷
··············· 2 – 140
天一閣碑目不分卷 ··············· 2 – 140
天工開物三卷 ····················· 2 – 290
天工開物三卷 ····················· 2 – 290
天下一統志九十卷 ··············· 1 – 523
天下一統志九十卷 ··············· 1 – 523
天下一統志九十卷 ··············· 1 – 523
天下一統志九十卷 ··············· 1 – 523
天下一統志九十卷 ··············· 1 – 523
天下一統志九十卷 ··············· 1 – 523
天下一統志九十卷 ··············· 1 – 523
天下山河兩戒考十四卷 ········· 1 – 525

天下山河兩戒考十四卷 …………… 1－525
天下山河兩戒考十四卷 …………… 1－525
天下五洲各大國志要一卷 ………… 2－106
天下名山記不分卷 ………………… 2－102
天下名山圖詠四卷 ………………… 2－76
天下郡國利病書一百二十卷 ……… 1－526
天下郡國利病書一百二十卷 ……… 1－526
天下郡國利病書一百二十卷 ……… 1－526
天下郡國利病書一百二十卷 ……… 1－526
天下郡國利病書一百二十卷 ……… 1－526
天下郡國利病書一百二十卷 ……… 1－526
天下郡國利病書一百二十卷 ……… 1－526
天下郡國利病書一百二十卷 ……… 1－526
天下郡國利病書一百二十卷 ……… 1－526
天下郡國利病書一百二十卷 ……… 1－526
天下郡國利病書一百二十卷 ……… 1－526
天下郡國利病書一百二十卷 ……… 1－526
天下郡國利病書一百二十卷 ……… 3－534
天子肆獻祼饋食禮纂四卷朝廟宮室
　考一卷田賦考一卷 ……………… 1－70
天元五歌闡義五卷 ………………… 2－416
天元五歌闡義五卷 ………………… 2－416
天元玉曆七卷 ……………………… 2－405
天元玉曆祥異賦七卷 ……………… 2－405
天元句股細草二卷 ………………… 2－305
天元草五卷 ………………………… 2－301
天元歌五卷 ………………………… 2－405
天中記五十卷 ……………………… 2－489
天中記六十卷 ……………………… 2－489
天中記六十卷 ……………………… 2－489
天中記六十卷 ……………………… 2－489
天中記六十卷 ……………………… 2－489
天中記六十卷 ……………………… 2－489
天文示斯十四卷 …………………… 2－407
天文考成一卷 ……………………… 2－294
天文地學歌括二卷 ………………… 2－291
天文地學歌括二卷 ………………… 2－291
天文地學歌括二卷 ………………… 2－291
天文易貫集補十卷 ………………… 1－21
天文問答 …………………………… 2－292
天文異寶纂要二卷 ………………… 2－293
天文啟蒙七卷首一卷 ……………… 2－294
天文揭要二卷 ……………………… 2－295
天文揭要二卷 ……………………… 2－295
天文新說問答 ……………………… 2－295
天文彙編□□卷 …………………… 2－404
天文圖說四卷 ……………………… 2－294
天文圖說四卷 ……………………… 2－294
天文算學纂要二十卷首一卷國朝萬
　年書二卷推測易知四卷 ………… 2－290
天文算學纂要二十卷首一卷國朝萬
　年書二卷推測易知四卷 ………… 2－290
天文算學纂要二十卷首一卷國朝萬
　年書二卷推測易知四卷 ………… 2－290
天文綜要一卷三才綜要不分卷 …… 2－292
天文釋義一卷 ……………………… 2－291
天水通志□□卷 …………………… 1－545
天目中峰和尚廣錄三十卷 ………… 2－448
天目中峰和尚廣錄三十卷 ………… 2－459
天目先生集二十一卷 ……………… 3－169
天仙正理直論增註一卷 …………… 2－470
天主實義二卷 ……………………… 2－480
天主實義二卷 ……………………… 2－480
天台三聖詩一卷 …………………… 2－557
天台山方外志三十卷 ……………… 2－80
天台山方外志要十卷 ……………… 2－80
天台山全志 ………………………… 2－80
天台四教儀一卷 …………………… 2－458
天台四教儀一卷 …………………… 2－464
天台四教儀一卷 …………………… 2－464
天台四教儀集註十卷 ……………… 2－448
天台治略十卷 ……………………… 1－443
天台教觀別錄□□卷 ……………… 2－449
天地人物掌故海不分卷 …………… 2－504
天地人物掌故海不分卷 …………… 2－504
天地間集一卷 ……………………… 3－137
天地間集一卷 ……………………… 3－137
天花精言六卷 ……………………… 2－283
天花精言六卷 ……………………… 2－283
天邑西湖八景圖 …………………… 2－338

天雨花三十回 …………………… 3－446
天門山館文存一卷詩存一卷 ………… 3－332
天門山館文存一卷詩存一卷 ………… 3－332
天門山館文存一卷詩存一卷 ………… 3－332
天門山館文存一卷詩存一卷 ………… 3－332
天竺山志十二卷首一卷 …………… 2－83
天竺山志十二卷首一卷 …………… 2－83
天岳山館文鈔四十卷 ……………… 3－223
天岳山館文鈔四十卷 ……………… 3－223
天岳山館文鈔四十卷 ……………… 3－223
天岳山館文鈔四十卷 ……………… 3－223
天岳山館文鈔四十卷 ……………… 3－223
天岳山館文鈔四十卷 ……………… 3－223
天岳山館文鈔四十卷 ……………… 3－223
天星秘訣 …………………………… 2－405
天星選擇一卷天文算學捷法一卷 …… 2－293
天星選擇一卷天文算學捷法一卷 …… 2－293
天香樓遺稿四卷 …………………… 3－197
天保九如章一卷十二體摹印一卷百
　美詩圖章一卷陋室銘圖章一卷百
　二甲子章一卷 …………………… 2－341
天津同仁堂虔修諸門應症丸散膏丹一卷
　………………………………… 2－256
〔乾隆〕天津縣志二十四卷 ………… 1－531
天咫偶聞十卷 ……………………… 2－68
天咫偶聞十卷 ……………………… 2－68
天咫偶聞十卷 ……………………… 2－68
天真閣外集六卷 …………………… 3－284
天真閣集五十四卷外集六卷 ……… 3－284
天根文鈔四卷文法一卷續集一卷詩
　鈔二卷 …………………………… 3－248
天倪閣印譜 ………………………… 2－341
天崇百篇不分卷 …………………… 3－22
天崇百篇不分卷 …………………… 3－22
天崇百篇不分卷 …………………… 3－22
天崇百篇不分卷 …………………… 3－22
天崇欣賞註釋不分卷 ……………… 3－22
天崇輯要二卷名墨輯要二卷國朝輯
　要四卷 …………………………… 3－537
天象災祥分類考二卷 ……………… 2－292

天啟宮詞不分卷 …………………… 3－180
天啟宮詞百首一卷 ………………… 3－258
天啟宮詞百首一卷 ………………… 3－258
天開圖書樓文稿四卷試帖四卷 …… 3－299
天開圖書樓文稿四卷試帖四卷 …… 3－299
天順日錄辨誣 ……………………… 1－262
天然和尚梅花詩一卷 ……………… 3－254
天童寺志十卷首一卷 ……………… 2－56
天童寺志十卷首一卷 ……………… 2－56
天游閣詩五卷補一卷附錄一卷 …… 3－410
天游閣詩五卷補一卷附錄一卷 …… 3－410
天游閣詩集二卷 …………………… 3－410
天補樓行記一卷 …………………… 3－20
天祿閣外史八卷 …………………… 2－357
天祿閣外史八卷 …………………… 2－357
天發神讖碑考一卷附錄一卷續考一
　卷補考一卷 ……………………… 2－125
天傭子集二十卷首一卷末一卷 …… 3－159
天聞閣琴譜集成十六卷首三卷紀事
　一卷附一卷 ……………………… 2－346
天聞閣琴譜集成十六卷首三卷紀事
　一卷附一卷 ……………………… 2－346
天瘦閣詩半六卷天補樓行記一卷 … 3－222
天瘦閣詩卷一卷 …………………… 3－222
天瘦閣詩卷一卷 …………………… 3－222
天瘦閣詩卷一卷 …………………… 3－222
天演論二卷 ………………………… 2－402
天演論二卷 ………………………… 2－402
天演論二卷 ………………………… 2－402
天演論二卷 ………………………… 2－402
天演論二卷 ………………………… 2－402
天演論二卷 ………………………… 2－402
天演論二卷 ………………………… 2－403
天演論二卷 ………………………… 2－403
天演論二卷 ………………………… 2－403
天演論二卷 ………………………… 2－403
天演論二卷 ………………………… 2－403
天演論二卷 ………………………… 2－403
天韻堂詩略四卷 …………………… 3－287
天壤閣叢書 ………………………… 3－491
天壤閣叢書 ………………………… 3－491

天籟字彙四卷 ················· 1－169
天籟字彙四卷 ················· 1－169
天籟軒詞選六卷 ··············· 3－426
天籟軒詞譜四卷補遺一卷詞韻一卷 ··· 3－436
天籟軒詞譜四卷補遺一卷詞韻一卷
··················· 3－436
天籟新韻一卷字體存正一卷 ········ 1－188
天籟閣詩鈔五卷詩餘一卷文鈔一卷
補集一卷 ··············· 3－233
元人六十種曲 ················ 3－438
元中記一卷補遺一卷 ············ 3－460
元氏長慶集六十卷補遺六卷 ········ 3－81
元氏長慶集六十卷補遺六卷 ········ 3－81
元氏長慶集六十卷補遺六卷 ········ 3－81
[光緒]元氏縣志十四卷首一卷末一卷
··················· 1－531
元文類七十卷目錄三卷 ··········· 3－14
元文類七十卷目錄三卷 ··········· 3－14
元文類七十卷目錄三卷 ··········· 3－14
元文類七十卷目錄三卷 ··········· 3－14
元文類七十卷目錄三卷 ··········· 3－14
元文類七十卷目錄三卷 ··········· 3－14
元文類刪四卷 ················ 3－14
元史二百十卷 ················ 1－217
元史二百十卷 ················ 1－217
元史二百十卷 ················ 1－217
元史二百十卷 ················ 1－217
元史二百十卷 ················ 1－217
元史二百十卷 ················ 1－217
元史二百十卷 ················ 1－217
元史二百十卷 ················ 1－217
元史二百十卷 ················ 1－217
元史二百十卷 ················ 1－217
元史二百十卷 ················ 1－217
元史二百十卷 ················ 1－217
元史二百十卷 ················ 3－532
元史氏族表三卷 ··············· 1－276
元史氏族表三卷 ··············· 1－276
元史氏族表三卷 ··············· 1－276

元史氏族表三卷 ··············· 1－276
元史紀事本末二十七卷 ··········· 1－242
元史紀事本末二十七卷 ··········· 1－242
元史紀事本末二十七卷 ··········· 1－242
元史紀事本末二十七卷 ··········· 1－242
元史紀事本末二十七卷 ··········· 1－242
元史紀事本末二十七卷 ··········· 1－242
元史紀事本末二十七卷 ··········· 1－242
元史紀事本末二十七卷 ··········· 1－243
元史紀事本末二十七卷 ··········· 1－243
元史紀事本末四卷 ············· 1－242
元史新編九十五卷 ············· 1－218
元史新編九十五卷 ············· 1－218
元史新編九十五卷 ············· 1－218
元史論一卷 ················· 3－537
元史藝文志四卷 ··············· 2－136
元史藝文志四卷 ··············· 2－136
元史藝文志四卷 ··············· 2－136
元史藝文志四卷 ··············· 2－136
元史藝文志四卷 ··············· 2－136
元史藝文志四卷 ··············· 2－136
元史藝文志四卷 ··············· 2－137
元史藝文志四卷 ··············· 2－137
元史藝文志四卷 ··············· 2－137
元史類編四十二卷 ············· 1－260
元史類編四十二卷 ············· 1－260
元史類編四十二卷 ············· 1－261
元史類編四十二卷 ············· 1－261
元史類編四十二卷 ············· 1－261
元史纂略□□卷 ··············· 1－396
元史譯文證補三十卷 ············ 1－218
元史譯文證補三十卷 ············ 1－218
元史譯文證補三十卷 ············ 1－218
元史譯文證補三十卷 ············ 1－218
元史譯文證補三十卷 ············ 1－218
元史譯文證補三十卷 ············ 1－218
元包經傳五卷 ················ 2－404
元包數總義二卷 ··············· 2－404
元曲選 ···················· 3－438

元亨療馬集四卷 …………………… 2－290
元亨療馬集四卷 …………………… 2－290
元亨療馬集四卷元亨療牛集二卷新
　刊醫駱駝藥方一卷 ……………… 2－289
元亨療馬集四卷元亨療牛集二卷駝
　經一卷 ………………………… 2－289
元耶律楚材西游錄一卷 …………… 2－101
元英先生詩集十卷 ………………… 3－80
元明七大家古文 …………………… 2－509
元明七大家古文 …………………… 2－509
元明八大家古文選 ………………… 2－509
元明詩選四卷 ……………………… 2－555
元和姓纂十卷 ……………………… 1－378
元和姓纂十卷 ……………………… 1－378
元和姓纂十卷 ……………………… 1－378
元和姓纂十卷 ……………………… 1－378
元和姓纂十卷 ……………………… 1－378
元和姓纂十卷 ……………………… 1－378
元和姓纂十卷 ……………………… 1－378
元和姓纂十卷 ……………………… 1－378
元和姓纂十卷 ……………………… 1－378
元和姓纂十卷 ……………………… 1－378
元和郡縣志四十卷 ………………… 1－520
元和郡縣志四十卷 ………………… 1－520
元和郡縣志四十卷 ………………… 1－520
元和郡縣志四十卷 ………………… 1－520
元和郡縣志闕卷逸文三卷 ………… 1－520
元和郡縣志闕卷逸文三卷 ………… 1－520
元和郡縣補志九卷 ………………… 1－520
元和郡縣補志九卷 ………………… 1－520
元和郡縣補志九卷 ………………… 1－520
元和郡縣補志九卷 ………………… 1－520
元和郡縣補志九卷 ………………… 1－521
元和郡縣圖志四十卷 ……………… 1－520
元和郡縣圖志四十卷 ……………… 1－520
元和郡縣圖志四十卷 ……………… 1－520
元和郡縣圖志四十卷 ……………… 1－520

元和郡縣圖志四十卷 ……………… 1－520
元和郡縣圖志四十卷 ……………… 1－520
元和郡縣圖志四十卷 ……………… 1－520
元和郡縣圖志四十卷 ……………… 1－520
元空秘旨一卷 ……………………… 2－416
元空秘旨一卷 ……………………… 2－416
元城語錄解三卷 …………………… 2－361
［元貞］元貞類編長安志十卷 …… 1－540
元祐黨人傳十卷 …………………… 1－297
元祐黨人傳十卷 …………………… 1－297
元祐黨人傳十卷 …………………… 1－297
元祐黨人傳十卷 …………………… 1－297
元秘史山川地名考十二卷 ………… 1－523
元秘史山川地名考十二卷 ………… 1－523
元秘史李註補正十四卷 …………… 1－260
元書一百〇二卷 …………………… 1－218
元書一百〇二卷 …………………… 1－218
元書一百〇二卷 …………………… 1－218
元書一百〇二卷 …………………… 1－218
元書一百〇二卷 …………………… 1－218
元寇紀略二卷 ……………………… 2－162
元張文忠公三事忠告 ……………… 1－436
元張文忠公忠告全書附元史列傳一卷
　…………………………………… 1－436
元張文忠公歸田類稿二十卷附錄一卷
　…………………………………… 3－150
元朝名臣事略十五卷 ……………… 1－283
元朝名臣事略十五卷 ……………… 1－283
元朝名臣事略十五卷 ……………… 1－283
元朝名臣事略十五卷 ……………… 1－283
元朝名臣事略十五卷 ……………… 3－534
元朝典故編年考十卷 ……………… 1－421
元朝征緬錄一卷 …………………… 1－259
元朝秘史十五卷 …………………… 1－260
元朝秘史十五卷 …………………… 1－260
元朝秘史十五卷 …………………… 1－260
元朝秘史十五卷 …………………… 1－260
元朝秘史十五卷 …………………… 1－260
元朝秘史十五卷 …………………… 1－260
元朝秘史十五卷 …………………… 1－260
元朝秘史十五卷首一卷 …………… 1－260

元朝秘史十卷續集二卷 …………… 1 - 260

元朝秘史十卷續集二卷 …………… 1 - 260

元朝秘史十卷續集二卷 …………… 1 - 260

元朝秘史十卷續集二卷 …………… 1 - 260

元朝秘史十卷續集二卷 …………… 1 - 260

元朝秘史十卷續集二卷 …………… 1 - 260

元朝秘史十卷續集二卷 …………… 1 - 260

元朝秘史十卷續集二卷 …………… 1 - 260

元朝秘史十卷續集二卷 …………… 1 - 260

元集賢院學士馮公海粟諱子振梅花

　百詠詩一卷 …………………… 3 - 150

元詩別裁八卷補遺一卷 ………… 3 - 14

元詩別裁八卷補遺一卷 ………… 3 - 14

元詩選 …………………………… 2 - 513

元詩選 …………………………… 2 - 513

元詩選十集首一卷 ……………… 2 - 513

元詩選六卷補遺一卷 …………… 3 - 14

元詩選六卷補遺一卷 …………… 3 - 15

元詩選六卷補遺一卷 …………… 3 - 15

元詩選六卷補遺一卷 …………… 3 - 15

元詩選癸錄十卷 ………………… 3 - 15

元詩選癸錄十卷 ………………… 3 - 15

元經薛氏傳十卷 ………………… 1 - 219

元經薛氏傳十卷 ………………… 1 - 219

元經薛氏傳十卷 ………………… 1 - 219

元遺山先生年譜一卷墓詩一卷 ……… 1 - 321

元遺山先生全集 ………………… 3 - 511

元遺山先生全集 ………………… 3 - 511

元遺山先生全集 ………………… 3 - 511

元遺山先生全集 ………………… 3 - 511

元遺山詩集八卷 ………………… 3 - 147

元遺山詩集八卷 ………………… 3 - 147

元遺山詩集八卷 ………………… 3 - 147

元遺山詩集箋註十四卷首一卷末一卷

　…………………………………… 3 - 148

元遺山詩集箋註十四卷首一卷末一卷

　…………………………………… 3 - 148

元遺山詩集箋註十四卷首一卷末一卷

　…………………………………… 3 - 148

元遺山詩集箋註十四卷首一卷末一卷

　…………………………………… 3 - 148

元遺山詩集箋註十四卷首一卷末一卷

　…………………………………… 3 - 148

元遺山詩集箋註十四卷首一卷末一卷

　…………………………………… 3 - 148

元緣現光錄二卷 ………………… 2 - 404

元穆日記三卷 …………………… 2 - 368

元穆文鈔一卷黃陵詩鈔一卷 …… 3 - 233

元穆文鈔一卷黃陵詩鈔一卷 …… 3 - 233

元穆文鈔二卷 …………………… 3 - 233

元穆文鈔二卷 …………………… 3 - 233

元穆文鈔二卷 …………………… 3 - 233

元豐九域志十卷 ………………… 1 - 521

元豐九域志十卷 ………………… 1 - 521

元豐九域志十卷 ………………… 1 - 521

元豐九域志十卷 ………………… 1 - 521

元豐九域志十卷 ………………… 1 - 521

元豐九域志十卷 ………………… 1 - 521

元豐九域志十卷 ………………… 1 - 521

元豐九域志十卷 ………………… 1 - 521

元豐九域志十卷 ………………… 1 - 521

元豐九域志十卷 ………………… 1 - 521

元豐九域志十卷 ………………… 1 - 521

元豐九域志十卷 ………………… 1 - 521

元豐九域志十卷 ………………… 1 - 521

元豐類稿五十卷首一卷 ………… 3 - 129

元豐類稿五十卷首一卷 ………… 3 - 129

元豐類稿五十卷首一卷 ………… 3 - 129

元豐類稿五十卷首一卷 ………… 3 - 129

元豐類稿五十卷首一卷 ………… 3 - 129

元豐類稿五十卷首一卷 ………… 3 - 130

元豐類稿五十卷首一卷 ………… 3 - 130

元豐類稿五十卷首一卷 ………… 3 - 130

元豐類稿五十卷首一卷 ………… 3 - 130

元豐類稿五十卷首一卷 ………… 3 - 130

元豐類稿五十卷首一卷 ………… 3 - 130

元豐類稿五十卷首一卷 ………… 3 - 130

元豐類稿五十卷首一卷 ………… 3 - 130

元豐類稿五十卷首一卷 ………… 3 - 130

元韻譜五十四卷首一卷⋯⋯⋯⋯⋯ 1－178
廿一史四譜五十四卷⋯⋯⋯⋯⋯⋯ 1－276
廿一史四譜五十四卷⋯⋯⋯⋯⋯⋯ 1－276
廿一史四譜五十四卷⋯⋯⋯⋯⋯⋯ 1－277
廿一史四譜五十四卷⋯⋯⋯⋯⋯⋯ 1－277
廿一史四譜五十四卷⋯⋯⋯⋯⋯⋯ 1－277
廿一史四譜五十四卷⋯⋯⋯⋯⋯⋯ 1－277
廿一史四譜五十四卷⋯⋯⋯⋯⋯⋯ 1－277
廿一史四譜五十四卷⋯⋯⋯⋯⋯⋯ 1－277
廿一史約編八卷首一卷後編一卷⋯⋯ 1－390
廿一史約編八卷首一卷後編一卷⋯⋯ 1－390
廿一史約編八卷首一卷後編一卷⋯⋯ 1－391
廿一史約編八卷首一卷後編一卷⋯⋯ 1－391
廿一史約編八卷首一卷後編一卷⋯⋯ 1－391
廿一史約編八卷首一卷後編一卷⋯⋯ 1－391
廿一史約編八卷首一卷後編一卷⋯⋯ 1－391
廿一史約編八卷首一卷後編一卷⋯⋯ 1－391
廿一史彈詞註十卷⋯⋯⋯⋯⋯⋯⋯ 3－444
廿一史彈詞註十卷⋯⋯⋯⋯⋯⋯⋯ 3－444
廿一史彈詞註十卷⋯⋯⋯⋯⋯⋯⋯ 3－444
廿一史彈詞註十卷⋯⋯⋯⋯⋯⋯⋯ 3－444
廿一史彈詞註十卷⋯⋯⋯⋯⋯⋯⋯ 3－444
廿一史彈詞註十卷⋯⋯⋯⋯⋯⋯⋯ 3－444
廿一史彈詞註十卷⋯⋯⋯⋯⋯⋯⋯ 3－444
廿一史彈詞註十卷⋯⋯⋯⋯⋯⋯⋯ 3－444
廿一史彈詞註十卷⋯⋯⋯⋯⋯⋯⋯ 3－444
廿一史彈詞註十卷⋯⋯⋯⋯⋯⋯⋯ 3－541
廿一史戰略考三十三卷⋯⋯⋯⋯⋯ 2－225
廿二史文鈔二十二卷⋯⋯⋯⋯⋯⋯ 1－390
廿二史札記三十六卷⋯⋯⋯⋯⋯⋯ 1－406
廿二史札記三十六卷⋯⋯⋯⋯⋯⋯ 1－406
廿二史札記三十六卷⋯⋯⋯⋯⋯⋯ 1－406
廿二史札記三十六卷⋯⋯⋯⋯⋯⋯ 1－406
廿二史札記三十六卷補遺一卷⋯⋯ 1－406
廿二史札記三十六卷補遺一卷⋯⋯ 1－406
廿二史札記三十六卷補遺一卷⋯⋯ 1－406
廿二史札記三十六卷補遺一卷⋯⋯ 1－406
廿二史札記三十六卷補遺一卷⋯⋯ 1－406
廿二史札記三十六卷補遺一卷⋯⋯ 1－406
廿二史札記三十六卷補遺一卷⋯⋯ 1－406
廿二史札記三十六卷補遺一卷⋯⋯ 1－406
廿二史札記三十六卷補遺一卷⋯⋯ 1－406

廿二史札記三十六卷補遺一卷⋯⋯ 1－406
廿二史札記三十六卷補遺一卷⋯⋯ 1－406
廿二史札記三十六卷補遺一卷⋯⋯ 1－406
廿二史考異一百卷⋯⋯⋯⋯⋯⋯⋯ 1－407
廿二史考異一百卷⋯⋯⋯⋯⋯⋯⋯ 1－407
廿二史考異一百卷⋯⋯⋯⋯⋯⋯⋯ 1－407
廿二史考異一百卷⋯⋯⋯⋯⋯⋯⋯ 1－407
廿二史考異一百卷⋯⋯⋯⋯⋯⋯⋯ 1－407
廿二史考異二十三卷⋯⋯⋯⋯⋯⋯ 1－407
廿二史策案十二卷⋯⋯⋯⋯⋯⋯⋯ 1－399
廿二史劄記三十六卷⋯⋯⋯⋯⋯⋯ 3－532
廿三史評口訣一卷聖門諸賢述略一卷
　⋯⋯⋯⋯⋯⋯⋯⋯⋯⋯⋯⋯⋯⋯ 1－407
廿四史三表⋯⋯⋯⋯⋯⋯⋯⋯⋯⋯ 1－278
廿四史策案十二卷⋯⋯⋯⋯⋯⋯⋯ 1－399
木皮散人鼓詞一卷⋯⋯⋯⋯⋯⋯⋯ 3－448
木皮散人鼓詞一卷⋯⋯⋯⋯⋯⋯⋯ 3－448
木皮散人鼓詞一卷⋯⋯⋯⋯⋯⋯⋯ 3－448
木莽詩草十二卷⋯⋯⋯⋯⋯⋯⋯⋯ 3－357
木莽詩草十二卷⋯⋯⋯⋯⋯⋯⋯⋯ 3－357
木犀軒叢書⋯⋯⋯⋯⋯⋯⋯⋯⋯⋯ 3－505
木犀軒叢書⋯⋯⋯⋯⋯⋯⋯⋯⋯⋯ 3－505
木犀軒叢書⋯⋯⋯⋯⋯⋯⋯⋯⋯⋯ 3－505
木犀軒叢書⋯⋯⋯⋯⋯⋯⋯⋯⋯⋯ 3－505
木犀軒叢書⋯⋯⋯⋯⋯⋯⋯⋯⋯⋯ 3－505
木犀軒叢書⋯⋯⋯⋯⋯⋯⋯⋯⋯⋯ 3－505
木鷄書屋文鈔四卷二集六卷三集八
　卷四集六卷五集六卷⋯⋯⋯⋯⋯ 3－340
五十名家書札一卷⋯⋯⋯⋯⋯⋯⋯ 3－62
五大家文粹⋯⋯⋯⋯⋯⋯⋯⋯⋯⋯ 2－509
五千年中外交涉史九十七卷⋯⋯⋯ 1－464
五子行孝一卷⋯⋯⋯⋯⋯⋯⋯⋯⋯ 3－448
五子近思錄發明十四卷⋯⋯⋯⋯⋯ 2－193
五子近思錄發明十四卷⋯⋯⋯⋯⋯ 2－193
五子近思錄發明十四卷⋯⋯⋯⋯⋯ 2－194
五子性理體注八卷⋯⋯⋯⋯⋯⋯⋯ 3－537
五公山人集十六卷⋯⋯⋯⋯⋯⋯⋯ 3－156
五方元音二卷⋯⋯⋯⋯⋯⋯⋯⋯⋯ 1－184
五方元音二卷⋯⋯⋯⋯⋯⋯⋯⋯⋯ 1－184
五史斠議五卷⋯⋯⋯⋯⋯⋯⋯⋯⋯ 3－548
五代史七十四卷⋯⋯⋯⋯⋯⋯⋯⋯ 1－214

五代史七十四卷 …………………… 1－214
五代史七十四卷 …………………… 1－214
五代史七十四卷 …………………… 1－214
五代史七十四卷 …………………… 1－215
五代史七十四卷 …………………… 1－215
五代史七十四卷 …………………… 1－215
五代史七十四卷 …………………… 1－215
五代史七十四卷 …………………… 1－215
五代史七十四卷 …………………… 1－215
五代史七十四卷 …………………… 1－215
五代史七十四卷 …………………… 1－215
五代史文鈔四卷 …………………… 1－395
五代史記七十四卷 ………………… 1－214
五代史記七十四卷 ………………… 1－214
五代史記七十四卷 ………………… 1－214
五代史記七十四卷 ………………… 1－214
五代史記七十四卷 ………………… 1－214
五代史記七十四卷 ………………… 1－214
五代史記七十四卷 ………………… 1－214
五代史記七十四卷 ………………… 1－214
五代史記七十四卷 ………………… 1－214
五代史記篡誤補續一卷 …………… 1－401
五代史記篡誤續補六卷 …………… 1－401
五代史記篡誤續補六卷 …………… 1－401
五代史記篡誤續補六卷 …………… 1－401
五代史記篡誤續補六卷 …………… 1－401
五代史記篡誤續補六卷 …………… 1－401
五代史補五卷 ……………………… 1－258
五代史篡誤三卷 …………………… 1－395
五代史篡誤三卷 …………………… 1－395
五代會要三十卷 …………………… 1－420
五代會要三十卷 …………………… 1－420
五代會要三十卷 …………………… 1－420
五代詩話十二卷 …………………… 3－480
五百四峰堂詩鈔二十五卷 ………… 3－404
五百弟子自說本起經一卷 ………… 2－421

五百羅漢像住世十八尊羅漢像 ……… 2－463
五好山房詩稿四卷 ………………… 3－358
五好山房詩稿四卷 ………………… 3－358
五好山房詩稿四卷 ………………… 3－358
五均論二卷 ………………………… 3－545
五車韻瑞一百六十卷 ……………… 2－487
五言排律輯要六卷 ………………… 2－550
五言詩十七卷七言詩歌行鈔十五卷
　　……………………………………… 2－547
五言詩七言詩歌行鈔六卷 ………… 2－547
五知齋琴譜八卷 …………………… 2－346
五知齋琴譜八卷 …………………… 2－346
五知齋琴譜八卷 …………………… 2－346
五知齋琴譜八卷 …………………… 2－346
五知齋琴譜八卷 …………………… 2－346
五服釋例二十卷 …………………… 1－68
五刻理氣篡經詳辯三台便覽通書正
　　宗二卷 …………………………… 2－409
[光緒]五河縣志二十卷首一卷末一卷
　　……………………………………… 2－2
五柳草堂文集□□卷 ……………… 3－406
五研齋全集 ………………………… 3－515
五省溝洫圖說一卷 ………………… 2－91
五省溝洫圖說一卷 ………………… 2－91
五香書室印譜 ……………………… 2－341
五科鄉會墨大觀四卷 ……………… 3－48
五音韻譜正字二卷 ………………… 1－186
五洲地理志略三十六卷首一卷 …… 1－516
五洲地理志略三十六卷首一卷 …… 1－516
五洲地理志略三十六卷首一卷 …… 1－516
五洲地理志略三十六卷首一卷 …… 1－516
五洲地理志略三十六卷首一卷 …… 1－516
五洲地理志略三十六卷首一卷 …… 1－517
五洲各國政治考十卷 ……………… 2－153
五洲各國政治考十卷 ……………… 2－153
五洲各國政治考八卷 ……………… 2－153
五洲各國政治考八卷 ……………… 2－153
五洲各國政治考八卷 ……………… 2－153
五洲各國政治考八卷 ……………… 2－153
五洲括地歌一卷 …………………… 1－515

五洲括地歌一卷	1－515	五經贊一卷	1－125
五洲教案紀略五卷	2－158	五經類典囊括六十四卷	2－494
五洲圖考不分卷	2－99	五經類編二十八卷	2－494
五軍道里表不分卷	1－484	五經類編二十八卷	2－494
五軍道里表不分卷	1－484	五經類編二十八卷	2－494
五祖黃梅寶卷二卷	3－448	五經類編二十八卷	2－494
五家宗派一卷	2－464	五經類編二十八卷	2－494
五朝方外綺語餘編三百四十九卷	2－548	五經類編二十八卷	3－544
五朝名家七律英華不分卷	2－555	五經體註大全七十二卷	1－118
五朝名家七律英華不分卷	2－555	［乾隆］五臺縣志八卷首一卷	1－536
五雅四十一卷	1－131	五種秘竅全書	2－403
五雅四十一卷	1－131	五種遺規	2－212
五雅全書五種四十一卷	3－546	五種遺規	2－212
五湖游謝一卷	3－381	五種遺規	2－212
五湖游謝一卷	3－381	五種遺規	2－212
五湖漁莊圖題詞四卷	3－57	五種遺規	2－212
五經小學述二卷	1－124	五種遺規	2－212
五經文字三卷	1－114	五種遺規	2－212
五經文字三卷	3－545	五種遺規	2－212
五經文苑摭華八卷	2－491	五種遺規	2－212
五經文府不分卷	3－45	五種遺規	2－213
五經文體二十四卷	3－28	五種遺規	2－213
五經四書	1－1	五種遺規	2－213
五經四書疏略	1－8	五種遺規	2－213
五經四書疏略	1－9	五種遺規	2－213
五經同異三卷	1－128	五種遺規摘鈔	2－213
五經同異三卷	1－128	五種遺規摘鈔	2－213
五經合纂大成四十四卷	1－128	五種遺規摘鈔	2－213
五經味根錄三十八卷	1－128	五種遺規摘鈔	2－213
五經典林五十四卷五經古人典林六卷		五燈會元二十卷	2－461
	2－494	五燈會元二十卷	2－461
五經異義疏證三卷	1－125	五燈會元二十卷	2－461
五經異義疏證三卷	3－544	五燈會元五十七卷目錄三卷	2－461
五經揭要二十六卷	1－121	五燈會元五十七卷目錄三卷	2－462
五經集解三十卷附錄三卷石經考辨		五禮通考二百六十二卷首四卷	1－73
二卷耕餘瑣錄十二卷	1－125	五禮通考二百六十二卷首四卷	1－73
五經解義	1－125	五禮通考二百六十二卷首四卷	1－73
五經圖十二卷	1－119	五禮通考二百六十二卷首四卷	1－73
五經算術二卷	2－300	五禮通考二百六十二卷首四卷	1－73
五經算術二卷	2－300	五禮通考二百六十二卷首四卷	1－73
五經算術疏義二卷	2－305	五禮通考二百六十二卷首四卷	1－73

五禮通考二百六十二卷首四卷 ……… 1－73
五禮通考二百六十二卷首四卷 ……… 1－73
五禮通考二百六十二卷首四卷 ……… 1－73
五韻論二卷 ……………………… 1－187
五韻論二卷 ……………………… 1－187
支那瓜分之命運 ………………… 1－268
支那通史四卷 …………………… 3－547
支那教案論一卷 ………………… 1－268
支那教學史略三卷 ……………… 1－435
支那新史攬要六卷 ……………… 1－238
支那疆域沿革略說 ……………… 1－529
支那疆域沿革略說 ……………… 1－529
支那疆域沿革略說 ……………… 1－529
支那疆域沿革略說 ……………… 1－529
支那疆域沿革略說 ……………… 1－529
支郡師範丁堂丙午年四月考試學生
　各門功課分數名次清冊 ……… 1－434
支郡師範丁堂丙午年第一學期考試分
　數及各月考試分數合定等第清冊
　………………………………… 1－434
支雅二卷 ………………………… 1－138
支雅二卷 ………………………… 3－546
支離其詞一卷 …………………… 3－415
不二齋文選一卷 ………………… 3－171
不乃羹詩鈔四卷 ………………… 3－407
不可錄一卷 ……………………… 2－195
不用刑審判書三卷 ……………… 1－488
不得已辯一卷 …………………… 2－368
不遠復齋雜鈔二卷 ……………… 2－396
不慊齋漫存十二卷 ……………… 3－287
不慊齋漫存七卷 ………………… 3－287
不慊齋漫存七卷 ………………… 3－287
太乙山房文集十五卷 …………… 3－173
太乙舟文集八卷 ………………… 3－316
太乙舟文集八卷 ………………… 3－316
太乙舟文集八卷 ………………… 3－316
太乙舟文集八卷 ………………… 3－316
太乙舟文集八卷 ………………… 3－316
太乙舟文集八卷 ………………… 3－316
太乙統宗寶鑒二十卷 …………… 2－409
太乙數統宗大全四十卷 ………… 2－409

太乙數統宗大全四十卷 ………… 2－409
太乙數統宗大全四十卷 ………… 2－409
太上元始天尊說三官寶號一卷 … 2－478
太上元陽上帝無極天尊說至真妙法
　火車靈官真經一卷 …………… 2－477
太上星主賜延壽大懺 …………… 2－478
太上洞玄靈寶無量度人上品妙經 … 2－478
太上洞玄靈寶無量度人上品妙經□□卷
　………………………………… 2－478
太上消滅地獄升騰天堂廣懺三卷 … 2－478
太上消滅地獄升騰天堂廣懺三卷 2－478
太上閑嗑醒世賦四卷 …………… 2－475
太上感應篇 ……………………… 3－539
太上感應篇一卷 ………………… 2－476
太上感應篇二卷 ………………… 2－476
太上感應篇二卷 ………………… 2－476
太上感應篇二卷 ………………… 2－476
太上感應篇二卷 ………………… 2－476
太上感應篇印譜 ………………… 2－342
太上感應篇註訓證圖說四卷首一卷 2－476
太上感應篇圖說八卷首一卷 …… 2－474
太上感應篇圖說八卷首一卷 …… 2－474
太上感應篇圖說八卷首一卷 …… 2－474
太上感應篇贊義二卷 …………… 3－539
太上寶筏圖說八卷 ……………… 2－474
太上寶筏圖說八卷首一卷 ……… 2－474
太古傳宗琵琶調西廂記曲譜二卷 … 3－451
太平天國官印清冊 ……………… 1－442
太平天國官印清冊 ……………… 1－442
太平天國銜官執照清冊不分卷 … 1－442
太平御覽一千卷 ………………… 2－483
太平御覽一千卷目錄十五卷 …… 2－483
太平御覽一千卷目錄十五卷 …… 2－483
太平御覽一千卷目錄十五卷 …… 2－483
太平御覽一千卷目錄十五卷 …… 2－483
太平御覽一千卷目錄十五卷 …… 2－483
太平御覽一千卷目錄十五卷 …… 2－483
太平御覽一千卷目錄十五卷 …… 2－483
太平御覽一千卷目錄十五卷 …… 2－484
太平御覽一千卷目錄十卷 ……… 2－483

太平御覽一千卷目錄十卷…………… 2－483
太平經國之書十一卷首一卷 ……… 1－53
太平經國之書十一卷首一卷 ……… 1－53
太平廣記五百卷目錄十卷…………… 3－454
太平廣記五百卷目錄十卷…………… 3－454
太平廣記五百卷目錄十卷…………… 3－454
太平廣記五百卷目錄十卷…………… 3－455
太平廣記五百卷目錄十卷…………… 3－455
太平廣記五百卷目錄十卷…………… 3－455
太平廣記五百卷目錄十卷…………… 3－455
［嘉慶］太平縣志十八卷首一卷 …… 2－6
［道光］太平縣志十六卷首一卷 …… 1－538
［光緒］太平縣志十四卷首一卷 …… 1－538
［光緒］太平縣續志十八卷首一卷 …… 2－6
太平寰宇記二百卷目錄二卷…………… 1－522
太平寰宇記二百卷目錄二卷…………… 1－522
太平寰宇記二百卷目錄二卷…………… 1－522
太平寰宇記二百卷目錄二卷…………… 1－522
太平寰宇記二百卷目錄二卷…………… 1－522
太平寰宇記二百卷目錄二卷…………… 1－522
太平寰宇記二百卷目錄二卷…………… 1－522
太平寰宇記二百卷目錄二卷校例一卷
………………………………………… 1－522
太平寰宇記二百卷目錄二卷校例一卷
………………………………………… 1－522
太平寰宇記殘六卷……………………… 1－522
太史升菴全集八十一卷目錄二卷 …… 3－176
太史升菴全集八十一卷目錄二卷 …… 3－176
太史升菴全集八十一卷目錄二卷 …… 3－176
太史升菴全集八十一卷目錄二卷 …… 3－176
太史升菴全集八十一卷目錄二卷 …… 3－176
太史升菴遺集二十六卷………………… 3－176
太史升菴遺集二十六卷………………… 3－176
太史華句八卷…………………………… 2－487
太史華句八卷…………………………… 2－487
太史張素存先生全稿不分卷………… 3－304
太白山人詩五卷附錄一卷…………… 3－169
太白山人槲葉集五卷南游草一卷…… 3－226
太玄集註四卷………………………… 2－404
［光緒］太谷縣志八卷首一卷末一卷 … 1－536

［咸豐］太谷縣志八卷首一卷末一卷
………………………………………… 1－536
太和局新增鑒略妥註讀本六卷……… 1－232
［乾隆］太和縣志八卷 ……………… 2－3
太宗文皇帝聖訓六卷………………… 1－493
太函集一百二十卷目錄六卷………… 3－159
太祖高皇帝聖訓四卷………………… 1－493
太姥山志三卷 ……………………… 2－81
太華山紫金鎮兩世修行劉香寶卷全
集二卷 …………………………… 3－448
太華山紫金鎮兩世修行劉香寶卷全
集二卷 …………………………… 3－448
太師楊文貞公據說二卷……………… 1－322
太師誠意伯劉文成公集二十卷首一卷
………………………………………… 3－181
太師誠意伯劉文成公集二十卷首一卷
………………………………………… 3－181
太師誠意伯劉文成公集二十卷首一卷
………………………………………… 3－181
太師誠意伯劉文成公集二十卷首一卷
………………………………………… 3－181
太師誠意伯劉文成公集二十卷首一卷
………………………………………… 3－182
太師誠意伯劉文成公集二十卷首一卷
………………………………………… 3－182
［道光］太康縣志八卷首一卷 ……… 2－19
太湖備考十六卷首一卷……………… 2－92
太湖備考十六卷首一卷……………… 2－92
太湖備考十六卷首一卷……………… 2－92
太湖備考十六卷首一卷 …………… 2－93
［同治］太湖縣志四十六卷首一卷
末一卷 …………………………… 2－3
太鶴山人集十三卷 ………………… 3－382
友石軒印存一卷……………………… 2－342
友竹草堂文集不分卷………………… 3－382
友聲十集 …………………………… 3－24
比丘戒本疏義二卷…………………… 2－442
比例摘要便覽四卷…………………… 1－485
比國通商條約稅則章程……………… 1－452
比雅十卷……………………………… 1－138
比雅十卷……………………………… 1－138

比雅十卷 …………………………… 1－138
切字肆考不分卷 …………………… 1－186
切字肆考不分卷 …………………… 1－186
切近詮說一卷 ……………………… 2－376
切指工文新訣賦 …………………… 3－276
切問齋文鈔三十卷 ………………… 3－24
切問齋文鈔三十卷 ………………… 3－24
切問齋文鈔三十卷 ………………… 3－24
切問齋文鈔三十卷 ………………… 3－24
切問齋文鈔三十卷 ………………… 3－24
切問齋文鈔三十卷首一卷 ………… 3－24
切問齋文鈔三十卷首一卷 ………… 3－24
切問齋集十二卷首一卷 …………… 3－325
切問齋集十二卷首一卷 …………… 3－325
切問齋集十六卷 …………………… 3－325
切韻考六卷外篇三卷 ……………… 1－186
切韻指掌圖一卷 …………………… 1－175
切韻指掌圖一卷 …………………… 1－175
牙牌神數詳註一卷 ………………… 2－407
牙牌神數圖註詳解不分卷 ………… 2－407
瓦厄集六卷 ………………………… 3－346
瓦厄集六卷 ………………………… 3－346
瓦缶雷鳴四卷欸乃餘曲二卷三隧劇
　談一卷 …………………………… 3－341
止止堂集五卷 ……………………… 3－171
止園尺牘六卷 ……………………… 3－363
止園尺牘六卷 ……………………… 3－363
止園詩草□□卷 …………………… 3－363
止園叢書 …………………………… 3－514
止齋遺書十六卷 …………………… 3－341
少司馬谷公文集二卷 ……………… 3－164
少保于公奏議十卷 ………………… 1－498
少室山房筆叢正集三十二卷續集十六卷
　…………………………………… 2－398
少華山賓卷一卷 …………………… 3－448
少嵒賦草四卷 ……………………… 3－282
少微通鑑節要五十卷外記四卷 …… 1－226
少鶴內集十卷鶴再南飛集一卷龍城
　集一卷賓山續集一卷 …………… 3－232

日下尊聞錄五卷 …………………… 2－53
日下舊聞四十二卷 ………………… 2－68
日本小學教育制度 ………………… 1－435
日本文部省沿革及官制一卷 ……… 2－164
日本丙午議會四卷 ………………… 2－163
日本丙午議會四卷 ………………… 2－163
日本史綱二卷 ……………………… 2－162
日本外史二十二卷 ………………… 2－164
日本地理志一卷 …………………… 2－107
日本各校紀略一卷附存一卷 ……… 1－435
日本武學兵隊紀略一卷 …………… 1－468
日本法規大全 ……………………… 1－490
日本政治地理 ……………………… 2－164
日本教育制度 ……………………… 1－435
日本國志四十卷首一卷 …………… 2－161
日本國志四十卷首一卷 …………… 2－161
日本國志四十卷首一卷 …………… 2－161
日本國志四十卷首一卷 …………… 2－161
日本國志四十卷首一卷 …………… 2－161
日本國志四十卷首一卷 …………… 2－161
日本國志四十卷首一卷 …………… 2－161
日本國志四十卷首一卷 …………… 2－161
日本國志四十卷首一卷 …………… 2－162
日本國志四十卷首一卷 …………… 2－162
日本國志四十卷首一卷 …………… 2－162
日本國志四十卷首一卷 …………… 2－162
日本國志四十卷首一卷 …………… 2－162
日本國志四十卷首一卷 …………… 2－162
日本國志四十卷首一卷 …………… 2－162
日本國志四十卷首一卷 …………… 2－162
日本國志四十卷首一卷 …………… 2－162
日本商務視察書四卷附錄一卷 …… 1－453
日本商務視察書四卷附錄一卷 …… 1－453
日本新史攬要七卷 ………………… 2－164
日本新政考二卷 …………………… 2－162
日本源流考二十二卷 ……………… 2－162
日本源流考二十二卷 ……………… 2－162

日本源流考二十二卷⋯⋯⋯⋯⋯ 2－162　　日知錄三十二卷⋯⋯⋯⋯⋯⋯⋯ 2－393

日本源流考二十二卷⋯⋯⋯⋯⋯ 2－162　　日知錄三十二卷⋯⋯⋯⋯⋯⋯⋯ 2－393

日本維新三十年史十二編⋯⋯⋯ 3－537　　日知錄三十二卷⋯⋯⋯⋯⋯⋯⋯ 2－393

日本維新三十年史十二編附錄一卷　　　　日知錄三十二卷⋯⋯⋯⋯⋯⋯⋯ 2－393

⋯⋯⋯⋯⋯⋯⋯⋯⋯⋯⋯⋯⋯ 2－163　　日知錄三十二卷⋯⋯⋯⋯⋯⋯⋯ 2－393

日本維新三十年史十二編附錄一卷　　　　日知錄三十二卷⋯⋯⋯⋯⋯⋯⋯ 2－393

⋯⋯⋯⋯⋯⋯⋯⋯⋯⋯⋯⋯⋯ 2－163　　日知錄三十二卷⋯⋯⋯⋯⋯⋯⋯ 3－538

日本維新三十年史十二編附錄一卷　　　　日知錄三十二卷日知錄之餘四卷⋯⋯ 2－393

⋯⋯⋯⋯⋯⋯⋯⋯⋯⋯⋯⋯⋯ 2－163　　日知錄之餘四卷⋯⋯⋯⋯⋯⋯⋯ 2－393

日本維新三十年史十二編附錄一卷　　　　日知錄之餘四卷⋯⋯⋯⋯⋯⋯⋯ 2－393

⋯⋯⋯⋯⋯⋯⋯⋯⋯⋯⋯⋯⋯ 2－163　　日知錄之餘四卷⋯⋯⋯⋯⋯⋯⋯ 2－393

日本維新三十年史十二編附錄一卷　　　　日知錄之餘四卷⋯⋯⋯⋯⋯⋯⋯ 2－393

⋯⋯⋯⋯⋯⋯⋯⋯⋯⋯⋯⋯⋯ 2－163　　日知錄之餘四卷⋯⋯⋯⋯⋯⋯⋯ 3－538

日本維新三十年史十二編附錄一卷　　　　日知錄校正二卷⋯⋯⋯⋯⋯⋯⋯ 2－383

⋯⋯⋯⋯⋯⋯⋯⋯⋯⋯⋯⋯⋯ 2－163　　日知錄集釋三十二卷日知錄刊誤二

日本維新三十年史十二編附錄一卷　　　　　卷續刊誤二卷⋯⋯⋯⋯⋯⋯ 2－390

⋯⋯⋯⋯⋯⋯⋯⋯⋯⋯⋯⋯⋯ 2－163　　日知錄集釋三十二卷日知錄刊誤二

日本維新三十年史十二編附錄一卷　　　　　卷續刊誤二卷⋯⋯⋯⋯⋯⋯ 2－390

⋯⋯⋯⋯⋯⋯⋯⋯⋯⋯⋯⋯⋯ 2－163　　日知錄集釋三十二卷日知錄刊誤二

日本維新三十年史十二編附錄一卷 ⋯ 2－164　　　卷續刊誤二卷⋯⋯⋯⋯⋯⋯ 2－390

日本維新慷慨史二卷⋯⋯⋯⋯⋯ 2－164　　日知錄集釋三十二卷日知錄刊誤二

日本維新慷慨史二卷⋯⋯⋯⋯⋯ 2－164　　　卷續刊誤二卷⋯⋯⋯⋯⋯⋯ 2－390

日本學校源流⋯⋯⋯⋯⋯⋯⋯⋯ 1－435　　日知錄集釋三十二卷日知錄刊誤二

日本學校源流⋯⋯⋯⋯⋯⋯⋯⋯ 1－435　　　卷續刊誤二卷⋯⋯⋯⋯⋯⋯ 2－390

日本憲法說明書⋯⋯⋯⋯⋯⋯⋯ 1－490　　日知錄集釋三十二卷日知錄刊誤二

日本雜事詩二卷⋯⋯⋯⋯⋯⋯⋯ 3－344　　　卷續刊誤二卷⋯⋯⋯⋯⋯⋯ 2－390

日本雜事詩二卷⋯⋯⋯⋯⋯⋯⋯ 3－540　　日知錄集釋三十二卷日知錄刊誤二

日本議會史⋯⋯⋯⋯⋯⋯⋯⋯⋯ 2－163　　　卷續刊誤二卷⋯⋯⋯⋯⋯⋯ 2－390

日本議會史⋯⋯⋯⋯⋯⋯⋯⋯⋯ 2－163　　日知錄集釋三十二卷日知錄刊誤二

日用指明⋯⋯⋯⋯⋯⋯⋯⋯⋯⋯ 2－480　　　卷續刊誤二卷⋯⋯⋯⋯⋯⋯ 2－390

日用指明⋯⋯⋯⋯⋯⋯⋯⋯⋯⋯ 2－480　　日知錄集釋三十二卷日知錄刊誤二

日知堂文集□□卷⋯⋯⋯⋯⋯⋯ 3－226　　　卷續刊誤二卷⋯⋯⋯⋯⋯⋯ 2－390

日知堂筆記三卷剩集一卷試帖一卷　　　　日知錄集釋三十二卷日知錄刊誤二

⋯⋯⋯⋯⋯⋯⋯⋯⋯⋯⋯⋯⋯ 3－298　　　卷續刊誤二卷⋯⋯⋯⋯⋯⋯ 2－390

日知薈說四卷⋯⋯⋯⋯⋯⋯⋯⋯ 2－207　　日知錄集釋三十二卷日知錄刊誤二

日知錄三十二卷⋯⋯⋯⋯⋯⋯⋯ 2－393　　　卷續刊誤二卷⋯⋯⋯⋯⋯⋯ 2－390

日知錄三十二卷⋯⋯⋯⋯⋯⋯⋯ 2－393　　日知錄集釋三十二卷日知錄刊誤二

日知錄三十二卷⋯⋯⋯⋯⋯⋯⋯ 2－393　　　卷續刊誤二卷⋯⋯⋯⋯⋯⋯ 2－390

日知錄三十二卷⋯⋯⋯⋯⋯⋯⋯ 2－393　　日知錄集釋三十二卷日知錄刊誤二

　　　　　　　　　　　　　　　　　　　　　卷續刊誤二卷⋯⋯⋯⋯⋯⋯ 2－390

日知錄集釋三十二卷日知錄刊誤二
　卷續刊誤二卷……………………… 2－391
日知錄集釋三十二卷日知錄刊誤二
　卷續刊誤二卷……………………… 2－391
日知錄集釋三十二卷日知錄刊誤二
　卷續刊誤二卷……………………… 2－391
日知錄集釋三十二卷日知錄刊誤二
　卷續刊誤二卷……………………… 2－391
日知錄集釋三十二卷日知錄刊誤二
　卷續刊誤二卷……………………… 2－391
日知錄集釋三十二卷日知錄刊誤二
　卷續刊誤二卷……………………… 2－391
日知錄集釋三十二卷日知錄刊誤二
　卷續刊誤二卷……………………… 2－391
日知錄集釋三十二卷日知錄刊誤二
　卷續刊誤二卷……………………… 2－391
日知錄集釋三十二卷日知錄刊誤二
　卷續刊誤二卷……………………… 2－391
日知錄集釋三十二卷日知錄刊誤二
　卷續刊誤二卷……………………… 2－391
日知錄集釋三十二卷日知錄刊誤二
　卷續刊誤二卷……………………… 2－391
日知錄集釋三十二卷日知錄刊誤二
　卷續刊誤二卷……………………… 2－391
日知錄集釋三十二卷刊誤二卷續刊
　誤二卷……………………………… 3－538
日省錄二十卷首一卷……………… 2－206
日省錄三卷補遺一卷……………… 2－208
日省錄三卷補遺一卷……………… 2－208
日省錄三卷補遺一卷……………… 2－208
日星測時新表一卷………………… 2－292
日俄戰紀一卷時評一卷…………… 2－161
日涉編十二卷……………………… 1－509
日涉編十二卷……………………… 1－509
日斯巴尼亞國條款………………… 1－466
日斯巴尼亞國條款………………… 1－467
日游筆記一卷……………………… 2－107
日游筆記一卷……………………… 2－107
日游彙編一卷……………………… 1－432
日慎齋詩草六卷外集一卷………… 3－231
日鋤齋詩集八卷缶音一卷洵皓一卷…… 3－310
日講易經解義十八卷……………… 1－16
日講書經解義十三卷……………… 1－33
中山紀游吟一卷…………………… 3－253
中日戰輯六卷……………………… 1－252
中史綱要一卷……………………… 1－233
中外地輿圖說集成一百三十卷首二卷
　…………………………………… 2－99
中外地輿圖說集成一百三十卷首二卷
　…………………………………… 2－99
中外政治史要二卷………………… 1－424
中外政俗異同考二卷……………… 1－442
中外時務新政策不分卷…………… 1－424
中外財經研究書…………………… 1－450
中外農學合編十二卷……………… 2－239
中外農學合編十二卷……………… 2－239
中外農學合編十二卷……………… 2－239
中外新舊條約匯刻不分卷………… 1－466
中外輿地全圖……………………… 2－99
中外輿地全圖目錄序例…………… 2－99
中外輿地匯鈔十四卷……………… 1－514
中立四子集………………………… 2－170
中立四子集六十四卷……………… 2－170
中西四千年紀曆一卷……………… 2－295
中西合曆（光緒乙丑至庚寅年）…… 2－295
中西兵略指掌二十四卷首一卷…… 2－228
中西星要…………………………… 2－291
中西紀事二十四卷首一卷………… 1－251
中西紀事二十四卷首一卷………… 1－251
中西紀事二十四卷首一卷………… 1－251
中西紀事二十四卷首一卷………… 1－251
中西紀事二十四卷首一卷………… 1－252
中西紀事二十四卷首一卷………… 1－252
中西紀事二十四卷首一卷………… 1－252
中西紀事二十四卷首一卷………… 1－252
中西紀事二十四卷首一卷………… 1－252
中西紀事二十四卷首一卷………… 1－252
中西匯通醫經精義二卷…………… 2－253
中西匯通醫經精義二卷…………… 2－253

中西匯參銅人圖說一卷⋯⋯⋯⋯⋯ 2－285　中法全年生意情形⋯⋯⋯⋯⋯⋯⋯⋯ 1－453

中西匯參銅人圖說一卷⋯⋯⋯⋯⋯ 2－285　中俄界約斠註七卷首一卷⋯⋯⋯⋯ 1－470

中西經星同異考一卷⋯⋯⋯⋯⋯⋯ 2－293　中俄界約斠註七卷首一卷⋯⋯⋯⋯ 1－470

中西算學大成一百卷⋯⋯⋯⋯⋯⋯ 2－304　中俄界記⋯⋯⋯⋯⋯⋯⋯⋯⋯⋯⋯ 1－515

中西算學合訂三編附一編⋯⋯⋯⋯ 2－303　中俄約章會要三卷續編一卷⋯⋯⋯ 1－466

中西算學叢書初編⋯⋯⋯⋯⋯⋯⋯ 2－299　中皇明聖經一卷⋯⋯⋯⋯⋯⋯⋯⋯ 2－478

中西學門徑書⋯⋯⋯⋯⋯⋯⋯⋯⋯ 2－173　中華古今註三卷⋯⋯⋯⋯⋯⋯⋯⋯ 2－383

中西學門徑書⋯⋯⋯⋯⋯⋯⋯⋯⋯ 2－173　中華古今註三卷⋯⋯⋯⋯⋯⋯⋯⋯ 2－383

中西學門徑書⋯⋯⋯⋯⋯⋯⋯⋯⋯ 2－173　中華醫院學案⋯⋯⋯⋯⋯⋯⋯⋯⋯ 2－269

中西醫學勸讀⋯⋯⋯⋯⋯⋯⋯⋯⋯ 2－245　中原音韻不分卷⋯⋯⋯⋯⋯⋯⋯⋯ 3－451

中西醫學勸讀⋯⋯⋯⋯⋯⋯⋯⋯⋯ 2－245　中黃道經二卷外集二卷⋯⋯⋯⋯⋯ 2－475

中西關係略論四卷續編一卷⋯⋯⋯ 1－465　中晚唐詩叩彈集十二卷續集三卷⋯⋯ 3－5

中西關係略論四卷續編一卷⋯⋯⋯ 1－465　中晚唐詩叩彈集十二卷續集三卷⋯⋯ 3－5

中州人物考八卷⋯⋯⋯⋯⋯⋯⋯⋯ 1－294　中晚唐詩叩彈集十二卷續集三卷⋯⋯ 3－5

中州全韻二十二卷首一卷⋯⋯⋯⋯ 3－438　中晚唐詩叩彈集十二卷續集三卷⋯⋯ 3－5

中州全韻二十二卷首一卷⋯⋯⋯⋯ 3－438　中晚唐詩叩彈集十二卷續集三卷⋯⋯ 3－5

中州全韻二十二卷首一卷⋯⋯⋯⋯ 3－438　中晚唐詩叩彈集十二卷續集三卷⋯⋯ 3－5

中州名賢文表三十卷⋯⋯⋯⋯⋯⋯ 3－33　中晚唐詩叩彈集十二卷續集三卷⋯⋯ 3－5

中州名賢文表三十卷⋯⋯⋯⋯⋯⋯ 3－33　中晚唐詩叩彈集十二卷續集三卷⋯⋯ 3－6

中州金石目四卷補遺一卷⋯⋯⋯⋯ 2－113　中晚唐詩叩彈集十二卷續集三卷⋯⋯ 3－6

中州金石目四卷補遺一卷⋯⋯⋯⋯ 2－113　中晚唐詩主客圖二卷⋯⋯⋯⋯⋯⋯ 3－482

中州集十卷首一卷樂府一卷⋯⋯⋯ 3－13　中晚唐詩主客圖二卷⋯⋯⋯⋯⋯⋯ 3－482

中州集十卷首一卷樂府一卷⋯⋯⋯ 3－13　中晚唐詩紀不分卷⋯⋯⋯⋯⋯⋯⋯ 3－10

中州集十卷首一卷樂府一卷⋯⋯⋯ 3－13　中國工商業考⋯⋯⋯⋯⋯⋯⋯⋯⋯ 1－435

中州集十卷首一卷樂府一卷⋯⋯⋯ 3－13　中國女學集議初編一卷⋯⋯⋯⋯⋯ 1－435

［道光］中江縣志新志八卷首一卷⋯⋯ 2－34　中國文學指南二卷⋯⋯⋯⋯⋯⋯⋯ 3－482

［同治］中牟縣志十二卷首一卷末一卷　　中國文學指南二卷⋯⋯⋯⋯⋯⋯⋯ 3－482

⋯⋯⋯⋯⋯⋯⋯⋯⋯⋯⋯⋯⋯⋯ 2－17　中國地理教科書四卷⋯⋯⋯⋯⋯⋯ 1－529

中亞洲俄屬游記二卷⋯⋯⋯⋯⋯⋯ 2－108　中國地理教科書四卷⋯⋯⋯⋯⋯⋯ 1－529

中亞洲俄屬游記二卷⋯⋯⋯⋯⋯⋯ 2－108　中國地理教科書四卷⋯⋯⋯⋯⋯⋯ 1－529

中亞洲俄屬游記二卷⋯⋯⋯⋯⋯⋯ 2－108　中國地理教科書附圖⋯⋯⋯⋯⋯⋯ 1－529

中亞洲俄屬游記二卷⋯⋯⋯⋯⋯⋯ 2－108　中國江海險要圖志二十二卷首一卷

中東戰紀二卷⋯⋯⋯⋯⋯⋯⋯⋯⋯ 2－165　　補編五卷圖五卷⋯⋯⋯⋯⋯⋯⋯ 1－472

中東戰紀本末八卷⋯⋯⋯⋯⋯⋯⋯ 2－165　中國江海險要圖志二十二卷首一卷

中東戰紀本末八卷⋯⋯⋯⋯⋯⋯⋯ 2－165　　補編五卷圖五卷⋯⋯⋯⋯⋯⋯⋯ 1－472

中東戰紀本末八卷⋯⋯⋯⋯⋯⋯⋯ 2－165　中國江海險要圖志二十二卷首一卷

中東戰紀本末八卷⋯⋯⋯⋯⋯⋯⋯ 2－166　　補編五卷圖五卷⋯⋯⋯⋯⋯⋯⋯ 1－472

中東戰紀本末八卷續編四卷⋯⋯⋯ 2－165　中國江海險要圖志二十二卷首一卷

中東戰紀本末八卷續編四卷⋯⋯⋯ 2－165　　補編五卷圖五卷⋯⋯⋯⋯⋯⋯⋯ 1－472

中東戰紀本末八卷續編四卷⋯⋯⋯ 2－165　中國財政紀略⋯⋯⋯⋯⋯⋯⋯⋯⋯ 1－450

中東戰紀本末八卷續編四卷⋯⋯⋯ 2－165　中國第一大偉人岳飛一卷⋯⋯⋯⋯ 1－310

中國商務志十章附錄一卷·········· 1－452
中國魂二卷·················· 2－217
中國魂二卷·················· 2－217
中國魂二卷·················· 2－217
中國魂二卷·················· 2－217
中國歷史六卷················· 1－233
中國歷史六卷················· 3－547
中國歷史□□卷················· 1－233
中國歷史歌一卷················ 1－233
中國歷史戰爭形勢圖說附論二卷····· 2－229
中國輿地圖 ·················· 2－99
中庸直指一卷················· 1－113
中庸衍義十七卷················ 1－113
中庸衍義十七卷················ 1－113
中庸衍義十七卷················ 1－113
中庸章句一卷中庸或問三卷········ 1－113
中庸章句一卷中庸或問三卷········ 1－113
中庸章句一卷中庸或問三卷········ 1－113
中庸章句一卷中庸或問三卷········ 1－113
中庸章句一卷中庸或問三卷········ 1－113
中庸章句質疑二卷·············· 1－113
中庸章句質疑二卷·············· 1－113
中庸輯略二卷················· 1－113
中庸輯略二卷················· 1－113
中庸輯略二卷················· 1－113
中庸輯略二卷················· 1－113
中庸輯略二卷················· 1－113
中朝故事一卷················· 1－258
中等教育日本歷史二卷歷代表略一
　卷附錄一卷················· 2－164
中復堂全集··················· 3－519
中復堂全集··················· 3－519
中復堂全集··················· 3－519
中復堂全集··················· 3－519
中復堂全集··················· 3－519
中復堂全集··················· 3－519
中復堂遺稿五卷續編二卷·········· 3－273
中道全書六十二卷·············· 2－505
中湘伍趙氏續修族譜三十卷········· 1－339
中說二卷···················· 2－178

中說十卷···················· 2－177
中說十卷···················· 2－177
中說十卷···················· 2－177
中說十卷···················· 2－177
中說十卷···················· 2－178
中說十卷···················· 2－178
中說十卷···················· 2－178
中說十卷···················· 2－178
中說十卷···················· 2－178
中說十卷···················· 2－178
中說十卷···················· 2－178
中說十卷···················· 2－178
中說十卷···················· 2－178
中說十卷···················· 2－178
中說十卷···················· 2－178
中論二卷···················· 2－175
中論六卷···················· 2－423
中興小紀四十卷················ 1－235
中興小紀四十卷················ 1－235
中興以來絕妙詞選十卷··········· 3－423
中興名臣事略八卷·············· 1－287
中興名臣事略八卷·············· 1－287
中興將帥別傳三十卷············· 1－287
中興將帥別傳三十卷············· 1－287
中興將帥別傳三十卷············· 1－287
中興將帥別傳三十卷············· 1－287
中興碑題識··················· 2－334
中藏經八卷華佗內照法一卷········ 2－246
中衢一勺三卷················· 1－442
內外克治清靜法要一卷··········· 2－478
[光緒]內江縣志十五卷首一卷········ 2－35
內則衍義十六卷················ 2－207
內科理法前編六卷後編十六卷附一卷
　·························· 2－288
內科理法前編六卷後編十六卷附一卷
　·························· 2－288
內科理法前編六卷後編十六卷附一卷
　·························· 2－288
內科理法前編六卷後編十六卷附一卷
　·························· 2－288

内科新說二卷 …………………… 2－287

内科新說二卷 …………………… 2－287

内科新說二卷 …………………… 2－287

内科新說二卷 …………………… 2－287

［光緒］内黃縣志十九卷首一卷 …… 2－18

［康熙］内鄉縣志十二卷 …………… 2－20

内經博議四卷 …………………… 2－254

内閣小識不分卷 ………………… 1－440

内閣漢票籤中書舍人題名一卷續編一卷

　　　　　　　　　　　　　　 1－384

内閣漢票籤中書舍人題名一卷續編一卷

　　　　　　　　　　　　　　 1－384

内閣漢票籤中書舍人題名一卷續編一卷

　…………………………………… 1－384

内閣漢票籤中書舍人題名一卷續編一卷

　…………………………………… 1－384

内閣撰擬文字二卷 ……………… 1－494

内閣撰擬文字二卷 ……………… 1－494

内閣撰擬文字二卷 ……………… 1－494

内閣藏書目錄八卷 ……………… 2－137

牛氏家言二卷 …………………… 3－201

牛貞書一卷 ……………………… 2－290

牛神廟志三卷 …………………… 2－57

牛痘新書濟世一卷 ……………… 2－283

午亭文編五十卷 ………………… 3－316

午亭文編五十卷 ………………… 3－316

午亭文編五十卷 ………………… 3－316

午亭文編五十卷午亭山人第二集三卷

　…………………………………… 3－316

午亭文編五十卷午亭山人第二集三卷

　…………………………………… 3－316

午亭文編五十卷午亭山人第二集三卷

　…………………………………… 3－317

午亭文編五十卷午亭山人第二集三卷

　…………………………………… 3－317

午亭文編五十卷午亭山人第二集三卷

　…………………………………… 3－317

午亭文編五十卷午亭山人第二集三卷

　…………………………………… 3－317

午窗隨筆四卷 …………………… 2－373

午夢堂集 ………………………… 2－514

毛宗典鄉試硃卷 ………………… 3－201

毛詩二十卷附考證 ……………… 1－37

毛詩二十卷附考證 ……………… 1－37

毛詩二十卷附考證 ……………… 1－37

毛詩二十卷附考證 ……………… 1－37

毛詩二十卷附考證 ……………… 1－37

毛詩二十卷附考證 ……………… 1－37

毛詩天文考一卷 ………………… 1－45

毛詩古音考四卷 ………………… 1－177

毛詩古音考四卷讀詩拙言一卷 …… 1－177

毛詩古音考四卷讀詩拙言一卷 …… 1－177

毛詩古音考四卷讀詩拙言一卷 …… 1－178

毛詩古音考四卷讀詩拙言一卷 …… 1－178

毛詩古音考四卷讀詩拙言一卷 …… 1－178

毛詩古音考四卷讀詩拙言一卷 …… 1－178

毛詩古音參義五卷首一卷 ……… 1－187

毛詩本義十六卷 ………………… 1－41

毛詩本義十六卷 ………………… 1－41

毛詩本義十六卷 ………………… 1－41

毛詩本義十六卷 ………………… 1－41

毛詩名物圖說九卷 ……………… 1－46

毛詩名物圖說九卷 ……………… 1－46

毛詩名物圖說九卷 ……………… 1－46

毛詩均譜八卷 …………………… 1－185

毛詩草木鳥獸蟲魚疏二卷 ……… 1－38

毛詩草木鳥獸蟲魚疏二卷 ……… 1－39

毛詩草木鳥獸蟲魚疏廣要二卷 …… 1－39

毛詩草木鳥獸蟲魚疏廣要二卷 …… 1－39

毛詩草木疏校正二卷 …………… 1－49

毛詩故訓傳三十卷 ……………… 1－38

毛詩故訓傳定本小箋三十卷 …… 1－46

毛詩要義二十卷譜序一卷 ……… 1－41

毛詩要義二十卷譜序一卷 ……… 1－41

毛詩品物圖考一卷 ……………… 1－40

毛詩重言一卷 …………………… 1－43

毛詩後箋三十卷 ………………… 1－45

毛詩後箋三十卷 ………………… 1－45

毛詩後箋三十卷 ………………… 1－45

毛詩後箋三十卷 ………………… 1－45

毛詩後箋三十卷 ………………… 1－45

毛詩後箋三十卷 …………………… 1–45
毛詩後箋三十卷 …………………… 1–45
毛詩訂詁八卷附錄二卷 ………… 1–50
毛詩訂詁八卷附錄二卷 ………… 1–50
毛詩訂詁八卷附錄二卷 ………… 1–50
毛詩音韻考四卷略言一卷 ……… 1–187
毛詩通考三十卷 …………………… 1–45
毛詩紬義二十四卷 ………………… 1–44
毛詩復古錄十二卷首一卷 ……… 1–44
毛詩註二十卷詩譜一卷 ………… 1–37
毛詩註疏二十卷 …………………… 1–37
毛詩註疏三十卷 …………………… 1–38
毛詩註疏三十卷 …………………… 1–38
毛詩註疏三十卷 …………………… 1–38
毛詩註疏三十卷 …………………… 1–38
毛詩註疏校勘記二十卷 ………… 1–45
毛詩補正二十五卷 ………………… 1–49
毛詩補正二十五卷 ………………… 1–49
毛詩補正二十五卷 ………………… 1–49
毛詩補正二十五卷 ………………… 1–49
毛詩傳箋二十卷 …………………… 3–530
毛詩傳箋三十卷鄭氏詩譜一卷 … 1–38
毛詩傳箋三十卷鄭氏詩譜一卷 … 1–38
毛詩傳箋三十卷鄭氏詩譜一卷 … 1–38
毛詩傳箋通釋三十二卷 ………… 1–46
毛詩傳箋通釋三十二卷 ………… 1–46
毛詩傳箋通釋三十二卷 ………… 1–46
毛詩說三十卷 ……………………… 1–46
毛詩說四卷 ………………………… 1–47
毛詩鄭箋改字說四卷 …………… 1–48
毛詩鄭箋改字說四卷 …………… 1–48
毛詩稽古編三十卷 ………………… 1–47
毛詩稽古編三十卷 ………………… 1–47
毛詩稽古編三十卷 ………………… 1–47
毛詩稽古編三十卷 ………………… 1–48
毛詩稽古編三十卷 ………………… 1–48
毛詩質疑二十四卷 ………………… 1–43
毛詩禮徵十卷 ……………………… 1–43
毛詩韻考八卷 ……………………… 1–185
毛詩韻訂十卷 ……………………… 1–46
毛詩韻訂十卷 ……………………… 1–46

毛鄭詩考正四卷首一卷 ………… 1–50
［咸豐］壬癸志稿二十八卷 ……… 1–304
［咸豐］壬癸志稿二十八卷 ……… 1–549
升菴外集一百卷 …………………… 3–176
升菴外集一百卷 …………………… 3–176
升菴外集一百卷 …………………… 3–176
升菴外集一百卷 …………………… 3–176
升菴外集一百卷 …………………… 3–176
升菴外集一百卷 …………………… 3–177
升菴外集一百卷 …………………… 3–177
升菴先生文集八十一卷目錄四卷 … 3–176
升菴詩集十卷首一卷 …………… 3–176
仁山先生金文安公文集五卷 …… 3–118
仁王般若陀羅尼釋一卷 ………… 2–447
仁王護國般若波羅密多經二卷 … 2–429
仁王護國般若波羅密經二卷 …… 2–427
仁王護國般若波羅蜜經二卷 …… 2–423
仁王護國般若經疏五卷 ………… 2–434
［光緒］仁化縣志八卷 …………… 2–28
仁在堂全集十一集不分卷續編不分卷
　　…………………………………… 3–50
［道光］仁壽縣新志八卷 ………… 2–36
仁廟聖政記二卷 …………………… 1–264
仁廟聖政記二卷 …………………… 1–264
仁學一卷 …………………………… 2–379
仁學一卷 …………………………… 2–379
仁學一卷 …………………………… 2–379
［光緒］仁懷廳志八卷首一卷 …… 2–39
［嘉慶］什邡縣志五十四卷 ……… 2–33
片雲行草一卷 ……………………… 3–290
［光緒］化州志十二卷 …………… 2–30
化書新聲六卷 ……………………… 2–359
化學分原八卷 ……………………… 2–313
化學分原八卷 ……………………… 2–313
化學分原八卷 ……………………… 2–313
化學分原八卷 ……………………… 2–313
化學分原八卷 ……………………… 2–313
化學分原八卷 ……………………… 2–313
化學考質八卷附表一卷 ………… 2–313
化學考質八卷附表一卷 ………… 2–313
化學考質八卷附表一卷 ………… 2–313

74

化學求數十五卷附表一卷⋯⋯⋯⋯⋯ 2 – 313
化學求數十五卷附表一卷⋯⋯⋯⋯⋯ 2 – 313
化學初階三卷⋯⋯⋯⋯⋯⋯⋯⋯⋯⋯ 2 – 314
化學易知二卷⋯⋯⋯⋯⋯⋯⋯⋯⋯⋯ 2 – 312
化學啟蒙不分卷⋯⋯⋯⋯⋯⋯⋯⋯⋯ 2 – 312
化學啟蒙不分卷⋯⋯⋯⋯⋯⋯⋯⋯⋯ 2 – 312
化學啟蒙不分卷⋯⋯⋯⋯⋯⋯⋯⋯⋯ 2 – 312
化學源流論四卷⋯⋯⋯⋯⋯⋯⋯⋯⋯ 2 – 314
化學衛生論四卷⋯⋯⋯⋯⋯⋯⋯⋯⋯ 3 – 538
化學鑑原六卷⋯⋯⋯⋯⋯⋯⋯⋯⋯⋯ 2 – 312
化學鑑原六卷⋯⋯⋯⋯⋯⋯⋯⋯⋯⋯ 2 – 312
化學鑑原六卷⋯⋯⋯⋯⋯⋯⋯⋯⋯⋯ 2 – 312
化學鑑原六卷⋯⋯⋯⋯⋯⋯⋯⋯⋯⋯ 2 – 312
化學鑑原六卷⋯⋯⋯⋯⋯⋯⋯⋯⋯⋯ 2 – 312
化學鑑原六卷續編二十四卷補編六
　卷附一卷⋯⋯⋯⋯⋯⋯⋯⋯⋯⋯⋯ 2 – 312
化學鑑原補編六卷附一卷⋯⋯⋯⋯⋯ 2 – 312
化學鑑原補編六卷附一卷⋯⋯⋯⋯⋯ 2 – 312
化學鑑原續編二十四卷⋯⋯⋯⋯⋯⋯ 2 – 313
化學鑑原續編二十四卷⋯⋯⋯⋯⋯⋯ 2 – 313
介石山房文集不分卷⋯⋯⋯⋯⋯⋯⋯ 3 – 355
介石堂詩集十卷⋯⋯⋯⋯⋯⋯⋯⋯⋯ 3 – 299
[嘉慶]介休縣志十四卷　⋯⋯⋯⋯⋯ 1 – 537
介如庵摹印存⋯⋯⋯⋯⋯⋯⋯⋯⋯⋯ 2 – 341
介亭全集⋯⋯⋯⋯⋯⋯⋯⋯⋯⋯⋯⋯ 3 – 514
介軒文鈔八卷詩鈔十卷外集二卷⋯⋯ 3 – 308
介園遺集四卷⋯⋯⋯⋯⋯⋯⋯⋯⋯⋯ 3 – 341
今文尚書考證三十卷⋯⋯⋯⋯⋯⋯⋯ 1 – 30
今文尚書考證三十卷⋯⋯⋯⋯⋯⋯⋯ 1 – 30
今文尚書考證三十卷⋯⋯⋯⋯⋯⋯⋯ 1 – 30
今文尚書考證三十卷⋯⋯⋯⋯⋯⋯⋯ 1 – 30
今文尚書考證三十卷⋯⋯⋯⋯⋯⋯⋯ 1 – 30
今文尚書授受源流一卷古文尚書授
　受源流一卷⋯⋯⋯⋯⋯⋯⋯⋯⋯⋯ 1 – 33
今文尚書授受源流一卷古文尚書授
　受源流一卷　⋯⋯⋯⋯⋯⋯⋯⋯⋯ 1 – 33
今文尚書授受源流一卷古文尚書授
　受源流一卷⋯⋯⋯⋯⋯⋯⋯⋯⋯⋯ 1 – 33
今文尚書授受源流一卷古文尚書授
　受源流一卷⋯⋯⋯⋯⋯⋯⋯⋯⋯⋯ 1 – 33
今文偶見四十八卷　⋯⋯⋯⋯⋯⋯⋯ 3 – 23

今水經一卷表一卷　⋯⋯⋯⋯⋯⋯⋯ 2 – 88
今水經一卷表一卷　⋯⋯⋯⋯⋯⋯⋯ 2 – 89
今水經一卷表一卷　⋯⋯⋯⋯⋯⋯⋯ 2 – 89
今水經一卷表一卷　⋯⋯⋯⋯⋯⋯⋯ 2 – 89
今水經一卷表一卷　⋯⋯⋯⋯⋯⋯⋯ 2 – 89
今古地理述十八卷首三卷末一卷⋯⋯ 1 – 512
今古奇觀四十回⋯⋯⋯⋯⋯⋯⋯⋯⋯ 3 – 464
今古奇觀四十回⋯⋯⋯⋯⋯⋯⋯⋯⋯ 3 – 464
今古奇觀四十回⋯⋯⋯⋯⋯⋯⋯⋯⋯ 3 – 465
今古學考二卷⋯⋯⋯⋯⋯⋯⋯⋯⋯⋯ 1 – 129
今詞初集二卷⋯⋯⋯⋯⋯⋯⋯⋯⋯⋯ 3 – 426
今韻三辨二卷⋯⋯⋯⋯⋯⋯⋯⋯⋯⋯ 1 – 185
今韻三辨二卷⋯⋯⋯⋯⋯⋯⋯⋯⋯⋯ 1 – 185
今韻三辨二卷⋯⋯⋯⋯⋯⋯⋯⋯⋯⋯ 1 – 185
今韻訓辨一卷⋯⋯⋯⋯⋯⋯⋯⋯⋯⋯ 1 – 185
今韻訓辨一卷⋯⋯⋯⋯⋯⋯⋯⋯⋯⋯ 1 – 185
今韻訓辨一卷⋯⋯⋯⋯⋯⋯⋯⋯⋯⋯ 1 – 185
今韻訓辨一卷⋯⋯⋯⋯⋯⋯⋯⋯⋯⋯ 1 – 185
[光緒]分水縣志十卷首一卷末一卷
　⋯⋯⋯⋯⋯⋯⋯⋯⋯⋯⋯⋯⋯⋯⋯ 2 – 4
分甘餘話四卷⋯⋯⋯⋯⋯⋯⋯⋯⋯⋯ 2 – 366
[同治]分宜縣志十卷首一卷⋯⋯⋯⋯ 2 – 10
分部書法正宗四卷⋯⋯⋯⋯⋯⋯⋯⋯ 2 – 330
分部書法正宗四卷⋯⋯⋯⋯⋯⋯⋯⋯ 2 – 330
分國春秋左傳不分卷　⋯⋯⋯⋯⋯⋯ 1 – 91
分經斷癧方論一卷⋯⋯⋯⋯⋯⋯⋯⋯ 2 – 265
分隸偶存二卷⋯⋯⋯⋯⋯⋯⋯⋯⋯⋯ 2 – 329
分隸偶存二卷⋯⋯⋯⋯⋯⋯⋯⋯⋯⋯ 2 – 330
分韻詩賦題解統編一百○六卷⋯⋯⋯ 2 – 503
分韻詩賦題解統編一百○六卷⋯⋯⋯ 2 – 503
分類文腋八卷⋯⋯⋯⋯⋯⋯⋯⋯⋯⋯ 2 – 532
分類尺牘備覽正集八卷續集八卷　⋯ 3 – 61
分類古今尺牘不分卷　⋯⋯⋯⋯⋯⋯ 3 – 63
分類史事政治論海十六集百九十二門
　⋯⋯⋯⋯⋯⋯⋯⋯⋯⋯⋯⋯⋯⋯⋯ 1 – 400
分類字錦六十四卷⋯⋯⋯⋯⋯⋯⋯⋯ 2 – 494
分類字錦六十四卷⋯⋯⋯⋯⋯⋯⋯⋯ 2 – 494
分類字錦六十四卷⋯⋯⋯⋯⋯⋯⋯⋯ 2 – 494
分類字錦六十四卷⋯⋯⋯⋯⋯⋯⋯⋯ 2 – 494
分類字錦六十四卷⋯⋯⋯⋯⋯⋯⋯⋯ 2 – 498
分類時務通纂三百卷⋯⋯⋯⋯⋯⋯⋯ 1 – 446

分類時務通纂三百卷……………… 1－446

分類補註李太白詩二十五卷………… 2－557

分類補註李太白詩二十五卷………… 3－90

分類補註李太白詩二十五卷………… 3－90

分類補註李太白詩二十五卷………… 3－90

分類補註李太白詩二十五卷………… 3－90

分類補註李太白詩二十五卷………… 3－90

分類試帖璆琳三十二卷……………… 2－491

分類詩腋八卷………………………… 3－481

分類賦學難踍集三十卷附錄一卷…… 3－24

分類韻錦十二卷……………………… 2－496

公文程式…………………………… 1－480

公羊逸禮考徵一卷…………………… 1－93

公羊逸禮考徵一卷…………………… 1－93

公羊逸禮考徵一卷…………………… 1－93

公羊逸禮考徵一卷…………………… 1－93

公羊逸禮考徵一卷…………………… 3－543

公羊傳選二卷………………………… 1－94

公羊穀梁春秋合編附註疏十二卷…… 1－75

公羊禮說一卷………………………… 1－93

［同治］公安縣志八卷首一卷……… 2－24

公言集三卷續編一卷………………… 3－215

公法便覽四卷續一卷………………… 1－491

公法便覽四卷續一卷………………… 1－491

公法會通十卷………………………… 1－491

公法會通十卷………………………… 1－491

公法會通十卷………………………… 1－491

公法會通四卷………………………… 1－491

公法會通四卷………………………… 1－491

公法會通四卷………………………… 1－491

公法會通四卷續一卷………………… 1－491

公法總論一卷………………………… 1－490

公法總論一卷………………………… 1－490

公是遺書……………………………… 1－7

公是遺書……………………………… 1－7

公餘拾唾七卷聯語一卷……………… 3－374

公餘拾唾七卷聯語一卷……………… 3－374

公餘拾唾七卷聯語一卷……………… 3－374

公餘集一卷續編二卷窗課存稿一卷

………………………………… 3－215

月日紀古十二卷……………………… 1－509

月日紀古十二卷……………………… 1－509

月日紀古十二卷……………………… 1－509

月日紀古十二卷……………………… 1－509

月日紀古十二卷……………………… 1－509

月日紀古十二卷……………………… 1－510

月日紀古十二卷……………………… 1－510

月日紀古十二卷……………………… 1－510

月午樓古詩十九首詳解二卷………… 3－412

月午樓古詩十九首詳解二卷………… 3－412

月旦堂仙佛奇踪合刻八卷…………… 3－462

月旦堂新鐫繡像列仙傳四卷………… 2－479

月令章句四卷………………………… 1－62

月令廣義二十四卷首一卷…………… 1－509

月令廣義二十四卷首一卷…………… 1－509

月令粹編二十四卷…………………… 1－509

月令粹編二十四卷圖一卷…………… 1－509

月令粹編二十四卷圖一卷…………… 1－509

月令粹編二十四卷圖一卷…………… 1－509

月令粹編二十四卷圖一卷…………… 1－509

月令粹編二十四卷圖一卷…………… 1－509

月令粹編二十四卷圖一卷…………… 1－509

月令輯要二十四卷首一卷…………… 1－509

月令輯要二十四卷首一卷…………… 1－509

月到山房史詠詩鈔二卷古今體詩鈔

　　四卷試帖二卷賦鈔一卷………… 3－390

月到山房史詠詩鈔二卷古今體詩鈔

　　四卷試帖二卷賦鈔一卷………… 3－390

月澥園詩鈔三卷文鈔一卷…………… 3－25

月鹿堂文集八卷……………………… 3－172

月鹿堂文集八卷……………………… 3－172

月塘書屋詩存十一卷………………… 3－358

月塘書屋詩存十一卷………………… 3－358

月塘書屋詩存十一卷………………… 3－358

月塘書屋詩存十一卷………………… 3－358

月滿樓詩別集八卷…………………… 3－410

勿庵曆算書目不分卷………………… 2－141

丹泉海島錄四卷……………………… 2－109

［光緒］丹徒縣志六十卷首四卷…… 1－553

丹浦欸言四卷………………………… 2－383

公言集三卷續編一卷………………… 3－215

月日紀古十二卷……………………… 1－509

丹國通商條約稅則章程……………… 1－452

［乾隆］丹陽縣志二十二卷首一卷 … 1－553

［光緒］丹陽縣志三十六卷首一卷 … 1－553

丹魁堂外集四卷……………………… 3－261

丹魁堂外集四卷……………………… 3－261

丹魁堂自訂年譜一卷………………… 1－324

丹魁堂自訂年譜一卷………………… 1－324

丹魁堂詩集七卷……………………… 3－261

丹魁堂詩集七卷……………………… 3－261

丹魁堂詩集七卷……………………… 3－262

丹鉛總錄二十七卷…………………… 2－383

丹鉛總錄二十七卷…………………… 2－383

丹鉛總錄二十七卷…………………… 2－383

丹鉛總錄二十七卷…………………… 2－383

丹溪心法附餘二十四卷首一卷……… 2－262

丹溪心法附餘二十四卷首一卷……… 2－262

丹溪朱氏脉因證治二卷……………… 2－260

［乾隆］丹噶爾廳志八卷 …………… 1－545

勾股六術一卷………………………… 2－304

勾股六術一卷………………………… 2－304

勾股六術一卷………………………… 2－304

卞制軍書四卷………………………… 1－499

卞郎中詩集七卷……………………… 3－153

卞寶第集……………………………… 3－512

六一山房詩集十卷續集十卷………… 3－356

六一山房詩集十卷續集十卷………… 3－356

六一居士全集錄五卷六一居士外集二卷

…………………………………… 3－136

六一題跋十一卷……………………… 3－136

六十自述俚吟一卷…………………… 3－288

六九軒算書…………………………… 2－300

六子全書……………………………… 2－170

六子全書……………………………… 2－171

六子要語六卷………………………… 2－171

六壬直指八卷………………………… 2－407

六壬視斯二卷………………………… 2－408

六壬經緯六卷………………………… 2－407

六壬辨疑四卷………………………… 2－408

六分山房詩鈔四卷…………………… 3－389

六半樓詩鈔四卷……………………… 3－389

六臣註文選六十卷…………………… 2－518

六臣註文選六十卷…………………… 2－519

六臣註文選六十卷…………………… 2－519

六百日通□□卷……………………… 3－351

六合四卷……………………………… 2－350

［光緒］六合縣志八卷 ……………… 1－549

六如居士外集五卷…………………… 3－167

六如居士外集五卷…………………… 3－167

六如居士全集七卷補遺一卷………… 3－167

六如居士全集七卷補遺一卷………… 3－167

六如居士全集七卷補遺一卷外集六

卷制義一卷…………………… 3－167

六如居士全集七卷補遺一卷外集六

卷制義一卷…………………… 3－167

六如居士全集七卷補遺一卷外集六

卷制義一卷…………………… 3－167

六如居士全集七卷補遺一卷外集六

卷制義一卷…………………… 3－167

六如畫譜三卷………………………… 2－336

六如畫譜三卷………………………… 2－336

六事箴言不分卷……………………… 2－214

六典通考二百卷……………………… 1－71

六典通考二百卷……………………… 1－72

六典通考二百卷……………………… 1－72

六典通考二百卷……………………… 1－72

六典通考二百卷……………………… 1－72

六典通考二百卷……………………… 1－72

六科證治準繩………………………… 2－242

六科證治準繩………………………… 2－242

六度集經八卷………………………… 2－421

六度集經八卷………………………… 2－421

六祖大師法寶壇經一卷……………… 2－433

六祖大師法寶壇經一卷……………… 2－447

六家文選六十卷……………………… 2－518

六家文選六十卷……………………… 2－518

六家文選六十卷……………………… 2－518

六家文選六十卷……………………… 2－518

六家文選六十卷……………………… 2－518

六家文選六十卷……………………… 2－519

六家弈譜六卷………………………… 2－349

六書十二聲傳十二卷解字贅言一卷

…………………………………… 1－180

六書分類十二卷辨疑一卷…………… 1－162

77

六書分類十二卷辨疑一卷⋯⋯⋯⋯ 1－162　　六書通十卷⋯⋯⋯⋯⋯⋯⋯⋯⋯ 1－161

六書分類十二卷辨疑一卷⋯⋯⋯⋯ 1－162　　六書通十卷⋯⋯⋯⋯⋯⋯⋯⋯⋯ 1－161

六書分類十二卷辨疑一卷⋯⋯⋯⋯ 1－162　　六書通十卷⋯⋯⋯⋯⋯⋯⋯⋯⋯ 1－161

六書分類十二卷辨疑一卷⋯⋯⋯⋯ 1－162　　六書通十卷⋯⋯⋯⋯⋯⋯⋯⋯⋯ 1－161

六書分類十二卷辨疑一卷⋯⋯⋯⋯ 1－162　　六書通十卷⋯⋯⋯⋯⋯⋯⋯⋯⋯ 1－161

六書分類十二卷辨疑一卷⋯⋯⋯⋯ 1－162　　六書通十卷⋯⋯⋯⋯⋯⋯⋯⋯⋯ 1－161

六書分類十二卷辨疑一卷⋯⋯⋯⋯ 1－162　　六書通十卷⋯⋯⋯⋯⋯⋯⋯⋯⋯ 1－161

六書分類十二卷辨疑一卷⋯⋯⋯⋯ 1－162　　六書通十卷⋯⋯⋯⋯⋯⋯⋯⋯⋯ 1－161

六書分類十二卷辨疑一卷 1－162　　六書通十卷⋯⋯⋯⋯⋯⋯⋯⋯⋯ 1－161

六書分類十二卷辨疑一卷⋯⋯⋯⋯ 1－162　　六書通十卷⋯⋯⋯⋯⋯⋯⋯⋯⋯ 1－161

六書分類十二卷辨疑一卷⋯⋯⋯⋯ 1－162　　六書通十卷⋯⋯⋯⋯⋯⋯⋯⋯⋯ 1－161

六書正譌五卷⋯⋯⋯⋯⋯⋯⋯⋯⋯ 1－160　　六書通十卷⋯⋯⋯⋯⋯⋯⋯⋯⋯ 1－161

六書正譌五卷⋯⋯⋯⋯⋯⋯⋯⋯⋯ 1－160　　六書會原十卷首一卷⋯⋯⋯⋯ 1－163

六書正譌五卷⋯⋯⋯⋯⋯⋯⋯⋯⋯ 1－160　　六書說一卷⋯⋯⋯⋯⋯⋯⋯⋯⋯ 1－161

六書正譌五卷⋯⋯⋯⋯⋯⋯⋯⋯⋯ 1－160　　六書說一卷⋯⋯⋯⋯⋯⋯⋯⋯⋯ 1－161

六書正譌五卷⋯⋯⋯⋯⋯⋯⋯⋯⋯ 1－160　　六書說一卷⋯⋯⋯⋯⋯⋯⋯⋯⋯ 1－161

六書正譌五卷⋯⋯⋯⋯⋯⋯⋯⋯⋯ 1－160　　六書精蘊六卷⋯⋯⋯⋯⋯⋯⋯⋯ 1－161

六書正譌五卷⋯⋯⋯⋯⋯⋯⋯⋯⋯ 1－160　　六書精蘊六卷⋯⋯⋯⋯⋯⋯⋯⋯ 1－161

六書正譌五卷⋯⋯⋯⋯⋯⋯⋯⋯⋯ 1－160　　六書辨通五卷六書例解一卷六書雜

六書正譌五卷⋯⋯⋯⋯⋯⋯⋯⋯⋯ 1－160　　　說一卷八分書辨一卷⋯⋯⋯⋯ 1－163

六書正譌五卷⋯⋯⋯⋯⋯⋯⋯⋯⋯ 1－160　　六書舊義一卷⋯⋯⋯⋯⋯⋯⋯⋯ 1－163

六書正譌五卷⋯⋯⋯⋯⋯⋯⋯⋯⋯ 1－160　　六書糠秕三卷⋯⋯⋯⋯⋯⋯⋯⋯ 1－161

六書例解一卷六書雜說一卷八分書　　　　六書轉註錄十卷⋯⋯⋯⋯⋯⋯⋯ 1－162

　辨一卷⋯⋯⋯⋯⋯⋯⋯⋯⋯⋯ 1－162　　六書轉註錄十卷⋯⋯⋯⋯⋯⋯⋯ 1－162

六書例解一卷六書雜說一卷八分書　　　　六書轉註錄十卷⋯⋯⋯⋯⋯⋯⋯ 1－162

　辨一卷⋯⋯⋯⋯⋯⋯⋯⋯⋯⋯ 1－162　　六書繫韻二十四卷首一卷⋯⋯⋯ 1－182

六書故三十三卷六書通釋一卷⋯⋯ 1－160　　六書繫韻二十四卷首一卷⋯⋯⋯ 1－182

六書故三十三卷六書通釋一卷⋯⋯ 1－160　　六書繫韻二十四卷首一卷⋯⋯⋯ 1－182

六書故三十三卷六書通釋一卷⋯⋯ 1－160　　六書繫韻二十四卷首一卷⋯⋯⋯ 1－182

六書音韻表五卷⋯⋯⋯⋯⋯⋯⋯⋯ 1－184　　六書繫韻二十四卷首一卷⋯⋯⋯ 1－182

六書音韻表五卷⋯⋯⋯⋯⋯⋯⋯⋯ 1－184　　六書類纂八卷讀篆臆存雜說一卷字

六書音韻表五卷⋯⋯⋯⋯⋯⋯⋯⋯ 1－184　　　學尋源三卷⋯⋯⋯⋯⋯⋯⋯⋯ 1－161

六書通十卷⋯⋯⋯⋯⋯⋯⋯⋯⋯⋯ 1－160　　六書類纂八卷讀篆臆存雜說一卷字

六書通十卷⋯⋯⋯⋯⋯⋯⋯⋯⋯⋯ 1－160　　　學尋源三卷⋯⋯⋯⋯⋯⋯⋯⋯ 1－161

六書通十卷⋯⋯⋯⋯⋯⋯⋯⋯⋯⋯ 1－160　　六書類纂八卷讀篆臆存雜說一卷字

六書通十卷⋯⋯⋯⋯⋯⋯⋯⋯⋯⋯ 1－160　　　學尋源三卷⋯⋯⋯⋯⋯⋯⋯⋯ 1－161

六書通十卷⋯⋯⋯⋯⋯⋯⋯⋯⋯⋯ 1－160　　六書類纂八卷讀篆臆存雜說一卷字

六書通十卷⋯⋯⋯⋯⋯⋯⋯⋯⋯⋯ 1－160　　　學尋源三卷⋯⋯⋯⋯⋯⋯⋯⋯ 1－162

六書通十卷⋯⋯⋯⋯⋯⋯⋯⋯⋯⋯ 1－160　　六書類纂八卷讀篆臆存雜說一卷字

六書通十卷⋯⋯⋯⋯⋯⋯⋯⋯⋯⋯ 1－160　　　學尋源三卷⋯⋯⋯⋯⋯⋯⋯⋯ 1－162

六書類纂八卷讀篆臆存雜說一卷字
　　學尋源三卷 …………………………… 1－162
六通訂誤六卷 ……………………………… 1－419
六朝大家集 ………………………………… 2－509
六朝文絜四卷 ……………………………… 2－537
六朝文絜四卷 ……………………………… 2－537
六朝文絜四卷 ……………………………… 2－537
六朝文絜四卷 ……………………………… 2－537
六朝文絜四卷 ……………………………… 2－537
六朝文絜四卷 ……………………………… 2－537
六朝文絜四卷 ……………………………… 2－537
六朝文絜四卷 ……………………………… 2－537
六朝文絜四卷 ……………………………… 2－537
六朝文絜四卷 ……………………………… 2－537
六朝文絜四卷 ……………………………… 2－537
六朝文絜笺註十二卷 ……………………… 2－537
六朝文絜笺註十二卷 ……………………… 2－537
六朝文絜笺註十二卷 ……………………… 2－537
六朝文絜笺註十二卷 ……………………… 2－537
六朝四家全集 ……………………………… 2－509
六朝四家全集 ……………………………… 2－509
六朝四家全集 ……………………………… 2－509
六朝四家全集 ……………………………… 2－509
六朝四家全集 ……………………………… 2－509
六朝四家全集 ……………………………… 2－509
六朝事蹟編類十四卷 ……………………… 2－69
六朝事蹟編類十四卷 ……………………… 2－69
六朝事蹟編類十四卷 ……………………… 2－69
六朝事蹟編類十四卷 ……………………… 2－69
六朝事蹟編類十四卷 ……………………… 2－69
六朝事蹟編類十四卷 ……………………… 2－69
六朝唐賦讀本不分卷 ……………………… 2－535
六朝唐賦讀本不分卷 ……………………… 2－535
六朝唐賦讀本不分卷 ……………………… 2－535
六朝唐賦讀本不分卷 ……………………… 2－535
六朝唐賦讀本不分卷 ……………………… 2－535
六朝唐賦讀本不分卷 ……………………… 2－535
六朝唐賦讀本不分卷 ……………………… 2－535
六朝唐賦讀本不分卷 ……………………… 2－535
六朝通鑑博議十卷 ………………………… 1－395

六朝詩乘 …………………………………… 2－545
六經天文編二卷 …………………………… 2－291
六經正誤六卷 ……………………………… 1－115
六經奧論六卷首一卷 ……………………… 1－115
六經奧論六卷首一卷 ……………………… 1－115
六經圖二十四卷 …………………………… 1－126
六經圖二十四卷 …………………………… 1－126
六經圖二十四卷 …………………………… 1－126
六經圖十二卷 ……………………………… 1－126
六經圖十二卷 ……………………………… 1－126
六經圖六卷 ………………………………… 1－119
六經圖考六卷 ……………………………… 1－115
六種遺規摘鈔 ……………………………… 2－213
六禮或問十二卷首一卷末一卷 ………… 1－74
六禮或問十二卷首一卷末一卷 ………… 1－74
六藝堂詩禮七編 …………………………… 1－7
六藝綱目二卷字原一卷 …………………… 2－201
六藝綱目二卷附六藝發原一卷字原一卷
　　………………………………………… 1－115
六藝綱目二卷附六藝發原一卷字原一卷
　　………………………………………… 1－115
六藝綱目二卷附六藝發原一卷字原一卷
　　………………………………………… 1－115
六藝綱目二卷附六藝發原一卷字原一卷
　　………………………………………… 1－115
六藝綱目二卷附六藝發原一卷字原一卷
　　………………………………………… 1－116
六藝綱目二卷附六藝發原一卷字原一卷
　　………………………………………… 1－116
六藝綱目二卷附六藝發原一卷字原一卷
　　………………………………………… 1－116
六櫃運道冊不分卷 ………………………… 1－449
六醴齋醫書 ………………………………… 2－246
六醴齋醫書 ………………………………… 2－246
文山先生全集二十卷 ……………………… 3－110
文子二卷 …………………………………… 2－466
文子十二卷 ………………………………… 2－466
文子纘義十二卷 …………………………… 2－469
文子纘義十二卷 …………………………… 2－469

文子纘義十二卷 …………………… 2－469　　文心雕龍十卷 …………………… 3－478
文子纘義十二卷 …………………… 2－469　　文心雕龍十卷 …………………… 3－478
文子纘義十二卷 …………………… 2－469　　文心雕龍十卷 …………………… 3－478
文子纘義十二卷 …………………… 2－469　　文心雕龍十卷 …………………… 3－478
文子纘義十二卷 …………………… 2－469　　文心雕龍十卷 …………………… 3－478
文子纘義十二卷 …………………… 2－469　　文心雕龍十卷 …………………… 3－478
文中子中說十卷 …………………… 2－178　　文心雕龍十卷 …………………… 3－479
文中子中說十卷 …………………… 2－178　　文心雕龍十卷 …………………… 3－479
文公家禮儀節八卷 ………………… 1－74　　文心雕龍十卷 …………………… 3－479
文公家禮儀節八卷 ………………… 1－74　　文史通義八卷 …………………… 3－548
文文山文集一卷 …………………… 3－110　　文史通義八卷校讎通義三卷 …… 1－404
文心雕龍十卷 ……………………… 3－476　　文史通義八卷校讎通義三卷 …… 1－404
文心雕龍十卷 ……………………… 3－476　　文史通義八卷校讎通義三卷 …… 1－404
文心雕龍十卷 ……………………… 3－476　　文史通義八卷校讎通義三卷 …… 1－404
文心雕龍十卷 ……………………… 3－477　　文史通義八卷校讎通義三卷 …… 1－404
文心雕龍十卷 ……………………… 3－477　　文史通義八卷校讎通義三卷 …… 1－404
文心雕龍十卷 ……………………… 3－477　　文史通義八卷校讎通義三卷 …… 1－404
文心雕龍十卷 ……………………… 3－477　　文史通義八卷校讎通義三卷 …… 1－404
文心雕龍十卷 ……………………… 3－477　　文史通義八卷校讎通義三卷 …… 1－404
文心雕龍十卷 ……………………… 3－477　　文史通義八卷校讎通義三卷 …… 1－404
文心雕龍十卷 ……………………… 3－477　　文史通義八卷校讎通義三卷 …… 1－404
文心雕龍十卷 ……………………… 3－477　　文史通義八卷校讎通義三卷 …… 1－404
文心雕龍十卷 ……………………… 3－477　　文史通義八卷校讎通義三卷 …… 1－404
文心雕龍十卷 ……………………… 3－477　　文史通義八卷校讎通義三卷 …… 1－404
文心雕龍十卷 ……………………… 3－477　　文史通義八卷校讎通義三卷 …… 1－404
文心雕龍十卷 ……………………… 3－477　　文史通義八卷校讎通義三卷 …… 1－405
文心雕龍十卷 ……………………… 3－477　　文史通義八卷校讎通義三卷 …… 1－405
文心雕龍十卷 ……………………… 3－477　　文史通義八卷校讎通義三卷 …… 1－405
文心雕龍十卷 ……………………… 3－477　　文史通義八卷校讎通義三卷 …… 1－405
文心雕龍十卷 ……………………… 3－477　　文史通義八卷校讎通義三卷 …… 1－405
文心雕龍十卷 ……………………… 3－478　　文史通義八卷校讎通義三卷 …… 1－405
文心雕龍十卷 ……………………… 3－478　　文史通義補一卷 ………………… 1－405
文心雕龍十卷 ……………………… 3－478　　文史通義補一卷 ………………… 1－405
文心雕龍十卷 ……………………… 3－478　　文光堂古文觀止六卷 …………… 2－532
文心雕龍十卷 ……………………… 3－478　　文安公臨千字文佛遺教經元君墓表碑
文心雕龍十卷 ……………………… 3－478　　　　　　　　　　　　　　　　 … 2－333
文心雕龍十卷 ……………………… 3－478　　文字存真二種十五卷 …………… 1－169
文心雕龍十卷 ……………………… 3－478　　文字通釋略四卷 ………………… 1－169

文字通釋略四卷 …………………… 1－169
文字通釋略四卷 …………………… 1－169
文字通釋略四卷 …………………… 1－169
文字蒙求四卷 ………………………… 1－166
文字蒙求四卷 ………………………… 1－166
文字蒙求四卷 ………………………… 1－166
文字蒙求四卷 ………………………… 1－166
文字蒙求四卷 ………………………… 1－166
文字蒙求四卷 ………………………… 3－545
文字蒙求四卷 ………………………… 3－545
文字蒙求廣義四卷 …………………… 1－169
文字蒙求廣義四卷 …………………… 1－169
文字蒙求廣義四卷 …………………… 1－169
文字會寶不分卷 ……………………… 2－528
文杏堂詩剩一卷 ……………………… 3－389
文武職官世爵品級出身表 …………… 1－442
文武職官世爵品級出身表 …………… 1－442
文苑英華一千卷 ……………………… 2－543
文苑英華一千卷目錄一卷 …………… 2－543
文苑英華一千卷目錄一卷 …………… 2－543
文苑英華選六十卷 …………………… 2－551
文苑英華辨證十卷 …………………… 2－544
文苑英華辨證十卷 …………………… 2－544
文苑英華辨證十卷 …………………… 2－544
文苑英華辨證十卷 …………………… 2－544
文苑英華辨證十卷 …………………… 2－544
文苑匯雋二十四卷 …………………… 2－488
文苑匯雋二十四卷 …………………… 2－488
文虎存稿一卷 ………………………… 3－188
文昌孝經一卷 ………………………… 2－473
文昌帝君孝經一卷 …………………… 2－473
文昌帝君陰騭文廣義節錄三卷 ……… 2－473
文昌帝君陰騭文廣義節錄三卷 ……… 2－473
文昌宮群真著述 ……………………… 2－464
［咸豐］文昌縣志十六卷首一卷 ……… 2－30
文昌雜錄六卷補遺一卷 ……………… 3－455
文昌雜錄六卷補遺一卷 ……………… 3－455
文法大全增補虛字註釋七卷 ………… 3－489
文宗顯皇帝聖訓一百十卷 …………… 1－493
文房肆考圖說八卷 …………………… 2－352
文房肆考圖說八卷 …………………… 2－352
文房肆考圖說八卷 …………………… 2－352
文房肆考圖說八卷 …………………… 2－352
文始真經言外經旨三卷 ……………… 2－470
文貞公年譜二卷 ……………………… 1－324
文貞公集十二卷 ……………………… 3－304
文貞公集十二卷 ……………………… 3－304
文貞公集十二卷 ……………………… 3－304
文貞公集十二卷 ……………………… 3－304
文貞公集十二卷 ……………………… 3－304
文貞公集十二卷 ……………………… 3－305
文貞公集十二卷首一卷 ……………… 3－304
文貞公集十二卷首一卷 ……………… 3－304
文則一卷 ……………………………… 3－479
文星堂出入總錄 ……………………… 1－492
文品芾函三卷子品金函四卷 ………… 2－529
文信國公集二十卷首一卷 …………… 3－110
文信國公集二十卷首一卷 …………… 3－110
文信國公集二十卷首一卷 …………… 3－110
文信國公集二十卷首一卷 …………… 3－110
文信國公集二十卷首一卷 …………… 3－110
文信國公集二十卷首一卷 …………… 3－110
文俊鐸鄉試硃卷 ……………………… 3－188
文帝全書三十八卷 …………………… 2－476
文帝孝經二卷 ………………………… 2－476
文帝孝經二卷 ………………………… 2－476
文祖正訂寒溫條辨六卷 ……………… 2－274
文華附屬學堂章程 …………………… 1－434
文恭集四十卷 ………………………… 3－122
文恭集四十卷 ………………………… 3－122
文殊師利所說摩訶般若波羅密經一卷
………………………………………… 2－427
文殊師利菩薩問菩提經論二卷 ……… 2－428
文致不分卷 …………………………… 2－530
文致不分卷 …………………………… 2－530
文海披沙八卷 ………………………… 2－365
文家稽古編十卷首一卷 ……………… 2－503
文通十卷 ……………………………… 3－483
文通三十卷閏一卷 …………………… 3－480
文略五卷首三卷 ……………………… 3－482
文章正宗二十卷續集二十卷 ………… 2－526

文章正宗復刻三十卷續十二卷 ········ 2－526
文章正宗復刻三十卷續十二卷 ········ 2－526
文章正宗復刻三十卷續十二卷 ········ 2－526
文章正宗鈔四卷 ·············· 2－529
文章正論二十卷 ·············· 2－530
文章軌範十卷 ··············· 2－526
文章軌範十卷 ··············· 2－526
文章游戲初編八卷二編八卷三編八
　卷四編八卷 ··············· 3－476
文章游戲初編八卷二編八卷三編八
　卷四編八卷 ··············· 3－476
文章辨體三十五卷外集五卷總論一卷
　·····················2－528
文章辨體彙選七百八十卷 ········· 2－529
文清公薛先生文集二十四卷 ········ 3－183
文清公薛先生文集二十四卷 ········ 3－183
文清公薛先生文集二十四卷 ········ 3－183
文清公薛先生文集二十四卷 ········ 3－184
文清公薛先生文集二十四卷 ········ 3－184
文清公薛先生文集二十四卷 ········ 3－184
文清公薛先生文集二十四卷 ········ 3－184
文清公薛先生文集二十四卷 ········ 3－184
文清公薛先生文集二十四卷 ········ 3－184
文清公薛先生文集二十四卷 ········ 3－184
文清公薛先生文集二十四卷 ········ 3－184
文清公薛先生文集二十四卷目錄一卷
　·····················3－184
文敬胡先生集三卷胡敬齋先生居業
　錄十二卷 ················ 3－165
文敬胡先生集三卷胡敬齋先生居業
　錄十二卷 ················ 3－165
文敬胡先生集三卷胡敬齋先生居業
　錄十二卷 ················ 3－165
文敬胡先生集三卷胡敬齋先生居業
　錄十二卷 ················ 3－165
文御史奏摺一卷 ·············· 1－503
文詠樓詩鈔五卷 ·············· 3－216
文道十書 ·················· 3－521
文淵閣書目二十卷 ············· 2－137
文瑞公年譜三卷 ·············· 1－326
文瑞公年譜三卷 ·············· 1－327

文瑞公年譜三卷 ·············· 1－327
文瑞公年譜三卷 ·············· 1－327
文瑞樓藏書目錄十二卷 ·········· 2－140
文瑞樓叢刊 ················ 2－514
文瑞樓叢刊 ················ 2－514
文瑞樓叢刊 ················ 2－514
文楷不二志禪師語錄四卷合刻詩草四卷
　·····················2－459
文節府君年譜一卷 ············· 1－324
文誠公文稿拾遺一卷函牘一卷 ······ 3－281
文徵五卷 ·················· 3－482
文徵明懷歸出京詩 ············· 2－332
文廟丁祭譜一卷 ·············· 1－430
文廟丁祭譜一卷 ·············· 1－430
文廟丁祭譜十卷首一卷附錄三卷 ····· 1－429
文廟丁祭譜四卷首一卷 ·········· 1－429
文廟丁祭譜四卷首一卷 ·········· 1－429
文廟丁祭譜四卷首一卷 ·········· 1－429
文廟丁祭譜四卷首一卷 ·········· 1－429
文廟丁祭譜四卷首一卷 ·········· 1－429
文廟丁祭譜四卷首一卷 ·········· 1－429
文廟丁祭譜四卷首一卷 ·········· 1－429
文廟大成祀譜八卷首一卷末一卷 ····· 1－430
文廟上丁禮樂備考四卷 ·········· 1－425
文廟上丁禮樂備考四卷 ·········· 1－425
文廟上丁禮樂備考四卷 ·········· 1－425
文廟祀位一卷 ··············· 1－430
文廟祀位考略六卷 ············· 1－427
文廟祀典考五十卷首一卷 ········· 1－429
文廟祀典考五十卷首一卷 ········· 1－429
文廟祀典考五十卷首一卷 ········· 1－429
文廟祀典考五十卷首一卷 ········· 1－429
文廟祀典考五十卷首一卷 ········· 1－430
文廟佾舞儀式一卷 ············· 1－430
文廟賢儒景行錄六卷 ··········· 1－293
文廟禮器圖式一卷 ············· 1－425
文選十二卷 ················ 2－523
文選十二卷 ················ 2－523
文選五卷首一卷 ·············· 2－520

82

文選尤十四卷 ···················· 2－523　　文選六十卷 ···················· 2－521

文選六十卷 ···················· 2－518　　文選六十卷 ···················· 2－521

文選六十卷 ···················· 2－518　　文選六十卷 ···················· 2－521

文選六十卷 ···················· 2－518　　文選六十卷 ···················· 2－521

文選六十卷 ···················· 2－518　　文選六十卷 ···················· 2－521

文選六十卷 ···················· 2－518　　文選六十卷 ···················· 2－521

文選六十卷 ···················· 2－519　　文選六十卷 ···················· 2－521

文選六十卷 ···················· 2－519　　文選六十卷 ···················· 2－521

文選六十卷 ···················· 2－519　　文選六十卷 ···················· 2－521

文選六十卷 ···················· 2－519　　文選六十卷 ···················· 2－521

文選六十卷 ···················· 2－519　　文選六十卷 ···················· 2－521

文選六十卷 ···················· 2－519　　文選六十卷 ···················· 2－521

文選六十卷 ···················· 2－519　　文選六十卷 ···················· 2－521

文選六十卷 ···················· 2－519　　文選六十卷 ···················· 2－521

文選六十卷 ···················· 2－519　　文選六十卷 ···················· 2－521

文選六十卷 ···················· 2－519　　文選六十卷 ···················· 2－522

文選六十卷 ···················· 2－519　　文選六十卷 ···················· 2－522

文選六十卷 ···················· 2－519　　文選六十卷 ···················· 2－522

文選六十卷 ···················· 2－519　　文選六十卷 ···················· 2－522

文選六十卷 ···················· 2－520　　文選六十卷 ···················· 2－522

文選六十卷 ···················· 2－520　　文選六十卷 ···················· 2－522

文選六十卷 ···················· 2－520　　文選六十卷 ···················· 2－522

文選六十卷 ···················· 2－520　　文選六十卷 ···················· 2－522

文選六十卷 ···················· 2－520　　文選六十卷 ···················· 2－522

文選六十卷 ···················· 2－520　　文選六十卷 ···················· 2－522

文選六十卷 ···················· 2－520　　文選六十卷 ···················· 2－522

文選六十卷 ···················· 2－520　　文選六十卷 ···················· 2－522

文選六十卷 ···················· 2－520　　文選六十卷 ···················· 2－522

文選六十卷 ···················· 2－520　　文選六十卷 ···················· 3－551

文選六十卷 ···················· 2－520　　文選六種 ······················ 2－524

文選六十卷 ···················· 2－520　　文選古字通補訓四卷文選古字通補

文選六十卷 ···················· 2－520　　　訓拾遺一卷 ················ 2－524

文選六十卷 ···················· 2－520　　文選古字通疏證六卷 ········· 2－524

文選六十卷 ···················· 2－521　　文選考異十卷 ··············· 2－519

文選六十卷 ···················· 2－521　　文選考異十卷 ··············· 2－519

文選六十卷 ···················· 2－521　　文選考異十卷 ··············· 2－519

文選六十卷 ···················· 2－521　　文選考異十卷 ··············· 2－519

文選六十卷 ···················· 2－521　　文選考異十卷 ··············· 2－519

文選考異十卷 …………………………… 2－520
文選考異十卷 …………………………… 2－520
文選考異十卷 …………………………… 2－520
文選考異十卷 …………………………… 2－520
文選考異十卷 …………………………… 2－520
文選考異十卷 …………………………… 2－520
文選考異十卷 …………………………… 2－520
文選考異十卷 …………………………… 2－520
文選考異十卷 …………………………… 2－520
文選考異十卷 …………………………… 2－520
文選考異十卷 …………………………… 2－520
文選考異十卷 …………………………… 2－520
文選考異十卷 …………………………… 2－522
文選考異十卷 …………………………… 2－524
文選考異十卷 …………………………… 2－524
文選考異十卷 …………………………… 2－524
文選考異十卷 …………………………… 2－524
文選考異四卷 …………………………… 2－524
文選各家詩集四卷 ……………………… 2－524
文選李註補正四卷文選考異四卷 …… 2－524
文選後集五卷 …………………………… 2－522
文選音義八卷 …………………………… 2－524
文選旁證四十六卷 ……………………… 2－524
文選旁證四十六卷 ……………………… 2－524
文選旁證四十六卷 ……………………… 2－524
文選旁證四十六卷 ……………………… 2－524
文選通假字會四卷 ……………………… 2－523
文選通假字會四卷 ……………………… 2－523
文選通假字會四卷 ……………………… 2－524
文選通假字會四卷 ……………………… 2－524
文選理學權輿八卷 ……………………… 2－523
文選理學權輿八卷 ……………………… 2－523
文選理學權輿八卷 ……………………… 2－523
文選理學權輿八卷 ……………………… 2－523
文選集腋二卷 …………………………… 2－524
文選集腋六卷 …………………………… 2－524
文選集腋六卷 …………………………… 2－524
文選集評十五卷首一卷末一卷 ………… 2－523
文選集評十五卷首一卷末一卷 ………… 2－523
文選集釋二十四卷 ……………………… 2－523

文選補遺四十卷 ………………………… 2－523
文選補遺四十卷 ………………………… 2－523
文選節讀二卷 …………………………… 2－525
文選詩摘鈔 ……………………………… 2－522
文選箋證三十二卷 ……………………… 2－524
文選樓造象研冊 ………………………… 2－128
文選樓叢書 ……………………………… 3－493
文選樓叢書 ……………………………… 3－493
文選樓叢書 ……………………………… 3－501
文選樓叢書經解三種六卷 ……………… 1－113
文選課虛四卷 …………………………… 2－524
文選錦字錄二十一卷 …………………… 2－487
文選錦字錄二十一卷 …………………… 2－487
文選類林十六卷 ………………………… 2－485
［光緒］文縣志八卷 …………………… 1－544
［康熙］文縣志八卷 …………………… 1－544
文學外篇十五卷 ………………………… 2－542
文學興國策二卷 ………………………… 2－403
文學興國策二卷 ………………………… 2－403
文館詞林二卷 …………………………… 2－543
文館詞林三卷 …………………………… 2－543
文館詞林六卷 …………………………… 2－543
文館詞林六卷 …………………………… 2－543
文翼三卷 ………………………………… 3－242
文翼三卷 ………………………………… 3－482
文獻通考二十四卷 ……………………… 3－548
文獻通考三百四十八卷 ………………… 1－414
文獻通考三百四十八卷 ………………… 1－414
文獻通考三百四十八卷 ………………… 1－414
文獻通考三百四十八卷 ………………… 1－414
文獻通考三百四十八卷 ………………… 1－414
文獻通考三百四十八卷 ………………… 1－414
文獻通考三百四十八卷 ………………… 1－414
文獻通考三百四十八卷 ………………… 1－414
文獻通考三百四十八卷 ………………… 1－414
文獻通考三百四十八卷 ………………… 1－414
文獻通考三百四十八卷 ………………… 1－414
文獻通考三百四十八卷 ………………… 1－414
文獻通考三百四十八卷 ………………… 1－414
文獻通考三百四十八卷 ………………… 1－414

文獻通考三百四十八卷⋯⋯⋯⋯⋯ 1－414

文獻通考三百四十八卷⋯⋯⋯⋯⋯ 1－414

文獻通考三百四十八卷⋯⋯⋯⋯⋯ 1－414

文獻通考三百四十八卷⋯⋯⋯⋯⋯ 1－415

文獻通考三百四十八卷⋯⋯⋯⋯⋯ 1－415

文獻通考三百四十八卷⋯⋯⋯⋯⋯ 1－415

文獻通考三百四十八卷⋯⋯⋯⋯⋯ 1－415

文獻通考三百四十八卷⋯⋯⋯⋯⋯ 1－415

文獻通考三百四十八卷⋯⋯⋯⋯⋯ 1－415

文獻通考三百四十八卷⋯⋯⋯⋯⋯ 1－415

文獻通考三百四十八卷⋯⋯⋯⋯⋯ 1－415

文獻通考三百四十八卷⋯⋯⋯⋯⋯ 1－415

文獻通考三百四十八卷⋯⋯⋯⋯⋯ 1－415

文獻通考三百四十八卷⋯⋯⋯⋯⋯ 1－415

文獻通考三百四十八卷⋯⋯⋯⋯⋯ 1－415

文獻通考三百四十八卷⋯⋯⋯⋯⋯ 1－415

文獻通考三百四十八卷⋯⋯⋯ 3－548

文獻通考三百四十八卷考證三卷⋯⋯ 3－535

文獻通考三百四十八卷首一卷⋯⋯⋯ 1－414

文獻通考三百四十八卷首一卷⋯⋯⋯ 1－414

文獻通考正續合編三十二卷⋯⋯⋯⋯ 1－416

文獻通考正續合編三十二卷⋯⋯⋯⋯ 1－416

文獻通考紀要二卷⋯⋯⋯⋯⋯⋯⋯⋯ 1－416

文獻通考節貫十卷⋯⋯⋯⋯⋯⋯⋯⋯ 1－416

文獻通考詳節二十四卷⋯⋯⋯⋯⋯⋯ 1－415

文獻通考詳節二十四卷⋯⋯⋯⋯⋯⋯ 1－415

文獻通考詳節二十四卷⋯⋯⋯⋯⋯⋯ 1－416

文獻通考詳節二十四卷⋯⋯⋯⋯⋯⋯ 1－416

文獻通考詳節二十四卷⋯⋯⋯⋯⋯⋯ 1－416

文獻通考詳節二十四卷⋯⋯⋯⋯⋯⋯ 1－416

文獻通考詳節二十四卷⋯⋯⋯⋯⋯⋯ 1－416

文獻通考詳節二十四卷⋯⋯⋯⋯⋯⋯ 1－416

文獻通考詳節二十四卷⋯⋯⋯⋯⋯⋯ 1－416

文獻通考詳節二十四卷⋯⋯⋯⋯⋯⋯ 1－416

文獻通考詳節二十四卷⋯⋯⋯⋯⋯⋯ 1－416

文獻通考詳節二十四卷⋯⋯⋯⋯⋯⋯ 1－416

文獻通考纂二十三卷⋯⋯⋯⋯⋯⋯⋯ 1－416

文獻通考纂二十四卷⋯⋯⋯⋯⋯⋯⋯ 1－415

文獻徵存錄十卷⋯⋯⋯⋯⋯⋯⋯⋯⋯ 1－303

文獻徵存錄十卷⋯⋯⋯⋯⋯⋯⋯⋯⋯ 1－303

文獻徵存錄十卷⋯⋯⋯⋯⋯⋯⋯⋯⋯ 1－303

文獻徵存錄十卷⋯⋯⋯⋯⋯⋯⋯⋯⋯ 1－303

文獻徵存錄十卷⋯⋯⋯⋯⋯⋯⋯⋯⋯ 1－303

文獻徵存錄十卷⋯⋯⋯⋯⋯⋯⋯⋯⋯ 1－303

文獻徵存錄十卷⋯⋯⋯⋯⋯⋯⋯⋯⋯ 3－548

文體明辯六十一卷首一卷目錄六卷

　附錄十四卷附錄目錄二卷⋯⋯⋯⋯ 2－529

方氏易學五書 ⋯⋯⋯⋯⋯⋯⋯⋯⋯ 1－15

方氏墨譜六卷文二卷⋯⋯⋯⋯⋯⋯⋯ 2－351

方文別鈔不分卷⋯⋯⋯⋯⋯⋯⋯⋯⋯ 3－189

方正學先生遜志齋集二十四卷⋯⋯⋯ 3－153

方正學先生遜志齋集二十四卷拾補一卷

　⋯⋯⋯⋯⋯⋯⋯⋯⋯⋯⋯⋯⋯⋯⋯ 3－153

方正學先生遜志齋集二十四卷拾補一卷

　⋯⋯⋯⋯⋯⋯⋯⋯⋯⋯⋯⋯⋯⋯⋯ 3－153

方正學先生遜志齋集二十四卷拾補一卷

　⋯⋯⋯⋯⋯⋯⋯⋯⋯⋯⋯⋯⋯⋯⋯ 3－153

方正學先生遜志齋集二十四卷拾補一卷

　⋯⋯⋯⋯⋯⋯⋯⋯⋯⋯⋯⋯⋯⋯⋯ 3－153

方正學先生遜志齋集二十四卷拾補一卷

　⋯⋯⋯⋯⋯⋯⋯⋯⋯⋯⋯⋯⋯⋯⋯ 3－154

方正學先生遜志齋集二十四卷拾補

　一卷外紀一卷年譜一卷⋯⋯⋯⋯ 3－154

方正學先生遜志齋集二十四卷拾遺一卷

　⋯⋯⋯⋯⋯⋯⋯⋯⋯⋯⋯⋯⋯⋯⋯ 3－153

方正學先生遜志齋集二十四卷拾遺一卷

　⋯⋯⋯⋯⋯⋯⋯⋯⋯⋯⋯⋯⋯⋯⋯ 3－153

方正學先生遜志齋集七卷首一卷⋯⋯ 3－153

方外綺語續編文集不分卷⋯⋯⋯⋯⋯ 2－548

方言校補十三卷方言佚文一卷⋯⋯⋯ 1－131

方言疏證十三卷⋯⋯⋯⋯⋯⋯⋯⋯⋯ 3－531

方言箋疏十三卷⋯⋯⋯⋯⋯⋯⋯⋯⋯ 3－531

[光緒]方岳采風錄二卷 ⋯⋯⋯⋯⋯⋯ 2－16

方柏堂先生事實考略五卷⋯⋯⋯⋯⋯ 1－311

方貞觀詩集六卷⋯⋯⋯⋯⋯⋯⋯⋯⋯ 3－190

方泉先生詩集三卷⋯⋯⋯⋯⋯⋯⋯⋯ 3－118

方泉先生詩集三卷⋯⋯⋯⋯⋯⋯⋯⋯ 3－118

方孩未先生集十六卷⋯⋯⋯⋯⋯⋯⋯ 3－154

方苞未先生集十六卷……………… 3－154
方苞未先生集十六卷……………… 3－154
方望溪文鈔六卷首一卷…………… 3－189
方望溪先生年譜一卷附錄一卷…… 1－322
方望溪評點史記四卷……………… 1－398
方望溪評點史記四卷……………… 1－398
方望溪評點史記四卷……………… 1－398
方壺外史八卷……………………… 2－479
方朝治鄉試硃卷…………………… 3－190
方植之全集………………………… 3－512
方植之全集………………………… 3－512
方等三昧行法一卷………………… 2－444
方園樵唱詩鈔四卷………………… 3－260
方廣大莊嚴經十二卷……………… 2－430
方輿紀要形勢論略二卷…………… 1－528
方輿紀要簡覽三十四卷…………… 1－529
方輿紀要簡覽三十四卷…………… 1－529
方輿紀要簡覽三十四卷…………… 1－529
方輿紀要簡覽三十四卷…………… 1－529
方輿紀要簡覽三十四卷…………… 1－529
方輿類纂二十八卷首圖一卷……… 1－515
方輿類纂二十八卷首圖一卷……… 1－515
方簡肅公文集十卷附錄一卷……… 3－153
火攻挈要三卷圖一卷……………… 2－234
心日齋十六家詞錄二卷附題一卷… 3－425
心日齋詞集………………………… 3－430
心史二卷…………………………… 3－135
心史七卷附錄一卷………………… 3－135
心白日齋集六卷…………………… 3－201
心白日齋集六卷…………………… 3－201
心印紺珠語二卷…………………… 2－286
心知堂詩稿十八卷………………… 3－218
心知堂詩稿十八卷………………… 3－218
心知堂詩稿十八卷………………… 3－218
心矩齋叢書………………………… 3－502
心矩齋叢書………………………… 3－502
心眼指要四卷……………………… 2－418
心眼指要四卷……………………… 2－418
心經附註四卷……………………… 2－186
心經著述集………………………… 2－420
心潛書屋詩存一卷詞賸一卷……… 3－318

心齋印譜…………………………… 2－339
心齋雜俎二卷……………………… 2－400
心嚮往齋詩集二卷………………… 3－201
心鐵石齋存稿四十卷聯句詩一卷年
　譜一卷…………………………… 3－222
心鐵石齋存稿四十卷聯句詩一卷年
　譜一卷…………………………… 3－222
心靈學二卷………………………… 2－403
心靈學二卷………………………… 2－403
心靈學二卷………………………… 2－403
尹文端公詩集十卷………………… 3－201
尹和靖先生集一卷………………… 3－113
尺木堂綱鑑易知錄二十卷明鑑易知
　錄四卷附一卷…………………… 1－227
尺木堂綱鑑易知錄九十二卷明鑑易
　知錄十五卷……………………… 1－227
尺木樓詩集四卷…………………… 3－353
尺五堂詩删初刻六卷近刻四卷…… 3－409
尺園佐治摘存一卷………………… 2－98
引申義舉例二卷…………………… 1－141
引痘秘書一卷……………………… 2－283
引痘秘書一卷……………………… 2－283
引痘略一卷………………………… 2－283
引痘略一卷………………………… 2－283
引痘略一卷………………………… 2－283
[同治]巴東縣志十六卷首一卷 …… 2－25
[同治]巴東縣志十六卷首一卷 …… 2－25
巴陵人物志十五卷………………… 1－306
巴陵人物志十五卷………………… 1－306
巴陵人物志十五卷………………… 1－307
巴陵人物志十五卷………………… 1－307
巴陵人物志十五卷………………… 1－307
巴陵人物志十五卷………………… 1－307
巴陵人物志十五卷………………… 1－307
巴陵人物志十五卷………………… 1－307
巴陵人物志十五卷………………… 1－307
[同治]巴陵縣志三十卷首一卷 …… 2－45
[嘉慶]巴陵縣志三十卷首一卷 …… 2－45
[光緒]巴陵縣志六十三卷首一卷附
　洞庭君山岳陽樓詩文集十八卷 … 2－45
巴黎茶花女遺事…………………… 3－475

巴黎茶花女遺事 …………… 3-475
巴黎茶花女遺事 …………… 3-475
巴黎茶花女遺事 …………… 3-475
巴黎茶花女遺事 …………… 3-475
巴黎茶花女遺事 …………… 3-475
巴黎茶花女遺事 …………… 3-475
巴黎茶花女遺事 …………… 3-475
巴黎茶花女遺事 …………… 3-475
〔乾隆〕巴縣志十七卷首一卷 ……… 2-33
〔同治〕巴縣志四卷 …………… 2-33
孔子世家考二卷 …………… 1-308
孔子年譜綱目一卷孔廟正位圖一卷
　　　　　　　　　　　　 1-319
孔子年譜輯註一卷 …………… 1-319
孔子改制考二十一卷 ………… 2-394
孔子改制考二十一卷 ………… 2-394
孔子改制考二十一卷 ………… 2-394
孔子改制考二十一卷 ………… 2-394
孔子改制考二十一卷 ………… 2-394
孔子改制考二十一卷 ………… 2-394
孔子改制考二十一卷 ………… 2-394
孔子改制考二十一卷 ………… 2-394
孔子改制考二十一卷 ………… 2-394
孔子改制考二十一卷 ………… 2-394
孔子家語十卷 …………… 2-177
孔子家語十卷 …………… 2-177
孔子家語十卷 …………… 2-197
孔子家語十卷 …………… 2-197
孔子家語十卷 …………… 2-197
孔子家語十卷 …………… 2-197
孔子家語十卷 …………… 2-197
孔子家語十卷 …………… 2-197
孔子家語十卷 …………… 2-197
孔子家語八卷 …………… 2-201
孔子家語八卷 …………… 2-201
孔子家語八卷 …………… 2-201
孔子家語八卷 …………… 2-201
孔子家語四卷 …………… 2-197

孔子家語四卷 …………… 2-197
孔子集語二卷 …………… 2-179
孔子集語二卷 …………… 2-179
孔子集語二卷 …………… 2-179
孔子編年五卷 …………… 1-318
孔子編年五卷 …………… 1-318
孔子編年五卷 …………… 1-318
孔子編年五卷 …………… 1-318
孔子編年五卷 …………… 1-318
孔子編年四卷 …………… 1-318
孔子類考十卷 …………… 2-385
孔氏祖庭廣記十二卷 ………… 1-336
孔門之德育 …………… 2-401
孔門實錄十二卷 …………… 1-293
孔聖孝經註釋一卷 …………… 1-98
孔憲教鄉試硃卷 …………… 3-201
孔憲教鄉試硃卷 …………… 3-201
孔叢二卷 …………… 2-174
孔叢子三卷 …………… 2-174
孔叢伯說經五稿 …………… 1-7
孔叢伯說經五稿 …………… 1-7
孔叢伯說經五稿 …………… 1-7
水心文集二十九卷 …………… 3-134
水心文集二十九卷 …………… 3-134
水田居文集五卷 …………… 3-351
水田居文集五卷 …………… 3-351
水田居文集五卷 …………… 3-351
水田居文集五卷 …………… 3-351
水田居文集五卷存詩三卷詩餘一卷
　　　　　　　　　　　　 3-351
水田居激書二卷 …………… 2-375
水東日記三十六卷 …………… 2-383
水明樓集一卷朝隱卮衍二卷 ……… 3-281
水明樓集一卷朝隱卮衍二卷 ……… 3-281
水屋賸稿二卷 …………… 3-311
水師保身法一卷 …………… 2-234
水師保身法一卷 …………… 2-234
水師保身法一卷 …………… 2-234
水師保身法一卷 …………… 2-234
水師章程十四卷續編六卷 ……… 2-232
水師章程十四卷續編六卷 ……… 2-232

水師章程十四卷續編六卷 …………… 2－232　　水道提綱二十八卷 ……………… 2－90

水師章程十四卷續編六卷 …………… 2－232　　水道提綱二十八卷 ……………… 2－90

水師章程十四卷續編六卷 …………… 2－232　　水道提綱二十八卷 …………… 2－90

水師章程十四卷續編六卷 …………… 2－232　　水道提綱二十八卷 ……………… 2－90

水師章程十四卷續編六卷 …………… 2－232　　水道提綱二十八卷 ……………… 2－90

水流雲在圖記二卷 ………………… 1－330　　水道提綱二十八卷 ……………… 2－90

水流雲在館集蘇詩存一卷 …………… 3－256　　水雷秘要五卷圖一卷 ………… 2－232

水流雲在館詩鈔六卷 ……………… 3－221　　水雷秘要五卷圖一卷 ………… 2－232

水流雲在館詩鈔六卷 ……………… 3－221　　水經註不分卷 ………………… 2－87

水陸戰守攻略方術秘書 ……………… 2－222　　水經註札記不分卷 …………… 2－88

水曹清暇錄十六卷 ………………… 2－368　　水經註四十卷 ………………… 2－85

水雲樓詞二卷續一卷 ……………… 3－433　　水經註四十卷 ………………… 2－85

水雲樓詞二卷續一卷 ……………… 3－433　　水經註四十卷 ………………… 2－85

水雲樓詞二卷續一卷 ……………… 3－433　　水經註四十卷 ………………… 2－85

水雲樓詞二卷續一卷 ……………… 3－433　　水經註四十卷 ………………… 2－85

水雲樓詞二卷續一卷 ……………… 3－433　　水經註四十卷 ………………… 2－85

水道提綱二十八卷 ………………… 2－89　　水經註四十卷 ………………… 2－85

水道提綱二十八卷 ………………… 2－89　　水經註四十卷 ………………… 2－85

水道提綱二十八卷 ………………… 2－89　　水經註四十卷 ………………… 2－85

水道提綱二十八卷 ………………… 2－89　　水經註四十卷 ………………… 2－85

水道提綱二十八卷 ………………… 2－89　　水經註四十卷 ………………… 2－85

水道提綱二十八卷 ………………… 2－89　　水經註四十卷 ………………… 2－85

水道提綱二十八卷 ………………… 2－89　　水經註四十卷 ………………… 2－86

水道提綱二十八卷 ………………… 2－89　　水經註四十卷 ………………… 2－86

水道提綱二十八卷 ………………… 2－89　　水經註四十卷 ………………… 2－86

水道提綱二十八卷 ………………… 2－89　　水經註四十卷 ………………… 2－86

水道提綱二十八卷 ………………… 2－89　　水經註四十卷 ………………… 2－86

水道提綱二十八卷 ………………… 2－89　　水經註四十卷首一卷 ………… 2－86

水道提綱二十八卷 ………………… 2－89　　水經註四十卷首一卷 ………… 2－86

水道提綱二十八卷 ………………… 2－89　　水經註四十卷首一卷 ………… 2－86

水道提綱二十八卷 ………………… 2－89　　水經註四十卷首一卷 ………… 2－86

水道提綱二十八卷 ………………… 2－89　　水經註四十卷首一卷 ………… 2－86

水道提綱二十八卷 ………………… 2－90　　水經註四十卷首一卷 ………… 2－86

水道提綱二十八卷 ………………… 2－90　　水經註四十卷首一卷 ………… 2－86

水道提綱二十八卷 ………………… 2－90　　水經註四十卷首一卷 ………… 2－87

水道提綱二十八卷 ………………… 2－90　　水經註四十卷首一卷附錄二卷 ……… 2－86

水道提綱二十八卷 ………………… 2－90　　水經註四十卷首一卷附錄二卷 ……… 2－86

水經註四十卷首一卷附錄二卷 ……… 2－86
水經註四十卷首一卷附錄二卷 ……… 2－86
水經註四十卷首一卷附錄二卷 ……… 2－87
水經註四十卷首一卷附錄二卷 ……… 2－87
水經註四十卷首一卷附錄二卷 ……… 2－87
水經註四十卷補遺一卷附錄二卷正
　誤一卷 …………………………… 2－86
水經註四十卷補遺一卷附錄二卷正
　誤一卷 …………………………… 2－86
水經註西南諸水考三卷三統術詳說四卷
　…………………………………… 2－87
水經註西南諸水考三卷三統術詳說四卷
　…………………………………… 2－87
水經註西南諸水考三卷摹印述一卷 …… 2－87
水經註疏要删四十卷補遺一卷 ………… 2－88
水經註疏要删四十卷補遺一卷 ………… 2－88
水經註疏要删四十卷補遺一卷 ………… 2－88
水經註疏要删四十卷補遺一卷 ………… 2－88
水經註疏要删四十卷補遺一卷 ………… 2－88
水經註疏要删補遺四十卷 ……………… 2－88
水經註疏要删補遺四十卷 ……………… 2－88
水經註匯校四十卷首一卷附錄二卷
　…………………………………… 2－87
水經註匯校四十卷首一卷附錄二卷
　…………………………………… 2－87
水經註匯校四十卷首一卷附錄二卷
　…………………………………… 2－87
水經註匯校四十卷首一卷附錄二卷
　…………………………………… 2－87
水經註圖一卷附錄一卷 ……… 2－87
水經註圖一卷附錄一卷 ……… 2－87
水經註圖一卷附錄一卷 ……… 2－87
水經註圖一卷附錄一卷 ……… 2－87
水經註圖一卷附錄一卷 ……… 2－87
水經註圖一卷附錄一卷 ……… 2－87
水經註圖四十卷補一卷 ……… 2－87
水經註圖說殘稿四卷 ………… 2－87
水經註箋刊誤十二卷 ………… 2－88
水經註箋刊誤十二卷 ………… 2－88
水經註箋刊誤十二卷 ………… 2－88
水經註箋四十卷 …………… 2－87

水經註釋四十一卷首一卷水經註箋
　刊誤十二卷 …………………… 2－88
水經註釋四十卷首一卷附錄二卷 …… 2－88
水經註釋四十卷首一卷附錄二卷 …… 2－88
水經註釋四十卷首一卷附錄二卷 …… 2－88
水經註釋四十卷首一卷附錄二卷 …… 2－88
水經註釋四十卷首一卷附錄二卷 …… 2－88
水經註釋四十卷首一卷附錄二卷 …… 2－88
水經註釋四十卷首一卷附錄二卷 …… 2－88
水經註釋四十卷首一卷附錄二卷 …… 2－88
水經釋地八卷 …………………… 2－88
水滸後傳十卷四十回 …………… 3－464
水滸後傳八卷四十回 …………… 3－464
水滸後傳八卷四十回 …………… 3－464
水龍經五卷 ……………………… 2－415
水鏡集四卷 ……………………… 2－411
幻庵詩略一卷詞略一卷 ………… 3－289
幻墨後編一卷 …………………… 3－65

五畫

玉山樓綱鑑易知錄九十二卷明鑑易
　知錄十五卷 …………………… 1－228
[同治]玉山縣志十卷首一卷附補遺一卷
　…………………………………… 2－9
[道光]玉山縣志三十二卷首一卷 …… 2－9
玉川子詩集五卷 ………………… 3－103
玉川子詩集五卷 ………………… 3－103
玉井山館文略五卷文續二卷詩十五
　卷詩餘一卷西行日記一卷 …… 3－297
玉井山館文略五卷文續二卷詩十五
　卷詩餘一卷西行日記一卷 …… 3－297
玉井山館文略五卷文續二卷詩十五
　卷詩餘一卷西行日記一卷 …… 3－297
玉井山館文略五卷文續二卷詩十五
　卷詩餘一卷西行日記一卷 …… 3－297
玉井山館詩十五卷詩餘一卷 …… 3－297
玉可庵詞存一卷補一卷 ………… 3－431
[光緒]玉田縣志三十卷首一卷 …… 1－533
玉芝堂文集六卷詩集三卷 ……… 3－253
玉芝堂文集六卷詩集三卷 ……… 3－253

玉芝堂文集六卷詩集三卷·············· 3－253
玉芝堂文集六卷詩集三卷·············· 3－254
玉芝堂詩集三卷文集六卷·············· 3－253
玉芝堂談薈三十六卷················ 2－396
玉芝堂談薈三十六卷················ 2－396
玉芝堂談薈三十六卷················ 2－396
玉芝堂談薈三十六卷首一卷·········· 2－396
玉芝禪師語錄六卷附錄一卷 2－459
玉池山樵遺稿二卷················· 3－260
玉池山樵遺稿二卷················· 3－260
玉池老人自敘一卷················· 1－314
玉池老人自敘一卷················· 1－314
玉池老人自敘一卷················· 1－314
玉池老人自敘一卷················· 1－314
玉池老人自敘一卷················· 1－314
玉池老人自敘一卷················· 1－314
玉池老人自敘一卷················· 1－314
玉池老人自敘一卷················· 1－314
玉池老人自敘一卷················· 1－314
玉池老人自敘一卷················· 1－314
玉池老人自敘一卷················· 1－314
玉池老人挽詞彙編三卷············ 3－54
玉杯寶卷一卷················· 3－448
玉定金科例誅輯要十卷首一卷末一卷
　玉定金科特宥輯要十卷首一卷末一
　卷玉定金科例賞輯要十卷首一卷
　··················· 2－217
玉定金科例誅輯要十卷首一卷末一卷
　玉定金科特宥輯要十卷首一卷末一
　卷玉定金科例賞輯要十卷首一卷
　··················· 2－217
玉定金科例誅輯要十卷首一卷末一卷
　玉定金科特宥輯要十卷首一卷末一
　卷玉定金科例賞輯要十卷首一卷
　··················· 2－217
玉定金科例誅輯要十卷首一卷末一卷
　玉定金科特宥輯要十卷首一卷末一
　卷玉定金科例賞輯要十卷首一卷 ··· 2－217

玉函山房輯佚書·················· 3－496
玉函山房輯佚書·················· 3－496
玉函山房輯佚書·················· 3－496
玉函山房輯佚書·················· 3－496
玉函山房輯佚書·················· 3－496
玉函山房輯佚書·················· 3－496
玉函山房輯佚書·················· 3－496
玉函山房輯佚書·················· 3－496
玉函山房輯佚書·················· 3－496
玉函山房輯佚書·················· 3－496
玉函山房輯佚書·················· 3－496
玉函山房輯佚書·················· 3－496
玉函山房輯佚書·················· 3－541
玉函山房輯佚書:周官禮類·········· 1－51
玉函山房輯佚書:詩類············· 1－37
玉函山房輯佚書:儀禮類··········· 1－55
玉茗堂全集四十六卷··············· 3－174
玉茗堂全集四十六卷··············· 3－174
玉茗堂全集四十六卷··············· 3－174
玉泉子一卷·················· 1－258
玉津閣文略九卷················· 3－269
玉津閣文略九卷················· 3－269
玉屏山館詩草四卷··············· 3－347
玉屏草堂詩集四卷··············· 3－319
玉屏集十六卷·················· 3－198
玉華子一卷··················· 2－471
玉海二百卷··················· 2－482
玉海二百卷··················· 2－482
玉海二百卷··················· 2－482
玉海二百卷··················· 2－482
玉海二百卷··················· 2－482
玉海二百卷··················· 2－483
玉海二百卷··················· 2－483
玉海二百卷··················· 2－483
玉海二百卷··················· 2－483
玉海二百卷··················· 2－483
玉海二百卷··················· 2－483
玉海二百卷··················· 2－483
玉海二百卷··················· 2－483
玉海附刻··················· 3－510
玉海纂二十二卷················· 2－483

玉屑詞三卷 …………………… 3 – 429
玉屑詞三卷 …………………… 3 – 429
玉堂才調集三十一卷 ………… 3 – 18
玉堂才調集三十一卷 ………… 3 – 18
玉堂試帖振采集六卷 ………… 3 – 50
玉堂鳴盛集四卷補篇一卷 …… 3 – 27
玉堂課草十二卷 ……………… 3 – 344
玉笙樓詩錄十二卷 …………… 3 – 216
玉笥山人詞集一卷 …………… 3 – 427
玉笥山房要集四卷文附一卷 … 3 – 410
玉搔頭傳奇二卷 ……………… 3 – 441
玉虛齋牡丹唱和詩一卷吳社集四卷
　　　　　　　　　…………… 3 – 60
玉照集二卷 …………………… 3 – 267
玉照新志六卷 ………………… 2 – 381
玉獅堂傳奇五種 ……………… 3 – 442
玉溪生詩意八卷 ……………… 3 – 92
玉臺新詠十卷 ………………… 2 – 542
玉臺新詠十卷 ………………… 2 – 542
玉臺新詠十卷 ………………… 2 – 543
玉臺新詠十卷 ………………… 2 – 543
玉臺新詠十卷 ………………… 2 – 543
玉臺新詠十卷 ………………… 2 – 543
玉臺新詠十卷 ………………… 2 – 543
玉臺新詠十卷 ………………… 2 – 543
玉篇三十卷 …………………… 1 – 170
玉篇三十卷 …………………… 1 – 171
玉篇三十卷 …………………… 1 – 171
玉篇三十卷 …………………… 1 – 171
玉篇三十卷 …………………… 1 – 171
玉篇三十卷 …………………… 1 – 171
玉篇三十卷 …………………… 1 – 171
玉篇三十卷 …………………… 1 – 171
玉篇三十卷 …………………… 1 – 171
玉篇校刊札記一卷 …………… 1 – 171
玉篇校刊札記一卷 …………… 1 – 171
玉篇校刊札記一卷 …………… 1 – 171
玉潭書院學約一卷 …………… 2 – 59
玉潭詩選四卷 ………………… 3 – 34
玉潭詩選四卷 ………………… 3 – 34
玉磬山房詩六卷 ……………… 3 – 394
玉燕堂四種曲 ………………… 3 – 441
玉機微義五十卷 ……………… 2 – 262
玉機微義五十卷 ……………… 2 – 262
[光緒]玉環廳志十五卷首一卷 ……… 2 – 6
玉谿生詩詳註三卷 …………… 3 – 92
玉谿生詩詳註三卷 …………… 3 – 92
玉谿生詩詳註三卷 …………… 3 – 92
玉谿生詩詳註三卷 …………… 3 – 92
玉谿生詩詳註三卷 …………… 3 – 92
玉瓊集十二卷 ………………… 3 – 424
玉簡齋叢書 …………………… 3 – 506
玉簡齋叢書 …………………… 3 – 506
玉瀾集一卷 …………………… 3 – 114
未灰齋文集八卷 ……………… 3 – 288
未谷詩集四卷 ………………… 3 – 282
未信餘編一卷 ………………… 2 – 377
邗上題襟續集不分卷 ………… 3 – 59
示樸齋制義不分卷 …………… 3 – 408
示樸齋駢體文六卷 …………… 3 – 408
示樸齋駢體文六卷 …………… 3 – 408
示樸齋駢體文六卷 …………… 3 – 408
巧對錄八卷 …………………… 2 – 497
正一靈寶預拔儀範二卷 ……… 2 – 478
正太鐵路華俄銀行借款條議 … 1 – 460
正字通十二卷首一卷 ………… 1 – 174
正字通十二卷首一卷 ………… 1 – 174
正字通十二卷首一卷 ………… 1 – 174
[光緒]正定縣志四十六卷首一卷末一卷
　　　　　　　　　…………… 1 – 531
正俗俚言二卷 ………………… 2 – 205
正俗備用字解四卷附一卷補遺一卷
　　　　　　　　　…………… 1 – 166
正音咀華三卷續編一卷 ……… 1 – 185
正氣集十卷 …………………… 1 – 285
正氣集十卷 …………………… 1 – 285
正教奉褒不分卷 ……………… 2 – 479
正教奉褒不分卷 ……………… 2 – 479
正陽門工程匯案 ……………… 1 – 508
正蒙二卷 ……………………… 3 – 537

91

正蒙九卷 …………………………… 2－204

正蒙初義十七卷 …………………… 2－203

正蒙集說十七卷 …………………… 2－195

［乾隆］正寧縣志十八卷 ………… 1－543

正誼堂文集二十四卷 ……………… 3－356

正誼堂文集十二卷 ………………… 3－306

正誼堂文集十二卷續集八卷 ……… 3－306

正誼堂全書 ………………………… 3－499

正誼堂全書 ………………………… 3－499

正誼堂全書 ………………………… 3－499

正誼堂全書 ………………………… 3－499

正誼堂全書 ………………………… 3－499

正誼堂全書 ………………………… 3－541

正誼堂集五卷 ……………………… 3－306

正學編八卷 ………………………… 2－376

正學編八卷 ………………………… 2－376

正學續四卷 ………………………… 1－386

正覺樓叢書 ………………………… 3－498

正續文獻通考識大編二十四卷 …… 1－416

正續經藝繆琳合刻不分卷 ………… 3－45

［嘉慶］邛州直隷州志四十六卷 … 2－34

功順堂叢書 ………………………… 3－501

功順堂叢書 ………………………… 3－501

功順堂叢書 ………………………… 3－501

功順堂叢書 ………………………… 3－501

功順堂叢書 ………………………… 3－501

甘氏奇門一得二卷 ………………… 2－409

甘氏奇門一得二卷 ………………… 2－409

甘氏奇門一得二卷 ………………… 2－409

［乾隆］甘州府志十六卷首一卷 … 1－545

甘泉先生續編大全三十三卷 ……… 3－174

甘泉鄉人稿二十四卷 ……………… 3－407

甘泉鄉人稿二十四卷 ……………… 3－408

甘泉鄉人稿二十四卷 ……………… 3－408

甘泉鄉人稿二十四卷 ……………… 3－408

甘泉鄉人稿二十四卷 ……………… 3－408

甘泉鄉人稿二十四卷 ……………… 3－408

甘泉鄉人稿二十四卷 ……………… 3－408

甘泉鄉人稿二十四卷 ……………… 3－408

甘泉鄉人邇言二卷 ………………… 3－408

甘莊恪公全集十六卷 ……………… 3－202

甘棠畫冊 …………………………… 2－338

甘肅省統捐總局兼辦籌賑局公文 … 1－454

［乾隆］甘肅通志五十卷首一卷 … 1－543

甘肅鄉試硃卷不分卷 ……………… 3－52

甘肅鄉試硃卷不分卷 ……………… 3－52

［宣統］甘肅新通志一百卷首三卷 … 1－543

世本輯補十卷 ……………………… 1－271

世忠堂文集六卷守城善後紀略一卷

　　家傳一卷 ……………………… 3－378

世宗憲皇帝上諭不分卷 …………… 1－493

世宗憲皇帝上諭不分卷 …………… 1－493

世宗憲皇帝上諭不分卷 …………… 1－493

世宗憲皇帝上諭不分卷 …………… 1－493

世宗憲皇帝朱批諭旨不分卷 ……… 1－493

世宗憲皇帝朱批諭旨不分卷 ……… 1－493

世宗憲皇帝朱批諭旨不分卷 ……… 1－493

世宗憲皇帝朱批諭旨不分卷 ……… 1－493

世宗憲皇帝朱批諭旨不分卷 ……… 1－493

世宗憲皇帝朱批諭旨不分卷 ……… 1－493

世宗憲皇帝朱批諭旨不分卷 ……… 1－493

世宗憲皇帝御製文集三十卷目錄四卷

　　………………………………… 3－293

世宗憲皇帝聖訓三十六卷 ………… 1－493

世界地理志 ………………………… 2－106

世界地理統計表二卷 ……………… 2－104

世界近世史二卷 …………………… 2－157

世界最古之憲政 …………………… 1－424

世界歷史一卷 ……………………… 2－154

世祖章皇帝聖訓六卷 ……………… 1－493

世善堂藏書目錄二卷 ……………… 2－139

世補齋醫書正集 …………………… 2－245

世補齋醫書正集 …………………… 2－245

世補齋醫書正集 …………………… 2－245

世補齋醫書正集 …………………… 2－245

世說新語八卷 ……………………… 2－380

世說新語八卷 ……………………… 2－381

世說新語八卷 ……………………… 2－381

世說新語三卷 ……………………… 2－380

世說新語三卷 ……………………… 2－380

世說新語三卷 ……………………… 2－380

世說新語三卷 ……………………… 2－381

世說新語三卷 …………………… 3－452
世說新語三卷 …………………… 3－452
世說新語三卷 …………………… 3－452
世說新語三卷 …………………… 3－452
世說新語三卷 …………………… 3－452
世說新語三卷 …………………… 3－452
世說新語三卷 …………………… 3－453
世說新語三卷 …………………… 3－453
世說新語六卷 …………………… 3－452
世說新語六卷 …………………… 3－452
世說新語六卷 …………………… 3－553
世說新語補二十卷 ……………… 3－453
世說新語補二十卷 ……………… 3－453
世說新語補二十卷 ……………… 3－453
世說新語補二十卷 ……………… 3－453
世說新語補二十卷 ……………… 3－453
世說新語補二十卷 ……………… 3－453
世說新語補二十卷 ……………… 3－453
世說新語補二十卷附釋名一卷 …… 2－381
世說新語補二十卷附釋名一卷 …… 2－381
世說新語補二十卷附釋名一卷 …… 2－381
世說新語補六卷 ………………… 3－453
世說新語補四卷 ………………… 2－380
世醫得效方二十卷 ……………… 2－262
世寶錄四卷 ……………………… 1－262
艾熙亭先生文集十卷 …………… 3－159
艾熙亭先生文集十卷 …………… 3－159
[光緒]古丈坪廳志十六卷 ………… 2－53
古今中外音韻通例不分卷 ……… 1－184
古今文字通釋十四卷 …………… 1－166
古今平略三十三卷 ……………… 1－422
古今史論大觀前編十五卷後編十七卷
　　…………………………… 1－406
古今考一卷 ……………………… 2－383
古今考三十八卷 ………………… 2－383
古今合璧事類備要後集八十一卷 …… 2－485
古今名人文鈔一卷 ……………… 2－542
古今名人畫稿 …………………… 2－338
古今法制表十五卷 ……………… 1－278

古今治統二十卷 ………………… 1－397
古今治統二十卷 ………………… 1－397
古今姓氏書辯證四十卷 ………… 1－378
古今風謠一卷古今諺一卷 ……… 2－546
古今紀要二十卷 ………………… 3－548
古今書刻二卷 …………………… 2－137
古今萬姓統譜一百四十卷 ……… 2－487
古今詞統十六卷 ………………… 3－423
古今詞話二卷詞品二卷詞辨二卷詞
　　評二卷 …………………… 3－435
古今詩删三十四卷目錄二卷 …… 2－545
古今詩選五十卷 ………………… 2－547
古今經世格要二十八卷 ………… 2－490
古今圖書集成一萬卷 …………… 2－496
古今圖書集成一萬卷 …………… 2－496
古今圖書集成目錄三十二卷 …… 2－506
古今圖書集成目錄三十二卷 …… 2－506
古今算學叢書 …………………… 2－300
古今算學叢書 …………………… 2－300
古今僞書考一卷 ………………… 2－130
古今僞書考一卷 ………………… 2－130
古今僞書考一卷 ………………… 2－130
古今僞書考一卷 ………………… 2－130
古今僞書考一卷 ………………… 2－130
古今僞書考一卷 ………………… 2－130
古今僞書考一卷 ………………… 2－130
古今僞書考一卷 ………………… 2－130
古今說海 ………………………… 3－451
古今說海 ………………………… 3－451
古今說海 ………………………… 3－490
古今說海 ………………………… 3－490
古今儒毛詩解 …………………… 1－37
古今錢略三十二卷首一卷末一卷 …… 2－129
古今諺一卷聲調譜拾遺一卷古詩十
　　九首解一卷 ………………… 3－541
古今濡削選章四十卷 …………… 2－528
古今醫統大全一百卷 …………… 2－262
古今醫統正脉全書 ……………… 2－242
古今韻考四卷 …………………… 1－181
古今韻考四卷 …………………… 1－182
古今韻考四卷 …………………… 1－182

古今韻考四卷 …………………… 1–182
古今韻略五卷 …………………… 1–183
古今韻略五卷 …………………… 1–183
古今韻略五卷 …………………… 1–183
古今韻略五卷 …………………… 1–183
古今韻略五卷 …………………… 1–184
古今韻會舉要三十卷 …………… 1–177
古今韻會舉要三十卷禮部韻略七音
　　三十六母通考一卷 ………… 1–177
古今韻會舉要三十卷禮部韻略七音
　　三十六母通考一卷 ………… 1–177
古今韻會舉要三十卷禮部韻略七音
　　三十六母通考一卷 ………… 1–177
古今韻會舉要三十卷禮部韻略七音
　　三十六母通考一卷 ………… 1–177
古今韻會舉要小補三十卷 ……… 1–177
古今類傳四卷 …………………… 1–509
古今類傳四卷 …………………… 2–501
古今類傳四卷 …………………… 2–501
古今疆理沿革編一卷 …………… 1–530
古今釋疑十八卷附錄一卷 ……… 2–366
古今釋疑十八卷附錄一卷 ……… 2–366
古月軒詩存五卷文存二卷西江泛宅
　　集二卷試帖偶存一卷 ……… 3–210
古文分編集評初集五卷首一卷二集
　　五卷首一卷三集八卷首一卷四集
　　四卷首一卷 ………………… 2–530
古文分編集評初集五卷首一卷二集
　　五卷首一卷三集八卷首一卷四集
　　四卷首一卷 ………………… 2–530
古文四象四卷 …………………… 2–539
古文孝經孔氏傳一卷 …………… 1–96
古文孝經薈解八卷 ……………… 1–98
古文近道集八卷 ………………… 2–531
古文快筆貫通解三卷 …………… 2–533
古文快筆貫通解三卷 …………… 2–533
古文快筆貫通解三卷 …………… 2–533
古文快筆貫通解三卷 …………… 2–533
古文苑二十一卷 ………………… 2–527
古文苑二十一卷 ………………… 2–527
古文苑二十一卷 ………………… 2–527

古文苑二十一卷 ………………… 2–527
古文苑二十一卷 ………………… 2–527
古文苑二十一卷 ………………… 2–527
古文苑二十一卷 ………………… 2–527
古文苑九卷 ……………………… 2–527
古文苑九卷 ……………………… 2–527
古文苑九卷 ……………………… 2–527
古文苑九卷 ……………………… 2–527
古文析義十六卷 ………………… 2–533
古文析義十六卷 ………………… 2–533
古文析義六卷古文析義二編八卷 … 2–533
古文析義六卷古文析義二編八卷 … 2–533
古文析義初編六卷古文析義二編八卷
　　 ……………………………… 2–533
古文披金□□卷 ………………… 2–536
古文尚書十卷 …………………… 1–27
古文尚書十卷 …………………… 1–27
古文尚書十卷 …………………… 1–27
古文尚書十卷 …………………… 1–27
古文尚書正辭三十三卷 ………… 1–32
古文尚書正辭三十三卷 ………… 1–32
古文尚書考二卷 ………………… 1–34
古文尚書冤詞平議二卷 ………… 1–30
古文尚書冤詞平議二卷 ………… 1–30
古文尚書冤詞平議二卷 ………… 1–30
古文尚書冤詞平議二卷 ………… 1–30
古文尚書冤詞平議二卷 ………… 1–30
古文尚書撰異三十二卷 ………… 1–33
古文尚書辨惑十八卷 …………… 1–32
古文尚書辨偽二卷 ……………… 1–33
古文周易參同契註八卷 ………… 2–474
古文品外錄二十四卷 …………… 2–529
古文眉詮七十九卷首一卷 ……… 2–535
古文眉詮七十九卷首一卷 ……… 2–535
古文約選不分卷 ………………… 2–530
古文約選不分卷 ………………… 2–530
古文約選不分卷 ………………… 2–530
古文約選不分卷 ………………… 2–530
古文參同契集解一卷古文參同契箋
　　註集解一卷 ………………… 2–472

古文雅正十四卷 …………………… 2－540　　古文辭類纂七十五卷 …………………… 2－534
古文雅正十四卷 …………………… 2－540　　古文辭類纂七十五卷 …………………… 2－534
古文雅正十四卷 …………………… 2－540　　古文辭類纂七十五卷 …………………… 2－534
古文雅正十四卷 …………………… 2－540　　古文辭類纂七十五卷 …………………… 2－534
古文雅正十四卷 …………………… 2－540　　古文辭類纂七十五卷 …………………… 2－534
古文雅正十四卷 …………………… 2－540　　古文辭類纂七十五卷 …………………… 2－535
古文啫鳳新編八卷 ………………… 2－531　　古文辭類纂七十五卷 …………………… 2－535
古文筆法百篇二十卷首一卷 ……… 2－532　　古文辭類纂七十四卷 …………………… 2－534
古文筆法百篇二十卷首一卷 ……… 2－532　　古文辭類纂七十四卷 …………………… 2－534
古文詞略二十四卷 ………………… 2－537　　古文辭類纂七十四卷 …………………… 2－534
古文詞略二十四卷 ………………… 2－537　　古文辭類纂七十四卷 …………………… 2－534
古文詞略二十四卷 ………………… 2－537　　古文辭類纂七十四卷 …………………… 2－534
古文詞略二十四卷 ………………… 2－537　　古文辭類纂七十四卷 …………………… 2－534
古文詞略二十四卷 ………………… 2－538　　古文辭類纂七十四卷 …………………… 2－534
古文詞略目錄凡例等五種 ………… 2－542　　古文辭類纂七十四卷 …………………… 2－534
古文詞略讀本二十四卷 …………… 2－538　　古文辭類纂七十四卷 …………………… 2－534
古文淵鑒六十四卷 ………………… 2－536　　古文辭類纂七十四卷 …………………… 2－534
古文淵鑒六十四卷 ………………… 2－536　　古文辭類纂七十四卷 …………………… 2－534
古文淵鑒六十四卷 ………………… 2－536　　古文辭類纂七十四卷 …………………… 2－534
古文淵鑒六十四卷 ………………… 2－536　　古文辭類纂七十四卷 …………………… 2－535
古文淵鑒六十四卷 ………………… 2－536　　古文類選十八卷 ………………………… 2－530
古文淵鑒六十四卷 ………………… 2－536　　古文釋義新編八卷 ……………………… 2－533
古文淵鑒六十四卷 ………………… 2－536　　古文觀止十二卷 ………………………… 2－532
古文淵鑒六十四卷 ………………… 2－536　　古玉圖考不分卷 ………………………… 2－352
古文淵鑒六十四卷 ………………… 2－536　　古玉圖考不分卷 ………………………… 2－352
古文淵鑒六十四卷 ………………… 2－536　　古玉圖考不分卷 ………………………… 2－352
古文淵鑒六十四卷 ………………… 2－536　　古玉圖考不分卷 ………………………… 2－352
古文審八卷首一卷 ………………… 1－169　　古玉圖考不分卷 ………………………… 3－538
古文審八卷首一卷 ………………… 1－169　　古玉圖譜一百卷 ………………………… 2－351
古文審八卷首一卷 ………………… 1－169　　古本玉篇集錄不分卷 …………………… 1－171
古文講授談二編 …………………… 2－533　　古本葬經內篇一卷 ……………………… 2－413
古文翼八卷 ………………………… 2－535　　古本葬經內篇一卷 ……………………… 2－413
古文翼八卷 ………………………… 2－535　　古史六十卷 ……………………………… 1－272
古文關鍵二卷 ……………………… 2－525　　古史六十卷 ……………………………… 1－272
古文關鍵二卷 ……………………… 2－525　　古史六十卷 ……………………………… 1－272
古文辭類纂十五卷 ………………… 2－534　　古史六十卷 ……………………………… 1－272
古文辭類纂十五卷 ………………… 2－534　　古史輯要六卷首一卷 …………………… 1－391
古文辭類纂七十五卷 ……………… 2－534　　古列女傳八卷 …………………………… 1－280
古文辭類纂七十五卷 ……………… 2－534　　古列女傳八卷 …………………………… 1－280
古文辭類纂七十五卷 ……………… 2－534　　古列女傳八卷 …………………………… 1－280

古列女傳八卷 ………………… 1－280
古列女傳八卷 ………………… 1－280
古列女傳八卷 ………………… 1－280
古合宮遺制考三卷 ……………… 2－388
［光緒］古州廳志十卷首一卷 ……… 2－39
古孝子傳一卷 …………………… 1－294
古志石華三十卷 ………………… 2－127
古志石華三十卷 ………………… 2－127
古志石華三十卷 ………………… 2－127
古志石華三十卷 ………………… 2－127
古志石華三十卷 ………………… 2－127
古芬閣書畫記十八卷 …………… 2－325
古吳童氏重校醫宗必讀十卷 …… 2－248
古佛應驗明聖經序解三卷 ……… 2－478
古近體詩不分卷 ………………… 3－23
古事比五十二卷 ………………… 2－490
古事比五十二卷 ………………… 2－490
古事比五十二卷 ………………… 2－490
古事比五十二卷 ………………… 2－490
古周易訂詁十六卷 ……………… 1－13
古法帖釋文十卷 ………………… 2－327
古春軒詩鈔二卷 ………………… 3－296
古春軒詩鈔二卷 ………………… 3－296
古春軒詩鈔二卷 ………………… 3－296
古春軒詩鈔二卷 ………………… 3－296
古春軒詩鈔二卷 ………………… 3－296
古城文集六卷首一卷 …………… 3－171
古城文集六卷首一卷 …………… 3－171
古柏軒詩草一卷 ………………… 3－234
古柏軒詩草一卷 ………………… 3－234
古品節錄六卷 …………………… 1－293
古品節錄六卷 …………………… 1－389
古品節錄六卷 …………………… 1－389
古香山館存稿十六卷 …………… 3－346
古香山館存稿十六卷 …………… 3－346
古香山館存稿十六卷 …………… 3－346
古香山館存稿十六卷 …………… 3－346
古香山館存稿十六卷 …………… 3－347
古香凹詩餘二卷 ………………… 3－428
古香書屋詩鈔十二卷文鈔二卷 …… 3－385

古香書屋詩鈔十二卷文鈔二卷 …… 3－385
古香書屋詩鈔十二卷文鈔二卷 …… 3－386
古香書屋詩鈔十二卷文鈔二卷 …… 3－386
古香書屋詩鈔十二卷文鈔二卷 …… 3－386
古香閣餘稿四卷 ………………… 3－248
古香齋新刻袖珍淵鑑類函四百五十
　卷目錄四卷 …………………… 2－499
古香齋鑒賞袖珍史記一百三十卷 …… 1－192
古香齋鑒賞袖珍史記一百三十卷 …… 1－192
古香齋鑒賞袖珍初學記三十卷 …… 2－481
古香齋鑒賞袖珍初學記三十卷 …… 2－481
古香齋鑒賞袖珍初學記三十卷 …… 2－481
古香齋鑒賞袖珍初學記三十卷 …… 2－481
古香齋鑒賞袖珍初學記三十卷 …… 2－481
古香齋鑒賞袖珍施註蘇詩四十二卷
　總目二卷 ……………………… 3－143
古泉拓存一卷 …………………… 2－128
古泉匯首集四卷元集十四卷亨集十
　四卷利集十八卷貞集十四卷 ……… 2－129
古泉匯首集四卷元集十四卷亨集十
　四卷利集十八卷貞集十四卷 ……… 2－129
古泉匯首集四卷元集十四卷亨集十
　四卷利集十八卷貞集十四卷 ……… 2－129
古泉叢話三卷 …………………… 2－129
古泉叢話三卷 …………………… 2－129
古泉叢話三卷附一卷 …………… 3－549
古律經傳附考五卷 ……………… 2－346
古庭祖師語錄輯略四卷 ………… 2－459
古音略例一卷古音駢字五卷 …… 1－178
古音複字五卷希姓錄五卷 ……… 1－178
古音餘五卷許字韻五卷 ………… 1－178
古音諧八卷首一卷 ……………… 1－184
古音叢目五卷後語一卷 ………… 1－178
古音獵要五卷古音附錄一卷 …… 1－178
古音類表九卷首一卷 …………… 1－187
古音類表九卷首一卷 …………… 1－187
古音類表九卷首一卷 …………… 1－187
古紅梅閣集八卷 ………………… 3－399
古桐書屋六種 …………………… 3－527
古格言十二卷 …………………… 2－400

古格言十二卷 …………………… 2－400
古唐詩合解十六卷 ……………… 2－548
古唐詩合解十六卷 ……………… 2－548
古唐詩合解十六卷 ……………… 2－548
古唐詩合解十六卷 ……………… 2－548
古唐詩合解十六卷 ……………… 2－548
古唐詩合解十六卷 ……………… 2－548
古唐詩合解十六卷 ……………… 2－548
古唐詩合解十六卷 ……………… 2－548
古唐詩合解十六卷 ……………… 2－548
古唐詩合解十六卷 ……………… 2－548
古唐詩合解十六卷 ……………… 2－548
古唐詩合解十六卷 ……………… 2－548
［乾隆］古浪縣志一卷 ………… 1－545
古梅閣仿完白山人印賸古梅閣仿完
　白山人印賸續編 ……………… 2－340
古雪山民詩後八卷 ……………… 3－242
古逸書三十卷首一卷末一卷 …… 2－530
古逸叢書 ………………………… 3－502
古逸叢書 ………………………… 3－502
古逸叢書 ………………………… 3－502
古逸叢書 ………………………… 3－502
古逸叢書 ………………………… 3－503
古逸叢書 ………………………… 3－541
古逸叢書一百八十九卷 ………… 3－541
古清凉傳二卷 …………………… 2－461
古越藏書樓書目二十卷 ………… 2－141
古硯香齋遺詩四卷 ……………… 3－247
古硯香齋遺詩四卷 ……………… 3－247
古硯香齋遺詩四卷 ……………… 3－247
古硯香齋遺詩四卷 ……………… 3－247
古硯香齋遺詩四卷 ……………… 3－247
古硯香齋遺詩四卷 ……………… 3－247
古棠書屋叢書 …………………… 3－497
古棠書屋叢書 …………………… 3－497
古棠書屋叢書 …………………… 3－497
古稀集不分卷 …………………… 3－27
古稀集不分卷 …………………… 3－27
古稀集不分卷 …………………… 3－28
古雋考略四卷 …………………… 2－486

古雋考略四卷 …………………… 2－486
古聖賢像傳略十六卷 …………… 1－328
古蒙莊子四卷 …………………… 2－471
古愚老人消夏錄 ………………… 3－515
古愚老人消夏錄 ………………… 3－515
古愚老人消夏錄 ………………… 3－515
古愚遺稿四集四卷 ……………… 3－208
古愚叢書 ………………………… 3－515
古微書三十六卷 ………………… 1－116
古微書三十六卷 ………………… 1－116
古微書三十六卷 ………………… 1－116
古微書三十六卷 ………………… 1－116
古微書三十六卷 ………………… 1－116
古微書三十六卷 ………………… 1－116
古微書三十六卷 ………………… 1－116
古微堂內集二卷外集七卷 ……… 3－368
古微堂內集二卷外集七卷 ……… 3－368
古微堂內集二卷外集七卷 ……… 3－368
古微堂內集二卷外集八卷 ……… 3－368
古微堂內集二卷外集八卷 ……… 3－368
古微堂內集三卷外集七卷 ……… 3－367
古微堂內集三卷外集七卷 ……… 3－368
古微堂內集三卷外集七卷 ……… 3－368
古微堂內集三卷外集七卷 ……… 3－368
古微堂內集三卷外集七卷 ……… 3－368
古微堂內集三卷外集七卷 ……… 3－368
古微堂文集不分卷 ……………… 3－368
古微堂詩集十卷 ………………… 3－367
古微堂詩集十卷 ………………… 3－367
古詩直解十二卷首一卷 ………… 2－555
古詩逢原不分卷 ………………… 2－551
古詩源十四卷 …………………… 2－549
古詩源十四卷 …………………… 2－549
古詩源十四卷 …………………… 2－549
古詩源十四卷 …………………… 2－549
古詩源十四卷 …………………… 2－549
古詩源十四卷 …………………… 2－549
古詩源十四卷 …………………… 2－549
古詩源十四卷 …………………… 2－549

古詩源十四卷 …………………………… 2－549
古詩源十四卷 …………………………… 2－549
古詩源十四卷 …………………………… 2－549
古詩源十四卷 …………………………… 2－549
古詩源十四卷 …………………………… 2－549
古詩源十四卷 …………………………… 2－549
古詩源十四卷 …………………………… 2－550
古詩源十四卷 …………………………… 2－550
古詩源十四卷 …………………………… 2－550
古詩源十四卷 …………………………… 2－550
古詩箋三十二卷 ………………………… 2－547
古詩箋三十二卷 ………………………… 2－547
古詩箋三十二卷 ………………………… 2－547
古詩箋三十二卷 ………………………… 2－547
古詩箋三十二卷 ………………………… 2－547
古詩歸十五卷 …………………………… 2－546
古詩歸十五卷 …………………………… 2－546
古詩歸十五卷唐詩歸三十六卷 ………… 2－546
古詩類苑一百三十卷 …………………… 2－545
古廉李先生詩集十一卷 ………………… 3－161
古經略說 ………………………………… 2－480
古經解鈎沈三十卷 ……………………… 1－120
古經解鈎沈三十卷 ……………………… 1－120
古經解彙函 ……………………………… 1－6
古經解彙函 ……………………………… 1－6
古經解彙函 ……………………………… 1－6
古經解彙函 ……………………………… 1－6
古經解彙函 ……………………………… 1－6
古經解彙函 ……………………………… 1－6
古經解彙函 ……………………………… 1－6
古經解彙函 ……………………………… 1－6
古經解彙函 ……………………………… 1－6
古經解彙函 ……………………………… 1－6
古經解彙函 ……………………………… 1－6
古經解彙函 ……………………………… 1－6
古經疑言八卷 …………………………… 1－117
古賦識小錄八卷 ………………………… 2－531

古遺堂手錄易卦□卷 …………………… 1－25
古樂府十卷 ……………………………… 2－545
古樂府十卷 ……………………………… 2－545
古學記問錄十五卷 ……………………… 2－385
古諷籀齋目耕脞錄三十卷目錄一卷
　　　………………………………………… 2－396
古謠諺一百卷 …………………………… 3－475
古謠諺一百卷 …………………………… 3－475
古籀拾遺三卷宋政和禮器文字考一卷
　　　………………………………………… 1－167
古籀拾遺三卷宋政和禮器文字考一卷
　　　………………………………………… 1－167
古籀拾遺三卷宋政和禮器文字考一卷
　　　………………………………………… 1－168
古籀拾遺三卷宋政和禮器文字考一卷
　　　………………………………………… 1－168
古籀拾遺三卷宋政和禮器文字考一卷
　　　………………………………………… 3－545
古籀餘論三卷 …………………………… 1－168
古籀餘論三卷 …………………………… 3－545
古譚詩鈔六卷 …………………………… 3－371
古譚詩鈔六卷 …………………………… 3－371
古譚詩錄二卷 …………………………… 3－371
古譚詩錄二卷 …………………………… 3－371
古譚詩錄二卷 …………………………… 3－371
古譚詩錄二卷 …………………………… 3－371
古韻通說二十卷 ………………………… 1－188
古韻通說二十卷 ………………………… 1－188
古韻通說二十卷 ………………………… 1－188
古韻通說二十卷 ………………………… 1－188
古韻通說二十卷 ………………………… 1－188
古韻發明不分卷 ………………………… 1－186
古韻發明不分卷 ………………………… 1－186
古韻發明不分卷 ………………………… 1－186
古韻溯原八卷 …………………………… 1－180
古韻標準四卷首一卷 …………………… 1－179
古韻標準四卷首一卷 …………………… 1－179
古韻標準四卷首一卷 …………………… 1－179
古韻標準四卷首一卷 …………………… 1－179
古韻標準四卷首一卷 …………………… 1－180
古韻標準四卷首一卷 …………………… 1－180

古韻標準四卷首一卷……………………… 1－180
古韻論三卷………………………………… 1－184
古懽錄八卷………………………………… 1－285
古歡室詩集三卷詞集一卷………………… 3－333
古歡堂集三十七卷長河志籍考十卷
　　………………………………………… 3－204
古歡堂集三十七卷長河志籍考十卷
　　………………………………………… 3－204
本事詞二卷………………………………… 3－435
本事詩一卷………………………………… 2－543
本事詩十二卷……………………………… 2－551
本事詩十二卷……………………………… 2－551
本事詩十二卷……………………………… 2－551
本草三家合註六卷………………………… 2－257
本草三家合註六卷………………………… 2－258
本草三家合註六卷………………………… 2－258
本草求真九卷圖一卷本草求真主治二卷
　　………………………………………… 2－258
本草求真九卷圖一卷本草求真主治
　　二卷脉理求真一卷…………………… 2－258
本草求真九卷圖一卷本草求真主治
　　二卷脉理求真三卷…………………… 2－258
本草便讀二卷……………………………… 2－258
本草衍義二十卷…………………………… 2－255
本草衍義二十卷…………………………… 2－255
本草問答二卷……………………………… 2－257
本草崇原三卷……………………………… 2－258
本草從新六卷……………………………… 2－257
本草從新六卷……………………………… 2－257
本草萬方鍼綫八卷………………………… 2－266
本草萬方鍼綫八卷………………………… 2－266
本草萬方鍼綫八卷本草藥品總目一卷
　　………………………………………… 2－266
本草備要二卷……………………………… 2－256
本草鈎元不分卷…………………………… 2－259
本草匯纂十卷……………………………… 2－258
本草匯纂十卷……………………………… 2－258
本草匯纂十卷……………………………… 2－258
本草詩箋十卷……………………………… 2－256
本草經疏二十二卷………………………… 2－256
本草經解要四卷附餘一卷………………… 2－258

本草綱目五十二卷………………………… 2－255
本草綱目五十二卷………………………… 2－255
本草綱目五十二卷………………………… 2－255
本草綱目五十二卷首一卷圖三卷奇
　　經八脉考二卷………………………… 2－255
本草綱目五十二卷首一卷圖三卷奇
　　經八脉考二卷………………………… 2－255
本草綱目五十二卷首一卷圖三卷奇
　　經八脉考二卷………………………… 2－255
本草綱目五十二卷首一卷圖三卷奇
　　經八脉考二卷………………………… 2－255
本草綱目五十二卷圖三卷………………… 2－255
本草綱目五十二卷圖三卷奇經八脉
　　考二卷………………………………… 2－255
本草綱目五十二卷瀕湖脉學一卷脉
　　訣考證一卷…………………………… 2－255
本草綱目拾遺十卷首一卷………………… 2－258
本草綱目拾遺十卷首一卷………………… 2－258
本草綱目拾遺十卷首一卷………………… 2－258
本國政治地理課程一卷…………………… 1－530
本朝三十家文不分卷……………………… 3－26
本朝試賦麗則四卷………………………… 3－21
本朝館閣詩二十卷附錄一卷續附錄一卷
　　………………………………………… 3－22
本朝館閣詩二十卷附錄一卷續附錄一卷
　　………………………………………… 3－22
本朝館閣詩二十卷附錄一卷續附錄一卷
　　………………………………………… 3－22
本朝應制和聲集六卷首三卷二集三
　　卷首一卷二集補編一卷……………… 3－57
本朝應制和聲集六卷首三卷二集三
　　卷首一卷二集補編一卷……………… 3－58
本朝應制和聲集六卷首三卷二集三
　　卷首一卷二集補編一卷……………… 3－58
本朝應制和聲集六卷首三卷二集三
　　卷首一卷二集補編一卷……………… 3－58
本經逢原四卷……………………………… 2－258
本經逢原四卷……………………………… 2－258
本經疏證十二卷本經續疏六卷本經
　　序疏要八卷…………………………… 2－258
札迻十二卷………………………………… 2－388

札樸十卷 ……………………… 2-371
札樸十卷 ……………………… 2-371
札樸十卷 ……………………… 2-371
札樸十卷 ……………………… 2-371
札樸十卷 ……………………… 2-371
札樸十卷 ……………………… 2-371
札樸十卷 ……………………… 2-371
可之先生全集錄二卷 ………… 3-97
可作集八卷 …………………… 3-19
可泉擬涯翁擬古樂府二卷 …… 3-166
可園文存十六卷 ……………… 3-552
可經堂集十二卷 ……………… 3-169
可儀堂一百二十名家制義四十八卷
 …………………………… 2-533
丙午日本游記一卷 …………… 2-107
丙午年交涉要覽下編三卷 …… 1-465
左太傅與陳少保書一卷 ……… 3-203
左太傅與陳少保書一卷 ……… 3-203
左太傅與陳少保書一卷 ……… 3-203
左中堂洋防條議一卷 ………… 1-472
左氏兵謀一卷左氏兵法一卷 … 2-229
左氏條貫十八卷 ……………… 1-90
左氏傳說二十卷 ……………… 1-86
左氏傳說二十卷 ……………… 1-86
左氏雙忠集 …………………… 3-41
左文襄公文稿不分卷 ………… 3-202
左文襄公年譜十卷 …………… 1-323
左文襄公年譜十卷 …………… 1-323
左文襄公年譜十卷 …………… 1-323
左文襄公年譜十卷 …………… 1-323
左文襄公年譜十卷 …………… 1-323
左文襄公年譜十卷 …………… 1-323
左文襄公年譜十卷 …………… 1-323
左文襄公全集 ………………… 3-513
左文襄公全集 ………………… 3-513
左文襄公全集 ………………… 3-513
左文襄公全集 ………………… 3-513
左文襄公全集 ………………… 3-513
左文襄公全集 ………………… 3-514
左文襄公全集一百二十三卷 … 3-539

左文襄公奏疏初編三十八卷續編七
 十六卷三編六卷 …………… 1-499
左文襄公書牘二十六卷家書二卷 …… 3-203
左文襄公榮哀錄不分卷 ……… 3-55
左文襄公榮哀錄不分卷 ……… 3-55
左文襄公諮札:咸豐十年至光緒六
 年左文襄公謝摺二卷 ……… 1-500
左汾近稿一卷 ………………… 2-378
左汾近稿一卷 ………………… 2-378
左汾近稿一卷 ………………… 3-551
左忠毅公集二卷 ……………… 3-157
左忠毅公集二卷 ……………… 3-157
左忠毅公集二卷 ……………… 3-157
左忠毅公集三卷年譜二卷 …… 3-158
左忠毅公集三卷年譜二卷 …… 3-158
左忠毅公集五卷 ……………… 3-157
左忠毅公集五卷 ……………… 3-157
左侍御公集一卷 ……………… 3-158
左侍御公集一卷 ……………… 3-158
左刻四書五經 ………………… 1-1
左宗植鄉試卷一卷 …………… 3-202
左宗棠信札 …………………… 3-203
左宗棠致李續宜信札 ………… 3-203
左宗棠致陳湜信札不分卷 …… 3-203
左宗棠鄉試卷一卷 …………… 3-203
左孟辛詩文集二卷 …………… 3-203
左恪靖伯奏稿三十八卷 ……… 1-499
左恪靖侯奏稿初編三十八卷續編七
 十六卷三編六卷 …………… 1-500
左海文集十卷 ………………… 3-552
左海全集 ……………………… 3-521
左海全集 ……………………… 3-521
左海全集 ……………………… 3-521
左海經辨二卷 ………………… 1-125
左海經辨二卷 ………………… 1-125
左海經辨二卷 ………………… 3-544
左海續集 ……………………… 3-509
左海續集 ……………………… 3-509
左通補釋三十二卷 …………… 1-90
左通補釋三十二卷 …………… 1-90
左通補釋三十二卷 …………… 1-90

左通補釋三十二卷 …………………… 1－90
左通補釋三十二卷 …………………… 1－90
左通補釋三十二卷 …………………… 1－90
左國腴詞八卷 ………………………… 2－487
左國腴詞八卷 ………………………… 2－487
左國腴詞八卷 ………………………… 2－487
左國腴詞八卷 ………………………… 2－487
左庵一得初錄一卷續錄一卷 ………… 2－325
左庵一得初錄一卷續錄一卷 ………… 2－325
左庵詞話一卷 ………………………… 3－435
左庵詞話一卷 ………………………… 3－435
左庵詞話一卷 ………………………… 3－435
左庵詩餘□□卷 ……………………… 3－430
左策史漢約選四卷 …………………… 1－389
左腴三卷 ……………………………… 1－91
左腋十二卷 …………………………… 1－91
左傳人名辨異三卷 …………………… 1－91
左傳口義三卷 ………………………… 1－91
左傳分國摘要二十卷 ………………… 1－87
左傳文法讀本十二卷 ………………… 1－91
左傳史論二卷 ………………………… 1－403
左傳杜解補正三卷 …………………… 1－91
左傳折諸二十八卷首一卷公羊折諸
　　六卷首一卷穀梁折諸六卷首一卷
　　　　　　　　　　　　　　　　… 1－80
左傳事緯十二卷 ……………………… 1－90
左傳事緯十二卷 ……………………… 1－90
左傳事緯十二卷 ……………………… 1－90
左傳事緯十二卷 ……………………… 1－90
左傳事緯十二卷 ……………………… 1－90
左傳事緯十二卷 ……………………… 1－90
左傳事緯十二卷 ……………………… 1－90
左傳事緯十二卷字釋一卷 …………… 1－90
左傳事緯附錄八卷 …………………… 1－90
左傳評三卷 …………………………… 1－87
左傳義法舉要一卷 …………………… 1－87
左傳義法舉要一卷 …………………… 1－87
左傳義法舉要一卷 …………………… 1－87
左傳經世鈔二十三卷 ………………… 1－91
左傳嘉言善行錄四卷 ………………… 1－87
左傳選十四卷 ………………………… 1－91
左傳舊疏考正八卷 …………………… 1－91
左傳舊疏考正八卷 …………………… 1－91
左傳舊疏考正八卷 …………………… 1－91
左傳類賦一卷 ………………………… 1－87
左傳類聯一卷 ………………………… 1－87
左肇南鄉試硃卷 ……………………… 3－203
左學易鄉試硃卷 ……………………… 3－203
左錦四卷 ……………………………… 1－89
左繡三十卷 …………………………… 1－90
左繡三十卷 …………………………… 1－90
左繡三十卷 …………………………… 1－90
石比部集八卷 ………………………… 3－158
石公遺事錄七卷 ……………………… 3－281
石六團契簿 …………………………… 1－492
石田先生集不分卷 …………………… 3－160
［乾隆］石阡府志八卷 ……………… 2－39
石帆遺稿二卷 ………………………… 3－260
石帆遺稿二卷 ………………………… 3－260
石帆遺稿二卷 ………………………… 3－260
石帆遺稿二卷 ………………………… 3－260
石臼前集九卷後集七卷 ……………… 3－234
石臼前集九卷後集七卷 ……………… 3－234
石臼前集九卷後集七卷 ……………… 3－234
石村文集二卷 ………………………… 3－170
石村詩集三卷文集二卷 ……………… 3－170
石汸詩略十四卷 ……………………… 3－360
石汸詩略十四卷 ……………………… 3－360
石汸詩略十四卷 ……………………… 3－360
石林居士建康集八卷 ………………… 3－134
石林奏議十五卷 ……………………… 1－498
石林詞一卷補遺一卷 ………………… 3－428
石林詞一卷補遺一卷 ………………… 3－428
石林詩話三卷 ………………………… 3－479
石林遺書 ……………………………… 3－510
石林遺書 ……………………………… 3－511
石林燕語十卷 ………………………… 2－362
石林燕語十卷 ………………………… 2－362
石林燕語十卷 ………………………… 2－362
石林避暑錄四卷 ……………………… 2－362
石虎山武陵侯志十八卷首一卷 …… 2－57

石門文字禪三十卷 …………… 2-447
石門集不分卷 ……………… 3-150
[光緒]石門縣志十一卷首一卷 …… 2-5
[同治]石門縣志十四卷首一卷 … 2-50
[嘉慶]石門縣志五十五卷首一卷 … 2-50
[光緒]石門縣志六卷 ………… 2-51
石徂徠先生集二卷 …………… 3-113
石刻鋪叙二卷 ……………… 2-124
石刻鋪叙二卷 ……………… 2-321
石城七子詩鈔 ……………… 3-30
石城縣胡陳氏貞節詩一卷 …… 3-54
石柏山房詩存八卷首一卷 …… 3-384
石柏山房詩存八卷首一卷 …… 3-384
石泉詩集五卷 ……………… 3-261
[道光]石泉縣志四卷 ………… 1-543
[乾隆]石首縣志七卷 ………… 2-24
[同治]石首縣志八卷 ………… 2-24
石室仙機五卷石室仙機諸家集說一卷
　　………………………… 2-349
石室先生年譜一卷 …………… 3-110
石室秘錄六卷 ……………… 2-249
石室秘錄六卷 ……………… 2-249
[乾隆]石屏州志八卷 ………… 2-40
石屏詩集六卷 ……………… 3-138
石莊詩集六卷 ……………… 3-311
石笋山房圖題詠集二卷 ……… 3-56
石笋山房圖題詠集二卷 ……… 3-56
石笋山房圖題詠集二卷 ……… 3-56
石笋山房圖題詠集六卷 ……… 3-56
石笋山房圖題詠集六卷 ……… 3-56
石笋山房圖題詠集六卷 ……… 3-56
石倉十二代詩選五百〇六卷 … 2-545
石家鑒鄉試硃卷 …………… 3-204
石堂集十卷近稿一卷金臺隨筆一卷
　　………………………… 3-200
石堂集十卷近稿一卷金臺隨筆一卷
　　………………………… 3-200
石笥山房文集五卷補遺一卷……… 3-265
石笥山房文集六卷補遺一卷詩集十一
　　卷詩餘一卷補遺二卷續補遺二卷
　　………………………… 3-264

石笥山房文集六卷補遺一卷詩集十一
　　卷詩餘一卷補遺二卷續補遺二卷
　　………………………… 3-265
石笥山房文集六卷詩集十一卷詩餘五卷
　　………………………… 3-264
石笥山房文集六卷詩集十一卷詩餘五卷
　　………………………… 3-264
石笥山房文集六卷詩集四卷 … 3-264
石笥山房文集六卷詩集四卷 … 3-265
石清吉行狀一卷 …………… 1-311
石渠閣精訂皇明英烈傳十二卷八十回
　　………………………… 3-465
石渠閣精訂攝生秘剖四卷精訂攝生
　　種子秘剖二卷 …………… 2-286
石渠餘紀六卷 ……………… 1-422
石渠餘紀六卷 ……………… 1-422
石渠餘紀六卷 ……………… 1-422
石淙詩稿二十卷 …………… 3-175
石階九九巑山詩冊題跋 ……… 2-335
石壺詩鈔二卷 ……………… 3-197
石雲館詩稿題詞一卷紫佩軒詩稿題
　　詞一卷冷香樓詩稿題詞一卷苕華
　　閣詩稿題詞一卷 ………… 3-57
石笥山房尺牘 ……………… 3-243
石笥山房詩鈔六卷 …………… 3-243
石笥山房詩鈔六卷 …………… 3-243
石湖居士詩集三十四卷 ……… 3-121
石湖詩集一卷 ……………… 3-117
石畫記五卷 ………………… 2-325
石鼓文定本十卷石鼓文地名考一卷
　　………………………… 2-125
石鼓文定本十卷石鼓文地名考一卷 … 2-125
石鼓文音釋三卷附錄一卷………… 2-124
石鼓文釋存一卷補註一卷 …… 2-126
石鼓文釋存一卷補註一卷 …… 2-126
石鼓文釋存一卷補註一卷 …… 2-126
石溪詩存二卷 ……………… 3-336
石溪詩集六卷 ……………… 3-388
石經考一卷 ………………… 1-125
石經考一卷 ………………… 1-126
石經考三卷 ………………… 1-127

石經考文提要十三卷·················· 1－125
石經春秋穀梁傳十二卷 ············· 1－95
石經補考十二卷····················· 1－125
石經彙函························· 1－6
石經彙函························· 1－6
石經彙函························· 1－6
石經彙函························· 1－6
石經彙函························· 1－6
石榴記傳奇四卷····················· 3－442
石遺室詩集三卷補遺一卷············· 3－417
石墨鐫華八卷······················ 2－124
石墨鐫華八卷······················ 2－124
石墨鐫華八卷······················ 2－124
石闐集一卷························ 3－381
石闐集一卷························ 3－381
石礄日記不分卷···················· 1－330
石磯圖說三卷 ····················· 2－94
石點頭十四卷······················ 3－464
石齋先生經傳九種··················· 1－7
石譜不分卷························ 2－351
石鐘山志十六卷首一卷 ············· 2－82
石鐘山志十六卷首一卷 ············· 2－82
石鐘山志十六卷首一卷 ············· 2－82
石鐘山志十六卷首一卷 ············· 2－83
石鐘山志十六卷首一卷 ············· 2－83
石鐘山志十六卷首一卷 ············· 2－83
石鐘山志十六卷首一卷 ············· 2－83
石鐘山志十六卷首一卷 ············· 2－83
石鐘山志十六卷首一卷 ············· 2－83
石鐘山志十六卷首一卷 ············· 2－83
石鐘山志十六卷首一卷 ············· 2－83
石鐘山志十六卷首一卷 ············· 2－83
右台仙館筆記十六卷················· 3－456
右軍年譜一卷······················ 1－319
布衣陳先生遺集四卷················· 3－173
布國條款稅則一卷·················· 1－452
布國新報一卷······················ 2－167
戊巳廣東警務公牘錄存不分卷········ 1－474
戊申全年畫報······················ 2－337

戊笈談兵十卷首一卷················· 2－226
戊笈談兵十卷首一卷················· 2－226
戊笈談兵十卷首一卷················· 2－226
平山堂小志十二卷·················· 2－65
平山堂圖志十卷首一卷··············· 2－65
平山堂圖志十卷首一卷··············· 2－65
平山堂圖志十卷首一卷··············· 2－65
平山堂圖志十卷首一卷··············· 2－65
平平言四卷························ 1－437
平平言四卷························ 2－366
平平言四卷························ 2－366
平平言四卷························ 2－366
平平錄十卷························ 2－214
平回志八卷························ 1－251
平回志八卷························ 1－251
平回志八卷························ 1－251
平江東鄉肥田永安橋志四卷 ········· 2－63
平江東鄉肥田永安橋志四卷 ········· 2－63
平江東鄉肥田永安橋志四卷 ········· 2－63
平江東鄉肥田永安橋志四卷 ········· 2－63
平江東鄉肥田永安橋志四卷 ········· 2－63
平江記事一卷 ····················· 2－70
［乾隆］平江縣志二十五卷首一卷末一卷
　　····························· 2－46
［嘉慶］平江縣志二十四卷首一卷末一卷
　　····························· 2－46
［光緒］平江縣志五十五卷首二卷末一卷
　　····························· 2－46
［光緒］平江縣志五十五卷首二卷末一卷
　　····························· 2－46
平江縣重修杜左拾遺工部員外郎墓
　　并建祠請祀集刊 ··············· 2－57
平江縣案卷························ 1－489
平妖傳八卷四十回··················· 3－462
平苗紀略一卷······················ 1－251
平苗紀略一卷······················ 1－251
［康熙］平和縣志十二卷首一卷········ 2－14
平法寓言十卷······················ 2－251
平法寓言十卷······················ 2－251
平法寓言十卷······················ 2－251
［乾隆］平定州志十卷 ··············· 1－536

平定雲南俣黑公牘 …………………… 1－478

平定粵匪紀略十八卷附記四卷 ……… 1－249

平定粵匪紀略十八卷附記四卷 ……… 1－249

平定粵匪紀略十八卷附記四卷 ……… 1－249

平定粵匪紀略十八卷附記四卷 ……… 1－249

平定粵匪紀略十八卷附記四卷 ……… 1－249

平定粵匪紀略十八卷附記四卷 ……… 1－249

平定粵匪紀略十八卷附記四卷 ……… 1－249

平定粵匪紀略十八卷附記四卷 ……… 1－249

平定粵寇紀略十八卷附記四卷 ……… 3－533

平定瑤匪紀略二卷 …………………… 1－247

平定關隴紀略十三卷 ………………… 1－250

平定關隴紀略十三卷 ………………… 1－250

平定關隴紀略十三卷 ………………… 1－250

平定關隴紀略十三卷 ………………… 1－250

平定關隴紀略十三卷 ………………… 1－250

平定關隴紀略十三卷 ………………… 1－250

平南王元功垂範二卷 ………………… 1－313

平南王元功垂範二卷 ………………… 1－313

平南王元功垂範二卷 ………………… 1－313

[光緒]平南縣志二十四卷首一卷 …… 2－32

[乾隆]平南縣志五卷 ………………… 2－32

平面幾何教科書 ……………………… 2－306

[道光]平度州志二十七卷 ………… 1－548

平津館文稿二卷五松園文稿一卷嘉

　穀堂集一卷 ……………………… 3－284

平津館叢書 …………………………… 3－497

平津館叢書 …………………………… 3－497

平津館叢書 …………………………… 3－497

平津館叢書 …………………………… 3－497

平津館叢書 …………………………… 3－497

平津館叢書 …………………………… 3－497

平津館叢書 …………………………… 3－497

平津館叢書 …………………………… 3－497

平津館叢書 …………………………… 3－497

平津館叢書 …………………………… 3－497

平津館鑒藏書籍記三卷續編一卷補

　遺一卷 …………………………… 2－149

平津館鑒藏書籍記三卷續編一卷補

　遺一卷 …………………………… 2－149

平津讀碑記八卷續記一卷再續一卷

　 ………………………………………… 2－125

平莊小庵詩存一卷 …………………… 3－345

平桂紀略四卷 ………………………… 1－250

平浙紀略十六卷 ……………………… 1－249

平浙紀略十六卷 ……………………… 1－249

平浙紀略十六卷 ……………………… 1－250

平浙紀略十六卷 ……………………… 1－250

[乾隆]平陸縣志十六卷首一卷 …… 1－539

[道光]平望志十八卷首一卷 ……… 1－549

[光緒]平望續志十二卷首一卷 …… 1－550

平陽全書十五卷 ……………………… 2－418

平陽全書十五卷 ……………………… 2－418

[乾隆]平陽府志三十六卷附平陽府

　憲綱七卷 ………………………… 1－537

[乾隆]平陽縣志二十卷首一卷 …… 2－7

[同治]平鄉縣志十二卷首一卷 …… 1－535

[乾隆]平番縣志一卷 ……………… 1－543

[光緒]平湖縣志二十五卷首一卷末一卷

　 ………………………………………… 2－4

[乾隆]平湖縣志二十卷首一卷 …… 2－4

平湖顧氏遺書 ………………………… 3－529

[乾隆]平遠州志十六卷 …………… 2－39

平塘陶先生詩三卷 …………………… 3－128

[光緒]平遙縣志十二卷首一卷 …… 1－536

平臺紀略一卷 ………………………… 1－247

平臺紀略一卷 ………………………… 1－247

平閩紀十三卷 ………………………… 1－247

平養堂文稿 …………………………… 3－199

平養堂文編十卷 ……………………… 3－199

平養堂文編十卷 ……………………… 3－199

平養堂文編十卷 ……………………… 3－199

平養堂文編十卷 ……………………… 3－199

平養堂文編十卷 ……………………… 3－199

平養堂文編十卷 ……………………… 3－199

[嘉慶]平樂府志四十卷首一卷 …… 2－32

[光緒]平樂縣志十卷 ……………… 2－32

平齋文集三十二卷 …………………… 3－120

平齋文集三十二卷 …………………… 3－120

平濠書□□卷 ………………………… 1－262

平灘紀略六卷蜀江指掌一卷 ……… 2－99

平灘紀略六卷蜀江指掌一卷 ……… 2－99
打馬圖經一卷 …………………… 2－350
打馬圖經一卷 …………………… 2－350
北山樓集一卷師友緒餘一卷 …… 3－237
北山樓詩一卷 …………………… 3－237
北史一百卷 ……………………… 1－211
北史一百卷 ……………………… 1－211
北史一百卷 ……………………… 1－211
北史一百卷 ……………………… 1－211
北史一百卷 ……………………… 1－211
北史一百卷 ……………………… 1－212
北史一百卷 ……………………… 1－212
北史一百卷 ……………………… 1－212
北行日記一卷 …………………… 1－266
北江詩話六卷 …………………… 3－482
北江詩話六卷 …………………… 3－482
北江詩話六卷 …………………… 3－482
北東園筆錄初編六卷續編六卷三編
　六卷四編六卷 ………………… 3－457
北固山志十四卷首一卷 ………… 2－79
北固山志十四卷首一卷 ………… 2－79
北岳山房文集十四卷詩集四卷 …… 3－407
北岳山房文集十四卷詩集四卷 …… 3－407
北岳山房文集十四卷詩集四卷 …… 3－407
北岳山房文集十四卷詩集四卷 …… 3－407
北岳山房駢文二卷 ……………… 3－407
北京善化會館志二卷 …………… 2－65
北洋公牘類纂二十五卷 ………… 1－475
北洋師範學堂試辦章程 ………… 1－434
［嘉慶］北流縣志二十四卷 …… 2－32
北堂書鈔一百六十卷 …………… 2－481
北堂書鈔一百六十卷 …………… 2－481
北堂書鈔一百六十卷 …………… 2－481
北堂書鈔一百六十卷 …………… 2－481
北堂書鈔一百六十卷 …………… 2－481
北隅掌錄二卷 …………………… 2－71
北湖酬唱詩略二卷 ……………… 3－353
北夢瑣言二十卷 ………………… 2－383
北夢瑣言二十卷 ………………… 3－461
北夢瑣言二十卷 ………………… 3－461

北夢瑣言二十卷 ………………… 3－461
北夢瑣言二十卷 ………………… 3－461
北溪先生四書字義二卷首一卷附錄一卷
　………………………………… 1－101
北溪先生四書字義二卷首一卷附錄一卷
　………………………………… 1－101
北溪先生全集 …………………… 3－510
北齊書五十卷 …………………… 1－209
北齊書五十卷 …………………… 1－209
北齊書五十卷 …………………… 1－209
北齊書五十卷 …………………… 1－209
北齊書五十卷 …………………… 1－209
北齊書五十卷 …………………… 1－209
北齊書五十卷 …………………… 1－210
北齊書五十卷 …………………… 1－210
北齊書五十卷 …………………… 1－210
北齊書五十卷 …………………… 1－210
北齊書五十卷 …………………… 1－210
北齊書五十卷 …………………… 1－210
北齊書五十卷 …………………… 1－210
北齊書五十卷 …………………… 1－210
北齊書文鈔四卷 ………………… 1－394
北學編四卷 ……………………… 1－304
北學編四卷 ……………………… 1－304
北學編四卷 ……………………… 1－304
北藏 ……………………………… 2－419
北嶽山房文集十四卷 …………… 3－553
占畢叢談六卷勸學危言一卷時文蠡
　測一卷 ………………………… 2－371
占察善惡業報經二卷 …………… 2－428
占察善惡業報經二卷 …………… 2－428
占察善惡業報經二卷 …………… 2－428
占察善惡業報經疏二卷 ………… 2－440
占察善惡業報經疏二卷 ………… 2－440
占察善惡業報經疏二卷 ………… 2－440
目前集二卷 ……………………… 3－179
目耕帖三十一卷 ………………… 1－123
目耕帖三十一卷 ………………… 1－123
目耕帖續補十六卷附二卷 ……… 1－123
目耕齋讀本不分卷目耕齋二刻不分
　卷目耕齋小題不分卷 ………… 3－45

目耕齋讀本不分卷目耕齋二刻不分
　　卷目耕齋小題不分卷 …………… 3－45
目耕齋讀本不分卷目耕齋二刻不分
　　卷目耕齋小題不分卷 …………… 3－45
目耕齋讀本不分卷目耕齋二刻不分
　　卷目耕齋小題不分卷 …………… 3－45
且園廣唱集三卷 ………………………… 3－57
且甌集九卷 ……………………… 3－350
甲乙集逸詩不分卷 ……………… 3－109
甲子會紀五卷 …………………… 1－232
甲子會紀五卷 …………………… 1－232
甲子會紀五卷 …………………… 1－232
甲申朝事小紀初編八卷續編八卷三
　　編七卷四編八卷五編八卷 ……… 1－264
甲申傳信錄十卷 ………………… 1－263
甲申傳信錄十卷 ………………… 1－263
甲戌會試同門錄□□卷 …………… 3－52
甲辰官商快覽三百六十種 ……… 2－401
甲秀園文集二十八卷 …………… 3－175
申公詩說一卷 …………………… 1－42
申江勝景圖二卷 ………………… 2－69
申明條教以挽陋習而振文風 …… 1－432
申鼎勳鄉試卷 …………………… 3－205
田間全集 ………………………… 3－527
田間詩集二十八卷 ……………… 3－361
由拳集二十三卷 ………………… 3－175
冊府元龜一千卷 ………………… 2－482
冊府元龜一千卷目錄十卷 ……… 2－482
冊府元龜一千卷目錄十卷 ……… 2－482
冊府元龜一千卷目錄十卷 ……… 2－482
史目表一卷 ……………………… 3－532
史目表二卷 ……………………… 1－401
史目表二卷 ……………………… 1－401
史目表二卷 ……………………… 1－401
史目表二卷 ……………………… 1－401
史目表二卷 ……………………… 1－401
史外八卷 ………………………… 1－289
史外八卷 ………………………… 1－289
史外八卷 ………………………… 1－289
史外八卷 ………………………… 1－289
史外八卷 ………………………… 1－289

史外八卷 ………………………… 1－289
史外八卷 ………………………… 1－289
史外八卷 ………………………… 1－289
史外八卷 ………………………… 1－289
史外八卷 ………………………… 1－289
史外三十二卷 …………………… 1－289
史存三十卷 ……………………… 1－232
史存三十卷 ……………………… 1－232
史忠正公集四卷首一卷末一卷 … 3－158
史忠正公集四卷首一卷末一卷 … 3－158
史忠正公集四卷首一卷末一卷 … 3－158
史忠正公集四卷首一卷末一卷 … 3－158
史忠正公集四卷首一卷末一卷 … 3－158
史忠正公集四卷首一卷末一卷 … 3－158
史忠正公集四卷首一卷末一卷 … 3－158
史忠正公集四卷首一卷末一卷 … 3－158
史忠正公集四卷首一卷末一卷 … 3－158
史忠正公集四卷首一卷末一卷 … 3－158
史忠正公集四卷首一卷末一卷 … 3－158
史忠正公集四卷首一卷末一卷 … 3－158
史忠正公集四卷首一卷末一卷 … 3－158
史忠正公集四卷首一卷末一卷 … 3－158
史忠正公集四卷首一卷末一卷 … 3－159
史姓韻編二十四卷 ……………… 1－290
史姓韻編六十四卷 ……………… 1－289
史姓韻編六十四卷 ……………… 1－289
史姓韻編六十四卷 ……………… 1－289
史姓韻編六十四卷 ……………… 1－290
史姓韻編六十四卷 ……………… 1－290
史姓韻編六十四卷 ……………… 1－290
史姓韻編六十四卷 ……………… 1－290
史姓韻編六十四卷 ……………… 1－290
史要七卷 ………………………… 1－195
史要七卷 ………………………… 1－195
史要便讀二卷 …………………… 1－195
史要便讀二卷 …………………… 1－195
史記一百三十卷 ………………… 1－190
史記一百三十卷 ………………… 1－190
史記一百三十卷 ………………… 1－191

史記一百三十卷·····················1－191　　史記列傳鈔一卷·····················1－305

史記一百三十卷·····················1－191　　史記志疑三十六卷·················1－194

史記一百三十卷·····················1－191　　史記志疑三十六卷·················1－194

史記一百三十卷·····················1－191　　史記志疑三十六卷·················1－194

史記一百三十卷·····················1－191　　史記志疑三十六卷·················1－194

史記一百三十卷·····················1－191　　史記志疑三十六卷·················1－194

史記一百三十卷·····················1－191　　史記志疑三十六卷·················1－194

史記一百三十卷·····················1－191　　史記別鈔二卷·····················1－392

史記一百三十卷·····················1－191　　史記別鈔二卷·····················1－392

史記一百三十卷·····················1－191　　史記別鈔二卷·····················1－392

史記一百三十卷·····················1－191　　史記別鈔二卷·····················1－392

史記一百三十卷·····················1－191　　史記別鈔二卷·····················1－392

史記一百三十卷·····················1－191　　史記索隱三十卷·····················1－193

史記一百三十卷·····················1－191　　史記索隱三十卷·····················1－193

史記一百三十卷·····················1－192　　史記菁華錄六卷·····················1－392

史記一百三十卷·····················1－192　　史記菁華錄六卷·····················1－392

史記一百三十卷·····················1－192　　史記菁華錄六卷·····················1－392

史記一百三十卷·····················1－192　　史記菁華錄六卷·····················1－392

史記一百三十卷·····················1－192　　史記菁華錄六卷·····················1－392

史記一百三十卷·····················1－192　　史記菁華錄六卷·····················1－392

史記一百三十卷·····················1－192　　史記菁華錄六卷·····················1－392

史記一百三十卷·····················1－192　　史記菁華錄六卷·····················1－392

史記一百三十卷·····················1－192　　史記菁華錄六卷·····················1－392

史記一百三十卷·····················1－193　　史記菁華錄六卷·····················1－392

史記一百三十卷·····················1－193　　史記菁華錄六卷·····················1－393

史記一百三十卷·····················1－193　　史記菁華錄六卷·····················1－393

史記一百三十卷·····················1－193　　史記菁華錄六卷·····················1－393

史記一百三十卷·····················1－193　　史記菁華錄六卷·····················1－393

史記一百三十卷·····················1－193　　史記菁華錄六卷·····················1－393

史記一百三十卷·····················1－193　　史記菁華錄六卷·····················1－393

史記一百三十卷·····················1－193　　史記菁華錄六卷·····················1－393

史記一百三十卷·····················1－193　　史記菁華錄六卷·····················1－393

史記一百三十卷·····················3－532　　史記評林一百三十卷·················1－193

史記一百三十卷·····················3－532　　史記評林一百三十卷·················1－193

史記毛本正誤一卷·················1－194　　史記評林一百三十卷·················1－194

史記文鈔二十二卷·················1－392　　史記評林一百三十卷·················1－194

史記正譌三卷·····················1－194　　史記評林一百三十卷·················1－194

史記正譌三卷·····················1－194　　史記評林一百三十卷·················1－194

史記評林一百三十卷	1－194	史通通釋二十卷	1－403
史記註補正一卷	1－194	史通通釋二十卷	3－536
史記節鈔	1－392	史通通釋二十卷	3－541
史記纂二十四卷	1－392	史通通釋二十卷附錄一卷	1－403
史記纂二十四卷	1－392	史通通釋二十卷附錄一卷	1－403
史書綱領一卷	2－148	史略八十七卷	1－287
史書纂略	1－388	史略八十七卷	1－287
史通二十卷	1－395	史略八十七卷	1－288
史通削繁四卷	1－402	史略八十七卷	1－288
史通削繁四卷	1－402	史略六卷	2－144
史通削繁四卷	1－402	史略六卷	2－144
史通削繁四卷	1－402	史貫十一卷	1－401
史通削繁四卷	1－402	史筏二卷	1－400
史通削繁四卷	1－402	史統二十卷	1－396
史通削繁四卷	1－402	史漢合鈔十卷	1－390
史通削繁四卷	1－402	史漢求是五十五卷附尚書文義一卷	
史通削繁四卷	1－402		1－406
史通削繁四卷	1－402	史漢發明五卷	1－406
史通削繁四卷	1－402	史漢發明五卷	1－406
史通削繁四卷	1－402	史綱要領三十六卷	1－396
史通削繁四卷	1－402	史餘二十卷	1－405
史通削繁四卷	1－402	史論不分卷	1－408
史通削繁四卷	1－402	史論正鵠四集八卷	1－400
史通削繁四卷	1－402	史論初階一卷	1－400
史通削繁四卷	1－402	史論捃華前編□□卷後編十五卷	1－408
史通削繁四卷	1－402	史論啟蒙一卷	1－401
史通削繁四卷	1－402	史論策論迻錄不分卷	1－389
史通削繁四卷	1－402	史論鉤沈八卷	1－400
史通削繁四卷	1－403	史論匯函甲編	1－395
史通削繁四卷	1－403	史論觀止正集十卷	1－401
史通削繁四卷	1－403	史緯三百三十卷	1－390
史通削繁四卷	1－403	史緯三百三十卷	1－390
史通削繁四卷	1－403	史緯三百三十卷	1－390
史通削繁四卷	1－403	史緯三百三十卷	1－390
史通削繁四卷	1－403	史緯三百三十卷	1－390
史通削繁四卷	1－403	史學通論二卷	1－252
史通削繁四卷	1－403	史學提要十三卷	1－388
史通削繁四卷	1－403	史學提要十三卷	1－388
史通通釋二十卷	1－403	史學提要十三卷	1－388
史通通釋二十卷	1－403	史學提要十三卷	1－388
史通通釋二十卷	1－403	史學提要十三卷	1－388

史學綱領四卷 ·················· 1－195
史學叢書 ···················· 1－190
史學叢書 ···················· 1－190
史學叢書四十二種四百十六卷 ······ 3－548
史闕十四卷附錄一卷 ············ 1－405
史鑑年表彙編十四卷 ············ 1－279
史鑑節要便讀六卷 ·············· 1－391
史鑑節要便讀六卷 ·············· 1－391
史鑑節要便讀六卷 ·············· 1－391
史鑑節要便讀六卷 ·············· 1－391
史鑑節要便讀六卷 ·············· 1－391
史鑑節要便讀六卷 ·············· 1－391
史鑑節要便讀六卷 ·············· 1－391
史鑑節要便讀六卷 ·············· 1－391
史鑑節要便讀六卷 ·············· 1－391
史鑑節要便讀六卷 ·············· 1－391
只且園詩存二卷 ··············· 3－241
叩鉢齋纂行厨集十八卷 ········· 3－65
四大奇書第一種十九卷百二十回 ····· 3－466
四大奇書第一種十九卷百二十回 ····· 3－466
四大奇書第一種十九卷首一卷一百
二十回 ··················· 3－466
四大奇書第一種五十一卷一百二十回
····················· 3－466
四大奇書第一種六十卷首一卷一百
二十回 ··················· 3－466
四大奇書第一種六十卷首一卷一百
二十回 ··················· 3－466
四大家棋譜一卷 ··············· 2－350
四寸學六卷 ·················· 2－373
四寸學六卷 ·················· 2－373
四川打箭爐軍糧府所屬各土司紀略一卷
····················· 1－267
四川官運鹽案類編二十七卷 ········ 1－450
四川官運鹽案續編十五卷 ········· 1－450
[嘉慶]四川通志二百〇四卷首二十二卷
····················· 2－33
四川通省武職營分官兵數目便覽 ····· 1－468
四川款目說明書 ··············· 1－454
四川試牘不分卷 ··············· 3－51
四川慶符縣義莊錄一卷 ·········· 2－66
四川諮議局籌辦處第一次報告書 ····· 1－478

四川諮議局籌辦處第二次報告書 ····· 1－478
四川諮議局籌辦處第三次報告書 ····· 1－478
四川鹽法志四十卷首一卷 ········· 1－449
四川鹽法志四十卷首一卷 ········· 1－450
四川鹽道計岸官運鹽案匯輯十卷 ····· 1－450
四子詩錄 ···················· 2－517
四子譜二卷 ·················· 2－349
四子譜二卷 ·················· 2－349
四子譜二卷 ·················· 2－349
四元玉鑑細草三卷附增補釋例一卷
····················· 2－301
四元玉鑑細草三卷附增補釋例一卷
····················· 2－301
四元玉鑑細草三卷附增補釋例一卷
····················· 2－301
四元釋例一卷 ················· 2－301
四元釋例一卷 ················· 2－301
四元釋例一卷 ················· 2－301
四友遺詩 ···················· 2－517
四分比丘尼戒本一卷 ············ 2－422
四分比丘尼戒本一卷 ············ 2－423
四分戒本一卷 ················· 2－422
四分戒本二卷 ················· 2－422
四分戒本二卷 ················· 2－422
四分戒本二卷 ················· 2－422
四分戒本二卷 ················· 2－422
四分戒本如釋十二卷首一卷 ········ 2－441
四分戒本緣起事義一卷 ·········· 2－452
四六法海十二卷 ··············· 2－527
四六法海十二卷 ··············· 2－527
四六法海十二卷 ··············· 2－527
四六叢話三十三卷選詩叢話一卷 ····· 3－483
四六叢話三十三卷選詩叢話一卷 ····· 3－483
四六叢話三十三卷選詩叢話一卷 ····· 3－483
四六叢話三十三卷選詩叢話一卷 ····· 3－483
四六叢話三十三卷選詩叢話一卷 ····· 3－483
四六類編十六卷 ··············· 3－15
四本堂印譜不分卷 ·············· 2－342
四史發伏十卷 ················· 1－195
四史發伏十卷 ················· 1－195
四史剿說十六卷 ··············· 1－400

四史疑年錄七卷	1－301	四庫簡明目錄標注二十卷附錄一卷	
四史餘論六卷	1－398		3－549
四生譜	2－352	四家文鈔	2－518
四印齋所刻詞	3－420	四家文鈔	2－518
四印齋所刻詞	3－420	四家文鈔	2－518
四印齋所刻詞	3－420	四家詠史樂府	2－509
四印齋所刻詞	3－420	四家詩鈔	2－517
四百三十二峰草堂詩鈔三十卷	3－385	四家歌行一卷	2－557
四百三十二峰草堂詩歸粵草三卷	3－344	四家賦鈔註釋	2－517
四夷風土記四卷	2－106	四書	1－106
四此堂稿十卷	3－368	四書二十六卷	1－99
四此堂稿十卷	3－368	四書二十六卷	1－99
四名家合選不分卷	3－26	四書二十六卷	1－99
四字鑒引八卷	3－532	四書十九卷	1－99
四松草堂詩略四卷	3－251	四書十九卷	1－99
四述奇十六卷	2－108	四書人物類典串珠四十卷	2－501
四明四友詩	2－517	四書人物類典串珠四十卷	2－501
四明酬倡集二卷	3－59	四書人物類典串珠四十卷	2－501
四忠遺集三十九卷	2－507	四書人物類典串珠四十卷	3－539
四忠遺集三十九卷	2－507	四書小參一卷四書問答一卷	1－101
四忠遺集三十九卷	2－507	四書小題題鏡二十卷	1－108
四忠遺集三十九卷	2－507	四書五經大全五十六卷首一卷	1－128
四忠遺集三十九卷	2－507	四書五經集字新增音義不分卷	1－124
四知堂文集三十六卷	3－361	四書五經義式二卷附一卷附補一卷	
四知堂四書翼註三十卷	1－106		1－122
四念處四卷	2－444	四書五經類典集成三十四卷	2－504
四念處四卷	2－444	四書反身錄七卷續錄一卷	1－104
四柱神算	2－412	四書反身錄八卷首一卷	1－104
四砭齋省身日課十四卷	2－206	四書反身錄八卷讀四書說一卷	1－104
四砭齋省身日課十四卷	2－206	四書反身錄八卷讀四書說一卷	1－104
四砭齋省身日課十四卷	2－206	四書反身錄八卷讀四書說一卷	1－104
四砭齋省身日課四卷	2－206	四書反身錄五卷	1－104
四砭齋省身日課四卷	2－206	四書反身錄六卷續補一卷堊室錄感一卷	
四音辨要四卷	1－187		1－104
四洪年譜	1－317	四書心解五卷偶思錄一卷	1－102
四秘全書	2－412	四書正本十九卷	1－100
四秘全書	2－412	四書正本十九卷	1－100
四秘全書	2－412	四書正事括略七卷附錄一卷	1－102
四留堂雜著二卷	3－184	四書古註群義匯解	1－99
四庫全書輯永樂大典本書目一卷	2－148	四書左國彙纂四卷	1－105
四庫書目略二十卷附錄一卷	2－138	四書左國彙纂四卷	1－105

四書考異七十二卷 ················ 1－107　　四書約旨十九卷孟子考略一卷 ········ 1－103

四書考異七十二卷 ················ 1－107　　四書訓義三十六卷 ················ 1－101

四書考輯要二十卷 ················ 1－106　　四書訓義三十六卷 ················ 1－101

四書地理考十五卷 ················ 1－102　　四書旁訓釋義十九卷 ·············· 1－103

四書朱子大全精言四十一卷 ·········· 1－104　　四書益智錄二十卷 ················ 1－105

四書朱子本義彙參三十六卷 ·········· 1－102　　四書授義不分卷 ·················· 1－101

四書朱子本義彙參三十六卷 ·········· 1－102　　四書異同商七卷 ·················· 1－106

四書朱子本義彙參四十七卷發凡一卷　　　　四書異同商七卷 ·················· 1－106

 ···························· 1－102　　四書異同商七卷 ·················· 1－106

四書朱子本義彙參四十七卷發凡一卷　　　　四書異同商補訂七卷 ·············· 1－106

 ···························· 1－102　　四書章句集註二十八卷 ············ 1－100

四書朱子本義彙參四十七卷發凡一卷　　　　四書章句集註二十六卷 ············ 1－100

 ···························· 1－102　　四書章句集註二十六卷 ············ 1－100

四書朱子本義彙參四十七卷發凡一卷　　　　四書章句集註二十六卷 ············ 1－100

 ···························· 1－102　　四書章句集註十九卷 ·············· 1－100

四書朱子異同條辨四十卷 ············ 1－103　　四書章句集註十九卷 ·············· 1－100

四書朱子異同條辨四十卷 ············ 1－103　　四書章句集註十九卷 ·············· 1－100

四書字詁 ························ 1－122　　四書章句集註十九卷 ·············· 1－100

四書字詁七十八卷檢字一卷 ·········· 1－122　　四書章句集註十九卷 ·············· 1－100

四書字詁七十八卷檢字一卷 ·········· 1－122　　四書章句集註十九卷 ·············· 1－100

四書字詁七十八卷檢字一卷 ·········· 1－122　　四書章句集註十九卷 ·············· 1－100

四書字詁七十八卷檢字一卷 ·········· 1－122　　四書章句集註十九卷 ·············· 1－100

四書字詁七十八卷檢字一卷 ·········· 1－122　　四書章句集註十九卷 ·············· 1－100

四書字辨全編一卷 ················ 1－127　　四書貫珠講義十九卷 ·············· 1－104

四書改錯平十四卷 ················ 1－106　　四書貫珠講義十九卷 ·············· 1－104

四書述義五卷續四卷 ··············· 1－106　　四書貫註捷解不分卷 ·············· 1－104

四書或問三十九卷 ················ 1－100　　四書備檢二十卷 ·················· 1－103

四書或問三十九卷 ················ 1－100　　四書備檢二十卷 ·················· 1－103

四書或問三十九卷 ················ 1－100　　四書集註十九卷 ·················· 1－99

四書味根錄三十七卷 ··············· 1－104　　四書集註十九卷 ·················· 1－99

四書味根錄題鏡合編三十六卷 ········ 1－105　　四書集註十九卷 ·················· 1－99

四書典林三十卷 ·················· 1－102　　四書集註十九卷 ·················· 1－99

四書典制類聯三十三卷 ············· 1－107　　四書集註十九卷 ·················· 1－99

四書典故辨正二十卷附錄一卷 ········ 1－104　　四書集註十九卷 ·················· 1－99

四書典故辨正二十卷附錄一卷 ········ 1－104　　四書集註十九卷 ·················· 1－99

四書拾義六卷 ···················· 1－104　　四書集註十九卷 ·················· 1－99

四書便鈔十九卷 ·················· 1－100　　四書集註十九卷 ·················· 1－99

四書訂疑六卷 ···················· 1－105　　四書集註十九卷 ·················· 1－99

四書恆解十一卷 ·················· 1－107　　四書集註十九卷 ·················· 1－99

四書約旨十九卷孟子考略一卷 ········ 1－103　　四書集註十九卷 ·················· 1－99

四書約旨十九卷孟子考略一卷 ········ 1－103　　四書集註十九卷 ·················· 1－99

111

四書集註十九卷…………………… 1－100
四書註疏大全合纂三十七卷……… 1－101
四書疏註撮言大全三十七卷……… 1－104
四書疏註撮言大全三十七卷……… 1－104
四書疏註撮言大全三十七卷……… 1－104
四書稗疏二卷考異一卷…………… 1－101
四書稗疏二卷考異一卷…………… 1－101
四書詮義三十八卷………………… 1－103
四書經史摘證七卷………………… 1－103
四書經史摘證七卷………………… 1－103
四書經史摘證七卷………………… 1－103
四書經註集證十九卷……………… 1－104
四書摭餘說七卷…………………… 1－107
四書圖考十三卷…………………… 1－103
四書圖考十三卷…………………… 1－103
四書圖表就正一卷………………… 1－107
四書箋解十一卷…………………… 1－102
四書箋解十一卷…………………… 1－102
四書箋解十一卷…………………… 1－102
四書箋解十一卷…………………… 1－102
四書箋解十一卷…………………… 1－102
四書箋解十一卷…………………… 1－102
四書箋解十一卷…………………… 1－102
四書管窺八卷……………………… 1－101
四書疑言十卷……………………… 1－102
四書疑言十卷……………………… 1－102
四書說一卷………………………… 1－106
四書說苑十一卷首一卷補遺一卷續
　補一卷…………………………… 1－105
四書說苑十一卷首一卷補遺一卷續
　補一卷…………………………… 1－105
四書說約三十三卷………………… 1－101
四書隨見錄四十一卷首一卷……… 1－106
四書隨見錄四十一卷首一卷……… 1－107
四書隨見錄四十一卷首一卷……… 1－107
四書質疑十九卷…………………… 1－105
四書質疑十九卷…………………… 1－105
四書講義困勉錄三十七卷附錄一卷
　續六卷…………………………… 1－106
四書講義補二卷…………………… 1－105
四書鞭影二十卷…………………… 3－531

四書題鏡六卷……………………… 1－103
四書題鏡六卷……………………… 1－103
四書雜不分卷……………………… 1－107
四書類典賦二十四卷……………… 2－491
四書纂言三十七卷………………… 1－103
四書纂言三十七卷………………… 1－103
四書釋地一卷續一卷又續一卷…… 1－107
四書釋地一卷續一卷又續一卷…… 1－107
四書釋地一卷續一卷又續一卷…… 1－107
四書釋地一卷續一卷又續一卷…… 1－107
四書釋地一卷續一卷又續一卷…… 1－107
四書釋地補一卷續補一卷又續補一卷
　…………………………………… 1－107
四書釋地補一卷續補一卷又續補一卷
　…………………………………… 1－107
四書釋地補一卷續補一卷又續補一卷
　…………………………………… 1－107
四書釋地補一卷續補一卷又續補一卷
　…………………………………… 1－107
四書體註備旨合訂十三卷………… 1－105
四書讀註提耳十九卷……………… 1－105
四焉齋詩集六卷…………………… 3－291
四焉齋詩集六卷…………………… 3－291
四焉齋詩集六卷…………………… 3－291
四教義六卷………………………… 2－443
四教義六卷………………………… 2－443
四教義六卷………………………… 2－443
四雪草堂重訂通俗隋唐演義二十卷
　一百回…………………………… 3－472
四雪草堂重訂通俗隋唐演義二十卷
　一百回…………………………… 3－472
四雪草堂重訂通俗隋唐演義二十卷
　一百回…………………………… 3－472
四雪草堂重訂通俗隋唐演義二十卷
　一百回…………………………… 3－472
四魂集四卷四魂外集四卷………… 3－416
四魂集四卷四魂外集四卷………… 3－416
四魂集四卷四魂外集四卷………… 3－416
四聖心源十卷……………………… 2－250
四聖心源十卷……………………… 2－250

四照堂詩集十五卷⋯⋯⋯⋯⋯⋯ 3－369
四照堂詩集十五卷⋯⋯⋯⋯⋯⋯ 3－370
四照堂詩集十五卷⋯⋯⋯⋯⋯⋯ 3－370
四照堂詩集十五卷⋯⋯⋯⋯⋯⋯ 3－370
四照堂詩集十五卷⋯⋯⋯⋯⋯⋯ 3－370
四照堂詩集十五卷⋯⋯⋯⋯⋯⋯ 3－370
四照堂詩集十五卷詞集一卷文集一卷
⋯⋯⋯⋯⋯⋯⋯⋯⋯⋯⋯⋯⋯⋯⋯ 3－369
四照堂詩集十五卷詞集一卷文集一卷
⋯⋯⋯⋯⋯⋯⋯⋯⋯⋯⋯⋯⋯⋯⋯ 3－369
［道光］四會縣志十卷首一卷 ⋯⋯ 2－31
四裔編年表四卷⋯⋯⋯⋯⋯⋯⋯ 1－279
四裔編年表四卷⋯⋯⋯⋯⋯⋯⋯ 1－279
四裔編年表四卷⋯⋯⋯⋯⋯⋯⋯ 1－279
四裔編年表四卷⋯⋯⋯⋯⋯⋯⋯ 1－279
四裔編年表四卷⋯⋯⋯⋯⋯⋯⋯ 1－279
四裔編年表四卷⋯⋯⋯⋯⋯⋯⋯ 1－279
四裔編年表四卷⋯⋯⋯⋯⋯⋯⋯ 1－279
四裔編年表四卷⋯⋯⋯⋯⋯⋯⋯ 1－279
四溟山人全集二十四卷⋯⋯⋯⋯ 3－183
四溟山人全集二十四卷⋯⋯⋯⋯ 3－183
四溟山人詩十卷詩家直說二卷⋯⋯ 3－183
四溟山人詩集十卷⋯⋯⋯⋯⋯⋯ 3－183
四經拾遺四卷⋯⋯⋯⋯⋯⋯⋯⋯ 1－123
四經精華⋯⋯⋯⋯⋯⋯⋯⋯⋯ 1－4
四種詞四種四卷⋯⋯⋯⋯⋯⋯⋯ 3－422
四銅鼓齋論畫集刻⋯⋯⋯⋯⋯⋯ 2－320
四語彙編⋯⋯⋯⋯⋯⋯⋯⋯⋯ 2－214
四憶堂詩集六卷⋯⋯⋯⋯⋯⋯⋯ 3－272
四憶堂詩集六卷⋯⋯⋯⋯⋯⋯⋯ 3－272
四憶堂詩集六卷⋯⋯⋯⋯⋯⋯⋯ 3－272
四憶堂詩集六卷⋯⋯⋯⋯⋯⋯⋯ 3－272
四憶堂詩集六卷⋯⋯⋯⋯⋯⋯⋯ 3－272
四憶堂詩集六卷⋯⋯⋯⋯⋯⋯⋯ 3－272
四聲切韻表一卷凡例一卷⋯⋯⋯ 1－180
四聲切韻表一卷凡例一卷⋯⋯⋯ 1－180
四聲切韻表一卷凡例一卷⋯⋯⋯ 1－180
四聲切韻表一卷凡例一卷⋯⋯⋯ 1－180
四聲切韻表一卷凡例一卷⋯⋯⋯ 1－180

四聲切韻表三卷首一卷末一卷⋯⋯ 1－180
四聲易知錄四卷⋯⋯⋯⋯⋯⋯⋯ 1－184
四禮從宜四卷 ⋯⋯⋯⋯⋯⋯⋯ 1－82
四禮翼⋯⋯⋯⋯⋯⋯⋯⋯⋯⋯ 3－530
四禮翼八卷⋯⋯⋯⋯⋯⋯⋯⋯⋯ 1－74
四禮翼八卷⋯⋯⋯⋯⋯⋯⋯⋯⋯ 1－74
四禮翼八卷⋯⋯⋯⋯⋯⋯⋯⋯⋯ 1－74
四禮翼八卷⋯⋯⋯⋯⋯⋯⋯⋯⋯ 1－74
四禮翼八卷⋯⋯⋯⋯⋯⋯⋯⋯⋯ 1－74
四禮翼八卷⋯⋯⋯⋯⋯⋯⋯⋯⋯ 1－74
四翼附編四卷⋯⋯⋯⋯⋯⋯⋯⋯ 2－229
四續施公案十卷五十回⋯⋯⋯⋯ 3－474
四體合璧文鑒三十二卷總綱八卷⋯ 1－142
四體書法一卷⋯⋯⋯⋯⋯⋯⋯⋯ 2－335
生生篇不分卷 ⋯⋯⋯⋯⋯⋯⋯ 1－15
矢音集十卷⋯⋯⋯⋯⋯⋯⋯⋯⋯ 3－295
丘文莊公集十卷⋯⋯⋯⋯⋯⋯⋯ 3－159
丘文莊公集十卷⋯⋯⋯⋯⋯⋯⋯ 3－159
丘伯璜墓表一卷⋯⋯⋯⋯⋯⋯⋯ 1－313
丘海二公合集⋯⋯⋯⋯⋯⋯⋯⋯ 2－514
丘海二公合集⋯⋯⋯⋯⋯⋯⋯⋯ 2－514
丘海二公合集⋯⋯⋯⋯⋯⋯⋯⋯ 2－514
丘海二公合集⋯⋯⋯⋯⋯⋯⋯⋯ 2－514
丘隅集十九卷⋯⋯⋯⋯⋯⋯⋯⋯ 3－175
丘壽齡文華書院課卷⋯⋯⋯⋯⋯ 3－261
仕學館日記不分卷⋯⋯⋯⋯⋯⋯ 1－330
代北姓譜二卷⋯⋯⋯⋯⋯⋯⋯⋯ 1－378
［光緒］代州志十二卷⋯⋯⋯⋯⋯ 1－536
代形合參三卷附一卷⋯⋯⋯⋯⋯ 2－310
代形合參三卷附一卷⋯⋯⋯⋯⋯ 2－310
代微積拾級十八卷⋯⋯⋯⋯⋯⋯ 2－309
代微積拾級十八卷⋯⋯⋯⋯⋯⋯ 2－309
代微積拾級十八卷⋯⋯⋯⋯⋯⋯ 2－309
代微積拾級十八卷⋯⋯⋯⋯⋯⋯ 2－309
代算備旨題問細草六卷⋯⋯⋯⋯ 2－303
代算備旨題問細草六卷⋯⋯⋯⋯ 2－303
代數九章細草九卷⋯⋯⋯⋯⋯⋯ 2－304
代數句股術四卷⋯⋯⋯⋯⋯⋯⋯ 2－304
代數通藝錄十六卷⋯⋯⋯⋯⋯⋯ 2－301
代數術二十五卷首一卷⋯⋯⋯⋯ 2－308
代數術二十五卷首一卷⋯⋯⋯⋯ 2－308

代數術二十五卷首一卷 …………… 2－308
代數術二十五卷首一卷 …………… 2－308
代數術二十五卷首一卷 …………… 2－308
代數術二十五卷首一卷 …………… 2－308
代數術二十五卷首一卷 …………… 2－308
代數術二十五卷首一卷 …………… 2－308
代數術二十五卷首一卷 …………… 2－308
代數啟蒙四卷 ……………………… 2－304
代數備旨 …………………………… 2－309
代數備旨 …………………………… 2－309
代數學十三卷首一卷 ……………… 2－309
代數難題解法十六卷 ……………… 2－308
代數難題解法十六卷 ……………… 2－308
代數難題解法十六卷 ……………… 2－308
代數難題解法十六卷 ……………… 2－308
仙丹靈驗方二卷 …………………… 2－267
仙心閣詩鈔四卷 …………………… 3－348
仙佛合宗語錄不分卷 ……………… 2－472
仙佛合宗語錄丹道九篇一卷 ……… 2－472
仙佛真傳章句直解不分卷 ………… 2－442
仙舫詩存五卷 ……………………… 3－408
仙舫詩存五卷 ……………………… 3－409
仙舫詩存五卷 ……………………… 3－409
仙舫詩存五卷 ……………………… 3－409
仙舫詩存五卷 ……………………… 3－409
仙庚嶺志 …………………………… 2－77
[同治]仙游縣志五十三卷首一卷 …… 2－14
仙傳痘疹奇書三卷 ………………… 2－282
仙緣留詠集一卷續集一卷別集一卷 …… 3－60
仙緣留詠集一卷續集一卷別集一卷
　　………………………………… 3－60
仙緣留詠集一卷續集一卷別集一卷
　　………………………………… 3－60
仙緣留詠集一卷續集一卷別集一卷
　　………………………………… 3－60
仙樵詩鈔十二卷補遺一卷 ………… 3－394
仙機武庫八集 ……………………… 2－348
白下愚園集八卷首一卷 …………… 3－267
白下瑣言十卷 ……………………… 2－70
[嘉慶]白山司志十八卷首一卷跋一卷
　　………………………………… 2－31

白氏文集七十一卷 ………………… 3－81
白水紀勝二卷首一卷 ……………… 3－34
白水堂詩集二十六卷 ……………… 3－314
白石道人詩集二卷首一卷集外詩一
　卷附錄一卷詩說一卷歌曲四卷 …… 3－121
白石道人詩集二卷集外詩一卷附錄一卷
　　………………………………… 3－121
白石道人詩集二卷集外詩一卷詩說
　一卷白石道人歌曲四卷別集一卷
　續書譜一卷 ……………………… 3－120
白石道人詩集二卷集外詩一卷詩說
　一卷白石道人歌曲四卷別集一卷
　續書譜一卷 ……………………… 3－120
白石道人詩集二卷集外詩一卷詩說
　一卷歌曲四卷歌曲別集一卷續書
　譜一卷 …………………………… 3－120
白石道人詩集二卷集外詩一卷詩說
　一卷歌曲四卷歌曲別集一卷續書
　譜一卷 …………………………… 3－121
白石道人詩集二卷集外詩一卷歌曲
　四卷歌曲別集一卷 ……………… 3－120
白石道人詩集二卷集外詩一卷歌曲
　四卷歌曲別集一卷 ……………… 3－120
白石道人詩集二卷集外詩一卷歌曲
　四卷歌曲別集一卷 ……………… 3－120
白石道人歌曲六卷別集一卷 ……… 3－427
白石道人歌曲六卷別集一卷 ……… 3－427
白石道人歌曲四卷別集一卷 ……… 3－427
白石詩集一卷詞集一卷 …………… 3－120
白石詩詞二卷 ……………………… 3－120
白田草堂存稿二十四卷 …………… 3－200
白田草堂存稿八卷 ………………… 3－200
白田草堂存稿八卷 ………………… 3－200
白田風雅二十四卷 ………………… 3－19
白圭堂詩鈔八卷續鈔六卷 ………… 3－205
白圭堂詩鈔六卷續鈔六卷 ………… 3－205
白圭堂詩鈔六卷續鈔六卷 ………… 3－205
白芙堂算學叢書 …………………… 2－298
白芙堂算學叢書 …………………… 2－298

白芙堂算學叢書 …………… 2－298　　白虎通疏證十二卷 ………… 1－124

白沙子八卷 ………………… 3－173　　白虎通疏證十二卷 ………… 1－124

白沙子全集十卷首一卷末一卷白沙　　　白虎通疏證十二卷 ………… 1－124

　　子古詩教解二卷 ………… 3－173　　白虎通疏證十二卷 ………… 3－550

白沙子全集十卷首一卷末一卷白沙　　　白虎通義考一卷白虎通闕文一卷目

　　子古詩教解二卷 ………… 3－173　　　　錄一卷 ………………… 2－389

白沙子全集十卷首一卷末一卷白沙　　　白虎通德論二卷 …………… 2－356

　　子古詩教解二卷 ………… 3－173　　白虎通德論四卷 …………… 1－114

白沙子全集十卷首一卷末一卷白沙　　　白虎通德論四卷 …………… 1－114

　　子古詩教解二卷 ………… 3－173　　白虎通德論四卷 …………… 1－114

白沙子全集九卷附錄一卷 …… 3－173　　白虎通德論四卷 …………… 2－356

白沙子全集九卷附錄一卷 …… 3－173　　白虎通德論四卷 …………… 2－356

白沙子全集六卷首一卷 ……… 3－173　　白果育嬰堂志一卷 ………… 2－62

白沙子全集六卷首一卷 ……… 3－173　　白果育嬰堂志一卷 ………… 2－62

白沙子全集六卷首一卷 ……… 3－174　　白門小草一卷 ……………… 3－373

白沙先生詩近稿十卷 ………… 3－173　　白香山年譜一卷 …………… 3－81

白茅堂集四十六卷耳提錄一卷……… 3－411　　白香山年譜一卷 …………… 3－81

白茅堂集四十六卷耳提錄一卷……… 3－411　　白香山年譜一卷 …………… 3－81

白茅堂集四十六卷耳提錄一卷……… 3－411　　白香山年譜舊本一卷 ……… 3－81

白茅堂集四十六卷耳提錄一卷……… 3－411　　白香山年譜舊本一卷 ……… 3－81

白雨湖莊詩鈔四卷 …………… 3－247　　白香山年譜舊本一卷 ……… 3－81

白雨湖莊詩鈔四卷 …………… 3－248　　白香山詩長慶集二十卷後集十七卷

白雨齋詞話八卷詩鈔一卷詞存一卷　　　　別集一卷補遺二卷 ……… 3－81

　………………………… 3－435　　白香山詩長慶集二十卷後集十七卷

白雨齋詞話八卷詩鈔一卷詞存一卷　　　　別集一卷補遺二卷 ……… 3－81

　………………………… 3－435　　白香山詩長慶集二十卷後集十七卷

白雨齋詞話八卷詩鈔一卷詞存一卷　　　　別集一卷補遺二卷 ……… 3－81

　………………………… 3－435　　白香山詩長慶集二十卷後集十七卷

白虎通二卷 ………………… 1－114　　　　別集一卷補遺二卷 ……… 3－82

白虎通二卷 ………………… 2－356　　白香亭詩三卷 ……………… 3－392

白虎通二卷 ………………… 2－356　　白香亭詩三卷 ……………… 3－392

白虎通四卷 ………………… 1－113　　白香亭詩三卷 ……………… 3－392

白虎通四卷 ………………… 1－113　　白香亭詩三卷 ……………… 3－392

白虎通四卷 ………………… 1－114　　白香亭詩三卷 ……………… 3－392

白虎通四卷 ………………… 1－114　　白香亭詩三卷 ……………… 3－392

白虎通疏證十二卷 ………… 1－124　　白香亭詩三卷 ……………… 3－392

白虎通疏證十二卷 ………… 1－124　　白香亭詩存一卷 …………… 3－392

白虎通疏證十二卷 ………… 1－124　　白香亭詩存一卷 …………… 3－392

白虎通疏證十二卷 ………… 1－124　　白香亭詩存一卷 …………… 3－392

白虎通疏證十二卷 ………… 1－124　　白香詞譜箋一卷 …………… 3－436

白虎通疏證十二卷 ………… 1－124　　白香詞譜箋四卷 …………… 3－436

白香詞譜箋四卷 …………………… 3－436 白蘇齋類集二十二卷 ……………… 3－168
白香詞譜箋四卷 …………………… 3－436 白蘇齋類集十八卷 ………………… 3－168
白香詞譜箋四卷 …………………… 3－436 白羅衫寶卷一卷 …………………… 3－448
白香詞譜箋四卷 …………………… 3－436 白鶴山房詩鈔四卷 ………………… 3－355
白首晦吟一卷 ……………………… 3－335 白鶴山房詩選四卷挂笠吟一卷駢體
白馬寶卷二卷 ……………………… 3－448 　文鈔二卷 ………………………… 3－287
白華山人詩集十六卷詩說二卷 …… 3－391 白鶴堂稿不分卷 …………………… 3－348
白華山人詩集十六卷詩說二卷 …… 3－391 白鷺灣草堂詩存十二卷 …………… 3－374
白華前稿六十卷後稿四十卷 ……… 3－237 白鷺灣草堂詩存十二卷 …………… 3－374
白華絳柎閣詩集十卷 ……………… 3－229 白鷺灣草堂詩存十二卷 …………… 3－374
白華絳柎閣詩集十卷 ……………… 3－229 白鷺灣草堂詩稿二稿十二卷 ……… 3－374
白華詩鈔不分卷 …………………… 3－237 白鷺灣草堂詩稿二稿十二卷 ……… 3－374
白華樓藏稿十一卷 ………………… 3－165 白鷺灣草堂詩稿初稿八卷 ………… 3－374
白雪齋選訂樂府吳騷合編四卷 …… 3－443 瓜濠平糶義捐分局公牘 …………… 1－458
白鹿書院志十九卷 ………………… 2－60   令德堂增定課兒鑒略妥註讀本五卷
白鹿書院志十九卷 ………………… 2－60   　…………………………………… 1－232
白鹿書院志十九卷 ………………… 2－60   用夷圖釋一卷 ……………………… 2－231
白鹿書院志十九卷 ………………… 2－61   用器畫教科書一卷 ………………… 2－305
白鹿書院志十九卷 ………………… 2－61   印文考略一卷印人姓氏一卷 ……… 2－339
白雲村文集四卷臥象山房詩正集七卷 印心石屋文鈔三十五卷 …………… 3－327
　…………………………………… 3－230 印心石屋文鈔三十五卷 …………… 3－327
白雲草堂詩鈔三卷文鈔七卷首二卷   印心石屋文鈔三十五卷 …………… 3－327
　…………………………………… 3－247 印心石屋文鈔三十五卷 …………… 3－327
白雲草堂詩鈔三卷文鈔七卷首二卷   印心石屋試律四卷 ………………… 3－327
　…………………………………… 3－247 印心石屋詩鈔初集四卷二集三卷 … 3－326
白雲草堂詩鈔三卷文鈔七卷首二卷   印心石屋詩薈四卷 ………………… 3－59
　…………………………………… 3－247 印心初集 …………………………… 2－340
白雲亭記 …………………………… 2－333 印花稅則十五條 …………………… 1－453
白雲洞志五卷 ……………………… 2－79   印花稅則十五條 …………………… 1－453
白雲詩鈔一卷 ……………………… 3－339 印典八卷 …………………………… 2－339
白雲篇不分卷 ……………………… 3－346 印典八卷 …………………………… 2－339
白雲篇不分卷 ……………………… 3－346 印典八卷 …………………………… 2－339
白喉全生集一卷 …………………… 2－278 印刷局問答 ………………………… 1－459
白喉治法忌表抉微一卷 …………… 2－278 印度札記二卷 ……………………… 2－165
白喉治法忌表抉微一卷 …………… 2－278 印度史攬要三卷 …………………… 2－165
白喉辨症一卷 ……………………… 2－279 印度史攬要三卷 …………………… 2－165
白榆集二十卷 ……………………… 3－175 印度國志一卷 ……………………… 2－165
白猿經風雨占一卷 ………………… 2－405 印度國志一卷 ……………………… 2－165
白澒集十二卷 ……………………… 3－216 印度新志一卷 ……………………… 2－165
白頭新一卷 ………………………… 3－439 印郵 ………………………………… 2－343
白龍寶卷一卷 ……………………… 3－448 印雪軒詩鈔十六卷 ………………… 3－271

句溪雜著二卷續二卷……………… 1－124
句溪雜著六卷……………………… 1－124
句溪雜著四卷……………………… 1－124
句溪雜著四卷……………………… 1－124
句溪雜著四卷……………………… 1－124
句餘土音三卷……………………… 3－208
句餘土音三卷……………………… 3－208
句餘土音三卷全謝山先生遺詩一卷
　　……………………………… 3－208
句餘土音三卷全謝山先生遺詩一卷
　　……………………………… 3－208
外科正宗十二卷…………………… 2－275
外科正宗十二卷…………………… 2－275
外科正宗十二卷…………………… 2－275
外科正宗癰疽諸症一卷外科正宗湯
　　頭歌括一卷…………………… 2－277
外科明隱集四卷外科明隱集醫案錄
　　匯二卷………………………… 2－277
外科紀要一卷……………………… 2－277
外科症治全生集四卷……………… 2－276
外科症治全生集四卷……………… 2－276
外科無名怪症一卷………………… 2－277
外科圖說六卷……………………… 2－277
外科圖說四卷……………………… 2－277
外科精義二卷……………………… 2－275
外科賦一卷………………………… 2－277
外科醫學心鏡一卷………………… 2－278
外科證治全書五卷………………… 2－277
外科證治全書五卷………………… 2－277
外務統計表式解說二卷…………… 1－464
外國地理教科書三卷……………… 2－105
外國地理講義三卷………………… 2－157
外國地理講義三卷………………… 2－157
外國地理講義三卷………………… 2－157
外國師船圖表十二卷……………… 1－468
外國師船圖表十二卷……………… 1－468
冬日百詠一卷……………………… 3－287
冬心先生集四卷…………………… 3－261
冬心先生集四卷…………………… 3－261
冬心先生集四卷…………………… 3－261
冬心先生題畫記不分卷…………… 2－326

冬心先生雜著一卷………………… 2－326
冬心齋研銘一卷…………………… 2－352
冬青樹引註一卷登西臺慟哭記註一卷
　　……………………………… 3－137
冬暄草堂遺詩二卷………………… 3－319
冬榮室詩鈔一卷…………………… 3－198
包孝肅奏議十卷…………………… 1－497
包孝肅奏議十卷…………………… 1－497
包孝肅奏議十卷…………………… 1－497
包孝肅奏議十卷…………………… 1－497
包孝肅奏議十卷…………………… 1－497
包孝肅奏議十卷…………………… 1－497
包孝肅奏議十卷…………………… 1－497
包慎伯論書三卷…………………… 2－324
包肅公奏議十卷…………………… 1－496
包肅公奏議十卷…………………… 1－497
包肅公奏議十卷…………………… 1－497
包肅公奏議十卷…………………… 1－497
包肅公奏議十卷…………………… 1－497
包肅公奏議十卷…………………… 1－497
包肅公奏議十卷…………………… 1－497
包舉貢卷…………………………… 3－205
立雪齋琴譜二卷首一卷…………… 2－345
玄元大丹品旨一卷………………… 2－474
玄玄棋經十三篇不分卷…………… 2－348
玄宗通事雅宜集四卷……………… 2－475
玄秘塔碑…………………………… 2－332
玄牘紀十二卷續一卷……………… 2－124
半畝方塘日記不分卷……………… 1－330
半庵叢書初編……………………… 3－503
半庵叢書初編……………………… 3－504
半庵叢書初編……………………… 3－504
半庵叢書初編……………………… 3－504
半庵叢書初編……………………… 3－504
半窗史略四十二卷首一卷………… 1－195
半塘定稿二卷剩稿一卷…………… 3－428
半塘定稿二卷剩稿一卷…………… 3－428
半園尺牘二十五卷補遺六卷……… 2－492
半農先生春秋說十五卷…………… 1－81
半窩雜記四卷附一卷……………… 2－395
半霞樓近稿四卷…………………… 3－255

117

半巖廬遺文一卷⋯⋯⋯⋯⋯⋯ 3－254
半巖廬遺文一卷⋯⋯⋯⋯⋯⋯ 3－254
半巖廬遺文一卷⋯⋯⋯⋯⋯⋯ 3－254
半巖廬遺文一卷⋯⋯⋯⋯⋯⋯ 3－254
半巖廬遺文一卷⋯⋯⋯⋯⋯⋯ 3－254
［乾隆］汀州府志四十五卷首一卷⋯⋯ 2－14
［乾隆］汀州府志四十五卷首一卷⋯⋯ 2－14
［乾隆］永平府志二十四卷首一卷末一卷
⋯⋯⋯⋯⋯⋯⋯⋯⋯⋯ 1－532
［光緒］永平府志七十二卷首一卷末一卷
⋯⋯⋯⋯⋯⋯⋯⋯⋯⋯ 1－532
［乾隆］永北府志二十八卷⋯⋯⋯⋯ 2－40
［康熙］永州府志二十四卷⋯⋯⋯⋯ 2－47
［道光］永州府志十八卷首一卷⋯⋯ 2－47
［道光］永州府志十八卷首一卷⋯⋯ 2－47
［光緒］永安州志四卷⋯⋯⋯⋯⋯ 2－32
［雍正］永安縣志十卷首一卷⋯⋯⋯ 2－15
［道光］永安縣續志十卷⋯⋯⋯⋯ 2－15
［乾隆］永昌縣志一卷⋯⋯⋯⋯⋯ 1－544
［康熙］永明縣志十四卷首一卷⋯⋯ 2－48
［光緒］永明縣志五十卷首一卷末一卷
⋯⋯⋯⋯⋯⋯⋯⋯⋯⋯ 2－48
永定河志三十二卷首一卷⋯⋯⋯ 2－91
永定河志三十二卷首一卷⋯⋯⋯ 2－91
永定河志三十二卷首一卷⋯⋯⋯ 2－91
永定河志三十二卷首一卷⋯⋯⋯ 2－91
永定河志三十二卷首一卷⋯⋯⋯ 2－91
永定河志三十二卷首一卷⋯⋯⋯ 2－91
永定河續志十六卷首一卷補錄一卷
⋯⋯⋯⋯⋯⋯⋯⋯⋯⋯ 2－92
永定河續志十六卷首一卷補錄一卷
⋯⋯⋯⋯⋯⋯⋯⋯⋯⋯ 2－92
永定河續志十六卷首一卷補錄一卷
⋯⋯⋯⋯⋯⋯⋯⋯⋯⋯ 2－92
［康熙］永定衛志三卷⋯⋯⋯⋯⋯ 2－53
［道光］永定縣志八卷⋯⋯⋯⋯⋯ 2－53
［乾隆］永春州志十六卷首一卷⋯⋯ 2－14
［光緒］永城縣志三十八卷首一卷⋯⋯ 2－18
永康胡氏八烈合傳一卷⋯⋯⋯⋯ 1－332
永康胡氏八烈合傳一卷⋯⋯⋯⋯ 1－332
永康胡氏義田記一卷⋯⋯⋯⋯⋯ 2－65

［乾隆］永清縣志二十五篇 ⋯⋯⋯ 1－533
［乾隆］永順府志十二卷首一卷⋯⋯⋯ 2－52
［乾隆］永順縣志四卷首一卷⋯⋯⋯ 2－53
［同治］永新縣志二十六卷首一卷⋯ 2－12
［同治］永綏直隸廳志六卷⋯⋯⋯⋯ 2－53
永綏廳屯防倉田冊不分卷⋯⋯⋯⋯ 1－454
［宣統］永綏廳志三十卷首一卷⋯⋯⋯ 2－53
永嘉先生八面鋒十三卷⋯⋯⋯⋯⋯ 2－505
永嘉真覺大師證道歌一卷⋯⋯⋯⋯ 2－445
永嘉真覺大師證道歌一卷⋯⋯⋯⋯ 2－445
永嘉真覺大師證道歌一卷⋯⋯⋯⋯ 2－445
永嘉真覺大師證道歌一卷⋯⋯⋯⋯ 2－445
［光緒］永嘉縣志三十八卷首一卷 ⋯⋯ 2－7
永嘉禪宗集註二卷⋯⋯⋯⋯⋯⋯ 2－441
永嘉禪宗集註二卷⋯⋯⋯⋯⋯⋯ 2－442
永嘉叢書⋯⋯⋯⋯⋯⋯⋯⋯⋯ 3－507
永嘉叢書⋯⋯⋯⋯⋯⋯⋯⋯⋯ 3－507
永嘉叢書⋯⋯⋯⋯⋯⋯⋯⋯⋯ 3－507
永嘉叢書⋯⋯⋯⋯⋯⋯⋯⋯⋯ 3－507
永嘉叢書⋯⋯⋯⋯⋯⋯⋯⋯⋯ 3－507
［道光］永寧州志十二卷⋯⋯⋯⋯⋯ 2－39
［同治］永寧縣志十卷首一卷⋯⋯⋯ 2－12
永樂大典目錄六十卷⋯⋯⋯⋯⋯⋯ 2－137
永曆紀年一卷⋯⋯⋯⋯⋯⋯⋯⋯ 1－264
永興鄉土志二卷⋯⋯⋯⋯⋯⋯⋯ 2－68
［乾隆］永興縣志十二卷首一卷⋯⋯⋯ 2－47
［光緒］永興縣志五十五卷首一卷⋯⋯ 2－47
［嘉慶］永興縣志五十五卷首一卷⋯⋯ 2－47
永憲錄六卷⋯⋯⋯⋯⋯⋯⋯⋯⋯ 1－266
永懷堂文鈔十卷詩鈔二卷⋯⋯⋯⋯ 3－405
永懷堂文鈔十卷詩鈔二卷⋯⋯⋯⋯ 3－405
永覺和尚洞上古轍二卷⋯⋯⋯⋯⋯ 2－448
永覺和尚寱言一卷續一卷⋯⋯⋯⋯ 2－459
永覺和尚廣錄三十卷首一卷⋯⋯⋯ 2－459
司命寶訓一卷⋯⋯⋯⋯⋯⋯⋯⋯ 2－477
司馬公地理偈訣一卷⋯⋯⋯⋯⋯⋯ 2－414
司馬氏書儀十卷⋯⋯⋯⋯⋯⋯⋯ 1－73
司馬氏書儀十卷⋯⋯⋯⋯⋯⋯⋯ 1－73
司馬氏書儀十卷⋯⋯⋯⋯⋯⋯⋯ 1－73
司馬氏書儀十卷⋯⋯⋯⋯⋯⋯⋯ 1－73
司馬氏書儀十卷⋯⋯⋯⋯⋯⋯⋯ 1－73

司馬氏書儀十卷 ……………… 1-73
司馬氏書儀十卷 ……………… 1-73
司馬氏書儀十卷 ……………… 1-73
司馬氏書儀十卷 ……………… 1-73
司馬氏書儀十卷 ……………… 1-73
司馬氏書儀十卷 ……………… 1-73
司馬氏書儀十卷 ……………… 1-73
司馬氏書儀十卷 ……………… 1-74
司馬文正公集八十二卷首一卷目錄二卷
　　…………………………… 3-114
司馬文正公集略三十一卷詩集七卷
　　…………………………… 3-113
司馬文正公集略三十一卷詩集七卷
　　…………………………… 3-113
司馬文正公傳家集八十卷目錄二卷
　　…………………………… 3-114
司馬文正公傳家集八十卷目錄二卷
　　…………………………… 3-114
司馬法古注三卷音義一卷 ……… 3-550
司馬彪莊子註二卷 ……………… 2-468
司馬溫公文集十四卷 …………… 3-114
司馬溫公文集十四卷首一卷 …… 3-114
司馬溫公文集八十二卷 ………… 3-113
司馬溫公文集八十二卷 ………… 3-113
司馬溫公文集八十二卷 ………… 3-113
司馬溫公文集八十二卷 ………… 3-113
司馬溫公文集八十二卷 ………… 3-113
司馬溫公文集八十二卷目錄一卷 …… 3-113
司馬溫公通鑑論一卷 …………… 1-395
司馬溫公稽古錄二十卷 ………… 1-220
司馬溫公稽古錄二十卷 ………… 1-220
司馬溫公稽古錄二十卷 ………… 1-220
司馬溫公稽古錄二十卷 ………… 1-220
司馬溫公稽古錄二十卷 ………… 1-220
司馬溫公稽古錄二十卷 ………… 1-220
司馬溫公稽古錄二十卷 ………… 1-220
司馬溫公稽古錄二十卷 ………… 1-220
司馬溫公稽古錄二十卷 ………… 1-220
司馬溫公稽古錄二十卷 ………… 1-220
司馬溫公稽古錄二十卷 ………… 1-220

司馬溫公稽古錄二十卷 ………… 1-220
司馬頭陀鉗記 …………………… 2-414
司馬頭陀鐵案五卷 ……………… 2-414
司馬頭陀鐵案五卷 ……………… 2-414
司馬頭陀鐵案五卷 ……………… 2-414
司馬頭陀鐵案五卷 ……………… 2-414
民教相安說一卷 ………………… 2-479
弘正四傑詩集 …………………… 2-514
弘正四傑詩集 …………………… 2-514
弘正四傑詩集 …………………… 2-514
弘正四傑詩集 …………………… 2-514
弘正四傑詩集 …………………… 2-514
弘正四傑詩集 …………………… 2-514
弘明集十四卷 …………………… 2-443
弘明集十四卷 …………………… 2-443
弘明集十四卷 …………………… 2-443
弘簡錄二百五十四卷 …………… 1-263
弘簡錄二百五十四卷 …………… 1-263
弘簡錄二百五十四卷 …………… 1-263
弘簡錄二百五十四卷 …………… 1-263
出山草譜八卷 …………………… 1-476
出山草譜八卷 …………………… 1-476
出山草譜八卷 …………………… 1-476
出使公牘十卷 …………………… 1-464
出使英法日記一卷 ……………… 2-108
出使英法義比四國日記六卷 …… 2-109
出使英法義比四國日記六卷 …… 2-109
出使英法義比四國日記六卷 …… 2-109
出使英法義比四國日記六卷 …… 2-109
出使英法義比四國日記六卷 …… 2-109
出使英法義比四國日記六卷 …… 2-109
出使英法義比四國日記六卷 …… 2-109
出使英法義比四國日記六卷 …… 2-109
出使須知一卷 …………………… 1-464
出洋游學章程 …………………… 1-431
出洋瑣記一卷附錄一卷 ………… 2-104
出師出行寶鏡圖一卷 …………… 2-410
出塞吟一卷後出塞吟一卷 ……… 3-233
出曜經二十卷 …………………… 2-421
皮氏古今書目類鈔不分卷 ……… 2-139
皮氏經學叢書 …………………… 1-7

皮氏經學叢書 ……………………… 1－7
弁服釋例八卷表一卷 ……………… 1－67
台州叢書 …………………………… 3－507
台州叢書 …………………………… 3－507
台州叢書 …………………………… 3－507
台州叢書 …………………………… 3－507
台州叢書 …………………………… 3－507
台垣疏稿一卷 ……………………… 1－499
台垣疏稿一卷 ……………………… 1－499
台垣疏稿一卷 ……………………… 1－499
台垣疏稿一卷 ……………………… 1－499
台垣疏稿一卷 ……………………… 1－499
台垣疏稿一卷 ……………………… 1－499
台垣疏稿一卷 ……………………… 1－499
台諫寶鑒三卷 ……………………… 1－284
幼幼新書四十卷拾遺方一卷 ……… 2－282
幼科三種 …………………………… 2－282
幼科秘訣不分卷 …………………… 2－284
幼科鐵鏡六卷 ……………………… 2－283
幼科鐵鏡六卷 ……………………… 2－283
幼科鐵鏡六卷 ……………………… 2－283
幼學堂詩稿十卷文集四卷 ………… 3－216
幼學集一卷 ………………………… 3－552
幼學操身一卷 ……………………… 2－286
幼學操身一卷 ……………………… 2－286
幼學操身一卷 ……………………… 2－286

六畫

匡山圖志四卷 ……………………… 2－84
匡山圖志四卷 ……………………… 2－84
匡山圖志四卷 ……………………… 2－84
匡山圖志四卷 ……………………… 2－84
匡山圖志四卷 ……………………… 2－84
匡哲刻經頌六卷 …………………… 2－332
匡時芻議二卷 ……………………… 2－368
匡謬正俗八卷 ……………………… 1－140
匡謬正俗八卷 ……………………… 1－140
耒陽鄉土志二卷 …………………… 2－67
[道光]耒陽縣志二十二卷首一卷 …… 2－45
[光緒]耒陽縣志八卷首一卷 ……… 2－45

式古堂目錄十七卷 ………………… 1－5
式古堂書畫彙考六十卷 …………… 2－323
式古堂書畫彙考六十卷目錄三卷 … 2－323
式古編五卷 ………………………… 2－194
刑部比照加減成案三十二卷 ……… 1－484
刑部說帖 …………………………… 1－486
刑案匯覽八十八卷 ………………… 1－484
刑案匯覽八十八卷末一卷續增十六卷
 ………………………………… 1－484
刑案匯覽續編八卷 ………………… 1－484
迂齋學古編四卷 …………………… 3－251
圭盦詩錄一卷 ……………………… 3－245
圭盦詩錄一卷 ……………………… 3－245
圭盦詩錄一卷 ……………………… 3－245
圭盦詩錄一卷 ……………………… 3－245
[光緒]吉水縣志六十六卷首一卷 …… 2－12
吉石齋集一卷 ……………………… 3－220
吉永豐鷰溪劉楚奇先生惟實本集四卷
 ………………………………… 3－152
[乾隆]吉安府志七十四卷首三卷 …… 2－12
[光緒]吉安府志五十三卷首一卷 …… 2－12
[光緒]吉林外紀十卷 ……………… 1－539
吉林官運總局第一次報告書 ……… 1－478
吉林通志一百二十二卷圖一卷 …… 3－534
[光緒]吉林通志一百二十二卷輿圖
 十四幅 ………………………… 1－539
吉金所見錄十六卷首一卷末一卷 … 2－121
吉皆公遺著不分卷 ………………… 3－298
考工記二卷 ………………………… 1－53
考工記二卷 ………………………… 1－54
考工記車制圖解二卷 ……………… 1－54
考工記車制圖解二卷 ……………… 1－54
考工記述註二卷首一卷圖一卷 …… 1－53
考工記要十七卷附圖一卷 ………… 2－319
考工記要十七卷附圖一卷 ………… 2－319
考工記要十七卷附圖一卷 ………… 2－319
考工記要十七卷附圖一卷 ………… 2－319
考工記圖二卷 ……………………… 1－55
考工記圖二卷 ……………………… 3－548
考工記圖解稿不分卷附深衣圖解一卷
 ………………………………… 1－55

考功集選四卷	3－190	老子證義二卷	2－474
考古略八卷	2－384	老子證義二卷	2－474
考古質疑六卷	2－362	老子證義二卷	2－474
考古質疑六卷	2－362	老泉先生全集錄五卷	3－139
考卷清華不分卷	3－44	老圃集二卷補遺一卷遺文一卷	3－120
考信錄提要二卷	1－404	老學庵筆記二卷	2－361
考訂朱子世家一卷	1－309	老學庵筆記二卷	2－362
考槃集三卷	3－188	老學庵筆記十卷	2－361
考槃集文錄十二卷	3－188	老學庵筆記十卷	2－361
考察南洋勸業會紀略	1－459	老學庵筆記十卷	2－361
老子二卷	2－470	老學庵筆記十卷	2－361
老子衍一卷	2－472	老學庵筆記十卷	2－361
老子通二卷讀老概辨一卷莊子通十		老學庵筆記十卷	2－361
卷讀莊概辨一卷	2－471	老學庵筆記十卷	2－361
老子通義二卷	2－470	老學庵讀書記四卷	2－375
老子通義二卷	2－470	老學庵讀書記四卷	2－375
老子通義十卷	2－470	老學庵讀書記四卷	3－349
老子章義二卷	2－474	地志便覽二卷	1－515
老子章義二卷	2－474	地志啟蒙四卷	2－316
老子章義二卷	2－474	地志啟蒙四卷	2－316
老子章義二卷	2－474	地球政要通考三十六帙	1－423
老子章義二卷	2－474	地球韻言四卷	1－515
老子道德真經二卷	2－468	地球韻言四卷	1－515
老子道德經二卷	2－464	地球韻言四卷	1－515
老子道德經二卷	2－465	地球韻言四卷	1－515
老子道德經二卷	2－465	地球韻言四卷	1－515
老子道德經考異二卷	2－476	地球韻言四卷	1－515
老子道德經考異二卷	2－476	地理大全	2－412
老子道德經解二卷	2－472	地理元合會通八卷首一卷	2－417
老子道德經解二卷首一卷觀老莊影		地理五訣八卷	2－418
響論一卷	2－472	地理六經註六卷	2－418
老子解二卷仁書二卷	2－473	地理六經註六卷	2－418
老子鬳齋口義二卷	2－469	地理末學六卷首一卷	2－417
老子鬳齋口義二卷莊子鬳齋口義十		地理正義鉛彈子砂水要訣七卷	2－417
卷釋音一卷列子鬳齋口義二卷	2－470	地理正義鉛彈子砂水要訣六卷	2－417
老子翼八卷	2－471	地理正義鉛彈子砂水要訣六卷	2－417
老子翼八卷	2－471	地理全志未分卷	1－529
老子翼八卷	2－471	地理志略	1－514
老子翼三卷	2－471	地理志略	1－514
老子翼三卷	2－471	地理知本金鎖秘二卷	2－419

地理知本金鎖秘二卷 …………… 2-419
地理知本金鎖秘二卷 …………… 2-419
地理知本金鎖秘二卷 …………… 2-419
地理珍藏一卷 ………………… 2-414
地理拾鉛巒頭理氣合編四卷 …… 2-418
地理悟真合編六卷 …………… 2-416
地理陰陽合纂二卷 …………… 2-418
地理陰陽合纂二卷 …………… 2-418
地理陰陽合纂二卷 …………… 2-418
地理陰陽合纂二卷 …………… 2-418
地理陰陽合纂二卷 …………… 2-419
地理陰陽合纂二卷 …………… 2-419
地理通考志略 ………………… 1-517
地理問答二卷 ………………… 1-512
地理唫蔗錄八卷 ……………… 2-417
地理唫蔗錄八卷 ……………… 2-417
地理唫蔗錄八卷 ……………… 2-417
地理唫蔗錄八卷 ……………… 2-417
地理唫蔗錄八卷 ……………… 2-417
地理蒙求四卷 ………………… 1-530
地理圖 ………………………… 2-100
地理質學啟蒙七卷 …………… 2-316
地理課程一卷 ………………… 1-530
地理學之三才說一卷 ………… 1-517
地理學之三才說一卷 ………… 1-517
地理學講義一卷 ……………… 1-529
地理錄要四卷 ………………… 2-415
地理辨正五卷 ………………… 2-416
地理辨正五卷 ………………… 2-416
地理辨正五卷 ………………… 2-416
地理辨正五卷 ………………… 2-416
地理辨正再辨直解合編五卷 …… 2-416
地理辨正淺註十卷 …………… 2-416
地理辨正疏五卷首一卷末一卷 … 2-417
地理辨正疏五卷首一卷末一卷 … 2-417
地理辨正疏五卷首一卷末一卷 … 2-417
地理辨正疏五卷首一卷末一卷 … 2-417
地理辨正翼六卷末一卷附一卷 … 2-416
地理總錄 ……………………… 2-419
地理鐵案 ……………………… 2-419
地理體用合編一卷 …………… 2-416

地略十三卷圖二卷 …………… 1-514
地圖志便覽一卷地志便覽二卷附志
　　一卷附錄一卷 …………… 1-515
地學二卷 ……………………… 2-416
地學二卷 ……………………… 2-416
地學二卷 ……………………… 2-416
地學仁孝淵源錄五卷郭景純葬經註一卷
　　………………………………… 2-416
地學淺釋三十八卷 …………… 2-317
地學淺釋三十八卷 …………… 2-317
地學淺釋三十八卷 …………… 2-317
地學啟蒙八卷 ………………… 2-316
地學啟蒙八卷 ………………… 2-316
地藏菩薩本願經二卷 ………… 2-431
地藏菩薩本願經二卷 ………… 2-433
地藏菩薩本願經二卷 ………… 2-433
地藏菩薩本願經三卷 ………… 2-433
地藏菩薩本願經三卷 ………… 2-433
地藏菩薩本願經三卷 ………… 2-433
耳食錄初編十二卷二編八卷 …… 3-458
共城從政錄一卷 ……………… 1-442
共墨齋藏古鉢印譜 …………… 2-341
共讀樓書目十卷 ……………… 2-141
芝庭先生集十八卷附錄一卷 …… 3-347
芝庭先生集十八卷附錄一卷 …… 3-347
芝庭先生集十八卷附錄一卷 …… 3-347
芝庭先生集十八卷附錄一卷 …… 3-347
芝庭先生集十八卷附錄一卷 …… 3-347
芝霞莊詩存五卷 ……………… 3-344
芝霞莊詩存五卷 ……………… 3-344
芝龕記六卷 …………………… 3-442
芝龕記六卷 …………………… 3-442
芝龕記六卷 …………………… 3-442
臣鑑錄二十卷 ………………… 2-503
臣鑑錄二十卷 ………………… 2-503
臣鑑錄二十卷 ………………… 2-503
再生緣全傳二十卷 …………… 3-446
再重訂傷寒集註十五卷 ……… 2-274
再重訂傷寒集註十卷附五卷 …… 2-274
再重訂傷寒集註十卷附五卷 …… 2-274

再造天十六卷 …………………… 3－446

［光緒］再續高郵州志八卷首一卷 … 1－551

西山先生真文忠公文章正宗二十四卷

　　…………………………………… 2－525

西山先生真文忠公文章正宗二十四卷

　　…………………………………… 2－525

西山先生真文忠公文章正宗二十四卷

　　…………………………………… 2－525

西山先生真文忠公文章正宗二十四

　卷續二十卷 ……………………… 2－526

西山先生真文忠公文集五十五卷目

　錄二卷 …………………………… 3－123

西山先生真文忠公文集五十五卷目

　錄二卷 …………………………… 3－123

西山先生真文忠公文集五十五卷目

　錄二卷 …………………………… 3－123

西山先生真文忠公文集五十五卷目

　錄二卷 …………………………… 3－123

西山先生真文忠公文集五十五卷目

　錄二卷 …………………………… 3－123

西山先生真文忠公讀書記四十卷 … 2－186

西山先生真文忠公讀書記四十卷 … 2－186

西山先生真文忠公讀書記四十卷 … 2－186

西山先生真文忠公讀書記四十卷 … 2－186

西山先生真文忠公讀書記四十卷 … 3－123

西天目祖山志八卷首一卷末一卷 …… 2－81

西方公據新編三卷首一卷 ………… 2－455

［康熙］西平縣志十卷首一卷 ……… 2－19

西北邊界圖地名譯漢考證二卷 …… 1－470

西史匯函 …………………………… 2－152

西史綱目二十卷 …………………… 2－152

西史綱目二十卷 …………………… 2－152

西史綱目二十卷 …………………… 2－152

西史綱目二十卷 …………………… 2－152

［康熙］西江志二百〇六卷 ………… 2－7

西江政要六卷 ……………………… 1－477

［乾隆］西安府志八十卷 …………… 1－540

［宣統］西安縣志略十三卷 ………… 1－539

西志紀事十二卷 …………………… 1－265

西泚居士集二十四卷 ……………… 3－198

西陂類稿五十卷 …………………… 3－221

西陂類稿五十卷 …………………… 3－221

西陂類稿五十卷 …………………… 3－221

西陂類稿五十卷 …………………… 3－221

西青散記四卷 ……………………… 3－456

西青散記四卷 ……………………… 3－456

西昌王抑庵集四十卷首一卷 ……… 3－156

［乾隆］西和縣志四卷 ……………… 1－544

西征後集一卷 ……………………… 3－351

西征後集一卷 ……………………… 3－351

西征紀程四卷 ……………………… 2－104

西征紀程四卷 ……………………… 2－104

西征紀程四卷 ……………………… 2－104

西京清麓叢書 ……………………… 3－501

西京雜記二卷 ……………………… 3－452

西京雜記二卷 ……………………… 3－452

西京雜記六卷 ……………………… 3－452

西法星命一卷 ……………………… 2－405

西法策學匯源二集十三卷 ………… 2－401

西河合集 …………………………… 3－513

西河合集 …………………………… 3－513

西河合集 …………………………… 3－513

西泠五布衣遺著 …………………… 2－514

西泠五布衣遺著 …………………… 2－514

西泠五布衣遺著 …………………… 2－514

西泠詞萃 …………………………… 3－420

西泠詞萃 …………………………… 3－420

西泠酬唱集五卷二集五卷三集五卷

　　…………………………………… 3－58

西泠酬唱集五卷二集五卷三集五卷

　　…………………………………… 3－58

西泠閨詠十六卷 …………………… 3－315

西垣詩鈔二卷西垣黔苗竹枝詞一卷

　　…………………………………… 3－202

西垣詩鈔二卷西垣黔苗竹枝詞一卷

　　…………………………………… 3－202

西垣詩鈔二卷西垣黔苗竹枝詞一卷

　　…………………………………… 3－202

西垣詩鈔二卷西垣黔苗竹枝詞一卷

　　…………………………………… 3－202

西垣詩鈔二卷西垣黔苗竹枝詞一卷

　　…………………………………… 3－202

西垣詩鈔二卷西垣黔苗竹枝詞一卷
　　　　……………………………… 3－202
西垣詩鈔二卷西垣黔苗竹枝詞一卷
　　　　……………………………… 3－202
西垣詩鈔二卷西垣黔苗竹枝詞一卷
　　　　……………………………… 3－202
西垣詩鈔二卷西垣黔苗竹枝詞一卷
　　　　……………………………… 3－390
西垣詩鈔二卷西垣黔苗竹枝詞一卷
　　　　……………………………… 3－390
西垣詩鈔二卷西垣黔苗竹枝詞一卷
　　　　……………………………… 3－390
西垣詩鈔二卷西垣黔苗竹枝詞一卷
　　　　……………………………… 3－390
西垣詩鈔二卷西垣黔苗竹枝詞一卷
　　　　……………………………… 3－390
西垣詩鈔二卷西垣黔苗竹枝詞一卷
　　　　……………………………… 3－390
西垣遺詩一卷 ……………………………… 3－202
西政挈要六卷 ……………………………… 2－152
西政叢書 ……………………………………… 3－497
西政叢書 ……………………………………… 3－497
西政叢書 ……………………………………… 3－541
西南紀事十二卷 …………………………… 1－265
西洋史要四卷 ……………………………… 2－157
西洋新法曆書 ……………………………… 2－295
西洋種痘秘訣一卷 ………………………… 2－283
西洋歷史教科書 …………………………… 2－160
［乾隆］西華縣志十四卷首一卷 ……… 2－19
西夏紀事本末三十六卷首二卷……… 1－242
西夏紀事本末三十六卷首二卷……… 1－242
西夏紀事本末三十六卷首二卷……… 1－242
西夏紀事本末三十六卷首二卷……… 1－242
西夏紀事本末三十六卷首二卷……… 1－242
西夏紀事本末三十六卷首二卷……… 1－242
西夏紀事本末三十六卷首二卷……… 1－242
西夏紀事本末三十六卷首二卷……… 1－242
西夏紀事本末三十六卷首二卷……… 1－242

西圃集十卷續集四卷補遺一卷詞續
　　一卷詞三續一卷題畫詩一卷續一
　　卷文集四卷補遺一卷…………… 3－378
西圃集十卷續集四卷補遺一卷詞續
　　一卷詞三續一卷題畫詩一卷續一
　　卷文集四卷補遺一卷…………… 3－378
西陲竹枝詞一卷 …………………… 3－251
西陲要略四卷 ……………………… 2－74
西陲要略四卷 ……………………… 2－74
西域三記一卷 ……………………… 2－76
西域水道記五卷 …………………… 2－95
西域水道記五卷 …………………… 2－95
西域水道記五卷 …………………… 2－95
西域水道記五卷 …………………… 2－95
西域水道記五卷 …………………… 2－95
西域水道記五卷 …………………… 2－95
西域記八卷 ………………………… 2－75
西域聞見錄八卷 …………………… 2－75
西域聞見錄八卷 …………………… 2－75
西域聞見錄八卷 …………………… 2－75
西域輿地三種 ……………………… 2－75
西域輿地三種附新疆古魯克道里記
　　　　…………………………… 2－75
西域輿地三種匯刻三卷 …………… 2－75
西域輿地三種匯刻三卷 …………… 2－75
西域輿地三種匯刻三卷 …………… 2－75
西域輿地三種匯刻三卷 …………… 2－75
西域輿地三種匯刻三卷 …………… 2－75
西域輿地三種匯刻三卷 …………… 2－75
西域輿地三種匯刻三卷 …………… 2－75
西域輿地三種匯刻三卷 …………… 2－75
西域釋地一卷 ……………………… 2－75
西廂不分卷 ………………………… 3－439
西堂全集 …………………………… 3－513
西堂全集 …………………………… 3－513
西堂全集 …………………………… 3－513
西堂秋夢錄一卷 …………………… 3－200
西堂詩歌一卷 ……………………… 3－200
西問詩草三卷 ……………………… 3－407
西問詩草三卷 ……………………… 3－407

西國近事彙編:光緒乙未四卷 ········ 2－156
西國近事彙編:光緒乙亥四卷 ········ 2－154
西國近事彙編:光緒乙亥四卷 ········ 2－154
西國近事彙編:光緒乙亥四卷 ········ 2－154
西國近事彙編:光緒乙亥四卷 ········ 2－154
西國近事彙編:光緒乙酉四卷 ········ 2－156
西國近事彙編:光緒丁丑四卷 ········ 2－154
西國近事彙編:光緒丁丑四卷 ········ 2－155
西國近事彙編:光緒丁丑四卷 ········ 2－155
西國近事彙編:光緒丁丑四卷 ········ 2－155
西國近事彙編:光緒丁亥四卷 ········ 2－156
西國近事彙編:光緒丁酉四卷 ········ 2－156
西國近事彙編:光緒己丑四卷 ········ 2－156
西國近事彙編:光緒己卯四卷 ········ 2－155
西國近事彙編:光緒己卯四卷 ········ 2－155
西國近事彙編:光緒己卯四卷 ········ 2－155
西國近事彙編:光緒己亥四卷 ········ 2－156
西國近事彙編:光緒壬午四卷 ········ 2－156
西國近事彙編:光緒壬辰四卷 ········ 2－156
西國近事彙編:光緒丙子四卷 ········ 2－154
西國近事彙編:光緒丙子四卷 ········ 2－154
西國近事彙編:光緒丙子四卷 ········ 2－154
西國近事彙編:光緒丙子四卷 ········ 2－154
西國近事彙編:光緒丙申四卷 ········ 2－156
西國近事彙編:光緒丙戌四卷 ········ 2－156
西國近事彙編:光緒戊子四卷 ········ 2－156
西國近事彙編:光緒戊戌四卷 ········ 2－156
西國近事彙編:光緒戊寅四卷 ········ 2－155
西國近事彙編:光緒戊寅四卷 ········ 2－155
西國近事彙編:光緒戊寅四卷 ········ 2－155
西國近事彙編:光緒戊寅四卷 ········ 2－155
西國近事彙編:光緒甲午四卷 ········ 2－156
西國近事彙編:光緒甲申四卷 ········ 2－156
西國近事彙編:光緒辛巳四卷 ········ 2－155
西國近事彙編:光緒辛巳四卷 ········ 2－155
西國近事彙編:光緒辛巳四卷 ········ 2－155
西國近事彙編:光緒辛巳四卷 ········ 2－156
西國近事彙編:光緒辛卯四卷 ········ 2－156
西國近事彙編:光緒庚辰四卷 ········ 2－155
西國近事彙編:光緒庚辰四卷 ········ 2－155

西國近事彙編:光緒庚辰四卷 ········ 2－155
西國近事彙編:光緒庚辰四卷 ········ 2－155
西國近事彙編:光緒庚寅四卷 ········ 2－156
西國近事彙編:光緒癸巳四卷 ········ 2－156
西國近事彙編:光緒癸末四卷 ········ 2－156
西國近事彙編:同治甲戌四卷 ········ 2－154
西國近事彙編:同治甲戌四卷 ········ 2－154
西國近事彙編:同治甲戌四卷 ········ 2－154
西國近事彙編:同治甲戌四卷 ········ 2－154
西國近事彙編:同治癸酉四卷 ········ 2－154
西國近事彙編:同治癸酉四卷 ········ 2－154
西國近事彙編:同治癸酉四卷 ········ 2－154
西國近事彙編:同治癸酉至光緒辛
　巳三十六卷 ·············· 2－154
西崖經說四卷 ·············· 1－128
西崑酬唱集二卷 ············ 3－57
西庵集八卷首一卷 ·········· 3－169
西清古鑒四十卷 ············ 3－538
西清古鑒四十卷錢錄十六卷 ··· 2－120
西清古鑒四十卷錢錄十六卷 ··· 2－120
西清古鑒錢錄十六卷 ········ 3－538
西清續鑒甲篇二十卷附錄一卷 ··· 3－538
西清續鑒甲篇二十卷附錄一卷 ··· 3－538
西清續鑒甲編二十卷附錄一卷 ··· 2－120
西清續鑒甲編二十卷附錄一卷 ··· 2－120
西清續鑒甲編二十卷附錄一卷 ··· 2－120
西清續鑒甲編二十卷附錄一卷 ··· 2－120
西清續鑒甲編二十卷附錄一卷 ··· 2－120
西涯先生擬古樂府二卷 ······ 3－160
西涯先生擬古樂府二卷 ······ 3－160
西雲詩鈔四卷 ·············· 3－225
西湖四十八景 ·············· 2－53
西湖志八卷西湖志餘十八卷 ··· 2－93
西湖志四十八卷 ············ 2－93
西湖志四十八卷 ············ 2－93
西湖志四十八卷 ············ 2－93
西湖志四十八卷 ············ 2－93
西湖志四十八卷 ············ 2－93
西湖志四十八卷 ············ 2－93
西湖志四十八卷 ············ 2－93

西湖志四十八卷 …………………… 2-93
西湖志纂十二卷首一卷末一卷 ……… 2-93
西湖志纂十二卷首一卷末一卷 ……… 2-93
西湖志纂十二卷首一卷末一卷 ……… 2-93
西湖志纂十五卷首一卷 ……………… 2-93
西湖志纂十五卷首一卷 ……………… 2-93
西湖志纂十五卷首一卷 ……………… 2-93
西湖林公祠志一卷 …………………… 2-56
西湖佳話古今遺迹十六卷 ………… 3-463
西湖佳話古今遺迹十六卷 ………… 3-463
西湖風景畫五十二幅 ……………… 2-338
西湖棹歌一卷鑒湖棹歌一卷 ……… 3-318
西湖集覽 ……………………………… 2-93
西湖游覽志二十四卷志餘二十六卷
　　　　　　　　　　　　　　　　　 2-93
西湖游覽志二十四卷志餘二十六卷
　　　　　　　　　　　　　　　… 2-93
西湖楹聯四卷 ………………………… 3-64
西湖楹聯四卷 ………………………… 3-64
西湖櫂歌一卷 ……………………… 3-278
西湖覽勝詩志八卷 …………………… 3-31
西湖覽勝詩選六卷 …………………… 3-31
西游真詮一百回 …………………… 3-464
西游真詮一百回 …………………… 3-464
西游真詮一百回 …………………… 3-464
西游真詮一百回 …………………… 3-464
西游真詮一百回 …………………… 3-464
西游原旨二十四卷一百回 ………… 3-464
西游原旨二十四卷一百回 ………… 3-464
西游詩草一卷 ……………………… 3-366
西塘先生文集九卷 ………………… 3-135
西園遺囑匯鈔二卷 ………………… 2-215
西溪偶錄一卷 ……………………… 3-248
西溪叢語二卷 ……………………… 2-383
西墅殘集二卷 ……………………… 3-174
西算新法直解八卷丈田繪圖章程一卷
　　　　　　　　　　　　　　　… 2-304
西銘講義一卷 ……………………… 2-197
西漢文紀十七卷 …………………… 2-557
西漢文選四卷 ……………………… 2-557
西漢文鑒二十一卷東漢文鑒二十卷 … 2-557
西漢年紀三十卷 …………………… 1-234
西漢奏疏八卷東漢奏疏八卷 ……… 1-495
西漢會要七十卷 …………………… 1-419
西漢會要七十卷 …………………… 1-419
西漢會要七十卷 …………………… 1-419
西漚全集十卷外集八卷 …………… 3-228
[乾隆]西寧府新志四十卷 ………… 1-545
[康熙]西寧縣志八卷首一卷 ……… 1-532
[同治]西寧縣新志十卷首一卷 …… 1-532
西澗草堂集四卷詩集四卷尚書讀記一
　卷春秋一得一卷困勉齋私記四卷
　　　　　　　　　　　　　　　… 3-553
西澗舊廬詩稿四卷 ………………… 3-398
西橋詩草六卷首一卷 ……………… 3-237
西橋詩草六卷首一卷 ……………… 3-237
西橋詩草六卷首一卷 ……………… 3-237
西磧山房詩錄二卷文錄二卷 ……… 3-389
西學大成 …………………………… 2-367
西學大成 …………………………… 2-367
西學政教工藝分類叢書 …………… 2-290
西學書目表三卷附一卷讀西學書法一卷
　　　　　　　　　　　　　　　… 2-152
西學書目表三卷附一卷讀西學書法一卷
　　　　　　　　　　　　　　　… 2-152
西學書目表三卷附一卷讀西學書法一卷
　　　　　　　　　　　　　　　… 2-152
西學書目表三卷附一卷讀西學書法一卷
　　　　　　　　　　　　　　　… 2-152
西學通考三十六卷 ………………… 2-401
西學通考三十六卷 ………………… 2-401
西學略述十卷 ……………………… 2-401
西學啟蒙 …………………………… 2-401
西學啟蒙 …………………………… 2-401
西學啟蒙十六種 …………………… 3-530
西學富強叢書 ……………………… 3-500
西學富強叢書 ……………………… 3-500
西學輯存六種 ……………………… 2-401
西學叢書 …………………………… 2-290
西學叢書 …………………………… 2-290
西學雜引一卷 ……………………… 2-380
西藏通覽二編 ……………………… 3-534

126

[光緒]西藏圖考八卷首一卷 ……… 2－41
[光緒]西藏圖考八卷首一卷 ……… 2－41
西藏賦不分卷 ……………………… 2－74
西魏書二十四卷 …………………… 1－273
西魏書二十四卷 …………………… 1－273
西魏書二十四卷附錄一卷 ………… 1－273
西魏書二十四卷附錄一卷 ………… 1－273
西齋偶得三卷 ……………………… 2－375
西藝知新二十二卷 ………………… 2－291
西藥大成十卷首一卷 ……………… 2－288
西藥大成十卷首一卷 ……………… 2－288
西藥大成補編十卷首一卷 ………… 2－288
西藥大成藥品中西名目表一卷 …… 2－288
西藥大成藥品中西名目表一卷 …… 2－288
西藥大成藥品中西名目表一卷 …… 2－288
西醫内科全書 ……………………… 2－287
西醫胎產舉要二卷 ………………… 2－289
西醫眼科撮要一卷 ………………… 2－287
西醫略論三卷 ……………………… 2－287
西醫略論三卷 ……………………… 2－287
西醫略論三卷 ……………………… 2－288
西醫產科心法一卷 ………………… 2－289
西廬文集四卷 ……………………… 3－312
西鐸九卷 …………………………… 3－419
在山堂集三十卷 …………………… 3－353
在官法戒錄摘鈔四卷 ……………… 1－439
在官法戒錄摘鈔四卷 ……………… 1－439
在官法戒錄摘鈔四卷 ……………… 1－439
在官法戒錄摘鈔四卷 ……………… 1－439
在亭叢稿十二卷 …………………… 3－225
在原詩鈔五卷 ……………………… 3－285
在陸草堂文集六卷 ………………… 3－369
在陸草堂文集六卷 ………………… 3－369
百一山房集十卷 …………………… 3－401
百川書志二十卷 …………………… 2－146
百川學海 …………………………… 3－489
百川學海 …………………………… 3－489
百尺梧桐閣集文十卷 ……………… 3－220
百老吟一卷後編一卷三編一卷 …… 3－27
百名家詞鈔 ………………………… 3－421

百名家詩選八十九卷 ……………… 3－27
[光緒]百色廳志八卷首一卷 ……… 2－32
百孝圖詩傳合編一卷 ……………… 2－214
百孝圖說二卷 ……………………… 2－205
百宋一廛賦一卷 …………………… 2－143
百宋一廛賦一卷 …………………… 2－143
百毒解不分卷 ……………………… 2－266
百柱堂全集五十二卷首一卷 ……… 3－196
百柱堂全集内集三十四卷外集十九卷
 …………………………………… 3－196
百柱堂全集内集三十四卷外集十九卷
 …………………………………… 3－196
百柱堂全集内集三十四卷外集十九卷
 …………………………………… 3－196
百柱堂詩稿八卷 …………………… 3－196
百美新詠一卷集詠一卷圖傳不分卷
 …………………………………… 3－363
百美新詠一卷集詠一卷圖傳不分卷
 …………………………………… 3－364
百美新詠一卷集詠一卷圖傳不分卷
 …………………………………… 3－364
百美新詠一卷集詠一卷圖傳不分卷 …… 3－364
百美新詠一卷集詠一卷圖傳不分卷 …… 3－364
百衲琴二卷 ………………………… 3－476
百家姓考略一卷 …………………… 1－378
百家姓帖一卷 ……………………… 1－379
百家姓帖一卷 ……………………… 1－379
百家摘奇四卷 ……………………… 2－398
百鳥圖說一卷 ……………………… 2－353
百鳥圖說一卷 ……………………… 2－353
百鳥圖說一卷 ……………………… 2－353
百將百美合璧印譜 ………………… 2－342
百將傳略一卷 ……………………… 1－285
百將圖傳二卷 ……………………… 1－329
百將圖傳二卷 ……………………… 1－329
百萼紅詞二卷 ……………………… 3－430
百萼紅詞二卷 ……………………… 3－430
百硯齋算稿 ………………………… 2－299
百論二卷 …………………………… 2－423
百獸圖說一卷說論一卷 …………… 2－353
百獸圖說一卷說論一卷 …………… 2－353

百獸圖說一卷說論一卷‥‥‥‥‥‥ 2－353
百獸圖說一卷說論一卷‥‥‥‥‥‥ 2－353
百體千字文一卷‥‥‥‥‥‥‥‥‥ 1－174
有山誠子錄一卷‥‥‥‥‥‥‥‥‥ 2－371
有山誠子錄一卷‥‥‥‥‥‥‥‥‥ 2－371
有不爲齋隨筆十卷‥‥‥‥‥‥‥‥ 2－367
有不爲齋隨筆十卷‥‥‥‥‥‥‥‥ 2－367
有方游草二卷‥‥‥‥‥‥‥‥‥‥ 3－390
有心錄二卷雜附一卷‥‥‥‥‥‥‥ 2－197
有正味齋集十六卷‥‥‥‥‥‥‥‥ 3－244
有正味齋集十六卷‥‥‥‥‥‥‥‥ 3－244
有正味齋詞集八卷‥‥‥‥‥‥‥‥ 3－430
有正味齋詞集八卷‥‥‥‥‥‥‥‥ 3－430
有正味齋試帖詩註五卷‥‥‥‥‥‥ 3－244
有正味齋試帖詩註五卷‥‥‥‥‥‥ 3－244
有正味齋詩集十六卷駢體文二十四
　卷詞集八卷外集五卷‥‥‥‥‥‥ 3－243
有正味齋詩集十六卷駢體文二十四
　卷詞集八卷外集五卷‥‥‥‥‥‥ 3－243
有正味齋詩集十六卷駢體文二十四
　卷詞集八卷外集五卷‥‥‥‥‥‥ 3－243
有正味齋詩集十六卷駢體文二十四
　卷詞集八卷外集五卷‥‥‥‥‥‥ 3－243
有正味齋詩集十六卷駢體文二十四
　卷詞集八卷外集五卷‥‥‥‥‥‥ 3－244
有正味齋詩集十六卷駢體文二十四
　卷詞集八卷外集五卷‥‥‥‥‥‥ 3－244
有正味齋詩集十六卷駢體文二十四
　卷續集八卷詞集八卷詞續集二卷
　詞外集一卷外集五卷‥‥‥‥‥‥ 3－244
有正味齋詩集十六卷駢體文二十四
　卷續集八卷詞集八卷詞續集二卷
　詞外集一卷外集五卷‥‥‥‥‥‥ 3－244
有正味齋詩集十六卷駢體文二十四
　卷續集八卷詞集八卷詞續集二卷
　詞外集一卷外集五卷‥‥‥‥‥‥ 3－244
有正味齋詩集十六卷續集八卷駢體
　文二十四卷續集八卷詞集八卷詞
　續集二卷詞外集一卷外集五卷‥‥ 3－243

有正味齋詩集十六卷續集八卷駢體
　文二十四卷續集八卷詞集八卷詞
　續集二卷詞外集一卷外集五卷‥‥ 3－243
有正味齋詩集十六卷續集八卷駢體
　文二十四卷續集八卷詞集八卷詞
　續集二卷詞外集一卷外集五卷‥‥ 3－243
有正味齋賦稿一卷‥‥‥‥‥‥‥‥ 3－244
有正味齋賦稿一卷‥‥‥‥‥‥‥‥ 3－244
有正味齋駢文十六卷‥‥‥‥‥‥‥ 3－244
有正味齋駢文十六卷‥‥‥‥‥‥‥ 3－244
有正味齋駢文十六卷‥‥‥‥‥‥‥ 3－245
有正味齋駢文十六卷‥‥‥‥‥‥‥ 3－245
有正味齋駢文十六卷‥‥‥‥‥‥‥ 3－245
有正味齋駢體文二十四卷‥‥‥‥‥ 3－244
有正味齋駢體文二十四卷‥‥‥‥‥ 3－244
有正味齋駢體文二十四卷‥‥‥‥‥ 3－244
有正味齋駢體文二十四卷‥‥‥‥‥ 3－244
有正味齋駢體文二十四卷首一卷‥‥ 3－244
有正味齋駢體文十六卷‥‥‥‥‥‥ 3－245
有用書‥‥‥‥‥‥‥‥‥‥‥‥‥ 2－401
有竹居集十六卷‥‥‥‥‥‥‥‥‥ 3－214
有明名賢遺翰二卷‥‥‥‥‥‥‥‥ 2－331
有明名賢遺翰二卷‥‥‥‥‥‥‥‥ 2－331
有恆心齋集‥‥‥‥‥‥‥‥‥‥‥ 3－524
有恆心齋集‥‥‥‥‥‥‥‥‥‥‥ 3－524
有恆心齋集‥‥‥‥‥‥‥‥‥‥‥ 3－524
有真意齋詩集六卷‥‥‥‥‥‥‥‥ 3－351
有真意齋詩稿六卷‥‥‥‥‥‥‥‥ 3－351
有真意齋詩稿六卷香奩二十四詠一卷
　‥‥‥‥‥‥‥‥‥‥‥‥‥‥‥ 3－350
有真意齋詩稿六卷香奩二十四詠一卷
　‥‥‥‥‥‥‥‥‥‥‥‥‥‥‥ 3－350
有真意齋詩稿六卷香奩二十四詠一卷
　‥‥‥‥‥‥‥‥‥‥‥‥‥‥‥ 3－350
有真意齋詩稿六卷香奩二十四詠一卷
　‥‥‥‥‥‥‥‥‥‥‥‥‥‥‥ 3－351
有真意齋詩稿六卷香奩二十四詠一卷
　‥‥‥‥‥‥‥‥‥‥‥‥‥‥‥ 3－351
有真意齋詩稿六卷香奩二十四詠一卷
　‥‥‥‥‥‥‥‥‥‥‥‥‥‥‥ 3－351

有福讀書堂叢刻 …………………… 3－505
有懷堂文稿二十二卷詩稿六卷 ……… 3－402
有懷堂文稿二十二卷詩稿六卷 ……… 3－402
有懷堂文稿二十二卷詩稿六卷 ……… 3－402
而庵說唐詩九卷首一卷 ……………… 3－7
存古學堂叢刻 ………………………… 3－543
存吾文不分卷詒穀草堂詩集一卷 …… 3－247
存吾文不分卷詒穀草堂詩集一卷 …… 3－247
存吾文不分卷詒穀草堂詩集一卷 …… 3－247
存吾文不分卷詒穀草堂詩集一卷 …… 3－247
存吾文不分卷詒穀草堂詩集一卷 …… 3－247
存吾文稿四卷 ………………………… 3－247
存吾文稿四卷 ………………………… 3－247
存吾春齋文鈔十卷 …………………… 3－399
存吾春齋文鈔十卷文續鈔二卷詩鈔
　十二卷詩續鈔一卷 ……………… 3－399
存吾春齋詩鈔十二卷 ………………… 3－399
存研樓文集十六卷 …………………… 3－369
存研樓文集十六卷 …………………… 3－369
存研樓文集十六卷 …………………… 3－369
存素堂詩稿十四卷文稿四卷補遺一
　卷奏疏四卷頤壽老人年譜二卷 … 3－363
存素堂詩稿十四卷文稿四卷補遺一
　卷奏疏四卷頤壽老人年譜二卷 …… 3－363
存素堂詩稿十四卷文稿四卷補遺一
　卷奏疏四卷頤壽老人年譜二卷 …… 3－363
存素堂詩稿十四卷文稿四卷補遺一
　卷奏疏四卷頤壽老人年譜二卷 …… 3－363
存悔齋集二十八卷外集四卷 ………… 3－398
存悔齋集二十八卷外集四卷 ………… 3－398
存悔齋集二十八卷外集四卷 ………… 3－398
存悔齋集鈔存十二卷 ………………… 3－398
存誠堂詩集二十五卷應制詩五卷 …… 3－307
存誠齋文集十二卷 …………………… 3－248
存餘草初集一卷續集一卷 …………… 3－258
存樸山房詩鈔八卷 …………………… 3－201
灰畫集十九卷 ………………………… 1－514
列女傳十六卷 ………………………… 1－279
列女傳十六卷 ………………………… 1－279
列女傳八卷 …………………………… 1－280

列女傳八卷 …………………………… 1－280
列女傳八卷 …………………………… 1－280
列女傳八卷 …………………………… 1－280
列女傳八卷 …………………………… 1－280
列女傳八卷 …………………………… 1－280
列女傳八卷 …………………………… 1－280
列女傳八卷 …………………………… 1－280
列女傳集註八卷補遺一卷 …………… 1－280
列女傳集註八卷補遺一卷 …………… 1－280
列女傳補註八卷叙錄一卷校正一卷
　　……………………………………… 1－286
列女傳補註八卷叙錄一卷校正一卷
　　……………………………………… 1－286
列女傳補註八卷叙錄一卷校正一卷
　　……………………………………… 1－286
列女傳補註八卷叙錄一卷校正一卷
　　……………………………………… 1－286
列子八卷 ……………………………… 2－466
列子八卷 ……………………………… 2－466
列子八卷 ……………………………… 2－466
列子八卷 ……………………………… 2－466
列子八卷 ……………………………… 2－466
列子八卷 ……………………………… 2－466
列子八卷 ……………………………… 2－466
列子八卷 ……………………………… 2－466
列子八卷 ……………………………… 2－466
列子沖虛至德真經二卷 ……………… 2－465
列子沖虛真經二卷 …………………… 2－466
列仙傳二卷附校譌補校 ……………… 2－478
列祖提綱錄四十二卷 ………………… 2－453
列國政要一百三十二卷首一卷 ……… 2－153
列國政要一百三十二卷首一卷 ……… 2－153
列國政要一百三十二卷首一卷 ……… 2－153
列國政要一百三十二卷首一卷 ……… 2－153
列國政要一百三十二卷首一卷 ……… 2－153
列國政要一百三十二卷首一卷 ……… 2－153
列國政要一百三十二卷首一卷 ……… 2－154
列國歲計政要十二卷首一卷 ……… 2－159
列國歲計政要十二卷首一卷 ……… 2－159
列國變通興盛記四卷 ………………… 2－158
列朝詩集小傳十卷 …………………… 1－304

列朝詩集小傳十卷 …………… 1－304
列朝詩集乾集二卷甲集前編十一卷
　　甲集二十二卷乙集八卷丙集十六
　　卷丁集十六卷閏集六卷 ………… 3－17
列朝詩集乾集二卷甲集前編十一卷
　　甲集二十二卷乙集八卷丙集十六
　　卷丁集十卷閏集六卷 ………… 3－17
列朝詩集乾集二卷甲集前編十一卷
　　甲集二十二卷乙集八卷丙集十六
　　卷丁集十卷閏集六卷 ………… 3－17
列朝詩集乾集二卷甲集前編十一卷
　　甲集二十二卷乙集八卷丙集十六
　　卷丁集十卷閏集六卷 ………… 3－18
成山廬稿十卷 …………………… 3－277
成仁譜二十六卷 ………………… 1－284
成均課士錄第九集十六卷 ……… 3－48
成克襄詩文稿 …………………… 3－207
成唯識論十卷 …………………… 2－429
成唯識論十卷 …………………… 2－429
成唯識論十卷 …………………… 2－429
成唯識論十卷 …………………… 2－429
成唯識論十卷 …………………… 2－438
成唯識論十卷 …………………… 2－438
成唯識論十卷 …………………… 2－438
成唯識論自考十卷 ……………… 2－448
成唯識論述記六十卷 …………… 2－447
成唯識論述記六十卷 …………… 2－447
成唯識論疏十卷 ………………… 2－440
成唯識論講錄十卷 ……………… 2－449
成唯識論觀心法要十卷 ………… 2－450
成唯識論觀心法要十卷 ………… 2－450
成唯識寶生論五卷 ……………… 2－432
成裕堂繪像第七才子書六卷 …… 3－439
成裕堂繪像第七才子書六卷 …… 3－440
成裕堂繪像第七才子書六卷 …… 3－440
成裕堂繪像第七才子書六卷 …… 3－440
成裕堂繪像第七才子書六卷 …… 3－440
成實論二十卷 …………………… 2－423
［乾隆］成縣新志四卷 ………… 1－544
托竹筠堂彤史吟二卷詩鈔九卷讀史補一
　　卷讀史隨筆一卷橋杌雜詠一卷 …… 3－405

托竹筠堂彤史吟二卷詩鈔九卷讀史補
　　一卷讀史隨筆一卷橋杌雜詠一卷
　　…………………………………… 3－405
托素齋文集六卷詩集四卷 ……… 3－403
托素齋文集六卷詩集四卷 ……… 3－403
夷堅志二百〇六卷 ……………… 3－459
夷堅志二百〇六卷 ……………… 3－459
夷堅志十集二十卷 ……………… 3－459
夷堅志十集二十卷 ……………… 3－459
至元庚寅重刊改并五音集韻十五卷
　　…………………………………… 1－177
至元法寶 ………………………… 2－419
至正集八十一卷附錄一卷 ……… 3－150
至游子二卷 ……………………… 2－472
至聖先師孔子年譜三卷首一卷末一卷
　　…………………………………… 1－319
此木軒文集十卷 ………………… 3－354
此木軒春秋闕如編八卷 ………… 1－81
此木軒春秋闕如編八卷 ………… 1－81
此木軒雜著八卷 ………………… 2－376
此君軒漫筆八卷 ………………… 2－399
尖陽叢筆十卷 …………………… 2－369
尖陽叢筆十卷 …………………… 2－369
［光緒］光化縣志八卷首一卷 … 2－27
［乾隆］光州志六十八卷附志餘十二卷
　　…………………………………… 2－20
光孝集二卷 ……………………… 3－55
光緒乙巳年交涉要覽上編二卷下編三卷
　　…………………………………… 1－464
光緒乙巳年交涉要覽上編二卷下編三卷
　　…………………………………… 1－465
光緒乙巳年交涉要覽上編二卷下編三卷
　　…………………………………… 1－465
光緒乙巳學報彙編 ……………… 1－432
光緒乙酉科湖南選拔同門齒錄一卷…… 1－382
光緒乙酉科廣東鄉試錄一卷 …… 1－381
光緒乙酉爵秩全覽不分卷 ……… 1－384
光緒二十八年通商各關華洋貿易總
　　冊二卷 ………………………… 1－451
光緒二十八年通商各關華洋貿易總
　　冊二卷 ………………………… 1－451

光緒二十九年癸卯補行辛丑壬寅恩
　正并科會試登科錄…………………… 1－381
光緒二十九年通商各關華洋貿易總
　冊二卷………………………………… 1－451
光緒二十五年通商各關華洋貿易總
　冊二卷………………………………… 1－451
光緒二十六年通商各關華洋貿易總
　冊二卷………………………………… 1－451
光緒十三年湘鄉三十七都一區編牌
　戶口冊………………………………… 1－455
光緒十五年會試官職錄………………… 1－381
光緒十六年進士登科錄一卷…………… 1－381
光緒丁酉科十八省選拔貢同年全錄一卷
　………………………………………… 1－381
光緒丁酉科湖南拔貢同門齒錄一卷
　………………………………………… 1－382
光緒丁酉科湖南拔貢同門齒錄一卷
　………………………………………… 1－382
光緒九年四月分辦理陝甘後路糧台
　收支銀兩清冊………………………… 1－450
光緒三十二年通商各關華洋貿易總
　冊二卷………………………………… 1－452
光緒三十四年通商各關華洋貿易總
　冊二卷………………………………… 1－452
光緒三十四年通商各關華洋貿易總
　冊二卷………………………………… 1－452
光緒三十年通商各關華洋貿易總冊二卷
　………………………………………… 1－452
光緒元年由蘭州回湘奔喪路程日記
　………………………………………… 1－330
光緒壬午科陝西鄉試題名錄一卷…… 1－381
光緒丙午年交涉要覽一編一卷中篇
　二卷下編四卷………………………… 1－465
光緒丙午年交涉要覽一編一卷中篇
　二卷下編四卷………………………… 1－465
光緒丙午學報彙編……………………… 1－433
光緒戊子科湖南鄉試同門錄一卷…… 1－382
光緒甲午科十八省正副榜同年全錄
　不分卷………………………………… 1－381
光緒甲午科直省鄉墨藝萃二卷……… 3－535
光緒甲辰會試齒錄一卷………………… 1－381

光緒甲辰學報彙編…………………… 1－432
光緒辛丑補行庚子恩正并科甘肅鄉
　試題名錄一卷………………………… 1－381
光緒辛丑補行庚子恩正并科廣東鄉
　試錄一卷……………………………… 1－381
光緒辛卯科十八省正副榜同年全錄
　不分卷………………………………… 1－381
光緒東華續錄二百二十卷……………… 1－237
光緒東華續錄二百二十卷……………… 1－237
光緒府廳州縣歌一卷…………………… 1－525
光緒庚子辛丑恩正并科各省鄉試同
　年全錄不分卷………………………… 1－381
光緒政要三十四卷……………………… 1－238
光緒政要三十四卷……………………… 1－238
光緒政要三十四卷……………………… 1－238
光緒癸巳資勤氏在京日記不分卷…… 1－332
光緒癸卯鄉試同年錄…………………… 1－381
光緒癸卯補行辛丑壬寅年恩正并科
　會試齒錄……………………………… 1－381
光緒癸酉縉紳錄………………………… 1－384
光緒條約不分卷………………………… 1－466
光緒財政通纂五十四卷………………… 1－450
光緒湖北輿地記二十四卷 …………… 2－73
光緒湖北輿地記二十四卷 …………… 2－73
光緒湖北輿地記二十四卷 …………… 2－73
光緒湖北輿地記二十四卷 …………… 2－73
光緒會計錄三卷………………………… 1－450
光緒續增科場條例不分卷……………… 1－488
光學二卷視學諸器圖說一卷…………… 2－311
光學二卷視學諸器圖說一卷…………… 2－311
光學二卷視學諸器圖說一卷…………… 2－311
光讚般若波羅蜜經十卷………………… 2－422
早花集一卷……………………………… 3－430
吐魯番直隸廳圖說一卷 ……………… 2－75
曲江張文獻先生文集十二卷附錄一卷
　………………………………………… 3－97
[光緒]曲江縣志十六卷………………… 2－28
曲阜碑碣考四卷………………………… 2－124
曲阜詩鈔八卷…………………………… 3－33
[乾隆]曲阜縣志一百卷 ……………… 1－546
曲園四書文一卷曲園擬墨一卷……… 3－270

曲園詩翰不分卷 ……………………… 3－270
曲園雜纂五十卷 …………………… 2－387
曲禮六卷 ……………………………… 1－66
曲譜十二卷首一卷末一卷 …………… 3－450
曲譜十二卷首一卷末一卷 …………… 3－450
曲譜十二卷首一卷末一卷 …………… 3－450
同人集十二卷 ……………………… 2－533
同人集十二卷 ……………………… 2－533
同人集十二卷 ……………………… 2－533
同人集十二卷 ……………………… 2－533
同仁堂虔修諸門應症丸散膏丹一卷
　　　　　　　　　………………… 2－256
同仁堂虔修諸門應症丸散膏丹一卷
　　　　　　　　　………………… 2－256
［嘉慶］同安縣志三十卷 …………… 2－14
［乾隆］同安縣志三十卷首一卷 …… 2－14
同岑詩鈔 ……………………………… 3－30
同治十二年癸酉鄉試同年錄 ……… 1－381
同治中興京外奏議約編八卷 ……… 1－495
同治中興京外奏議約編八卷 ……… 1－495
同治壬戌科官本各省鄉試同年錄一卷
　　　　　　　　　………………… 1－381
同治東華續錄一百卷 ……………… 1－237
同治東華續錄一百卷 ……………… 3－532
同治帝大婚典禮檔案一卷 ………… 1－425
同治癸本科明經通譜 ……………… 1－381
同治癸酉科湖南同門齒錄一卷 …… 1－382
同治朝籌辦夷務始末一百卷 ……… 1－464
［乾隆］同官縣志十卷 ……………… 1－541
同官錄不分卷 ……………………… 1－385
同音集一卷 ………………………… 3－22
同根草二卷 ………………………… 3－22
同庵史匯十卷 ……………………… 1－391
同壽錄四卷 ………………………… 2－264
同壽錄四卷首一卷 ………………… 2－264
同館試律三鈔 ……………………… 3－46
同館經進賦鈔不分卷 ……………… 3－51
同館賦鈔:癸丑科不分卷 …………… 3－49
因明入正理論疏八卷 ……………… 2－436
因寄軒文初集十卷二集六卷補遺一卷
　　　　　　　　　………………… 3－387

因寄軒文初集十卷二集六卷補遺一卷
　　　　　　　　　………………… 3－387
因寄軒文初集十卷二集六卷補遺一卷
　　　　　　　　　………………… 3－387
因寄軒文初集十卷二集六卷補遺一卷
　　　　　　　　　………………… 3－387
因寄軒文初集十卷二集六卷補遺一卷
　　　　　　　　　………………… 3－387
因寄軒文初集十卷二集六卷補遺一卷
　　　　　　　　　………………… 3－387
因樹屋書影十卷 …………………… 2－370
因樹屋書影十卷 …………………… 2－370
因樹屋書影十卷 …………………… 2－370
因樹屋書影十卷 …………………… 2－370
因樹屋書影十卷 …………………… 2－370
因樹屋書影十卷 …………………… 2－370
因樹屋書影十卷 …………………… 2－370
屾峰憲禪師語錄十卷 ……………… 2－460
回文傳十六卷 ……………………… 3－468
回文類聚四卷 ……………………… 2－526
回文類聚四卷 ……………………… 2－526
回文類聚四卷 ……………………… 2－526
回文類聚四卷續編十卷 …………… 2－526
回生集二卷 ………………………… 2－264
回飆日記一卷 ……………………… 1－331
屺思堂文集八卷 …………………… 3－394
朱子大全不分卷 …………………… 3－115
朱子大全文集一百卷續集五卷別集
　七卷目錄二卷 …………………… 3－115
朱子不廢古訓說十六卷朱註引用文
　獻考略四卷 ……………………… 1－103
朱子文集一百卷續集十一卷別集十卷
　　　　　　　　　………………… 3－552
朱子文鈔二十卷 …………………… 3－115
朱子文鈔二十卷 …………………… 3－115
朱子古文六卷 ……………………… 3－115
朱子古文六卷 ……………………… 3－115
朱子古文六卷 ……………………… 3－115
朱子古文書疑一卷 ………………… 3－542
朱子古文讀本六卷 ………………… 3－115
朱子四書纂要四十卷序說一卷 …… 1－106

132

朱子四書纂要四十卷序說一卷 ········ 1－106
朱子年譜四卷考異四卷附錄二卷 ····· 1－319
朱子年譜四卷考異四卷附錄二卷 ····· 1－319
朱子年譜四卷考異四卷附錄二卷 ····· 1－319
朱子年譜四卷考異四卷附錄二卷 ····· 1－319
朱子年譜四卷考異四卷附錄二卷 ····· 1－319
朱子年譜四卷考異四卷附錄二卷 ····· 1－319
朱子年譜四卷考異四卷附錄二卷 ····· 1－320
朱子年譜四卷考異四卷附錄二卷 ····· 1－320
朱子年譜四卷考異四卷附錄二卷 ····· 1－320
朱子年譜四卷考異四卷附錄二卷 ····· 1－320
朱子年譜四卷考異四卷附錄二卷 ····· 1－320
朱子年譜四卷考異四卷附錄二卷 ····· 1－320
朱子年譜四卷考異四卷附錄二卷 ····· 1－320
朱子年譜四卷考異四卷附錄二卷 ····· 1－320
朱子年譜四卷考異四卷附錄二卷 ····· 1－320
朱子年譜綱目十二卷首一卷末一卷
······································ 1－320
朱子年譜綱目十二卷首一卷末一卷
······································ 1－320
朱子年譜綱目十二卷首一卷末一卷
······································ 1－320
朱子約編八卷 ···························· 2－195
朱子校昌黎先生集傳一卷 ············ 3－105
朱子校昌黎先生集傳一卷 ············ 3－105
朱子校昌黎先生集傳一卷 ············ 3－105
朱子校昌黎先生集傳一卷 ············ 3－105
朱子原訂近思錄十四卷 ··············· 2－184
朱子原訂近思錄十四卷 ··············· 2－184
朱子原訂近思錄十四卷 ··············· 2－184
朱子原訂近思錄十四卷 ··············· 2－184
朱子原訂近思錄十四卷 ··············· 2－184
朱子原訂近思錄十四卷 ··············· 2－184
朱子原訂近思錄十四卷 ··············· 2－184
朱子原訂近思錄十四卷 ··············· 2－184
朱子原訂近思錄十四卷 ··············· 2－184
朱子原訂近思錄十四卷 ··············· 2－184
朱子原訂近思錄十四卷 ··············· 3－537
朱子家訓廣鑒二卷 ····················· 2－204

朱子家禮八卷附錄一卷 ··············· 1－74
朱子家禮八卷附錄一卷 ··············· 1－74
朱子家禮八卷附錄一卷 ··············· 1－74
朱子家禮五卷 ···························· 1－74
朱子家禮五卷 ···························· 1－74
朱子家禮五卷 ···························· 1－74
朱子家禮五卷 ···························· 1－74
朱子家禮五卷 ···························· 1－74
朱子晚年定論一卷 ····················· 2－188
朱子集一百〇四卷目錄二卷 ········· 3－115
朱子集一百〇四卷目錄二卷 ········· 3－115
朱子集一百〇四卷目錄二卷 ········· 3－115
朱子集一百〇四卷目錄二卷 ········· 3－115
朱子集一百〇四卷目錄二卷 ········· 3－115
朱子集一百〇四卷目錄二卷 ········· 3－115
朱子註釋濂關三書三卷 ··············· 2－203
朱子詩鈔四卷 ···························· 3－115
朱子詩義補正八卷 ····················· 1－42
朱子詩義補正八卷 ····················· 1－42
朱子語類一百四十卷 ·················· 2－183
朱子語類一百四十卷 ·················· 2－183
朱子語類一百四十卷 ·················· 2－183
朱子語類一百四十卷 ·················· 2－183
朱子語類一百四十卷 ·················· 2－183
朱子語類一百四十卷 ·················· 2－183
朱子語類一百四十卷 ·················· 2－183
朱子語類一百四十卷 ·················· 2－183
朱子語類一百四十卷 ·················· 3－549
朱子語類日鈔五卷 ····················· 2－195
朱子語類日鈔五卷 ····················· 3－549
朱子說綱領一卷 ························· 1－28
朱子遺書 ································· 3－510
朱子論定文鈔二十一卷 ··············· 3－115
朱子論語或問小註二十卷 ············ 1－108
朱子論語註訓詁考二卷 ··············· 1－110
朱子論語註訓詁考二卷 ··············· 1－110
朱子學的二卷 ···························· 2－188
朱子學的二卷 ···························· 2－188
朱子學的二卷 ···························· 2－188
朱子學的二卷 ···························· 2－188

133

朱子學的二卷 …………………… 2－188
朱止泉先生文集八卷 ……………… 3－212
朱氏傳芳集八卷首一卷 …………… 3－41
朱氏群書 …………………………… 3－515
朱氏群書 …………………………… 3－515
朱氏經學叢書初編 ………………… 1－8
朱氏經學叢書初編 ………………… 1－8
朱氏經學叢書初編 ………………… 1－8
朱文公校昌黎先生文集四十卷外集十卷
　　………………………………… 3－105
朱文公校昌黎先生文集四十卷外集
　十卷遺文一卷 …………………… 3－103
朱文公校昌黎先生文集四十卷外集
　十卷遺文一卷 …………………… 3－105
朱文公校昌黎先生文集四十卷外集
　十卷遺文一卷 …………………… 3－105
朱文公校昌黎先生文集四十卷外集
　十卷遺文一卷 …………………… 3－105
朱文公校昌黎先生文集四十卷外集
　十卷遺文一卷 …………………… 3－105
朱文公校昌黎先生文集四十卷外集
　十卷遺文一卷 …………………… 3－105
朱文公校昌黎先生文集四十卷外集
　十卷遺文一卷 …………………… 3－105
朱文公校昌黎先生文集四十卷外集
　十卷遺文一卷 …………………… 3－105
朱文公校昌黎先生文集四十卷外集
　十卷遺文一卷 …………………… 3－105
朱文公游藝至論二卷 ……………… 3－479
朱文公語錄類要述十八卷 ………… 2－190
朱文定公集十卷 …………………… 3－209
朱文端公文集二卷附錄一卷 ……… 3－212
朱文端公文集四卷 ………………… 3－212
朱文端公藏書 ……………………… 3－515
朱文懿公奏疏十二卷 ……………… 1－498
朱先輝鄉試硃卷 …………………… 3－210
朱杜溪先生集十二卷 ……………… 3－211
朱批諭旨不分卷 …………………… 1－493
朱南崖年譜三卷 …………………… 1－323

朱柏廬先生中庸講義二卷 ………… 1－113
朱柏廬先生格言印譜 ……………… 2－341
朱美燮鄉試硃卷 …………………… 3－210
朱恩綬鄉試硃卷 …………………… 3－211
朱恩綬鄉試硃卷 …………………… 3－211
朱益藩鄉試硃卷 …………………… 3－211
朱陵山水畫冊 ……………………… 2－336
朱孫詒去思錄一卷 ………………… 1－312
朱淑真斷腸詩詞集十九卷 ………… 3－114
朱陽仲詩選五卷 …………………… 3－159
朱飲山三韻易知十卷 ……………… 1－187
朱飲山千金譜二十九卷 …………… 3－481
朱飲山千金譜二十九卷 …………… 3－481
朱馳範優貢卷 ……………………… 3－212
朱楓林集十卷 ……………………… 3－159
朱慎甫先生遺集 …………………… 3－514
朱慎甫先生遺集 …………………… 3－514
朱慎甫先生遺集 …………………… 3－514
朱慎甫先生遺集 …………………… 3－514
朱慎甫先生遺集 …………………… 3－514
朱慎甫先生遺集 …………………… 3－515
先天火醮告符科文 ………………… 2－478
先正遺規二卷 ……………………… 2－204
先正遺規二卷 ……………………… 2－204
先考雨生府君年譜編略一卷 ……… 1－326
先向亭學士西北水利稿 …………… 2－99
先兵左公批湘軍志書眉 …………… 1－248
先君子戢山先生年譜一卷 ………… 1－322
先船山公年譜前編一卷後編一卷 … 1－322
先船山公年譜前編一卷後編一卷 … 1－322
先船山公年譜前編一卷後編一卷 … 1－322
先船山公年譜前編一卷後編一卷 … 1－322
先船山公年譜前編一卷後編一卷 … 1－322
先船山公年譜前編一卷後編一卷 … 1－322
先船山公年譜前編一卷後編一卷 … 1－322
先聖生卒年月日考二卷 …………… 1－318
先聖生卒年月日考二卷 …………… 1－318
先聖生卒年月日考二卷 …………… 1－318
先聖生卒年月日考二卷 …………… 1－318
先聖生卒年月日考二卷 …………… 1－318
先聖生卒年月日考二卷 …………… 1－318

先聖生卒年月日考二卷 …………… 1－318
先聖生卒年月日考二卷 …………… 1－319
先聖生卒年月日考二卷 …………… 1－319
先撥志始二卷 …………………… 1－262
先撥志始二卷 …………………… 1－262
先撥志始二卷 …………………… 1－262
先撥志始二卷 …………………… 1－262
先撥志始二卷 …………………… 1－262
先撥志始二卷 …………………… 1－262
先儒宣公張子年譜一卷 …………… 1－321
先儒詩集一卷 …………………… 2－554
先儒趙子言行錄二卷 ……………… 2－195
先儒趙子言行錄二卷 ……………… 2－195
先儒趙子言行錄二卷 ……………… 2－195
先儒趙子言行錄二卷 ……………… 2－195
先儒趙子言行錄二卷 ……………… 2－195
先儒論說不分卷 ………………… 2－216
先儒論說不分卷 ………………… 2－216
先儒論說不分卷 ………………… 2－216
竹山堂詩稿二卷詞一卷 …………… 3－388
[同治]竹山縣志二十九卷 ………… 2－26
竹汀先生日記鈔二卷 ……………… 2－133
竹汀先生日記鈔二卷 ……………… 2－133
竹汀先生日記鈔二卷 ……………… 2－133
竹汀先生日記鈔二卷 ……………… 2－133
竹汀先生日記鈔二卷 ……………… 2－133
竹汀先生日記鈔二卷 ……………… 2－133
竹汀先生日記鈔三卷 ……………… 2－133
竹汀先生日記鈔三卷 ……………… 2－133
竹汀先生日記鈔三卷 ……………… 2－133
竹坡侍郎奏議二卷 ………………… 1－507
竹雨吟鈔二卷 …………………… 3－273
竹岡詩草一卷詩話一卷 …………… 3－385
竹居錄存一卷 …………………… 3－65
竹垞小志五卷 …………………… 2－57
竹南賦略一卷 …………………… 3－303
竹柏山房十五種 ………………… 3－518
竹柏山房十五種 ………………… 3－518
竹香齋類書三十七卷 ……………… 1－389
竹洲文集十卷附錄一卷 …………… 3－117
竹舫小草四卷 …………………… 3－360

竹書紀年二卷 …………………… 1－233
竹書紀年二卷 …………………… 1－233
竹書紀年二卷 …………………… 1－233
竹書紀年二卷 …………………… 1－233
竹書紀年二卷 …………………… 1－233
竹書紀年六卷 …………………… 1－233
竹書紀年考證一卷 ………………… 1－233
竹書紀年校正十四卷通考一卷 …… 1－234
竹書紀年校正十四卷通考一卷 …… 1－234
竹書紀年集註二卷 ………………… 1－233
竹書紀年集證三十五卷首一卷 …… 1－233
竹書紀年補證四卷 ………………… 3－547
竹書紀年統箋十二卷前編一卷雜述一卷
………………………………… 1－234
竹書紀年統箋十二卷前編一卷雜述一卷
………………………………… 1－234
竹書紀年統箋十二卷前編一卷雜述一卷
………………………………… 1－234
竹書紀年統箋十二卷前編一卷雜述一卷
………………………………… 1－234
竹書紀年統箋十二卷前編一卷雜述一卷
………………………………… 1－234
竹書紀年統箋十二卷前編一卷雜述一卷
………………………………… 1－234
竹書紀年統箋十二卷前編一卷雜述一卷
………………………………… 1－234
竹書紀年辨正四卷 ………………… 1－233
竹雪軒印集八卷 ………………… 2－343
竹堂稿三卷 ……………………… 3－278
竹庵詩錄五卷 …………………… 3－200
竹葉亭雜記八卷 ………………… 2－394
竹葉亭雜記八卷 ………………… 2－394
竹葉亭雜記八卷 ………………… 2－395
竹葉亭雜記八卷 ………………… 3－551
竹葉庵文集三十三卷 ……………… 3－311
竹雲題跋四卷 …………………… 2－124
竹雲題跋四卷 …………………… 2－323
竹雲題跋四卷虛舟題跋十卷又三卷
………………………………… 2－323

135

竹裕園筆語集十五卷 …………………… 2－368
竹裕園筆語集十五卷 …………………… 2－368
竹裕園筆語集十五卷 …………………… 2－368
竹溪詩存一卷 ……………………………… 3－339
竹溪詩草二卷 ……………………………… 3－400
[同治]竹溪縣志十六卷首一卷 ………… 2－26
竹嬾山房吟稿四卷 ……………………… 3－284
竹巖集十八卷補遺一卷續補遺一卷
　　附錄一卷 ……………………………… 3－166
竹巖集十八卷補遺一卷續補遺一卷
　　附錄一卷 ……………………………… 3－166
伍兆鰲會試硃卷 ………………………… 3－214
伍柳仙宗 ………………………………… 2－464
[乾隆]伏羌縣志十四卷 ………………… 1－544
伏敔堂詩錄十五卷續錄四卷首一卷
　　附錄一卷 ……………………………… 3－207
伏敔堂詩錄十五卷續錄四卷首一卷
　　附錄一卷 ……………………………… 3－207
伏龍破暗輝禪師語錄一卷 …………… 2－460
伐檀集二卷 ……………………………… 3－131
延平四先生年譜 ………………………… 1－318
延平四先生年譜 ………………………… 1－318
延平李先生師弟子答問一卷後錄一
　　卷補錄一卷 ………………………… 2－183
[乾隆]延平府志四十六卷 …………… 2－15
延令宋板書目 …………………………… 2－140
延令宋板書目不分卷 …………………… 2－140
[嘉慶]延安府志八十卷 ……………… 1－542
[康熙]延綏鎮志六卷 ………………… 1－542
[乾隆]延慶州志十卷首一卷 ………… 1－531
延禧堂詩鈔一卷 ………………………… 3－364
延露詞三卷 ……………………………… 3－427
仲安遺草一卷 …………………………… 3－261
仲景全書 ………………………………… 2－241
仲景傷寒補亡論二十卷 ………………… 2－270
仲實詩存二卷類稿一卷 ………………… 3－404
仲實詩存二卷類稿一卷 ………………… 3－404
任氏述記四卷 …………………………… 2－399
[乾隆]任丘縣志十二卷首一卷 ……… 1－534
任兆麟述記三卷 ………………………… 2－399
任兆麟述記三卷 ………………………… 2－497

任佑觀鄉試硃卷 ………………………… 3－214
任彥升集六卷 …………………………… 3－78
任釣臺先生遺書四卷 …………………… 1－70
仰止子祥考古今名家潤色詩林正宗
　　十二卷韻林正宗六卷 ……………… 2－486
仰止錄□□卷 …………………………… 1－333
仰止錄□□卷 …………………………… 1－333
仰蕭樓文集一卷國朝經學名儒記一卷
　　………………………………………… 3－308
仿宋相臺五經附考證 …………………… 1－1
仿宋相臺五經附考證 …………………… 1－1
仿宋相臺五經附考證 …………………… 1－1
仿宋相臺五經附考證 …………………… 1－1
仿宋相臺五經附考證 …………………… 1－1
仿宋相臺五經附考證 …………………… 1－1
仿宋相臺五經附考證 …………………… 1－1
仿宋相臺五經附考證 …………………… 1－1
仿宋相臺五經附考證 …………………… 1－1
仿宋相臺五經附考證 …………………… 1－1
仿宋相臺五經附考證 …………………… 1－1
仿宋相臺五經附考證 …………………… 1－1
仿宋相臺五經附考證 …………………… 1－1
仿建除體分句詩四卷 …………………… 3－255
仿建除體分句詩四卷 …………………… 3－255
仿潛齋詩鈔十五卷 ……………………… 3－230
自西徂東五卷 …………………………… 2－480
自知室文集四卷 ………………………… 3－356
自知堂集一卷 …………………………… 3－180
自怡軒詞譜六卷 ………………………… 3－436
自怡軒隨筆偶存二卷 …………………… 3－225
自怡軒遺稿一卷 ………………………… 3－211
自治官書偶存三卷 ……………………… 1－477
自治官書偶存三卷 ……………………… 1－477
自治官書偶存三卷 ……………………… 1－477
自治籌辦處所訂各項籌辦方法 ……… 1－489
自春堂詩十二卷 ………………………… 3－377
自堂存稿十三卷 ………………………… 3－128
自閑覺禪師語錄八卷 …………………… 2－460
自然好學齋詩鈔十卷 …………………… 3－220
自強軍西法類編十八卷 ………………… 2－230
自強軍西法類編十八卷 ………………… 2－230

自强軍西法類編十八卷	2－230	行水金鑒一百七十五卷圖一卷	2－91
自强軍創制公言二卷	1－467	行舟要覽二卷名言借鏡一卷	1－461
自遠堂琴譜十二卷	2－345	行軍指要六卷	2－233
自遠堂琴譜十二卷	2－345	行軍測繪十卷首一卷	2－233
自遠堂琴譜十二卷	2－345	行軍測繪十卷首一卷	2－233
自遠堂琴譜十二卷	2－345	行軍測繪十卷首一卷	2－233
自遠堂琴譜十二卷	2－345	行軍測繪十卷首一卷	2－233
自鳴稿二卷	3－198	行軍鐵路工程二卷	2－233
自樹廬詩集二卷	3－322	行軍鐵路工程二卷	2－233
自鏡齋詩鈔一卷文鈔一卷試帖一卷		行軍鐵路工程二卷	2－233
莜閑雜錄一卷詠花詞一卷	3－388	行素草堂金石叢書	2－109
伊川文集八卷	3－133	行素草堂金石叢書	2－109
伊川文集八卷	3－133	行素草堂金石叢書	2－109
伊川擊壤集二十卷	3－118	行素軒算稿	2－300
伊川擊壤集二十卷	3－118	行素軒算稿	2－300
伊川擊壤集二十卷	3－118	行素堂目覩書全錄不分卷	2－139
伊洛淵源錄十四卷	1－281	行素堂目覩書全錄不分卷	2－139
伊洛淵源錄十四卷	1－281	行素堂目覩書全錄不分卷	2－139
伊洛淵源錄十四卷	1－281	行素堂目覩書全錄不分卷	2－139
伊洛淵源錄十四卷	1－281	行素堂集古印存	2－340
伊洛淵源錄十四卷	1－281	行素堂集古印存	2－340
伊犁日記一卷天山客話一卷外家紀		行素齋雜記二卷	3－456
聞一卷	2－102	行素齋雜記二卷	3－456
伊犁軍幕稿件	1－475	行素齋雜記二卷	3－456
伊犁總統事略十二卷	2－75	行素齋雜記二卷	3－456
伊犁總統事略十二卷	2－75	行海要術四卷	2－319
伊蒿室文集六卷詩集二卷附詩餘一卷		行海要術四卷	2－319
	3－197	行海要術四卷	2－319
伊蒿室文集六卷詩集二卷附詩餘一卷		行海要術四卷	2－319
	3－197	行船免撞章程一卷附一卷	1－461
血盆寶懺三卷	2－457	行船免撞章程一卷附一卷	1－461
血證論八卷	2－273	行餘草堂詩鈔四卷文鈔一卷	3－386
血證論八卷	2－273	舟車集二十卷後集十卷附集唐一卷	
向湖村舍詩初集十二卷	3－386		3－326
向禮耕鄉試硃卷	3－214	全人矩矱四卷首一卷末一卷	2－474
向蘭皋先生小題文不分卷	3－214	全上古三代秦漢三國六朝文十五集	
行文寶笈二卷	2－504	七百四十一卷	2－541
行水金鑒一百七十五卷圖一卷	2－91	全上古三代秦漢三國六朝文十五集	
行水金鑒一百七十五卷圖一卷	2－91	七百四十一卷	2－541
行水金鑒一百七十五卷圖一卷	2－91	全上古三代秦漢三國六朝文十五集	
行水金鑒一百七十五卷圖一卷	2－91	七百四十一卷	2－541

137

全上古三代秦漢三國六朝文十五集
　七百四十一卷 …………………… 2 – 541
全上古三代秦漢三國六朝文十五集
　七百四十一卷 …………………… 2 – 541
全上古三代秦漢三國六朝文十五集
　七百四十一卷 …………………… 2 – 541
全上古三代秦漢三國晉南北朝文編
　目一百〇三卷 …………………… 2 – 540
全上古三代秦漢三國晉南北朝文編
　目一百〇三卷 …………………… 2 – 540
全本禮記體註大全合參十卷 ……… 1 – 67
全本禮記體註大全合參十卷 ……… 1 – 67
全本禮記體註大全合參十卷 ……… 1 – 67
全本禮記體註大全合參十卷 ……… 1 – 68
全本禮記體註大全合參十卷 ……… 1 – 68
全本禮記體註大全合參十卷 ……… 1 – 68
全本禮記體註大全合參十卷 ……… 1 – 68
全史宮詞二十卷 …………………… 3 – 205
全史宮詞二十卷 …………………… 3 – 205
全史宮詞二十卷 …………………… 3 – 205
全史宮詞二十卷 …………………… 3 – 205
全史宮詞二十卷 …………………… 3 – 205
全史宮詞二十卷 …………………… 3 – 205
全幼心鑒四卷 ……………………… 2 – 282
全地五大洲女俗通考十集二十二卷
　………………………………… 2 – 158
全地五大洲女俗通考十集二十二卷
　………………………………… 2 – 158
全地五大洲女俗通考十集二十二卷
　………………………………… 2 – 158
［嘉慶］全州志十二卷首一卷末一卷
　…………………………………… 2 – 31
全後漢文一百〇六卷 ……………… 2 – 557
全唐文紀事一百二十二卷首一卷 …… 3 – 486
全唐文紀事一百二十二卷首一卷 …… 3 – 486
全唐近體詩鈔五卷 ………………… 3 – 4
全唐詩九百卷 ……………………… 3 – 8
全唐詩九百卷 ……………………… 3 – 8
全唐詩九百卷 ……………………… 3 – 8
全唐詩九百卷 ……………………… 3 – 8
全唐詩九百卷 ……………………… 3 – 8

全唐詩九百卷 ……………………… 3 – 8
全唐詩九百卷 ……………………… 3 – 8
全唐詩九百卷 ……………………… 3 – 8
全唐詩九百卷 ……………………… 3 – 8
全唐詩九百卷目錄十二卷 ………… 3 – 7
全唐詩九百卷目錄十二卷 ………… 3 – 8
全唐詩九百卷目錄十二卷 ………… 3 – 8
全唐詩格不分卷 …………………… 3 – 10
全唐詩鈔八十卷補遺十六卷 ……… 3 – 6
全唐詩鈔八十卷補遺十六卷 ……… 3 – 6
全唐詩鈔八十卷補遺十六卷 ……… 3 – 6
全唐詩話八卷 ……………………… 3 – 479
全唐詩話八卷 ……………………… 3 – 479
全唐詩話八卷 ……………………… 3 – 479
全唐詩話八卷 ……………………… 3 – 479
全浙詩話五十四卷 ………………… 3 – 486
全浙詩話五十四卷 ………………… 3 – 486
全補圖訣平沙玉尺經□□卷 ……… 2 – 419
全蜀藝文志六十四卷首一卷 ……… 3 – 39
全蜀藝文志六十四卷首一卷 ……… 3 – 39
全蜀藝文志六十四卷首一卷 ……… 3 – 39
全毀書目一卷抽毀書目一卷 ……… 2 – 144
全像圓夢四卷三十回 ……………… 3 – 471
全詩約粹□□卷 …………………… 2 – 554
全福堂丸散膏丹一卷 ……………… 2 – 256
全閩道學總纂三十八卷 …………… 1 – 298
全閩道學總纂三十八卷 …………… 1 – 298
全漢詩選箋註十六卷 ……………… 2 – 556
全謝山文鈔十六卷 ………………… 3 – 209
全謝山文鈔十六卷 ………………… 3 – 209
全謝山文鈔十六卷 ………………… 3 – 209
全謝山先生經史問答十卷 ………… 2 – 385
全謝山先生經史問答十卷 ………… 2 – 385
全謝山先生經史問答十卷 ………… 2 – 385
全韻梅花詩不分卷 ………………… 3 – 252
全體新論一卷 ……………………… 2 – 287
全體新論一卷 ……………………… 2 – 287
全體新論一卷 ……………………… 2 – 287
全體新論一卷 ……………………… 2 – 287
全體新論一卷 ……………………… 2 – 287
全體圖說二卷 ……………………… 2 – 278

全體闡微三卷附一卷……………… 2－289

合肥三家詩錄二卷 ………………… 3－32

合肥王氏家集 ……………………… 3－509

合肥李傅相壽言不分卷 …………… 3－54

合肥李勤恪公政書十卷首一卷……… 1－500

合肥相國七十賜壽圖一卷附李傅相

　　壽言不分卷 ………………… 3－54

合肥相國七十賜壽圖一卷附壽言不分卷

　　…………………………… 3－54

合肥學舍札記十二卷……………… 2－395

合肥學舍札記十二卷……………… 2－395

合肥學舍札記十二卷……………… 2－395

合刻三先生東坡文匯四十卷……… 3－143

合刻三志 ………………………… 3－459

合刻三志 ………………………… 3－459

合刻五家言 ……………………… 3－490

合刻四子選 ……………………… 2－170

合刻范文正公忠宣公全集二十九卷

　　…………………………… 3－41

合刻註釋張子房解學士千家詩講讀一卷

　　…………………………… 2－544

合訂刪補大易集義粹言八十卷 … 1－19

企浯廬文稿四卷…………………… 3－277

邠農偶吟稿一卷…………………… 3－407

刖足集不分卷……………………… 3－403

朵園文集五卷詩集二卷詩集補遺一卷

　　…………………………… 3－345

危言四卷………………………… 2－374

危言四卷………………………… 2－374

危言四卷………………………… 2－374

危言四卷………………………… 2－375

危言四卷………………………… 2－375

旭華堂文集十四卷補遺一卷續編一卷

　　…………………………… 3－196

旬宣興誦一卷 …………………… 3－59

各省書院課藝史論新編□卷……… 1－404

各國立約始末記三十卷首二卷…… 1－464

各國立約始末記三十卷首二卷…… 3－536

各國交涉公法論初集十六卷……… 1－465

各國交涉公法論初集十六卷……… 1－465

各國交涉公法論初集十六卷……… 1－465

各國交涉公法論初集十六卷……… 1－465

各國交涉公法論初集十六卷……… 1－465

各國交涉公法論初集十六卷……… 1－465

各國交涉公法論初集十六卷……… 1－465

各國交涉便法論六卷……………… 1－465

各國政治藝學通考………………… 2－152

各國政治藝學通考………………… 2－153

各國約章纂要六卷首一卷附一卷… 1－466

各國條約不分卷…………………… 1－466

各國通商始末記十九卷…………… 1－451

各國學校制度……………………… 1－435

各國鐵路圖考四卷………………… 1－461

各國鐵路圖考四卷………………… 1－461

各經傳記小學十四卷附錄一卷…… 1－124

各經傳記小學十四卷附錄一卷…… 1－124

名山詩集五卷……………………… 3－408

[光緒]名山縣志十五卷…………… 2－38

名山藏……………………………… 1－218

名手分書戒士千字文引證一卷…… 2－475

名世文宗三十卷談藪一卷………… 2－528

名句文身表異錄二十卷…………… 2－486

名法指掌新例增訂四卷…………… 1－482

名法指掌新例增訂四卷…………… 1－482

名法指掌新纂四卷………………… 1－482

名宦鄉賢錄一卷…………………… 1－385

名宦錄一卷………………………… 1－385

名宦錄一卷………………………… 1－385

名原二卷…………………………… 1－140

名原二卷…………………………… 1－140

名原二卷…………………………… 1－140

名原二卷…………………………… 1－140

名原二卷…………………………… 3－547

名勝集不分卷……………………… 2－533

名畫錄二卷續錄一卷……………… 2－337

名媛詩歸三十六卷………………… 2－546

名媛詩歸三十六卷………………… 2－546

名賢手札不分卷…………………… 3－61

名賢手札不分卷…………………… 3－61

名賢手札不分卷…………………… 3－61

名賢手札不分卷…………………… 3－62

名賢手札不分卷…………………… 3－62

名賢手札不分卷 …………………… 3－62
名賢手札不分卷 …………………… 3－62
名賢信向錄二卷 …………………… 2－454
名學部甲 …………………………… 2－403
名學部甲 …………………………… 2－403
名學部甲 …………………………… 2－403
名醫方論四卷 ……………………… 2－267
名醫類案十二卷附錄一卷 ………… 2－268
名醫類案十二卷附錄一卷 ………… 2－268
名醫類案十二卷附錄一卷 ………… 2－268
多歲堂古詩存八卷 ………………… 2－550
多暇錄二卷 ………………………… 2－376
多識集類編六卷 …………………… 1－288
多識錄四卷 ………………………… 1－195
交食引蒙一卷表說一卷 …………… 2－298
交食捷算四卷五緯捷算四卷 ……… 2－296
交輝園遺稿一卷 …………………… 3－293
衣讔山房詩集八卷 ………………… 3－253
亦有生齋集文二十卷詩三十二卷樂
　　府二卷詞五卷 ………………… 3－386
亦有秋齋詩鈔四卷詞鈔二卷 ……… 3－352
亦政堂重考古玉圖二卷 …………… 2－124
亦政堂重考古玉圖二卷 …………… 2－124
亦政堂重修考古圖十卷 …………… 2－119
亦政堂重修考古圖十卷 …………… 2－119
亦政堂重修考古圖十卷 …………… 2－119
亦政堂重修考古圖十卷 …………… 2－119
亦政堂重修宣和博古圖錄十七卷 … 2－119
亦政堂重修宣和博古圖錄三十卷 … 2－119
亦政堂重修宣和博古圖錄三十卷 … 2－119
亦政堂重修宣和博古圖錄三十卷 … 2－119
亦政堂重修宣和博古圖錄三十卷 … 2－119
亦政堂重修宣和博古圖錄三十卷 … 2－119
亦政堂詩集十二卷 ………………… 3－395
亦園詩鈔六卷 ……………………… 3－204
亥白詩草八卷 ……………………… 3－309
充然子集二卷 ……………………… 3－187
羊毛瘟疫新論一卷 ………………… 2－275
[嘉慶]羊城古鈔八卷首一卷 ……… 2－28
并眉居詩錄二卷 …………………… 3－273
米元章帖 …………………………… 2－332

州乘餘聞一卷 ……………………… 1－290
州縣提綱四卷 ……………………… 1－436
州縣須知不分卷 …………………… 1－440
州縣須知四卷 ……………………… 1－441
汗簡七卷目錄一卷 ………………… 1－163
汗簡七卷目錄一卷 ………………… 1－163
汗簡七卷目錄一卷 ………………… 1－163
汗簡箋正七卷 ……………………… 3－549
汗簡箋正七卷目錄一卷 …………… 1－163
江上小蓬萊吟舫詩存十八卷詩餘二卷
　　…………………………………… 3－355
江上草堂詩存十三卷附一卷 ……… 3－394
江上草堂詩存十三卷附一卷 ……… 3－395
江上峰青館詩存不分卷 …………… 3－361
江上雲林閣書目四卷 ……………… 2－140
江口巡船章程一卷 ………………… 1－468
[同治]江山縣志十二卷首一卷末一卷
　　…………………………………… 2－7
[康熙]江山縣志十四卷首一卷末一卷
　　…………………………………… 2－6
江止庵遺集八卷首一卷 …………… 3－159
江氏音學十書 ……………………… 1－180
江氏叢書 …………………………… 3－514
江文通集十卷 ……………………… 3－78
江文通集四卷 ……………………… 3－78
江左十五子詩選十卷 ……………… 3－29
江左三大家詩鈔 …………………… 3－31
江左三大家詩鈔 …………………… 3－31
江左三大家詩鈔 …………………… 3－31
江左校士錄不分卷 ………………… 3－50
江左校士錄不分卷 ………………… 3－50
江右古文選四十卷 ………………… 3－33
江北運程四十卷首一卷 …………… 1－447
[江西吉安]重修劉氏族譜不分卷 … 1－372
[江西吉安]嚴溪彭氏三房二修支譜十卷
　　…………………………………… 1－359
江西全省輿圖 ……………………… 2－101
[江西安福]重刻濛潭康氏族譜不分卷
　　…………………………………… 1－353
[江西安福]劉氏重修族譜□□卷 … 1－372
[江西宜春]袁郡劉氏族譜三十卷 … 1－372

[江西宜春]彭郡衛前劉祠主譜一卷 … 1－372

江西省各屬境内古昔先賢名宦祠墓
　　…………………………………… 2－56

江西省乾隆五十八年被水情形 ……… 1－458

江西校士錄六卷 …………………… 3－49

[光緒]江西通志一百八十卷首五卷
　　…………………………………… 2－7

[雍正]江西通志一百六十二卷首一卷
　　…………………………………… 2－7

[康熙]江西通志五十四卷 …………… 2－7

[江西萬載]白良袁氏族譜十卷首一
　　卷末一卷 ……………………… 1－352

[江西萬載]呂氏族譜□□卷 ……… 1－338

[江西萬載]林氏支譜二卷首一卷 … 1－345

[江西萬載]袁氏良公崇孝堂冊不分卷
　　…………………………………… 1－352

[江西萬載]袁郡李氏續修支譜四卷
　　…………………………………… 1－343

[江西萬載]郭山張氏重修族譜三卷
　　首一卷末一卷 ………………… 1－362

[江西萬載]凌氏族譜五卷終一卷 … 1－350

[江西萬載]張氏族譜□□卷 ……… 1－362

[江西萬載]萬載大橋周氏族譜□□卷
　　…………………………………… 1－347

[江西萬載]萬載何氏族譜九卷 …… 1－345

[江西萬載]萬載張氏六支族譜二卷
　　首一卷 ………………………… 1－362

[江西萬載]萬載鍾氏福房支譜十二
　　卷首一卷 ……………………… 1－376

[江西萬載][湖南瀏陽]朱氏族譜
　　□□卷 ………………………… 1－339

[江西萬載][湖南瀏陽]馬氏宗譜
　　□□卷 ………………………… 1－352

[江西萬載]楊氏族譜十卷首一卷 … 1－364

[江西萬載]潭溪狗腦石郭氏支譜五卷
　　…………………………………… 1－357

[江西萬載]潭溪黃氏族譜二十卷末一卷
　　…………………………………… 1－359

[江西萬載]潘氏重修族譜十二卷首
　　一卷末一卷 …………………… 1－366

[江西遂川]隴西李氏族譜□□卷 … 1－343

[江西、湖南瀏陽]謝氏族譜五十三卷
　　…………………………………… 1－375

江西統捐章程 …………………… 1－453

江西農工商礦紀略不分卷 ………… 1－446

江西試牘不分卷 …………………… 3－48

江西試牘四卷 ……………………… 3－50

江西詩徵九十四卷補遺一卷 ……… 3－32

江西詩徵九十四卷補遺一卷 ……… 3－32

[江西豐城]李氏族譜□□卷 ……… 1－343

[江西豐城]豐城穆湖朱氏重修族譜
　　八卷首一卷 …………………… 1－339

江行日記一卷 ……………………… 2－102

[道光]江安縣志二卷首一卷 ……… 2－36

江村銷夏錄三卷 …………………… 2－326

江村銷夏錄三卷 …………………… 2－326

江村銷夏錄三卷 …………………… 2－326

江表忠略二十卷 …………………… 1－298

江表忠略二十卷 …………………… 1－298

江忠烈公遺集一卷 ………………… 3－206

江忠烈公遺集一卷 ………………… 3－206

江忠烈公遺集二卷 ………………… 3－206

江忠烈公遺集二卷 ………………… 3－206

江忠烈公遺集二卷 ………………… 3－206

江忠烈公遺集二卷 ………………… 3－206

江忠烈公遺集二卷 ………………… 3－206

江忠烈公遺集二卷 ………………… 3－206

江忠烈公遺集二卷 ………………… 3－206

江忠烈公遺集二卷首一卷附錄一卷
　　…………………………………… 3－206

江刻書目 …………………………… 2－138

[道光]江油縣志四卷 ……………… 2－34

江泠閣文集四卷續編二卷補遺一卷詩
　　集十二卷詩餘小令一卷續編十二卷
　　…………………………………… 3－221

江宗漢鄉試硃卷 …………………… 3－206

江南書局書目一卷 ………………… 2－152

江南陸師學堂武備課程 …………… 2－222

江南陸師學堂武備課程 ············· 2－223

[乾隆]江南通志二百卷首四卷 ······ 1－548

江南賑捐援照直隸等省推廣請獎捐
例一卷 ·········· 1－455

江南製造全案一卷 ················· 1－458

江南製造局記十卷附一卷 ········· 2－317

江南製造局新翻泰西武備書錄題解
················· 2－231

江南製造局譯書 ··················· 2－290

江南製造局譯書 ··················· 2－290

江南製造局譯書提要二卷 ········· 2－150

江南機器製造局叢書 ·············· 2－290

江南機器製造總局書目一卷 ······ 2－152

江南闈墨:同治甲子科不分卷 ······ 3－50

江南儲材學堂學規 ················· 1－434

江風集五卷 ························· 3－248

[乾隆]江津縣志二十二卷 ·········· 2－36

江都陳氏叢書 ····················· 3－509

[乾隆]江都縣志三十二卷 ·········· 1－550

[嘉慶]江都縣續志十二卷首一卷 ··· 1－550

[光緒]江都縣續志三十六卷首一卷
················· 1－550

[雍正]江華縣志十一卷首一卷 ······ 2－48

[同治]江華縣志十二卷首一卷 ······ 2－48

[乾隆]江夏縣志十五卷首一卷 ······ 2－23

[同治]江夏縣志八卷 ··············· 2－23

[同治]江夏縣志八卷 ··············· 2－23

江原常氏士女志一卷 ·············· 1－385

江峰青會試硃卷 ··················· 3－206

[順治]江陵志餘十卷 ··············· 2－23

江陵張文忠公全集四十七卷 ······· 3－171

江陵張文忠公全集四十七卷 ······· 3－171

江陵張文忠公全集四十七卷 ······· 3－171

江陵張文忠公全集四十七卷 ······· 3－171

[光緒]江陵縣志五十六卷首一卷 ···· 2－24

[嘉慶]江陵縣志刊誤六卷 ··········· 2－24

江國霖殿試策 ····················· 3－206

江湖長翁文集四十卷 ·············· 3－128

江湖長翁文集四十卷 ·············· 3－128

江湖夜雨續集一卷釣臺紀游草一卷
················· 3－275

江楚會奏變法摺一卷 ·············· 1－506

江楚會奏變法摺一卷 ·············· 1－506

江鄰幾雜志一卷 ··················· 3－454

江漢炳靈集第一二卷 ··············· 3－54

江漢炳靈集第一二卷 ··············· 3－54

江漢浮槎記二卷 ···················· 2－73

江寧布政司屬府廳州縣輿志圖說一卷
················· 2－70

江寧金石待訪目二卷 ·············· 2－118

江寧金石記八卷待訪目二卷 ······· 2－118

江寧金石記八卷待訪目二卷 ······· 2－118

江寧府七縣地形考略一卷 ·········· 2－70

[嘉慶]江寧府志五十六卷 ·········· 1－548

[嘉慶]江寧府志五十卷 ············ 1－548

江寧府重建普育堂志八卷 ·········· 2－66

江寧籌餉捐輸按照新海防事例請獎
章程一卷 ·········· 1－455

江蘇水利圖說 ····················· 2－100

[江蘇吳縣]洞庭秦氏宗譜五卷首四
卷末一卷 ·········· 1－351

江蘇省例三編不分卷 ·············· 1－488

江蘇省例:同治六年 ··············· 1－488

江蘇省減賦全案八卷 ·············· 1－453

江蘇省減賦全案八卷 ·············· 1－453

江蘇省減賦全案八卷 ·············· 1－453

江蘇省減賦全案八卷 ·············· 1－453

江蘇省減賦全案八卷 ·············· 1－453

江蘇省減賦全案八卷 ·············· 1－453

江蘇省賦額原科斗則表一卷 ······· 1－453

江蘇海運全案十二卷 ·············· 1－447

江蘇海運全案十二卷 ·············· 1－447

江蘇海塘新志八卷首一卷 ·········· 2－97

江蘇書局書目一卷 ················· 2－152

江蘇處例續編:同治八年至光緒元年
················· 1－488

江蘇詩徵一百八十三卷 ············ 3－29

江蘇詩徵一百八十三卷 ············ 3－29

[江蘇]溧陽史氏譜錄合編 ·········· 1－338

江蘇綠營官弁兵摺 ················· 1－468

汲古堂集二十八卷 ················· 3－163

汲古堂集二十八卷 ················· 3－248

汲古閣珍藏秘本書目 ················ 2－139
汲古閣珍藏秘本書目一卷 ·········· 2－139
汲古閣珍藏秘本書目一卷 ·········· 2－139
汲古閣說文訂一卷 ···················· 1－151
汲古閣說文訂一卷 ···················· 1－151
汲古閣說文訂一卷 ···················· 1－151
汲古閣說文訂一卷 ···················· 1－151
汲冢周書輯要一卷 ···················· 1－271
汲冢周書輯要一卷 ···················· 3－547
汲冢紀年存真二卷周年表一卷 ····· 1－233
汲冢紀年存真二卷周年表一卷 ····· 1－233
汲庵文存六卷 ························· 3－360
汲庵文存六卷 ························· 3－360
［乾隆］汲縣志十四卷首一卷末一卷
　　　 ·································· 2－17
池上草堂筆記八卷 ···················· 2－208
池上草堂筆記八卷 ···················· 2－208
池上草堂筆記近錄十六卷續錄六卷
　　 三錄六卷四錄六卷 ············· 3－457
池北偶談二十六卷 ···················· 2－366
池北偶談二十六卷 ···················· 2－366
池北偶談二十六卷 ···················· 2－366
池北偶談二十六卷 ···················· 2－366
池北偶談二十六卷 ···················· 2－366
池塘洗澡一卷 ························· 3－449
［康熙］汝寧府志十六卷首一卷 ········ 2－19
守山閣叢書 ···························· 3－503
守山閣叢書 ···························· 3－503
守山閣叢書 ···························· 3－503
守山閣叢書 ···························· 3－503
守山閣叢書 ···························· 3－503
守正齋畫譜四卷石譜一卷 ·········· 2－338
守拙齋詩鈔二卷 ······················ 3－232
守拙齋詩稿四卷首一卷 ············· 3－383
守柔齋詩鈔初集四卷續集四卷 ········ 3－376
守高贈言一卷 ····················· 3－59
守默齋詩稿一卷詩初稿一卷雜著不分卷
　　　 ·································· 3－251
守默齋詩稿一卷詩初稿一卷雜著不分卷
　　　 ·································· 3－251
守邊輯要一卷 ························· 1－470

守嚴雜志十二卷 ···················· 1－477
［同治］安仁縣志十六卷首一卷末一卷
　　　 ·································· 2－47
［嘉慶］安仁縣志十四卷首一卷末一卷
　　　 ·································· 2－47
安化公事紀略八卷首一卷 ·········· 2－64
安化啟安寺志二卷首一卷 ·········· 2－55
［同治］安化縣志三十四卷首五卷末一卷
　　　 ·································· 2－50
安化縣塔閣志一卷 ···················· 2－64
安化縣學志二卷 ······················ 2－59
［康熙］安平縣志十卷 ·················· 1－535
［道光］安平縣志十卷首一卷 ········· 2－39
安危註四卷 ···························· 1－385
安危註四卷 ···························· 1－385
安危註四卷 ···························· 1－385
安危註四卷 ···························· 1－385
安吳四種 ······························ 3－514
安吳四種 ······························ 3－514
安吳四種 ······························ 3－514
安吳四種 ······························ 3－514
安吳四種 ······························ 3－514
安吳四種 ······························ 3－514
［乾隆］安邑縣志十六卷首一卷 ····· 1－538
［乾隆］安邑縣運城志十六卷首一卷
　　　 ·································· 1－538
［光緒］安東縣志十五卷首一卷 ····· 1－552
安和創守志一卷 ···················· 2－64
［道光］安岳縣志十六卷首一卷 ········ 2－35
安定先生周易口義十卷繫辭二卷說
　　 卦一卷 ························· 1－12
安南史四卷 ···························· 2－164
安般簃集十卷 ························· 3－280
安般簃集十卷 ························· 3－280
［道光］安陸縣志四十卷首一卷 ········ 2－22
［同治］安陸縣志補正二卷 ············ 2－22
安陽西蔣村馬氏義莊條規一卷 ····· 2－206
安陽集五十卷 ························· 3－138
安陽集五十卷 ························· 3－138
安陽集五十卷 ························· 3－138

安陽集五十卷附錄一卷 ……………… 3－138

安陽集五十卷附錄一卷 ……………… 3－138

安陽蔣村馬氏東西支祠堂條規一卷 … 2－206

安陽蔣村馬氏家廟條規一卷 ………… 2－206

[嘉慶]安陽縣志二十八卷首一卷 …… 2－18

安陽縣金石錄十二卷 ………………… 2－113

[乾隆]安鄉縣志八卷 ………………… 2－51

[乾隆]安鄉縣志林二卷 ……………… 2－51

安惠堂志略二卷 ……………………… 2－61

安惠堂志略二卷 ……………………… 2－61

安惠堂志略二卷 ……………………… 2－62

安雅堂文集二卷詩一卷未刻稿八卷

　　入蜀集二卷 ……………………… 3－221

[咸豐]安順府志五十四卷首一卷 …… 2－39

安順書牘摘鈔三卷貴東書牘節鈔四卷

　　………………………………… 1－475

安道公年譜二卷 ……………………… 1－325

安祿山事蹟三卷 ……………………… 1－308

安祿山事蹟三卷 ……………………… 1－308

安祿山事蹟三卷 ……………………… 1－308

[道光]安遠縣志三十二卷首一卷 …… 2－13

安愚齋集四卷 ………………………… 3－260

安愚齋集四卷 ………………………… 3－260

安愚齋集四卷 ………………………… 3－260

安愚齋集四卷 ………………………… 3－260

安愚齋集四卷 ………………………… 3－260

[同治]安義縣志十六卷首一卷末一卷

　　…………………………………… 2－10

安溪先生註解正蒙二卷 ……………… 2－204

安福歐陽氏五修族譜□□卷 ………… 1－367

[同治]安福縣志十八卷首一卷末一卷

　　…………………………………… 2－12

[道光]安福縣志三十二卷首一卷末一卷

　　…………………………………… 2－51

[同治]安福縣志三十四卷首三卷 …… 2－51

安樂集二卷 …………………………… 2－446

安樂集二卷 …………………………… 2－446

安徽同官錄二卷 ……………………… 1－385

安徽省公文 …………………………… 1－478

[安徽桐城]紫陽朱氏重修宗譜二十

　　卷首一卷末二卷 ………………… 1－339

安徽財政沿革利弊說明書 …………… 1－450

[道光]安徽通志二百六十卷首六卷

　　…………………………………… 2－2

[道光]安徽通志二百六十卷首六卷

　　…………………………………… 2－2

安徽釐金章程 ………………………… 1－453

安徽職官表 …………………………… 1－385

安瀾紀要二卷 ………………………… 2－95

安瀾紀要二卷 ………………………… 2－95

安瀾紀要二卷 ………………………… 2－95

安瀾紀要二卷 ………………………… 2－95

安瀾紀要二卷 ………………………… 2－95

安瀾紀要二卷 ………………………… 2－95

冰言一卷冰言補一卷 ………………… 2－193

冰言一卷冰言補一卷 ………………… 2－193

冰言一卷冰言補一卷 ………………… 2－193

冰言一卷冰言補一卷 ………………… 2－193

冰言一卷冰言補一卷 ………………… 2－193

冰泉唱和集一卷續和一卷再續和一

　　卷附錄一卷 ……………………… 3－58

冰壺山館詩鈔十四卷 ………………… 3－198

字林考逸八卷附錄一卷 ……………… 1－173

字林考逸八卷附錄一卷 ……………… 1－173

字林考逸八卷附錄一卷 ……………… 1－173

字林考逸八卷附錄一卷 ……………… 1－173

字林考逸八卷附錄一卷 ……………… 1－173

字林考逸八卷附錄一卷 ……………… 1－173

字林考逸補本一卷附錄一卷 ………… 1－173

字林考逸補本一卷附錄一卷 ………… 1－173

字林考逸補本一卷附錄一卷 ………… 1－173

字林考逸補本一卷附錄一卷 ………… 1－173

字林考逸補本一卷附錄一卷 ………… 1－173

字典考證 ……………………………… 1－173

字典考證 ……………………………… 1－173

字典考證 ……………………………… 1－173

字典考證 ……………………………… 1－173

字典考證 ……………………………… 1－173

字典考證 ……………………………… 1－173

字音正謬二卷首一卷 ………………… 1－180

字詁一卷 ……………………………… 1－168

字孳補二卷 …………………… 1－164
字孳補二卷 …………………… 1－164
字彙十二集首一卷末一卷 1－171
字彙十二集首一卷末一卷 1－171
字說一卷 ……………………… 1－167
字說一卷 ……………………… 1－167
字說一卷 ……………………… 1－167
字說一卷 ……………………… 1－167
字說一卷 ……………………… 3－545
字說二十五卷 ………………… 1－170
字數考略四卷 ………………… 2－501
字誼指歸二卷 ………………… 1－169
字誼指歸二卷 ………………… 1－169
字學七種二卷 ………………… 1－167
字學七種二卷 ………………… 1－167
字學尋原三卷 ………………… 1－167
字學尋原三卷 ………………… 1－167
字學尋原三卷 ………………… 1－167
字學彙海不分卷 ……………… 1－167
字學彙海不分卷 ……………… 1－167
字學舉隅一卷 ………………… 1－168
字學舉隅一卷 ………………… 1－168
字學舉隅一卷 ………………… 1－168
字學舉隅一卷 ………………… 1－168
字學舉隅一卷 ………………… 1－168
字學舉隅一卷 ………………… 1－168
字學舉隅一卷 ………………… 1－168
字學舉隅一卷 ………………… 1－168
字學舉隅一卷 ………………… 1－168
字學舉隅補正不分卷 ………… 1－168
字學辨正集成四卷 …………… 3－545
字辨證篆十七卷 ……………… 1－164
字辨證篆十七卷 ……………… 1－164
字繫十五卷附錄一卷 ………… 1－167
字類標韻六卷 ………………… 1－170
字類標韻六卷 ………………… 1－170
字類標韻六卷 ………………… 1－170
字類標韻六卷 ………………… 1－170

字類標韻六卷 ………………… 1－170
字鑒五卷 ……………………… 1－166
字鑒五卷 ……………………… 1－166
［同治］祁門縣志三十六卷首一卷 …… 2－2
［同治］祁陽縣志二十四卷首一卷 …… 2－48
［嘉慶］祁陽縣志二十四卷首一卷 …… 2－48
［乾隆］祁陽縣志八卷 ………… 2－48
聿修堂醫學叢書 ……………… 2－246
艮庭小慧一卷 ………………… 3－207
艮齋先生薛常州浪語集三十五卷 …… 3－137
艮齋先生薛常州浪語集三十五卷 …… 3－137
艮齋先生薛常州浪語集三十五卷 …… 3－137
阮庵筆記五種九卷 …………… 3－458
阮庵筆記五種九卷 …………… 3－554
阮嗣宗集二卷 ………………… 3－73
阮嗣宗集二卷 ………………… 3－73
阮嗣宗詠懷詩註四卷 ………… 3－381
防河奏議十卷 ………………… 1－505
防海紀略二卷 ………………… 1－471
防海紀略二卷 ………………… 1－471
防海紀略二卷 ………………… 1－471
防海新論十八卷 ……………… 1－472
防海新論十八卷 ……………… 1－472
防海新論十八卷 ……………… 1－472
防海新論十八卷 ……………… 1－472
防海新論十八卷 ……………… 1－472
防海新論十八卷 ……………… 2－235
防海新論十八卷 ……………… 2－235
防海新論十八卷 ……………… 2－235
防海新論十八卷 ……………… 2－235
防海新論十八卷 ……………… 2－236
防海新論十八卷 ……………… 2－236
防海論略一卷 ………………… 1－471
防海輯要十八卷首一卷 ……… 1－471
防海輯要十八卷首一卷 ……… 1－471
防海輯要十八卷首一卷 ……… 1－471
防海輯要十八卷首一卷 ……… 1－471
防海輯要十八卷首一卷 ……… 1－471
防禦纂要一卷 ………………… 1－470
防禦纂要一卷 ………………… 1－470
那文毅公平番奏議四卷 ……… 1－501

那文毅公奏議八十卷 …………… 1－501
那文毅公奏議八十卷 …………… 1－501
那文毅公奏議八十卷 …………… 1－501
如不及齋文鈔一卷 ……………… 3－246
如西所刻諸名家批點春秋綱目左傳
　　句解彙雋六卷 ……………… 1－91
如西所刻諸名家批點春秋綱目左傳
　　句解彙雋六卷 ……………… 1－91
如西所刻諸名家批點春秋綱目左傳
　　句解彙雋六卷 ……………… 1－91
如西所刻諸名家批點春秋綱目左傳
　　句解彙雋六卷 ……………… 1－91
如是山房增訂金批西廂四卷首一卷
　　末一卷 ……………………… 3－438
如是山房增訂金批西廂四卷首一卷
　　末一卷 ……………………… 3－438
如是山房增訂金批西廂四卷首一卷
　　末一卷 ……………………… 3－438
如皋冒氏叢書 …………………… 3－509
[嘉慶]如皋縣志二十四卷 ……… 1－551
[道光]如皋縣續志十二卷 ……… 1－552
[同治]如皋縣續志十六卷 ……… 1－552
如登堂稿引之集四卷 …………… 3－219
如園架上書鈔目不分卷 ………… 2－141
如園架上書鈔目不分卷 ………… 2－141
如園架上書鈔目不分卷 ………… 2－141
如園架上書鈔目不分卷 ………… 2－142
如園架上書鈔目不分卷 ………… 2－142
如諫果室叢刊 …………………… 3－513
好深湛思室詩存二十二卷 ……… 3－284
好雲樓初集二十八卷首一卷二集十六卷
　　………………………………… 3－232
好雲樓初集二十八卷首一卷二集十六卷
　　………………………………… 3－232
好湖山樓詩鈔一卷 ……………… 3－322
巡台退思錄□□卷 ……………… 1－477

七畫

形色外診簡摩二卷 ……………… 2－260
形性學要十卷 …………………… 2－290
形學十卷首一卷 ………………… 2－309
形學十卷首一卷 ………………… 2－309
形學十卷首一卷 ………………… 2－309
形聲類篇五卷 …………………… 1－179
形聲類篇五卷 …………………… 1－179
戒科刪補集要三卷 ……………… 2－453
戒殺放生文一卷 ………………… 2－450
戒殺放生文一卷 ………………… 2－450
戒殺放生文一卷 ………………… 2－450
攻守炮法一卷 …………………… 2－234
攻守炮法一卷 …………………… 2－234
攻守炮法一卷 …………………… 2－234
攻易錄四卷 ……………………… 3－374
攻易錄四卷 ……………………… 3－374
攻易錄四卷 ……………………… 3－374
攻媿集一百十二卷 ……………… 3－135
赤水玄珠三十卷醫旨緒餘二卷 … 2－248
[乾隆]赤城縣志八卷首一卷 …… 1－531
赤雅三卷 ………………………… 2－396
孝弟忠義圖說四卷 ……………… 2－203
孝思集二十七卷 ………………… 3－53
孝烈合稿 ………………………… 2－517
孝順事實十卷 …………………… 1－284
[光緒]孝感縣志二十四卷 ……… 2－21
[康熙]孝感縣志二十四卷 ……… 2－21
[乾隆]孝義縣志二十卷首一卷 … 1－537
[光緒]孝義縣續志二卷首一卷末一卷
　　………………………………… 1－537
孝肅包公奏議十卷 ……………… 1－496
孝肅包公奏議十卷 ……………… 1－496
孝肅包公奏議集十卷 …………… 1－496
孝經一卷 ………………………… 1－96
孝經一卷 ………………………… 1－96
孝經一卷 ………………………… 1－96
孝經一卷 ………………………… 1－96
孝經一卷 ………………………… 1－96
孝經一卷 ………………………… 1－96
孝經一卷 ………………………… 1－96
孝經一卷 ………………………… 1－96
孝經一卷 ………………………… 1－96
孝經一卷 ………………………… 1－96

孝經一卷 …………………… 1－96　　孝經纂註一卷 ………………… 1－98
孝經一卷 …………………… 1－97　　孝經讀本一卷 ………………… 1－97
孝經一卷 …………………… 1－97　　志古草堂印草 ………………… 2－344
孝經一卷 …………………… 1－97　　志道集一卷 …………………… 3－146
孝經一卷 …………………… 1－97　　志遠堂文集十卷 ……………… 3－378
孝經大全二十八卷首一卷孝經或問三卷　志餘備考二卷 ………………… 2－42
　　 …………………………… 1－97　　志學箴一卷 …………………… 2－214
孝經六藝大道錄一卷 …………… 1－98　　志學錄四卷存心淺記一卷 …… 2－203
孝經古今文傳註輯論一卷 ……… 1－98　　志學齋集 ……………………… 3－520
孝經古今文傳註輯論一卷 ……… 1－98　　志隱齋詩鈔八卷 ……………… 3－193
孝經本義一卷 …………………… 1－98　　志壑堂詩集十二卷文集十二卷詩後集
孝經本義一卷 …………………… 1－98　　　五卷文後集三卷辛酉同游倡和詩餘
孝經存解四卷首一卷 …………… 1－98　　　後集二卷阮亭選志壑堂詩十五卷
孝經存解四卷首一卷 …………… 1－98　　　 …………………………… 3－277
孝經易知一卷 …………………… 1－98　　芙蓉山館文鈔一卷 …………… 3－358
孝經衍義一百卷首二卷 ………… 1－98　　芙蓉山館詩鈔八卷補鈔一卷詞鈔二
孝經集註一卷 …………………… 1－97　　　卷文鈔一卷 ………………… 3－358
孝經集註述疏一卷 ……………… 1－98　　芙蓉山館詩鈔八卷補鈔一卷詞鈔二
孝經集義二卷孝經述言一卷 …… 1－98　　　卷文鈔一卷 ………………… 3－358
孝經註疏九卷 …………………… 1－97　　芙蓉山館詩鈔四卷 …………… 3－282
孝經註疏九卷 …………………… 1－97　　芙蓉館詩鈔四卷 ……………… 3－310
孝經註疏九卷 …………………… 1－97　　芙蓉館詩鈔四卷 ……………… 3－310
孝經註疏九卷孝經正義一卷 …… 1－97　　[乾隆]邯鄲縣志十二卷首一卷 …… 1－534
孝經註疏九卷孝經正義一卷孝經音　　　芸陔遺集十四卷附一卷 ……… 3－309
　　義一卷 ………………………… 1－97　　芸香閣詩集二卷 ……………… 3－328
孝經註疏校勘記九卷 …………… 1－98　　芸香閣詩集二卷 ……………… 3－328
孝經註疏校勘記九卷 …………… 1－98　　芸香閣詩集二卷 ……………… 3－328
孝經鄭註一卷 …………………… 1－96　　芸香館重刊正字略一卷 ……… 1－169
孝經鄭註疏二卷 ………………… 1－97　　芸香館遺詩二卷 ……………… 3－246
孝經鄭註疏二卷 ………………… 1－97　　芸輝堂詩集四卷賦稿二卷 …… 3－353
孝經鄭註疏二卷 ………………… 1－97　　芸籠偶存二卷 ………………… 2－384
孝經鄭註疏二卷 ………………… 1－97　　芷江詩話八卷 ………………… 3－485
孝經鄭註疏二卷 ………………… 1－98　　[同治]芷江縣志六十四卷首一卷 …… 2－52
孝經鄭註疏二卷 ………………… 1－98　　芷園素社瘧虐論疏一卷芷園素社瘧
孝經質疑一卷 …………………… 1－98　　　虐附方一卷 ………………… 2－271
孝經質疑一卷 …………………… 1－98　　花王閣賸稿一卷 ……………… 3－166
孝經學七卷 ……………………… 1－98　　花月連環詩百篇一卷 ………… 3－291
孝經學七卷 ……………………… 1－98　　花月痕全書十六卷五十二回 … 3－473
孝經學七卷 ……………………… 1－98　　花月痕全書四卷五十二回 …… 3－473
孝經翼一卷 ……………………… 1－97　　花月痕全書四卷五十二回 …… 3－473
孝經翼一卷 ……………………… 1－97　　花甲閑談十六卷 ……………… 1－385

花甲閑談十六卷 …………………… 1－386
花近樓叢書序跋記二卷 ………… 2－150
花雨樓叢鈔 ……………………… 3－499
花雨樓叢鈔 ……………………… 3－499
花雨樓叢鈔 ……………………… 3－499
花宜館詩鈔十六卷續存一卷無腔村
　笛二卷 ………………………… 3－238
花宜館詩鈔甲乙稿二卷 ………… 3－238
花柳深情傳四卷三十二回 ……… 3－472
花洋山館詩鈔十二卷文鈔四卷 … 3－311
花洋山館詩鈔十二卷文鈔四卷 … 3－312
花間笑語五卷 …………………… 3－461
花間閑談三十二圖十六卷 ……… 3－65
花間閑談三十二圖十六卷 ……… 3－65
花間集十卷 ……………………… 3－422
花間集十卷 ……………………… 3－422
花間集十卷 ……………………… 3－422
花間集十卷 ……………………… 3－422
花間集十卷 ……………………… 3－422
花間集十卷 ……………………… 3－422
花間集十卷 ……………………… 3－422
花語軒詩鈔一卷 ………………… 3－261
花樣集錦四卷新增花樣集錦一卷 … 3－485
花影吹笙詞鈔二卷 ……………… 3－432
花潭集詠一卷 …………………… 3－26
花潭集詠一卷勸學說一卷粥譜一卷
　廣粥譜一卷 …………………… 3－65
[康熙]花縣志四卷 ……………… 2－27
芥子園畫傳二集八卷首一卷 …… 2－336
芥子園畫傳三集四卷 …………… 2－336
芥子園畫傳三集四卷 …………… 2－336
芥子園畫傳五卷 ………………… 2－336
芥子園畫傳五卷二集四卷三集六卷
　………………………………… 2－336
芥子園畫傳五卷二集四卷三集六卷
　………………………………… 2－336
芥子園畫傳五卷二集四卷三集四卷
　………………………………… 2－336
芥子園畫傳四集六卷 …………… 2－336
芥子園畫傳初集六卷二集九卷三集六卷
　………………………………… 2－336

芥子園畫譜四集四卷 …………… 2－336
芥隱筆記一卷 …………………… 2－383
芥隱筆記一卷 …………………… 2－383
芬陀利室雜鈔一卷 ……………… 2－456
芳茂山人詩錄九卷 ……………… 3－284
芳草堂詩賦合鈔四卷 …………… 3－414
芳茹園樂府一卷 ………………… 3－428
芳洲文集十卷附錄一卷 ………… 3－173
克復金陵勛德記一卷 …………… 1－267
克虜伯炮表八卷 ………………… 2－235
克虜伯炮表八卷 ………………… 2－235
克虜伯炮表八卷 ………………… 2－235
克虜伯炮准心法一卷 …………… 2－235
克虜伯炮准心法一卷 …………… 2－235
克虜伯炮准心法一卷 …………… 2－235
克虜伯炮准心法一卷 …………… 2－235
克虜伯炮說四卷克虜伯礮操法四卷
　………………………………… 2－235
克虜伯炮說四卷克虜伯礮操法四卷
　………………………………… 2－235
克虜伯炮說四卷克虜伯礮操法四卷
　………………………………… 2－235
克虜伯炮彈造法二卷附圖一卷餅藥
　造法一卷 ……………………… 2－235
克虜伯炮彈造法二卷附圖一卷餅藥
　造法一卷 ……………………… 2－235
克虜伯炮彈造法二卷附圖一卷餅藥
　造法一卷 ……………………… 2－235
克虜伯炮彈造法二卷附圖一卷餅藥
　造法一卷 ……………………… 2－235
克齋集二卷 ……………………… 3－156
杜工部年譜一卷 ………………… 3－552
杜工部草堂詩話二卷 …………… 3－480
杜工部草堂詩箋二十二卷 ……… 3－83
杜工部草堂詩箋二十二卷 ……… 3－83
杜工部草堂詩箋二十二卷 ……… 3－84
杜工部草堂詩箋二十二卷 ……… 3－84
杜工部草堂詩箋二十二卷 ……… 3－84
杜工部集二十卷 ………………… 3－88
杜工部集二十卷 ………………… 3－88
杜工部集二十卷附錄一卷 ……… 3－87

杜工部集二十卷附錄一卷 …………… 3－87
杜工部集二十卷附錄一卷 …………… 3－88
杜工部集二十卷附錄一卷 …………… 3－88
杜工部集二十卷附錄一卷 …………… 3－88
杜工部集二十卷附錄一卷 …………… 3－88
杜工部集二十卷附錄一卷 …………… 3－88
杜工部集二十卷附錄一卷 …………… 3－88
杜工部集二十卷首一卷 ……………… 3－82
杜工部集二十卷首一卷 ……………… 3－82
杜工部集二十卷首一卷 ……………… 3－82
杜工部集二十卷首一卷 ……………… 3－82
杜工部集二十卷首一卷 ……………… 3－84
杜工部集二十卷首一卷 ……………… 3－84
杜工部集二十卷首一卷 ……………… 3－84
杜工部集二十卷首一卷 ……………… 3－84
杜工部集二十卷首一卷 ……………… 3－84
杜工部集二十卷首一卷 ……………… 3－84
杜工部集二十卷首一卷 ……………… 3－84
杜工部集二十卷首一卷 ……………… 3－84
杜工部集二十卷首一卷 ……………… 3－84
杜工部集二十卷首一卷 ……………… 3－84
杜工部集十八卷 ……………………… 3－82
杜工部詩集二十卷附集外詩一卷 …… 3－83
杜工部詩集二十卷集外詩一卷文集二卷
………………………………………… 3－85
杜工部詩說十二卷 …………………… 3－87
杜子美七言律不分卷 ………………… 3－84
杜子美詩集二十卷 …………………… 3－84
杜氏通典二百卷……………………… 1－408
杜氏通典二百卷……………………… 1－408
杜本崇鄉試硃卷……………………… 3－233
杜本崇選拔貢卷……………………… 3－233
杜茶村詩鈔八卷……………………… 3－234
杜律七言註解二卷 …………………… 3－84
杜律通解四卷 ………………………… 3－86
杜律啟蒙十二卷 ……………………… 3－88
杜律啟蒙十二卷年譜一卷 …………… 3－88
杜清獻公集十九卷首一卷末一卷…… 3－116
杜清獻公集十九卷首一卷末一卷…… 3－116

杜清獻公集十九卷首一卷末一卷…… 3－116
杜貴墀傳一卷 ………………………… 1－312
杜嗣程鄉試硃卷……………………… 3－234
杜詩胥鈔十五卷 ……………………… 3－87
杜詩培風讀本不分卷 ………………… 3－86
杜詩培風讀本不分卷 ………………… 3－86
杜詩偶評四卷 ………………………… 3－85
杜詩偶評四卷 ………………………… 3－85
杜詩提要十四卷 ……………………… 3－86
杜詩提要十四卷 ……………………… 3－86
杜詩提要十四卷 ……………………… 3－86
杜詩提要十四卷 ……………………… 3－86
杜詩集說二十卷末一卷 ……………… 3－85
杜詩集說二十卷末一卷 ……………… 3－85
杜詩鈔一卷 …………………………… 3－83
杜詩註釋二十四卷首一卷 …………… 3－86
杜詩詳註二十五卷首一卷附編二卷
………………………………………… 3－85
杜詩詳註二十五卷首一卷附編二卷
………………………………………… 3－85
杜詩詳註二十五卷首一卷附編二卷
………………………………………… 3－85
杜詩詳註二十五卷首一卷附編二卷
………………………………………… 3－85
杜詩詳註二十五卷首一卷附編二卷
………………………………………… 3－85
杜詩詳註二十五卷首一卷附編二卷
………………………………………… 3－85
杜詩詳註二十五卷首一卷附編二卷
………………………………………… 3－85
杜詩詳註二十五卷首一卷附編二卷
………………………………………… 3－85
杜詩詳註二十五卷首一卷附編二卷
………………………………………… 3－85
杜詩詳註二十五卷首一卷附編二卷
………………………………………… 3－85

杜詩詳註二十五卷首一卷附編二卷
　　………………………………… 3－85
杜詩論文五十六卷 ……………… 3－86
杜詩論文五十六卷 ……………… 3－86
杜詩鏡銓二十卷……………… 3－552
杜詩鏡銓二十卷附諸家論杜一卷 …… 3－87
杜詩鏡銓二十卷附諸家論杜一卷 …… 3－87
杜詩鏡銓二十卷附諸家論杜一卷 …… 3－87
杜詩鏡銓二十卷附諸家論杜一卷 …… 3－87
杜詩鏡銓二十卷附諸家論杜一卷 …… 3－87
杜詩鏡銓二十卷附諸家論杜一卷 …… 3－87
杜詩鏡銓二十卷附諸家論杜一卷 …… 3－87
杜詩鏡銓二十卷附諸家論杜一卷 …… 3－87
杜詩鏡銓二十卷附諸家論杜一卷 …… 3－87
杜詩鏡銓二十卷附諸家論杜一卷 …… 3－87
杜詩闡三十三卷 ………………… 3－87
杜樊川集十七卷 ………………… 3－88
杜樊川集十七卷別集一卷外集一卷
　　………………………………… 3－88
杜韓詩句集韻三卷 ……… 2－491
杜韓詩句集韻三卷 ……… 2－491
杜韓詩句集韻三卷 ……… 2－491
杜韓詩句集韻三卷 ……… 2－491
杜韓詩句集韻三卷 ……… 2－491
村居賦草一卷 …………………… 3－287
杏廬文鈔八卷 …………………… 3－405
杉湖酬唱詩略二卷 ……………… 3－224
杉蔭橋邊舊草堂詩鈔二卷……… 3－289
杉蔭橋邊舊草堂詩鈔二卷……… 3－289
杉蔭橋邊舊草堂詩鈔二卷……… 3－289
杉蔭橋邊舊草堂詩鈔二卷……… 3－289
［光緒］巫山縣志三十二卷首一卷 … 2－37
李于鱗唐詩廣選七卷…………… 3－2
李于鱗唐詩廣選七卷…………… 3－3
李大令死事紀略一卷 ………… 1－312
李之藻文稿一卷 ……………… 3－169
李元度王闓運等書畫扇面冊……… 2－337
李元音鄉試硃卷………………… 3－223
李元賓文集六卷………………… 3－94

李元賓文集六卷 ……………… 3－94
李元賓文集六卷 ……………… 3－94
李太白文集三十六卷………… 3－90
李太白文集三十六卷………… 3－90
李太白文集三十六卷………… 3－90
李太白文集三十六卷………… 3－90
李太白文集三十六卷………… 3－90
李太白文集三十六卷………… 3－90
李太白文集三十六卷………… 3－90
李太白文集三十六卷………… 3－90
李太白文集三十六卷………… 3－91
李太白文集三十六卷………… 3－91
李太白文集三十卷…………… 3－89
李太白文集三十卷…………… 3－89
李太白文集三十卷…………… 3－89
李太白文集三十卷…………… 3－89
李太白文集三十卷…………… 3－89
李太白文集三十卷…………… 3－89
李太白文集三十卷…………… 3－89
李太白文集三十卷…………… 3－90
李太白文集三十卷…………… 3－90
李太白全集十六卷…………… 3－91
李太白全集十六卷…………… 3－91
李仁洪鄉試硃卷………………… 3－223
李氏五種………………………… 1－513
李氏五種………………………… 1－513
李氏五種………………………… 1－513
李氏五種………………………… 1－513
李氏五種………………………… 1－513
李氏五種………………………… 1－513
李氏五種………………………… 1－513
李氏五種………………………… 1－513
李氏五種………………………… 1－513
李氏五種………………………… 1－513
李氏五種………………………… 1－513
李氏五種………………………… 1－513
李氏五種………………………… 1－513
李氏五種………………………… 1－513
李氏五種………………………… 1－513
李氏五種………………………… 1－513
李氏五種………………………… 1－513

李氏五種 …………………… 1－513
李氏五種 …………………… 1－513
李氏五種 …………………… 1－513
李氏成書 …………………… 1－8
李氏音鑒六卷 ……………… 1－181
李氏音鑒六卷 ……………… 1－181
李氏音鑒六卷首一卷 ……… 1－181
李氏焚書六卷 ……………… 3－161
李氏焚書六卷 ……………… 3－161
李氏蒙求補註六卷 ………… 2－482
李氏蒙求補註六卷 ………… 2－482
李氏蒙求補註六卷 ………… 2－494
李氏說書九卷 ……………… 1－101
李氏遺書 …………………… 2－299
李氏遺書 …………………… 2－299
李氏歷代輿地沿革圖校勘記十六卷
　 ………………………… 1－514
李文山詩集三卷 …………… 3－94
李文忠公全集 ……………… 3－517
李文忠公全集 ……………… 3－517
李文忠公全集一百六十五卷首一卷 … 3－539
李文忠公朋僚函稿二十四卷 ……… 3－231
李文忠公朋僚函稿二十四卷 ……… 3－231
李文忠公朋僚函稿二十四卷 ……… 3－232
李文忠公函稿 ……………… 1－475
李文忠公遺集八卷 ………… 3－232
李文忠尺牘分類選錄 ……… 3－231
李文恭公奏議二十二卷行述一卷 …… 1－500
李文恭公奏議二十二卷行述一卷 …… 1－500
李文恭公奏議二十二卷行述一卷 …… 1－500
李文恭公奏議二十二卷行述一卷 …… 1－500
李文恭公遺集四十六卷 …… 3－226
李文恭公遺集四十六卷 …… 3－226
李文恭公遺集四十六卷 …… 3－226
李文恭公遺集四十六卷 …… 3－226
李文恭公遺集四十六卷 …… 3－226
李文莊公全集十卷 ………… 3－162
李文莊公全集十卷 ………… 3－162
李文莊公全集十卷 ………… 3－162
李文莊公全集十卷 ………… 3－162
李文莊公全集十卷 ………… 3－162

李文清公遺書八卷志節編二卷 ……… 3－228
李文襄公奏議十卷別錄六卷 ……… 1－500
李文襄公奏議十卷別錄六卷 ……… 1－500
李文襄公奏議十卷別錄六卷 ……… 1－500
李文饒公文集二十卷別集十卷外集四卷
　 ………………………… 3－94
李杜詩選 …………………… 2－510
李杜詩選 …………………… 2－510
李秀成口供一卷 …………… 1－312
李君實先生雜著 …………… 3－511
李長吉集四卷外集一卷 …… 3－93
李長吉集四卷外集一卷 …… 3－93
李長吉集四卷外集一卷 …… 3－93
李長吉集四卷外集一卷 …… 3－93
李長吉集四卷外集一卷 …… 3－93
李長吉歌詩四卷外集一卷 …… 3－93
李長吉歌詩四卷外集一卷 …… 3－93
李長吉歌詩四卷外集一卷 …… 3－93
李長吉歌詩四卷外集一卷 …… 3－93
李長吉歌詩四卷首一卷外集一卷 … 3－93
李長吉歌詩四卷首一卷外集一卷 … 3－93
李長吉歌詩四卷首一卷外集一卷 … 3－93
李長吉歌詩四卷首一卷外集一卷 … 3－93
李長吉歌詩四卷首一卷外集一卷 … 3－93
李長吉歌詩四卷首一卷外集一卷 … 3－94
李長吉歌詩四卷首一卷外集一卷 … 3－94
李長吉歌詩四卷首一卷外集一卷 … 3－94
李長吉歌詩四卷首一卷外集一卷 … 3－94
李長者華嚴經論略四卷 …… 2－452
李長鬱鄉試硃卷 …………… 3－225
李郁華會試硃卷 …………… 3－226
李卓吾先生讀升菴集二十卷 ……… 3－176
李卓吾批點世說新語補二十卷附釋
　 名一卷 ………………… 2－381
李卓吾批點世說新語補二十卷附釋
　 名一卷 ………………… 2－381
李盱江文集不分卷 ………… 3－117
李忠武公事實一卷 ………… 1－313
李忠武公奏疏一卷 ………… 1－500
李忠武公書牘二卷奏疏一卷 ……… 3－233

151

李忠武公書牘二卷奏疏一卷 ………… 3－233
李忠武公書牘二卷奏疏一卷 ………… 3－233
李忠武公閣學公誄詞彙編一卷 ……… 3－53
李忠武公遺書 …………………………… 3－517
李忠武公遺書 …………………………… 3－517
李忠武公遺書 …………………………… 3－517
李忠武公遺書 …………………………… 3－517
李忠武公遺書 …………………………… 3－517
李忠武公遺書 …………………………… 3－517
李忠定公年譜一卷 ……………………… 1－320
李忠定公年譜一卷 ……………………… 1－320
李忠定公年譜一卷 ……………………… 1－320
李忠定公年譜一卷 ……………………… 1－320
李忠定公別集十卷 ……………………… 1－259
李忠定公集選四十四卷首四卷 ……… 3－116
李忠定公集選四十四卷首四卷 ……… 3－116
李忠定公集選四十四卷首四卷 ……… 3－117
李忠定公集選四十四卷首四卷 ……… 3－117
李忠定公集選四十四卷首四卷 ……… 3－117
李忠定公集選四十四卷首四卷 ……… 3－117
李忠定集八十卷年譜一卷 …………… 3－116
李忠定集八十卷年譜一卷 …………… 3－116
李忠定集八十卷年譜一卷 …………… 3－116
李忠定集八十卷年譜一卷 …………… 3－116
李舍人遺集一卷 ………………………… 3－229
李空同詩集三十三卷附錄一卷 ……… 3－161
李空同詩集三十三卷附錄一卷 ……… 3－161
李承霖殿試策 …………………………… 3－225
李厚岡集 ………………………………… 3－517
李星沅家傳一卷 ………………………… 1－312
李修意鄉試硃卷 ………………………… 3－227
李彥彬詩鈔 ……………………………… 3－226
李勇毅公行述 …………………………… 1－312
李剛烈公碧血錄二卷 ………………… 1－312
李家驤等致歐陽述詩文信札 ……… 3－60
李宮保湘洲先生集一卷 ……………… 3－162
李宮保湘洲先生集十二卷 …………… 3－162
李宮保湘洲先生集十二卷 …………… 3－162
李宮保湘洲先生集十二卷 …………… 3－162
李宮保湘洲先生集十二卷 …………… 3－162

李恕谷先生年譜五卷 ………………… 1－324
李恕谷遺書六十五卷 ………………… 3－540
李邕文五卷 ……………………………… 3－91
李盛湘鄉試硃卷 ………………………… 3－227
李堯棟行書詩詞四十首 ……………… 2－333
李溫陵集二十卷 ………………………… 3－161
李登雲鄉試硃卷 ………………………… 3－227
李夢瑩鄉試硃卷 ………………………… 3－231
李夢瑩會試硃卷 ………………………… 3－231
李詩貢卷 ………………………………… 3－229
李詩通二十一卷 ………………………… 3－90
李義山文集十卷 ………………………… 3－92
李義山文集十卷 ………………………… 3－92
李義山集三卷 …………………………… 3－91
李義山集三卷 …………………………… 3－91
李義山詩集十六卷 …………………… 3－92
李義山詩集三卷 ………………………… 3－91
李義山詩集三卷 ………………………… 3－91
李義山詩集三卷 ………………………… 3－91
李義山詩集三卷 ………………………… 3－91
李義山詩集三卷 ………………………… 3－91
李義山詩集三卷 ………………………… 3－91
李義山詩集三卷 ………………………… 3－91
李滄溟集六卷 …………………………… 3－162
李肅毅伯奏議二十卷 ………………… 1－500
李肅毅伯奏議二十卷 ………………… 1－500
李肅毅伯奏議二十卷 ………………… 1－500
李肅毅伯奏議二十卷 ………………… 1－500
李鳳端鄉試硃卷 ………………………… 3－231
李增榮紀續錄一卷 ……………………… 3－53
李嶠雜詠二卷 …………………………… 2－74
李衛公文集二十卷別集十卷外集四
　卷補遺一卷 …………………………… 3－94
李盤金湯十二籌十二卷 ……………… 2－224
李翰林姑執遺蹟題詠類鈔六卷首二卷
　 …………………………………………… 3－91
李翰林集十卷 …………………………… 3－89
李翰林集三十卷 ………………………… 3－90
李翰林集三十卷 ………………………… 3－90
李翰林集三十卷 ………………………… 3－90

李翰林集三十卷 …………………… 3－90
李學鼎制藝一卷 …………………… 3－232
李襄敏公奏議十四卷 ……………… 1－498
李鴻章 ……………………………… 1－312
李鴻章 ……………………………… 1－312
李鴻章 ……………………………… 1－312
李鴻章 ……………………………… 1－312
李鴻章 ……………………………… 1－312
李鴻章臨蘭亭序行書冊 …………… 2－333
李鴻儀鄉試硃卷 …………………… 3－232
李燾會試卷 ………………………… 3－232
李鎮元鄉試硃卷 …………………… 3－232
李躍門百蝶圖四卷 ………………… 2－337
李續賓傳 …………………………… 1－312
李鱓瓜果花卉畫冊 ………………… 2－337
車制考一卷 ………………………… 1－24
車營叩答合編四卷 ………………… 2－225
車營叩答合編四卷 ………………… 2－225
車營叩答合編四卷 ………………… 2－225
車營叩答合編四卷 ………………… 2－225
車營叩答合編四卷 ………………… 2－225
車營百八叩一卷 …………………… 2－229
車營圖例一卷 ……………………… 2－229
甫田集三十五卷附錄一卷 ………… 3－153
甫田集三十六卷 …………………… 3－153
更生齋文甲集四卷乙集四卷詩八卷
　詩餘二卷 ………………………… 3－262
更生齋文甲集四卷乙集四卷詩八卷
　詩餘二卷 ………………………… 3－263
更生齋文甲集四卷乙集四卷詩八卷
　詩餘二卷 ………………………… 3－263
更生齋文甲集四卷乙集四卷續集二
　卷詩八卷詩續十卷 ……………… 3－263
更生齋文甲集四卷乙集四卷續集二
　卷詩八卷詩續十卷 ……………… 3－263
更生雜記□□卷 …………………… 3－300
更定萍鄉礦路大概辦法 …………… 1－459
更豈有此理四卷 …………………… 3－458
吾吾廬草存二卷 …………………… 3－279
吾汶全稿九卷末一卷 ……………… 3－112
吾汶全稿九卷末一卷 ……………… 3－112

吾汶稿十卷 ………………………… 3－112
吾學編六十九卷 …………………… 1－274
吾學編六十九卷 …………………… 1－274
吾學錄五卷 ………………………… 2－377
吾學錄初編二十四卷 ……………… 1－425
吾學錄初編二十四卷 ……………… 1－426
吾學錄初編二十四卷 ……………… 1－426
吾學錄初編二十四卷 ……………… 1－426
吾學錄初編二十四卷 ……………… 1－426
吾學錄初編二十四卷 ……………… 1－426
吾學錄初編二十四卷 ……………… 1－426
吾學錄初編二十四卷 ……………… 1－426
吾學錄初編二十四卷 ……………… 1－426
吾學錄初編二十四卷 ……………… 1－426
吾學錄初編二十四卷 ……………… 1－426
吾學錄初編二十四卷 ……………… 1－426
吾學錄初編二十四卷 ……………… 1－426
吾學錄初編二十四卷 ……………… 1－426
西陽雜俎二十卷續集十卷 ………… 3－453
西陽雜俎二十卷續集十卷 ………… 3－453
西陽雜俎二十卷續集十卷 ………… 3－453
西陽雜俎二十卷續集十卷 ………… 3－453
西陽雜俎二十卷續集十卷 ………… 3－453
西陽雜俎二十卷續集十卷 ………… 3－454
西陽雜俎二十卷續集十卷 ………… 3－454
西陽雜俎二十卷續集十卷 ………… 3－454
西陽雜俎二十卷續集十卷 ………… 3－454
西陽雜俎二十卷續集十卷 ………… 3－454
西陽雜俎二十卷續集十卷 ………… 3－454
西陽雜俎二十卷續集十卷 ………… 3－454
西陽雜俎二十卷續集十卷 ………… 3－454
西陽雜俎二十卷續集十卷 ………… 3－454
西陽雜俎二十卷續集十卷 ………… 3－454
西陽雜俎續集十卷 ………………… 3－454
西陽雜俎續集十卷 ………………… 3－454
西樵山房文集五卷詩鈔二卷 ……… 3－355
[康熙]辰州府志八卷 ……………… 2－51
[乾隆]辰州府志五十卷首一卷 …… 2－51
辰州府救生局總記八卷 …………… 2－65

153

辰州府義田總記二卷 …………………… 2－65
[道光]辰溪縣志四十卷首一卷 ……… 2－52
[咸豐]邠州志二十卷首一卷 ……… 1－553
[咸豐]邠州志二十卷首一卷 ……… 1－553
[嘉慶]夾江縣志十二卷首一卷 ……… 2－36
扶荔生覆瓿集十卷 …………………… 3－200
扶桑兩月記一卷 ……………………… 2－107
扶桑驪唱集一卷 ……………………… 3－59
[道光]扶溝縣志十三卷 ……………… 2－18
[光緒]扶溝縣志十六卷首一卷 ……… 2－18
批點聊齋志異十六卷 ………………… 3－462
折獄高抬貴手八卷 …………………… 1－482
折獄高抬貴手八卷 …………………… 1－482
折獄高抬貴手八卷 …………………… 1－482
投筆集二卷 …………………………… 3－362
投筆集二卷 …………………………… 3－362
投筆集箋註二卷 ……………………… 3－362
抗希堂十六種 ………………………… 3－512
抗希堂十六種 ………………………… 3－512
抗希堂十六種 ………………………… 3－512
抗希堂十六種 ………………………… 3－512
抗希堂十六種 ………………………… 3－512
求一術通解二卷 ……………………… 2－304
求己錄三卷 …………………………… 1－267
求己錄三卷 …………………………… 1－267
求己錄三卷 …………………………… 1－267
求止齋日記 …………………………… 1－330
求正弦法一卷 ………………………… 2－303
求古居宋本書目一卷 ………………… 2－141
求古精舍金石圖初集四卷 …………… 2－115
求古精舍金石圖初集四卷 …………… 2－115
求古精舍金石圖初集四卷 …………… 2－115
求古錄一卷 …………………………… 2－118
求古錄禮說十六卷 …………………… 1－70
求古錄禮說十六卷補遺一卷 ………… 1－70
求古錄禮說十六卷補遺一卷 ………… 1－70
求古錄禮說十六卷補遺一卷 ………… 1－70
求古錄禮說十六卷補遺一卷 ………… 3－543
求古齋訂正九經附大學一卷中庸一
　　卷小學二卷 …………………… 1－2
求在我齋文存八卷示子弟帖一卷 …… 3－208

求在我齋文存八卷示子弟帖一卷 …… 3－208
求在我齋文存八卷示子弟帖一卷 …… 3－208
求在我齋文存八卷示子弟帖一卷 …… 3－208
求在我齋文存八卷示子弟帖一卷 …… 3－208
求在我齋文存八卷示子弟帖一卷 …… 3－208
求在我齋文存八卷示子弟帖一卷 …… 3－208
求在我齋詩存五卷 …………………… 3－208
求自立齋文稿八卷詩稿八卷 ………… 3－374
求自立齋文稿八卷詩稿八卷 ………… 3－374
求自立齋文稿八卷詩稿八卷 ………… 3－374
求自立齋文稿八卷詩稿八卷 ………… 3－374
求自得之室文鈔十二卷尚絅廬詩存二卷
　　…………………………………… 3－242
求自得之室文鈔十二卷尚絅廬詩存二卷
　　…………………………………… 3－242
求自得之室文鈔十二卷尚絅廬詩存二卷
　　…………………………………… 3－242
求自得之室文鈔十二卷尚絅廬詩存二卷
　　…………………………………… 3－242
求自得之室文鈔十二卷尚絅廬詩存二卷
　　…………………………………… 3－242
求自得之室四書說六卷 ……………… 1－104
求自得之室四書說六卷 ……………… 1－104
求自得之室喪服會通說四卷 ………… 1－59
求自得之室雜說六卷 ………………… 1－75
求自得之室雜說六卷 ………………… 1－75
求自慊齋摺卷小楷 …………………… 2－333
求志居全集 …………………………… 3－521
求志居全集 …………………………… 3－521
求志居全集 …………………………… 3－521
求志居全集 …………………………… 3－521
求志居全集 …………………………… 3－521
求志居唐詩選八十二卷首一卷 ……… 3－8
求志居集三十六卷外集一卷 ………… 3－316
求志居集三十六卷外集一卷 ………… 3－316
求志居經說二十四卷 ………………… 1－124
求志堂存稿彙編 ……………………… 3－518
求忠中學堂同學姓氏錄一卷 ………… 1－387
求忠書院經課卷一卷 ………………… 3－52
求是集 ………………………………… 1－489
求是齋詩草二卷 ……………………… 3－379

求真是齋詩草二卷 …………… 3－285
求益齋全集二十卷 …………… 3－314
求益齋全集二十卷 …………… 3－314
求補拙齋外集四卷 …………… 3－404
求源齋天算 …………………… 2－291
求福居詩鈔一卷 ……………… 3－219
求實書院學規續鈔不分卷 …… 3－46
求實學齋文集四卷 …………… 3－248
求實齋叢書 …………………… 3－502
求實齋叢書 …………………… 3－502
求實齋叢書 …………………… 3－502
求實齋叢書 …………………… 3－502
求實齋類稿十二卷續編六卷 … 3－382
求實齋類稿十二卷續編六卷 … 3－382
求實齋類稿十二卷續編六卷 … 3－382
求實齋類稿十二卷續編六卷 … 3－382
求闕齋日記類鈔二卷 ………… 3－550
求闕齋文鈔八卷 ……………… 3－329
求闕齋文鈔不分卷 …………… 3－329
求闕齋文鈔不分卷 …………… 3－329
求闕齋弟子記三十二卷 ……… 1－315
求闕齋弟子記三十二卷 ……… 1－315
求闕齋弟子記三十二卷 ……… 1－315
求闕齋弟子記三十二卷 ……… 1－315
求闕齋弟子記三十二卷 ……… 1－315
求闕齋弟子記三十二卷 ……… 1－315
求闕齋弟子記不分卷 ………… 1－315
求闕齋讀書錄□□卷 ………… 3－329
步天歌一卷 …………………… 2－294
步天歌一卷 …………………… 2－294
步姜詞二卷 …………………… 3－430
肖岩詩鈔十二卷文鈔四卷補遺一卷
　　 …………………………… 3－384
里乘十卷 ……………………… 3－457
里乘四卷 ……………………… 3－457
里語徵實三卷 ………………… 1－142
里語徵實三卷 ………………… 1－142
呈造光緒三十四年四月份收支牙釐
　　銀錢各款數目表冊 ……… 1－455
呈造湖北通省牙釐各局卡委員銜名
　　籍貫收支額數冊一卷 …… 1－454

見山樓詩鈔二卷 ……………… 3－223
見物五卷 ……………………… 2－237
見聞近錄四卷 ………………… 3－271
見聞近錄四卷 ………………… 3－271
見聞隨筆二十六卷續筆二十四卷 … 3－460
助字辨略五卷 ………………… 1－141
助字辨略五卷 ………………… 1－141
助字辨略五卷 ………………… 1－141
助字辨略五卷 ………………… 1－141
助道微機六卷 ………………… 3－3
助道微機或問記一卷 ………… 3－3
助道微機或問記一卷 ………… 3－3
足本大字繡像昇仙傳八卷五十六回
　　 …………………………… 3－470
男女交合秘要新論一卷 ……… 2－289
男女交合秘要新論一卷 ……… 2－289
困知記二卷續二卷三續一卷四續一卷
　　 …………………………… 2－191
困知記二卷續二卷三續一卷四續一
　　卷續補一卷外編一卷附錄一卷 … 2－191
困知記二卷續二卷三續一卷四續一
　　卷續補一卷外編一卷附錄一卷 … 2－191
困知記二卷續二卷三續一卷四續一
　　卷續補一卷外編一卷附錄一卷 … 2－191
困知記二卷續二卷三續一卷四續一
　　卷續補一卷附錄一卷 …… 2－191
困知記四卷 …………………… 2－191
困知堂詩集二卷樂府題解一卷 … 3－328
困知堂詩集二卷樂府題解一卷 … 3－328
困知堂詩集二卷樂府題解一卷 … 3－328
困學紀聞二十卷 ……………… 2－381
困學紀聞二十卷 ……………… 2－382
困學紀聞二十卷 ……………… 2－382
困學紀聞二十卷 ……………… 2－382
困學紀聞二十卷 ……………… 2－382
困學紀聞二十卷 ……………… 2－382
困學紀聞二十卷 ……………… 2－382
困學紀聞集證二十卷末一卷 … 2－382
困學紀聞註二十卷 …………… 2－388

困學紀聞註二十卷·················· 2－388

困學紀聞註二十卷·················· 2－388

困學紀聞註二十卷·················· 2－388

困學紀聞註二十卷·················· 2－388

困學紀聞註二十卷·················· 2－388

困學紀聞註二十卷·················· 2－388

困學紀聞註二十卷首一卷·············· 2－388

困學錄集粹八卷···················· 2－212

串雅內編四卷······················ 2－266

呂子校補二卷······················ 2－221

呂子評語正編四十二卷首一卷附刻

　一卷呂子評語餘編八卷首一卷······ 2－192

呂子節錄二卷······················ 2－189

呂子節錄四卷補遺二卷·············· 2－189

呂子節錄四卷補遺二卷·············· 2－189

呂子節錄四卷補遺二卷·············· 2－189

呂子遺書·························· 3－511

呂子遺書·························· 3－511

呂子遺書·························· 3－511

呂子遺書·························· 3－511

呂氏春秋二十六卷·················· 2－354

呂氏春秋二十六卷·················· 2－354

呂氏春秋二十六卷·················· 2－354

呂氏春秋二十六卷·················· 2－354

呂氏春秋二十六卷·················· 2－354

呂氏春秋二十六卷·················· 2－355

呂氏春秋二十六卷·················· 2－355

呂氏春秋二十六卷·················· 2－355

呂氏春秋二十六卷·················· 2－355

呂氏春秋二十六卷·················· 2－355

呂氏春秋二十六卷·················· 2－355

呂氏春秋考異一卷·················· 2－375

呂氏家塾讀詩記三十二卷············ 1－39

呂氏家塾讀詩記三十二卷············ 1－39

呂氏家塾讀詩記三十二卷············ 1－39

呂氏家塾讀詩記三十二卷············ 1－39

呂氏家塾讀詩記三十二卷············ 1－39

呂氏家塾讀詩記三十二卷············ 1－39

呂文節公奏議二卷·················· 1－501

呂用晦文集八卷續集四卷附錄一卷

　························· 3－246

呂東萊先生大事記十二卷通釋三卷

　解題十二卷···················· 1－232

呂東萊先生文集二十卷·············· 3－117

呂祖年譜海山奇遇四卷·············· 2－479

呂祖全書三十二卷·················· 2－469

呂祖全書六十四卷·················· 2－469

呂祖全書六十四卷·················· 2－469

呂祖全書六十四卷·················· 2－469

呂祖醫道還元九卷附一卷············ 2－469

呂書六種························ 2－206

呂書六種························ 2－206

呂書六種························ 2－206

呂晚村四書講義不分卷·············· 1－103

呂晚村先生文集八卷················ 3－246

呂晚村先生文集八卷續集四卷········ 3－246

呂晚村先生文集八卷續集四卷附錄一卷

　························· 3－246

呂晚村先生四書講義四十三卷········ 1－102

呂晚村先生家訓真迹五卷············ 2－203

呂晚村先生家訓真迹四卷············ 2－203

呂晚村先生家訓真迹四卷············ 2－203

呂晚村詩集不分卷·················· 3－246

呂新吾先生去偽齋文集十卷·········· 3－163

呂新吾先生去偽齋文集十卷·········· 3－163

呂新吾全集······················ 3－511

呂新吾全集······················ 3－511

呂語集粹四卷···················· 2－189

呂語集粹四卷···················· 2－189

呂衡州文集十卷·················· 3－94

呂衡州文集十卷·················· 3－94

呂衡州文集十卷·················· 3－94

呂衡州文集十卷·················· 3－94

呂衡州文集十卷·················· 3－94

吟香室詩草二卷·················· 3－377

吟香堂曲譜四卷·················· 3－450

吟秋閣詩草一卷·················· 3－363

吟風閣雜劇四卷吟風閣譜二卷········ 3－439

吟紅閣詩鈔十二卷詞鈔三卷詞續鈔三卷

　························· 3－261

吟雲仙館詩稿一卷·················· 3－332

吟蓮館印存·················· 2－341

吹萬閣詩鈔五卷詞鈔一卷·················· 3－411

吹網錄六卷·················· 2－376

吹網錄六卷·················· 2－376

吹網錄六卷·················· 2－376

吳士邁傳一卷·················· 1－313

吳士邁傳一卷·················· 1－313

吳大澂篆文孝經·················· 2－333

吳山伍公廟志六卷首一卷·················· 2－55

吳山伍公廟志六卷首一卷·················· 2－55

［光緒］吳川縣志十卷首一卷·················· 2－30

吳子淺釋六卷·················· 2－228

吳友如畫寶·················· 2－337

吳友如畫寶·················· 2－337

吳中吟一卷·················· 3－415

吳氏家誡二卷·················· 3－242

吳氏遺著五卷·················· 1－8

吳氏遺著五卷·················· 1－8

吳文節公遺集八十卷·················· 3－235

吳地記一卷後集一卷·················· 1－549

吳光祿使閩奏稿匯存□卷·················· 1－501

吳竹坡先生詩集二十八卷·················· 3－163

吳赤溟先生文集一卷·················· 3－237

吳吳山三婦合評牡丹亭還魂記二卷

·················· 3－440

吳吳山三婦合評牡丹亭還魂記二卷

·················· 3－440

吳社集四卷·················· 3－416

吳社集四卷·················· 3－416

吳門治驗錄四卷·················· 2－269

吳門集八卷·················· 3－233

吳門銷夏記三卷·················· 2－385

吳京卿節本天演論一卷·················· 2－403

吳京卿節本天演論一卷·················· 2－403

吳郡名賢圖傳贊二十卷·················· 1－329

吳郡名賢圖傳贊二十卷·················· 1－329

吳郡名賢圖傳贊二十卷·················· 1－330

［紹熙］吳郡志五十卷·················· 1－549

吳郡金石目一卷·················· 2－116

［元豐］吳郡圖經續記三卷·················· 1－549

吳都文粹十卷·················· 3－29

吳桂森鄉試硃卷·················· 3－238

吳梅村詞一卷·················· 3－430

吳敏樹詩稿·················· 3－238

吳船日記一卷·················· 1－468

吳越所見書畫錄六卷書畫說鈴一卷

·················· 2－328

吳越所見書畫錄六卷書畫說鈴一卷

·················· 2－328

吳越所見書畫錄六卷書畫說鈴一卷

·················· 2－328

吳越所見書畫錄六卷書畫說鈴一卷

·················· 2－328

吳越春秋十卷·················· 1－269

吳越春秋十卷·················· 1－269

吳越春秋十卷·················· 1－269

吳越春秋十卷·················· 1－269

吳越春秋十卷·················· 1－269

吳越春秋六卷·················· 1－269

吳越備史四卷首一卷·················· 1－270

吳越備史四卷首一卷·················· 1－270

吳越備史四卷補遺一卷州考一卷·················· 1－270

吳雲巖稿一卷·················· 3－245

吳淵穎先生集十二卷·················· 3－148

吳游兩直指先生選刻陣圖紀要不分卷

·················· 2－231

吳疎山先生遺集十二卷·················· 3－162

吳會英才集二十四卷·················· 3－30

吳會英才集二十卷·················· 3－30

吳會題襟集一卷湘瑟秋雅一卷·················· 3－207

吳詩七言律一卷·················· 3－239

吳詩集覽二十卷談藪二卷·················· 3－240

吳詩集覽二十卷談藪二卷·················· 3－240

吳詩集覽二十卷談藪二卷·················· 3－240

吳詩集覽二十卷談藪二卷·················· 3－240

吳詩集覽二十卷談藪二卷·················· 3－241

吳詩集覽二十卷談藪二卷·················· 3－241

吳詩集覽二十卷談藪二卷·················· 3－241

吳愙齋籀書論語二卷·················· 1－109

吳摯甫文集四卷深州風土記四篇一卷

·················· 3－235

吳摯甫文集四卷深州風土記四篇一卷
　　……………………………… 3 - 235
吳摯甫詩集一卷 ……………… 3 - 236
吳摯甫詩集一卷 ……………… 3 - 236
吳摯甫詩集一卷 ……………… 3 - 236
吳摯甫詩集一卷 ……………… 3 - 236
吳摯甫詩集一卷 ……………… 3 - 236
吳徵士遺詩一卷遺文一卷 …… 3 - 236
吳徵士遺詩一卷遺文一卷 …… 3 - 236
吳徵士遺詩一卷遺文一卷 …… 3 - 236
吳徵士遺詩一卷遺文一卷 …… 3 - 236
吳徵士遺詩一卷遺文一卷 …… 3 - 236
吳徵君蓮洋詩鈔不分卷 ……… 3 - 241
吳興金石記十六卷 …………… 2 - 114
吳興詩存初集八卷 …………… 3 - 32
吳興詩話十六卷首一卷 ……… 3 - 488
吳學士文集四卷詩集五卷 …… 3 - 243
吳學士文集四卷詩集五卷 …… 3 - 243
吳學士文集四卷詩集五卷 …… 3 - 243
吳學士文集四卷詩集五卷 …… 3 - 243
吳學士文集四卷詩集五卷 …… 3 - 243
吳學士文集四卷詩集五卷 …… 3 - 243
吳醫匯講十一卷 ……………… 2 - 269
吳醫匯講十一卷 ……………… 2 - 269
吳騷二集四卷 ………………… 3 - 443
吳疆域圖說三卷 ……………… 2 - 100
別下齋叢書 …………………… 3 - 502
別下齋叢書 …………………… 3 - 502
別雅五卷 ……………………… 1 - 138
別雅五卷 ……………………… 1 - 138
別雅五卷 ……………………… 1 - 138
別雅訂五卷 …………………… 1 - 138
別號錄 ………………………… 1 - 305
岐山恆志禪師語錄一卷 ……… 2 - 460
[乾隆]岐山縣志八卷 ………… 1 - 541
岑華居士蘭鯨錄八卷外集詩二卷鳳
　　巢山樵求是錄六卷二錄四卷續錄
　　一卷外集文二卷 ………… 3 - 241
岑襄勤公奏稿三十卷首一卷 … 1 - 500
岑襄勤公勛德介福圖一卷 …… 1 - 330
牡丹百詠集一卷 ……………… 3 - 172

牡丹亭還魂記二卷 …………… 3 - 440
牡丹亭還魂記二卷 …………… 3 - 440
牡丹亭還魂記二卷 …………… 3 - 440
牡丹亭還魂記二卷 …………… 3 - 440
牡丹亭還魂記二卷 …………… 3 - 440
牡丹亭還魂記二卷 …………… 3 - 440
牡丹亭還魂記八卷 …………… 3 - 440
[光緒]利川縣志十四卷 ……… 2 - 26
[同治]利川縣志十卷首一卷 … 2 - 26
[光緒]利津縣志十卷 ………… 1 - 547
利試新編四卷 ………………… 3 - 44
秀才約語授趙雋堂同學一卷 … 2 - 204
[光緒]秀山縣志十四卷首一卷 … 2 - 37
私塾改良會章程 ……………… 1 - 432
我山草堂文集四卷詩集四卷詩集後一卷
　　……………………………… 3 - 332
我佛山人札記小說四卷 ……… 3 - 456
我媿之集一卷 ………………… 3 - 248
我篋釋證十五卷 ……………… 2 - 204
我篋釋證十五卷 ……………… 2 - 204
我篋釋證十五卷 ……………… 2 - 204
兵法史略學二卷 ……………… 2 - 228
兵法史略學八卷 ……………… 2 - 228
兵法史略學口義一卷 ………… 3 - 550
兵法集鑒六卷 ………………… 2 - 226
兵家方道指南八卷 …………… 2 - 228
兵家宜忌日表一卷 …………… 2 - 231
兵書七種 ……………………… 2 - 222
兵書三種 ……………………… 2 - 222
兵書廿一種 …………………… 2 - 223
兵書雜識一卷 ………………… 2 - 474
兵船汽機六卷附一卷 ………… 2 - 233
兵船炮法六卷 ………………… 2 - 236
兵訣評十八卷 ………………… 2 - 225
兵經百篇三卷 ………………… 2 - 228
兵經百篇三卷 ………………… 2 - 228
兵錄十四卷 …………………… 2 - 225
兵鏡 …………………………… 2 - 222
兵鏡 …………………………… 2 - 222
兵鏡二十卷綱目一卷 ………… 2 - 224
兵鏡或問二卷孫子集語一卷 … 2 - 229

兵鏡或問二卷孫子集語一卷⋯⋯⋯ 2－229
兵鏡類編四十卷⋯⋯⋯⋯⋯⋯⋯⋯ 2－226
兵鏡類編四十卷⋯⋯⋯⋯⋯⋯⋯⋯ 2－227
兵鏡類編四十卷⋯⋯⋯⋯⋯⋯⋯⋯ 2－227
兵鏡類編四十卷⋯⋯⋯⋯⋯⋯⋯⋯ 2－227
兵鑒四卷⋯⋯⋯⋯⋯⋯⋯⋯⋯⋯⋯ 2－228
邱邦士文集十八卷⋯⋯⋯⋯⋯⋯⋯ 3－164
邱邦士文集十八卷⋯⋯⋯⋯⋯⋯⋯ 3－165
邱邦士文集十八卷⋯⋯⋯⋯⋯⋯⋯ 3－165
邱邦士文鈔二卷⋯⋯⋯⋯⋯⋯⋯⋯ 3－165
邱園八詠一卷⋯⋯⋯⋯⋯⋯⋯⋯⋯ 3－56
邱園八詠一卷⋯⋯⋯⋯⋯⋯⋯⋯⋯ 3－56
邱園集詠三卷⋯⋯⋯⋯⋯⋯⋯⋯⋯ 3－26
何乃瑩會試硃卷⋯⋯⋯⋯⋯⋯⋯⋯ 3－248
何大復先生集三十八卷⋯⋯⋯⋯⋯ 3－163
何大復先生集三十八卷附錄一卷⋯ 3－163
何大復先生集三十八卷附錄一卷⋯ 3－163
何大復先生集三十八卷附錄一卷⋯ 3－164
何大復詩集二十六卷附錄一卷⋯⋯ 3－164
何子貞文稿⋯⋯⋯⋯⋯⋯⋯⋯⋯⋯ 3－249
何子清先生遺文二卷附錄一卷⋯⋯ 3－248
何氏公羊解詁十論一卷續十論一卷
　再續十論一卷⋯⋯⋯⋯⋯⋯⋯⋯ 1－94
何氏集二十六卷⋯⋯⋯⋯⋯⋯⋯⋯ 3－164
何氏語林三十卷⋯⋯⋯⋯⋯⋯⋯⋯ 2－383
何文安公行述一卷⋯⋯⋯⋯⋯⋯⋯ 3－54
何文安公行述祭文挽聯一卷⋯⋯⋯ 3－53
何文安公行述祭文挽聯一卷⋯⋯⋯ 3－54
何文安公會試硃卷⋯⋯⋯⋯⋯⋯⋯ 3－249
何文定公文集十一卷首一卷⋯⋯⋯ 3－164
何文毅公春曹疏草三卷⋯⋯⋯⋯⋯ 1－498
何仙姑寶卷二卷⋯⋯⋯⋯⋯⋯⋯⋯ 3－448
何仙姑寶卷二卷⋯⋯⋯⋯⋯⋯⋯⋯ 3－448
何卓英優貢卷⋯⋯⋯⋯⋯⋯⋯⋯⋯ 3－248
何承道優貢試卷⋯⋯⋯⋯⋯⋯⋯⋯ 3－248
何凌漢書山左試牘得心集⋯⋯⋯⋯ 2－333
何凌漢書佛遺教經⋯⋯⋯⋯⋯⋯⋯ 2－333
何凌漢書後漢三賢贊等四種⋯⋯⋯ 2－333
何凌漢鄉試硃卷⋯⋯⋯⋯⋯⋯⋯⋯ 3－249
何凌漢臨九成宮法帖⋯⋯⋯⋯⋯⋯ 2－333
何凌漢臨千字文⋯⋯⋯⋯⋯⋯⋯⋯ 2－333

何凌漢臨千字文等⋯⋯⋯⋯⋯⋯⋯ 2－333
何凌漢臨漢太中大夫東方先生畫贊等
　⋯⋯⋯⋯⋯⋯⋯⋯⋯⋯⋯⋯⋯⋯ 2－333
何凌漢臨顏魯公大唐中興頌⋯⋯⋯ 2－333
何凌漢臨蘭亭序行書冊⋯⋯⋯⋯⋯ 2－333
何紹基日記⋯⋯⋯⋯⋯⋯⋯⋯⋯⋯ 1－330
何紹基信書札⋯⋯⋯⋯⋯⋯⋯⋯⋯ 3－249
何紹基致何紹祺信札⋯⋯⋯⋯⋯⋯ 3－249
何紹基家書⋯⋯⋯⋯⋯⋯⋯⋯⋯⋯ 3－249
何紹基詩文行草卷⋯⋯⋯⋯⋯⋯⋯ 2－334
何紹基詩文稿⋯⋯⋯⋯⋯⋯⋯⋯⋯ 3－249
何紹基詩信冊⋯⋯⋯⋯⋯⋯⋯⋯⋯ 3－249
何博士備論一卷⋯⋯⋯⋯⋯⋯⋯⋯ 2－224
何博士備論一卷⋯⋯⋯⋯⋯⋯⋯⋯ 2－224
何博士備論二卷⋯⋯⋯⋯⋯⋯⋯⋯ 2－224
何義門讀五代史筆記一卷⋯⋯⋯⋯ 1－401
何煥章會試硃卷⋯⋯⋯⋯⋯⋯⋯⋯ 3－250
何維樸書畫冊⋯⋯⋯⋯⋯⋯⋯⋯⋯ 2－337
何慶鈺選拔貢卷⋯⋯⋯⋯⋯⋯⋯⋯ 3－250
何燕泉先生餘冬序錄六十卷閏五卷
　⋯⋯⋯⋯⋯⋯⋯⋯⋯⋯⋯⋯⋯⋯ 2－363
何燕泉先生餘冬序錄六十卷閏五卷燕
　泉何先生遺稿十卷擬古樂府二卷
　⋯⋯⋯⋯⋯⋯⋯⋯⋯⋯⋯⋯⋯⋯ 2－363
佐治芻言不分卷⋯⋯⋯⋯⋯⋯⋯⋯ 2－380
佐治芻言不分卷⋯⋯⋯⋯⋯⋯⋯⋯ 2－380
佐治藥言一卷續一卷⋯⋯⋯⋯⋯⋯ 1－437
佐治藥言一卷續一卷⋯⋯⋯⋯⋯⋯ 1－437
〔嘉慶〕攸縣志五十五卷⋯⋯⋯⋯ 2－43
〔嘉慶〕攸縣志五十五卷⋯⋯⋯⋯ 2－43
〔嘉慶〕攸縣志五十五卷⋯⋯⋯⋯ 2－43
〔乾隆〕攸縣志六卷⋯⋯⋯⋯⋯⋯ 2－43
〔康熙〕攸縣志六卷⋯⋯⋯⋯⋯⋯ 2－43
攸縣闕里社志一卷⋯⋯⋯⋯⋯⋯⋯ 2－62
攸輿詩鈔不分卷⋯⋯⋯⋯⋯⋯⋯⋯ 3－35
攸輿詩鈔不分卷⋯⋯⋯⋯⋯⋯⋯⋯ 3－35
伸顧氏分配入聲之說一卷⋯⋯⋯⋯ 1－183
佚名日記⋯⋯⋯⋯⋯⋯⋯⋯⋯⋯⋯ 1－332
佚名刑部供職日記不分卷⋯⋯⋯⋯ 1－332
佚餘詩草四卷⋯⋯⋯⋯⋯⋯⋯⋯⋯ 3－352
作吏要言一卷⋯⋯⋯⋯⋯⋯⋯⋯⋯ 1－438

作戰糧食給養法 ······················ 2－231
作戰糧食給養法 ······················ 2－232
伯山詩鈔癸巳集七卷詩話後集四卷
　續集二卷再續集二卷三續二卷望
　雲集七卷三國志補義十二卷 ········ 3－290
伯山詩話後集四卷續集二卷再續集二卷
　······························· 3－485
伯牙心法不分卷 ······················ 2－344
伯喈獨斷一卷 ························· 2－176
身理啟蒙不分卷 ······················ 2－278
佛升忉利天爲母說法經三卷 ··········· 2－422
佛升忉利天爲母說法經三卷 ··········· 2－422
佛升忉利天爲母說法經三卷 ··········· 2－422
佛升忉利天爲母說法經三卷 ··········· 2－422
佛母大孔雀明王經三卷 ··············· 2－429
佛母大孔雀明王經三卷 ··············· 2－429
佛母般若波羅蜜多圓集要義釋論四卷
　······························· 2－433
佛吉祥德贊三卷 ······················ 2－433
[光緒]佛坪廳志二卷 ················· 1－542
佛門式子一卷 ························· 2－457
佛門圓明窑燭贊文 ···················· 2－457
佛法金湯編十六卷 ···················· 2－462
佛祖三經 ···························· 2－419
佛祖心燈一卷 ························· 2－464
佛祖正宗道影四卷 ···················· 2－462
佛祖源流□□卷 ······················ 2－462
佛教初學課註一卷 ···················· 2－458
佛教初學課註一卷 ···················· 2－458
佛教初學課註一卷 ···················· 2－458
佛教初學課註一卷 ···················· 2－458
佛教初學課註一卷 ···················· 2－458
佛教初學課註一卷 ···················· 2－458
佛國記一卷 ·························· 2－461
佛爾雅八卷 ·························· 2－455
佛爾雅八卷 ·························· 2－455
佛爾雅八卷 ·························· 2－455
佛爾雅八卷 ·························· 2－455
佛爾雅八卷 ·························· 2－456
佛爾雅八卷 ·························· 2－456
佛爾雅八卷 ·························· 2－456

佛說七俱胝佛母准提大明陀羅尼經一卷
　······························· 2－431
佛說七俱胝佛母准提大明陀羅尼經一卷
　······························· 2－431
佛說大孔雀王神咒經一卷佛說大孔
　雀王雜神咒經一卷 ················ 2－427
佛說大乘十法經一卷 ················· 2－427
佛說大灌頂神咒經十二卷 ············· 2－422
佛說千手千眼觀世音菩薩廣大圓滿
　無礙大悲心陀羅尼經一卷 ·········· 2－431
佛說五王經一卷佛說賢者五福德經
　一卷 ··························· 2－427
佛說仁王護國般若波羅蜜經疏神寶
　記四卷 ························· 2－447
佛說六經 ···························· 2－420
佛說方等泥洹經二卷 ················· 2－422
佛說方等般泥洹經二卷 ··············· 2－421
佛說孔雀王咒經二卷 ················· 2－427
佛說目連問戒律中五百輕重事經二卷
　······························· 2－422
佛說四十二章經一卷 ················· 2－421
佛說四十二章經一卷佛遺教經一卷
　······························· 2－436
佛說四十二章經一卷佛遺教經一卷
　······························· 2－436
佛說四十二章經一卷佛遺教經一卷
　······························· 2－436
佛說四十二章經一卷佛遺教經一卷
　······························· 2－436
佛說四十二章經一卷佛遺教經一卷
　······························· 2－436
佛說四十二章經解一卷 ··············· 2－440
佛說四分比丘尼戒本一卷 ············· 2－433
佛說四分比丘尼戒本一卷 ············· 2－455
佛說四諦經一卷 ····················· 2－421
佛說白衣金幢二婆羅門緣起經三卷
　······························· 2－425
佛說出家功德經一卷 ················· 2－421
佛說地藏本願赦罪法懺一卷 ··········· 2－457
佛說如來不思議秘密金剛手經二十卷
　······························· 2－433

佛說如來智印經一卷……………… 2－427

佛說貝多樹下思惟十二因緣經一卷

……………………………… 2－421

佛說阿彌陀經一卷………………… 2－437

佛說阿彌陀經直解正行一卷……… 2－441

佛說阿彌陀經要解便蒙鈔三卷…… 2－441

佛說阿彌陀經疏鈔四卷…………… 2－438

佛說阿彌陀經疏鈔四卷…………… 2－438

佛說阿彌陀經疏鈔四卷…………… 2－438

佛說阿彌陀經疏鈔演義定本八卷…… 2－438

佛說阿彌陀經疏鈔演義定本八卷…… 2－438

佛說阿彌陀經疏鈔摛一卷………… 2－439

佛說阿彌陀經義疏一卷…………… 2－436

佛說妙吉祥瑜伽大教金剛陪羅口縛

輪觀想成就儀軌經一卷…… 2－433

佛說盂蘭盆經一卷………………… 2－422

佛說盂蘭盆經合釋一卷…………… 2－422

佛說盂蘭盆經疏一卷……………… 2－435

佛說長阿含經二十二卷…………… 2－423

佛說長者女庵提遮獅子吼了義經一

卷佛說辯意長者子所問經一卷…… 2－427

佛說施燈功德經一卷……………… 2－428

佛說造像量度經一卷經解一卷續補一卷

……………………………… 2－434

佛說造像量度經一卷經解一卷續補一卷

……………………………… 2－434

佛說能淨一切眼疾病陀羅尼經一卷

……………………………… 2－429

佛說菩薩念佛三昧經六卷………… 2－425

佛說梵網經二卷…………………… 2－424

佛說梵網經二卷…………………… 2－424

佛說梵網經二卷…………………… 2－424

佛說梵網經二卷…………………… 2－424

佛說梵網經二卷…………………… 2－424

佛說梵網經二卷…………………… 2－424

佛說梵網經二卷…………………… 2－424

佛說梵網經二卷…………………… 2－424

佛說梵網經二卷…………………… 2－424

佛說梵網經二卷…………………… 2－425

佛說梵網經二卷…………………… 2－425

佛說梵網經直解十卷……………… 2－439

佛說梵網經直解十卷……………… 2－439

佛說梵網經菩薩心地品合註七卷…… 2－440

佛說張瑞英尋仇救父駕鴦繺寶卷三卷

……………………………… 3－449

佛說賢首經一卷…………………… 2－425

佛說劉子忠賢良寶卷一卷………… 3－449

佛說摩呵阿彌陀經一卷…………… 2－434

佛說魔逆經一卷…………………… 2－425

佛說觀無量壽佛經疏妙宗鈔四卷…… 2－436

佛說觀無量壽佛經圖頌一卷附錄一卷

……………………………… 2－454

佛說觀無量壽佛經圖頌一卷附錄一卷

……………………………… 2－454

佛說觀無量壽佛經圖頌一卷附錄一卷

……………………………… 2－454

佛學書目表一卷…………………… 2－458

佛藏正禪師住盤山古中盤語錄□□卷

……………………………… 2－460

近人詩錄一卷……………………… 3－24

近人詩錄一卷……………………… 3－24

近光集二十八卷…………………… 2－549

近光集二十八卷…………………… 2－549

近光集二十八卷…………………… 2－549

近光集二十八卷…………………… 2－549

近思錄十四卷……………………… 2－183

近思錄十四卷……………………… 2－183

近思錄十四卷……………………… 2－184

近思錄十四卷……………………… 2－184

近思錄十四卷……………………… 2－184

近思錄十四卷……………………… 2－184

近思錄十四卷……………………… 2－184

近思錄十四卷……………………… 2－184

近思錄十四卷……………………… 2－184

近思錄十四卷……………………… 2－185

近思錄十四卷……………………… 2－185

近思錄集注十四卷………………… 3－549

近思錄集解十四卷………………… 2－187

近思錄集解十四卷………………… 2－187

近思錄集解十四卷………………… 2－188

近思錄集解十四卷·················· 2－188

近思錄集解十四卷·················· 2－188

近思錄集解十四卷·················· 2－188

近思錄集解十四卷感興詩解一卷訓

　子詩解一卷······················· 2－192

近思續錄十四卷·················· 2－196

近科分韻館詩十八卷 ·············· 3－52

近科館課分韻詩鈔二卷·········· 3－52

近躋軒楚南長郡古蹟韻語略一卷 ····· 3－33

余旬甫詩話二卷·················· 3－482

余忠宣公文集六卷·················· 3－149

余忠宣公文集六卷·················· 3－149

余忠宣公文集六卷·················· 3－149

余忠宣公文集六卷·················· 3－149

余忠宣青陽山房集五卷附錄一卷····· 3－149

余忠宣青陽山房集五卷附錄一卷····· 3－149

余忠宣集六卷·················· 3－149

余肅敏公奏議六卷·················· 1－498

余肇康鄉試硃卷·················· 3－248

余肇康會試硃卷·················· 3－248

希古山房詩草五卷·················· 3－230

希古山房詩草五卷·················· 3－230

希古堂文甲集二卷二集六卷········· 3－369

希古堂文甲集二卷二集六卷········· 3－369

希古堂文甲集二卷二集六卷········· 3－369

希古堂文甲集二卷二集六卷········· 3－369

希賢錄二卷·················· 1－310

希賢錄二卷·················· 1－310

希賢齋未定文鈔二卷·················· 3－357

希臘志略七卷·················· 2－168

希臘志略七卷·················· 2－168

希臘志略七卷年表一卷·················· 2－168

希臘志略七卷年表一卷·················· 2－168

希臘志略七卷年表一卷·················· 2－168

希臘春秋八卷·················· 3－537

希臘獨立史·················· 2－168

坐花志果八卷·················· 3－456

坐花書屋詩錄二卷·················· 3－405

坐嘯廬詩草二卷·················· 3－207

坐隱齋先生自訂棋譜全集········· 2－348

谷口三張遺集三卷附一卷········· 3－42

谷山溪庵行泰禪師語錄·········· 2－459

谷山溪庵行泰禪師語錄·········· 2－460

谷音二卷·················· 2－545

谷音二卷·················· 2－545

谷音三卷·················· 3－26

谷園印譜六卷·················· 2－341

谷園印譜四卷·················· 2－341

豸華堂文鈔八卷·················· 3－261

豸華堂文鈔八卷·················· 3－261

含薰室文集五卷詩集二卷········· 3－208

劬書室遺集十六卷·················· 3－552

狂夫之言三卷·················· 2－365

狂夫之言三卷·················· 2－365

狄雲行館偶刊不分卷·················· 3－41

狄雲行館偶刊不分卷·················· 3－41

角山樓增補類腋天部八卷地部二十

　四卷人部十五卷物部二十卷········· 2－495

角山樓增補類腋天部八卷地部二十

　四卷人部十五卷物部二十卷········· 2－495

角山樓增補類腋天部八卷地部二十

　四卷人部十五卷物部二十卷········· 2－495

角山樓增補類腋天部八卷地部二十

　四卷人部十五卷物部二十卷········· 2－495

角山樓蘇詩評註彙鈔二十卷目錄二卷

　·················· 3－147

角西吟榭詩鈔一卷·················· 3－324

角西吟榭詩鈔一卷·················· 3－324

刪定荀子管子·················· 2－171

刪後文集十六卷詩存十卷四書質疑

　五卷經義質疑八卷一齋雜著六卷

　·················· 3－319

刪訂唐詩解二十四卷·········· 3－6

刪除律例·················· 1－486

刪註脉訣規正二卷·················· 2－260

刪註脉訣規正二卷·················· 2－260

刪註脉訣規正二卷·················· 2－260

刪補古今文致十卷·················· 2－530

刪補古今文致十卷·················· 2－530

刪補頤生微論四卷內經知要二卷····· 2－285

刪增唐詩選脈箋釋會通評林六十卷

　·················· 3－3

删餘小草一卷 …………………… 3－395

彤史貞孝錄一卷續編一卷 ……… 3－55

彤雲閣遺詩二卷絳雪齋文稿一卷 … 3－197

言行集要二卷 …………………… 2－366

言志詩輯□□卷 ………………… 2－549

言易錄一卷 ……………………… 1－17

亨甫詩選八卷 …………………… 3－312

亨甫詩選八卷 …………………… 3－313

辛巳同年全錄不分卷 …………… 1－381

辛丑銷夏記五卷 ………………… 2－325

辛丑銷夏記五卷 ………………… 2－325

辛丑銷夏記五卷 ………………… 2－325

辛丑銷夏記五卷 ………………… 2－325

辛丑銷夏記五卷 ………………… 2－325

辛丑銷夏記五卷 ………………… 2－325

辛卯侍行記六卷 ………………… 2－102

辛卯侍行記六卷 ………………… 2－102

辛卯侍行記六卷 ………………… 2－102

辛卯侍行記六卷 ………………… 2－102

辛亥年通書 ……………………… 2－411

忘筌書十卷 ……………………… 1－13

[乾隆]忻州志六卷 ……………… 1－536

快心編初集五卷十回 …………… 3－469

快雨堂題跋八卷 ………………… 2－323

弟子箴言十六卷 ………………… 2－205

弟子箴言十六卷 ………………… 2－205

弟子箴言十六卷 ………………… 2－205

弟子箴言十六卷 ………………… 2－205

弟子箴言十六卷 ………………… 2－205

弟子箴言十六卷 ………………… 2－205

弟子箴言十六卷 ………………… 2－205

弟子箴言十六卷 ………………… 2－205

弟子箴言十六卷 ………………… 2－205

弟子箴言十六卷 ………………… 2－205

弟子箴言十六卷 ………………… 2－205

弟子箴言十六卷 ………………… 2－205

弟子箴言十六卷 ………………… 3－550

弟子職一卷 ……………………… 2－219

弟子職集解一卷 ………………… 2－221

弟子職集解一卷 ………………… 2－222

弟子職集解一卷 ………………… 2－222

冷吟僊館詩稿八卷詩餘一卷文存一卷
　　……………………………… 3－203

冷香樓詩稿一卷 ………………… 3－229

冷香樓詩稿一卷 ………………… 3－229

冷紅軒詩集二卷詞一卷 ………… 3－208

汪子二錄二卷三錄三卷 ………… 3－220

汪子二錄二卷三錄三卷 ………… 3－220

汪子文錄十卷 …………………… 3－220

汪子文錄十卷 …………………… 3－220

汪子遺書二錄三卷三錄三卷 …… 3－220

汪氏學行記六卷 ………………… 1－332

汪氏鑑古齋墨藪不分卷 ………… 2－352

汪本隸釋刊誤一卷 ……………… 2－127

汪本隸釋刊誤一卷 ……………… 2－127

汪本隸釋刊誤一卷 ……………… 2－127

汪本隸釋刊誤一卷 ……………… 2－127

汪仲伊所著書 …………………… 3－515

汪退谷書嵇叔夜與山巨然絕交書 … 2－333

汪梅村先生集十二卷文外集一卷 … 3－217

汪梅村先生集十二卷文外集一卷 … 3－552

汪雲壑稿一卷 …………………… 3－219

汪詒書鄉試硃卷 ………………… 3－219

汪莼家傳一卷 …………………… 1－312

汪橒會試硃卷 …………………… 3－220

汪龍莊先生遺書 ………………… 3－515

汪龍莊先生遺書 ………………… 3－515

汪龍莊先生遺書 ………………… 3－515

汪龍莊先生遺書 ………………… 3－515

汪龍莊先生遺書 ………………… 3－515

汪羅彭薛四家合鈔 ……………… 2－515

沅水校經堂課集一卷 …………… 3－47

沅州府麻陽縣均田魚鱗圖冊不分卷
　　……………………………… 1－454

[嘉慶]沅江縣志三十卷 ………… 2－50

[嘉慶]沅江縣志三十卷 ………… 2－50

[康熙]沅陵縣志十卷首一卷末一卷 … 2－52

[同治]沅陵縣志五十卷首一卷 …… 2－52

163

[同治]沅陵縣志五十卷首一卷 ……… 2－52

沅陵輿頌一卷 ……………………… 3－35

沅湘采風錄初集二卷二編二卷 ……… 3－36

沅湘采風錄初集二卷二編二卷 ……… 3－36

沅湘耆舊集二百卷前編四十卷 ……… 3－36

沅湘攬秀集六卷 …………………… 3－35

沅湘攬秀集六卷 …………………… 3－35

沅湘攬秀集六卷 …………………… 3－35

沅湘攬秀集六卷 …………………… 3－35

沅湘攬秀集六卷 …………………… 3－35

[光緒]沔陽州志十二卷首一卷 ……… 2－24

[光緒]沔縣新志四卷 ……………… 1－542

沙上鑄鄉試硃卷 …………………… 3－221

沙州記一卷 ………………………… 1－545

沙彌十戒并威儀一卷羯魔二卷 ……… 2－443

沙彌十戒威儀錄要一卷 …………… 2－450

沙彌尼律儀要略一卷 ……………… 2－455

沙彌律儀要略一卷 ………………… 2－450

沙彌律儀要略一卷 ………………… 2－455

沙彌律儀要略一卷 ………………… 2－455

沙彌律儀要略一卷 ………………… 2－455

沙彌律儀要略一卷 ………………… 2－455

沙彌律儀要略述義二卷 …………… 2－441

沙彌律儀要略集解二卷 …………… 2－438

沙彌律儀要略集解二卷 …………… 2－438

沙彌律儀要略集解二卷 …………… 2－438

沙彌律儀要略集解二卷 …………… 2－438

沙彌律儀要略集解二卷 …………… 2－438

沙彌律儀要略集解二卷 …………… 2－438

沙彌律儀要略集解二卷 …………… 2－438

沙彌律儀要略增註二卷 …………… 2－438

沖虛至德真經八卷 ………………… 2－465

沖虛至德真經八卷 ………………… 2－465

沖虛至德真經八卷 ………………… 2－465

沖虛至德真經八卷 ………………… 2－466

沖虛至德真經八卷 ………………… 2－466

沖虛至德真經八卷 ………………… 2－466

沖虛至德真經八卷 ………………… 2－466

沖虛至德真經八卷 ………………… 2－466

沖虛至德真經鬳齋口義八卷 ……… 2－470

沖虛真經八卷 ……………………… 2－465

汽機中西名目表 …………………… 2－317

汽機必以十二卷首一卷附一卷 ……… 2－319

汽機發軔九卷 ……………………… 2－318

汽機發軔九卷 ……………………… 2－318

汽機發軔九卷 ……………………… 2－318

汽機發軔九卷 ……………………… 2－319

汽機新制八卷 ……………………… 2－317

汽機新制八卷 ……………………… 2－318

汽機新制八卷 ……………………… 2－318

汽機新制八卷 ……………………… 2－318

汽機圖說一卷 ……………………… 2－319

沃史二十五卷 ……………………… 2－74

沃洲古蹟一卷 ……………………… 2－68

[乾隆]沂州府志三十六卷首一卷 … 1－547

[乾隆]汾州府志三十四卷首一卷 … 1－537

[咸豐]汾陽縣志十四卷首一卷 …… 1－537

汾湖草堂詩集二卷 ………………… 3－258

汾湖草堂詩集二卷 ………………… 3－258

泛槎圖六卷 ………………………… 3－57

汴城宣防志略一卷 ………………… 2－98

汴洛鐵路比商借款條議 …………… 1－460

沈下賢文集十二卷 ………………… 3－82

沈下賢文集十二卷 ………………… 3－82

沈下賢文集十二卷 ………………… 3－82

沈下賢文集十二卷 ………………… 3－82

沈下賢集十二卷 …………………… 3－82

沈氏三先生文集 …………………… 3－40

沈氏尊生書 ………………………… 2－243

沈氏傳奇 …………………………… 3－441

沈氏經學六種 ……………………… 1－8

沈氏經學六種 ……………………… 1－8

沈氏經學六種 ……………………… 1－8

沈文忠公集十卷 …………………… 3－215

沈文忠公集十卷 …………………… 3－215

沈文忠公集十卷 …………………… 3－215

沈文肅公政書七卷首一卷 ………… 1－500

沈文肅公政書七卷首一卷 ………… 1－500

沈文肅公政書七卷首一卷 ………… 1－500

沈世培鄉試硃卷 …………………… 3－215

沈四山人詩錄六卷附錄一卷⋯⋯⋯ 3 - 217

[乾隆]沈丘縣志十二卷 ⋯⋯⋯⋯⋯ 2 - 19

沈克剛鄉試硃卷 ⋯⋯⋯⋯⋯⋯⋯ 3 - 215

沈余遺書 ⋯⋯⋯⋯⋯⋯⋯⋯⋯⋯ 2 - 173

沈余遺書 ⋯⋯⋯⋯⋯⋯⋯⋯⋯⋯ 2 - 173

沈忠敏公龜谿集十二卷附錄一卷 3 - 115

沈藎 ⋯⋯⋯⋯⋯⋯⋯⋯⋯⋯⋯⋯ 1 - 312

沈歸愚詩文全集 ⋯⋯⋯⋯⋯⋯⋯ 3 - 515

沈歸愚詩文全集 ⋯⋯⋯⋯⋯⋯⋯ 3 - 515

沈歸愚詩文全集 ⋯⋯⋯⋯⋯⋯⋯ 3 - 515

沈繽文鄉試硃卷 ⋯⋯⋯⋯⋯⋯⋯ 3 - 217

[乾隆]沁州志十卷首一卷 ⋯⋯⋯ 1 - 537

完玉堂詩集十卷 ⋯⋯⋯⋯⋯⋯⋯ 3 - 200

完正米冊名數目一卷 ⋯⋯⋯⋯⋯ 1 - 455

宋七家詞選 ⋯⋯⋯⋯⋯⋯⋯⋯⋯ 3 - 420

宋七家詞選 ⋯⋯⋯⋯⋯⋯⋯⋯⋯ 3 - 420

宋七家詞選 ⋯⋯⋯⋯⋯⋯⋯⋯⋯ 3 - 420

宋七家詞選 ⋯⋯⋯⋯⋯⋯⋯⋯⋯ 3 - 420

宋人小集六種 ⋯⋯⋯⋯⋯⋯⋯⋯ 2 - 513

宋人百家小說 ⋯⋯⋯⋯⋯⋯⋯⋯ 3 - 451

宋人百家小說一百四十三種一百四

　　十三卷 ⋯⋯⋯⋯⋯⋯⋯⋯⋯ 3 - 539

宋人詩選不分卷 ⋯⋯⋯⋯⋯ 3 - 13

宋大家王文公文鈔十六卷⋯⋯⋯⋯ 3 - 112

宋大家曾文定公文鈔十卷⋯⋯⋯⋯ 3 - 130

宋大家歐陽文忠公文鈔三十二卷⋯ 3 - 136

宋大家歐陽文忠公文鈔三十二卷⋯ 3 - 136

宋大家歐陽文忠公文鈔三十二卷⋯ 3 - 136

宋大家歐陽文忠公文鈔三十二卷⋯ 3 - 136

宋大家歐陽文忠公文鈔三十二卷⋯ 3 - 136

宋大家蘇文公文鈔十卷⋯⋯⋯⋯ 3 - 139

宋大家蘇文忠公文鈔二十八卷⋯⋯ 3 - 143

宋大家蘇文忠公文鈔二十八卷⋯⋯ 3 - 143

宋大家蘇文定公文鈔二十卷⋯⋯⋯ 3 - 147

宋王忠公文集五十卷目錄四卷⋯⋯ 3 - 111

宋王忠公文集五十卷目錄四卷⋯⋯ 3 - 111

宋王忠公文集五十卷目錄四卷⋯⋯ 3 - 111

宋王忠公文集五十卷目錄四卷⋯⋯ 3 - 111

宋王忠公文集五十卷目錄四卷⋯⋯ 3 - 111

宋元以來畫人姓氏錄三十六卷首一卷

　　⋯⋯⋯⋯⋯⋯⋯⋯⋯⋯⋯ 2 - 330

宋元本行格表二卷⋯⋯⋯⋯⋯⋯⋯ 2 - 151

宋元四明六志⋯⋯⋯⋯⋯⋯⋯⋯ 2 - 70

宋元名家詞⋯⋯⋯⋯⋯⋯⋯⋯⋯ 3 - 420

宋元名家詞⋯⋯⋯⋯⋯⋯⋯⋯⋯ 3 - 420

宋元名家詞⋯⋯⋯⋯⋯⋯⋯⋯⋯ 3 - 420

宋元名家詞⋯⋯⋯⋯⋯⋯⋯⋯⋯ 3 - 420

宋元名家詞⋯⋯⋯⋯⋯⋯⋯⋯⋯ 3 - 421

宋元名家詞⋯⋯⋯⋯⋯⋯⋯⋯⋯ 3 - 421

宋元明詩三百首一卷⋯⋯⋯⋯⋯⋯ 2 - 548

宋元明詩三百首箋不分卷⋯⋯⋯⋯ 2 - 548

宋元通鑑一百五十七卷⋯⋯⋯⋯⋯ 1 - 243

宋元通鑑一百五十七卷⋯⋯⋯⋯⋯ 1 - 243

宋元通鑑一百五十七卷⋯⋯⋯⋯⋯ 1 - 243

宋元通鑑一百五十七卷⋯⋯⋯⋯⋯ 1 - 243

宋元資治通鑑六十四卷⋯⋯⋯⋯⋯ 1 - 229

宋元資治通鑑六十四卷⋯⋯⋯⋯⋯ 1 - 229

宋元學案一百卷首一卷⋯⋯⋯⋯⋯ 1 - 298

宋元學案一百卷首一卷⋯⋯⋯⋯⋯ 1 - 298

宋元學案一百卷首一卷⋯⋯⋯⋯⋯ 1 - 298

宋元學案一百卷首一卷⋯⋯⋯⋯⋯ 1 - 298

宋元學案一百卷首一卷⋯⋯⋯⋯⋯ 1 - 298

宋元學案一百卷首一卷⋯⋯⋯⋯⋯ 1 - 298

宋元學案一百卷首一卷⋯⋯⋯⋯⋯ 1 - 298

宋元學案一百卷首一卷⋯⋯⋯⋯⋯ 1 - 299

宋元學案一百卷首一卷⋯⋯⋯⋯⋯ 1 - 299

宋元學案一百卷首一卷⋯⋯⋯⋯⋯ 1 - 299

宋元學案一百卷首一卷⋯⋯⋯⋯⋯ 1 - 299

宋元學案一百卷首一卷⋯⋯⋯⋯⋯ 1 - 299

宋元學案一百卷首一卷⋯⋯⋯⋯⋯ 1 - 299

宋元學案一百卷首一卷⋯⋯⋯⋯⋯ 1 - 299

宋元舊本書經眼錄三卷附錄二卷⋯ 2 - 151

宋元舊本書經眼錄三卷附錄二卷⋯ 2 - 151

宋元舊本書經眼錄三卷附錄二卷⋯ 2 - 151

宋元舊本書經眼錄三卷附錄二卷⋯ 2 - 151

宋元舊本書經眼錄三卷附錄二卷⋯ 2 - 151

宋元舊本書經眼錄三卷附錄二卷⋯ 2 - 151

宋五子書集解⋯⋯⋯⋯⋯⋯⋯⋯ 2 - 171

宋少保岳鄂王行實編年二卷⋯⋯⋯ 1 - 320

宋少保信國公文文山先生全集十六
　　卷首一卷 …………………… 3 – 110
宋氏綿津詩鈔八卷 ………………… 3 – 221
宋六十一家詞選十二卷 …………… 3 – 422
宋六十一家詞選十二卷 …………… 3 – 422
宋六十一家詞選十二卷 …………… 3 – 422
宋文文山先生全集二十一卷 …… 3 – 110
宋文紀十八卷 …………………… 3 – 12
宋文鑑一百五十卷目錄三卷 …… 3 – 11
宋文鑑一百五十卷目錄三卷 …… 3 – 11
宋文鑑一百五十卷目錄三卷 …… 3 – 11
宋文鑑一百五十卷目錄三卷 …… 3 – 11
宋文鑑一百五十卷目錄三卷 …… 3 – 11
宋文鑑一百五十卷目錄三卷 …… 3 – 11
宋文鑑一百五十卷目錄三卷 …… 3 – 11
宋文鑑一百五十卷目錄三卷 …… 3 – 11
宋文鑑删十二卷 ………………… 3 – 11
宋本十三經注疏并經典釋文校勘記 …… 1 – 3
宋平江九君子事略二卷 ………… 1 – 305
宋史人物傳 ……………………… 1 – 283
宋史本傳一卷 …………………… 3 – 140
宋史本傳一卷 …………………… 3 – 140
宋史四百九十六卷 ……………… 1 – 215
宋史四百九十六卷 ……………… 1 – 215
宋史四百九十六卷 ……………… 1 – 215
宋史四百九十六卷 ……………… 1 – 215
宋史四百九十六卷 ……………… 1 – 215
宋史四百九十六卷 ……………… 1 – 215
宋史紀事本末一百〇九卷 …… 1 – 240
宋史紀事本末一百〇九卷 …… 1 – 240
宋史紀事本末一百〇九卷 …… 1 – 240
宋史紀事本末一百〇九卷 …… 1 – 241
宋史紀事本末一百〇九卷 …… 1 – 241
宋史紀事本末一百〇九卷 …… 1 – 241
宋史紀事本末一百〇九卷 …… 1 – 241
宋史紀事本末一百〇九卷 …… 1 – 241
宋史紀事本末一百〇九卷 …… 1 – 241
宋史紀事本末一百〇九卷 …… 1 – 241
宋史紀事本末十卷 ……………… 1 – 240
宋史紀事本末十卷 ……………… 1 – 240
宋史詳節□卷 …………………… 1 – 398

宋史新編二百卷 ………………… 1 – 215
宋史論三卷 ……………………… 1 – 398
宋史論三卷 ……………………… 3 – 537
宋史翼四十卷 …………………… 1 – 215
宋史藝文志補一卷 ……………… 2 – 136
宋史藝文志補一卷 ……………… 2 – 136
宋史藝文志補一卷 ……………… 2 – 136
宋史藝文志補一卷 ……………… 2 – 136
宋史藝文志補一卷 ……………… 2 – 136
宋四子鈔釋 ……………………… 2 – 189
宋四六撮錄十六卷 ……………… 3 – 13
宋四六選二十四卷 ……………… 3 – 13
宋四六選二十四卷 ……………… 3 – 13
宋四六選二十四卷 ……………… 3 – 13
宋四六選二十四卷 ……………… 3 – 13
宋四六選二十四卷 ……………… 3 – 13
宋四六選二十四卷 ……………… 3 – 13
宋四名家詩 ……………………… 2 – 513
宋四名家詩 ……………………… 2 – 513
宋四家名詩 ……………………… 2 – 513
宋四家名詩 ……………………… 2 – 513
宋四家名詩 ……………………… 2 – 513
宋四家詞選一卷 ………………… 3 – 425
宋四家詞選一卷 ………………… 3 – 425
宋四家詞選一卷 ………………… 3 – 425
宋四家詞選一卷 ………………… 3 – 425
宋四家詞選一卷 ………………… 3 – 425
宋四家詞選一卷 ………………… 3 – 425
宋代五十六家詩集 ……………… 2 – 513
宋包孝肅公奏議十卷 …………… 1 – 497
宋包孝肅公奏議十卷 …………… 1 – 497
宋包孝肅公奏議十卷 …………… 1 – 497
宋包孝肅公奏議十卷 …………… 1 – 497
宋包孝肅公奏議十卷 …………… 1 – 497
宋百家詩存 ……………………… 2 – 513
宋百家詩存 ……………………… 2 – 513
宋百家詩存 ……………………… 2 – 513
宋朱晦安先生名臣言行錄前集十卷
　後集十四卷 …………………… 1 – 281
宋名臣言行錄前集十卷後集十四卷
　………………………………… 1 – 281

宋名臣言行錄前集十卷後集十四卷
　　………………………………… 1－281
宋名臣言行錄前集十卷後集十四卷
　　………………………………… 1－281
宋名臣言行錄前集十卷後集十四卷
　　………………………………… 1－282
宋名臣言行錄前集十卷後集十四卷
　　………………………………… 1－282
宋名臣言行錄前集十卷後集十四卷
　　………………………………… 1－282
宋名臣言行錄前集十卷後集十四卷
　　………………………………… 1－282
宋名臣言行錄前集十卷後集十四卷
　　………………………………… 1－282
宋名臣言行錄前集十卷後集十四卷
　　………………………………… 1－282
宋名臣言行錄前集十卷後集十四卷
　　………………………………… 1－282
宋名臣言行錄前集十卷後集十四卷
　　………………………………… 1－282
宋名臣言行錄前集十卷後集十四卷 … 1－282
宋名家詞 …………………………… 3－419
宋名家詞 …………………………… 3－419
宋名家詞 …………………………… 3－419
宋名家詞 …………………………… 3－420
宋名家詞 …………………………… 3－420
宋名家詞 …………………………… 3－420
宋名家詞 …………………………… 3－420
宋名家詞 …………………………… 3－420
宋名家詞 …………………………… 3－420
宋州郡志校勘記一卷 ……………… 1－522
宋州郡志校勘記一卷 ……………… 1－522
宋丞相文文山先生全集二十卷 …… 3－109
宋丞相文文山先生全集二十卷 …… 3－109
宋丞相崔清獻公言行錄三卷 ……… 1－310
宋李忠定公年譜一卷 ……………… 1－320
宋李忠定公年譜一卷 ……………… 1－320
宋李忠定公年譜一卷 ……………… 1－320
宋李忠定公奏議選十五卷 ………… 1－497
宋李忠定公奏議選十五卷 ………… 1－497
宋李忠定公奏議選十五卷 ………… 1－497

宋李忠定公奏議選十五卷 ………… 1－498
宋李忠定公奏議選十五卷文集二十九卷
　　………………………………… 1－497
宋李忠定文集三十九卷 …………… 3－116
宋李忠定文集三十九卷 …………… 3－116
宋李忠定文集三十九卷 …………… 3－116
宋李忠定文集三十九卷 …………… 3－116
宋李忠定文集三十九卷 …………… 3－116
宋李忠定文集三十九卷 …………… 3－116
宋李忠定文集三十九卷 …………… 3－116
宋李忠定文集三十九卷 …………… 3－116
宋東京考二十卷 …………………… 2－53
宋拓西岳華山碑宋拓劉熊碑 ……… 2－334
宋拓顏魯公大麻姑仙壇記 ………… 2－332
宋拓顏魯公大麻姑仙壇記 ………… 2－332
宋忠定趙周王別錄八卷 …………… 1－310
宋忠定趙周王別錄八卷 …………… 1－310
宋忠定趙周王別錄八卷 …………… 1－310
宋忠定趙周王別錄八卷 …………… 1－310
宋忠定趙周王別錄八卷 …………… 1－310
宋忠定趙周王別錄八卷 …………… 1－310
宋岳忠武王集八卷末一卷 ………… 3－119
宋岳忠武王集八卷末一卷 ………… 3－119
宋岳忠武王集八卷末一卷 ………… 3－119
宋岳忠武王集八卷末一卷 ………… 3－119
宋版蘇文忠公策不分卷 …………… 3－140
宋金元詩詠二十卷補遺二卷 ……… 2－550
宋宗忠簡公集七卷 ………………… 3－117
宋宗忠簡公集七卷 ………………… 3－118
宋宗忠簡公集七卷 ………………… 3－118
宋宗忠簡公集七卷 ………………… 3－118
宋宗忠簡公集七卷 ………………… 3－118
宋宗忠簡公集八卷 ………………… 3－117
宋宗忠簡公集四卷首一卷補遺一卷
　遺事二卷 ………………………… 3－118
宋研農臨聖教序 …………………… 2－333
宋書一百卷 ………………………… 1－206
宋書一百卷 ………………………… 1－206
宋書一百卷 ………………………… 1－206

167

宋書一百卷 …………………………… 1－206
宋書一百卷 …………………………… 1－206
宋書一百卷 …………………………… 1－206
宋書一百卷 …………………………… 1－206
宋書一百卷 …………………………… 1－206
宋書一百卷 …………………………… 1－206
宋書一百卷 …………………………… 1－206
宋書一百卷 …………………………… 1－206
宋書一百卷 …………………………… 1－206
宋書一百卷 …………………………… 1－206
宋陳少陽先生文集十卷 ……………… 3－127
宋陳文節公詩集五卷首一卷文集十
　九卷末一卷 ………………………… 3－128
宋陳文節公詩集五卷首一卷文集十
　九卷末一卷 ………………………… 3－128
宋孫仲益內簡尺牘十卷首一卷 ……… 3－124
宋孫仲益內簡尺牘十卷首一卷 ……… 3－124
宋黃文節公文集正集三十二卷外集
　二十四卷別集十九卷首四卷 ……… 3－131
宋黃文節公文集正集三十二卷首四
　卷外集二十四卷首一卷續集十卷
　首一卷別集十九卷首一卷附刻大
　臨詞一卷 …………………………… 3－131
宋黃文節公文集正集三十二卷首四
　卷外集二十四卷首一卷續集十卷
　首一卷別集十九卷首一卷附刻大
　臨詞一卷 …………………………… 3－131
宋黃文節公文集正集三十二卷首四
　卷外集二十四卷首一卷續集十卷
　首一卷別集十九卷首一卷附刻大
　臨詞一卷 …………………………… 3－131
宋黃文節公文集正集三十二卷首四
　卷外集二十四卷首一卷續集十卷
　首一卷別集十九卷首一卷附刻大
　臨詞一卷 …………………………… 3－131
宋黃文節公詩正集十一卷別集一卷
　外集十一卷 ………………………… 3－132
宋葉文康公禮經會元四卷 …………… 1－57
宋葉文康公禮經會元節本四卷 ……… 1－57
宋葉文康公禮經會元節本四卷 ……… 3－530
宋朝事實二十卷 ……………………… 1－420

宋開封石經不分卷 …………………… 2－126
宋稗類鈔八卷 ………………………… 2－502
宋稗類鈔八卷 ………………………… 2－502
宋稗類鈔八卷 ………………………… 2－502
宋稗類鈔八卷 ………………………… 2－502
宋稗類鈔八卷 ………………………… 2－502
宋稗類鈔八卷 ………………………… 2－502
宋稗類鈔八卷 ………………………… 2－502
宋詩別裁八卷 ………………………… 3－12
宋詩別裁八卷 ………………………… 3－12
宋詩別裁八卷 ………………………… 3－12
宋詩別裁八卷 ………………………… 3－12
宋詩紀事一百卷 ……………………… 3－488
宋詩紀事補遺一百卷補正四卷 ……… 3－486
宋詩紀事補遺一百卷補正四卷 ……… 3－486
宋詩鈔初集 …………………………… 2－512
宋詩鈔初集 …………………………… 2－512
宋詩鈔初集 …………………………… 2－512
宋詩鈔初集 …………………………… 2－513
宋詩鈔初集 …………………………… 2－513
宋詩鈔初集 …………………………… 2－513
宋詩課本七卷 ………………………… 3－13
宋詩選二十卷 ………………………… 3－12
宋詩選粹十五卷 ……………………… 3－12
宋鄭所南先生心史二卷 ……………… 3－135
宋遼金元四史朔閏考二卷通鑑注辨
　正二卷 ……………………………… 2－293
宋遼金元四史朔閏考二卷通鑑注辨
　正二卷 ……………………………… 2－293
宋遼金元四史朔閏考二卷通鑑注辨
　正二卷 ……………………………… 2－293
宋遼金元別史 ………………………… 1－258
（宋撫州本）禮記二十卷 …………… 3－543
宋魯齋王文憲公遺集十二卷補遺一卷
　…………………………………………… 3－112
宋劉文靖公屏山全集二十卷首一卷
　末一卷屏山集考異一卷 …………… 3－137
宋論十五卷 …………………………… 1－398
宋論十五卷 …………………………… 1－398
宋論十五卷 …………………………… 1－398
宋論十五卷 …………………………… 1－398

宋學士文集七十五卷 ⋯⋯⋯⋯ 3－160

宋學士全集三十二卷附錄一卷 ⋯⋯⋯ 3－160

宋學士全集三十二卷附錄一卷 ⋯⋯⋯ 3－160

宋學士全集三十二卷附錄一卷 ⋯⋯⋯ 3－160

宋儒文肅公黃勉齋先生文集四十卷

　　年譜一卷 ⋯⋯⋯⋯⋯⋯⋯⋯ 3－132

宋儒楊龜山先生通紀五卷續通紀四卷

　　⋯⋯⋯⋯⋯⋯⋯⋯⋯⋯⋯⋯ 3－134

宋濂溪周元公先生集十三卷 ⋯⋯⋯ 3－119

宋濂溪周元公先生集十卷 ⋯⋯⋯⋯ 3－119

宋濂溪周元公先生集十卷 ⋯⋯⋯⋯ 3－119

宋濂溪周元公先生集十卷 ⋯⋯⋯⋯ 3－119

冶金錄二卷 ⋯⋯⋯⋯⋯⋯⋯⋯⋯ 2－316

冶金錄二卷 ⋯⋯⋯⋯⋯⋯⋯⋯⋯ 2－316

冶梅竹譜一卷 ⋯⋯⋯⋯⋯⋯⋯⋯ 2－336

良方集腋二卷 ⋯⋯⋯⋯⋯⋯⋯⋯ 2－267

良方集腋二卷 ⋯⋯⋯⋯⋯⋯⋯⋯ 2－267

初月樓文鈔十卷詩鈔四卷 ⋯⋯⋯⋯ 3－243

初月樓四種 ⋯⋯⋯⋯⋯⋯⋯⋯⋯ 2－515

初月樓詩鈔三卷 ⋯⋯⋯⋯⋯⋯⋯ 3－243

初月樓詩鈔四卷 ⋯⋯⋯⋯⋯⋯⋯ 3－243

初白庵詩評三卷詞綜偶評一卷 ⋯⋯ 3－483

初拓西湖出水玉版十三行 ⋯⋯⋯⋯ 2－332

初桄齋詩集二卷 ⋯⋯⋯⋯⋯⋯⋯ 3－353

初桄齋詩集二卷 ⋯⋯⋯⋯⋯⋯⋯ 3－353

初唐四傑文集 ⋯⋯⋯⋯⋯⋯⋯⋯ 2－512

初唐四傑文集 ⋯⋯⋯⋯⋯⋯⋯⋯ 2－512

初唐四傑文集 ⋯⋯⋯⋯⋯⋯⋯⋯ 2－512

初唐四傑集 ⋯⋯⋯⋯⋯⋯⋯⋯⋯ 2－512

初唐四傑集 ⋯⋯⋯⋯⋯⋯⋯⋯⋯ 2－512

初唐四傑集 ⋯⋯⋯⋯⋯⋯⋯⋯⋯ 2－512

初唐四傑集 ⋯⋯⋯⋯⋯⋯⋯⋯⋯ 2－512

初唐四傑集 ⋯⋯⋯⋯⋯⋯⋯⋯⋯ 2－512

初唐四傑集 ⋯⋯⋯⋯⋯⋯⋯⋯⋯ 2－512

初唐四傑集 ⋯⋯⋯⋯⋯⋯⋯⋯⋯ 2－512

初唐四傑集 ⋯⋯⋯⋯⋯⋯⋯⋯⋯ 2－512

初學指掌四卷 ⋯⋯⋯⋯⋯⋯⋯⋯ 3－483

初學記三十卷 ⋯⋯⋯⋯⋯⋯⋯⋯ 2－480

初學記三十卷 ⋯⋯⋯⋯⋯⋯⋯⋯ 2－481

初學記三十卷 ⋯⋯⋯⋯⋯⋯⋯⋯ 2－481

初學記三十卷 ⋯⋯⋯⋯⋯⋯⋯⋯ 2－481

初學記三十卷 ⋯⋯⋯⋯⋯⋯⋯⋯ 2－481

初學記三十卷 ⋯⋯⋯⋯⋯⋯⋯⋯ 2－481

初學記三十卷 ⋯⋯⋯⋯⋯⋯⋯⋯ 2－481

初學記三十卷 ⋯⋯⋯⋯⋯⋯⋯⋯ 2－481

初學記三十卷 ⋯⋯⋯⋯⋯⋯⋯⋯ 2－481

初學集二十卷 ⋯⋯⋯⋯⋯⋯⋯⋯ 3－362

初學集二十卷 ⋯⋯⋯⋯⋯⋯⋯⋯ 3－362

初學集二十卷 ⋯⋯⋯⋯⋯⋯⋯⋯ 3－362

初學源例編一卷 ⋯⋯⋯⋯⋯⋯⋯ 2－377

初學審音二卷 ⋯⋯⋯⋯⋯⋯⋯⋯ 1－187

初學辨體不分卷 ⋯⋯⋯⋯⋯⋯⋯ 2－400

初學檢韻袖珍十二集 ⋯⋯⋯⋯⋯⋯ 1－184

初學檢韻袖珍十二集 ⋯⋯⋯⋯⋯⋯ 1－184

初學檢韻袖珍十二集 ⋯⋯⋯⋯⋯⋯ 1－184

初譚集八卷 ⋯⋯⋯⋯⋯⋯⋯⋯⋯ 2－398

初譚集三十卷 ⋯⋯⋯⋯⋯⋯⋯⋯ 2－398

初譚集三十卷 ⋯⋯⋯⋯⋯⋯⋯⋯ 2－398

罕姓平西頌一卷 ⋯⋯⋯⋯⋯⋯⋯ 1－378

［乾隆］即墨縣志十二卷首一卷 ⋯⋯ 1－548

壯悔堂文集十卷 ⋯⋯⋯⋯⋯⋯⋯ 3－271

壯悔堂文集十卷 ⋯⋯⋯⋯⋯⋯⋯ 3－271

壯悔堂文集十卷遺稿一卷 ⋯⋯⋯⋯ 3－271

壯悔堂文集十卷遺稿一卷 ⋯⋯⋯⋯ 3－272

壯悔堂文集十卷遺稿一卷四憶堂詩

　　集六卷遺稿一卷 ⋯⋯⋯⋯⋯⋯ 3－271

壯悔堂文集十卷遺稿一卷四憶堂詩

　　集六卷遺稿一卷 ⋯⋯⋯⋯⋯⋯ 3－271

壯悔堂文集十卷遺稿一卷四憶堂詩

　　集六卷遺稿一卷 ⋯⋯⋯⋯⋯⋯ 3－271

壯悔堂文集十卷遺稿一卷四憶堂詩

　　集六卷遺稿一卷 ⋯⋯⋯⋯⋯⋯ 3－272

壯悔堂文集十卷遺稿一卷四憶堂詩

　　集六卷遺稿一卷 ⋯⋯⋯⋯⋯⋯ 3－272

壯悔堂文集十卷遺稿一卷四憶堂詩

　　集六卷遺稿一卷 ⋯⋯⋯⋯⋯⋯ 3－272

壯悔堂文集十卷遺稿一卷四憶堂詩

　　集六卷遺稿一卷 ⋯⋯⋯⋯⋯⋯ 3－272

壯悔堂文集十卷遺稿一卷四憶堂詩

　　集六卷遺稿一卷 ⋯⋯⋯⋯⋯⋯ 3－272

壯悔堂文集十卷遺稿一卷四憶堂詩
　　集六卷遺稿一卷…………………… 3－272
壯悔堂文集十卷遺稿一卷四憶堂詩
　　集六卷遺稿一卷…………………… 3－272
壯悔堂文集十卷遺稿一卷四憶堂詩
　　集六卷遺稿一卷…………………… 3－272
壯悔堂文集十卷遺稿一卷四憶堂詩
　　集六卷遺稿一卷…………………… 3－272
壯游圖記四卷…………………………… 2－102
壯學齋文集十二卷……………………… 3－259
壯學齋文集十二卷……………………… 3－259
壯學齋文集十二卷……………………… 3－259
壯學齋文集十二卷……………………… 3－259
壯學齋文集十二卷……………………… 3－259
壯學齋文集十二卷……………………… 3－259
壯學齋文集十二卷……………………… 3－259
壯懷堂詩初稿十卷二集四卷三集十四卷
　　……………………………………… 3－252
改元考一卷……………………………… 1－231
改正戰法學……………………………… 2－231
改良社會小說五更鐘二卷二十四回
　　……………………………………… 3－462
改亭集十六卷…………………………… 3－263
改亭集文集十六卷詩集六卷…………… 3－263
阿毗達磨大毗婆沙論二百卷…………… 2－429
阿毗達磨俱舍論三十卷………………… 2－429
阿毗達磨順正理論八十卷……………… 2－429
阿毗曇八犍度論十二卷………………… 2－422
阿毗曇八犍度論三十卷………………… 2－422
阿富汗土耳基斯坦志一卷……………… 2－165
阿難問事佛吉凶經一卷………………… 2－421
附刊洗冤錄解一卷……………………… 2－221
附音傍訓句解孟子七卷………………… 1－111
附釋文互註禮部韻略五卷……………… 1－175
附釋文互註禮部韻略五卷……………… 1－175
附釋文互註禮部韻略五卷……………… 1－175
附釋音尚書註疏二十卷 ……………… 1－26
附釋音尚書註疏二十卷 ……………… 1－27
附釋音春秋左傳註疏六十卷…………… 1－85
附釋音禮記註疏六十三卷 …………… 1－63
附釋音禮記註疏六十三卷 …………… 1－63

妙吉祥室詩鈔十三卷詩餘一卷詞餘
　　一卷雜存一卷…………………… 3－212
妙英寶卷全集一卷……………………… 3－448
妙法蓮華經七卷………………………… 2－423
妙法蓮華經七卷………………………… 2－423
妙法蓮華經七卷………………………… 2－423
妙法蓮華經七卷………………………… 2－423
妙法蓮華經七卷………………………… 2－423
妙法蓮華經七卷………………………… 2－423
妙法蓮華經七卷………………………… 2－423
妙法蓮華經七卷………………………… 2－423
妙法蓮華經七卷………………………… 2－423
妙法蓮華經七卷………………………… 2－423
妙法蓮華經七卷………………………… 2－436
妙法蓮華經七卷………………………… 2－437
妙法蓮華經大窾七卷…………………… 2－438
妙法蓮華經文句十卷…………………… 2－434
妙法蓮華經文句記三十卷……………… 2－446
妙法蓮華經玄義節要二卷……………… 2－444
妙法蓮華經玄義節要二卷……………… 2－444
妙法蓮華經玄義釋懺四十卷…………… 2－434
妙法蓮華經玄義釋懺四十卷…………… 2－434
妙法蓮華經直指七卷…………………… 2－453
妙法蓮華經指掌疏觀音普門品別行
　　一卷附一卷……………………… 2－453
妙法蓮華經科註七卷首一卷…………… 2－437
妙法蓮華經珠髻合頌補註□□卷…… 2－443
妙法蓮華經通義二十卷………………… 2－451
妙法蓮華經授手十卷首一卷…………… 2－453
妙法蓮華經解七卷……………………… 2－436
妙法蓮華經解七卷……………………… 2－436
妙法蓮華經意語一卷…………………… 2－446
妙法蓮華經義定□□卷………………… 2－454
妙法蓮華經臺宗會義七卷妙法蓮華
　　經繪貫一卷……………………… 2－450
妙法蓮華經擊節一卷…………………… 2－451
妙香菴詩存一卷………………………… 3－253
妖怪學紀聞□□卷……………………… 2－396
邵二泉先生分類集註杜詩二十三卷
　　……………………………………… 3－85

邵二泉先生分類集註杜詩二十三卷

　　　……………………………… 3－85

邵半江存稿四卷 ……………………… 3－164

邵位西遺文一卷 ……………………… 3－254

邵位西遺文一卷 ……………………… 3－254

邵位西遺文一卷 ……………………… 3－254

邵位西遺文一卷 ……………………… 3－254

邵武徐氏叢書 ………………………… 3－496

邵武徐氏叢書 ………………………… 3－496

邵東朱芝堂詩集五卷 ………………… 3－210

邵康節先生外紀四卷 ………………… 1－310

邵康節先生詩鈔一卷 ………………… 3－118

邵陽賓興公款匯記一卷 ……………… 2－62

邵陽賓興公款匯記一卷 ……………… 2－62

［康熙］邵陽縣志十六卷 …………… 2－48

［光緒］邵陽縣志十卷 ……………… 2－49

［乾隆］邵陽縣志四十二卷首一卷 … 2－49

［嘉慶］邵陽縣志四十九卷首一卷 … 2－49

邵陽縣鄉土志四卷 …………………… 2－67

邵陽魏府君事略一卷 ………………… 1－317

邵陽魏府君事略一卷 ………………… 1－317

邵陽魏府君事略一卷 ………………… 1－317

邵陽魏府君事略一卷 ………………… 1－317

邵聲鋈鄉試硃卷 ……………………… 3－254

甬上耆舊詩三十卷 …………………… 3－31

甬上耆舊詩三十卷 …………………… 3－31

八畫

［光緒］奉化縣志四十卷首一卷 …… 2－5

奉委稽查粵路公司收支所歷年進出

　　銀數編造簡明四柱清冊 ………… 1－460

奉使朝鮮驛程日記一卷 ……………… 2－106

奉使集一卷靜子日記一卷 …………… 3－339

［光緒］奉節縣志三十六卷首一卷 … 2－37

［同治］奉新縣志十六卷首一卷末一卷

　　……………………………………… 2－11

玩易意見二卷 ………………………… 1－13

［正德］武功縣志三卷 ……………… 1－542

［正德］武功縣志三卷首一卷 ……… 1－541

［正德］武功縣志三卷首一卷 ……… 1－542

［正德］武功縣志三卷首一卷 ……… 1－542

［正德］武功縣志四卷首一卷 ……… 1－542

武夷九曲志十六卷首一卷 …………… 2－81

武夷山志二十八卷首一卷續修二卷… 2－81

武夷山志二十四卷首一卷 …………… 2－81

武夷山志二十四卷首一卷 …………… 2－81

武夷山志二十四卷首一卷 …………… 2－81

武夷山志二十四卷首一卷 …………… 2－82

武夷山志二十四卷首一卷 …………… 2－82

武夷山志二十四卷首一卷 …………… 2－82

武夷山志二十四卷首一卷 …………… 2－82

武夷志略四卷 ………………………… 2－81

武夷新集二十卷楊文公逸詩文一卷

　　……………………………………… 3－134

［乾隆］武安縣志二十卷圖一卷 …… 1－535

武英殿本二十三史考證不分卷……… 1－196

武英殿聚珍版全書目錄 ……………… 2－151

武英殿聚珍版書 ……………………… 3－494

武英殿聚珍版書 ……………………… 3－494

武英殿聚珍版書 ……………………… 3－494

武英殿聚珍版書 ……………………… 3－494

武英殿聚珍版書 ……………………… 3－494

武英殿聚珍版書 ……………………… 3－494

武英殿聚珍版書 ……………………… 3－494

武英殿聚珍版書 ……………………… 3－494

武英殿聚珍版書 ……………………… 3－494

武英殿聚珍版書 ……………………… 3－494

武英殿聚珍版叢書 …………………… 3－494

武林往哲遺箸 ………………………… 3－507

武林往哲遺箸 ………………………… 3－507

武林掌故叢編 ………………………… 3－507

武林掌故叢編 ………………………… 3－507

武林藏書錄三卷首一卷末一卷 ……… 2－143

武林靈隱寺志八卷 …………………… 2－56

武昌制皮廠進貨報單…………………… 1－459

武昌道師範學堂第二次畢業學生成績表

　　……………………………………… 1－434

［光緒］武昌縣志二十卷首一卷末一卷

　　……………………………………… 2－23

［乾隆］武昌縣志十卷首一卷 ………… 2－23

武昌學堂地理講義五卷 …………… 1－530

［康熙］武岡州志十二卷首一卷 …… 2－49

［乾隆］武岡州志十卷 ……………… 2－49

［乾隆］武岡州志十卷 ……………… 2－49

［嘉慶］武岡州志三十卷首一卷 …… 2－49

［光緒］武岡州志五十四卷首一卷 … 2－49

武岡州鄉土志不分卷 ……………… 2－67

［咸豐］武定府志三十八卷首一卷 … 1－547

［乾隆］武威縣志一卷 ……………… 1－544

武侯全書二十卷首一卷 …………… 3－74

武帝彙編四卷 ……………………… 2－479

武軍紀略二卷 ……………………… 1－250

武軍紀略二卷 ……………………… 1－250

武軍紀略二卷 ……………………… 1－250

武軍紀略二卷 ……………………… 1－250

武軍紀略二卷 ……………………… 1－250

［道光］武陟縣志三十六卷 ………… 2－17

武陵山人遺書 ……………………… 3－529

武陵山人雜著一卷 ………………… 3－412

武陵文徵二卷 ……………………… 3－36

武陵文徵二卷 ……………………… 3－36

［同治］武陵縣志三十二卷首一卷附

　　武陵詩徵二卷文徵二卷 ………… 2－50

［同治］武陵縣志四十八卷附武陵詩

　　徵二卷文徵二卷 ………………… 2－50

武進李申耆先生年譜三卷小德錄一卷

　　………………………………… 1－324

［光緒］武進陽湖縣志三十卷首一卷 … 1－553

［乾隆］武進縣志十四卷首一卷 …… 1－553

［乾隆］武康縣志八卷首一卷末一卷 … 2－5

［乾隆］武清縣志十二卷首一卷末一卷

　　………………………………… 1－531

武梁祠像唐搨本一卷 ……………… 2－127

［乾隆］武鄉縣志六卷首一卷 ……… 1－537

［乾隆］武鄉縣志六卷首一卷 ……… 1－537

［光緒］武鄉縣續志四卷 …………… 1－537

武備志二百四十卷………………… 2－225

武備志二百四十卷………………… 2－225

武備志二百四十卷………………… 2－225

武備志二百四十卷………………… 2－225

武備志二百四十卷 ………………… 2－225

武備志二百四十卷 ………………… 2－225

武備輯要六卷 ……………………… 2－228

武備輯要續編十卷 ………………… 2－228

武備輯要續編十卷 ………………… 2－228

［道光］武強縣新志十二卷 ………… 1－534

武溪集二十卷首一卷 ……………… 3－117

武經七書 …………………………… 2－222

武經七書 …………………………… 2－222

武經大全會解一卷 ………………… 2－229

武經大全會解三卷附射法一卷 …… 2－229

武經總要前集二十卷後集二十卷 … 2－224

［同治］武寧縣志四十四卷首一卷末一卷

　　………………………………… 2－8

［同治］武寧縣志四十卷首一卷末一卷 … 2－8

青山詩選六卷 ……………………… 3－23

青芝山館詩集二十二卷 …………… 3－405

青在堂竹譜二卷 …………………… 2－336

青在堂花卉草蟲譜二卷 …………… 2－336

［咸豐］青州府志六十四卷 ………… 1－548

青邱高季迪先生詩集十八卷首一卷

　　附錄一卷遺詩一卷扣舷集一卷鳧

　　藻集五卷………………………… 3－166

青邱高季迪先生詩集十八卷首一卷

　　附錄一卷遺詩一卷扣舷集一卷鳧

　　藻集五卷………………………… 3－166

青邱高季迪先生詩集十八卷首一卷

　　附錄一卷遺詩一卷扣舷集一卷鳧

　　藻集五卷………………………… 3－166

青邱高季迪先生詩集十八卷首一卷

　　附錄一卷遺詩一卷扣舷集一卷鳧

　　藻集五卷………………………… 3－166

青邱高季迪先生詩集十八卷首一卷

　　附錄一卷遺詩一卷扣舷集一卷鳧

　　藻集五卷………………………… 3－166

青邱高季迪先生詩集十八卷首一卷

　　附錄一卷遺詩一卷扣舷集一卷鳧

　　藻集五卷………………………… 3－166

172

青邱高季迪先生詩集十八卷首一卷
　　附錄一卷遺詩一卷扣舷集一卷鳧
　　藻集五卷 …………………… 3－167
青非集二卷補遺一卷 ……………… 3－120
青門簏稿十六卷旅稿六卷賸稿八卷
　　……………………………… 3－253
青岩集十二卷 ……………………… 3－298
青泥蓮花記十三卷 ………………… 3－455
青草堂集十二卷二集十六卷三集十六卷
　　……………………………… 3－385
青草堂集十二卷二集十六卷三集十六卷
　　……………………………… 3－385
青草堂集十二卷二集十六卷三集十六卷
　　……………………………… 3－385
青南輿頌六卷首一卷 ……………… 3－29
青要集十二卷 ……………………… 3－247
青原餘集五卷 ……………………… 3－198
[光緒]青浦縣志三十首二卷末一卷
　　……………………………… 2－1
青琅玕館遺文一卷遺詩一卷竹椒草
　　堂詞草一卷 ………………… 3－412
青埵山人詩十卷 …………………… 3－263
青萍軒文錄二卷詩錄一卷 ………… 3－402
青陽先生文集六卷 ………………… 3－149
[乾隆]青陽縣志八卷 …………… 2－3
青雲集分韻試帖詳註四卷 ………… 3－50
青雲集分韻試帖詳註四卷 ………… 3－50
青湖先生文集十四卷首一卷末一卷 … 3－159
青蓮室印存 ………………………… 2－342
青照堂叢書 ………………………… 3－492
青溪舊屋文集十一卷 ……………… 3－394
青溪舊屋文集十一卷 ……………… 3－394
青溪舊屋文集十一卷 ……………… 3－552
青嶠遺稿二卷 ……………………… 3－350
青樓小名錄六卷 …………………… 1－301
青樓夢六十四回 …………………… 3－469
青箱堂文集十二卷 ………………… 3－197
青箱堂文集十二卷遺稿續刻一卷年
　　譜一卷 ……………………… 3－197
青霞集十一卷年譜一卷 …………… 3－160
青霞館論畫絕句一百首一卷 ……… 2－325

青螺公遺書合編三十五卷首一卷 …… 3－170
青螺公遺書合編三十五卷首一卷 …… 3－170
青藜閣吟草六卷 …………………… 3－399
青藤山人路史二卷 ………………… 2－364
青囊序註一卷青囊奧語一卷天玉經
　　三卷紅鸞經一卷四十八局定例一
　　卷納音原始一卷 …………… 2－419
表中錄不分卷 ……………………… 3－55
[嘉慶]長山縣志十六卷首一卷末一卷
　　……………………………… 1－547
[乾隆]長子縣志二十卷 ………… 1－537
長生殿傳奇二卷 …………………… 3－441
長生殿傳奇二卷 …………………… 3－441
長生殿傳奇二卷 …………………… 3－441
長白徵存錄八卷 …………………… 2－69
[光緒]長汀縣志三十三卷首一卷末一卷
　　……………………………… 2－15
長江水師全案三卷 ………………… 1－468
長江水師定章并酌增遵辦事宜 …… 1－468
長江水師條例及岳州鎮標公札 …… 1－468
長江各口通商暫訂章程 …………… 1－452
長江通商條款 ……………………… 1－452
長江圖十二卷首一卷 ……………… 2－100
長江圖十二卷首一卷 ……………… 2－100
長江圖說 …………………………… 2－100
長江圖說一卷 ……………………… 2－105
長江圖說一卷 ……………………… 2－105
[熙寧]長安志二十卷圖三卷 …… 1－540
[熙寧]長安志二十卷圖三卷 …… 1－540
長安宮詞一卷 ……………………… 3－265
長安宮詞一卷 ……………………… 3－265
長安宮詞一卷 ……………………… 3－265
長安宮詞一卷 ……………………… 3－265
長安宮詞一卷 ……………………… 3－265
長安獲古編二卷補一卷 …………… 2－117
長邑學宮房屋契不分卷 …………… 2－58
長沙方歌括六卷 …………………… 2－264
長沙方歌括六卷 …………………… 2－264
長沙方歌括六卷 …………………… 2－264
長沙同德泰丸散目錄一卷 ………… 2－256
長沙朱禹田家章一卷 ……………… 2－204

長沙余公兩澔攀轅集一卷附提督澔
　　江全省水陸軍門去思碑記一卷 …… 3－54
［康熙］長沙府志二十卷 ……………… 2－41
［乾隆］長沙府志五十卷首一卷 ……… 2－41
［順治］長沙府志□□卷 ……………… 2－41
長沙府岳麓志八卷首一卷 …………… 2－57
長沙府岳麓志八卷首一卷 …………… 2－58
長沙府岳麓志八卷首一卷 …………… 2－58
長沙府岳麓志八卷首一卷 …………… 2－58
長沙府岳麓志八卷首一卷 …………… 2－58
長沙府岳麓志八卷首一卷 …………… 2－58
長沙府益陽縣箴言書院志三卷 ……… 2－59
長沙府益陽縣箴言書院志三卷 ……… 2－59
長沙府益陽縣箴言書院志三卷 ……… 2－59
長沙府益陽縣箴言書院志三卷 ……… 2－59
長沙府益陽縣箴言書院志三卷 ……… 2－59
長沙定王台志二卷 …………………… 2－54
長沙師範教育學講義 ………………… 1－432
長沙常氏契據 ………………………… 1－491
長沙張文達公榮哀錄四卷 …………… 3－56
長沙張文達公榮哀錄四卷 …………… 3－56
長沙賈太傅祠志四卷 ………………… 2－56
［嘉慶］長沙縣志二十八卷首一卷 …… 2－42
［嘉慶］長沙縣志二十八卷首一卷 …… 2－42
［康熙］長沙縣志十卷 ………………… 2－42
［同治］長沙縣志三十六卷首一卷 …… 2－42
長沙縣學宮志十卷 …………………… 2－58
長沙縣學宮志八卷首一卷 …………… 2－58
長沙縣學宮志八卷首一卷 …………… 2－58
長沙縣學宮志八卷首一卷 …………… 2－58
長沙縣學宮志八卷首一卷 …………… 2－58
長沙縣學宮志八卷首一卷 …………… 2－58
長沙縣學宮志八卷首一卷 …………… 2－58
長沙縣學宮志六卷首一卷 …………… 2－58
長沙縣學宮志六卷首一卷 …………… 2－58
［乾隆］長沙縣續志十二卷 …………… 2－42
長沙嶽麓書院續志四卷首一卷末一
　　卷補編一卷 ……………………… 2－58
長沙嶽麓書院續志四卷首一卷終一卷
　　………………………………………… 2－58

長沙嶽麓書院續志四卷首一卷終一卷
　　………………………………………… 2－58
長沙嶽麓書院續志四卷首一卷終一卷
　　………………………………………… 2－58
長沙藥解四卷 ………………………… 2－258
長沙嚴氏家行略一卷續一卷往事雜
　　略一卷 …………………………… 1－333
長沙籌備印卷初捐各戶花名冊□卷
　　………………………………………… 1－455
［乾隆］長治縣志二十八卷首一卷末一卷
　　………………………………………… 1－537
長真閣集七卷詩餘一卷 ……………… 3－276
長真閣集七卷詩餘一卷 ……………… 3－276
長恩書室叢書 ………………………… 3－498
長恩書室叢書 ………………………… 3－498
長恩書室叢書 ………………………… 3－498
長恩書室叢書 ………………………… 3－498
長恩書室叢書 ………………………… 3－498
［道光］長清縣志十六卷首一卷末一卷
　　………………………………………… 1－546
［同治］長陽縣志七卷首一卷 ………… 2－25
長善蘿碼頭因挑各善倉谷石稟詞 … 1－489
［光緒］長寧縣志十六卷 ……………… 2－13
［光緒］長樂縣志十六卷首一卷末一卷
　　………………………………………… 2－14
［同治］長興縣志三十二卷首一卷附
　　拾遺二卷 ………………………… 2－5
長離閣集一卷 ………………………… 3－195
長離閣詩集一卷 ……………………… 3－284
長蘆鹽法志二十卷附編十卷 ……… 1－449
長蘆鹽法志二十卷附編十卷 ……… 1－449
長蘆鹽法志二十卷附編十卷 ……… 1－449
長蘆鹽法志二十卷附編十卷 ……… 1－449
坦庵詞曲六種 ………………………… 3－439
坦園全集 ……………………………… 3－525
坦園全集 ……………………………… 3－525
坦園全集 ……………………………… 3－525
坦園全集 ……………………………… 3－525
坦園全集 ……………………………… 3－525
坦園全集 ……………………………… 3－525
坦園全集 ……………………………… 3－525

坦園傳奇 …………………… 3－442
坦園傳奇 …………………… 3－442
坦園傳奇 …………………… 3－442
坦齋劉先生文集二卷 ………… 3－180
坤皋鐵筆 …………………… 2－343
坤輿撮要問答五卷 …………… 1－514
坤輿撮要問答五卷 …………… 1－514
幸存錄 ……………………… 1－263
幸魯盛典四十卷 ……………… 1－425
坡山小學史斷四卷 …………… 1－396
坡仙三昧□□卷 ……………… 3－147
坡仙集十六卷 ………………… 3－143
坡仙集十六卷 ………………… 3－143
坡仙集十六卷 ………………… 3－143
坡門酬唱二十三卷 …………… 3－57
亞拉伯志一卷 ………………… 2－165
亞洲泡四卷 …………………… 2－377
亞洲泡四卷 …………………… 2－377
亞細亞洲疆域總說一卷 ……… 2－106
亞斐利加洲志一卷亞斐利加新志一卷
　　……………………………… 2－170
亞斐利加洲志一卷亞斐利加新志一卷
　　……………………………… 2－170
亞歐兩洲沿岸海道紀要二卷末一卷
　　……………………………… 2－90
取濾火油法一卷 ……………… 2－314
若水齋古今算學書錄七卷附錄一卷
　　……………………………… 2－305
若水齋古今算學書錄七卷附錄一卷 … 2－305
若谷山房詩草四卷 …………… 3－406
[嘉慶]茂名縣志二十一卷首一卷 …… 2－30
[道光]茂州志四卷首一卷 …… 2－38
茂苑吟秋集不分卷 …………… 3－27
茂苑吟秋集不分卷 …………… 3－27
茂陵秋雨詞四卷 ……………… 3－428
茂陵秋雨詞四卷 ……………… 3－428
苗氏說文四種 ………………… 1－151
苗氏說文四種 ………………… 1－151
苗氏說文四種 ………………… 1－151
苗氏說文四種 ………………… 1－151
苗防備覽二十二卷 …………… 1－473

苗防備覽二十二卷 …………… 1－473
苗防備覽二十二卷 …………… 1－473
苗防備覽二十二卷 …………… 1－473
苗防備覽二十二卷 …………… 1－473
苗防備覽二十二卷 …………… 1－474
苗防備覽二十二卷 …………… 1－474
苗防備覽二十二卷 …………… 1－474
苗防備覽二十二卷 …………… 1－474
苗防備覽二十二卷 …………… 1－474
苗防備覽二十二卷 …………… 1－474
苗防備覽二十二卷 …………… 1－474
苗防備覽二十二卷 …………… 1－474
苗防備覽二十二卷 …………… 1－474
英人强賣鴉片記八卷附一卷 ………… 1－463
[同治]英山縣志十卷首一卷 ……… 2－22
英吉利夷舶入寇記二卷 ……… 1－266
英吉利志譯略四卷 …………… 2－169
英字指南六卷 ………………… 1－142
英法俄德四國志略一卷 ……… 2－169
英法俄德四國志略一卷 ……… 2－169
英法俄德四國志略一卷 ……… 2－169
英法俄德四國志略一卷 ……… 2－169
英政概一卷法政概一卷 ……… 2－169
英政概一卷法政概一卷 ……… 2－170
英俄印度交涉書一卷續編一卷 ……… 2－158
英俄印度交涉書一卷續編一卷 ……… 2－158
英俄印度交涉書一卷續編一卷 ……… 2－158
英俄印度交涉書一卷續編一卷 ……… 2－159
英俄印度交涉書一卷續編一卷 ……… 2－159
英國瓦瓦司前後膛鋼礮價目一卷 … 2－230
英國水師考末分卷 …………… 1－469
英國水師律例四卷 …………… 1－469
英國印花稅章程 ……………… 1－453
英國印花稅章程續編 ………… 1－453
英國樞政志十四卷 …………… 1－424
英國議事章程十四章 ………… 2－169
英軺日記十二卷 ……………… 2－109
英雲夢傳八卷 ………………… 3－467
英語集全六卷 ………………… 1－142
英德堂六經全註 ……………… 1－2

英藩政概四卷 ·················· 2－169
英藩政概四卷 ·················· 2－169
［康熙］茌平縣志五卷 ·········· 1－547
苑西集十二卷 ················· 3－275
苑洛志樂十三卷 ··············· 2－345
范文正公全集十七卷 ·········· 3－122
范文正公全集四十八卷 ········ 3－121
范文正公全集四十八卷 ········ 3－121
范文正公全集四十八卷 ········ 3－121
范文正公全集四十八卷 ········ 3－121
范文正公全集四十八卷 ········ 3－121
范文正公全集四十八卷 ········ 3－122
范文正公全集四十八卷 ········ 3－122
范文正公全集四十八卷 ········ 3－122
范文正公全集四十八卷 ········ 3－122
范文正公全集四十八卷 ········ 3－122
范文正公言行錄三卷年譜言行摘錄
　　一卷韓魏公言行錄一卷 ······· 1－310
范文正公集二十四卷 ·········· 3－121
范文正公集二十卷別集四卷政府奏
　　議二卷 ···················· 3－121
范文正公集二十卷別集四卷政府奏
　　議二卷尺牘三卷 ············ 3－121
范文正公集十二卷 ············ 3－121
范文正公集十二卷 ············ 3－121
范文正公褒賢祠錄二卷 ········ 3－122
范伯子詩集十九卷 ············ 3－264
范忠貞公全集四卷首一卷 ······ 3－264
范忠貞公全集四卷首一卷 ······ 3－264
范忠宣公集二十卷 ············ 3－122
范忠宣公集二十卷奏議二卷遺文一
　　卷附錄一卷補編一卷 ········ 3－122
范忠宣公集二十卷奏議二卷遺文一
　　卷附錄一卷補編一卷 ········ 3－122
范忠宣公集二十卷奏議二卷遺文一
　　卷補編一卷附錄一卷 ········ 3－122
范忠宣公集二十卷奏議二卷遺文一
　　卷補編一卷附錄一卷 ········ 3－122
范寅韓貢卷 ·················· 3－264
直省各屬水災圖一卷 ·········· 1－458
直省鄉墨文通五卷 ············ 3－540
直省鄉墨精萃不分卷 ·········· 3－49
直省墨選精詣：道光乙未恩科一卷
　　························· 3－48
［嘉慶］直隸太倉州志六十五卷 ····· 1－549
［乾隆］直隸代州志六卷 ········· 1－536
［道光］直隸汝州全志十卷首一卷 ···· 2－19
直隸長城以南水利營田圖說 ········ 2－100
［乾隆］直隸易州志十八卷首一卷 ···· 1－534
［道光］直隸和州志二十四卷首一卷
　　························· 2－2
［道光］直隸定州志二十二卷首一卷
　　························· 1－533
［咸豐］直隸定州續志四卷 ········ 1－533
［嘉慶］直隸南雄州志三十四卷首一卷
　　························· 2－28
［乾隆］直隸秦州新志十二卷首一卷
　　補遺一卷 ················· 1－543
［乾隆］直隸郴州總志三十卷首一卷
　　末一卷 ·················· 2－46
［嘉慶］直隸郴州總志四十三卷首一卷
　　························· 2－46
直隸高等工業學堂試辦章程一卷 ····· 1－434
［光緒］直隸絳州志二十卷首一卷 ··· 1－538
［乾隆］直隸絳州志二十卷首一卷 ··· 1－538
［道光］直隸靖州志十二卷首一卷 ··· 2－52
［乾隆］直隸遵化州志二十卷 ······ 1－533
［道光］直隸霍州志二十五卷首一卷
　　························· 1－538
［道光］直隸澧州志二十八卷首三卷
　　························· 2－51
［同治］直隸澧州志二十六卷首一卷
　　························· 2－51
［同治］直隸澧州志二十六卷首四卷
　　························· 2－51
［乾隆］直隸澧州志林二十六卷首一
　　卷末一卷附補編一卷 ········ 2－51
［乾隆］直隸澧州志林二十六卷首一
　　卷末一卷附補編一卷 ········ 2－51
直隸總督府奏摺不分卷 ·········· 1－505
［光緒］直隸瀘州志十二卷 ········ 2－36
［嘉慶］直隸瀘州志十二卷 ········ 2－36

直齋書錄解題二十二卷⋯⋯⋯⋯⋯ 2－145

直齋書錄解題二十二卷⋯⋯⋯⋯⋯ 2－145

直齋書錄解題二十二卷⋯⋯⋯⋯⋯ 2－145

直齋書錄解題二十二卷⋯⋯⋯⋯⋯ 2－145

直齋書錄解題二十二卷⋯⋯⋯⋯⋯ 2－145

直齋書錄解題二十二卷⋯⋯⋯⋯⋯ 2－145

直齋書錄解題二十二卷⋯⋯⋯⋯⋯ 2－145

直齋書錄解題二十二卷⋯⋯⋯⋯⋯ 2－145

直齋書錄解題二十二卷⋯⋯⋯⋯⋯ 2－145

直齋書錄解題二十二卷⋯⋯⋯⋯⋯ 2－145

茗華閣詩稿一卷⋯⋯⋯⋯⋯⋯⋯ 3－227

苔石效顰集一卷附錄一卷⋯⋯⋯⋯ 3－138

茅山志十四卷道秩考一卷 ⋯⋯⋯ 2－79

茅亭客話十卷 ⋯⋯⋯⋯⋯⋯⋯ 2－73

茅亭客話十卷 ⋯⋯⋯⋯⋯⋯⋯ 2－73

茅鹿門先生文集三十六卷⋯⋯⋯ 3－165

茅鹿門先生批語史記鈔一百卷⋯⋯ 1－392

茅簾草堂詩草二卷⋯⋯⋯⋯⋯⋯ 3－258

林下詞選十四卷⋯⋯⋯⋯⋯⋯⋯ 3－425

林氏活人錄彙編十四卷⋯⋯⋯⋯ 2－249

林文忠公政書三十七卷⋯⋯⋯⋯ 3－535

林文忠公政書三十七卷⋯⋯⋯⋯ 3－535

林文忠公政書三十七卷滇軺紀程一
　卷荷戈紀程一卷政書蒐遺一卷畿
　輔水利議一卷⋯⋯⋯⋯⋯⋯ 1－501

林文忠公政書三十七卷滇軺紀程一
　卷荷戈紀程一卷政書蒐遺一卷畿
　輔水利議一卷⋯⋯⋯⋯⋯⋯ 1－501

林文忠公政書三十七卷滇軺紀程一
　卷荷戈紀程一卷政書蒐遺一卷畿
　輔水利議一卷⋯⋯⋯⋯⋯⋯ 1－501

林文忠公政書三十七卷滇軺紀程一
　卷荷戈紀程一卷政書蒐遺一卷畿
　輔水利議一卷⋯⋯⋯⋯⋯⋯ 1－501

林文忠公政書三十七卷滇軺紀程一
　卷荷戈紀程一卷政書蒐遺一卷畿
　輔水利議一卷⋯⋯⋯⋯⋯⋯ 1－501

林文忠公政書三十七卷滇軺紀程一
　卷荷戈紀程一卷政書蒐遺一卷畿
　輔水利議一卷⋯⋯⋯⋯⋯⋯ 1－501

林文忠公政書三十七卷滇軺紀程一
　卷荷戈紀程一卷政書蒐遺一卷畿
　輔水利議一卷⋯⋯⋯⋯⋯⋯ 1－501

林文忠公政書三十七卷滇軺紀程一
　卷荷戈紀程一卷政書蒐遺一卷畿
　輔水利議一卷⋯⋯⋯⋯⋯⋯ 1－501

林文忠公政書三十七卷滇軺紀程一
　卷荷戈紀程一卷政書蒐遺一卷畿
　輔水利議一卷⋯⋯⋯⋯⋯⋯ 1－502

林文忠公政書三十七卷滇軺紀程一
　卷荷戈紀程一卷政書蒐遺一卷畿
　輔水利議一卷⋯⋯⋯⋯⋯⋯ 1－502

林文忠公政書三十七卷滇軺紀程一
　卷荷戈紀程一卷政書蒐遺一卷畿
　輔水利議一卷⋯⋯⋯⋯⋯⋯ 1－502

林文忠公政書三十七卷滇軺紀程一
　卷荷戈紀程一卷政書蒐遺一卷畿
　輔水利議一卷⋯⋯⋯⋯⋯⋯ 1－502

林我禪師語錄四卷⋯⋯⋯⋯⋯⋯ 2－460

林系尊鄉試硃卷⋯⋯⋯⋯⋯⋯⋯ 3－252

林和靖先生詩集四卷省心錄一卷⋯⋯ 3－118

林和靖詩集四卷拾遺一卷⋯⋯⋯⋯ 3－118

林和靖詩集四卷拾遺一卷⋯⋯⋯⋯ 3－118

林和靖詩集四卷拾遺一卷⋯⋯⋯⋯ 3－118

林和靖詩集四卷拾遺一卷⋯⋯⋯⋯ 3－118

林和靖詩集四卷拾遺一卷⋯⋯⋯⋯ 3－118

林和靖詩集四卷拾遺一卷⋯⋯⋯⋯ 3－118

林阜間集古文六卷古今體詩五卷常
　語二卷⋯⋯⋯⋯⋯⋯⋯⋯⋯ 3－378

林泉老人評唱丹霞淳禪師頌古虛堂
　習聽錄三卷⋯⋯⋯⋯⋯⋯⋯ 2－459

林庵詩鈔七卷⋯⋯⋯⋯⋯⋯⋯⋯ 3－284

林間錄二卷後集一卷⋯⋯⋯⋯⋯ 2－447

林蕙堂全集二十六卷⋯⋯⋯⋯⋯ 3－242

林蕙堂全集四種二十六卷⋯⋯⋯ 3－242

［乾隆］林縣志十卷首一卷末一卷 …… 2－18
林巖文鈔四卷 ………………………… 3－28
林巖文鈔四卷 ………………………… 3－28
林巖文鈔四卷 ………………………… 3－28
枝山文集四卷 ………………………… 3－165
［咸豐］枝江縣志二十卷首一卷 …… 2－25
［道光］枝江縣志十四卷 …………… 2－25
板橋詞鈔一卷 ………………………… 3－433
板橋詞鈔一卷小唱一卷題畫一卷家
　　書一卷 …………………………… 3－433
板橋詩鈔三卷家書一卷題畫一卷詞
　　鈔一卷 …………………………… 3－380
板橋詩鈔三卷家書一卷題畫一卷詞
　　鈔一卷 …………………………… 3－380
板橋詩鈔三卷詞鈔一卷小唱一卷題
　　畫一卷家書一卷 ………………… 3－380
板橋詩鈔三卷詞鈔一卷小唱一卷題
　　畫一卷家書一卷 ………………… 3－380
板橋詩鈔三卷詞鈔一卷小唱一卷題
　　畫一卷家書一卷 ………………… 3－380
板橋詩鈔三卷詞鈔一卷小唱一卷題
　　畫一卷家書一卷 ………………… 3－380
板橋詩鈔三卷詞鈔一卷小唱一卷題
　　畫一卷家書一卷 ………………… 3－380
板橋詩鈔三卷詞鈔一卷小唱一卷題
　　畫一卷家書一卷 ………………… 3－380
板橋雜記一卷 ………………………… 3－456
來生福彈詞三十六回 ………………… 3－446
來生福彈詞三十六回 ………………… 3－446
來恩草堂十六卷 ……………………… 3－166
來禽館集二十九卷 …………………… 3－160
來禽館集二十九卷 …………………… 3－160
［同治］來鳳縣志三十二卷首一卷末一卷
　　……………………………………… 2－26
來齋金石刻考略三卷唐昭陵石蹟考
　　略五卷 …………………………… 2－113
來瞿唐先生日錄十二卷 ……………… 2－363
來瞿唐先生日錄內篇六卷外篇七卷
　　……………………………………… 2－201
來瞿唐先生日錄內篇六卷外篇七卷
　　……………………………………… 2－201

松月山房詩存四卷 …………………… 3－344
松心居士詩集十二卷二集二卷 ……… 3－367
松生文集□□卷 ……………………… 3－219
松竹山房詩草□□卷 ………………… 3－405
［嘉慶］松江府志八十四卷首二卷 … 2－1
［光緒］松江府續志四十卷首一卷 … 2－1
松花菴全集十二卷 …………………… 3－245
松花菴詩草二卷 ……………………… 3－245
松岩印譜一卷 ………………………… 2－343
松泉詩集二十六卷 …………………… 3－218
松泉詩集六卷 ………………………… 3－206
松泉詩集六卷 ………………………… 3－206
松風老屋詩稿十一卷詩餘一卷續稿
　　四卷詩餘續稿一卷 ……………… 3－408
松風閣琴譜二卷指法一卷抒懷操一卷
　　……………………………………… 2－347
松風閣琴譜二卷指法一卷抒懷操一卷
　　……………………………………… 2－347
松風閣詩鈔二十六卷 ………………… 3－349
松風閣詩鈔八卷 ……………………… 3－349
松風餘韻五十卷末一卷 ……………… 2－550
松華雙研齋賦鈔一卷 ………………… 3－346
松桂堂全集三十七卷南泩集三卷延
　　露詞三卷 ………………………… 3－347
松桂讀書堂集七卷 …………………… 3－273
［道光］松桃廳志三十二卷 ………… 2－39
松峰說疫六卷 ………………………… 2－275
松陵文錄二十四卷 …………………… 3－23
松陵集十卷 …………………………… 2－557
松陵集十卷 …………………………… 2－557
松陵詩徵續編十四卷 ………………… 3－30
松萃資記契簿 ………………………… 1－492
松雪堂印萃 …………………………… 2－341
松崖筆記三卷 ………………………… 2－390
松崖筆記三卷 ………………………… 2－390
松陽鈔存二卷 ………………………… 2－195
松陽鈔存二卷 ………………………… 2－195
松陽講義十二卷 ……………………… 1－106
松陽講義十二卷 ……………………… 1－106
松陽講義十二卷 ……………………… 1－106
松陽講義十二卷松陽鈔存二卷 ……… 1－106

178

松陽講義十二卷松陽鈔存二卷 ……… 1－106
[同治]松滋縣志十二卷首一卷 ……… 2－24
松窗隨錄一百卷 ………………………… 2－530
松窗餘事草八卷 ………………………… 3－226
松夢寮詩稿六卷 ………………………… 3－187
松園印譜 ………………………………… 2－342
松圓浪淘集十八卷松圓偈庵集二卷
　　 …………………………………… 3－175
松筠桐蔭館集印 ………………………… 2－341
松漠紀聞一卷續一卷補遺一卷 ……… 1－259
松漠紀聞一卷續一卷補遺一卷 ……… 1－259
松漠紀聞二卷 …………………………… 1－259
松壽堂詩鈔十卷 ………………………… 3－417
松聲池館詩存四卷 ……………………… 3－220
松聲池館詩存四卷 ……………………… 3－220
松聲池館詩存四卷 ……………………… 3－220
松霜閣印集四卷 ………………………… 2－340
杭女表微錄十六卷首一卷 …………… 1－295
杭氏七種 ………………………………… 3－518
杭氏七種 ………………………………… 3－518
杭氏七種 ………………………………… 3－518
[乾隆]杭州府志一百十卷首六卷 …… 2－4
杭州府志藝文志十卷 …………………… 2－143
述古堂文集十二卷 ……………………… 3－407
述古堂藏書目四卷 ……………………… 2－142
述古堂藏書目四卷 ……………………… 2－142
述古堂藏書目四卷 ……………………… 2－142
述古齋幼科新書 ………………………… 2－245
述古叢鈔 ………………………………… 3－503
述朱質疑十六卷 ………………………… 2－194
述朱質疑十六卷 ………………………… 2－194
述記八卷 ………………………………… 2－399
述記不分卷 ……………………………… 2－399
述異記二卷 ……………………………… 3－459
述庵詩鈔十二卷 ………………………… 3－196
述學內篇三卷外篇一卷補遺一卷別
　　錄一卷 …………………………… 3－217
述學內篇三卷外篇一卷補遺一卷別
　　錄一卷 …………………………… 3－217
述學內篇三卷外篇一卷補遺一卷別
　　錄一卷 …………………………… 3－217

述學內篇三卷外篇一卷補遺一卷別
　　錄一卷 …………………………… 3－538
述學內篇三卷補遺一卷外篇一卷別
　　錄一卷 …………………………… 3－218
述學內篇三卷補遺一卷外篇一卷別
　　錄一卷附錄一卷校勘記一卷 ……… 3－217
述學內篇三卷補遺一卷外篇一卷別
　　錄一卷附錄一卷校勘記一卷 ……… 3－217
述學內篇三卷補遺一卷外篇一卷別
　　錄一卷附錄一卷校勘記一卷 ……… 3－217
述學內篇三卷補遺一卷外篇一卷別
　　錄一卷附錄一卷校勘記一卷 ……… 3－217
述學內篇三卷補遺一卷外篇一卷別
　　錄一卷附錄一卷校勘記一卷 ……… 3－217
述學內篇三卷補遺一卷外篇一卷別
　　錄一卷附錄一卷校勘記一卷 ……… 3－217
述學內篇三卷補遺一卷外篇一卷別
　　錄一卷附錄一卷校勘記一卷 ……… 3－217
述學內篇三卷補遺一卷外篇一卷別
　　錄一卷附錄一卷校勘記一卷 ……… 3－218
述學內篇三卷補遺一卷外篇一卷別
　　錄一卷附錄一卷校勘記一卷 ……… 3－218
述學內篇三卷補遺一卷外篇一卷別
　　錄一卷附錄一卷校勘記一卷 ……… 3－218
述學內篇三卷補遺一卷外篇一卷別
　　錄一卷附錄一卷校勘記一卷 ……… 3－218
述學內篇三卷補遺一卷外篇一卷別
　　錄一卷附錄一卷校勘記一卷 ……… 3－218
述學內篇三卷補遺一卷外篇一卷別
　　錄一卷附錄一卷校勘記一卷 ……… 3－218
述舊二卷 ………………………………… 3－481
述韻十卷 ………………………………… 1－184
述韻十卷 ………………………………… 1－184
述懷詩三十卷首一卷 …………………… 3－328
枕干錄贈言一卷 ………………………… 3－53

枕中書一卷 …………………… 2－178

枕葄齋書經問答七卷末一卷 ………… 1－32

枕葄齋詩經問答八卷 ……………… 1－45

枕幹錄一卷贈言一卷 ……………… 1－313

枕經堂文鈔二卷駢體文三卷詩鈔八
　　卷金石書畫題跋三卷 …………… 3－190

東三省交涉輯要四卷 ……………… 1－464

東三省沿革表六卷 ………………… 2－69

東三省蒙務公牘彙編五卷 ………… 1－477

東三省蒙務公牘彙編五卷 ………… 1－478

東三省鹽法志十四卷 ……………… 1－449

東山存稿不分卷 …………………… 3－180

東山草堂文集二十卷詩集八卷詩集
　　續編一卷考定大學經傳解一卷原
　　傳附錄一卷邇言六卷 …………… 3－261

東山書院課集一卷 ………………… 3－46

東方兵事紀略五卷 ………………… 1－252

東方時局論略一卷 ………………… 2－153

東水詩集不分卷 …………………… 3－212

［光緒］東平州志二十七卷首一卷 … 1－546

［乾隆］東平州志二十卷 …………… 1－546

［道光］東平州志三十卷 …………… 1－546

［嘉慶］東台縣志四十卷 …………… 1－552

東西洋考十二卷 …………………… 2－103

東西洋教育史 ……………………… 1－435

東夷考略一卷 ……………………… 2－161

［光緒］東安縣志八卷 ……………… 2－48

［乾隆］東安縣志八卷 ……………… 2－48

東里文集二十五卷 ………………… 3－176

東里文集二十五卷 ………………… 3－176

東里文集二十五卷 ………………… 3－176

東里文集二十五卷別集三卷年譜一卷
　　………………………………… 3－176

東里文集二十五卷續編六十二卷 … 3－176

東里文集二十五卷續編六十二卷 … 3－176

東里生爐餘集三卷 ………………… 3－219

東里詩集三卷 ……………………… 3－175

東社讀史隨筆二卷 ………………… 1－407

東社讀史隨筆二卷 ………………… 1－407

［道光］東阿縣志二十四卷首一卷 … 1－547

東武詩存十卷 ……………………… 3－33

東坡文集二卷 ……………………… 3－140

東坡文選二十卷 …………………… 3－144

東坡先生年譜一卷 ………………… 3－140

東坡先生年譜一卷 ………………… 3－140

東坡先生年譜一卷 ………………… 3－141

東坡先生年譜一卷 ………………… 3－142

東坡先生年譜一卷 ………………… 3－142

東坡先生年譜一卷 ………………… 3－142

東坡先生全集七十五卷 …………… 3－140

東坡先生全集七十五卷 …………… 3－140

東坡先生全集七十五卷 …………… 3－140

東坡先生全集七十五卷 …………… 3－140

東坡先生全集七十五卷 …………… 3－140

東坡先生全集七十五卷 …………… 3－140

東坡先生志林十二卷 ……………… 2－363

東坡先生志林十二卷 ……………… 2－363

東坡先生志林十二卷 ……………… 2－363

東坡先生志林十二卷 ……………… 2－363

東坡先生墓志銘一卷 ……………… 3－140

東坡先生墓志銘一卷 ……………… 3－140

東坡先生詩集註三十二卷 ………… 3－141

東坡先生詩集註三十二卷 ………… 3－141

東坡先生編年詩五十卷目錄二卷 … 3－145

東坡先生編年詩五十卷目錄二卷 … 3－145

東坡先生編年詩五十卷目錄二卷 … 3－145

東坡先生編年詩五十卷目錄二卷 … 3－145

東坡先生編年詩五十卷目錄二卷 … 3－145

東坡先生翰墨尺牘八卷 …………… 3－145

東坡全集一百十五卷目錄七卷 …… 3－140

東坡事類二十二卷 ………………… 1－310

東坡事類二十二卷 ………………… 1－310

東坡事類二十二卷 ………………… 1－310

東坡和陶合箋四卷 ………………… 3－146

東坡和陶合箋四卷 ………………… 3－146

東坡和陶合箋四卷 ………………… 3－146

東坡和陶合箋四卷 ………………… 3－146

東坡和陶合箋四卷 ………………… 3－146

東坡烏臺詩案一卷 ………………… 1－282

東坡集十六卷 ……………………… 3－140

東坡集四十卷 ……………………… 3－139

東坡集四十卷後集二十卷奏議十五
　　卷外制集三卷內制集十卷樂語一
　　卷應詔集十卷續集十二卷…………3－140
東坡集四十卷後集二十卷奏議十五
　　卷外制集三卷內制集十卷樂語一
　　卷應詔集十卷續集十二卷…………3－140
東坡集四十卷後集二十卷奏議十五
　　卷外制集三卷內制集十卷樂語一
　　卷應詔集十卷續集十二卷…………3－140
東坡集四十卷後集二十卷奏議十五
　　卷外制集三卷內制集十卷樂語一
　　卷應詔集十卷續集十二卷…………3－140
東坡集四十卷後集二十卷奏議十五
　　卷外制集三卷內制集十卷樂語一
　　卷應詔集十卷續集十二卷…………3－140
東坡集選五十卷首一卷…………3－140
東坡集選五十卷集餘一卷…………3－144
東坡詞二卷…………3－428
東坡寓惠集註釋四卷…………3－145
東坡墓志銘一卷…………3－141
東坡詩選一卷…………3－141
東坡詩選十二卷…………3－144
東坡詩選十二卷…………3－144
東坡詩選十二卷…………3－144
東坡稱賞道潛之詩一卷…………3－131
東坡禪喜集十四卷…………3－147
東坡講舍課藝不分卷…………3－47
東坡應詔集十卷…………3－139
東坡題跋二卷…………2－321
東亞三國地志三卷…………1－529
東亞各港口岸志…………1－462
東亞各港口岸志…………1－462
東林十八高賢傳一卷…………2－462
東林本末三卷…………1－262
東林列傳二十四卷末二卷…………1－298
東林書院志二十二卷…………2－61
東林點將錄…………3－487
東明聞見錄一卷…………1－264

東岡詩賸十四卷首一卷末一卷………3－256
東岡詩賸十四卷首一卷末一卷………3－256
東岡詩賸十四卷首一卷末一卷………3－256
東岡詩賸十四卷首一卷末一卷………3－256
東岡詩賸十四卷首一卷末一卷………3－256
東岡詩賸十四卷首一卷末一卷………3－256
東岡詩賸十四卷首一卷末一卷………3－257
東征要電佚存五卷………1－476
東征紀略一卷………1－266
東征集六卷………1－266
東周列國全志二十三卷一百八回………3－473
東周列國全志二十三卷一百八回………3－473
東周列國全志二十三卷一百八回………3－473
東周列國全志二十三卷一百八回………3－473
東周列國全志五十四卷一百八回………3－472
東周列國全志五十四卷一百八回………3－472
東周列國全志五十四卷一百八回………3－472
東周列國全志五十四卷一百八回………3－472
東周列國全志五十四卷一百八回………3－472
東周列國志二十三卷一百八回………3－473
東周宮詞五卷………2－556
東周宮詞五卷………2－556
東京高等工業學校規則………1－435
東京夢華錄十卷………2－72
東京夢華錄十卷………2－72
東垣十書………2－241
東垣十書………2－241
東垣十書………2－242
東垣十書………2－242
東垣先生此事難知集二卷…………2－260
東南海島圖經十卷………2－108
東洲草堂文鈔二十卷………3－250
東洲草堂文鈔二十卷………3－250
東洲草堂文鈔二十卷………3－250
東洲草堂文鈔二十卷………3－250
東洲草堂文鈔二十卷………3－250
東洲草堂詩鈔二十七卷詩餘一卷………3－249
東洲草堂詩鈔二十七卷詩餘一卷………3－249
東洲草堂詩鈔二十七卷詩餘一卷………3－250
東洲草堂詩鈔二十七卷詩餘一卷………3－250
東洲草堂詩鈔二十七卷詩餘一卷………3－250

東洲草堂詩鈔三十卷詩餘一卷⋯⋯⋯ 3－250
東洲草堂詩鈔三十卷詩餘一卷⋯⋯⋯ 3－250
東洲草堂詩鈔三十卷詩餘一卷⋯⋯⋯ 3－250
東洲草堂詩鈔三十卷詩餘一卷⋯⋯⋯ 3－250
東洲草堂詩鈔三十卷詩餘一卷⋯⋯⋯ 3－250
東洲草堂詩鈔三卷⋯⋯⋯⋯⋯⋯⋯⋯ 3－249
東洲草堂藏書書目不分卷⋯⋯⋯⋯⋯ 2－140
東都事略一百三十卷⋯⋯⋯⋯⋯⋯⋯ 1－273
東都事略一百三十卷⋯⋯⋯⋯⋯⋯⋯ 1－273
東都事略一百三十卷⋯⋯⋯⋯⋯⋯⋯ 1－273
東都事略一百三十卷⋯⋯⋯⋯⋯⋯⋯ 1－273
東都事略一百三十卷⋯⋯⋯⋯⋯⋯⋯ 1－273
東都事略一百三十卷⋯⋯⋯⋯⋯⋯⋯ 1－274
東華絕句十卷⋯⋯⋯⋯⋯⋯⋯⋯⋯⋯ 3－26
東華錄一百二十卷⋯⋯⋯⋯⋯⋯⋯⋯ 1－237
東華錄一百二十卷⋯⋯⋯⋯⋯⋯⋯⋯ 1－237
東華錄十六卷⋯⋯⋯⋯⋯⋯⋯⋯⋯⋯ 1－238
東華錄八卷⋯⋯⋯⋯⋯⋯⋯⋯⋯⋯⋯ 1－237
東華錄三十二卷⋯⋯⋯⋯⋯⋯⋯⋯⋯ 1－238
東華錄三十二卷⋯⋯⋯⋯⋯⋯⋯⋯⋯ 1－238
東華錄三十二卷⋯⋯⋯⋯⋯⋯⋯⋯⋯ 1－238
東華錄三十二卷⋯⋯⋯⋯⋯⋯⋯⋯⋯ 1－238
東華錄六百二十四卷⋯⋯⋯⋯⋯⋯⋯ 1－237
東華錄六百二十四卷⋯⋯⋯⋯⋯⋯⋯ 1－237
東華錄六百二十四卷⋯⋯⋯⋯⋯⋯⋯ 1－237
東華錄六百二十四卷⋯⋯⋯⋯⋯⋯⋯ 1－237
東華錄六百二十四卷⋯⋯⋯⋯⋯⋯⋯ 1－237
東華錄六百二十四卷⋯⋯⋯⋯⋯⋯⋯ 1－237
東華錄六百二十四卷⋯⋯⋯⋯⋯⋯⋯ 1－237
東華錄六百二十四卷⋯⋯⋯⋯⋯⋯⋯ 1－237
東華錄六百二十四卷⋯⋯⋯⋯⋯⋯⋯ 1－237
東華錄四十五卷續錄七十五卷⋯⋯⋯ 3－532
東莊吟稿七卷⋯⋯⋯⋯⋯⋯⋯⋯⋯⋯ 3－246
[嘉慶]東莞縣志四十六卷首一卷⋯⋯ 2－28
東軒文集全稿⋯⋯⋯⋯⋯⋯⋯⋯⋯⋯ 3－392
東軒吟社畫像一卷⋯⋯⋯⋯⋯⋯⋯⋯ 1－329
東軒吟社畫像一卷⋯⋯⋯⋯⋯⋯⋯⋯ 1－329
東軒吟社畫像一卷⋯⋯⋯⋯⋯⋯⋯⋯ 1－329
東晉南北朝輿地表二十八卷⋯⋯⋯⋯ 1－519

東晉疆域志四卷⋯⋯⋯⋯⋯⋯⋯⋯⋯ 1－519
東晉疆域志四卷⋯⋯⋯⋯⋯⋯⋯⋯⋯ 1－519
東晉疆域志四卷⋯⋯⋯⋯⋯⋯⋯⋯⋯ 1－519
東晉疆域志四卷⋯⋯⋯⋯⋯⋯⋯⋯⋯ 1－519
東晉疆域志四卷⋯⋯⋯⋯⋯⋯⋯⋯⋯ 1－519
東浯家乘□□卷⋯⋯⋯⋯⋯⋯⋯⋯⋯ 3－156
東海半人詩鈔二十四卷⋯⋯⋯⋯⋯⋯ 3－403
東海褰冥氏三十以前舊學四種⋯⋯⋯ 3－528
東海褰冥氏三十以前舊學四種八卷⋯ 3－554
東書堂重修宣和博古圖錄三十卷⋯⋯ 2－119
東萊先生五代史詳節十卷⋯⋯⋯⋯⋯ 1－395
東萊先生古文關鍵二卷⋯⋯⋯⋯⋯⋯ 2－525
東萊先生古文關鍵二卷⋯⋯⋯⋯⋯⋯ 2－525
東萊先生古文關鍵二卷⋯⋯⋯⋯⋯⋯ 2－525
東萊先生古文關鍵二卷⋯⋯⋯⋯⋯⋯ 2－525
東萊先生古文關鍵二卷⋯⋯⋯⋯⋯⋯ 2－525
東萊先生古文關鍵二卷⋯⋯⋯⋯⋯⋯ 2－525
東萊先生左氏博議二十五卷⋯⋯⋯⋯ 1－86
東萊先生左氏博議二十五卷⋯⋯⋯⋯ 1－86
東萊先生左氏博議二十五卷⋯⋯⋯⋯ 1－86
東萊先生左氏博議二十五卷⋯⋯⋯⋯ 3－536
東萊先生音註唐鑑二十四卷⋯⋯⋯⋯ 1－396
東萊先生音註唐鑑二十四卷⋯⋯⋯⋯ 1－396
東萊先生音註唐鑑二十四卷⋯⋯⋯⋯ 1－396
東萊先生音註唐鑑二十四卷⋯⋯⋯⋯ 1－396
東萊先生音註唐鑑二十四卷⋯⋯⋯⋯ 1－396
東萊先生音註唐鑑二十四卷⋯⋯⋯⋯ 1－396
東萊先生音註唐鑑二十四卷⋯⋯⋯⋯ 1－396
東萊先生音註唐鑑二十四卷⋯⋯⋯⋯ 1－396
東萊呂太史別集十六卷附錄四卷⋯⋯ 3－117
東萊呂先生左氏博議句解一卷仁集
　一卷義集一卷禮集一卷智集四卷
　⋯⋯⋯⋯⋯⋯⋯⋯⋯⋯⋯⋯⋯⋯ 1－396
東萊博議⋯⋯⋯⋯⋯⋯⋯⋯⋯⋯⋯⋯ 3－536
東萊博議四卷⋯⋯⋯⋯⋯⋯⋯⋯⋯⋯ 1－86
東萊博議四卷⋯⋯⋯⋯⋯⋯⋯⋯⋯⋯ 1－86
東萊博議四卷⋯⋯⋯⋯⋯⋯⋯⋯⋯⋯ 1－86
東萊博議四卷⋯⋯⋯⋯⋯⋯⋯⋯⋯⋯ 1－86
東萊博議四卷⋯⋯⋯⋯⋯⋯⋯⋯⋯⋯ 1－86

東萊博議四卷 ……………………… 1－86
東萊博議四卷 ……………………… 1－86
東萊博議四卷 ……………………… 1－86
東萊集註類編觀瀾文甲集二十五卷
　乙集二十五卷丙集二十卷 ……… 2－525
東萊集註類編觀瀾文甲集二十五卷
　乙集二十五卷丙集二十卷 ……… 2－525
東萊集註類編觀瀾文甲集二十五卷
　乙集二十五卷丙集二十卷 ……… 2－525
東堂先生詩草二卷 ……………… 3－23
東國史略六卷 …………………… 2－161
東國史略六卷 …………………… 2－161
東國史略六卷 …………………… 2－161
東旋詩草一卷 …………………… 3－356
[道光]東鄉縣志二十一卷首一卷末一卷
　…………………………………… 2－11
[同治]東鄉縣志十六卷首一卷末一卷
　…………………………………… 2－11
東越文苑傳一卷 ………………… 3－548
東嵒草堂評訂唐詩鼓吹十卷 …… 3－2
東嵒草堂評訂唐詩鼓吹十卷 …… 3－2
東湖草堂賦鈔二集六卷 ………… 2－539
東湖酬唱詩略二卷 ……………… 3－59
[同治]東湖縣志三十卷首一卷續補
　藝文一卷 ……………………… 2－24
東游日記一卷 …………………… 2－106
東游日記一卷 …………………… 2－106
東游日記一卷 …………………… 2－107
東游日記不分卷 ………………… 1－332
東游文稿一卷 …………………… 2－148
東游草一卷 ……………………… 3－238
東游草一卷 ……………………… 3－238
東游草二卷 ……………………… 3－252
東游記一卷 ……………………… 2－102
東游叢錄四卷 …………………… 2－107
東槎紀略五卷 …………………… 2－71
東槎聞見錄四卷 ………………… 2－106
東廓鄒先生文集十二卷首一卷 … 3－178
東廓鄒先生文集十二卷首一卷 … 3－178
東廓鄒先生文集十二卷首一卷 … 3－178
東塾集六卷 ……………………… 3－552

東塾集六卷申范一卷 …………… 3－322
東塾集六卷申范一卷 …………… 3－322
東塾集六卷申范一卷 …………… 3－322
東塾集六卷申范一卷 …………… 3－322
東塾集六卷申范一卷 …………… 3－322
東塾遺書 ………………………… 3－522
東塾遺書 ………………………… 3－522
東塾遺書 ………………………… 3－522
東塾讀書記二十五卷 …………… 3－551
東塾讀書記十五卷 ……………… 2－389
東塾讀書記十五卷 ……………… 2－389
東塾讀書記十五卷 ……………… 2－389
東塾讀書記十五卷 ……………… 2－389
東塾讀書記十五卷 ……………… 2－389
東塾讀書記十五卷 ……………… 2－389
東塾讀書記十五卷 ……………… 2－389
東塾讀書記十五卷 ……………… 2－389
東塾讀書記十五卷 ……………… 2－389
東塾讀書記十五卷 ……………… 2－389
東漢文二十卷 …………………… 2－557
東漢文二十卷 …………………… 2－557
東漢文不分卷 …………………… 2－557
東漢史刪三十三卷 ……………… 1－393
東漢紀 …………………………… 1－234
東漢書刊誤四卷 ………………… 1－200
東漢會要四十卷 ………………… 1－420
東漢會要四十卷 ………………… 1－420
東漢會要四十卷 ………………… 1－420
東漢會要四十卷 ………………… 1－420
東漢會要四十卷 ………………… 1－420
東漢會要四十卷 ………………… 1－420
東漢會要四十卷 ………………… 1－420
東漢會要四十卷 ………………… 1－420
東澗寫校李商隱詩集三卷 ……… 3－91
東還紀略一卷 …………………… 2－102
東壁垣通書 ……………………… 2－410
東藩紀要十二卷補錄一卷 ……… 2－162
東醫寶鑒二十三卷目錄二卷 …… 2－252
東瀛詩選四十卷補遺四卷 ……… 2－550
東瀛閱操日記一卷 ……………… 1－331

東巖周禮訂義八十卷 …………… 1－52　　事類賦三十卷 …………………… 2－484

東巖周禮訂義八十卷首一卷 ……… 1－52　　事類賦三十卷 …………………… 2－484

東觀存稿一卷 …………………… 3－319　　事類賦三十卷 …………………… 2－484

東觀漢記二十四卷 ……………… 1－272　　事類賦三十卷 …………………… 2－484

東觀漢記二十四卷 ……………… 1－272　　事類賦三十卷 …………………… 2－484

東觀漢記二十四卷 ……………… 1－272　　事類賦補遺十四卷 ……………… 2－493

東觀漢記二十四卷 ……………… 1－272　　事類賦補遺十四卷 ……………… 2－498

東觀漢記二十四卷 ……………… 1－272　　事類賦補遺十四卷 ……………… 2－498

東觀漢記二十四卷 ……………… 1－272　　事類賦補遺十四卷 ……………… 2－498

東觀漢記二十四卷 ……………… 1－272　　事類賦補遺十四卷 ……………… 2－498

東觀餘論二卷附錄一卷 ………… 2－383　　刺字條款不分卷 ……………… 1－484

或陋居選文二十集 ……………… 3－487　　刺字集四卷 …………………… 1－484

或問一卷 ………………………… 3－440　　兩同書一卷 …………………… 2－359

或問一卷 ………………………… 3－440　　兩江師範學堂輿地試驗成績一卷 … 1－434

臥知齋駢體文二卷外集一卷 …… 3－275　　兩京新記一卷 ………………… 2－74

臥知齋駢體文初稿一卷 ………… 3－274　　兩京遺編 ……………………… 3－489

臥知齋駢體文初稿一卷 ………… 3－274　　兩俟居學古初稿一卷 ………… 3－201

臥知齋駢體文初稿一卷 ………… 3－274　　兩般秋雨盦詩選不分卷 ……… 3－295

臥知齋駢體文初稿一卷 ………… 3－274　　兩般秋雨盦隨筆八卷 ………… 3－457

臥知齋駢體文初稿一卷 ………… 3－274　　兩般秋雨盦隨筆八卷 ………… 3－457

臥雪堂詩草三卷校勘記一卷 …… 3－281　　兩般秋雨盦隨筆八卷 ………… 3－457

臥雲山房詩草一卷 ……………… 3－237　　兩般秋雨盦隨筆八卷 ………… 3－457

臥雲樓詩草二卷補編一卷雜詠一卷　　兩浙名賢錄六十二卷 ………… 1－284

　　　　　　　　　　　　………… 3－292　　兩浙防護陵寢祠墓錄十一卷 …… 2－57

臥龍崗志二卷 …………………… 2－66　　兩浙金石志十八卷 …………… 2－113

臥龍崗志二卷 …………………… 2－66　　兩浙金石志十八卷 …………… 2－113

事友錄五卷 ……………………… 2－377　　兩浙鹽法志三十卷首二卷 …… 1－449

事友錄五卷 ……………………… 2－377　　兩浙鹽法續纂備考十二卷 …… 1－449

事物紀原十卷 …………………… 2－485　　兩淮根窩考一卷國朝兵額一卷 … 1－449

事物紀原十卷 …………………… 2－485　　兩淮案牘鈔存不分卷 ………… 1－449

事物紀原十卷 …………………… 2－485　　兩淮鹽法志一百六十卷首一卷 … 1－448

事物紀原十卷 …………………… 2－485　　兩淮鹽法志一百六十卷首一卷 … 1－448

事物紀原集類十卷 ……………… 2－485　　兩淮鹽法志二十八卷 ………… 1－447

事物紀原集類十卷 ……………… 2－485　　兩淮鹽法志五十六卷首四卷 … 1－447

事物原會四十卷 ………………… 2－505　　兩淮鹽法志五十六卷首四卷 … 1－447

事物原會四十卷 ………………… 2－505　　兩淮鹽法志五十六卷首四卷 … 1－447

事物異名錄四十卷 ……………… 2－502　　兩淮鹽法志五十六卷首四卷 … 1－447

事類統編九十三卷首一卷 ……… 2－494　　兩淮鹽法志五十六卷首四卷 … 1－448

事類賦三十卷 …………………… 2－484　　兩淮鹽法志五十六卷首四卷 … 1－448

事類賦三十卷 …………………… 2－484　　兩淮鹽法志五十六卷首四卷 … 1－448

兩淮鹽法紀略一卷 ······ 1－449
兩淮鹽法撰要二卷 ······ 1－448
兩淮鹽法撰要二卷 ······ 1－448
兩朝剝復錄六卷首一卷 ······ 1－263
兩朝剝復錄六卷首一卷 ······ 1－263
兩朝剝復錄六卷首一卷 ······ 1－263
兩朝剝復錄六卷首一卷 ······ 1－263
兩朝剝復錄六卷首一卷 ······ 1－263
兩朝從信錄三十五卷 ······ 1－235
兩湖師範學堂簡易科師生姓名冊 ······ 1－434
兩湖書院日本輿地課程一卷 ······ 2－107
兩湖書院地理學課程 ······ 1－530
兩湖書院地理學課程 ······ 1－530
兩湖書院算學課程二卷 ······ 2－303
兩湖書院課程:正學堂面問功課題目等
　　 ······ 1－434
兩湖書院課程:算學不分卷 ······ 2－303
兩當軒集二十二卷考異二卷附錄四卷
　　 ······ 3－343
兩當軒集二十卷考異二卷附錄六卷
　　 ······ 3－342
兩當軒集二十卷考異二卷附錄六卷 ··· 3－343
兩當軒集二十卷考異二卷附錄四卷
　　 ······ 3－343
兩當軒集二十卷考異二卷附錄四卷
　　 ······ 3－343
兩當軒集二十卷考異二卷附錄四卷
　　 ······ 3－343
兩當軒集二十卷考異二卷附錄四卷
　　 ······ 3－343
兩當軒詩鈔十四卷竹眠詞鈔二卷 ······ 3－342
兩當軒詩鈔十四卷竹眠詞鈔二卷 ······ 3－342
兩當軒詩鈔十四卷竹眠詞鈔二卷 ······ 3－342
兩當軒詩鈔十四卷竹眠詞鈔二卷 ······ 3－342
兩當軒詩鈔十四卷悔存詞鈔二卷 ······ 3－342
兩當軒詩鈔十四卷悔存詞鈔二卷 ······ 3－342
兩當軒詩鈔十四卷悔存詞鈔二卷 ······ 3－342
兩當軒詩鈔十四卷悔存詞鈔二卷 ······ 3－342
兩當軒詩鈔十四卷悔存詞鈔二卷 ······ 3－342
兩廣鹽法外志六卷 ······ 1－449

兩廣鹽法志二十四卷 ······ 1－449
兩廣鹽法志三十卷 ······ 1－449
兩漢文選四十卷 ······ 2－557
兩漢刊誤補遺十卷 ······ 1－200
兩漢刊誤補遺十卷 ······ 1－200
兩漢刊誤補遺十卷 ······ 1－200
兩漢刊誤補遺十卷 ······ 1－200
兩漢刊誤補遺十卷 ······ 1－200
兩漢刊誤補遺十卷 ······ 1－200
兩漢金石記二十二卷 ······ 2－114
兩漢紀六十卷 ······ 1－234
兩漢紀六十卷 ······ 1－234
兩漢紀六十卷 ······ 1－234
兩漢書選不分卷 ······ 1－393
兩漢策要十二卷 ······ 1－394
兩漢策要十二卷 ······ 2－557
兩漢策要十二卷 ······ 2－557
兩漢雋言前集十卷 ······ 1－393
兩漢雋言前集十卷 ······ 1－393
兩漢雋言前集十卷 ······ 1－393
兩漢雋言前集十卷 ······ 1－393
兩疆勉齋文存二卷 ······ 3－289
兩疆勉齋試帖詩存一卷館課賦存一
　　卷文存二卷古今體詩存四卷 ······ 3－289
兩罍軒尺牘十二卷 ······ 3－241
兩罍軒彝器圖釋十二卷 ······ 2－121
兩罍軒彝器圖釋十二卷 ······ 2－121
兩罍軒彝器圖釋十二卷 ······ 2－121
兩罍軒彝器圖釋十二卷 ······ 2－121
雨十詩鈔四卷 ······ 3－254
雨花山房詩鈔二卷 ······ 3－314
雨香書屋詩鈔二卷續鈔四卷 ······ 3－377
雨窗消意錄甲部四卷 ······ 3－456
雨窗消意錄甲部四卷 ······ 3－456
雨福山房遺稿四卷 ······ 3－299
雨福山房遺稿四卷 ······ 3－299
協黔新捐總局章程 ······ 1－455
[光緒]郁林州志二十卷首一卷 ······ 2－32
郁華閣遺集四卷 ······ 3－350
郁華閣遺集四卷 ······ 3－350

郁華閣遺集四卷 …………………… 3－350

郁華閣遺集四卷 …………………… 3－350

郁華閣遺集四卷 …………………… 3－350

郁崑殿試卷 …………………………… 3－270

郁離子一卷 …………………………… 2－365

郁離子二卷 …………………………… 2－365

郁離子十卷 …………………………… 2－365

奈何天傳奇二卷 …………………… 3－441

奈何天傳奇二卷 …………………… 3－441

奇門起例不分卷 …………………… 2－411

奇門遁甲秘笈大全三十卷 ………… 2－409

奇門遁甲秘笈大全三十卷 ………… 2－409

奇門遁甲秘笈大全三十卷 ………… 2－409

奇門遁甲秘奧八卷附一卷 ………… 2－408

奇門遁甲啟悟一卷 ………………… 2－409

奇門遁甲啟悟一卷 ………………… 2－409

奇門遁甲統宗十二卷 ……………… 2－408

奇門遁甲統宗十二卷 ……………… 2－408

奇姓通十四卷 ……………………… 2－488

奇晉齋叢書 …………………………… 3－499

奇報錄等五種 ……………………… 2－479

奇觚室吉金文述二十卷 …………… 2－123

奇觚室吉金文述二十卷 …………… 2－123

奇觚室吉金文述二十卷 …………… 2－123

奇觚室吉金文述二十卷 …………… 2－123

奇經八脉考二卷 …………………… 2－260

奇賞齋古文彙編二百三十六卷 …… 2－529

奇賞齋古文彙編二百三十六卷 …… 2－529

拓本周禮十二卷 …………………… 1－52

［乾隆］拓城縣志十八卷首一卷 ……… 2－18

［光緒］拓城縣志十卷首一卷 ……… 2－18

拔斯通史不分卷 …………………… 2－157

拔斯通史不分卷 …………………… 2－157

拔斯通史不分卷 …………………… 2－157

拍案驚奇十八卷 …………………… 3－462

拍案驚異十八卷 …………………… 3－462

抱山堂集十四卷 …………………… 3－211

抱山堂集十四卷 …………………… 3－211

抱朴子內篇二十卷 ………………… 2－468

抱朴子內篇二十卷 ………………… 2－468

抱朴子內篇二十卷外篇五十卷 …… 2－468

抱朴子內篇二十卷外篇五十卷 ……… 2－468

抱朴子內篇二十卷外篇五十卷 ……… 2－468

抱朴子內篇二十卷外篇五十卷 ……… 2－469

抱朴子內篇四卷 …………………… 2－469

抱朴子外篇二卷 …………………… 2－468

抱朴子外篇五十卷 ………………… 2－468

抱冰堂弟子記一卷 ………………… 1－314

抱沖齋詩集三十六卷眠琴仙館詞一卷

…………………………………… 3－338

抱沖齋詩集三十六卷眠琴仙館詞一卷

…………………………………… 3－338

抱泉山館詩集十一卷文集三卷 ……… 3－198

抱珠軒詩存六卷 …………………… 3－402

抱真書屋詩鈔九卷詩餘一卷 ……… 3－324

抱經堂文集三十四卷 ……………… 3－406

抱經堂文集三十四卷 ……………… 3－407

抱經堂叢書 …………………………… 3－503

抱經樓日課編四卷 ………………… 2－343

抱膝山房詩稿二卷又四卷散體文二

卷駢體文二卷駢文二卷駢體文續

稿二卷又二卷 …………………… 3－201

抱樹圖題辭六卷 …………………… 3－56

抱犢山房集六卷 …………………… 3－354

拙公詩鈔二卷 ……………………… 3－341

拙吏臆說不分卷 …………………… 1－483

拙吾詩稿四卷附錄一卷 …………… 3－276

拙修堂詩一卷 ……………………… 3－263

拙修集十卷 …………………………… 3－236

拙修集十卷 …………………………… 3－236

拙修集十卷 …………………………… 3－236

拙修集十卷 …………………………… 3－236

拙修集十卷 …………………………… 3－236

拙修集十卷 …………………………… 3－237

拙修集十卷 …………………………… 3－237

拙修集十卷 …………………………… 3－237

拙庵叢稿 …………………………… 3－514

拙庵叢稿二十卷 …………………… 3－209

拙尊園叢稿六卷 …………………… 3－403

拙尊園叢稿六卷 …………………… 3－403

拙尊園叢稿六卷 …………………… 3－403

拙尊園叢稿六卷 …………………… 3－403

拙尊園叢稿六卷	3－403	尚書十三卷附考證	1－26
拙尊園叢稿六卷	3－403	尚書十三卷附考證	1－26
拙尊園叢稿六卷	3－403	尚書十三卷附考證	1－26
拙尊園叢稿六卷	3－403	尚書十三卷附考證	1－26
拙尊園叢稿六卷	3－404	尚書十三卷附考證	1－26
拙尊園叢稿六卷	3－404	尚書大全纂序說約合參秘解六卷	1－31
拙尊園叢稿六卷	3－540	尚書大傳三卷	3－542
披肝露膽經一卷	2－416	尚書大傳五卷辨偽一卷	1－26
非園中外地輿歌不分卷	1－516	尚書大傳四卷補遺一卷	1－26
非園中外地輿歌不分卷	1－516	尚書大傳四卷補遺一卷	1－26
非園中外地輿歌不分卷	1－516	尚書大傳四卷補遺一卷	1－26
非園中外地輿歌不分卷	1－516	尚書大傳疏證七卷札記一卷	1－30
非園中外地輿歌不分卷	1－516	尚書大傳疏證七卷札記一卷	1－31
非園中外地輿歌不分卷	1－516	尚書大傳疏證七卷札記一卷	1－31
叔子文存一卷詩存一卷	3－378	尚書大傳疏證七卷札記一卷	1－31
些庵詩鈔十五卷首一卷	3－170	尚書大傳疏證七卷札記一卷	1－31
些庵詩鈔十五卷首一卷	3－170	尚書大傳疏證七卷札記一卷	1－31
卓吾先生批評龍谿王先生語錄鈔八卷		尚書大傳疏證七卷札記一卷	1－31
	2－188	尚書大傳禮徵五卷	1－34
虎口餘生傳奇四卷	3－443	尚書大傳禮徵五卷	1－34
虎丘山志二十四卷	2－79	尚書中候疏證一卷	1－31
虎鈐經二十卷	2－224	尚書中候疏證一卷	1－31
虎鈐經二十卷	2－224	尚書中候疏證一卷	1－31
虎鈐經二十卷	2－224	尚書中候疏證一卷	1－31
虎鈐經二十卷	2－224	尚書今古文集解三十卷	1－34
虎鈐經二十卷	2－224	尚書今古文註疏三十卷	1－33
尚友堂文稿	3－314	尚書今古文註疏三十卷	1－33
尚友錄二十二卷	1－284	尚書六卷	1－26
尚友錄二十二卷	1－284	尚書引義六卷	1－29
尚友錄二十二卷	1－284	尚書孔傳參正三十六卷	1－37
尚友錄二十二卷	1－285	尚書孔傳參正三十六卷	1－37
尚友錄二十二卷	1－285	尚書孔傳參正三十六卷	1－37
尚史七十卷	1－272	尚書孔傳參正三十六卷	1－37
尚史七十卷	1－272	尚書孔傳參正三十六卷	1－37
尚史七十卷	1－272	尚書正義二十卷	1－27
尚史七十卷	1－272	尚書正義二十卷	1－27
尚白齋鐫陳眉公訂正秘笈二十一種		尚書正義二十卷	1－27
	3－490	尚書古文疏證八卷	1－35
尚志居稿一卷	3－361	尚書古文疏證八卷	1－35
尚志堂文集二卷	3－395	尚書古文疏證八卷	1－35
尚志齋雜記三卷	2－367	尚書古文疏證八卷	1－35

尚書古文疏證八卷 ·················· 1－35
尚書古文疏證八卷 ·················· 1－35
尚書古文疏證八卷 ·················· 1－35
尚書古文疏證八卷 ·················· 1－35
尚書古文疏證八卷·················· 3－542
尚書古文疏證五卷 ·················· 1－35
尚書古文疏證辨正二卷 ·············· 1－31
尚書古文疏證辨正二卷 ·············· 1－31
尚書可解輯粹二卷 ·················· 1－34
尚書可解輯粹二卷 ·················· 1－34
尚書句解考正不分卷 ················ 1－33
尚書考異六卷 ······················ 1－29
尚書考異六卷 ······················ 1－29
尚書考辨四卷 ······················ 1－31
尚書因文六卷首一卷末一卷 ·········· 1－32
尚書協異二卷 ······················ 1－36
尚書注疏二十卷····················· 3－530
尚書後案三十卷尚書後辨一卷 ········ 1－30
尚書後案三十卷尚書後辨一卷 ········ 1－30
尚書後案三十卷尚書後辨一卷 ········ 1－30
尚書既見三卷尚書說一卷 ············ 1－33
尚書涉傳四卷 ······················ 1－36
尚書涉傳四卷 ······················ 1－36
尚書啟蒙五卷 ······················ 1－33
尚書集註述疏三十二卷末一卷 ········ 1－36
尚書集註音疏十二卷末一卷外編一卷
　　 ······························· 1－31
尚書註疏二十卷 ···················· 1－26
尚書註疏十九卷附考證 ·············· 1－26
尚書註疏十九卷附考證 ·············· 1－26
尚書註疏十九卷附考證 ·············· 1－26
尚書詳解十三卷 ···················· 1－27
尚書箋三十卷 ······················ 1－37
尚書箋三十卷 ······················ 1－37
尚書箋三十卷 ······················ 1－37
尚書箋三十卷 ······················ 1－37
尚書說七卷 ························· 1－27
尚書精義五十卷 ···················· 1－27
尚書質疑三卷 ······················ 1－36
尚書餘論一卷儀禮釋註二卷 ·········· 1－29
尚書誼略二十八卷叙錄一卷 ·········· 1－33

尚書誼略二十八卷敘錄一卷··········· 3－542
尚書講義一卷 ······················ 3－554
尚書講義不分卷 ···················· 3－530
尚書離句六卷 ······················ 1－35
尚書離句六卷 ······················ 1－35
尚書離句六卷 ······················ 1－35
尚書離句六卷 ······················ 1－35
尚書離句六卷 ······················ 1－35
尚書釋天六卷 ······················ 1－33
尚書釋音二卷 ······················ 1－27
尚絅堂詩集五十二卷詞集二卷駢體
　　文二卷 ························· 3－398
尚絅堂詩集五十二卷詞集二卷駢體
　　文二卷 ························· 3－398
尚絅堂詩集五十二卷詞集二卷駢體
　　文二卷 ························· 3－398
尚論張仲景傷寒論重編三百九十七
　　法二卷首一卷 ··················· 2－274
尚論張仲景傷寒論重編三百九十七
　　法後四卷 ······················ 2－274
尚論篇四卷首一卷 ·················· 2－274
尚論篇四卷首一卷尚論後篇四卷 ······ 2－274
盱江先生全集三十七卷 ·············· 3－117
盱江先生全集三十七卷外集三卷 ······ 3－117
［光緒］盱眙縣志稿十七卷首一卷 ··· 1－552
具區志十六卷 ······················ 2－93
果泉山房詩稿十卷··················· 3－295
果堂集十二卷 ······················ 3－215
果堂集十二卷 ······················ 3－552
果報錄十二卷一百回 ················ 3－445
果報錄十二卷一百回 ················ 3－445
味和堂詩集六卷 ···················· 3－275
味和堂詩集六卷 ···················· 3－275
味雪堂遺草一卷 ···················· 3－253
味雪齋詩鈔八卷 ···················· 3－364
味閑齋遺草五卷 ···················· 3－229
味閑齋遺草五卷 ···················· 3－229
味閑齋遺草五卷 ···················· 3－229
味經山館文鈔四卷詩鈔六卷··········· 3－365
味經山館文鈔四卷詩鈔六卷··········· 3－365
味經書屋詩存不分卷················· 3－376

味經書屋詩稿十二卷‥‥‥‥‥‥‥ 3－313
味經齋存稿四卷‥‥‥‥‥‥‥‥‥ 3－222
味經齋存稿四卷‥‥‥‥‥‥‥‥‥ 3－222
味經齋遺書‥‥‥‥‥‥‥‥‥‥‥ 1－8
味經齋遺書‥‥‥‥‥‥‥‥‥‥‥ 1－8
味蔬詩話四卷‥‥‥‥‥‥‥‥‥‥ 3－482
味蔬詩話四卷‥‥‥‥‥‥‥‥‥‥ 3－482
味黎集一卷‥‥‥‥‥‥‥‥‥‥‥ 3－428
味餘書室全集定本四十卷目錄四卷
　隨筆二卷‥‥‥‥‥‥‥‥‥‥ 3－293
味餘書室隨筆二卷‥‥‥‥‥‥‥‥ 2－372
味靜齋詩存八卷‥‥‥‥‥‥‥‥‥ 3－287
味諫果齋集六卷別集二卷外集一卷 ‥ 3－194
味蘭軒百篇賦鈔四卷‥‥‥‥‥‥‥ 3－23
味靈華館詩六卷‥‥‥‥‥‥‥‥‥ 3－275
〔光緒〕昆明縣志十卷‥‥‥‥‥‥ 2－40
昆侖百詠集二卷‥‥‥‥‥‥‥‥‥ 3－418
昆侖集一卷續一卷附一卷‥‥‥‥‥ 3－28
〔道光〕昆陽州志十六卷首一卷‥‥‥ 2－40
〔光緒〕昆新兩縣續修合志五十二卷
　首一卷末一卷‥‥‥‥‥‥‥‥ 1－549
昌平山水記二卷 ‥‥‥‥‥‥‥‥ 2－76
昌谷集四卷 ‥‥‥‥‥‥‥‥‥‥ 3－94
昌黎先生集四十卷外集十卷遺文一卷
　‥‥‥‥‥‥‥‥‥‥‥‥‥‥ 3－104
昌黎先生集四十卷外集十卷遺文一卷
　‥‥‥‥‥‥‥‥‥‥‥‥‥‥ 3－104
昌黎先生集四十卷外集十卷遺文一卷
　‥‥‥‥‥‥‥‥‥‥‥‥‥‥ 3－104
昌黎先生集四十卷外集十卷遺文一卷
　‥‥‥‥‥‥‥‥‥‥‥‥‥‥ 3－104
昌黎先生集四十卷外集十卷遺文一卷
　‥‥‥‥‥‥‥‥‥‥‥‥‥‥ 3－104
昌黎先生集四十卷外集十卷遺文一卷
　‥‥‥‥‥‥‥‥‥‥‥‥‥‥ 3－104
昌黎先生集四十卷外集十卷遺文一卷
　‥‥‥‥‥‥‥‥‥‥‥‥‥‥ 3－104
昌黎先生集四十卷外集十卷遺文一卷
　‥‥‥‥‥‥‥‥‥‥‥‥‥‥ 3－104

昌黎先生集四十卷外集十卷遺文一卷
　‥‥‥‥‥‥‥‥‥‥‥‥‥‥ 3－104
昌黎先生集四十卷外集十卷遺文一卷
　‥‥‥‥‥‥‥‥‥‥‥‥‥‥ 3－104
昌黎先生集四十卷外集十卷遺文一卷
　‥‥‥‥‥‥‥‥‥‥‥‥‥‥ 3－104
昌黎先生集四十卷外集十卷遺文一卷
　‥‥‥‥‥‥‥‥‥‥‥‥‥‥ 3－104
昌黎先生集四十卷外集十卷遺文一卷
　‥‥‥‥‥‥‥‥‥‥‥‥‥‥ 3－105
昌黎先生集四十卷外集十卷遺文一卷
　‥‥‥‥‥‥‥‥‥‥‥‥‥‥ 3－105
昌黎先生集四十卷外集十卷遺文一卷
　‥‥‥‥‥‥‥‥‥‥‥‥‥‥ 3－105
昌黎先生集四十卷外集十卷遺文一卷
　‥‥‥‥‥‥‥‥‥‥‥‥‥‥ 3－105
昌黎先生集四十卷外集十卷遺文一
　卷韓集點勘四卷‥‥‥‥‥‥‥ 3－539
昌黎先生集四十卷外集十卷遺集一卷
　‥‥‥‥‥‥‥‥‥‥‥‥‥‥ 3－103
昌黎先生集四十卷外集十卷遺集一卷
　‥‥‥‥‥‥‥‥‥‥‥‥‥‥ 3－103
昌黎先生集四十卷外集十卷遺集一卷
　‥‥‥‥‥‥‥‥‥‥‥‥‥‥ 3－103
昌黎先生集四十卷外集十卷遺集一卷
　‥‥‥‥‥‥‥‥‥‥‥‥‥‥ 3－103
昌黎先生集四十卷外集十卷遺集一卷
　‥‥‥‥‥‥‥‥‥‥‥‥‥‥ 3－103
昌黎先生集四十卷外集十卷遺集一卷
　‥‥‥‥‥‥‥‥‥‥‥‥‥‥ 3－103
昌黎先生集四十卷遺文一卷‥‥‥‥ 3－103
昌黎先生集四十卷遺文一卷‥‥‥‥ 3－104
昌黎先生集考異十卷‥‥‥‥‥‥‥ 3－104
昌黎先生集考異十卷‥‥‥‥‥‥‥ 3－104
昌黎先生集考異十卷‥‥‥‥‥‥‥ 3－105
昌黎先生集錄八卷‥‥‥‥‥‥‥‥ 3－107
昌黎先生詩集註十一卷‥‥‥‥‥‥ 3－107
昌黎先生詩集註十一卷‥‥‥‥‥‥ 3－107
昌黎先生詩集註十一卷‥‥‥‥‥‥ 3－107

昌黎先生詩集註十一卷 ⋯⋯⋯⋯⋯⋯ 3－107
昌黎先生詩集註十一卷 ⋯⋯⋯⋯⋯⋯ 3－107
昌黎先生詩集註十一卷 ⋯⋯⋯⋯⋯⋯ 3－107
昌黎先生詩集註十一卷 ⋯⋯⋯⋯⋯⋯ 3－108
昌黎先生詩集註十一卷 ⋯⋯⋯⋯⋯⋯ 3－108
昌黎先生詩集註十一卷 ⋯⋯⋯⋯⋯⋯ 3－108
昌黎先生詩集註十一卷 ⋯⋯⋯⋯⋯⋯ 3－108
昌黎先生詩集註十一卷 ⋯⋯⋯⋯⋯⋯ 3－108
昌黎先生詩集註十一卷 ⋯⋯⋯⋯⋯⋯ 3－108
昌黎先生詩集註十一卷 ⋯⋯⋯⋯⋯⋯ 3－108
昌黎先生詩集註十一卷 ⋯⋯⋯⋯⋯⋯ 3－108
昌黎先生詩增註證訛十一卷 ⋯⋯⋯ 3－108
昌黎先生詩增註證訛十一卷 ⋯⋯⋯ 3－108
昌黎先生詩增註證訛十一卷 ⋯⋯⋯ 3－108
昌黎先生詩增註證訛十一卷 ⋯⋯⋯ 3－108
［同治］昌黎縣志十卷 ⋯⋯⋯⋯ 1－533
［嘉慶］昌樂縣志三十二卷首一卷 ⋯ 1－548
門內必讀銘全集一卷 ⋯⋯⋯⋯⋯⋯ 2－473
門存倡和詩鈔十卷續刻三卷 ⋯⋯⋯ 3－59
門存倡和詩鈔十卷續刻三卷 ⋯⋯⋯ 3－59
門存倡和詩鈔十卷續刻三卷 ⋯⋯⋯ 3－59
明人二十二家集 ⋯⋯⋯⋯⋯⋯⋯⋯ 2－513
明人尺牘選四卷 ⋯⋯⋯⋯⋯⋯⋯⋯ 3－60
明人詩鈔正集十四卷續集十四卷 ⋯⋯ 3－15
明三十家詩選初集八卷二集八卷 ⋯⋯ 3－16
明三十家詩選初集八卷二集八卷 ⋯⋯ 3－16
明三十家詩選初集八卷二集八卷 ⋯⋯ 3－16
明三十家詩選初集八卷二集八卷 ⋯⋯ 3－17
明三十家詩選初集八卷二集八卷 ⋯⋯ 3－17
明三十家詩選初集八卷二集八卷 ⋯⋯ 3－17
明大司馬盧公奏議十卷附一卷 ⋯⋯⋯ 3－182
明大政纂要六十三卷 ⋯⋯⋯⋯⋯⋯ 1－235
明大政纂要六十三卷 ⋯⋯⋯⋯⋯⋯ 1－235
明大政纂要六十三卷 ⋯⋯⋯⋯⋯⋯ 1－235
明大政纂要六十三卷 ⋯⋯⋯⋯⋯⋯ 1－235
明大政纂要六十三卷 ⋯⋯⋯⋯⋯⋯ 1－235
明王守仁高攀龍兩大儒手帖 ⋯⋯⋯ 2－332
明文才調集不分卷 ⋯⋯⋯⋯⋯⋯⋯ 3－17
明文在一百卷 ⋯⋯⋯⋯⋯⋯⋯⋯⋯ 3－17

明文在一百卷 ⋯⋯⋯⋯⋯⋯⋯⋯⋯ 3－17
明文在一百卷 ⋯⋯⋯⋯⋯⋯⋯⋯⋯ 3－17
明文在一百卷 ⋯⋯⋯⋯⋯⋯⋯⋯⋯ 3－17
明文奇賞四十卷 ⋯⋯⋯⋯⋯⋯⋯⋯ 3－15
明文奇賞四十卷 ⋯⋯⋯⋯⋯⋯⋯⋯ 3－15
明文明 ⋯⋯⋯⋯⋯⋯⋯⋯⋯⋯⋯⋯ 3－540
明文海四百八十二卷 ⋯⋯⋯⋯⋯⋯ 3－17
明文授讀六十二卷 ⋯⋯⋯⋯⋯⋯⋯ 3－17
明末紀事補遺十卷 ⋯⋯⋯⋯⋯⋯⋯ 1－243
明末紀事補遺十卷 ⋯⋯⋯⋯⋯⋯⋯ 1－243
明本釋三卷 ⋯⋯⋯⋯⋯⋯⋯⋯⋯⋯ 2－188
明史三百三十二卷目錄四卷 ⋯⋯⋯ 1－218
明史三百三十二卷目錄四卷 ⋯⋯⋯ 1－218
明史三百三十二卷目錄四卷 ⋯⋯⋯ 1－218
明史三百三十二卷目錄四卷 ⋯⋯⋯ 1－218
明史三百三十二卷目錄四卷 ⋯⋯⋯ 1－219
明史三百三十二卷目錄四卷 ⋯⋯⋯ 1－219
明史三百三十二卷目錄四卷 ⋯⋯⋯ 1－219
明史三百三十二卷目錄四卷 ⋯⋯⋯ 1－219
明史三百三十二卷目錄四卷 ⋯⋯⋯ 1－219
明史三百三十二卷目錄四卷 ⋯⋯⋯ 1－219
明史三百三十二卷目錄四卷 ⋯⋯⋯ 1－219
明史志三十六卷 ⋯⋯⋯⋯⋯⋯⋯⋯ 1－219
明史紀事本末八十卷 ⋯⋯⋯⋯⋯⋯ 1－243
明史紀事本末八十卷 ⋯⋯⋯⋯⋯⋯ 1－243
明史紀事本末八十卷 ⋯⋯⋯⋯⋯⋯ 1－243
明史紀事本末八十卷 ⋯⋯⋯⋯⋯⋯ 1－243
明史紀事本末八十卷 ⋯⋯⋯⋯⋯⋯ 1－243
明史紀事本末八十卷 ⋯⋯⋯⋯⋯⋯ 1－243
明史紀事本末八十卷 ⋯⋯⋯⋯⋯⋯ 1－243
明史紀事本末八十卷 ⋯⋯⋯⋯⋯⋯ 1－243
明史紀事本末八十卷 ⋯⋯⋯⋯⋯⋯ 1－243
明史紀事本末八十卷 ⋯⋯⋯⋯⋯⋯ 1－243
明史紀事本末詳節六卷 ⋯⋯⋯⋯⋯ 1－243
明史稿三百十卷目錄三卷 ⋯⋯⋯⋯ 1－219
明史稿三百十卷目錄三卷史例議二卷
⋯⋯⋯⋯⋯⋯⋯⋯⋯⋯⋯⋯⋯⋯⋯ 1－219
明史稿三百十卷目錄三卷史例議二卷
⋯⋯⋯⋯⋯⋯⋯⋯⋯⋯⋯⋯⋯⋯⋯ 1－219

明史稿三百十卷目録三卷史例議二卷 ························ 1－219

明史稿三百十卷目録三卷史例議二卷 ························ 1－219

明史稿三百十卷目録三卷史例議二卷 ························ 1－219

明史稿三百十卷目録三卷史例議二卷 ························ 1－219

明史論四卷 ·· 1－400

明史論四卷 ·· 1－400

明史論四卷 ·· 3－537

明史論略六卷 ······································ 1－405

明史論略六卷 ······································ 1－405

明史論略六卷 ······································ 1－405

明史彈詞註一卷 ································· 3－444

明史彈詞註二卷 ································· 3－444

明史彈詞註二卷 ································· 3－444

明史彈詞註二卷 ································· 3－444

明史彈詞註二卷 ································· 3－444

明史彈詞註二卷 ································· 3－444

明史彈詞註二卷 ································· 3－444

明史彈詞註一卷 ································· 3－541

明史擬稿六卷 ······································ 1－286

明史藝文志四卷 ································· 2－137

明史雜詠四卷 ······································ 3－410

明史竊一百〇五卷 ····························· 1－262

明史竊一百〇五卷 ····························· 1－262

明四子詩集 ·· 2－514

明四子詩集 ·· 2－514

明代祀典紀實不分卷 ························· 1－425

明臣奏議十二卷首一卷 ····················· 1－495

明臣奏議十二卷首一卷 ····················· 1－495

明臣奏議十二卷首一卷 ····················· 1－495

明夷待訪錄一卷 ································· 2－180

明夷待訪錄一卷 ································· 2－182

明夷待訪錄一卷 ································· 2－182

明夷待訪錄一卷 ································· 2－182

明夷待訪錄一卷 ································· 2－182

明夷待訪錄一卷 ································· 2－182

明夷待訪錄一卷 ································· 2－182

明夷待訪錄一卷 ································· 2－182

明夷待訪錄一卷 ································· 2－182

明夷待訪錄一卷 ································· 2－182

明各省人物考不分卷 ························· 1－305

明州阿育王山志十卷 ························· 2－80

明州阿育王山志十卷 ························· 2－80

明州阿育王山志十卷 ························· 2－80

明州阿育王山志十卷 ························· 2－80

明安化縣禁碑錄□□撰 ····················· 1－480

明李文正公年譜七卷 ························· 1－321

明李文正公年譜七卷 ························· 3－161

明李文正公年譜七卷 ························· 3－161

明李文正公年譜七卷 ························· 3－161

明李文正公年譜七卷 ························· 3－161

明李文正公年譜五卷 ························· 1－321

明吳又可先生温疫論二卷附一卷 ····· 2－271

明吳又可先生温疫論醫門普度二卷 ························ 2－271

明狀元圖考二卷 ································· 1－379

明狀元圖考二卷 ································· 1－379

明狀元圖考三卷 ································· 1－379

明狀元圖考三卷 ································· 1－379

明季北略二十四卷 ····························· 1－275

明季北略二十四卷 ····························· 1－275

明季北略二十四卷 ····························· 1－275

明季北略二十四卷 ····························· 1－275

明季北略二十四卷 ····························· 1－275

明季北略二十四卷 ····························· 1－275

明季北略二十四卷 ····························· 1－275

明季北略二十四卷 ····························· 1－275

明季北略二十四卷 ····························· 1－275

明季北略二十四卷 ····························· 1－275

明季南略十八卷 ································· 1－274

明季南略十八卷 ································· 1－274

明季南略十八卷 ································· 1－274

明季南略十八卷⋯⋯⋯⋯⋯ 1－274　明貢舉考略二卷⋯⋯⋯⋯⋯ 1－380
明季南略十八卷⋯⋯⋯⋯⋯ 1－274　明貢舉考略二卷⋯⋯⋯⋯⋯ 1－380
明季南略十八卷⋯⋯⋯⋯⋯ 1－274　明貢舉考略二卷國朝貢舉考略四卷 ⋯ 1－380
明季南略十八卷⋯⋯⋯⋯⋯ 1－274　明貢舉考略三卷⋯⋯⋯⋯⋯ 1－380
明季南略十八卷⋯⋯⋯⋯⋯ 1－274　明貢舉考略三卷⋯⋯⋯⋯⋯ 1－380
明季南略十八卷⋯⋯⋯⋯⋯ 1－275　明貢舉考略三卷⋯⋯⋯⋯⋯ 1－380
明季南略十八卷⋯⋯⋯⋯⋯ 1－275　明宮史八卷⋯⋯⋯⋯⋯⋯ 1－425
明季南略十八卷⋯⋯⋯⋯⋯ 1－275　明宮史八卷⋯⋯⋯⋯⋯⋯ 1－425
明季南略十八卷⋯⋯⋯⋯⋯ 1－275　明宮史五卷⋯⋯⋯⋯⋯⋯ 1－425
明季逸史四卷⋯⋯⋯⋯⋯⋯ 1－264　明宮雜詠二十卷⋯⋯⋯⋯⋯ 3－17
明季稗史彙編⋯⋯⋯⋯⋯⋯ 1－261　明宮雜詠二十卷⋯⋯⋯⋯⋯ 3－17
明季稗史彙編⋯⋯⋯⋯⋯⋯ 1－261　明宮雜詠二十卷⋯⋯⋯⋯⋯ 3－17
明季稗史彙編⋯⋯⋯⋯⋯⋯ 1－261　明宮雜詠二十卷⋯⋯⋯⋯⋯ 3－17
明季稗史彙編⋯⋯⋯⋯⋯⋯ 1－261　明宮雜詠二十卷⋯⋯⋯⋯⋯ 3－17
明季稗史彙編⋯⋯⋯⋯⋯⋯ 1－261　明通鑑九十卷首一卷前編四卷目錄
明季稗史彙編⋯⋯⋯⋯⋯⋯ 1－261　　二卷附編六卷⋯⋯⋯⋯⋯ 1－236
明季稗史彙編⋯⋯⋯⋯⋯⋯ 1－261　明通鑑九十卷首一卷前編四卷附編六卷
明季稗史彙編⋯⋯⋯⋯⋯⋯ 1－261　　⋯⋯⋯⋯⋯⋯⋯⋯⋯ 1－236
明季稗史彙編⋯⋯⋯⋯⋯⋯ 1－261　明通鑑九十卷首一卷前編四卷附編六卷
明季稗史彙編⋯⋯⋯⋯⋯⋯ 1－261　　⋯⋯⋯⋯⋯⋯⋯⋯⋯ 1－236
明季稗史彙編⋯⋯⋯⋯⋯⋯ 1－262　明通鑑九十卷首一卷前編四卷附編六卷
明季稗史彙編⋯⋯⋯⋯⋯⋯ 1－262　　⋯⋯⋯⋯⋯⋯⋯⋯⋯ 1－236
明季新樂府二卷⋯⋯⋯⋯⋯ 3－430　明通鑑九十卷首一卷前編四卷附編六卷
明季續聞一卷⋯⋯⋯⋯⋯⋯ 1－265　　⋯⋯⋯⋯⋯⋯⋯⋯⋯ 1－236
明周端孝先生血疏題跋二卷⋯ 1－311　明通鑑九十卷首一卷前編四卷附編六卷
明治法制史⋯⋯⋯⋯⋯⋯⋯ 2－162　　⋯⋯⋯⋯⋯⋯⋯⋯⋯ 1－236
明治政黨小史一卷⋯⋯⋯⋯ 2－162　明通鑑九十卷首一卷前編四卷附編六卷
明治政黨小史一卷⋯⋯⋯⋯ 2－163　　⋯⋯⋯⋯⋯⋯⋯⋯⋯ 1－236
明治政黨小史一卷⋯⋯⋯⋯ 2－163　明通鑑九十卷首一卷前編四卷附編六卷
明紀六十卷⋯⋯⋯⋯⋯⋯⋯ 1－236　　⋯⋯⋯⋯⋯⋯⋯⋯⋯ 1－236
明紀六十卷⋯⋯⋯⋯⋯⋯⋯ 1－236　明堂大道錄八卷 ⋯⋯⋯⋯⋯ 1－69
明紀六十卷⋯⋯⋯⋯⋯⋯⋯ 1－236　明堂大道錄八卷⋯⋯⋯⋯⋯ 1－69
明紀六十卷⋯⋯⋯⋯⋯⋯⋯ 1－236　明堂大道錄八卷⋯⋯⋯⋯⋯ 1－69
明紀六十卷⋯⋯⋯⋯⋯⋯⋯ 1－236　明堂陰陽夏小正經傳考釋十卷 ⋯ 1－68
明紀六十卷⋯⋯⋯⋯⋯⋯⋯ 1－236　明堂陰陽夏小正經傳考釋十卷 ⋯ 1－68
明紀六十卷⋯⋯⋯⋯⋯⋯⋯ 1－237　明堂陰陽夏小正經傳考釋十卷 ⋯⋯ 1－68
明紀六十卷⋯⋯⋯⋯⋯⋯⋯ 1－237　明堂陰陽夏小正經傳考釋十卷列說一卷
明紀事樂府四卷⋯⋯⋯⋯⋯ 3－433　　⋯⋯⋯⋯⋯⋯⋯⋯⋯ 3－543
明紀彈詞註二卷⋯⋯⋯⋯⋯ 3－446　明張文忠公文集十一卷詩集六卷⋯⋯ 3－172

明張文忠公全集四十八卷⋯⋯⋯⋯ 3－171

明張文忠公全集四十八卷⋯⋯⋯⋯ 3－171

明張文忠公全集四十八卷⋯⋯⋯⋯ 3－172

明萬曆九年丈量魚鱗清冊⋯⋯⋯⋯ 1－454

明朝紀事本末八十卷⋯⋯⋯⋯⋯⋯ 1－243

明朝紀事本末八十卷⋯⋯⋯⋯⋯⋯ 1－243

明朝國初事蹟一卷⋯⋯⋯⋯⋯⋯⋯ 1－262

明椒山楊忠愍公文集一卷詩集一卷

　奏疏二卷年譜一卷⋯⋯⋯⋯⋯⋯ 3－177

明椒山楊忠愍公行狀一卷⋯⋯⋯⋯ 3－177

明詞綜十二卷⋯⋯⋯⋯⋯⋯⋯⋯⋯ 3－541

明詞綜十二卷國朝詞綜四十八卷二

　集八卷⋯⋯⋯⋯⋯⋯⋯⋯⋯⋯⋯ 3－424

明詞綜十二卷國朝詞綜四十八卷二

　集八卷⋯⋯⋯⋯⋯⋯⋯⋯⋯⋯⋯ 3－424

明詞綜十二卷國朝詞綜四十八卷二

　集八卷⋯⋯⋯⋯⋯⋯⋯⋯⋯⋯⋯ 3－424

明詞綜十二卷國朝詞綜四十八卷二

　集八卷⋯⋯⋯⋯⋯⋯⋯⋯⋯⋯⋯ 3－424

明道書院約言三卷⋯⋯⋯⋯⋯⋯⋯ 2－61

明道書院鈔存五卷續編四卷附晚悔

　莽詩草一卷⋯⋯⋯⋯⋯⋯⋯⋯⋯ 3－343

明會要八十卷⋯⋯⋯⋯⋯⋯⋯⋯⋯ 1－421

明會試榜首暨鼎甲傳臚題名⋯⋯⋯ 1－380

明詩去浮四卷⋯⋯⋯⋯⋯⋯⋯⋯⋯ 3－17

明詩別裁集十二卷⋯⋯⋯⋯⋯⋯⋯ 3－16

明詩別裁集十二卷⋯⋯⋯⋯⋯⋯⋯ 3－16

明詩別裁集十二卷⋯⋯⋯⋯⋯⋯⋯ 3－16

明詩別裁集十二卷⋯⋯⋯⋯⋯⋯⋯ 3－16

明詩別裁集十二卷⋯⋯⋯⋯⋯⋯⋯ 3－16

明詩別裁集十二卷⋯⋯⋯⋯⋯⋯⋯ 3－16

明詩別裁集十二卷⋯⋯⋯⋯⋯⋯⋯ 3－16

明詩別裁集十二卷⋯⋯⋯⋯⋯⋯⋯ 3－16

明詩別裁集十二卷⋯⋯⋯⋯⋯⋯⋯ 3－16

明詩別裁集十二卷⋯⋯⋯⋯⋯⋯⋯ 3－16

明詩別裁集十二卷⋯⋯⋯⋯⋯⋯⋯ 3－16

明詩紀事十集二百〇七卷⋯⋯⋯⋯ 3－486

明詩紀事十集二百〇七卷⋯⋯⋯⋯ 3－486

明詩綜一百卷⋯⋯⋯⋯⋯⋯⋯⋯⋯ 3－15

明詩綜一百卷⋯⋯⋯⋯⋯⋯⋯⋯⋯ 3－16

明詩綜一百卷⋯⋯⋯⋯⋯⋯⋯⋯⋯ 3－16

明詩綜一百卷家數一卷⋯⋯⋯⋯⋯ 3－16

明詩綜一百卷家數一卷⋯⋯⋯⋯⋯ 3－16

明詩綜一百卷家數一卷⋯⋯⋯⋯⋯ 3－16

明詩綜一百卷家數一卷⋯⋯⋯⋯⋯ 3－16

明詩綜一百卷家數一卷⋯⋯⋯⋯⋯ 3－16

明詩綜一百卷家數一卷⋯⋯⋯⋯⋯ 3－16

明詩綜一百卷家數一卷⋯⋯⋯⋯⋯ 3－16

明詩選十二卷首一卷⋯⋯⋯⋯⋯⋯ 3－15

明賢尺牘四卷⋯⋯⋯⋯⋯⋯⋯⋯⋯ 3－60

明賢蒙正錄二卷⋯⋯⋯⋯⋯⋯⋯⋯ 1－300

明遼府左長史程節愍公貞白遺稿十

　卷首一卷⋯⋯⋯⋯⋯⋯⋯⋯⋯⋯ 3－175

明儒學案十六卷⋯⋯⋯⋯⋯⋯⋯⋯ 1－299

明儒學案十六卷⋯⋯⋯⋯⋯⋯⋯⋯ 1－299

明儒學案六十二卷師說一卷⋯⋯⋯ 1－299

明儒學案六十二卷師說一卷⋯⋯⋯ 1－299

明儒學案六十二卷師說一卷⋯⋯⋯ 1－299

明儒學案六十二卷師說一卷⋯⋯⋯ 1－299

明儒學案六十二卷師說一卷⋯⋯⋯ 1－299

明儒學案六十二卷師說一卷⋯⋯⋯ 1－299

明儒學案六十二卷師說一卷⋯⋯⋯ 1－299

明儒學案六十二卷師說一卷⋯⋯⋯ 1－299

明儒學案六十二卷師說一卷⋯⋯⋯ 1－299

明儒學案六十二卷師說一卷⋯⋯⋯ 1－299

明儒學案六十二卷師說一卷⋯⋯⋯ 1－299

明儒學案六十二卷師說一卷⋯⋯⋯ 1－299

明儒學案六十二卷師說一卷⋯⋯⋯ 1－300

明儒學案六十二卷師說一卷⋯⋯⋯ 1－300

明儒學案六十二卷師說一卷⋯⋯⋯ 1－300

明儒學案六十二卷師說一卷⋯⋯⋯ 1－300

明辨齋叢書⋯⋯⋯⋯⋯⋯⋯⋯⋯⋯ 3－493

明齋小識十二卷⋯⋯⋯⋯⋯⋯⋯⋯ 2－377

明職參評合編二卷⋯⋯⋯⋯⋯⋯⋯ 1－437

明覺禪師語錄六卷⋯⋯⋯⋯⋯⋯⋯ 2－459

明覺聰禪師語錄十六卷附一卷⋯⋯ 2－460

明釋智舷行草冊⋯⋯⋯⋯⋯⋯⋯⋯ 2－332

明鑑易知錄十五卷⋯⋯⋯⋯⋯⋯⋯ 1－235

易十家⋯⋯⋯⋯⋯⋯⋯⋯⋯⋯⋯⋯ 1－10

易大年鄉試硃卷⋯⋯⋯⋯⋯⋯⋯⋯ 3－255

易氏經管重陽會錢數簿 ················ 1－492
易孔昭事蹟 ·························· 1－313
易孔昭歸喪成服奠章一道 ············ 3－255
易古興鈔十二卷首一卷 ·············· 1－19
易卦私箋二卷 ······················ 1－24
易林元命十測一卷 ·················· 2－406
易林釋文二卷 ······················ 2－407
易林釋文二卷 ······················ 2－407
易林釋文二卷 ······················ 2－407
易林釋文二卷 ······················ 2－407
易拇十五卷 ························ 1－23
易拇十五卷 ························ 1－23
易拇十五卷 ························ 1－23
易例輯略一卷 ······················ 1－25
易指事四卷 ························ 1－22
易指事四卷 ························ 1－22
易指事四卷 ························ 1－22
易指事四卷 ························ 1－22
易便二卷 ·························· 1－22
易便二卷 ·························· 1－22
易炳奎會試硃卷 ···················· 3－255
易祖錫公祭會帳簿 ·················· 1－492
易通變四十卷 ······················ 2－404
易堂十三子文選四卷 ················ 3－19
易堂十三子文選四卷 ················ 3－19
易堂九子文鈔 ······················ 2－517
易堂九子文鈔 ······················ 2－517
易堂九子文鈔 ······················ 2－517
易堂九子文鈔 ······················ 2－517
易堂九子文鈔 ······················ 2－517
易堂問目四卷 ······················ 1－18
易堂問目四卷 ······················ 1－18
易象正十二卷卷初二卷卷終二卷 ····· 1－14
易象通義六卷 ······················ 3－542
易象數理分解八卷 ·················· 1－25
易象數理分解八卷 ·················· 1－25
易象數理分解八卷 ·················· 1－25
易象闡微五卷大易圖解一卷 ·········· 1－24
易象闡微五卷大易圖解一卷 ·········· 1－24
易象闡微五卷大易圖解一卷 ·········· 1－24
易章句十二卷易圖略八卷 ············ 1－23
易紫礄榮哀錄一卷 ·················· 3－54
易筋經一卷 ························ 2－286
易巽申鄉試硃卷 ···················· 3－255
易園文集四卷詩集二卷詞集一卷 ····· 3－225
易傳十七卷 ························ 1－10
易傳十七卷 ························ 1－10
易傳十七卷 ························ 1－10
易傳八卷 ·························· 1－13
易傳撮要一卷 ······················ 1－14
易傳燈四卷 ························ 1－12
易會八卷首一卷 ···················· 1－23
易解拾遺十卷 ······················ 1－18
易解拾遺十卷 ······················ 1－18
易解拾遺十卷 ······················ 1－18
易解拾遺七卷周易讀本四卷 ·········· 1－18
易解拾遺七卷周易讀本四卷 ·········· 1－18
易解拾遺七卷周易讀本四卷 ·········· 1－18
易解拾遺七卷周易讀本四卷 ·········· 1－18
易解拾遺七卷周易讀本四卷 ·········· 1－18
易解拾遺七卷周易讀本四卷 ·········· 1－18
易解拾遺七卷周易讀本四卷 ·········· 1－18
易解經傳證五卷首一卷 ·············· 1－20
易解經傳證五卷首一卷 ·············· 1－20
易解經傳證五卷首一卷 ·············· 1－20
易解經傳證五卷首一卷 ·············· 1－20
易解經傳證五卷首一卷 ·············· 1－20
易解經傳證五卷首一卷 ·············· 1－20
易話二卷易廣記三卷 ················ 1－23
易義來源四卷 ······················ 1－18
易義溫知十二卷 ···················· 1－24
易義解補十卷 ······················ 1－21
易義解補十卷 ······················ 1－21
易義選參二卷 ······················ 1－24
易源奧義一卷 ······················ 1－13
易經十二卷首一卷末一卷 ············ 1－11
易經十二卷首一卷末一卷 ············ 1－11
易經十二卷首一卷末一卷 ············ 1－12
易經十二卷首一卷末一卷 ············ 1－12
易經十二卷首一卷末一卷 ············ 1－12
易經十二卷首一卷末一卷 ············ 1－12
易經十二卷首一卷末一卷 ············ 1－12

194

易經八卷 …………………… 1－13
易經八卷 …………………… 1－13
易經八卷 …………………… 1－13
易經八卷 …………………… 1－13
易經八卷 …………………… 1－13
易經八卷 …………………… 1－13
易經八卷 …………………… 1－13
易經大全會解四卷 ………… 1－18
易經大全會解四卷 ………… 1－18
易經大全會解四卷 ………… 1－18
易經大全會解四卷 ………… 1－18
易經爻辰貫二卷 …………… 1－19
易經如話十二卷首一卷 …… 1－16
易經音訓不分卷 …………… 1－23
易經衷論二卷 ……………… 1－20
易經衷論二卷 ……………… 1－20
易經通論一卷 ……………… 1－16
易經通論一卷 ……………… 1－16
易經揆一十四卷易學啟蒙補二卷 …… 1－19
易經揆一十四卷易學啟蒙補二卷 …… 1－19
易經解註傳義辯正四十四卷首二卷
　　末二卷 ………………… 1－21
易經解註傳義辯正四十四卷首二卷
　　末二卷 ………………… 1－22
易經解註傳義辯正四十四卷首二卷
　　末二卷 ………………… 1－22
易經解註傳義辯正四十四卷首二卷
　　末二卷 ………………… 1－22
易經詮義十四卷首一卷 …… 1－16
易經詮義十四卷首一卷 …… 1－16
易經精華六卷末一卷 ……… 1－24
易經遵朱四卷 ……………… 1－17
易經體註大全合參四卷 …… 1－17
易經體註大全合參四卷 …… 1－17
易圖明辨十卷 ……………… 1－19
易圖明辨十卷 ……………… 1－19
易圖解一卷 ………………… 1－24
易疑□□卷 ………………… 1－26
易說六卷 …………………… 1－22
易說六卷 …………………… 1－22
易說六卷 …………………… 1－22

易漢學八卷 ………………… 1－22
易漢學八卷 ………………… 1－22
易漢學考二卷易漢學師承表一卷漢
　　置五經博士考一卷 …… 1－18
易漢學考二卷易漢學師承表一卷漢
　　置五經博士考一卷 …… 1－18
易餘籥錄二十卷 …………… 1－23
易緯稽覽圖二卷 …………… 1－10
易學一卷 …………………… 1－26
易學啟蒙二卷圖一卷 ……… 1－12
易學圖說會通八卷 ………… 1－23
易學窮原不分卷 …………… 1－20
易學輯本四卷補錄一卷 …… 1－17
易學變通六卷 ……………… 1－13
易憲四卷圖說一卷 ………… 1－13
易隱八卷首一卷 …………… 2－408
易翼述信二十卷 …………… 1－15
易翼宗六卷 ………………… 1－19
易翼說八卷 ………………… 1－19
易藝舉隅六卷 ……………… 1－21
易簡方便醫書六卷 ………… 2－263
易簡救急方三卷 …………… 2－266
易簡救急方三卷 …………… 2－266
易簡救急方三卷 …………… 2－266
易簡救急方三卷 …………… 2－266
易簡救急方三卷 …………… 2－266
易簡齋詩鈔四卷 …………… 3－262
易鶴軒爐餘草三卷 ………… 3－360
易鑒三十八卷 ……………… 1－24
易鑒三十八卷 ……………… 1－24
易鑒三十八卷 ……………… 1－24
迪幼錄三卷 ………………… 2－214
迪吉錄八卷首一卷 ………… 2－378
迪吉錄八卷首一卷 ………… 2－378
迪吉錄八卷首一卷 ………… 2－379
典林琅環二十四卷續典林琅環三十卷
　　…………………………… 2－505
典故列女全傳四卷 ………… 1－305
典故列女傳四卷 …………… 1－305

典故紀聞十八卷⋯⋯⋯⋯⋯⋯⋯ 3－536

典禮備考八卷⋯⋯⋯⋯⋯⋯⋯ 1－430

典禮備考八卷⋯⋯⋯⋯⋯⋯⋯ 1－430

典禮質疑六卷⋯⋯⋯⋯⋯⋯⋯ 1－425

典禮質疑六卷⋯⋯⋯⋯⋯⋯⋯ 1－425

典禮質疑六卷⋯⋯⋯⋯⋯⋯⋯ 1－425

典禮質疑六卷⋯⋯⋯⋯⋯⋯⋯ 1－425

典籍便覽八卷⋯⋯⋯⋯⋯⋯⋯ 2－487

[咸豐]固安縣志八卷 ⋯⋯⋯⋯ 1－533

固哉草亭文集二卷詩集四卷⋯⋯ 3－276

忠介公集十三卷首一卷⋯⋯⋯⋯ 3－177

忠正德文集十卷附錄一卷⋯⋯⋯ 3－134

忠正德文集十卷附錄一卷⋯⋯⋯ 3－135

忠孝勇烈奇女傳四卷三十二回⋯ 3－474

忠孝勇烈奇女傳四卷三十二回⋯ 3－474

忠孝節義二度梅全傳六卷四十回⋯ 3－467

忠孝節義二度梅全傳四十回⋯⋯ 3－467

忠孝節義錄四卷⋯⋯⋯⋯⋯⋯ 1－294

忠孝誥二卷⋯⋯⋯⋯⋯⋯⋯⋯ 2－476

忠孝誥二卷⋯⋯⋯⋯⋯⋯⋯⋯ 2－477

忠孝錄一卷 ⋯⋯⋯⋯⋯⋯⋯ 3－53

忠武志十卷⋯⋯⋯⋯⋯⋯⋯⋯ 1－308

忠武志十卷⋯⋯⋯⋯⋯⋯⋯⋯ 1－308

忠武志八卷⋯⋯⋯⋯⋯⋯⋯⋯ 1－308

忠武侯諸葛孔明先生全集二十卷⋯ 3－74

忠武侯諸葛孔明先生全集二十卷⋯ 3－74

忠武侯諸葛孔明先生全集二十卷⋯ 3－74

忠武祠墓志七卷首一卷末一卷⋯⋯ 2－57

忠武祠墓志七卷首一卷末一卷⋯⋯ 2－57

忠武祠墓志七卷首一卷末一卷⋯⋯ 2－57

忠信孝弟禮義廉恥八字功過格⋯⋯ 2－214

忠烈備考不分卷⋯⋯⋯⋯⋯⋯ 1－295

忠烈詩草前集二卷後集一卷⋯⋯ 3－379

忠烈錄六卷⋯⋯⋯⋯⋯⋯⋯⋯ 1－311

忠烈錄六卷⋯⋯⋯⋯⋯⋯⋯⋯ 1－311

忠雅堂文集十二卷⋯⋯⋯⋯⋯⋯ 3－381

忠雅堂文集十二卷⋯⋯⋯⋯⋯⋯ 3－381

忠雅堂文集十二卷⋯⋯⋯⋯⋯⋯ 3－381

忠雅堂文集十二卷⋯⋯⋯⋯⋯⋯ 3－381

忠雅堂文集十二卷⋯⋯⋯⋯⋯⋯ 3－381

忠雅堂文集三十卷⋯⋯⋯⋯⋯⋯ 3－381

忠雅堂全集三十卷詩集補遺二卷⋯⋯ 3－380

忠雅堂集三十卷⋯⋯⋯⋯⋯⋯ 3－381

忠雅堂評選四六法海八卷⋯⋯⋯ 2－527

忠雅堂評選四六法海八卷⋯⋯⋯ 2－527

忠雅堂評選四六法海八卷⋯⋯⋯ 2－527

忠雅堂評選四六法海八卷⋯⋯⋯ 2－528

忠雅堂評選四六法海八卷⋯⋯⋯ 2－528

忠雅堂評選四六法海八卷⋯⋯⋯ 2－528

忠雅堂評選四六法海八卷⋯⋯⋯ 2－528

忠雅堂評選四六法海八卷⋯⋯⋯ 2－528

忠雅堂評選四六法海八卷⋯⋯⋯ 2－528

忠雅堂評選四六法海八卷⋯⋯⋯ 2－528

忠雅堂評選四六法海八卷⋯⋯⋯ 2－528

忠雅堂詩集二十七卷補遺二卷詞集二卷

⋯⋯⋯⋯⋯⋯⋯⋯⋯⋯⋯ 3－381

忠雅堂詩集二十七卷補遺二卷詞集二卷

⋯⋯⋯⋯⋯⋯⋯⋯⋯⋯⋯ 3－381

忠雅堂詩集二十七卷補遺二卷詞集二卷

⋯⋯⋯⋯⋯⋯⋯⋯⋯⋯⋯ 3－381

忠雅堂詩集二十七卷補遺二卷詞集二卷

⋯⋯⋯⋯⋯⋯⋯⋯⋯⋯⋯ 3－381

忠雅堂詩集二十七卷補遺二卷詞集二卷

⋯⋯⋯⋯⋯⋯⋯⋯⋯⋯⋯ 3－381

忠雅堂詩集二十七卷補遺二卷詞集二卷

⋯⋯⋯⋯⋯⋯⋯⋯⋯⋯⋯ 3－381

忠節吳次尾先生年譜一卷遺事一卷

⋯⋯⋯⋯⋯⋯⋯⋯⋯⋯⋯ 1－321

忠義水滸全書一百二十回引首一卷

⋯⋯⋯⋯⋯⋯⋯⋯⋯⋯⋯ 3－463

忠義祠紀略一卷⋯⋯⋯⋯⋯⋯ 1－311

[光緒]忠義鄉志二十卷 ⋯⋯⋯ 2－5

忠肅集二十卷⋯⋯⋯⋯⋯⋯⋯ 3－137

忠肅集二十卷⋯⋯⋯⋯⋯⋯⋯ 3－137

忠愍公詩集三卷⋯⋯⋯⋯⋯⋯ 3－124

忠憤藎言四卷⋯⋯⋯⋯⋯⋯⋯ 1－495

忠獻韓魏王君臣相遇別錄三卷⋯⋯ 1－310

呻吟語六卷⋯⋯⋯⋯⋯⋯⋯⋯ 2－188

呻吟語六卷⋯⋯⋯⋯⋯⋯⋯⋯ 2－188

196

呻吟語六卷 ························· 2－188
呻吟語六卷 ························· 2－188
呻吟語六卷 ························· 2－188
呻吟語六卷 ························· 2－189
呻吟語六卷 ························· 2－189
呻吟語六卷 ························· 2－189
呻吟語六卷 ························· 2－189
呻吟語六卷 ························· 2－189
呻吟語節鈔六卷 ················· 2－189
呻吟語節錄六卷 ················· 2－189
呻吟語節錄六卷 ················· 2－189
邵亭知見傳本書目十六卷 ······· 2－141
邵亭知見傳本書目十六卷 ······· 2－141
邵亭知見傳本書目十六卷 ······· 3－549
邵亭詩鈔六卷 ····················· 3－290
邵亭詩鈔六卷 ····················· 3－290
邵亭詩鈔六卷 ····················· 3－290
邵亭詩鈔六卷 ····················· 3－290
邵亭詩鈔六卷 ····················· 3－290
邵亭詩鈔六卷 ····················· 3－290
邵亭詩鈔六卷 ····················· 3－290
邵亭詩鈔六卷 ····················· 3－291
邵亭詩鈔六卷 ····················· 3－291
邵亭遺文八卷 ····················· 3－290
邵亭遺文八卷 ····················· 3－290
狀元策不分卷 ····················· 3－51
狀元策不分卷 ····················· 3－51
狀元閣女四書 ····················· 2－203
岵瞻堂自語 ······················· 1－168
岵瞻詩草一卷 ····················· 3－302
［康熙］岢嵐州志四卷 ············ 1－539
岸花送客詩一卷 ················· 3－323
帕米爾圖叙例一卷 ··············· 2－108
岣嶁文草雜著一卷 ··············· 3－372
岣嶁文草雜著一卷 ··············· 3－372
岣嶁仿古一卷 ····················· 3－372
岣嶁仿古一卷 ····················· 3－372
岣嶁仿古吟定本一卷外編定本一卷
···················· 3－372
岣嶁刪餘文草不分卷 ············· 3－372
岣嶁刪餘文草不分卷 ············· 3－372
岣嶁刪餘文草不分卷 ············· 3－372
岣嶁刪餘文草不分卷 ············· 3－372
岣嶁刪餘文草不分卷 ············· 3－372
岣嶁刪餘詩草不分卷 ············· 3－372
岣嶁刪餘詩草不分卷 ············· 3－372
岣嶁時藝一卷 ····················· 3－372
岣嶁書堂集一卷 ················· 3－165
岣嶁集不分卷 ····················· 3－372
岣嶁集補□□卷 ················· 3－372
岣嶁叢書 ························· 3－528
岣嶁叢書 ························· 3－528
岣嶁叢書 ························· 3－528
岣嶁韻牋五卷 ····················· 1－188
岣嶁韻語一卷 ····················· 3－372
岣嶁鑒撮四卷 ····················· 1－391
岣嶁鑒撮四卷 ····················· 1－391
岣嶁鑒撮四卷 ····················· 1－391
岣嶁鑒撮四卷 ····················· 1－391
岣嶁鑒撮四卷 ····················· 1－391
岣嶁鑒撮四卷 ····················· 1－391
岣嶁鑒撮四卷 ····················· 1－391
［康熙］岷州志二十卷 ············ 1－544
岡州公牘不分卷再牘四卷 ······· 1－477
岡州公牘不分卷再牘四卷 ······· 1－477
岡州遺稿六卷 ····················· 3－39
垂金蔭綠軒詩鈔二卷 ············· 3－382
垂訓樸語一卷 ····················· 2－213
制服成誦編不分卷 ··············· 1－59
制服成誦編不分卷 ··············· 1－59
制服成誦編不分卷 ··············· 1－59
制義約鈔不分卷 ················· 3－46
制義叢話二十四卷附制義叢話題名一卷
···················· 3－484
制義叢話二十四卷附制義叢話題名一卷
···················· 3－484
制義叢話二十四卷附制義叢話題名一卷
···················· 3－484
制義叢話二十四卷附制義叢話題名一卷
···················· 3－484

制義叢話二十四卷附制義叢話題名一卷 ⋯⋯⋯⋯⋯⋯⋯⋯⋯⋯⋯ 3－484

制義叢話二十四卷附制義叢話題名一卷 ⋯⋯⋯⋯⋯⋯⋯⋯⋯⋯⋯ 3－484

制義叢話二十四卷附制義叢話題名一卷 ⋯⋯⋯⋯⋯⋯⋯⋯⋯⋯⋯ 3－485

制義類編□□卷 ⋯⋯⋯⋯⋯⋯⋯⋯ 2－197
制義靈樞四編 ⋯⋯⋯⋯⋯⋯⋯⋯ 3－22
制藝約編不分卷 ⋯⋯⋯⋯⋯⋯⋯ 3－47
制屬金法二卷 ⋯⋯⋯⋯⋯⋯⋯⋯ 2－314
知己辨一卷 ⋯⋯⋯⋯⋯⋯⋯⋯⋯ 1－311
知不足齋叢書 ⋯⋯⋯⋯⋯⋯⋯⋯ 3－503
知止堂詞錄三卷 ⋯⋯⋯⋯⋯⋯⋯ 3－428
知止堂詞錄三卷 ⋯⋯⋯⋯⋯⋯⋯ 3－428
知止堂詞錄三卷 ⋯⋯⋯⋯⋯⋯⋯ 3－429
知止堂詞錄三卷 ⋯⋯⋯⋯⋯⋯⋯ 3－429
知止堂詞錄三卷 ⋯⋯⋯⋯⋯⋯⋯ 3－429
知止堂詞錄三卷 ⋯⋯⋯⋯⋯⋯⋯ 3－429
知止庵詩錄六卷補遺一卷續補遺一
卷附錄一卷 ⋯⋯⋯⋯⋯⋯⋯⋯ 3－340
知止齋詩集十六卷 ⋯⋯⋯⋯⋯⋯ 3－289
知止齋詩集三卷 ⋯⋯⋯⋯⋯⋯⋯ 3－369
知存恕台各體詩草一卷文一卷 ⋯⋯ 3－394
知足知不足齋詩存一卷 ⋯⋯⋯⋯ 3－376
知足齋詩集二十卷續集四卷文集六
卷進呈文稿二卷 ⋯⋯⋯⋯⋯⋯ 3－210
知足齋詩集二十卷續集四卷文集六
卷進呈文稿二卷 ⋯⋯⋯⋯⋯⋯ 3－210
知非齋易註三卷首一卷末一卷知非
齋易釋三卷 ⋯⋯⋯⋯⋯⋯⋯⋯ 1－21
知非齋易註三卷首一卷末一卷知非
齋易釋三卷 ⋯⋯⋯⋯⋯⋯⋯⋯ 1－21
知非齋詩鈔一卷 ⋯⋯⋯⋯⋯⋯⋯ 3－322
知非齋駢文錄一卷知非齋古文錄一卷 ⋯⋯⋯⋯⋯⋯⋯⋯⋯⋯⋯ 3－216

知非齋駢文錄一卷知非齋古文錄一卷 ⋯⋯⋯⋯⋯⋯⋯⋯⋯⋯⋯ 3－216

知服齋叢書 ⋯⋯⋯⋯⋯⋯⋯⋯⋯ 3－503
知恥齋文集二卷詩集六卷 ⋯⋯⋯ 3－400
知恥齋文集二卷詩集六卷 ⋯⋯⋯ 3－400
知恥齋文集二卷詩集六卷 ⋯⋯⋯ 3－400

知聖道齋讀書跋二卷 ⋯⋯⋯⋯⋯ 3－549
知聖篇二卷 ⋯⋯⋯⋯⋯⋯⋯⋯⋯ 2－183
知聖篇二卷 ⋯⋯⋯⋯⋯⋯⋯⋯⋯ 2－183
知養恬齋全集六種四十卷 ⋯⋯⋯ 3－376
知識五門一卷 ⋯⋯⋯⋯⋯⋯⋯⋯ 2－403
知證傳一卷 ⋯⋯⋯⋯⋯⋯⋯⋯⋯ 2－448
牧令書二十三卷保甲書四卷 ⋯⋯ 1－438
牧令書二十三卷保甲書四卷 ⋯⋯ 1－438
牧令書二十三卷保甲書四卷 ⋯⋯ 1－438
牧令書二十三卷保甲書四卷 ⋯⋯ 1－438
牧令書十卷 ⋯⋯⋯⋯⋯⋯⋯⋯⋯ 1－438
牧令書十卷 ⋯⋯⋯⋯⋯⋯⋯⋯⋯ 1－438
牧令書十卷 ⋯⋯⋯⋯⋯⋯⋯⋯⋯ 1－438
牧令書十卷 ⋯⋯⋯⋯⋯⋯⋯⋯⋯ 1－439
牧令書十卷 ⋯⋯⋯⋯⋯⋯⋯⋯⋯ 1－439
牧令書十卷 ⋯⋯⋯⋯⋯⋯⋯⋯⋯ 1－439
牧令書十卷 ⋯⋯⋯⋯⋯⋯⋯⋯⋯ 1－439
牧令書十卷 ⋯⋯⋯⋯⋯⋯⋯⋯⋯ 1－439
牧令書十卷 ⋯⋯⋯⋯⋯⋯⋯⋯⋯ 1－439
牧令書十卷 ⋯⋯⋯⋯⋯⋯⋯⋯⋯ 1－439
牧令書十卷 ⋯⋯⋯⋯⋯⋯⋯⋯⋯ 1－439
牧令書十卷 ⋯⋯⋯⋯⋯⋯⋯⋯⋯ 1－439
牧民忠告二卷 ⋯⋯⋯⋯⋯⋯⋯⋯ 1－436
牧沔紀略二卷 ⋯⋯⋯⋯⋯⋯⋯⋯ 1－475
牧庵集三十六卷 ⋯⋯⋯⋯⋯⋯⋯ 3－149
牧雲和尚嬾齋別集十四卷 ⋯⋯⋯ 3－314
牧齋有學集五十卷 ⋯⋯⋯⋯⋯⋯ 3－362
牧齋有學集詩註十四卷 ⋯⋯⋯⋯ 3－362
牧齋全集一百六十三卷 ⋯⋯⋯⋯ 3－362
牧齋全集一百六十三卷 ⋯⋯⋯⋯ 3－362
牧齋初學集一百十卷目錄二卷 ⋯⋯ 3－362
牧齋初學集詩註二十卷 ⋯⋯⋯⋯ 3－362
牧齋初學集詩註二十卷有學集詩註
十四卷 ⋯⋯⋯⋯⋯⋯⋯⋯⋯⋯ 3－362
牧齋初學集詩註二十卷有學集詩註
十四卷 ⋯⋯⋯⋯⋯⋯⋯⋯⋯⋯ 3－362
牧齋晚年家乘文一卷 ⋯⋯⋯⋯⋯ 1－333
牧齋晚年家乘文一卷 ⋯⋯⋯⋯⋯ 3－362
物理小識十二卷首一卷 ⋯⋯⋯⋯ 2－366
物理學三篇十二卷 ⋯⋯⋯⋯⋯⋯ 2－310

物類相感志一卷	2－396	岳忠武王集八卷首一卷末一卷	3－119
乖崖先生文集十二卷末一卷	3－125	岳忠武王集八卷首一卷末一卷	3－119
乖庵文錄二卷	3－278	岳忠武王集八卷首一卷末一卷	3－119
和名類聚鈔十卷	1－142	岳忠武王集八卷首一卷末一卷	3－119
和名類聚鈔十卷	1－142	岳忠武王集八卷首一卷末一卷	3－119
和名類聚鈔十卷	1－143	岳忠武王集八卷首一卷末一卷	3－119
和州集一卷	3－375	岳忠武王集八卷首一卷末一卷	3－119
和州集一卷	3－375	岳忠武王集八卷首一卷末一卷	3－119
和州集一卷	3－375	岳忠武王集八卷首一卷末一卷	3－119
和州集一卷	3－375	岳忠武王集八卷首一卷末一卷	3－119
和州集一卷	3－375	岳忠武王集八卷首一卷末一卷	3－120
和州集一卷	3－375	岳陽風土記一卷	2－68
和州集一卷	3－375	岳陽詩傳四卷	3－34
和州集一卷	3－375	岳陽樓記	2－332
和松菴存札不分卷	3－62	岳廟志略十卷首一卷	2－56
和約匯鈔六卷首一卷	1－466	岳廟志略十卷首一卷	2－56
和珠玉詞一卷	3－432	岳麓高等學堂公産小志	2－61
[乾隆]和順縣志八卷首一卷	1－536	岳麓高等學堂公産小志	2－61
和靖先生文集五卷	3－113	使西紀程二卷	2－109
和漱玉詞一卷澗南詞一卷	3－431	使俄草八卷	1－463
和蘭刑法	1－490	使俄草八卷	1－463
委羽山志六卷	2－80	使俄草八卷	1－463
季滄葦藏書目	2－140	使俄草八卷	1－463
季漢書九十卷	1－202	使俄草八卷	1－463
季漢書六十卷答問一卷正論一卷	1－202	使俄草八卷	1－463
季漢書六十卷答問一卷正論一卷	1－202	使琉球記六卷	2－107
季漢書六十卷答問一卷正論一卷	1－202	使粵集一卷使粵日記一卷應制集一卷歸田集一卷	3－354
季漢書六十卷答問一卷正論一卷	1－202	使黔草三卷	3－249
佳山堂詩二集九卷	3－336	使黔草三卷	3－249
佳山堂詩集十卷	3－336	使黔草三卷	3－249
佳山堂詩集七卷	3－336	使黔草三卷	3－249
佳想軒詩鈔二卷	3－383	使黔草三卷	3－249
侍雪堂詩鈔八卷	3－403	使黔草三卷	3－249
侍雪堂詩鈔六卷	3－403	使黔草三卷	3－249
侍椿吟一卷	3－253	岱史十八卷	2－83
[康熙]岳州府志二十八卷	2－45	岱南集二卷嘉穀堂集一卷	3－284
[乾隆]岳州府志二十四卷	2－45	岱南閣叢書	3－497
[乾隆]岳州府志三十卷首一卷	2－45	岱覽三十二卷首編七卷附錄一卷	2－83
岳州救生局志八卷	2－63	兒女英雄傳評話八卷四十回	3－467
岳州救生局志八卷	2－63	兒科撮要二卷	2－286
[光緒]岳池縣志二十卷首一卷	2－38	兒科論治一卷婦人科一卷	2－251

佩文詩韻釋要五卷…………… 1 – 183
佩文詩韻釋要五卷…………… 1 – 183
佩文詩韻釋要五卷…………… 1 – 183
佩文詩韻釋要五卷…………… 1 – 183
佩文詩韻釋要五卷…………… 1 – 183
佩文詩韻釋要五卷…………… 1 – 183
佩文詩韻釋要五卷…………… 1 – 183
佩文詩韻釋要五卷…………… 1 – 183
佩文詩韻釋要五卷…………… 1 – 183
佩文詩韻釋要五卷…………… 1 – 183
佩文彙韻箋釋十卷…………… 1 – 185
佩文廣韻彙編五卷…………… 1 – 181
佩文廣韻彙編五卷…………… 1 – 181
佩文廣韻彙編五卷…………… 1 – 181
佩文齋書畫譜一百卷………… 2 – 326
佩文齋書畫譜一百卷………… 2 – 327
佩文齋書畫譜一百卷………… 2 – 327
佩文齋書畫譜一百卷………… 2 – 327
佩文齋書畫譜一百卷………… 2 – 327
佩文齋書畫譜一百卷………… 2 – 327
佩文齋書畫譜一百卷………… 2 – 327
佩文齋書畫譜一百卷………… 3 – 551
佩文齋詠物詩選四百八十六卷……… 2 – 551
佩文齋廣群芳譜一百卷目錄二卷…… 2 – 353
佩文齋廣群芳譜一百卷目錄二卷…… 2 – 353
佩文齋廣群芳譜一百卷目錄二卷…… 2 – 354
佩文齋廣群芳譜一百卷目錄二卷…… 2 – 354
佩文齋廣群芳譜一百卷目錄二卷…… 2 – 354
佩文齋廣群芳譜一百卷目錄二卷…… 2 – 354
佩文韻府一百〇六卷………… 2 – 497
佩文韻府一百〇六卷………… 2 – 497
佩文韻府一百〇六卷………… 2 – 497
佩文韻府一百〇六卷………… 2 – 497
佩文韻府一百〇六卷………… 2 – 497
佩文韻府一百〇六卷………… 2 – 497
佩文韻府一百〇六卷………… 2 – 497
佩文韻府一百〇六卷………… 2 – 498
佩文韻府一百〇六卷………… 2 – 498
佩文韻府一百〇六卷………… 2 – 498

佩文韻府一百〇六卷………… 2 – 498
佩文韻府一百〇六卷………… 2 – 498
佩文韻府一百〇六卷………… 2 – 498
佩文韻府一百〇六卷………… 2 – 498
佩文韻府一百〇六卷………… 2 – 498
佩文韻府一百〇六卷………… 2 – 498
佩文韻府一百〇六卷………… 2 – 498
佩文韻篆六卷………………… 1 – 186
佩弦齋文存二卷首一卷律賦存一卷
　　駢文存一卷詩存一卷試帖存一卷
　　雜著二卷……………………… 3 – 552
佩弦齋文存二卷首一卷雜存二卷… 3 – 209
佩珊珊室詩存一卷…………… 3 – 196
佩秋閣詩稿二卷詞稿一卷駢文稿一卷
　　……………………………… 3 – 238
佩秋閣詩稿二卷詞稿一卷駢文稿一卷
　　……………………………… 3 – 238
佩蘅詩鈔八卷………………… 3 – 376
佩觿三卷……………………… 1 – 163
佩觿三卷……………………… 1 – 163
佩觿三卷……………………… 1 – 163
依硯齋詩鈔三卷……………… 3 – 404
郋園論學書札一卷…………… 2 – 379
[同治]阜平縣志四卷首一卷 ……… 1 – 533
[雍正]阜城縣志二十二卷首一卷 … 1 – 534
[道光]阜陽縣志二十四卷首一卷 …… 2 – 3
[光緒]阜寧縣志二十四卷 ………… 1 – 552
欣托廬增定山林經濟籍二十八卷…… 2 – 398
徂徠石先生全集二十卷附錄一卷…… 3 – 113
徂徠石先生全集二十卷附錄一卷…… 3 – 113
徂徠石先生全集二十卷附錄一卷…… 3 – 113
往生集三卷附一卷…………… 2 – 462
彼得興俄記………………… 3 – 537
所至錄八卷附一卷 ………… 3 – 27
所至錄八卷附一卷 ………… 3 – 27
所安遺集一卷補錄一卷……… 3 – 150
所園詩存一卷………………… 3 – 404
所願學齋書鈔………………… 3 – 515

金七十論三卷 ······ 2-427
金工教範一卷 ······ 2-320
金山志二十卷首二卷 ······ 2-79
金山志十卷 ······ 2-79
金山志十卷 ······ 2-79
金山志十卷 ······ 2-79
金山志十卷 ······ 2-79
[光緒]金山縣志三十卷首一卷 ······ 2-1
金井雜志□□卷 ······ 2-396
金元明八大家文選 ······ 2-509
金元明八大家文選 ······ 2-509
金氏世德紀二卷 ······ 1-332
金文雅十六卷 ······ 3-14
金文雅十六卷 ······ 3-14
金文雅十六卷 ······ 3-14
金文雅十六卷 ······ 3-14
金文雅十六卷 ······ 3-14
金文雅十六卷 ······ 3-14
金文最六十卷首一卷 ······ 3-14
金文最六十卷首一卷 ······ 3-14
金文靖公北征錄二卷 ······ 1-262
金文靖公集十卷 ······ 3-164
金文靖公集十卷外集一卷 ······ 3-164
金玉二經圖傳三卷 ······ 2-419
金石三例 ······ 2-110
金石三例 ······ 2-110
金石三例 ······ 2-110
金石三例 ······ 2-110
金石三例 ······ 2-110
金石三例 ······ 2-110
金石三例 ······ 2-110
金石三例 ······ 2-110
金石三例 ······ 2-110
金石文字記六卷 ······ 2-118
金石文字記六卷 ······ 2-118
金石文鈔八卷續鈔二卷 ······ 2-117
金石文鈔八卷續鈔二卷 ······ 2-117
金石文鈔八卷續鈔二卷 ······ 2-117
金石古文十四卷 ······ 2-111
金石古文考一卷 ······ 2-117

金石古文考一卷 ······ 2-117
金石史二卷 ······ 2-111
金石存十五卷 ······ 2-113
金石存十五卷 ······ 2-113
金石全例 ······ 2-109
金石全例 ······ 2-109
金石全例 ······ 2-109
金石例補二卷 ······ 2-114
金石訂例四卷 ······ 2-128
金石訂例四卷 ······ 2-128
金石訂例四卷 ······ 2-128
金石索十二卷首一卷 ······ 2-115
金石索十二卷首一卷 ······ 2-115
金石索十二卷首一卷 ······ 2-115
金石索十二卷首一卷 ······ 2-115
金石索十二卷首一卷 ······ 2-115
金石索十二卷首一卷 ······ 2-115
金石索十二卷首一卷 ······ 2-115
金石索十二卷首一卷 ······ 2-115
金石索十二卷首一卷 ······ 2-115
金石索十二卷首一卷 ······ 2-115
金石索十二卷首一卷 ······ 2-115
金石索十二卷首一卷 ······ 2-115
金石索十二卷首一卷 ······ 2-116
金石屑不分卷 ······ 2-117
金石萃編一百六十卷 ······ 2-111
金石萃編一百六十卷 ······ 2-111
金石萃編一百六十卷 ······ 2-111
金石萃編一百六十卷 ······ 2-111
金石萃編一百六十卷 ······ 2-111
金石萃編一百六十卷 ······ 2-111
金石萃編一百六十卷 ······ 2-112
金石萃編一百六十卷 ······ 2-112
金石萃編校字記一卷讀碑小箋一卷
　眼學偶得一卷 ······ 2-118
金石萃編校字記一卷讀碑小箋一卷
　眼學偶得一卷 ······ 2-118
金石萃編補正四卷 ······ 2-112
金石萃編補略二卷 ······ 2-112
金石萃編補略二卷 ······ 2-112

金石聚十六卷 ……………………………… 2－116
金石聚十六卷 ……………………………… 2－116
金石聚十六卷 ……………………………… 2－116
金石摘不分卷 ……………………………… 2－114
金石摘不分卷 ……………………………… 2－114
金石摘不分卷 ……………………………… 2－115
金石摘不分卷 ……………………………… 2－115
金石摘不分卷 ……………………………… 2－115
金石摘不分卷 ……………………………… 2－115
金石圖不分卷 ……………………………… 2－117
金石圖不分卷 ……………………………… 2－117
金石圖說甲二卷乙二卷 …………………… 2－117
金石圖說甲二卷乙二卷 …………………… 2－117
金石圖說四卷 ……………………………… 2－117
金石遺文五卷 ……………………………… 2－111
金石緣全傳八卷二十回首一卷 …………… 3－462
金石學錄補三卷 …………………………… 2－114
金石學錄補四卷 …………………………… 2－114
金石學錄補四卷 …………………………… 2－114
金石錄三十卷 ……………………………… 2－110
金石錄三十卷 ……………………………… 2－110
金石錄三十卷 ……………………………… 2－110
金石錄三十卷 ……………………………… 2－110
金石錄三十卷 ……………………………… 2－110
金石錄三十卷附易安居士事輯一卷
　　……………………………………… 2－110
金石錄補二十七卷 ………………………… 2－117
金石癖十五卷 ……………………………… 2－113
金石識別十二卷 …………………………… 2－315
金石識別十二卷 …………………………… 2－315
金石識別十二卷 …………………………… 2－315
金石識別十二卷 …………………………… 2－315
金石識別十二卷 …………………………… 2－316
金石識別十二卷 …………………………… 2－316
金石識別十二卷 …………………………… 2－316
金石識別十二卷 …………………………… 2－316
金石識別書一卷 …………………………… 2－291
金石韻府五卷 ……………………………… 1－170
金石韻府不分卷 …………………………… 2－112
金石續編二十一卷首一卷 ………………… 2－114

金石續編二十一卷首一卷 ………………… 2－114
金石續編二十一卷首一卷 ………………… 2－114
金石續編二十一卷首一卷 ………………… 2－114
金石續錄四卷 ……………………………… 2－117
金石續錄四卷 ……………………………… 2－117
金史一百三十五卷 ………………………… 1－216
金史一百三十五卷 ………………………… 1－216
金史一百三十五卷 ………………………… 1－217
金史一百三十五卷 ………………………… 1－217
金史一百三十五卷 ………………………… 1－217
金史紀事本末五十二卷 …………………… 1－241
金史紀事本末五十二卷 …………………… 1－241
金史紀事本末五十二卷 …………………… 1－241
金史紀事本末五十二卷 …………………… 1－241
金史紀事本末五十二卷 …………………… 1－242
金史紀事本末五十二卷 …………………… 1－242
金史紀事本末五十二卷 …………………… 1－242
金史紀事本末五十二卷 …………………… 1－242
金史詳校十卷史論五答一卷 ……………… 1－217
金史詳校十卷史論五答一卷 ……………… 1－217
金仙詩錄二卷 ……………………………… 2－446
金仙詩錄二卷 ……………………………… 2－446
金仙詩錄二卷 ……………………………… 2－446
金光明最勝王經十卷 ……………………… 2－432
金光明最勝王經十卷 ……………………… 2－432
金光明最勝王經十卷 ……………………… 2－432
金光明最勝王經十卷 ……………………… 2－432
金光明經四卷 ……………………………… 2－425
金光明經四卷 ……………………………… 2－425
金光明經四卷首一卷 ……………………… 2－425
金光明經玄義二卷 ………………………… 2－434
金光明懺法補助儀一卷占察善惡業
　報經行法一卷贊禮地藏菩薩懺願
　儀一卷 …………………………………… 2－450
金吾事例不分卷 …………………………… 1－467
金忠節公文集八卷 ………………………… 3－164
金忠節公文集八卷 ………………………… 3－164
金忠節公文集八卷 ………………………… 3－164
金忠節公文集八卷 ………………………… 3－164
金華文萃 …………………………………… 1－8
金華文萃書目提要八卷 …………………… 2－143

金華詩錄六十卷外集六卷別集四卷
　　書後一卷 ……………………… 3－31
金華徵獻略二十卷 ………………… 1－286
金華叢書 …………………………… 3－507
金華叢書 …………………………… 3－507
金峨山館文甲集不分卷乙集不分卷 … 3－302
金剛三昧經二卷 …………………… 2－425
金剛三昧經二卷 …………………… 2－428
金剛三昧經通宗記十二卷懸談一卷
　　科分一卷 ……………………… 2－453
金剛三昧經通宗記十二卷懸談一卷
　　科分一卷 ……………………… 2－454
金剛決疑一卷般若波羅蜜多心經直
　　說一卷 ………………………… 2－451
金剛般若波羅密經直解二卷 ……… 2－442
金剛般若波羅密經破取著不壞假名
　　論二卷 ………………………… 2－428
金剛般若波羅密經纂一卷 ………… 2－442
金剛般若波羅蜜經一卷 …………… 2－424
金剛般若波羅蜜經一卷 …………… 2－424
金剛般若波羅蜜經一卷 …………… 2－424
金剛般若波羅蜜經一卷 …………… 2－424
金剛般若波羅蜜經一卷 …………… 2－424
金剛般若波羅蜜經一卷 …………… 2－430
金剛般若波羅蜜經一卷 …………… 2－430
金剛般若波羅蜜經一卷 …………… 2－430
金剛般若波羅蜜經一卷 …………… 2－430
金剛般若波羅蜜經一卷 …………… 2－442
金剛般若波羅蜜經一卷 …………… 2－442
金剛般若波羅蜜經二卷 …………… 2－424
金剛般若波羅蜜經十卷 …………… 2－332
金剛般若波羅蜜經三卷 …………… 2－423
金剛般若波羅蜜經集註一卷 ……… 2－441
金剛般若波羅蜜經註解一卷 ……… 2－437
金剛般若波羅蜜經註解一卷 ……… 2－437
金剛般若波羅蜜經註解一卷 ……… 2－437
金剛般若波羅蜜經演說一卷 ……… 2－456
金剛般若波羅蜜經論三卷 ………… 2－428
金剛般若經六譯本一卷 …………… 2－424
金剛般若經疏一卷 ………………… 2－434

金剛般若經疏一卷 ………………… 2－434
金剛般若經疏一卷 ………………… 2－434
金剛新眼疏經偈合釋二卷懸示一卷 … 2－453
金剛經石註一卷 …………………… 2－442
金剛經石註一卷 …………………… 2－442
金剛經旁解一卷 …………………… 2－443
金剛經集註四卷 …………………… 2－437
金剛經註解四卷 …………………… 2－437
金剛經註解四卷 …………………… 2－437
金剛經會解四卷 …………………… 2－437
金剛經詳釋二卷般若波羅密多心經
　　詳釋一卷 ……………………… 2－442
金剛經溯源三卷附一卷 …………… 2－463
金剛經溯源三卷附一卷 …………… 2－463
金剛經聯語一卷 …………………… 2－455
金剛經聯語一卷 …………………… 2－455
金剛經聯語一卷 …………………… 2－455
金剛經聯語一卷 …………………… 2－455
金剛錍顯性錄四卷 ………………… 2－447
金陵朱氏家集十卷 ………………… 3－42
金陵先正言行錄六卷 ……………… 1－297
金陵名勝詩鈔四卷 ………………… 3－29
金陵述難全詩 ……………………… 3－386
金陵待徵錄十卷 …………………… 2－70
金陵校士館新政課選四卷 ………… 3－45
金陵梵刹志五十三卷 ……………… 2－55
金陵崇善堂徵信錄一卷 …………… 2－65
金陵詩徵一卷 ……………………… 2－70
金陵詩徵四十四卷 ………………… 3－29
金陵瑣事四卷續二卷二續二卷 …… 2－69
金陵賦一卷 ………………………… 3－353
金陵諸山形勢考一卷 ……………… 2－79
金陵歷代建置表一卷 ……………… 2－70
金陵叢刻 …………………………… 3－507
金陵雜詠一卷 ……………………… 3－194
金陵覽古四卷 ……………………… 2－53
金國南遷錄一卷 …………………… 1－274
金梁夢月詞二卷懷夢詞一卷 ……… 3－430
[康熙]金鄉縣志十六卷首一卷 …… 1－547
[咸豐]金鄉縣志略十二卷首一卷 … 1－547
金壺精粹五卷 ……………………… 1－141

金壺精粹五卷 …………………… 1－141
金壺精粹五卷 …………………… 1－141
金壺精粹五卷 …………………… 1－141
金軺籌筆四卷和約二卷陸路通商章
　程一卷 ………………………… 1－464
金軺籌筆四卷和約二卷陸路通商章
　程一卷 ………………………… 1－464
金粟山房詩草六卷 ……………… 3－309
金粟山房詩鈔二集六卷首一卷 … 3－309
金粟山房詩鈔二集六卷首一卷 … 3－309
金粟山房駢體文二卷 …………… 3－309
金粟山房駢體文二卷 …………… 3－309
金粟山房駢體文二卷 …………… 3－309
金評能與集不分卷 ……………… 3－261
金湯借箸十二籌十二卷 ………… 2－224
金湯借箸十二籌十二卷 ………… 2－224
金湯借箸十二籌十二卷 ………… 2－224
金詩選四卷元詩選六卷補遺一卷 … 3－14
金詩選四卷元詩選六卷補遺一卷 … 3－14
金詩選四卷金詩選名字爵里錄一卷 … 3－14
金源紀事詩八卷 ………………… 3－334
金源紀事詩八卷 ………………… 3－334
金塗銅塔考一卷 ………………… 2－123
[乾隆]金溪縣志八卷首一卷 …… 2－11
[同治]金溪縣志三十六卷首一卷末一卷
　………………………………… 2－11
金匱心典三卷 …………………… 2－270
金匱心典三卷 …………………… 2－270
金匱玉函經二註二十二卷補方一卷
　十藥神書一卷 ………………… 2－273
金匱要略原文淺註不分卷 ……… 2－274
金匱要略淺註十卷 ……………… 2－274
金匱要略淺註十卷 ……………… 2－274
金匱要略淺註補正九卷 ………… 2－273
金匱要略淺註補正九卷 ………… 2－273
金匱要略發明二卷 ……………… 2－253
金匱縣輿地全圖不分卷 ………… 2－70
金精廖公秘授地學心法正傳書籬扒
　砂經四卷補遺一卷 …………… 2－414
金遼備考二卷 …………………… 2－69
金潛穀先生遺書五卷 …………… 3－261

[光緒]金壇縣志十六卷 ………… 1－553
金薤琳琅二十卷 ………………… 2－124
[道光]金縣志十三卷首一卷 …… 1－543
金聲玉振集 ……………………… 3－489
金聲玉振集 ……………………… 3－490
金鍾傳八卷六十四回 …………… 3－467
金鍾傳八卷六十四回 …………… 3－467
金闕攀松集一卷玉井攀蓮集一卷 … 3－409
金鷄談薈十四卷首一卷 ………… 1－266
金鷄談薈十四卷首一卷 ………… 3－62
金鵬十八變三卷 ………………… 2－348
金蘭隨筆不分卷 ………………… 3－66
金罍子上篇二十卷中篇十二卷下篇
　十二卷 ………………………… 2－365
金罍子上篇二十卷中篇十二卷下篇
　十二卷 ………………………… 2－365
[乾隆]郃陽縣全志四卷 ………… 1－540
采香詞四卷 ……………………… 3－429
采香詞四卷 ……………………… 3－429
采香詞四卷 ……………………… 3－429
采香詞四卷 ……………………… 3－429
采香詞四卷 ……………………… 3－429
采香詞四卷 ……………………… 3－429
采風集□□卷 …………………… 3－52
采風類記十卷 …………………… 2－76
采真匯稿四卷 …………………… 2－401
采菽堂古詩選三十八卷補遺四卷 … 2－553
采菽堂古詩選三十八卷補遺四卷 … 2－553
采菽堂書牘二卷 ………………… 3－233
采菽堂書牘二卷 ………………… 3－233
采菽堂筆記二卷 ………………… 2－368
采菽堂筆記二卷 ………………… 2－368
采菽堂筆記二卷 ………………… 2－368
采訪兩江忠義請旌恤官紳士清單不分卷
　………………………………… 1－386
受子譜選二卷首一卷 …………… 2－349
受庵文鈔一卷受庵詩草一卷 …… 3－409
受祺堂詩十五卷 ………………… 3－224
念佛警策二卷 …………………… 2－454
念劬山館珍藏印譜一卷 ………… 2－341
念庵羅先生文集二十二卷 ……… 3－186

念鞠齋時文剩稿一卷⋯⋯⋯⋯⋯ 3－402

肺病問答一卷⋯⋯⋯⋯⋯⋯⋯ 2－287

朋貽小錄一卷 ⋯⋯⋯⋯⋯⋯ 3－65

朋舊遺詩合鈔二十二卷續鈔一卷 ⋯ 3－25

周九煙集三卷外集三卷⋯⋯⋯ 3－257

周九煙集三卷外集三卷⋯⋯⋯ 3－257

周子太極圖說集解一卷⋯⋯⋯ 2－193

周子全書二十二卷⋯⋯⋯⋯⋯ 2－185

周子全書二十二卷首二卷末一卷⋯ 2－186

周子全書二十二卷首二卷末一卷⋯ 2－186

周子全書二十二卷首二卷末一卷⋯ 2－186

周子通書講義一卷⋯⋯⋯⋯⋯ 2－191

周元公世系遺芳集十五卷⋯⋯⋯ 1－332

周氏止葊詞辨二卷周氏止庵介存齋
　論詞雜著一卷⋯⋯⋯⋯⋯ 3－435

周氏止葊詞辨二卷周氏止庵介存齋
　論詞雜著一卷⋯⋯⋯⋯⋯ 3－435

周氏止葊詞辨二卷周氏止庵介存齋
　論詞雜著一卷⋯⋯⋯⋯⋯ 3－435

周氏冥通記四卷⋯⋯⋯⋯⋯⋯ 2－469

周氏冥通記四卷⋯⋯⋯⋯⋯⋯ 2－469

周氏醫學叢書⋯⋯⋯⋯⋯⋯⋯ 2－243

周文忠公尺牘二卷雜文附錄一卷⋯ 3－256

周文忠公事狀一卷⋯⋯⋯⋯⋯ 1－313

周玉麒墓志銘⋯⋯⋯⋯⋯⋯⋯ 1－313

周世樸鄉試硃卷⋯⋯⋯⋯⋯⋯ 3－256

周仙甫分關契約⋯⋯⋯⋯⋯⋯ 1－492

周吏部年譜一卷⋯⋯⋯⋯⋯⋯ 1－321

周合戊鄉試卷⋯⋯⋯⋯⋯⋯⋯ 3－257

周武壯公遺書九卷首一卷外集三卷
　別集一卷⋯⋯⋯⋯⋯⋯⋯ 3－258

周武壯公遺書九卷首一卷外集三卷
　別集一卷⋯⋯⋯⋯⋯⋯⋯ 3－258

周武壯公遺書九卷首一卷外集三卷
　別集一卷⋯⋯⋯⋯⋯⋯⋯ 3－258

周武壯公遺書九卷首一卷外集三卷
　別集一卷⋯⋯⋯⋯⋯⋯⋯ 3－258

周武壯公遺書九卷首一卷外集三卷
　別集一卷⋯⋯⋯⋯⋯⋯⋯ 3－258

周易人事疏證八卷 ⋯⋯⋯⋯ 1－19

周易九卷⋯⋯⋯⋯⋯⋯⋯⋯⋯ 1－10

周易三極圖貫八卷 ⋯⋯⋯⋯⋯ 1－21

周易內傳十三卷 ⋯⋯⋯⋯⋯ 1－15

周易六龍解一卷東溟粹言一卷 ⋯⋯ 1－14

周易六龍解一卷東溟粹言一卷 ⋯⋯ 1－14

周易六龍解一卷東溟粹言一卷 ⋯⋯ 1－14

周易引經通釋十卷 ⋯⋯⋯⋯⋯ 1－17

周易孔義集說二十卷⋯⋯⋯⋯ 1－16

周易孔義集說二十卷⋯⋯⋯⋯ 1－16

周易本易拾遺六卷序例一卷拾遺一卷
　⋯⋯⋯⋯⋯⋯⋯⋯⋯⋯⋯ 1－16

周易本易拾遺六卷序例一卷拾遺一卷
　⋯⋯⋯⋯⋯⋯⋯⋯⋯⋯⋯ 1－16

周易本易拾遺六卷序例一卷拾遺一卷
　⋯⋯⋯⋯⋯⋯⋯⋯⋯⋯⋯ 1－16

周易本意四卷⋯⋯⋯⋯⋯⋯⋯ 1－19

周易本義十二卷易圖一卷五贊一卷
　筮儀一卷⋯⋯⋯⋯⋯⋯⋯ 1－12

周易本義爻徵二卷 ⋯⋯⋯⋯⋯ 1－18

周易本義四卷 ⋯⋯⋯⋯⋯⋯⋯ 1－12

周易本義辯證五卷⋯⋯⋯⋯⋯ 1－22

周易四卷⋯⋯⋯⋯⋯⋯⋯⋯⋯ 1－10

周易四卷⋯⋯⋯⋯⋯⋯⋯⋯⋯ 1－10

周易四卷⋯⋯⋯⋯⋯⋯⋯⋯⋯ 1－10

周易四卷⋯⋯⋯⋯⋯⋯⋯⋯⋯ 1－10

周易四卷⋯⋯⋯⋯⋯⋯⋯⋯⋯ 1－10

周易四卷⋯⋯⋯⋯⋯⋯⋯⋯⋯ 1－10

周易四卷⋯⋯⋯⋯⋯⋯⋯⋯⋯ 1－11

周易四卷⋯⋯⋯⋯⋯⋯⋯⋯⋯ 1－11

周易四卷⋯⋯⋯⋯⋯⋯⋯⋯⋯ 1－11

周易四卷⋯⋯⋯⋯⋯⋯⋯⋯⋯ 1－11

周易四卷⋯⋯⋯⋯⋯⋯⋯⋯⋯ 1－11

周易四卷⋯⋯⋯⋯⋯⋯⋯⋯⋯ 1－11

周易四卷⋯⋯⋯⋯⋯⋯⋯⋯⋯ 1－11

周易四卷⋯⋯⋯⋯⋯⋯⋯⋯⋯ 1－11

周易四卷⋯⋯⋯⋯⋯⋯⋯⋯⋯ 1－11

周易四卷⋯⋯⋯⋯⋯⋯⋯⋯⋯ 1－11

周易四卷⋯⋯⋯⋯⋯⋯⋯⋯⋯ 1－11

周易四卷 ……………………………… 1－11　　周易兼義九卷 ……………………………… 1－10

周易四卷 ……………………………… 1－11　　周易通論四卷 ……………………………… 1－17

周易四卷 ……………………………… 1－11　　周易乾鑿度二卷 …………………………… 1－10

周易四卷 ……………………………… 1－11　　周易象義集成不分卷 ……………………… 1－21

周易四卷 ……………………………… 1－11　　周易象義集成不分卷 ……………………… 1－21

周易四卷 ……………………………… 1－11　　周易程氏傳四卷 …………………………… 3－542

周易四卷 ……………………………… 1－11　　周易程朱傳義二十四卷上下篇義一

周易四卷 ……………………………… 1－11　　　卷周易圖說一卷周易五贊一卷周

周易四卷 ……………………………… 1－11　　　易筮儀一卷 ………………………… 1－12

周易外傳七卷 ……………………… 1－15　　周易程朱傳義二十四卷上下篇義一

周易全書二十一卷 ………………… 1－14　　　卷周易圖說一卷周易五贊一卷周

周易初學易知八卷 ………………… 1－25　　　易筮儀一卷 ………………………… 1－12

周易初學易知八卷 ………………… 1－25　　周易集要四卷首一卷 ……………………… 1－16

周易附說一卷 ……………………… 1－25　　周易集要四卷首一卷 ……………………… 1－17

周易附說一卷 ……………………… 1－25　　周易集解十七卷 …………………………… 1－10

周易附說一卷 ……………………… 1－25　　周易集解十七卷 …………………………… 1－10

周易附說一卷 ……………………… 1－25　　周易集解十七卷 …………………………… 1－10

周易附說一卷 ……………………… 1－25　　周易集解纂疏十卷易筮遺占一卷 …… 3－542

周易卦爻取象求似註解六卷首一卷　　周易集解纂疏三十六卷首一卷 ……… 1－17

　末一卷 ……………………………… 1－16　　周易集解纂疏三十六卷首一卷 ……… 1－17

周易卦象六卷 ……………………… 1－20　　周易集解纂疏三十六卷首一卷 ……… 1－17

周易直解十二卷 …………………… 1－17　　周易尊翼五卷 ……………………………… 1－24

周易析疑十五卷圖一卷 …………… 1－21　　周易補註十一卷 …………………………… 1－24

周易述二十三卷 …………………… 1－23　　周易虞氏義九卷周易虞氏消息二卷

周易函書約存十八卷約註十八卷別　　　……………………………………… 1－20

　集十六卷 ………………………… 1－19　　周易虞氏義九卷周易虞氏消息二卷

周易函書約存十八卷約註十八卷別　　　……………………………………… 1－20

　集十六卷 ……………………… 1－19　　周易傳註七卷周易筮考一卷 ……… 1－17

周易要義十卷首一卷 ……………… 1－13　　周易傳義十卷 ……………………………… 1－12

周易指三十八卷易例一卷圖五卷斷　　周易傳義十卷 ……………………………… 1－12

　辭一卷附後五篇 ………………… 1－23　　周易傳義十卷 ……………………………… 1－12

周易指三十八卷易例一卷圖五卷斷　　周易傳義十卷 ……………………………… 1－12

　辭一卷附後五篇 ………………… 1－23　　周易傳義大全二十四卷綱領一卷朱

周易恆解五卷首一卷 ……………… 1－24　　　子圖說一卷 ………………………… 1－14

周易洗心十卷 ……………………… 1－16　　周易傳義大全二十四卷綱領一卷朱

周易姚氏學十六卷首一卷 ………… 1－19　　　子圖說一卷 ………………………… 1－14

周易姚氏學十六卷首一卷 ………… 1－19　　周易傳義大全二十四卷綱領一卷朱

周易象傳消息升降大義述一卷 …… 1－18　　　子圖說一卷 ………………………… 1－14

周易訓義七卷首一卷 ……………… 1－23　　周易傳義合訂十二卷 ……………………… 1－16

周易兼義九卷 ……………………… 1－10　　周易傳義音訓八卷首一卷末一卷 …… 1－12

　　　　　　　　　　　　　　　　　　　周易傳義音訓八卷首一卷末一卷 …… 1－12

周易傳義音訓八卷首一卷末一卷 …… 1－12
周易傳義音訓八卷首一卷末一卷…… 3－542
周易會歸不分卷 ……………………… 1－24
周易解故一卷 ………………………… 1－15
周易解故一卷 ………………………… 1－15
周易廓二十四卷 ……………………… 1－21
周易廓二十四卷 ……………………… 1－21
周易廓二十四卷 ……………………… 1－21
周易經傳通解十五卷 ………………… 1－24
周易圖釋二十卷 ……………………… 1－14
周易說十一卷 ………………………… 1－25
周易說十一卷 ………………………… 1－25
周易說十一卷 ………………………… 1－25
周易說十一卷 ………………………… 1－25
周易廣義六卷 ………………………… 1－24
周易廣義四卷 ………………………… 1－24
周易鄭康成註一卷 …………………… 1－10
周易實事十五卷首一卷 ……………… 1－15
周易諸家引經異字同聲改九卷圖說一卷
　　 …………………………………… 3－545
周易審義四卷 ………………………… 1－20
周易錄要十二卷首一卷 ……………… 1－22
周易舊註十二卷 ……………………… 1－19
周易講義不分卷 ……………………… 1－16
周易翼十卷 …………………………… 1－19
周易翼釋義一卷 ……………………… 1－19
周易懸象八卷 ………………………… 1－22
周易闡要四卷 ………………………… 1－18
周易變通解六卷首一卷末一卷 ……… 1－23
周易變通解六卷首一卷末一卷 ……… 1－23
周易觀象十二卷通論四卷大旨二卷
　　 …………………………………… 1－17
周季編略九卷 ………………………… 1－233
周岳崑鄉試硃卷 ……………………… 3－257
周官指掌五卷 ………………………… 1－54
周官集註十二卷 ……………………… 1－53
周官祿田考三卷 ……………………… 1－53
周官新義十六卷附二卷 ……………… 1－52
周官新義十六卷附考工記二卷 ……… 1－52
周官彙鈔六卷 ………………………… 1－55
周官箋六卷 …………………………… 1－55

周官箋六卷 …………………………… 1－55
周官箋六卷 …………………………… 1－55
周官箋六卷 …………………………… 1－55
周官箋六卷 …………………………… 1－55
周官箋六卷 …………………………… 1－55
周官說五卷 …………………………… 1－54
周官精義十二卷 ……………………… 1－54
周官精義十二卷 ……………………… 1－54
周官精義十二卷 ……………………… 1－54
周官辨一卷 …………………………… 1－53
周官辨非一卷 ………………………… 1－55
周孟侯先生全書 ……………………… 3－511
周宣王石鼓文定本二卷 …………… 1－169
周益國文忠公集一百六十二卷首一卷
　　 …………………………………… 3－118
周益國文忠公集一百六十二卷首一卷
　　 …………………………………… 3－118
周益國文忠公集一百六十二卷首一卷
　　 …………………………………… 3－118
周益國文忠公集一百六十二卷首一卷
　　 …………………………………… 3－119
周書王會一卷 ………………………… 1－271
周書五十卷 …………………………… 1－210
周書五十卷 …………………………… 1－210
周書五十卷 …………………………… 1－210
周書五十卷 …………………………… 1－210
周書五十卷 …………………………… 1－210
周書五十卷 …………………………… 1－210
周書五十卷 …………………………… 1－210
周書五十卷 …………………………… 1－210
周書五十卷 …………………………… 1－210
周書五十卷 …………………………… 1－210
周書四十二卷 ………………………… 1－210
周書斠補四卷 ………………………… 1－271
周書斠補四卷 ………………………… 1－271
周書斠補四卷 ………………………… 3－542
周書斠補四卷 ………………………… 3－542
周國光鄉試硃卷 ……………………… 3－258
周國光會試硃卷 ……………………… 3－258
周紹邰鄉試卷 ………………………… 3－258

周紹濂鄉試卷 ················· 3－258　　周禮折衷六卷 ················· 1－52

周植謙鄉試硃卷 ··············· 3－258　　周禮折衷六卷 ················· 1－52

周給事垂光集一卷附錄一卷 ······· 1－498　　周禮折衷六卷 ················· 1－52

周給事垂光集一卷附錄一卷 ······· 1－498　　周禮折衷六卷 ················· 1－52

周誠棌鄉試卷 ················· 3－258　　周禮折衷六卷 ················· 1－52

周壽昌日記 ·················· 1－330　　周禮述註二十四卷 ·············· 1－53

周壽昌左宗棠等信札 ············· 3－61　　周禮政要二卷 ················· 1－54

周廣詢鄉試卷 ················· 3－259　　周禮政要二卷 ················· 1－54

周榮期鄉試硃卷 ··············· 3－258　　周禮政要二卷 ················· 1－54

周漁潢先生年譜一卷 ············· 1－324　　周禮政要二卷 ················· 3－542

周聲洋鄉試硃卷 ··············· 3－260　　周禮政要四卷 ················· 1－54

周聲洋朝考卷 ················· 3－260　　周禮政要四卷 ················· 1－54

周聲洋優貢卷 ················· 3－260　　周禮故書疏證六卷 ·············· 3－542

周聲溢鄉試硃卷 ··············· 3－260　　周禮音訓不分卷 ··············· 1－55

周髀算經二卷 ················· 2－294　　周禮訓雋二十卷 ··············· 1－53

周髀算經二卷附音義一卷術數記遺一卷　　　　周禮集傳六卷 ················· 1－53

　　　　　　　　　　　　　　　 2－294　　周禮註疏十八卷 ··············· 1－52

周鴻渠行述一卷 ··············· 1－313　　周禮註疏三十卷 ··············· 1－53

周禮十二卷 ·················· 1－51　　周禮註疏四十二卷 ·············· 1－52

周禮十二卷 ·················· 1－51　　周禮註疏四十二卷 ·············· 1－52

周禮十二卷 ·················· 1－52　　周禮註疏四十二卷 ·············· 1－52

周禮三家佚註一卷 ·············· 1－54　　周禮註疏四十二卷 ·············· 1－52

周禮六卷 ··················· 1－51　　周禮補註八卷 ················· 1－53

周禮六卷 ··················· 1－51　　周禮節訓六卷 ················· 1－55

周禮六卷 ··················· 1－51　　周禮會通六卷 ················· 1－54

周禮六卷 ··················· 1－51　　周禮精華六卷 ················· 1－54

周禮六卷 ··················· 1－51　　周禮精華六卷 ················· 1－55

周禮六卷 ··················· 1－51　　周禮精華六卷 ················· 1－55

周禮六卷 ··················· 1－51　　周禮鄭注六卷 ················· 3－542

周禮六卷 ··················· 1－51　　周禮撮要三卷 ················· 1－55

周禮六卷 ··················· 1－51　　周禮輯義十二卷 ··············· 1－54

周禮六卷 ··················· 1－51　　周禮輯義十二卷 ··············· 1－54

周禮六卷 ··················· 1－52　　周禮總義六卷 ················· 1－53

周禮六卷 ··················· 1－52　　周禮纂訓二十一卷 ·············· 1－54

周禮六卷 ··················· 1－52　　周禮纂訓二十一卷 ·············· 1－54

周禮六卷 ··················· 3－542　　周禮釋註二卷 ················· 1－53

周禮六卷首一卷 ··············· 1－51　　周黼麟致仲九等詩稿 ············· 3－260

周禮正義八十六卷 ·············· 1－54　　周犢山稿一卷 ················· 3－260

周禮正義八十六卷 ·············· 1－54　　周懶予先生圍棋譜一卷 ············ 2－349

周禮折衷六卷 ················· 1－52　　周懶予先生圍棋譜一卷 ············ 2－349

　　　　　　　　　　　　　　　　　　　　　周鑾詒信札 ················· 3－260

京口山水志十八卷首一卷末一卷 …… 2-76
京口山水志十八卷首一卷末一卷 …… 2-76
京口山水志十八卷首一卷末一卷 …… 2-76
［光緒］京山縣志二十七卷首一卷 …… 2-24
京氏易八卷 …………………………… 1-10
京本校正音釋唐柳先生集四十三卷
　別集一卷外集一卷附錄一卷 ……… 3-96
京本校正音釋唐柳先生集四十三卷
　別集一卷外集一卷附錄一卷 …… 3-96
京本點校重言重意春秋經傳集解三十卷
　…………………………………… 1-85
京江耆舊集十三卷 ………………… 3-30
京省水道考六卷 …………………… 2-91
京都寶慶會館志二卷 ……………… 2-65
京師大學堂中國史講義 …………… 1-233
京師大學堂中國地理志講義 ……… 1-530
京師大學堂中國地理志講義 ……… 1-530
京師大學堂中國地理講義 ………… 1-530
京師大學堂中國通史講義 ………… 1-232
京師大學堂中國通史講義 ………… 1-232
京師大學堂倫理學講義 …………… 2-212
京師大學堂萬國史講義 …………… 1-233
京師大學堂掌故學講義 …………… 1-232
京師地名對二卷 …………………… 2-68
京師長沙郡館志不分卷 …………… 2-65
京師法政學堂同學錄 ……………… 1-386
京師譯學館規章 …………………… 1-434
京師譯學館輿地學講義一卷 ……… 1-530
京畿金石考二卷 …………………… 2-114
京畿金石考二卷 …………………… 2-114
京畿金石考二卷 …………………… 2-114
京畿金石考二卷 …………………… 2-114
京畿控制形勢藩部邊防界務口授略
　存一卷 …………………………… 1-530
夜雨秋燈錄初集四卷續集四卷三集四卷
　…………………………………… 3-459
夜雪集一卷 ………………………… 3-415
夜雪集一卷 ………………………… 3-415
夜談追錄二卷 ……………………… 3-226
夜談追錄二卷 ……………………… 3-226
庚子北京事變紀略一卷 …………… 1-268

庚子交涉隅錄一卷 ………………… 3-533
庚子秋詞二卷春蟄吟一卷 ………… 3-428
庚子國變彈詞四十卷 ……………… 3-444
庚子銷夏記八卷 …………………… 2-327
庚子銷夏記八卷 …………………… 2-327
庚子銷夏記八卷 …………………… 2-327
庚子銷夏記八卷 …………………… 2-327
庚子銷夏記八卷 …………………… 2-327
庚子銷夏記八卷 …………………… 2-327
庚子銷夏記八卷閑者軒帖考一卷 … 2-327
庚子銷夏記八卷閑者軒帖考一卷 … 2-327
庚子銷夏記八卷閑者軒帖考一卷 … 2-327
庚子銷夏記八卷閑者軒帖考一卷 … 2-327
庚辰集五卷 ………………………… 3-23
庚辰集五卷 ………………………… 3-23
庚辰集五卷 ………………………… 3-23
庚辛之間亡友列傳一卷 …………… 1-295
庚辛泣杭錄十六卷 ………………… 1-268
放足興學篇四卷 …………………… 2-370
放翁逸稿二卷齋居紀事一卷家世舊
　聞一卷 …………………………… 3-127
放游錄一卷 ………………………… 3-389
放猿集一卷桐江集一卷江山風月集一卷
　…………………………………… 3-388
刻大藏經緣起一卷 ………………… 2-452
刻天仙正理直論增註一卷 ………… 2-470
刻杜少陵先生詩分類集註二十三卷
　目錄一卷 ………………………… 3-84
育嬰堂紀事四卷 …………………… 2-62
性天真境不分卷 …………………… 2-476
性存堂集古百二壽印 ……………… 2-340
性命全旨五卷 ……………………… 2-473
性命雙修萬神圭旨四卷 …………… 2-478
性命雙修萬神圭旨四卷 …………… 2-478
性命雙修萬神圭旨□□卷 ………… 2-478
性相通說一卷 ……………………… 2-451
性相通說一卷 ……………………… 2-451
性相通說一卷 ……………………… 2-451
性相通說一卷 ……………………… 2-451
性理大全書七十卷 ………………… 2-189

209

性理大全書七十卷……………… 2-190
性理大全書七十卷……………… 2-190
性理大全書七十卷……………… 2-190
性理大全書七十卷……………… 2-190
性理大全書七十卷……………… 2-190
性理大全書七十卷……………… 2-190
性理大全書七十卷……………… 2-190
性理大全提要不分卷
性理精華十九卷………………… 2-458
性理體註訓解標題不分卷……… 2-185
性學閑筆語錄二卷次集二卷後集二
　　卷又後集一卷………………… 2-196
怡志堂詩初編八卷文初編六卷… 3-211
怡志堂詩初編八卷文初編六卷… 3-211
怡志堂詩初編八卷文初編六卷… 3-211
怡志堂詩初編八卷文初編六卷… 3-211
怡芬書屋詩草十卷……………… 3-255
怡芬書屋詩草十卷續稿一卷詞稿一
　　卷試帖一卷…………………… 3-255
怡怡樓遺稿一卷………………… 3-275
怡琴女史等花卉瓜果冊………… 2-337
怡雲詩草二卷…………………… 3-306
怡雲詩草二卷…………………… 3-306
怡雲廬駢體文一卷詩鈔一卷…… 3-260
怡園集一卷福祿鴛鴦集一卷…… 3-309
卷施草堂詩文集………………… 3-414
卷施草堂隨筆一卷……………… 3-414
卷施閣文乙集八卷續一卷更生齋文
　　乙集四卷……………………… 3-201
卷施閣文乙集八卷續一卷更生齋文
　　乙集四卷……………………… 3-201
卷施閣文乙集八卷續編一卷更生齋
　　文乙集四卷…………………… 3-262
卷施閣文乙集八卷續編一卷更生齋
　　文乙集四卷…………………… 3-262
卷施閣文乙集四卷……………… 3-262
卷施閣文甲集十卷乙集八卷詩集二
　　十卷附鮚軒詩八卷…………… 3-262
卷施閣文甲集十卷乙集八卷詩集二
　　十卷附鮚軒詩八卷…………… 3-262

卷施閣文甲集十卷乙集八卷詩集二
　　十卷附鮚軒詩八卷…………… 3-262
卷施閣文甲集十卷乙集八卷詩集二
　　十卷附鮚軒詩八卷…………… 3-262
卷施閣文甲集十卷補遺一卷續一卷
　　乙集八卷續編一卷詩集二十卷… 3-262
卷施閣文甲集十卷補遺一卷續一卷
　　乙集八卷續編一卷詩集二十卷… 3-262
卷施閣文甲集十卷補遺一卷續一卷
　　乙集八卷續編一卷詩集二十卷… 3-262
卷施閣集文甲集中卷稿………… 3-262
炎陵志十卷首一卷……………… 2-57
炎陵志八卷首一卷末一卷……… 2-57
法句經二卷……………………… 2-421
法因集疏四卷…………………… 2-440
法言十卷………………………… 2-176
法言十卷………………………… 2-176
法言疏證十三卷校補一卷……… 2-197
法苑珠林一百卷………………… 2-446
法苑珠林一百卷………………… 2-446
法苑珠林一百卷………………… 2-446
法苑珠林一百卷………………… 2-446
法苑珠林一百卷………………… 2-446
法門疏鈔二卷…………………… 2-441
法京紀事詩一卷………………… 3-194
法京紀事詩一卷………………… 3-194
法京紀事詩一卷………………… 3-194
法界安立圖三卷………………… 2-449
法界安立圖三卷………………… 2-449
法界聖凡水陸普度大齊勝會儀軌會
　　本六卷………………………… 2-439
法界觀一卷……………………… 2-443
法界觀一卷……………………… 2-443
法界觀一卷……………………… 2-443
法界觀一卷……………………… 2-443
法界觀一卷……………………… 2-443
法華玄義序釋懺一卷…………… 2-434
法華玄義序釋懺一卷…………… 2-434
法華經安樂行義一卷…………… 2-443
法華經安樂行義一卷…………… 2-443
法海津梁………………………… 2-421

法海觀瀾五卷 ·················· 2－450
法書考八卷 ···················· 2－321
法書考八卷 ···················· 2－321
法書要錄十卷 ·················· 2－320
法國水師考 ···················· 1－469
法國水師考 ···················· 1－469
法國水師考 ···················· 1－469
法國水師考 ···················· 1－469
法國水師考 ···················· 1－469
法國律例民律二十二卷 ·········· 1－490
法國律例民律指掌八卷 ·········· 1－490
法國律例刑名定範二卷 ·········· 1－490
法國律例刑律四卷 ·············· 1－490
法國律例貿易定律四卷 ·········· 1－490
法國律例園林則律二卷 ·········· 1－490
法國條款一卷 ·················· 1－467
法國海軍職要一卷 ·············· 1－469
法國新志四卷 ·················· 2－167
法國新志四卷 ·················· 2－167
法國新志四卷 ·················· 2－167
法源悟禪師語錄□□卷 ·········· 2－460
法學通論九卷 ·················· 1－490
法藏碎金錄十卷 ················ 2－448
法蘭西刑法一卷 ················ 1－490
法蘭西志六卷 ·················· 2－167
法蘭西志六卷 ·················· 2－167
法蘭西志六卷 ·················· 2－167
河工器具圖說四卷 ·············· 2－96
河工器具圖說四卷 ·············· 2－96
河上易註八卷圖說二卷 ·········· 1－24
河上易註八卷圖說二卷 ·········· 1－24
河上易註八卷圖說二卷 ·········· 1－24
[道光]河內縣志三十六卷 ········ 2－17
[康熙]河內縣志五卷 ············ 2－17
[河北定興]安興鹿氏家譜十三卷 ··· 1－353
河北省城模範監獄規則 ·········· 1－489
河北省楚南武職同官錄不分卷 ···· 1－385
[道光]河曲縣志四卷 ············ 1－536
河防一覽榷十二卷 ·············· 2－95
河防一覽榷十二卷 ·············· 2－95
河防志□□卷 ·················· 2－96

河防紀略四卷 ·················· 2－96
河防紀略四卷 ·················· 2－96
河東先生文集六卷 ·············· 3－95
河東先生文集六卷 ·············· 3－95
河東先生文集六卷 ·············· 3－95
河東先生集十五卷 ·············· 3－122
河東先生集四十五卷外集二卷附錄
　二卷龍城錄二卷 ············· 3－96
河東鹽法備覽十二卷 ············ 1－449
河岳英靈集二卷 ················ 2－557
河南二程全書 ·················· 3－508
河南二程全書 ·················· 3－508
河南二程全書 ·················· 3－508
河南先生文集二十七卷附錄一卷 ··· 3－113
河南先生文集二十七卷附錄一卷 ··· 3－113
河南先生文集二十七卷附錄一卷 ··· 3－113
[乾隆]河南府志一百十六卷 ······· 2－20
[弘治]河南郡志四十二卷 ········· 2－20
河南財政說明書:地方行政經費 ···· 1－450
河南財政說明書:歲出部 ········· 1－450
[雍正]河南通志八十卷 ··········· 2－16
[雍正]河南通志八十卷 ··········· 2－16
[雍正]河南通志八十卷 ··········· 2－16
河南鄉試錄不分卷:同治九年庚午科 ···· 3－50
河南程氏全書 ·················· 3－508
河南程氏全書 ·················· 3－508
河南程氏全書 ·················· 3－508
河南程氏全書 ·················· 3－508
河南程氏全書 ·················· 3－508
河南程氏全書 ·················· 3－508
河南程氏粹言二卷 ·············· 2－187
河南程氏遺書二十五卷附錄一卷 ··· 2－187
河南衛輝府淇縣輿地圖說二卷 ····· 2－101
河洛八卦論一卷回文一卷 ········· 1－25
河洛八卦論一卷回文一卷 ········· 1－25
河洛八卦論一卷回文一卷 ········· 1－25
河洛八卦論一卷回文一卷 ········· 1－26
河洛八卦論一卷回文一卷 ········· 2－404
河洛理數七卷 ·················· 2－404
河洛理數七卷 ·················· 2－404
河洛理數六卷 ·················· 2－404

河洛精蘊九卷 …………………… 2－404

河海昆侖錄四卷 …………………… 2－103

河海昆侖錄四卷 …………………… 3－386

河渠志四卷 ………………………… 2－99

沾沾集一卷附家宴詩一卷 ………… 3－409

沮江隨筆二卷 ……………………… 2－73

泪影詞一卷 ………………………… 3－428

［光緒］泗虹合志十九卷 ………… 2－2

泊如齋重修宣和博古圖錄三十卷 …… 2－118

泊如齋重修宣和博古圖錄三十卷 …… 2－118

泊如齋重修宣和博古圖錄三十卷 …… 2－118

泊如齋重修宣和博古圖錄三十卷 …… 3－538

泊鷗山房集三十八卷 ……………… 3－326

泊鷗山房集三十八卷 ……………… 3－326

泖水鄉歌一卷 ……………………… 3－270

［道光］泌陽縣志十二卷首一卷 …… 2－19

［康熙］泌陽縣志四卷 …………… 2－19

波斯志 ……………………………… 2－165

治心免病法二卷 …………………… 2－286

治平通議八卷 ……………………… 2－374

治台必告錄八卷 …………………… 2－71

治河奏疏二卷 ……………………… 1－498

治河奏疏二卷五峰遺文一卷 ……… 1－498

治河奏疏二卷五峰遺文一卷 ……… 1－498

治河奏疏二卷五峰遺文一卷 ……… 1－498

治河奏疏二卷五峰遺文一卷 ……… 1－498

治河奏疏二卷五峰遺文一卷 ……… 1－498

治軍剿說一卷 ……………………… 2－229

治書堂詩存五卷 …………………… 3－285

治書堂詩存五卷 …………………… 3－285

治痢津梁一卷 ……………………… 2－275

治湯火所傷藥方一卷 ……………… 2－278

治經齋稿一卷 ……………………… 3－350

治蝗全法四卷附錄一卷 …………… 2－240

宗子相先生集二十五卷 …………… 3－164

宗門統要續集二十二卷 …………… 2－461

宗教律諸家演派摘錄聖武記之卷五

　溯查西藏刺麻來源一卷 ………… 2－452

宗教律諸家演派摘錄聖武記之卷五

　溯查西藏刺麻來源一卷 ………… 2－452

宗聖志二十卷 ……………………… 1－285

宗聖志二十卷 ……………………… 1－285

宗聖志二十卷 ……………………… 1－285

宗聖志二十卷 ……………………… 1－285

宗聖志二十卷 ……………………… 1－285

宗聖志二十卷 ……………………… 1－285

宗範八卷 …………………………… 2－457

宗鏡錄一百卷 ……………………… 2－461

宗鏡錄一百卷 ……………………… 2－461

宗鏡錄一百卷 ……………………… 2－461

宗鏡錄一百卷 ……………………… 2－461

宗鑑法林七十二卷 ………………… 2－456

定山堂詩集四十三卷詩餘四卷古文

　小品二卷續集一卷古文補遺三卷

　龔端毅公手札一卷 ……………… 3－414

定例彙編不分卷 …………………… 1－486

［道光］定南廳志八卷 …………… 2－13

定香亭筆談四卷 …………………… 2－369

定香亭筆談四卷 …………………… 2－369

定香亭筆談四卷 …………………… 2－369

定香亭筆談四卷 …………………… 2－369

定香亭筆談四卷 …………………… 3－245

［光緒］定海廳志三十卷首一卷 …… 2－5

定庵文集三卷續集四卷文集補編四

　卷續錄一卷古今體詩二卷續錄一

　卷雜詩一卷詞選一卷詞錄一卷龔

　孝珙手鈔詞一卷拾遺一卷 ……… 3－413

定庵文集三卷續集四卷補編四卷續

　錄一卷古今體詩二卷雜詩一卷詞

　選一卷詞錄一卷 ………………… 3－413

定庵文集三卷續集四卷補編四卷續

　錄一卷古今體詩二卷雜詩一卷詞

　選一卷詞錄一卷 ………………… 3－413

定庵文集三卷續集四卷補編四卷續

　錄一卷古今體詩二卷雜詩一卷詞

　選一卷詞錄一卷 ………………… 3－413

定庵文集三卷續集四卷續錄一卷古

　今體詩二卷雜詩一卷詞選一卷詞

　錄一卷 …………………………… 3－413

定庵文集三卷續集四卷續錄一卷古

　今體詩二卷雜詩一卷詞選一卷詞

　錄一卷 …………………………… 3－413

定庵文集三卷續集四卷續錄一卷古
　　今體詩二卷雜詩一卷詞選一卷詞
　　錄一卷 ………………………… 3－413
定庵文集三卷續集四卷續錄一卷古
　　今體詩二卷雜詩一卷詞選一卷詞
　　錄一卷 ………………………… 3－413
定庵文集三卷續集四卷續錄一卷古
　　今體詩二卷雜詩一卷詞選一卷詞
　　錄一卷 ………………………… 3－413
定庵文集三卷續集四卷續錄一卷古
　　今體詩二卷雜詩一卷詞選一卷詞
　　錄一卷 ………………………… 3－413
定庵文集三卷續集四卷續錄一卷補
　　編三卷古今體詩二卷雜詩一卷詞
　　選一卷詞錄一卷 …………… 3－413
定庵文集三卷續集四卷續錄一卷補
　　編三卷古今體詩二卷雜詩一卷詞
　　選一卷詞錄一卷 …………… 3－413
定庵文集三卷續集四卷續錄一卷補
　　編三卷古今體詩二卷雜詩一卷詞
　　選一卷詞錄一卷 …………… 3－413
［光緒］定遠廳志二十六卷首一卷
　　補遺一卷 …………………… 1－542
［同治］宜昌府志十六卷首一卷 ……… 2－24
［同治］宜春縣志十卷首一卷 ………… 2－10
［同治］宜城縣志十卷續志二卷 ……… 2－27
［光緒］宜城縣續志二卷 …………… 2－27
［康熙］宜都縣志十二卷首一卷末一卷
　　　………………………………… 2－25
［康熙］宜都縣志十二卷首一卷末一卷
　　　………………………………… 2－25
［同治］宜都縣志四卷首一卷末一卷 … 2－25
［同治］宜黃縣志五十卷首一卷 ……… 2－11
［嘉慶］宜章縣志二十四卷首一卷 …… 2－47
［乾隆］宜章縣志十三卷 …………… 2－47
宜章縣鄉土風俗志 ………………… 2－68
宜稼堂叢書 ………………………… 3－495
宜稼堂叢書 ………………………… 3－495
宜稼堂叢書 ………………………… 3－495
宜稼堂叢書 ………………………… 3－495
宜稼堂叢書 ………………………… 3－495

［光緒］宜興荊溪縣新志十卷首一卷
　　末一卷 ……………………… 2－1
［嘉慶］宜興縣志四卷首一卷 ……… 1－553
官場現形記五編六十卷 …………… 3－469
官場現形記五編六十卷 …………… 3－469
官厨珍錯不分卷 …………………… 2－501
空山堂史記評註十二卷 …………… 1－400
空山堂全集 ………………………… 3－513
空山堂集十二卷 …………………… 3－201
空同子集六十六卷目錄三卷附錄二卷
　　　………………………………… 3－161
空青石傳奇二卷 …………………… 3－442
宛陵先生文集六十卷 ……………… 3－125
宛陵先生文集六十卷 ……………… 3－125
宛陵先生文集六十卷 ……………… 3－125
宛陵先生文集六十卷 ……………… 3－125
宛陵先生文集六十卷 ……………… 3－125
宛陵先生文集六十卷 ……………… 3－125
宛陵先生文集六十卷 ……………… 3－125
宛陵先生文集六十卷附錄三卷續金
　　鍼詩格一卷 ………………… 3－125
宛陵先生集六十卷拾遺一卷 ……… 3－125
宛陵先生集六十卷拾遺一卷 ……… 3－125
宛雅二編八卷 ……………………… 3－32
宛雅三編二十四卷 ………………… 3－32
宛雅初編八卷 ……………………… 3－32
宛鄰文二卷詩二卷 ………………… 3－310
宛鄰書屋古詩錄十二卷 …………… 2－553
郎岱廳屬十里風土大概情形 ……… 2－74
郎潛紀聞十四卷 …………………… 2－395
郎潛紀聞十四卷二筆十六卷三筆十二卷
　　　………………………………… 2－395
郎潛紀聞十四卷二筆十六卷三筆十二卷
　　　………………………………… 2－395
郎潛紀聞十四卷二筆十六卷三筆十二卷
　　　………………………………… 2－395
郎潛紀聞初筆七卷二筆八卷三筆六卷
　　　………………………………… 2－395
房考酌雅集八卷 …………………… 3－47
［同治］房縣志十二卷首一卷 ………… 2－26

祈園詩集一卷 …………………… 3－313
建文年譜四卷 …………………… 1－321
[雍正]建水州志十六卷 ………… 2－40
建安七子集 ……………………… 2－506
建安七子集 ……………………… 2－506
建安七子集 ……………………… 2－507
[同治]建昌府志十卷首一卷 …… 2－11
[同治]建昌縣志十二卷首一卷 …… 2－8
建炎以來繫年要錄二百卷 ……… 1－234
建炎以來繫年要錄二百卷 ……… 1－235
[同治]建始縣志八卷首一卷 …… 2－25
建昭雁足鐙考二卷 ……………… 2－122
[康熙]建寧府志四十八卷 ……… 2－15
[宣統]建德縣志二十卷首一卷 …… 2－3
[道光]建德縣志二十卷首一卷 …… 2－3
[康熙]建德縣志十卷 …………… 2－3
居士傳五十六卷 ………………… 2－463
居東集二卷 ……………………… 3－382
居易金箴二卷 …………………… 2－214
居易草堂詩集三卷 ……………… 3－228
居易草堂詩集三卷 ……………… 3－228
居易草堂詩集三卷 ……………… 3－228
居易草堂詩集三卷 ……………… 3－228
居易堂圍棋新譜六卷棋經一卷 …… 2－349
居易堂集二十卷 ………………… 3－286
居易樓遺稿二卷 ………………… 3－236
居易錄三十四卷 ………………… 2－366
居易錄三十四卷 ………………… 2－366
居易錄三十四卷 ………………… 2－366
居易錄三十四卷 ………………… 2－366
居易錄三十四卷 ………………… 2－367
居易錄三十四卷 ………………… 2－367
居官必要二卷 …………………… 1－438
居官要訣一卷 …………………… 1－440
居官鏡一卷 ……………………… 1－438
居喪念佛通儀一卷 ……………… 2－456
居業堂文集二十卷 ……………… 3－198
居業堂文集二十卷 ……………… 3－198
居業錄粹語二卷 ………………… 2－189
居濟一得八卷 …………………… 2－96
居濟一得五卷 …………………… 2－96

屈子正音三卷 …………………… 3－70
屈子章句七卷 …………………… 3－71
屈子意逆二卷 …………………… 3－71
屈宋古音考一卷附錄一卷 ……… 1－178
屈宋古音義三卷 ………………… 1－178
屈宋古音義三卷 ………………… 1－178
屈原賦註七卷屈原賦通釋二卷屈原
　賦音義三卷 …………………… 3－71
屈原賦註七卷屈原賦通釋二卷屈原
　賦音義三卷 …………………… 3－71
屈原賦註七卷通釋二卷 ………… 3－71
屈賈文合編 ……………………… 2－506
屈壽祺鄉試硃卷 ………………… 3－254
屈賦微二卷 ……………………… 3－72
屈騷心印五卷首一卷 …………… 3－71
弧矢算術細草圖解一卷 ………… 2－302
弦雪居重訂遵生八箋十九卷總目一卷
　 …………………………………… 2－364
弦雪居重訂遵生八箋十九卷總目一卷
　 …………………………………… 2－364
弦詩塾詩六卷 …………………… 3－273
弢甫集二十五卷 ………………… 3－285
弢甫集三十卷續集二十卷五嶽集二
　十卷洞庭集二卷 ……………… 3－285
弢華館詩稿一卷 ………………… 3－356
弢塵館詩存四卷 ………………… 3－188
弢齋詩錄一卷 …………………… 3－418
陋巷志八卷 ……………………… 2－66
陋巷志八卷 ……………………… 2－66
陋巷志八卷 ……………………… 2－66
陋軒詩十二卷續二卷 …………… 3－242
陔南池館遺集二卷 ……………… 3－354
陔餘叢考四十三卷 ……………… 2－391
陔餘叢考四十三卷 ……………… 2－392
陔餘叢考四十三卷 ……………… 2－392
陔餘叢考四十三卷 ……………… 2－392
陔餘叢考四十三卷 ……………… 2－392
陔餘叢考四十三卷 ……………… 2－392
陔餘叢考四十三卷 ……………… 2－392
陔餘叢考四十三卷 ……………… 2－392
陔餘叢考四十三卷 ……………… 3－538

陔蘭書屋詩集六卷二集三卷補遺一卷
　睡香花室詞一卷秋碧詞一卷同心室
　詞一卷憶佩居詞一卷瀟碧詞一卷
　…………………………………… 3－389
姑蘇名賢小記二卷 ……………… 1－283
[正德]姑蘇志六十卷 …………… 1－549
姓氏急就篇二卷 ………………… 2－505
姓氏急就篇二卷 ………………… 2－505
姓解三卷 ………………………… 1－378
姓解三卷 ………………………… 1－378
姓解三卷 ………………………… 1－378
姓觿十卷 ………………………… 1－378
始有廬詩稿八卷澼月樓詞稿一卷 … 3－285
始終心要一卷 …………………… 2－458
始終心要一卷 …………………… 2－464
始終心要一卷 …………………… 2－464
[乾隆]始興縣志十六卷 ………… 2－28
迦陵詞全集三十卷 ……………… 3－432
[道光]承德府志六十卷首二十六卷
　…………………………………… 1－532
[光緒]承德縣志十類 …………… 1－532
孟子二卷 ………………………… 1－111
孟子七卷 ………………………… 1－110
孟子七卷 ………………………… 3－543
孟子孝義發十三卷 ……………… 1－112
孟子弟子考補正一卷 …………… 1－298
孟子要略五卷附錄一卷 ………… 1－111
孟子要略五卷附錄一卷 ………… 1－111
孟子要略五卷附錄一卷 ………… 1－111
孟子要略五卷附錄一卷 ………… 1－111
孟子要略五卷附錄一卷 ………… 1－111
孟子時事考徵四卷 ……………… 1－112
孟子章句考年五卷首一卷 ……… 1－319
孟子集註十四卷 ………………… 1－111
孟子集註十四卷 ………………… 1－111
孟子集註七卷 …………………… 1－111
孟子註十四卷 …………………… 1－110
孟子註疏十四卷附考證 ………… 1－110
孟子註疏校勘記十四卷 ………… 1－111
孟子註疏解經十四卷 …………… 1－110

孟子註疏解經十四卷音義二卷 … 1－110
孟子註疏解經十四卷音義二卷 … 1－110
孟子趙氏註十四卷音義二卷 …… 1－110
孟子趙註補正六卷 ……………… 1－112
孟子演義一卷 …………………… 2－183
孟子篇叙七卷孟子年表一卷 …… 1－112
孟子編年四卷 …………………… 1－319
孟子編年四卷 …………………… 1－319
孟子編年四卷 …………………… 1－319
孟子講義困勉錄十四卷 ………… 1－112
孟我疆先生集六卷 ……………… 3－164
孟東野集十卷 …………………… 3－94
孟東野集十卷 …………………… 3－94
孟東野集十卷 …………………… 3－94
孟和詩草二卷 …………………… 3－264
孟亭詩集四卷 …………………… 3－198
孟姜山志十二卷首一卷 ………… 2－77
孟姜女送夫一卷孟姜女尋夫一卷 … 3－449
孟津詩十九卷 …………………… 3－41
[順治]孟津縣志四卷 …………… 2－20
孟晉齋文集五卷周列士傳一卷 … 3－411
孟晉齋詩集四卷首一卷 ………… 3－222
孟浩然集四卷 …………………… 3－95
孟浩然集四卷 …………………… 3－95
孟浩然詩集二卷 ………………… 3－80
孟浩然詩集二卷 ………………… 3－80
孟浩然詩集二卷 ………………… 3－95
孟浩然詩集二卷 ………………… 3－95
孟浩然詩集二卷 ………………… 3－95
孟浩然詩集二卷 ………………… 3－95
孟塗前集十卷後集二十二卷文集十
　卷駢體文二卷 ………………… 3－396
孤忠錄二卷 ……………………… 1－501
孤嶼志八卷 ……………………… 2－80
函海 ……………………………… 3－492
函海 ……………………………… 3－492
函海 ……………………………… 3－492
函海 ……………………………… 3－492
函海 ……………………………… 3－493
函海 ……………………………… 3－493
函海 ……………………………… 3－493

函雅堂集四十卷…………………… 3－197

函樓文鈔九卷奏稿一卷制義一卷詩
　　鈔十六卷因遇詩一卷詞鈔四卷…… 3－255

函樓文鈔九卷奏稿一卷制義一卷詩
　　鈔十六卷因遇詩一卷詞鈔四卷…… 3－255

函樓文鈔九卷奏稿一卷制義一卷詩
　　鈔十六卷因遇詩一卷詞鈔四卷…… 3－255

函樓文鈔九卷奏稿一卷制義一卷詩
　　鈔十六卷因遇詩一卷詞鈔四卷…… 3－255

九畫

契丹國志二十七卷………………… 1－274

契丹國志二十七卷………………… 1－274

契丹國志二十七卷………………… 1－274

奏定高等學堂章程………………… 1－431

奏定陸軍小學章程………………… 1－468

奏定湖北通省稅契章程十三條……… 1－454

奏定湖北籌餉徵收烟酒糖三項出産
　　落地稅章………………………… 1－454

奏定學堂章程不分卷……………… 1－431

奏定諮議局章程并按語及議員選舉
　　章程釋義………………………… 1－488

奏定懲治陸軍漏泄機密等項章程…… 1－487

奏定續增湖北通省稅契章程……… 1－454

奏准天津新議各國通商條款……… 1－452

奏准粤漢川漢鐵路供款合同……… 1－460

奏疏條陳擇要二卷………………… 1－495

奏摺條件輯覽四卷………………… 1－422

奏請爲曾國藩建立專祠摺一卷……… 1－505

奏遵旨收回粤漢鐵路照繕美國合興
　　公司售讓合同進呈并瀝陳籌辦情形摺……
　　…………………………………… 1－460

奏遵旨查明湖南商會請將湘省鐵路
　　歸商籌辦窒礙難行并已勸諭該商
　　會所招股分歸入奏設公司并舉總
　　理協理各員摺…………………… 1－460

奏遵旨查明湖南商會請將湘省鐵路
　　歸商籌辦窒礙難行并已勸諭該商
　　會所招股分歸入奏設公司并舉總
　　理協理各員摺…………………… 1－460

奏遵旨查明湖南商會請將湘省鐵路
　　歸商籌辦窒礙難行并已勸諭該商
　　會所招股分歸入奏設公司并舉總
　　理協理各員摺…………………… 1－460

奏遵旨查明湖南商會請將湘省鐵路
　　歸商籌辦窒礙難行并已勸諭該商
　　會所招股分歸入奏設公司并舉總
　　理協理各員摺…………………… 1－460

奏遵旨將御史黃昌年所奏收回粤漢
　　鐵路各節據實覆陳摺…………… 1－460

奏辦京師華商電燈有限公司章程… 1－458

奏辦京師華商電燈有限公司章程… 1－458

奏辦商立溥利呢革公司章程……… 1－458

奏辦湖北鐵釘廠章程事要………… 1－459

奏辦湖南全省保甲章程一卷……… 1－474

奏辦湖南礦務簡明章程…………… 1－459

春及堂詩集四十三卷……………… 3－289

春在堂全書………………………… 3－518

春在堂全書………………………… 3－518

春在堂全書………………………… 3－518

春在堂全書………………………… 3－518

春在堂全書………………………… 3－518

春在堂全書………………………… 3－518

春在堂全書………………………… 3－518

春在堂全書………………………… 3－518

春在堂全書………………………… 3－518

春在堂全書………………………… 3－518

春在堂詞錄三卷全書錄要一卷……… 3－270

春在堂楹聯錄三卷續編五卷附錄一
　　卷尺牘續編一卷………………… 3－270

春在堂詩編六卷…………………… 3－270

春在堂詩編六卷詞錄三卷………… 3－270

春在堂詩編六卷詞錄三卷………… 3－270

春在堂雜文二卷續編五卷詩編八卷
　　詞錄三卷尺牘四卷……………… 3－270

春在堂雜文二卷續編五卷詩編八卷
　　詞錄三卷尺牘四卷……………… 3－270

春早堂詩集六卷 ·············· 3 – 271
春江詩集六卷文集六卷時文二卷擬
　墨一卷鄉墨一卷會墨一卷外編一
　卷暗齋初編一卷朼稿一卷雙江別
　稿一卷 ·············· 3 – 320
春池文鈔十卷 ·············· 3 – 298
春池草堂詩編一卷雜文彙集一卷顧
　山廨中雜詠一卷 ·············· 3 – 400
春冰室野乘一卷 ·············· 3 – 459
春雨樓詩略八卷 ·············· 3 – 284
春雨樓叢書 ·············· 3 – 509
春雨樓叢書 ·············· 3 – 509
春明退朝錄三卷 ·············· 2 – 360
春明夢餘錄七十卷 ·············· 2 – 68
春明夢餘錄七十卷 ·············· 2 – 68
春明稿目錄填鄖續稿目錄 ·············· 3 – 187
春帖遺墨題詞一卷 ·············· 3 – 63
春草齋詩集五卷文集六卷 ·············· 3 – 169
春柳草堂集四卷 ·············· 3 – 322
春星堂詩集十卷 ·············· 3 – 41
春星閣詩鈔十五卷附一卷 ·············· 3 – 358
春星閣詩鈔十五卷附一卷 ·············· 3 – 358
春星閣詩鈔十五卷附一卷 ·············· 3 – 358
春星閣詩鈔十五卷附一卷 ·············· 3 – 358
春星閣詩鈔十五卷附一卷 ·············· 3 – 359
春秋 ·············· 1 – 84
春秋 ·············· 1 – 84
春秋 ·············· 1 – 84
春秋十六卷首一卷 ·············· 1 – 83
春秋十六卷首一卷 ·············· 1 – 83
春秋十六卷首一卷 ·············· 1 – 83
春秋十六卷首一卷 ·············· 1 – 83
春秋十六卷首一卷 ·············· 1 – 83
春秋十六卷首一卷 ·············· 1 – 84
春秋十六卷首一卷 ·············· 1 – 84
春秋十六卷首一卷 ·············· 1 – 84
春秋人物譜十三卷 ·············· 1 – 87
春秋三十卷 ·············· 1 – 76
春秋三十卷總目一卷 ·············· 1 – 76
春秋三十卷總目一卷 ·············· 1 – 76

春秋三傳十六卷首一卷附釋文音義
　·············· 3 – 531
春秋大事表三卷 ·············· 1 – 82
春秋大事表五十卷春秋輿圖一卷附
　錄一卷 ·············· 1 – 82
春秋大事表五十卷春秋輿圖一卷附
　錄一卷 ·············· 1 – 82
春秋大事表五十卷春秋輿圖一卷附
　錄一卷 ·············· 1 – 82
春秋大事表五十卷春秋輿圖一卷附
　錄一卷 ·············· 1 – 82
春秋大事表五十卷春秋輿圖一卷附
　錄一卷 ·············· 1 – 83
春秋大事表五十卷春秋輿圖一卷附
　錄一卷 ·············· 1 – 83
春秋大事表五十卷春秋輿圖一卷附
　錄一卷 ·············· 1 – 83
春秋大事表六卷 ·············· 1 – 82
春秋大事表六卷 ·············· 1 – 82
春秋大事表摘要四卷 ·············· 1 – 83
春秋大事表摘要四卷 ·············· 1 – 83
春秋大事表摘要四卷 ·············· 1 – 83
春秋五傳十七卷首一卷 ·············· 1 – 80
春秋五傳十七卷首一卷 ·············· 1 – 80
春秋比二卷 ·············· 1 – 79
春秋比二卷 ·············· 1 – 79
春秋比事目錄四卷 ·············· 1 – 77
春秋比事目錄四卷 ·············· 1 – 77
春秋比事目錄四卷 ·············· 1 – 77
春秋比事參義一卷 ·············· 1 – 82
春秋比事參義十六卷 ·············· 1 – 80
春秋比事總 ·············· 1 – 77
春秋內傳古註輯存三卷 ·············· 1 – 82
春秋公羊何氏釋例十卷公羊春秋何
　氏解詁箋一卷左氏春秋考證二卷
　·············· 1 – 94
春秋公羊註疏質疑二卷 ·············· 1 – 93
春秋公羊註疏質疑二卷 ·············· 1 – 93
春秋公羊註疏質疑二卷 ·············· 1 – 93
春秋公羊傳十一卷 ·············· 1 – 92
春秋公羊傳十一卷 ·············· 1 – 92

春秋公羊傳十一卷 …………… 1－92
春秋公羊傳十一卷 …………… 1－92
春秋公羊傳十一卷 …………… 1－92
春秋公羊傳十一卷 …………… 1－92
春秋公羊傳十一卷 …………… 1－92
春秋公羊傳十二卷 …………… 1－91
春秋公羊傳十二卷 …………… 1－93
春秋公羊傳十二卷 …………… 1－93
春秋公羊傳考異十一卷 ……… 1－94
春秋公羊傳音訓不分卷 ……… 1－94
春秋公羊傳註疏二十八卷 …… 1－92
春秋公羊傳註疏二十八卷附考證 …… 1－92
春秋公羊傳註疏二十八卷附考證 …… 1－92
春秋公羊傳摘鈔一卷春秋穀梁傳摘
　鈔一卷 …………………… 1－93
春秋公羊傳箋十一卷 ………… 1－94
春秋公羊傳箋十一卷 ………… 1－94
春秋公羊傳箋十一卷 ………… 1－94
春秋公羊傳箋十一卷 ………… 1－94
春秋公羊傳箋十一卷 ………… 1－94
春秋公羊經傳解詁十二卷 …… 1－92
春秋公羊經傳解詁十二卷 …… 1－92
春秋公羊經傳解詁十二卷 …… 1－92
春秋公羊經傳解詁十二卷 …… 1－92
春秋公羊經傳解詁十二卷 …… 1－92
春秋公羊禮疏十一卷 ………… 1－93
春秋正傳三十七卷末一卷 …… 1－77
春秋正辭十一卷附舉例一卷要指一卷
　………………………… 1－80
春秋世族譜二卷 ……………… 1－81
春秋世族譜二卷 ……………… 1－81
春秋世論五卷 ………………… 1－77
春秋世論五卷 ………………… 1－78
春秋左氏古經十二卷五十凡一卷 … 1－88
春秋左氏古經十二卷五十凡一卷 … 1－89
春秋左氏傳古註六卷 ………… 1－91
春秋左氏傳旁訓三十卷 ……… 1－89
春秋左氏傳賈服註輯述二十卷 …… 1－88
春秋左氏傳賈服註輯述二十卷 …… 1－88
春秋左氏傳賈服註輯述二十卷 …… 1－88
春秋左傳三十卷 ……………… 1－84

春秋左傳三十卷 ……………… 1－84
春秋左傳三十卷 ……………… 1－84
春秋左傳三十卷 ……………… 1－84
春秋左傳三十卷 ……………… 1－84
春秋左傳三十卷 ……………… 1－84
春秋左傳三十卷 ……………… 1－84
春秋左傳三十卷 ……………… 1－84
春秋左傳五十卷 ……………… 1－84
春秋左傳五十卷 ……………… 1－84
春秋左傳五十卷 ……………… 1－84
春秋左傳五十卷 ……………… 1－84
春秋左傳五十卷 ……………… 1－85
春秋左傳杜註三十卷首一卷 …… 1－89
春秋左傳杜註三十卷首一卷 …… 1－89
春秋左傳杜註三十卷首一卷 …… 1－89
春秋左傳杜註三十卷首一卷 …… 1－89
春秋左傳杜註三十卷首一卷 …… 1－89
春秋左傳杜註三十卷首一卷 …… 1－89
春秋左傳杜註三十卷首一卷 …… 1－89
春秋左傳杜註三十卷首一卷 …… 1－89
春秋左傳杜註三十卷首一卷 …… 1－89
春秋左傳杜註三十卷首一卷 …… 1－89
春秋左傳杜註三十卷首一卷 …… 1－89
春秋左傳杜註三十卷首一卷 …… 1－89
春秋左傳杜註三十卷首一卷 …… 1－89
春秋左傳杜註三十卷首一卷 …… 1－89
春秋左傳杜註三十卷首一卷 …… 1－89
春秋左傳風俗義例一卷 ……… 1－88
春秋左傳音訓不分卷 ………… 1－91
春秋左傳詁二十卷 …………… 1－88
春秋左傳詁二十卷 …………… 1－88
春秋左傳註六十卷 …………… 1－85
春秋左傳註六十卷 …………… 1－85
春秋左傳註六十卷 …………… 1－85
春秋左傳註六十卷 …………… 1－85
春秋左傳註評測義七卷世系譜一卷
　總評一卷名號異稱便覽一卷地名
　配古籍一卷 ………………… 1－87

春秋左傳註評測義七卷世系譜一卷
　總評一卷名號異稱便覽一卷地名
　配古籍一卷 …………………… 1－87
春秋左傳註疏六十卷 …………… 1－85
春秋左傳註疏附考證六十卷 …… 1－85
春秋左傳註疏附考證六十卷 …… 1－85
春秋左傳補註六卷 ……………… 1－90
春秋左傳補註六卷 ……………… 1－90
春秋左傳補註六卷 ……………… 1－91
春秋左傳補註六卷 ……………… 1－91
春秋左傳補疏五卷 ……………… 1－91
春秋左傳綱目杜林詳註十四卷首一卷
　……………………………… 1－85
春秋左傳綱目杜林詳註十四卷首一卷
　……………………………… 1－85
春秋左傳綱目杜林詳註十四卷首一卷
　……………………………… 1－85
春秋左傳綱目杜林詳註十四卷首一卷
　……………………………… 1－85
春秋左傳綱目杜林詳註十四卷首一卷
　……………………………… 1－85
春秋左傳綱目杜林詳註十四卷首一卷
　……………………………… 1－86
春秋左傳綱目杜林詳註十四卷首一卷
　……………………………… 1－86
春秋左傳綱目杜林詳註十四卷首一卷 … 1－86
春秋左傳類對賦一卷 …………… 1－87
春秋左傳釋人十二卷世系一卷年表
　一卷附錄一卷 ………………… 1－88
春秋左傳釋人十二卷世系一卷年表
　一卷附錄一卷 ………………… 1－88
春秋左傳屬事二十卷古字奇字音釋
　一卷春秋左傳註解辨誤二卷辨誤
　補遺一卷古器圖一卷 ………… 1－87
春秋左傳屬事目錄一卷列國年表一
　卷序文一卷 …………………… 1－87
春秋目論二卷 …………………… 1－82
春秋目論二卷 …………………… 1－82
春秋四傳三十八卷綱領一卷提要一
　卷春秋二十國年表一卷諸國興廢
　說一卷 ………………………… 1－77

春秋四傳三十八卷綱領一卷提要一
　卷春秋二十國年表一卷諸國興廢
　說一卷 ………………………… 1－77
春秋四傳私考二卷 ……………… 1－77
春秋四傳質十二卷 ……………… 1－77
春秋四傳質十二卷 ……………… 1－77
春秋四傳質十二卷 ……………… 1－77
春秋地名辨異三卷 ……………… 1－81
春秋列國表不分卷 ……………… 1－276
春秋列國表不分卷 ……………… 1－276
春秋列國表不分卷 ……………… 1－276
春秋列國表不分卷 ……………… 1－276
春秋列國圖五卷 ………………… 1－80
春秋名號歸一圖二卷 …………… 1－75
春秋名號歸一圖二卷 …………… 1－85
春秋長曆十卷 …………………… 1－81
春秋取義測十二卷 ……………… 1－79
春秋取義測十二卷 ……………… 1－79
春秋直解十二卷 ………………… 1－77
春秋述義拾遺八卷首一卷末一卷 … 1－81
春秋述義拾遺八卷首一卷末一卷 … 1－81
春秋或問六卷 …………………… 1－80
春秋易簡十一卷 ………………… 1－79
春秋例表不分卷 ………………… 1－78
春秋例表不分卷 ………………… 1－78
春秋例表不分卷 ………………… 1－78
春秋例表不分卷 ………………… 1－78
春秋例表不分卷 ………………… 1－78
春秋金鎖匙一卷 ………………… 1－76
春秋周魯纂論八卷 ……………… 1－80
春秋周魯纂論八卷 ……………… 1－80
春秋周魯纂論八卷 ……………… 1－80
春秋宗朱辨疑十二卷首一卷末一卷
　……………………………… 1－80
春秋宗朱辨疑十二卷首一卷末一卷
　……………………………… 1－80
春秋胡傳三十卷 ………………… 1－76
春秋胡傳三十卷 ………………… 1－76
春秋律身錄不分卷 ……………… 1－82
春秋家說三卷 …………………… 1－78
春秋通論四卷 …………………… 1－77

春秋通論四卷 …………………… 1－77
春秋通論四卷 …………………… 1－77
春秋通論四卷 …………………… 1－77
春秋規過考信三卷 ……………… 1－81
春秋逸傳十四卷 ………………… 1－81
春秋董氏學八卷附傳一卷 ……… 1－83
春秋董氏學八卷附傳一卷 ……… 1－83
春秋董氏學八卷附傳一卷 ……… 1－83
春秋董氏學八卷附傳一卷 ……… 1－83
春秋董氏學八卷附傳一卷 ……… 1－83
春秋董氏學八卷附傳一卷 ……… 1－83
春秋董氏學八卷附傳一卷 ……… 1－83
春秋董氏學八卷附傳一卷 ……… 1－83
春秋集註十一卷 ………………… 1－76
春秋集註十一卷 ………………… 1－76
春秋集傳十六卷首一卷末一卷 … 1－79
春秋集傳十卷首一卷 …………… 1－79
春秋集傳十卷首一卷 …………… 1－79
春秋集傳十卷首一卷 …………… 1－79
春秋集傳十卷首一卷 …………… 1－79
春秋集傳大全三十七卷序論一卷二
　十國年表一卷諸國興廢說一卷 …… 1－77
春秋集傳大全三十七卷序論一卷二
　十國年表一卷諸國興廢說一卷 …… 1－77
春秋集傳大全三十七卷序論一卷二
　十國年表一卷諸國興廢說一卷 …… 1－77
春秋集傳大全三十七卷序論一卷諸
　國興廢說一卷列國東坡圖說一卷
　二十國年表一卷 ……………… 1－76
春秋鈔十卷首一卷 ……………… 1－79
春秋尊孟一卷 …………………… 1－82
春秋測義三十五卷 ……………… 1－81
春秋傳註四卷 …………………… 1－79
春秋傳說薈要十二卷 …………… 1－84
春秋微旨三卷 …………………… 1－76
春秋微旨三卷 …………………… 1－76
春秋會義二十六卷 ……………… 1－76
春秋會義二十六卷 ……………… 1－76
春秋會義二十六卷 ……………… 1－76

春秋經傳三十八卷綱領一卷提要一
　卷春秋二十國年表一卷諸國興廢
　說一卷 ………………………… 1－77
春秋經傳比事十六卷 …………… 1－79
春秋經傳日月考不分卷 ………… 1－82
春秋經傳合編三十卷辨疑二卷 … 1－81
春秋經傳合編三十卷辨疑二卷 … 1－82
春秋經傳集解三十卷 …………… 1－75
春秋經傳集解三十卷 …………… 1－75
春秋經傳集解三十卷 …………… 1－75
春秋經傳集解三十卷 …………… 1－75
春秋經傳集解三十卷 …………… 1－75
春秋經傳集解三十卷 …………… 1－75
春秋經傳集解三十卷 …………… 1－76
春秋經傳集解三十卷 …………… 1－76
春秋經傳集解三十卷 …………… 1－76
春秋經傳集解三十卷 …………… 1－85
春秋經傳集解三十卷 …………… 1－85
春秋經傳集解三十卷 …………… 1－85
春秋經傳集解三十卷 …………… 1－85
春秋經傳集解附考證三十卷 …… 1－75
春秋經義□□卷 ………………… 1－80
春秋經義□□卷 ………………… 1－83
春秋管窺十二卷 ………………… 1－80
春秋說十五卷 …………………… 1－81
春秋說十六卷 …………………… 1－80
春秋說略十二卷 ………………… 1－80
春秋說略十二卷 ………………… 1－80
春秋說略十二卷 ………………… 1－80
春秋精義四卷首一卷 …………… 1－81
春秋穀梁傳十二卷 ……………… 1－94
春秋穀梁傳十二卷 ……………… 1－94
春秋穀梁傳十二卷 ……………… 1－94
春秋穀梁傳十二卷 ……………… 1－94
春秋穀梁傳十二卷 ……………… 1－94
春秋穀梁傳十二卷 ……………… 1－94
春秋穀梁傳十二卷 ……………… 1－94
春秋穀梁傳十二卷 ……………… 1－95
春秋穀梁傳十二卷 ……………… 1－95
春秋穀梁傳十二卷 ……………… 1－95
春秋穀梁傳十二卷 ……………… 1－95

春秋穀梁傳十二卷 …………………… 1－95
春秋穀梁傳十二卷 …………………… 1－95
春秋穀梁傳十二卷 …………………… 1－95
春秋穀梁傳十二卷 …………………… 1－95
春秋穀梁傳十二卷 …………………… 1－95
春秋穀梁傳十二卷 …………………… 1－95
春秋穀梁傳十二卷 …………………… 1－95
春秋穀梁傳十二卷 …………………… 1－95
春秋穀梁傳十二卷 …………………… 1－96
春秋穀梁傳十二卷 …………………… 1－96
春秋穀梁傳十二卷附校勘記 ………… 1－95
春秋穀梁傳十二卷附校勘記 ………… 1－95
春秋穀梁傳十二卷附校勘記 ………… 1－95
春秋穀梁傳不分卷 …………………… 1－94
春秋穀梁傳音訓不分卷 ……………… 1－96
春秋穀梁傳註十五卷 ………………… 1－96
春秋穀梁傳註疏二十卷 ……………… 1－94
春秋穀梁傳註疏二十卷 ……………… 1－95
春秋穀梁傳註疏二十卷附考證 ……… 1－95
春秋穀梁經傳補註二十四卷首一卷
　末一卷 …………………………… 1－96
春秋撮要 ……………………………… 1－79
春秋滕薛杞越莒邾許七國統表六卷
　…………………………………… 1－82
春秋輯傳辨疑一百十六卷首一卷 …… 3－530
春秋錄要十二卷首五卷 ……………… 1－81
春秋辨疑四卷 ………………………… 1－76
春秋繁露十七卷 ……………………… 1－92
春秋繁露十七卷 ……………………… 1－93
春秋繁露十七卷 ……………………… 1－93
春秋繁露十七卷 ……………………… 1－93
春秋繁露十七卷 ……………………… 1－93
春秋繁露十七卷 ……………………… 1－93
春秋繁露十七卷附錄一卷 …………… 1－92
春秋繁露十七卷附錄一卷 …………… 1－92
春秋繁露十七卷附錄一卷 …………… 1－92
春秋繁露十七卷附錄一卷 …………… 1－93
春秋繁露十七卷附錄一卷 …………… 1－93
春秋繁露十七卷題跋附錄一卷 ……… 1－92

春秋繁露十七卷題跋附錄一卷 ……… 1－93
春秋繁露十七卷題跋附錄一卷 ……… 1－93
春秋繁露義證十七卷首一卷考證一卷
　…………………………………… 1－94
春秋繁露義證十七卷首一卷考證一卷
　…………………………………… 1－94
春秋繁露義證十七卷首一卷考證一卷
　…………………………………… 1－94
春秋應舉輯要十二卷 ………………… 1－82
春秋應舉輯要十二卷 ………………… 1－82
春秋歸義十二卷 ……………………… 1－77
春秋纂言十二卷總例二卷 …………… 1－76
春秋釋地韻編五卷首一卷 …………… 1－80
春秋釋例十五卷 ……………………… 1－76
春秋釋例十五卷 ……………………… 1－76
春秋權衡十七卷 ……………………… 1－76
春秋屬詞十五卷春秋左氏傳補註十
　卷春秋師說三卷附錄三卷 ……… 1－76
春秋屬辭辨例編六十卷首一卷 ……… 1－80
春秋屬辭辨例編六十卷首一卷 ……… 1－80
春秋屬辭辨例編六十卷首一卷 ……… 1－80
春秋屬辭辨例編六十卷首二卷 ……… 1－80
春秋體註大全合參四卷 ……………… 1－79
春秋體註大全合參四卷 ……………… 1－79
春秋體註大全合參四卷 ……………… 1－79
春華集二卷 …………………………… 3－405
春酒堂文集一卷 ……………………… 3－258
春浮園文集二卷 ……………………… 3－182
春雪軒雜文挽聯一卷 ………………… 3－393
春雪集六卷詩餘一卷 ………………… 3－21
春渚紀聞十卷 ………………………… 2－360
春夢痕 ………………………………… 1－332
春暉堂印始□□卷 …………………… 2－340
春暉堂叢書 …………………………… 3－496
春暉閣詩鈔選六卷 …………………… 3－382
春暉閣雜著 …………………………… 3－526
春輝雜稿 ……………………………… 3－520
春融堂集 ……………………………… 3－513
春蟄吟一卷 …………………………… 3－433
珍珠塔二卷 …………………………… 3－449
珍珠囊指掌補遺藥性賦四卷 ………… 2－255

珍珠囊指掌補遺藥性賦四卷············ 2－255

珍珠囊指掌補遺藥性賦四卷············ 2－255

珍珠囊指掌補遺藥性賦四卷············ 2－255

珍執宦詩鈔二卷···················· 3－292

珍執宦遺書······················· 3－520

珍執宦遺書······················· 3－520

珍執宦遺書······················· 3－521

珍執宦遺書······················· 3－521

玲瓏山館叢刻···················· 3－504

珊瑚寶卷一卷···················· 3－449

[順治]封丘縣志九卷首一卷 ········ 2－17

[康熙]封丘縣志續志不分卷 ········ 2－17

[康熙]封丘縣續志五卷附藝文錄十

　　二卷金石錄十二卷 ··········· 2－17

封泥考略十卷···················· 2－339

封泥考略十卷···················· 2－339

城北草堂詩鈔四卷詩餘二卷詞餘一卷

　　······························· 3－412

[同治]城步縣志十卷 ············· 2－49

城步縣鄉土志五卷 ··············· 2－67

[道光]城武縣志十四卷首一卷 ····· 1－547

[康熙]城固縣志十卷 ············· 1－542

城南書院志四卷 ················· 2－58

城南書院課藝七卷 ··············· 3－49

城南唱和集一卷附錄一卷 ········· 3－60

政務處開辦條議明辨 ············· 1－422

政餘書屋文鈔二十卷 ············· 3－196

政餘書屋文鈔二十卷 ············· 3－196

政餘書屋文鈔二十卷 ············· 3－196

政餘書屋文鈔二十卷 ············· 3－196

政學集摘要四卷 ················· 2－194

政譜五卷························· 1－304

埏紘外乘二十五卷補遺一卷 ······· 2－158

埏紘外乘二十五卷補遺一卷 ······· 2－158

郝氏遺書······················· 3－519

郝氏遺書······················· 3－519

郝氏遺書······················· 3－520

郝文忠公陵川文集三十九卷附錄一卷

　　······························· 3－149

郝文忠公陵川文集三十九卷附錄一卷

　　······························· 3－149

郝文忠公陵川文集三十九卷附錄一卷

　　······························· 3－149

郝文忠公陵川文集三十九卷附錄一卷

　　······························· 3－149

荊川文集十八卷·················· 3－168

荊川先生右編四十卷 ············· 1－498

荊廷琅鄉試硃卷·················· 3－279

[光緒]荊州府志八十卷首一卷 ····· 2－23

[乾隆]荊州府志五十八卷 ········· 2－23

[康熙]荊州府志四十卷首一卷 ····· 2－23

[光緒]荊州記三卷 ··············· 2－23

荊州記三卷······················ 2－72

[光緒]荊州記三卷附校刊小識一卷

　　······························· 2－23

荊州記三卷附錄一卷 ············· 2－72

荊州記三卷附錄一卷 ············· 2－72

荊州記三卷附錄一卷 ············· 2－72

荊州記三卷附錄一卷 ············· 2－72

荊州記三卷附錄一卷 ············· 2－72

荊州記三卷附錄一卷 ············· 2－72

荊州萬城堤志十卷首一卷末一卷 ···· 2－98

荊州萬城堤志十卷首一卷末一卷 ···· 2－98

荊州萬城堤志十卷首一卷末一卷 ···· 2－98

荊州萬城堤志十卷首一卷末一卷 ···· 2－98

荊州萬城堤志十卷首一卷末一卷 ···· 2－98

荊州萬城堤後續志一卷 ··········· 2－98

荊州萬城堤續志十卷首一卷末一卷

　　······························· 2－98

荊州萬城堤續志十卷首一卷末一卷

　　······························· 2－98

[乾隆]荊門州志三十六卷 ········· 2－24

[同治]荊門直隸州志十二卷首一卷

　　······························· 2－24

荊河水師防汛城市關隘細圖 ······· 2－101

荊南萃古編不分卷 ··············· 2－113

荊南萃古編不分卷 ··············· 2－113

荊南詩二卷附錄一卷 ············· 3－183

荊楚方言二卷茶鏡二卷曲牌分韻一卷

　　······························· 1－142

荊楚要覽二卷···················· 2－72

荊楚修疏摘要二種七卷 ··········· 2－98

222

荊楚修疏摘要二種七卷 ·················· 2－98

荊園小語摘錄行書冊 ·················· 2－188

荊駝逸史 ····························· 1－261

荊駝逸史 ····························· 1－261

荊駝逸史 ····························· 1－261

荊駝逸史 ····························· 1－261

茸香詩草二卷 ························· 3－323

茦聲館文集八卷首一卷蕉聲館詩集

　二十卷詩補遺四卷詩續補一卷 ····· 3－210

草木子四卷 ··························· 2－365

草木子四卷 ··························· 2－365

草木子四卷 ··························· 2－365

草木子四卷 ··························· 2－365

草木子四卷 ··························· 2－365

草木子四卷 ··························· 2－365

草字便覽摘要二卷 ···················· 2－333

草字彙不分卷 ························· 1－166

草字彙不分卷 ························· 1－166

草字彙不分卷 ························· 1－166

草字彙不分卷 ························· 1－166

草字彙不分卷 ························· 1－166

草字彙不分卷 ························· 1－166

草字彙不分卷 ························· 1－166

草字彙不分卷 ························· 1－166

草字彙不分卷 ························· 1－166

草茅一得三卷續得一卷 ················ 2－229

草草寄廬詩存二卷詞存一卷 ··········· 3－401

草莽私乘一卷 ························· 1－284

草莽私乘一卷 ························· 1－284

草堂詩餘五卷 ························· 3－422

草堂詩餘四卷 ························· 3－422

草堂詩餘四卷 ························· 3－422

草堂詩餘新集五卷別集四卷 ··········· 3－423

草堂詩餘續集二卷 ···················· 3－423

草堂詩餘續集二卷 ···················· 3－423

草窗詞二卷補二卷 ···················· 3－427

草窗詞二卷補二卷 ···················· 3－427

草窗韻語六卷 ························· 3－119

草廬吳文正公集四十九卷首一卷 ······· 3－149

草廬吳文正公集四十九卷首一卷 ······· 3－149

草廬吳文正公集四十九卷首一卷外集

　三卷易經纂言不分卷書經纂言四卷

　 ································· 3－148

草廬吳文正公集四十九卷首一卷外集

　三卷易經纂言不分卷書經纂言四卷

　 ································· 3－148

草廬吳文正公集四十九卷首一卷外集

　三卷易經纂言不分卷書經纂言四卷

　 ································· 3－149

草廬經略十二卷 ······················ 2－226

草廬經略六卷 ························· 2－228

[嘉慶]莒州志十六卷首一卷 ········· 1－548

荃石居類鈔九卷 ······················ 3－242

茶山集八卷 ··························· 3－129

茶山集八卷 ··························· 3－129

茶山集八卷 ··························· 3－129

茶山集八卷 ··························· 3－129

茶山集八卷茶山集拾遺一卷 ··········· 3－129

茶山集八卷茶山集拾遺一卷 ··········· 3－129

茶山集八卷茶山集拾遺一卷 ··········· 3－129

茶香室經說十六卷 ···················· 1－122

茶香室經說十六卷 ···················· 1－122

茶香室經說十六卷 ···················· 1－122

茶香室叢鈔二十三卷續鈔二十五卷

　三鈔二十九卷茶香室經說十六卷

　 ································· 2－370

茶香閣遺草一卷附錄一卷 ············· 3－341

茶書 ································· 2－351

[嘉慶]茶陵州志二十七卷首一卷末一卷

　 ································· 2－43

[康熙]茶陵州志二十三卷首一卷 ······ 2－43

[嘉慶]茶陵州志二十三卷首一卷 ······ 2－43

[同治]茶陵州志二十四卷 ············· 2－43

茶陵州學正曾宗逵存稿一卷 ··········· 3－329

茶絲條陳 ····························· 1－458

茶夢盦劫後詩稿十二卷 ··············· 3－276

茶餘客語十二卷 ······················ 3－456

茶磨山人詩鈔八卷 ···················· 3－219

荀子二十卷 ··························· 2－173

荀子二十卷 ··························· 2－173

荀子二十卷 ··························· 2－173

荀子二十卷 ………………………… 2－173
荀子二十卷 ………………………… 2－173
荀子二十卷 ………………………… 2－173
荀子二十卷 ………………………… 2－173
荀子二十卷 ………………………… 2－173
荀子二十卷 ………………………… 2－173
荀子二十卷 ………………………… 2－173
荀子二十卷 ………………………… 2－173
荀子二十卷 ………………………… 2－173
荀子二十卷 ………………………… 2－174
荀子二十卷 ………………………… 2－174
荀子二十卷 ………………………… 2－174
荀子二十卷 ………………………… 2－174
荀子二十卷 ………………………… 2－174
荀子二十卷首一卷 ………………… 3－537
荀子二卷 …………………………… 2－174
荀子考異一卷 ……………………… 2－179
荀子集解二十卷首一卷 …………… 2－182
荀子集解二十卷首一卷 …………… 2－182
荀子集解二十卷首一卷 …………… 2－182
荀子集解二十卷首一卷 …………… 2－182
荀子集解二十卷首一卷 …………… 2－182
荀子集解二十卷首一卷 …………… 2－182
荀子集解二十卷首一卷 …………… 2－182
荀子集解二十卷首一卷 …………… 2－183
荀子補註二卷 ……………………… 2－181
荀先詩草不分卷續南游日記二卷 …… 3－313
茗柯文初編一卷二編二卷三編一卷
　　四編一卷 ……………………… 3－310
茗柯文初編一卷二編二卷三編一卷
　　四編一卷 ……………………… 3－310
茗柯文初編一卷二編二卷三編一卷
　　四編一卷 ……………………… 3－310
茗柯文初編一卷二編二卷三編一卷
　　四編一卷 ……………………… 3－310
茗柯文初編一卷二編二卷三編一卷
　　四編一卷 ……………………… 3－310
茗柯文初編一卷二編二卷三編一卷
　　四編一卷 ……………………… 3－310
茗柯文初編一卷二編二卷三編一卷
　　四編一卷詞一卷 ……………… 3－310
茗柯詞一卷擬名家制藝一卷 ……… 3－432
茗柯詞一卷擬名家制藝一卷 ……… 3－432
茗香室詩存一卷 …………………… 3－256
茗齋詩餘二卷 ……………………… 3－432
茗韻軒遺詩一卷 …………………… 3－197
荽源銀場詩錄一卷 ………………… 3－383
荽源銀場詩錄一卷 ………………… 3－383
荽源銀場錄一卷 …………………… 1－459
荒政輯要九卷首一卷 ……………… 1－456
荒政輯要九卷首一卷 ……………… 1－456
荒政輯要九卷首一卷 ……………… 1－456
荒政輯要九卷首一卷 ……………… 1－456
荒政輯要九卷首一卷 ……………… 1－456
荒政輯要九卷首一卷 ……………… 1－456
荒政輯要九卷首一卷 ……………… 1－456
荒政輯要九卷首一卷 ……………… 1－456
荒政輯要九卷首一卷 ……………… 1－456
荒政輯要九卷首一卷 ……………… 1－457
荒政叢書十卷附錄二卷 …………… 1－455
故友詩錄初編 ……………………… 2－517
［同治］故城縣志十卷首一卷 ……… 1－534
故唐律疏議三十卷 ………………… 1－480
故唐律疏議三十卷 ………………… 1－480
胡子威文鈔不分卷 ………………… 3－265
胡子清鄉試卷 ……………………… 3－264
胡元玉優貢卷 ……………………… 3－265
胡元直選拔卷 ……………………… 3－265
胡元儀選拔卷 ……………………… 3－265
胡少師總集六卷首一卷 …………… 3－122
胡氏世典十一卷附錄一卷 ………… 1－348
胡氏世典十二卷 …………………… 1－348
胡氏四種 …………………………… 1－8
胡氏重刻五經 ……………………… 1－1
胡氏重刻五經 ……………………… 1－1
胡氏書畫考 ………………………… 2－320
胡氏書畫考 ………………………… 2－320
胡氏榮哀錄二卷 …………………… 3－53
胡氏叢刻 …………………………… 3－509

胡文忠公手札不分卷⋯⋯⋯⋯⋯ 3－265　　胡若霖鄉試硃卷⋯⋯⋯⋯⋯⋯ 3－267
胡文忠公年譜一卷⋯⋯⋯⋯⋯⋯ 1－324　　胡林翼年譜一卷⋯⋯⋯⋯⋯⋯ 1－324
胡文忠公政書十四卷⋯⋯⋯⋯⋯ 1－502　　胡林翼行狀一卷⋯⋯⋯⋯⋯⋯ 1－313
胡文忠公政書十四卷⋯⋯⋯⋯⋯ 1－502　　胡林翼信札⋯⋯⋯⋯⋯⋯⋯⋯ 3－265
胡文忠公政書十四卷⋯⋯⋯⋯⋯ 1－502　　胡林翼信札⋯⋯⋯⋯⋯⋯⋯⋯ 3－265
胡文忠公政書十四卷⋯⋯⋯⋯⋯ 1－502　　胡林翼鄉試硃卷⋯⋯⋯⋯⋯⋯ 3－265
胡文忠公政書十四卷⋯⋯⋯⋯⋯ 1－502　　胡矩賢鄉試硃卷⋯⋯⋯⋯⋯⋯ 3－267
胡文忠公政書十四卷⋯⋯⋯⋯⋯ 1－502　　胡家玉殿試策⋯⋯⋯⋯⋯⋯⋯ 3－267
胡文忠公政書十四卷⋯⋯⋯⋯⋯ 1－502　　胡敬齋先生居業錄十二卷⋯⋯ 2－189
胡文忠公政書十四卷⋯⋯⋯⋯⋯ 1－502　　胡敬齋先生居業錄十二卷⋯⋯ 2－189
胡文忠公政書十四卷⋯⋯⋯⋯⋯ 1－502　　胡敬齋先生居業錄十二卷⋯⋯ 2－189
胡文忠公政書十四卷⋯⋯⋯⋯⋯ 1－502　　胡敬齋先生居業錄八卷⋯⋯⋯ 2－189
胡文忠公政書十四卷⋯⋯⋯⋯⋯ 1－502　　胡棣華鄉試硃卷⋯⋯⋯⋯⋯⋯ 3－268
胡文忠公遺集十卷首一卷⋯⋯⋯ 3－266　　胡棣鄂鄉試硃卷⋯⋯⋯⋯⋯⋯ 3－268
胡文忠公遺集十卷首一卷⋯⋯⋯ 3－266　　胡稚威先生四書文一卷⋯⋯⋯ 3－373
胡文忠公遺集十卷首一卷⋯⋯⋯ 3－266　　胡壽嵩歲試稾卷⋯⋯⋯⋯⋯⋯ 3－269
胡文忠公遺集十卷首一卷⋯⋯⋯ 3－266　　胡澹庵先生文集三十二卷⋯⋯ 3－122
胡文忠公遺集十卷首一卷⋯⋯⋯ 3－266　　茹古略集三十卷⋯⋯⋯⋯⋯⋯ 2－489
胡文忠公遺集十卷首一卷⋯⋯⋯ 3－266　　荔雨軒文集六卷⋯⋯⋯⋯⋯⋯ 3－350
胡文忠公遺集八十六卷首一卷⋯ 3－266　　南山全集十六卷⋯⋯⋯⋯⋯⋯ 3－364
胡文忠公遺集八十六卷首一卷⋯ 3－266　　南山全集十六卷⋯⋯⋯⋯⋯⋯ 3－364
胡文忠公遺集八十六卷首一卷⋯ 3－266　　南山全集十六卷⋯⋯⋯⋯⋯⋯ 3－364
胡文忠公遺集八十六卷首一卷⋯ 3－266　　南山全集十六卷⋯⋯⋯⋯⋯⋯ 3－364
胡文忠公遺集八十六卷首一卷⋯ 3－266　　南山全集十六卷⋯⋯⋯⋯⋯⋯ 3－364
胡文忠公遺集八十六卷首一卷⋯ 3－266　　南山全集十六卷⋯⋯⋯⋯⋯⋯ 3－364
胡文忠公遺集八十六卷首一卷⋯ 3－266　　南山全集十六卷⋯⋯⋯⋯⋯⋯ 3－364
胡文忠公遺集八十六卷首一卷⋯ 3－266　　南山集十四卷補遺三卷⋯⋯⋯ 3－364
胡文忠公遺集八十六卷首一卷⋯ 3－266　　南山集十四卷補遺三卷⋯⋯⋯ 3－364
胡文忠公遺集八十六卷首一卷⋯ 3－266　　南川冰蘗全集十二卷首一卷末一卷
胡文忠公遺集八十六卷首一卷⋯ 3－266　　　⋯⋯⋯⋯⋯⋯⋯⋯⋯⋯⋯ 3－164
胡文忠公遺集八十六卷首一卷⋯ 3－267　　南天痕二十六卷附錄一卷⋯⋯ 1－266
胡文忠公遺集八十六卷首一卷⋯ 3－267　　南本大般涅槃經三十六卷⋯⋯ 2－425
胡文忠公遺集八十六卷首一卷⋯ 3－267　　南平捍寇日記一卷⋯⋯⋯⋯⋯ 1－332
胡文忠公遺集八十六卷首一卷⋯ 3－267　　南平捍寇日記一卷⋯⋯⋯⋯⋯ 1－332
胡文忠公遺集八十六卷首一卷⋯ 3－267　　南平捍寇日記一卷⋯⋯⋯⋯⋯ 1－332
胡文忠公遺集八十六卷首一卷⋯ 3－267　　［嘉慶］南平縣志二十八卷首三卷末
胡文忠公遺集八十六卷首一卷⋯ 3－267　　　一卷⋯⋯⋯⋯⋯⋯⋯⋯⋯⋯ 2－15
胡文忠公遺集八十六卷首一卷⋯ 3－539　　南北史年表一卷南北史世系表五卷
胡汝霖鄉試硃卷⋯⋯⋯⋯⋯⋯⋯ 3－265　　　南北史帝王世系表一卷⋯⋯⋯ 1－276
　　　　　　　　　　　　　　　　　南北史捃華八卷⋯⋯⋯⋯⋯⋯ 1－394

225

南北史捃華八卷 …………………… 1–394
南北史捃華八卷 …………………… 1–394
南北史捃華八卷 …………………… 1–394
南北史捃華八卷 …………………… 1–394
南北史捃華八卷 …………………… 1–394
南北史捃華八卷 …………………… 1–394
南北史捃華八卷 …………………… 1–394
南北史補志十四卷 ………………… 1–212
南北史補志十四卷 ………………… 1–212
南北史補志十四卷 ………………… 1–212
南北史補志十四卷 ………………… 1–212
南北朝文鈔二卷 …………………… 2–557
南史八十卷 ………………………… 1–211
南史八十卷 ………………………… 1–211
南史八十卷 ………………………… 1–211
南史八十卷 ………………………… 1–211
南史八十卷 ………………………… 1–211
南史八十卷 ………………………… 1–211
南史八十卷 ………………………… 1–211
南史八十卷 ………………………… 1–211
南史八十卷 ………………………… 1–211
南史八十卷 ………………………… 1–211
南史八十卷 ………………………… 1–211
南史合宋齊梁陳書商榷五卷 ……… 1–400
南史識小錄十四卷北史識小錄十四卷
　　…………………………………… 1–394
南史識小錄十四卷北史識小錄十四卷
　　…………………………………… 1–394
南史識小錄十四卷北史識小錄十四卷
　　…………………………………… 1–394
南史識小錄十四卷北史識小錄十四卷
　　…………………………………… 1–394
[乾隆]南召縣志四卷 ……………… 2–20
南皮張宮保奏議初編十二卷 ……… 1–503
南皮張宮保政書十二卷 …………… 1–503
南行日記一卷 ……………………… 1–330
[嘉慶]南充縣志八卷 ……………… 2–37
南州草堂續集四卷 ………………… 3–287
南江文鈔十二卷 …………………… 3–253
南江文鈔十二卷札記四卷 ………… 3–253

南江札記四卷 ……………………… 2–394
[同治]南安府志三十二卷首一卷 … 2–13
南安紀錄一卷 ……………………… 2–68
南巡盛典一百二十卷 ……………… 1–427
南巡盛典一百二十卷 ……………… 1–427
南巡盛典一百二十卷 ……………… 1–427
南村帖考不分卷 …………………… 2–330
南村輟耕錄三十卷 ………………… 2–364
南村輟耕錄三十卷 ………………… 2–364
南村輟耕錄所載陶氏二譜一卷 …… 3–77
南車草一卷薇堂和章一卷 ………… 3–212
南宋文範七十卷外篇四卷作者考二卷
　　…………………………………… 3–12
南宋文範七十卷外篇四卷作者考二卷
　　…………………………………… 3–12
南宋文範七十卷外篇四卷作者考二卷
　　…………………………………… 3–12
南宋文範七十卷外篇四卷作者考二卷
　　…………………………………… 3–12
南宋文範七十卷外篇四卷作者考二卷
　　…………………………………… 3–13
南宋文錄錄二十四卷 ……………… 3–13
南宋文錄錄二十四卷 ……………… 3–13
南宋志傳十卷五十回北宋志傳十卷
　　五十回 ………………………… 3–465
南宋院畫錄八卷 …………………… 2–330
南宋書六十八卷 …………………… 1–274
南宋書六十八卷 …………………… 1–274
南宋書六十八卷 …………………… 1–274
南宋群賢小集 ……………………… 2–513
南宋雜事詩七卷 …………………… 3–12
南宋雜事詩七卷 …………………… 3–12
南宋雜事詩七卷 …………………… 3–12
南宋雜事詩七卷 …………………… 3–12
南宋雜事詩七卷 …………………… 3–12
南宋雜事詩七卷 …………………… 3–12
南宋雜事詩七卷 …………………… 3–12
南宋雜事詩七卷 …………………… 3–12
南宋雜事詩七卷 …………………… 3–12
南宋雜事詩七卷 …………………… 3–12
南宋雜事詩七卷 …………………… 3–12
南宋雜事詩七卷 …………………… 3–12

南社第四集文錄一卷詩錄一卷詞錄一卷
　　……………………………… 3－28
［同治］南昌府志六十卷首一卷末一卷
　　…………………………………… 2－7
［同治］南昌縣志三十六卷首一卷末
　　一卷尾一卷 …………………… 2－7
南岡草堂文存二卷 ……………… 3－278
南岳思齊會簿 …………………… 2－197
南阜山人花卉畫冊 ……………… 2－337
南河成案五十四卷御製詩文一卷上
　　諭二卷 ………………………… 2－91
南河成案五十四卷御製詩文一卷上
　　諭二卷 ………………………… 2－91
南河成案續編一百〇六卷首一卷 …… 2－91
南河紀年紀要□□卷 …………… 2－98
［道光］南城縣志三十二卷首一卷 …… 2－11
南省公餘錄八卷 ………………… 1－439
南省師範學堂畢業試驗題目 …… 1－434
南省學堂附屬高等小學堂丙午年終
　　甲班第四學期乙班第三學期試驗
　　時日及規則題目 ……………… 1－433
南昀文稿十二卷 ………………… 3－346
南昀文稿十二卷詩稿二十七卷小題
　　文稿一卷南昀老人自訂年譜一卷
　　………………………………… 3－346
南昀文稿十二卷詩稿二十七卷南昀
　　老人自訂年譜一卷 …………… 3－346
南昀文稿十二卷詩稿二十七卷南昀
　　老人自訂年譜一卷 …………… 3－346
南昀先生文錄二卷 ……………… 3－346
南昀全集 ………………………… 3－524
南洋通志 ………………………… 2－164
南洲廳鰲金案稿 ………………… 1－454
南華九老會唱和詩譜一卷 ……… 3－57
南華九老會唱和詩譜一卷 ……… 3－57
南華山房詩鈔八卷南華山人詩鈔七卷
　　………………………………… 3－314
南華真經十卷 …………………… 2－467
南華真經十卷 …………………… 2－467
南華真經十卷 …………………… 2－467
南華真經十卷 …………………… 2－467

南華真經十卷 …………………… 2－467
南華真經十卷 …………………… 2－467
南華真經正義不分卷南華真經識餘
　　三種不分卷 …………………… 2－475
南華真經正義不分卷南華真經識餘
　　三種不分卷 …………………… 2－475
南華真經正義不分卷南華真經識餘
　　三種不分卷 …………………… 2－475
南華真經副墨八卷讀南華真經雜說一卷
　　………………………………… 2－471
南華真經解三卷 ………………… 2－473
南華真經解三卷 ………………… 2－473
南華真經解三卷 ………………… 2－473
南華真經解三卷 ………………… 2－473
南華真經解三卷 ………………… 2－473
南華真經解三卷 ………………… 2－473
南華真經解三卷 ………………… 2－473
南華真經標解十卷 ……………… 2－471
南華真經影史九卷 ……………… 2－479
南華雪心編八卷 ………………… 2－476
南華雪心編八卷 ………………… 2－476
南華雪心編八卷 ………………… 2－476
南華經十六卷 …………………… 2－468
南華經內篇臺縣一卷外篇臺縣一卷
　　………………………………… 2－471
南華經鈔四卷 …………………… 2－474
南華經鈔四卷 …………………… 2－474
南華經解三十三卷 ……………… 2－473
南華經解三十三卷 ……………… 2－473
南華經解三十三卷 ……………… 2－473
南華經解三十三卷 ……………… 2－473
南華經解三十三卷 ……………… 2－473
南華經解不分卷 ………………… 2－472
南莊類稿八卷 …………………… 3－339
南條水道考異五卷 ……………… 2－91
南軒文集八卷詩集四卷 ………… 3－125
南軒文集八卷詩集四卷 ………… 3－125
南軒文集八卷詩集四卷 ………… 3－125
南軒文集四十四卷 ……………… 3－126
南軒文集四十四卷南軒先生論語解
　　十卷孟子說七卷 ……………… 3－125

南軒文集四十四卷南軒先生論語解
　　十卷孟子說七卷‥‥‥‥‥‥ 3 – 126
南軒文集四十四卷南軒先生論語解
　　十卷孟子說七卷‥‥‥‥‥‥ 3 – 126
南軒文集四十四卷南軒先生論語解
　　十卷孟子說七卷‥‥‥‥‥‥ 3 – 126
南軒文集四十四卷南軒先生論語解
　　十卷孟子說七卷‥‥‥‥‥‥ 3 – 126
南軒文集四十四卷論語解十卷孟子
　　說七卷‥‥‥‥‥‥‥‥‥‥ 3 – 125
南軒文集四十四卷論語解十卷孟子
　　說七卷‥‥‥‥‥‥‥‥‥‥ 3 – 125
南軒文集四十四卷論語解十卷孟子
　　說七卷‥‥‥‥‥‥‥‥‥‥ 3 – 126
南軒文集節要八卷‥‥‥‥‥‥‥ 3 – 126
南軒先生文集四十四卷‥‥‥‥‥ 3 – 126
南軒先生孟子說七卷‥‥‥‥‥‥ 1 – 111
南軒先生論語解十卷‥‥‥‥‥‥ 1 – 109
南軒祠通志 ‥‥‥‥‥‥‥‥‥ 2 – 56
南峰詩集五卷文集九卷‥‥‥‥‥ 3 – 328
南唐書十八卷‥‥‥‥‥‥‥‥‥ 1 – 270
南唐書十八卷‥‥‥‥‥‥‥‥‥ 1 – 270
南唐書十八卷‥‥‥‥‥‥‥‥‥ 1 – 270
南唐書十八卷‥‥‥‥‥‥‥‥‥ 1 – 270
南唐書十八卷家世舊聞一卷齊居紀
　　事一卷‥‥‥‥‥‥‥‥‥‥ 1 – 270
南唐書三十卷‥‥‥‥‥‥‥‥‥ 1 – 270
南唐書三十卷‥‥‥‥‥‥‥‥‥ 1 – 270
南浦詩話八卷‥‥‥‥‥‥‥‥‥ 3 – 485
南海先生戊戌奏稿一卷‥‥‥‥‥ 1 – 508
南海先生戊戌奏稿一卷‥‥‥‥‥ 1 – 508
南海先生戊戌奏稿一卷‥‥‥‥‥ 1 – 508
南海先生戊戌奏稿不分卷‥‥‥‥ 3 – 533
南海先生戊戌奏稿不分卷‥‥‥‥ 3 – 533
南海先生四上書記‥‥‥‥‥‥‥ 1 – 508
南海桂氏經學叢書‥‥‥‥‥‥‥ 1 – 8
南海桂氏經學叢書‥‥‥‥‥‥‥ 1 – 8
南海記一卷附記一卷‥‥‥‥‥‥ 3 – 463
[道光]南海縣志二十六卷首一卷 ‥‥ 2 – 29
[道光]南海縣志四十四卷末一卷 ‥‥ 2 – 29

南海觀世音菩薩出身修行傳一卷‥‥‥ 3 – 462
[道光]南宮縣志十六卷 ‥‥‥‥‥‥ 1 – 535
[光緒]南陵小志四卷首一卷 ‥‥‥‥ 2 – 2
南陵縣建置沿革表一卷 ‥‥‥‥‥‥ 2 – 71
南菁札記‥‥‥‥‥‥‥‥‥‥‥‥ 3 – 501
南菁書院叢書‥‥‥‥‥‥‥‥‥‥ 3 – 505
南菁書院叢書‥‥‥‥‥‥‥‥‥‥ 3 – 505
南菁書院叢書‥‥‥‥‥‥‥‥‥‥ 3 – 505
南菁書院叢書‥‥‥‥‥‥‥‥‥‥ 3 – 505
南菁書院叢書‥‥‥‥‥‥‥‥‥‥ 3 – 505
南菁書院叢書‥‥‥‥‥‥‥‥‥‥ 3 – 505
南堂師範中學小學帳簿‥‥‥‥‥‥ 1 – 433
南國賢書六卷‥‥‥‥‥‥‥‥‥‥ 1 – 379
南崖府君年譜三卷‥‥‥‥‥‥‥‥ 1 – 323
[同治]南康府志二十四卷首一卷 ‥‥ 2 – 8
[同治]南康縣志十四卷首一卷 ‥‥‥ 2 – 13
南陽人物志十卷‥‥‥‥‥‥‥‥‥ 1 – 294
南陽人物明志八卷‥‥‥‥‥‥‥‥ 1 – 302
[嘉慶]南陽府志六卷圖一卷 ‥‥‥‥ 2 – 20
南陽集六卷‥‥‥‥‥‥‥‥‥‥‥ 3 – 134
[光緒]南陽縣志十二卷首一卷 ‥‥‥ 2 – 20
南朝史精語十卷‥‥‥‥‥‥‥‥‥ 1 – 394
南雅堂醫書全集‥‥‥‥‥‥‥‥‥ 2 – 244
南雅堂醫書全集‥‥‥‥‥‥‥‥‥ 2 – 244
南渡錄大略一卷南燼紀聞錄一卷‥‥‥ 1 – 259
南渡錄四卷‥‥‥‥‥‥‥‥‥‥‥ 1 – 259
南渡錄四卷‥‥‥‥‥‥‥‥‥‥‥ 1 – 259
南游記一卷‥‥‥‥‥‥‥‥‥‥‥ 2 – 102
南游記不分卷‥‥‥‥‥‥‥‥‥‥ 2 – 102
南楚詩紀四卷外編一卷‥‥‥‥‥‥ 3 – 348
南楚詩紀四卷外編一卷‥‥‥‥‥‥ 3 – 348
[光緒]南匯縣志二十二卷 ‥‥‥‥‥ 2 – 1
[乾隆]南匯縣新志十五卷首一卷末一卷
　　‥‥‥‥‥‥‥‥‥‥‥‥‥‥ 2 – 1
南雷文定前集十一卷後集四卷‥‥‥‥ 3 – 340
南雷文定前集十一卷後集四卷三集
　　三卷四集四卷‥‥‥‥‥‥‥‥ 3 – 340
南雷文案十卷外卷一卷吾悔集四卷
　　撰杖集一卷‥‥‥‥‥‥‥‥‥ 3 – 340
南雷文案十卷外卷一卷吾悔集四卷
　　撰杖集一卷‥‥‥‥‥‥‥‥‥ 3 – 340

南園文存一卷·····················3－363
南園後五先生詩二十五卷首一卷附
　南園花信詩一卷 ···············3－38
南園後五先生詩二十五卷首一卷附
　南園花信詩一卷 ···············3－38
南園後五先生詩二十五卷首一卷附
　南園花信詩一卷 ···············3－38
南園後五先生詩二十五卷首一卷附
　南園花信詩一卷 ···············3－38
南園後五先生詩二十五卷首一卷附
　南園花信詩一卷 ···············3－38
南園後五先生詩二十五卷首一卷附
　南園花信詩一卷 ···············3－38
南園前五先生詩五卷首一卷 ·········3－38
南園前五先生詩五卷首一卷 ·········3－38
南園前五先生詩五卷首一卷 ·········3－38
南園前五先生詩五卷首一卷 ·········3－38
南園前五先生詩五卷首一卷 ·········3－38
南園前五先生詩五卷首一卷 ·········3－38
南園前五先生詩五卷首一卷 ·········3－38
南園詩存二卷補遺一卷···········3－362
南雍志經籍考二卷···············2－137
南雍志經籍考二卷···············2－137
南潯楫語八卷···················2－392
南潯楫語八卷···················2－392
[嘉慶]南溪縣志十卷首一卷 ·········2－36
南齊書五十九卷·················1－206
南齊書五十九卷·················1－206
南齊書五十九卷·················1－206
南齊書五十九卷·················1－206
南齊書五十九卷·················1－206
南齊書五十九卷·················1－206
南齊書五十九卷·················1－206
南齊書五十九卷·················1－207
南齊書五十九卷·················1－207
南齊書五十九卷·················1－207
南齊書五十九卷·················1－207
南齊書五十九卷·················1－207

南齊書五十九卷·················1－207
南齊書五十九卷·················1－207
[乾隆]南鄭縣志十六卷 ···········1－542
南漢紀五卷·····················1－270
南漢書十八卷南漢書考略十八卷南
　漢文字略四卷南治叢錄二卷 ·····1－271
南漢書十八卷南漢書考略十八卷南
　漢文字略四卷南治叢錄二卷 ·····1－271
南漢書十八卷南漢書考略十八卷南
　漢文字略四卷南治叢錄二卷 ·····1－271
南漢書考異十八卷···············1－271
[嘉慶]南漳縣志集鈔二十六卷首一卷
　····························2－27
[嘉慶]南漳縣志集鈔三十五卷首一卷
　····························2－27
[乾隆]南寧府志五十六卷 ·········2－31
南澗文集二卷···················3－223
[康熙]南樂縣志十五卷 ···········2－18
南還日記二卷癸卯北行日記一卷乙
　巳南還日記一卷北行日記一卷 ···1－332
南學制墨札記一卷···············2－352
南嶽二刻一卷南嶽近草一卷········3－256
南嶽二刻一卷南嶽近草一卷········3－256
南嶽二賢祠志八卷 ···············2－57
南嶽山居詩三十韻一卷南嶽山居詩
　一卷雲海詩一卷中庵後草一卷五
　言古詩一卷續燈禪師語錄一卷·····3－413
南嶽古九仙觀九仙傳··············2－463
南嶽古九仙觀九仙傳··············2－463
南嶽古九仙觀九仙傳··············2－463
南嶽志八卷······················2－77
南嶽志八卷······················2－77
南嶽志八卷······················2－77
南嶽志八卷······················2－77
南嶽志八卷······················2－77
南嶽志輯要四卷 ·················2－77
南嶽祝聖寺清規一卷···········2－452
南嶽履玄義關主遺集一卷·········2－454
南嶽禪燈會刻八卷···············2－449
南嶽總勝集三卷 ·················2－77
南嶽寶誥一卷···················3－449

南齋紀事詩一卷 …………………… 3－287
南豐先生元豐類稿五十一卷 ………… 3－129
南豐先生元豐類稿五十卷 …………… 3－129
南豐先生元豐類稿五十卷集外文二
　　卷續一卷 ………………………… 3－129
南豐先生元豐類稿五十卷集外文二
　　卷續一卷 ………………………… 3－130
南豐先生元豐類稿五十卷集外文二
　　卷續一卷 ………………………… 3－130
南豐先生元豐類稿五十卷集外文二
　　卷續一卷 ………………………… 3－130
南豐先生元豐類稿五十卷續附錄一卷
　　…………………………………… 3－129
南豐先生全集錄三卷 ………………… 3－131
南豐曾先生文粹十卷 ………………… 3－130
［同治］南豐縣志四十六卷首一卷 …… 2－12
［道光］南豐縣續志四十卷首一卷末一卷
　　…………………………………… 2－12
南歸集一卷 …………………………… 3－353
南燼紀聞一卷 ………………………… 1－259
南疆繹史恤諡考八卷 ………………… 1－427
南疆繹史勘本三十卷首二卷 ………… 1－265
南疆繹史勘本三十卷首二卷 ………… 1－265
南疆繹史勘本五十八卷 ……………… 1－265
南疆繹史勘本五十八卷 ……………… 1－265
南疆繹史勘本五十八卷 ……………… 1－265
南疆繹史勘本五十八卷 ……………… 1－265
南疆繹史勘本五十八卷 ……………… 1－265
南疆繹史勘本五十八卷 ……………… 1－265
柯逢時會試硃卷 ……………………… 3－269
柘軒詞一卷 …………………………… 3－428
柘浦詩鈔四卷文鈔四卷 ……… 3－32
查考美國提煉煤油情形冊一卷 ……… 2－314
查浦詩鈔十二卷 ……………………… 3－269
查辦南洲善後事宜□□卷 …………… 1－454
相地控金石法四卷 …………………… 2－315
相宅秘訣不分卷 ……………………… 2－416
相宅新編二卷 ………………………… 2－418
相宗八要直解 ………………………… 2－420
相宗八要直解 ………………………… 2－420
相宗八要直解 ………………………… 2－420

相宗八要直解 ………………………… 2－420
相宗八要直解八卷 …………………… 2－440
相宗八要直解八卷 …………………… 2－440
相宗八要直解八卷 …………………… 2－440
相宗八要直解八卷 …………………… 2－440
相宗八要解 …………………………… 2－419
相宗八要解 …………………………… 2－420
相書雜鈔 ……………………………… 2－412
相理衡真十卷首一卷 ………………… 2－412
相理衡真十卷首一卷 ………………… 2－412
相臺書塾刊正九經三傳沿革例一卷
　　…………………………………… 1－115
相臺書塾刊正九經三傳沿革例一卷
　　…………………………………… 1－115
相臺書塾刊正九經三傳沿革例一卷
　　…………………………………… 1－115
相臺書塾刊正九經三傳沿革例一卷
　　…………………………………… 1－115
柏井集六卷 …………………………… 3－219
柏井集六卷 …………………………… 3－219
柏井集六卷 …………………………… 3－219
柏垣瑣志一卷 ………………………… 1－483
柏梘山房文集十六卷文續集一卷 …… 3－292
柏梘山房文集十六卷文續集一卷詩
　　集十卷詩續集二卷駢體文二卷 … 3－292
柏梘山房文集十六卷文續集一卷詩
　　集十卷詩續集二卷駢體文二卷 … 3－292
柏梘山房文集十六卷文續集一卷詩
　　集十卷詩續集二卷駢體文二卷 … 3－292
柏梘山房文集十六卷文續集一卷詩
　　集十卷詩續集二卷駢體文二卷 … 3－292
柏梘山房文集十六卷文續集一卷詩
　　集十卷詩續集二卷駢體文二卷 … 3－292
柏梘山房文集十六卷文續集一卷詩
　　集十卷詩續集二卷駢體文二卷 … 3－292
柏梘山房文集十六卷文續集一卷詩
　　集十卷詩續集二卷駢體文二卷 … 3－292
柏梘山房文集十六卷文續集一卷詩
　　集十卷詩續集二卷駢體文二卷 … 3－293
柏梘山房文集十六卷文續集一卷詩
　　集十卷詩續集二卷駢體文二卷 … 3－293

柏堂集前編十四卷後編二十二卷次編
　十三卷續編二十二卷外編十二卷
　………………………………… 3－188
柏堂集前編十四卷後編二十二卷次編
　十三卷續編二十二卷外編十二卷
　………………………………… 3－188
柏堂經說十九卷 ………………… 1－116
柏堂遺書 ………………………… 3－512
柏堂遺書 ………………………… 3－512
［乾隆］柏鄉縣志十卷首一卷 …… 1－535
柏葉庵印存 ……………………… 2－340
柏廬外集四卷 …………………… 3－209
柳文二十二卷 …………………… 3－95
柳文七卷 ………………………… 3－96
柳文四十三卷別集二卷外集二卷 …… 3－95
柳文四十三卷別集二卷外集二卷附
　錄一卷 ………………………… 3－95
柳文四十三卷別集二卷外集二卷附
　錄一卷 ………………………… 3－95
柳文四十三卷別集二卷外集二卷附
　錄一卷 ………………………… 3－95
柳文四十三卷別集二卷外集二卷附
　錄一卷 ………………………… 3－95
柳文四十三卷別集二卷外集二卷附
　錄一卷 ………………………… 3－95
柳文四十三卷別集二卷外集二卷附
　錄一卷 ………………………… 3－95
柳文四十三卷別集二卷外集二卷附
　錄一卷 ………………………… 3－96
［乾隆］柳州府馬平縣志十卷首一卷
　………………………………… 2－31
柳河東集不分卷 ………………… 3－96
柳河東集不分卷 ………………… 3－96
柳河東集四十三卷別集二卷外集二卷
　………………………………… 3－95
柳柳州外集一卷附錄一卷 ……… 3－95
柳亭詩話三十卷 ………………… 3－481
柳亭詩話三十卷 ………………… 3－481
柳塘詩鈔二卷 …………………… 3－202

柳澤綏鄉試硃卷 ………………… 3－270
柳簡堂存稿一卷 ………………… 3－284
柿影樓詩稿一卷 ………………… 3－412
樺湖文集十二卷首一卷 ………… 3－239
樺湖文集十二卷首一卷 ………… 3－239
樺湖文集十二卷首一卷 ………… 3－239
樺湖文集十二卷首一卷 ………… 3－239
樺湖文集十二卷首一卷 ………… 3－239
樺湖文集十二卷首一卷 ………… 3－239
樺湖文集十二卷首一卷 ………… 3－239
樺湖文錄八卷首一卷 …………… 3－238
樺湖文錄八卷首一卷 …………… 3－238
樺湖文錄八卷首一卷 …………… 3－239
樺湖文錄八卷首一卷 …………… 3－239
樺湖文錄八卷首一卷 …………… 3－239
樺湖文錄八卷首一卷 …………… 3－239
樺湖詩錄六卷首一卷釣者風一卷 …… 3－238
樺湖詩錄六卷首一卷釣者風一卷 …… 3－238
樺湖詩錄六卷首一卷釣者風一卷 …… 3－238
樺湖詩錄六卷首一卷釣者風一卷 …… 3－238
樺湖詩錄六卷首一卷釣者風一卷 …… 3－238
樺湖詩錄六卷首一卷釣者風一卷 …… 3－238
柬埔治以北探路記十五卷 ……… 2－108
咸同中興名將傳二卷 …………… 1－297
咸豐二年縉紳錄不分卷 ………… 1－384
咸豐元年至十一年同治元年至二年
　部例不分卷 …………………… 1－488
咸豐以來功臣別傳三十卷 ……… 1－287
咸豐辛亥恩科十八省鄉試同年錄一
　卷道光庚戌科殿試策一卷 …… 1－381
咸豐東華續錄一百卷 …………… 3－532
咸豐東華續錄六十九卷 ………… 1－238
咸豐東華續錄六十九卷 ………… 1－238
咸豐東華續錄六十九卷 ………… 1－238
咸豐朝籌辦夷務始末八十卷 …… 1－464
［同治］咸豐縣志二十卷首一卷附圖一卷
　………………………………… 2－26
［咸豐］濟寧直隸州續志四卷 …… 1－547
咸豐續增科場條例不分卷 ……… 1－488
［乾隆］威遠縣志八卷首一卷 …… 2－35
［嘉慶］威遠縣志六卷 …………… 2－35

［光緒］威遠縣志四卷 ············	2－35	括地志八卷 ················	1－521
［道光］威遠廳志八卷 ············	2－40	括地志八卷補遺一卷 ············	1－521
威毅伯印略 ················	2－342	拾雅二十卷 ················	1－138
研山印草一卷 ···············	2－339	拾雅二十卷 ················	1－138
研六室文鈔十卷 ··············	3－268	拾雅二十卷 ················	1－138
研六室文鈔十卷 ··············	3－268	拾雅二十卷 ················	1－138
研六室文鈔十卷補遺一卷 ··········	3－552	拾雅二十卷 ················	1－138
研華館詞三卷 ···············	3－434	拾雅二十卷 ················	3－546
研華館詞三卷 ···············	3－434	拾遺記十卷 ················	3－458
研堂詩十卷附一卷續稿二卷附一卷		拾遺記十卷 ················	3－459
晚稿二卷拾遺一卷花外散吟一卷		拾遺記十卷 ················	3－459
·····················	3－360	拾遺詩草山居集八卷 ············	3－286
研雅堂詩八卷 ···············	3－311	拾遺詩鈔一卷 ···············	3－197
研經書院課集不分卷 ············	3－46	指月錄三十二卷 ··············	2－452
厚石齋詩集十二卷 ·············	3－219	指月錄三十二卷 ··············	2－452
厚生堂帳簿 ················	1－492	指月錄三十二卷 ··············	2－452
厚岡文集二十卷 ··············	3－230	指月錄三十二卷 ··············	2－462
厚園小草三卷 ···············	3－340	指南後錄三卷 ···············	3－110
厚德堂集驗方萃編四卷 ···········	2－263	指測瑣言五卷國防芻議一卷 ·········	2－379
面山樓集二卷 ···············	3－352	貞木吟三卷 ················	3－27
面城精舍雜文二卷 ·············	3－553	貞定先生遺集四卷 ·············	3－291
耐庵奏議存稿十二卷公牘存稿四卷		貞定先生遺集四卷 ·············	3－291
文存六卷詩存三卷 ···········	1－506	貞居詞一卷 ················	3－428
耐庵奏議存稿十二卷公牘存稿四卷		貞素齋家藏集四卷首一卷附錄二卷	
文存六卷詩存三卷 ···········	1－506	·····················	3－150
耐庵奏議存稿十二卷首一卷耐庵公		貞素齋集八卷首一卷附錄一卷 ········	3－150
牘存稿四卷文存六卷詩存三卷 ·····	3－350	貞靜集一卷 ················	3－23
耐庵奏議存稿十二卷首一卷耐庵公		貞豐詩萃五卷 ···············	3－39
牘存稿四卷文存六卷詩存三卷 ·····	3－350	貞觀政要十卷 ···············	1－258
耐庵奏議存稿十二卷首一卷耐庵公		貞觀政要十卷 ···············	1－258
牘存稿四卷文存六卷詩存三卷 ·····	3－350	貞觀政要十卷 ···············	1－258
耐庵奏議存稿十二卷首一卷耐庵公		貞觀政要十卷 ···············	1－258
牘存稿四卷文存六卷詩存三卷 ·····	3－350	省吾錄 ···················	2－193
耐庵奏議存稿十二卷首一卷耐庵公		省身要言一卷 ···············	2－205
牘存稿四卷文存六卷詩存三卷 ·····	3－350	省身指掌九卷 ···············	2－289
［同治］郯縣志十二卷 ············	2－19	省直釋奠禮樂記六卷首一卷 ·········	1－428
持世經四卷 ················	2－424	省直釋奠禮樂記六卷首一卷 ·········	1－428
持世經四卷 ················	2－424	省直釋奠禮樂記六卷首一卷末一卷	
持靜齋書目五卷 ··············	2－139	·····················	1－428
持靜齋書目四卷續增一卷 ··········	2－139	省直釋奠禮樂記六卷首一卷末一卷	
持靜齋藏書紀要二卷 ············	2－149	·····················	1－428

省直釋奠禮樂記六卷首一卷末一卷
　　………………………………… 1 － 428
省直釋奠禮樂記六卷首一卷末一卷
　　………………………………… 1 － 428
省直釋奠禮樂記六卷首一卷末一卷
　　………………………………… 1 － 429
省直釋奠禮樂記六卷首一卷末一卷
　　………………………………… 1 － 429
省直釋奠禮樂記六卷首一卷末一卷 … 1 － 429
省直釋奠禮樂記六卷首一卷末一卷
　　………………………………… 1 － 429
省直釋奠禮樂記六卷首一卷末一卷
　　………………………………… 1 － 429
省香齋詩集六卷 ………………… 3 － 201
省軒考古類編十二卷 …………… 2 － 388
省軒考古類編十二卷 …………… 2 － 388
省軒考古類編十二卷 …………… 2 － 388
是程堂集十四卷 ………………… 3 － 351
則古昔齋算學 …………………… 2 － 299
則古昔齋算學 …………………… 2 － 299
則古昔齋算學 …………………… 2 － 299
則古昔齋算學 …………………… 2 － 299
則古昔齋算學 …………………… 2 － 299
則古昔齋算學 …………………… 2 － 299
則古昔齋算學 …………………… 2 － 299
冒氏遺書 ………………………… 3 － 509
映旭齋增訂北宋三遂平妖續傳四卷
　　四十回 ……………………… 3 － 466
映雪齋乙巳分類官商便覽七百種 … 2 － 401
映然子吟紅集三十卷 …………… 3 － 198
禹峽山志四卷 …………………… 2 － 78
禹峽山志四卷 …………………… 2 － 78
禹峽山志四卷 …………………… 2 － 78
星士釋三卷首一卷 ……………… 2 － 316
星士釋三卷首一卷 ……………… 2 － 316
[同治]星子縣志十四卷首一卷 ……… 2 － 8
星平集腋統宗四卷 ……………… 2 － 410
星平集腋統宗四卷 ……………… 2 － 410
星命須知一卷萬年書一卷 ……… 2 － 411
星軺指掌三卷續一卷 …………… 1 － 464
星軺指掌三卷續一卷 …………… 1 － 464

星軺指掌三卷續一卷 …………… 3 － 536
星湖詩集十六卷 ………………… 3 － 292
星軺考轍四卷 …………………… 1 － 461
星軺考轍四卷 …………………… 1 － 461
星軺考轍四卷 …………………… 1 － 461
星軺考轍四卷 …………………… 2 － 317
星軺考轍四卷 …………………… 2 － 317
星軺考轍四卷 …………………… 2 － 317
昨非庵日纂三集二十卷 ………… 2 － 398
昭文邵氏聯珠集五卷 …………… 3 － 42
昭代名人尺牘小傳二十四卷 …… 1 － 292
昭代名人尺牘小傳二十四卷 …… 1 － 292
昭代名人尺牘續集二十四卷 …… 3 － 63
昭代名人尺牘續集二十四卷 …… 3 － 63
昭代名賢印匯 …………………… 2 － 342
昭代典則二十八卷 ……………… 1 － 235
昭代詞選三十八卷 ……………… 3 － 426
昭代叢書 ………………………… 3 － 499
昭代叢書 ………………………… 3 － 499
昭代叢書 ………………………… 3 － 499
昭代叢書 ………………………… 3 － 499
昭代叢書 ………………………… 3 － 500
昭代叢書 ………………………… 3 － 500
昭代叢書 ………………………… 3 － 500
昭代叢書 ………………………… 3 － 500
昭忠錄十一卷首一卷 …………… 1 － 285
昭忠錄十一卷首一卷 …………… 1 － 285
昭忠錄十一卷首一卷 …………… 1 － 285
昭忠錄補遺三十卷 ……………… 1 － 285
昭烈忠武陵廟志十卷首一卷 …… 2 － 56
昭烈忠武陵廟志十卷首一卷 …… 2 － 56
昭陵賦鈔七卷 …………………… 3 － 37
昭德先生郡齋讀書志二十卷 …… 2 － 144
昭德先生郡齋讀書志二十卷 …… 2 － 144
昭德先生郡齋讀書志二十卷 …… 2 － 144
昭德先生郡齋讀書志二十卷 …… 2 － 144
昭德先生郡齋讀書志二十卷 …… 2 － 144
昭德先生郡齋讀書志二十卷 …… 2 － 144
昭德先生郡齋讀書志二十卷 …… 2 － 144
昭德先生郡齋讀書志二十卷 …… 2 － 144
昭德先生郡齋讀書志二十卷 …… 2 － 144
昭德先生郡齋讀書志二十卷 …… 2 － 145

昭德先生郡齋讀書志二十卷⋯⋯⋯⋯ 2－145
昭德先生郡齋讀書志二十卷⋯⋯⋯⋯ 2－145
昭德先生郡齋讀書志二十卷⋯⋯⋯⋯ 2－145
昭德先生郡齋讀書志二十卷⋯⋯⋯⋯ 2－145
昭德先生郡齋讀書志二十卷⋯⋯⋯⋯ 2－145
昭德先生郡齋讀書志二十卷⋯⋯⋯⋯ 2－145
昭德先生郡齋讀書志五卷後志二卷
　⋯⋯⋯⋯⋯⋯⋯⋯⋯⋯⋯⋯⋯⋯⋯ 2－145
昭德先生郡齋讀書志五卷後志二卷
　⋯⋯⋯⋯⋯⋯⋯⋯⋯⋯⋯⋯⋯⋯⋯ 2－145
毗尼日用切要一卷⋯⋯⋯⋯⋯⋯⋯⋯ 2－421
毗尼日用切要一卷⋯⋯⋯⋯⋯⋯⋯⋯ 2－455
毗尼日用切要一卷⋯⋯⋯⋯⋯⋯⋯⋯ 2－455
毗尼日用切要一卷⋯⋯⋯⋯⋯⋯⋯⋯ 2－455
毗尼日用切要一卷⋯⋯⋯⋯⋯⋯⋯⋯ 2－455
毗尼日用切要一卷⋯⋯⋯⋯⋯⋯⋯⋯ 2－455
毗尼日用切要香乳記二卷⋯⋯⋯⋯⋯ 2－441
毗尼日用切要香乳記二卷⋯⋯⋯⋯⋯ 2－453
毗尼珍敬錄二卷⋯⋯⋯⋯⋯⋯⋯⋯⋯ 2－451
［咸淳］毗陵志三十卷　⋯⋯⋯⋯⋯ 1－553
毗陵科第考八卷⋯⋯⋯⋯⋯⋯⋯⋯⋯ 1－379
毘陵集二十卷⋯⋯⋯⋯⋯⋯⋯⋯⋯⋯ 3－103
毘陵集二十卷補遺一卷附錄一卷⋯⋯ 3－103
虹玉堂文集十八卷⋯⋯⋯⋯⋯⋯⋯⋯ 3－379
虹橋老屋遺集六卷⋯⋯⋯⋯⋯⋯⋯⋯ 3－278
虹橋老屋遺稿文四卷詩五卷⋯⋯⋯⋯ 3－278
虹橋老屋遺稿文四卷詩五卷⋯⋯⋯⋯ 3－278
思不辱齋廣揚集四卷文集四卷外集
　三卷詩集四卷⋯⋯⋯⋯⋯⋯⋯⋯⋯ 3－355
思不辱齋廣揚集四卷文集四卷外集
　三卷詩集四卷⋯⋯⋯⋯⋯⋯⋯⋯⋯ 3－355
思不辱齋廣揚集四卷文集四卷外集
　三卷詩集四卷⋯⋯⋯⋯⋯⋯⋯⋯⋯ 3－355
思古齋雙鈎漢碑篆額不分卷⋯⋯⋯⋯ 2－334
思兄樓文稿一卷釁餘稿一卷⋯⋯⋯⋯ 3－373
思兄樓文稿一卷釁餘稿一卷⋯⋯⋯⋯ 3－373
思兄樓文稿一卷釁餘稿一卷⋯⋯⋯⋯ 3－373
思兄樓文稿一卷釁餘稿一卷⋯⋯⋯⋯ 3－373
思玄集一卷⋯⋯⋯⋯⋯⋯⋯⋯⋯⋯⋯ 3－156
思伯子堂詩集三十二卷⋯⋯⋯⋯⋯⋯ 3－312
思益梵天所問經四卷⋯⋯⋯⋯⋯⋯⋯ 2－424

思益梵天所問經四卷⋯⋯⋯⋯⋯⋯⋯ 2－424
思益堂日札十卷⋯⋯⋯⋯⋯⋯⋯⋯⋯ 2－370
思益堂日札十卷⋯⋯⋯⋯⋯⋯⋯⋯⋯ 2－370
思益堂日札十卷⋯⋯⋯⋯⋯⋯⋯⋯⋯ 2－370
思益堂史學三種⋯⋯⋯⋯⋯⋯⋯⋯⋯ 1－190
思益堂詩鈔六卷古文二卷詞鈔一卷
　日札十卷⋯⋯⋯⋯⋯⋯⋯⋯⋯⋯⋯ 3－259
思益堂詩鈔六卷古文二卷詞鈔一卷
　日札十卷⋯⋯⋯⋯⋯⋯⋯⋯⋯⋯⋯ 3－259
思益堂詩鈔六卷古文二卷詞鈔一卷
　日札十卷⋯⋯⋯⋯⋯⋯⋯⋯⋯⋯⋯ 3－259
思益堂詩鈔六卷古文二卷詞鈔一卷
　日札十卷⋯⋯⋯⋯⋯⋯⋯⋯⋯⋯⋯ 3－259
思貽堂詩集十二卷⋯⋯⋯⋯⋯⋯⋯⋯ 3－339
思貽堂詩集八卷詩續存八卷詩第三
　集四卷書簡八卷後永州集八卷⋯⋯ 3－339
思貽堂詩集八卷詩續存八卷詩第三
　集四卷書簡八卷後永州集八卷⋯⋯ 3－339
思貽堂詩集八卷詩續存八卷詩第三
　集四卷書簡八卷後永州集八卷⋯⋯ 3－339
思貽堂詩集八卷詩續存八卷詩第三
　集四卷書簡八卷後永州集八卷⋯⋯ 3－339
思無邪齋詩存八卷文存六卷⋯⋯⋯⋯ 3－275
思復堂前集十卷附錄一卷⋯⋯⋯⋯⋯ 3－253
思補齋文集四卷⋯⋯⋯⋯⋯⋯⋯⋯⋯ 3－395
思適齋集十八卷⋯⋯⋯⋯⋯⋯⋯⋯⋯ 3－411
思適齋集十八卷⋯⋯⋯⋯⋯⋯⋯⋯⋯ 3－411
思適齋集十八卷⋯⋯⋯⋯⋯⋯⋯⋯⋯ 3－411
思適齋集十八卷⋯⋯⋯⋯⋯⋯⋯⋯⋯ 3－553
思綺堂文集十卷⋯⋯⋯⋯⋯⋯⋯⋯⋯ 3－296
思綺堂文集十卷⋯⋯⋯⋯⋯⋯⋯⋯⋯ 3－296
思綺堂文集十卷⋯⋯⋯⋯⋯⋯⋯⋯⋯ 3－296
思綺堂文集十卷⋯⋯⋯⋯⋯⋯⋯⋯⋯ 3－296
思綺堂文集十卷⋯⋯⋯⋯⋯⋯⋯⋯⋯ 3－296
思賢講舍月課一卷　⋯⋯⋯⋯⋯⋯⋯ 3－51
思辨錄疑義一卷⋯⋯⋯⋯⋯⋯⋯⋯⋯ 2－196
思辨錄疑義一卷⋯⋯⋯⋯⋯⋯⋯⋯⋯ 2－196

思辨錄疑義一卷 …………………… 2－196
思辨錄輯要二十二卷 ………………… 2－194
思辨錄輯要二十二卷後集十三卷 …… 2－194
思辨錄輯要二十二卷後集十三卷 …… 2－194
思辨錄輯要二十二卷後集十三卷 …… 2－194
思辨錄輯要前集二十二卷後集十三卷
　　　　　　　　　　　　　　 2－194
思辨錄輯要前集二十二卷後集十三卷
　　　　　　　　　　　　　　 2－194

韋刺史傳一卷 ………………………… 3－97
韋弦自佩錄十二卷 …………………… 2－368
韋孟全集 ……………………………… 2－509
韋庵經說一卷 ………………………… 1－121
韋齋集十二卷 ………………………… 3－114
韋齋集十二卷 ………………………… 3－114
韋蘇州十卷拾遺一卷總論一卷 ……… 3－97
韋蘇州十卷拾遺一卷總論一卷 ……… 3－97
韋蘇州集十卷 ………………………… 3－97
韋蘇州集十卷 ………………………… 3－97
韋蘇州集十卷 ………………………… 3－97
韋蘇州集十卷 ………………………… 3－97
韋蘇州集十卷拾遺一卷 ……………… 3－97
韋蘇州集十卷拾遺一卷 ……………… 3－97
韋蘇州詩集二卷 ……………………… 3－97
韋廬詩內集四卷外集四卷 …………… 3－225
韋廬詩內集四卷外集四卷 …………… 3－225
韋廬詩內集四卷首一卷末一卷外集
　四卷首一卷末一卷韋廬賸稿一卷
　　　　　　　　　　　　　　 3－225
韋廬詩內集四卷首一卷末一卷外集
　四卷首一卷末一卷韋廬賸稿一卷
　　　　　　　　　　　　 3－225
韋廬詩內集四卷首一卷末一卷外集
　四卷首一卷末一卷韋廬賸稿一卷
　　　　　　　　　　　　 3－225
韋廬詩外集四卷 ……………………… 3－226
品華草堂詩草一卷 …………………… 3－219
咽喉說一卷 …………………………… 2－279
咽喉論一卷 …………………………… 2－279
哈乞開司槍圖說四卷 ………………… 2－231
哈密直隸廳圖說一卷 ………………… 2－75

峚陽草堂詩集二十卷 ………………… 3－180
罘罳草堂詩集四卷 …………………… 3－351
罘罳草堂詩集四卷 …………………… 3－351
罘罳草堂詩集四卷 …………………… 3－352
罘罳草堂詩集四卷 …………………… 3－352
罘罳草堂詩集四卷 …………………… 3－352
峒溪纖志三卷纖志志餘一卷 ………… 1－514
迴瀾紀要二卷 ………………………… 2－95
迴瀾紀要二卷 ………………………… 2－95
迴瀾紀要二卷 ………………………… 2－95
迴瀾紀要二卷 ………………………… 2－95
迴瀾紀要二卷 ………………………… 2－95
迴瀾紀要二卷 ………………………… 2－95
迴瀾紀要二卷安瀾紀要二卷 ………… 2－95
幽芳草堂詩集八卷 …………………… 3－328
幽芳草堂詩集八卷 …………………… 3－328
幽芳草堂詩集八卷 …………………… 3－328
幽芳草堂詩集八卷 …………………… 3－328
幽芳草堂詩集八卷 …………………… 3－328
幽芳草堂詩集八卷 …………………… 3－328
幽夢影二卷 …………………………… 3－457
幽夢影二卷 …………………………… 3－457
拜石山房詩鈔十六卷補遺一卷 ……… 3－412
拜竹詩堪詩存二卷釣船笛譜一卷 …… 3－336
拜經堂叢書 …………………………… 3－501
拜經樓藏書題跋記五卷附錄一卷 …… 2－148
拜經樓藏書題跋記五卷附錄一卷 …… 2－148
拜經樓藏書題跋記五卷附錄一卷 …… 2－148
拜經樓叢書 …………………………… 3－493
拜鴛樓校刻四種 ……………………… 2－515
看詩隨錄□□卷 ……………………… 2－551
看鼆詞一卷 …………………………… 3－190
矩業堂詩集遺稿一卷文集一卷附刻
　詩集一卷文集一卷 ………………… 3－392
矩齋籌算六種 ………………………… 2－300
香山記一卷 …………………………… 3－447
香山記二卷 …………………………… 3－447
香山記二卷 …………………………… 3－447
香山詩選六卷 ………………………… 3－82
香山詩選六卷 ………………………… 3－82
香山詩選六卷 ………………………… 3－82

香山詩選六卷 ……………………… 3－82

[乾隆]香山縣志十卷首一卷 ………… 2－29

香杜草二卷二集四卷三集一卷 …… 3－214

香岩詩鈔十一卷香岩詩鈔物問一卷

　　…………………………………… 3－366

香草居集七卷目錄二卷 …… 3－227

香草堂叢集二卷 ………………… 3－319

香草齋詩註六卷 ………………… 3－340

香亭文稿十二卷 ………………… 3－235

香祖筆記十二卷 ………………… 2－367

香祖筆記十二卷 ………………… 2－367

香祖筆記十二卷 ………………… 2－367

香祖筆記十二卷 ………………… 2－367

香祖筆記十二卷 ………………… 2－367

香乘二十八卷 …………………… 2－351

香屑集十八卷首一卷末一卷 …… 3－338

香屑集十八卷首一卷末一卷 …… 3－338

香屑集十八卷首一卷末一卷 …… 3－338

香屑集十八卷首一卷末一卷 …… 3－338

香屑集十八卷首一卷末一卷 …… 3－338

香雪先生遺詩一卷 ……………… 3－224

香雪閣陳梅仙女史遺篆 ………… 2－335

香雪閣遺刻 ……………………… 2－342

香雪齋詩鈔四卷 ………………… 3－410

香雪齋詩鈔四卷 ………………… 3－410

香痕奩影集四卷詞一卷 ……… 3－21

香葉草堂詩存一卷 ……………… 3－375

香遠山房詩集不分卷詩話一卷文集一卷

　　…………………………………… 3－257

香蔭樓草一卷 …………………… 3－407

香塈漫鈔四卷 …………………… 2－389

香塈漫鈔四卷 …………………… 2－390

香塈漫鈔四卷又續六卷 ………… 2－390

香銷酒醒詞一卷曲一卷 ………… 3－433

香樹齋文集二十八卷續鈔五卷詩集

　　十八卷續集三十六卷 ………… 3－408

香樹齋文集二十八卷續鈔五卷詩集

　　十八卷續集三十六卷 ………… 3－408

香樹齋文集二十八卷續鈔五卷詩集

　　十八卷續集三十六卷 ………… 3－408

香樹齋文集二十八卷續鈔五卷詩集

十八卷續集三十六卷 …………… 3－408

香樹齋詩集十八卷 ……………… 3－408

香蘇山館古體詩鈔十七卷今體詩十九卷

　　…………………………………… 3－242

香蘇山館古體詩鈔十七卷今體詩十九卷

　　…………………………………… 3－242

香蘇山館古體詩鈔十七卷今體詩十九卷

　　…………………………………… 3－242

香蘇山館古體詩鈔十七卷今體詩十九卷

　　…………………………………… 3－242

香艷叢書 ………………………… 3－452

秋士先生遺集六卷 ……………… 3－349

秋士先生遺集六卷 ……………… 3－349

秋水山房賦詠詩鈔一卷 ………… 3－316

秋水芙蓉集詩二卷 ……………… 3－366

秋水芙蓉集詩二卷 ……………… 3－366

秋水庵花影集五卷 ……………… 3－443

秋水庵花影集五卷 ……………… 3－443

秋水集十六卷 …………………… 3－335

秋江集註六卷 …………………… 3－340

秋江集註六卷 …………………… 3－340

秋江集註六卷 …………………… 3－340

秋吟獨步試帖不分卷 …………… 3－44

秋谷詞翰一卷 …………………… 3－385

秋茄集八卷 ……………………… 3－236

秋茄集八卷 ……………………… 3－236

秋官司寇 ………………………… 1－385

秋室集十卷 ……………………… 3－360

秋浦雙忠錄 ……………………… 3－507

秋畦詩鈔二卷 …………………… 3－323

秋崖先生小稿三十八卷 ………… 3－111

秋崖先生小稿文集四十五卷詩集三

　　十八卷 ………………………… 3－110

秋崖先生小稿文集四十五卷詩集三

　　十八卷 ………………………… 3－111

秋崖先生小稿詩集三十八卷文集四

　　十五卷 ………………………… 3－111

秋崖先生小稿詩集三十八卷文集四

　　十五卷 ………………………… 3－111

秋崖先生詞一卷 ………………… 3－427

秋湄詩鈔一卷續鈔一卷 ………… 3－376

秋夢盦詞鈔二卷續一卷再續一卷
　　……………………………………… 3－433
秋塍書屋詩鈔八卷文鈔二卷………… 3－197
秋影山房詞一卷…………………………… 3－430
秋影山房聯語集選不分卷 ……………… 3－64
秋影樓詩集九卷…………………………… 3－220
秋澗先生大全文集一百卷………… 3－148
秋審實緩比較成案二十四卷……… 1－483
秋審實緩比較成案二十四卷……… 1－483
秋審實緩比較匯案十六卷………… 1－483
秋聲館遺集八卷…………………………… 3－391
秋聲館遺集八卷小題文鈔一卷賦鈔一卷
　　……………………………………… 3－391
秋聲館遺集八卷小題文鈔一卷賦鈔一卷
　　……………………………………… 3－391
秋聲館遺集八卷小題文鈔一卷賦鈔一卷
　　……………………………………… 3－391
秋蟲吟稿一卷…………………………… 3－368
秋懷詩草四卷補錄一卷……………… 3－399
秋懷詩草四卷補錄一卷……………… 3－399
秋讞輯要六卷…………………………… 1－482
秋讞輯要六卷首一卷………………… 1－482
秋讞輯要六卷首一卷………………… 1－483
科學叢書第一集………………………… 2－290
重文二卷補遺一卷…………………… 1－166
重文二卷補遺一卷…………………… 1－166
重文本部考一卷……………………… 1－168
重文本部考一卷……………………… 1－168
重刊人子須知資孝地理心學統宗八卷
　　……………………………………… 2－415
重刊人子須知資孝地理心學統宗三
　　十九卷……………………………… 2－415
重刊人子須知資孝地理心學統宗三
　　十九卷……………………………… 2－415
重刊五百家註音辯昌黎先生文集四十卷
　　……………………………………… 3－106
重刊文信國公全集十七卷首一卷…… 3－110
重刊芝龕記樂府六卷………………… 3－442
重刊宋文憲公集三十卷……………… 3－160
重刊宋本十三經注疏附校勘記………… 1－3
重刊宋本十三經注疏附校勘記………… 1－3

重刊宋本十三經注疏附校勘記………… 1－3
重刊宋本十三經注疏附校勘記………… 1－3
重刊宋本十三經注疏附校勘記………… 1－3
重刊宋本十三經注疏附校勘記………… 1－3
重刊宋本孝經註疏九卷 ……………… 1－97
重刊宋本孝經註疏九卷 ……………… 1－97
重刊宋名臣言行錄前集十卷後集十四卷
　　……………………………………… 1－281
重刊宋名臣言行錄前集十卷後集十四卷
　　……………………………………… 1－281
重刊宋名臣言行錄前集十卷後集十四卷
　　……………………………………… 1－281
重刊宋名臣言行錄前集十卷後集十四卷
　　……………………………………… 1－281
重刊宋名臣言行錄前集十卷後集十四卷
　　……………………………………… 1－281
重刊宋名臣言行錄前集十卷後集十四卷
　　……………………………………… 1－282
重刊宋名臣言行錄前集十卷後集十四卷
　　……………………………………… 1－282
重刊宋名臣言行錄前集十卷後集十四卷
　　……………………………………… 1－282
重刊武經七書匯解七卷首一卷末一卷
　　……………………………………… 2－226
重刊武經七書匯解七卷首一卷末一卷
　　……………………………………… 2－226
［康熙］重刊宜興縣舊志十卷首一卷
　　末一卷……………………………… 1－553
重刊韋氏國語二十一卷……………… 1－255
重刊拜經樓叢書七種………………… 3－493
重刊訂正篇海十卷…………………… 1－170
重刊校正唐荆川先生文集十二卷荆
　　川集補遺五卷新刊荆川先生外集
　　三卷附錄一卷……………………… 3－168
重刊校正唐荆川先生文集十二卷荆
　　川集補遺五卷新刊荆川先生外集
　　三卷附錄一卷……………………… 3－168
重刊校正唐荆川先生文集十二卷荆
　　川集補遺五卷新刊荆川先生外集
　　三卷附錄一卷……………………… 3－168

重刊校正笠澤叢書四卷補遺詩一卷
　　………………………… 3 – 100
重刊校正笠澤叢書四卷補遺詩一卷
　　………………………… 3 – 100
重刊校正笠澤叢書四卷補遺詩一卷
　續補遺一卷 ……………… 3 – 100
重刊校正笠澤叢書四卷補遺詩一卷
　續補遺一卷 ……………… 3 – 100
重刊校正笠澤叢書四卷補遺詩一卷
　續補遺一卷 ……………… 3 – 100
重刊校正笠澤叢書四卷遺詩一卷 …… 3 – 100
重刊埤雅二十卷 ……………… 1 – 136
重刊埤雅二十卷 ……………… 1 – 136
重刊黃文獻公文集十卷 ……… 3 – 150
重刊救荒補遺二卷 …………… 1 – 455
重刊救荒補遺二卷 …………… 1 – 456
重刊救荒補遺二卷 …………… 1 – 456
重刊救荒補遺二卷 …………… 1 – 456
重刊救荒補遺二卷 …………… 1 – 456
重刊救荒補遺二卷 …………… 1 – 456
重刊救荒補遺二卷 …………… 1 – 456
重刊救荒補遺二卷 …………… 1 – 456
重刊救荒補遺二卷 …………… 1 – 456
重刊救荒補遺二卷 …………… 1 – 456
重刊許氏說文解字五音韻譜十二卷 … 1 – 146
重刊許氏說文解字五音韻譜十二卷
　　………………………… 1 – 146
重刊許氏說文解字五音韻譜十二卷
　　………………………… 1 – 146
重刊許氏說文解字五音韻譜十二卷
　　………………………… 1 – 146
重刊麻姑山志十二卷 …………… 2 – 81
重刊麻姑山志十二卷 …………… 2 – 81
重刊麻姑山志十二卷 …………… 2 – 81
重刊麻姑山志十二卷 …………… 2 – 81
重刊巢氏諸病源候總論五十卷 …… 2 – 246
重刊巢氏諸病源候總論五十卷 …… 2 – 246
重刊巢氏諸病源候總論五十卷 …… 2 – 246
重刊巢氏諸病源候總論五十卷 …… 2 – 247
重刊巢氏諸病源候總論五十卷 …… 2 – 261

重刊景教碑文紀事考正一卷 ……… 2 – 480
重刊景教碑文紀事考正一卷 ……… 2 – 480
重刊道藏輯要 ………………… 2 – 464
重刊補註洗冤錄集證 …………… 2 – 221
重刊補註洗冤錄集證五卷附刊一卷
　　………………………… 1 – 480
重刊補註洗冤錄集證五卷附刊一卷
　　………………………… 1 – 481
重刊補註洗冤錄集證六卷 ……… 1 – 480
重刊補註洗冤錄集證六卷 ……… 1 – 480
重刊補註洗冤錄集證六卷 ……… 1 – 480
重刊補註洗冤錄集證六卷 ……… 1 – 480
重刊補註洗冤錄集證六卷 ……… 1 – 480
重刊補註洗冤錄集證六卷 ……… 1 – 480
重刊補註洗冤錄集證六卷 ……… 1 – 480
重刊補註洗冤錄集證六卷 ……… 1 – 480
重刊補註洗冤錄集證六卷 ……… 1 – 480
重刊補註洗冤錄集證六卷 ……… 1 – 481
重刊補註洗冤錄集證六卷 ……… 1 – 481
重刊經史證類大全本草三十一卷 … 2 – 255
重刊嘉祐集十五卷 …………… 3 – 139
重刊綱澗文集二十七卷首一卷詩集
　十九卷末一卷附先集搜遺二卷外
　集三卷 …………………… 3 – 182
重刊綱澗文集二十七卷首一卷詩集
　十九卷末一卷附先集搜遺二卷外
　集三卷 …………………… 3 – 182
重刊綱澗文集二十七卷首一卷詩集
　十九卷末一卷附先集搜遺二卷外
　集三卷 …………………… 3 – 182
重刊綱澗文集二十七卷首一卷詩集
　十九卷末一卷附先集搜遺二卷外
　集三卷 …………………… 3 – 182
重刊綱澗文集二十七卷首一卷詩集
　十九卷末一卷附先集搜遺二卷外
　集三卷 …………………… 3 – 182
重刊綱澗文集二十七卷首一卷詩集
　十九卷末一卷附先集搜遺二卷外
　集三卷 …………………… 3 – 182
[弘治]重刊興化府志五十四卷 ……… 2 – 14

［道光］重刊續纂宜荊縣志十卷首一卷

　　……………………………………　2－1

重刻一峰先生集十卷首一卷補編一

　　卷附編一卷 ……………………　3－186

重刻丁卯集二卷 …………………　3－97

重刻山谷先生年譜十四卷…………　1－321

重刻天傭子全集十卷首一卷末一卷

　　……………………………………　3－159

重刻天傭子全集十卷首一卷末一卷

　　……………………………………　3－159

重刻天傭子全集十卷首一卷末一卷 …　3－159

重刻元合會通八卷首一卷…………　2－417

重刻蒐元奇門遁甲句解烟波釣叟歌一

　　卷新編日用涓吉奇門五總龜四卷

　　……………………………………　2－409

重刻孝子圖二卷 …………………　2－211

重刻挹蘇樓同人詩鈔五卷女士詩錄一卷

　　……………………………………　3－22

重刻剡川姚氏本戰國策札記三卷 ……　1－252

重刻剡川姚氏本戰國策札記三卷 ……　1－252

重刻黃文節山谷先生文集三十卷 ……　3－131

重刻黃文節山谷先生文集三十卷 ……　3－132

重刻黃文節山谷先生文集三十卷 ……　3－132

重刻添補傳家寶俚言新本初集八卷

　　二集八卷三集八卷四集八卷………　2－397

重刻張太岳先生全集四十八卷 ………　3－171

重刻張太岳先生全集四十八卷 ………　3－171

重刻張太岳先生全集四十八卷 ………　3－171

重刻張太岳先生全集四十八卷 ………　3－171

重刻張太岳先生全集四十八卷 ………　3－171

重刻萬卷讀餘六卷 ………………　2－498

重刻游杭合集一卷 ………………　3－31

重刻褚石農堅瓠集十五集六十六卷

　　……………………………………　2－376

重刻蔣文定公湘皋集四十卷 ………　3－180

重刻選擇集要六卷 ………………　2－409

重刻賴古堂尺牘新鈔三選結鄰集十五卷

　　……………………………………　3－61

重刻賴古堂尺牘新鈔三選結鄰集十五卷

　　……………………………………　3－61

重定金石契不分卷 ………………　2－116

重定金石契不分卷 …………………　2－116

重定金石契不分卷 …………………　2－116

重定金石契不分卷 …………………　2－116

重定金石契不分卷 …………………　2－116

重定金石契不分卷 …………………　2－116

重定金石契不分卷 …………………　2－116

重定金石契不分卷 …………………　2－116

重定齊家寶要二卷首一卷圖一卷 ……　1－75

重建黃洲橋志六卷首一卷 …………　2－66

重建黃洲橋志六卷首一卷 …………　2－66

［同治］重修山陽縣志二十一卷圖一卷

　　……………………………………　1－552

重修玉潭書院輯略二卷 ……………　2－59

重修正文對音捷要真傳琴譜大全十卷

　　……………………………………　2－344

重修正文對音捷要真傳琴譜大全十卷

　　……………………………………　2－344

重修名法指掌圖四卷 ……………　1－482

重修名法指掌圖四卷 ……………　1－482

重修名法指掌圖四卷 ……………　1－482

重修名法指掌圖四卷 ……………　1－482

重修名法指掌圖四卷 ……………　1－482

重修名法指掌圖四卷 ……………　1－482

重修名法指掌圖四卷 ……………　1－482

［嘉慶］重修安化縣志二十一卷首一卷

　　……………………………………　2－50

［光緒］重修安徽通志三百五十卷首

　　一卷附補遺十卷 ………………　2－2

［乾隆］重修固始縣志二十六卷首一卷

　　……………………………………　2－20

［康熙］重修沭陽縣志四卷 …………　2－1

重修城隍廟志二卷 …………………　2－57

重修政和經史證類備用本草三十卷

　　……………………………………　2－254

重修南海普陀山志二十卷首一卷 ……　2－80

重修南海普陀山志二十卷首一卷 ……　2－80

重修南海普陀山志二十卷首一卷 ……　2－80

重修南海普陀山志二十卷首一卷 ……　2－80

重修南海普陀山志二十卷首一卷 ……　2－80

重修南海普陀山志二十卷首一卷 ……　2－80

重修南海普陀山志二十卷首一卷 ……　2－80

重修南溪書院志四卷首一卷 …………… 2-61

重修南嶽志二十六卷 ………………… 2-77

[乾隆]重修洛陽縣志二十四卷首一卷

……………………………… 2-20

重修宣和博古圖錄三十卷………… 2-119

[雍正]重修陝西乾州志六卷 ……… 1-540

重修乘雲宗譜八卷 ………………… 2-463

[光緒]重修通渭縣新志十二卷首一

卷補遺一卷 ……………………… 1-543

[咸豐]重修梓潼縣志六卷 ………… 2-34

[同治]重修涪州志十六卷首一卷 …… 2-37

[光緒]重修彭縣志十三卷首一卷末一卷

……………………………… 2-33

[嘉慶]重修揚州府志七十二卷首一卷

……………………………… 1-550

[光緒]重修電白縣志三十卷首一卷

……………………………… 2-30

[光緒]重修會同縣志十四卷首一卷

……………………………… 2-52

[嘉慶]重修慈利縣志八卷首一卷 …… 2-50

[同治]重修嘉魚縣志十二卷 ……… 2-23

[乾隆]重修寧鄉縣志十卷首一卷 …… 2-42

[咸豐]重修興化縣志十卷 ………… 1-551

[光緒]重修龍陽縣志三十二卷首一卷

……………………………… 2-51

[道光]重修寶應縣志二十八卷首一卷

……………………………… 1-551

[乾隆]重修靈寶縣志六卷 ………… 2-21

重訂七政臺曆萬年書:同治元年至

光緒十六年 ……………………… 2-298

重訂七政臺曆萬年書:道光十九年

至光緒二十五年 ………………… 2-298

重訂七經精義 ……………………… 1-9

重訂七經精義 ……………………… 1-9

重訂七經精義 ……………………… 1-9

重訂七經精義 ……………………… 1-9

重訂七經精義 ……………………… 1-9

重訂七種古文選四十八卷 ……… 2-541

重訂七種古文選四十八卷 ……… 2-541

重訂三家詩拾遺十卷 …………… 1-45

重訂三家詩拾遺十卷 …………… 1-46

重訂少嵒賦草四卷………………… 3-282

重訂少嵒賦草四卷………………… 3-282

重訂文筌補註諸儒奧論策學統宗□□卷

……………………………… 2-401

重訂文選集評十五卷首一卷末一卷

……………………………… 2-523

重訂文選集評十五卷首一卷末一卷

……………………………… 2-523

重訂文選集評十五卷首一卷末一卷

……………………………… 2-523

重訂古文釋義新編八卷 ………… 2-532

重訂外科正宗十二卷…………… 2-275

重訂西方公據二卷………………… 2-454

重訂西方公據二卷………………… 2-454

重訂西方公據二卷………………… 2-454

重訂全唐詩話八卷………………… 3-479

重訂李義山詩集箋註三卷集外詩箋

註一卷 ……………………… 3-91

重訂李義山詩集箋註三卷集外詩箋

註一卷 ……………………… 3-91

重訂李義山詩集箋註三卷集外詩箋

註一卷 ……………………… 3-92

重訂李義山詩集箋註三卷集外詩箋

註一卷 ……………………… 3-92

重訂批點春秋左傳詳節句解六卷首一卷

……………………………… 1-86

重訂批點春秋左傳詳節句解六卷首一卷

……………………………… 1-86

重訂批點春秋左傳詳節句解六卷首一卷

……………………………… 1-87

重訂批點春秋左傳詳節句解六卷首一卷

……………………………… 1-87

重訂批點春秋左傳詳節句解六卷首一卷

……………………………… 1-87

重訂批點春秋左傳詳節句解六卷首一卷

……………………………… 1-87

重訂英吉利志八卷………………… 2-169

重訂直音篇七卷………………… 1-178

重訂事類賦三十卷………………… 2-484

重訂事類賦三十卷………………… 2-484

重訂事類賦三十卷………………… 2-484

重訂事類賦三十卷……………… 2－484
重訂事類賦三十卷……………… 2－484
重訂事類賦三十卷……………… 2－484
重訂事類賦三十卷……………… 2－484
重訂事類賦三十卷……………… 2－484
重訂法國志略二十四卷………… 2－167
重訂河渠紀略一卷 ……………… 2－98
重訂空山堂詩志八卷 …………… 1－43
重訂昭陽扶雅集六卷…………… 2－551
重訂昭陽扶雅集六卷…………… 2－551
重訂昭陽扶雅集六卷…………… 2－551
重訂宣和譜牙牌彙集二卷……… 2－350
重訂徐氏三種…………………… 2－173
重訂唐詩別裁集二十卷………… 3－5
重訂唐詩別裁集二十卷………… 3－5
重訂唐詩別裁集二十卷………… 3－5
重訂唐詩別裁集二十卷………… 3－5
重訂教乘法數十二卷…………… 2－451
重訂教乘法數十二卷…………… 2－451
重訂排韻男女氏族合璧全譜…… 1－379
重訂堂舍條規一卷……………… 1－432
重訂國語國策合註三十一卷…… 1－257
重訂楊園先生全集……………… 3－522
重訂楊園先生全集……………… 3－522
重訂楊園先生全集……………… 3－522
重訂路史四十五卷……………… 1－271
重訂路史四十五卷……………… 1－271
重訂路史四十五卷……………… 1－271
重訂路史全本四十五卷………… 1－271
重訂路史前紀九卷後紀十四卷國名
　　記八卷發揮六卷餘論十卷 … 3－533
重訂傷寒集註十卷附五卷……… 2－274
重訂廣事類賦四十卷…………… 2－484
重訂廣事類賦四十卷…………… 2－501
重訂廣事類賦四十卷…………… 2－501
重訂廣事類賦四十卷…………… 2－501
重訂廣事類賦四十卷…………… 2－501
重訂廣事類賦四十卷…………… 2－501
重訂廣事類賦四十卷…………… 2－501

重訂綴白裘新集合編十二集四十八卷
　　……………………………… 3－450
重訂綴白裘新集合編十二集四十八卷
　　……………………………… 3－450
重訂綴白裘新集合編十二集四十八卷
　　……………………………… 3－450
重訂增補陶朱公致富全書四卷……… 2－237
重訂增補陶朱公致富全書四卷……… 2－237
重訂增補陶朱公致富全書四卷……… 2－237
重訂驗方新編十八卷…………… 2－267
重訂驗方新編十八卷…………… 2－267
重校十三經不貳字一卷………… 1－119
重校刊官地理玉髓真經二十八卷…… 2－414
重校聖濟總錄二百卷…………… 2－262
重浚七浦河全案一卷 …………… 2－97
重浚江寧城河全案一卷 ………… 2－97
重浚孟瀆等三河全案五卷 ……… 2－97
重浚孟瀆等三河全案五卷 ……… 2－97
重浚徒陽運河全案三卷 ………… 2－97
重梓歸元直指集三卷 …………… 2－448
重廣補注黃帝內經素問二十四卷…… 3－538
重廣補註黃帝內經素問二十四卷…… 2－252
重廣補註黃帝內經素問二十四卷…… 2－252
重廣補註黃帝內經素問二十四卷…… 2－252
重廣補註黃帝內經素問二十四卷遺
　　篇一卷黃帝內經靈樞十二卷……… 2－252
重廣補註黃帝內經素問二十四卷遺
　　篇一卷黃帝內經靈樞十二卷……… 2－252
重廣補註黃帝內經素問二十四卷遺
　　篇一卷黃帝內經靈樞十二卷……… 2－252
重廣補註黃帝內經素問二十四卷遺
　　篇一卷黃帝內經靈樞十二卷……… 2－252
重廣補註黃帝內經素問二十四卷靈
　　樞經十二卷 ………………… 2－252
重增格物入門七卷……………… 2－312
重增標射切韻要法全集一卷…… 1－183
重增標射切韻要法全集一卷…… 1－183
重增標射切韻要法全集一卷…… 1－183
重增標射切韻要法全集一卷…… 1－183

重樓玉鑰一卷 …………………… 2－279

重鍥朱子語類一百四十卷 ………… 2－188

重鍥纂集宋名臣言行錄前集十卷後

　　集十四卷 ………………………… 1－281

［道光］重慶府志九卷 …………… 2－33

重慶商會公報 ……………………… 1－452

重編留青新集二十四卷 …………… 2－504

重編留青新集二十四卷 …………… 2－504

重編留青新集二十四卷 …………… 2－505

重編摘註鄉音字彙一卷 …………… 1－142

重編瓊臺會稿詩文集二十四卷 …… 3－159

重學二十卷圓錐曲綫說三卷 ……… 2－311

重學二十卷圓錐曲綫說三卷 ……… 2－311

重學十七卷首一卷 ………………… 2－311

重雕老杜詩史押韻八卷 …………… 3－82

［光緒］重纂邵武府志三十卷首一卷

　　…………………………………… 2－15

［道光］重纂福建通志二百七十八卷

　　首七卷圖一卷 ………………… 2－13

［光緒］重纂禮縣新志四卷首一卷 … 1－544

重鐫近思錄集解十四卷 …………… 2－188

重鐫兩厓集八卷 …………………… 3－159

重鐫官板地理天機會元正篇體用括

　　要三十五卷 …………………… 2－413

重鐫官板地理天機會元正篇體用括

　　要三十五卷 …………………… 2－413

重鐫官板地理天機會元正篇體用括

　　要三十五卷 …………………… 2－413

重鐫清河五先生詩選八卷 ………… 3－28

重鐫紫溪先生易經兒說八卷 ……… 1－15

重續千字文二卷 …………………… 1－174

段氏說文註訂八卷 ………………… 1－156

段氏說文註訂八卷 ………………… 1－156

段氏說文註訂八卷 ………………… 1－156

段氏說文註訂八卷 ………………… 1－156

段氏說文註訂八卷 ………………… 1－156

段氏說文註訂八卷 ………………… 1－156

段氏說文註訂八卷 ………………… 1－156

段吉光救苦焚經超親薦祖報文 …… 2－478

段注說文解字十五卷 ……………… 3－541

段修鈺選拔頁卷 …………………… 3－271

段錦穀所著書 ……………………… 3－271

便宜小效略存二卷 ………………… 1－476

便蒙鈔二卷 ………………………… 2－457

俠女記傳奇一卷 …………………… 3－443

修月山房詩集八卷 ………………… 3－268

修本堂叢書 ………………………… 3－518

修本堂叢書 ………………………… 3－518

修史試筆二卷 ……………………… 1－273

修西定課一卷 ……………………… 2－457

修身約言一卷 ……………………… 2－217

修身約言一卷 ……………………… 2－217

修身學講義 ………………………… 2－217

修建宜昌鎮署各案 ………………… 1－508

修華嚴奧旨妄盡還源觀一卷 ……… 2－445

修真直指全集一卷 ………………… 2－456

修設瑜伽集要施食壇儀一卷 ……… 2－439

修設瑜伽集要施食壇儀一卷 ……… 2－439

修設瑜伽集要施食壇儀一卷 ……… 2－439

修設瑜伽集要施食壇儀一卷 ……… 2－439

修設瑜伽集要施食壇儀一卷 ……… 2－439

修設瑜伽集要施食壇儀一卷 ……… 2－439

修設瑜伽集要施食壇儀一卷 ……… 2－439

修潔堂集略□□卷 ………………… 3－338

修辭指南二十卷 …………………… 2－488

修辭指南二十卷 …………………… 2－488

保甲書輯要四卷 …………………… 1－474

保甲書輯要四卷 …………………… 1－474

保甲書輯要四卷 …………………… 1－474

保甲書輯要四卷 …………………… 1－474

保甲書輯要四卷 …………………… 1－474

保生碎事一卷 ……………………… 2－279

保生碎事一卷 ……………………… 2－280

保幼全旨一卷 ……………………… 2－285

保全生命論一卷附一卷 …………… 2－287

保全生命論一卷附一卷 …………… 2－287

［道光］保安州志八卷 …………… 1－532

保赤全書二卷 ……………………… 2－282

保赤全書二卷 ……………………… 2－282

［康熙］保定府志二十九卷 ……… 1－533

保華全書四卷續編一卷 …………… 1－268

［同治］保康縣志七卷首一卷 …… 2－27

〔同治〕保康縣志七卷首一卷 ………… 2－27
保富述要不分卷…………………… 1－446
保富述要不分卷…………………… 1－447
〔同治〕保靖志稿輯要四卷 ………… 2－53
〔同治〕保靖縣志十二卷首一卷 ……… 2－53
〔道光〕保寧府志六十二卷 ………… 2－37
〔康熙〕保德州志十二卷首一卷 …… 1－536
保嬰易知錄二卷補編一卷 ………… 2－283
保嬰撮要二十卷 …………………… 2－282
侶山堂類辯二卷 …………………… 2－269
侶山堂類辯二卷 …………………… 2－269
俄土戰紀六卷附錄一卷 …………… 2－161
俄土戰紀六卷附錄一卷 …………… 2－161
俄土戰紀六卷附錄一卷 …………… 2－161
俄土戰紀六卷附錄一卷 …………… 2－161
俄土戰紀六卷附錄一卷 …………… 2－161
俄土戰紀六卷附錄一卷 …………… 2－161
俄史輯譯四卷 ……………………… 2－168
俄史輯譯四卷 ……………………… 2－168
俄史輯譯四卷 ……………………… 2－168
俄史輯譯四卷 ……………………… 2－169
俄史輯譯四卷 ……………………… 2－169
俄史輯譯四卷 ……………………… 2－169
俄事新書二卷 ……………………… 2－169
俄國水師考一卷 …………………… 1－468
俄國水師考一卷 …………………… 1－468
俄國政俗通考二卷 ………………… 2－168
俄國條約 …………………………… 1－466
俄國新志八卷 ……………………… 2－168
俄國新志八卷 ……………………… 2－168
俄國新志八卷 ……………………… 2－168
俄國新志八卷 ……………………… 2－168
俄羅斯史二卷 ……………………… 2－168
信天翁日記□卷 …………………… 1－330
信今錄十卷 ………………………… 2－70
〔光緒〕信宜縣志八卷附舊存錄一卷
　拾遺一卷 ………………………… 2－30
信摭一卷 …………………………… 2－373
信徵隨筆十六集三十二卷 ………… 3－456
信驗方錄四卷 ……………………… 2－266

皇考聖德神功全韻詩不分卷………… 3－293
皇明大政記三十六卷………………… 1－235
皇明大政記三十六卷………………… 1－235
皇明大訓記十六卷…………………… 1－493
皇明大訓記十六卷…………………… 1－493
皇明文清公薛先生行實錄五卷……… 1－311
皇明文選二十卷 …………………… 3－15
皇明文選二十卷 …………………… 3－15
皇明文衡一百卷目錄二卷 ………… 3－15
皇明文衡一百卷目錄二卷 ………… 3－15
皇明世法錄九十卷………………… 1－480
皇明世法錄九十卷………………… 1－480
皇明百家小說……………………… 3－451
皇明名臣琬琰錄二十四卷………… 1－284
皇明名臣經濟錄十八卷…………… 1－495
皇明近代文範六卷 ………………… 3－15
皇明泳化續編文翰十七卷 ………… 3－15
皇明奏疏類鈔三十二卷…………… 1－495
皇明從信錄四十卷………………… 1－235
皇明將略不分卷…………………… 2－226
皇明詩選十三卷 …………………… 3－15
皇明遜國臣傳五卷首一卷………… 1－283
皇明遜國臣傳五卷首一卷………… 1－283
皇明歷科狀元錄四卷元朝歷科狀元
　姓名一卷 ………………………… 1－379
皇華草箋註三卷…………………… 3－327
皇華草箋註三卷…………………… 3－327
皇清地理圖………………………… 2－100
皇清奏議六十八卷首一卷………… 1－495
皇清開國方略三十二卷聯句詩一卷
　…………………………………… 1－244
皇清開國方略三十二卷聯句詩一卷… 1－244
皇清開國方略三十二卷聯句詩一卷… 1－244
皇清開國方略三十三卷首一卷…… 1－243
皇清詩經解一百二十卷 …………… 1－37
皇清詩經解一百二十卷 …………… 1－37
皇清經解……………………………… 1－4
皇清經解……………………………… 1－4
皇清經解……………………………… 1－4
皇清經解……………………………… 1－4
皇清經解……………………………… 1－5

皇清經解 ························· 1－5
皇清經解 ························· 1－5
皇清經解 ························· 1－5
皇清經解 ························· 1－5
皇清經解 ························· 1－5
皇清經解 ························· 1－5
皇清經解 ························· 1－5
皇清經解 ························· 1－5
皇清經解 ························· 1－5
皇清經解分經合纂十六卷 ······ 3－547
皇清經解分經彙纂 ··············· 1－5
皇清經解分彙 ··················· 1－5
皇清經解依經分訂 ··············· 1－5
皇清經解敬修堂編目十六卷 ······· 1－5
皇清經解橫縮編目十六卷 ········· 1－5
皇清經解縮版編目十六卷 ········· 1－5
皇清經解續編 ··················· 1－5
皇清經解續編 ··················· 1－5
皇清經解續編 ··················· 1－5
皇清經解續編 ··················· 1－5
皇清經解續編一千四百三十卷 ······ 3－531
皇清經解續編一千四百三十卷 ······ 3－531
皇清經解續編石印總目 ·········· 1－6
皇清爾雅解五十四卷 ·········· 1－134
皇朝一統輿地全圖 ············ 2－100
皇朝一統輿地全圖不分卷 ········ 2－100
皇朝一統輿地全圖不分卷 ········ 2－100
皇朝一統輿地全圖不分卷 ········ 2－100
皇朝五經彙解 ··················· 1－4
皇朝五經彙解二百七十卷 ········ 1－128
皇朝五經彙解二百七十卷 ········ 1－128
皇朝五經彙解二百七十卷 ········ 1－128
皇朝五經彙解二百七十卷 ········ 1－128
皇朝五經彙解二百七十卷 ········ 1－128
皇朝五經彙解二百七十卷 ········ 3－547
皇朝中外一統輿圖三十二卷 ······ 3－534
皇朝內府輿地圖縮摹本 ·········· 2－100
皇朝內府輿地圖縮摹本 ·········· 2－100

皇朝分省圖 ··················· 2－100
皇朝文典七十四卷 ············· 1－495
皇朝文典七十四卷 ············· 1－495
皇朝文典七十四卷 ············· 1－495
皇朝文獻通考三百卷 ··········· 1－417
皇朝文獻通考三百卷 ··········· 1－417
皇朝文獻通考三百卷 ··········· 1－417
皇朝文獻通考三百卷 ··········· 1－417
皇朝文獻通考三百卷 ··········· 1－417
皇朝文獻通考三百卷 ··········· 1－417
皇朝文獻通考三百卷 ··········· 1－417
皇朝文獻通考三百卷 ··········· 1－418
皇朝文獻通考三百卷 ··········· 1－418
皇朝文獻通考三百卷 ··········· 1－418
皇朝文獻通考三百卷 ··········· 1－418
皇朝文獻通考三百卷 ··········· 1－418
皇朝文獻通考三百卷 ··········· 1－418
皇朝文獻通考三百卷 ··········· 1－418
皇朝文獻通考三百卷 ··········· 1－418
皇朝文獻通考三百卷 ··········· 3－535
皇朝文獻通考輯要二十六卷 ······ 1－418
皇朝文獻通考輯要二十六卷 ······ 1－418
皇朝文獻通考輯要二十六卷 ······ 1－418
皇朝四書彙解七十五卷 ·········· 1－105
皇朝四書彙解七十五卷 ·········· 1－105
皇朝武功紀盛四卷 ············· 1－247
皇朝武功紀盛四卷 ············· 1－247
皇朝武功續紀 ················· 1－247
皇朝直省府廳州縣歌括一卷 ······ 1－525
皇朝直省府廳州縣歌括一卷五洲括
　　地歌一卷 ················· 1－525
皇朝直省輿地全圖 ············· 2－100
皇朝直省輿地歌括二卷 ·········· 1－525
皇朝政典挈要八卷 ············· 1－238
皇朝政典挈要八卷 ············· 1－238
皇朝政典挈要八卷 ············· 1－239
皇朝政典挈要八卷 ············· 1－239
皇朝政典挈要八卷 ············· 1－239
皇朝政典類纂五百卷 ··········· 1－422
皇朝通志一百二十六卷 ·········· 1－413
皇朝通志一百二十六卷 ·········· 1－413

皇朝通志一百二十六卷……………… 1－413

皇朝通志一百二十六卷……………… 1－413

皇朝通志一百二十六卷……………… 1－413

皇朝通志一百二十六卷……………… 1－413

皇朝通志一百二十六卷……………… 1－413

皇朝通志一百二十六卷……………… 1－413

皇朝通志一百二十六卷……………… 1－413

皇朝通志一百二十六卷……………… 1－413

皇朝通志一百二十六卷……………… 1－413

皇朝通志一百二十六卷……………… 1－413

皇朝通志一百二十六卷……………… 1－413

皇朝通志一百二十六卷……………… 1－413

皇朝通志一百二十六卷……………… 1－413

皇朝通志一百二十六卷……………… 1－413

皇朝通志一百二十六卷……………… 1－414

皇朝通志一百二十六卷……………… 3－535

皇朝通典一百卷…………………… 1－410

皇朝通典一百卷…………………… 1－410

皇朝通典一百卷…………………… 1－410

皇朝通典一百卷…………………… 1－411

皇朝通典一百卷…………………… 1－411

皇朝通典一百卷…………………… 1－411

皇朝通典一百卷…………………… 1－411

皇朝通典一百卷…………………… 1－411

皇朝通典一百卷…………………… 1－411

皇朝通典一百卷…………………… 1－411

皇朝通典一百卷…………………… 1－411

皇朝通典一百卷…………………… 1－411

皇朝通典一百卷…………………… 1－411

皇朝通典一百卷…………………… 1－411

皇朝通典一百卷…………………… 3－535

皇朝祭器樂舞錄二卷………………… 1－427

皇朝祭器樂舞錄二卷………………… 1－427

皇朝祭器樂舞錄二卷………………… 1－427

皇朝祭器樂舞錄二卷………………… 1－427

皇朝掌故彙編內編六十卷首一卷外
　　編四十卷首一卷 ………………… 1－423

皇朝掌故彙編內編六十卷首一卷外
　　編四十卷首一卷 ………………… 1－423

皇朝掌故彙編內編六十卷首一卷外
　　編四十卷首一卷 ………………… 1－423

皇朝詞林典故六十四卷 …………… 1－382

皇朝詞林典故六十四卷 …………… 1－382

皇朝詞林典故六十四卷 …………… 1－382

皇朝詞林典故六十四卷 …………… 1－383

皇朝詞林典故六十四卷 …………… 1－383

皇朝詞林典故六十四卷 …………… 1－383

皇朝蓄艾文編八十卷 ……………… 1－446

皇朝經世文三編八十卷 …………… 1－445

皇朝經世文三編八十卷 …………… 3－540

皇朝經世文四編五十三卷 ………… 1－445

皇朝經世文統編一百一十七卷………… 1－446

皇朝經世文新增時務續編四十卷洋
　　務續編八卷 …………………… 1－444

皇朝經世文新增時務續編四十卷洋
　　務續編八卷 …………………… 1－444

皇朝經世文新增續編一百二十卷…… 3－536

皇朝經世文新編二十一卷 ………… 1－445

皇朝經世文新編二十一卷 ………… 3－540

皇朝經世文新編續集二十一卷……… 1－445

皇朝經世文編一百二十卷姓名總目二卷
　　…………………………………… 1－443

皇朝經世文編一百二十卷姓名總目二卷
　　…………………………………… 1－443

皇朝經世文編一百二十卷姓名總目二卷
　　…………………………………… 1－443

皇朝經世文編一百二十卷姓名總目二卷
　　…………………………………… 1－443

皇朝經世文編一百二十卷姓名總目二卷
　　…………………………………… 1－443

皇朝經世文編一百二十卷姓名總目二卷
　　…………………………………… 1－443

皇朝經世文編一百二十卷姓名總目二卷
　　…………………………………… 1－444

皇朝經世文編一百二十卷姓名總目二卷
　　…………………………………… 1－444

245

皇朝經世文編一百二十卷姓名總目二卷
　　························ 1－444
皇朝經世文編一百二十卷姓名總目二卷
　　························ 1－444
皇朝經世文編一百二十卷姓名總目二卷
　　························ 1－444
皇朝經世文編一百二十卷姓名總目二卷
　　························ 1－444
皇朝經世文編一百二十卷姓名總目二卷
　　························ 1－444
皇朝經世文編一百二十卷姓名總目二卷
　　························ 1－444
皇朝經世文編一百二十卷姓名總目二卷
　　························ 1－444
皇朝經世文編一百二十卷姓名總目二卷
　　························ 1－444
皇朝經世文編一百二十卷姓名總目二卷
　　························ 1－444
皇朝經世文編一百二十卷姓名總目二卷
　　························ 1－444
皇朝經世文編一百二十卷姓名總目二卷
　　························ 1－444
皇朝經世文編一百二十卷姓名總目二卷
　　························ 1－444
皇朝經世文編一百二十卷姓名總目二卷
　　························ 3－540
皇朝經世文編二十一卷·········· 1－444
皇朝經世文編二十一卷·········· 1－445
皇朝經世文編二十一卷·········· 1－445
皇朝經世文編二十一卷·········· 1－445
皇朝經世文續編一百二十卷·········· 1－445
皇朝經世文續編一百二十卷·········· 1－445
皇朝經世文續編一百二十卷·········· 1－445
皇朝經世文續編一百二十卷·········· 1－445
皇朝經世文續編一百二十卷·········· 1－445
皇朝經世文續編一百二十卷·········· 1－445
皇朝經世文續編一百二十卷·········· 1－445

皇朝經世文續編一百二十卷·········· 1－445
皇朝經世文續編一百二十卷·········· 1－445
皇朝經世文續編一百二十卷姓名總
　　目三卷·················· 3－540
皇朝經籍志六卷················ 2－137
皇朝駢文類苑十四卷首一卷 ······ 3－23
皇朝駢文類苑十四卷首一卷 ······ 3－23
皇朝學古類編十四卷首一卷 ······ 3－23
皇朝輿地水道源流五卷·········· 2－90
皇朝輿地水道源流五卷·········· 2－90
皇朝輿地水道源流五卷·········· 2－90
皇朝輿地水道源流五卷·········· 2－90
皇朝輿地水道源流五卷·········· 2－90
皇朝輿地水道源流五卷·········· 2－90
皇朝輿地水道源流五卷·········· 2－90
皇朝輿地沿革考一卷············ 1－526
皇朝輿地略一卷················ 1－525
皇朝輿地略一卷················ 1－525
皇朝輿地略一卷················ 1－525
皇朝輿地略一卷················ 1－525
皇朝輿地略一卷················ 1－525
皇朝輿地略一卷················ 1－525
皇朝輿地略一卷················ 1－525
皇朝輿地略一卷················ 1－525
皇朝輿地略一卷················ 1－525
皇朝輿地略一卷················ 1－525
皇朝輿地略一卷················ 1－525
皇朝輿地略一卷················ 1－526
皇朝輿地略一卷················ 1－526
皇朝輿地韻編二卷·············· 1－525
皇朝輿地韻編二卷·············· 1－525
皇朝輿地韻編二卷·············· 1－525
皇朝輿地韻編二卷·············· 3－534
皇朝輿地韻編二卷·············· 3－534
皇朝輿地韻編增補一卷·········· 3－534
皇朝謚法考五卷續編一卷補編一卷
　　續補編一卷·············· 1－427
皇朝謚法考五卷續編一卷補編一卷
　　續補編一卷·············· 1－428

246

皇朝謚法考五卷續編一卷補編一卷　　　　　　　鬼谷子篇目考一卷附錄一卷………… 2－359
　　續補編一卷……………………… 1－428　　鬼谷子篇目考一卷附錄一卷………… 2－359
皇朝謚法考五卷續編一卷補編一卷　　　　　　　泉山遺集一卷……………………… 3－401
　　續補編一卷……………………… 1－428　　泉布統志九卷首一卷附錄一卷……… 2－129
皇朝謚法考五卷續編一卷補編一卷　　　　　　　［乾隆］泉州府志七十六卷 ………… 2－14
　　續補編一卷……………………… 1－428　　泉志十五卷……………………… 2－128
皇朝謚法考五卷續編一卷補編一卷　　　　　　　泉志校誤四卷……………………… 2－128
　　續補編一卷……………………… 1－428　　泉河史十五卷……………………… 2－97
皇朝謚法考五卷續編一卷補編一卷　　　　　　　泉寶所見錄□□卷………………… 2－128
　　續補編一卷……………………… 1－428　　［道光］禹州志二十八卷 …………… 2－19
皇朝謚法考五卷續編一卷補編一卷　　　　　　　［道光］禹州志二十六卷 …………… 2－19
　　續補編一卷……………………… 1－428　　禹貢九州今地考二卷 ……………… 1－517
皇朝謚法考五卷續編一卷補編一卷　　　　　　　禹貢九州圖考 ……………………… 1－31
　　續補編一卷……………………… 1－428　　禹貢九江三江考一卷 ……………… 1－34
皇朝謚法考五卷續編一卷補編一卷　　　　　　　禹貢九江三江考一卷 ……………… 2－85
　　續補編一卷……………………… 1－428　　禹貢水道考異南條五卷北條五卷首一卷
皇朝禮器圖式十八卷………………… 1－425　　　……………………………………… 1－29
皇朝職官志略不分卷………………… 1－442　　禹貢孟義通考二十二卷 …………… 1－32
皇朝藩部要略十八卷世系表四卷…… 2－103　　禹貢指南四卷 ……………………… 1－27
皇朝藩部要略十八卷世系表四卷…… 2－103　　禹貢指南四卷 ……………………… 1－27
皇朝藩部要略十八卷世系表四卷…… 2－103　　禹貢指南四卷 ……………………… 1－27
皇朝藩部要略十八卷表四卷 ………… 3－534　　禹貢指掌四卷 ……………………… 1－34
皇朝續文獻通考三百二十卷………… 3－535　　禹貢班義述三卷漢糜水入尚龍溪考一卷
皇極經世全書解八卷首一卷………… 3－538　　　……………………………………… 1－31
皇極經世緒言九卷首二卷…………… 2－404　　禹貢班義述三卷漢糜水入尚龍溪考一卷
皇極經世緒言九卷首二卷…………… 2－404　　　……………………………………… 1－31
皇極經世緒言九卷首二卷…………… 2－404　　禹貢通釋十三卷……………………… 1－34
皇極經世緒言九卷首二卷…………… 2－404　　禹貢章句四卷禹貢圖說一卷 ……… 1－36
皇極經世緒言九卷首二卷…………… 2－404　　禹貢發蒙一卷……………………… 1－36
皇輿全圖……………………………… 2－100　　禹貢會箋十二卷……………………… 1－33
皇輿要覽九卷………………………… 1－526　　禹貢新圖說二卷……………………… 1－34
皇輿統部釋名一卷…………………… 1－526　　禹貢新圖說二卷……………………… 1－34
鬼谷子三卷…………………………… 2－358　　禹貢說二卷…………………………… 1－36
鬼谷子三卷…………………………… 2－358　　禹貢說二卷…………………………… 1－36
鬼谷子三卷…………………………… 2－358　　禹貢錐指二十卷例略圖一卷 ……… 1－32
鬼谷子三卷…………………………… 2－359　　禹貢錐指二十卷例略圖一卷 ……… 1－32
鬼谷子三卷…………………………… 2－359　　禹貢錐指二十卷例略圖一卷 ……… 1－32
鬼谷子篇目考一卷附錄一卷………… 2－358　　禹貢錐指二十卷禹貢圖一卷 ……… 1－32
鬼谷子篇目考一卷附錄一卷………… 2－358　　禹輿詩九卷…………………………… 3－328
鬼谷子篇目考一卷附錄一卷………… 2－358　　侯度錄三卷通侯雜述一卷…………… 1－441
鬼谷子篇目考一卷附錄一卷………… 2－358　　侯朝宗文鈔八卷……………………… 3－271

侯朝宗文鈔八卷	3－271	律音彙考八卷	2－346
侯鯖集十卷	3－223	律音彙考八卷	2－346
侯鯖集十卷	3－223	律音彙考八卷	2－346
侯鯖集十卷	3－223	律音彙考八卷	2－346
侯鯖集十卷	3－223	律詩四辨四卷	3－481
侯鯖錄八卷	2－362	律賦正宗一卷附編一卷	2－540
追甫詩集二卷	3－407	律樵鈔存一卷	3－55
侯後編六卷補錄一卷	2－180	律樵鈔存一卷	3－55
侯解一卷	2－192	律樵鈔存一卷	3－55
侯解一卷噩夢一卷黃書一卷	2－192	律曆淵源	2－290
侯寧居偶詠二卷	3－210	後山先生集二十四卷首一卷	3－128
盾墨四卷	2－106	後山先生集二十四卷首一卷	3－128
盾墨拾餘十四卷	3－416	後山先生集二十四卷首一卷	3－128
盾墨留芬八卷	1－495	後山詩註十二卷	3－128
盾墨留芬八卷	1－495	後山詩註十二卷	3－128
衍石齋記事稿十卷續稿十卷	3－361	後山詩註十二卷	3－128
衍石齋記事稿十卷續稿十卷	3－361	後五十段二卷透山肺腑口訣一卷	2－416
衍石齋記事稿十卷續稿十卷	3－361	後村詩集七卷吳越游草一卷	3－193
衍石齋記事稿十卷續稿十卷刻楮集		後知不足齋叢書	3－503
四卷旅逸小稿二卷續良吏述一卷		後知不足齋叢書	3－503
	3－361	後知不足齋叢書	3－503
衍石齋記事稿十卷續稿十卷刻楮集		後知不足齋叢書	3－503
四卷旅逸小稿二卷續良吏述一卷		後紅樓夢三十回首一卷附刻詩二卷	
	3－361		3－471
衍石齋記事稿十卷續稿十卷刻楮集		後湖志一卷	2－92
四卷旅逸小稿二卷續良吏述一卷		後湖志一卷	2－92
	3－361	後湘詩集九卷二集五卷續集七卷	3－273
衍石齋記事續稿十卷	3－361	後湘詩集九卷二集五卷續集七卷東	
衍石齋記事續稿十卷	3－361	溟文集六卷外集四卷	3－273
待園詩鈔六卷	3－205	後漢紀三十卷	1－234
待軿集一卷且甌歌一卷	3－203	後漢紀三十卷	1－234
衍元小草二卷	2－301	後漢紀三十卷	1－234
律易一卷律呂通今圖說不分卷	2－348	後漢書一百二十卷	1－199
律例便覽八卷諸圖一卷	1－485	後漢書一百二十卷	1－199
律例館校正洗冤錄四卷	1－480	後漢書一百二十卷	1－199
律例臠說辨偽十卷幕學舉要一卷	1－482	後漢書一百二十卷	1－199
律音彙考八卷	2－345	後漢書一百二十卷	1－199
律音彙考八卷	2－345	後漢書一百二十卷	1－199
律音彙考八卷	2－345	後漢書一百二十卷	1－199
律音彙考八卷	2－346	後漢書一百二十卷	1－199
律音彙考八卷	2－346	後漢書一百二十卷	1－199

後漢書一百二十卷 …………………… 1 – 199
後漢書一百二十卷 …………………… 1 – 200
後漢書一百二十卷 …………………… 1 – 200
後漢書一百二十卷 …………………… 1 – 200
後漢書一百二十卷 …………………… 1 – 200
後漢書一百二十卷 …………………… 1 – 200
後漢書一百二十卷 …………………… 1 – 200
後漢書一百二十卷 …………………… 1 – 200
後漢書一百二十卷 …………………… 1 – 200
後漢書九十卷 ………………………… 1 – 198
後漢書九十卷 ………………………… 1 – 198
後漢書九十卷 ………………………… 1 – 199
後漢書九十卷 ………………………… 1 – 199
後漢書九十卷 ………………………… 1 – 199
後漢書九十卷 ………………………… 1 – 199
後漢書九十卷 ………………………… 1 – 199
後漢書九十卷 ………………………… 1 – 199
後漢書大秦國傳補註一卷 …………… 2 – 108
後漢書大秦國傳補註一卷 …………… 2 – 108
後漢書年表十卷 ……………………… 1 – 276
後漢書郭太傅補註一卷 ……………… 1 – 201
後漢書朔閏考五卷 …………………… 2 – 296
後漢書鈔二卷 ………………………… 1 – 394
後漢書註又補一卷 …………………… 1 – 201
後漢書註又補一卷 …………………… 1 – 201
後漢書註補正八卷 …………………… 1 – 201
後漢書註補正八卷 …………………… 1 – 201
後漢書註補正八卷 …………………… 1 – 201
後漢書註補正八卷 …………………… 1 – 201
後漢書註補正八卷 …………………… 1 – 201
後漢書註補正八卷 …………………… 1 – 201
後漢書補表八卷 ……………………… 1 – 276
後漢書補表八卷 ……………………… 1 – 276
後漢書補表八卷 ……………………… 1 – 276
後漢書補註二十四卷 ………………… 1 – 201
後漢書補註二十四卷 ………………… 1 – 201
後漢書疏證三十卷 …………………… 1 – 200
後漢書疏證三十卷 …………………… 1 – 200
後漢書論贊不分卷 …………………… 1 – 200

後漢書辨疑十一卷 …………………… 1 – 201
後漢書辨疑十一卷 …………………… 1 – 201
後漢書辨疑十一卷 …………………… 1 – 201
後漢書辨疑十一卷 …………………… 1 – 201
後漢書辨疑十一卷 …………………… 1 – 201
後漢書辨疑十一卷 …………………… 1 – 201
後綸扉尺牘十卷 ……………………… 3 – 175
後續大宋楊家將文武曲星包公狄青
　初傳十四卷六十八回 ……………… 3 – 468
[光緒]敘州府志四十三卷首一卷末一卷
　 …………………………………………… 2 – 35
叙異齋文草三卷 ……………………… 3 – 386
俞天池先生痧痘集解六卷 …………… 2 – 283
俞成慶鄉試硃卷 ……………………… 3 – 270
俞成慶會試硃卷 ……………………… 3 – 270
俞俞齋文稿四卷詩稿二卷 …………… 3 – 205
俞俞齋文稿初集四卷詩稿初集二卷
　 …………………………………………… 3 – 205
俞萊慶鄉試硃卷 ……………………… 3 – 270
俞樓雜纂五十卷 ……………………… 3 – 270
俞鴻慶會試硃卷 ……………………… 3 – 271
弇州山人四部稿一百七十四卷目錄
　十二卷 ……………………………… 3 – 154
弇州山人四部稿一百七十四卷目錄
　十二卷 ……………………………… 3 – 154
弇州山人四部稿一百七十四卷目錄
　十二卷 ……………………………… 3 – 154
弇州山人續稿二百〇七卷目錄十卷 … 3 – 154
弇州山人讀書後八卷 ………………… 3 – 154
弇州山人讀書後八卷 ………………… 3 – 154
弇州史料前集三十卷後集七十卷 …… 1 – 274
弇州史料前集三十卷後集七十卷 …… 1 – 274
俎豆集三十卷 ………………………… 1 – 301
俎豆集三十卷 ………………………… 1 – 301
俎豆集三十卷 ………………………… 1 – 301
俎豆集三十卷 ………………………… 1 – 301
食物本草四卷 ………………………… 2 – 256
食笋齋遺稿二卷附筱筠試草一卷 …… 3 – 299
食笋齋遺稿二卷附筱筠試草一卷 …… 3 – 299
食舊惪齋雜著二卷 …………………… 2 – 377
食舊惪齋雜著二卷 …………………… 2 – 392

食舊悳齋雜著二卷······· 2－392
食舊悳齋雜錄不分卷······· 3－399
逃虛子詩集十一卷······· 3－166
逃禪閣集八卷······· 3－310
胐餘集四卷······· 3－344
脉如二卷傷寒論一卷······· 2－261
脉法條辨一卷······· 2－261
脉要圖註□□卷······· 2－261
脉要圖註□□卷······· 2－261
脉理窮源二卷······· 2－261
脉訣口頭大經定法麻症一卷······· 2－261
脉訣刊誤集解二卷附錄一卷······· 2－260
脉經十卷······· 2－259
脉經十卷······· 2－259
脉經十卷······· 2－259
脉經十卷······· 2－259
脉經十卷······· 2－259
脉經十卷······· 2－259
脉經十卷······· 2－259
脉經十卷······· 2－259
脉經十卷人元脉影歸指圖說二卷······· 2－259
脉經真本十卷首一卷······· 2－259
胎産心法三卷······· 2－282
胎産心法三卷······· 2－282
胎産心法三卷······· 2－282
胎産秘書三卷末一卷······· 2－281
胎産秘書三卷保嬰要訣一卷經驗各
　方一卷······· 2－281
胎産秘書三卷續一卷······· 2－281
胎産秘書三卷續一卷······· 2－281
勉不足齋文集四卷······· 3－242
勉不足齋詩草十八卷······· 3－242
勉行堂文集六卷······· 3－553
勉益齋偶存稿八卷續存稿五卷······· 3－355
勉庵鐙謎標目一卷釋句一卷······· 3－476
勉學堂鍼灸集成四卷······· 2－285
風水一書七卷······· 2－413
風水一書七卷······· 2－413
風水一書七卷······· 2－413
風水一書七卷······· 2－413

風水二書形氣類則四卷······· 2－418
風后握奇經一卷······· 2－223
風角書八卷······· 2－405
風雨樓叢書······· 3－506
風俗通義十卷······· 2－358
風俗通義十卷······· 2－358
風俗通義十卷······· 2－358
風俗通義十卷······· 2－358
風雅元音六卷······· 2－546
風箏誤一卷······· 3－441
風憲約不分卷······· 1－482
風懷鏡四卷······· 3－270
急救腹痛暴卒病解一卷······· 2－274
急救應驗良方一卷······· 2－265
急救應驗良方一卷······· 2－265
急就章考異一卷······· 1－174
急就篇一卷······· 1－174
急就篇四卷······· 1－174
急就篇四卷······· 1－174
急就篇四卷······· 1－174
急就篇四卷······· 3－545
計樹園詩存紀年草一卷儷紫軒偶存
　一卷筠陽游草一卷樓槃草一卷依
　園草一卷計樹園剩稿一卷詩餘一
　卷古文一卷······· 3－355
訂正東醫寶鑒二十三卷目錄二卷······· 2－252
訂正增補中國地理教科書四卷······· 1－529
訂正增補中國地理教科書四卷······· 1－529
訂譌雜錄十卷······· 2－386
訂譌雜錄十卷······· 2－386
哀生閣初稿四卷續稿三卷······· 3－193
哀忠集一卷······· 3－282
亭林文集六卷······· 3－410
亭林文集六卷詩集五卷······· 3－410
亭林文集六卷餘集一卷詩集五卷······· 3－410
亭林文集六卷餘集一卷詩集五卷······· 3－410
亭林先生年譜一卷······· 1－327
亭林詩集五卷······· 3－411
亭林詩集五卷······· 3－411
亭林詩集五卷······· 3－411
亭林詩集五卷······· 3－411

亭林詩集五卷 …………………… 3－411	施註蘇詩四十二卷總目二卷 ………… 3－142
亭林詩集五卷 …………………… 3－411	施註蘇詩四十二卷總目二卷 ………… 3－143
亭林詩集五卷 …………………… 3－411	施註蘇詩四十二卷總目二卷 ………… 3－143
亭林遺書 ………………………… 3－528	施註蘇詩四十二卷總目二卷 ………… 3－143
亭林遺書 ………………………… 3－528	施註蘇詩四十二卷總目二卷 ………… 3－143
亭林遺書 ………………………… 3－529	施註蘇詩四十二卷總目二卷 ………… 3－143
亭林遺書 ………………………… 3－529	施註蘇詩四十二卷總目錄二卷 ……… 3－141
亭林遺書匯輯 …………………… 3－529	施註蘇詩四十二卷總目錄二卷 ……… 3－142
鰻阱亭集三十二卷 ……………… 3－251	施註蘇詩四十二卷總目錄二卷 ……… 3－142
鰻阱亭集三十二卷 ……………… 3－251	施註蘇詩四十二卷總目錄二卷 ……… 3－142
鰻阱亭集三十二卷 ……………… 3－251	施愚山先生文集摘鈔不分卷 ……… 3－263
鰻阱亭集三十二卷 ……………… 3－251	施愚山先生全集 ………………… 3－518
亮工雜鈔 ………………………… 1－389	施愚山先生學餘文集七卷 ……… 3－263
度支部軍餉司奏案彙編 ………… 1－455	施鶴道署宣統二年來往總目 …… 1－492
度支部議清理財政辦法章程摺 …… 1－450	弈理析疑不分卷 ………………… 2－350
度嶺草一卷 ……………………… 3－297	弈理指歸圖三卷 ………………… 2－349
度隴記四卷 ……………………… 2－103	弈理指歸圖三卷 ………………… 2－349
庭立記聞四卷 …………………… 2－372	弈理指歸圖三卷 ………………… 2－349
庭立記聞四卷 …………………… 3－295	弈理指歸續編一卷 ……………… 3－349
庭立記聞四卷 …………………… 3－551	弈萃一卷 ………………………… 2－348
庭聞錄六卷附一卷 ……………… 1－266	弈萃一卷 ………………………… 2－348
庭聞憶略二卷竹坡先生遺文一卷 …… 3－376	弈萃官子一卷 …………………… 2－348
疫證治例五卷 …………………… 2－272	弈萃官子一卷 …………………… 2－349
疫證治例五卷 …………………… 2－272	弈潛齋集譜 ……………………… 2－348
疫證治例五卷 …………………… 2－272	音同異義辨一卷 ………………… 3－544
疫證治例五卷 …………………… 2－272	音註小倉山房尺牘八卷補遺一卷 …… 3－280
疫證治例五卷 …………………… 2－272	音學五書三十八卷 ……………… 1－188
疫證治例五卷 …………………… 2－272	音學五書三十八卷 ……………… 1－188
［光緒］施南府志續編十卷 ……… 2－25	音學五書三十八卷 ……………… 1－189
施設論七卷 ……………………… 2－427	音學五書三十八卷 ……………… 1－189
施註蘇詩四十二卷 ……………… 3－142	音學五書三十八卷 ……………… 1－189
施註蘇詩四十二卷總目二卷 ……… 3－142	音學五書三十八卷 ……………… 1－189
施註蘇詩四十二卷總目二卷 ……… 3－142	音學五書三十八卷 ……………… 1－189
施註蘇詩四十二卷總目二卷 ……… 3－142	音學五書三十八卷 ……………… 1－189
施註蘇詩四十二卷總目二卷 ……… 3－142	音學五書三十八卷 ……………… 1－189
施註蘇詩四十二卷總目二卷 ……… 3－142	音學五書三十八卷 ……………… 1－189
施註蘇詩四十二卷總目二卷 ……… 3－142	音學五書三十八卷 ……………… 1－189
施註蘇詩四十二卷總目二卷 ……… 3－142	音學五書三十八卷 ……………… 1－189
施註蘇詩四十二卷總目二卷 ……… 3－142	音學五書三十八卷 ……………… 1－189
施註蘇詩四十二卷總目二卷 ……… 3－142	音學質疑六卷 …………………… 1－186

音學質疑六卷 ……………………… 1－186

音韻闡微十八卷韻譜一卷 ……… 1－181

音韻闡微十八卷韻譜一卷 ……… 1－181

音韻闡微十八卷韻譜一卷 ……… 1－181

音韻闡微十八卷韻譜一卷 ……… 1－181

音韻闡微十八卷韻譜一卷 ……… 1－181

帝女花二卷 …………………………… 3－442

帝女花二卷 …………………………… 3－442

帝王經世圖譜十六卷 …………… 2－485

帝王廟諡年諱譜一卷 …………… 1－278

帝京景物略八卷 ……………………… 2－68

帝範四卷 …………………………… 2－197

帝鑒圖詩二卷 ……………………… 1－386

帝鑑圖說不分卷 …………………… 1－385

帝鑑圖說不分卷 …………………… 1－385

帝鑑圖說不分卷 …………………… 1－385

玅遠堂全集四十卷 ……………… 3－168

恆山志五卷圖一卷 ……………… 2－78

恆言錄 …………………………… 2－505

恆言錄 …………………………… 2－505

恆言錄六卷 ……………………… 1－142

恆星赤道經緯度圖 ……………… 2－100

恆星說一卷 ……………………… 2－292

恆軒所藏所見吉金錄不分卷 …… 2－121

恆軒所藏所見吉金錄不分卷 …… 2－121

恆軒所藏所見吉金錄不分卷 …… 2－121

恆齋文集七卷詩集三卷雜錄二卷附
 錄一卷 …………………………… 3－222

恆齋文集七卷詩集三卷雜錄二卷附
 錄一卷 …………………………… 3－222

恆齋文集七卷詩集三卷雜錄二卷附
 錄一卷 …………………………… 3－222

恆齋文集七卷詩集三卷雜錄二卷附
 錄一卷 …………………………… 3－223

恪靖侯盾鼻餘瀋一卷 …………… 3－203

恪靖侯盾鼻餘瀋一卷 …………… 3－203

恪靖侯盾鼻餘瀋一卷 …………… 3－203

恪靖侯盾鼻餘瀋一卷 …………… 3－203

恪靖侯盾鼻餘瀋一卷 …………… 3－203

恪靖侯盾鼻餘瀋一卷 …………… 3－203

恪靖侯盾鼻餘瀋一卷 …………… 3－203

美人長壽庵詞集六卷 …………… 3－434

美人長壽庵詞集六卷 …………… 3－434

美人長壽庵詞集六卷 …………… 3－434

美人長壽庵詞集六卷 …………… 3－434

美人長壽庵詞集六卷 …………… 3－434

美人揉碎梅花回文圖讀法一卷 ……… 3－65

美國水師考一卷 …………………… 1－469

美國水師考一卷 …………………… 1－469

美國水師考一卷 …………………… 1－469

美國水師考一卷 …………………… 1－469

美國水師考一卷 …………………… 1－469

美國和約稅則一卷 ……………… 1－467

美國和約稅則一卷 ……………… 1－467

美國師船表補二卷 ……………… 1－469

美國提煉煤油法一卷 …………… 2－312

美國稅則條款一卷 ……………… 1－452

美國憲法纂釋二十一卷附一卷 ……… 1－490

美國議會條例:美國原定律例初編
 …………………………………… 1－490

美國鐵路匯考十三卷 …………… 1－461

姜白石集九卷附錄一卷 ………… 3－120

前川樓文集二卷詩集一卷附圖書秘
 典一卷 …………………………… 3－306

前守寶錄五卷後守寶錄二十卷 ……… 1－268

前守寶錄五卷後守寶錄二十卷 ……… 1－269

前守寶錄五卷後守寶錄二十卷 ……… 1－269

前守寶錄五卷後守寶錄二十卷 ……… 1－269

前唐十二家詩 …………………… 2－510

前塵夢影錄二卷 ………………… 2－327

前漢地理圖 ……………………… 2－99

前漢匈奴表二卷 ………………… 1－276

前漢紀三十卷 …………………… 1－234

前漢紀三十卷 …………………… 1－234

前漢書一百卷 …………………… 1－196

前漢書一百卷 …………………… 1－196

前漢書一百卷 …………………… 1－196

前漢書一百卷 …………………… 1－196

前漢書一百卷 …………………… 1－196

前漢書一百卷 …………………… 1－196

前漢書一百卷 …………… 1－196　　洪文襄奏對筆記二卷 …………… 1－265
前漢書一百卷 …………… 1－196　　洪文襄奏對筆記二卷 …………… 1－265
前漢書一百卷 …………… 1－196　　洪文襄奏對筆記二卷 …………… 1－265
前漢書一百卷 …………… 1－196　　洪文襄奏對筆記二卷 …………… 1－266
前漢書一百卷 …………… 1－196　　洪文襄奏對筆記二卷 …………… 1－266
前漢書一百卷 …………… 1－196　　洪文襄奏對筆記二卷 …………… 1－266
前漢書一百卷 …………… 1－196　　洪文襄奏對筆記二卷 …………… 1－266
前漢書一百卷 …………… 1－196　　洪文襄奏對筆記二卷 …………… 1－266
前漢書一百卷 …………… 1－196　　洪文襄奏對筆記二卷 …………… 1－266
前漢書一百卷 …………… 1－197　　洪北江先生年譜一卷 …………… 1－324
前漢書一百卷 …………… 1－197　　洪北江先生年譜一卷 …………… 1－324
前漢書一百卷 …………… 1－197　　洪北江全集 ………………………… 3－518
前漢書一百卷 …………… 1－197　　洪江育嬰小識四卷 ……………… 2－65
前漢書一百卷 …………… 1－197　　洪武正韻十六卷 ………………… 1－178
前漢書一百卷 …………… 1－197　　洪武正韻十六卷 ………………… 1－178
前漢書一百卷 …………… 1－197　　洪武正韻十六卷 ………………… 1－178
前漢書一百卷 …………… 1－197　　洪武正韻十六卷 ………………… 1－179
前漢書文鈔二十六卷 ……… 1－393　　洪武正韻十六卷 ………………… 1－179
前漢書菁華錄四卷 ………… 1－393　　洪武正韻十六卷 ………………… 1－179
前敵須知四卷圖一卷 ……… 2－232　　洪武正韻十六卷 ………………… 1－179
首楞嚴神咒灌頂疏一卷 …… 2－442　　洪武正韻補殘十卷 ……………… 1－178
首楞嚴義疏註經二十卷 …… 2－436　　[雍正]洪洞縣志九卷 …………… 1－538
首楞嚴經十卷 ……………… 2－441　　[光緒]洪雅縣志十二卷首一卷 …… 2－36
首楞嚴經疏二十卷 ………… 2－436　　洪範五行傳三卷 ………………… 1－27
逆臣傳二卷 ………………… 1－296　　洪範正論五卷 …………………… 1－32
逆臣傳四卷 ………………… 1－296　　洪範圖說四卷 …………………… 1－34
炳燭室雜文一卷 …………… 3－552　　洪範圖說四卷 …………………… 1－34
炳燭編四卷 ………………… 2－385　　洪範圖說四卷 …………………… 1－34
炳燭齋文集初刻一卷續刻一卷 …… 3－186　　洞天奧旨十六卷 ………………… 2－277
炳燭齋文集初刻一卷續刻一卷 …… 3－186　　洞主仙師白喉治法忌表抉微一卷 …… 2－278
炮法畫譜一卷 ……………… 2－230　　洞主仙師白喉治法忌表抉微一卷 …… 2－278
炮法畫譜一卷 ……………… 2－230　　洞主仙師白喉治法忌表抉微一卷 …… 2－278
炮法畫譜一卷 ……………… 2－230　　洞主仙師白喉治法忌表抉微一卷 …… 2－279
炮法審時一卷炮法審界一卷炮法審　　洞宗彙選□□卷 ………………… 2－447
　　度一卷 ……………… 2－231　　洞宗續燈六卷 …………………… 2－453
炮乘新法三卷首一卷圖一卷 …… 2－233　　洞庭上下石磯圖說一卷行舟要覽一卷
炮乘新法三卷首一卷圖一卷 …… 2－233　　　…………………………… 2－94
炮乘新法三卷首一卷圖一卷 …… 2－233　　洞庭湖志十四卷 ………………… 2－94
洪文惠公年譜一卷 ………… 1－321　　洞庭湖志十四卷 ………………… 2－94
洪文惠公年譜一卷 ………… 1－321　　洞庭湖志十四卷 ………………… 2－94
洪文惠公年譜一卷 ………… 1－321　　洞庭湖賦 ………………………… 3－229

洞溪書院志二卷 …………………… 2－60

洞溪書院志二卷 …………………… 2－60

洞蕭樓詩紀十八卷………………… 3－221

洞麓堂續集二十八卷首一卷……… 3－157

洗桐山館文鈔一卷………………… 3－260

洗冤錄集證匯纂五卷……………… 1－480

洗冤錄詳義四卷首一卷…………… 1－481

洗冤錄詳義四卷首一卷…………… 1－481

洗冤錄詳義四卷首一卷…………… 1－481

洗冤錄詳義四卷首一卷…………… 1－481

洗冤錄詳義四卷首一卷…………… 1－481

洗冤錄詳義四卷首一卷…………… 1－481

洗冤錄詳義四卷首一卷…………… 1－481

洗冤錄義證四卷附錄一卷………… 1－481

洗冤錄義證四卷附錄一卷………… 1－481

洗冤錄摭遺二卷…………………… 1－481

洗冤錄摭遺二卷…………………… 1－481

洗冤錄摭遺二卷…………………… 1－481

洗冤錄摭遺二卷…………………… 1－481

洗齋病學草擬存詩一卷附存詩一卷

　………………………………… 3－407

活人方七卷………………………… 2－263

活人書二十卷……………………… 2－270

活幼心法九卷……………………… 2－282

活幼心書…………………………… 2－282

活幼珠璣二卷補編一卷…………… 2－283

[光緒]洮州廳志十八卷首一卷…… 1－544

染學齋詩集十卷…………………… 3－247

洛陽名園記一卷…………………… 2－57

洛陽伽藍記五卷…………………… 2－55

洛陽伽藍記五卷…………………… 2－55

洛陽伽藍記五卷…………………… 2－55

洛陽伽藍記五卷…………………… 2－55

洛學編五卷………………………… 1－298

洛學編六卷………………………… 1－298

洨民遺文一卷……………………… 3－284

洨民叢稿一卷……………………… 3－284

洋防說略一卷……………………… 1－471

洋防輯要二十四卷………………… 1－471

洋防輯要二十四卷………………… 1－471

洋防輯要二十四卷………………… 1－471

洋防輯要二十四卷………………… 1－471

洋防輯要二十四卷………………… 1－471

洋防輯要二十四卷………………… 1－471

洋防輯要二十四卷………………… 1－471

洋防輯要二十四卷………………… 1－471

洋防輯要二十四卷………………… 1－471

洋防輯要二十四卷………………… 1－471

洋防輯要二十四卷………………… 1－471

洋務用軍必讀三卷………………… 1－467

洋務經濟通考十六卷……………… 1－446

洋槍淺言一卷……………………… 2－231

洋槍隊大操圖說一卷……………… 2－231

[光緒]洋縣志八卷………………… 1－543

洴澼百金方十四卷………………… 2－228

洴澼百金方十四卷………………… 2－228

洴澼百金方十四卷………………… 2－228

洴澼百金方十四卷………………… 2－228

洴澼百金方十四卷………………… 2－228

津門詩鈔三十卷…………………… 3－28

津河廣仁堂所刻書………………… 3－504

津逮秘書…………………………… 3－489

津逮秘書…………………………… 3－489

[乾隆]宣化府志四十二卷首一卷 … 1－532

[康熙]宣化縣志三十卷 …………… 1－532

[光緒]宣平縣志二十卷首一卷……… 2－7

宣和奉使高麗圖經四十卷附錄一卷

　………………………………… 2－106

宣和書譜二十卷…………………… 2－321

宣和書譜二十卷…………………… 2－321

宣和集古印史八卷秦璽考一卷……… 2－341

宣南鴻雪集二卷 ………………… 3－59

[同治]宣恩縣志二十卷首一卷…… 2－26

宣統己酉科各行省優貢全錄一卷…… 1－382

宣統元年通商各關華洋貿易總冊二卷

　………………………………… 1－452

宣統庚戌爵秩全覽不分卷………… 1－384

宦拾錄十八卷……………………… 3－193

宦鄉要則七卷……………………… 2－400

宦游紀略二卷……………………… 1－438

宦游紀略二卷 …………………… 1–438
宦游紀略二卷 …………………… 1–438
宦游紀略四卷續六卷 …………… 1–438
宦游紀實二卷 …………………… 1–438
宦游紀實二卷 …………………… 1–438
宦游紀實二卷 …………………… 1–438
客吟隨意錄一卷 ………………… 3–35
客座贅語十卷 …………………… 2–70
客游集八卷 ……………………… 3–286
冠璞齋吟草四卷 ………………… 3–296
軍火備覽一卷 …………………… 2–230
軍火備覽一卷 …………………… 2–230
軍火備覽一卷 …………………… 2–230
軍火備覽一卷 …………………… 2–230
軍火備覽一卷 …………………… 2–230
軍火備覽一卷 …………………… 2–230
軍火集要一卷 …………………… 2–230
軍政酌宜集二十卷 ……………… 2–229
軍政酌宜集二十卷 ……………… 2–229
軍隊內務書一卷 ………………… 2–231
扁善齋文存三卷 ………………… 3–392
扁善齋文存三卷 ………………… 3–392
扁善齋詩存二卷 ………………… 3–392
扁鵲心書三卷扁鵲心書神方一卷 … 2–247
衲蘇集二卷 ……………………… 3–63
祖氏遺編十卷 …………………… 3–42
祖國女界文豪譜 ………………… 1–304
祖國女界文豪譜 ………………… 1–304
祖澤鴻鄉試硃卷 ………………… 3–276
神交集三種三卷 ………………… 3–26
神相鐵關刀四卷 ………………… 2–411
神效藥方一卷 …………………… 2–278
神授急救異痧奇方一卷 ………… 2–264
神授急救異痧奇方一卷 ………… 2–264
神授急救異痧奇方一卷 ………… 2–264
神鼎傳燈宗譜五卷續一卷 ……… 2–462
神僧傳九卷 ……………………… 2–462
神僧傳九卷 ……………………… 2–462
神僧傳九卷 ……………………… 2–462
祝氏集略三十卷 ………………… 3–165
祝英台近山房詩集二卷詞集一卷 … 3–356

祝昌山水冊頁 …………………… 2–336
祝聖寺石鍥五百羅漢像贊不分卷 … 2–463
祝聖寺石鍥五百羅漢像贊不分卷 … 2–463
祝聖寺石鍥五百羅漢像贊不分卷 … 2–464
祠部集三十五卷 ………………… 3–132
祠部集三十五卷 ………………… 3–132
祠部集三十五卷 ………………… 3–133
郡齋讀書志二十卷 ……………… 2–145
退思易話八卷 …………………… 1–16
退思軒詩集六卷補遺一卷 ……… 3–305
退思軒詩集六卷補遺一卷 ……… 3–305
退思軒詩集六卷補遺一卷 ……… 3–305
退思軒詩集六卷補遺一卷 ……… 3–305
退思軒詩集六卷補遺一卷 ……… 3–305
退思軒詩集六卷補遺一卷 ……… 3–305
退思軒詩集六卷補遺一卷 ……… 3–305
退思軒詩集六卷補遺一卷 ……… 3–305
退思軒詩集六卷補遺一卷 ……… 3–305
退思詩存四卷文存一卷 ………… 3–264
退思說略內篇三卷外篇三卷 …… 2–286
退思齋詩草 ……………………… 3–235
退庵金石書畫跋二十卷 ………… 2–114
退庵隨筆二十二卷 ……………… 2–388
退庵隨筆二十二卷 ……………… 2–388
退庵隨筆二十二卷 ……………… 2–388
退庵隨筆二十二卷 ……………… 2–389
退庵隨筆二十二卷退庵自訂年譜一卷
　　…………………………………… 2–389
退庵隨筆二十二卷退庵自訂年譜一卷
　　…………………………………… 2–389
退庵隨筆二十二卷退庵自訂年譜一卷
　　…………………………………… 2–389
退庵隨筆二十二卷退庵自訂年譜一卷
　　…………………………………… 2–389
退庵隨筆二十卷 ………………… 3–551
退遂齋詩鈔八卷 ………………… 3–289
退補齋文存十二卷首一卷詩存十六
　　卷首一卷末一卷 …………… 3–269
退補齋文存十二卷首一卷詩存十六
　　卷首一卷末一卷 …………… 3–269

退補齋詩鈔二十卷試帖詩存二卷賦存
　　二卷鄂渚同聲集初編七卷鄂渚同
　　聲集正編二十卷皖江同聲集十卷
　　…………………………………… 3－269
退補齋詩鈔二十卷試帖詩存二卷賦存
　　二卷鄂渚同聲集初編七卷鄂渚同
　　聲集正編二十卷皖江同聲集十卷
　　…………………………………… 3－269
既樓詩集十卷書法論義一卷贈言隨
　　錄一卷 ………………………… 3－336
咫進齋叢書 ……………………… 3－495
咫進齋叢書 ……………………… 3－495
咫進齋叢書 ……………………… 3－495
咫進齋叢書 ……………………… 3－495
咫進齋叢書 ……………………… 3－495
咫進齋叢書 ……………………… 3－495
咫聞軒詩草十卷賸稿四卷略識字編一卷
　　…………………………………… 3－271
咫聞軒詩草十卷賸稿四卷略識字編一卷
　　…………………………………… 3－271
屏山先生文集二十卷 …………… 3－137
屏山全集二十卷 ………………… 3－136
屏山全集二十卷 ………………… 3－136
屏山全集二十卷 ………………… 3－137
屏山集二十卷首一卷 …………… 3－136
陣記四卷 ………………………… 2－225
陣記四卷 ………………………… 2－225
眉山詩案廣證六卷 ……………… 3－485
眉山詩案廣證六卷 ……………… 3－486
眉山詩案廣證六卷 ……………… 3－486
眉山詩案廣證六卷 ……………… 3－486
[嘉慶]眉州屬志十九卷 ………… 2－36
眉綠樓詞八卷 …………………… 3－434
眉韻樓詩三卷 …………………… 3－417
[道光]陝西志輯要六卷首一卷 …… 1－539
[雍正]陝西通志一百卷首一卷 …… 1－539
[咸豐]陝西從政錄四十二卷 ……… 1－540
陝西清理財政說明書 …………… 1－450
陟岵清吟錄一卷 ………………… 3－65
除弊說 …………………………… 1－438
姚少監詩集十卷 ………………… 3－96

姚氏先德傳六卷 ………………… 1－332
姚氏先德傳六卷 ………………… 1－332
姚惜抱年譜一卷 ………………… 1－324
姚惜抱先生前漢書評點一卷 …… 1－198
姚惜抱先生前漢書評點一卷 …… 1－198
姚惜抱先生前漢書評點一卷 …… 1－404
媱嬧封一卷桂枝香一卷 ………… 3－442
飛香圃詩集四卷 ………………… 3－207
飛雲岩志八卷 …………………… 2－66
飛龍傳八卷六十回 ……………… 3－469
飛鴻堂印人傳八卷 ……………… 2－339
飛鴻堂印譜初集八卷二集八卷三集
　　八卷四集八卷五集八卷 ……… 2－340
飛獵濱獨立戰史 ………………… 2－165
勇盧閒詰一卷 …………………… 2－240
勇盧閒詰一卷 …………………… 3－384
癸巳存稿十五卷 ………………… 2－387
癸巳存稿十五卷 ………………… 2－387
癸巳存稿十五卷 ………………… 2－387
癸巳存稿十五卷 ………………… 2－387
癸巳存稿十五卷 ………………… 2－387
癸巳存稿十五卷 ………………… 2－387
癸巳恩科十八省正副榜同年全錄不分卷
　　…………………………………… 1－381
癸巳類稿十五卷 ………………… 2－386
癸巳類稿十五卷 ………………… 2－386
癸巳類稿十五卷 ………………… 2－386
癸巳類稿十五卷 ………………… 2－387
癸巳類稿十五卷 ………………… 2－387
癸巳類稿十五卷 ………………… 2－387
癸巳類稿十五卷 ………………… 2－387
癸巳類稿十五卷 ………………… 2－387
癸巳類稿十五卷 ………………… 2－387
癸丑懷人詩一卷 ………………… 3－328
癸甲試賦一卷 …………………… 3－265
癸卯甲辰各省大小科場題目并附各
　　種新學書目 …………………… 1－432
癸卯恩科十八省正副榜同年全錄不分卷
　　…………………………………… 1－381
癸卯新民叢報彙編 ……………… 1－446

癸辛雜識前集一卷後集一卷續集二

    卷別集二卷 …………… 2－360

癸辛雜識續集二卷別集二卷 ………… 2－360

柔遠新書四卷 …………………… 1－463

柔遠新書四卷 …………………… 2－192

柔遠新書四卷 …………………… 2－192

柔遠新書四卷 …………………… 3－536

孩童衛生編 ……………………… 2－289

紅杏樓詩賸稿一卷梅笛庵詞賸稿一卷

     …………………… 3－221

紅豆村人詩稿十四卷 …………… 3－281

紅豆村人詩稿十四卷 …………… 3－281

紅豆村人詩稿十四卷 …………… 3－281

紅豆新詞一卷記事譜一卷 ……… 3－433

紅豆樹館書畫記八卷 …………… 2－328

紅豆樹館詩稿十四卷補遺一卷 …… 3－327

紅林禽館詩錄一卷詞錄一卷 …… 3－273

紅拂記四卷 ……………………… 3－440

紅雪山房詞初稿不分卷 ………… 3－432

紅雪軒稿六卷 …………………… 3－276

紅雪詞甲集二卷乙集二卷詞餘一卷 … 3－432

紅雪樓九種曲 …………………… 3－443

紅雪樓九種曲 …………………… 3－443

紅雪樓九種曲 …………………… 3－443

紅雪樓九種曲 …………………… 3－443

紅葉山房集十二卷 ……………… 3－379

紅粟山莊詩續六卷詩餘一卷補遺一卷

     …………………… 3－214

紅樓復夢一百卷 ………………… 3－471

紅樓夢一百二十回 ……………… 3－470

紅樓夢一百二十回 ……………… 3－470

紅樓夢評贊不分卷 ……………… 3－481

紅樓夢傳奇八卷 ………………… 3－442

紅樓夢傳奇八卷 ………………… 3－442

紅樓夢傳奇八卷 ………………… 3－442

紅樓夢圖詠不分卷 ……………… 2－337

紅薇吟館遺草一卷 ……………… 3－302

紅薇吟館遺草一卷 ……………… 3－302

紅薇吟館遺草一卷 ……………… 3－302

紅樹山莊詩草四卷黔游草一卷 …… 3－395

紅韻閣學吟小草一卷 …………… 3－376

約書六卷 ………………………… 2－378

約章分類輯要三十八卷首一卷 …… 1－466

約章分類輯要三十八卷首一卷 …… 1－466

約章分類輯要三十八卷首一卷 …… 1－466

約章分類輯要三十八卷首一卷 …… 1－466

約章分類輯要三十八卷首一卷 …… 1－466

約章分類輯要三十八卷首一卷 …… 1－466

約章分類輯要三十八卷首一卷 …… 1－466

約章成案匯覽甲篇十卷乙篇四十二卷

     …………………… 1－466

約章成案匯覽甲篇十卷乙篇四十二卷

     …………………… 1－466

約章成案匯覽甲篇十卷乙篇四十二卷

     …………………… 1－466

約園志不分卷 …………………… 2－57

約園志不分卷 …………………… 3－534

約園詞稿十卷 …………………… 3－433

約園詞稿十卷 …………………… 3－433

紀元通考十二卷 ………………… 1－277

紀元通考十二卷 ………………… 1－277

紀元通考十二卷 ………………… 1－278

紀元編三卷末一卷 ……………… 1－277

紀元編三卷末一卷 ……………… 1－277

紀元編三卷末一卷 ……………… 1－277

紀元編三卷末一卷 ……………… 1－277

紀元編三卷末一卷 ……………… 1－277

紀元編三卷末一卷 ……………… 3－533

紀元編三卷末一卷 ……………… 3－533

紀元韻叙二卷 …………………… 1－232

紀文達公遺集文六十卷詩十六卷 …… 3－274

紀文達公遺集文六十卷詩十六卷 …… 3－274

紀文達公遺集文六十卷詩十六卷 …… 3－274

紀文達公遺集文六十卷詩十六卷 …… 3－274

紀文達公遺集文六十卷詩十六卷 …… 3－274

紀事一卷傳贊一卷 ……………… 3－167

紀事本末五種 …………………… 1－239

紀風七絕二十一卷 ……………… 3－23

紀效新書十八卷首一卷 ………… 2－225

紀效新書十八卷首一卷 ………… 2－225

紀效新書十八卷首一卷 ………… 2－225

紀效新書十八卷首一卷 ………… 2－225

紀效新書十八卷首一卷 ·················· 2－225
紀效新書十八卷首一卷 ·················· 2－226
紀效新書十八卷首一卷 ·················· 2－226
紀效新書十八卷首一卷 ·················· 2－226
紀效新書十八卷首一卷 ·················· 2－226
紀效新書十八卷首一卷 ·················· 2－226
紀效新書十八卷首一卷 ·················· 2－226
紀效新書十八卷首一卷 ·················· 2－226
紀載彙編 ······························ 1－262
紀慎齋先生行述一卷 ···················· 1－313
紀慎齋先生全集 ························ 3－519
紀慎齋先生全集 ························ 3－519
紀慎齋先生全集 ························ 3－519
紉佩仙館文鈔一卷吟鈔一卷 ·············· 3－386
紉秋山館詩鈔一卷 ······················ 3－401
紉秋山館詩鈔一卷 ······················ 3－401
紉齋畫賸不分卷 ························ 2－337
紉齋畫賸四卷 ·························· 2－337
紉蘭室詩鈔三卷 ························ 3－376
耕心錄一卷附壽言 ······················ 3－55
耕煙草堂詩鈔二卷 ······················ 3－202
耕餘居士詩集二十四卷 ·················· 3－379
耘桂先生尺牘一卷 ······················ 3－300
馬太史匡菴前集六卷 ···················· 3－278
馬氏醫案祁案王案一卷 ·················· 2－269
馬文錦鄉試硃卷 ························ 3－278
馬可福音 ······························ 2－479
馬可福音 ······························ 2－479
馬先柄鄉試硃卷 ························ 3－278
馬東田漫稿六卷 ························ 3－168
馬郎幼科二卷 ·························· 2－285
[乾隆]馬巷廳志十八卷首一卷 ········· 2－14
馬首農言一卷 ·························· 2－238
馬嵬志十六卷首一卷 ···················· 2－66
馬經二卷 ······························ 2－237
馬端敏公奏議八卷 ······················ 1－502
馬徵君遺集六卷首一卷 ·················· 3－278
馬徵君遺集六卷首一卷 ·················· 3－278
[嘉慶]馬邊廳志略六卷首一卷 ········ 2－38

十畫

秦川焚餘草六卷補遺一卷 ················ 3－356
秦少游集摘一卷 ························ 3－131
秦文粹六卷 ···························· 2－556
[光緒]秦州直隸州新志二十四卷首
　一卷 ······························ 1－543
[嘉靖]秦安志九卷 ···················· 1－543
[道光]秦安縣志十四卷 ················ 1－544
秦淮八艷圖詠一卷 ······················ 3－56
秦雲擷英小譜 ·························· 3－487
秦會要二十六卷 ························ 1－419
秦會要二十六卷 ························ 1－419
秦會要二十六卷 ························ 1－419
秦會要二十六卷 ························ 1－419
秦漢瓦當文字二卷續一卷 ················ 2－127
秦漢瓦當文字二卷續一卷 ················ 2－127
秦漢瓦當文字二卷續一卷 ················ 2－127
秦漢文鈔十二卷 ························ 2－529
秦漢文鈔十二卷 ························ 2－529
秦漢文鈔六卷 ·························· 2－529
秦漢文鈔六卷 ·························· 2－529
秦漢文懷二十卷 ························ 2－530
秦漢印統八卷 ·························· 2－339
秦漢書疏十八卷 ························ 1－494
秦漢鴻文二十五卷 ······················ 2－530
秦硯泉稿一卷 ·························· 3－278
秦簧行狀一卷 ·························· 1－313
秦疆治略一卷 ·························· 2－74
秦疆治略一卷 ·························· 2－74
泰山石經峪刻字六卷 ···················· 2－336
泰山志二十卷 ·························· 2－83
泰山道里記一卷 ························ 2－83
泰山道里記一卷 ························ 2－83
泰西十八國史攬要十八卷 ················ 2－160
泰西十八國史攬要十八卷 ················ 2－160
泰西民族文明史 ························ 2－160
泰西各國名人言行錄十六卷 ·············· 1－387
泰西名人論傳不分卷 ···················· 1－387
泰西育蠶新法 ·························· 2－238

泰西政治學者列傳一卷‥‥‥‥‥‥ 1－387

泰西開煤法十二卷首一卷‥‥‥‥‥ 2－314

泰西新史攬要二十四卷‥‥‥‥‥‥ 2－160

泰西新史攬要二十四卷‥‥‥‥‥‥ 2－160

泰西新史攬要二十四卷‥‥‥‥‥‥ 2－160

泰西新史攬要二十四卷‥‥‥‥‥‥ 2－160

泰西新史攬要二十四卷‥‥‥‥‥‥ 2－160

泰西新史攬要二十四卷‥‥‥‥‥‥ 2－160

泰西新史攬要二十四卷‥‥‥‥‥‥ 2－160

泰西新史攬要二十四卷‥‥‥‥‥‥ 2－160

泰西新史攬要八卷‥‥‥‥‥‥‥‥ 2－160

［雍正］泰州志十卷首一卷 ‥‥‥‥‥ 1－551

［道光］泰州志三十六卷首一卷 ‥‥‥ 1－551

［道光］泰州志三十卷首一卷附泰州

　　新志刊誤二卷‥‥‥‥‥‥‥‥ 1－551

［乾隆］泰安府志三十卷前一卷首三卷

　　‥‥‥‥‥‥‥‥‥‥‥‥‥‥ 1－546

［光緒］泰和縣志三十卷首一卷‥‥‥ 2－12

［道光］泰和縣志四十八卷 ‥‥‥‥‥ 2－12

泰定養生主論十卷‥‥‥‥‥‥‥‥ 2－285

泰泉鄉禮七卷 ‥‥‥‥‥‥‥‥‥‥ 1－74

泰泉集六十卷‥‥‥‥‥‥‥‥‥‥ 3－174

泰泉集六十卷‥‥‥‥‥‥‥‥‥‥ 3－174

泰雲堂文集二卷駢體文集二卷詩集

　　十八卷詞集三卷‥‥‥‥‥‥‥ 3－285

泰雲堂文集二卷駢體文集二卷詩集

　　十八卷詞集三卷‥‥‥‥‥‥‥ 3－285

泰舒胡先生年譜一卷‥‥‥‥‥‥‥ 1－324

［光緒］泰興縣志二十六卷首一卷末一卷

　　‥‥‥‥‥‥‥‥‥‥‥‥‥‥ 1－551

珠泉草廬文錄二卷‥‥‥‥‥‥‥‥ 3－383

珠泉草廬文錄二卷‥‥‥‥‥‥‥‥ 3－383

珠泉草廬文錄二卷‥‥‥‥‥‥‥‥ 3－383

珠泉草廬文錄二卷‥‥‥‥‥‥‥‥ 3－383

珠泉草廬文錄二卷‥‥‥‥‥‥‥‥ 3－383

珠泉草廬詩鈔四卷‥‥‥‥‥‥‥‥ 3－383

珠泉草廬詩鈔四卷‥‥‥‥‥‥‥‥ 3－383

珠泉草廬詩鈔四卷‥‥‥‥‥‥‥‥ 3－383

珠泉草廬詩鈔四卷‥‥‥‥‥‥‥‥ 3－383

珠泉草廬詩鈔四卷‥‥‥‥‥‥‥‥ 3－383

珠泉草廬詩鈔四卷‥‥‥‥‥‥‥‥ 3－383

珠算法一卷‥‥‥‥‥‥‥‥‥‥‥ 2－306

班馬字類二卷‥‥‥‥‥‥‥‥‥‥ 1－140

班馬字類五卷班馬字類訂一卷‥‥‥ 1－140

班馬字類五卷班馬字類訂一卷‥‥‥ 1－140

班馬字類五卷班馬字類訂一卷‥‥‥ 1－140

班馬字類五卷班馬字類訂一卷‥‥‥ 1－140

班馬字類五卷班馬字類訂一卷‥‥‥ 1－140

班馬異同三十五卷‥‥‥‥‥‥‥‥ 1－198

班馬異同三十五卷‥‥‥‥‥‥‥‥ 1－198

素書一卷‥‥‥‥‥‥‥‥‥‥‥‥ 2－223

素書一卷‥‥‥‥‥‥‥‥‥‥‥‥ 2－223

素書一卷‥‥‥‥‥‥‥‥‥‥‥‥ 2－223

素問懸解十三卷靈樞懸解九卷難經

　　懸解二卷‥‥‥‥‥‥‥‥‥‥ 2－254

素問靈樞類纂約註三卷‥‥‥‥‥‥ 2－253

素問靈樞類纂約註三卷‥‥‥‥‥‥ 2－253

素問靈樞類纂約註三卷‥‥‥‥‥‥ 2－253

素靈微蘊四卷‥‥‥‥‥‥‥‥‥‥ 2－254

袁王綱鑑合編三十九卷‥‥‥‥‥‥ 1－227

袁王綱鑑合編三十九卷‥‥‥‥‥‥ 1－227

袁王綱鑑合編三十九卷‥‥‥‥‥‥ 1－227

袁王綱鑑合編三十九卷‥‥‥‥‥‥ 1－227

袁王綱鑑合編三十九卷‥‥‥‥‥‥ 1－227

袁中郎先生批評唐伯虎彙集四卷‥‥ 3－167

袁中郎全集四十卷‥‥‥‥‥‥‥‥ 3－168

袁氏小說‥‥‥‥‥‥‥‥‥‥‥‥ 3－451

袁文合箋十六卷‥‥‥‥‥‥‥‥‥ 3－280

袁文箋正十六卷補註一卷‥‥‥‥‥ 3－280

袁文箋正十六卷補註一卷‥‥‥‥‥ 3－280

袁文箋正十六卷補註一卷‥‥‥‥‥ 3－280

袁文箋正十六卷補註一卷‥‥‥‥‥ 3－280

袁文箋正十六卷補註一卷‥‥‥‥‥ 3－280

袁文箋正十六卷補註一卷‥‥‥‥‥ 3－280

袁西臺行述一卷‥‥‥‥‥‥‥‥‥ 1－313

［同治］袁州府志十卷首一卷‥‥‥‥ 2－10

［乾隆］袁州府志三十八卷首一卷 ‥‥ 2－10

袁易齋先生圖民錄四卷‥‥‥‥‥‥ 1－438

袁易齋先生圖民錄四卷‥‥‥‥‥‥ 1－438

袁柳莊先生神相全編二卷‥‥‥‥‥ 2－411

袁柳莊先生神相全編二卷…………… 2－411
袁柳莊先生神相全編三卷…………… 2－411
袁斌鄉試硃卷 ………………………… 3－281
袁漱六太史喜壽輓聯一卷 …………… 3－279
袁緒欽鄉試硃卷 ……………………… 3－281
袁緒欽優貢卷 ………………………… 3－281
袁簡齋時文一卷 ……………………… 3－280
袁簡齋稿一卷 ………………………… 3－280
袁簡齋稿一卷 ………………………… 3－280
袁簡齋稿一卷 ………………………… 3－280
都梁草二卷補遺一卷和竹如意齋唱
　和集一卷 ………………………… 3－188
耆獻文徵三卷 ………………………… 2－540
埃及近世史一卷 ……………………… 2－170
埃及近世史一卷 ……………………… 2－170
埃及近世史一卷 ……………………… 2－170
埃及近世史一卷 ……………………… 2－170
埃及近事考一卷 ……………………… 2－170
埃司蘭情俠傳二卷 …………………… 3－475
恥白集一卷 …………………………… 3－257
恥躬堂文鈔十卷詩鈔十六卷 ………… 3－345
恥躬堂文鈔十卷詩鈔十六卷 ………… 3－345
恥堂存稿八卷 ………………………… 3－122
華延年室題跋三卷 …………………… 2－150
[隆慶]華州志二十四卷 …………… 1－541
華制存考不分卷 ……………………… 1－495
[光緒]華亭縣志二十四卷首一卷末一卷
　………………………………………… 2－1
華洋人壽保險有限公司章程………… 1－450
華容地方自治研究所講義…………… 1－446
華容擋曹一卷 ………………………… 3－450
[乾隆]華容縣志十二卷首一卷 …… 2－45
[光緒]華容縣志十五卷首一卷 …… 2－45
[光緒]華容縣志十五卷首一卷 …… 2－46
[乾隆]華陰縣志二十二卷首一卷 … 1－541
華盛頓傳八卷 ………………………… 1－387
華盛頓傳八卷 ………………………… 1－387
華盛頓傳八卷 ………………………… 1－388
華盛頓傳八卷 ………………………… 1－388
華盛頓傳八卷 ………………………… 1－388
華盛頓傳八卷 ………………………… 1－388

華陽陶隱居內傳三卷 ………………… 3－78
華陽陶隱居集二卷 …………………… 3－78
華陽國志十二卷 ……………………… 2－33
華陽國志十二卷 ……………………… 2－33
華陽國志十二卷 ……………………… 2－33
華陽國志十二卷 ……………………… 2－33
華陽國志十二卷 ……………………… 2－33
華陽國志十二卷 ……………………… 2－33
華陽國志十二卷 ……………………… 2－33
華陽國志十二卷 ……………………… 2－33
華陽國志十二卷附一卷 ……………… 3－547
[嘉慶]華陽縣志四十四卷首一卷 …… 2－34
華黍齋集印二卷 ……………………… 2－342
華隱夢談二卷徵心百問一卷 ………… 2－471
華嶽志十二卷 ………………………… 2－84
華嶽志八卷首一卷 …………………… 2－84
華嶽志八卷首一卷 …………………… 2－84
華嶽志八卷首一卷 …………………… 2－84
華嶽志八卷首一卷 …………………… 2－85
華嶽志八卷首一卷 …………………… 2－85
華嶽志八卷首一卷 …………………… 2－85
華嶽志八卷首一卷 …………………… 2－85
華嶽志八卷首一卷 …………………… 2－85
華嶽志八卷首一卷 …………………… 2－85
華嚴一乘十玄門一卷 ………………… 2－446
華嚴念佛三昧論一卷 ………………… 2－454
華嚴法界玄鏡二卷 …………………… 2－431
華嚴法界玄鏡二卷 …………………… 2－447
華嚴法界玄鏡三卷 …………………… 2－447
華嚴原人論合解二卷 ………………… 2－435
華嚴原人論解三卷 …………………… 2－448
華嚴經旨歸一卷 ……………………… 2－445
華嚴經義海百門一卷 ………………… 2－445
莆田水利志八卷 ……………………… 2－98
莆陽知稼翁集二卷 …………………… 3－131
莆陽知稼翁集二卷 …………………… 3－131
莆陽黃御史集二秩 …………………… 3－102
莆陽黃御史集二秩 …………………… 3－102
莽蒼蒼齋詩二卷 ……………………… 3－370
莽蒼蒼齋詩二卷 ……………………… 3－370
莫友芝行述一卷 ……………………… 1－314

莫友芝行述一卷	……	1－314	莊子南華真經五卷 ……	2－467
莫如樓時義合稿四集不分卷 ……		3－43	莊子南華真經不分卷 ……	2－470
莫如樓時義合稿四集不分卷 ……		3－44	莊子南華真經不分卷 ……	2－470
莫如樓詩選合刻六卷 ……		3－43	莊子南華真經四卷 ……	2－467
莫如樓詩選合刻六卷 ……		3－43	莊子南華真經四卷 ……	2－467
莫如樓詩選合刻六卷 ……		3－43	莊子南華真經四卷 ……	2－467
莫如樓詩選合刻六卷 ……		3－43	莊子南華真經四卷 ……	2－467
莫愁湖志六卷首一卷 ……		2－92	莊子郭註十卷 ……	2－468
莫愁湖志六卷首一卷 ……		2－92	莊子旁註五卷 ……	2－472
莫愁湖志六卷首一卷 ……		2－92	莊子雪三卷 ……	2－475
莫愁湖志六卷首一卷 ……		2－92	莊子雪三卷 ……	2－475
莫愁湖志六卷首一卷 ……		2－92	莊子集解八卷 ……	2－477
莫愁湖志六卷首一卷 ……		2－92	莊子集解八卷 ……	2－477
莫愁湖志六卷首一卷 ……		2－92	莊子集解八卷 ……	2－477
莫愁湖志六卷首一卷 ……		2－92	莊子集解八卷 ……	2－477
莫愁湖志六卷首一卷 ……		2－92	莊子集解八卷 ……	2－477
莫愁湖志六卷首一卷 ……		2－92	莊子集解八卷 ……	2－477
莫愁湖志六卷首一卷 ……		2－92	莊子集解八卷 ……	2－477
莫愁湖志六卷首一卷 ……		2－92	莊子集解八卷 ……	2－478
莫愁湖楹聯便覽一卷 ……		3－64	莊子集釋十卷 ……	2－475
莫愁湖楹聯便覽一卷 ……		3－64	莊子集釋十卷 ……	2－475
莫愁湖楹聯便覽一卷 ……		3－64	莊子集釋十卷 ……	2－475
莊子十卷 ……		2－468	莊子集釋十卷 ……	2－475
莊子口義十卷 ……		2－470	莊子集釋十卷 ……	2－475
莊子內篇註四卷 ……		2－472	莊子集釋十卷 ……	2－475
莊子內篇註四卷 ……		2－472	莊子集釋十卷 ……	2－475
莊子內篇註四卷 ……		2－472	莊子集釋十卷 ……	2－475
莊子內篇註四卷 ……		2－472	莊子註釋一卷 ……	2－475
莊子因六卷 ……		2－468	莊子解不分卷 ……	2－472
莊子因六卷 ……		2－468	莊子鬳齋口義二卷 ……	2－470
莊子因六卷 ……		2－468	莊子獨見不分卷 ……	2－473
莊子故八卷 ……		2－478	莊子獨見不分卷 ……	2－473
莊子南華真經十卷 ……		2－467	莊子翼八卷 ……	2－471
莊子南華真經十卷 ……		2－467	莊子翼八卷 ……	2－471
莊子南華真經十卷 ……		2－467	莊子釋義不分卷 ……	2－474
莊子南華真經十卷 ……		2－467	莊子讀本不分卷 ……	2－468
莊子南華真經十卷 ……		2－467	莊屈合詁不分卷 ……	2－173
莊子南華真經十卷 ……		2－467	莊靖先生遺集十卷 ……	3－148
莊子南華真經十卷 ……		2－467	荷莊檢存稿一卷入關草稿一卷 ……	3－222
莊子南華真經十卷 ……		2－467	荷塘詩集十二卷 ……	3－304
莊子南華真經十卷 ……		2－467	荷塘詩集十六卷 ……	3－304

［光緒］荷澤縣志十八卷首一卷 …… 1 - 547

荷蘭國條約一卷………………… 1 - 467

荷蘭國條約一卷………………… 1 - 467

荷蘭國通商和約章程……………… 1 - 452

荽園詩集五卷…………………… 3 - 352

荻芬書屋文稿不分卷……………… 3 - 356

荻芬書屋賦稿一卷………………… 3 - 356

莘廬遺詩六卷遺著一卷…………… 3 - 294

真西山文忠公集不分卷…………… 3 - 124

真西山全集……………………… 3 - 510

真西山全集……………………… 3 - 510

真西山全集……………………… 3 - 510

真真豈有此理八卷………………… 3 - 458

真國民讀本……………………… 3 - 540

真道詩歌………………………… 2 - 479

真種子閑吟初存二卷……………… 3 - 237

真誥二十卷……………………… 2 - 469

［乾隆］桂平縣志四卷 …………… 2 - 32

桂林山水圖并詩一卷……………… 2 - 76

［同治］桂東縣志二十卷首一卷 … 2 - 47

桂涵行狀一卷…………………… 1 - 313

［同治］桂陽直隸州志二十七年首一卷

…………………………… 2 - 46

［同治］桂陽縣志二十二卷首一卷 … 2 - 47

桂軺紀程集一卷………………… 3 - 292

桂勝十六卷 …………………… 2 - 84

桂游雜錄日記不分卷…………… 1 - 330

桂管游草二卷…………………… 3 - 359

桂管游草二卷…………………… 3 - 359

桂樓雜錄八卷…………………… 2 - 401

桂樓雜藝二卷…………………… 3 - 267

桂樓雜藝二卷…………………… 3 - 267

桂樓雜藝二卷…………………… 3 - 268

桂樓雜藝六卷…………………… 3 - 268

桂馨堂集………………………… 3 - 305

桂馨堂集………………………… 3 - 305

桂馨堂集………………………… 3 - 305

郴侯書院志三卷 ……………… 2 - 60

栢齋文集十卷…………………… 3 - 164

桐石草堂集九卷………………… 3 - 219

桐花館詩鈔十卷詞鈔一卷己巳北游

草五卷螺澟竹窗稿一卷歸吾廬吟

草一卷……………………… 3 - 295

桐邑辦賑錄二卷………………… 1 - 458

桐城吳氏古文讀本不分卷………… 2 - 532

桐城吳氏尚書讀本二卷 ………… 1 - 32

桐城吳先生文集四卷附集一卷…… 3 - 235

桐城吳先生文集四卷附集一卷…… 3 - 235

桐城吳先生文集四卷附集一卷…… 3 - 235

桐城吳先生文集四卷附集一卷…… 3 - 235

桐城吳先生文集四卷附集一卷…… 3 - 235

桐城吳先生文集四卷附集一卷…… 3 - 235

桐城吳先生尺牘五卷補遺一卷諭兒

書一卷……………………… 3 - 236

桐城吳先生尺牘五卷補遺一卷諭兒

書一卷……………………… 3 - 236

桐城吳先生全書………………… 3 - 540

桐城吳先生點勘戰國策三十三卷… 1 - 254

桐城馬太僕奏略二卷…………… 1 - 499

桐城馬太僕奏略二卷…………… 1 - 499

桐城耆舊傳十二卷……………… 1 - 305

桐城耆舊傳十二卷……………… 1 - 305

［康熙］桐城縣志八卷 ………… 2 - 3

桐城錢飲光先生全書…………… 3 - 527

桐華閣文集十二卷……………… 3 - 234

桐華閣文集十二卷……………… 3 - 234

桐華閣文集十二卷……………… 3 - 234

桐華閣文集十二卷……………… 3 - 234

桐華閣文集十二卷……………… 3 - 234

桐華閣詞鈔二卷附一卷………… 3 - 430

桐華閣詞鈔二卷附一卷………… 3 - 430

桐華閣詞鈔二卷附一卷………… 3 - 430

桐華閣詞鈔二卷附一卷………… 3 - 430

桐華閣叢書……………………… 3 - 516

桐華閣叢書……………………… 3 - 516

桐華閣叢書……………………… 3 - 516

桐華閣叢書……………………… 3 - 516

桐華閣叢書……………………… 3 - 516

桐華閣叢書……………………… 3 - 516

桐陰論畫二卷二編二卷三編二卷首

一卷桐陰畫訣一卷………… 2 - 326

桐陰論畫二卷二編二卷三編二卷首
　一卷桐陰畫訣一卷 …………… 2－326

桐陰論畫二卷首一卷 …………… 2－326

桐陰論畫二卷首一卷附一卷桐陰畫
　訣一卷 ………………………… 2－326

桐陰論畫初編二卷二編二卷三編二
　卷首一卷桐陰畫訣一卷 ……… 2－326

桐陰論畫初編二卷二編二卷三編二
　卷首一卷桐陰畫訣一卷 ……… 2－326

桐陰論畫初編二卷二編二卷三編二
　卷首一卷桐陰畫訣一卷 ……… 2－326

桐陰論畫初編二卷二編二卷三編二
　卷首一卷桐陰畫訣一卷 ……… 2－326

桐陰論畫初編二卷二編二卷三編二
　卷首一卷桐陰畫訣一卷 ……… 2－326

桐垫詩集四卷 …………………… 3－258

桐垫詩集四卷 …………………… 3－258

桐垫詩集四卷 …………………… 3－258

[光緒]桐鄉縣志二十四卷首四卷附
　楊園淵源錄四卷 ……………… 2－5

桐葉山房詩草十六卷 …………… 3－204

桐葉山房詩草十六卷 …………… 3－204

桐葉山房詩草十六卷 …………… 3－204

桐園臥游錄一卷 ………………… 3－551

桐溪耆隱集一卷補錄一卷 ……… 3－31

桐溪耆隱集一卷補錄一卷 ……… 3－31

桐薪三卷 ………………………… 3－183

桐齏吟餘一卷 …………………… 3－202

栝蒼金石志十二卷續四卷 ……… 2－112

栝蒼金石志十二卷續四卷 ……… 2－112

栝蒼金石志十二卷續四卷 ……… 2－112

栝蒼金石志十二卷續四卷 ……… 2－112

栝蒼金石志十二卷續四卷 ……… 2－112

桃江義渡義路合志二卷 ………… 2－64

桃江義渡義路合志二卷 ………… 2－64

桃花別峰臥雲達禪師語錄□□卷…… 2－460

桃花泉弈譜二卷 ………………… 2－349

桃花扇四卷首一卷 ……………… 3－440

桃花扇四卷首一卷 ……………… 3－440

桃花扇四卷首一卷 ……………… 3－440

桃花扇四卷首一卷 ……………… 3－440

桃花扇傳奇二卷 ………………… 3－441

桃花扇傳奇二卷 ………………… 3－441

桃花扇傳奇二卷 ………………… 3－441

桃花扇傳奇二卷 ………………… 3－441

桃花扇傳奇四卷 ………………… 3－441

桃花扇傳奇四卷首一卷 ………… 3－440

桃花扇傳奇四卷首一卷 ………… 3－441

桃花源志略十三卷 ……………… 2－63

[光緒]桃源志十七卷首一卷末一卷
　………………………………… 2－50

桃源洞天志一卷圖一卷 ………… 2－63

[同治]桃源縣志二十卷首一卷 … 2－50

[道光]桃源縣志二十卷首一卷 …… 2－50

[康熙]桃源縣志四卷 …………… 2－50

桃源縣育嬰堂志□□卷 ………… 2－63

桃溪客語五卷 …………………… 2－369

桃溪雪二卷 ……………………… 3－442

桃溪雪二卷 ……………………… 3－442

桃溪雪二卷 ……………………… 3－442

格言聯腋不分卷 ………………… 2－216

格言聯璧一卷 …………………… 3－63

格言聯璧一卷 …………………… 3－63

格言聯璧一卷 …………………… 3－63

格言聯璧一卷 …………………… 3－63

格言聯璧一卷 …………………… 3－63

格言聯璧二卷 …………………… 3－63

格言聯璧二卷 …………………… 3－63

格言聯璧二卷附一卷 …………… 3－63

格言聯璧二卷附一卷 …………… 3－63

格言聯璧二卷附一卷 …………… 3－63

格林炮操法一卷 ………………… 2－236

格物中法十二卷 ………………… 2－503

格物探原六卷 …………………… 2－480

格物探原六卷 …………………… 2－480

格物測算八卷 …………………… 2－312

格致入門七卷 …………………… 2－311

格致小引一卷 …………………… 2－311

格致小引一卷 …………………… 2－311

格致古微五卷表一卷 …………… 2－317

格致古微五卷表一卷 …………… 2－317
格致古微五卷表一卷 …………… 2－317
格致古微五卷表一卷 …………… 2－317
格致書院課藝不分卷 …………… 3－44
格致書院課藝不分卷 …………… 3－44
格致啟蒙四卷 …………………… 2－291
格致啟蒙四卷 …………………… 2－291
格致彙編不分卷 ………………… 2－291
格致彙編不分卷 ………………… 2－291
格致精華錄四卷 ………………… 2－290
格致質學啟蒙 …………………… 2－311
格致質學啟蒙 …………………… 2－311
格致餘論一卷 …………………… 2－286
格致總學啟蒙三卷 ……………… 2－291
格致叢書 ………………………… 3－489
格致叢書 ………………………… 3－496
格致鏡原一百卷 ………………… 2－500
格致鏡原一百卷 ………………… 2－500
格致鏡原一百卷 ………………… 2－500
格致鏡原一百卷 ………………… 2－500
格致鏡原一百卷 ………………… 2－500
格致鏡原一百卷 ………………… 2－500
格致譜八卷 ……………………… 2－291
梣華館駢體文四卷 ……………… 3－43
校夫時文不分卷 ………………… 3－395
校刊史記集解索隱正義札記五卷 …… 1－194
校刊史記集解索隱正義札記五卷 …… 1－194
校刊史記集解索隱正義札記五卷 …… 1－194
校刊史記集解索隱正義札記五卷 …… 1－194
校刊史記集解索隱正義札記五卷 …… 1－195
校刊史記集解索隱正義札記五卷 …… 1－195
校刊明道本韋氏解國語札記一卷 …… 1－256
校刊明道本韋氏解國語札記一卷 …… 1－256
校正元親征錄一卷 ……………… 1－259
校正元親征錄一卷 ……………… 1－259
校正元親征錄一卷 ……………… 1－259
校正元親征錄一卷 ……………… 1－259
校正元親征錄一卷 ……………… 1－259
校正元親征錄一卷 ……………… 1－260
校正孔氏大戴禮記補註十三卷 ……… 1－69

[正德]校正武功縣志三卷 ………… 1－542
校正尚友錄全集二十二卷 ………… 1－285
校正尚友錄全集二十二卷 ………… 1－285
校正尚友錄全集二十二卷 ………… 1－285
校正重刊官板宋朝文鑒一百五十卷
　　目錄三卷 …………………… 3－11
校正圖註脉訣四卷 ……………… 2－259
校邠廬抗議一卷 ………………… 2－181
校邠廬抗議一卷 ………………… 2－181
校邠廬抗議一卷 ………………… 2－181
校邠廬抗議一卷 ………………… 2－181
校邠廬抗議二卷 ………………… 2－181
校邠廬抗議二卷 ………………… 2－181
校邠廬抗議二卷 ………………… 2－181
校邠廬抗議二卷 ………………… 2－181
校邠廬抗議二卷 ………………… 2－181
校邠廬抗議二卷 ………………… 2－181
校邠廬抗議二卷 ………………… 2－181
校邠廬抗議二卷 ………………… 2－182
校邠廬抗議二卷 ………………… 2－182
校邠廬逸箋四卷 ………………… 3－551
校邠廬稿二卷 …………………… 1－504
校訂困學紀聞二十卷 …………… 2－382
校訂困學紀聞二十卷 …………… 2－382
校訂困學紀聞二十卷 …………… 2－382
校訂困學紀聞二十卷 …………… 2－382
校訂困學紀聞二十卷 …………… 2－382
校訂困學紀聞集證二十卷 ………… 2－382
校訂困學紀聞集證二十卷 ………… 2－382
校訂困學紀聞集證二十卷 ………… 2－382
校訂困學紀聞集證二十卷 ………… 2－382
校訂定庵全集十卷 ……………… 3－413
校註橘山四六二十卷 …………… 3－116
校補竹書紀年二卷原委一卷 ……… 1－233
校補竹書紀年二卷原委一卷 ……… 1－233
校經山房叢書 …………………… 3－491
校經堂二集九卷 ………………… 3－24
校經堂二集九卷 ………………… 3－24
校經堂二集九卷 ………………… 3－24
校經堂二集九卷 ………………… 3－24
校經堂初集四卷 ………………… 3－23

校經堂初集四卷 ……………… 3－23
校經堂初集四卷 ……………… 3－23
校經廎文稿十八卷 …………… 3－228
校增紀元編三卷末一卷 ……… 1－277
校禮堂文集三十六卷詩集十四卷 …… 3－553
校禮堂文集三十六卷詩集十四卷燕
　　樂考原六卷 ………………… 3－294
校讎通義三卷 ………………… 2－130
校讎通義三卷 ………………… 2－130
校讎通義三卷 ………………… 2－130
校讎通義三卷 ………………… 2－130
校讎通義三卷 ………………… 2－130
核定現行刑律 ………………… 1－486
核定現行刑律 ………………… 1－486
［同治］連州志十二卷首一卷 … 2－28
［乾隆］連城縣志十卷 ………… 2－15
連筠簃叢書 …………………… 3－501
連筠簃叢書 …………………… 3－501
連筠簃叢書 …………………… 3－501
連筠簃叢書 …………………… 3－501
連環帳譜五卷 ………………… 1－450
酌中志餘二卷 ………………… 1－263
酌中志餘二卷 ………………… 1－263
酌忠志四卷 …………………… 1－263
酌時急務一卷捕蝗要略一卷 … 1－457
酌雅堂駢體文集二卷 ………… 3－287
酌雅齋詩經體註合講八卷 …… 1－46
酌擬巡警部官制并變通工巡局舊章
　　改設實缺摺 ………………… 1－474
夏小正一卷 …………………… 1－63
夏小正正義一卷 ……………… 1－65
夏小正正義一卷 ……………… 1－66
夏小正四卷 …………………… 2－495
夏小正四卷 …………………… 2－495
夏小正通釋一卷 ……………… 1－68
夏小正通釋一卷 ……………… 3－543
夏小正集說四卷 ……………… 1－69
夏小正集說四卷 ……………… 1－69
夏小正傳箋一卷 ……………… 3－543
夏小正傳箋四卷大戴禮公符篇考一卷
　　……………………………… 1－66

夏小正經傳考二卷夏小正本義四卷
　　……………………………… 1－69
夏小正戴氏傳四卷 …………… 1－63
夏仲子集六卷 ………………… 3－282
夏忠靖公集六卷 ……………… 3－169
夏忠靖公集六卷首一卷末一卷 …… 3－169
夏侯常侍集一卷 ……………… 3－74
夏侯陽算經三卷 ……………… 2－305
夏侯陽算經三卷 ……………… 2－305
夏時考訓蒙一卷 ……………… 3－543
夏峰先生集十四卷補遺二卷 … 3－283
夏峰先生集十四卷補遺二卷 … 3－283
夏峰先生集十四卷補遺二卷 … 3－283
夏節湣詞一卷首一卷 ………… 3－428
夏節湣全集十卷首一卷末一卷補遺
　　一卷續補遺一卷 …………… 3－168
夏節湣全集十卷首一卷末一卷補遺二卷
　　……………………………… 3－169
夏構章會試硃卷 ……………… 3－282
夏聲喬會試硃卷 ……………… 3－282
原人三編後編一卷晦堂書錄一卷 …… 2－379
原人三編後編一卷晦堂書錄一卷 …… 2－379
原人三編後編一卷晦堂書錄一卷 …… 2－379
原人論一卷 …………………… 2－446
原富不分卷 …………………… 2－402
原富不分卷 …………………… 2－402
套版增註七家詩選七卷 ……… 3－48
套版增註七家詩選七卷 ……… 3－48
套版增註七家詩選七卷 ……… 3－48
套版增註七家詩選七卷 ……… 3－48
套版增註七家詩選七卷 ……… 3－48
烈女記傳奇不分卷 …………… 3－443
盔山志八卷 …………………… 2－80
捕蝗要說二十則一卷圖一卷除蝻八要
　　……………………………… 2－240
捕蝗要說二十則一卷圖一卷除蝻八要
　　……………………………… 2－240
捕蝗要說二十則一卷圖一卷除蝻八要
　　……………………………… 2－240
振綺堂書目不分卷 …………… 2－140
振綺堂詩存一卷 ……………… 3－220

振綺堂叢書 …………………… 3－492

振綺堂叢書 …………………… 3－492

振綺堂叢書 …………………… 3－492

捐官職銜一卷 ………………… 1－455

挹江軒防浦紀略六卷 ………… 1－471

挹秀山房叢書 ………………… 3－491

挹秀山房叢書 ………………… 3－491

挹奎樓選稿十二卷 …………… 3－253

哲匠金桴五卷 ………………… 2－505

挽曾惠敏公聯語祭文二卷 …… 3－53

挽聯合編不分卷 ……………… 3－64

挽聯合編六卷 ………………… 3－55

致用書院文集不分卷 ………… 3－51

致用書院文集不分卷 ………… 3－51

致母信札 ……………………… 3－255

致李虞陔書札 ………………… 3－292

致徐藝仙詩文信札 …………… 3－63

致曾履初手札 ………………… 3－61

致虞紹南信札 ………………… 3－62

致劉坤一信札 ………………… 3－62

致劉坤一書 …………………… 3－61

晉二俊文集 …………………… 2－509

晉二俊文集 …………………… 3－40

晉二俊文集 …………………… 3－40

晉二俊文集 …………………… 3－40

晉二俊文集 …………………… 3－40

晉太康三年地記一卷晉書地道記一卷

…………………………… 1－518

晉太康三年地記一卷晉書地道記一卷

…………………………… 1－518

晉太康三年地記一卷晉書地道記一卷

…………………………… 1－518

晉太康三年地記一卷晉書地道記一卷

…………………………… 1－518

晉文春秋一卷 ………………… 1－82

晉司隸校尉傅玄集三卷 ……… 3－77

晉司隸校尉傅玄集三卷 ……… 3－77

晉宋書故一卷 ………………… 1－403

晉宋書故一卷 ………………… 1－403

晉宋書故一卷 ………………… 1－403

晉宋書故一卷 ………………… 1－404

晉長沙郡公陶桓公年譜二卷附錄一卷

…………………………… 1－319

晉政輯要四十卷 ……………… 2－68

晉政輯要四十卷 ……………… 2－68

[嘉慶]晉乘搜略三十二卷 ……… 1－535

晉書一百三十卷 ……………… 1－205

晉書一百三十卷 ……………… 1－205

晉書一百三十卷 ……………… 1－205

晉書一百三十卷 ……………… 1－205

晉書一百三十卷 ……………… 1－205

晉書一百三十卷 ……………… 1－205

晉書一百三十卷 ……………… 1－205

晉書一百三十卷 ……………… 1－205

晉書一百三十卷 ……………… 1－205

晉書一百三十卷 ……………… 1－205

晉書地理志新補正五卷 ……… 1－518

晉書地理志新補正五卷 ……… 1－518

晉書地理志新補正五卷 ……… 1－518

晉書地理志新補正五卷 ……… 1－518

晉書地理志新補正五卷 ……… 1－519

晉書地理志新補正五卷 ……… 1－519

晉書地理志新補正五卷 ……… 1－519

晉書校文□□卷 ……………… 1－205

晉書校勘記三卷 ……………… 1－206

晉書校勘記三卷 ……………… 1－206

晉專宋瓦室類稿五卷 ………… 2－387

晉專宋瓦室類稿五卷 ………… 2－387

晉專宋瓦室類稿五卷 ………… 2－387

晉略六十五卷 ………………… 1－273

晉略六十五卷 ………………… 1－273

晉略六十五卷 ………………… 1－273

晉略六十五卷 ………………… 1－273

晉略六十五卷 ………………… 1－273

晉略六十五卷 ………………… 1－273

晉略六十五卷 ………………… 1－273

[道光]晉寧州志十二卷 ………… 2－40

柴氏古韻通八卷古韻通雜說一卷正

　音切韻復古編一卷 ………… 1－185

266

柴氏古韻通八卷古韻通雜說一卷正
　　音切韻復古編一卷 ……………… 1－185
柴墟文集十五卷 ………………………… 3－184
逍遙山萬壽宮志二十卷首一卷 ……… 2－55
逍遙山萬壽宮志二十卷首一卷 ……… 2－55
時文規範不分卷 ……………………… 3－49
時方妙用四卷 …………………………… 2－264
時方妙用四卷 …………………………… 2－264
時方妙用四卷 …………………………… 2－264
時方歌括二卷 …………………………… 2－264
時方歌括二卷 …………………………… 2－264
時令詩林尤雅十二卷 ………………… 2－554
時令詩林尤雅十二卷 ………………… 2－554
時事匯鈔一卷 …………………………… 1－268
時事新論十二卷圖說一卷 …………… 2－402
時事新論十二卷圖說一卷 …………… 2－402
時事新論十二卷圖說一卷 …………… 2－402
時事新編初集六卷 …………………… 1－446
時疫白喉捷要一卷 …………………… 2－279
時疫白喉捷要一卷 …………………… 2－279
時疫白喉捷要一卷 …………………… 2－279
時務通考八十二卷 …………………… 1－424
時務通考三十一卷 …………………… 1－423
時務通考三十一卷 …………………… 1－423
時務通考三十一卷 …………………… 1－424
時務通藝錄□□卷 …………………… 1－446
時務通藝錄掌故二卷 ………………… 1－424
時務報類編十六卷二集十六卷 ……… 1－446
時務彙編第一集 ……………………… 1－446
時務撮要四卷 …………………………… 1－446
時務學堂初集三卷 …………………… 3－50
時務學堂第二班學生考卷一卷 …… 3－52
時務叢編二卷 …………………………… 1－446
時藝引階合編 …………………………… 3－541
[光緒]畢節縣志十卷 ………………… 2－39
畢榮元鄉試硃卷 ……………………… 3－328
財政局整頓鹽務情形等 ……………… 1－450
眠琴閣詩鈔七卷詞鈔一卷 …………… 3－205
眠雲山館詩稿一卷 …………………… 3－338
[道光]晃州廳志四十四卷首一卷 …… 2－52
晃氏客語一卷 …………………………… 2－448

晃文元公道院集要三卷 ……………… 2－448
晃具茨先生詩集十五卷 ……………… 3－124
剔除長江水師利弊通飭示諭一百條
　　……………………………………… 1－468
剔除長江水師利弊通飭示諭一百條
　　……………………………………… 1－468
晏子春秋二卷 …………………………… 1－307
晏子春秋七卷 …………………………… 1－307
晏子春秋七卷 …………………………… 1－307
晏子春秋七卷 …………………………… 1－307
晏子春秋七卷 …………………………… 1－307
晏子春秋七卷 …………………………… 1－307
晏子春秋七卷 …………………………… 1－307
晏子春秋七卷 …………………………… 1－307
晏子春秋七卷 …………………………… 1－307
晏子春秋七卷 …………………………… 1－308
晏子春秋七卷 …………………………… 1－308
晏子春秋七卷 …………………………… 1－308
晏子春秋七卷 …………………………… 1－308
晏子春秋七卷 …………………………… 1－308
晏子春秋七卷 …………………………… 1－308
晏子春秋七卷 …………………………… 1－308
晏子春秋八卷 …………………………… 1－307
晏子春秋八卷 …………………………… 1－307
晏子春秋八卷 …………………………… 1－307
晏子春秋六卷 …………………………… 1－307
哭庵丁戊詩集四卷 …………………… 3－416
哭庵丁戊詩集四卷 …………………… 3－416
牂柯客談七卷禹貢九州今地考二卷
　　……………………………………… 2－74
[道光]恩平縣志十八卷首一卷末一卷
　　……………………………………… 2－30
[同治]恩施縣志十二卷首一卷 ……… 2－25
恩綸必誦一卷 …………………………… 1－494
峽江救生船志二卷峽江圖考一卷附
　　行川必要一卷 ……………………… 2－94
峽江救生船志二卷峽江圖考一卷附
　　行川必要一卷 ……………………… 2－94

峽江救生船志二卷峽江圖考一卷附
　　行川必要一卷 ……………………… 2－95
峽江救生船志二卷峽江圖考一卷附
　　行川必要一卷 ……………………… 2－95
［同治］峽江縣志十卷首一卷 ………… 2－12
峭帆樓叢書 ………………………… 3－506
峨山圖志二卷 ……………………… 2－84
峨山圖志二卷 ……………………… 2－84
峨山圖志二卷 ……………………… 2－84
峨山圖說 …………………………… 2－84
峨眉山志十八卷 …………………… 2－84
峨眉山志十八卷 …………………… 2－84
峨眉山詩行記一卷 ………………… 3－269
［嘉慶］峨眉縣志十一卷 ……………… 2－36
峰青館詩鈔七卷 …………………… 3－361
峰抱樓楹帖二卷 …………………… 3－63
峰泖去思集一卷 …………………… 3－27
郵傳部住址單 ……………………… 1－460
郵傳部奏議類編不分卷 …………… 1－459
氣學叢談二卷 ……………………… 2－311
乘查筆記一卷 ……………………… 2－104
秣陵集六卷附圖考一卷 …………… 3－30
秣陵集六卷圖考一卷金陵歷代紀年
　　事表一卷 …………………… 3－315
秣陵集六卷圖考一卷金陵歷代紀年
　　事表一卷 …………………… 3－315
秣陵集六卷圖考一卷金陵歷代紀年
　　事表一卷 …………………… 3－315
秣陵集六卷圖考一卷金陵歷代紀年
　　事表一卷 …………………… 3－315
秣陵集六卷圖考一卷金陵歷代紀年
　　事表一卷 …………………… 3－315
秣陵集六卷圖考一卷金陵歷代紀年
　　事表一卷 …………………… 3－315
秣陵集六卷圖考一卷金陵歷代紀年
　　事表一卷 …………………… 3－315
秣陵集六卷圖考一卷金陵歷代紀年
　　事表一卷 …………………… 3－315
秘冊匯叢 …………………………… 3－493
秘書九種 …………………………… 3－490
秘書九種 …………………………… 3－490

秘書廿一種 ………………………… 3－492
秘書廿一種 ………………………… 3－492
秘書廿一種 ………………………… 3－492
秘書廿一種 ………………………… 3－492
秘書廿一種 ………………………… 3－492
秘書廿八種 ………………………… 3－492
秘書省續編到四庫闕書目二卷 …… 2－138
秘書省續編到四庫闕書目二卷 …… 2－138
秘書省續編到四庫闕書目二卷 …… 2－138
秘書省續編到四庫闕書目二卷 …… 2－138
秘書省續編到四庫闕書目二卷 …… 2－138
秘書省續編到四庫闕書目二卷 …… 2－138
秘書省續編到四庫闕書目二卷 …… 2－138
秘書省續編到四庫闕書目二卷 …… 2－138
秘傳花鏡六卷 ……………………… 2－354
秘傳花鏡六卷 ……………………… 2－354
秘傳花鏡六卷圖一卷 ……………… 2－354
秘傳花鏡六卷圖一卷 ……………… 2－354
秘傳花鏡六卷圖一卷 ……………… 2－354
秘傳花鏡六卷圖一卷 ……………… 2－354
秘傳眼科藥方二卷 ………………… 2－279
秘傳跌打方一卷 …………………… 2－278
笑中緣圖說六卷 …………………… 3－447
笑贊一卷 …………………………… 3－461
笏庵詩鈔十卷 ……………………… 3－238
借菴詩鈔十二卷 …………………… 3－293
借閑生詩三卷詞一卷 ……………… 3－220
借閑生詩三卷詞一卷 ……………… 3－220
借綠軒遺草二卷 …………………… 3－204
倚松閣詩鈔十五卷附錄一卷 ……… 3－336
倚晴樓七種曲 ……………………… 3－442
倚晴樓詩集十二卷續集四卷詩餘四卷
　………………………………… 3－344
倚晴樓詩集十二卷續集四卷詩餘四卷
　………………………………… 3－344
倚晴樓詩集十二卷續集四卷詩餘四卷
　………………………………… 3－344
倚霞宮筆錄三卷 …………………… 2－412
倚霞宮筆錄三卷 …………………… 2－412
倡設女學堂啟一卷女學堂試辦略章一卷
　………………………………… 1－432

268

倡設女學堂啟一卷女學堂試辦略章一卷

  ………………………… 1－432

候補人員要緊事略 …………… 1－441

倭文端公遺書十一卷首二卷 ……… 3－289

倭文端公遺書十一卷首二卷 ……… 3－289

倭文端公遺書八卷首二卷末一卷續

 刊四卷 …………………… 3－289

倪厄二卷首一卷 ………………… 2－374

倪雲林先生詩集六卷附錄一卷 …… 3－149

健修堂詩集二十二卷 …………… 3－376

健餘先生撫豫條教四卷 ………… 3－536

射史六卷 ………………………… 2－350

射義新書二卷雜記一卷 ………… 2－350

射鷹樓詩話二十四卷 …………… 3－482

射鷹樓詩話二十四卷 …………… 3－482

射鷹樓詩話二十四卷 …………… 3－482

[乾隆]皋蘭縣志二十卷 ………… 1－543

躬厚堂詩錄十卷詩初錄四卷詞錄三

 卷雜文八卷 ……………… 3－306

躬厚堂詩錄十卷詩初錄四卷詞錄三

 卷雜文八卷 ……………… 3－307

躬厚堂詩錄十卷詩初錄四卷詞錄三

 卷雜文八卷 ……………… 3－307

躬厚堂詩錄十卷詩初錄四卷詞錄三

 卷雜文八卷 ……………… 3－307

躬厚堂詩錄十卷詩初錄四卷詞錄三

 卷雜文八卷 ……………… 3－307

躬恥齋文鈔二十卷後編六卷詩鈔十

 四卷後編七卷 …………… 3－251

躬恥齋文鈔二十卷後編六卷詩鈔十

 四卷後編七卷 …………… 3－251

躬恥齋文鈔二十卷後編六卷詩鈔十

 四卷後編七卷 …………… 3－251

躬恥齋文鈔二十卷後編六卷詩鈔十

 四卷後編七卷 …………… 3－251

息柯居士全集 …………………… 3－525

息柯居士全集 …………………… 3－525

息柯居士全集 …………………… 3－525

息柯居士全集 …………………… 3－525

息柯居士全集 …………………… 3－525

息柯居士全集 …………………… 3－525

息柯居士全集 …………………… 3－525

息園存稿十四卷又九卷近言一卷國

 寶新編一卷緩慟集一卷憑几集五

 卷山中集四卷浮湘稿四卷 …… 3－187

息園存稿目錄緩慟集目錄國寶新編目錄

 ………………………… 3－187

[嘉慶]息縣志八卷首一卷 ……… 2－20

師山詩存十卷 …………………… 3－29

師山詩存十卷 …………………… 3－29

師文毅公遺集五卷 ……………… 3－289

師文毅公遺集五卷 ……………… 3－289

師文毅公遺集五卷 ……………… 3－289

師文毅公遺集五卷 ……………… 3－289

師文毅公遺集五卷 ……………… 3－289

師文毅公遺集五卷 ……………… 3－289

師石軒文稿二卷 ………………… 3－352

師白山房詩義鈔八卷 …………… 1－48

師白山房詩義鈔八卷 …………… 1－48

師白山房講易二卷 ……………… 1－21

師白山房講易六卷 ……………… 1－21

師白山房講易六卷 ……………… 1－21

師白山房講易六卷 ……………… 1－21

師竹山房詩鈔二十卷 …………… 3－267

師竹軒詩集四卷 ………………… 3－399

師竹軒詩集四卷 ………………… 3－399

師竹齋集十四卷 ………………… 3－230

師伏堂春秋講義二卷 …………… 1－78

師伏堂春秋講義二卷 …………… 1－79

師伏堂春秋講義二卷 …………… 1－79

師伏堂春秋講義二卷 …………… 1－79

師伏堂春秋講義二卷 …………… 1－79

師伏堂筆記三卷 ………………… 2－367

師伏堂駢文四卷詩草六卷詠史一卷

 詞一卷 …………………… 3－204

師伏堂駢文四卷詩草六卷詠史一卷

 詞一卷 …………………… 3－204

師伏堂駢文四卷詩草六卷詠史一卷

 詞一卷 …………………… 3－204

269

師伏堂駢文四卷詩草六卷詠史一卷
　　詞一卷 ……………………… 3－204
師伏堂駢文四卷詩草六卷詠史一卷
　　詞一卷 ……………………… 3－204
師伏堂叢書 …………………… 3－514
師伏堂叢書 …………………… 3－514
師伏堂叢書 …………………… 3－514
師伏堂叢書 …………………… 3－514
師伏堂叢書 …………………… 3－514
師矩齋詩錄三卷 ……………… 3－348
師矩齋詩錄三卷 ……………… 3－349
師鄭堂集六卷 ………………… 3－552
師鄭堂駢體文存二卷 ………… 3－283
師鄭堂駢體文存二卷 ………… 3－552
師儉堂詩鈔七種 ……………… 3－406
師鑒五卷 ……………………… 1－425
徑中徑又徑四卷 ……………… 2－456
徑中徑又徑徵義三卷 ………… 2－456
徑中徑又徑徵義三卷 ………… 2－456
徐元棟硃試卷 ………………… 3－285
徐公文集三十卷 ……………… 3－124
徐氏三種四卷 ………………… 3－550
徐氏珍藏醫方雜鈔不分卷 …… 2－268
徐氏海隅集五卷續一卷 ……… 3－170
徐氏醫書八種 ………………… 2－243
徐氏醫書八種 ………………… 2－243
徐氏醫書八種 ………………… 2－243
徐氏醫書八種 ………………… 2－243
徐氏醫書六種 ………………… 2－244
徐氏醫書六種 ………………… 2－244
徐文長文集二十九卷徐文長四聲猿一卷
　　………………………………… 3－169
徐文長文集三十卷 …………… 3－169
徐文長文集三十卷 …………… 3－169
徐文長文集三十卷四聲猿一卷 … 3－169
徐文長文集三十卷補遺一卷 … 3－169
徐文長逸稿二十四卷畸譜一卷 … 3－169
徐文長逸稿二十四卷畸譜一卷 … 3－169
徐文長評方正學十一卷 ……… 3－169
徐文靖公謙齋文錄四卷 ……… 3－170
徐申遺囑一卷 ………………… 1－313
徐仙翰藻十四卷 ……………… 2－470
徐州二遺民集 ………………… 3－30
徐州二遺民集 ………………… 3－30
徐州二遺民集 ………………… 3－30
［同治］徐州府志二十五卷 ………… 1－552
徐州詩徵八卷 ………………… 3－29
徐州詩徵八卷 ………………… 3－29
徐州詩徵八卷 ………………… 3－29
徐州詩徵八卷 ………………… 3－30
徐州詩徵八卷 ………………… 3－30
徐州詩徵八卷 ………………… 3－30
徐孝穆全集六卷 ……………… 3－78
徐孝穆全集六卷 ……………… 3－78
徐孝穆全集六卷 ……………… 3－78
徐孝穆全集六卷 ……………… 3－78
徐孝穆全集六卷 ……………… 3－78
徐孝穆全集六卷 ……………… 3－78
徐孝穆全集六卷 ……………… 3－78
徐孝穆全集六卷 ……………… 3－78
徐孝穆全集六卷 ……………… 3－79
徐孝穆全集六卷 ……………… 3－79
徐孝穆全集六卷 ……………… 3－79
徐孝穆全集六卷 ……………… 3－79
徐孝穆全集六卷 ……………… 3－79
徐孝穆全集六卷 ……………… 3－79
徐孝穆全集六卷 ……………… 3－79
徐孝穆全集六卷 ……………… 3－79
徐孝穆全集六卷 ……………… 3－79
徐孝穆全集六卷 ……………… 3－79
徐孝穆全集六卷 ……………… 3－79
徐位山六種 …………………… 3－520
徐位山六種 …………………… 3－520
徐位山六種 …………………… 3－520
徐叔鴻何伯源行書冊 ………… 2－334
徐承恩行書養生論 …………… 2－286
徐承恩臨宋四家法帖 ………… 2－334
徐承恩臨趙孟頫書道德經 …… 2－334
徐崇立鄉試墨卷 ……………… 3－287
徐崇立鄉試墨卷一卷 ………… 3－417
徐紹楨稿一卷 ………………… 3－287

徐琪會試硃卷 ………………… 3－287

徐詩二卷 …………………………… 3－286

徐僕射集二卷 …………………… 3－78

徐樹鈞何慶涵行書合冊 ……… 2－334

徐樹璟鄉試硃卷 ………………… 3－288

徐樹鍔鄉試硃卷 ………………… 3－288

徐樹鍔等致竹溪信札 …………… 3－61

徐霞客游記十二卷 ……………… 2－101

徐霞客游記不分卷 ……………… 2－101

徐霞客游記不分卷 ……………… 2－101

徐霞客游記不分卷 ……………… 2－102

徐霞客游記不分卷 ……………… 2－102

徐騎省集三十卷徐集補遺一卷徐集
　　附錄一卷 ………………… 3－124

徐騎省集三十卷徐集補遺一卷徐集
　　附錄一卷 ………………… 3－124

徐騎省集三十卷徐集補遺一卷徐集
　　附錄一卷 ………………… 3－124

徐騎省集三十卷徐集補遺一卷徐集
　　附錄一卷 ………………… 3－124

徐騎省集三十卷徐集補遺一卷徐集
　　附錄一卷 ………………… 3－124

徐騎省集三十卷徐集補遺一卷徐集
　　附錄一卷 ………………… 3－124

徐靈胎醫略六書 ………………… 2－244

徐靈胎醫學全書 ………………… 2－244

徐靈胎醫學全書 ………………… 2－244

殷商貞卜文字考一卷 …………… 3－549

般舟三昧經三卷 ………………… 2－421

般若波羅密多心經略疏一卷 …… 2－430

般若波羅密多心經略疏一卷 …… 2－430

般若波羅密多心經略疏一卷 …… 2－430

般若波羅蜜多心經一卷 ………… 2－424

般若綱要十卷首一卷 …………… 2－454

航海通書一卷 …………………… 1－461

航海通書一卷 …………………… 1－461

航海章程一卷 …………………… 1－462

航海章程初議紀錄一卷 ………… 1－462

航海簡法四卷 …………………… 1－461

航海簡法四卷 …………………… 1－461

航海簡法四卷 …………………… 1－461

航海簡法四卷 …………………… 1－461

航海簡法四卷 …………………… 1－461

航海簡法四卷 …………………… 1－461

航海簡法四卷 …………………… 1－462

航海簡法四卷 …………………… 1－462

舫廬文存四卷首一卷外集一卷餘集一卷
　　…………………………… 3－312

舫廬文存四卷首一卷外集一卷餘集一卷
　　…………………………… 3－312

拿破侖 …………………………… 1－387

拿破侖本紀四卷 ………………… 1－387

殺四門一卷 ……………………… 3－450

奚囊寸錦三卷 …………………… 3－313

倉頡篇二卷三蒼二卷 …………… 1－174

倉頡篇三卷 ……………………… 1－174

倉頡篇三卷 ……………………… 1－174

倉頡篇三卷 ……………………… 1－174

倉頡篇三卷 ……………………… 1－174

倉頡篇三卷 ……………………… 1－174

倉頡篇三卷 ……………………… 1－174

倉頡篇校證三卷補遺一卷 ……… 1－174

倉頡篇輯補斠證三卷說文解字引漢
　　律考二卷 ………………… 1－174

飣餖吟十二卷 …………………… 3－19

飣餖吟十二卷 …………………… 3－19

翁山詩外二十卷文外十六卷 …… 3－254

翁氏叢刊五種不分卷 …………… 2－109

翁同爵等致斗南書信 …………… 3－61

翁同龢書札 ……………………… 2－334

［嘉慶］翁源縣新志十二卷首一卷末一卷
　　……………………………… 2－28

島居三錄四卷 …………………… 2－400

島居隨錄十卷續錄十卷 ………… 2－400

島孫集鈔十二卷 ………………… 3－314

島孫集鈔十二卷 ………………… 3－314

胭脂牡丹六卷 …………………… 3－65

烏尤山詩三卷附錄一卷 ………… 3－39

烏石山志九卷首一卷 …………… 2－82

烏目山房詩存六卷 ……………… 3－381

烏目山房詩存六卷 ……………… 3－381

烏程長興二邑溇港說一卷 ……… 2－97

皈洛巧方演段不分卷 …………… 2－306

留茆盦尺牘叢殘四卷 …………… 3－63

留春草堂詩鈔七卷 …………… 3－214

留春草堂詩鈔七卷 …………… 3－214

留春草堂詩鈔七卷 …………… 3－214

留春草堂詩鈔七卷 …………… 3－214

留春草堂詩鈔七卷 …………… 3－214

留春閣遺草一卷 …………… 3－232

留垣疏草不分卷 …………… 1－499

留都見聞錄二卷 …………… 2－70

留真譜初編不分卷 …………… 2－151

留真譜初編不分卷 …………… 2－151

留真譜初編不分卷 …………… 2－151

留真譜初編不分卷 …………… 2－151

留真譜初編不分卷 …………… 2－151

留真譜初編不分卷 …………… 2－151

留硯堂集五卷 …………… 3－312

［道光］留壩廳志十卷附足徵錄四卷

　　 …………… 1－542

留壩廳足徵錄□□卷 …………… 2－66

芻論二卷 …………… 1－442

芻論二卷 …………… 1－442

芻論二卷 …………… 1－442

討桂篇二十卷 …………… 3－183

訓俗常談一卷治平牧令格一卷 …… 2－205

訓俗遺規三卷補編二卷 …………… 2－213

訓俗遺規四卷 …………… 2－213

訓俗遺規摘鈔四卷 …………… 2－213

訓俗遺規摘鈔四卷 …………… 2－213

訓真書屋詩存二卷 …………… 3－341

訓真書屋詩存二卷 …………… 3－341

訓真書屋詩存二卷 …………… 3－341

訓詁諧音四卷 …………… 1－187

訓詁諧音四卷 …………… 1－187

訓詁諧音四卷 …………… 1－187

訓詁諧音四卷 …………… 1－187

訓蒙輯詁二卷 …………… 2－215

訓練要言初編一卷 …………… 2－231

訓練操法詳晰圖說不分卷 …………… 2－231

訓纂補十卷年譜一卷金氏精華錄箋

　　 註辯訛一卷 …………… 3－193

訓纂補十卷年譜一卷金氏精華錄箋

　　 註辯訛一卷 …………… 3－193

記事珠十卷 …………… 2－497

記事珠十卷 …………… 2－497

記事珠十卷 …………… 2－497

記事珠不分卷 …………… 2－497

記過齋藏書 …………… 3－528

記纂淵海一百卷 …………… 2－485

記纂淵海一百卷 …………… 2－485

高士宗先生手授醫學真傳一卷 …… 2－249

高士傳三卷 …………… 1－280

高士傳三卷 …………… 1－281

高士傳三卷 …………… 1－281

高子文集六卷 …………… 3－167

高子遺書十二卷附錄一卷 …………… 3－167

高子遺書十二卷附錄一卷 …………… 3－167

高子遺書十二卷附錄一卷 …………… 3－167

高子遺書十二卷附錄一卷 …………… 3－167

高子遺書十二卷附錄一卷 …………… 3－167

［同治］高平縣志八卷 …………… 1－537

［光緒］高州府志五十四卷首一卷末一卷

　　 …………… 2－30

［同治］高安縣志二十八卷首一卷 …… 2－10

高辛研齋雜稿一卷詩稿一卷 …………… 3－270

高季迪先生大全集十八卷 …………… 3－166

高季迪先生大全集十八卷 …………… 3－166

高季迪先生大全集十八卷 …………… 3－166

高宗純皇帝御製詩二卷／（清）高宗弘曆撰

　　 …………… 3－294

［道光］高要縣志二十二卷首一卷 …… 2－31

高厚蒙求五卷 …………… 2－292

高厚蒙求五卷 …………… 2－292

高厚蒙求五卷 …………… 2－292

高厚蒙求五卷 …………… 2－292

高厚蒙求五卷 …………… 2－292

高厚蒙求四集 …………… 2－292

高皇帝御製文集二十卷 …………… 3－164

高峰大師語錄一卷 …………… 2－459

［乾隆］高郵州志十二卷首一卷 …… 1－551

［乾隆］高郵州志十二卷首一卷 …… 1－551

［乾隆］高郵州志十二卷首一卷 …… 1－551

高涼公牘一卷 …………………… 1－477
高涼贈行錄一卷 ………………… 3－60
[嘉靖]高陵縣志七卷 …………… 1－540
高常侍集十卷 …………………… 3－96
高常侍集十卷 …………………… 3－96
[光緒]高淳縣志二十八卷首一卷 … 1－553
高密遺書 ………………………… 3－510
高陽山谷詩集二十卷補遺 ……… 3－396
高陽太傅孫文正公年譜五卷 …… 1－321
高陽太傅孫文正公年譜五卷 …… 1－321
高陽太傅孫文正公年譜五卷 …… 1－322
高陽集二十卷 …………………… 3－169
高陽詩文集二十卷 ……………… 3－169
高等小學修身課本不分卷 ……… 2－217
高等小學堂周易簡明集解四卷首一卷
　　…………………………………… 1－15
高等小學算術教科書二卷 ……… 2－303
高給諫城南先生行狀一卷 ……… 1－313
高塘龍眠集七卷 ………………… 3－35
高僧傳二集四十卷 ……………… 2－461
高僧傳四集六卷 ………………… 2－462
高僧傳初集十五卷 ……………… 2－461
高僧傳初集十五卷 ……………… 2－461
高僧傳初集十五卷 ……………… 2－461
高僧傳初集十五卷 ……………… 2－461
高僧傳初集十五卷 ……………… 2－461
高僧傳初集十五卷 ……………… 2－461
高澹人集四十五卷 ……………… 3－275
高麗史一百三十九卷目錄二卷 … 2－161
郭中丞寄沅師函等 ……………… 3－301
郭氏佚書六種 …………………… 3－520
郭申綬鄉試卷 …………………… 3－298
郭光祿公年譜二卷 ……………… 1－324
郭沛霖事略一卷 ………………… 1－314
郭汾陽奏議纂校一卷 …………… 1－496
郭明經遺集四卷 ………………… 3－298
郭明經遺集四卷 ………………… 3－298
郭明經遺集四卷 ………………… 3－298
郭明經遺集四卷 ………………… 3－298
郭明經遺集四卷 ………………… 3－298
郭侍郎奏疏十二卷 ……………… 1－503

郭侍郎奏疏十二卷 ……………… 1－503
郭侍郎奏疏十二卷 ……………… 1－503
郭侍郎奏疏十二卷 ……………… 1－503
郭侍郎奏疏十二卷 ……………… 1－503
郭侍郎奏疏十二卷 ……………… 1－503
郭侍郎奏疏十二卷 ……………… 1－503
郭都賢南嶽詩文稿一卷 ………… 3－170
郭華野先生疏稿五卷 …………… 1－503
郭振墉鄉試硃卷 ………………… 3－299
郭崑燾行述一卷 ………………… 1－313
郭崑燾行述一卷 ………………… 1－314
郭崑燾行書冊 …………………… 2－334
郭崑燾詩稿 ……………………… 3－299
郭敬說鄉試硃卷 ………………… 3－300
郭焯瑩遺著稿 …………………… 3－300
郭給諫疏稿二卷 ………………… 1－499
郭嵩燾信札 ……………………… 3－300
郭嵩燾挽詞彙編三卷 …………… 3－55
郭嵩燾挽詞彙編三卷 …………… 3－55
郭嵩燾挽詞彙編三卷 …………… 3－55
郭嵩燾挽詞彙編三卷 …………… 3－55
郭嵩燾挽詞彙編三卷 …………… 3－55
郭嵩燾挽詞彙編三卷 …………… 3－55
郭慶藩日記不分卷 ……………… 1－332
郭慶藩行述一卷 ………………… 1－314
郭慶藩書札 ……………………… 3－302
座右銘贅語八卷 ………………… 2－400
效顰草六卷 ……………………… 3－276
病榻述舊錄一卷 ………………… 1－315
病榻述舊錄一卷 ………………… 1－315
病榻夢痕錄二卷錄餘一卷 ……… 1－324
病榻夢痕錄二卷錄餘一卷 ……… 1－324
疹科纂要一卷 …………………… 2－282
唐人三家集 ……………………… 2－511
唐人三家集 ……………………… 2－511
唐人三家集 ……………………… 2－511
唐人三家集 ……………………… 2－511
唐人三家集 ……………………… 2－511
唐人三家集 ……………………… 2－511
唐人三家集 ……………………… 2－511
唐人三家集 ……………………… 2－511

唐人三家集 ……………………… 2－511　　唐女郎魚玄機詩一卷 ………………… 3－100
唐人三家集 ……………………… 2－512　　唐女郎魚玄機詩一卷附錄一卷 ……… 3－100
唐人三家集 ……………………… 2－512　　唐女郎魚玄機詩一卷附錄一卷 ……… 3－100
唐人三家集 ……………………… 2－512　　唐女郎魚玄機詩一卷附錄一卷 ……… 3－100
唐人五十家小集 ………………… 2－510　　唐女郎魚玄機詩一卷附錄一卷 ……… 3－101
唐人五十家小集 ………………… 2－510　　唐女郎魚玄機詩一卷附錄一卷 ……… 3－101
唐人五十家小集 ………………… 2－510　　唐王右丞詩集六卷 ………………… 3－80
唐人五十家小集 ………………… 2－510　　唐王燾先生外臺秘要方四十卷 …… 2－261
唐人五十家小集 ………………… 2－510　　唐王燾先生外臺秘要方四十卷 …… 2－261
唐人五十家小集 ………………… 2－510　　唐王燾先生外臺秘要方四十卷 …… 2－261
唐人五十家小集 ………………… 2－511　　唐王燾先生外臺秘要方四十卷 …… 2－261
唐人五十家小集 ………………… 2－511　　唐王燾先生外臺秘要方四十卷 …… 2－261
唐人五言排律詩論三卷 ………… 3－488　　唐元次山文集十二卷 ……………… 3－81
唐人六集 ………………………… 2－510　　唐五代詞選三卷 …………………… 3－423
唐人四集 ………………………… 2－509　　唐五代詞選三卷 …………………… 3－423
唐人百家小說 …………………… 3－451　　唐五代詞選三卷 …………………… 3－424
唐人萬首絕句選七卷 …………… 3－1　　唐五代詞選三卷 …………………… 3－424
唐人萬首絕句選七卷 …………… 3－1　　唐五代詞選三卷 …………………… 3－424
唐人萬首絕句選七卷 …………… 3－1　　唐五代詞選三卷 …………………… 3－424
唐人萬首絕句選七卷 …………… 3－1　　唐五代詞選三卷 …………………… 3－424
唐人萬首絕句選七卷 …………… 3－1　　唐五代詞選三卷 …………………… 3－424
唐人萬首絕句選七卷 …………… 3－1　　唐五代詞選三卷 …………………… 3－424
唐人萬首絕句選七卷 …………… 3－1　　唐五代詞選三卷 …………………… 3－424
唐人萬首絕句選七卷 …………… 3－1　　唐五代詞選三卷 …………………… 3－424
唐人萬首絕句選七卷 …………… 3－1　　唐五代詞選三卷 …………………… 3－424
唐人萬首絕句選七卷 …………… 3－1　　唐五言六韻分類排律選十二卷 …… 3－9
唐人萬首絕句選七卷 …………… 3－4　　唐中丞遺集二十八卷 ……………… 3－277
唐人說薈二十卷 ………………… 3－452　　唐中丞遺集二十八卷 ……………… 3－277
唐人選唐詩 ……………………… 2－510　　唐中丞遺集二十八卷 ……………… 3－277
唐三體詩六卷 …………………… 3－1　　唐中興閒氣集二卷 ………………… 2－557
唐大家柳柳州文鈔十二卷 ……… 3－96　　唐中興閒氣集二卷 ………………… 2－557
唐大家韓文公文鈔十六卷 ……… 3－103　　唐氏蒙求三卷 ……………………… 2－205
唐大家韓文公文鈔十六卷 ……… 3－106　　唐氏蒙求三卷 ……………………… 2－205
唐大薦福寺故寺主翻經大德法藏和　　　　唐氏蒙求三卷 ……………………… 2－206
　　尚傳一卷 …………………… 2－464　　唐六如先生畫譜三卷 ……………… 3－167
唐才子傳十卷 …………………… 1－283　　唐六典三十卷 ……………………… 1－436
[光緒]唐山縣志十二卷首一卷末一卷　　　唐六典三十卷 ……………………… 1－436
　　………………………………… 1－535　　唐六典三十卷 ……………………… 1－436
唐女郎魚玄機詩 ………………… 3－101　　唐六典三十卷 ……………………… 1－436
　　　　　　　　　　　　　　　　　　　　唐六典三十卷 ……………………… 1－436

唐文拾遺七十二卷	3－8	唐司空文明詩集三卷	3－81
唐文粹一百卷	3－1	唐皮日休文藪十卷	3－81
唐文粹一百卷	3－2	唐皮日休文藪十卷	3－81
唐文粹一百卷	3－2	唐皮日休文藪十卷	3－81
唐文粹一百卷	3－2	唐皮日休文藪十卷	3－81
唐文粹一百卷	3－2	唐皮日休文藪十卷	3－81
唐文粹一百卷	3－2	唐皮日休文藪十卷	3－81
唐文粹一百卷	3－2	唐百家詩	2－510
唐文粹一百卷	3－2	唐丞相曲江張文獻公集十二卷附錄一卷
唐文粹一百卷	3－2	3－97
唐文粹一百卷	3－2	唐丞相曲江張文獻公集十二卷首一
唐文粹一百卷	3－2	卷附錄一卷千秋金鑑錄五卷	3－97
唐文粹一百卷	3－2	唐丞相曲江張文獻公集十二卷首一
唐文粹一百卷	3－2	卷附錄一卷千秋金鑑錄五卷	3－97
唐文粹補遺二十六卷	3－2	唐丞相曲江張文獻公集十二卷首一
唐文粹補遺二十六卷	3－2	卷附錄一卷千秋金鑑錄五卷	3－97
唐文粹補遺二十六卷	3－2	唐丞相曲江張文獻公集十二卷首一
唐文粹補遺二十六卷	3－2	卷附錄一卷千秋金鑑錄五卷	3－98
唐文粹補遺二十六卷	3－2	唐丞相曲江張文獻公集十二卷首一
唐文粹詩選六卷	3－4	卷附錄一卷千秋金鑑錄五卷	3－98
唐文粹詩選六卷	3－4	唐丞相曲江張文獻公集十二卷首一
唐文續拾十六卷	3－8	卷附錄一卷千秋金鑑錄五卷	3－98
唐文續拾十六卷	3－8	唐李文山詩集三卷	3－94
唐文續拾十六卷	3－8	唐李推官披沙集六卷	3－91
唐文續拾十六卷	3－8	唐甫里先生集二十卷	3－100
唐石經校文十卷	1－128	唐伯虎先生集二卷	3－167
唐石經校文十卷	1－128	唐宋十大家全集錄	2－508
唐史論斷三卷	1－396	唐宋十大家全集錄	2－508
唐四家詩	2－511	唐宋十大家全集錄	2－508
唐四家詩集	2－511	唐宋十大家全集錄	2－508
唐四家詩集	2－511	唐宋十大家全集錄	2－508
唐四家詩集	2－511	唐宋十大家全集錄	2－508
唐四家詩集	2－511	唐宋十大家全集錄	2－508
唐四家詩集	2－511	唐宋八大家文鈔	2－507
唐四家詩集	2－511	唐宋八大家文鈔	2－507
唐四家詩集	2－511	唐宋八大家文鈔	2－507
唐四家詩集	2－511	唐宋八大家文鈔	2－508
唐代叢書	3－452	唐宋八大家文鈔	2－508
唐玄奘法師八識規矩母頌一卷	2－441	唐宋八大家文鈔	2－508
		唐宋八大家文鈔	2－508

唐宋八大家文鈔‧‧‧‧‧‧‧‧‧‧‧‧‧‧‧‧ 2－508
唐宋八大家古文正矩四卷‧‧‧‧‧‧‧‧ 2－531
唐宋八大家類選十四卷‧‧‧‧‧‧‧‧‧‧ 2－541
唐宋八大家類選十四卷‧‧‧‧‧‧‧‧‧‧ 2－541
唐宋八大家類選十四卷‧‧‧‧‧‧‧‧‧‧ 2－541
唐宋八大家類選十四卷‧‧‧‧‧‧‧‧‧‧ 2－541
唐宋八大家讀本三十卷‧‧‧‧‧‧‧‧‧‧ 2－531
唐宋八家文讀本三十卷‧‧‧‧‧‧‧‧‧‧ 2－531
唐宋八家文讀本三十卷‧‧‧‧‧‧‧‧‧‧ 2－531
唐宋八家詩‧‧‧‧‧‧‧‧‧‧‧‧‧‧‧‧‧‧‧‧ 2－508
唐宋元三朝名賢小集‧‧‧‧‧‧‧‧‧‧‧‧ 2－508
唐宋元名表二卷‧‧‧‧‧‧‧‧‧‧‧‧‧‧‧‧ 2－528
唐宋白孔六帖一百卷目錄二卷‧‧‧‧ 2－480
唐宋白孔六帖一百卷目錄二卷‧‧‧‧ 2－480
唐宋詩本七十六卷目錄八卷‧‧‧‧‧‧ 2－555
唐宋諸賢絕妙詞選十卷中興以來絕
　　妙詞選十卷‧‧‧‧‧‧‧‧‧‧‧‧‧‧‧‧ 3－423
唐宋諸賢絕妙詞選十卷中興以來絕
　　妙詞選十卷‧‧‧‧‧‧‧‧‧‧‧‧‧‧‧‧ 3－423
唐宋叢書‧‧‧‧‧‧‧‧‧‧‧‧‧‧‧‧‧‧‧‧‧‧ 3－490
唐武安節度使陳公墓道記‧‧‧‧‧‧‧‧ 1－308
唐昌攀轅集二卷‧‧‧‧‧‧‧‧‧‧‧‧‧‧‧‧ 3－54
唐卷子本玉篇引用書目一卷常華館
　　經說一卷‧‧‧‧‧‧‧‧‧‧‧‧‧‧‧‧‧‧ 1－171
唐卷子本新修本草十卷補輯二卷‧‧ 2－254
唐卷子本論語十卷‧‧‧‧‧‧‧‧‧‧‧‧‧‧ 1－108
唐荊川先生文集十二卷‧‧‧‧‧‧‧‧‧‧ 3－167
唐荊川先生纂輯武前編六卷‧‧‧‧‧‧ 2－225
唐荊川先生纂輯武前編六卷武后編六卷
　　‧‧‧‧‧‧‧‧‧‧‧‧‧‧‧‧‧‧‧‧‧‧‧‧‧‧ 2－225
唐荊川批選史記十二卷‧‧‧‧‧‧‧‧‧‧ 1－396
唐柳河東集四十五卷外集五卷附錄
　　一卷遺文一卷‧‧‧‧‧‧‧‧‧‧‧‧‧‧ 3－96
唐柳河東集四十五卷外集五卷附錄
　　一卷遺文一卷‧‧‧‧‧‧‧‧‧‧‧‧‧‧ 3－96
唐昭陵石蹟考略五卷‧‧‧‧‧‧‧‧‧‧‧‧ 2－125
唐昭陵陪葬名氏考一卷‧‧‧‧‧‧‧‧‧‧ 2－113
唐音戊籤二百〇一卷餘閏六十三卷
　　餘諸國主持一卷‧‧‧‧‧‧‧‧‧‧‧‧ 3－3

唐音戊籤二百〇一卷餘閏六十三卷
　　餘諸國主持一卷‧‧‧‧‧‧‧‧‧‧‧‧ 3－3
唐音癸籤三十三卷‧‧‧‧‧‧‧‧‧‧‧‧‧‧ 3－3
唐音統籤一千〇二十七卷‧‧‧‧‧‧‧‧ 3－3
唐音審體二十卷‧‧‧‧‧‧‧‧‧‧‧‧‧‧‧‧ 3－9
唐音審體二十卷‧‧‧‧‧‧‧‧‧‧‧‧‧‧‧‧ 3－9
唐音審體二十卷‧‧‧‧‧‧‧‧‧‧‧‧‧‧‧‧ 3－10
唐音類格選四卷‧‧‧‧‧‧‧‧‧‧‧‧‧‧‧‧ 3－6
唐眉山詩集十卷文集十四卷‧‧‧‧‧‧ 3－122
唐眉山詩集十卷文集十四卷‧‧‧‧‧‧ 3－122
唐姚鵠詩集一卷‧‧‧‧‧‧‧‧‧‧‧‧‧‧‧‧ 3－96
唐桂芳求古書院課卷‧‧‧‧‧‧‧‧‧‧‧‧ 3－277
唐書二百二十五卷‧‧‧‧‧‧‧‧‧‧‧‧‧‧ 1－213
唐書二百二十五卷‧‧‧‧‧‧‧‧‧‧‧‧‧‧ 1－213
唐書二百二十五卷‧‧‧‧‧‧‧‧‧‧‧‧‧‧ 1－213
唐書二百卷‧‧‧‧‧‧‧‧‧‧‧‧‧‧‧‧‧‧‧‧ 1－212
唐書二百卷‧‧‧‧‧‧‧‧‧‧‧‧‧‧‧‧‧‧‧‧ 1－212
唐書二百卷‧‧‧‧‧‧‧‧‧‧‧‧‧‧‧‧‧‧‧‧ 1－212
唐書合鈔補正六卷‧‧‧‧‧‧‧‧‧‧‧‧‧‧ 1－395
唐書直筆四卷‧‧‧‧‧‧‧‧‧‧‧‧‧‧‧‧‧‧ 1－396
唐書直筆四卷‧‧‧‧‧‧‧‧‧‧‧‧‧‧‧‧‧‧ 1－396
唐書直筆四卷‧‧‧‧‧‧‧‧‧‧‧‧‧‧‧‧‧‧ 1－396
唐書宰相世系表訂譌十二卷‧‧‧‧‧‧ 1－276
唐書魏鄭公傳註一卷‧‧‧‧‧‧‧‧‧‧‧‧ 1－309
唐書魏鄭公傳註一卷‧‧‧‧‧‧‧‧‧‧‧‧ 1－309
唐書魏鄭公傳註一卷‧‧‧‧‧‧‧‧‧‧‧‧ 1－309
唐書魏鄭公傳註一卷‧‧‧‧‧‧‧‧‧‧‧‧ 1－309
唐書魏鄭公傳註一卷‧‧‧‧‧‧‧‧‧‧‧‧ 1－309
唐書魏鄭公傳註一卷‧‧‧‧‧‧‧‧‧‧‧‧ 1－309
唐陸宣公奏議四卷首一卷制誥續集十卷
　　‧‧‧‧‧‧‧‧‧‧‧‧‧‧‧‧‧‧‧‧‧‧‧‧‧‧ 1－496
唐陸宣公奏議全集四卷首一卷唐陸
　　宣公制誥續集十卷‧‧‧‧‧‧‧‧‧‧ 3－100
唐陸宣公奏議讀本四卷首一卷‧‧‧‧ 1－496
唐陸宣公奏議讀本四卷首一卷‧‧‧‧ 1－496
唐陸宣公奏議讀本四卷首一卷‧‧‧‧ 1－496
唐陸宣公奏議讀本四卷首一卷‧‧‧‧ 1－496
唐陸宣公奏議讀本四卷首一卷‧‧‧‧ 1－496
唐陸宣公奏議讀本四卷首一卷‧‧‧‧ 1－496
唐陸宣公集二十二卷‧‧‧‧‧‧‧‧‧‧‧‧ 3－98
唐陸宣公集二十二卷‧‧‧‧‧‧‧‧‧‧‧‧ 3－98

唐陸宣公集二十二卷	3－98	唐開元小說	3－452
唐陸宣公集二十二卷	3－99	唐開元小說	3－452
唐陸宣公集二十二卷	3－99	唐開元小說	3－452
唐陸宣公集二十二卷	3－99	唐開元小說	3－452
唐陸宣公集二十二卷	3－99	唐開元小說	3－452
唐陸宣公集二十二卷	3－99	唐開元小說	3－452
唐陸宣公集二十二卷	3－99	唐開元占經一百二十卷	2－404
唐陸宣公集二十二卷	3－99	唐御史台精舍題名考三卷附錄一卷	
唐陸宣公集二十二卷	3－99		1－436
唐陸宣公集二十二卷	3－99	唐御史台精舍題名考三卷附錄一卷	
唐陸宣公集二十二卷	3－99		1－436
唐陸宣公集二十二卷	3－99		
唐陸宣公集二十二卷	3－99	唐賈浪仙長江集十卷	3－102
唐陸宣公集二十二卷	3－99	唐會要一百卷	1－420
唐陸宣公集二十二卷	3－99	唐會要一百卷	1－420
唐陸宣公集二十二卷	3－99	唐會要一百卷	1－420
唐陸宣公集二十二卷	3－100	唐會要一百卷	1－420
唐陸宣公集二十二卷	3－100	唐詩二十六家	2－510
唐陸宣公集二十二卷	3－100	唐詩二十六家	2－510
唐陸宣公集二十二卷	3－533	唐詩三百首不分卷	3－7
唐陸宣公集二十二卷附錄一卷	3－98	唐詩三百首六卷	3－7
唐陸宣公集二十二卷首一卷增輯一		唐詩三百首六卷	3－7
卷附錄一卷	3－99	唐詩三百首六卷目錄二卷	3－7
唐陸宣公集二十二卷首一卷增輯一		唐詩三百首六卷目錄二卷	3－7
卷附錄一卷	3－99	唐詩三百首註疏六卷	3－6
唐陸宣公集二十四卷	3－99	唐詩三百首註疏六卷	3－6
唐陸宣公集二十四卷	3－99	唐詩三百首註疏六卷	3－6
唐陸宣公集二十四卷	3－99	唐詩三百首註疏六卷	3－6
唐陸宣公集二十四卷	3－99	唐詩三百首註疏六卷	3－6
唐陸宣公集二十四卷	3－99	唐詩三百首註疏六卷	3－7
唐陸宣公翰苑集二十二卷	3－100	唐詩三百首註疏六卷	3－7
唐陸宣公翰苑集二十四卷	3－100	唐詩三百首註疏六卷	3－7
唐陸宣公翰苑集二十四卷	3－100	唐詩三百首補註八卷	3－7
唐孫樵集十卷	3－97	唐詩三百首箋不分卷	3－7
唐黃先生文集八卷附錄一卷	3－102	唐詩三百首箋不分卷	3－7
唐國史補三卷	3－453	唐詩三百首續選一卷	3－6
唐啟璠鄉試硃卷	3－277	唐詩三百首續選一卷	3－6
唐雅八卷	3－3	唐詩三百首續選一卷	3－6
唐雅八卷	3－165	唐詩三百首續選一卷	3－6
唐雅八卷	3－165	唐詩三百首續選一卷	3－6

唐詩三百首續選一卷 …………………… 3－7
唐詩三百首續選一卷 …………………… 3－7
唐詩三百首續選一卷 …………………… 3－7
唐詩三百首續選一卷 …………………… 3－7
唐詩三百首續編一卷 …………………… 3－4
唐詩三百首續編一卷 …………………… 3－4
唐詩三百首續編一卷 …………………… 3－4
唐詩三百首續編一卷 …………………… 3－4
唐詩三百首續編一卷 …………………… 3－4
唐詩三集合編七十四卷首一卷 ………… 3－2
唐詩六百編八卷 ………………………… 3－10
唐詩六百編八卷 ………………………… 3－10
唐詩百名家全集 ……………………… 2－511
唐詩百名家全集 ……………………… 2－511
唐詩百名家全集 ……………………… 2－511
唐詩百名家全集 ……………………… 2－511
唐詩百家選六卷 ………………………… 3－9
唐詩百家選六卷 ………………………… 3－9
唐詩成法十二卷 ……………………… 3－482
唐詩合選詳解十二卷 ………………… 3－540
唐詩別裁集二十卷 ……………………… 3－4
唐詩別裁集十卷 ………………………… 3－4
唐詩別裁集引典備註二十卷 …………… 3－5
唐詩別裁集引典備註二十卷 …………… 3－5
唐詩別裁集引典備註二十卷 …………… 3－5
唐詩別裁集引典備註二十卷 …………… 3－5
唐詩別裁集引典備註二十卷 …………… 3－5
唐詩快十六卷選詩前後諸詠一卷 ……… 3－3
唐詩所四十七卷歷朝名氏爵里一卷
　　　　　　　　　　　　　　　…… 3－4
唐詩所四十七卷歷朝名氏爵里一卷 …… 3－4
唐詩金粉十卷 ………………………… 2－491
唐詩草帖二卷 ………………………… 2－335
唐詩品彙九十卷拾遺十卷詩人爵里
　　評節一卷 …………………………… 3－3
唐詩品彙九十卷拾遺十卷詩人爵里
　　評節一卷 …………………………… 3－3
唐詩紀事八十一卷 …………………… 3－479
唐詩紀事八十一卷 …………………… 3－479
唐詩清覽集二十六卷 ………………… 3－10
唐詩貫珠六十卷 ………………………… 3－6

唐詩貫珠六十卷 ………………………… 3－6
唐詩貫珠六十卷 ………………………… 3－6
唐詩鈔略三卷 …………………………… 3－1
唐詩絕句類選□□卷 ………………… 3－10
唐詩解五十卷 …………………………… 3－3
唐詩解五十卷詩人爵里一卷 …………… 3－3
唐詩試體分韻四卷首一卷末一卷 ……… 3－9
唐詩試體分韻四卷首一卷末一卷 ……… 3－9
唐詩選十三卷 ………………………… 3－10
唐詩選十三卷 ………………………… 3－10
唐詩選十三卷 ………………………… 3－10
唐詩選十三卷 ………………………… 3－10
唐詩選十三卷 ………………………… 3－10
唐詩選十三卷 ………………………… 3－10
唐詩選不分卷 …………………………… 3－6
唐詩選六卷 …………………………… 3－10
唐詩選六卷 …………………………… 3－10
唐詩選六卷 …………………………… 3－10
唐詩選鈔不分卷 ……………………… 3－10
唐詩諧律二卷 …………………………… 3－5
唐詩諧律二卷 …………………………… 3－5
唐詩諧律二卷 …………………………… 3－5
唐詩歸二十五卷 ……………………… 2－546
唐詩歸三十六卷 ……………………… 2－546
唐詩歸三十六卷 ……………………… 2－546
唐詩歸三十六卷 ………………………… 3－4
唐詩艷逸品四卷 ………………………… 3－3
唐詩類苑一百卷 ………………………… 3－3
唐詩類苑二百卷 ………………………… 3－3
唐詩類苑二百卷 ………………………… 3－3
唐詩類苑選三十四卷 ………………… 3－10
唐詩觀瀾集二十四卷唐人小傳一卷
　　　　　　　　　　　　　　　…… 3－6
唐壽田楷書文心雕龍 ………………… 2－334
唐僧弘秀集十卷 ………………………… 3－1
唐語林八卷 …………………………… 1－258
唐語林八卷 …………………………… 1－258
唐語林八卷 …………………………… 1－258
唐語林八卷 …………………………… 1－258
唐語林八卷 …………………………… 1－258
唐實善鄉試卷 ………………………… 3－277

唐賢三昧集三卷⋯⋯⋯⋯⋯⋯ 3－4
唐賢三昧集三卷⋯⋯⋯⋯⋯⋯ 3－4
唐賢三昧集三卷⋯⋯⋯⋯⋯⋯ 3－4
唐賢三昧集三卷⋯⋯⋯⋯⋯⋯ 3－4
唐賢三昧集三卷⋯⋯⋯⋯⋯⋯ 3－4
唐確慎公集十卷首一卷末一卷⋯⋯ 3－277
唐確慎公集十卷首一卷末一卷⋯⋯ 3－277
唐確慎公集十卷首一卷末一卷⋯⋯ 3－277
唐確慎公集十卷首一卷末一卷⋯⋯ 3－277
唐劉賓客詩集六卷⋯⋯⋯⋯⋯ 3－102
唐寫本唐韻四十四頁⋯⋯⋯⋯ 1－175
唐寫本唐韻四十四頁⋯⋯⋯⋯ 1－175
唐寫本唐韻四十四頁⋯⋯⋯⋯ 1－175
唐寫本說文解字木部箋異一卷⋯⋯ 1－155
唐寫本說文解字木部箋異一卷⋯⋯ 1－155
唐寫本說文解字木部箋異一卷⋯⋯ 1－155
唐寫本說文解字木部箋異一卷⋯⋯ 1－155
唐寫本說文解字木部箋異一卷⋯⋯ 1－155
唐寫本說文解字木部箋異一卷⋯⋯ 1－155
唐駱先生集八卷⋯⋯⋯⋯⋯⋯ 3－102
唐駢體文鈔十七卷⋯⋯⋯⋯⋯ 3－8
唐駢體文鈔十七卷⋯⋯⋯⋯⋯ 3－8
唐駢體文鈔十七卷⋯⋯⋯⋯⋯ 3－8
唐駢體文鈔十七卷⋯⋯⋯⋯⋯ 3－9
唐駢體文鈔十七卷⋯⋯⋯⋯⋯ 3－9
唐駢體文鈔十七卷⋯⋯⋯⋯⋯ 3－9
唐駢體文鈔十七卷⋯⋯⋯⋯⋯ 3－9
唐翰林李白詩類編十二卷 ⋯⋯ 3－89
［光緒］唐縣志十二卷首一卷 ⋯⋯ 1－533
唐韓昌黎集四十卷遺文一卷外集十卷
⋯⋯⋯⋯⋯⋯⋯⋯⋯⋯⋯⋯ 3－106
唐韓昌黎集四十卷遺文一卷外集十卷
⋯⋯⋯⋯⋯⋯⋯⋯⋯⋯⋯⋯ 3－106
唐魏子集四卷補遺一卷⋯⋯⋯⋯ 3－276
唐魏子集四卷補遺一卷⋯⋯⋯⋯ 3－276
唐類函二百卷⋯⋯⋯⋯⋯⋯ 2－487
唐類函二百卷目錄二卷⋯⋯⋯⋯ 2－487
唐類函二百卷目錄二卷⋯⋯⋯⋯ 2－487
唐類函二百卷目錄二卷⋯⋯⋯⋯ 2－487
唐鑑十二卷⋯⋯⋯⋯⋯⋯⋯ 1－396

唐鑑十二卷⋯⋯⋯⋯⋯⋯⋯ 1－396
畜德錄二十卷⋯⋯⋯⋯⋯⋯ 2－206
畜德錄二十卷⋯⋯⋯⋯⋯⋯ 2－206
畜德錄二十卷⋯⋯⋯⋯⋯⋯ 2－206
畜德錄二十卷⋯⋯⋯⋯⋯⋯ 2－206
悟真篇一卷外集一卷⋯⋯⋯⋯ 2－444
悟雪樓詩存二十六卷初集六卷二集六卷
⋯⋯⋯⋯⋯⋯⋯⋯⋯⋯⋯⋯ 3－288
悟雪樓詩存三十四卷⋯⋯⋯⋯ 3－288
悟園叢刻文一卷挽聯雜文二卷⋯⋯ 3－291
悟薌亭畫稿二卷六法管見一卷⋯⋯ 2－338
悟薌亭畫稿二卷六法管見一卷⋯⋯ 2－338
悔不讀齋詩集六卷⋯⋯⋯⋯⋯ 3－311
悔不讀齋詩集六卷⋯⋯⋯⋯⋯ 3－311
悔少集一卷續游仙百詠一卷耕烟草
堂集一卷⋯⋯⋯⋯⋯⋯⋯⋯ 3－392
悔生文集八卷詩鈔六卷⋯⋯⋯⋯ 3－195
悔言六卷⋯⋯⋯⋯⋯⋯⋯⋯ 2－194
悔言六卷⋯⋯⋯⋯⋯⋯⋯⋯ 2－194
悔初廬詩稿十一卷別集一卷明史雜
詠二卷⋯⋯⋯⋯⋯⋯⋯⋯ 3－285
悔初廬詩稿十一卷別集一卷明史雜
詠二卷⋯⋯⋯⋯⋯⋯⋯⋯ 3－285
悔翁筆記六卷⋯⋯⋯⋯⋯⋯ 3－551
悔翁筆記六卷詩鈔十五卷補遺一卷
詩餘五卷⋯⋯⋯⋯⋯⋯⋯⋯ 3－217
悔過齋文集七卷札記一卷續集七卷
補遺一卷⋯⋯⋯⋯⋯⋯⋯⋯ 3－412
悔餘庵文稿六卷詩稿八卷樂府四卷
⋯⋯⋯⋯⋯⋯⋯⋯⋯⋯⋯⋯ 3－248
悔餘庵集⋯⋯⋯⋯⋯⋯⋯⋯ 3－517
悔餘庵集⋯⋯⋯⋯⋯⋯⋯⋯ 3－517
悔餘庵集⋯⋯⋯⋯⋯⋯⋯⋯ 3－517
悔餘庵詩稿五卷樂府五卷⋯⋯⋯ 3－248
悅雲山房詩存六卷風泉館詞存一卷
⋯⋯⋯⋯⋯⋯⋯⋯⋯⋯⋯⋯ 3－396
悅雲山房詩存六卷風泉館詞存一卷
⋯⋯⋯⋯⋯⋯⋯⋯⋯⋯⋯⋯ 3－396
悅親樓詩集三十卷⋯⋯⋯⋯⋯ 3－276
瓶水齋詩集十七卷別集二卷詩話一卷
⋯⋯⋯⋯⋯⋯⋯⋯⋯⋯⋯⋯ 3－352

瓶菴居士文鈔四卷詩鈔四卷使粵日
　　記二卷使蜀日記五卷 ·············· 3-255
瓶笙館修簫譜 ······················· 3-439
益元堂增定課讀鑑略妥註讀本五卷
　　······························· 1-232
益都金石記四卷 ····················· 2-113
益都金石略二卷 ····················· 2-113
益部方物略記一卷 ··················· 1-508
益部方物略記二卷 ··················· 2-73
益陽樂輸局章程四卷 ················· 2-63
益陽樂輸局章程四卷 ················· 2-63
益陽樂輸局章程四卷 ················· 2-63
益陽縣公産志不分卷 ················· 2-63
益陽縣公産志不分卷 ················· 2-63
益陽縣公産志不分卷 ················· 2-64
益陽縣光緒十三年帶徵節年災緩南
　　驢徵信録 ······················ 1-454
[同治]益陽縣志二十五卷首一卷
　　······························· 2-50
[乾隆]益陽縣志二十四卷首一卷
　　······························· 2-49
[嘉慶]益陽縣志三十五卷首一卷
　　末一卷 ························· 2-49
益陽縣徐姓案卷 ····················· 1-489
益陽縣鄉土志 ······················· 2-67
益陽縣催徵光緒十二年漕米民欠未
　　完散數徵信冊 ··················· 1-454
益陽縣龍會寺墳山案稿一卷 ········· 1-489
益雅堂叢書 ························· 3-504
益雅堂叢書 ························· 3-504
益雅堂叢書 ························· 3-504
益智圖二卷 ························· 2-350
益智圖二卷 ························· 2-350
益智圖二卷 ························· 2-350
益智圖四卷首一卷 ··················· 2-350
益智圖四卷首一卷 ··················· 2-350
益智圖四卷首一卷 ··················· 2-350
兼山堂文集一卷詩集三卷湘夢詞一
　　卷讀經心解四卷 ················· 3-216
兼山堂文集一卷詩集三卷湘夢詞一
　　卷讀經心解四卷 ················· 3-216
兼山堂詩集三卷湘夢詞一卷 ·········· 3-216
兼濟堂文集二十四卷 ················· 3-367
兼濟堂文集選二十卷 ················· 3-367
兼濟堂詩集八卷 ····················· 3-367
兼濟堂纂刻梅勿庵先生曆算全書 ····· 2-299
兼濟堂纂刻梅勿庵先生曆算全書 ····· 2-299
兼濟堂纂刻梅勿庵先生曆算全書 ····· 2-299
朔方備乘六十八卷首十二卷 ·········· 1-470
朔方備乘六十八卷首十二卷 ·········· 1-470
朔方備乘六十八卷首十二卷 ·········· 1-470
朔方備乘六十八卷首十二卷 ·········· 1-470
朔方備乘六十八卷首十二卷 ·········· 1-470
朔方備乘六十八卷首十二卷 ·········· 1-470
朔方備乘六十八卷首十二卷 ·········· 1-470
朔方備乘六十八卷首十二卷 ·········· 1-470
朔方備乘六十八卷首十二卷 ·········· 1-470
朔方備乘札記一卷 ··················· 1-470
朔方備乘札記一卷 ··················· 1-470
[雍正]朔州志十二卷 ················ 1-535
朔風吟略十一卷 ····················· 3-395
朔風吟略十一卷 ····················· 3-395
烟嶼樓集 ··························· 3-520
烟嶼樓集 ··························· 3-520
烟霞萬古樓文集六卷 ················· 3-199
烟霞萬古樓文集六卷 ················· 3-199
烟霞萬古樓文集六卷 ················· 3-199
烟霞萬古樓文集六卷 ················· 3-199
烟霞萬古樓文集六卷 ················· 3-199
烟霞萬古樓文集六卷 ················· 3-199
烟霞萬古樓詩殘稿一卷 ··············· 3-199
烟霞萬古樓詩選二卷 ················· 3-199
剡源佚文二卷佚詩六卷 ··············· 3-153
[嘉定]剡録十卷 ··················· 2-6
[乾隆]郯城縣志十二卷 ·············· 1-548
[光緒]浦江縣志十五卷 ·············· 2-6
浦城遺書 ··························· 3-508
浭陽詩集十卷 ······················· 3-357
浭陽詩集十卷 ······················· 3-357
涑水記聞十六卷補遺一卷 ············· 3-460
涑水記聞十六卷補遺一卷 ············· 3-461
涑水記聞十六卷補遺一卷 ············· 3-461
涑水記聞十六卷補遺一卷 ············· 3-461

涑水記聞十六卷補遺一卷 …………… 3－461

[乾隆]浯溪新志十四卷首一卷 ……… 2－48

酒史二卷 ……………………………… 2－351

浙西水利備考 ………………………… 2－101

浙西水利備考 ………………………… 2－101

浙江大學堂試辦章程 ………………… 1－434

浙江水利備考不分卷 ………………… 2－97

浙江全省圖并水陸道里記 …………… 2－101

浙江全省鐵路講略 …………………… 1－461

浙江防軍局所收楚軍公文匯鈔 ……… 1－468

浙江忠義錄十卷 ……………………… 1－294

浙江採集遺書總錄十一卷閏集一卷
………………………………………… 2－143

浙江採集遺書總錄十一卷閏集一卷
………………………………………… 2－143

浙江採集遺書總錄十一卷閏集一卷
………………………………………… 2－143

浙江沿海圖說一卷浙江海島表一卷
………………………………………… 2－94

浙江沿海圖說一卷浙江海島表一卷
………………………………………… 2－94

浙江沿海圖說一卷浙江海島表一卷
………………………………………… 2－94

浙江省餘姚六倉沙地清丈升科理由
質問書 ……………………………… 1－458

浙江省餘姚六倉沙地清丈升科理由
質問書 ……………………………… 1－458

浙江校士錄不分卷 …………………… 3－48

浙江海運全案初編十卷續編四卷 …… 1－447

浙江海運全案重編初編八卷續編四
卷新編八卷 ………………………… 1－447

[乾隆]浙江通志二百八十卷首三卷
………………………………………… 2－3

[乾隆]浙江通志二百八十卷首三卷
………………………………………… 2－4

[乾隆]浙江通志二百八十卷首三卷 … 2－4

浙江闈墨不分卷 ……………………… 3－48

浙志便覽七卷 ………………………… 2－4

浙東兩省種桑育蠶成法不分卷 ……… 2－240

浙東籌防錄四卷 ……………………… 1－471

浙刻雙池遺書 ………………………… 3－516

浙游集一卷 …………………………… 3－277

涇川叢書 ……………………………… 3－508

涇野子内篇二十七卷 ………………… 2－189

涇野先生文集三十六卷 ……………… 3－163

涇野先生文集三十六卷 ……………… 3－163

涇野先生詩說序六卷 ………………… 1－42

涇陽張公歷任岳長衡三郡風行錄四
卷續二卷 …………………………… 1－475

[乾隆]涇陽縣志十卷 ………………… 1－543

涉園文集五卷詩集不分卷 …………… 3－369

涉聞梓舊 ……………………………… 3－502

[嘉慶]涉縣志八卷 …………………… 1－534

娑羅館清言二卷續一卷 ……………… 2－364

娑羅館清言二卷續一卷 ……………… 2－364

消夏百一詩二卷 ……………………… 3－418

消暑隨筆四卷 ………………………… 2－395

消暑隨筆四卷 ………………………… 2－395

消暑隨筆四卷 ………………………… 2－396

消暑隨筆四卷 ………………………… 2－396

消暑隨筆四卷 ………………………… 2－396

消暑隨筆四卷 ………………………… 2－396

消暑隨筆四卷 ………………………… 2－396

消暑隨筆四卷 ………………………… 2－396

消閑述異三卷 ………………………… 3－460

消閑述異三卷 ………………………… 3－460

消愁集二卷附詩一卷 ………………… 3－433

浩然堂詩集六卷 ……………………… 3－207

浩然堂詩集六卷 ……………………… 3－207

浩然齋雅談三卷 ……………………… 3－479

浩然齋雅談三卷 ……………………… 3－479

浩然齋雅談三卷 ……………………… 3－479

浩然齋雅談三卷 ……………………… 3－479

海上名家畫稿不分卷 ………………… 2－337

海上名家畫稿不分卷 ………………… 2－337

海上花列傳六十四回 ………………… 3－473

海上花列傳六十四回 ………………… 3－473

海上奇書(雜志)□□期 …………… 2－399

海上繁華夢新書後集八卷四十回 …… 3－475

海上繁華夢新書後集八卷四十回 …… 3－475

海山仙館叢書 ………………………… 3－501

海山存稿二十卷……………………… 3－258

海天琴思錄八卷……………………… 2－369

海天琴思錄八卷……………………… 2－369

海天琴思錄八卷……………………… 2－369

海天琴思錄八卷……………………… 2－370

海日堂集詩五卷補遺一卷文二卷…… 3－353

海右陳人集二卷……………………… 3－353

海外紀事前編十一卷………………… 2－153

海外紀事前編十一卷………………… 2－153

海外紀事前編十一卷………………… 2－153

[嘉慶]海州直隸州志三十二卷首一卷

……………………………………… 1－553

海防事例一卷………………………… 1－455

海防事例一卷………………………… 1－455

海防策要四卷………………………… 1－472

海東札記四卷 ………………………… 2－71

海東札記四卷 ………………………… 2－71

海東金石苑一卷……………………… 2－117

海東逸史十八卷……………………… 1－300

海昌二妙集三卷首二卷……………… 2－349

海門初集九卷首一卷………………… 3－400

海門詩鈔十三卷……………………… 3－228

海門詩鈔十六卷……………………… 3－228

海門詩鈔八卷外集四卷外集末一卷

……………………………………… 3－400

海岱史略一百四十卷………………… 1－286

海宗詩草八卷………………………… 3－286

海宗詩草八卷………………………… 3－286

海宗詩草八卷………………………… 3－286

海宗詩草八卷………………………… 3－286

海宗詩草八卷………………………… 3－286

海南一勺合編內函十卷首一卷外函

　三十二卷………………………… 2－457

海南一勺合編內函十卷首一卷外函

　三十二卷………………………… 2－457

海南日鈔三十卷……………………… 2－400

海南日鈔三十卷……………………… 2－400

海秋制藝前集一卷後集一卷………… 3－335

海秋制藝前集一卷後集一卷………… 3－335

海秋制藝前集一卷後集一卷………… 3－335

海秋詩集二十六卷附評跋一卷……… 3－335

海秋詩集二十六卷附評跋一卷……… 3－335

海秋詩集二十六卷後集一卷………… 3－335

海秋詩集二十六卷後集一卷………… 3－335

海秋詩集二十六卷後集一卷………… 3－335

海秋詩集二十六卷後集一卷………… 3－335

海秋詩集二十六卷後集一卷………… 3－335

海秋詩集二十六卷後集一卷………… 3－335

海秋稿初集一卷二集一卷…………… 3－335

海叟詩集四卷附錄一卷集外詩一卷

……………………………………… 3－168

海叟詩集四卷附錄一卷集外詩一卷

……………………………………… 3－168

海叟詩集四卷附錄一卷集外詩一卷

……………………………………… 3－168

海客日譚六卷………………………… 2－108

海軍調度要言三卷…………………… 2－233

海軍調度要言三卷…………………… 2－233

海軍調度要言三卷…………………… 2－233

海軍調度要言三卷…………………… 2－233

海桐吟館詩集二卷…………………… 3－371

海桐吟館詩集二卷…………………… 3－371

海桐吟館詩集二卷…………………… 3－372

海峰文集八卷………………………… 3－393

海峰文集八卷古體詩五卷今體詩八

　卷劉海峰稿不分卷……………… 3－393

海峰文集八卷古體詩五卷今體詩八

　卷劉海峰稿不分卷……………… 3－393

海峰文集八卷古體詩五卷今體詩八

　卷劉海峰稿不分卷……………… 3－393

海峰文集八卷詩集十一卷…………… 3－394

海峰先生文十卷補遺一卷制藝一卷

　詩集八卷………………………… 3－393

海峰先生文十卷詩六卷……………… 3－393

海峰先生詩集十卷…………………… 3－393

海峰先生詩集十卷…………………… 3－393

海峰先生精選八家文鈔不分卷……… 2－541

海峰詩集古體詩二卷今體詩六卷…… 3－393

海島算經一卷………………………… 2－300

海島算經一卷………………………… 2－300

海陵文徵二十卷 ……………………… 3－30

海陵文徵二十卷 ……………………… 3－30

282

海國大政記八卷 ···················· 2－159
海國公餘輯錄六種六卷 ··········· 2－104
海國聞見錄二卷 ···················· 2－104
海國圖志一百卷 ···················· 2－105
海國圖志一百卷 ···················· 2－105
海國圖志一百卷 ···················· 2－105
海國圖志一百卷 ···················· 2－105
海國圖志一百卷 ···················· 2－105
海國圖志一百卷 ···················· 2－105
海國圖志一百卷 ···················· 2－105
海國圖志一百卷 ···················· 2－105
海國圖志一百卷 ···················· 2－105
海國圖志一百卷 ···················· 2－105
海國圖志一百卷 ···················· 2－105
海國圖志一百卷 ···················· 2－105
海國圖志一百卷 ···················· 3－535
海國圖志一百卷 ···················· 3－535
海國圖志五十卷 ···················· 2－105
海國圖志五十卷 ···················· 2－105
海國圖志六十卷 ···················· 2－105
海國圖志六十卷 ···················· 3－535
海國圖志六十卷 ···················· 3－535
海國圖志續集二十五卷首一卷 ······ 2－106
海國輿地釋名十卷首一卷 ··········· 2－104
[康熙]海康縣志三卷 ··············· 2－30
海隅集一卷 ························· 3－170
海隅集目錄 ························· 3－187
海粟居士集二卷 ···················· 3－257
海粟樓叢書 ························· 3－498
海雲堂詩鈔十四卷文鈔二卷金粟香
　　龕詞鈔二卷 ···················· 3－410
海雅堂全集 ························· 3－295
海道圖說十五卷 ···················· 2－105
海道圖說十五卷 ···················· 2－105
海塘挈要十二卷首一卷 ············· 2－94
海塘新志六卷續四卷 ··············· 2－94
海塘新志六卷續四卷 ··············· 2－94
海塘新志六卷續四卷 ··············· 2－94
海塘新志六卷續四卷 ··············· 2－94

海塘新志六卷續四卷 ··············· 2－94
海塘新案不分卷 ···················· 2－97
海塘輯要十卷首一卷 ··············· 2－97
海塘輯要十卷首一卷 ··············· 2－97
海塘輯要十卷首一卷 ··············· 2－97
海塘輯要十卷首一卷 ··············· 2－97
海虞三陶先生集刻 ················· 3－43
海虞三陶先生集刻 ················· 3－43
海虞三陶先生集刻 ················· 3－43
海虞三陶先生集刻 ················· 3－43
海虞文徵三十卷目錄二卷 ··········· 3－29
海虞詩苑十八卷 ···················· 3－29
海愚詩鈔十二卷 ···················· 3－210
海圓詩殘一卷 ······················ 3－291
海源閣藏書目一卷 ················· 2－141
海源閣藏書目一卷 ················· 2－141
海源閣藏書目一卷 ················· 2－141
海榴齋詩集二卷附錄一卷 ··········· 3－403
海語三卷 ··························· 1－512
海寧念汛大口門二限三限石塘圖說一卷
　　································· 2－97
[乾隆]海澄縣志二十四卷首一卷 ······ 2－14
海錯百一錄五卷 ···················· 2－353
海嶽軒叢刻 ························· 3－516
海嶽軒叢刻 ························· 3－516
海嶽軒叢刻 ························· 3－516
海嶽軒叢刻 ························· 3－516
海嶽軒叢刻 ························· 3－516
海嶽軒叢刻 ························· 3－516
海嶽軒叢刻 ························· 3－516
海嶽軒叢刻 ························· 3－516
海嶽軒叢刻 ························· 3－516
海瓊玉蟾先生文集六卷續集二卷 ······ 3－134
海瓊玉蟾先生文集六卷續集二卷 ······ 3－134
[乾隆]海豐縣志十卷附錄一卷 ········ 2－29
[乾隆]海鹽縣續圖經七卷 ············ 2－5
浮山集十卷 ························· 3－115
浮丘子十二卷 ······················ 2－375
浮丘子十二卷 ······················ 2－375
浮丘子十二卷 ······················ 2－375

浮丘子十二卷 …………………… 2－375
浮丘子十二卷 …………………… 2－375
浮丘子十二卷 …………………… 2－375
浮丘子十二卷 …………………… 2－375
[道光]浮梁縣志二十二卷 ……… 2－9
浮湘訪學集 ……………………… 2－515
浮湘訪學集 ……………………… 2－515
浮湘訪學集 ……………………… 2－515
浮湘訪學集 ……………………… 2－515
浮湘訪學集 ……………………… 2－515
浮湘訪學集 ……………………… 2－515
浮湘稿目錄一卷 ………………… 3－187
浮槎文集十一卷 ………………… 3－196
浮槎閣集十七卷附錄三卷 ……… 3－178
浣月山房詩內集八卷詩別集二卷漢
　南春柳詞鈔三卷 ……………… 3－405
浣花綺合集一卷合二集一卷緶古集
　二卷蜉撼集一卷倩搔集一卷陵穀
　集一卷 ………………………… 3－255
浣花綺合集一卷合二集一卷緶古集
　二卷蜉撼集一卷倩搔集一卷陵穀
　集一卷 ………………………… 3－255
浣花綺合集一卷合二集一卷緶古集
　二卷蜉撼集一卷倩搔集一卷陵穀
　集一卷 ………………………… 3－256
浣花綺合集一卷合二集一卷緶古集
　二卷蜉撼集一卷倩搔集一卷陵穀
　集一卷 ………………………… 3－256
浪跡叢談十一卷浪迹續談八卷 … 2－372
浪跡叢談十一卷浪迹續談八卷 … 2－372
浪跡叢談十一卷浪迹續談八卷 … 2－372
浪跡叢談十一卷浪迹續談八卷 … 2－373
浪跡叢談十一卷浪迹續談八卷 … 2－373
浪跡叢談十一卷浪迹續談八卷楹聯
　叢話十二卷楹聯續話四卷 …… 2－372
浪迹續談八卷 …………………… 2－373
浪齋新舊詩一卷 ………………… 3－184
涌幢小品三十二卷 ……………… 2－383
[嘉慶]浚縣志二十二卷 ……… 2－18
宸垣識略十六卷 ………………… 2－68
宸垣識略十六卷 ………………… 2－68

家人衍義一卷 …………………… 2－217
家言隨記四卷 …………………… 2－367
家事課本 ………………………… 2－214
家庭進講三卷 …………………… 2－214
家蔭堂尺牘一卷家書一卷 ……… 3－259
家蔭堂尺牘一卷家書一卷 ……… 3－259
家蔭堂省心錄一卷 ……………… 2－205
家傳醫方不分卷 ………………… 2－268
家傳醫方秘訣 …………………… 2－268
家語十卷 ………………………… 2－177
家語不分卷附總釋 ……………… 2－177
家語疏證六卷 …………………… 2－206
家塾蒙求五卷 …………………… 2－208
家塾學規一卷 …………………… 1－432
家塾邇言六卷 …………………… 2－214
家範十卷 ………………………… 2－198
家範十卷 ………………………… 2－198
家範十卷 ………………………… 2－198
家範十卷 ………………………… 2－198
家廟塾中條規一卷 ……………… 2－205
家藏陣圖要說一卷 ……………… 2－230
家禮五卷附錄一卷 ……………… 1－74
家禮拾遺五卷 …………………… 1－74
宮室考十四卷 …………………… 1－70
宮傅楊果勇侯自編年譜五卷……… 1－326
宮閨文選二十六卷宮閨姓氏小錄一卷
　………………………………… 2－533
宮閨文選二十六卷宮閨姓氏小錄一卷
　………………………………… 2－533
宮閨文選二十六卷宮閨姓氏小錄一卷
　………………………………… 2－533
宮閨文選二十六卷宮閨姓氏小錄一卷
　………………………………… 2－533
宮閨百詠四卷目錄一卷 ………… 3－24
容川詩鈔四卷 …………………… 3－382
容川詩鈔四卷 …………………… 3－382
容川詩鈔四卷 …………………… 3－382
容安齋詩集八卷 ………………… 3－220
容甫先生遺詩五卷 ……………… 3－218
容甫先生遺詩五卷 ……………… 3－218
容甫先生遺詩五卷 ……………… 3－218

容甫先生遺詩五卷 ······· 3 – 218

容甫先生遺詩五卷 ······· 3 – 218

容甫先生遺詩五卷 ······· 3 – 218

容甫先生遺詩五卷 ······· 3 – 218

容甫先生遺詩五卷 ······· 3 – 218

容城三賢文集 ········· 3 – 28

容城三賢文集 ········· 3 – 28

容城三賢文集 ········· 3 – 28

容圓七術三卷曲面容方一卷 ······ 2 – 304

容圓七術三卷曲面容方一卷 ······ 2 – 304

容圓七術三卷曲面容方一卷 ······ 2 – 304

容膝軒文稿七卷 ········ 3 – 198

容齋二筆十六卷五筆八卷 ···· 2 – 360

容齋千首詩一卷 ········ 3 – 223

容齋千首詩一卷 ········ 3 – 223

容齋詩錄三卷 ········· 3 – 383

容齋隨筆十六卷續筆十六卷三筆十

　六卷四筆十六卷五筆十卷 ···· 2 – 360

容齋隨筆十六卷續筆十六卷三筆十

　六卷四筆十六卷五筆十卷 ···· 2 – 360

容齋隨筆十六卷續筆十六卷三筆十

　六卷四筆十六卷五筆十卷 ···· 2 – 361

容齋隨筆十六卷續筆十六卷三筆十

　六卷四筆十六卷五筆十卷 ···· 2 – 361

容齋隨筆十六卷續筆十六卷三筆十

　六卷四筆十六卷五筆十卷 ···· 2 – 361

容齋隨筆十六卷續筆十六卷三筆十

　六卷四筆十六卷五筆十卷 ···· 2 – 361

容齋隨筆十六卷續筆十六卷三筆十

　六卷四筆十六卷五筆十卷 ···· 2 – 361

容齋隨筆十六卷續筆十六卷三筆十

　六卷四筆十六卷五筆十卷 ···· 2 – 361

容齋隨筆十六卷續筆十六卷三筆十

　六卷四筆十六卷五筆十卷 ···· 2 – 361

容齋隨筆十六卷續筆十六卷三筆十

　六卷四筆十六卷五筆十卷 ···· 2 – 361

宰湘節錄一卷 ········· 1 – 269

宰湘節錄一卷 ········· 1 – 269

案事編一卷 ·········· 1 – 483

冢綆四十八卷 ········· 1 – 167

袖珍十三經註 ········· 1 – 4

袖珍十三經註 ········· 1 – 4

袖珍十三經註 ········· 1 – 4

袖珍十三經註 ········· 1 – 4

[乾隆]祥符縣志二十二卷 ····· 2 – 17

[光緒]祥符縣志二十四卷首一卷 ···· 2 – 16

書二卷 ············ 1 – 33

書古微十二卷首一卷 ······ 1 – 36

書古微十二卷首一卷 ······ 1 – 36

書古微十二卷首一卷 ······ 1 – 36

書古微十二卷首一卷 ······ 1 – 36

書古微十二卷首一卷 ······ 1 – 36

書目提要初編六卷 ······· 2 – 150

書目答問四卷附叢書目一卷姓名略一卷

················ 3 – 536

書目答問四卷國朝著述諸家姓名略一卷

················ 2 – 130

書目答問四卷國朝著述諸家姓名略一卷

················ 2 – 131

書目答問四卷國朝著述諸家姓名略一卷

················ 2 – 131

書目答問四卷國朝著述諸家姓名略一卷

················ 2 – 131

書目答問四卷國朝著述諸家姓名略一卷

················ 2 – 131

書目答問四卷國朝著述諸家姓名略一卷

················ 2 – 131

書目答問四卷國朝著述諸家姓名略一卷

················ 2 – 131

書目答問四卷國朝著述諸家姓名略一卷

················ 2 – 131

書目答問四卷國朝著述諸家姓名略一卷

················ 2 – 131

書目答問四卷國朝著述諸家姓名略一卷

················ 2 – 131

書目答問四卷國朝著述諸家姓名略一卷
　　……………………………… 2－131
書目答問四卷國朝著述諸家姓名略一卷
　　……………………………… 2－131
書目答問四卷國朝著述諸家姓名略一卷
　　……………………………… 2－131
書目答問四卷國朝著述諸家姓名略一卷
　　……………………………… 2－131
書目答問四卷國朝著述諸家姓名略一卷
　　……………………………… 2－131
書目答問四卷國朝著述諸家姓名略一卷
　　……………………………… 2－131
書目答問四卷國朝著述諸家姓名略一卷
　　……………………………… 2－131
書目答問四卷國朝著述諸家姓名略一卷
　　……………………………… 2－131
書目答問四卷國朝著述諸家姓名略一卷
　　……………………………… 2－132
書目答問四卷國朝著述諸家姓名略一卷
　　……………………………… 2－132
書目答問四卷國朝著述諸家姓名略一卷
　　……………………………… 2－132
書目答問四卷國朝著述諸家姓名略一卷
　　……………………………… 2－132
書目答問四卷國朝著述諸家姓名略一卷
　　……………………………… 2－132
書目答問四卷國朝著述諸家姓名略一卷
　　……………………………… 2－132
書目答問四卷國朝著述諸家姓名略一卷
　　……………………………… 2－132
書目答問四卷國朝著述諸家姓名略一卷
　　……………………………… 2－132
書目答問四卷國朝著述諸家姓名略一卷
　　……………………………… 2－132
書目答問四卷國朝著述諸家姓名略一卷
　　……………………………… 2－132

書目答問四卷國朝著述諸家姓名略一卷
　　……………………………… 2－132
書目答問四卷國朝著述諸家姓名略一卷
　　……………………………… 2－132
書目答問四卷國朝著述諸家姓名略一卷
　　……………………………… 2－132
書目答問四卷國朝著述諸家姓名略一卷
　　……………………………… 2－132
書目答問四卷國朝著述諸家姓名略一卷
　　……………………………… 2－132
書目答問四卷國朝著述諸家姓名略一卷
　　……………………………… 2－132
書目答問箋補四卷………………… 2－132
書目答問箋補四卷………………… 2－133
書目答問箋補四卷………………… 2－133
書衣雜識一卷鄧之誠撰…………… 2－141
書苑補益…………………………… 2－320
書林揚觶一卷……………………… 3－551
書林揚觶二卷……………………… 2－129
書林揚觶二卷……………………… 2－129
書林揚觶二卷……………………… 2－130
書林揚觶二卷……………………… 2－130
書林揚觶二卷……………………… 2－130
書法正傳十卷……………………… 2－329
書法離鈎十卷……………………… 2－323
書法離鈎十卷……………………… 2－323
書記洞詮一百二十卷目錄十卷……… 2－529
書張相國奏立湖北存古學堂摺後一卷
　　……………………………… 1－434
書集傳六卷　……………………… 1－28
書集傳六卷圖一卷　……………… 1－28
書畫同珍二刻不分卷……………… 2－330
書畫跋跋三卷續三卷……………… 2－321
書畫傳習錄四卷…………………… 2－321
書畫傳習錄四卷…………………… 2－321
書畫題跋記十二卷………………… 2－323
書畫題跋記十二卷………………… 2－323
書畫續錄一卷梁溪書畫徵一卷……… 2－321
書畫續錄一卷梁溪書畫徵一卷……… 2－321
書畫鑑影二十四卷首一卷………… 2－325
書畫鑑影叢書……………………… 3－506

書畫鑑影叢書 …………………… 3－506　　書經六卷首一卷末一卷 ………… 1－29

書畫鑑影叢書 …………………… 3－506　　書經六卷首一卷末一卷 ………… 1－29

書畫鑑影叢書 …………………… 3－506　　書經六卷首一卷末一卷 ………… 1－29

書畫鑑影叢書 …………………… 3－506　　書經六卷首一卷末一卷 ………… 1－29

書傳大全十卷綱領一卷圖一卷 …… 1－29　　書經六卷首一卷末一卷 ………… 1－29

書傳大全十卷綱領一卷圖一卷 …… 1－29　　書經六卷首一卷末一卷 ………… 1－29

書傳音釋六卷首一卷末一卷 ……… 1－34　　書經述六卷 ……………………… 1－33

書傳音釋六卷首一卷末一卷 ……… 1－34　　書經音訓不分卷 ………………… 1－34

書傳補商十七卷 ………………… 1－36　　書經音釋六卷首一卷末一卷 …… 1－29

書傳補商十七卷 ………………… 1－36　　書經恆解六卷 …………………… 1－34

書傳補商十七卷 ………………… 1－36　　書經旁訓二卷 …………………… 1－27

書傳補商十七卷 ………………… 1－36　　書經集句文稿續選一卷續編選本二卷

書傳補商十七卷 ………………… 1－36　　　　………………………………… 1－36

書經六卷 ………………………… 1－26　　書經集句賦稿選本一卷 ………… 1－36

書經六卷 ………………………… 1－28　　書經稗疏四卷 …………………… 1－30

書經六卷 ………………………… 1－28　　書經詮義十二卷首二卷 ………… 1－31

書經六卷 ………………………… 1－28　　書經精華六卷 …………………… 1－36

書經六卷 ………………………… 1－28　　書經精義四卷首一卷末一卷 …… 1－33

書經六卷 ………………………… 1－28　　書經精義四卷首一卷末一卷 …… 1－33

書經六卷 ………………………… 1－28　　書經精義匯鈔六卷 ……………… 1－34

書經六卷 ………………………… 1－28　　書經體註大全合參六卷 ………… 1－35

書經六卷 ………………………… 1－28　　書經體註大全合參六卷 ………… 1－35

書經六卷 ………………………… 1－28　　書經體註大全合參六卷 ………… 1－35

書經六卷 ………………………… 1－28　　書經體註大全合參六卷 ………… 1－35

書經六卷 ………………………… 1－28　　書經體註大全合參六卷 ………… 1－35

書經六卷 ………………………… 1－28　　書經體註大全合參六卷 ………… 1－35

書經六卷 ………………………… 1－28　　書經體註大全合參六卷 ………… 1－35

書經六卷 ………………………… 1－28　　書疑九卷 ………………………… 1－27

書經六卷 ………………………… 1－28　　書疑九卷 ………………………… 1－27

書經六卷 ………………………… 1－28　　書說二卷 ………………………… 1－33

書經六卷 ………………………… 1－28　　書說五卷 ………………………… 1－32

書經六卷 ………………………… 1－28　　書蕉二卷 ………………………… 2－365

書經六卷 ………………………… 1－28　　書學會編四卷 …………………… 2－322

書經六卷 ………………………… 1－28　　書學廣聞不分卷 ………………… 2－329

書經六卷 ………………………… 1－33　　書謝貞烈婦彭氏降筆事一卷 …… 3－53

書經六卷首一卷末一卷 ………… 1－28　　書譜一卷 ………………………… 2－332

書經六卷首一卷末一卷 ………… 1－29　　書譜一卷 ………………………… 2－332

書經六卷首一卷末一卷 ………… 1－29　　書纂言四卷 ……………………… 1－29

書經六卷首一卷末一卷 ………… 1－29　　弱水集二十二卷 ………………… 3－254

書經六卷首一卷末一卷 ………… 1－29　　弱水集二十二卷 ………………… 3－254

弱水集二十二卷 ……………… 3－254
陸士衡文集十卷 ……………… 3－74
陸士衡集十卷 ………………… 3－74
陸士龍文集十卷 ……………… 3－74
陸子全書 ……………………… 3－522
陸氏傳家集四卷 ……………… 3－43
陸氏傳家集四卷 ……………… 3－43
陸文安公年譜二卷 …………… 1－321
陸放翁先生年譜一卷 ………… 1－321
陸放翁全集 …………………… 3－510
陸放翁全集 …………………… 3－510
陸放翁全集 …………………… 3－510
陸放翁全集 …………………… 3－510
陸放翁全集 …………………… 3－510
陸放翁全集一百五十七卷 …… 3－126
陸承宗鄉試硃卷 ……………… 3－324
陸宣公文集二十二卷 ………… 3－100
陸宣公文選十五卷 …………… 3－100
陸宣公奏議二十四卷 ………… 1－496
陸宣公奏議四卷 ……………… 1－496
陸宣公奏議願學編二卷 ……… 1－496
陸宣公集二十四卷 …………… 3－98
陸軍第三十三混成協第一次報告書
　　　　　　　　　　　…………… 1－467
陸軍營制餉章不分卷 ………… 1－468
陸陳兩先生詩文鈔 …………… 2－517
陸陳兩先生詩文鈔 …………… 2－517
陸陳兩先生詩文鈔 …………… 2－517
陸陳兩先生詩文鈔 …………… 2－517
陸堂詩集十六卷續集六卷 …… 3－324
陸象山先生文集三十六卷 …… 3－126
陸象山先生文集三十六卷 …… 3－126
陸象山先生文集三十六卷 …… 3－126
陸象山先生文集三十六卷 …… 3－126
陸象山先生集節要六卷首一卷 … 3－126
陸象山集不分卷 ……………… 3－126
陸清獻公日記十卷首一卷 …… 1－330
陸清獻公年譜足本二卷附錄一卷 … 1－325
陸清獻公年譜足本二卷附錄一卷 … 1－325
陸清獻公蒞嘉遺蹟三卷 ……… 1－314
陸清獻公蒞嘉遺蹟三卷 ……… 1－315

陸清獻公蒞嘉遺蹟三卷 ……… 1－315
陸清獻公學案一卷 …………… 2－193
陸清獻先生年譜原本一卷 …… 1－325
陸清獻祠產徵信錄一卷 ……… 2－56
陸稼書先生年譜定本二卷 …… 1－325
陸稼書先生年譜定本二卷附錄二卷
　　　　　　　　　　　…………… 1－325
陸稼書先生年譜定本二卷附錄二卷
　　　　　　　　　　　…………… 1－325
陸潤庠殿試卷 ………………… 3－324
［道光］陵縣志二十二卷首一卷 …… 1－546
陳乙蕃城南書院課卷 ………… 3－314
陳于夏鄉試硃卷 ……………… 3－314
陳士杰行狀一卷 ……………… 1－315
陳士杰行狀一卷 ……………… 1－315
陳士杰陳寶善等信札 ………… 3－62
陳子仙方秋客七局一卷 ……… 2－350
陳元田試卷 …………………… 3－315
陳太僕批選八家文鈔不分卷 … 2－538
陳太僕批選八家文鈔不分卷 … 2－539
陳公崇祀名宦鄉賢錄 ………… 1－315
陳文恭公手札節要三卷 ……… 3－317
陳文恭公手札節要三卷 ……… 3－317
陳文恭公手札節要三卷 ……… 3－317
陳文恭公手札節要三卷 ……… 3－317
陳文蕭公年譜一卷 …………… 1－325
陳文蕭公年譜一卷 …………… 1－325
陳文蕭公遺集一卷年譜一卷清芬錄二卷
　　　　　　　　　　　…………… 3－314
陳文蕭公遺集一卷年譜一卷清芬錄二卷
　　　　　　　　　　　…………… 3－314
陳文銳會試硃卷 ……………… 3－315
陳玉成李秀成供狀 …………… 1－297
陳司業先生集 ………………… 3－521
陳司業集十一卷 ……………… 3－318
陳同甫集三十卷 ……………… 3－127
陳同甫龍川文集不分卷 ……… 3－128
陳州府太康縣已仕鄉宦清冊 … 1－385
［乾隆］陳州府志三十卷首一卷 …… 2－18
陳守晟鄉試硃卷 ……………… 3－316
陳安道先生世系一卷 ………… 1－325

陳伯玉文集十卷 …………………… 3－98

陳伯玉文集十卷附錄一卷 ………… 3－98

陳伯玉文集十卷附錄一卷 ………… 3－98

陳伯玉文集十卷附錄一卷 ………… 3－98

陳伯玉文集三卷詩集二卷首一卷附
　錄一卷 …………………………… 3－98

陳伯玉文集三卷詩集二卷首一卷附
　錄一卷 …………………………… 3－98

陳伯玉文集三卷詩集二卷首一卷附
　錄一卷 …………………………… 3－98

陳伯玉文集三卷詩集二卷首一卷附
　錄一卷 …………………………… 3－98

陳伯玉文集三卷詩集二卷首一卷附
　錄一卷 …………………………… 3－98

陳伯玉文集三卷詩集二卷首一卷附
　錄一卷 …………………………… 3－98

陳伯玉文集三卷詩集二卷首一卷附
　錄一卷 …………………………… 3－98

陳希祖行書真迹 ………………… 2－334

陳長橿鄉試硃卷 ………………… 3－318

陳臥子先生安雅堂稿十五卷 …… 3－173

陳臥子先生安雅堂稿十五卷兵垣奏
　議二卷 …………………………… 3－173

陳臥子先生安雅堂稿十五卷兵垣奏
　議二卷 …………………………… 3－173

陳明卿先生訂正四書人物備考四十卷
　 …………………………………… 1－101

陳忠裕公集十五卷首一卷 ……… 3－173

陳忠裕全集三十卷首一卷末一卷 … 3－172

陳忠裕全集三十卷首一卷末一卷 … 3－172

陳忠裕全集三十卷首一卷末一卷 … 3－172

陳忠裕全集三十卷首一卷末一卷 … 3－172

陳忠裕詞一卷首一卷 …………… 3－428

陳忠潔公殉難錄四卷 …………… 1－315

陳侍郎奏稿八卷書札八卷 ……… 1－504

陳阜嘉會試硃卷 ………………… 3－318

陳定宇先生文集十六卷別集一卷 … 3－150

陳厚甫稿一卷 …………………… 3－322

陳思王集二卷 …………………… 3－73

陳思王集二卷 …………………… 3－73

陳思王集二卷 …………………… 3－73

陳修園二十三種 ………………… 2－244

陳修園二十三種 ………………… 2－244

陳修園二十三種 ………………… 2－244

陳修園二十三種 ………………… 2－244

陳修園二十三種 ………………… 2－244

陳修園二十三種 ………………… 2－244

陳修園二十三種 ………………… 2－244

陳修園二十三種 ………………… 2－244

陳修園醫書二十一種 …………… 2－244

陳修園醫書二十一種 …………… 2－244

陳修園醫書二十八種 …………… 2－245

陳修園醫書七十二種 …………… 2－245

陳修園醫書四十八種 …………… 2－245

陳修園醫書四十種 ……………… 2－245

陳保彝鄉試硃卷 ………………… 3－318

陳恪勤公年譜三卷 ……………… 1－325

陳恪勤公詩集三十九卷 ………… 3－323

陳眉公太平清話四卷 …………… 2－322

陳眉公考槃餘事四卷 …………… 2－351

陳眉公先生訂正丹淵集四十卷拾遺二卷
　 …………………………………… 3－110

［宣統］陳留縣志四十二卷首一卷 …… 2－17

陳書三十六卷 …………………… 1－207

陳書三十六卷 …………………… 1－207

陳書三十六卷 …………………… 1－207

陳書三十六卷 …………………… 1－208

陳書三十六卷 …………………… 1－208

陳書三十六卷 …………………… 1－208

陳書三十六卷 …………………… 1－208

陳書三十六卷 …………………… 1－208

陳書三十六卷 …………………… 1－208

陳書三十六卷 …………………… 1－208

陳書三十六卷 …………………… 1－208

陳書三十六卷 …………………… 1－208

陳書三十六卷 …………………… 1－208

陳書三十六卷 …………………… 1－208

陳書三十六卷 …………………… 1－208

陳書文鈔六卷 …………………… 1－394

陳陳楊三家代理派回粵路股銀始末記
………………………………… 1－461
陳萃禮鄉試硃卷擬取優貢卷………… 3－319
陳清端文集十卷 …………………… 3－322
陳清端文集十卷 …………………… 3－322
陳清瀾先生學蔀通辨前編三卷後編
　　三卷續編三卷終編三卷………… 2－190
陳清瀾先生學蔀通辨前編三卷後編
　　三卷續編三卷終編三卷………… 2－190
陳清瀾先生學蔀通辨前編三卷後編
　　三卷續編三卷終編三卷………… 2－190
陳啟泰奏議不分卷 ………………… 1－504
陳達寅鄉試硃卷 …………………… 3－319
陳善悟相書 ………………………… 2－412
陳運鵾鄉試硃卷 …………………… 3－319
陳登雲集□□卷 …………………… 3－173
陳資齋天下沿海形勢錄一卷圖一卷 … 1－525
陳熔舉人試卷 ……………………… 3－322
陳增玉會試硃卷 …………………… 3－321
陳銳鄉試硃卷 ……………………… 3－321
陳薑畬集十卷 ……………………… 3－319
陳翰霄鄉試硃卷 …………………… 3－322
陳學士文集十八卷 ………………… 3－321
陳學士先生初集三十六卷 ………… 3－174
陳龍光鄉試硃卷 …………………… 3－322
陳檢討集二十卷 …………………… 3－320
陳檢討集二十卷 …………………… 3－320
陳檢討集二十卷 …………………… 3－321
陳檢討集二十卷 …………………… 3－321
陳檢討集二十卷 …………………… 3－321
陳檢討集二十卷 …………………… 3－321
陳檢討集二十卷 …………………… 3－321
陳檢討集二十卷 …………………… 3－321
陳鍾岳鄉試硃卷 …………………… 3－322
陳鴻甲鄉試硃卷 …………………… 3－322
陳鴻作會試硃卷 …………………… 3－322
陰符經註一卷陰符經懸談一卷……… 2－475
陰符經註一卷陰符經懸談一卷……… 2－475
陰符經解一卷 ……………………… 2－471
陰符經釋義一卷 …………………… 2－476

陰陽五要奇書 ……………………… 2－403
陰陽寶海三元玉鏡奇書三卷………… 2－409
陰德寶卷一卷 ……………………… 3－449
陰騭果報圖註一卷 ………………… 2－472
陰騭彙編六卷 ……………………… 2－263
陶人心語五卷 ……………………… 3－277
陶山文錄十卷 ……………………… 3－276
陶山詩前錄二卷詩錄二十八卷露蟬
　　吟詞鈔一卷詞續鈔一卷………… 3－276
陶山詩前錄二卷詩錄二十八卷露蟬
　　吟詞鈔一卷詞續鈔一卷………… 3－276
陶山詩前錄二卷詩錄二十八卷露蟬
　　吟詞鈔一卷詞續鈔一卷………… 3－277
陶文毅公行書冊 …………………… 2－335
陶文毅公全集六十四卷首一卷末一卷
　　……………………………… 3－327
陶文毅公全集六十四卷首一卷末一卷
　　……………………………… 3－327
陶文毅公全集六十四卷首一卷末一卷
　　……………………………… 3－327
陶文毅公全集六十四卷首一卷末一卷
　　……………………………… 3－327
陶文毅公全集六十四卷首一卷末一卷
　　……………………………… 3－327
陶文毅公全集六十四卷首一卷末一卷
　　……………………………… 3－327
陶文毅公使蜀日記不分卷…………… 1－331
陶文毅公奏議不分卷 ……………… 1－504
陶石簣精選蘇長公合作□□卷……… 3－144
陶村鄧氏家稿甄存 ………………… 3－44
陶貞白集二卷 ……………………… 3－78
陶韋合集十九卷 …………………… 2－507
陶邕州小集一卷 …………………… 3－128
陶堂志微錄五卷遺文一卷恤誦一卷
　　碑朼一卷……………………… 3－275
陶堂志微錄五卷遺文一卷恤誦一卷
　　碑朼一卷……………………… 3－275
陶堂志微錄五卷遺文一卷恤誦一卷
　　碑朼一卷……………………… 3－275
陶堂志微錄五卷遺文一卷恤誦一卷
　　碑朼一卷……………………… 3－275

陶庵文集七卷首一卷文補遺一卷詩
　　集八卷詩補遺一卷吾師錄一卷自
　　監錄四卷 ·············· 3－174
陶庵文集七卷首一卷文補遺一卷詩
　　集八卷詩補遺一卷吾師錄一卷自
　　監錄四卷 ·············· 3－174
陶庵自監錄四卷陶庵語錄一卷 ········ 3－175
陶雲汀先生奏疏補遺十六卷 ········· 1－504
陶雲汀先生奏議七十六卷 ·········· 1－504
陶雲汀先生奏議七十六卷 ·········· 1－504
陶雲汀先生題稿八卷 ············· 1－504
陶雲詩鈔十五卷 ·············· 3－304
陶淵明文集十卷 ·············· 3－74
陶淵明文集十卷 ·············· 3－74
陶淵明文集十卷 ·············· 3－74
陶淵明文集十卷 ·············· 3－74
陶淵明文集十卷 ·············· 3－74
陶淵明文集十卷 ·············· 3－74
陶淵明文集十卷 ·············· 3－74
陶淵明文集十卷 ·············· 3－75
陶淵明文集十卷 ·············· 3－75
陶淵明文集十卷 ·············· 3－75
陶淵明文集十卷 ·············· 3－75
陶淵明集十卷 ··············· 3－75
陶淵明集八卷 ··············· 3－75
陶淵明集八卷首一卷末一卷 ········· 3－75
陶淵明集八卷首一卷末一卷 ········· 3－75
陶淵明集八卷首一卷末一卷 ········· 3－75
陶淵明集八卷首一卷末一卷 ········· 3－75
陶淵明集八卷首一卷末一卷 ········· 3－75
陶淵明集八卷首一卷末一卷 ········· 3－75
陶淵明集八卷首一卷末一卷 ········· 3－75
陶淵明集八卷首一卷末一卷 ········· 3－75
陶淵明集八卷首一卷末一卷 ········· 3－75
陶淵明詩一卷陶淵明雜文一卷 ········ 3－75
陶淵明詩一卷陶淵明雜文一卷 ········ 3－75
陶淵明詩一卷陶淵明雜文一卷 ········ 3－75
陶淵明詩集十卷 ·············· 3－77

陶園文集八卷詩集二十二卷詩餘二卷
　　 ··················· 3－302
陶園文集八卷詩集二十二卷詩餘二卷
　　 ··················· 3－302
陶園文集八卷詩集二十二卷詩餘二卷
　　 ··················· 3－302
陶園文集八卷詩集二十二卷詩餘二卷
　　 ··················· 3－302
陶園文集八卷詩集二十四卷詩餘二
　　卷六如亭二卷 ············ 3－302
陶園文集八卷詩集二十四卷詩餘二
　　卷六如亭二卷 ············ 3－302
陶園文集八卷詩集二十四卷詩餘二
　　卷六如亭二卷 ············ 3－303
陶園文集八卷詩集二十四卷詩餘二
　　卷六如亭二卷 ············ 3－303
陶園文集八卷詩集二十四卷詩餘二
　　卷六如亭二卷 ············ 3－303
陶園年譜一卷 ··············· 1－325
陶詩彙評四卷 ··············· 3－76
陶詩彙評四卷 ··············· 3－76
陶詩彙評四卷 ··············· 3－76
陶詩彙評四卷 ··············· 3－76
陶詩彙評四卷首一卷末一卷 ········· 3－76
陶靖節集二卷 ··············· 3－75
陶靖節集十卷 ··············· 3－76
陶靖節集十卷 ··············· 3－76
陶靖節集十卷首一卷 ············ 3－77
陶靖節集八卷 ··············· 3－75
陶靖節集八卷附錄一卷 ··········· 3－75
陶靖節集八卷附錄一卷 ··········· 3－76
陶靖節集八卷附錄一卷末一卷 ········ 3－76
陶靖節集八卷附錄一卷末一卷 ········ 3－76
陶靖節集八卷附錄一卷末一卷 ········ 3－76
陶靖節集八卷附錄一卷末一卷 ········ 3－76
陶靖節集不分卷 ·············· 3－76
陶靖節集四卷 ··············· 3－77
陶靖節詩集四卷 ·············· 3－77

291

陶靖節詩集四卷 ·················· 3 – 77
陶靖節詩集四卷 ·················· 3 – 77
陶靖節詩集四卷 ·················· 3 – 77
陶說六卷 ······················· 2 – 351
陶說六卷 ······················· 2 – 352
陶說六卷 ······················· 2 – 352
陶澍致李星沅信札 ············· 3 – 326
陶選詩集 ······················· 2 – 517
陶學士先生文集二十卷 ········· 3 – 174
陶學士先生文集二十卷 ········· 3 – 174
陶齋吉金錄八卷 ················ 2 – 122
陶齋吉金錄八卷 ················ 2 – 122
陶齋吉金錄八卷 ················ 2 – 122
陶齋吉金錄八卷 ················ 2 – 122
陶齋吉金錄八卷 ················ 2 – 122
陶齋吉金錄八卷 ················ 2 – 122
陶齋吉金錄八卷 ················ 3 – 536
陶齋吉金續錄二卷 ············· 2 – 123
陶齋吉金續錄二卷 ············· 2 – 123
陶齋吉金續錄二卷 ············· 2 – 123
陶齋吉金續錄二卷 ············· 2 – 123
陶齋藏石記四十四卷藏磚記二卷 ······ 2 – 127
陶齋藏石記四十四卷藏磚記二卷 ······ 2 – 127
陶齋藏石記四十四卷藏磚記二卷 ······ 2 – 128
陶觀儀鄉試硃卷 ················ 3 – 327
陶廬叢刻 ······················· 3 – 530
陶龕居士誦蒙書二種二卷 ······· 3 – 375
陶龕詩草不分卷 ················ 3 – 374
陶龕詩鈔八卷 ··················· 3 – 374
陶龕詩鈔八卷 ··················· 3 – 374
陶龕詩鈔八卷 ··················· 3 – 375
陶龕詩鈔八卷 ··················· 3 – 375
陶龕詩鈔八卷 ··················· 3 – 375
姬侍類偶一卷 ··················· 2 – 484
娠婦須知一卷 ··················· 2 – 265
娠婦須知一卷 ··················· 2 – 265
娠婦須知一卷 ··················· 2 – 281
娠婦須知一卷 ··················· 2 – 281
恕谷後集十三卷 ················ 3 – 230
娛萱草彈詞三十二卷 ············ 3 – 446

娛萱草彈詞三十二卷 ············ 3 – 446
娛萱草彈詞三十二卷 ············ 3 – 446
娛親雅言六卷 ··················· 1 – 128
娛親雅言六卷 ··················· 3 – 543
[同治]通山縣志八卷首一卷 ········· 2 – 23
通介堂經說十二卷 ············· 1 – 123
通介堂經說三十七卷 ············ 1 – 123
通玄真經十二卷 ················ 2 – 466
通玄真經十二卷 ················ 2 – 467
通玄真經十二卷 ················ 2 – 467
通考經籍考 ····················· 2 – 129
通行條例不分卷 ················ 1 – 486
通行章程二卷 ··················· 1 – 486
[光緒]通州志十卷首一卷末一卷 ··· 1 – 531
[光緒]通州直隸州志十六卷首一卷
　　末一卷 ······················ 1 – 551
通志二百卷 ····················· 1 – 411
通志二百卷 ····················· 1 – 411
通志二百卷 ····················· 1 – 411
通志二百卷 ····················· 1 – 411
通志二百卷 ····················· 1 – 412
通志二百卷 ····················· 3 – 535
通志二百卷 ····················· 3 – 535
通志二百卷附考證三卷 ········· 1 – 411
通志二百卷附考證三卷 ········· 1 – 411
通志二百卷附考證三卷 ········· 1 – 411
通志二百卷附考證三卷 ········· 1 – 411
通志二百卷附考證三卷 ········· 1 – 412
通志二百卷附考證三卷 ········· 1 – 412
通志二百卷附考證三卷 ········· 1 – 412
通志二百卷附考證三卷 ········· 1 – 412
通志堂經解 ····················· 1 – 4
通志堂經解 ····················· 1 – 4
通志堂經解 ····················· 1 – 4
通志堂經解 ····················· 1 – 4
通志堂經解 ····················· 1 – 4
通志略五十二卷 ················ 1 – 412
通志略五十二卷 ················ 1 – 412
通志略五十二卷 ················ 1 – 412

通志藝文略八卷 ······ 2－129
通甫類稿四卷續編二卷詩存四卷詩
　　存之餘二卷 ······ 3－404
通甫類稿四卷續編二卷詩存四卷詩
　　存之餘二卷右軍年譜一卷 ······ 3－404
通甫類稿四卷續編二卷詩存四卷詩
　　存之餘二卷右軍年譜一卷 ······ 3－404
通甫類稿四卷續編二卷詩存四卷詩
　　存之餘二卷右軍年譜一卷 ······ 3－404
通甫類稿四卷續編二卷詩存四卷詩
　　存之餘二卷右軍年譜一卷 ······ 3－404
通甫類稿四卷續編二卷詩存四卷詩
　　存之餘二卷右軍年譜一卷 ······ 3－404
通典二百卷 ······ 1－408
通典二百卷 ······ 1－408
通典二百卷 ······ 1－408
通典二百卷 ······ 1－408
通典二百卷 ······ 1－408
通典二百卷 ······ 1－408
通典二百卷 ······ 1－409
通典二百卷 ······ 1－409
通典二百卷 ······ 1－409
通典二百卷 ······ 1－409
通典二百卷 ······ 1－409
通典二百卷 ······ 1－409
通典二百卷 ······ 1－409
通典二百卷 ······ 1－409
通典二百卷 ······ 1－409
通典二百卷 ······ 1－409
通典二百卷 ······ 1－410
通典二百卷 ······ 1－410
通典二百卷 ······ 3－535
通典二百卷 ······ 3－548
通典二百卷附考證一卷 ······ 1－409
通典二百卷附考證一卷 ······ 1－409

通典二百卷附考證一卷 ······ 1－409
通典二百卷附考證一卷 ······ 1－409
通典二百卷附考證一卷 ······ 1－409
通典二百卷附考證一卷 ······ 1－409
通典二百卷附考證一卷 ······ 1－409
通典二百卷附考證一卷 ······ 1－409
通物電光四卷圖一卷 ······ 2－289
通物電光四卷圖一卷 ······ 2－289
[同治]通城縣志二十四卷首一卷 ······ 2－23
通俄道里表一卷新疆勘界公牘匯鈔一卷
　　······ 2－108
通俗咽喉科學一卷 ······ 2－279
通俗編三十八卷 ······ 2－504
通俗編三十八卷 ······ 2－504
通俗編三十八卷 ······ 2－504
通俗編三十八卷 ······ 2－504
通俗編三十八卷 ······ 2－504
通俗編三十八卷 ······ 2－504
通俗編三十八卷 ······ 2－504
通商志一卷 ······ 1－452
通商志一卷 ······ 1－452
通商始末記二十卷 ······ 1－451
通商約章類纂三十五卷 ······ 1－451
通商約章類纂三十五卷 ······ 1－451
通商條約章程成案彙編三十卷 ······ 1－451
通商條約章程成案彙編三十卷 ······ 1－451
通商條約章程成案彙編三十卷 ······ 1－451
通商稅則善後條約未分卷 ······ 1－452
通雅五十二卷首三卷 ······ 2－384
通雅五十二卷首三卷 ······ 2－384
通雅五十二卷首三卷 ······ 2－384
通雅五十二卷首三卷 ······ 2－384
通雅五十二卷首三卷 ······ 2－384
通雅五十二卷首三卷 ······ 2－384
通雅五十二卷首三卷 ······ 2－384
通雅五十二卷首三卷 ······ 2－384
通雅五十二卷首三卷 ······ 2－384
通雅堂詩鈔十卷 ······ 3－263
通雅堂詩鈔十卷 ······ 3－263

通雅堂詩鈔十卷 …………………… 3－263

通雅齋叢稿八卷 …………………… 3－207

通雅齋叢稿八卷 …………………… 3－207

通雅齋叢稿八卷 …………………… 3－207

通詁二卷 …………………………… 1－140

通道集不分卷 ……………………… 1－408

［嘉慶］通道縣志十卷首一卷 ……… 2－52

通義堂集二卷 ……………………… 1－127

通義堂集二卷 ……………………… 1－127

通義堂集二卷 ……………………… 1－127

通源集八卷首一卷末一卷 ………… 2－471

通源集四卷 ………………………… 2－471

通經表一卷 ………………………… 1－127

通經表二卷傳經表二卷 …………… 1－121

通漕類編九卷 ……………………… 1－447

通德遺書所見錄 …………………… 1－7

通德遺書所見錄 …………………… 1－7

通德遺書所見錄 …………………… 1－7

通學齋叢書 ………………………… 3－504

通隱堂詩存四卷 …………………… 3－306

通隱堂詩初集四卷 ………………… 3－248

通隱堂詩初集四卷 ………………… 3－248

通隱堂詩初集四卷 ………………… 3－248

通齋集五卷外集一卷文集二卷南行
　紀程一卷 ………………………… 3－382

通藝閣詩錄八卷 …………………… 3－273

通藝錄 ……………………………… 1－9

通藝錄四十五卷 …………………… 2－391

通藝錄存四種五卷 ………………… 3－554

通議公遺墨書信 …………………… 3－372

通鑑地理通釋十四卷 ……………… 1－222

通鑑地理通釋十四卷 ……………… 1－222

通鑑地理通釋十四卷 ……………… 1－222

通鑑宋本校勘記五卷元本校勘記二卷
　…………………………………… 1－223

通鑑宋本校勘記五卷元本校勘記二卷
　…………………………………… 1－223

通鑑宋本校勘記五卷元本校勘記二卷
　…………………………………… 1－223

通鑑宋本校勘記五卷元本校勘記二卷
　…………………………………… 1－223

通鑑宋本校勘記五卷元本校勘記二卷
　…………………………………… 1－224

通鑑宋本校勘記五卷元本校勘記二卷
　…………………………………… 1－224

通鑑長編紀事本末一百五十卷 …… 1－240

通鑑明紀全載輯略不分卷 ………… 1－265

通鑑前編十八卷舉要二卷 ………… 1－228

通鑑紀事本末二百三十九卷 ……… 1－239

通鑑紀事本末二百三十九卷 ……… 1－239

通鑑紀事本末二百三十九卷 ……… 1－239

通鑑紀事本末二百三十九卷 ……… 1－239

通鑑紀事本末二百三十九卷 ……… 1－240

通鑑紀事本末二百三十九卷 ……… 1－240

通鑑紀事本末二百三十九卷 ……… 1－240

通鑑紀事本末二百三十九卷 ……… 1－240

通鑑紀事本末八十卷 ……………… 1－240

通鑑紀事本末八十卷 ……………… 1－240

通鑑紀事本末四十二卷 …………… 1－239

通鑑紀事本末四十二卷 …………… 1－239

通鑑紀事本末四十二卷 …………… 1－239

通鑑紀事本末四十二卷 …………… 1－239

通鑑紀事本末四十二卷 …………… 1－239

通鑑紀事本末前編十二卷 ………… 1－239

通鑑紀事本末前編十二卷 ………… 1－239

通鑑答問五卷 ……………………… 1－395

通鑑答問五卷 ……………………… 1－395

通鑑答問五卷 ……………………… 1－395

通鑑註商十八卷 …………………… 1－230

通鑑註辯正二卷 …………………… 1－224

通鑑註辯正二卷 …………………… 1－224

通鑑註辯正二卷 …………………… 1－224

通鑑註辯正二卷 …………………… 1－224

通鑑註辯正二卷 …………………… 1－224

通鑑綱目分註補遺四卷書法存疑一卷
　…………………………………… 1－226

通鑑論四卷 ………………………… 3－547

通鑑總類二十卷 …………………… 1－388

通鑑總類二十卷 …………………… 1－388

通鑑總類二十卷 …………………… 1－388

通鑑總類二十卷 …………………… 1－388

通鑑韻書□□卷 …………………… 1－228

通鑑釋文辯誤十二卷 …………………… 1－220　　孫子算經三卷 ………………………… 2－300

通鑑釋文辯誤十二卷 …………………… 1－222　　孫月峰先生評文選三十卷 …………… 2－522

通鑑釋文辯誤十二卷 …………………… 1－222　　孫月峰先生評文選三十卷 …………… 2－522

通鑑釋文辯誤十二卷 …………………… 1－222　　孫氏周易集解十卷周易口訣義六卷

通鑑釋文辯誤十二卷 …………………… 1－222　　　　口訣義補一卷周易集解序註一卷

通鑑釋文辯誤十二卷 …………………… 1－222　　　　……………………………………… 1－19

通鑑釋文辯誤十二卷 …………………… 1－222　　孫氏祠堂書目內編四卷 ……………… 2－140

通鑑釋文辯誤十二卷 …………………… 1－222　　孫氏祠堂書目內編四卷外編三卷 …… 2－140

通鑑釋文辯誤十二卷 …………………… 1－223　　孫氏養正樓印存六卷 ………………… 2－341

通鑑釋文辯誤十二卷 …………………… 1－223　　孫文定公制義一卷 …………………… 3－285

通鑑釋文辯誤十二卷 …………………… 1－223　　孫文恭公全書 ………………………… 3－511

通鑑觸緒 ………………………………… 1－400　　孫可之文集二卷 ……………………… 3－97

能與集註釋不分卷 ……………………… 3－260　　孫可之文集二卷 ……………………… 3－97

能與集註釋不分卷 ……………………… 3－261　　孫可之文集二卷 ……………………… 3－97

［同治］桑植縣志八卷首一卷 ………… 2－53　　孫可之文集二卷 ……………………… 3－97

桑榆夕照錄四卷 ………………………… 3－406　　孫可之文集二卷 ……………………… 3－97

桑榆夕照錄四卷 ………………………… 3－406　　孫芷鄰集十一卷首一卷 ……………… 3－283

桑榆夕照錄四卷 ………………………… 3－406　　孫芷鄰集十一卷首一卷 ……………… 3－283

桑蠶提要二卷 …………………………… 2－237　　孫吳司馬法 …………………………… 2－222

桑蠶說一卷 ……………………………… 2－237　　孫吳司馬法 …………………………… 2－222

桑蠶說一卷 ……………………………… 2－237　　孫武子十三卷 ………………………… 2－223

孫子十三篇一卷 ………………………… 2－223　　孫尚書內簡尺牘編註十卷 …………… 3－124

孫子十三篇一卷 ………………………… 2－223　　孫尚書內簡尺牘編註十卷 …………… 3－124

孫子十家註十三卷 ……………………… 2－223　　孫真人千金方衍義三十卷 …………… 2－264

孫子十家註十三卷 ……………………… 2－223　　孫真人千金方衍義三十卷 …………… 2－264

孫子十家註十三卷 ……………………… 2－223　　孫夏峰全集 …………………………… 3－520

孫子十家註十三卷 ……………………… 2－223　　孫淵如先生全集 ……………………… 3－284

孫子十家註十三卷 ……………………… 2－223　　孫淵如先生全集 ……………………… 3－284

孫子十家註十三卷 ……………………… 2－223　　孫淵如先生全集 ……………………… 3－284

孫子十家註十三卷 ……………………… 2－223　　孫淵如先生全集 ……………………… 3－284

孫子十家註十三卷 ……………………… 2－223　　孫淵如先生全集 ……………………… 3－284

孫子十家註十三卷 ……………………… 2－223　　孫淵如先生全集 ……………………… 3－284

孫子十家註十三卷 ……………………… 2－224　　孫徵君日譜錄存三十六卷 …………… 1－330

孫子十家註十三卷 ……………………… 2－224　　孫龐演義四卷二十回 ………………… 3－467

孫子十家註十三卷 ……………………… 2－224　　孫龐演義四卷二十回 ………………… 3－467

孫子十家註十三卷 ……………………… 2－224　　孫龐演義四卷二十回 ………………… 3－467

孫子書三卷 ……………………………… 2－226　　純正蒙求三卷 ………………………… 2－200

孫子參同五卷 …………………………… 2－226　　純陽呂真人文集八卷 ………………… 3－94

孫子參同五卷 …………………………… 2－226　　純德彙編七卷首一卷續刻一卷 ……… 1－333

孫子參同五卷 …………………………… 2－226　　純齋東游日記一卷 …………………… 2－107

孫子參同五卷 …………………………… 2－226　　納書楹曲譜全集二十二卷 …………… 3－451

295

納書楹曲譜全集二十二卷⋯⋯⋯⋯ 3－451
納書楹曲譜全集二十二卷⋯⋯⋯⋯ 3－451
納書楹曲譜全集二十二卷⋯⋯⋯⋯ 3－451
納蘭詞五卷補遺一卷⋯⋯⋯⋯⋯⋯ 3－431
納蘭詞五卷補遺一卷⋯⋯⋯⋯⋯⋯ 3－431
納蘭詞五卷補遺一卷⋯⋯⋯⋯⋯⋯ 3－431
納蘭詞五卷補遺一卷⋯⋯⋯⋯⋯⋯ 3－431
納蘭詞五卷補遺一卷⋯⋯⋯⋯⋯⋯ 3－431
納蘭詞五卷補遺一卷⋯⋯⋯⋯⋯⋯ 3－431
紙上談十二卷首一卷⋯⋯⋯⋯⋯⋯ 2－368

十一畫

理化器械圖說一卷⋯⋯⋯⋯⋯⋯⋯ 2－310
理化器械圖說一卷⋯⋯⋯⋯⋯⋯⋯ 2－310
理化器械圖說一卷⋯⋯⋯⋯⋯⋯⋯ 2－310
理化器械圖說一卷⋯⋯⋯⋯⋯⋯⋯ 2－310
理安志八卷 ⋯⋯⋯⋯⋯⋯⋯⋯⋯ 2－56
理安志八卷 ⋯⋯⋯⋯⋯⋯⋯⋯⋯ 2－56
理財新義三卷⋯⋯⋯⋯⋯⋯⋯⋯⋯ 1－450
理氣三訣二卷⋯⋯⋯⋯⋯⋯⋯⋯⋯ 2－418
理氣三訣二卷⋯⋯⋯⋯⋯⋯⋯⋯⋯ 2－418
理氣三訣四卷⋯⋯⋯⋯⋯⋯⋯⋯⋯ 2－418
理堂文集十卷外集一卷詩集四卷日
　記八卷附錄一卷⋯⋯⋯⋯⋯⋯⋯ 3－402
理象解原四卷 ⋯⋯⋯⋯⋯⋯⋯⋯ 1－18
理窟九卷⋯⋯⋯⋯⋯⋯⋯⋯⋯⋯⋯ 2－368
理學宗傳二十六卷⋯⋯⋯⋯⋯⋯⋯ 1－295
理學宗傳二十六卷⋯⋯⋯⋯⋯⋯⋯ 1－295
理學宗傳二十六卷⋯⋯⋯⋯⋯⋯⋯ 1－295
理學宗傳二十六卷⋯⋯⋯⋯⋯⋯⋯ 1－295
理學宗傳二十六卷⋯⋯⋯⋯⋯⋯⋯ 1－295
理學宗傳二十六卷⋯⋯⋯⋯⋯⋯⋯ 1－295
理學宗傳二十六卷⋯⋯⋯⋯⋯⋯⋯ 1－295
理學宗傳二十六卷⋯⋯⋯⋯⋯⋯⋯ 1－295
理學宗傳二十六卷⋯⋯⋯⋯⋯⋯⋯ 1－295
理學宗傳二十六卷⋯⋯⋯⋯⋯⋯⋯ 1－295
理學宗傳二十六卷⋯⋯⋯⋯⋯⋯⋯ 1－295

理學宗傳二十六卷⋯⋯⋯⋯⋯⋯⋯ 1－295
理學宗傳辨正十六卷⋯⋯⋯⋯⋯⋯ 1－301
理學宗傳辨正十六卷⋯⋯⋯⋯⋯⋯ 1－302
理學宗傳辨正十六卷⋯⋯⋯⋯⋯⋯ 1－302
理學逢源十二卷⋯⋯⋯⋯⋯⋯⋯⋯ 2－192
理學鈎玄三卷⋯⋯⋯⋯⋯⋯⋯⋯⋯ 2－401
理學類編七卷⋯⋯⋯⋯⋯⋯⋯⋯⋯ 2－190
理瀹駢文不分卷⋯⋯⋯⋯⋯⋯⋯⋯ 2－276
理瀹駢文摘要不分卷⋯⋯⋯⋯⋯⋯ 2－276
理瀹駢文摘要不分卷⋯⋯⋯⋯⋯⋯ 2－276
現今中俄大勢論一卷⋯⋯⋯⋯⋯⋯ 1－464
現今東方大勢論一卷⋯⋯⋯⋯⋯⋯ 1－464
現世寶卷二卷⋯⋯⋯⋯⋯⋯⋯⋯⋯ 3－449
琉球入學聞見錄四卷圖一卷⋯⋯⋯ 2－107
琉球入學聞見錄四卷圖一卷⋯⋯⋯ 2－107
琉球地理小志一卷補遺一卷說略一卷
　⋯⋯⋯⋯⋯⋯⋯⋯⋯⋯⋯⋯⋯⋯ 2－107
琉球地理小志一卷補遺一卷說略一卷
　⋯⋯⋯⋯⋯⋯⋯⋯⋯⋯⋯⋯⋯⋯ 2－107
琉球地理小志一卷補遺一卷說略一卷
　⋯⋯⋯⋯⋯⋯⋯⋯⋯⋯⋯⋯⋯⋯ 2－107
琉球地理小志一卷補遺一卷說略一卷
　⋯⋯⋯⋯⋯⋯⋯⋯⋯⋯⋯⋯⋯⋯ 2－107
琉球地理小志一卷補遺一卷說略一卷
　⋯⋯⋯⋯⋯⋯⋯⋯⋯⋯⋯⋯⋯⋯ 2－107
琉球地理小志一卷補遺一卷說略一卷
　⋯⋯⋯⋯⋯⋯⋯⋯⋯⋯⋯⋯⋯⋯ 2－107
琉球國志略十六卷首一卷⋯⋯⋯⋯ 2－164
堵文忠公年譜一卷⋯⋯⋯⋯⋯⋯⋯ 1－322
堵文忠公集十卷附錄一卷⋯⋯⋯⋯ 3－171
堵文忠公集十卷附錄一卷⋯⋯⋯⋯ 3－171
埤雅二十卷⋯⋯⋯⋯⋯⋯⋯⋯⋯⋯ 1－136
埤雅二十卷⋯⋯⋯⋯⋯⋯⋯⋯⋯⋯ 1－136
埤雅二十卷⋯⋯⋯⋯⋯⋯⋯⋯⋯⋯ 1－136
埤雅二十卷⋯⋯⋯⋯⋯⋯⋯⋯⋯⋯ 1－136
埤雅二十卷⋯⋯⋯⋯⋯⋯⋯⋯⋯⋯ 1－137
埤雅二十卷⋯⋯⋯⋯⋯⋯⋯⋯⋯⋯ 1－137
埤雅二十卷⋯⋯⋯⋯⋯⋯⋯⋯⋯⋯ 1－137
教女遺規三卷⋯⋯⋯⋯⋯⋯⋯⋯⋯ 2－213
教女遺規摘鈔一卷補鈔一卷⋯⋯⋯ 2－213
教女遺規摘鈔一卷補鈔一卷⋯⋯⋯ 2－213

教育行政…………………………… 1 – 435
教育品陳列館試辦章程一卷 ……… 1 – 435
教育準繩…………………………… 1 – 435
教育叢書初集……………………… 1 – 435
教家二書…………………………… 2 – 201
教務紀略四卷首一卷……………… 2 – 479
教務紀略四卷首一卷末一卷……… 3 – 539
教授法沿革史……………………… 2 – 401
教會異同六卷……………………… 2 – 479
教經堂詩集十四卷………………… 3 – 286
教經堂詩集十四卷………………… 3 – 286
教學要術十二卷…………………… 2 – 208
教諭語四卷………………………… 2 – 215
教諭語四卷………………………… 2 – 215
教諭語四卷………………………… 2 – 215
教諭語四卷………………………… 2 – 215
教諭語四卷………………………… 2 – 215
教諭語四卷………………………… 2 – 216
教觀綱宗一卷釋義一卷…………… 2 – 450
教觀綱宗釋義紀三卷……………… 2 – 450
教觀綱宗釋義紀三卷……………… 2 – 450
教觀綱宗釋義紀三卷……………… 2 – 450
教觀綱宗釋義紀三卷……………… 2 – 451
教觀綱宗釋義紀三卷……………… 2 – 451
培元書院志不分卷 ……………… 2 – 61
培英堂志五卷 …………………… 2 – 64
培英堂志五卷 …………………… 2 – 64
培遠堂手札二卷…………………… 3 – 317
培遠堂手札節存三卷……………… 3 – 317
培遠堂手札節存三卷……………… 3 – 317
培遠堂手札節存三卷……………… 3 – 317
培遠堂手札節存三卷……………… 3 – 317
培遠堂手札節存三卷……………… 3 – 317
培遠堂手札節存三卷……………… 3 – 317
培遠堂存稿摘鈔四卷……………… 1 – 488
培遠堂全集………………………… 3 – 521
培遠堂偶存稿三卷………………… 3 – 317
培遠堂偶存稿手札節要三卷……… 3 – 317
培遠堂偶存稿四十八卷…………… 3 – 317

培蔭軒詩集四卷文集二卷雜記一卷
　扈從木蘭行程日記一卷 ………… 3 – 267
培園全集二十三卷………………… 3 – 248
執中蘊義四卷末一卷……………… 2 – 477
執齋集二十卷……………………… 3 – 181
勘定新疆記八卷…………………… 1 – 267
聊自娛齋印存……………………… 2 – 342
聊草詩集六卷……………………… 3 – 390
聊復軒詩存一卷…………………… 3 – 263
聊園詩存十卷詞存一卷…………… 3 – 377
聊齋先生文集二卷………………… 3 – 384
聊齋先生文集二卷………………… 3 – 384
聊齋先生文集二卷………………… 3 – 384
聊齋先生文集二卷………………… 3 – 384
聊齋志異十六卷…………………… 3 – 462
聊齋志異十六卷…………………… 3 – 462
聊齋志異十六卷…………………… 3 – 462
聊齋志異十六卷…………………… 3 – 463
聊齋志異十六卷…………………… 3 – 463
聊齋志異評註十六卷……………… 3 – 462
聊齋志異評註十六卷……………… 3 – 462
聊齋志異註十六卷………………… 3 – 462
聊齋志異新評十六卷……………… 3 – 463
聊齋志異新評十六卷……………… 3 – 463
聊齋志異新評十六卷……………… 3 – 463
聊齋志異新評十六卷……………… 3 – 463
聊齋志異新評十六卷……………… 3 – 463
聊齋志異新評十六卷……………… 3 – 463
聊齋志異新評全註十六卷………… 3 – 463
黃山志□□卷 …………………… 2 – 81
黃山志定本七卷首一卷…………… 2 – 81
黃山紀游一卷……………………… 2 – 102
黃小松先生嵩麓訪碑記一卷……… 2 – 127
黃升庭文華書院課卷……………… 3 – 339
黃氏青囊全集秘旨一卷…………… 2 – 277
黃氏青囊全集秘旨二卷…………… 2 – 265
黃氏青囊全集秘旨二卷…………… 2 – 265
黃氏集千家註杜工部詩史補遺十卷 …… 3 – 83
黃氏遺書三種……………………… 2 – 245
黃氏醫書八種……………………… 2 – 245
黃氏醫書八種……………………… 2 – 245

黃氏醫書八種 …………………… 2－245
黃氏醫書八種 …………………… 2－245
黃氏醫書八種 …………………… 2－245
黃氏醫書八種 …………………… 2－245
黃氏醫書八種 …………………… 2－245
黃氏醫書八種 …………………… 2－245
黃氏醫書八種 …………………… 2－245
黃氏醫緒十四卷救傷集成一卷解毒
　　集成一卷 ………………… 2－250
黃氏醫緒十四卷救傷集成一卷解毒
　　集成一卷 ………………… 2－250
黃氏醫緒十四卷救傷集成一卷解毒
　　集成一卷 ………………… 2－250
黃氏醫緒八卷 …………………… 2－250
黃氏讀禮記日鈔十六卷 ………… 1－63
黃文節公年譜一卷 ……………… 1－321
黃可權鄉試卷 …………………… 3－339
黃石公素書一卷 ………………… 2－223
黃石齋先生文集十三卷 ………… 3－175
[嘉慶]黃平州志十二卷首一卷 ……… 2－39
黃甲草廬家世錄三卷 …………… 3－200
黃甲草廬家世錄三卷 …………… 3－200
黃玄龍先生詩集四卷 …………… 3－341
黃朱二先生詩錄二卷 …………… 3－35
黃仲則先生年譜一卷附錄一卷 …… 1－326
黃自元書曾文正公神道碑 ……… 2－335
黃自元殿試策 …………………… 3－340
[光緒]黃州府志四十卷首一卷 ……… 2－22
[同治]黃安縣志十卷首一卷 ……… 2－22
黃孝子遺集三卷 ………………… 3－341
黃村草堂詩鈔八卷 ……………… 3－286
黃希尚鄉試硃卷 ………………… 3－340
[同治]黃陂縣志十六卷 …………… 2－21
黃青社先生伐檀集二卷 ………… 3－132
黃青社先生伐檀集二卷 ………… 3－132
黃茅岡四賢合璧 ………………… 2－508
黃忠浩優貢卷 …………………… 3－340
黃忠端公年譜二卷 ……………… 1－326
黃忠端公年譜二卷 ……………… 1－326
黃忠端公年譜四卷補遺一卷 ……… 1－322

黃忠端公明誠堂十四札疏證一卷題
　　詞一卷 …………………… 3－342
[同治]黃岩縣志四十卷首一卷 ……… 2－6
[光緒]黃岡縣志二十四卷首一卷 …… 2－22
[道光]黃岡縣志二十四卷首一卷 …… 2－22
黃岱鍾鄉試硃卷優貢卷 ………… 3－341
黃金印六卷 ……………………… 3－446
黃春台文華書院課卷 …………… 3－341
黃勉齋先生文集八卷 …………… 3－132
黃帝內經素問二十四卷 ………… 2－253
黃帝內經素問二十四卷 ………… 2－253
黃帝內經素問二十四卷 ………… 2－253
黃帝內經素問九卷 ……………… 2－253
黃帝內經素問九卷 ……………… 2－254
黃帝內經素問九卷 ……………… 2－254
黃帝內經素問註證發微九卷黃帝內
　　經靈樞註證發微九卷補遺一卷 … 2－253
黃帝內經素問註證發微九卷黃帝內
　　經靈樞註證發微九卷補遺一卷 … 2－253
黃帝內經素問註證發微九卷黃帝內
　　經靈樞註證發微九卷補遺一卷 … 2－253
黃帝內經素問節文註釋十卷 …… 2－253
黃帝經世素問合編十八卷 ……… 2－254
黃書一卷 ………………………… 2－180
黃書一卷 ………………………… 2－180
黃書一卷 ………………………… 2－180
黃書一卷 ………………………… 2－180
黃書一卷 ………………………… 2－180
黃陵書牘二卷 …………………… 3－233
黃陵詩鈔一卷 …………………… 3－233
黃陵詩鈔一卷 …………………… 3－233
黃陵詩鈔一卷 …………………… 3－234
黃陵詩鈔一卷 …………………… 3－234
黃陵詩鈔一卷 …………………… 3－234
黃陵詩鈔一卷 …………………… 3－234
黃陵詩鈔一卷 …………………… 3－234
[光緒]黃梅縣志四十卷首一卷 ……… 2－22
黃梨洲先生南雷文約四卷 ……… 3－340
黃梨洲先生南雷文約四卷 ……… 3－340
黃習溶鄉試硃卷 ………………… 3－341

黃葉村莊詩集八卷續集一卷後集一卷

⋯⋯⋯⋯⋯⋯⋯⋯⋯⋯⋯⋯ 3－235

黃葉村莊詩集八卷續集一卷後集一卷

⋯⋯⋯⋯⋯⋯⋯⋯⋯⋯⋯⋯ 3－235

黃敦頤文華書院課卷⋯⋯⋯⋯⋯⋯⋯ 3－342

黃敦濟文華書院課卷⋯⋯⋯⋯⋯⋯⋯ 3－342

黃道藩選拔貢卷⋯⋯⋯⋯⋯⋯⋯⋯⋯ 3－343

黃湄詩選十卷⋯⋯⋯⋯⋯⋯⋯⋯⋯⋯ 3－190

黃運藩鄉試硃卷⋯⋯⋯⋯⋯⋯⋯⋯⋯ 3－343

黃詩全集五十八卷附錄一卷⋯⋯⋯⋯ 3－131

黃詩全集五十八卷附錄一卷⋯⋯⋯⋯ 3－131

黃詩全集五十八卷附錄一卷⋯⋯⋯⋯ 3－131

黃詩全集五十八卷附錄一卷⋯⋯⋯⋯ 3－132

黃詩全集五十八卷附錄一卷⋯⋯⋯⋯ 3－132

黃輔辰傳略四卷⋯⋯⋯⋯⋯⋯⋯⋯⋯ 1－315

黃輔辰傳略四卷⋯⋯⋯⋯⋯⋯⋯⋯⋯ 1－315

黃輔辰傳略四卷⋯⋯⋯⋯⋯⋯⋯⋯⋯ 1－315

黃漳浦集五十卷首一卷目錄二卷⋯⋯ 3－175

黃漳浦集五十卷首一卷目錄二卷⋯⋯ 3－175

黃漳浦集五十卷首一卷目錄二卷⋯⋯ 3－175

黃漳浦集五十卷首一卷目錄二卷⋯⋯ 3－175

黃薳圃先生年譜二卷⋯⋯⋯⋯⋯⋯⋯ 1－326

黃慶瀾東游日記⋯⋯⋯⋯⋯⋯⋯⋯⋯ 2－106

黃履初鄉試硃卷⋯⋯⋯⋯⋯⋯⋯⋯⋯ 3－344

黃履初選拔貢卷⋯⋯⋯⋯⋯⋯⋯⋯⋯ 3－344

［同治］黃縣志十四卷首一卷⋯⋯ 1－548

黃曉汀山水畫冊⋯⋯⋯⋯⋯⋯⋯⋯⋯ 2－338

黃篤志優貢卷⋯⋯⋯⋯⋯⋯⋯⋯⋯⋯ 3－344

黃學廬雜述三卷⋯⋯⋯⋯⋯⋯⋯⋯⋯ 2－389

黃學廬雜述三卷⋯⋯⋯⋯⋯⋯⋯⋯⋯ 2－389

黃學廬雜述三卷⋯⋯⋯⋯⋯⋯⋯⋯⋯ 2－389

黃錫圭選拔貢卷⋯⋯⋯⋯⋯⋯⋯⋯⋯ 3－344

黃檗山斷際禪師傳心法要一卷⋯⋯ 2－445

黃檗天池禪師語錄十卷⋯⋯⋯⋯⋯⋯ 2－459

黃檗易庵禪師語錄二卷⋯⋯⋯⋯⋯⋯ 2－459

黃翼升行述一卷⋯⋯⋯⋯⋯⋯⋯⋯⋯ 1－316

黃鵠山人詩初鈔十八卷⋯⋯⋯⋯⋯⋯ 3－253

黃鵠山志十卷首一卷⋯⋯⋯⋯⋯⋯ 2－84

黃巖集三十二卷首一卷⋯⋯⋯⋯⋯ 3－31

黃巖集三十二卷首一卷⋯⋯⋯⋯⋯ 3－31

著花庵集八卷⋯⋯⋯⋯⋯⋯⋯⋯⋯⋯ 3－233

著疑錄九卷⋯⋯⋯⋯⋯⋯⋯⋯⋯⋯⋯ 2－398

［光緒］菱湖鎮志四十四卷首一卷⋯⋯ 2－5

勒格蘭舍電瓶一百問不分卷⋯⋯⋯⋯ 2－319

菣苴子內篇六卷外篇二卷⋯⋯⋯⋯⋯ 2－364

菣原堂初集十卷⋯⋯⋯⋯⋯⋯⋯⋯⋯ 3－269

菣園贅談七卷答粵督書一卷庚寅偶

存一卷壬辰冬興一卷⋯⋯⋯ 2－386

菣園雜記一卷⋯⋯⋯⋯⋯⋯⋯⋯⋯⋯ 2－365

萸江古文存四卷詩存三卷⋯⋯⋯⋯⋯ 3－326

萸江古文存四卷詩存三卷⋯⋯⋯⋯⋯ 3－326

萸江古文存四卷詩存三卷⋯⋯⋯⋯⋯ 3－326

萸江制義不分卷⋯⋯⋯⋯⋯⋯⋯⋯⋯ 3－326

萸庵退叟詩賸一卷⋯⋯⋯⋯⋯⋯⋯⋯ 3－282

菜根譚一卷⋯⋯⋯⋯⋯⋯⋯⋯⋯⋯⋯ 2－364

菜根譚一卷⋯⋯⋯⋯⋯⋯⋯⋯⋯⋯⋯ 2－364

菜根譚一卷⋯⋯⋯⋯⋯⋯⋯⋯⋯⋯⋯ 2－364

菜根譚一卷⋯⋯⋯⋯⋯⋯⋯⋯⋯⋯⋯ 2－364

菜根譚一卷⋯⋯⋯⋯⋯⋯⋯⋯⋯⋯⋯ 2－364

菊坡精舍集不分卷⋯⋯⋯⋯⋯⋯⋯⋯ 3－52

菊逸山房地理正書⋯⋯⋯⋯⋯⋯⋯⋯ 2－412

菊逸山房地理正書⋯⋯⋯⋯⋯⋯⋯⋯ 2－412

菊逸山房地理正書⋯⋯⋯⋯⋯⋯⋯⋯ 2－412

菊逸山房地理正書⋯⋯⋯⋯⋯⋯⋯⋯ 2－413

菊逸山房地理正書⋯⋯⋯⋯⋯⋯⋯⋯ 2－413

菊逸山房地理正書⋯⋯⋯⋯⋯⋯⋯⋯ 2－413

菊逸山房地理正書⋯⋯⋯⋯⋯⋯⋯⋯ 2－413

萃錦唫十八卷⋯⋯⋯⋯⋯⋯⋯⋯⋯⋯ 3－264

萃錦唫十五卷⋯⋯⋯⋯⋯⋯⋯⋯⋯ 3－6

萃錦唫八卷⋯⋯⋯⋯⋯⋯⋯⋯⋯⋯⋯ 3－263

萃錦唫八卷⋯⋯⋯⋯⋯⋯⋯⋯⋯⋯⋯ 3－263

萃錦唫八卷⋯⋯⋯⋯⋯⋯⋯⋯⋯⋯⋯ 3－263

菩提果四卷⋯⋯⋯⋯⋯⋯⋯⋯⋯⋯⋯ 2－456

菩提資糧論六卷⋯⋯⋯⋯⋯⋯⋯⋯⋯ 2－428

菩薩戒本經一卷⋯⋯⋯⋯⋯⋯⋯⋯⋯ 2－440

菩薩戒本經一卷⋯⋯⋯⋯⋯⋯⋯⋯⋯ 2－440

菩薩戒本經箋要一卷⋯⋯⋯⋯⋯⋯⋯ 2－440

菩薩戒本經箋要一卷⋯⋯⋯⋯⋯⋯⋯ 2－440

菩薩善戒經十卷⋯⋯⋯⋯⋯⋯⋯⋯⋯ 2－426

菩薩善戒經十卷⋯⋯⋯⋯⋯⋯⋯⋯⋯ 2－426

菩薩善戒經十卷⋯⋯⋯⋯⋯⋯⋯⋯⋯ 2－426

菩薩瓔珞本業經二卷⋯⋯⋯⋯⋯⋯⋯ 2－421

萍草删存一卷 …………………… 3－277

［乾隆］萍鄉縣志十二卷 …………… 2－10

［道光］萍鄉縣志十六卷 …………… 2－10

［同治］萍鄉縣志十卷首一卷 ……… 2－10

乾元秘旨一卷 ……………………… 2－412

乾元秘旨一卷 ……………………… 2－412

［同治］乾州廳志十六卷首一卷 …… 2－53

乾州廳鄧君事狀一卷 ……………… 1－317

乾坤正氣集 ………………………… 2－507

乾坤正氣集 ………………………… 2－507

乾坤正氣集 ………………………… 2－507

乾坤正氣集 ………………………… 2－507

乾坤正氣集二十卷 ………………… 2－555

乾坤法竅三卷 ……………………… 2－417

乾坤清氣集十四卷 ………………… 2－529

乾隆府廳州縣圖志五十卷 ………… 1－524

乾隆府廳州縣圖志五十卷 ………… 1－524

乾隆府廳州縣圖志五十卷 ………… 1－524

乾隆府廳州縣圖志五十卷 ………… 1－524

乾隆府廳州縣圖志五十卷 ………… 1－524

乾隆府廳州縣圖志五十卷 ………… 1－524

乾隆府廳州縣圖志五十卷 ………… 1－524

乾隆府廳州縣圖志五十卷 ………… 1－524

乾隆府廳州縣圖志五十卷 ………… 1－524

乾隆府廳州縣圖志五十卷 ………… 1－524

乾隆府廳州縣圖志五十卷 ………… 1－524

乾隆府廳州縣圖志五十卷 ………… 1－524

乾隆府廳州縣圖志五十卷 ………… 1－524

乾隆府廳州縣圖志五十卷 ………… 1－524

乾隆府廳州縣圖志五十卷 ………… 1－524

乾隆府廳州縣圖志五十卷 ………… 1－524

乾隆府廳州縣圖志五十卷 ………… 1－524

乾嘉詩壇點將錄一卷 ……………… 3－487

箓友肊說一卷 ……………………… 3－538

箓竹堂書目六卷 …………………… 2－139

菇中隨筆一卷 ……………………… 2－379

菇中隨筆一卷 ……………………… 2－379

菇中隨筆三卷首一卷 ……………… 2－379

菰中隨筆不分卷 …………………… 3－538

菑訓堂制藝不分卷 ………………… 3－251

菑訓堂制藝不分卷 ………………… 3－251

菑訓堂制藝不分卷 ………………… 3－251

菑訓堂制藝不分卷 ………………… 3－251

梵網一珠六卷 ……………………… 2－453

梵網經心地品菩薩戒義疏發隱五卷 … 2－439

梵網經菩薩戒本疏十卷 …………… 2－435

梵隱堂詩存十卷 …………………… 3－276

［乾隆］梧州府志二十四卷首一卷 …… 2－32

梧笙唱和初集二卷 ………………… 3－58

梧笙唱和初集二卷 ………………… 3－58

梧笙唱和初集二卷 ………………… 3－58

梧笙唱和初集二卷 ………………… 3－58

梧笙唱和初集二卷 ………………… 3－58

梧笙唱和初集二卷 ………………… 3－58

桯史十五卷附錄一卷 ……………… 2－382

桯史十五卷附錄一卷 ……………… 3－455

桯史十五卷附錄一卷 ……………… 3－455

梅氏遺書 …………………………… 3－521

梅氏叢書輯要 ……………………… 2－299

梅氏叢書輯要 ……………………… 2－299

梅氏叢書輯要 ……………………… 2－299

梅氏叢書輯要 ……………………… 2－299

梅氏叢書輯要 ……………………… 2－299

梅氏叢書輯要 ……………………… 2－300

梅氏叢書輯要 ……………………… 2－300

梅氏叢書輯要 ……………………… 2－300

梅花三百首五卷 …………………… 3－353

梅花山館詩鈔一卷 ………………… 3－286

梅花百詠一卷 ……………………… 3－341

梅花草堂集十六卷 ………………… 3－171

梅花庵二香琴譜十卷首一卷 ……… 2－348

梅花喜神譜二卷 …………………… 2－336

梅花喜神譜二卷 …………………… 2－336

梅花夢二卷 ………………………… 3－441

梅村先生詩集二十卷文集四十卷目
　錄二卷 ………………………… 3－239

梅村集四十卷 ……………………… 3－241

梅村詩集箋註十八卷 ……………… 3－239

梅村詩集箋註十八卷 ……………… 3－239

梅村詩集箋註十八卷 ……………… 3－239

梅村詩集箋註十八卷 …………………… 3－239
梅村詩集箋註十八卷 …………………… 3－239
梅村詩集箋註十八卷 …………………… 3－239
梅村詩集箋註十八卷 …………………… 3－240
梅村詩集箋註十八卷 …………………… 3－240
梅村詩集箋註十八卷 …………………… 3－240
梅村詩集箋註十八卷 …………………… 3－240
梅村詩集箋註十八卷 …………………… 3－240
梅村詩集箋註十八卷 …………………… 3－240
梅村詩集箋註十八卷 …………………… 3－240
梅村詩集箋註十八卷 …………………… 3－240
梅村詩集箋註十八卷 …………………… 3－240
梅村詩集箋註十八卷 …………………… 3－240
梅村詩集箋註十八卷 …………………… 3－240
梅村詩集箋註十八卷 …………………… 3－240
梅村詩集箋註十八卷 …………………… 3－240
[雍正]梅里志四卷首一卷附一卷 … 1－550
梅伯言行述一卷 ………………………… 1－314
梅君行狀一卷 …………………………… 1－317
梅坡詩草二卷 …………………………… 3－410
梅柳合刻一卷 …………………………… 3－407
梅叟閑評四卷 …………………………… 2－371
梅叟閑評四卷 …………………………… 2－371
梅莊詩鈔集二卷 ………………………… 3－249
梅莊雜著 ………………………………… 3－527
梅莊雜著 ………………………………… 3－527
梅莊雜著四卷 …………………………… 3－401
梅崖居士文集三十八卷外集八卷 …… 3－209
梅崖居士文集三十卷外集八卷首一卷
　　………………………………………… 3－209
梅崖居士文集三十卷外集八卷首一卷
　　………………………………………… 3－210
梅庵先生籌蜀記一卷 …………………… 1－267
梅庵詩鈔五卷 …………………………… 3－412
梅森春會試硃卷 ………………………… 3－292
梅溪詩草二卷 …………………………… 3－338
梅墅詩鈔八卷 …………………………… 3－309
梅墅詩鈔八卷 …………………………… 3－309
梅墅詩鈔八卷 …………………………… 3－309
梅隱庵集蘇楹帖一卷 …………………… 3－333

梅檐夜話一卷 …………………………… 3－456
梅蘭佳話四卷四十則 …………………… 3－471
梓園山房記事珠□□卷 ………………… 3－456
梓園詩鈔八卷補編一卷續刊二卷梓園
　　山房又次稿七卷古今列女題詞一卷
　　………………………………………… 3－207
梯仙閣餘課一卷 ………………………… 3－291
梯仙閣餘課一卷 ………………………… 3－291
梯仙閣餘課一卷 ………………………… 3－291
梯仙閣餘課一卷 ………………………… 3－324
專治血症經驗良方論一卷 ……………… 2－266
[乾隆]鄖城縣志十八卷首一卷 ……… 2－19
曹大家女誡一卷 ………………………… 2－197
曹子建集十卷 …………………………… 3－73
曹月川先生遺書 ………………………… 3－511
曹江孝女廟志八卷首一卷末一卷 …… 2－55
曹江孝女廟志八卷首一卷末一卷 …… 2－55
曹寅谷稿一卷 …………………………… 3－291
曹集逸文一卷魏陳思王年譜一卷 …… 3－73
曹集逸文一卷魏陳思王年譜一卷 …… 3－73
曹集逸文一卷魏陳思王年譜一卷 …… 3－73
曹集逸文一卷魏陳思王年譜一卷 …… 3－73
曹集銓評十卷 …………………………… 3－73
曹集銓評十卷 …………………………… 3－73
曹集銓評十卷 …………………………… 3－73
曹集銓評十卷 …………………………… 3－73
曹詒孫會試硃卷鄉試硃卷 ……………… 3－291
曹詒孫殿試策 …………………………… 3－291
曹溪通志八卷 …………………………… 2－55
曹溪通志八卷 …………………………… 2－55
曹鴻勛殿試卷 …………………………… 3－292
敕建金山江天禪寺同戒錄一卷 ……… 2－464
敕修河東鹽法志十二卷 ………………… 1－449
敕修河東鹽法志十二卷 ………………… 1－449
敕賜楊忠愍公旌忠祠碑記一卷 ……… 3－177
副墨八卷 ………………………………… 3－159
區種五種 ………………………………… 2－236
區種五種 ………………………………… 2－236
堅白齋詩存三卷駢文存一卷雜稿四卷
　　………………………………………… 3－405

堅白齋詩存三卷駢文存一卷雜稿四卷
······································· 3－405
堅白齋詩存三卷駢文存一卷雜稿四卷
······································· 3－405
堅白齋詩存三卷駢文存一卷雜稿四卷
······································· 3－405
堅白齋詩存三卷駢文存一卷雜稿四卷
······································· 3－405
堅白齋詩存三卷駢文存一卷雜稿四卷
······································· 3－405
堅瓠集十五集六十六卷············· 2－376
堅瓠集十五集六十六卷············· 2－376
戚少保年譜耆編十二卷首一卷······ 1－322
戚少保年譜耆編十二卷首一卷······ 1－322
戚少保年譜耆編十二卷首一卷······ 1－322
帶經堂全集九十二卷··············· 3－191
帶經堂全集九十二卷··············· 3－191
帶經堂全集九十二卷··············· 3－192
帶經堂全集九十二卷··············· 3－192
帶經堂書目四卷····················· 2－141
帶經堂集九十二卷··················· 3－191
帶經堂集九十二卷··················· 3－191
帶經堂集九十二卷··················· 3－191
帶經堂集九十二卷··················· 3－191
帶經堂詩話三十卷首一卷··········· 3－480
帶經堂詩話三十卷首一卷··········· 3－480
帶經堂詩話三十卷首一卷··········· 3－481
帶經堂詩話三十卷首一卷··········· 3－481
帶經堂詩話三十卷首一卷··········· 3－481
帶經堂詩話三十卷首一卷··········· 3－481
帶經堂詩話三十卷首一卷··········· 3－481
帶經堂詩話三十卷首一卷··········· 3－481
夏柯堂詩草□□卷··················· 3－352
硃批小題正鵠三集··················· 3－45
硃批增註七家詩選七卷·············· 3－48
匏瓜錄十卷·························· 1－121
匏瓜錄十卷·························· 1－121
盛世危言五卷························ 1－443
盛世危言五卷························ 1－443
盛世危言五卷························ 1－443
盛世危言五卷························ 1－443

盛世危言五卷························ 1－443
盛世危言五卷························ 1－443
盛世危言續編五卷時務叢編二卷····· 1－446
盛明十二家詩選十二卷··············· 3－15
盛京典制備考八卷··················· 1－427
[乾隆]盛京通志一百三十卷········· 1－539
[乾隆]盛京通志三十二卷··········· 1－539
[乾隆]盛京通志四十八卷首一卷···· 1－539
[同治]雹都縣志十六卷首一卷········ 2－12
雪月梅傳十卷五十回················· 3－471
雪月梅傳奇十卷五十回··············· 3－472
雪心賦正解四卷····················· 2－413
雪心賦正解四卷····················· 2－413
雪心賦正解四卷····················· 2－413
雪心賦正解四卷····················· 2－413
雪心賦正解四卷····················· 2－413
雪心賦正解四卷····················· 2－413
雪心賦正解四卷····················· 2－414
雪心賦正解四卷····················· 2－414
雪心賦正解四卷····················· 2－414
雪竹樓詩稿十四卷文稿一卷··········· 3－343
雪竹樓詩稿十四卷文稿一卷··········· 3－343
雪竹樓詩稿十四卷文稿一卷··········· 3－343
雪作鬢眉詩鈔八卷··················· 3－399
雪青閣詩集四卷····················· 3－401
雪臥山莊文存二卷··················· 3－299
雪門詩草十四卷····················· 3－298
雪門詩草十四卷····················· 3－298
雪門詩草十四卷····················· 3－298
雪門詩草十四卷····················· 3－298
雪門詩草十四卷····················· 3－298
雪門詩草十四卷····················· 3－298
雪門詩草十四卷····················· 3－298
雪浪集二卷·························· 3－165
雪堂先生集選十一卷················· 3－387
雪堂倡和集三卷······················ 3－59
雪溪樂府二卷························ 3－433
雪樵詩草一卷························ 3－249
雪樵經解三十卷附錄二卷············· 1－125
雪樵經解三十卷附錄二卷············· 1－125
雪聲軒詩集十五卷··················· 3－276

302

雪鴻堂全集二十四卷 …………… 3－42

雪鴻堂詩蒐逸三卷附錄一卷……… 3－183

雪鴻偶鈔詩四卷詞一卷 ………… 3－23

雪鴻園詩稿六卷文稿二卷………… 3－255

雪關禪師語錄十三卷 …………… 2－459

雪廬百印 ………………………… 2－340

雪廬百印 ………………………… 2－340

雪廬百印 ………………………… 2－340

雪廬讀史快編六十卷 …………… 1－389

捫虱新話十五卷 ………………… 2－362

捫燭脞存十二卷首一卷 ………… 3－319

推拿廣意三卷 …………………… 2－284

推拿廣意三卷 …………………… 2－284

授三歸五戒八戒正範一卷授幽冥戒

　　正範一卷 …………………… 2－457

授堂文鈔八卷 …………………… 3－251

授堂金石文字續跋十四卷二跋四卷

　　三跋二卷 …………………… 2－113

授堂遺書 ………………………… 3－518

授堂遺書 ………………………… 3－518

授經圖四卷 ……………………… 1－116

授經簃課集一卷 ………………… 3－46

授經簃課集一卷 ………………… 3－46

［乾隆］披縣志八卷首一卷 …… 1－548

探礦取金六卷續編一卷………… 2－315

掃葉山房新鐫繡像列仙傳四卷… 2－478

救人良方一卷…………………… 2－263

救命書一卷……………………… 2－229

救荒百策一卷…………………… 1－457

救荒先事策一卷………………… 1－458

救急良方一卷…………………… 2－267

救時要策萬言書二卷…………… 1－442

救時要策萬言書二卷…………… 1－442

救時要策萬言書二卷…………… 2－369

救時要策萬言書二卷…………… 2－369

救烟社徵信錄一卷 …………… 2－66

救傷集成一卷…………………… 2－277

救溺管見錄二卷………………… 1－457

處分則例圖要六卷……………… 1－486

處分則例圖要六卷……………… 1－486

［光緒］處州府志三十卷首一卷末一卷

　　……………………………… 2－7

敝帚集不分卷敝帚集續不分卷……… 3－223

庽堂集五十卷補遺二卷續集八卷冬

　　錄一卷………………………… 3－338

常山貞石志二十四卷…………… 2－125

常山貞石志二十四卷…………… 2－125

常山貞石志二十四卷…………… 2－125

［光緒］常山縣志六十八卷首一卷末一卷

　　……………………………… 2－6

常氏詩集一卷…………………… 3－327

常氏遺草合編…………………… 3－43

常氏遺草合編…………………… 3－43

常州先哲遺書…………………… 3－507

常州詞錄三十一卷……………… 3－426

常州詞錄三十一卷……………… 3－426

常州賦一卷 …………………… 2－70

常牧會試硃卷…………………… 3－327

［光緒］常昭合志稿四十八卷首一卷

　　末一卷………………………… 1－549

常華館經說一卷………………… 1－127

常華館經說一卷………………… 1－127

常華館經說一卷………………… 1－127

常華館經說一卷………………… 1－127

常華館經說一卷………………… 1－127

常家鈺鄉試硃卷………………… 3－328

常惺惺齋文集十卷……………… 3－407

常寧忠字一團義田記一卷……… 1－458

常寧詩文存十二卷 …………… 3－34

常寧詩文存十二卷 …………… 3－34

［同治］常寧縣志十六卷首一卷……… 2－45

［嘉慶］常寧縣志三十二卷……… 2－44

常德文徵四十八卷首一卷……… 3－37

常德文徵四十八卷首一卷……… 3－37

常德文徵四十八卷首一卷……… 3－37

常德文徵四十八卷首一卷……… 3－37

［嘉慶］常德府志四十八卷附文徵九

　　卷首一卷叢談三卷…………… 2－50

常德郡城育嬰志四卷 ………… 2－63

常鶴儔課藝…………………… 3－328

野史無文二十一卷……………… 1－259

野香亭集十三卷 …………………… 3－224
野香亭集十三卷 …………………… 3－224
野客叢書三十卷附野老紀聞一卷 …… 2－381
野客叢書三十卷附野老紀聞一卷 …… 2－381
野記四卷 ……………………………… 1－263
野記四卷 ……………………………… 1－263
野獲編三十卷補遺四卷 ……………… 1－263
野獲編三十卷補遺四卷 ……………… 1－263
野獲編三十卷補遺四卷 ……………… 1－263
野獲編三十卷補遺四卷 ……………… 1－263
野獲編三十卷補遺四卷 ……………… 1－263
野獲編三十卷補遺四卷 ……………… 1－263
晨風閣叢書 …………………………… 3－505
晨風閣叢書 …………………………… 3－505
晨風閣叢書 …………………………… 3－505
晨鐙酬唱集一卷 ……………………… 3－59
眼科秘方一卷 ………………………… 2－279
眼科新書一卷 ………………………… 2－279
眼科諸症圖附湯頭沒藥一卷 ………… 2－279
眼學偶得一卷 ………………………… 3－551
問山詩集十卷文集八卷 ……………… 3－187
問心堂溫病條辨六卷首一卷 ………… 2－273
問心堂溫病條辨六卷首一卷 ………… 2－273
問心堂溫病條辨六卷首一卷 ………… 2－273
問心齋學治雜錄二卷續錄四卷 ……… 1－483
問心齋學治雜錄二卷續錄四卷 ……… 1－483
問心齋學治雜錄二卷續錄四卷 ……… 1－483
問字堂集六卷 ………………………… 3－284
問字堂集六卷 ………………………… 3－284
問奇一覽二卷 ………………………… 1－182
問奇典註六卷 ………………………… 1－141
問魚篇二卷附錄一卷 ………………… 3－164
問經堂叢書 …………………………… 3－497
問影樓輿地叢書第一集 ……………… 1－510
問鷗山館詩鈔一卷試帖一卷詞餘一
　卷詞鈔一卷 ………………………… 3－359
曼志堂遺稿二卷 ……………………… 3－292
曼陀羅花室文三卷詩三卷詞一卷清
　溪惆悵集二卷 ……………………… 3－238
曼陀羅花室文三卷詩三卷詞一卷清
　溪惆悵集二卷 ……………………… 3－238

曼陀羅館詞鈔一卷 …………………… 3－431
曼香詞二卷 …………………………… 3－430
曼殊沙館初集五卷 …………………… 3－353
曼殊沙館初集五卷 …………………… 3－353
曼殊沙館初集五卷 …………………… 3－353
曼庵壺盧銘一卷 ……………………… 2－351
曼庵詩稿四卷首一卷 ………………… 3－389
曼庵詩稿四卷首一卷 ………………… 3－389
曼庵詩稿四卷首一卷 ………………… 3－390
曼庵詩稿四卷首一卷 ………………… 3－390
晦明軒稿一卷晦鳴軒稿一卷壬癸金
　石跋一卷丁戊金石跋一卷 ………… 3－418
晦明軒稿一卷晦鳴軒稿一卷壬癸金
　石跋一卷丁戊金石跋一卷 ………… 3－418
晦明軒稿一卷晦鳴軒稿一卷壬癸金
　石跋一卷丁戊金石跋一卷 ………… 3－418
晦明軒稿一卷晦鳴軒稿一卷壬癸金
　石跋一卷丁戊金石跋一卷 ………… 3－418
晦庵先生朱文公文集一百卷目錄二
　卷續集十一卷別集十卷 …………… 3－114
晦庵先生朱文公文集一百卷續集十
　一卷目錄二卷 ……………………… 3－114
晦庵先生朱文公文集一百卷續集十
　一卷別集十卷目錄二卷 …………… 3－115
晦庵先生朱文公文集一百卷續集十
　一卷別集十卷目錄二卷 …………… 3－115
晦庵先生朱文公文集一百卷續集十
　一卷別集十卷目錄二卷 …………… 3－115
晦庵先生朱文公文集一百卷續集五
　卷別集七卷目錄二卷 ……………… 3－114
晦庵先生朱文公文集一百卷續集五
　卷別集七卷目錄二卷 ……………… 3－114
晦庵先生朱文公文集一百卷續集五
　卷別集七卷目錄二卷 ……………… 3－114
晦庵先生朱文公文集一百卷續集五
　卷別集七卷目錄二卷 ……………… 3－114
晦庵先生朱文公文集一百卷續集五
　卷別集七卷目錄二卷 ……………… 3－114
晦庵先生朱文公文集一百卷續集五
　卷別集七卷目錄二卷 ……………… 3－114
晞髮遺集二卷補一卷 ………………… 3－137

睎髮遺集二卷補一卷⋯⋯⋯⋯⋯ 3－137

晚村先生八家古文精選⋯⋯⋯⋯ 2－508

晚村先生八家古文精選⋯⋯⋯⋯ 2－508

晚村先生八家古文精選不分卷⋯⋯ 2－508

晚香亭初集一卷浪游草一卷⋯⋯⋯ 3－211

晚香堂分韻標新八卷⋯⋯⋯⋯⋯ 1－188

晚香堂賦集初編一卷二編一卷試帖一卷

⋯⋯⋯⋯⋯⋯⋯⋯⋯⋯⋯⋯⋯ 3－398

晚香堂賦集初編一卷二編一卷試帖一卷

⋯⋯⋯⋯⋯⋯⋯⋯⋯⋯⋯⋯⋯ 3－398

晚香堂賦集初編一卷二編一卷試帖一卷

⋯⋯⋯⋯⋯⋯⋯⋯⋯⋯⋯⋯⋯ 3－398

晚香堂賦集初編一卷二編一卷試帖一卷

⋯⋯⋯⋯⋯⋯⋯⋯⋯⋯⋯⋯⋯ 3－398

晚香堂駢文一卷文鈔一卷詩鈔五卷

⋯⋯⋯⋯⋯⋯⋯⋯⋯⋯⋯⋯⋯ 3－398

晚香堂駢文一卷文鈔一卷詩鈔五卷

⋯⋯⋯⋯⋯⋯⋯⋯⋯⋯⋯⋯⋯ 3－398

晚香閣詩集二卷⋯⋯⋯⋯⋯⋯⋯ 3－285

晚笑堂竹莊畫傳一卷⋯⋯⋯⋯⋯ 1－328

晚笑堂竹莊畫傳一卷⋯⋯⋯⋯⋯ 1－328

晚笑堂竹莊畫傳一卷⋯⋯⋯⋯⋯ 1－328

晚笑堂竹莊畫傳一卷⋯⋯⋯⋯⋯ 1－328

晚書訂疑三卷 ⋯⋯⋯⋯⋯⋯⋯ 1－34

晚清名人手札 ⋯⋯⋯⋯⋯ 3－62

晚照山居參定四書酌言七卷⋯⋯⋯ 1－105

晚聞居士遺集九卷首一卷⋯⋯⋯⋯ 3－195

晚聞堂集十六卷⋯⋯⋯⋯⋯⋯⋯ 3－164

晚翠堂信古集史傳五卷⋯⋯⋯⋯⋯ 1－294

晚翠樓詩鈔二卷⋯⋯⋯⋯⋯⋯⋯ 3－210

晚學集八卷未谷詩集四卷⋯⋯⋯⋯ 3－282

晚學齋文集十二卷⋯⋯⋯⋯⋯⋯ 3－273

異方便淨土傳燈歸元鏡三祖實錄二

卷附錄一卷⋯⋯⋯⋯⋯⋯⋯⋯ 2－463

異苑十卷⋯⋯⋯⋯⋯⋯⋯⋯⋯ 3－459

異域風謠一卷⋯⋯⋯⋯⋯⋯⋯⋯ 3－382

異域錄二卷⋯⋯⋯⋯⋯⋯⋯⋯ 2－104

異授眼科不分卷⋯⋯⋯⋯⋯⋯⋯ 2－279

異說五虎平西珍珠旗演義狄青前傳

六卷一百二十回⋯⋯⋯⋯⋯⋯ 3－474

[雍正]略陽縣志二卷 ⋯⋯⋯⋯ 1－542

略識字編一卷⋯⋯⋯⋯⋯⋯⋯⋯ 1－167

蛉石齋詩鈔四卷⋯⋯⋯⋯⋯⋯⋯ 3－403

鄂不齋詩評一卷⋯⋯⋯⋯⋯⋯⋯ 3－23

鄂不齋詩評一卷⋯⋯⋯⋯⋯⋯⋯ 3－23

鄂不齋叢稿⋯⋯⋯⋯⋯⋯⋯⋯⋯ 3－519

鄂文端公遺稿六卷⋯⋯⋯⋯⋯⋯ 3－352

鄂省丁漕指掌十卷⋯⋯⋯⋯⋯⋯ 2－98

鄂宰四種⋯⋯⋯⋯⋯⋯⋯⋯⋯ 1－7

鄂宰四種⋯⋯⋯⋯⋯⋯⋯⋯⋯ 1－7

鄂宰四種⋯⋯⋯⋯⋯⋯⋯⋯⋯ 1－7

鄂匏集二卷⋯⋯⋯⋯⋯⋯⋯⋯⋯ 3－311

鄂國金佗稡編二十八卷續編三十卷

⋯⋯⋯⋯⋯⋯⋯⋯⋯⋯⋯⋯⋯ 1－310

鄂國金佗稡編二十八卷續編三十卷

⋯⋯⋯⋯⋯⋯⋯⋯⋯⋯⋯⋯⋯ 1－310

鄂渚同聲集初編七卷正編二十卷三

編八卷 ⋯⋯⋯⋯⋯⋯⋯⋯⋯ 3－33

鄂湘粵會奏三省會議粵漢鐵路修路

公共條款十四條豫議路成後條款

四條摺 ⋯⋯⋯⋯⋯⋯⋯⋯⋯ 1－460

唱道真言五卷⋯⋯⋯⋯⋯⋯⋯⋯ 2－477

唱經堂杜詩解四卷⋯⋯⋯⋯⋯⋯ 3－86

婁山易輪一卷易卦考一卷 ⋯⋯⋯ 1－19

婁水文徵八十卷姓氏考略一卷⋯⋯⋯ 3－29

婁東雜著⋯⋯⋯⋯⋯⋯⋯⋯⋯⋯ 3－507

[嘉慶]婁塘鎮志九卷 ⋯⋯⋯⋯ 2－1

[光緒]婁縣續志二十卷 ⋯⋯⋯ 2－1

國山碑釋文不分卷⋯⋯⋯⋯⋯⋯ 2－126

國史文苑傳二卷⋯⋯⋯⋯⋯⋯⋯ 1－292

國史文苑傳二卷⋯⋯⋯⋯⋯⋯⋯ 1－292

國史文苑傳二卷⋯⋯⋯⋯⋯⋯⋯ 1－292

國史文苑傳二卷⋯⋯⋯⋯⋯⋯⋯ 1－292

國史文苑傳二卷⋯⋯⋯⋯⋯⋯⋯ 1－292

國史考異六卷⋯⋯⋯⋯⋯⋯⋯⋯ 1－397

國史循吏傳一卷⋯⋯⋯⋯⋯⋯⋯ 1－292

國史循吏傳一卷⋯⋯⋯⋯⋯⋯⋯ 1－292

國史經籍志六卷⋯⋯⋯⋯⋯⋯⋯ 2－137

國史經籍志六卷⋯⋯⋯⋯⋯⋯⋯ 2－137

國史賢良祠王大臣小傳二卷⋯⋯⋯ 1－292

國史賢良祠王大臣小傳二卷⋯⋯⋯ 1－292

國史賢良祠王大臣小傳二卷⋯⋯⋯ 1－292

國史賢良祠王大臣小傳二卷 ………… 1－292

國史儒林傳二卷 ………………… 1－292

國史儒林傳二卷 ………………… 1－292

國史儒林傳二卷 ………………… 1－292

國史儒林傳二卷 ………………… 1－292

國史儒林傳二卷 ………………… 1－293

國史儒林傳二卷 ………………… 1－293

國史儒林傳二卷 ………………… 1－293

國史羅閣學公列傳一卷 ………… 1－317

國民快覽不分卷 ………………… 2－401

國民讀本二卷 …………………… 1－424

國地異名錄一卷 ………………… 1－514

國秀集三卷 ……………………… 2－557

國初十大家詩鈔 ………………… 2－514

國政貿易相關書二卷 …………… 1－452

國政貿易相關書二卷 …………… 1－452

國家學綱領 ……………………… 1－424

國朝二十四家文鈔二十四卷 …… 3－23

國朝二十四家文鈔二十四卷 …… 3－23

國朝十家四六文鈔 ……………… 2－517

國朝十家四六文鈔 ……………… 2－518

國朝十家四六文鈔 ……………… 2－518

國朝十家四六文鈔 ……………… 2－518

國朝十家四六文鈔 ……………… 2－518

國朝十家四六文鈔 ……………… 2－518

國朝三家文鈔 …………………… 2－515

國朝山左詩鈔六十卷 …………… 3－33

國朝山左詩續鈔三十二卷 ……… 3－33

國朝山左詩續鈔三十二卷 ……… 3－33

國朝中州文徵五十四卷首一卷 … 3－33

國朝中州文徵五十四卷首一卷 … 3－33

國朝中州名賢集十卷首一卷末一卷

……………………………… 3－33

國朝六家詩鈔八卷 ……………… 3－26

國朝六家詩鈔八卷 ……………… 3－26

國朝六家詩鈔八卷 ……………… 3－26

國朝六家詩鈔八卷 ……………… 3－26

國朝文苑傳一卷國朝孝子小傳一卷

……………………………… 1－304

國朝文苑傳一卷國朝孝子小傳一卷

……………………………… 1－304

國朝文匯甲前集二十卷甲集六十卷乙

集七十卷丙集三十卷丁集二十卷

……………………………… 3－28

國朝文匯甲前集二十卷甲集六十卷乙

集七十卷丙集三十卷丁集二十卷

……………………………… 3－28

國朝文錄 ………………………… 2－516

國朝文錄 ………………………… 2－516

國朝文錄 ………………………… 2－516

國朝文錄 ………………………… 2－516

國朝文錄 ………………………… 2－516

國朝文錄 ………………………… 2－516

國朝文錄 ………………………… 2－516

國朝文錄 ………………………… 2－516

國朝文錄 ………………………… 2－516

國朝文錄摘鈔不分卷 …………… 3－28

國朝文錄續編 …………………… 2－516

國朝文錄續編 …………………… 2－516

國朝文錄續編 …………………… 2－516

國朝文錄續編 …………………… 2－516

國朝文錄續編 …………………… 2－517

國朝未刊遺書志略一卷 ………… 2－152

國朝未刊遺書志略一卷 ………… 3－549

國朝正學三書 …………………… 2－193

國朝古文正的五卷附錄二卷 …… 3－26

國朝古文正的五卷附錄二卷 …… 3－26

國朝古文正的五卷附錄二卷 …… 3－26

國朝古文匯鈔初集一百七十六卷首

一卷二集一百卷首一卷 …… 3－19

國朝石鼓志四卷 ………………… 2－60

國朝史論萃編甲集四卷 ………… 1－402

國朝史論萃編甲集四卷 ………… 1－402

國朝史學叢書目錄一卷 ………… 2－144

國朝四十名家墨迹不分卷 ……… 2－333

國朝四十名家墨迹不分卷 ……… 2－333

國朝先正事略六十卷 …………… 1－290

國朝先正事略六十卷 …………… 1－290

國朝先正事略六十卷 …………… 1－290

國朝先正事略六十卷⋯⋯⋯⋯⋯ 1－290　　國朝名家試帖 ⋯⋯⋯⋯⋯⋯⋯⋯ 3－46

國朝先正事略六十卷⋯⋯⋯⋯⋯ 1－290　　國朝名家詩鈔小傳二卷 ⋯⋯⋯⋯ 1－301

國朝先正事略六十卷⋯⋯⋯⋯⋯ 1－290　　國朝名家詩鈔小傳四卷 ⋯⋯⋯⋯ 1－301

國朝先正事略六十卷⋯⋯⋯⋯⋯ 1－290　　國朝名家詩鈔小傳四卷 ⋯⋯⋯⋯ 1－301

國朝先正事略六十卷⋯⋯⋯⋯⋯ 1－290　　國朝孝子小傳一卷 ⋯⋯⋯⋯⋯⋯ 1－304

國朝先正事略六十卷⋯⋯⋯⋯⋯ 1－290　　國朝杭郡詩三輯一百卷 ⋯⋯⋯⋯ 3－31

國朝先正事略六十卷⋯⋯⋯⋯⋯ 1－290　　國朝杭郡詩輯三十二卷 ⋯⋯⋯⋯ 3－31

國朝先正事略六十卷⋯⋯⋯⋯⋯ 1－290　　國朝杭郡詩輯三十二卷 ⋯⋯⋯⋯ 3－31

國朝先正事略六十卷⋯⋯⋯⋯⋯ 1－290　　國朝杭郡詩輯三十二卷 ⋯⋯⋯⋯ 3－31

國朝先正事略六十卷⋯⋯⋯⋯⋯ 1－290　　國朝杭郡詩續輯四十六卷 ⋯⋯ 3－31

國朝先正事略六十卷⋯⋯⋯⋯⋯ 1－290　　國朝杭郡詩續輯四十六卷 ⋯⋯ 3－31

國朝先正事略六十卷⋯⋯⋯⋯⋯ 1－290　　國朝杭郡詩續輯四十六卷 ⋯⋯ 3－31

國朝先正事略六十卷⋯⋯⋯⋯⋯ 1－291　　國朝事略六卷 ⋯⋯⋯⋯⋯⋯⋯⋯ 1－238

國朝先正事略六十卷⋯⋯⋯⋯⋯ 1－291　　國朝事略六卷 ⋯⋯⋯⋯⋯⋯⋯⋯ 1－238

國朝先正事略六十卷⋯⋯⋯⋯⋯ 1－291　　國朝事略六卷 ⋯⋯⋯⋯⋯⋯⋯⋯ 1－238

國朝先正事略六十卷⋯⋯⋯⋯⋯ 1－291　　國朝政治通論十六卷 ⋯⋯⋯⋯⋯ 1－443

國朝先正事略六十卷⋯⋯⋯⋯⋯ 1－291　　國朝政治通論六卷 ⋯⋯⋯⋯⋯⋯ 1－443

國朝先正事略六十卷⋯⋯⋯⋯⋯ 1－291　　國朝南亭詩鈔十卷續鈔二卷附集二卷

國朝先正事略六十卷⋯⋯⋯⋯⋯ 1－291　　　　⋯⋯⋯⋯⋯⋯⋯⋯⋯⋯⋯⋯⋯ 3－29

國朝先正事略六十卷⋯⋯⋯⋯⋯ 1－291　　國朝律賦偶箋四卷 ⋯⋯⋯⋯⋯⋯ 3－20

國朝先正事略六十卷⋯⋯⋯⋯⋯ 1－291　　國朝律賦偶箋四卷 ⋯⋯⋯⋯⋯⋯ 3－20

國朝先正事略六十卷⋯⋯⋯⋯⋯ 1－291　　國朝律賦揀金錄初刻十二卷二刻十二卷

國朝先正事略六十卷⋯⋯⋯⋯⋯ 1－291　　　　⋯⋯⋯⋯⋯⋯⋯⋯⋯⋯⋯⋯⋯ 3－19

國朝先正事略續編四卷⋯⋯⋯⋯ 1－291　　國朝律賦揀金錄初刻十二卷二刻十二卷

國朝先正學規匯鈔不分卷⋯⋯⋯ 2－214　　　　⋯⋯⋯⋯⋯⋯⋯⋯⋯⋯⋯⋯⋯ 3－19

國朝全蜀詩鈔六十四卷 ⋯⋯⋯⋯ 3－39　　國朝柔遠記二十卷附圖一卷⋯⋯ 1－251

國朝全蜀詩鈔六十四卷 ⋯⋯⋯⋯ 3－39　　國朝柔遠記二十卷附圖一卷⋯⋯ 1－251

國朝全蜀詩鈔六十四卷 ⋯⋯⋯⋯ 3－39　　國朝柔遠記二十卷附圖一卷⋯⋯ 1－251

國朝名人小簡二卷 ⋯⋯⋯⋯⋯⋯ 3－60　　國朝柔遠記二十卷附圖一卷⋯⋯ 1－251

國朝名人書札二卷 ⋯⋯⋯⋯⋯⋯ 3－61　　國朝柔遠記二十卷附圖一卷⋯⋯ 1－251

國朝名人書札二卷 ⋯⋯⋯⋯⋯⋯ 3－61　　國朝柔遠記十八卷附編二卷圖一卷

國朝名人書札二卷 ⋯⋯⋯⋯⋯⋯ 3－61　　　　⋯⋯⋯⋯⋯⋯⋯⋯⋯⋯⋯⋯⋯ 1－251

國朝名人著述叢編⋯⋯⋯⋯⋯⋯ 3－504　　國朝柔遠記十八卷附編二卷圖一卷

國朝名人著述叢編⋯⋯⋯⋯⋯⋯ 3－504　　　　⋯⋯⋯⋯⋯⋯⋯⋯⋯⋯⋯⋯⋯ 1－251

國朝名人著述叢編⋯⋯⋯⋯⋯⋯ 3－504　　國朝柔遠記十八卷附編二卷圖一卷

國朝名文春霆集不分卷 ⋯⋯⋯⋯ 3－21　　　　⋯⋯⋯⋯⋯⋯⋯⋯⋯⋯⋯⋯⋯ 1－251

國朝名文春霆集不分卷近科制藝春　　　國朝柔遠記十八卷附編二卷圖一卷⋯ 1－251

　霆集不分卷 ⋯⋯⋯⋯⋯⋯⋯⋯ 3－21　　國朝柔遠記十八卷附編二卷圖一卷⋯ 1－251

國朝名臣言行錄十六卷⋯⋯⋯⋯ 1－286　　國朝貢舉考略三卷⋯⋯⋯⋯⋯⋯ 1－380

　　　　　　　　　　　　　　　　　國朝貢舉考略三卷⋯⋯⋯⋯⋯⋯ 1－380

　　　　　　　　　　　　　　　　　國朝貢舉考略四卷⋯⋯⋯⋯⋯⋯ 1－380

國朝貢舉考略四卷‥‥‥‥‥‥‥‥‥ 1－380

國朝耆獻類徵初編七百卷總目二十
　　卷賢媛類徵初編十二卷‥‥‥‥‥ 1－291

國朝耆獻類徵初編七百卷總目二十
　　卷賢媛類徵初編十二卷‥‥‥‥‥ 1－291

國朝耆獻類徵初編七百卷總目二十
　　卷賢媛類徵初編十二卷‥‥‥‥‥ 1－291

國朝耆獻類徵初編七百卷總目二十
　　卷賢媛類徵初編十二卷‥‥‥‥‥ 1－291

國朝耆獻類徵初編總目十九卷‥‥‥ 1－291

國朝耆獻類徵初編總目十九卷‥‥‥ 1－291

國朝耆獻類徵初編總目十九卷‥‥‥ 1－291

國朝書人輯略十一卷首一卷‥‥‥‥ 2－331

國朝書品一卷‥‥‥‥‥‥‥‥‥‥ 2－333

國朝書畫家筆錄四卷‥‥‥‥‥‥‥ 2－331

國朝著述未刊書目一卷‥‥‥‥‥‥ 2－152

國朝著述未刊書目一卷‥‥‥‥‥‥ 2－152

國朝著述未刊書目一卷‥‥‥‥‥‥ 3－549

國朝常州駢體文錄三十一卷結一宧
　　駢體文一卷‥‥‥‥‥‥‥‥‥‥ 3－30

國朝常州駢體文錄三十一卷結一宧
　　駢體文一卷‥‥‥‥‥‥‥‥‥‥ 3－30

國朝常州駢體文錄三十一卷結一宧
　　駢體文一卷‥‥‥‥‥‥‥‥‥‥ 3－30

國朝萬年書二卷‥‥‥‥‥‥‥‥‥ 2－298

國朝萬年書二卷‥‥‥‥‥‥‥‥‥ 2－298

國朝掌故輯要二十四卷‥‥‥‥‥‥ 1－238

國朝掌故輯要二十四卷‥‥‥‥‥‥ 1－238

國朝掌故輯要二十四卷‥‥‥‥‥‥ 1－238

國朝掌故輯要二十四卷‥‥‥‥‥‥ 1－238

國朝御史題名不分卷‥‥‥‥‥‥‥ 1－384

國朝御史題名不分卷‥‥‥‥‥‥‥ 1－385

國朝詞綜四十八卷‥‥‥‥‥‥‥‥ 3－541

國朝詞綜四十八卷二集八卷‥‥‥‥ 3－423

國朝詞綜四十八卷二集八卷‥‥‥‥ 3－423

國朝詞綜四十八卷二集八卷‥‥‥‥ 3－423

國朝詞綜四十八卷二集八卷‥‥‥‥ 3－423

國朝詞綜四十八卷二集八卷‥‥‥‥ 3－423

國朝詞綜續編二十四卷‥‥‥‥‥‥ 3－426

國朝湖州詩錄三十四卷‥‥‥‥‥‥ 3－32

國朝畫徵錄三卷續錄二卷‥‥‥‥‥ 2－328

國朝畫徵錄三卷續錄二卷‥‥‥‥‥ 2－328

國朝畫徵錄三卷續錄二卷‥‥‥‥‥ 2－328

國朝畫徵錄三卷續錄二卷‥‥‥‥‥ 2－328

國朝畫徵錄三卷續錄二卷‥‥‥‥‥ 2－328

國朝畫徵續錄二卷‥‥‥‥‥‥‥‥ 2－328

國朝畫識十七卷‥‥‥‥‥‥‥‥‥ 2－329

國朝畫識十七卷‥‥‥‥‥‥‥‥‥ 2－329

國朝畫識十七卷‥‥‥‥‥‥‥‥‥ 2－329

國朝試賦彙海前集十卷後集二卷補
　　遺一卷‥‥‥‥‥‥‥‥‥‥‥‥ 3－26

國朝試賦彙海前集十卷後集二卷補
　　遺一卷‥‥‥‥‥‥‥‥‥‥‥‥ 3－26

國朝試賦彙海續編前集六卷後集二
　　卷補遺一卷‥‥‥‥‥‥‥‥‥‥ 3－26

國朝試賦彙海續編前集六卷後集二
　　卷補遺一卷‥‥‥‥‥‥‥‥‥‥ 3－26

國朝詩十卷外編一卷補六卷‥‥‥‥ 3－21

國朝詩人徵略二編六十四卷‥‥‥‥ 1－297

國朝詩人徵略六十卷二編六十四卷
　　‥‥‥‥‥‥‥‥‥‥‥‥‥‥‥ 1－297

國朝詩人徵略六十卷二編六十四卷
　　‥‥‥‥‥‥‥‥‥‥‥‥‥‥‥ 1－297

國朝詩人徵略六十卷二編六十四卷 ‥ 1－297

國朝詩三百首今體選三卷古體選二卷
　　‥‥‥‥‥‥‥‥‥‥‥‥‥‥‥ 3－20

國朝詩三百首今體選三卷古體選二卷
　　‥‥‥‥‥‥‥‥‥‥‥‥‥‥‥ 3－20

國朝詩別裁集三十六卷‥‥‥‥‥‥ 3－19

國朝詩餘新集四卷‥‥‥‥‥‥‥‥ 3－423

國朝漢學師承記八卷國朝經師經義
　　目錄一卷國朝宋學淵源記二卷附
　　記一卷‥‥‥‥‥‥‥‥‥‥‥‥ 1－286

國朝漢學師承記八卷國朝經師經義
　　目錄一卷國朝宋學淵源記二卷附
　　記一卷‥‥‥‥‥‥‥‥‥‥‥‥ 1－286

國朝漢學師承記八卷國朝經師經義
　　目錄一卷國朝宋學淵源記二卷附
　　記一卷‥‥‥‥‥‥‥‥‥‥‥‥ 1－287

國朝漢學師承記八卷國朝經師經義
　　目錄一卷國朝宋學淵源記二卷附
　　記一卷‥‥‥‥‥‥‥‥‥‥‥‥ 1－287

國朝漢學師承記八卷國朝經師經義
目錄一卷國朝宋學淵源記二卷附
記一卷 ………………………………… 1－287
國朝漢學師承記八卷國朝經師經義
目錄一卷國朝宋學淵源記二卷附
記一卷 ………………………………… 1－287
國朝漢學師承記八卷國朝經師經義
目錄一卷國朝宋學淵源記二卷附
記一卷 ………………………………… 1－287
國朝漢學師承記八卷國朝經師經義
目錄一卷國朝宋學淵源記二卷附
記一卷 ………………………………… 1－287
國朝漢學師承記八卷國朝經師經義
目錄一卷國朝宋學淵源記二卷附
記一卷 ………………………………… 1－287
國朝漢學師承記八卷國朝經師經義
目錄一卷國朝宋學淵源記二卷附
記一卷 ………………………………… 1－287
國朝漢學師承記八卷國朝經師經義
目錄一卷國朝宋學淵源記二卷附
記一卷 ………………………………… 1－287
國朝諸老先生論孟精義二十四卷 …… 1－100
國朝諸臣奏議一百五十卷 …………… 1－495
國朝駢體正宗十二卷 ………………… 3－25
國朝駢體正宗十二卷 ………………… 3－25
國朝駢體正宗十二卷 ………………… 3－25
國朝駢體正宗十二卷 ………………… 3－25
國朝駢體正宗十二卷 ………………… 3－25
國朝駢體正宗十二卷 ………………… 3－25
國朝駢體正宗十二卷 ………………… 3－25
國朝駢體正宗十二卷 ………………… 3－25
國朝駢體正宗十二卷 ………………… 3－25
國朝駢體正宗十二卷 ………………… 3－25
國朝駢體正宗評本十二卷 …………… 3－25
國朝駢體正宗評本十二卷 …………… 3－25
國朝駢體正宗評本十二卷 …………… 3－25
國朝駢體正宗續編八卷 ……………… 3－23
國朝駢體正宗續編八卷 ……………… 3－24
國朝歷科元墨正宗不分卷 …………… 3－47

國朝歷科館選錄：順治三年至光緒
二十年不分卷 ………………………… 1－380
國朝歷科館選錄：順治三年至光緒
九年不分卷 …………………………… 1－380
國朝館選錄不分卷 …………………… 1－380
國朝館選爵里謚法考六卷 …………… 1－427
國朝嶺南文鈔十八卷 ………………… 3－38
國朝嶺南文鈔十八卷 ………………… 3－38
國朝襄郡忠義錄一卷 ………………… 1－305
國朝嚴州詩錄八卷 …………………… 3－31
國朝嚴州詩錄八卷 …………………… 3－31
國策地名考證二十卷首一卷 ………… 1－517
國策評林十八卷 ……………………… 1－406
國際私法 ……………………………… 1－489
國際條約大全五卷 …………………… 1－467
國語二十一卷 ………………………… 1－255
國語二十一卷 ………………………… 1－255
國語二十一卷 ………………………… 1－255
國語二十一卷 ………………………… 1－255
國語二十一卷 ………………………… 1－255
國語二十一卷 ………………………… 1－256
國語二十一卷 ………………………… 1－256
國語二十一卷 ………………………… 1－256
國語二十一卷 ………………………… 1－256
國語二十一卷 ………………………… 1－256
國語二十一卷 ………………………… 1－256
國語二十一卷 ………………………… 1－256
國語二十一卷 ………………………… 1－256
國語二十一卷 ………………………… 1－256
國語二十一卷 ………………………… 1－256
國語二十一卷 ………………………… 1－256
國語二十一卷 ………………………… 1－256
國語二十一卷 ………………………… 1－256
國語二十一卷 ………………………… 1－256
國語二十一卷 ………………………… 1－256
國語二十一卷 ………………………… 1－256

國語二十一卷 ……………… 1－256　　唯識二十論一卷 ……………… 2－447

國語二十一卷 ……………… 1－256　　唯識二十論一卷 ……………… 2－447

國語二十一卷 ……………… 1－257　　唯識二十論一卷 ……………… 2－447

國語二十一卷 ……………… 1－257　　唯識二十論一卷 ……………… 2－447

國語二十一卷 ……………… 1－257　　唯識二十論述記四卷 …………… 2－447

國語二十一卷 ……………… 1－257　　唯識二十論述記四卷 …………… 2－447

國語二十一卷 ……………… 1－257　　唯識二十論述記四卷 …………… 2－447

國語二十一卷 ……………… 1－257　　唯識二十論述記四卷 …………… 2－447

國語二十一卷 ……………… 1－257　　唯識開蒙問答二卷 …………… 2－448

國語二十一卷 ……………… 1－257　　唯識隨疏翼二卷 ……………… 2－457

國語二十一卷 ……………… 1－257　　唯識隨疏翼二卷 ……………… 2－457

國語二十一卷 ……………… 1－257　　崧山集不分卷 ………………… 3－364

國語二十一卷 ……………… 3－533　　崧辰祀志二卷 ………………… 2－57

國語二十一卷附劄記一卷考異四卷　　崔東壁遺書 ……………………… 3－521

　……………………………… 3－533　　崔東壁遺書 ……………………… 3－521

國語九卷 …………………… 1－255　　崔東壁遺書 ……………………… 3－521

國語正義二十一卷 ………… 1－258　　崔東壁遺書 ……………………… 3－521

國語正義二十一卷 ………… 1－258　　崔東壁遺書 ……………………… 3－521

國語正義二十一卷 ………… 1－258　　崔東壁遺書 ……………………… 3－521

國語明道本考異四卷 ……… 1－257　　崔東壁遺書四十三卷 ………… 3－540

國語校註本三種 …………… 1－257　　［乾隆］崞縣志八卷 ………… 1－536

國語校註本三種 …………… 1－257　　［同治］崇仁縣志十卷首一卷附編一卷

國語校註本三種 …………… 1－257　　　………………………………… 2－11

國語校註本三種 …………… 1－257　　崇文書局匯刻書 ……………… 3－498

國語校註本三種 …………… 1－257　　崇文書局匯刻書 ……………… 3－498

國語校註本三種 …………… 1－257　　崇文書局匯刻書 ……………… 3－498

國語校註本三種 …………… 1－257　　崇文書院課藝不分卷續編不分卷試

國語校註本三種 …………… 1－257　　　帖不分卷 ……………………… 3－47

國語校註本三種 …………… 1－257　　崇文總目五卷 ………………… 2－137

國語鈔二卷 ………………… 1－258　　崇文總目五卷 ………………… 2－137

國語補音三卷札記一卷 …… 1－257　　崇文總目六十六卷 …………… 2－137

國語補音三卷札記一卷 …… 1－257　　崇百藥齋文集二十卷續集四卷三集

國語翼解六卷 ……………… 1－258　　　十二卷合肥學舍札記十二卷 …… 3－325

國學萃編 …………………… 3－505　　崇百藥齋文集二十卷續集四卷三集

國學叢刊 …………………… 3－506　　　十二卷合肥學舍札記十二卷 …… 3－325

唾居隨錄四卷 ……………… 2－194　　崇百藥齋文集二十卷續集四卷三集

唾餘新拾十卷唾餘續拾六卷 … 2－368　　　十二卷合肥學舍札記十二卷 …… 3－325

唯心五種 …………………… 2－419　　崇百藥齋文集二十卷續集四卷三集

唯心五種 …………………… 2－419　　　十二卷合肥學舍札記十二卷 …… 3－326

唯心五種 …………………… 2－419　　崇百藥齋文集二十卷續集四卷三集

　　　　　　　　　　　　　　　　　　　　十二卷合肥學舍札記十二卷 …… 3－326

崇百藥齋文集二十卷續集四卷三集
　　十二卷合肥學舍札記十二卷 ⋯⋯⋯⋯ 3－326
崇百藥齋文集二十卷續集四卷三集
　　十二卷合肥學舍札記十二卷 ⋯⋯⋯ 3－326
崇祀名宦錄一卷 ⋯⋯⋯⋯⋯⋯⋯⋯⋯ 1－311
［雍正］崇明縣志二十卷首一卷 ⋯⋯⋯⋯ 2－2
［同治］崇陽縣志十二卷首一卷 ⋯⋯⋯ 2－23
崇雅堂集十五卷 ⋯⋯⋯⋯⋯⋯⋯⋯⋯ 3－184
崇雅堂詩鈔四卷文鈔二卷 ⋯⋯⋯⋯⋯ 3－268
崇雅堂稿八卷 ⋯⋯⋯⋯⋯⋯⋯⋯⋯⋯ 3－197
崇雅堂駢體文鈔四卷 ⋯⋯⋯⋯⋯⋯⋯ 3－268
崇義書院志九卷 ⋯⋯⋯⋯⋯⋯⋯⋯⋯ 2－61
崇禎五十宰相傳一卷 ⋯⋯⋯⋯⋯⋯⋯ 1－296
崇禎五十宰相傳一卷 ⋯⋯⋯⋯⋯⋯⋯ 1－296
崇禎五十宰相傳一卷 ⋯⋯⋯⋯⋯⋯⋯ 1－296
崇實堂詩集 ⋯⋯⋯⋯⋯⋯⋯⋯⋯⋯⋯ 3－225
崇實堂詩集十四卷 ⋯⋯⋯⋯⋯⋯⋯⋯ 3－225
崇實堂詩集十四卷 ⋯⋯⋯⋯⋯⋯⋯⋯ 3－225
崇實學堂章程 ⋯⋯⋯⋯⋯⋯⋯⋯⋯⋯ 1－433
［光緒］崇慶州志十二卷首一卷 ⋯⋯⋯ 2－34
［嘉慶］崇慶州志十卷首一卷 ⋯⋯⋯⋯ 2－34
崇蘭堂詩初存十卷 ⋯⋯⋯⋯⋯⋯⋯⋯ 3－312
崇蘭堂詩初存十卷 ⋯⋯⋯⋯⋯⋯⋯⋯ 3－312
崇蘭堂詩初存十卷 ⋯⋯⋯⋯⋯⋯⋯⋯ 3－312
崇蘭堂詩初存十卷 ⋯⋯⋯⋯⋯⋯⋯⋯ 3－312
崇蘭堂詩初存十卷 ⋯⋯⋯⋯⋯⋯⋯⋯ 3－312
崇蘭堂駢體文初存二卷 ⋯⋯⋯⋯⋯⋯ 3－312
崇蘭堂駢體文初存二卷 ⋯⋯⋯⋯⋯⋯ 3－312
崆峒山志二卷 ⋯⋯⋯⋯⋯⋯⋯⋯⋯⋯ 2－84
過日集二十卷名媛詩一卷 ⋯⋯⋯⋯⋯ 3－25
過庭筆記一卷 ⋯⋯⋯⋯⋯⋯⋯⋯⋯⋯ 2－375
過庭錄十六卷 ⋯⋯⋯⋯⋯⋯⋯⋯⋯⋯ 2－385
過庭錄十六卷 ⋯⋯⋯⋯⋯⋯⋯⋯⋯⋯ 2－385
過庭錄十六卷 ⋯⋯⋯⋯⋯⋯⋯⋯⋯⋯ 2－385
過庭錄十六卷 ⋯⋯⋯⋯⋯⋯⋯⋯⋯⋯ 2－385
過庭錄十六卷 ⋯⋯⋯⋯⋯⋯⋯⋯⋯⋯ 2－385
過庭錄十六卷 ⋯⋯⋯⋯⋯⋯⋯⋯⋯⋯ 2－385
梨花雪不分卷 ⋯⋯⋯⋯⋯⋯⋯⋯⋯⋯ 3－439
梨岳集一卷 ⋯⋯⋯⋯⋯⋯⋯⋯⋯⋯⋯ 3－96
梨雲館類定袁中郎先生全集二十四卷
　　⋯⋯⋯⋯⋯⋯⋯⋯⋯⋯⋯⋯⋯⋯ 3－168
梨雲館類定袁中郎先生全集二十四卷
　　⋯⋯⋯⋯⋯⋯⋯⋯⋯⋯⋯⋯⋯⋯ 3－168
梨雲館類定袁中郎先生全集二十四卷
　　⋯⋯⋯⋯⋯⋯⋯⋯⋯⋯⋯⋯⋯⋯ 3－168
梨雲館類定袁中郎先生全集二十四卷
　　⋯⋯⋯⋯⋯⋯⋯⋯⋯⋯⋯⋯⋯⋯ 3－168
梨雲館類定袁中郎先生全集二十四卷
　　⋯⋯⋯⋯⋯⋯⋯⋯⋯⋯⋯⋯⋯⋯ 3－168
移芝室古文十三卷續編一卷詩鈔三卷
　　⋯⋯⋯⋯⋯⋯⋯⋯⋯⋯⋯⋯⋯⋯ 3－376
移芝室古文十三卷續編一卷詩鈔三卷
　　⋯⋯⋯⋯⋯⋯⋯⋯⋯⋯⋯⋯⋯⋯ 3－376
移芝室古文十三卷續編一卷詩鈔三卷
　　⋯⋯⋯⋯⋯⋯⋯⋯⋯⋯⋯⋯⋯⋯ 3－376
移芝室古文十三卷續編一卷詩鈔三卷
　　⋯⋯⋯⋯⋯⋯⋯⋯⋯⋯⋯⋯⋯⋯ 3－376
移芝室古文十三卷續編一卷詩鈔三卷
　　⋯⋯⋯⋯⋯⋯⋯⋯⋯⋯⋯⋯⋯⋯ 3－376
移芝室古文十三卷續編一卷詩鈔三卷
　　⋯⋯⋯⋯⋯⋯⋯⋯⋯⋯⋯⋯⋯⋯ 3－376
移芝室古文讀本十三卷詩集讀本三
　　卷外集一卷首一卷思舊集一卷芟
　　餘草一卷 ⋯⋯⋯⋯⋯⋯⋯⋯⋯⋯ 3－377
移芝室古文讀本十三卷詩集讀本三
　　卷外集一卷首一卷思舊集一卷芟
　　餘草一卷 ⋯⋯⋯⋯⋯⋯⋯⋯⋯⋯ 3－377
移芝室古文讀本十三卷詩集讀本三
　　卷外集一卷首一卷思舊集一卷芟
　　餘草一卷 ⋯⋯⋯⋯⋯⋯⋯⋯⋯⋯ 3－377
移芝室古文讀本十三卷詩集讀本三
　　卷外集一卷首一卷思舊集一卷芟
　　餘草一卷 ⋯⋯⋯⋯⋯⋯⋯⋯⋯⋯ 3－377
移芝室詩集讀本三卷 ⋯⋯⋯⋯⋯⋯⋯ 3－376
動物學啟蒙八卷 ⋯⋯⋯⋯⋯⋯⋯⋯⋯ 2－353
笛漁小稿十卷 ⋯⋯⋯⋯⋯⋯⋯⋯⋯⋯ 3－212
笛漁小稿十卷 ⋯⋯⋯⋯⋯⋯⋯⋯⋯⋯ 3－212
笛漁小稿十卷 ⋯⋯⋯⋯⋯⋯⋯⋯⋯⋯ 3－212
笛漁小稿十卷 ⋯⋯⋯⋯⋯⋯⋯⋯⋯⋯ 3－212
笛漁小稿十卷 ⋯⋯⋯⋯⋯⋯⋯⋯⋯⋯ 3－212

笛漁小稿十卷 …………………… 3－212

笛漁小稿十卷 …………………… 3－213

笛漁小稿十卷 …………………… 3－213

笛漁小稿十卷 …………………… 3－213

笛漁小稿十卷 …………………… 3－213

笛漁小稿十卷 …………………… 3－213

笛漁小稿十卷 …………………… 3－213

笙雅堂文集四卷詩集十四卷 ……… 3－303

笙雅堂文集四卷詩集十四卷 ……… 3－303

笙雅堂文集四卷詩集十四卷竹南賦略

　　一卷易通一卷竹書紀年考證一卷

　　…………………………………… 3－303

笠翁一家言全集十六卷 …………… 3－230

笠翁一家言全集十六卷 …………… 3－230

笠翁一家言全集十六卷 …………… 3－230

笠翁別集□□卷 …………………… 3－230

笠翁偶集六卷 ……………………… 2－325

笠翁傳奇 …………………………… 3－441

笠翁傳奇 …………………………… 3－441

笠澤叢書七卷補遺一卷續補遺一卷 … 3－100

笥河文集十六卷首一卷 …………… 3－212

笥河文集十六卷首一卷 …………… 3－212

笥河詩集二十卷 …………………… 3－212

第一才子書六十卷一百二十回 …… 3－466

第一才子書六十卷一百二十回 …… 3－466

第一才子書六十卷一百二十回 …… 3－466

第一才子書六十卷一百二十回 …… 3－466

第一才子書六十卷一百二十回 …… 3－466

第一生修梅花館詞九卷 …………… 3－434

第一奇書 …………………………… 3－467

第一奇書 …………………………… 3－467

第二次保和會文件彙編 …………… 1－465

第八才子書白圭志四卷十六回 …… 3－472

第八才子書白圭志四卷十六回 …… 3－472

第九才子書平鬼傳四卷十回 ……… 3－473

第九才子書平鬼傳四卷十回 ……… 3－473

第九才子書平鬼傳四卷十回 ……… 3－473

第九才子書斬鬼傳四卷十回 ……… 3－473

第五才子書水滸傳七十五卷七十回

　　…………………………………… 3－464

第五才子書水滸傳七十五卷七十回

　　…………………………………… 3－464

第六才子書不分卷 ………………… 3－438

第六才子書西廂記八卷 …………… 3－438

第六弦溪文鈔四卷 ………………… 3－339

第六弦溪文鈔四卷 ………………… 3－339

第六弦溪文鈔四卷 ………………… 3－553

第四版中國地理教科書四卷 ……… 1－530

第四版中國地理教科書四卷 ……… 1－530

第四版中國地理教科書四卷 ……… 1－530

第四版中國地理教科書四卷 ……… 1－530

敏求軒述記十六卷 ………………… 1－297

敏果齋七種 ………………………… 3－497

敏果齋七種 ………………………… 3－497

敏果齋七種 ………………………… 3－497

敏果齋七種 ………………………… 3－497

[乾隆]偃師縣志三十卷首一卷 …… 2－21

偃曝談餘二卷嚴棲幽事一卷 ……… 2－365

偵探小說生死自由十六回 ………… 3－473

偶存集一卷援守井研記略一卷 …… 3－356

進士題名碑錄不分卷 ……………… 1－379

停科舉以廣學校等諭摺鈔 ………… 1－432

偏旁舉略一卷 ……………………… 1－167

貨布文字考四卷 …………………… 2－129

得一錄十六卷 ……………………… 1－423

得一錄十六卷 ……………………… 1－423

得一錄十六卷 ……………………… 1－423

得一錄十六卷 ……………………… 1－423

得一錄八卷 ………………………… 1－423

得一錄八卷 ………………………… 1－423

得一齋雜著四種 …………………… 2－103

得一齋雜著四種 …………………… 2－103

得一齋雜著四種 …………………… 2－103

得心集醫案六卷 …………………… 2－269

得閑山館文集二卷附錄一卷 ……… 3－379

得頤堂範言二卷 …………………… 2－214

得頤堂範言二卷 …………………… 2－214

從古堂款識學一卷 ………………… 2－122

從古堂款識學十六卷 ……………… 2－122

從戎紀略一卷 ……………………… 1－267

從戎紀略一卷 ……………………… 1－267

從戎紀略一卷 …………………… 1 – 267
從戎紀略一卷 …………………… 1 – 267
從戎紀略一卷 …………………… 1 – 267
從戎紀略一卷 …………………… 1 – 267
從吾所好齋詩鈔三卷 …………… 3 – 306
從吾所好齋詩鈔三卷 …………… 3 – 306
從祀先儒錄□□卷 ……………… 2 – 204
從征紀程七卷 …………………… 1 – 317
從宜家禮九卷 …………………… 1 – 75
從政遺規二卷 …………………… 1 – 439
從政遺規二卷 …………………… 1 – 439
從政遺規二卷 …………………… 1 – 440
從政遺規摘鈔二卷 ……………… 1 – 440
從政遺規摘鈔二卷 ……………… 1 – 440
從政遺規摘鈔二卷 ……………… 1 – 440
從政遺規摘鈔二卷 ……………… 1 – 440
船山史論 ………………………… 1 – 398
船山史論 ………………………… 1 – 398
船山史論 ………………………… 1 – 398
船山俟解一卷 …………………… 2 – 192
船山師友記十七卷首一卷 ……… 1 – 305
船山師友記十七卷首一卷 ……… 1 – 305
船山師友記十七卷首一卷 ……… 1 – 305
船山師友記十七卷首一卷 ……… 1 – 305
船山師友記十七卷首一卷 ……… 1 – 305
船山師友記十七卷首一卷 ……… 1 – 305
船山師友記十七卷首一卷 ……… 1 – 305
船山師友記十七卷首一卷 ……… 1 – 306
船山師友記十七卷首一卷 ……… 3 – 534
船山書院課藝初集八卷 ………… 3 – 52
船山詩草二十卷 ………………… 3 – 309
船山詩草二十卷 ………………… 3 – 309
船山詩草二十卷 ………………… 3 – 310
船山詩草二十卷 ………………… 3 – 310
船山詩草二十卷 ………………… 3 – 310
船山詩草二十卷 ………………… 3 – 310
船山詩選六卷 …………………… 3 – 309
船山遺書 ………………………… 3 – 512
船山遺書 ………………………… 3 – 512
船山遺書 ………………………… 3 – 513

船山遺書 ………………………… 3 – 513
船山遺書 ………………………… 3 – 513
船山遺書 ………………………… 3 – 513
船山遺書子集 …………………… 3 – 512
船政奏議彙編五十卷 …………… 1 – 495
船塢論略一卷 …………………… 2 – 319
釣磯立談一卷 …………………… 1 – 270
斜川集六卷 ……………………… 3 – 139
斜川集六卷 ……………………… 3 – 139
斜川集六卷附錄二卷 …………… 3 – 139
斜川集六卷附錄二卷 …………… 3 – 139
欲其自得之室學生日記四卷 …… 1 – 330
欲海回狂集三卷 ………………… 2 – 456
彩雲百詠二卷 …………………… 3 – 313
覓塵子內集正辨篇一卷 ………… 2 – 285
覓燈因話二卷 …………………… 3 – 459
鳥鼠山人小集十六卷後集二卷願學
　篇二卷可泉擬涯翁擬古樂府二卷
　擬漢樂府八卷 ………………… 3 – 165
鳥鼠山人小集十六卷後集二卷願學
　篇二卷可泉擬涯翁擬古樂府二卷
　擬漢樂府八卷 ………………… 3 – 165
鳥鼠山人小集四卷 ……………… 3 – 165
脫影奇觀三卷 …………………… 2 – 351
象山先生全集三十六卷 ………… 3 – 126
象山先生全集三十六卷 ………… 3 – 126
象山先生全集三十六卷 ………… 3 – 126
象山先生全集三十六卷 ………… 3 – 126
象台首末七卷附一卷 …………… 1 – 310
[乾隆]象州志四卷 ……………… 2 – 31
象州壽詩不分卷 ………………… 3 – 55
逸子書 …………………………… 2 – 172
逸周書十卷 ……………………… 1 – 271
逸周書十卷 ……………………… 1 – 271
逸周書十卷 ……………………… 1 – 271
逸周書十卷 ……………………… 1 – 271
逸周書十卷 ……………………… 1 – 271
逸周書校釋十一卷 ……………… 3 – 541
逸周書集訓校釋十卷逸文一卷 … 1 – 271
逸周書補注二十二卷首一卷末一卷 … 3 – 548
逸雅八卷 ………………………… 1 – 131

逸剩詩草二卷 …………………… 3 – 314
逸剩詩草二卷續鐫一卷 ………… 3 – 314
逸園印輯 ………………………… 2 – 340
逸語十卷 ………………………… 2 – 190
猗覺寮雜記二卷 ………………… 2 – 359
猗覺寮雜記二卷 ………………… 2 – 360
凰求鳳傳奇二卷 ………………… 3 – 441
猛回頭一卷 ……………………… 3 – 446
許氏育材學堂章程 ……………… 1 – 433
許氏說文解字雙聲疊韻譜一卷 … 1 – 158
許氏說文解字雙聲疊韻譜一卷 … 1 – 158
許氏說文解字雙聲疊韻譜一卷 … 1 – 158
許氏說文解字雙聲疊韻譜一卷 … 1 – 158
許氏說文解字雙聲疊韻譜一卷 … 3 – 544
許文正公遺書十二卷首一卷末一卷
………………………………… 3 – 150
許文正公遺書十二卷首一卷末一卷
………………………………… 3 – 150
許玉峰先生集三卷附錄一卷……… 3 – 298
許玉峰先生集三卷附錄一卷……… 3 – 298
許仙屏真書書譜 ………………… 2 – 334
許白雲先生文集四卷 …………… 3 – 150
許白雲先生文集四卷附錄一卷 … 3 – 150
許印林遺著一卷 ………………… 3 – 298
許自宏山水畫冊 ………………… 2 – 337
[道光]許州志十六卷首一卷 …… 2 – 19
許尚書奏摺一卷 ………………… 1 – 503
許秉彝鄉試硃卷 ………………… 3 – 297
許書轉註說音學五書叙一卷 …… 1 – 168
許鄭經文異同詁九卷 …………… 1 – 123
許魯齋先生年譜一卷 …………… 1 – 321
許魯齋先生年譜一卷 …………… 1 – 321
許學叢刻 ………………………… 1 – 143
許學叢刻 ………………………… 1 – 143
許學叢刻 ………………………… 1 – 143
許學叢刻 ………………………… 1 – 143
許學叢書 ………………………… 1 – 143
許籛壽鄉試硃卷 ………………… 3 – 298
訟過齋日記六卷 ………………… 2 – 367
麻田詩草八卷 …………………… 3 – 318
麻田詩草八卷 …………………… 3 – 319

麻田詩草八卷 …………………… 3 – 319
麻城書院學宮田畝匯冊 ………… 2 – 22
[光緒]麻城縣志五十六卷首一卷末一卷
………………………………… 2 – 22
[光緒]麻城縣志四十卷首一卷末一卷
………………………………… 2 – 22
麻科活人全書四卷 ……………… 2 – 284
麻科活人全書四卷 ……………… 2 – 284
麻科活人全書四卷 ……………… 2 – 284
麻科活人全書四卷 ……………… 2 – 284
麻科活人全書四卷 ……………… 2 – 284
麻科活人全書四卷 ……………… 2 – 284
[康熙]麻陽縣志十卷 …………… 2 – 52
庾子山年譜一卷庾集總釋一卷 …… 3 – 79
庾子山年譜一卷庾集總釋一卷 …… 3 – 79
庾子山年譜一卷庾集總釋一卷 …… 3 – 79
庾子山年譜一卷庾集總釋一卷 …… 3 – 79
庾子山年譜一卷庾集總釋一卷 …… 3 – 79
庾子山年譜一卷庾集總釋一卷 …… 3 – 79
庾子山年譜一卷庾集總釋一卷 …… 3 – 79
庾子山全集十卷 ………………… 3 – 79
庾子山全集十卷 ………………… 3 – 79
庾子山集十六卷 ………………… 3 – 79
庾子山集十六卷 ………………… 3 – 79
庾子山集十六卷 ………………… 3 – 79
庾子山集十六卷 ………………… 3 – 79
庾子山集十六卷 ………………… 3 – 79
庾子山集十六卷 ………………… 3 – 79
庾子山集十六卷 ………………… 3 – 79
庾開府集十二卷 ………………… 3 – 79
[康熙]袞州府志四十卷 ………… 1 – 546
庸吏庸言二卷 …………………… 1 – 441
庸吏庸言二卷庸吏餘談一卷 …… 1 – 441
庸言四卷 ………………………… 2 – 193
庸書二十卷唾居隨錄四卷玉山遺響六卷
………………………………… 3 – 308
庸書內篇二卷外篇二卷 ………… 2 – 374
庸書內篇二卷外篇二卷 ………… 2 – 374
庸書內篇二卷外篇二卷 ………… 2 – 374
庸書內篇二卷外篇二卷 ………… 2 – 374
庸書內篇二卷外篇二卷 ………… 2 – 374

庸書内篇二卷外篇二卷……………… 2－374

庸庵文外編四卷………………… 3－402

庸庵文外編四卷………………… 3－402

庸庵文編四卷…………………… 3－402

庸庵文編四卷…………………… 3－402

庸庵全集………………………… 3－528

庸庵全集………………………… 3－528

庸庵尚書奏議十六卷…………… 1－508

庸庵海外文編四卷……………… 3－402

庸庵海外文編四卷……………… 3－402

庸庵海外文編四卷……………… 3－402

庸庵海外文編四卷……………… 3－402

庸庵詩稿二卷…………………… 3－417

康節先生觀物篇解五卷斷訣篇一卷
　　　　　　　　　　　　　2－406

康解元外集三卷………………… 3－290

康熙甲子史館新刊古今通韻十二卷
　　　　　　　　　　　　　1－179

康熙字典十二集………………… 3－545

康熙字典十二集附備考一卷補遺一卷
　　………………………… 1－171

康熙字典十二集附備考一卷補遺一卷
　　………………………… 1－171

康熙字典十二集附備考一卷補遺一卷
　　………………………… 1－171

康熙字典十二集附備考一卷補遺一卷
　　………………………… 1－172

康熙字典十二集附備考一卷補遺一卷
　　………………………… 1－172

康熙字典十二集附備考一卷補遺一卷
　　………………………… 1－172

康熙字典十二集附備考一卷補遺一卷
　　………………………… 1－172

康熙字典十二集附備考一卷補遺一卷
　　………………………… 1－172

康熙字典十二集附備考一卷補遺一卷
　　………………………… 1－172

康熙字典十二集附備考一卷補遺一卷
　　………………………… 1－172

康熙字典十二集附備考一卷補遺一卷
　　………………………… 1－172

康熙字典十二集附備考一卷補遺一卷
　　………………………… 1－172

康熙字典十二集附備考一卷補遺一卷
　　………………………… 1－172

康熙字典十二集附備考一卷補遺一卷
　　………………………… 1－172

康熙字典十二集附備考一卷補遺一卷
　　………………………… 1－172

康熙字典十二集附備考一卷補遺一卷
　　………………………… 1－172

康熙字典十二集附備考一卷補遺一卷
　　………………………… 1－172

康熙字典十二集附備考一卷補遺一卷
　　………………………… 1－172

康熙字典十二集附備考一卷補遺一卷
　　………………………… 1－173

康熙字典十二集附備考一卷補遺一卷
　　………………………… 1－173

康熙字典十二集附備考一卷補遺一卷
　　………………………… 1－173

康熙字典十二集附備考一卷補遺一卷
　　………………………… 1－173

康熙字典十二集附備考一卷補遺一卷
　　………………………… 1－173

康熙字典十二集附備考一卷補遺一卷
　　………………………… 1－173

康熙字典十二集附備考一卷補遺一卷
　　………………………… 1－173

康熙字典十二集附備考一卷補遺一卷
　　………………………… 1－173

康熙政要二十四卷……………… 1－494

康熙幾暇格物編上三卷·············· 2－400
康對山先生文集十卷附錄一卷········ 3－170
康對山先生文集十卷附錄一卷········ 3－170
康對山先生集四十六卷·············· 3－170
康輶紀行十六卷···················· 2－74
康輶紀行十六卷···················· 2－74
康齋先生文集十二卷附錄一卷········ 3－163
康齋先生集十二卷首一卷············ 3－163
康齋先生集十二卷首一卷············ 3－163
康齋先生集十二卷首一卷············ 3－163
鹿氏家傳·························· 1－332
［乾隆］鹿邑縣志十二卷首一卷······ 2－18
［光緒］鹿邑縣志十六卷首一卷附鹿
　邑縣圖十二卷···················· 2－18
鹿忠節公年譜二卷·················· 1－322
鹿忠節公年譜二卷·················· 3－533
鹿忠節公集二十一卷················ 3－170
鹿忠節公集二十一卷················ 3－170
鹿洲公案二卷······················ 1－488
鹿洲全集·························· 3－366
鹿洲全集·························· 3－528
鹿洲全集·························· 3－528
鹿洲全集·························· 3－528
鹿洲全集·························· 3－528
鹿洲全集·························· 3－528
鹿洲全集·························· 3－528
鹿洲初集二十卷···················· 3－366
鹿鳴雅詠四卷首一卷················ 3－34
旌表事實姓氏錄不分卷·············· 1－300
裒碧齋詩五卷詞一卷雜文一卷········ 3－321
裒碧齋詩五卷詞一卷雜文一卷········ 3－321
裒碧齋詩五卷詞一卷雜文一卷········ 3－321
裒碧齋詩五卷詞一卷雜文一卷········ 3－321
裒碧齋詩五卷詞一卷雜文一卷········ 3－321
裒碧齋詩集一卷詞一卷·············· 3－321
裒碧齋詩集一卷詞一卷·············· 3－321
裒碧齋詩集一卷詞一卷·············· 3－321
裒碧齋詩集一卷詞一卷·············· 3－321
裒碧齋篋中書四卷·················· 3－62
章氏遺書·························· 3－520

章氏遺書·························· 3－520
章氏遺書·························· 3－520
章斗津先生年譜一卷················ 2－488
［道光］章丘縣志十六卷首一卷末一卷
　································ 1－546
章門萍約詩選······················ 3－32
章金牧文集························ 3－296
章圃文蛻八卷首一卷末一卷·········· 3－264
章雲李四書文一卷·················· 3－296
章實齋先生遺書六卷附錄一卷········ 3－296
章實齋先生遺書六卷附錄一卷········ 3－296
竟陵詩選十三卷續刻一卷補遺一卷
　································ 3－33
産孕集二卷························ 2－281
産孕集二卷························ 2－281
産孕集二卷························ 2－281
産孕集二卷························ 2－281
産科不分卷························ 2－289
産經二卷·························· 2－279
商子五卷·························· 2－219
商子五卷·························· 2－219
［乾隆］商水縣志十卷首一卷········ 2－18
商君書五卷························ 2－219
商君書五卷························ 2－219
商君書五卷························ 2－219
商君書五卷························ 2－219
商君書五卷························ 2－219
商君書五卷························ 2－219
商君書五卷························ 2－219
商君書五卷························ 2－219
商君書五卷························ 3－537
商務印書館華英字典················ 1－142
商務印書館華英字典················ 1－142
商務印書館華英字典················ 1－142
商辦廣西梧州鍊鍊廠寶大有限公司
　章程···························· 1－459
商辦廣西鐵路辦事公所簡章·········· 1－460
商辦漢鎮既濟水電有限公司章程······ 1－459
商鐙錄初集四卷二集四卷············ 3－476

望三益齋爐餘吟草二卷詞草一卷公
　餘吟草二卷歸田詩草一卷謝恩摺
　　子一卷雜體文四卷…………… 3－241
望山堂文集四卷 ………………………… 3－306
望山堂文集四卷 ………………………… 3－306
望山堂文集四卷 ………………………… 3－306
望山堂文集四卷 ………………………… 3－306
望古遙集詩存一卷 ……………………… 3－200
[乾隆]望江縣志八卷　………… 2－3
望星樓通書 ……………………………… 2－410
[乾隆]望都縣新志八卷 ………… 1－535
望堂金石文字不分卷 …………………… 2－118
望堂金石文字不分卷 …………………… 2－118
望雲寄廬讀史記臆說五卷帶星草堂
　詩鈔一卷 ……………………………… 3－360
望雲館文稿一卷詩稿一卷 ……………… 3－296
望雲館文稿一卷詩稿一卷 ……………… 3－296
望溪文集補遺一卷 ……………………… 3－189
望溪先生文偶鈔一卷 …………………… 3－189
望溪先生文集十八卷集外文十卷集
　外文補遺二卷 ………………………… 3－189
望溪先生文集十八卷集外文十卷集
　外文補遺二卷 ………………………… 3－189
望溪先生文集十八卷集外文十卷集
　外文補遺二卷 ………………………… 3－189
望溪先生文集十八卷集外文十卷集
　外文補遺二卷 ………………………… 3－189
望溪先生文集十八卷集外文十卷集
　外文補遺二卷 ………………………… 3－189
望溪先生文集十八卷集外文十卷集
　外文補遺二卷 ………………………… 3－189
望溪先生文集十八卷集外文十卷集
　外文補遺二卷 ………………………… 3－189
望溪先生文集十八卷集外文十卷集
　外文補遺二卷 ………………………… 3－189
望溪先生文集十八卷集外文十卷集
　外文補遺二卷 ………………………… 3－190
望溪集不分卷 …………………………… 3－189
望溪集不分卷 …………………………… 3－189
望溪集不分卷 …………………………… 3－189
望嶽樓詩二卷 …………………………… 3－212

率祖堂叢書 ……………………………… 3－510
率觚錄八卷 ……………………………… 3－390
率觚錄八卷 ……………………………… 3－390
情天寶鑒二十四卷 ……………………… 2－398
情天寶鑒二十四卷 ……………………… 2－398
情史類略二十四卷 ……………………… 3－458
情史類略二十四卷 ……………………… 3－458
情史類略二十四卷 ……………………… 3－458
惜抱先生尺牘八卷 ……………………… 3－273
惜抱先生尺牘八卷 ……………………… 3－273
惜抱先生尺牘八卷 ……………………… 3－273
惜抱先生尺牘八卷 ……………………… 3－273
惜抱先生尺牘八卷 ……………………… 3－273
惜抱先生尺牘八卷 ……………………… 3－274
惜抱先生尺牘八卷 ……………………… 3－274
惜抱先生尺牘八卷 ……………………… 3－274
惜抱先生尺牘八卷 ……………………… 3－274
惜抱先生尺牘補編二卷 ………………… 3－274
惜抱軒五言今體詩鈔九卷 ……………… 2－551
惜抱軒今體詩選十八卷 ………………… 2－547
惜抱軒今體詩選十八卷 ………………… 2－547
惜抱軒今體詩選十八卷 ………………… 2－547
惜抱軒今體詩選十八卷 ………………… 2－547
惜抱軒今體詩選十八卷 ………………… 2－547
惜抱軒今體詩選十八卷 ………………… 2－547
惜抱軒今體詩選十八卷 ………………… 2－547
惜抱軒今體詩選十八卷 ………………… 2－547
惜抱軒今體詩選十八卷 ………………… 2－550
惜抱軒尺牘一卷 ………………………… 3－553
惜抱軒全集 ……………………………… 3－519
惜抱軒全集 ……………………………… 3－519
惜抱軒全集 ……………………………… 3－519
惜抱軒全集 ……………………………… 3－519
惜抱軒全集 ……………………………… 3－519
惜抱軒全集 ……………………………… 3－519
惜抱軒全集 ……………………………… 3－519
惜抱軒書錄四卷 ………………………… 2－148

317

惜抱軒書錄四卷惜抱先生尺牘補編二卷

      ………………………… 3－553

惜抱軒筆記八卷 ………………… 2－387

惜抱軒筆記八卷 ………………… 2－387

惜抱軒筆記八卷 ………………… 2－387

惜抱軒詩鈔釋六卷 ……………… 3－273

惜陰軒叢書 ……………………… 3－493

惜陰軒叢書 ……………………… 3－493

惜陰書屋遺稿三卷 ……………… 3－327

惜陰堂印譜 ……………………… 2－342

惜硯錄三卷 ……………………… 3－22

惜硯錄三卷 ……………………… 3－22

惜餘初稿一卷 …………………… 3－400

惜餘鬢賦 ………………………… 3－193

惕齋經說四卷讀經校語二卷 …… 1－123

眷仙遺稿一卷刻翠集一卷 ……… 3－304

粗粗話一卷 ……………………… 2－201

剪桐載筆一卷 …………………… 3－156

剪綃集二卷 ……………………… 3－117

剪燈新話二卷 …………………… 3－459

剪燈新話二卷 …………………… 3－459

剪燈餘話三卷 …………………… 3－459

清十朝聖訓九百二十二卷 ……… 1－493

清十朝聖訓九百二十二卷 ……… 1－493

清十朝聖訓九百二十二卷 ……… 1－493

清十朝聖訓九百二十二卷 ……… 1－493

清人詩選一卷 …………………… 3－141

清文啟蒙四卷 …………………… 1－142

清文啟蒙四卷 …………………… 1－142

清文彙書十二卷 ………………… 1－142

清巴陵縣正堂公牘 ……………… 1－489

[乾隆]清水縣志十六卷 ………… 1－544

[道光]清平縣志六卷 …………… 2－39

清史一卷 ………………………… 1－268

清史攬要六卷 …………………… 1－239

清代名臣手札 …………………… 3－62

清代名臣致曾國藩信 …………… 3－62

清代名臣墓志銘傳狀不分卷 …… 1－305

清代名賢手札 …………………… 3－62

清代名賢手札不分卷 …………… 3－61

清代名賢手札不分卷 …………… 3－61

清代武進諸人事略一卷 ………… 1－305

清代湖南鄉試歷科題名錄不分卷 … 1－382

清白士集二十八卷 ……………… 3－295

清包安吳論書詩 ………………… 2－324

清同治三年吉中先字營名冊不分卷

      ………………………… 1－468

清同治元年至五年軍機處飭令兩江

    總督文件 ……………………… 1－476

清江西撫院奏議不分卷 ………… 1－495

清江詩萃二十卷補遺一卷 ……… 3－33

[同治]清江縣志十卷首一卷 …… 2－11

清安徽江蘇巡撫奏議不分卷 …… 1－504

清巡漕察院安徽巡撫公牘 ……… 1－476

清芬集十卷 ……………………… 3－44

清芬閣集十二卷 ………………… 3－210

清芬精舍小集三卷 ……………… 3－44

清芬樓遺稿四卷 ………………… 3－214

清芬樓遺稿四卷 ………………… 3－215

清芬樓遺稿四卷 ………………… 3－215

清足居集一卷蕉窗詞一卷 ……… 3－392

清足居集一卷蕉窗詞一卷 ……… 3－392

清吟堂集九卷 …………………… 3－275

清吟堂集九卷神功聖德詩一卷皇帝

    親平漠北頌一卷歸田集十四卷松

    亭行紀二卷 …………………… 3－275

清吟堂集九卷神功聖德詩一卷皇帝

    親平漠北頌一卷歸田集十四卷松

    亭行紀二卷 …………………… 3－275

清兵陣式圖 ……………………… 2－231

清兵戰陣操演圖 ………………… 2－231

[康熙]清苑縣志十二卷首一卷 … 1－534

[同治]清苑縣志十八卷首一卷 … 1－534

清兩江總督批示 ………………… 1－476

清抱居詩稿一卷 ………………… 3－328

清河書畫舫十二卷鑒古百一詩一卷

      ………………………… 2－322

清河書畫舫十二卷鑒古百一詩一卷

      ………………………… 2－322

清河書畫舫十二卷鑒古百一詩一卷

      ………………………… 2－322

清河書畫舫十二卷鑒古百一詩一卷

　　⋯⋯⋯⋯⋯⋯⋯⋯⋯⋯⋯⋯ 2－322

清河書畫舫十二卷鑒古百一詩一卷

　　⋯⋯⋯⋯⋯⋯⋯⋯⋯⋯⋯⋯ 2－322

清河書畫舫十二卷鑒古百一詩一卷

　　⋯⋯⋯⋯⋯⋯⋯⋯⋯⋯⋯⋯ 2－322

清河書畫舫十二卷鑒古百一詩一卷

　　⋯⋯⋯⋯⋯⋯⋯⋯⋯⋯⋯⋯ 2－322

清河書畫舫十二卷鑒古百一詩一卷

　　⋯⋯⋯⋯⋯⋯⋯⋯⋯⋯⋯⋯ 2－322

清河書畫舫十二卷鑒古百一詩一卷

　　⋯⋯⋯⋯⋯⋯⋯⋯⋯⋯⋯⋯ 2－322

清河偶鈔四卷 ⋯⋯⋯⋯⋯⋯⋯⋯⋯ 2－501

清河集七卷 ⋯⋯⋯⋯⋯⋯⋯⋯⋯⋯ 3－148

[光緒]清河縣志二十六卷 　⋯⋯⋯⋯ 1－552

[咸豐]清河縣志二十四卷首一卷附

　編一卷 ⋯⋯⋯⋯⋯⋯⋯⋯⋯⋯⋯ 1－552

清故定州直隸州知州馬佳君祠碑一卷

　　⋯⋯⋯⋯⋯⋯⋯⋯⋯⋯⋯⋯ 3－376

[同治]清泉縣志十卷首一卷末一卷

　　⋯⋯⋯⋯⋯⋯⋯⋯⋯⋯⋯⋯ 2－44

[乾隆]清泉縣志三十六卷首一卷 ⋯⋯ 2－44

清泉縣節孝志一卷 ⋯⋯⋯⋯⋯⋯⋯ 1－306

清食貨志四卷 ⋯⋯⋯⋯⋯⋯⋯⋯⋯ 1－442

清風易註四卷 ⋯⋯⋯⋯⋯⋯⋯⋯⋯ 1－15

清風易註四卷 ⋯⋯⋯⋯⋯⋯⋯⋯⋯ 1－15

清風易註四卷 ⋯⋯⋯⋯⋯⋯⋯⋯⋯ 1－15

清宣宗成皇帝大事奏疏六卷 ⋯⋯⋯⋯ 1－505

清華唱和集一卷 ⋯⋯⋯⋯⋯⋯⋯⋯ 3－59

清真集二卷集外詞一卷 ⋯⋯⋯⋯⋯ 3－427

清秘述聞十六卷 ⋯⋯⋯⋯⋯⋯⋯⋯ 1－383

清秘述聞十六卷槐廳載筆二十卷 ⋯⋯ 1－383

清秘述聞十六卷槐廳載筆二十卷 ⋯⋯ 1－383

清秘述聞十六卷槐廳載筆二十卷 ⋯⋯ 1－383

清秘述聞十六卷槐廳載筆二十卷 ⋯⋯ 1－383

清秘述聞再續三卷 ⋯⋯⋯⋯⋯⋯⋯ 1－383

清秘述聞續十六卷 ⋯⋯⋯⋯⋯⋯⋯ 1－383

清涼山小志一卷 　⋯⋯⋯⋯⋯⋯⋯ 2－78

清涼山志十卷 ⋯⋯⋯⋯⋯⋯⋯⋯⋯ 2－78

清涼山志十卷 ⋯⋯⋯⋯⋯⋯⋯⋯⋯ 2－78

清涼山志十卷 ⋯⋯⋯⋯⋯⋯⋯⋯⋯ 2－78

清異錄二卷 ⋯⋯⋯⋯⋯⋯⋯⋯⋯⋯ 2－397

清異錄二卷 ⋯⋯⋯⋯⋯⋯⋯⋯⋯⋯ 2－398

清異錄二卷 ⋯⋯⋯⋯⋯⋯⋯⋯⋯⋯ 2－505

清國史列傳殘本五卷 ⋯⋯⋯⋯⋯⋯ 1－296

清訟事宜十條一卷 ⋯⋯⋯⋯⋯⋯⋯ 1－483

清康熙三年東陽縣丈量魚鱗冊 ⋯⋯⋯ 1－455

清康熙朝政績士子所擬謝表匯鈔 ⋯⋯ 1－495

清涼山志十卷 ⋯⋯⋯⋯⋯⋯⋯⋯⋯ 3－534

清斯禪師語錄六卷 ⋯⋯⋯⋯⋯⋯⋯ 2－460

清朝刑律雜鈔不分卷 ⋯⋯⋯⋯⋯⋯ 1－486

清朝歷科狀元策一卷歷科狀元事考

　一卷歷科典試題名鼎甲錄清朝四

　卷明朝二卷 ⋯⋯⋯⋯⋯⋯⋯⋯⋯ 1－380

清欽差出使大臣諮文不分卷 ⋯⋯⋯⋯ 1－505

清尊集十六卷 　⋯⋯⋯⋯⋯⋯⋯⋯ 3－20

清尊集十六卷 　⋯⋯⋯⋯⋯⋯⋯⋯ 3－20

清尊集十六卷 　⋯⋯⋯⋯⋯⋯⋯⋯ 3－20

清曾國藩楊昌濬等書信 　⋯⋯⋯⋯⋯ 3－62

清遠堂文一卷 ⋯⋯⋯⋯⋯⋯⋯⋯⋯ 3－28

[光緒]清遠縣志十六卷首一卷 ⋯⋯⋯ 2－28

清閟閣全集十二卷 ⋯⋯⋯⋯⋯⋯⋯ 3－149

清閟閣全集十二卷 ⋯⋯⋯⋯⋯⋯⋯ 3－149

清閟閣遺稿十五卷 ⋯⋯⋯⋯⋯⋯⋯ 3－149

清暉閣贈貽尺牘二卷 ⋯⋯⋯⋯⋯⋯ 3－199

清照例例外各項支款清冊不分卷 ⋯⋯ 1－450

清雍正乾隆朝文武大臣奏議不分卷

　　⋯⋯⋯⋯⋯⋯⋯⋯⋯⋯⋯⋯ 1－495

清慎堂祖傳秘授各種仙方一卷 ⋯⋯⋯ 2－268

清嘉慶至光緒黔陽縣徵收地丁執照

　　⋯⋯⋯⋯⋯⋯⋯⋯⋯⋯⋯⋯ 1－454

清閨室經義不分卷 ⋯⋯⋯⋯⋯⋯⋯ 2－373

清閩浙爵督部堂營務處公牘 ⋯⋯⋯⋯ 1－476

清嘯閣詩草十六卷湘湄驪唱一卷嶽

　游草一卷 ⋯⋯⋯⋯⋯⋯⋯⋯⋯⋯ 3－283

清廣西按察使司浙江布政使司公牘

　不分卷 ⋯⋯⋯⋯⋯⋯⋯⋯⋯⋯⋯ 1－478

清綺軒詞選十三卷 ⋯⋯⋯⋯⋯⋯⋯ 3－425

清賢紀六卷 ⋯⋯⋯⋯⋯⋯⋯⋯⋯⋯ 2－363

清儀閣古印偶存 ⋯⋯⋯⋯⋯⋯⋯⋯ 2－341

清儀閣雜詠一卷 …………………… 3–306
清燕堂詩存一卷 …………………… 3–324
清歷代郡縣各名 …………………… 1–529
清釐竹荊寺志一卷 ………………… 2–54
清獻堂集十卷 ……………………… 3–385
清議報全編第一集四卷 …………… 2–372
清歡留縞一卷 ……………………… 3–28
清歡留縞一卷 ……………………… 3–28
清歡留縞一卷 ……………………… 3–28
清歡留縞一卷 ……………………… 3–28
清歡留縞一卷 ……………………… 3–28
清權堂集二十二卷 ………………… 3–160
清聽軒遺稿一卷 …………………… 3–359
凌烟閣功臣圖一卷 ………………… 2–338
凌雪軒詩六卷 ……………………… 3–288
淇園詩集四卷 ……………………… 3–343
[順治]淇縣志十卷圖考一卷 ………… 2–17
淇縣輿志圖說二卷 ………………… 2–72
[咸豐]淅川廳志四卷 ………………… 2–20
淞逸詩存一卷 ……………………… 3–279
[乾隆]涿州志二十二卷首一卷 …… 1–533
淑老軒經驗方一卷 ………………… 2–265
湔嗳存愚二卷 ……………………… 1–103
淮北票鹽志略十五卷 ……………… 1–448
淮北票鹽志略十五卷 ……………… 1–448
淮北票鹽志略十五卷 ……………… 1–448
淮北票鹽續略十二卷 ……………… 1–448
淮北票鹽續略十二卷 ……………… 1–449
[康熙]淮安府志十三卷 …………… 1–552
[光緒]淮安府志四十卷首一卷 …… 1–552
淮安郡城文渠志二卷 ……………… 2–97
淮安藝文志十卷 …………………… 2–143
[道光]淮城信今錄十卷 …………… 1–552
淮南子二十一卷 …………………… 2–357
淮南子二十一卷 …………………… 2–357
淮南子二十一卷 …………………… 2–357
淮南子二十一卷 …………………… 2–357
淮南子二十一卷 …………………… 2–357
淮南子二十一卷 …………………… 2–357
淮南子二十一卷 …………………… 2–357

淮南子二十一卷 …………………… 2–357
淮南子二十一卷 …………………… 2–357
淮南子二十一卷 …………………… 2–357
淮南子二十一卷 …………………… 2–357
淮南子二十一卷 …………………… 2–357
淮南子二十一卷 …………………… 2–357
淮南子二十一卷 …………………… 2–358
淮南子二十一卷 …………………… 2–358
淮南子二十一卷 …………………… 2–358
淮南子二十一卷 …………………… 2–358
淮南子二十一卷 …………………… 3–538
淮南子二十八卷 …………………… 2–358
淮南子正誤十二卷 ………………… 2–374
淮南子校註□□卷 ………………… 2–373
淮南天文訓補註二卷 ……………… 2–378
淮南天文訓補註二卷 ……………… 2–378
淮南天文訓補註二卷 ……………… 2–378
淮南天文訓補註二卷 ……………… 2–378
淮南天文訓補註二卷 ……………… 2–378
淮南天文訓補註二卷 ……………… 2–378
淮南天文訓補註二卷 ……………… 2–378
淮南天文訓補註二卷 ……………… 2–378
淮南許註異同詁四卷 ……………… 2–374
淮南許註異同詁四卷 ……………… 2–374
淮南許註異同詁四卷 ……………… 2–374
淮南許註異同詁四卷 ……………… 2–374
淮南許註異同詁四卷 ……………… 2–374
淮南許註異同詁四卷 ……………… 2–374
淮南許註鈎沈一卷 ………………… 2–478
淮南鴻烈解二十一卷 ……………… 2–357
淮南鴻烈解二十一卷 ……………… 2–357
淮南鴻烈解二十一卷 ……………… 2–357
淮南鴻烈解二十一卷 ……………… 2–357
淮南鴻烈解二十一卷 ……………… 2–357
淮南鴻烈解二十一卷 ……………… 2–358
淮南鴻烈解二十一卷 ……………… 2–358
淮南鴻烈解二十一卷 ……………… 2–358
淮南鴻烈解二十一卷 ……………… 2–358
淮南鴻烈解二十八卷 ……………… 2–358
淮南鴻烈解二十八卷 ……………… 2–358

淮南鴻烈解二十八卷⋯⋯⋯⋯⋯ 2－358

淮南鹽法紀略十卷⋯⋯⋯⋯⋯⋯ 1－448

淮南鹽法紀略十卷⋯⋯⋯⋯⋯⋯ 1－448

淮南鹽法紀略十卷⋯⋯⋯⋯⋯⋯ 1－448

淮軍平拈記十二卷⋯⋯⋯⋯⋯⋯ 1－250

淮軍平拈記十二卷⋯⋯⋯⋯⋯⋯ 1－250

淮軍平拈記十二卷⋯⋯⋯⋯⋯⋯ 1－250

淮海先生年譜一卷⋯⋯⋯⋯⋯⋯ 1－321

淮海集十七卷後集二卷淮海詞一卷

　　⋯⋯⋯⋯⋯⋯⋯⋯⋯⋯⋯⋯ 3－123

淮海集四十卷後集六卷長短句三卷

　　⋯⋯⋯⋯⋯⋯⋯⋯⋯⋯⋯⋯ 3－122

淮海集四十卷後集六卷長短句三卷

　　⋯⋯⋯⋯⋯⋯⋯⋯⋯⋯⋯⋯ 3－122

淮海集四十卷後集六卷長短句三卷

　　⋯⋯⋯⋯⋯⋯⋯⋯⋯⋯⋯⋯ 3－123

淮海集四十卷後集六卷長短句三卷

　　⋯⋯⋯⋯⋯⋯⋯⋯⋯⋯⋯⋯ 3－123

淮海集四十卷首一卷附錄一卷後集

　　六卷長短句三卷首一卷⋯⋯⋯ 3－123

淮海集四十卷首一卷附錄一卷後集

　　六卷長短句三卷首一卷⋯⋯⋯ 3－123

淮海集四十卷首一卷附錄一卷後集

　　六卷長短句三卷首一卷⋯⋯⋯ 3－123

淮海集四十卷首一卷附錄一卷後集

　　六卷長短句三卷首一卷⋯⋯⋯ 3－123

淮海集四十卷首一卷附錄一卷後集

　　六卷長短句三卷首一卷⋯⋯⋯ 3－123

淮海集四十卷首一卷附錄一卷後集

　　六卷長短句三卷首一卷⋯⋯⋯ 3－123

淮海詠歸一卷 ⋯⋯⋯⋯⋯⋯⋯⋯ 3－30

淮揚水利圖說 ⋯⋯⋯⋯⋯⋯⋯⋯ 2－96

淮揚水利圖說 ⋯⋯⋯⋯⋯⋯⋯⋯ 2－96

淮揚水利圖說一卷 ⋯⋯⋯⋯⋯⋯ 2－96

[道光]淮寧縣志二十七卷⋯⋯⋯ 2－18

淮鹺駁案類編八卷⋯⋯⋯⋯⋯⋯ 1－448

淮鹺駁案類編八卷⋯⋯⋯⋯⋯⋯ 1－448

淮鹽備要十卷⋯⋯⋯⋯⋯⋯⋯⋯ 1－448

淮鹽備要十卷⋯⋯⋯⋯⋯⋯⋯⋯ 1－448

淮鹽備要十卷⋯⋯⋯⋯⋯⋯⋯⋯ 1－448

淮鹽新綱章程⋯⋯⋯⋯⋯⋯⋯⋯ 1－448

淫熱反克之病一卷⋯⋯⋯⋯⋯⋯ 2－275

淨土十疑論一卷⋯⋯⋯⋯⋯⋯⋯ 2－444

淨土十疑論一卷⋯⋯⋯⋯⋯⋯⋯ 2－444

淨土四經⋯⋯⋯⋯⋯⋯⋯⋯⋯⋯ 2－420

淨土四經⋯⋯⋯⋯⋯⋯⋯⋯⋯⋯ 2－420

淨土生無生論一卷⋯⋯⋯⋯⋯⋯ 2－454

淨土指歸集二卷⋯⋯⋯⋯⋯⋯⋯ 2－448

淨土津梁⋯⋯⋯⋯⋯⋯⋯⋯⋯⋯ 2－420

淨土津梁⋯⋯⋯⋯⋯⋯⋯⋯⋯⋯ 2－420

淨土聖賢略錄二卷⋯⋯⋯⋯⋯⋯ 2－463

淨土聖賢錄九卷續編四卷⋯⋯⋯ 2－463

淨土經偈⋯⋯⋯⋯⋯⋯⋯⋯⋯⋯ 2－420

淨土經論⋯⋯⋯⋯⋯⋯⋯⋯⋯⋯ 2－421

淨德集三十八卷⋯⋯⋯⋯⋯⋯⋯ 3－117

淨德集三十八卷⋯⋯⋯⋯⋯⋯⋯ 3－117

淳化帖釋文十卷⋯⋯⋯⋯⋯⋯⋯ 2－327

淳化秘閣法帖考正十二卷⋯⋯⋯ 2－324

淳化秘閣法帖考正十二卷⋯⋯⋯ 2－324

淳化秘閣法帖考正十卷附二卷⋯ 2－324

淳化秘閣法帖考正十卷附二卷⋯ 2－324

淳化秘閣法帖考正十卷附二卷⋯ 2－324

淳化秘閣法帖考正十卷附二卷⋯ 2－324

淳化閣帖十卷⋯⋯⋯⋯⋯⋯⋯⋯ 2－332

淳化閣帖釋文二卷⋯⋯⋯⋯⋯⋯ 2－324

淳化閣帖釋文二卷⋯⋯⋯⋯⋯⋯ 2－324

淳化閣帖釋文二卷⋯⋯⋯⋯⋯⋯ 2－324

淳化閣帖釋文二卷⋯⋯⋯⋯⋯⋯ 2－324

淳化閣帖釋文十卷⋯⋯⋯⋯⋯⋯ 2－328

淳化閣帖釋文十卷⋯⋯⋯⋯⋯⋯ 2－328

淳化閣帖釋文十卷⋯⋯⋯⋯⋯⋯ 2－328

淳化閣帖釋文十卷⋯⋯⋯⋯⋯⋯ 2－328

淳化閣帖釋文十卷⋯⋯⋯⋯⋯⋯ 2－328

淳化閣帖釋文十卷⋯⋯⋯⋯⋯⋯ 2－328

淳化閣帖釋文十卷⋯⋯⋯⋯⋯⋯ 2－328

[光緒]淳安縣志十六卷首一卷 ⋯⋯ 2－4

[同治]淡水廳志十五卷 ⋯⋯⋯⋯ 2－16

淡仙詩鈔四卷詞鈔四卷賦鈔一卷文

　　鈔一卷⋯⋯⋯⋯⋯⋯⋯⋯⋯ 3－388

淡芭菇栽制法一卷⋯⋯⋯⋯⋯⋯ 2－241

淡吟稅賦鈔四卷試帖一卷⋯⋯⋯ 3－388

淡香樓詩草一卷 …………………… 3－356
淡香樓詩鈔題辭七卷續刻一卷 ……… 3－356
淡庵花卉冊 ……………………………… 2－338
淡園文集一卷 …………………………… 3－371
淡園文集一卷附錄一卷 ………………… 3－278
淡園文集一卷附錄一卷 ………………… 3－278
淡廬軒存稿一卷試帖一卷 ……………… 3－354
淡墨錄十六卷 …………………………… 1－430
淡靜齋文鈔六卷文鈔外篇二卷詩鈔六卷
　　　…………………………………… 3－414
淡藕軒詩初稿四卷詞一卷 ……………… 3－314
[道光]深州直隸州志十卷首一卷末一卷
　　　…………………………………… 1－534
深州風土記二十二卷 …………………… 1－534
梁氏癸卯糧冊簿 ………………………… 1－492
梁昭明文選十二卷 ……………………… 2－523
梁昭明文選十二卷 ……………………… 2－523
梁祠圖書館章程一卷 …………………… 1－434
梁書五十六卷 …………………………… 1－207
梁書五十六卷 …………………………… 1－207
梁書五十六卷 …………………………… 1－207
梁書五十六卷 …………………………… 1－207
梁書五十六卷 …………………………… 1－207
梁書五十六卷 …………………………… 1－207
梁書五十六卷 …………………………… 1－207
梁書五十六卷 …………………………… 1－207
梁書五十六卷 …………………………… 1－207
梁書五十六卷 …………………………… 1－207
梁書五十六卷 …………………………… 1－207
梁書五十六卷 …………………………… 1－207
梁書五十六卷 …………………………… 1－207
梁陶貞白先生文集二卷 ………………… 3－78
梁程十四局一卷 ………………………… 2－350
梁稚非遺詩一卷遺文一卷 ……………… 3－295
梁稚非遺詩一卷遺文一卷 ……………… 3－295
梁稚非遺詩一卷遺文一卷 ……………… 3－295
梁稚非遺詩一卷遺文一卷 ……………… 3－295
梁稚非遺詩一卷遺文一卷 ……………… 3－296
梁煥奎鄉試硃卷 ………………………… 3－295
梁溪先生文集一百八十卷附錄一卷
　　　…………………………………… 3－116

梁溪先生文集一百八十卷附錄三卷
　　　…………………………………… 3－116
梁溪詩鈔五十八卷 ……………………… 3－30
梁慶冠鄉試硃卷 ………………………… 3－296
梁鵬翥鄉試硃卷 ………………………… 3－296
梁寶湘鄉試硃卷 ………………………… 3－296
淥江書院志六卷首一卷 ………………… 2－59
淥江書院志六卷首一卷 ………………… 2－59
淥江詩存二十四卷 ……………………… 3－35
淥江橋志四卷 …………………………… 2－62
淥江橋志四卷 …………………………… 2－62
淥江橋志四卷 …………………………… 2－62
淥江橋志四卷 …………………………… 2－62
涵芬樓古今文鈔一百卷 ………………… 2－542
涵芬樓古今文鈔一百卷 ………………… 2－542
涵芬樓古今文鈔一百卷 ………………… 2－542
涵芬樓古今文鈔小傳四卷首一卷附
　　錄一卷 ……………………………… 2－542
涵村詩集十卷 …………………………… 3－278
涵村詩集十卷 …………………………… 3－278
涵村詩集十卷 …………………………… 3－278
涵村詩集十卷 …………………………… 3－278
涵村詩集十卷 …………………………… 3－278
涵通樓師友文鈔 ………………………… 2－517
涵鑒齋文錄一卷 ………………………… 3－281
[乾隆]淄川縣志十卷 …………………… 1－547
寇忠愍公詩集三卷 ……………………… 3－124
寇忠愍公詩集三卷 ……………………… 3－125
寄青霞館弈選八卷續八卷 ……………… 2－349
寄青霞館弈選八卷續八卷 ……………… 2－349
寄青齋詩稿一卷詞稿一卷 ……………… 3－286
寄思齋藏稿十四卷補遺一卷 …………… 3－222
寄傲山房塾課新增幼學故事瓊林四
　　卷首一卷 …………………………… 2－201
寄傲軒詩草二卷 ………………………… 3－373
寄傲軒詩草二卷 ………………………… 3－373
寄傲軒詩草二卷 ………………………… 3－373
寄傲軒讀書隨筆十卷續筆六卷三筆六卷
　　　…………………………………… 2－385
寄園寄所寄十二卷 ……………………… 3－461
寄園寄所寄十二卷 ……………………… 3－461

寄嶽雲齋初稿十卷補遺一卷回文賦
　　一卷二集一卷 …………………… 3－366
寄嶽雲齋試體詩選二卷 ……………… 3－366
寄嶽雲齋試體詩選二卷 ……………… 3－366
寄嶽雲齋試體詩選二卷 ……………… 3－366
寄嶽雲齋試體詩選詳註四卷 ………… 3－366
寄嶽雲齋試體詩選詳註四卷 ………… 3－366
寄嶽雲齋試體詩選詳註四卷 ………… 3－366
寄嶽雲齋試體詩選詳註四卷 ………… 3－366
寄嶽雲齋試體詩選詳註四卷 ………… 3－366
寄鴻堂文集四卷 …………………… 3－224
寄鴻堂文集四卷 …………………… 3－224
寄廬詞存二卷 ……………………… 3－433
寄廬詞存二卷 ……………………… 3－433
寄懷草詩二卷 ……………………… 3－366
寄鷗館梅花百詠一卷 ……………… 3－328
寄龕文存四卷 ……………………… 3－285
[光緒]宿州志三十六卷首一卷 ……… 2－2
宿州知州公牘 ……………………… 1－478
[道光]宿松縣志二十八卷 ………… 2－3
[同治]宿遷縣志十九卷 …………… 1－552
窰器說一卷 ………………………… 2－352
密印三修傳燈宗譜十五卷首一卷 …… 2－463
密印三修傳燈宗譜十五卷首一卷 …… 2－463
[嘉慶]密縣志十六卷首一卷 ……… 2－17
啟悟初津一卷 ……………………… 2－317
啟雋類函一百卷 …………………… 2－487
啟雋類函一百卷目錄九卷 ………… 2－487
啟蒙對話便讀三字錦二卷 ………… 2－501
啟禎宮詞二卷 ……………………… 3－17
視學不分卷 ………………………… 2－302
尉山堂稿十四卷 …………………… 3－356
[道光]尉氏縣志二十卷首一卷 …… 2－17
張三丰先生全集不分卷 …………… 2－471
張三殺豬得道成仙全本一卷 ……… 3－449
張大司馬奏稿四卷 ………………… 1－503
張大司馬奏稿四卷 ………………… 1－503
張大司馬奏稿四卷 ………………… 1－503
張大司馬奏稿四卷 ………………… 1－503
張大司馬奏稿四卷 ………………… 1－503

張大司馬奏稿四卷 ………………… 1－503
張之易貢卷 ………………………… 3－303
張子正蒙二卷 ……………………… 2－186
張子正蒙二卷 ……………………… 2－192
張子正蒙二卷 ……………………… 2－200
張子正蒙註九卷 …………………… 2－192
張子全書 …………………………… 3－510
張子全書十五卷 …………………… 2－186
張子全書十五卷 …………………… 2－186
張子全書十五卷 …………………… 2－186
張子全書十五卷 …………………… 2－186
張子全書十五卷 …………………… 2－186
張子全書十四卷 …………………… 2－186
張天澤貢卷 ………………………… 3－304
張中丞奏議四卷 …………………… 1－504
張中躔貢卷 ………………………… 3－304
張公襄理軍務紀略六卷 …………… 3－533
張氏公羊二種六卷 ………………… 1－93
張氏詩紀不分卷 …………………… 1－42
張氏藏書 …………………………… 2－351
張氏醫通十六卷 …………………… 2－249
張氏醫通十六卷目錄一卷 ………… 2－249
張文端集 …………………………… 3－522
張文端集 …………………………… 3－522
張文毅公奏稿八卷 ………………… 1－503
張文毅公奏稿八卷 ………………… 1－503
張文毅公奏稿八卷 ………………… 1－503
張文毅公奏稿八卷 ………………… 1－503
張文毅公奏稿八卷 ………………… 1－503
張文襄公手札不分卷 ……………… 3－304
張文襄公詩集四卷 ………………… 3－304
張文襄幕府紀聞二卷 ……………… 1－268
張文襄幕府紀聞二卷 ……………… 3－548
張世準致劉坤一書信 ……………… 3－305
張右史文集六十卷 ………………… 3－125
張弘山先生集四卷 ………………… 3－172
張百均鄉試硃卷 …………………… 3－305
張百揆殿試策 ……………………… 3－305
張百熙殿試卷 ……………………… 3－305
張曲沃年譜一卷傳一卷 …………… 1－325
張廷玉奏疏十卷 …………………… 1－503

張仲景傷寒論原文淺註六卷 ···········2－274
張仲景傷寒論原文淺註六卷 ···········2－274
張仲景傷寒論原文淺註六卷 ···········2－274
張仲景傷寒論貫珠集八卷 ·············2－272
張江陵書牘 ·······························3－541
張亨甫全集詩集二十七卷文集六卷
  ···3－312
張亨甫詩選二卷 ·······················3－312
張叔未解元所藏金石文字一卷 ·······2－116
張忠敏公遺集十卷首一卷附錄六卷
  ···3－172
張忠敏公遺集十卷首一卷附錄六卷
  ···3－172
張官湖文華書院課卷 ·················3－306
張亟齋遺集六卷 ·······················3－306
張茯年鄉試卷 ··························3－308
張宣公全集 ·····························3－510
張宣公全集 ·····························3－510
張宣公全集 ·····························3－510
張祖綸殿試卷 ··························3－308
張勇烈公神道碑 ·······················1－314
張勇烈公神道碑 ·······················1－314
張晉康買田契約 ·······················1－492
張皋文箋易詮全集 ····················1－20
張皋文箋易詮全集 ····················1－20
張皋文箋易詮全集 ····················1－20
張宮保奏約束出洋游學章程并鼓勵
  游學生章程摺一卷 ·················1－431
張陸二先生批語戰國策鈔四卷 ·······1－392
張得天先生草書千字文 ···············2－334
張達萬鄉試硃卷 ·······················3－311
張斯桂文鈔 ·····························3－310
張敬堂太史遺書 ·······················1－9
張湘門先生詩稿二卷 ·················3－314
張蒼水全集十二卷附錄四卷補遺一卷
  ···3－172
張蒼水全集十二卷附錄四卷補遺一卷
  ···3－172
張楊園先生年譜一卷附錄一卷 ·······1－326
張楊園先生年譜五卷 ·················1－326
張楊園先生集 ··························3－522

張照行書手冊 ··························2－334
張照楷書 ·······························2－334
張廉卿墨迹 ·····························2－334
張壽衡鄉試硃卷 ·······················3－312
張熙焯鄉試硃卷 ·······················3－312
張廣榮鄉試硃卷 ·······················3－313
張燕公集二十五卷 ····················3－98
張龍湖先生文集十五卷 ···············3－171
張龍湖先生文集十五卷 ···············3－171
張襄惠公輯略一卷 ····················3－172
張謇批選四書義六卷續六卷 ·········1－108
張鎮鄉試硃卷 ··························3－314
隋書八十五卷 ··························1－210
隋書八十五卷 ··························1－210
隋書八十五卷 ··························1－210
隋書八十五卷 ··························1－211
隋書八十五卷 ··························1－211
隋書八十五卷 ··························1－211
隋書八十五卷 ··························1－211
隋書八十五卷 ··························1－211
隋書八十五卷 ··························1－211
隋書地理志考證九卷 ·················1－519
隋書地理志考證九卷補一卷 ·········1－519
隋書地理志考證九卷補一卷 ·········1－520
隋經籍志考證十三卷 ·················2－135
隋經籍志考證十三卷 ·················2－135
隋經籍志考證十三卷 ·················2－135
隋經籍志考證十三卷 ·················2－136
隋經籍志考證十三卷 ·················2－136
隋經籍志考證十三卷 ·················2－136
隋經籍志考證十三卷 ·················2－136
隋經籍志考證十三卷 ·················2－136
隋經籍志考證十三卷 ·················2－136
［乾隆］郿縣志十八卷首一卷 ········1－541
［光緒］階州直隸州續志三十三卷首一卷
  ···1－544
陽山叢牘一卷 ··························1－475
［道光］陽曲縣志十六卷 ···········1－535
陽宅三要四卷 ··························2－418
陽明先生文集十六卷目錄二卷 ·······3－155
陽明先生文集十六卷目錄二卷 ·······3－155
陽明先生文集十六卷目錄二卷 ·······3－155

陽明先生文集十六卷目錄二卷········ 3－155
陽明先生文集十六卷目錄二卷········ 3－155
陽明先生文集十六卷目錄二卷········ 3－155
陽明先生文粹十一卷 ············· 3－155
陽明先生文錄十七卷外集九卷 ······· 3－155
陽明先生年譜二卷 ··············· 1－321
陽明先生年譜二卷 ··············· 1－321
陽明先生別錄十二卷 ············· 3－155
陽明先生集要 ·················· 3－511
陽明先生集要 ·················· 3－511
陽明先生集要三編十五卷 ··········· 3－155
陽明先生集要三編十五卷 ··········· 3－155
陽明先生集要三編十五卷年譜一卷

················· 3－155
陽明先生集要三編十五卷年譜一卷

················· 3－155
陽明先生集要三編十五卷年譜一卷

················· 3－155
陽明先生集要三編十五卷年譜一卷

················· 3－155
陽明先生詩集不分卷附邵羿邨刺史論附

················· 3－155
陽明按索五卷首一卷 ············· 2－415
[乾隆]陽春縣志十四卷 ············ 2－30
[乾隆]陽城縣志十六卷 ··········· 1－537
陽穀殉難事實 ·················· 1－316
陽穀殉難事實 ·················· 1－316
陽穀殉難事實 ·················· 1－316
陽穀殉難事實 ·················· 1－316
隆平集二十卷 ·················· 3－130
隆平集二十卷 ·················· 3－130
隆平集二十卷 ·················· 3－130
[同治]隆昌縣志四十二卷首一卷 ···· 2－36
婦人集註一卷 ·················· 3－320
婦人集註一卷 ·················· 3－320
婦人集補一卷 ·················· 3－320
婦人集補一卷 ·················· 3－320
婦科不分卷 ···················· 2－289
婦科藥方不分卷 ················ 2－268
婦嬰至寶四種 ·················· 2－243
婦嬰新說一卷 ·················· 2－288

婦嬰新說一卷 ·················· 2－288
婦嬰新說一卷 ·················· 2－288
婦嬰新說一卷 ·················· 2－288
婦嬰新說一卷 ·················· 2－288
習苦齋畫絮十卷 ················ 2－331
習苦齋畫絮十卷 ················ 2－331
習苦齋畫絮十卷 ················ 2－331
習苦齋畫絮十卷 ················ 2－331
習苦齋畫絮十卷 ················ 2－331
習苦齋畫絮十卷 ················ 2－331
習苦齋畫絮十卷 ················ 2－331
習苦齋詩集八卷古文四卷 ··········· 3－365
習靜齋詩鈔二卷 ················ 3－279
習學記言五十卷 ················ 2－394
廖莫子集四卷雜識一卷 ············ 3－271
廖莫子集四卷雜識一卷 ············ 3－271
參化仙談雲樓詩集□□卷 ··········· 2－474
參同契分節秘解三卷 ············· 2－472
參同契闡幽二卷 ················ 2－472
參同契闡幽三卷 ················ 2－472
參訂左氏始末不分卷 ············· 1－91
參寥子詩集十二卷 ··············· 3－131
參讀禮志疑二卷 ················ 1－70
貫華堂註釋第六才子書六卷六才子

書制藝一卷 ················ 3－438
貫華堂註釋第六才子書六卷六才子

書制藝一卷 ················ 3－438
貫華堂選批唐才子詩甲集七言律八卷

················· 3－6
鄉賢祀紀事二卷首一卷 ············ 2－61
鄉黨義考七卷 ·················· 1－121
鄉黨圖考十卷 ·················· 1－118
鄉黨圖考十卷 ·················· 1－118
鄉黨圖考十卷 ·················· 1－118
鄉黨圖考十卷 ·················· 1－118
鄉黨圖考十卷 ·················· 1－118
鄉黨圖考十卷 ·················· 1－118
鄉黨圖考十卷 ·················· 1－118
鄉黨輯要二卷圖一卷 ············· 1－127
紺珠集不分卷 ·················· 2－398

紺雪齋集印譜 …………………… 2 - 342

紹衣錄一卷 ………………………… 1 - 333

紹衣錄一卷 ………………………… 1 - 333

紹興先正遺書 …………………… 3 - 507

紹興先正遺書 …………………… 3 - 507

[乾隆]紹興府志八十卷 ………… 2 - 6

巢氏諸病源候總論五十卷 …… 2 - 246

巢林筆談六卷續編二卷 ……… 2 - 379

巢林集七卷 ……………………… 3 - 217

巢雲軒詩草二卷越吟草一卷 … 3 - 264

巢睫吟稿二卷 …………………… 3 - 308

巢溪詩草四卷 …………………… 3 - 206

巢溪詩草四卷 …………………… 3 - 206

巢溪詩草四卷 …………………… 3 - 207

巢溪詩草四卷 …………………… 3 - 207

巢經巢詩鈔九卷後集四卷 …… 3 - 379

巢經巢詩鈔九卷後集四卷 …… 3 - 379

巢經巢詩鈔九卷後集四卷 …… 3 - 379

巢經巢遺文五卷詩鈔後集四卷鼻氏
　　爲鍾圖說一卷 ……………… 3 - 379

[道光]巢縣志二十卷首一卷 …… 2 - 2

十二畫

貳友山房詩賸一卷 ……………… 3 - 232

貳臣傳十二卷 …………………… 1 - 296

貳臣傳十二卷 …………………… 1 - 296

貳臣傳八卷 ……………………… 1 - 296

貳臣傳八卷 ……………………… 1 - 296

絜園詩鐘一卷 …………………… 3 - 476

絜園詩鐘一卷 …………………… 3 - 476

絜園詩鐘一卷 …………………… 3 - 476

絜園詩鐘一卷 …………………… 3 - 476

絜齋毛詩經筵講義四卷 ……… 1 - 41

絜齋毛詩經筵講義四卷 ……… 1 - 41

絜齋文集二十四卷 ……………… 3 - 123

絜齋集二十四卷 ………………… 3 - 123

絜齋集二十四卷 ………………… 3 - 123

絜齋集二十四卷 ………………… 3 - 123

絜齋集二十四卷 ………………… 3 - 123

琵琶記三卷 ……………………… 3 - 439

琵琶譜三卷 ……………………… 2 - 345

[道光]琴川志註草十二卷首一卷續
　　志十卷補志二卷 …………… 1 - 549

琴旨申丘一卷 …………………… 2 - 348

琴旨申丘一卷 …………………… 2 - 348

琴志樓叢書 ……………………… 3 - 530

琴音記二卷蓮飲集濠上吟稿一卷 …… 2 - 348

琴洲詞鈔二卷 …………………… 3 - 433

琴海集二卷 ……………………… 3 - 316

琴堂判事錄八卷 ………………… 1 - 488

琴堂詩略四卷 …………………… 3 - 370

琴堂詩略四卷 …………………… 3 - 370

琴源山房遺詩六卷 ……………… 3 - 222

琴源山房遺詩六卷 ……………… 3 - 222

琴源山房遺詩六卷 ……………… 3 - 222

琴源山房遺詩六卷 ……………… 3 - 222

琴語堂雜體文續一卷 …………… 3 - 230

琴餘遺草一卷 …………………… 3 - 370

琴學入門二卷 …………………… 2 - 347

琴學入門二卷 …………………… 2 - 347

琴學入門二卷 …………………… 2 - 347

琴學入門二卷 …………………… 2 - 347

琴學入門二卷 …………………… 2 - 347

琴學入門二卷 …………………… 2 - 347

琴學入門二卷 …………………… 2 - 347

琴學入門二卷 …………………… 2 - 347

琴隱園詩集三十六卷詞集四卷 …… 3 - 334

琴譜 ……………………………… 2 - 348

琴譜合璧不分卷 ………………… 2 - 344

琴譜新聲六卷附一卷 …………… 2 - 347

琴譜諧聲六卷 …………………… 2 - 346

琴譜諧聲六卷 …………………… 2 - 346

琴鶴堂印譜 ……………………… 2 - 343

琴鶴堂印譜 ……………………… 2 - 343

琳琅明隱秘方集不分卷 ……… 2 - 265

琳琅秘室叢書 …………………… 3 - 495

琳齋詩稿□□卷 ………………… 3 - 197

瑯嬛文集六卷 …………………… 3 - 172

堯山堂外紀一百卷 ……………… 2 - 394

堯峰文鈔四十卷詩十卷 ……… 3 - 219

堯峰文鈔四十卷詩十卷……………… 3-219
堯峰文鈔四十卷詩十卷……………… 3-219
堯峰文鈔四十卷詩十卷……………… 3-220
塔爾巴哈台事宜四卷………………… 1-545
項太史全稿不分卷…………………… 3-350
項城袁氏家集………………………… 3-510
[宣統]項城縣志三十二卷首一卷 …… 2-19
越中文獻輯存書……………………… 3-507
越中金石記十卷目二卷……………… 2-113
越言釋二卷…………………………… 1-141
越事備考十一卷首一卷……………… 2-164
越南亡國史一卷……………………… 2-164
越南亡國史一卷……………………… 2-164
越南地輿圖說六卷首一卷…………… 2-107
越南地輿圖說六卷首一卷…………… 2-107
越南地輿圖說六卷首一卷…………… 2-107
越南地輿圖說六卷首一卷…………… 2-107
越南地輿圖說六卷首一卷…………… 2-108
越南地輿圖說六卷首一卷…………… 2-108
越南地輿圖說六卷首一卷…………… 2-108
越南地輿圖說六卷首一卷…………… 2-108
越南輯略二卷………………………… 2-164
越南輯略二卷………………………… 2-164
越南輯略二卷………………………… 2-164
越絕書十五卷………………………… 1-269
越絕書十五卷………………………… 1-269
越絕書十五卷………………………… 1-269
[光緒]越巂廳志十二卷 ……………… 2-38
越巂采風錄四卷 …………………… 3-53
越諺三卷越諺勝語二卷……………… 1-141
越諺三卷越諺勝語二卷……………… 1-141
越縵堂駢體文四卷散體文一卷……… 3-230
超脱真詮一卷………………………… 2-457
博山老人剩錄六卷…………………… 2-448
博山和尚歸正錄二卷………………… 2-448
博物新編三卷………………………… 2-291
博物新編三卷………………………… 2-291
博物新編三卷………………………… 2-291
博物新編三卷………………………… 2-291
博約堂文鈔十一卷瑞芝室家傳一卷
　　百子辨正一卷…………………… 3-360

博約堂文鈔十一卷瑞芝室家傳一卷
　　經義尋中十二卷………………… 3-360
博約堂文鈔十一卷瑞芝室家傳一卷
　　經義尋中十二卷………………… 3-360
博約齋經說三卷……………………… 3-543
博通例覽三十卷續編三十卷………… 2-494
博雅音十卷…………………………… 1-137
博雅音十卷…………………………… 1-137
博雅音十卷…………………………… 1-137
博雅音十卷…………………………… 1-137
博雅音十卷…………………………… 1-137
博雅音十卷…………………………… 1-138
博雅音十卷…………………………… 1-138
博雅音十卷…………………………… 1-138
博雅音十卷…………………………… 1-138
博雅音十卷…………………………… 1-138
博雅備考二十七卷…………………… 2-499
[道光]博興縣志十三卷 ……………… 1-547
博學匯書初編□□卷二編□□卷…… 2-396
博齋詩稿一卷………………………… 3-357
[乾隆]博羅縣志十四卷 ……………… 2-28
彭大人私訪南京一卷………………… 3-447
[乾隆]彭山縣志七卷 ………………… 2-36
[嘉慶]彭山縣志六卷 ………………… 2-36
彭文敬公全集四十六卷……………… 3-349
彭文敬公全集四十六卷……………… 3-349
彭文敬公全集四十六卷……………… 3-349
彭文敬公全集四十六卷……………… 3-349
彭文敬公全集四十六卷……………… 3-349
彭文敬公全集四十六卷……………… 3-349
[光緒]彭水縣志四卷首一卷 ………… 2-37
彭玉麟信札………………………… 3-345
彭玉麟梅花詩畫冊………………… 2-338
彭作潤鄉試硃卷…………………… 3-346
彭述鄉試硃卷……………………… 3-347
彭述會試硃卷……………………… 3-347
彭述選拔貢卷……………………… 3-347
彭承洪鄉試硃卷…………………… 3-346
彭城集四十卷……………………… 3-137
彭城集四十卷……………………… 3-137
彭城集四十卷……………………… 3-137

彭城集四十卷 …………………………… 3－137
彭泰和堂丸散膏丹集錄一卷 ………… 2－258
彭烈婦表揚錄一卷 ……………………… 1－316
彭剛直公奏稿八卷 ……………………… 3－533
彭剛直公奏稿八卷詩集八卷 ………… 1－505
彭剛直公奏稿八卷詩集八卷 ………… 1－505
彭剛直公奏稿八卷詩集八卷 ………… 1－505
彭剛直公奏稿八卷詩集八卷 ………… 1－505
彭剛直公奏稿八卷詩集八卷 ………… 1－505
彭剛直公奏稿八卷詩集八卷 ………… 1－505
彭剛直公奏稿八卷詩集八卷 ………… 1－505
彭剛直公挽聯一卷 ……………………… 3－54
彭剛直公詩集八卷 ……………………… 3－345
彭剛直公詩集八卷 ……………………… 3－345
彭剛直公詩集八卷 ……………………… 3－345
彭剛直公詩集八卷 ……………………… 3－345
彭剛直公詩集八卷 ……………………… 3－345
彭剛直公詩集八卷 ……………………… 3－345
彭剛直公詩集八卷 ……………………… 3－345
彭剛直公榮哀錄不分卷 ………………… 3－54
彭剛直公榮哀錄不分卷 ………………… 3－54
彭剛直公榮哀錄不分卷 ………………… 3－54
彭剛直公榮哀錄不分卷 ………………… 3－54
彭清藜會試硃卷 ………………………… 3－347
彭琨生鄉試硃卷 ………………………… 3－348
彭舒尊等信札 …………………………… 3－62
彭煌鄉試硃卷 …………………………… 3－348
彭壽綏鄉試硃卷 ………………………… 3－348
彭衡陬文集一卷 ………………………… 3－344
[乾隆]彭澤縣志十六卷首一卷 ……… 2－8
煮藥漫鈔二卷 …………………………… 3－355
蜑吟小草二卷 …………………………… 3－210
報輝草堂詩集八卷續集二卷三集一卷
　　……………………………………… 3－343
報輝草堂詩集八卷續集二卷三集一卷
　　……………………………………… 3－343
報輝草堂詩集八卷續集二卷三集一卷
　　……………………………………… 3－343
報輝堂集三十卷 ………………………… 3－343
報輝堂集三十卷 ………………………… 3－344
報輝堂集三十卷 ………………………… 3－344

達生保赤編不分卷 ……………………… 2－280
達生保赤編四卷末一卷 ………………… 2－280
達生保赤編四卷末一卷 ………………… 2－280
達生編一卷 ……………………………… 2－280
達生編一卷 ……………………………… 2－280
達生編一卷 ……………………………… 2－280
達生編二卷 ……………………………… 2－271
達生編二卷 ……………………………… 2－280
達生編二卷 ……………………………… 2－280
達生編三卷 ……………………………… 2－280
達生編三卷 ……………………………… 2－280
達材校士館日記不分卷 ………………… 1－400
達觀堂詩話八卷 ………………………… 3－485
達觀堂詩話八卷 ………………………… 3－485
達觀堂詩話八卷 ………………………… 3－485
達觀堂詩話八卷 ………………………… 3－485
達觀堂詩話八卷 ………………………… 3－485
達觀堂詩話八卷 ………………………… 3－485
達觀樓集二十四卷 ……………………… 3－178
達觀樓集二十四卷 ……………………… 3－178
達觀樓集二十四卷 ……………………… 3－178
達觀樓集二十四卷 ……………………… 3－178
壹是紀始二十二卷補遺一卷 ………… 2－504
壹是紀始二十二卷補遺一卷 ………… 2－504
壹是紀始二十二卷補遺一卷 ………… 2－504
壹齋集四十卷賦一卷二十四畫品一
　　卷畫友錄一卷游黃山記一卷泛漿
　　錄二卷蕭湯二老遺詩合編一卷 …… 3－343
壹齋詩集四十卷賦一卷二十四畫品
　　一卷畫友錄一卷游黃山記一卷泛
　　漿錄二卷蕭湯二老遺詩合編二卷
　　奏禦集二卷兩朝恩賚記一卷 ……… 3－343
壺園詩鈔選十卷五代新樂府一卷詩
　　外集六卷 …………………………… 3－288
惡核良方釋疑一卷蠱脹腳氣兩症經
　　驗良方一卷 ………………………… 2－265
斯文精粹不分卷 ………………………… 2－531
斯文精粹不分卷 ………………………… 2－531
斯文精粹不分卷 ………………………… 2－531
斯文精粹不分卷 ………………………… 2－531
斯馨堂古文初集二卷詩集二卷 ……… 3－397

328

尌烟亭詞鈔四卷 …………… 3－433

葉天士先生眼科一卷 …………… 2－279

葉氏存古叢書一卷 …………… 2－141

葉氏醫案存真三卷 …………… 2－269

葉氏叢刻 …………… 3－506

葉先生詩話三卷 …………… 3－480

葉忠節公遺稿十二卷 …………… 3－355

葉桴紀程二卷 …………… 2－106

葉桴紀程二卷 …………… 2－106

葉德輝鄉試硃卷 …………… 3－418

[同治]葉縣志十卷首一卷 …………… 2－19

葉學山先生詩稿十卷 …………… 3－355

葬經翼一卷難解一卷圖一卷 …………… 2－413

葬經翼一卷難解一卷圖一卷 …………… 2－413

萬山草堂詩集六卷 …………… 3－227

萬山草堂詩集六卷 …………… 3－227

萬山草堂詩集六卷 …………… 3－227

萬山草堂詩集六卷 …………… 3－227

萬山草堂詩集六卷 …………… 3－227

萬山草堂詩集六卷 …………… 3－227

萬氏婦人科三卷首一卷 …………… 2－280

萬氏婦人科三卷首一卷達生編一卷

…………… 2－280

萬氏婦人科三卷達生編一卷 …………… 2－280

萬氏婦人科三卷達生編二卷 …………… 2－280

萬世玉衡錄四卷 …………… 2－195

[道光]萬年縣志二十二卷首一卷 …… 2－9

[同治]萬年縣志十二卷首一卷 …… 2－9

[乾隆]萬全縣志十卷首一卷 ……… 1－532

萬充宗先生經學五書 …………… 1－9

萬充宗先生經學五書 …………… 1－9

萬充宗先生經學五書 …………… 1－9

萬充宗先生經學五書 …………… 1－9

萬充宗先生經學五書 …………… 1－9

萬充宗先生經學五書 …………… 1－9

[道光]萬州志十卷 …………… 2－30

萬松圖題詞一卷 …………… 3－56

萬物炊累室文乙集二卷 …………… 3－215

萬物炊累室駢文一卷 …………… 3－215

萬物炊累室類稿 …………… 3－215

萬物真原一卷 …………… 2－480

萬卷堂書目四卷 …………… 2－139

萬卷堂書目四卷 …………… 2－139

萬卷樓藏書總目不分卷 …………… 2－141

萬卷樓藏書總目不分卷 …………… 2－141

萬卷樓藏書總目不分卷 …………… 2－141

萬卷樓藏書總目不分卷 …………… 2－141

萬卷樓藏書總目不分卷 …………… 2－141

萬卷樓藏書總目不分卷 …………… 2－141

萬首唐人絕句一百○一卷 …………… 3－1

萬首唐人絕句一百○一卷 …………… 3－1

萬家密電 …………… 1－462

萬國公法四卷 …………… 1－491

萬國公法四卷 …………… 1－491

萬國公法四卷 …………… 1－491

萬國公法四卷 …………… 1－491

萬國公法四卷 …………… 1－491

萬國公法四卷 …………… 1－491

萬國公法四卷 …………… 1－491

萬國公法四卷 …………… 1－491

萬國公法會通十卷 …………… 1－491

萬國史記二十卷 …………… 2－157

萬國史記二十卷 …………… 2－157

萬國史記二十卷 …………… 2－157

萬國史記二十卷 …………… 2－157

萬國史記二十卷 …………… 2－157

萬國史記二十卷首一卷 …………… 2－157

萬國史略六卷 …………… 2－158

萬國史綱八卷 …………… 2－157

萬國史綱八卷 …………… 2－157

萬國史綱八卷 …………… 2－157

萬國史綱八卷 …………… 2－157

萬國地理志 …………… 2－106

萬國近政考略十六卷 …………… 2－153

萬國奇人傳四卷 …………… 1－387

萬國奇人傳四卷 …………… 1－387

萬國政治藝學全書三百卷 …………… 2－491

萬國通史前編十卷 …………… 2－159

萬國通史前編十卷 …………… 2－159

萬國通史前編十卷 …………… 3－537

萬國通典輯要四卷 …………… 2－157

萬國通商史一卷 ⋯⋯⋯⋯⋯⋯ 2－159
萬國通商史一卷 ⋯⋯⋯⋯⋯⋯ 2－159
萬國通鑑四卷 ⋯⋯⋯⋯⋯⋯⋯ 2－158
萬國通鑑四卷 ⋯⋯⋯⋯⋯⋯⋯ 2－158
萬國通鑑四卷 ⋯⋯⋯⋯⋯⋯⋯ 2－158
萬國通鑑四卷 ⋯⋯⋯⋯⋯⋯⋯ 2－158
萬國通鑑四卷 ⋯⋯⋯⋯⋯⋯⋯ 2－158
萬國通鑑四卷 ⋯⋯⋯⋯⋯⋯⋯ 3－537
萬國國力比較二十三卷比較表一卷
　　附錄一卷 ⋯⋯⋯⋯⋯⋯⋯ 2－160
萬國國力比較二十三卷比較表一卷
　　附錄一卷 ⋯⋯⋯⋯⋯⋯⋯ 2－160
萬國密號旗公簿 ⋯⋯⋯⋯⋯⋯ 2－153
萬國電報通例一卷 ⋯⋯⋯⋯⋯ 1－462
萬國歷史彙編一百卷 ⋯⋯⋯⋯ 2－152
萬國輿圖 ⋯⋯⋯⋯⋯⋯⋯⋯⋯ 2－99
萬國輿圖 ⋯⋯⋯⋯⋯⋯⋯⋯⋯ 2－99
萬國總說三卷 ⋯⋯⋯⋯⋯⋯⋯ 2－157
萬國總說三卷 ⋯⋯⋯⋯⋯⋯⋯ 3－534
萬國藥方八卷 ⋯⋯⋯⋯⋯⋯⋯ 2－289
萬象一原九卷首一卷 ⋯⋯⋯⋯ 2－303
萬斛珠璣六十五卷 ⋯⋯⋯⋯⋯ 3－50
萬善花室文稿六卷續編一卷附錄一卷 ⋯⋯⋯⋯
　　⋯⋯⋯⋯⋯⋯⋯⋯⋯⋯⋯ 3－190
［雍正］萬載縣志十六卷首一卷 2－10
［同治］萬載縣志三十卷首一卷 2－10
［道光］萬載縣志三十卷首一卷 2－10
萬際軒鄉試硃卷 ⋯⋯⋯⋯⋯⋯ 3－356
萬際軒會試硃卷 ⋯⋯⋯⋯⋯⋯ 3－356
萬壽盛典初集百二十卷 ⋯⋯⋯ 1－430
萬壽賦二卷 ⋯⋯⋯⋯⋯⋯⋯⋯ 3－286
萬壽衢歌樂章六卷 ⋯⋯⋯⋯⋯ 3－345
萬僧問答景德傳燈全錄三十卷 ⋯⋯ 2－462
［咸豐］萬縣志四卷 ⋯⋯⋯⋯ 2－37
萬墅松風樓詩十四卷 ⋯⋯⋯⋯ 3－194
葛中翰遺集十二卷首一卷 ⋯⋯ 3－356
葛中翰遺集十二卷首一卷 ⋯⋯ 3－356
葛莊分類詩鈔不分卷 ⋯⋯⋯⋯ 3－395
葛莊分類詩鈔不分卷 ⋯⋯⋯⋯ 3－395
葛堯臣鄉試硃卷 ⋯⋯⋯⋯⋯⋯ 3－356
尊輝園續輯大易彙纂必讀不分卷 ⋯⋯ 1－25

董公選司天台秘法一卷 ⋯⋯⋯⋯ 2－405
董公選司天台秘法一卷 ⋯⋯⋯⋯ 2－410
董文敏公畫禪室隨筆四卷 ⋯⋯⋯ 2－322
董方立算書 ⋯⋯⋯⋯⋯⋯⋯⋯⋯ 2－300
董方立算書 ⋯⋯⋯⋯⋯⋯⋯⋯⋯ 2－300
董方立算書 ⋯⋯⋯⋯⋯⋯⋯⋯⋯ 2－300
董方立遺書 ⋯⋯⋯⋯⋯⋯⋯⋯⋯ 3－524
董方立遺書 ⋯⋯⋯⋯⋯⋯⋯⋯⋯ 3－524
董方立遺書 ⋯⋯⋯⋯⋯⋯⋯⋯⋯ 3－524
董方立遺書 ⋯⋯⋯⋯⋯⋯⋯⋯⋯ 3－524
董方立遺書 ⋯⋯⋯⋯⋯⋯⋯⋯⋯ 3－524
董方立遺書 ⋯⋯⋯⋯⋯⋯⋯⋯⋯ 3－525
董其昌草書冊 ⋯⋯⋯⋯⋯⋯⋯⋯ 2－332
董其昌書法冊頁 ⋯⋯⋯⋯⋯⋯⋯ 2－332
董膠西集一卷 ⋯⋯⋯⋯⋯⋯⋯⋯ 3－72
董樹人鄉試硃卷 ⋯⋯⋯⋯⋯⋯⋯ 3－357
葆光書屋詩剩稿六卷 ⋯⋯⋯⋯⋯ 3－404
葆淳閣集二十六卷 ⋯⋯⋯⋯⋯⋯ 3－195
葆淳閣集二十四卷易說二卷 ⋯⋯ 3－195
葆淳閣集二十四卷易說二卷 ⋯⋯ 3－195
葆璞堂文集四卷詩集四卷 ⋯⋯⋯ 3－268
葆璞堂文集四卷詩集四卷 ⋯⋯⋯ 3－268
敬吾心室識篆圖不分卷 ⋯⋯⋯⋯ 2－120
敬吾心室識篆圖不分卷 ⋯⋯⋯⋯ 2－120
敬吾心室識篆圖不分卷 ⋯⋯⋯⋯ 2－121
敬孚類稿十六卷 ⋯⋯⋯⋯⋯⋯⋯ 3－406
敬孚類稿十六卷 ⋯⋯⋯⋯⋯⋯⋯ 3－553
敬灶章一卷 ⋯⋯⋯⋯⋯⋯⋯⋯⋯ 2－477
敬灶章一卷 ⋯⋯⋯⋯⋯⋯⋯⋯⋯ 2－477
敬所王先生集一卷 ⋯⋯⋯⋯⋯⋯ 3－156
敬修堂詞賦課鈔十六卷附金臺課藝一卷
　　⋯⋯⋯⋯⋯⋯⋯⋯⋯⋯⋯⋯ 3－47
敬亭集十卷補遺一卷附錄一卷 ⋯⋯ 3－165
敬恕堂文集紀年十卷紀事略一卷 ⋯⋯ 3－282
敬恕齋遺稿二卷 ⋯⋯⋯⋯⋯⋯⋯ 3－312
敬堂遺書 ⋯⋯⋯⋯⋯⋯⋯⋯⋯⋯ 3－516
敬業堂詩集五十卷 ⋯⋯⋯⋯⋯⋯ 3－269
敬業堂詩集五十卷 ⋯⋯⋯⋯⋯⋯ 3－269
敬業堂詩集五十卷 ⋯⋯⋯⋯⋯⋯ 3－269
敬業堂詩續集六卷 ⋯⋯⋯⋯⋯⋯ 3－269
敬慎堂公牘六卷 ⋯⋯⋯⋯⋯⋯⋯ 1－475

敬敷書院課藝不分卷 ····················· 3－47
敬敷書院課藝不分卷 ····················· 3－47
敬敷書院課藝不分卷 ····················· 3－47
敬齋古今黈八卷 ························· 2－383
敬齋古今黈八卷 ························· 2－383
敬齋詩稿不分卷 ························· 3－302
敬簡堂學治雜錄四卷 ····················· 1－483
落花酬唱集初編不分卷 ····················· 3－57
落落齋遺集十卷附錄一卷 ················· 3－161
落騳樓文稿四卷 ························· 3－216
葦間詩集五卷 ··························· 3－264
葦間詩集五卷 ··························· 3－264
菉友蛾術編二卷 ························· 3－550
朝天錄一卷蜀程小紀一卷 ················· 2－102
朝市叢載八卷 ··························· 2－68
[正德]朝邑縣志二卷 ···················· 1－540
[正德]朝邑縣志二卷 ···················· 1－540
[正德]朝邑縣志二卷 ···················· 1－540
[正德]朝邑縣志二卷 ···················· 1－540
[正德]朝邑縣志二卷附志註二卷 ··· 1－540
[乾隆]朝邑縣志十一卷首一卷 ··········· 1－540
朝野新聲太平樂府四卷 ··················· 3－150
朝野類要五卷 ··························· 1－420
朝野類要五卷 ··························· 1－420
朝野類要五卷 ··························· 1－420
喪服今制表一卷 ························· 1－60
喪服今制表一卷 ························· 1－60
喪服今制表一卷 ························· 1－60
喪服今制表一卷 ························· 1－60
喪服今制表一卷 ························· 1－60
喪服今制表一卷 ························· 1－60
喪服今制表一卷 ························· 1－60
喪服會通說四卷 ························· 1－59
喪服會通說四卷 ························· 1－59
喪禮輯略一卷 ··························· 1－58
喪禮辨正一卷 ··························· 1－62
葵園校士錄存不分卷 ····················· 3－44
植物名實圖考三十八卷植物名實圖
　考長編二十二卷 ····················· 2－354
植物名實圖考三十八卷植物名實圖
　考長編二十二卷 ····················· 2－354
植物圖說四卷 ··························· 2－354
植物學八卷 ····························· 2－354
植物學啟蒙 ····························· 2－354
焚餘小草一卷 ··························· 3－202
焚餘草一卷 ····························· 3－381
焚餘詩草一卷 ··························· 3－379
椒生奏議五卷 ··························· 1－499
椒生詩草六卷續草九卷 ··················· 3－190
椒生詩草六卷續草九卷 ··················· 3－190
椒生詩草六卷續草九卷 ··················· 3－190
椒生隨筆八卷 ··························· 3－455
椒生隨筆八卷 ··························· 3－455
椒生隨筆八卷 ··························· 3－455
椒生隨筆八卷 ··························· 3－455
椒生隨筆八卷 ··························· 3－455
椒生隨筆八卷 ··························· 3－455
椒生隨筆八卷 ··························· 3－455
椒生隨筆八卷 ··························· 3－455
椒生隨筆八卷 ··························· 3－456
椒丘文集四十卷 ························· 3－164
椒園居士集六卷 ························· 3－195
椒園詩鈔六卷 ··························· 3－404
棲流略三卷棲流略改字記二卷斠改
　三卷棲流略雜記二卷 ················· 2－379
棲雲閣詩十六卷詩拾遺三卷文集十五卷
　··································· 3－276
棲霞寺志二卷 ··························· 2－56
棉陽學准五卷 ··························· 2－216
棉業圖說八卷 ··························· 2－240
棉業圖說八卷 ··························· 2－240
棣華書屋集毛詩詩一卷 ··················· 1－49
棣華書屋詩集十二卷試帖二卷 ········ 3－353
棣懷堂隨筆十一卷首一卷末一卷雙
　圃同館賦鈔一卷 ····················· 3－229
棣懷堂隨筆十一卷首一卷末一卷雙
　圃同館賦鈔一卷 ····················· 3－229
棣懷堂隨筆十一卷雙圃同館賦鈔一卷
　··································· 3－229

棣懷堂隨筆十一卷雙圃同館賦鈔一卷
　　·· 3–229
棣懷堂隨筆十一卷雙圃同館賦鈔一卷
　　·· 3–229
棣懷堂隨筆十一卷雙圃同館賦鈔一卷
　　·· 3–229
棣懷堂隨筆十一卷雙圃同館賦鈔一卷
　　·· 3–229
棣懷堂隨筆十一卷雙圃同館賦鈔一卷
　　·· 3–229
棣懷堂隨筆十一卷雙圃同館賦鈔一卷
　　·· 3–229
棣懷堂隨筆十一卷雙圃同館賦鈔一卷
　　·· 3–229
極玄集二卷 ······································· 2–557
極東外交感慨史 ·································· 1–464
惠文胡公[仁楷]挽言一卷 ················· 3–55
[康熙]惠州府志二十一卷 ··············· 2–28
[光緒]惠州府志四十五卷首一卷 ······ 2–28
惠直堂經驗方四卷 ··························· 2–265
粟香隨筆八卷二筆八卷三筆八卷四
　　筆八卷 ······································· 2–370
棗林詩集一卷 ··································· 3–180
棗林雜俎六卷附一卷 ······················ 2–365
[同治]棗陽縣志三十卷首一卷末一卷
　　·· 2–27
[道光]廈門志十六卷 ······················ 2–14
皕宋樓藏書志一百二十卷 ··············· 2–149
皕宋樓藏書志一百二十卷 ··············· 2–149
皕宋樓藏書志一百二十卷 ··············· 2–149
皕宋樓藏書志一百二十卷 ··············· 2–149
皕宋樓藏書志一百二十卷 ··············· 2–149
皕宋樓藏書志一百二十卷續志四卷
　　·· 2–149
皕宋樓藏書志一百二十卷續志四卷 ··· 2–149
皕宋樓藏書源流考一卷 ··················· 2–149
硯北偶鈔 ·· 3–495
硯考二卷 ·· 2–352
硯林詩集四卷 ··································· 3–187
硯食齋詩鈔四卷 ······························ 3–346
硯耕緒錄十六卷 ······························ 2–385

硯耕緒錄十六卷 ······························ 2–385
硯餘歲鈔六卷 ··································· 2–539
硯餘歲鈔□□卷 ······························ 2–539
雁門集十四卷附錄一卷 ··················· 3–153
雁門集十四卷附錄一卷 ··················· 3–153
雁影齋詩存一卷 ······························ 3–224
雁影齋詩存一卷 ······························ 3–224
雁影齋詩存一卷 ······························ 3–224
雁影齋詩存一卷 ······························ 3–224
雁影齋詩存一卷 ······························ 3–224
殘局類選二卷 ··································· 2–350
殘明紀事一卷 ··································· 1–265
殘明紀事一卷 ··································· 1–265
[光緒]雄縣鄉土志十五卷 ··············· 1–534
雲山讀書記不分卷 ··························· 1–332
雲山讀書記不分卷 ··························· 1–332
雲中集六卷 ······································ 3–395
雲中集六卷 ······································ 3–395
雲中集六卷 ······································ 3–396
雲水集一卷 ······································ 3–350
雲左山房詩鈔八卷附卷一卷詩餘一
　　卷試帖一卷 ································· 3–253
雲左山房詩鈔八卷附卷一卷詩餘一
　　卷試帖一卷 ································· 3–253
雲左山房詩鈔八卷附卷一卷詩餘一
　　卷試帖一卷 ································· 3–253
雲左山房詩鈔八卷附卷一卷詩餘一
　　卷試帖一卷 ································· 3–253
雲石軒求是草十八卷 ······················ 3–385
雲石軒求是草十八卷 ······················ 3–385
雲石軒求是草十八卷 ······················ 3–385
雲石詩存四卷 ··································· 3–318
雲台新志十八卷首一卷末一卷 ········ 2–80
雲自在龕匯刻名家詞 ······················ 3–422
雲自在龕叢書 ··································· 3–506
雲自在龕叢書 ··································· 3–506
雲自在龕叢書 ··································· 3–506
雲自在龕叢書 ··································· 3–506
雲谷瑣錄一卷 ··································· 1–313
雲谷圖詩一卷 ··································· 3–32
雲谷雜記四卷首一卷末一卷 ··········· 2–362

雲谷雜記四卷首一卷末一卷·········· 2-362
雲谷雜記四卷首一卷末一卷·········· 2-362
雲林世系圖一卷···················· 3-149
雲林別墅新輯酬世錦囊書啟合編初
　集八卷雲林別墅新輯酬世錦囊家
　禮集成二集七卷雲林別墅新輯酬
　世錦囊帖式三集二卷雲林別墅新
　輯酬世錦囊采輯新聯四集二卷····· 2-401
雲林別墅繪像妥註第六才子書六卷
　首一卷···················· 3-439
雲林詞一卷························ 3-428
雲臥山房集二卷詩餘一卷附年譜一卷
　··························· 3-259
雲臥山莊文存二卷附錄一卷········· 3-299
雲臥山莊尺牘八卷················· 3-300
雲臥山莊尺牘八卷················· 3-300
雲臥山莊尺牘八卷················· 3-300
雲臥山莊尺牘八卷················· 3-300
雲臥山莊別集五卷················· 3-300
雲臥山莊試帖一卷················· 3-299
雲臥山莊詩集十七卷··············· 3-299
雲臥山莊詩集八卷家訓二卷首一卷
　末一卷···················· 3-299
雲臥山莊詩集八卷家訓二卷首一卷
　末一卷···················· 3-300
雲臥山莊詩集八卷家訓二卷首一卷
　末一卷···················· 3-300
雲臥山莊詩集八卷家訓二卷首一卷
　末一卷···················· 3-300
雲臥山莊詩集八卷家訓二卷首一卷
　末一卷···················· 3-300
雲臥山莊詩集八卷家訓二卷首一卷
　末一卷···················· 3-300
雲臥山莊詩集□□卷··············· 3-299
雲臥山莊詩稿九卷················· 3-299
雲臥山莊遺詩四卷················· 3-299
雲南山川志一卷··················· 2-76
雲南初勘緬界記一卷··············· 1-464
雲南省額設官兵數目··············· 1-468
雲南風土紀事詩一卷··············· 3-40
[乾隆]雲南通志三十卷首一卷········ 2-40

[道光]雲南通志稿二百十六卷········ 2-40
雲南勘界籌邊記二卷··············· 1-464
雲南勘界籌邊記二卷··············· 1-464
雲南勘界籌邊記二卷··············· 1-464
雲南清理財政局調查全省財政說明
　書初稿···················· 1-451
[道光]雲南備徵志二十一卷首一卷
　跋一卷···················· 2-40
雲逗樓集不分卷··················· 3-359
雲留小住印志不分卷··············· 2-341
雲悅山房偶存稿六卷··············· 3-360
雲海東游記二卷··················· 2-106
雲海樓詩稿四卷··················· 3-195
雲陽大師傳錄要一卷··············· 1-308
雲陽集四卷······················ 3-148
雲棲法彙························ 2-420
雲棲法彙························ 2-420
[紹熙]雲間志三卷················· 1-531
雲臺山志八卷首一卷末一卷········· 2-79
雲樣集八卷······················ 3-23
雲膚山房詩稿六卷首一卷··········· 3-403
雲膚山房詩稿六卷首一卷··········· 3-403
雲濤詩草二卷····················· 3-413
雲麓漫鈔十五卷··················· 2-362
揚子太玄經十卷揚子太玄圖一卷····· 2-403
揚子江流域現勢論一卷············· 2-96
揚子江流域現勢論一卷············· 2-96
揚子法言一卷····················· 2-176
揚子法言十三卷··················· 2-175
揚子法言十三卷··················· 2-175
揚子法言十三卷··················· 2-175
揚子法言十三卷··················· 2-175
揚子法言十三卷··················· 2-175
揚子法言十三卷··················· 2-175
揚子法言十三卷音義一卷··········· 2-175
揚州十日記一卷··················· 1-265
揚州水道記四卷··················· 2-92
揚州水道記四卷··················· 2-92
揚州水道記四卷··················· 2-92
[嘉慶]揚州北湖小志六卷首一卷··· 1-550

［雍正］揚州府志四十卷 ……………… 1－550
揚州畫舫錄十八卷 ……………… 2－70
揚州畫舫錄十八卷 ……………… 2－70
揚州畫舫錄十八卷 ……………… 2－70
揚州畫舫錄十八卷 ……………… 2－70
揚州畫舫錄十八卷 ……………… 2－70
揚州畫舫錄十八卷 ……………… 2－70
揚州夢二卷 ……………… 3－439
揚雄說故十二篇一卷揚雄訓纂篇考一卷
　　…………………………… 3－545
提牢備考四卷 ……………… 1－483
提牢備考四卷 ……………… 1－483
提牢備考四卷 ……………… 1－483
提牢備考四卷 ……………… 1－483
揭文安公全集十四卷附錄一卷 …… 3－150
［光緒］揭陽縣志四卷首一卷 ……… 2－29
插花窗詩草六卷 ……………… 3－358
插花窗賦草二卷補遺一卷 ……… 3－358
插花窗賦草二卷補遺一卷 ……… 3－358
插花窗賦草二卷補遺一卷 ……… 3－358
搜神後記十卷 ……………… 3－458
搜神後記十卷 ……………… 3－458
搜神後記十卷 ……………… 3－458
搜神後記十卷 ……………… 3－458
搜神後記十卷 ……………… 3－458
搜神記二十卷 ……………… 3－458
搜神記二十卷 ……………… 3－458
搜神記二十卷 ……………… 3－458
搜神記二十卷 ……………… 3－458
搜神記二十卷 ……………… 3－458
援黔錄十二卷 ……………… 1－475
援鶉堂筆記五十卷刊誤一卷 …… 2－387
援鶉堂筆記五十卷刊誤一卷 …… 2－387
援鶉堂筆記五十卷刊誤一卷 …… 2－387
援鶉堂詩集七卷文集六卷筆紀三十四卷
　　…………………………… 3－274
握機經二卷 ……………… 2－228
搔首問一卷識小錄一卷 ……… 2－367
［乾隆］雅州府志十六卷首一卷 ……… 2－38
［乾隆］雅州府志十六卷首一卷 ……… 2－38

雅雨堂詩集二卷文集四卷雅雨山人
　　出塞集一卷 ……………… 3－407
雅雨堂藏書 ……………… 3－503
雅雨堂藏書 ……………… 3－503
雅雨堂藏書 ……………… 3－503
雅雨堂藏書 ……………… 3－503
雅尚齋遵生八十九卷菜根談一卷 …… 2－396
雅宜山人集十卷 ……………… 3－157
雅俗通用釋門疏式十卷 ……… 2－453
雅雪園詩鈔六卷 ……………… 3－378
雅雪園詩鈔六卷 ……………… 3－378
雅雪園詩鈔六卷 ……………… 3－378
雅雪園詩鈔六卷 ……………… 3－378
雅雪園詩鈔六卷 ……………… 3－378
雅雪園詩鈔六卷 ……………… 3－378
雅趣藏書一卷 ……………… 3－439
悲華經十卷 ……………… 2－425
悲庵居士文存一卷 ……………… 3－384
悲庵居士詩賸一卷 ……………… 3－384
紫石泉山房文集十二卷詩鈔三卷 …… 3－237
紫石泉山房文集十二卷詩鈔三卷 …… 3－237
紫光閣功臣小像并湘軍平定粵匪戰
　　圖一卷 ……………… 1－329
紫光閣功臣小像并湘軍平定粵匪戰
　　圖一卷 ……………… 1－329
紫光閣功臣小像并湘軍平定粵匪戰
　　圖一卷 ……………… 1－329
紫光閣功臣小像并湘軍平定粵匪戰
　　圖一卷 ……………… 1－329
紫光閣功臣小像并湘軍平定粵匪戰
　　圖一卷 ……………… 1－329
紫竹山房詩集十二卷文集二十卷 …… 3－316
紫竹山房詩集十二卷文集二十卷 …… 3－316
紫竹山房詩集十二卷文集二十卷 …… 3－316
紫竹山房塾課文稿一卷文稿二刻不分卷
　　…………………………… 3－316
紫佩軒詩稿二卷 ……………… 3－409
紫佩軒詩稿二卷 ……………… 3－409
紫荊吟館詩集四卷 ……………… 3－291
紫柏大師法語節錄一卷 ……… 2－459
紫柏老人集二十九卷首一卷 ……… 2－449

334

紫陽書院課藝五編不分卷 ·············· 3-46
紫陽遺墨 ······························· 2-332
紫硯山人詩集二十六卷文集十二卷
　六如亭傳奇二卷 ···················· 3-303
紫硯山人詩集二十六卷詩餘二卷文集
　十二卷六如亭傳奇二卷外集十二卷
　································ 3-303
紫硯山人詩集二十六卷詩餘二卷文集
　十二卷六如亭傳奇二卷外集十二卷
　································ 3-303
紫硯山人詩集二十六卷詩餘二卷文集
　十二卷六如亭傳奇二卷外集十二卷
　································ 3-303
紫硯山人詩集二十六卷詩餘二卷文集
　十二卷六如亭傳奇二卷外集十二卷
　································ 3-303
紫硯山人詩集二十六卷詩餘二卷文集
　十二卷六如亭傳奇二卷外集十二卷
　································ 3-303
紫硯山人詩集二十六卷詩餘二卷文集
　十二卷六如亭傳奇二卷外集十二卷
　································ 3-303
紫硯山房詩稿初集一卷續集一卷 ····· 3-314
紫雲仙館試帖八卷二集八卷三集八卷
　································ 3-47
紫雯軒經義稿一卷 ···················· 3-271
紫雯軒館課錄存五卷 ·················· 3-271
紫園草二十二卷 ······················· 3-174
紫微垣占等鈔一卷 ···················· 2-405
紫霞閑言二卷 ·························· 2-370
虛一齋集五卷 ·························· 3-292
虛字說一卷 ····························· 1-141
虛字說一卷 ····························· 1-141
虛字韻藪一卷 ·························· 1-186
虛字韻藪一卷 ·························· 1-186
虛字韻藪一卷 ·························· 1-186
虛字闡義三卷 ·························· 1-141
虛直軒文集十卷外集六卷 ············ 3-273
虛受堂文集十五卷 ···················· 3-415
虛受堂文集十五卷 ···················· 3-415
虛受堂文集十五卷 ···················· 3-415

虛受堂文集十五卷 ···················· 3-415
虛受堂文集十五卷 ···················· 3-415
虛受堂書札二卷 ······················· 3-415
虛受堂書札二卷 ······················· 3-415
虛受堂書札二卷 ······················· 3-415
虛受堂書札二卷 ······················· 3-415
虛受堂書札二卷 ······················· 3-415
虛受堂詩存二十五卷 ·················· 3-415
虛齋名畫錄十六卷 ···················· 2-331
虛齋名畫錄十六卷 ···················· 2-331
虛齋名畫錄十六卷 ···················· 2-331
棠陰比事一卷 ·························· 1-481
棠陰比事一卷 ·························· 1-481
棠陰比事一卷 ·························· 1-482
棠陰比事一卷 ·························· 1-482
棠谿文鈔八卷 ·························· 3-215
晴川書院課藝不分卷 ·················· 3-51
晴窗賞古圖題詠集一卷 ··············· 3-56
晴篁雜志四卷 ·························· 3-415
最上一乘慧命經一卷 ·················· 2-456
最上一乘慧命經一卷 ·················· 2-456
最古園集□□卷 ······················· 3-372
最初拓禮器碑 ·························· 2-331
最初拓禮器碑 ·························· 2-331
最新中外地理教科書 ·················· 2-105
最新全圖歸除算法 ···················· 2-305
最新後聊齋志異圖詠四卷 ············ 3-463
最新後聊齋志異圖詠四卷 ············ 3-463
最新國文教科書不分卷 ··············· 1-432
最新萬國政鑒五編五十一卷 ········· 2-153
最新學校管理法 ······················· 3-536
最樂編六卷 ····························· 2-201
貽璞齋遺稿一卷 ······················· 3-406
貽璞齋遺稿一卷 ······················· 3-406
貽璞齋遺稿一卷 ······················· 3-406
鼎吉堂文鈔初編八卷續編八卷詩鈔五卷
　································ 3-201
[康熙]鼎修常德府志十卷 ············ 2-50
鼎湖山慶雲寺志八卷圖一卷 ·········· 2-55
鼎湖山慶雲寺志八卷圖一卷 ·········· 2-55

335

鼎鍥趙田了凡袁先生編纂古本历史
　大方綱鑑補三十九卷首一卷⋯⋯⋯ 1－227
鼎鍥卜筮鬼谷源流斷易天機大全三
　卷首一卷⋯⋯⋯⋯⋯⋯⋯⋯⋯⋯ 2－408
鼎鍥卜筮鬼谷源流斷易天機大全三
　卷首一卷⋯⋯⋯⋯⋯⋯⋯⋯⋯⋯ 2－408
鼎鍥幼幼集成六卷⋯⋯⋯⋯⋯⋯⋯ 2－284
鼎鍥幼幼集成六卷⋯⋯⋯⋯⋯⋯⋯ 2－284
鼎鍥幼幼集成六卷⋯⋯⋯⋯⋯⋯⋯ 2－284
鼎鍥幼幼集成六卷⋯⋯⋯⋯⋯⋯⋯ 2－284
鼎鍥幼幼集成六卷⋯⋯⋯⋯⋯⋯⋯ 2－284
鼎鍥幼幼集成六卷⋯⋯⋯⋯⋯⋯⋯ 2－284
鼎鍥幼幼集成六卷⋯⋯⋯⋯⋯⋯⋯ 2－284
鼎鍥葉太史匯纂玉堂鑒綱七十二卷
　⋯⋯⋯⋯⋯⋯⋯⋯⋯⋯⋯⋯⋯⋯ 1－232
鼎鍥趙田了凡袁先生編纂古本歷史
　大方綱鑑補三十九卷首一卷⋯⋯⋯ 1－227
鼎鍥趙田了凡袁先生編纂古本歷史
　大方綱鑑補三十九卷首一卷⋯⋯⋯ 1－227
閏八月考三卷⋯⋯⋯⋯⋯⋯⋯⋯⋯ 2－298
閏楊先生集三十卷⋯⋯⋯⋯⋯⋯⋯ 3－308
閏楊先生集三十卷外集八卷艤花岡
　集八卷⋯⋯⋯⋯⋯⋯⋯⋯⋯⋯⋯ 3－308
閏楊先生集三十卷外集八卷艤花岡
　集八卷⋯⋯⋯⋯⋯⋯⋯⋯⋯⋯⋯ 3－309
閏楊先生集三十卷外集八卷艤花岡
　集八卷⋯⋯⋯⋯⋯⋯⋯⋯⋯⋯⋯ 3－309
閏楊先生集三十卷外集八卷艤花岡
　集八卷⋯⋯⋯⋯⋯⋯⋯⋯⋯⋯⋯ 3－309
開方用表簡術一卷⋯⋯⋯⋯⋯⋯⋯ 2－305
開地道轟藥法⋯⋯⋯⋯⋯⋯⋯⋯⋯ 2－318
開地道轟藥法⋯⋯⋯⋯⋯⋯⋯⋯⋯ 2－318
開有益齋金石文字記一卷⋯⋯⋯⋯ 2－112
開有益齋金石文字記一卷開有益齋
　讀書續志一卷⋯⋯⋯⋯⋯⋯⋯⋯ 2－112
開有益齋金石文字記一卷開有益齋
　讀書續志一卷⋯⋯⋯⋯⋯⋯⋯⋯ 2－112
開有益齋經說二卷⋯⋯⋯⋯⋯⋯⋯ 1－118
開有益齋讀書志六卷續一卷金石文
　字記一卷⋯⋯⋯⋯⋯⋯⋯⋯⋯⋯ 2－139

開有益齋讀書志六卷續一卷金石文
　字記一卷⋯⋯⋯⋯⋯⋯⋯⋯⋯⋯ 2－139
開有益齋讀書志六卷續一卷金石文
　字記一卷⋯⋯⋯⋯⋯⋯⋯⋯⋯⋯ 2－139
［光緒］開州志八卷首一卷⋯⋯⋯⋯ 2－18
［順治］開封府志三十五卷⋯⋯⋯⋯ 2－16
［康熙］開封府志四十卷首一卷⋯⋯ 2－16
開蒙必讀一卷⋯⋯⋯⋯⋯⋯⋯⋯⋯ 2－476
開煤要法十二卷⋯⋯⋯⋯⋯⋯⋯⋯ 2－314
開煤要法十二卷⋯⋯⋯⋯⋯⋯⋯⋯ 2－314
開煤要法十二卷⋯⋯⋯⋯⋯⋯⋯⋯ 2－314
開煤要法十二卷⋯⋯⋯⋯⋯⋯⋯⋯ 2－314
開煤要法十二卷⋯⋯⋯⋯⋯⋯⋯⋯ 2－314
開煤要法十二卷⋯⋯⋯⋯⋯⋯⋯⋯ 2－314
開煤要法十二卷⋯⋯⋯⋯⋯⋯⋯⋯ 2－314
［咸豐］開縣志二十七卷首一卷⋯⋯ 2－37
開縣李尚書政書八卷⋯⋯⋯⋯⋯⋯ 1－422
開禧德安守城錄一卷⋯⋯⋯⋯⋯⋯ 1－258
開禧德安守城錄一卷⋯⋯⋯⋯⋯⋯ 1－259
開礦器法圖說十卷⋯⋯⋯⋯⋯⋯⋯ 2－316
開礦器法圖說十卷⋯⋯⋯⋯⋯⋯⋯ 2－316
開礦器法圖說十卷⋯⋯⋯⋯⋯⋯⋯ 2－316
開闢美洲閣龍航海家獨烈幾合傳二卷
　⋯⋯⋯⋯⋯⋯⋯⋯⋯⋯⋯⋯⋯⋯ 1－388
閑山詩集二卷⋯⋯⋯⋯⋯⋯⋯⋯⋯ 3－276
閑中八種⋯⋯⋯⋯⋯⋯⋯⋯⋯⋯⋯ 3－490
閑中弄筆不分卷⋯⋯⋯⋯⋯⋯⋯⋯ 2－340
閑邪類編十二卷⋯⋯⋯⋯⋯⋯⋯⋯ 3－459
閑情偶記十六卷⋯⋯⋯⋯⋯⋯⋯⋯ 2－399
閑閑老人詩集十卷目錄二卷⋯⋯⋯ 3－148
閑閑老人滏水文集二十卷⋯⋯⋯⋯ 3－148
閑閑老人滏水文集二十卷⋯⋯⋯⋯ 3－148
閑閑老人滏水文集二十卷⋯⋯⋯⋯ 3－148
閑閑草五言排律不分卷⋯⋯⋯⋯⋯ 3－353
景山遺集一卷⋯⋯⋯⋯⋯⋯⋯⋯⋯ 3－377
景石齋詞略一卷⋯⋯⋯⋯⋯⋯⋯⋯ 3－431
景百衲宋本史記一百三十卷⋯⋯⋯ 1－193
景百衲宋本史記一百三十卷⋯⋯⋯ 1－193
［乾隆］景州志六卷首一卷　⋯⋯⋯ 1－534
景宋殘本五代平話十卷⋯⋯⋯⋯⋯ 3－458
景岳百補大全一卷⋯⋯⋯⋯⋯⋯⋯ 2－262

景岳全書 …………………………… 2－242

景岳全書 …………………………… 2－242

景岳全書 …………………………… 2－242

景岳全書 …………………………… 2－242

景岳全書 …………………………… 2－242

景岳全書 …………………………… 2－242

景岳全書 …………………………… 2－242

景岳全書 …………………………… 2－242

景岳新方砭四卷 …………………… 2－264

景岳新方砭四卷 …………………… 2－264

景岳新方砭四卷 …………………… 2－264

［景定］景定嚴州續志十卷 ………… 2－4

景紫堂全書 ………………………… 3－520

景紫堂全書 ………………………… 3－520

景詹闇遺文不分卷 ………………… 3－274

景德鎮陶錄十卷 …………………… 2－352

景德鎮陶錄十卷 …………………… 2－352

景謳彙紀 …………………………… 3－55

跌打損傷方一卷 …………………… 2－278

跌打損傷方一卷 …………………… 2－278

跌打損傷方一卷 …………………… 2－278

跌打損傷雜錄一卷 ………………… 2－278

貴州省平遠州公文 ………………… 1－478

［乾隆］貴州通志四十六卷首一卷 …… 2－38

貴州清平縣夫馬章程 ……………… 1－463

貴州闈墨：光緒癸卯科一卷 ………… 3－52

貴州警務章程 ……………………… 1－474

貴州籌餉捐章程一卷 ……………… 1－455

貴池二妙集四十七卷附錄二卷年譜二卷

………………………………… 3－32

貴池二妙集四十七卷附錄二卷年譜二卷

………………………………… 3－32

貴池二妙集四十七卷附錄二卷年譜二卷

………………………………… 3－32

貴池二妙集四十七卷附錄二卷年譜二卷

………………………………… 3－32

貴池二妙集四十七卷附錄二卷年譜二卷

………………………………… 3－32

［光緒］貴池縣志四十四卷 ………… 2－3

［道光］貴陽府志八十八卷首二卷 …… 2－38

［同治］貴溪縣志十卷首一卷 ……… 2－9

［同治］鄖西縣志二十卷首一卷 ……… 2－26

［嘉慶］鄖陽志十卷首一卷 ………… 2－26

［同治］鄖陽志八卷首一卷 ………… 2－26

［嘉慶］鄖陽志補一卷 ……………… 2－26

［同治］鄖縣志十卷首一卷 ………… 2－26

喟觚齋詩錄一卷文錄二卷 ………… 3－194

喉科大成四卷 ……………………… 2－279

喉科神方一卷 ……………………… 2－279

喉科真締一卷 ……………………… 2－279

喉症秘方一卷 ……………………… 2－279

喉證指南四卷首一卷 ……………… 2－279

喉證指南四卷首一卷 ……………… 2－279

喻氏醫書 …………………………… 2－246

喻林一葉二十四卷 ………………… 2－491

喀什噶爾英吉沙爾事宜 …………… 1－545

黑奴籲天錄四卷 …………………… 3－475

黑奴籲天錄四卷 …………………… 3－475

黑奴籲天錄四卷 …………………… 3－475

［嘉慶］黑龍江外記八卷 …………… 1－539

［光緒］黑龍江述略六卷 …………… 1－539

圍棋近譜不分卷 …………………… 2－349

圍棋近譜不分卷 …………………… 2－349

圍爐集一卷 ………………………… 3－59

無不宜齋未定稿四卷 ……………… 3－386

無幻禪師語錄二卷 ………………… 2－459

無可名齋文存二卷雜箸一卷 ……… 3－409

無邪堂答問五卷 …………………… 2－385

無邪堂答問五卷 …………………… 3－551

無近名齋文鈔四卷二編二卷雜著二

卷雜著二編一卷外編一卷 ………… 3－347

無近名齋文鈔四卷雜著二卷文鈔二

編二卷雜著二編一卷外編一卷 …… 3－347

無近名齋文鈔四卷雜著二卷文鈔二

編二卷雜著二編一卷外編一卷 …… 3－347

無咎詩草二卷 ……………………… 3－255

無咎詩草二卷 ……………………… 3－255

無垢瀞室時藝四卷 ………………… 3－309

無益有益齋論畫詩二卷 …………… 2－325

無欲齋詩鈔一卷 …………………… 3－170

無量義經一卷 ……………………… 2－427

無量義經一卷 ……………………… 2－427

無量壽三經論 …………………… 2－420

無量壽經宗要一卷 ………………… 2－444

無量壽經起信論三卷 ……………… 2－454

無量壽經起信論三卷觀無量壽佛經

　約論一卷阿彌陀經約論一卷 …… 2－454

無量壽經優婆提舍願生偈註二卷 …… 2－434

無歌詞剩一卷 ……………………… 3－431

無綫電報一卷補編一卷 …………… 2－311

無綫電報一卷補編一卷 …………… 2－311

［光緒］無錫金匱縣志四十卷首一卷

　　　　　　　　　　　　　　　1－550

［嘉慶］無錫金匱縣志四十卷首一卷

　　　　　　　　　　　　　　　1－550

［道光］無錫金匱續志十卷首一卷 … 1－550

［乾隆］無錫縣志四十二卷 ………… 1－550

無隱禪師略錄一卷 ………………… 2－463

無聲詩史七卷 ……………………… 2－326

無聲詩史七卷 ……………………… 2－326

無聲詩史七卷 ……………………… 2－334

無雙譜不分卷 ……………………… 2－337

無雙譜不分卷 ……………………… 2－337

智品十三卷 ………………………… 2－398

智囊二十八卷 ……………………… 2－398

智囊補二十八卷 …………………… 2－398

智囊補二十八卷 …………………… 2－398

智囊補二十八卷 …………………… 2－398

智囊補十二卷 ……………………… 2－398

剩圃詩集八卷首一卷 ……………… 3－263

嵇中散集十卷 ……………………… 3－73

程一夔文乙集四卷 ………………… 3－353

程山遺書內集不分卷 ……………… 1－108

程山謝明學先生年譜一卷 ………… 1－327

程子詳本二十卷 …………………… 2－190

程氏易傳十二卷 …………………… 1－12

程氏家塾讀書分年日程三卷 ……… 2－200

程氏家塾讀書分年日程三卷程氏家

　塾讀書分年日程綱領一卷 ……… 2－200

程氏家塾讀書分年日程三卷程氏家

　塾讀書分年日程綱領一卷 ……… 2－200

程氏家塾讀書分年日程三卷程氏家

　塾讀書分年日程綱領一卷 ……… 2－200

程氏家塾讀書分年日程三卷程氏家

　塾讀書分年日程綱領一卷 ……… 2－200

程氏家塾讀書分年日程三卷程氏家

　塾讀書分年日程綱領一卷 ……… 2－200

程氏家塾讀書分年日程三卷程氏家

　塾讀書分年日程綱領一卷 ……… 2－200

程氏家塾讀書分年日程三卷程氏家

　塾讀書分年日程綱領一卷 ……… 2－200

程氏家塾讀書分年日程三卷程氏家

　塾讀書分年日程綱領一卷 ……… 2－200

程氏家塾讀書分年日程三卷程氏家

　塾讀書分年日程綱領一卷 ……… 2－200

程氏家塾讀書分年日程三卷程氏家

　塾讀書分年日程綱領一卷 ……… 2－201

程氏家塾讀書分年日程三卷程氏家

　塾讀書分年日程綱領一卷 ……… 2－201

程氏家塾讀書分年日程三卷綱領一卷

　　　　　　　　　　　　　　　3－550

程氏演繁露十六卷續集六卷 ……… 2－383

程式編三卷 ………………………… 2－197

程竹溪年譜一卷 …………………… 1－326

程安德三縣賦考一卷 ……………… 1－453

程伯翰行狀 ………………………… 1－316

程希洛鄉試卷 ……………………… 3－353

程侍郎遺集初編十卷 ……………… 3－353

程桐生仿新羅人物冊 ……………… 2－338

程榮鄉試硃卷 ……………………… 3－353

程蒙齋性理字訓一卷 ……………… 2－187

程頌芳鄉試硃卷 …………………… 3－354

程墨所見集六三卷 ………………… 3－44

程錫昌貢卷 ………………………… 3－354

喬衡堂先生診餘集不分卷 ………… 2－265

等韻一得二卷 ……………………… 1－186

等韻一得二卷 ……………………… 1－186

策元會覽九卷 ……………………… 2－488

338

策府統宗六十五卷目錄一卷 ………… 2－503

策府統宗六十五卷目錄一卷 ………… 2－503

策府統宗六十五卷目錄一卷 ………… 2－503

策倭要略一卷 …………………………… 2－162

策海十卷 ………………………………… 2－486

策海全書六卷續六卷 …………………… 2－486

策貫四十卷首二卷後編二卷首一卷

　…………………………………………… 2－372

策學備纂三十二卷首一卷目錄一卷

　…………………………………………… 2－502

策學備纂三十二卷首一卷目錄一卷

　…………………………………………… 2－502

策學備纂三十二卷首一卷目錄一卷

　…………………………………………… 2－503

策學備纂三十二卷首一卷目錄一卷 … 2－503

策學總纂大全五十卷目錄二卷 ……… 2－377

策學總纂大全五十卷目錄二卷 ……… 2－377

策學纂要十六卷 ………………………… 3－539

答問二卷 ………………………………… 2－194

答順宗心要法門一卷 …………………… 2－446

筆花書屋詩鈔二卷 ……………………… 3－354

筆花醫鏡四卷 …………………………… 2－248

筆花醫鏡四卷 …………………………… 2－248

筆花醫鏡四卷 …………………………… 2－248

筆花醫鏡四卷 …………………………… 2－248

筆花醫鏡四卷 …………………………… 2－248

筆夢一卷 ………………………………… 1－386

筆算數學三卷 …………………………… 2－309

筆算數學三卷 …………………………… 2－309

筆諫八卷 ………………………………… 2－326

備急灸方一卷 …………………………… 2－285

備急灸方一卷 …………………………… 2－285

傅子一卷 ………………………………… 2－177

傅子一卷 ………………………………… 2－177

傅氏家訓二卷 …………………………… 2－214

傅氏眼科審視瑤函六卷首一卷 ……… 2－278

傅氏眼科審視瑤函六卷首一卷 ……… 2－278

傅氏眼科審視瑤函六卷首一卷 ……… 2－278

傅氏眼科審視瑤函六卷首一卷 ……… 2－278

傅氏眼科審視瑤函六卷首一卷 ……… 2－278

傅氏婦科二卷 …………………………… 2－282

傅氏婦科二卷 …………………………… 2－282

傅青主先生男女書 ……………………… 2－246

傅青主先生男女書 ……………………… 2－246

傅青主男科二卷 ………………………… 2－251

傅青主男科二卷 ………………………… 2－251

傅青主男科二卷 ………………………… 2－251

傅青主男科二卷 ………………………… 2－251

傅徵君霜紅龕詩鈔一卷附錄一卷冷

　雲齋冰燈詩一卷 ……………………… 3－354

傅徵君霜紅龕詩鈔不分卷 ……………… 3－354

傅鷿舿集五卷補遺一卷 ………………… 3－77

傅鷿舿集五卷補遺一卷 ………………… 3－77

貸園叢書初集 …………………………… 3－494

貸園叢書初集 …………………………… 3－494

貸園叢書初集 …………………………… 3－494

貸園叢書初集 …………………………… 3－494

［光緒］順天府志一百三十卷 ……… 1－531

［光緒］順天府志一百三十卷 ……… 1－531

順天鄉試錄一卷 ………………………… 3－44

順天鄉試錄一卷 ………………………… 3－44

順安詩草八卷 …………………………… 3－306

順安詩草八卷 …………………………… 3－306

順安詩草八卷 …………………………… 3－306

［嘉慶］順昌縣志十卷 ……………… 2－15

［嘉慶］順昌縣志十卷 ……………… 2－15

順治歙縣三拾陸都丈量魚鱗清冊 …… 1－454

［乾隆］順德府志十六卷 …………… 1－535

［咸豐］順德縣志三十二卷 ………… 2－29

［康熙］順慶府志十卷 ……………… 2－37

集千家註分類杜工部詩集二十五卷

　文集二卷 ……………………………… 3－83

集千家註分類杜工部詩集二十五卷

　文集二卷 ……………………………… 3－83

集千家註杜工部詩集二十卷文集二卷

　…………………………………………… 2－557

集千家註杜工部詩集二十卷文集二卷

　…………………………………………… 3－82

集千家註杜工部詩集二十卷文集二卷

　…………………………………………… 3－82

集千家註杜工部詩集二十卷文集二卷

　…………………………………………… 3－83

集千家註杜工部詩集二十卷文集二卷
　　……………………………………… 3－83

集千家註杜工部詩集二十卷文集二卷
　　……………………………………… 3－83

集千家註杜工部詩集二十卷文集二卷
　　……………………………………… 3－83

集千家註杜工部詩集二十卷文集二卷
　　……………………………………… 3－83

集千家註杜工部詩集二十卷文集二卷
　　……………………………………… 3－83

集千家註杜工部詩集二十卷文集二卷
　　……………………………………… 3－83

集古印譜六卷 …………………… 2－339
集古評釋西山真先生文章正宗二十四卷
　　…………………………………… 2－526
集古錄十卷 ……………………… 2－110
集古錄目十卷原目一卷 ………… 2－111
集古錄目十卷原目一卷 ………… 2－111
集古錄目五卷 …………………… 2－111
集古錄目五卷 …………………… 2－111
集古錄目五卷 …………………… 2－111
集古錄目五卷 …………………… 2－111
集古錄目五卷 …………………… 2－111
集古錄跋尾十卷 ………………… 2－110
集古錄跋尾十卷 ………………… 2－110
集古錄跋尾十卷 ………………… 2－111
集古錄跋尾十卷 ………………… 2－111
集古錄跋尾十卷 ………………… 2－111
集字避復一卷 …………………… 2－215
集唐詩一卷 ……………………… 3－308
集梅花詩 ………………………… 2－509
集虛草堂叢書甲集 ……………… 3－505
集虛齋四書口義十卷 …………… 1－101
集虛齋學古文十卷離騷經解略一卷
　　…………………………………… 3－190
集喉症諸方一卷 ………………… 2－265
集喉症諸方一卷 ………………… 2－265
集程朱格物法一卷集朱子讀書法一卷
　　…………………………………… 2－188

集聖教序四卷 …………………… 2－551
集福堂通書 ……………………… 2－410
集說詮真不分卷提要一卷續編一卷
　　…………………………………… 2－479
集翠軒詩稿二卷 ………………… 3－322
集錄真西山文章正宗三十卷 …… 2－525
集錄真西山文章正宗三十卷 …… 2－525
集韻十卷 ………………………… 1－175
集韻十卷 ………………………… 1－175
集韻十卷 ………………………… 1－175
集韻十卷 ………………………… 3－546
集韻考正十卷 …………………… 1－179
集韻考正十卷 …………………… 1－179
集驗簡易良方四卷 ……………… 2－266
集鱣齋養正新編十八卷 ………… 3－487
集鱣齋養正新編十八卷 ………… 3－487
焦山志二十六卷首一卷 ………… 2－78
焦山志二十六卷首一卷 ………… 2－78
焦山志二十六卷首一卷 ………… 2－78
焦山志二十六卷首一卷 ………… 2－78
焦山志二十六卷首一卷 ………… 2－78
焦山志二十六卷首一卷 ………… 2－78
焦山志二十六卷首一卷 ………… 2－78
焦山志二十六卷首一卷 ………… 2－78
焦山志二十六卷首一卷 ………… 2－78
焦山志二十卷首一卷 …………… 2－78
焦山鼎銘考一卷 ………………… 2－122
焦山鼎銘考一卷 ………………… 2－122
焦山勝境全圖 …………………… 2－79
焦山續志八卷 …………………… 2－78
焦山續志八卷 …………………… 2－79
焦山續志八卷 …………………… 2－79
焦山續志八卷 …………………… 2－79
焦山續志八卷 …………………… 2－79
焦山續志八卷 …………………… 2－79
焦氏易林十六卷 ………………… 2－405
焦氏易林十六卷 ………………… 2－406
焦氏易林十六卷 ………………… 2－406
焦氏易林四卷 …………………… 2－405
焦氏易林校略十六卷 …………… 2－408
焦氏易林校略十六卷 …………… 2－408

焦氏遺書……………………… 3 - 524　　　御批歷代通鑑輯覽一百二十卷……… 1 - 230

焦氏遺書……………………… 3 - 524　　　御批歷代通鑑輯覽一百二十卷……… 1 - 230

焦氏遺書……………………… 3 - 524　　　御批歷代通鑑輯覽一百二十卷……… 1 - 230

焦氏遺書……………………… 3 - 524　　　御批歷代通鑑輯覽一百二十卷……… 1 - 231

焦氏遺書……………………… 3 - 524　　　御批歷代通鑑輯覽一百二十卷……… 1 - 231

焦循事略一卷………………… 1 - 316　　　御批歷代通鑑輯覽一百二十卷……… 1 - 231

焦循事略一卷………………… 3 - 548　　　御批歷代通鑑輯覽一百二十卷……… 1 - 231

皖江武備考略一卷…………… 1 - 468　　　御批歷代通鑑輯覽一百二十卷……… 1 - 231

皖志便覽六卷 ………………… 2 - 71　　　御批歷代通鑑輯覽一百二十卷……… 1 - 231

皖志便覽六卷 ………………… 2 - 71　　　御批歷代通鑑輯覽一百二十卷……… 1 - 231

皖城試錄不分卷 ……………… 3 - 52　　　御批歷代通鑑輯覽一百二十卷……… 1 - 231

皖游吟一卷…………………… 3 - 311　　　御批歷代通鑑輯覽一百二十卷……… 1 - 231

皖游草四卷…………………… 3 - 265　　　御批歷代通鑑輯覽一百二十卷……… 1 - 231

裒妙集不分卷………………… 3 - 2　　　御批歷代通鑑輯覽一百二十卷……… 1 - 231

裒香詞禮集一卷……………… 3 - 431　　　御批歷代通鑑輯覽一百二十卷……… 1 - 231

遁齋文集二十卷首一卷拾遺詩草出　　　御批歷代通鑑輯覽一百二十卷……… 1 - 231

　　塞集十二卷……………… 3 - 286　　　御批歷代通鑑輯覽一百二十卷……… 1 - 231

遁齋文集二十卷首一卷拾遺詩草出　　　御批歷代通鑑輯覽一百二十卷……… 1 - 231

　　塞集十二卷……………… 3 - 286　　　御批歷代通鑑輯覽一百二十卷……… 1 - 231

御批資治通鑑綱目全書………… 1 - 224　　　御批歷代通鑑輯覽一百二十卷……… 3 - 532

御批資治通鑑綱目全書………… 1 - 224　　　御批歷代通鑑輯覽一百二十卷……… 3 - 532

御批資治通鑑綱目全書………… 1 - 224　　　御批歷代通鑑輯覽一百二十卷……… 3 - 532

御批資治通鑑綱目全書………… 1 - 224　　　御批歷代通鑑輯覽一百二十卷……… 3 - 532

御批資治通鑑綱目全書………… 1 - 224　　　御批歷代通鑑輯覽一百二十卷……… 3 - 547

御批資治通鑑綱目全書………… 1 - 225　　　御批歷代通鑑輯覽一百十六卷……… 1 - 230

御批資治通鑑綱目全書………… 1 - 225　　　御批續資治通鑑綱目二十七卷……… 1 - 226

御批資治通鑑綱目前編十八卷正編五　　　御刻三希堂石渠寶笈法帖釋文十六卷

　　十九卷續編二十七卷三編二十卷　　　　……………………………… 2 - 329

　　………………………… 1 - 224　　　御刻三希堂石渠寶笈法帖釋文十六卷

御批歷代通鑑輯覽一百二十卷……… 1 - 230　　　　……………………………… 2 - 329

御批歷代通鑑輯覽一百二十卷……… 1 - 230　　　御刻三希堂石渠寶笈法帖釋文十六卷

御批歷代通鑑輯覽一百二十卷……… 1 - 230　　　　……………………………… 2 - 335

御批歷代通鑑輯覽一百二十卷……… 1 - 230　　　御定大雲輪請雨經一卷…………… 2 - 428

御批歷代通鑑輯覽一百二十卷……… 1 - 230　　　御定全唐詩錄一百卷……………… 3 - 7

御批歷代通鑑輯覽一百二十卷……… 1 - 230　　　御定儀象考成三十卷首二卷……… 2 - 292

御批歷代通鑑輯覽一百二十卷……… 1 - 230　　　御定儀象考成三十卷首二卷……… 2 - 292

御批歷代通鑑輯覽一百二十卷……… 1 - 230　　　御定儀象考成三十卷首二卷……… 2 - 292

御批歷代通鑑輯覽一百二十卷……… 1 - 230　　　御定儀象考成續編三十二卷……… 2 - 292

御批歷代通鑑輯覽一百二十卷……… 1 - 230　　　御定儀象考成續編三十二卷……… 2 - 292

御定駢字類編二百四十卷……………… 2-491

御定駢字類編二百四十卷……………… 2-491

御定駢字類編二百四十卷……………… 2-491

御定駢字類編二百四十卷……………… 2-491

御定駢字類編二百四十卷……………… 2-491

御定駢字類編二百四十卷……………… 2-491

御定駢字類編二百四十卷……………… 2-491

御定駢字類編二百四十卷……………… 2-496

御定歷代賦彙一百四十卷目錄二卷外

　集二十卷附逸句二卷補遺二十二卷

　………………………………………… 2-538

御定歷代賦彙一百四十卷目錄二卷外

　集二十卷附逸句二卷補遺二十二卷

　………………………………………… 2-538

御定歷代賦彙一百四十卷目錄二卷外

　集二十卷附逸句二卷補遺二十二卷

　………………………………………… 2-538

御定歷代賦彙一百四十卷目錄二卷外

　集二十卷附逸句二卷補遺二十二卷

　………………………………………… 2-538

御定歷代賦彙一百四十卷目錄二卷外

　集二十卷附逸句二卷補遺二十二卷

　………………………………………… 2-538

御定歷代題畫詩類一百二十卷……… 2-553

御訂全金詩增補中州集七十二卷首二卷

　………………………………………… 3-13

御訂全金詩增補中州集七十二卷首二卷

　………………………………………… 3-14

御案五經 ………………………………… 1-1

御案春秋左傳經解備旨十二卷首一卷

　………………………………………… 1-82

御案詩經備旨八卷 …………………… 1-49

御案詩經備旨八卷 …………………… 1-49

御製人臣儆心錄一卷 ………………… 2-194

御製大雲輪請雨經二卷 ……………… 2-428

御製文 ………………………………… 3-293

御製文二集四十四卷 ………………… 3-293

御製文二集四十四卷 ………………… 3-293

御製文初集三十卷目錄二卷 ………… 3-293

御製文初集三十卷目錄二卷 ………… 3-293

御製文第四集三十六卷總目四卷 …… 3-294

御製文集四十卷總目五卷二集五十卷

　總目六卷三集五十卷總目六卷 …… 3-294

御製西洋北曆飛釣五星全書 ………… 2-405

御製全史詩六十四卷首二卷 ………… 3-293

御製全韻詩不分卷 …………………… 3-293

御製律呂正義一卷 …………………… 1-425

御製律呂正義上編二卷下編二卷續

　編一卷 ……………………………… 2-345

御製律呂正義上編二卷下編二卷續

　編一卷 ……………………………… 2-345

御製律呂正義上編二卷下編二卷續

　編一卷 ……………………………… 2-345

御製律呂正義上編二卷下編二卷續

　編一卷 ……………………………… 2-345

御製律呂正義上編二卷下編二卷續

　編一卷 ……………………………… 2-345

御製律呂正義上編二卷下編二卷續

　編一卷 ……………………………… 2-345

御製耕織圖二卷 ……………………… 2-239

御製耕織圖二卷 ……………………… 2-239

御製耕織圖不分卷 …………………… 2-239

御製耕織圖不分卷 …………………… 2-239

御製盛京賦三十二卷附篆書緣起一卷

　………………………………………… 3-354

御製盛京賦三十二卷附篆書緣起一卷

　………………………………………… 3-355

御製盛京賦:垂露篆轉宿篆一卷 … 3-294

御製梁皇寶懺十卷 …………………… 2-443

御製圓明園詩一卷 …………………… 3-294

御製圓明園詩一卷 …………………… 3-294

御製圓明園詩二卷 …………………… 3-294

御製圓明園詩二卷 …………………… 3-294

御製圓明園詩二卷 …………………… 3-294

御製詩二集九十卷 …………………… 3-294

御製詩初集十卷二集十卷三集八卷

　………………………………………… 3-294

御製詩初集四十八卷目錄六卷……… 3-293

御製詩初集四十四卷目錄四卷……… 3-293

御製詩初集四十四卷目錄四卷……… 3-293

御製詩初集四十四卷目錄四卷二集

　三十卷目錄三卷 …………………… 3-293

御製詩集八卷文集二卷·················· 3－293

御製詩集八卷文集二卷·················· 3－293

御製滿珠蒙古漢字三合切音清文鑒

　　三十三卷·························· 1－142

御製增訂清文鑒三十卷總綱八卷補

　　編四卷續人新語一卷·············· 1－142

御製數理精蘊上編五卷下編四十卷

　　表八卷·························· 2－301

御製數理精蘊上編五卷下編四十卷

　　表八卷·························· 2－302

御製數理精蘊上編五卷下編四十卷

　　表八卷·························· 2－302

御製數理精蘊上編五卷下編四十卷

　　表八卷·························· 2－302

御製數理精蘊上編五卷下編四十卷

　　表八卷·························· 2－302

御製數理精蘊上編五卷下編四十卷

　　表八卷·························· 2－302

御製數理精蘊上編五卷下編四十卷

　　表八卷·························· 2－302

御製數理精蘊上編五卷下編四十卷

　　表八卷·························· 2－302

御製數理精蘊上編五卷下編四十卷

　　表八卷·························· 2－302

御製數理精蘊上編四卷·············· 2－302

御製數理精蘊上編四卷·············· 2－302

御製數理精蘊表八卷················ 2－299

御製樂府四卷······················ 3－444

御製曆象考成上編十六卷下編十卷

　　·································· 2－292

御製曆象考成上編十六卷下編十卷

　　·································· 2－292

御製曆象考成上編十六卷下編十卷 ··· 2－293

御製曆象考成上編十六卷下編十卷

　　表十六卷························ 2－293

御製曆象考成上編十六卷下編十卷

　　表十六卷························ 2－293

御製曆象考成上編十六卷下編十卷

　　表十六卷························ 2－293

御製曆象考成上編十六卷下編十卷

　　表十六卷························ 2－293

御製曆象考成後編十卷·············· 2－292

御製曆象考成後編十卷·············· 2－293

御製曆象考成後編十卷·············· 2－293

御製曆象考成後編十卷·············· 2－293

御製曆象考成後編十卷·············· 2－293

御製避暑山莊詩一卷················ 3－294

御製避暑山莊詩一卷················ 3－294

御製避暑山莊詩二卷················ 3－294

御製避暑山莊詩二卷················ 3－294

御製勸善要言一卷·················· 2－207

御撰資治通鑑綱目三編二十卷········ 1－226

御撰資治通鑑綱目三編二十卷········ 1－226

御撰資治通鑑綱目三編二十卷········ 1－226

御撰資治通鑑綱目三編四十卷········ 1－226

御撰資治通鑑綱目三編四十卷········ 1－226

御撰資治通鑑綱目三編四十卷········ 1－226

御選宋金元明四朝詩存六十五卷······ 2－553

御選明詩一百二十卷姓名爵里八卷

　　·································· 3－17

御選唐宋文醇五十八卷·············· 2－536

御選唐宋文醇五十八卷·············· 2－536

御選唐宋文醇五十八卷·············· 2－536

御選唐宋文醇五十八卷·············· 2－536

御選唐宋文醇五十八卷·············· 2－536

御選唐宋文醇五十八卷·············· 2－536

御選唐宋文醇五十八卷·············· 2－537

御選唐宋文醇五十八卷·············· 2－537

御選唐宋文醇五十八卷·············· 2－551

御選唐宋文醇五十八卷·············· 2－551

御選唐宋詩醇四十七卷·············· 2－551

御選唐宋詩醇四十七卷·············· 2－551

御選唐宋詩醇四十七卷·············· 2－552

御選唐宋詩醇四十七卷·············· 2－552

御選唐宋詩醇四十七卷·············· 2－552

御選唐宋詩醇四十七卷·············· 2－552

御選唐宋詩醇四十七卷·············· 2－553

御選唐宋詩醇四十七卷 …………… 2-553　　御纂朱子全書六十六卷 …………… 2-185

御選唐宋詩醇四十七卷目錄二卷 …… 2-551　　御纂朱子全書六十六卷 …………… 2-185

御選唐宋詩醇四十七卷目錄二卷 …… 2-551　　御纂朱子全書六十六卷 …………… 2-185

御選唐宋詩醇四十七卷目錄二卷 …… 2-552　　御纂朱子全書六十六卷 …………… 2-185

御選唐宋詩醇四十七卷目錄二卷 …… 2-552　　御纂朱子全書六十六卷 …………… 2-185

御選唐宋詩醇四十七卷目錄二卷 …… 2-552　　御纂朱子全書六十六卷 …………… 2-185

御選唐宋詩醇四十七卷目錄二卷 …… 2-552　　御纂朱子全書六十六卷 …………… 2-185

御選唐宋詩醇四十七卷目錄二卷 …… 2-552　　御纂朱子全書六十六卷 …………… 2-185

御選唐宋詩醇四十七卷目錄二卷 …… 2-552　　御纂朱子全書六十六卷 …………… 2-185

御選唐宋詩醇四十七卷目錄二卷 …… 2-552　　御纂朱子全書六十六卷 …………… 2-185

御選唐宋詩醇四十七卷目錄二卷 …… 2-552　　御纂朱子全書六十六卷 …………… 2-192

御選唐宋詩醇四十七卷目錄二卷 …… 2-552　　御纂周易折中二十二卷首一卷 …… 1-16

御選唐宋詩醇四十七卷目錄二卷 …… 2-552　　御纂周易折中二十二卷首一卷 …… 1-16

御選唐宋詩醇四十七卷目錄二卷 …… 2-552　　御纂周易折中二十二卷首一卷 …… 1-16

御選唐宋詩醇四十七卷目錄二卷 …… 2-552　　御纂周易折中二十二卷首一卷 …… 1-17

御選唐宋詩醇四十七卷目錄二卷 …… 2-552　　御纂周易折中二十二卷首一卷 …… 1-17

御選唐宋詩醇四十七卷目錄二卷 …… 2-553　　御纂周易折中二十二卷首一卷 …… 1-17

御選唐宋詩醇四十七卷目錄二卷 …… 2-553　　御纂周易折中二十二卷首一卷 …… 1-17

御選唐宋詩醇四十七卷目錄二卷 …… 2-553　　御纂周易折中二十二卷首一卷 …… 3-542

御選唐詩三十二卷目錄三卷 ……… 3-7　　御纂周易述義十卷 ………………… 1-23

御選唐詩三十二卷目錄三卷 ……… 3-7　　御纂周易述義十卷 ………………… 1-23

御選唐詩三十二卷目錄三卷 ……… 3-7　　御纂周易述義十卷 ………………… 1-23

御選唐詩三十二卷目錄三卷 ……… 3-7　　御纂周易述義十卷 ………………… 1-23

御選語錄十九卷 …………………… 2-460　　御纂周易述義十卷 ………………… 1-23

御選語錄十九卷 …………………… 2-460　　御纂性理精義十二卷 ……………… 2-192

御選歷代詩餘一百二十卷 ………… 3-424　　御纂性理精義十二卷 ……………… 2-192

御選歷代詩餘一百二十卷 ………… 3-425　　御纂性理精義十二卷 ……………… 2-192

御錄宗鏡大綱二十卷 ……………… 2-456　　御纂性理精義十二卷 ……………… 2-193

御錄經海一滴二十七卷 …………… 2-456　　御纂性理精義十二卷 ……………… 2-193

御錄經海一滴六卷 ………………… 2-456　　御纂性理精義十二卷 ……………… 2-193

御題棉花圖 ………………………… 2-237　　御纂性理精義十二卷 ……………… 2-193

御題棉花圖 ………………………… 2-237　　御纂性理精義十二卷 ……………… 2-193

御纂七經二百九十四卷 …………… 3-547　　御纂性理精義十二卷 ……………… 2-193

御纂七經綱領不分卷 ……………… 1-126　　御纂性理精義十二卷 ……………… 2-193

御纂朱子全書六十六卷 …………… 2-185　　御纂春秋直解十二卷 ……………… 1-81

御纂朱子全書六十六卷 …………… 2-185　　御纂春秋直解十二卷 ……………… 1-81

御纂朱子全書六十六卷 …………… 2-185　　御纂春秋直解十二卷 ……………… 1-81

御纂朱子全書六十六卷 …………… 2-185　　御纂春秋直解十二卷 ……………… 1-81

御纂朱子全書六十六卷 …………… 2-185　　御纂詩義折中二十卷 ……………… 1-48

御纂詩義折中二十卷 …………… 1－48
御纂詩義折中二十卷 …………… 1－48
御纂詩義折中二十卷 …………… 1－49
御纂醫宗金鑑 ………………………… 2－243
御纂醫宗金鑑 ………………………… 2－243
御纂醫宗金鑑 ………………………… 2－243
御纂醫宗金鑑 ………………………… 2－243
御纂醫宗金鑑七十四卷 ……………… 2－243
御纂醫宗金鑑七十四卷目錄一卷 … 2－243
御覽闕史二卷 ………………………… 3－454
御覽闕史二卷 ………………………… 3－454
御覽闕史二卷 ………………………… 3－454
復古編二卷校正一卷附錄一卷 …… 1－165
復古編二卷校正一卷附錄一卷 …… 1－165
復古編二卷校正一卷附錄一卷 …… 1－165
復古編二卷校正一卷附錄一卷 …… 1－165
復古編二卷校正一卷附錄一卷 …… 1－165
復古編二卷校正一卷附錄一卷 …… 1－165
復古編二卷校正一卷附錄一卷 …… 1－165
復古編二卷校正一卷附錄一卷 …… 1－165
復古編二卷校正一卷附錄一卷 …… 1－166
復見心齋詩草六卷 …………………… 3－283
復利表一卷 …………………………… 1－463
復初齋文集三十五卷 ………………… 3－288
復初齋文集三十五卷 ………………… 3－288
復初齋文集三十五卷 ………………… 3－288
復初齋文集三十五卷 ………………… 3－288
復初齋文集三十五卷 ………………… 3－288
復初齋詩集十二卷 …………………… 3－288
復初齋詩集七十卷 …………………… 3－288
復初齋詩集七十卷 …………………… 3－289
復社姓氏傳略十卷首一卷續輯一卷
　　………………………………… 1－292
復社姓氏錄一卷 ……………………… 1－292
復社紀略四卷 ………………………… 1－262
復莊詩問三十四卷 …………………… 3－274
復莊駢儷文榷二編八卷 ……………… 3－274
復莊駢儷文榷八卷 …………………… 3－274
復堂日記六卷 ………………………… 1－386
復堂詞一卷 …………………………… 3－431
復堂詩三卷詞一卷 …………………… 3－371

復堂類集二十一卷 …………………… 3－371
復堂類集二十三卷 …………………… 3－371
復園編年詩選十四卷 ………………… 3－396
復齋文集二十一卷詩集四卷末一卷 … 3－332
復齋文集二十一卷詩集四卷末一卷
　　………………………………… 3－333
復齋文集二十一卷詩集四卷末一卷
　　………………………………… 3－333
復齋錄六卷 …………………………… 2－192
徧行堂集十六卷 ……………………… 3－405
須學齋詩存八卷 ……………………… 3－256
舒嘯樓詩稿四卷 ……………………… 3－228
鈍吟老人遺稿二十二卷 ……………… 3－336
鈍翁文錄十六卷 ……………………… 3－220
鈍翁吟草二卷 ………………………… 3－195
鈍翁續稿五十六卷 …………………… 3－220
鈍庵道重遠禪師語錄十卷 …………… 2－460
鈍齋文集□□卷 ……………………… 3－113
鈐山堂集四十卷 ……………………… 3－186
鈐山堂集四十卷 ……………………… 3－186
鈐山堂集四十卷 ……………………… 3－186
鈐山堂集四十卷 ……………………… 3－186
鈐山堂集四十卷 ……………………… 3－186
鈐山堂集四十卷 ……………………… 3－186
欽月軒詩鈔五卷雜體文鈔一卷文鈔二卷
　　………………………………… 3－276
［道光］欽州志十二卷首一卷 ……… 2－32
欽取朝考卷不分卷 …………………… 3－49
欽取朝考卷不分卷 …………………… 3－49
欽取朝考卷不分卷 …………………… 3－52
欽定七政四餘萬年書：乾隆十一年
　　至道光十八年 …………………… 2－298
欽定七政四餘萬年書：乾隆元年至
　　道光十年 ………………………… 2－298
欽定七政四餘萬年書：康熙四十二
　　年至道光十年 …………………… 2－298
欽定七政四餘萬年書：道光五年至
　　光緒三十五年 …………………… 2－298
欽定七經 ……………………………… 1－2
欽定七經 ……………………………… 1－2
欽定七經 ……………………………… 1－2

欽定七經 ……………………… 1－2
欽定七經 ……………………… 1－2
欽定八旗通志三百四十二卷首十二
　卷目錄二卷 ………………… 1－467
欽定三禮義疏一百八十二卷 …… 1－70
欽定工部則例一百四十二卷 …… 1－487
欽定工部軍需則例一卷 ………… 1－487
欽定工部軍需則例一卷 ………… 1－487
欽定工部續增則例一百三十六卷保
　固則例四卷 ………………… 1－487
欽定大清會典一百卷 …………… 1－421
欽定大清會典一百卷 …………… 1－421
欽定大清會典一百卷 …………… 1－421
欽定大清會典一百卷 …………… 1－421
欽定大清會典一百卷 …………… 1－421
欽定大清會典一百卷 …………… 1－421
欽定大清會典八十卷事例九百二十
　卷圖一百三十二卷 ………… 1－421
欽定大清會典八十卷事例九百二十
　卷圖一百三十二卷 ………… 1－421
欽定大清會典八十卷事例九百二十
　卷圖一百三十二卷 ………… 1－421
欽定大清會典八十卷事例九百二十
　卷圖一百三十二卷 ………… 1－421
欽定大清會典八十卷事例九百二十
　卷圖一百三十二卷 ………… 1－421
欽定大清會典事例一千二百二十卷
　…………………………………… 1－421
欽定大學堂章程一卷 …………… 1－431
欽定大學堂章程一卷 …………… 1－431
欽定小學堂章程一卷 …………… 1－431
欽定天祿琳琅書目十卷 ………… 2－137
欽定天祿琳琅書目十卷 ………… 2－137
欽定天祿琳琅書目十卷 ………… 2－137
欽定天祿琳琅書目十卷 ………… 2－137
欽定天祿琳琅書目十卷 ………… 2－137
欽定天祿琳琅書目十卷 ………… 2－138
欽定天祿琳琅書目十卷 ………… 2－138

欽定天祿琳琅書目十卷 ………… 2－138
欽定天祿琳琅書目十卷 ………… 2－138
欽定天祿琳琅書目十卷 ………… 2－138
欽定元史語解二十四卷 ………… 1－218
欽定五軍道里表十八卷 ………… 1－484
欽定五軍道里表十八卷 ………… 1－484
欽定日下舊聞考一百六十卷 …… 2－68
欽定中樞政考十六卷 …………… 1－422
欽定中樞政考三十二卷續纂四卷 … 1－422
欽定中樞政考四十卷續纂四卷 … 1－422
欽定中樞政考四十卷續纂四卷 … 1－422
欽定中樞政考四十卷續纂四卷總目二卷
　…………………………………… 1－422
欽定中樞政考四十卷續纂四卷總目二卷
　…………………………………… 1－422
欽定中樞政考四十卷續纂四卷總目二卷
　…………………………………… 1－422
欽定中樞政考四十卷續纂四卷總目二卷
　…………………………………… 1－422
欽定中學堂章程一卷 …………… 1－431
欽定化治四書文不分卷 ………… 1－101
欽定戶部則例一卷 ……………… 1－486
欽定戶部則例九十九卷 ………… 1－486
欽定戶部軍需則例九卷續一卷 …… 1－486
欽定戶部軍需則例九卷續纂一卷 … 1－487
欽定戶部漕運全書九十二卷首一卷
　…………………………………… 1－447
欽定戶部漕運全書九十二卷首一卷
　…………………………………… 1－447
欽定戶部漕運全書九十二卷首一卷
　…………………………………… 1－447
欽定戶部續纂則例十五卷 ……… 1－486
欽定六部處分則例一卷 ………… 1－486
欽定古今圖書集成一萬卷目錄三十二卷
　…………………………………… 2－496
欽定古今圖書集成一萬卷目錄三十二卷
　…………………………………… 2－496
欽定古今圖書集成一萬卷目錄三十二卷
　…………………………………… 2－496
欽定古今圖書集成一萬卷目錄三十二卷
　…………………………………… 2－496

欽定古今圖書集成一萬卷目錄三十二卷
……………………… 2－496
欽定古今圖書集成總目四十卷……… 2－138
欽定古今圖書集成醫部全錄五百二十卷
……………………… 2－246
欽定古今圖書集成醫部全錄五百二十卷
……………………… 2－246
欽定石渠寶笈續編不分卷……… 2－323
欽定平定陝甘新疆回匪方略三百二十卷
……………………… 1－251
欽定平定雲南回匪方略五十卷……… 1－251
欽定平定雲南回匪方略五十卷平定
貴州苗匪紀略四十卷……………… 1－251
欽定四庫全書考證一百卷……………… 2－146
欽定四庫全書考證一百卷……………… 2－146
欽定四庫全書考證一百卷……………… 2－146
欽定四庫全書考證一百卷……………… 2－146
欽定四庫全書考證一百卷……………… 2－146
欽定四庫全書附存目錄十卷……… 2－148
欽定四庫全書總目二百卷首一卷…… 2－146
欽定四庫全書總目二百卷首四卷…… 2－146
欽定四庫全書總目二百卷首四卷…… 2－146
欽定四庫全書總目二百卷首四卷…… 2－146
欽定四庫全書總目二百卷首四卷…… 2－146
欽定四庫全書總目二百卷首四卷…… 2－146
欽定四庫全書總目二百卷首四卷…… 2－146
欽定四庫全書總目二百卷首四卷…… 2－146
欽定四庫全書總目二百卷首四卷…… 2－146
欽定四庫全書總目二百卷首四卷…… 2－146
欽定四庫全書總目二百卷首四卷…… 2－146
欽定四庫全書總目二百卷首四卷…… 2－146
欽定四庫全書總目二百卷首四卷…… 2－147
欽定四庫全書總目二百卷首四卷…… 2－147
欽定四庫全書總目提要四部類叙一卷
……………………… 2－138
欽定四庫全書總目提要四部類叙一卷
……………………… 2－138
欽定四庫全書簡明目錄二十卷……… 2－147
欽定四庫全書簡明目錄二十卷……… 2－147
欽定四庫全書簡明目錄二十卷……… 2－147

欽定四庫全書簡明目錄二十卷……… 2－147
欽定四庫全書簡明目錄二十卷……… 2－147
欽定四庫全書簡明目錄二十卷……… 2－147
欽定四庫全書簡明目錄二十卷……… 2－147
欽定四庫全書簡明目錄二十卷……… 2－147
欽定四庫全書簡明目錄二十卷……… 2－147
欽定四庫全書簡明目錄二十卷……… 2－147
欽定四庫全書簡明目錄二十卷……… 2－147
欽定四庫全書簡明目錄二十卷……… 2－147
欽定四庫全書簡明目錄二十卷……… 2－148
欽定四庫全書簡明目錄二十卷首一卷
……………………… 2－147
欽定四庫全書簡明目錄二十卷首一卷
……………………… 2－147
欽定四庫全書簡明目錄二十卷首一卷
……………………… 2－147
欽定四庫全書簡明目錄二十卷首一卷
……………………… 2－147
欽定四庫全書簡明目錄二十卷首一卷
……………………… 2－147
欽定四庫全書簡明目錄二十卷首一卷
……………………… 2－147
欽定四庫全書簡明目錄二十卷首一卷
……………………… 2－147
欽定四書文五集不分卷……………… 2－530
欽定四書文五集不分卷……………… 2－530
欽定四書文五集不分卷……………… 2－531
欽定四書文五集不分卷……………… 2－531
欽定四書文五集不分卷……………… 2－531
欽定台規四十二卷首一卷…… 1－422
欽定吏部則例……………… 1－487
欽定吏部處分則例五十二卷………… 1－487
欽定吏部處分則例五十二卷………… 1－487
欽定吏部處分則例五十二卷………… 1－487
欽定吏部處分則例五十二卷………… 1－487
欽定吏部銓選則例……………… 1－487
欽定吏部銓選章程三十二卷………… 1－487
欽定吏部銓選滿洲官員則例五卷…… 1－487
欽定吏部銓選滿洲官員品級考□卷
……………………… 1－487
欽定吏部稽勛司則例八卷…………… 1－487

欽定吏部驗封司則例六卷…………… 1－487

欽定光緒科場條例六十卷首一卷…… 1－488

欽定同文韻統六卷………………… 1－179

欽定行政綱目一卷………………… 1－422

欽定全唐文一千卷目錄三卷……… 3－9

欽定全唐文一千卷目錄三卷……… 3－9

欽定全唐文一千卷目錄三卷……… 3－9

欽定全唐文一千卷首四卷………… 3－9

欽定全唐文一千卷首四卷………… 3－9

欽定兵部軍需則例五卷…………… 1－487

欽定兵部軍需則例五卷…………… 1－487

欽定兵部處分則例七十六卷續四卷

…………………………………… 1－487

欽定兵部處分則例七十六卷續四卷

…………………………………… 1－487

欽定武英殿聚珍版程式一卷……… 2－151

欽定武英殿聚珍版程式一卷……… 2－151

欽定武英殿聚珍版程式一卷……… 2－151

欽定武英殿聚珍版程式一卷……… 3－549

欽定協紀辨方書三十六卷………… 2－409

欽定協紀辨方書三十六卷………… 2－409

欽定明鑑二十四卷首一卷………… 1－235

欽定明鑑二十四卷首一卷………… 1－235

欽定明鑑二十四卷首一卷………… 1－235

欽定明鑑二十四卷首一卷………… 1－235

欽定明鑑二十四卷首一卷………… 1－236

欽定明鑑二十四卷首一卷………… 1－236

欽定明鑑二十四卷首一卷………… 1－236

欽定明鑑二十四卷首一卷………… 1－236

欽定明鑑二十四卷首一卷………… 1－236

欽定明鑑二十四卷首一卷………… 1－236

欽定明鑑二十四卷首一卷………… 3－536

欽定周官義疏四十八卷首一卷 …… 1－53

欽定周官義疏四十八卷首一卷 …… 1－53

欽定周官義疏四十八卷首一卷 …… 1－53

欽定周官義疏四十八卷首一卷 …… 1－53

欽定周官義疏四十八卷首一卷 …… 1－53

欽定周官義疏四十八卷首一卷 …… 1－53

欽定河源紀略三十五卷首一卷 …… 2－96

欽定宗室王公功績表傳十二卷……… 1－296

欽定春秋左傳讀本三十卷 ………… 1－88

欽定春秋左傳讀本三十卷 ………… 1－88

欽定春秋左傳讀本三十卷 ………… 1－88

欽定春秋左傳讀本三十卷 ………… 1－88

欽定春秋左傳讀本三十卷 ………… 1－88

欽定春秋左傳讀本三十卷 ………… 1－88

欽定春秋傳說彙纂三十八卷 ……… 1－78

欽定春秋傳說彙纂三十八卷首一卷

…………………………………… 1－78

欽定春秋傳說彙纂三十八卷首二卷

…………………………………… 1－78

欽定春秋傳說彙纂三十八卷首二卷

…………………………………… 1－78

欽定春秋傳說彙纂三十八卷首二卷

…………………………………… 1－78

欽定春秋傳說彙纂三十八卷首二卷

…………………………………… 1－78

欽定春秋傳說彙纂三十八卷首二卷

…………………………………… 1－78

欽定春秋傳說彙纂三十八卷首二卷

…………………………………… 1－78

欽定春秋傳說彙纂三十八卷首二卷

…………………………………… 1－78

欽定春秋傳說彙纂三十八卷首二卷

…………………………………… 1－78

欽定春秋傳說彙纂三十八卷首二卷

…………………………………… 1－78

欽定咸豐科場條例六十卷首一卷…… 1－488

欽定重刻淳化閣帖十卷…………… 2－323

欽定重刻淳化閣帖十卷…………… 2－323

欽定重修兩浙鹽法志三十卷首二卷

…………………………………… 1－447

欽定皇輿西域圖志四十八卷首一卷

…………………………………… 2－76

欽定皇輿西域圖志四十八卷首一卷

…………………………………… 2－76

欽定皇輿西域圖志四十八卷首一卷

…………………………………… 2－76

[乾隆]欽定皇輿西域圖志四十八卷
　　首四卷 ……………………………… 1－545
欽定洞麓堂集十卷 ……………………… 3－157
欽定訓飭州縣規條一卷 ………………… 1－437
欽定高等學堂章程一卷 ………………… 1－431
欽定書經傳說彙纂二十一卷首一卷
　　書序一卷 …………………………… 1－30
欽定書經傳說彙纂二十一卷首二卷
　　 …………………………………… 1－30
欽定書經傳說彙纂二十一卷首二卷
　　 …………………………………… 1－30
欽定書經傳說彙纂二十一卷首二卷
　　 …………………………………… 1－30
欽定書經傳說彙纂二十一卷首二卷
　　 …………………………………… 1－30
欽定書經傳說彙纂二十一卷首二卷
　　 …………………………………… 1－30
欽定書經傳說彙纂二十一卷首二卷
　　書序一卷 …………………………… 1－30
欽定書經圖說五十卷 …………………… 1－31
欽定書經圖說五十卷 …………………… 1－31
欽定書經圖說五十卷 …………………… 1－31
欽定書經圖說五十卷 …………………… 1－31
欽定書經圖說五十卷 …………………… 1－32
欽定書經圖說五十卷 …………………… 1－32
欽定通考考證三卷 ……………………… 1－418
欽定通志考證三卷 ……………………… 1－414
欽定通志考證三卷 ……………………… 1－414
欽定通典考證一卷 ……………………… 1－410
欽定通典考證一卷 ……………………… 1－410
欽定授時通考七十八卷 ………………… 2－239
欽定授時通考七十八卷 ………………… 2－239
欽定授時通考七十八卷 ………………… 2－239
欽定授時通考七十八卷 ………………… 2－239
欽定授時通考七十八卷 ………………… 2－239
欽定授時通考七十八卷 ………………… 2－239
欽定授時通考七十八卷 ………………… 2－239
欽定國子監志八十二卷首二卷 ……… 1－440
欽定國子監志八十二卷首二卷 ……… 1－440
欽定國子監志八十二卷首二卷 ……… 1－440
欽定國子監則例四十五卷 ……………… 1－440
欽定國朝詩別裁集三十二卷 …………… 3－19
欽定國朝詩別裁集三十二卷 …………… 3－19
欽定國朝詩別裁集三十二卷 …………… 3－19
欽定國朝詩別裁集三十二卷 …………… 3－19
欽定國朝詩別裁集三十二卷 …………… 3－20
欽定國朝詩別裁集三十二卷 …………… 3－20
欽定國朝詩別裁集三十二卷 …………… 3－20
欽定國朝詩別裁集三十二卷 …………… 3－20
欽定康濟錄四卷 ………………………… 1－457
欽定康濟錄四卷 ………………………… 1－457
欽定康濟錄四卷 ………………………… 1－457
欽定康濟錄四卷 ………………………… 1－457
欽定康濟錄四卷 ………………………… 1－457
欽定康濟錄四卷 ………………………… 1－457
欽定康濟錄四卷 ………………………… 1－457
欽定康濟錄四卷 ………………………… 1－457
欽定康濟錄四卷 ………………………… 1－457
欽定康濟錄四卷 ………………………… 1－457
欽定清漢對音字式一卷 ………………… 1－142
欽定清漢對音字式一卷 ………………… 1－142
欽定清漢對音字式一卷 ………………… 1－142
欽定清漢對音字式一卷 ………………… 1－142
欽定清漢對音字式一卷 ………………… 1－142
欽定勝朝殉節諸臣錄十二卷首一卷 … 1－295
欽定勝朝殉節諸臣錄十二卷首一卷
　　 …………………………………… 1－295
欽定勝朝殉節諸臣錄十二卷首一卷
　　 …………………………………… 1－295
欽定道光科場條例六十卷 ……………… 1－488
欽定道光科場條例六十卷首一卷 ……… 1－487
欽定蒙古源流八卷 ……………………… 1－261
欽定蒙古源流八卷 ……………………… 1－261
欽定蒙學堂章程一卷 …………………… 1－431
欽定詩經傳說彙纂二十一卷首二卷
　　詩序二卷 …………………………… 1－43
欽定詩經傳說彙纂二十一卷首二卷
　　詩序二卷 …………………………… 1－43

欽定詩經傳說彙纂二十一卷首二卷
　　詩序二卷　…………………… 1－43

欽定詩經傳說彙纂二十一卷首二卷
　　詩序二卷　…………………… 1－43

欽定詩經傳說彙纂二十一卷首二卷
　　詩序二卷　…………………… 1－43

欽定詩經傳說彙纂二十一卷首二卷
　　詩序二卷　…………………… 1－43

欽定詩經傳說彙纂二十一卷首二卷
　　詩序二卷　…………………… 1－43

欽定詩經樂譜全書三十卷樂律正俗一卷
　　………………………………… 2－345

欽定新疆識略十二卷首一卷 … 1－545

欽定新疆識略十二卷首一卷 … 2－74

欽定新疆識略十二卷首一卷 … 2－74

欽定殿試策不分卷 …………… 3－50

欽定剿平拈匪方略三百二十卷 … 1－250

欽定剿平拈匪方略三百二十卷 … 1－250

欽定剿平粵匪方略四百二十卷首一卷
　　………………………………… 1－249

欽定剿平粵匪方略四百二十卷首一卷
　　………………………………… 3－533

欽定熙朝雅頌集一百〇六卷首集二
　　十六卷餘集二卷 …………… 3－27

欽定漢品極考□□卷 ………… 1－442

欽定滿洲源流考二十卷 ……… 2－69

欽定滿洲源流考二十卷首一卷 … 2－68

欽定滿洲源流考二十卷首一卷 … 2－69

〔乾隆〕欽定熱河志一百二十卷 … 1－532

欽定遼史語解十卷 …………… 1－216

欽定遼史語解十卷 …………… 1－216

欽定遼史語解十卷 …………… 1－216

欽定篆文六經四書 …………… 1－1

欽定篆文六經四書 …………… 1－1

欽定篆文六經四書 …………… 1－1

欽定篆文六經四書 …………… 1－2

欽定篆文六經四書 …………… 1－2

欽定篆文六經四書 …………… 1－2

欽定篆文六經四書 …………… 1－2

欽定篆文六經四書 …………… 1－2

欽定篆文六經四書 …………… 1－2

欽定儀象考成續編三十二卷 ……… 2－295

欽定儀禮義疏四十八卷首二卷 ……… 1－58

欽定儀禮義疏四十八卷首二卷 ……… 1－58

欽定儀禮義疏四十八卷首二卷 ……… 1－58

欽定儀禮義疏四十八卷首二卷 ……… 1－58

欽定儀禮義疏四十八卷首二卷 ……… 1－58

欽定儀禮義疏四十八卷首二卷 ……… 1－58

欽定儀禮義疏四十八卷首二卷 ……… 1－58

欽定歷代職官表七十二卷 ……… 1－441

欽定歷代職官表七十二卷 ……… 1－441

欽定學政全書八十六卷 ……… 1－430

欽定學政全書八十六卷 ……… 1－430

欽定學政全書八十六卷 ……… 1－430

欽定學政全書八十六卷 ……… 1－430

欽定學政全書八十六卷 ……… 1－430

欽定學政全書八十六卷 ……… 1－430

欽定學堂章程 ………………… 1－431

欽定學堂章程 ………………… 3－536

欽定學堂章程一卷 …………… 1－431

欽定錢錄十六卷 ……………… 2－129

欽定錢錄十六卷 ……………… 2－129

欽定錢錄十六卷 ……………… 2－129

欽定磨勘條例五卷續增磨勘條例一卷
　　………………………………… 1－430

欽定禮記義疏八十二卷首一卷 ……… 1－66

欽定禮記義疏八十二卷首一卷 ……… 1－66

欽定禮記義疏八十二卷首一卷 ……… 1－66

欽定禮部則例二百〇二卷 ……… 1－487

欽定蘭州紀略二十卷首一卷 ……… 1－247

欽定蘭州紀略二十卷首一卷 ……… 1－247

欽定續三通 …………………… 1－408

欽定續文獻通考二百五十卷 ……… 1－416

欽定續文獻通考二百五十卷 ……… 1－416

欽定續文獻通考二百五十卷 ……… 1－417

欽定續文獻通考二百五十卷 ……… 1－417

欽定續文獻通考二百五十卷 ……… 1－417

欽定續文獻通考二百五十卷 ……… 1－417

欽定續文獻通考二百五十卷 ……… 1－417

欽定續文獻通考二百五十卷 ……… 1－417

欽定續文獻通考二百五十卷…………… 1-417
欽定續文獻通考二百五十卷…………… 1-417
欽定續文獻通考二百五十卷…………… 1-417
欽定續文獻通考二百五十卷…………… 1-417
欽定續文獻通考二百五十卷…………… 1-417
欽定續文獻通考二百五十卷…………… 1-417
欽定續文獻通考輯要二十六卷………… 1-417
欽定續通志六百四十卷………………… 1-412
欽定續通志六百四十卷………………… 1-412
欽定續通志六百四十卷………………… 1-412
欽定續通志六百四十卷………………… 1-413
欽定續通志六百四十卷………………… 1-413
欽定續通志六百四十卷………………… 1-413
欽定續通志六百四十卷………………… 1-413
欽定續通志六百四十卷附六通訂誤一卷
　　……………………………… 3-535
欽定續通志六百四十卷附考證三卷…………
　　…………………………………… 1-412
欽定續通志六百四十卷附考證三卷…………
　　…………………………………… 1-412
欽定續通志六百四十卷附考證三卷…………
　　…………………………………… 1-412
欽定續通志六百四十卷附考證三卷…………
　　…………………………………… 1-412
欽定續通志六百四十卷附考證三卷…………
　　…………………………………… 1-412
欽定續通志六百四十卷附考證三卷…………
　　…………………………………… 1-412
欽定續通典一百五十卷………………… 1-410
欽定續通典一百五十卷………………… 1-410
欽定續通典一百五十卷………………… 1-410
欽定續通典一百五十卷………………… 1-410
欽定續通典一百五十卷………………… 1-410
欽定續通典一百五十卷………………… 1-410
欽定續通典一百五十卷………………… 1-410
欽定續通典一百五十卷………………… 1-410
欽定續通典一百五十卷………………… 1-410
欽定續通典一百五十卷………………… 3-535
欽定續通典一百五十卷附考證一卷
　　…………………………………… 1-410

欽定續通典一百五十卷附考證一卷
　　…………………………………… 1-410
欽定續通典一百五十卷附考證一卷
　　…………………………………… 1-410
欽定續通典一百五十卷附考證一卷
　　…………………………………… 1-410
欽頒州縣事宜一卷……………………… 1-437
欽頒州縣事宜一卷……………………… 1-437
鈕非石日記鈔一卷……………………… 1-332
鈕非石遺文一卷………………………… 3-352
畚香草存六卷續刻一卷………………… 3-289
畚香草存六卷續刻一卷………………… 3-289
畚經堂文集八卷詩集六卷詩續集四
　卷詩三集五卷西園于喁集一卷海
　東札記四卷…………………………… 3-211
翕園詩存一卷文存一卷………………… 3-205
翕園詩存一卷文存一卷………………… 3-206
翕園詩存一卷文存一卷………………… 3-206
番禺陳氏東塾叢書……………………… 3-521
番禺陳氏東塾叢書……………………… 3-521
番禺陳氏東塾叢書……………………… 3-521
番禺陳氏東塾叢書……………………… 3-521
番禺陳氏東塾叢書……………………… 3-522
[同治]番禺縣志五十四卷首一卷 ……… 2-28
[宣統]番禺縣續志四十四卷首一卷 …… 2-28
爲學大指一卷…………………………… 2-207
爲學大指一卷…………………………… 2-207
爲學大指一卷…………………………… 2-207
爲學大指一卷…………………………… 2-207
爲學大指一卷…………………………… 2-207
爲學大指一卷…………………………… 2-207
爲學大指一卷…………………………… 2-207
爲學大指一卷…………………………… 2-207
爲學次第一卷…………………………… 2-211
爲學次第一卷…………………………… 2-211
創辦荆南中學堂情形一卷……………… 1-434
勝天王般若波羅密經七卷……………… 2-427
勝代五君子遺集………………………… 2-509
勝思惟梵天所問經論三卷……………… 2-428
勝朝殉揚錄三卷………………………… 1-302

351

勝鬘夫人會一卷 …………… 2－432

勝鬘師子吼一乘大方便方廣經一卷
………………… 2－432

勝鬘師子吼一乘大方便方廣經一卷
………………… 2－445

勝鬘經寶窟十五卷 …………… 2－445

觚賸八卷 …………… 3－457

觚賸八卷 …………… 3－457

觚賸八卷 …………… 3－457

觚賸八卷續編四卷 …………… 3－457

然松閣存稿三卷 …………… 3－412

然松閣詩鈔三卷 …………… 3－412

然燈記聞一卷 …………… 3－481

鄒大史文集八卷 …………… 3－178

鄒大史文集八卷 …………… 3－179

鄒叔子遺書 …………… 3－525

鄒叔子遺書 …………… 3－525

鄒叔子遺書 …………… 3－525

鄒叔子遺書 …………… 3－526

鄒叔子遺書 …………… 3－526

鄒星平蘭山書院課卷 …………… 3－378

鄒彥鄉試硃卷 …………… 3－377

鄒道鄉文集選 …………… 3－117

鄒福保殿試卷 …………… 3－378

鄒銘恩鄉試硃卷 …………… 3－378

鄒徵君存稿一卷 …………… 2－291

鄒徵君遺書 …………… 3－525

[康熙]鄒縣志三卷 …………… 1－546

詁經精舍三集二卷 …………… 3－47

詁經精舍文集十四卷 …………… 3－46

詁經精舍文集十四卷 …………… 3－46

詁經精舍文續集八卷 …………… 3－51

詁經精舍四集十六卷續集一卷 …… 3－47

評註才子古文大家十七卷評註才子
　古文歷朝九卷 …………… 2－533

評註陸宣公全集二十六卷首一卷 … 3－100

評註詞比一卷 …………… 3－425

評論出像水滸傳二十卷七十回 …… 3－463

評論出像水滸傳二十卷七十回 …… 3－463

評選船山史論二卷 …………… 1－408

評點史記一百三十卷 …………… 1－193

評鑑闡要十二卷 …………… 1－403

詅癡符七卷 …………… 2－370

註華嚴法界觀門一卷 …………… 2－447

註陸宣公奏議十五卷制誥十卷 …… 1－496

註陸宣公奏議十五卷首一卷 …… 1－496

註陸宣公奏議十五卷首一卷 …… 1－496

註陸宣公奏議十五卷首一卷 …… 1－496

註補續漢書八志三十卷 …………… 1－197

註解傷寒論十卷傷寒明理論四卷 … 2－270

註解傷寒論十卷傷寒明理論四卷 … 2－270

註解傷寒論十卷傷寒明理論四卷 … 2－270

註解傷寒論十卷傷寒明理論四卷 … 2－270

註解傷寒論十卷傷寒明理論四卷 … 2－270

註解傷寒論十卷傷寒明理論四卷 … 2－270

註解傷寒論十卷傷寒明理論四卷 … 2－271

註韓居七種 …………… 3－502

註釋九家詩十一卷九家詩讀本一卷
………………… 3－18

註釋古周禮五卷註釋古周禮考工記一卷
………………… 1－53

註釋古周禮五卷註釋古周禮考工記一卷
………………… 1－53

註釋律賦采新集不分卷 …………… 3－27

註釋漢書纂要□□卷 …………… 1－197

詠古賦鈔六卷 …………… 3－65

詠史集八卷 …………… 3－217

詠史集成試帖詳註四卷 …………… 3－48

詠史樂府一卷 …………… 3－256

詠史擬古樂府二卷 …………… 3－319

詠物集陶一卷 …………… 3－286

詠物詩選註釋八卷 …………… 2－550

詠梅山房小草 …………… 3－288

詠梅軒仰觀錄二卷 …………… 2－405

詠梅軒仰觀錄二卷 …………… 2－405

詠梅軒仰觀錄二卷 …………… 2－405

詠梅集古三十首一卷 …………… 3－395

詠樓盍戠集 …………… 2－515

詠歸亭詩鈔八卷 …………… 3－225

詞旨暢二卷 …………… 3－435

詞名集解六卷 …………… 3－435

詞名集解六卷 …………… 3－435

詞苑英華	3－420	詞源二卷	3－434
詞苑英華	3－420	詞源二卷	3－434
詞苑叢談十二卷	3－425	詞源二卷	3－434
詞林正韻三卷發凡一卷	3－437	詞源二卷	3－435
詞林正韻三卷發凡一卷	3－437	詞源二卷	3－435
詞林正韻三卷發凡一卷	3－437	詞綜三十八卷	3－424
詞林正韻三卷發凡一卷	3－437	詞綜三十八卷	3－424
詞林正韻三卷發凡一卷	3－437	詞綜三十八卷	3－424
詞林萬選四卷	3－423	詞綜三十八卷	3－424
詞科掌錄十七卷餘話七卷	1－293	詞綜三十八卷	3－541
詞科掌錄十七卷餘話七卷	1－293	詞綜三十六卷	3－424
詞律二十卷	3－436	詞綜三十六卷	3－424
詞律二十卷	3－436	詞綜三十六卷	3－424
詞律二十卷	3－436	詞綜三十六卷	3－424
詞律二十卷	3－436	詞綜三十卷	3－424
詞律二十卷	3－436	詞綜補遺二十卷	3－426
詞律二十卷	3－436	詞餘叢話三卷續三卷	3－451
詞律二十卷	3－436	詞餘叢話三卷續三卷	3－451
詞律二十卷	3－436	詞選二卷	3－425
詞律二十卷	3－437	詞選二卷	3－425
詞律二十卷	3－437	詞選二卷	3－425
詞律二十卷	3－437	詞選二卷	3－425
詞律二十卷	3－437	詞選二卷	3－425
詞律二十卷	3－437	詞選二卷	3－425
詞律二十卷	3－437	詞選二卷	3－425
詞律二十卷	3－437	詞選二卷	3－425
詞律二十卷	3－541	詞選二卷	3－425
詞律拾遺八卷	3－437	詞選二卷	3－425
詞律拾遺八卷	3－437	詞選二卷	3－426
詞律拾遺八卷	3－437	詞選二卷	3－426
詞律拾遺八卷	3－437	詞選二卷	3－426
詞律拾遺八卷	3－437	詞選二卷	3－426
詞律校勘記二卷	3－436	詞選二卷	3－426
詞律校勘記二卷	3－436	詞選二卷	3－426
詞律補遺一卷	3－437	詞選二卷	3－426
詞律補遺一卷	3－437	詞選二卷	3－426
詞律補遺一卷	3－437	詞選二卷	3－426
詞律補遺一卷	3－437	詞選二卷	3－426
詞源二卷	3－434	詞選二卷	3－426

353

詞學全書 …………………………………… 3－421　　痘疹精詳十卷 ………………………… 2－283
詞學全書 …………………………………… 3－421　　痘訣二卷 ……………………………… 2－283
詞學全書 …………………………………… 3－421　　痘證慈航一卷 ………………………… 2－282
詞學全書 …………………………………… 3－421　　痢疾三方一卷 ………………………… 2－278
詞學全書 …………………………………… 3－421　　痢疾論四卷 …………………………… 2－272
詞學全書 …………………………………… 3－421　　痢疾論四卷末一卷 …………………… 2－272
詞學全書 …………………………………… 3－421　　痢疾論四卷末一卷 …………………… 2－272
詞學集成八卷 ……………………………… 3－435　　痧症全書三卷 ………………………… 2－272
詞學叢書 …………………………………… 3－421　　痧症全書三卷 ………………………… 2－272
詞學叢書 …………………………………… 3－421　　痧症全書三卷 ………………………… 2－272
詞學叢書 …………………………………… 3－421　　痧症全書三卷 ………………………… 2－272
詞學叢書 …………………………………… 3－421　　痧脹玉衡二卷 ………………………… 2－273
詞學叢書 …………………………………… 3－421　　痧脹玉衡書三卷痧脹玉衡書後一卷
詞學叢書 …………………………………… 3－421　　　…………………………………… 2－273
詞學叢書 …………………………………… 3－421　　痧脹玉衡書三卷痧脹玉衡書後一卷
詞譜一卷 …………………………………… 3－435　　　…………………………………… 2－273
詞譜四十卷 ………………………………… 3－436　　痛史 …………………………………… 1－262
詞譜四十卷 ………………………………… 3－436　　痛史 …………………………………… 1－262
詞韻二卷柴氏古韻通略一卷 …………… 3－437　　痛史 …………………………………… 1－262
詒晉齋集八卷後集一卷隨筆一卷 …… 3－202　　痛史 …………………………………… 1－262
詒煒集五卷 ………………………………… 1－313　　痛史 …………………………………… 1－262
詒煒集五卷 ………………………………… 3－58　　遊道堂集四卷 ………………………… 3－211
詒煒集五卷侍香集一卷 ………………… 3－58　　遊道堂集四卷 ………………………… 3－211
詒穀堂家訓二卷 ………………………… 2－203　　遊道堂集四卷 ………………………… 3－211
就正錄不分卷 …………………………… 2－190　　遊道堂集四卷 ………………………… 3－211
敦夙好齋詩初編十二卷首一卷續編　　　遊道堂集四卷 ………………………… 3－211
　十一卷首一卷 ………………………… 3－355　　遊道堂集四卷 ………………………… 3－211
敦艮吉齋文存四卷詩存二卷 ………… 3－285　　遊道堂集四卷 ………………………… 3－211
敦艮吉齋文鈔四卷 ……………………… 3－285　　遊道堂集四卷 ………………………… 3－211
敦艮吉齋詩存二卷 ……………………… 3－285　　遊道堂集四卷 ………………………… 3－552
敦艮齋詩存三卷 ………………………… 3－278　　遊藝錄 ………………………………… 3－539
敦艮齋遺書 ……………………………… 3－520　　童山詩集四十二卷詞二卷文集二十
敦拙堂詩集十三卷 ……………………… 3－317　　　卷補遺一卷粵東皇華集四卷淡墨
敦拙堂詩集十三卷 ……………………… 3－317　　　錄十六卷羅江縣志十卷 ………… 3－231
敦煌石室遺書二十二卷 ………………… 3－540　　童温處公遺書六卷首一卷 ………… 3－338
［道光］敦煌縣志七卷首一卷 ………… 1－545　　童温處公遺書六卷首一卷 ………… 3－338
痘科扼要一卷麻疹遠害集一卷 ……… 2－283　　童温處公遺書六卷首一卷 ………… 3－338
痘科類編釋意三卷 ……………………… 2－282　　童温處公遺書六卷首一卷 ………… 3－338
痘疹正宗二卷 …………………………… 2－283　　童温處公遺書六卷首一卷 ………… 3－338
痘疹專門二卷 …………………………… 2－282　　童蒙止觀一卷 ………………………… 2－444
　　　　　　　　　　　　　　　　　　　　童蒙訓三卷 …………………………… 2－198
　　　　　　　　　　　　　　　　　　　　童歌養正一卷 ………………………… 2－214

童錫燾鄉試卷 …………………… 3 - 338

惺莽詩存一卷 ………………… 3 - 276

惺莽詩存一卷 ………………… 3 - 276

惺齋五種 …………………………… 3 - 441

愧林漫錄二卷 …………………… 2 - 180

愧訥集十二卷 …………………… 3 - 209

愧庵遺著集要五卷 ……………… 2 - 195

愔愔樓遺稿一卷 ………………… 3 - 255

愔愔樓遺稿一卷 ………………… 3 - 256

愔愔樓遺稿一卷 ………………… 3 - 256

愔愔樓遺稿一卷 ………………… 3 - 256

惲子居文鈔四卷 ………………… 3 - 338

惲子居文鈔四卷 ………………… 3 - 338

惲中丞官書摘鈔一卷 …………… 1 - 476

惲中丞官書摘鈔一卷 …………… 1 - 476

惲南田畫跋三卷惲南田題畫詩二卷

………………………………… 2 - 329

惲遜庵先生遺集一卷 …………… 3 - 336

善化師範第一次卒業紀念品 …… 1 - 433

善化縣地理課程 ………………… 2 - 67

［乾隆］善化縣志十二卷 ……… 2 - 42

［光緒］善化縣志三十四卷首一卷 … 2 - 42

［嘉慶］善化縣志三十卷首一卷末一卷

………………………………… 2 - 42

善化縣彭氏西湖大屋灣産業老據存

稿一卷 …………………… 1 - 491

善化縣雷定衡狀告黃元吉案牘 … 1 - 489

善本書室藏書志四十卷附錄一卷 … 2 - 148

善本書室藏書志四十卷附錄一卷 … 2 - 148

善本書室藏書志四十卷附錄一卷 … 2 - 148

善本書室藏書志四十卷附錄一卷 … 2 - 148

善成堂增訂士材三書 …………… 2 - 242

善住意天子所問經三卷 ………… 2 - 427

善卷堂四六十卷 ………………… 3 - 324

善卷堂四六十卷 ………………… 3 - 324

善卷堂四六十卷 ………………… 3 - 324

善卷堂四六十卷 ………………… 3 - 324

善卷堂四六十卷 ………………… 3 - 324

善思齋文鈔九卷續鈔四卷 ……… 3 - 286

普天忠憤全集十四卷首一卷 …… 1 - 423

普天忠憤全集十四卷首一卷 …… 1 - 423

普天忠憤全集十四卷首一卷 …… 1 - 423

［光緒］普安直隸廳志二十二卷 …… 2 - 39

普安詩鈔 ………………………… 3 - 39

普門醫品四十八卷附醫品補遺四卷

………………………………… 2 - 262

普法兵事記一卷 ………………… 2 - 167

普法兵事記一卷 ………………… 2 - 167

普法戰紀二十卷 ………………… 2 - 167

普法戰紀十二卷 ………………… 2 - 167

普法戰紀十四卷 ………………… 2 - 167

普法戰紀十四卷 ………………… 2 - 167

普祖靈驗記不分卷 ……………… 2 - 464

普通目兵須知一卷 ……………… 2 - 230

普通地理講義四卷皇輿統部釋名一卷

………………………………… 1 - 530

普通地理講義四卷皇輿統部釋名一卷

………………………………… 1 - 530

普通百科新大詞典不分卷 ……… 2 - 505

普通新歷史二卷首一卷 ………… 1 - 233

普通學歌訣不分卷 ……………… 2 - 208

普救回生草二集不分卷 ………… 2 - 263

普粵戰史 ………………………… 2 - 167

普濟慈航一卷 …………………… 2 - 455

普濟應驗良方七卷 ……………… 2 - 266

普濟應驗良方八卷末一卷 ……… 2 - 266

普濟應驗良方八卷末一卷 ……… 2 - 266

普勸善言一卷 …………………… 2 - 217

粧樓摘艷十卷首一卷 …………… 3 - 27

尊水園集略十二卷補遺一卷 …… 3 - 407

尊生閣集十二卷 ………………… 3 - 269

尊行錄二卷 ……………………… 2 - 395

尊經書院初集十二卷 …………… 3 - 52

尊經書院初集十二卷 …………… 3 - 52

尊經書院初集十二卷 …………… 3 - 52

尊經書院課藝不分卷 …………… 3 - 51

尊聞居士集八卷 ………………… 3 - 373

尊聞居士集八卷 ………………… 3 - 373

尊聞居士集八卷 ………………… 3 - 373

尊聞傳信錄 ……………………… 2 - 275

道一錄五卷 ……………………… 2 - 194

道一錄五卷 ……………………… 2 - 194

道山清話一卷 …………………… 3－113
道古堂文集四十八卷詩集二十六卷 … 3－252
道古堂文集四十八卷詩集二十六卷
　　集外文一卷集外詩一卷 …………… 3－252
道古堂文集四十八卷詩集二十六卷
　　集外文一卷集外詩一卷 …………… 3－252
道古堂文集四十八卷詩集二十六卷
　　集外文一卷集外詩一卷 …………… 3－252
道古堂文集四十八卷詩集二十六卷
　　集外文一卷集外詩一卷 …………… 3－252
道古堂文集四十六卷 ……………… 3－252
道古堂文集四十六卷詩集二十六卷
　　……………………………………… 3－252
道古堂文集四十六卷詩集二十六卷
　　……………………………………… 3－252
道古堂文集四十六卷詩集二十六卷
　　……………………………………… 3－252
道古堂文集四十六卷詩集二十六卷
　　……………………………………… 3－252
道古堂外集 ………………………… 3－518
道古堂外集二十六卷 ……………… 3－252
道生堂全稿三卷 …………………… 3－363
道生堂全稿三卷 …………………… 3－363
道生堂稿不分卷 …………………… 3－363
道西齋日記一卷 …………………… 2－108
道西齋日記二卷 …………………… 2－108
道西齋日記二卷 …………………… 2－108
道光乙末科會試同年齒錄不分卷 … 1－380
道光二十二年匯總條例:軍政 ……… 1－467
道光二十九年己酉科同年錄 ……… 1－380
道光己酉科湖南選拔同門譜一卷 … 1－382
道光己酉科選十八省拔貢同年錄不分卷
　　……………………………………… 1－380
道光六年丙戌科會試錄不分卷 …… 1－380
道光戊戌科會試十八房同門姓氏一卷
　　……………………………………… 1－380
道光甲午科直省同年錄不分卷 …… 1－380
道光至同治朝漕運奏議不分卷 …… 1－447
道光年間滿漢官兵馬數冊 ………… 1－467

道光朝籌辦夷務始末八十卷 ……… 1－464
[光緒]道州志十二卷 ……………… 2－48
道州何氏頤素齋藏古印譜 ………… 2－340
道言外中二卷 ……………………… 2－470
道林先生摘要四卷 ………………… 2－191
道林詩草八卷 ……………………… 3－365
道南源委六卷 ……………………… 1－283
道南源委六卷 ……………………… 1－283
道咸同光四朝詩史一斑錄九編 …… 3－28
道書全集 …………………………… 2－464
道國元公濂溪周夫子志十五卷首一卷
　　……………………………………… 1－310
道國元公濂溪周夫子志十五卷首一卷
　　……………………………………… 1－310
道鄉先生文集四十卷補遺一卷附錄一卷
　　……………………………………… 3－134
道援堂詩集十二卷詞一卷 ………… 3－254
道援堂詩集十二卷詞一卷 ………… 3－254
道腴堂詩編十五卷雜著一卷 ……… 3－400
道腴堂雜著一卷續雜著一卷 ……… 3－400
道統錄二卷附錄一卷 ……………… 1－297
道統錄二卷附錄一卷 ……………… 1－297
道園學古錄五十卷 ………………… 3－151
道園學古錄五十卷 ………………… 3－151
道園學古錄五十卷 ………………… 3－151
道園學古錄五十卷 ………………… 3－151
道園學古錄五十卷 ………………… 3－151
道園學古錄五十卷 ………………… 3－151
道園學古錄不分卷 ………………… 3－151
道園學古錄不分卷 ………………… 3－151
道園類集一卷 ……………………… 3－151
道園續稿六卷 ……………………… 3－152
道福堂詩集四卷 …………………… 3－377
道齊正軌二十卷 …………………… 1－301
道齊正軌二十卷 …………………… 1－301
道榮堂文集六卷滄州近詩十卷首一卷
　　……………………………………… 3－322
道榮堂文集六卷滄州近詩十卷首一卷
　　……………………………………… 3－322
道榮堂文集六卷滄州近詩十卷首一卷
　　……………………………………… 3－322

道榮堂文集六卷滄州近詩十卷首一卷
　　……………………………… 3－323
道榮堂文集六卷滄州近詩十卷首一卷
　　……………………………… 3－323
道榮堂文集六卷滄州近詩十卷首一卷
　　……………………………… 3－323
道德指歸論六卷 …………… 2－468
道德真經一卷 ……………… 2－465
道德真經二卷 ……………… 2－465
道德經二卷 ………………… 2－465
道德經二卷 ………………… 2－465
道德經二卷 ………………… 2－465
道德經二卷 ………………… 2－465
道德經二卷 ………………… 2－465
道德經二卷 ………………… 2－465
道德經二卷 ………………… 2－465
道德經二卷 ………………… 3－550
道德經大義二卷 …………… 2－476
道德經評註二卷 …………… 2－465
道德經評註二卷 …………… 2－465
道德經評註二卷 …………… 2－465
道德經註解二卷文帝大洞經示讀註
　　釋二卷金剛經論一卷 … 2－472
道德經臺縣二卷引義一卷 … 2－471
道德經釋義二卷 …………… 2－469
道德經釋義二卷 …………… 2－469
道學內篇一卷 ……………… 2－216
道學淵源錄一百卷 ………… 1－300
道學淵源錄一百卷 ………… 1－300
道學淵源錄一百卷 ………… 1－300
道學淵源錄一卷 …………… 1－286
道學釋疑一卷 ……………… 2－478
道藏目錄詳註四卷 ………… 2－464
道藏目錄詳註四卷道藏缺經目錄二卷
　　……………………………… 2－464
遂人匠人溝洫異同考一卷 … 1－55
[乾隆]遂平縣志十六卷首一卷 ……… 2－19
遂初堂書目一卷 …………… 2－139
遂初堂詩集十六卷文集二十卷別集四卷
　　……………………………… 3－388

遂園詩律詩鈔四卷 ………………… 3－385
遂園詩律詩鈔四卷 ………………… 3－385
遂園詩鈔六卷 …………………… 3－385
曾一士漣濱坐齋課卷 …………… 3－328
曾子十篇註釋四卷首一卷 ……… 2－204
曾子家語六卷 …………………… 2－203
曾子家語六卷 …………………… 2－203
曾子家語六卷 …………………… 2－203
曾子家語六卷 …………………… 2－203
曾子家語六卷 …………………… 2－203
曾子家語六卷 …………………… 2－203
曾太傅毅勇侯傳略一卷 ………… 1－315
曾氏女訓三卷 …………………… 2－215
曾文正公日記 …………………… 1－331
曾文正公日記不分卷 …………… 1－331
曾文正公手札不分卷 …………… 3－331
曾文正公手札不分卷 …………… 3－331
曾文正公手書日記 ……………… 1－331
曾文正公手書日記 ……………… 1－331
曾文正公手書日記 ……………… 1－331
曾文正公手書日記 ……………… 1－331
曾文正公手書日記 ……………… 1－331
曾文正公手書日記 ……………… 1－331
曾文正公手書日記 ……………… 1－331
曾文正公手書日記 ……………… 1－331
曾文正公六十壽言二卷 ………… 3－53
曾文正公六十壽言二卷 ………… 3－53
曾文正公六十壽言二卷 ………… 3－53
曾文正公六十壽言二卷 ………… 3－53
曾文正公文集四卷 ……………… 3－329
曾文正公文集四卷 ……………… 3－329
曾文正公文集四卷 ……………… 3－330
曾文正公文集四卷 ……………… 3－330
曾文正公文集四卷 ……………… 3－330
曾文正公文集四卷 ……………… 3－330
曾文正公文集四卷 ……………… 3－330
曾文正公文集四卷 ……………… 3－330
曾文正公文集四卷 ……………… 3－330
曾文正公文集四卷 ……………… 3－330
曾文正公文集四卷 ……………… 3－553
曾文正公文鈔不分卷 …………… 3－330

曾文正公文鈔四卷 …………………… 3－330
曾文正公文鈔四卷 …………………… 3－330
曾文正公文鈔四卷 …………………… 3－330
曾文正公文鈔四卷 …………………… 3－330
曾文正公文鈔四卷 …………………… 3－539
曾文正公文鈔四卷附刻一卷 ………… 3－330
曾文正公文鈔四卷附刻一卷 ………… 3－330
曾文正公水陸行軍練兵志四卷 ……… 2－230
曾文正公年譜十二卷 ………………… 1－325
曾文正公年譜十二卷 ………………… 1－325
曾文正公年譜十二卷 ………………… 1－325
曾文正公年譜十二卷 ………………… 1－325
曾文正公年譜十二卷 ………………… 1－325
曾文正公年譜不分卷 ………………… 1－325
曾文正公全集 ………………………… 3－523
曾文正公全集 ………………………… 3－523
曾文正公全集 ………………………… 3－523
曾文正公全集 ………………………… 3－523
曾文正公全集 ………………………… 3－523
曾文正公全集 ………………………… 3－523
曾文正公全集 ………………………… 3－523
曾文正公全集 ………………………… 3－523
曾文正公全集 ………………………… 3－523
曾文正公全集 ………………………… 3－523
曾文正公全集 ………………………… 3－523
曾文正公全集一百八十卷 …………… 3－539
曾文正公全集一百八十卷 …………… 3－539
曾文正公批禀 ………………………… 1－476
曾文正公批牘六卷 …………………… 1－476
曾文正公批牘六卷 …………………… 1－476
曾文正公事略四卷 …………………… 1－315
曾文正公事略四卷 …………………… 1－315
曾文正公事略四卷 …………………… 1－315
曾文正公事略四卷 …………………… 3－533
曾文正公制藝 ………………………… 3－331
曾文正公奏章補鈔不分卷 …………… 1－504
曾文正公奏摺稿不分卷 ……………… 1－504
曾文正公奏稿三十六卷 ……………… 1－505
曾文正公奏稿三十六卷 ……………… 1－505
曾文正公奏稿三十卷 ………………… 1－504

曾文正公奏稿三十卷 ………………… 1－505
曾文正公奏稿三十卷 ………………… 1－505
曾文正公奏稿三十卷 ………………… 1－505
曾文正公奏稿三十卷 ………………… 1－505
曾文正公奏稿不分卷 ………………… 1－504
曾文正公奏議十卷 …………………… 1－504
曾文正公奏議十卷 …………………… 1－504
曾文正公奏議十卷補編四卷 ………… 1－505
曾文正公奏議十卷續四卷 …………… 1－504
曾文正公奏議不分卷 ………………… 1－504
曾文正公奏議公牘不分卷 …………… 1－504
曾文正公奏議公牘不分卷 …………… 1－504
曾文正公家書十卷家訓二卷 ………… 3－331
曾文正公家書十卷家訓二卷 ………… 3－331
曾文正公家書十卷家訓二卷 ………… 3－331
曾文正公家書十卷家訓二卷 ………… 3－331
曾文正公家書十卷家訓二卷 ………… 3－331
曾文正公書札三十三卷 ……………… 3－331
曾文正公書札三十三卷 ……………… 3－331
曾文正公書札三十三卷 ……………… 3－331
曾文正公書札三十三卷 ……………… 3－331
曾文正公書札三十三卷 ……………… 3－331
曾文正公書札三十三卷 ……………… 3－331
曾文正公楹聯一卷雜著五歌一卷 …… 3－332
曾文正公詩集三卷 …………………… 3－330
曾文正公詩集四卷 …………………… 3－540
曾文正公詩稿四卷 …………………… 3－330
曾文正公詩稿四卷 …………………… 3－330
曾文正公詩稿四卷 …………………… 3－330
曾文正公榮哀錄四卷 ………………… 3－53
曾文正公雜著四卷 …………………… 3－332
曾文正公雜著四卷 …………………… 3－332
曾文正公雜著四卷 …………………… 3－332
曾文正公雜著四卷 …………………… 3－539
曾文正全集 …………………………… 3－523
曾文正聖哲畫像記 …………………… 1－298
曾文定公全集二十卷首一卷末一卷
………………………………………… 3－130
曾文定公全集二十卷首一卷末一卷
………………………………………… 3－130

曾文定公全集二十卷首一卷末一卷
　　……………………………… 3－130
曾文定公全集二十卷首一卷末一卷
　　……………………………… 3－130
曾丙熙鄉試卷 …………………… 3－329
曾希文鄉試硃卷 ………………… 3－329
曾沂春鄉試硃卷 ………………… 3－329
曾忠襄公年譜四卷 ……………… 1－325
曾忠襄公全集 …………………… 3－523
曾忠襄公全集 …………………… 3－523
曾忠襄公全集 …………………… 3－523
曾忠襄公全集 …………………… 3－523
曾忠襄公全集 …………………… 3－523
曾忠襄公全集 …………………… 3－523
曾忠襄公全集 …………………… 3－523
曾忠襄公全集 …………………… 3－523
曾忠襄公批牘五卷 ……………… 1－476
曾忠襄公奏議三十二卷 ………… 1－505
曾紀澤四體書 …………………… 2－335
曾紀澤信札 ……………………… 3－329
曾紀澤信札 ……………………… 3－329
曾紀澤致曾國荃書集 …………… 3－329
曾紀澤書信 ……………………… 3－329
曾紀澤書信集一卷 ……………… 3－329
曾紀鴻致曾國藩書信 …………… 3－329
曾純陽鄉試卷 …………………… 3－329
曾國荃信札 ……………………… 3－332
曾國藩左宗棠等致胡林翼手札 …… 3－62
曾國藩收上諭廷寄目錄一卷 …… 1－505
曾國藩奏摺目錄 ………………… 1－505
曾國藩奏議公牘不分卷 ………… 1－504
曾國藩信札 ……………………… 3－331
曾國藩軍情文牘不分卷 ………… 3－330
曾國藩致李元度函 ……………… 3－331
曾國藩致劉傳瑩信札 …………… 3－331
曾國藩家信 ……………………… 3－331
曾國藩家書 ……………………… 3－330
曾國藩書信 ……………………… 3－331
曾國藩書信 ……………………… 3－331
曾國藩書信稿 …………………… 3－331
曾國藩書信稿 …………………… 3－331

曾國藩書信稿 …………………… 3－331
曾國藩接收諭旨目錄:同治八年至十年
　　……………………………… 1－494
曾國藩新頒發各種關防鈐記存案簿
　　……………………………… 1－468
曾國藩隨帶行營目錄 …………… 2－143
曾惠敏公四體書法 ……………… 2－335
曾惠敏公四體書法 ……………… 2－335
曾惠敏公奏疏六卷 ……………… 1－505
曾惠敏公遺集 …………………… 3－523
曾惠敏公遺集 …………………… 3－523
曾惠敏公遺集 …………………… 3－523
曾惠敏公遺集 …………………… 3－524
曾惠敏公遺集 …………………… 3－524
曾惠敏公遺集 …………………… 3－539
曾福謙會試硃卷 ………………… 3－332
曾熙等山水畫冊 ………………… 2－338
曾廣鈞會試硃卷 ………………… 3－417
曾廟從祀議薈二卷鄒縣孟廟祀位考一卷
　　……………………………… 1－427
曾廟從祀議薈二卷鄒縣孟廟祀位考一卷
　　……………………………… 1－427
曾樹楠鄉試硃卷 ………………… 3－332
曾麟綬致丙湖等書信 ……………… 3－62
勞鼎勛鄉試硃卷 ………………… 3－333
馮少墟集二十二卷續集不分卷 …… 3－174
馮氏錦囊秘錄雜症大小合參十二卷
　首一卷 ………………………… 2－250
馮文蔚殿試卷 …………………… 3－335
馮母俞太恭人七十壽言一卷 …… 3－54
馮舍人遺詩六卷 ………………… 3－335
馮舍人遺詩六卷 ………………… 3－335
馮宮保援越紀實四卷 …………… 1－267
馮檥山水冊 ……………………… 2－338
馮夔揚稿一卷 …………………… 3－336
湛甘泉先生文集三十二卷 ……… 3－174
湛甘泉先生文集三十二卷 ……… 3－174
湛甘泉先生文集三十二卷 ……… 3－174
湛園未定稿不分卷 ……………… 3－264
湛園未定稿六卷 ………………… 3－264
湛園未定稿六卷 ………………… 3－264

湛園未定稿六卷 …………………… 3－264

湛園未定稿六卷 …………………… 3－264

湛園札記四卷 ……………………… 2－386

湛園札記四卷 ……………………… 2－386

湛園札記四卷 ……………………… 2－386

湛園札記四卷 ……………………… 2－386

湛園札記四卷 ……………………… 2－386

［嘉慶］湖口縣志十八卷首一卷 …… 2－8

［同治］湖口縣志十卷首一卷 ……… 2－8

湖山便覽十二卷 …………………… 2－76

湖山便覽十二卷 …………………… 2－76

湖山隨在吟詩稿□□卷 …………… 3－332

湖山墨緣二卷 ……………………… 3－388

湖山靈秀集十六卷 ………………… 2－551

湖北自强學堂己亥年終大課題目錄一卷

　　　…………………………………… 1－434

湖北自强學堂成績錄一卷 ………… 1－434

湖北初等鄉土歷史教科書:江夏縣 … 2－73

湖北武學 …………………………… 2－222

湖北武學 …………………………… 2－222

湖北制皮廠各項清冊不分卷 ……… 1－508

湖北金石詩一卷 …………………… 2－118

湖北法政學堂章程 ………………… 1－434

湖北省至各省程途里數排單公文限

　　期四卷 …………………………… 1－463

湖北捐銄章程一卷 ………………… 1－455

［嘉慶］湖北通志一百卷首五卷 ……… 2－21

湖北通志凡例一卷附辨例一卷 …… 2－72

湖北節義錄十二卷 ………………… 1－300

湖北試辦學堂冠服章程一卷 ……… 1－431

湖北試辦學堂冠服章程一卷 ……… 1－431

［湖北監利］江氏族譜□□卷首一卷

　　　…………………………………… 1－338

湖北製造七密里九口徑毛瑟快槍全

　　圖兵工廠繪圖 …………………… 2－231

湖北漢水圖說 ……………………… 2－101

湖北漕務積弊已久現擬革除冗費減

　　定漕章摺 ………………………… 1－447

湖北學議一卷 ……………………… 1－434

湖北學議一卷 ……………………… 1－434

湖北縉紳錄不分卷 ………………… 1－385

湖北闈墨:同治丁卯科不分卷 ……… 3－46

湖北輿地圖 ………………………… 2－101

［光緒］湖北襄陽府宜城縣鄉土志一卷

　　　…………………………………… 2－27

湖北簡明官冊不分卷 ……………… 1－385

［同治］湖州府志九十六卷首一卷 ……… 2－5

湖州叢書 …………………………… 3－507

湖東第一山詩鈔五卷 ……………… 3－221

湖南女士詩鈔所見初集十一卷詞鈔

　　所見初集一卷 …………………… 3－34

湖南女士詩鈔所見初集十一卷詞鈔

　　所見初集一卷 …………………… 3－34

湖南女士詩鈔所見初集十一卷詞鈔

　　所見初集一卷 …………………… 3－34

湖南女士詩鈔所見初集十一卷詞鈔

　　所見初集一卷 …………………… 3－34

湖南中路師範學堂職員教員學生姓氏表

　　　…………………………………… 1－387

湖南文徵元明文五十四卷國朝文百三

　　十六卷首一卷目錄六卷姓氏傳四卷

　　　…………………………………… 3－37

湖南文徵元明文五十四卷國朝文百三

　　十六卷首一卷目錄六卷姓氏傳四卷

　　　…………………………………… 3－37

湖南文徵元明文五十四卷國朝文百三

　　十六卷首一卷目錄六卷姓氏傳四卷

　　　…………………………………… 3－37

湖南文徵元明文五十四卷國朝文百三

　　十六卷首一卷目錄六卷姓氏傳四卷

　　　…………………………………… 3－37

湖南文徵元明文五十四卷國朝文百三

　　十六卷首一卷目錄六卷姓氏傳四卷

　　　…………………………………… 3－37

湖南文徵例言一卷 ………………… 3－37

湖南方物志八卷 …………………… 2－67

湖南方物志八卷 …………………… 2－67

［湖南石門］伍氏族譜四十一卷 …… 1－339

［湖南平江］王氏族譜□□卷 ……… 1－336

［湖南平江］木瓜余氏宗譜□□卷 … 1－345

［湖南平江］毛氏重修族譜十一卷 … 1－337

［湖南平江］毛氏族譜十五卷 ……… 1－337

［湖南平江］艾氏重修族譜□□卷末一卷
　　……………………………………… 1－337
［湖南平江］西鄉中村花門樓楊氏續
　修族譜 ………………………………… 1－364
［湖南平江］朱氏四修族譜□□卷 … 1－339
［湖南平江］江氏廷系俊支二修族譜
　四思賢書局 …………………………… 1－338
［湖南平江］江氏廷德兩系三修族譜
　□□卷首一卷 ………………………… 1－338
［湖南平江］吳氏族譜□□卷 ………… 1－344
［湖南平江］宋氏族譜二十五卷首二卷
　　……………………………………… 1－340
［湖南平江］林氏宗譜□□卷 ………… 1－345
［湖南平江］重修天岳李氏族譜三十卷
　　……………………………………… 1－342
［湖南平江］淩氏族譜十二卷首一卷
　末一卷 ………………………………… 1－350
［湖南平江］淩氏族譜□□卷 ………… 1－350
［湖南平江］彭氏族譜□□卷首一卷
　　……………………………………… 1－358
［湖南平江］葉氏四修族譜十四卷首二卷
　　……………………………………… 1－363
［湖南平江、湘陰］向氏四修族譜一百
　十五卷首五卷向氏宗祠神主譜二卷
　　……………………………………… 1－339
［湖南平江］湯氏八修族譜□□卷 … 1－356
［湖南平江］楊氏族譜四卷首一卷 … 1－364
［湖南平江］楊氏族譜□□卷 ………… 1－364
［湖南平江］義門陳氏族譜□□卷 … 1－355
［湖南平江］碧潭余氏族譜十八卷首
　二卷附三卷 …………………………… 1－345
［湖南平江］碧潭余氏族譜□□卷 … 1－345
［湖南平江］潘氏族譜□□卷 ………… 1－366
［湖南平江］潘氏族譜□□卷 ………… 1－366
［湖南平江］賴氏族譜十卷首一卷 … 1－373
［湖南平江］賴氏族譜□□卷 ………… 1－373
［湖南平江、瀏陽］鍾氏重修族譜□□卷
　　……………………………………… 1－376
［湖南平江、瀏陽］鍾氏重修族譜□□卷
　　……………………………………… 1－376
［湖南平江、瀏陽］鍾氏族譜 ………… 1－376

［湖南平江、瀏陽］鍾氏族譜□□卷
　首一卷 ………………………………… 1－375
湖南四至水陸程途冊不分卷 ………… 1－463
湖南四至水陸程途總略不分卷 ……… 1－463
湖南四先生詩鈔四卷 …………………… 3－37
湖南四先生詩鈔四卷 …………………… 3－37
湖南四先生詩鈔四卷 …………………… 3－37
湖南四先生詩鈔四卷 …………………… 3－37
［湖南永興］清江黃氏族譜二十八卷
　首二卷 ………………………………… 1－359
湖南民立第一女學堂紀略一卷 ……… 1－433
湖南出口協會說明書 ………………… 1－453
［湖南耒陽］黃氏族譜□□卷 ………… 1－359
湖南考古略十二卷 ……………………… 2－53
湖南考古略十二卷 ……………………… 2－54
湖南考古略十二卷 ……………………… 2－54
湖南地方自治籌辦處代擬鄉董辦事規則
　　……………………………………… 1－478
湖南地方自治籌辦處第一次報告書
　　……………………………………… 1－478
湖南地方自治籌辦處第一次報告書
　　……………………………………… 1－478
湖南地方自治籌辦處第二次報告書
　　……………………………………… 1－478
湖南地方自治籌辦處第三次報告書
　　……………………………………… 1－478
［湖南］伍氏八修宗譜□□卷 ………… 1－339
［湖南］伍氏九修宗譜□□卷首四卷 … 1－339
湖南全省工業總會第一期報告書 …… 1－459
湖南全省宗聖總祠立案章程 ………… 2－56
湖南全省掌故備考三十五卷 ………… 2－67
湖南全省輿地圖表不分卷 …………… 2－101
湖南全省輿圖說六卷 …………………… 2－66
湖南全省輿圖說六卷 …………………… 2－66
湖南全省輿圖說六卷 …………………… 2－66
湖南全省輿圖說六卷 …………………… 2－66
湖南全省輿圖說六卷 …………………… 2－67
湖南全省輿圖說六卷 …………………… 2－67
湖南全省輿圖說六卷 …………………… 2－67
湖南全省輿圖說六卷 …………………… 2－67
湖南全省輿圖說六卷 …………………… 2－67

湖南全省礦務總公司章程…………… 1－459

湖南全省礦務總公司章程…………… 1－459

湖南全省礦務總公司章程…………… 1－459

湖南全省礦務總公司章程…………… 1－459

［湖南］危氏族譜八卷首一卷　 1－339

湖南各縣物料價值則例……………… 1－508

湖南各縣配犯病故承緝報竊集鈔…… 1－489

湖南各縣案狀公文…………………… 1－489

［湖南安化］王氏族譜　………… 1－336

［湖南安化］丘氏續修族譜不分卷 … 1－348

［湖南安化］吳氏重修族譜□□卷 … 1－344

［湖南安化］吳氏續修族譜八卷首一卷

………………………………… 1－344

［湖南安化］邵氏族譜□□卷　 … 1－345

［湖南安化］林氏續修族譜□□卷 … 1－345

［湖南安化］郭氏重修族譜十二卷 … 1－357

［湖南安化］郭氏續修族譜□□卷 … 1－357

［湖南安化］常豐十甲李氏四修族譜

二十四卷首三卷………………… 1－342

［湖南安化］張氏續修族譜□□卷 … 1－361

［湖南安化、湘鄉］胡氏續修族譜九卷

………………………………… 1－349

湖南安化楚善錦礦分公司章程……… 1－459

［湖南安化、新化］毛氏續修族譜九

卷首一卷………………………… 1－337

［湖南安化］義門陳氏續修族譜二十

卷首一卷………………………… 1－355

［湖南安化］義門陳氏續修族譜四卷

首一卷…………………………… 1－355

［湖南安化］蔣氏族譜不分卷　… 1－367

［湖南安化］蔣氏族譜六十二卷首一卷

………………………………… 1－367

［湖南安化］蔣氏續修族譜□□卷首二卷

………………………………… 1－368

［湖南安化］劉氏六修族譜□□卷 … 1－372

［湖南安化］劉氏宗祠志二卷首一卷

………………………………… 1－372

［湖南安化］劉氏續修族譜六卷首一卷

………………………………… 1－372

［湖南安化］謝氏續修族譜　……… 1－375

［湖南安化］羅氏四修族譜□□卷 … 1－377

［湖南安化］譚氏族譜□□卷首一卷

………………………………… 1－376

［湖南祁陽］三吾曹氏族譜二十一卷

………………………………… 1－353

［湖南祁陽］桂添富公家乘十卷　… 1－352

［湖南祁陽］譚氏富公支譜十卷首一卷

………………………………… 1－376

湖南巡撫懲辦會匪疏………………… 1－269

湖南孝廉方正同年錄一卷…………… 1－382

［湖南芷江］馮氏族譜□□卷首一卷 … 1－356

［湖南攸縣］搏上陳氏五修族譜不分卷

………………………………… 1－354

［湖南］汪氏族譜二十二卷………… 1－340

［同治］湖南沅州府志四十卷首一卷…… 2－52

［湖南沅江］李氏重修族譜十一卷首

一卷末一卷……………………… 1－342

［湖南沅江］吳氏續修家譜八卷　… 1－344

［湖南沅江］沅邑汾陽郭氏四修支譜

十二卷…………………………… 1－357

［湖南沅江］祝氏五修族譜三十卷首一卷

………………………………… 1－348

［湖南沅江］郭氏續修支譜十二卷 … 1－357

［湖南沅江益陽］許氏族譜五卷首一

卷末一卷………………………… 1－357

［湖南沅江］鄧氏三修族譜二十卷首

四卷末一卷……………………… 1－368

［湖南沅江］鄧氏續修族譜二十卷首

四卷末一卷……………………… 1－368

［湖南沅江］聶氏四修族譜十二卷首

三卷又二卷……………………… 1－376

［湖南邵東］井邊尹氏續修族譜十七

卷首一卷………………………… 1－336

［湖南邵東］周氏支譜□□卷　… 1－347

［湖南邵陽］大沖彭氏族譜七卷　… 1－358

［湖南邵陽］大沖彭氏續修族譜十五

卷首一卷重修隱源老譜四卷… 1－358

［湖南邵陽］太平曾氏支譜□□卷 … 1－356

［湖南邵陽］申氏受族三續譜□□卷

………………………………… 1－338

［湖南邵陽］申受再續族譜□□卷 … 1－337

［湖南邵陽］阮氏續修族譜□□卷 … 1－343

［湖南邵陽］李氏三修族譜□□卷首五卷
　　……………………………………… 1－342
［湖南邵陽］李氏族譜十卷首一卷末一卷
　　……………………………………… 1－342
［湖南邵陽］李氏續修族譜□□卷 … 1－342
［湖南邵陽］呂氏三修族譜□□卷 … 1－338
［湖南邵陽］吳氏八修族譜六卷首二卷
　　……………………………………… 1－343
［湖南邵陽］吳氏八輯通譜□□卷首二卷
　　……………………………………… 1－343
［湖南邵陽］何氏族譜六卷首一卷 … 1－345
［湖南邵陽］邵東橋頭村呂氏續修族
　　譜九卷續一卷………………… 1－338
［湖南邵陽］邵陵危氏續修族譜八卷
　　首一卷………………………… 1－339
［湖南邵陽］邵陵李氏續修族譜五卷
　　首一卷文望公房世系二卷文貫公
　　房世系二卷文盛公房世系六卷…… 1－342
［湖南邵陽］邵陵車氏宗譜八卷 …… 1－340
［湖南邵陽］邵陵卿氏續修族譜六卷
　　首一卷末一卷………………… 1－352
［湖南邵陽］邵陵傅氏宗譜五卷首一卷
　　……………………………………… 1－363
［湖南邵陽］邵陵潘氏續修族譜□□卷
　　……………………………………… 1－366
［湖南邵陽］邵陵龍氏續修族譜六卷
　　首一卷………………………… 1－372
［湖南邵陽］邵陵羅氏族譜□□卷 … 1－377
［湖南邵陽］林彭三修族譜十三卷首二卷
　　……………………………………… 1－358
［湖南邵陽］城福李氏七修家乘□□
　　卷人物集四卷………………… 1－342
［湖南邵陽］洞霞尹氏家譜十卷首一
　　卷末一卷……………………… 1－337
［湖南邵陽］馬氏重修族譜八卷首一卷
　　……………………………………… 1－352
［湖南邵陽］桐江趙氏續修族譜十五
　　卷首一卷……………………… 1－365
［湖南邵陽］夏氏族譜□□卷 ……… 1－352
［湖南邵陽］唐氏五修族譜□□卷 … 1－351
［湖南邵陽］唐氏四修族譜□□卷 … 1－350

［湖南邵陽］陳氏復修族譜不分卷 … 1－354
［湖南邵陽］孫氏四修族譜□□卷 … 1－352
［湖南邵陽］黄氏續修族譜□□卷 … 1－359
［湖南邵陽］張氏三修族譜十卷首一
　　卷末一卷……………………… 1－361
［湖南邵陽］張氏族譜五卷首一卷 … 1－361
［湖南邵陽、隆回］姜姓族譜□□卷
　　……………………………………… 1－348
［湖南邵陽］粟氏族譜□□卷 ……… 1－351
［湖南邵陽］湯氏三修族譜十六卷首
　　二卷末一卷…………………… 1－356
［湖南邵陽］楚邵墨溪黄氏族譜不分卷
　　……………………………………… 1－359
［湖南邵陽］楊氏支譜八卷 ………… 1－364
［湖南邵陽］團山禹氏續譜二十卷首
　　一卷末一卷…………………… 1－349
［湖南邵陽、寧鄉］楊氏續修族譜十四卷
　　……………………………………… 1－364
［湖南邵陽］劉氏重修族譜十八卷首
　　一卷末一卷…………………… 1－371
［湖南邵陽］劉氏續修族譜不分卷 … 1－371
［湖南邵陽］蕭氏七甲蕭留晚續修族
　　譜一卷………………………… 1－373
［湖南邵陽］蕭氏續修族譜□□卷 … 1－373
［湖南邵陽］鍾氏三修族譜十卷 …… 1－375
［湖南邵陽］羅氏族譜三卷首一卷末一卷
　　……………………………………… 1－377
［湖南武岡］呂氏創修族譜□□卷 … 1－338
［湖南武岡］鄧氏續修族譜□□卷首一卷
　　……………………………………… 1－368
［湖南武岡］龍氏族譜□□卷 ……… 1－372
［湖南長沙］七封山吳氏四修族譜二
　　十四卷………………………… 1－343
［湖南長沙］王氏星房支譜二卷 …… 1－334
［湖南長沙］方氏支譜四卷 ………… 1－334
［湖南長沙］孔子世家譜十六卷首一
　　卷附二卷……………………… 1－336
［湖南長沙］卯田甯氏二修族譜十四
　　卷首一卷……………………… 1－365
［湖南長沙］尖山李氏宗譜二十五卷
　　……………………………………… 1－340

［湖南長沙］朱氏族譜二十卷 ……… 1－338
［湖南長沙］吳氏支譜六卷 ……… 1－343
［湖南長沙］青山彭氏會宗譜不分卷
………………………… 1－358
［湖南長沙］青山楊氏重修族譜四卷
………………………… 1－363
［湖南長沙］長邑西鄉唐氏族譜二十
三卷首一卷末一卷又卷上一卷…… 1－350
［湖南長沙］周氏族譜□□卷 ……… 1－346
［湖南長沙］河西劉氏族譜十卷首二卷
………………………… 1－369
［湖南長沙］南坪劉氏四續族譜二十
九卷首九卷 ………………… 1－369
［湖南長沙］柞山方氏家譜十五卷首
一卷 ………………………… 1－334
［湖南長沙］星沙廖氏續修支譜七卷
首一卷 ……………………… 1－365
［湖南長沙］洋湖張氏續修族譜十一
卷末一卷 …………………… 1－360
［湖南長沙］袁氏支譜□□卷 ……… 1－351
［湖南長沙］峽山張氏三修族譜八卷
首一卷末一卷 ……………… 1－360
［湖南長沙］峽山張氏四修族譜八卷
首一卷末一卷 ……………… 1－360
［湖南長沙］徐氏族譜六卷 ……… 1－352
［湖南長沙］高倉彭氏統宗譜□□卷
………………………… 1－358
［湖南長沙］高橋閭氏四修支譜□□卷
………………………… 1－369
［湖南長沙］唐氏族譜十七卷首一卷
上一卷後一卷 ……………… 1－350
［湖南長沙］陳氏支譜四卷末一卷 … 1－353
［湖南長沙］黃氏支譜二卷首二卷 … 1－359
［湖南長沙］黃氏支譜四卷首一卷次一卷
………………………… 1－359
［湖南長沙］黃氏族譜四卷首二卷 … 1－359
［湖南長沙］曹氏彥靖公支譜十八卷
………………………… 1－353
［湖南長沙］曹氏族譜四十卷 ……… 1－353
［湖南長沙］張氏族譜二十三卷首三
卷末二卷 …………………… 1－360

［湖南長沙］彭氏大宗譜五卷 ……… 1－358
［湖南長沙］萬氏三修族譜十卷 ……… 1－363
［湖南長沙］舒氏續修族譜□□卷舒
氏另譜一卷 ………………… 1－363
［湖南長沙］善化南村周氏族譜十卷
………………………… 1－346
［湖南長沙］善化鵝洲朱氏族譜十四卷
………………………… 1－338
［湖南長沙］善邑曲江李氏族譜二十
四卷首二卷末二卷 ………… 1－340
［湖南長沙］善邑唐氏三修支譜十卷
………………………… 1－350
［湖南長沙］善邑梁氏纂修支譜□□卷
………………………… 1－353
［湖南長沙、湘潭］善潭軍營李氏族
譜十四卷首一卷末一卷………… 1－340
［湖南長沙］賀氏祠志一卷 ……… 1－362
［湖南長沙］楚南葉氏族譜□□卷 … 1－363
［湖南長沙］楊氏族譜六卷首一卷 … 1－363
［湖南長沙］廖氏三修族譜八卷 ……… 1－365
［湖南長沙、寧鄉、益陽］彭氏重修
族譜□□卷 ………………… 1－357
［湖南長沙、寧鄉］羅氏八修族譜□□卷
………………………… 1－376
［湖南長沙］熊氏族譜□□卷 ……… 1－366
［湖南長沙］閏田張氏家譜八卷首編
三卷末編一卷 ……………… 1－360
［湖南長沙］潭山周氏四修族譜十二
卷首一卷末一卷 …………… 1－346
［湖南長沙］顧氏續修族譜十四卷首
一卷末一卷 ………………… 1－377
湖南苗防屯政考十五卷首一卷……… 1－472
湖南苗防屯政考十五卷首一卷……… 1－472
湖南苗防屯政考十五卷首一卷……… 1－472
湖南苗防屯政考十五卷首一卷……… 1－472
湖南苗防屯政考十五卷首一卷……… 1－473
［乾隆］湖南直隸桂陽州志二十八卷
首一卷補續一卷 …………… 2－46
［嘉慶］湖南直隸桂陽州志四十三卷
首一卷 ……………………… 2－46
湖南直隸乾州廳均田魚鱗圖冊……… 1－454

湖南直隸乾州廳復丈占土圖冊⋯⋯⋯ 1－454

［湖南］林氏族譜四十卷末一卷 ⋯⋯ 1－345

［湖南東安］東安席氏三修譜□□卷

⋯⋯⋯⋯⋯⋯⋯⋯⋯⋯⋯⋯⋯ 1－351

湖南明德學堂規則一卷⋯⋯⋯⋯⋯⋯ 1－433

［湖南岳陽］毛氏重修族譜 ⋯⋯⋯⋯ 1－337

［湖南岳陽］周氏族譜□□卷 ⋯⋯⋯ 1－347

［湖南岳陽、華容］吳氏族譜十卷 ⋯ 1－343

［湖南岳陽］陳氏續修族譜五卷首一卷

⋯⋯⋯⋯⋯⋯⋯⋯⋯⋯⋯⋯⋯ 1－354

［湖南岳陽］傅氏族譜□□卷 ⋯⋯⋯ 1－363

［湖南宜章］吳氏族譜十二卷 ⋯⋯⋯ 1－344

湖南官立初等小學堂紀略⋯⋯⋯⋯⋯ 1－433

湖南官立初等小學堂紀略⋯⋯⋯⋯⋯ 1－433

湖南官場應酬稟帖款式 ⋯⋯⋯⋯⋯ 3－52

湖南省至鄰省接壤限行程途冊⋯⋯⋯ 1－463

湖南祠墓義園匯略一卷 ⋯⋯⋯⋯⋯ 2－57

［湖南華容］李氏族譜□□卷 ⋯⋯⋯ 1－342

［湖南華容、南縣］段氏族譜十五卷 ⋯ 1－349

［湖南華容］劉氏家乘三十卷首一卷

⋯⋯⋯⋯⋯⋯⋯⋯⋯⋯⋯⋯⋯ 1－371

［湖南華容］劉氏族譜□□卷 ⋯⋯⋯ 1－371

［湖南華容］嚴氏重修族譜不分卷 ⋯ 1－377

［湖南桂陽］大灣夏氏宗譜九卷 ⋯⋯ 1－352

［湖南桂陽］鄧氏宗譜六卷首三卷 ⋯ 1－369

［湖南桂陽］歐陽氏族譜□□卷 ⋯⋯ 1－367

［湖南桃江］益陽泉峰吳氏家譜□□卷

⋯⋯⋯⋯⋯⋯⋯⋯⋯⋯⋯⋯⋯ 1－344

［湖南桃江］資陽徐氏族譜十卷 1－353

［湖南桃源］薛氏家乘五卷首一卷 ⋯ 1－375

湖南校士錄四卷 ⋯⋯⋯⋯⋯⋯⋯ 3－48

湖南校士錄四卷 ⋯⋯⋯⋯⋯⋯⋯ 3－48

湖南校士錄四卷 ⋯⋯⋯⋯⋯⋯⋯ 3－48

湖南校士錄四卷 ⋯⋯⋯⋯⋯⋯⋯ 3－48

湖南校士錄四卷 ⋯⋯⋯⋯⋯⋯⋯ 3－48

湖南校士錄存真不分卷 ⋯⋯⋯⋯⋯ 3－53

湖南財政款目說明書二十卷⋯⋯⋯⋯ 1－451

湖南財政款目說明書二十卷又四卷

⋯⋯⋯⋯⋯⋯⋯⋯⋯⋯⋯⋯⋯ 1－451

湖南候補簡明官冊 ⋯⋯⋯⋯⋯⋯⋯ 1－385

湖南高等學 ⋯⋯⋯⋯⋯⋯⋯⋯⋯ 1－387

［湖南］郭氏族譜□□卷 ⋯⋯⋯⋯ 1－357

湖南旅京公立學堂鐵路專修科章程

⋯⋯⋯⋯⋯⋯⋯⋯⋯⋯⋯⋯⋯ 1－433

［湖南益陽］卜氏七修家譜二十一卷

首一卷 ⋯⋯⋯⋯⋯⋯⋯⋯⋯⋯ 1－333

［湖南益陽］卜氏族譜十四卷 ⋯⋯⋯ 1－333

［湖南益陽］王氏重修族譜七卷首一卷末一卷

⋯⋯⋯⋯⋯⋯⋯⋯⋯⋯⋯⋯⋯ 1－336

［湖南益陽］王氏族譜□□卷 ⋯⋯⋯ 1－336

［湖南益陽］王氏續修支譜七卷首一卷

⋯⋯⋯⋯⋯⋯⋯⋯⋯⋯⋯⋯⋯ 1－336

［湖南益陽］太原王氏三修族譜十卷

首一卷 ⋯⋯⋯⋯⋯⋯⋯⋯⋯⋯ 1－336

［湖南益陽］文氏通房族譜□□卷 ⋯ 1－334

［湖南益陽］甘氏三修族譜□□卷 ⋯ 1－337

［湖南益陽］甘氏四修族譜□□卷 ⋯ 1－337

［湖南益陽］西平李氏續譜一卷首一

卷末一卷 ⋯⋯⋯⋯⋯⋯⋯⋯⋯ 1－342

［湖南益陽］西平李氏續譜□□卷 ⋯ 1－342

［湖南益陽］西平李氏續譜□□卷 ⋯ 1－342

［湖南益陽］江氏續修支譜□□卷首一卷

⋯⋯⋯⋯⋯⋯⋯⋯⋯⋯⋯⋯⋯ 1－338

［湖南益陽］吳氏五修族譜十四卷 ⋯ 1－344

［湖南益陽］何氏五修族譜□□卷首二卷

⋯⋯⋯⋯⋯⋯⋯⋯⋯⋯⋯⋯⋯ 1－345

［湖南益陽］武城曾氏重修族譜□□卷

⋯⋯⋯⋯⋯⋯⋯⋯⋯⋯⋯⋯⋯ 1－356

［湖南益陽］周氏續修族譜□□卷 ⋯ 1－347

［湖南益陽］姚氏鹿山五修支譜十六

卷首一卷末一卷 ⋯⋯⋯⋯⋯⋯ 1－349

［湖南益陽］殷氏續修族譜十四卷首一卷

⋯⋯⋯⋯⋯⋯⋯⋯⋯⋯⋯⋯⋯ 1－352

［湖南益陽］益陽郭氏族譜二十卷 ⋯ 1－357

［湖南益陽］書堂趙氏四修族譜□□卷

⋯⋯⋯⋯⋯⋯⋯⋯⋯⋯⋯⋯⋯ 1－365

［湖南益陽］曹氏支譜十六卷首六卷 ⋯⋯⋯

⋯⋯⋯⋯⋯⋯⋯⋯⋯⋯⋯⋯⋯ 1－353

［湖南益陽］崔氏五修族譜二十六卷

首二卷末一卷 ⋯⋯⋯⋯⋯⋯⋯ 1－355

［湖南益陽］符氏續修支譜十卷首一

卷末一卷 ⋯⋯⋯⋯⋯⋯⋯⋯⋯ 1－355

［湖南益陽］符氏續修家譜七卷首一
　　卷末二卷…………………… 1－355
［湖南益陽］曾氏四修族譜□□卷 … 1－357
［湖南益陽］湯氏四修族譜十七卷首
　　二卷末一卷………………… 1－356
［湖南益陽］資江歐陽五修族譜□□卷
　　……………………………… 1－367
［湖南益陽］資陽文氏四修族譜□□卷
　　……………………………… 1－334
［湖南益陽］資陽香爐山彭氏五修宗
　　譜九卷首五卷末二卷補一卷……… 1－359
［湖南益陽］碧田劉氏四修族譜六卷
　　……………………………… 1－372
［湖南益陽］蔡文忠公五修祠志二卷
　　……………………………… 1－367
［湖南益陽］蔡文忠公祠志一卷 …… 1－367
［湖南益陽、寧鄉］鄧氏三修家譜□□卷
　　……………………………… 1－368
［湖南益陽、寧鄉］鄧氏四修家譜□□卷
　　……………………………… 1－368
［湖南益陽、寧鄉］濱瀉岳氏族譜□□卷
　　……………………………… 1－348
［湖南益陽］劉氏四修支譜□□卷 … 1－372
［湖南益陽］劉氏續修族譜六卷首一
　　卷末一卷…………………… 1－372
［乾隆］湖南通志一百七十四卷首一卷
　　……………………………… 2－41
［嘉慶］湖南通志二百十九卷首三卷
　　末六卷附嶽麓書院書目一卷城南
　　書院書目一卷 ……………… 2－41
［光緒］湖南通志二百八十八卷首八
　　卷末十九卷 ………………… 2－41
湖南黃氏祠館紀略五卷 …………… 2－56
湖南黃氏祠館紀略五卷 …………… 2－56
湖南黃氏祠館紀略五卷 …………… 2－56
［湖南常寧］尹氏家譜四卷 ………… 1－336
［湖南常寧］吳氏三修族譜□□卷 … 1－343
［湖南常寧］何氏宗譜十卷首二卷 … 1－344
［湖南常寧］南塘尹氏宗譜□□卷首卷
　　……………………………… 1－336
［湖南常德］王氏族譜□□卷 ……… 1－336

［湖南常德］何氏族譜□□卷 ……… 1－345
［湖南常德］何氏續修族譜□□卷 … 1－345
［湖南常德］蘇氏續修族譜二卷首三卷
　　……………………………… 1－377
［湖南］符氏續修通譜十六卷首一卷
　　末一卷 ……………………… 1－355
湖南第一女學堂規則一卷………… 1－433
湖南魚鱗冊……………………… 1－454
［湖南］麻陽高村縢氏族譜五卷首三卷
　　……………………………… 1－369
湖南商事習慣報告書……………… 1－453
湖南商事習慣報告書……………… 1－453
湖南商事習慣報告書……………… 1－453
湖南商務總會試辦章程…………… 1－453
湖南陽秋十六卷續編十三卷 ……… 2－66
湖南陽秋十六卷續編十三卷 ……… 2－66
［湖南］隆氏族譜不分卷 …………… 1－362
［湖南］隆氏族譜□□卷 …………… 1－362
［湖南隆回］劉氏續修族譜□□卷 … 1－371
湖南鄉土地理教科書第四冊 ……… 2－67
湖南鄉土地理參考書不分卷 ……… 2－67
湖南鄉試硃卷：光緒辛卯科一卷 … 3－51
湖南鄉試硃卷：同治庚午科不分卷 … 3－51
湖南鄉試硃卷：咸豐戊午科一卷… 3－51
湖南鄉試硃卷：道光丙午科 ……… 3－51
湖南鄉試硃卷：道光甲辰科、丙午科
　　不分卷 ……………………… 3－51
湖南鄉試闈墨：光緒癸卯科一卷……… 3－52
［湖南］彭氏族譜□□卷 …………… 1－357
［湖南善化］田坪劉氏創修族譜□□
　　卷首五卷………………………… 1－369
［湖南善化］鄧氏族譜五卷首一卷 … 1－368
［湖南道縣］周元公世系遺芳集十五卷
　　……………………………… 1－347
［湖南湘陰］朱氏族譜十二卷首二卷
　　……………………………… 1－339
［湖南湘陰］任氏三修族譜 ………… 1－339
［湖南湘陰］吳氏族譜不分卷 ……… 1－343
［湖南湘陰］吳氏族譜□□卷 ……… 1－344
［湖南湘陰］何氏續修宗譜□□卷 … 1－345
［湖南湘陰］范氏家譜四卷 ………… 1－352

366

［湖南湘陰］珊塘徐氏譜上編七卷中
　　編五卷下編五卷‥‥‥‥‥‥‥‥ 1－353
［湖南湘陰］翁氏族譜七卷首一卷 ‥‥ 1－353
［湖南湘陰］陶氏續修族譜□□卷 ‥‥ 1－355
［湖南湘陰］龍氏族譜十二卷 ‥‥‥‥ 1－373
［湖南湘陰］羅湘周氏支譜七卷 ‥‥‥ 1－347
［湖南湘陰］羅湘陳氏宗譜三卷首一卷
　　‥‥‥‥‥‥‥‥‥‥‥‥‥‥ 1－355
［湖南湘陰］羅湘蔡氏支譜七卷首一
　　卷末一卷‥‥‥‥‥‥‥‥‥‥ 1－367
［湖南湘陰］羅湘熊氏宗譜不分卷 ‥‥ 1－366
［湖南湘鄉］七星譚氏族譜十卷 ‥‥‥ 1－376
［湖南湘鄉］士塘周氏續譜六卷首一卷
　　‥‥‥‥‥‥‥‥‥‥‥‥‥‥ 1－347
［湖南湘鄉］大石朱氏族譜十卷 ‥‥‥ 1－338
［湖南湘鄉］大湖張姓四修族譜十卷 ‥ 1－361
［湖南湘鄉］上扶彭氏續修族譜二十
　　卷首二卷‥‥‥‥‥‥‥‥‥‥ 1－358
［湖南湘鄉］上湘丁氏族譜四卷 ‥‥‥ 1－333
［湖南湘鄉］上湘大富張氏續修族譜六卷
　　‥‥‥‥‥‥‥‥‥‥‥‥‥‥ 1－361
［湖南湘鄉］上湘王氏續修支譜六卷
　　首一卷‥‥‥‥‥‥‥‥‥‥‥ 1－335
［湖南湘鄉］上湘毛氏族譜三卷首一卷
　　‥‥‥‥‥‥‥‥‥‥‥‥‥‥ 1－337
［湖南湘鄉］上湘石獅江陳氏家譜六卷
　　‥‥‥‥‥‥‥‥‥‥‥‥‥‥ 1－354
［湖南湘鄉］上湘北門丁氏續修族譜
　　八卷首三卷‥‥‥‥‥‥‥‥‥ 1－333
［湖南湘鄉］上湘北門彭氏族譜八卷
　　首二卷‥‥‥‥‥‥‥‥‥‥‥ 1－358
［湖南湘鄉］上湘田心羅氏族譜七卷
　　首一卷‥‥‥‥‥‥‥‥‥‥‥ 1－377
［湖南湘鄉］上湘危氏三修家譜七卷
　　首一卷‥‥‥‥‥‥‥‥‥‥‥ 1－339
［湖南湘鄉］上湘車灣劉氏支譜四卷
　　‥‥‥‥‥‥‥‥‥‥‥‥‥‥ 1－371
［湖南湘鄉］上湘車灣劉氏續修支譜
　　五卷首在‥‥‥‥‥‥‥‥‥‥ 1－371
［湖南湘鄉］上湘長田文氏家譜七卷
　　‥‥‥‥‥‥‥‥‥‥‥‥‥‥ 1－334

［湖南湘鄉］上湘長田鄧氏續修族譜
　　十一卷首二卷‥‥‥‥‥‥‥‥ 1－368
［湖南湘鄉］上湘坰上劉氏房譜四十
　　七卷首二卷‥‥‥‥‥‥‥‥‥ 1－371
［湖南湘鄉］上湘坳頭劉氏族譜七卷
　　首三卷‥‥‥‥‥‥‥‥‥‥‥ 1－371
［湖南湘鄉］上湘東陳周氏族譜二卷
　　首一卷末一卷‥‥‥‥‥‥‥‥ 1－347
［湖南湘鄉］上湘周氏族譜五卷 ‥‥‥ 1－347
［湖南湘鄉］上湘城南王氏族譜□□卷
　　‥‥‥‥‥‥‥‥‥‥‥‥‥‥ 1－335
［湖南湘鄉］上湘城南龍氏續修族譜
　　十八卷首六卷‥‥‥‥‥‥‥‥ 1－372
［湖南湘鄉］上湘茶沖鄧氏族譜□□
　　卷首一卷‥‥‥‥‥‥‥‥‥‥ 1－368
［湖南湘鄉］上湘茶沖鄧氏續修族譜
　　□□卷首二卷‥‥‥‥‥‥‥‥ 1－368
［湖南湘鄉］上湘厚峰李氏族譜四卷 ‥ 1－341
［湖南湘鄉］上湘品泉王管王氏續修
　　族譜八卷首一卷‥‥‥‥‥‥‥ 1－335
［湖南湘鄉］上湘徐氏三修族譜□□卷
　　‥‥‥‥‥‥‥‥‥‥‥‥‥‥ 1－353
［湖南湘鄉］上湘高沖文氏四修家譜
　　五十四卷首二卷‥‥‥‥‥‥‥ 1－334
［湖南湘鄉］上湘望沖吳氏支譜八卷
　　‥‥‥‥‥‥‥‥‥‥‥‥‥‥ 1－343
［湖南湘鄉］上湘凌氏續修族譜十卷
　　首二卷末二卷‥‥‥‥‥‥‥‥ 1－350
［湖南湘鄉］上湘張氏家譜六卷 ‥‥ 1－361
［湖南湘鄉］上湘傅氏族譜□□卷 ‥ 1－363
［湖南湘鄉］上湘鄒氏三修族譜七卷
　　首二卷‥‥‥‥‥‥‥‥‥‥‥ 1－364
［湖南湘鄉］上湘歐陽氏續修族譜二
　　十四卷首一卷末一卷‥‥‥‥‥ 1－367
［湖南湘鄉］上湘劉氏宗譜□□卷 ‥ 1－371
［湖南湘鄉］上湘劉氏家譜六卷首一卷
　　‥‥‥‥‥‥‥‥‥‥‥‥‥‥ 1－371
［湖南湘鄉］上湘劉氏族譜七十四卷
　　首九卷又二卷‥‥‥‥‥‥‥‥ 1－371
［湖南湘鄉］上湘橫塘譚氏支譜十六
　　卷首一卷‥‥‥‥‥‥‥‥‥‥ 1－376

［湖南湘鄉］上湘戴氏族譜二十二卷
　　………………………………… 1－375

［湖南湘鄉］上湘戴氏續譜十八卷 … 1－375

［湖南湘鄉］上湘豐山李氏族譜四十
　　二卷首一卷 ……………………… 1－341

［湖南湘鄉］上湘鵬山龔氏族譜□□卷
　　………………………………… 1－378

［湖南湘鄉］上湘靈羊陳氏續譜七卷
　　首三卷末一卷 ………………… 1－354

［湖南湘鄉］山田馮氏族譜十卷 … 1－356

［湖南湘鄉］王氏四修族譜 ……… 1－335

［湖南湘鄉］王氏族譜五卷首一卷 … 1－335

［湖南湘鄉］王誠物公裔合修族譜十
　　二卷 …………………………… 1－335

［湖南湘鄉］天堂李氏族譜四十四卷
　　首一卷 ………………………… 1－341

［湖南湘鄉］天堂李氏續修族譜五十
　　卷首二卷 ……………………… 1－341

［湖南湘鄉］天堂劉氏族譜五部 … 1－370

［湖南湘鄉］文山武障蕭氏三修族譜
　　十五卷首二卷 ………………… 1－373

［湖南湘鄉］文氏重修族譜□□卷 … 1－334

［湖南湘鄉］水田劉氏族譜三卷 … 1－370

［湖南湘鄉］石江舒氏族譜五卷首一卷
　　………………………………… 1－363

［湖南湘鄉］石門黃氏續譜十二卷首一卷
　　………………………………… 1－359

［湖南湘鄉］石柱周氏族譜□□卷 … 1－346

［湖南湘鄉］石龍蔣氏族譜十七卷首
　　二卷附戴家沖大旺公房三卷首一
　　卷橫港大興公房三卷首一卷橋頭
　　大隆公房四卷首一卷 ………… 1－367

［湖南湘鄉］石磴劉氏少山房譜二十卷
　　………………………………… 1－371

［湖南湘鄉］石磴劉氏少山房譜□□卷
　　………………………………… 1－370

［湖南湘鄉］北門張氏三修族譜□□卷
　　………………………………… 1－361

［湖南湘鄉］田氏三修族譜四十二卷
　　首三卷末二卷 ………………… 1－337

［湖南湘鄉］白龍呂氏支譜十卷首二
　　卷末一卷 ……………………… 1－338

［湖南湘鄉］西溪鄧氏族譜□□卷首
　　三卷 …………………………… 1－368

［湖南湘鄉］西溪鄧氏續修族譜二十
　　卷首三卷 ……………………… 1－368

［湖南湘鄉］同德王氏三修族譜十五卷
　　………………………………… 1－336

［湖南湘鄉］同德王氏四修族譜□□
　　卷首一卷 ……………………… 1－336

［湖南湘鄉］同德王氏四修族譜鈞公
　　支譜不分卷 …………………… 1－336

［湖南湘鄉］同德王氏梓田房四修族
　　譜五卷 ………………………… 1－336

［湖南湘鄉］同德王氏族譜不分卷 … 1－335

［湖南湘鄉］朱氏族譜三十五卷首一卷
　　………………………………… 1－338

［湖南湘鄉］任氏族譜□□卷首二卷
　　………………………………… 1－339

［湖南湘鄉］江口鄧氏族譜五卷 … 1－368

［湖南湘鄉］安樂王氏七修家譜二十三卷
　　………………………………… 1－335

［湖南湘鄉］李氏再續族譜十卷首二卷
　　………………………………… 1－341

［湖南湘鄉］李氏家譜 …………… 1－341

［湖南湘鄉］李氏族譜十四卷首一卷
　　末一卷 ………………………… 1－341

［湖南湘鄉］李氏續修族譜二十四卷
　　首二卷 ………………………… 1－341

［湖南湘鄉］李氏續修族譜十卷首二卷
　　………………………………… 1－341

［湖南湘鄉］李氏續修族譜五卷首三卷
　　………………………………… 1－341

［湖南湘鄉］李肇龍家譜不分卷 … 1－341

［湖南湘鄉］扶塘楊氏續修譜□□卷
　　………………………………… 1－364

［湖南湘鄉］沙田朱氏族譜□□卷 … 1－338

［湖南湘鄉］沈氏五修族譜六卷首三卷
　　………………………………… 1－340

［湖南湘鄉、邵陽］萬氏重修族譜不分卷
　　………………………………… 1－363

［湖南湘鄉］武城曾氏續修族譜□□卷
　　‥‥‥‥‥‥‥‥‥‥‥‥‥‥‥‥ 1－356
［湖南湘鄉］青陂廖氏四修族譜十卷
　　‥‥‥‥‥‥‥‥‥‥‥‥‥‥‥‥ 1－365
［湖南湘鄉］長塘李氏支譜九卷首一卷
　　‥‥‥‥‥‥‥‥‥‥‥‥‥‥‥‥ 1－341
［湖南湘鄉］長嶺張氏族譜十四卷首一卷
　　‥‥‥‥‥‥‥‥‥‥‥‥‥‥‥‥ 1－361
［湖南湘鄉］茅田文氏續修支譜十二
　　卷首一卷‥‥‥‥‥‥‥‥‥‥‥ 1－334
［湖南湘鄉］板山鄧氏支譜□□卷 ‥ 1－368
［湖南湘鄉］易氏族譜不分卷 ‥‥‥ 1－346
［湖南湘鄉］周氏先房支譜八卷 ‥‥ 1－347
［湖南湘鄉］周氏族譜十卷 ‥‥‥‥ 1－346
［湖南湘鄉］周氏族譜四卷 ‥‥‥‥ 1－347
［湖南湘鄉］周氏續修族譜十卷 ‥‥ 1－347
［湖南湘鄉］周氏續修族譜八卷首一卷
　　‥‥‥‥‥‥‥‥‥‥‥‥‥‥‥‥ 1－347
［湖南湘鄉］油榨鋪郭氏續譜十卷首
　　一卷末一卷‥‥‥‥‥‥‥‥‥‥ 1－357
［湖南湘鄉］泥灣晏氏族譜八卷 ‥‥ 1－352
［湖南湘鄉］城南龍氏四修族譜五十
　　三卷首四卷‥‥‥‥‥‥‥‥‥‥ 1－372
［湖南湘鄉］城南龍氏續修族譜八卷
　　首一卷‥‥‥‥‥‥‥‥‥‥‥‥ 1－372
［湖南湘鄉］城澗李氏三修族譜二十
　　九卷首二卷末一卷‥‥‥‥‥‥‥ 1－341
［湖南湘鄉］草蘿巷楊氏族譜二十三
　　卷首一卷末一卷‥‥‥‥‥‥‥‥ 1－364
［湖南湘鄉］界頭趙氏族譜四卷 ‥‥ 1－365
［湖南湘鄉］姚氏續修族譜□□卷 ‥ 1－349
［湖南湘鄉］約溪彭氏三修族譜□□卷
　　‥‥‥‥‥‥‥‥‥‥‥‥‥‥‥‥ 1－358
［湖南湘鄉］袁氏續修族譜九卷末一卷
　　‥‥‥‥‥‥‥‥‥‥‥‥‥‥‥‥ 1－351
［湖南湘鄉］華夏周氏四修族譜十四卷
　　‥‥‥‥‥‥‥‥‥‥‥‥‥‥‥‥ 1－347
［湖南湘鄉］翁氏世系祖譜一卷 ‥‥ 1－353
［湖南湘鄉］高沖文氏支譜十四卷 ‥ 1－334
［湖南湘鄉］高沖文衛重修族譜十七卷
　　‥‥‥‥‥‥‥‥‥‥‥‥‥‥‥‥ 1－334

［湖南湘鄉］唐氏族譜十卷 ‥‥‥‥ 1－350
［湖南湘鄉］唐氏族譜不分卷 ‥‥‥ 1－350
［湖南湘鄉、益陽］武城曾氏重修族
　　譜十卷‥‥‥‥‥‥‥‥‥‥‥‥ 1－356
［湖南湘鄉］陳氏族譜五卷首一卷 ‥ 1－354
［湖南湘鄉］陳氏族譜□□卷 ‥‥‥ 1－354
［湖南湘鄉］陳氏續修族譜□□卷首二卷
　　‥‥‥‥‥‥‥‥‥‥‥‥‥‥‥‥ 1－354
［湖南湘鄉］桑林胡氏正房族譜二十
　　五卷首二卷附一卷‥‥‥‥‥‥‥ 1－349
［湖南湘鄉］桑林胡氏族譜□□卷 ‥ 1－349
［湖南湘鄉］桑林胡氏族譜□□卷 ‥ 1－349
［湖南湘鄉］孫氏續修支譜九卷首三卷
　　‥‥‥‥‥‥‥‥‥‥‥‥‥‥‥‥ 1－352
［湖南湘鄉］黃氏三修宗譜七卷 ‥‥ 1－359
［湖南湘鄉］黃金陳氏續修族譜八卷
　　首二卷‥‥‥‥‥‥‥‥‥‥‥‥ 1－354
［湖南湘鄉］黃塘陳氏續修族譜□□卷
　　‥‥‥‥‥‥‥‥‥‥‥‥‥‥‥‥ 1－354
［湖南湘鄉］梅塘賀氏復修族譜不分卷
　　‥‥‥‥‥‥‥‥‥‥‥‥‥‥‥‥ 1－362
［湖南湘鄉］婁氏柳氏續修族譜八卷
　　首一卷‥‥‥‥‥‥‥‥‥‥‥‥ 1－349
［湖南湘鄉］船下橋陳氏族譜五卷首二卷
　　‥‥‥‥‥‥‥‥‥‥‥‥‥‥‥‥ 1－354
［湖南湘鄉］章氏重修支譜不分卷 ‥ 1－353
［湖南湘鄉］張氏續修族譜□□卷 ‥ 1－361
［湖南湘鄉］彭氏族譜二卷首一卷 ‥ 1－358
［湖南湘鄉］彭氏族譜十三卷首二卷
　　‥‥‥‥‥‥‥‥‥‥‥‥‥‥‥‥ 1－358
［湖南湘鄉］彭氏族譜□□卷 ‥‥‥ 1－358
［湖南湘鄉］彭氏續修族譜十卷 ‥‥ 1－358
［湖南湘鄉］葉氏續修族譜十三卷首四卷
　　‥‥‥‥‥‥‥‥‥‥‥‥‥‥‥‥ 1－363
［湖南湘鄉］童氏族譜□□卷 ‥‥‥ 1－357
［湖南湘鄉］童氏續修族譜□□卷 ‥ 1－357
［湖南湘鄉、善化、湘潭］湖南上湘下
　　湘章氏三修族譜十五卷首三卷‥‥ 1－353
［湖南湘鄉］曾氏四修族譜□□卷 ‥ 1－356
［湖南湘鄉］曾氏重修族譜不分卷 ‥ 1－356
［湖南湘鄉］曾氏重修族譜□□卷 ‥ 1－356

369

［湖南湘鄉］曾氏族譜□□卷 ……… 1－356

［湖南湘鄉］湘上舒氏續譜十五卷首一卷

…………………………………… 1－363

［湖南湘鄉］湘西七星橋譚氏族譜十

卷首四卷………………………… 1－376

［湖南湘鄉］湘西沈氏三修族譜不分卷

…………………………………… 1－340

［湖南湘鄉］湘西沈氏房譜□□卷 … 1－339

［湖南湘鄉］湘南李氏四修族譜十卷

首四卷…………………………… 1－341

［湖南湘鄉］湘南陳氏族譜□□卷 … 1－354

［湖南湘鄉］湘鄉成氏三修族譜□□卷

…………………………………… 1－338

［湖南湘鄉］湘鄉陳氏三修支譜五卷

…………………………………… 1－354

［湖南湘鄉］湘鄉張氏五修族譜十卷

…………………………………… 1－361

［湖南湘鄉］湘鄉新窑袁氏四修族譜

六卷首二卷滿二卷……………… 1－351

［湖南湘鄉］湘鄉賓溪劉氏十修族譜

四十卷…………………………… 1－371

［湖南湘鄉、湘潭］上湘赫名樓張氏

三修族譜十二卷首一卷………… 1－361

［湖南湘鄉、湘潭、益陽］賴氏續修

族譜十五卷首二卷……………… 1－373

［湖南湘鄉］賀氏有光公祠志一卷 … 1－362

［湖南湘鄉］賀氏族譜□□卷 ……… 1－362

［湖南湘鄉］賀氏續修族譜三十四卷

首十卷…………………………… 1－362

［湖南湘鄉］楊氏原籍老譜□□卷 … 1－364

［湖南湘鄉］楊氏族譜□□卷 ……… 1－364

［湖南湘鄉］遙湖李氏重修族譜五卷

…………………………………… 1－341

［湖南湘鄉］漣湘賀氏族譜□□卷 … 1－362

［湖南湘鄉］福亭彭氏三修族譜□□卷

…………………………………… 1－358

［湖南湘鄉］熊氏四修族譜十七卷 … 1－366

［湖南湘鄉］樊氏續修族譜十卷 …… 1－369

［湖南湘鄉］箭樓劉氏續修族譜二十

一卷首二卷末一卷……………… 1－370

［湖南湘鄉］劉氏族譜十卷 ………… 1－370

［湖南湘鄉］劉氏續修族譜十卷首二卷

…………………………………… 1－370

［湖南湘鄉］潭台張氏族譜二卷 …… 1－361

［湖南湘鄉］潭台舒氏族譜十四卷 … 1－363

［湖南湘鄉］燕堂彭氏續修族譜□□卷

…………………………………… 1－358

［湖南湘鄉］蕭氏族譜不分卷 ……… 1－373

［湖南湘鄉］蕭氏續修族譜十二卷首一卷

…………………………………… 1－373

［湖南湘鄉］蕭氏續修族譜不分卷首二卷

…………………………………… 1－373

［湖南湘鄉］蕭氏續譜□□卷首一卷 … 1－373

［湖南湘鄉］盧氏族譜十八卷 ……… 1－374

［湖南湘鄉、衡陽］上湘董氏續修族

譜十三卷………………………… 1－363

［湖南湘鄉、衡陽］沙溪梅樹蔣氏四

修族譜十卷……………………… 1－367

［湖南湘鄉］龍氏族譜四卷首一卷 … 1－372

［湖南湘鄉］龍城賀氏家譜八卷首一

卷末一卷………………………… 1－362

［湖南湘鄉］鍾氏四修族譜二十卷 … 1－375

［湖南湘鄉］謝氏小宗家傳一卷 …… 1－375

［湖南湘鄉］謝氏族譜四卷首一卷 … 1－374

［湖南湘鄉］謝氏續修族譜十三卷首

一卷末一卷……………………… 1－374

［湖南湘鄉］謝氏續修族譜三十六卷

首一卷中一卷末一卷…………… 1－374

［湖南湘鄉］謝氏續修族譜□□卷 … 1－374

［湖南湘鄉］謝氏續修族譜□□卷 … 1－374

［湖南湘鄉］謝梁氏族譜□□卷 …… 1－375

［湖南湘鄉］闕里衍派湘鄉孔氏支譜八卷

…………………………………… 1－336

［湖南湘鄉］顏氏族譜三十二卷 …… 1－376

［湖南湘鄉］顏氏續修族譜三十三卷

…………………………………… 1－376

［湖南湘鄉］櫧山劉氏三修族譜不分卷

…………………………………… 1－371

［湖南湘鄉］櫧山劉氏續修族譜一百

六十九卷首三卷末一卷………… 1－371

［湖南湘鄉］櫧山劉氏續修族譜二十

九卷首三卷末一卷……………… 1－371

［湖南湘鄉］羅氏支譜四卷 ·········· 1－377

［湖南湘鄉］灣頭王氏續修族譜六卷
　首一卷末一卷 ·········· 1－335

［湖南湘潭］下營楊氏支譜十六卷首一卷
　·········· 1－364

［湖南湘潭］王氏三修家乘二十卷 ··· 1－335

［湖南湘潭］王氏家乘十卷 ·········· 1－335

［湖南湘潭］中湘大嶺劉氏四修族譜
　九卷首一卷末一卷 ·········· 1－370

［湖南湘潭］中湘方氏重修族譜二十八卷
　·········· 1－334

［湖南湘潭］中湘石潭馮氏五修族譜
　三十六卷 ·········· 1－356

［湖南湘潭］中湘白沙頭向氏六修族
　譜三十卷 ·········· 1－339

［湖南湘潭］中湘百井袁氏七修族譜
　□□卷 ·········· 1－351

［湖南湘潭］中湘百井袁氏八修族譜
　二十九卷首二卷 ·········· 1－351

［湖南湘潭］中湘長山谷氏三修族譜
　二十四卷 ·········· 1－340

［湖南湘潭］中湘金霞山沙頭郭氏七
　修族譜不分卷 ·········· 1－357

［湖南湘潭］中湘陳氏族譜六卷 ····· 1－354

［湖南湘潭］中湘黃氏四修族譜二十六卷
　·········· 1－359

［湖南湘潭］中湘雲湖盛氏五修族譜
　□□卷 ·········· 1－355

［湖南湘潭］中湘馮氏續修支譜八卷
　·········· 1－356

［湖南湘潭］中湘賀氏四修族譜十六卷
　·········· 1－362

［湖南湘潭］中湘韶山毛氏二修族譜九卷
　·········· 1－337

［湖南湘潭］中湘韶山毛氏三修族譜八卷
　·········· 1－337

［湖南湘潭］中湘韶山毛氏續修房譜
　□□卷 ·········· 1－337

［湖南湘潭］中湘篁奇林賀氏三修譜
　十九卷又三卷首一卷末一卷 ····· 1－362

［湖南湘潭］中湘蟬塘楊氏六修族譜
　三十卷 ·········· 1－364

［湖南湘潭］中湘龔氏族譜十三卷首一卷
　·········· 1－377

［湖南湘潭］石浦王氏六修族譜二十
　卷首一卷末一卷 ·········· 1－335

［湖南湘潭］花石吳氏六修族譜十四卷
　·········· 1－343

［湖南湘潭］沙塘周氏五修族譜十八卷
　·········· 1－346

［湖南湘潭］長豐左氏宗譜□□卷 ··· 1－337

［湖南湘潭］陳氏四修族譜十五卷 ··· 1－354

［湖南湘潭］渚頭橋朱氏族譜四卷 ··· 1－338

［湖南湘潭、湘鄉］鰲山蕭氏四修族
　譜三十九卷首二卷 ·········· 1－373

［湖南湘潭］湘潭唐氏七修宗譜五十三卷
　·········· 1－350

［湖南湘潭］湘潭黎氏三修家譜十二卷
　·········· 1－369

［湖南湘潭］韶山毛氏瑺公房譜六卷
　·········· 1－337

［湖南湘潭］韶山毛氏鑒公房譜六卷 ········
　·········· 1－337

［湖南湘潭］鄧氏五修支譜□□卷 ··· 1－368

［湖南湘潭］黎氏四修譜□□卷 ····· 1－369

［湖南湘潭］蕭氏五修族譜□□卷 ··· 1－373

［湖南湘潭］學前譚氏三修支譜十一
　卷首一卷 ·········· 1－376

［湖南湘潭］錦石唐氏四修族譜三十
　九卷首二卷末一卷 ·········· 1－350

［湖南湘潭］鰲山蕭氏續譜二十八卷
　首一卷 ·········· 1－373

湖南粵漢鐵路章程草案 ·········· 1－462

湖南粵漢鐵路章程草案 ·········· 1－462

湖南會館總錄續刊二卷 ·········· 2－65

湖南會館總錄續刊二卷 ·········· 2－65

湖南試牘不分卷 ·········· 3－49

湖南試牘不分卷 ·········· 3－49

湖南試牘四卷 ·········· 3－50

［湖南新化］伍氏續修族譜□□卷 ··· 1－339

［湖南新化］李氏續修族譜□□卷 ··· 1－343

371

［湖南新化］吳氏九修族譜四十五卷
　首三卷 ･･････････････････････ 1－344
［湖南新化、邵陽］況氏續修族譜□□卷
　･･････････････････････････････ 1－340
［湖南新化］易氏四修宗譜□□卷 ･･･ 1－346
［湖南新化］胡氏續修族譜十三卷 ･･･ 1－349
［湖南新化］段氏族譜三十三卷首二卷
　･･････････････････････････････ 1－349
［湖南新化］陳氏永派十修族譜□□
　卷首六卷 ･･･････････････････ 1－355
［湖南新化］陳氏續修族譜□□卷 ･･･ 1－355
［湖南新化］張氏重修族譜不分卷 ･･･ 1－362
［湖南新化］張氏族譜□□卷 ････････ 1－361
［湖南新化］鄔氏續修族譜不分卷 ･･･ 1－365
［湖南新化］鄒氏才戶族譜二十卷 ･･･ 1－365
［湖南新化］鄒氏世守續譜十一卷首二卷
　･･････････････････････････････ 1－365
［湖南新化］鄒氏重修族譜□□卷 ････ 1－364
［湖南新化］鄒氏族譜□□卷 ････････ 1－364
［湖南新化］鄒氏慶戶家譜三卷首一卷
　･･････････････････････････････ 1－365
［湖南新化］鄒氏慶戶家譜□□卷 ････ 1－365
［湖南新化］鄒氏慶戶族譜三卷首一卷
　･･････････････････････････････ 1－365
［湖南新化］游氏續修族譜前編十卷
　首一卷末一卷後編二十八卷 ･･････ 1－355
［湖南新化］楊氏族譜十三卷又世系五卷
　･･････････････････････････････ 1－364
［湖南新化、寧鄉］趙氏族譜八卷 ･･･ 1－365
［湖南新化］歐陽續修族譜□□卷 ････ 1－367
［湖南新化］劉氏續修族譜不分卷 ････ 1－372
［湖南新化］蕭氏續修族志八卷首一卷
　･･････････････････････････････ 1－373
［湖南新化］盧氏重修族譜不分卷 ････ 1－374
［湖南新化］羅氏重修族譜不分卷 ････ 1－377
［湖南新化］羅氏重修族譜□□卷 ････ 1－377
［湖南新晃］姚氏族譜□□卷 ････････ 1－350
［湖南新晃］蒲氏族譜□□卷 ････････ 1－366
［湖南］義門陳氏族譜□□卷 ････････ 1－353
湖南義園垂遠錄二卷 ･･･････････････ 2－57
［湖南資興］李氏族譜不分卷 ････････ 1－343

［湖南漣源］橋頭一甲李氏續修族譜
　十三卷首二卷 ･･･････････････ 1－342
［湖南綏寧］龍氏宗譜十二卷 ････････ 1－373
湖南賑捐例章 ･･･････････････････ 1－455
湖南賑捐例章 ･･･････････････････ 1－458
湖南團練私議二篇 ･･･････････････ 1－474
湖南團練私議二篇 ･･･････････････ 1－474
湖南管理妓戶章程 ･･･････････････ 1－475
［湖南漢壽］六甲鄧氏族譜□□卷 ･･･ 1－368
［湖南漢壽］周氏續修家譜十四卷首二卷
　･･････････････････････････････ 1－347
［湖南漢壽］盛氏族譜六卷首一卷 ･･･ 1－355
［湖南漢壽］張氏族譜六卷首一卷 ･･･ 1－361
［湖南漢壽］楊氏三修族譜□□卷 ･･･ 1－364
［湖南漢壽］黎氏族譜□□卷 ････････ 1－369
［湖南漢壽］劉氏族譜三十一卷首一卷
　･･････････････････････････････ 1－372
［湖南漢壽］隴西李氏重修族譜□□卷
　･･････････････････････････････ 1－342
［湖南寧鄉］三湘湯氏七修族譜□□卷
　･･････････････････････････････ 1－356
［湖南寧鄉］大田坊黎氏續修家譜十七卷
　･･････････････････････････････ 1－369
［湖南寧鄉］大沖王氏續修族譜二十
　六卷首一卷 ･･･････････････････ 1－335
［湖南寧鄉］王氏四修族譜二十四卷
　･･････････････････････････････ 1－335
［湖南寧鄉］王氏重修族譜七卷首一
　卷末一卷 ･･･････････････････ 1－334
［湖南寧鄉］王氏重修族譜四卷首一卷
　･･････････････････････････････ 1－334
［湖南寧鄉］王氏族譜□□卷 ････････ 1－334
［湖南寧鄉］王氏續修支譜八卷 ･･････ 1－335
［湖南寧鄉］元氏支譜二卷首二卷 ･･･ 1－336
［湖南寧鄉］太原王氏三修族譜十卷
　首一卷 ･･･････････････････････ 1－334
［湖南寧鄉］太原王氏祠志十八卷 ･･･ 1－334
［湖南寧鄉］古塘劉氏五修族譜□□卷
　･･････････････････････････････ 1－370
［湖南寧鄉］石村劉氏二修族譜□□卷
　･･････････････････････････････ 1－370

［湖南寧郷］田湖劉氏續修族譜十卷 … 1－370

［湖南寧郷］成氏續修族譜二十七卷 …………………………… 1－338

［湖南寧郷］安定胡氏重修族譜不分卷 …………………………… 1－349

［湖南寧郷］李氏八修族譜十八卷首三卷 …………………………… 1－341

［湖南寧郷］李氏重修族譜不分卷 … 1－341

［湖南寧郷］李氏族譜六卷首一卷 … 1－340

［湖南寧郷］李家壩李氏八修族譜二 十卷首一卷末一卷 ……………… 1－341

［湖南寧郷］吳氏六修家譜十七卷首 一卷末一卷 ……………… 1－343

［湖南寧郷］吳氏續修族譜□□卷 … 1－343

［湖南寧郷］武城曾氏重修族譜十卷 …………………………… 1－356

［湖南寧郷、長沙］謝氏族譜四卷 …… 1－374

［湖南寧郷］范氏三修族譜不分卷 … 1－352

［湖南寧郷］東岡高遷劉氏七修族譜 十九卷首一卷 ……………… 1－370

［湖南寧郷］東岡高遷劉氏族譜三十 卷首一卷 ……………… 1－370

［湖南寧郷］東湖王氏五修族譜十八卷 …………………………… 1－335

［湖南寧郷］東湖王氏族譜十四卷 … 1－335

［湖南寧郷］易氏族譜□□卷 ……… 1－345

［湖南寧郷］金氏續修支譜□□卷 … 1－348

［湖南寧郷］周氏族譜十卷 ………… 1－346

［湖南寧郷］周氏族譜□□卷 ……… 1－346

［湖南寧郷］周氏續修支譜九卷首二卷 …………………………… 1－346

［湖南寧郷］胡氏六修支譜十二卷 … 1－349

［湖南寧郷］胡氏六修族譜□□卷首一卷 …………………………… 1－349

［湖南寧郷］胡氏續修族譜十卷 …… 1－349

［湖南寧郷］南江謝氏續修祠志九卷 末一卷 ……………… 1－374

［湖南寧郷］柳林胡氏五修族譜十三 卷首二卷末三卷 ……………… 1－349

［湖南寧郷］柳林胡氏四修族譜十六 卷首一卷末一卷 ……………… 1－349

［湖南寧郷］柳林胡氏續修族譜十六 卷末一卷 ……………… 1－348

［湖南寧郷］泉田喻氏支譜八卷首二卷 …………………………… 1－362

［湖南寧郷］泉田喻氏族譜□□卷 … 1－362

［湖南寧郷］姜氏重修族譜二十二卷 首一卷 ……………… 1－348

［湖南寧郷］姜姓重修族譜二十七卷 … 1－348

［湖南寧郷］姜姓族譜□□卷 ……… 1－348

［湖南寧郷］姜深靜公房續修祠志一 卷首一卷 ……………… 1－348

［湖南寧郷］前溪劉氏支譜七卷首一卷 …………………………… 1－370

［湖南寧郷］前溪劉氏續修支譜六卷 首一卷 ……………… 1－370

［湖南寧郷］洪氏續修族譜十三卷首一卷 …………………………… 1－348

［湖南寧郷］馬氏三修族譜八卷首二卷 …………………………… 1－352

［湖南寧郷］秦氏三修支譜□□卷 … 1－351

［湖南寧郷］秦氏四修支譜七卷首一卷 …………………………… 1－351

［湖南寧郷］秦氏續修支譜□□卷 … 1－351

［湖南寧郷］袁氏重修支譜六卷 …… 1－351

［湖南寧郷］袁家河袁氏家譜□□卷 …………………………… 1－351

［湖南寧郷］晉陽唐氏重修族譜不分卷 …………………………… 1－350

［湖南寧郷］徐氏四修族譜五卷首一 卷末一卷又一卷 ……………… 1－352

［湖南寧郷］高氏族譜二十一卷首二卷 …………………………… 1－350

［湖南寧郷］高氏族譜十四卷 ……… 1－350

［湖南寧郷］唐市戴氏四修家乘□□卷 …………………………… 1－375

［湖南寧郷、益陽］王氏祠志續編二卷 …………………………… 1－334

［湖南寧郷、益陽］周氏續修族譜九 卷首一卷末一卷 ……………… 1－346

［湖南寧郷、益陽］胡氏續修族譜□□卷 …………………………… 1－348

373

［湖南寧鄉、益陽、湘陰］羅氏重修
　族譜□□卷 ‥‥‥‥‥‥‥‥‥ 1－377
［湖南寧鄉、益陽、湘陰］羅氏重修
　族譜□□卷 ‥‥‥‥‥‥‥‥‥ 1－377
［湖南寧鄉、益陽、湘陰］羅氏續修
　宗譜□□卷 ‥‥‥‥‥‥‥‥‥ 1－377
［湖南寧鄉、益陽］劉氏四修族譜二
　十八卷首二卷末二卷 ‥‥‥‥‥ 1－369
［湖南寧鄉］陳氏續修房譜三十一卷
　首三卷末三卷附三卷 ‥‥‥‥‥ 1－353
［湖南寧鄉］陳氏續修房譜□□卷 ‥ 1－353
［湖南寧鄉］孫氏重修族譜 ‥‥‥‥ 1－352
［湖南寧鄉］梅氏重修族譜十卷 ‥‥ 1－355
［湖南寧鄉］婁氏族譜五卷末一卷 ‥ 1－355
［湖南寧鄉］崔氏博陵續修族譜□□卷
　‥‥‥‥‥‥‥‥‥‥‥‥‥‥ 1－355
［湖南寧鄉］符氏續修支譜五卷 ‥‥ 1－355
［湖南寧鄉］兜潭湯氏五修族譜十一卷
　‥‥‥‥‥‥‥‥‥‥‥‥‥‥ 1－356
［湖南寧鄉］魚潭黎氏五修族譜□□卷
　‥‥‥‥‥‥‥‥‥‥‥‥‥‥ 1－369
［湖南寧鄉］許氏族譜十一卷 ‥‥‥ 1－357
［湖南寧鄉］麻山湯氏六修族譜八卷
　‥‥‥‥‥‥‥‥‥‥‥‥‥‥ 1－356
［湖南寧鄉］張公南軒族譜十二卷 ‥ 1－360
［湖南寧鄉］張氏三修族譜十卷 ‥‥ 1－361
［湖南寧鄉］張氏族譜十五卷首一卷
　‥‥‥‥‥‥‥‥‥‥‥‥‥‥ 1－360
［湖南寧鄉］張氏族譜□□卷 ‥‥‥ 1－360
［湖南寧鄉］張氏續修支譜□□卷 ‥ 1－361
［湖南寧鄉］張氏續修族譜十二卷 ‥ 1－361
［湖南寧鄉］張氏續修族譜十五卷首
　一卷末一卷 ‥‥‥‥‥‥‥‥‥ 1－360
［湖南寧鄉］塔田黃氏六修族譜三十
　二卷首四卷 ‥‥‥‥‥‥‥‥‥ 1－359
［湖南寧鄉、湘鄉］宋氏五修族譜二
　十一卷首一卷 ‥‥‥‥‥‥‥‥ 1－340
［湖南寧鄉、湘鄉］宋氏六修族譜三十卷
　‥‥‥‥‥‥‥‥‥‥‥‥‥‥ 1－340
［湖南寧鄉、湘鄉、湘潭］丁氏五修
　支譜□□卷 ‥‥‥‥‥‥‥‥‥ 1－333

［湖南寧鄉、湘鄉］歐陽氏續修族譜十卷
　‥‥‥‥‥‥‥‥‥‥‥‥‥‥ 1－366
［湖南寧鄉、湘潭］先儒張氏族譜十二卷
　‥‥‥‥‥‥‥‥‥‥‥‥‥‥ 1－360
［湖南寧鄉、湘潭］蕭氏五修族譜十四卷
　‥‥‥‥‥‥‥‥‥‥‥‥‥‥ 1－373
［湖南寧鄉］賀氏族譜□□卷 ‥‥‥ 1－362
［湖南寧鄉］靳江楊氏六修通譜三集
　二十二卷 ‥‥‥‥‥‥‥‥‥‥ 1－364
［湖南寧鄉］楚南劉氏三修族譜八卷
　首二卷終二卷 ‥‥‥‥‥‥‥‥ 1－370
［湖南寧鄉］碯子口楊氏四修紹綸譜
　□□卷 ‥‥‥‥‥‥‥‥‥‥‥ 1－364
［湖南寧鄉］義門陳氏族譜十二卷 ‥ 1－353
［湖南寧鄉］趙氏六修族譜八卷 ‥‥ 1－365
［湖南寧鄉］鄭姓三修族譜十八卷 ‥ 1－366
［湖南寧鄉］鄭姓續修族譜□□卷 ‥ 1－366
［湖南寧鄉］榮陽潘氏水南饒祖支譜
　□□卷 ‥‥‥‥‥‥‥‥‥‥‥ 1－366
［湖南寧鄉］榮陽潘氏四修族譜不分卷
　‥‥‥‥‥‥‥‥‥‥‥‥‥‥ 1－366
［湖南寧鄉］寧邑石村劉氏三修族譜
　十四卷首一卷 ‥‥‥‥‥‥‥‥ 1－370
［湖南寧鄉］寧邑西河林氏續修族譜十卷
　‥‥‥‥‥‥‥‥‥‥‥‥‥‥ 1－345
［湖南寧鄉］寧邑長橋張氏族譜八卷 ‥ 1－360
［湖南寧鄉］寧邑周氏四修族譜□□卷
　‥‥‥‥‥‥‥‥‥‥‥‥‥‥ 1－346
［湖南寧鄉］寧邑河塢周氏五修族譜
　十九卷首二卷 ‥‥‥‥‥‥‥‥ 1－346
［湖南寧鄉］寧邑胡氏族譜不分卷 ‥ 1－348
［湖南寧鄉］寧邑姜姓續修支譜□□卷
　‥‥‥‥‥‥‥‥‥‥‥‥‥‥ 1－348
［湖南寧鄉］寧邑造鐘何氏八修族譜
　□□卷 ‥‥‥‥‥‥‥‥‥‥‥ 1－344
［湖南寧鄉］寧邑造鐘何氏族譜十二
　卷首一卷末二卷 ‥‥‥‥‥‥‥ 1－344
［湖南寧鄉］寧邑流沙周氏續修支譜四卷
　‥‥‥‥‥‥‥‥‥‥‥‥‥‥ 1－346
［湖南寧鄉］寧邑黃材何氏續修族譜
　□□卷 ‥‥‥‥‥‥‥‥‥‥‥ 1－344

[湖南寧鄉]寧邑許氏支譜十二卷 … 1-357

[湖南寧鄉]寧邑彭氏族譜六卷 …… 1-358

[湖南寧鄉]寧邑蔡氏重修族譜□□卷
………………………… 1-367

[湖南寧鄉]寧邑鄧氏重修支譜不分卷
………………………… 1-368

[湖南寧鄉]寧邑歐陽氏續修族譜三
十五卷首一卷………… 1-367

[湖南寧鄉]寧邑劉氏族譜七卷首一卷
………………………… 1-369

[湖南寧鄉]寧邑劉氏族譜□□卷 … 1-369

[湖南寧鄉]寧邑鍾氏支譜八卷 …… 1-375

[湖南寧鄉]寧鄉長橋張氏支譜八卷
………………………… 1-361

[湖南寧鄉]熊氏族譜十卷首一卷 … 1-366

[湖南寧鄉]歐陽氏族譜四十二卷首一卷
………………………… 1-367

[湖南寧鄉]歐陽族譜八卷首二卷 … 1-367

[湖南寧鄉]歐陽貴公支譜八卷首一
卷末一卷…………… 1-367

[湖南寧鄉]魯氏續修族譜八卷 …… 1-369

[湖南寧鄉]劉氏支譜四卷 …… 1-370

[湖南寧鄉]劉氏族譜五卷 …… 1-370

[湖南寧鄉]談氏五修族譜十四卷 … 1-366

[湖南寧鄉]潙鄉廖氏重修支譜十二
卷首一卷…………… 1-365

[湖南寧鄉]潙鄉廖氏重修族譜十六
卷首一卷…………… 1-365

[湖南寧鄉]潙源易氏支譜□□卷 … 1-346

[湖南寧鄉]潙源易氏重修族譜九卷
………………………… 1-345

[湖南寧鄉]潙源易氏歡公祠志 …… 1-345

[湖南寧鄉]潙寧丁氏五修家譜二十
五卷首五卷………… 1-333

[湖南寧鄉]潙寧八仙石葉氏續修支
譜八卷………………… 1-363

[湖南寧鄉]潙寧大田坊黎氏續修支
譜十三卷……………… 1-369

[湖南寧鄉]潙寧山底張氏族譜十二卷
………………………… 1-360

[湖南寧鄉]潙寧山底張氏族譜十六卷
………………………… 1-360

[湖南寧鄉]潙寧王氏續修支譜四卷
………………………… 1-335

[湖南寧鄉]潙寧古塘基劉氏重修族
譜□□卷………………… 1-370

[湖南寧鄉]潙寧丘氏珂璽兩房三修
支譜十卷……………… 1-347

[湖南寧鄉]潙寧合續義城黃氏族譜
十二卷………………… 1-359

[湖南寧鄉]潙寧易氏支譜七卷 …… 1-346

[湖南寧鄉]潙寧易氏支譜七卷 …… 1-346

[湖南寧鄉]潙寧袁氏上房四修族譜十卷
………………………… 1-351

[湖南寧鄉]潙寧袁氏重修支譜三卷
首一卷………………… 1-351

[湖南寧鄉]潙寧高氏族譜十六卷首二卷
………………………… 1-350

[湖南寧鄉]潙寧唐氏續修支譜四卷 … 1-350

[湖南寧鄉]潙寧張氏續修支譜四卷
………………………… 1-360

[湖南寧鄉]潙寧喻氏十修支譜十卷
首一卷末一卷………… 1-363

[湖南寧鄉]潙寧鄧氏三修族譜二十
三卷首一卷末一卷…………… 1-368

[湖南寧鄉]薛氏四修族譜□□卷 … 1-375

[湖南寧鄉]盧氏重修族譜十二卷首一卷
………………………… 1-374

[湖南寧鄉]盧氏族譜八卷首一卷 … 1-374

[湖南寧鄉、衡陽]胡氏六修族譜□□卷
………………………… 1-348

[湖南寧鄉]魏氏五修族譜首六卷 … 1-375

[湖南寧鄉]鍾氏重修族譜□□卷 … 1-375

[湖南寧鄉]謝氏五修族譜十四卷 … 1-374

[湖南寧鄉]謝氏支譜五卷 ………… 1-374

[湖南寧鄉]謝氏續修支譜八卷首一卷
………………………… 1-374

[湖南寧鄉]鵝山賀氏四修族譜三十卷
………………………… 1-362

[湖南寧鄉]龍塘張氏六修支譜八卷
………………………… 1-361

［湖南寧鄉］譚氏族譜□□卷 ……… 1－376

［湖南寧鄉］譚氏續修支譜六卷首一卷

　　　…………………………… 1－376

［湖南］熊氏三修族譜□□卷 ……… 1－366

湖南撫部院岑札覆湘路議決案并摺稿

　　　…………………………… 1－462

湖南撫部院岑札覆湘路議決案并摺稿

　　　…………………………… 1－462

湖南鋪遞程途冊 …………………… 1－463

湖南調查局調查地方紳士辦事各類問題

　　　…………………………… 1－478

湖南襃忠錄初稿四十卷 …… 1－306

湖南襃忠錄初稿四十卷 …… 1－306

湖南襃忠錄初稿四十卷 …… 1－306

湖南襃忠錄初稿四十卷 …… 1－306

湖南襃忠錄初稿四十卷 …… 1－306

湖南溈山寺案卷一卷 …………… 2－54

湖南選送日本留學生名冊 ……… 1－387

湖南歷代山水祠院散文選輯一卷 …… 3－33

湖南學政觀風題目一卷 ………… 1－433

［湖南衡山］周氏五修族譜□□卷 … 1－347

［湖南衡山］秦氏五修宗譜十三卷 … 1－351

［湖南衡陽］李氏三修族譜八卷 …… 1－342

［湖南衡陽］胡氏續修族譜五卷首一卷

　　　…………………………… 1－349

［湖南衡陽］陳氏續修宗譜□□卷 … 1－354

［湖南衡陽］零泉四甲許氏族譜不分卷

　　　…………………………… 1－357

［湖南衡陽］蔣氏宗譜□□卷 …… 1－367

［湖南衡陽］劉氏五修族譜□□卷 … 1－371

湖南諮議局己酉議決案 …………… 1－478

湖南諮議局己酉議決案 …………… 1－479

湖南諮議局己酉議決案一卷 ……… 1－479

湖南諮議局己酉議事錄一卷 ……… 1－479

湖南諮議局己酉議事錄一卷 ……… 1－479

湖南諮議局己酉議事錄一卷 ……… 1－479

湖南諮議局己酉議事錄一卷 ……… 1－479

湖南諮議局己酉議事錄一卷 ……… 1－479

湖南諮議局第一屆報告書五卷 ……… 1－479

湖南諮議局第一屆報告書五卷 ……… 1－479

湖南諮議局第一屆報告書五卷 ……… 1－479

湖南諮議局第一屆報告書五卷 ……… 1－479

湖南諮議局第一屆報告書五卷 …… 1－479

湖南諮議局第二屆常年會議員一覽表

　　　…………………………… 1－386

湖南諮議局籌辦處報告書 ……… 1－479

湖南諮議局議決改良礦務案 ……… 1－459

湖南諮議局議決宣統三年地方行政

　　經費預算案 …………………… 1－451

湖南諮議局議決振興工業大宗案 …… 1－459

湖南諮議局議決案 ………………… 1－479

湖南諮議局議決案 ………………… 1－479

湖南諮議局議決案 ………………… 1－479

湖南諮議局議決案 ………………… 1－479

湖南諮議局議決案 ………………… 1－479

湖南諮議局議決組織混同消防案 …… 1－474

湖南諮議局議決提出改釐稅爲統捐案

　　　…………………………… 1－454

湖南諮議局議決提出湘漢航業案 …… 1－462

湖南諮議局議決提出湘漢航業案 …… 1－462

湖南諮議局議決提出禁止婦女纏足

　　章程案 ………………………… 1－479

湖南諮議局議決湘路限年趕修案 …… 1－462

湖南諮議局議決實行禁烟辦法案 …… 1－475

湖南諮議局議決整頓田房稅契案 …… 1－454

湖南諮議局議決簡易小學普及辦法

　　并籌經費案 …………………… 1－433

湖南諮議局議員通問錄 …………… 1－386

［湖南澧縣］彭氏族譜□□卷 …… 1－358

［湖南澧縣］龔氏族譜□□卷 …… 1－378

［湖南］韓氏南渡支譜□□卷 …… 1－375

［湖南臨湘］周氏族譜□□卷 …… 1－347

［湖南臨湘］謝氏九續族譜□□卷 … 1－375

［湖南臨澧、石門］李氏合修族譜□□卷

　　　…………………………… 1－342

湖南闈墨：光緒壬午科不分卷 ……… 3－51

湖南闈墨：光緒甲午科一卷 ……… 3－51

湖南闈墨：光緒甲午科一卷 ……… 3－51

湖南闈墨：光緒癸卯科一卷 ……… 3－52

湖南闈墨：光緒補行庚子、辛丑恩正

　　并科不分卷 …………………… 3－52

湖南輿圖 ···················· 2－101

湖南優貢試卷：宣統己酉一卷 ·········· 3－47

湖南釐務匯纂十八卷首一卷 ········· 1－454

［湖南］顔氏續通譜□□卷 ········ 1－376

［湖南瀏陽］卜氏重修族譜□□卷 ··· 1－333

［湖南瀏陽］于氏族譜不分卷 ········ 1－333

［湖南瀏陽］山田歐陽氏族譜□□卷

··························· 1－366

［湖南瀏陽］石圍袁氏族譜□□卷首二卷

··························· 1－351

［湖南瀏陽］李氏宗譜二十八卷 ······ 1－340

［湖南瀏陽］李氏族譜九卷首一卷 ··· 1－340

［湖南瀏陽］李氏族譜□□卷 ······ 1－340

［湖南瀏陽］吳氏族譜十卷首一卷終一卷

··························· 1－343

［湖南瀏陽］何氏三修族譜四卷 ····· 1－344

［湖南瀏陽］何氏四修族譜八卷 ····· 1－344

［湖南瀏陽］何氏重修族譜二卷 ····· 1－344

［湖南瀏陽］何氏族譜不分卷 ········ 1－344

［湖南瀏陽］良源張氏九修支譜六卷

首一卷 ···················· 1－360

［湖南瀏陽、長沙］趙氏族譜二十二卷

··························· 1－365

［湖南瀏陽］朋斗卜氏族譜四卷 ······ 1－333

［湖南瀏陽］周氏族譜□□卷 ········ 1－346

［湖南瀏陽］徐氏續修族譜十二卷 ··· 1－352

［湖南瀏陽］高車胡氏三修族譜四卷

··························· 1－348

［湖南瀏陽］黃氏族譜□□卷首一卷

··························· 1－359

［湖南瀏陽］清瀏西北歐陽族譜十八

卷末一卷 ·················· 1－366

［湖南瀏陽］清瀏謝氏續修族譜十五

卷首一卷 ·················· 1－374

［湖南瀏陽］張氏八修族譜十卷 ······ 1－360

［湖南瀏陽］張氏九修族譜十六卷 ··· 1－360

［湖南瀏陽］歐氏重修族譜□□卷首一卷

··························· 1－366

［湖南瀏陽］盧氏支譜□□卷 ········ 1－374

［湖南瀏陽］戴氏合族譜十九卷首一卷

··························· 1－375

［湖南瀏陽］鍾甲塘劉氏三修宗譜十

四卷首一卷末一卷 ·········· 1－369

［湖南瀏陽］謝氏族譜□□卷 ········ 1－374

［湖南瀏陽］瀏西黃氏族譜二十卷首

一卷末一卷 ················ 1－359

［湖南瀏陽］瀏西張氏五修族譜十三

卷末一卷 ·················· 1－360

［湖南瀏陽］瀏西傅氏族譜十卷首二卷

··························· 1－363

［湖南瀏陽］瀏東謝列宗祠志八卷 ··· 1－374

［湖南瀏陽］瀏南大遙段丘氏族譜□□卷

··························· 1－347

［湖南瀏陽］瀏南王氏續修族譜□□卷

··························· 1－334

［湖南瀏陽］瀏南塅里山上胡氏續修

族譜□□卷 ················ 1－348

［湖南瀏陽］瀏陽吳氏族譜二卷首一

卷末一卷 ·················· 1－343

［湖南瀏陽］瀏陽沙溪河口彭氏支譜

□□卷 ···················· 1－358

［湖南瀏陽］瀏陽黃氏宗譜三卷首一卷

··························· 1－359

［湖南瀏陽］蘇氏次修族譜□□卷 ··· 1－377

［湖南瀏陽］羅氏三修族譜八卷首二卷

··························· 1－377

［湖南瀏陽］羅氏族譜十二卷首二卷

··························· 1－377

［湖南瀏陽］羅氏族譜□□卷 ········ 1－377

［湖南瀏陽、醴陵］［江西萍鄉］宋

氏族譜七卷首一卷 ··········· 1－340

［湖南瀏陽、醴陵］［江西萍鄉］宋

氏族譜□□卷 ··············· 1－340

［湖南瀏陽］龔氏族譜□□卷 ········ 1－377

湖南警務文件雜存 ·············· 1－474

湖南羅友山牧師行道事蹟 ·········· 2－479

湖南疆域驛傳總纂十卷 ············ 1－462

湖南疆域驛傳總纂十卷 ············ 1－462

湖南疆域驛傳總纂十卷 ············ 1－462

湖南疆域驛傳總纂十卷 ············ 1－462

湖南疆域驛傳總纂十卷 ············ 1－462

［湖南醴陵］田氏鄉分五修族譜十八卷
　　·············· 1－337
［湖南醴陵］花麥田陳氏支譜四卷附一卷
　　·············· 1－354
［湖南醴陵］衙後何氏支譜□□卷 ··· 1－344
［湖南醴陵］醴陵北城謝氏族譜十二
　卷首一卷 ·············· 1－374
湖南議案研究會調查子目 ······ 1－479
湖南鐵路公司報告書 ·········· 1－462
湖南鐵路公司報告書 ·········· 1－462
湖唐林館駢體文二卷 ·········· 3－229
湖唐林館駢體文二卷 ·········· 3－229
湖唐林館駢體文二卷 ·········· 3－230
湖海文傳七十五卷 ············ 3－18
湖海文傳七十五卷 ············ 3－18
湖海文傳七十五卷 ············ 3－18
湖海文傳七十五卷 ············ 3－18
湖海文傳七十五卷 ············ 3－18
湖海文傳七十五卷 ············ 3－18
湖海文傳七十五卷 ············ 3－18
湖海同聲集四卷 ············ 3－25
湖海集十三卷 ············ 3－201
湖海詩傳四十六卷 ············ 3－18
湖海詩傳四十六卷 ············ 3－18
湖海詩傳四十六卷 ············ 3－18
湖海詩傳四十六卷 ············ 3－18
湖海詩傳四十六卷 ············ 3－18
湖海詩傳四十六卷 ············ 3－19
湖海詩傳四十六卷 ············ 3－19
湖海樓全集五十一卷 ·········· 3－320
湖海樓全集五十一卷 ·········· 3－320
湖海樓全集五十一卷 ·········· 3－320
湖海樓全集五十一卷 ·········· 3－320
湖海樓詩集八卷 ············ 3－320
湖海樓詩集八卷陳迦陵文集六卷儷
　體文集十卷迦陵詞全集三十卷····· 3－320
湖海樓詩集八卷陳迦陵文集六卷儷
　體文集十卷迦陵詞全集三十卷 ····· 3－320
湖海樓詩集八卷陳迦陵文集六卷儷
　體文集十卷迦陵詞全集三十卷 ····· 3－320

湖海樓詩集八卷陳迦陵文集六卷儷
　體文集十卷迦陵詞全集三十卷····· 3－320
湖海樓詩稿十二卷 ············ 3－320
湖海樓叢書 ·············· 3－498
湖海樓叢書 ·············· 3－498
湖海樓叢書 ·············· 3－498
湖海樓叢書 ·············· 3－498
湖海樓叢書 ·············· 3－498
湖海樓叢書續編 ············ 3－499
湖船錄一卷 ·············· 2－392
湖湘三賢手札不分卷 ·········· 2－334
湖廣官書五經 ·············· 1－1
［雍正］湖廣通志一百二十卷首一卷
　　·············· 2－41
［康熙］湖廣通志八十卷首一卷 ······· 2－41
湖廣湖南長沙府科甲題名不分卷長
　郡會館志一卷 ············ 1－382
湖廣湖南長沙府科甲題名錄不分卷
　長郡仕宦題名錄二卷 ········· 1－382
湖廣湖南長沙府科甲題名錄不分卷
　長郡仕宦題名錄二卷 ········· 1－382
湖廣湖南長沙府科甲題名錄不分卷
　長郡仕宦題名錄二卷 ········· 1－382
湖廣湖南長沙府科甲題名錄不分卷
　長郡仕宦題名錄二卷 ········· 1－382
湖廣湖南長沙府科甲題名錄不分卷
　長郡仕宦題名錄二卷 ········· 1－382
湖廣湖南長沙府科甲題名錄不分卷
　長郡仕宦題名錄二卷 ········· 1－382
湖廣湖南長沙府科甲題名錄不分卷
　長郡仕宦題名錄二卷 ········· 1－382
［萬曆］湖廣總志九十八卷 ········· 2－41
［萬曆］湖廣總志九十八卷 ········· 2－41
湖壖雜記一卷 ············ 2－71
湘上詩緣錄四卷新安詩萃一卷······· 3－485
湘上詩緣錄四卷新安詩萃一卷 ······· 3－485
湘上詩緣錄四卷新安詩萃一卷 ······· 3－485
湘上詩緣錄四卷新安詩萃一卷 ······· 3－485
湘上詩緣錄四卷新安詩萃一卷······· 3－485

湘山志二卷	2－77	湘軍志十六卷	1－248
湘中草六卷	3－334	湘軍志十六卷	1－248
湘中草六卷	3－334	湘軍志十六卷	1－248
湘中草六卷	3－335	湘軍志十六卷	1－248
湘中草六卷	3－335	湘軍志十六卷	1－248
湘中草六卷	3－335	湘軍志十六卷	1－248
湘中校士錄六卷	3－47	湘軍志十六卷	1－248
湘邑沙田園畝冊	2－99	湘軍志十六卷	1－248
湘邑沙田園堤冊	2－98	湘軍志十六卷	1－248
湘谷吟稿四卷續稿七卷	3－400	湘軍志十六卷	1－248
湘社集四卷	3－37	湘軍志十六卷	1－248
湘社集四卷	3－37	湘軍志十六卷	1－248
湘社集四卷	3－37	湘軍志十六卷	1－248
湘社集四卷	3－37	湘軍志十六卷	1－248
湘社集四卷	3－38	湘軍志十六卷	1－248
湘社集四卷	3－38	湘軍志十六卷	1－248
湘英文捃四卷	3－34	湘軍志十六卷	1－248
湘英文捃四卷	3－34	湘軍志十六卷	1－248
湘英文捃四卷	3－34	湘軍志十六卷	1－248
湘英文捃四卷	3－34	湘軍志十六卷	1－248
湘英文捃四卷	3－34	湘軍志十六卷	1－248
湘東七子詩鈔	3－35	湘軍志十六卷	1－248
湘東草堂詩集二卷	3－197	湘軍志十六卷	1－248
湘東草堂詩集二卷	3－197	湘軍志十六卷	1－248
湘東草堂詩集二卷	3－197	湘軍志十六卷	3－533
湘弦離恨譜一卷	3－431	湘軍志平議不分卷	1－248
湘弦離恨譜一卷	3－431	湘軍克復吉安府城詳情奏稿	1－505
湘弦離恨譜一卷	3－431	湘軍定武營探報簿	1－468
湘城訪古錄十七卷首一卷	2－54	湘軍記二十卷	1－248
湘城遺事記九卷首一卷	2－67	湘軍記二十卷	1－249
湘城遺事記九卷首一卷	2－67	湘軍記二十卷	1－249
湘城遺事記九卷首一卷	2－67	湘軍記二十卷	1－249
湘城遺事記九卷首一卷	2－67	湘軍記二十卷	1－249
湘省各校一律改辦通學草案議決改		湘軍記二十卷	1－249
辦通學交議案	1－433	湘軍記二十卷	1－249
湘省課藝初集四卷	3－45	湘軍記二十卷	1－249
湘軍志十六卷	1－247	湘軍陸師昭忠祠全錄三卷	1－306
湘軍志十六卷	1－247	湘軍陸師昭忠祠全錄三卷	1－306
湘軍志十六卷	1－247	湘軍陸師昭忠祠全錄三卷	1－306
湘軍志十六卷	1－247	湘軍陸師昭忠祠全錄三卷	1－306
湘軍志十六卷	1－247	湘軍陸師昭忠祠全錄三卷	1－306

湘軍陸師昭忠祠全錄三卷 …………… 1－306
湘軍陸師昭忠祠全錄三卷 …………… 1－306
湘軍錢糧帳簿 ……………………………… 1－491
湘烟小錄三卷 ……………………………… 1－311
湘陰丁氏文集 ……………………………… 3－41
湘陰李氏家廟祀規一卷 …………… 1－425
湘陰李氏遺詩彙存一卷 …………… 3－42
湘陰周半帆先生崇禮鄉賢錄一卷 …… 1－313
湘陰相國文鈔一卷 ……………………… 3－203
湘陰神鼎山志略一卷 …………………… 2－77
[乾隆]湘陰縣志三十二卷 …………… 2－46
[道光]湘陰縣志三十九卷首一卷補
　遺一卷 ……………………………………… 2－46
湘陰縣迎皮村堤畝冊 …………………… 1－458
[光緒]湘陰縣圖志三十四卷首一卷
　末一卷 ……………………………………… 2－46
湘陰墾牧公司禀批一卷附預算表一卷
　…………………………………………………… 1－459
湘雪詩鈔四卷 ……………………………… 3－248
湘商與英商所訂采鋂合約 ………… 1－459
湘鄉永濟雙江二橋捐冊一卷 …… 2－62
湘鄉成烈婦徵詩啟一卷 …………… 3－35
湘鄉易氏世孝錄二卷 …………………… 1－332
湘鄉峀致某官論時弊書一卷 …… 1－443
湘鄉曾氏八本堂鈔契 …………………… 1－492
湘鄉曾氏各莊地名佃戶姓名總目 …… 1－492
湘鄉曾氏富厚堂書目 …………………… 2－143
湘鄉曾氏藏書目錄 ……………………… 2－143
湘鄉節孝續錄二卷 ……………………… 1－306
湘鄉蔣中丞頌德紀圖一卷 ………… 1－330
湘鄉蔣中丞頌德紀圖一卷 ………… 1－330
湘鄉潘劉孝烈婦徵詩啟一卷 ……… 3－34
湘鄉縣自治會并合邑紳民請議書一卷
　…………………………………………………… 1－480
湘鄉縣自治會并合邑紳民請議書一卷
　…………………………………………………… 1－480
[同治]湘鄉縣志二十三卷首一卷末一卷
　…………………………………………………… 2－44
[康熙]湘鄉縣志十卷 …………………… 2－44
[康熙]湘鄉縣志十卷 …………………… 2－44
[道光]湘鄉縣志十卷首一卷 ……… 2－44

[嘉慶]湘鄉縣志十卷首一卷 ……… 2－44
[乾隆]湘鄉縣志六卷 …………………… 2－44
湘鄉縣節孝錄三卷 ……………………… 1－306
湘鄉縣赫門樓琥形山案據一卷 …… 1－489
湘鄉縣龍嘉謨分關契據鈔 ………… 1－492
湘鄉縣顏氏應麟堂田契 …………… 1－492
湘鄉篤行袁君墓表一卷 …………… 1－313
湘鄉檀山沖毛姓墳山糾紛案卷 …… 1－489
湘鄉羅氏設立財團法人和州圖書館
　禀稿一卷 ……………………………………… 1－435
湘報類纂六集 ……………………………… 3－66
湘雲集二卷 ………………………………… 3－188
湘雅扶輪集十二卷 ……………………… 3－34
湘湄驪唱一卷續刻一卷附刻一卷 …… 3－35
湘湄驪唱一卷續刻一卷附刻一卷 …… 3－35
湘湄驪唱一卷續刻一卷附刻一卷 …… 3－35
湘楚軍營制不分卷 ……………………… 1－468
湘粵剿滅哥老會文稿一卷 ………… 1－269
湘綺先生校補許氏說文古籀釋 …… 1－159
湘綺樓全集三十卷 ……………………… 3－415
湘綺樓全集三十卷 ……………………… 3－415
湘綺樓全集三十卷 ……………………… 3－415
湘綺樓全集三十卷 ……………………… 3－415
湘綺樓全集三十卷 ……………………… 3－415
湘綺樓詞選前編一卷本編一卷續編一卷
　…………………………………………………… 3－426
湘綺樓詩十四卷 ………………………… 3－416
湘綺樓詩十四卷 ………………………… 3－416
湘綺樓詩十四卷 ………………………… 3－416
湘綺樓詩十四卷 ………………………… 3－416
湘綺樓詩十卷文□□卷 ……………… 3－416
湘綺樓詩八卷夜雪集一卷後集一卷
　…………………………………………………… 3－416
湘綺樓詩八卷夜雪集一卷後集一卷
　…………………………………………………… 3－416
湘綺樓詩八卷夜雪集一卷後集一卷
　…………………………………………………… 3－416
湘綺樓詩八卷夜雪集一卷後集一卷
　…………………………………………………… 3－416
湘綺樓詩八卷夜雪集一卷後集一卷
　…………………………………………………… 3－416

湘綺樓詩八卷夜雪集一卷後集一卷	… 3－416	湯文正公全集		3－522
湘潭泛糶圖題詠集一卷	3－56	湯文正公全集三十九集		3－334
湘潭草衣岩志四卷	2－62	湯文正公遺書		2－214
湘潭郭氏閨秀集	3－42	湯文正公遺書		3－522
湘潭郭氏閨秀集	3－42	湯文正公遺書		3－522
湘潭郭氏閨秀集	3－42	湯文正公遺書		3－522
湘潭郭氏閨秀集	3－42	湯文正公遺書		3－522
湘潭郭氏閨秀集	3－42	湯陰精忠廟志十卷		2－56
湘潭郭氏閨秀集	3－42	［乾隆］湯陰縣志十卷		2－18
［乾隆］湘潭縣志二十五卷首一卷	2－43	［乾隆］湯溪縣志十卷首一卷		2－6
［乾隆］湘潭縣志二十六卷首一卷	2－43	湯鵬書札		3－335
［光緒］湘潭縣志十二卷	2－44	測天約說二卷		2－294
［康熙］湘潭縣志七卷	2－43	測地膚言		2－316
［嘉慶］湘潭縣志四十卷	2－43	測地繪圖十一卷附一卷表一卷		2－316
湘潭縣黃公益等經銷藥土案牘	1－489	測地繪圖十一卷附一卷表一卷		2－317
湘潭縣船行訟案稿一卷	1－489	測地繪圖十一卷附一卷表一卷		2－317
湘潭縣節孝錄三卷	1－306	測候叢談四卷		2－319
湘潭縣節孝錄三卷	1－306	測候叢談四卷		2－319
湘潭縣節孝錄三卷	1－306	測候叢談四卷		2－319
湘壇集二卷	3－416	測候叢談四卷		2－319
湘輶叢刻十三卷	3－239	測候叢談四卷		2－319
湘輶叢刻十三卷	3－239	測候叢談四卷		2－319
湘輶叢刻十三卷	3－239	測海集六卷		3－348
湘學堂章程一卷	1－433	測海集六卷		3－348
湘學叢編不分卷	2－374	測海集六卷		3－348
湘麋閣遺詩四卷	3－326	測海集六卷		3－348
湘麋閣遺詩四卷	3－326	測圓海鏡分類釋術十卷首一卷		2－301
湘麋閣遺詩四卷	3－326	測繪海圖全法八卷附一卷		2－319
湘難雜錄	1－269	測繪海圖全法八卷附一卷		2－319
湘繫三十五卷	3－35	測繪儀器考一卷		2－310
湯子遺書十二卷	3－334	測繪儀器考一卷		2－310
湯子遺書十二卷	3－334	測繪儀器考一卷		2－310
湯子遺書十二卷	3－334	［乾隆］溫州府志三十卷首一卷		2－7
湯子遺書十卷	3－334	溫疫條辨摘要一卷		2－272
湯子遺書十卷	3－334	溫疫論二卷		2－271
湯子遺書十卷首一卷續編二卷	3－334	溫疫論二卷		2－271
湯子遺書十卷首一卷續編二卷	3－334	溫疫論二卷		2－271
湯子遺書四卷首一卷	1－476	溫疫論二卷附按一卷		2－271
湯子遺書節編十八卷	3－334	溫疫論補註二卷		2－271
湯文正公年譜定本二卷	1－325	溫疫論辨義四卷		2－274
		溫疫論辨義四卷		2－274

溫飛卿詩集七卷別集一卷集外詩一卷

………………………………… 3－101

溫飛卿詩集七卷別集一卷集外詩一卷

………………………………… 3－101

溫飛卿詩集七卷別集一卷集外詩一卷

………………………………… 3－101

溫飛卿詩集七卷別集一卷集外詩一卷

………………………………… 3－101

溫飛卿詩集七卷別集一卷集外詩一卷

………………………………… 3－101

溫飛卿詩集七卷別集一卷集外詩一卷

………………………………… 3－101

溫飛卿詩集七卷別集一卷集外詩一卷

………………………………… 3－101

溫飛卿詩集七卷別集一卷集外詩一卷

………………………………… 3－101

溫飛卿詩集七卷別集一卷集外詩一卷

………………………………… 3－101

溫飛卿詩集七卷別集一卷集外詩一卷

………………………………… 3－101

溫飛卿詩集七卷別集一卷集外詩一卷

………………………………… 3－101

溫飛卿詩集七卷別集一卷集外詩一卷

………………………………… 3－101

溫飛卿詩集七卷別集一卷集外詩一卷

………………………………… 3－101

溫飛卿詩集七卷別集一卷集外詩一卷

………………………………… 3－102

溫處鹽務紀要一卷 …………… 1－449

溫處鹽務紀要一卷 …………… 1－449

溫處鹽務紀要續編一卷 ……… 1－449

溫經日記六卷 ………………… 1－121

溫熱全書一卷 ………………… 2－275

溫熱經緯五卷 ………………… 2－271

溫熱經緯五卷 ………………… 2－272

溫熱經緯五卷 ………………… 2－272

溫熱贅言一卷 ………………… 2－273

［乾隆］溫縣志十二卷首一卷 ………… 2－17

渭川剗存一卷 ………………… 3－259

渭川剗存一卷 ………………… 3－259

渭南文集五十卷首一卷 ……… 3－126

渭南文集五十卷首一卷 ……… 3－127

滑疑集八卷 …………………… 3－403

［同治］滑縣志十二卷 ………………… 2－18

淵雅堂全集五十八卷 ………… 3－195

淵雅堂全集五十八卷 ………… 3－195

淵穎吳先生集十二卷 ………… 3－148

淵鑑類函四百五十卷目錄四卷 ……… 2－499

淵鑑類函四百五十卷目錄四卷 ……… 2－499

淵鑑類函四百五十卷目錄四卷 ……… 2－499

淵鑑類函四百五十卷目錄四卷 ……… 2－499

淵鑑類函四百五十卷目錄四卷 ……… 2－499

淵鑑類函四百五十卷目錄四卷 ……… 2－499

淵鑑類函四百五十卷目錄四卷 ……… 2－499

淵鑑類函四百五十卷目錄四卷 ……… 2－499

淵鑑類函四百五十卷目錄四卷 ……… 2－499

淵鑑類函四百五十卷目錄四卷 ……… 2－499

淵鑑類函四百五十卷目錄四卷 ……… 2－499

淵鑑類函四百五十卷目錄四卷 ……… 2－499

游定夫先生集六卷首一卷末一卷 …… 3－128

游定夫先生集六卷首一卷末一卷 …… 3－129

游定夫先生集六卷首一卷末一卷 …… 3－129

游定夫先生集六卷首一卷末一卷 …… 3－129

游定夫先生集六卷首一卷末一卷 …… 3－129

游桂林陽朔題詩 ……………… 2－334

游浯溪詩 ……………………… 2－333

游智開致朝鮮名臣手札 ……… 3－333

游廌山先生集八卷 …………… 3－129

游歷日本日記一卷 …………… 2－107

游歷古巴圖經二卷 …………… 2－109

游歷聞見錄十八卷 …………… 2－108

游歷圖經餘紀十五卷 ………… 2－109

游默齋先生集一卷 …………… 3－128

游默齋先生集一卷 …………… 3－129

游默齋先生集一卷 …………… 3－129

游默齋先生集一卷 …………………… 3－129
游默齋先生集一卷 …………………… 3－129
游藝錄 ………………………………… 3－517
游藝錄 ………………………………… 3－517
渼陂集二十七卷 ……………………… 3－154
渼陂集二十七卷 ……………………… 3－154
滋蘭堂詩卷初編一卷二編一卷三編一卷
 …………………………………… 3－349
滋蘭堂詩卷初編一卷二編一卷三編一卷
 …………………………………… 3－349
滋蘭堂詩卷初編一卷二編一卷三編一卷
 …………………………………… 3－349
滋蘭堂詩卷初編一卷二編一卷三編一卷
 …………………………………… 3－349
滋蘭堂詩卷初編一卷二編一卷三編一卷
 …………………………………… 3－349
渾天儀說五卷 ………………………… 2－294
[乾隆]渾源州志十卷 ………………… 1－535
漑亭述古錄二卷 ……………………… 3－544
漑齋算學五種 ………………………… 2－298
湄湖吟十一卷聽松軒遺文一卷 ……… 3－234
[康熙]滁州志三十卷 ………………… 2－2
割圜通解一卷代數術二十五卷末款
　詳解一卷 …………………………… 2－303
割圜密率捷法四卷 …………………… 2－303
寒山子詩集一卷 ……………………… 3－102
寒山寺志三卷 ………………………… 2－56
寒山堂金石時地考一卷 ……………… 2－111
寒支初集十卷二集四卷 ……………… 3－223
寒支初集十卷二集四卷 ……………… 3－223
寒村詩文集三十六卷 ………………… 3－379
寒松堂全集十二卷 …………………… 3－367
寒松堂全集十二卷 …………………… 3－367
寒松堂全集十二卷 …………………… 3－367
寒松堂全集十二卷 …………………… 3－367
寒松堂全集十二卷 …………………… 3－367
寒松晚翠堂初集一卷 ………………… 3－304
寒松閣集 ……………………………… 3－522
寒松閣集 ……………………………… 3－522
寒松閣集 ……………………………… 3－522

寒松閣集 ……………………………… 3－522
寒松閣詞二卷 ………………………… 3－432
寒松閣詞二卷 ………………………… 3－432
寒松閣詩四卷詞三卷駢體文一卷 …… 3－312
寒香館文鈔八卷詩鈔四卷 …………… 3－351
寒香館文鈔八卷詩鈔四卷 …………… 3－351
寒香館文鈔八卷詩鈔四卷 …………… 3－351
寒香館文鈔八卷詩鈔四卷 …………… 3－351
寒香館文鈔八卷詩鈔四卷 …………… 3－351
寒香館收藏手札 ……………………… 3－62
寒溫條辨七卷附一卷 ………………… 2－274
[光緒]富川縣志十二卷 ……………… 2－32
富民策二卷足民策一卷 ……………… 2－402
富國真理二卷 ………………………… 2－403
富國策三卷 …………………………… 2－402
富國養民策不分卷 …………………… 2－401
富國養民策不分卷 …………………… 2－401
富國養民策不分卷 …………………… 2－401
[光緒]富陽縣輿地小志一卷 ………… 2－4
[同治]富順縣志三十八卷 …………… 2－36
[道光]富順縣志三十八卷 …………… 2－36
[乾隆]富順縣志五卷首一卷 ………… 2－35
富強齋叢書全集 ……………………… 2－172
富察氏硃卷彙存一卷 ………………… 3－43
寓意錄四卷 …………………………… 2－331
寓意錄四卷 …………………………… 2－331
運規約指三卷 ………………………… 2－307
運規約指三卷 ………………………… 2－307
運規約指三卷 ………………………… 2－307
運規約指三卷 ………………………… 2－307
運規約指三卷 ………………………… 2－307
運規約指三卷 ………………………… 2－307
運規約指三卷 ………………………… 2－307
運規約指三卷 ………………………… 2－307
運甓漫稿七卷 ………………………… 3－161
補三國藝文志四卷 …………………… 2－135
補三國藝文志四卷 …………………… 2－135
補三國藝文志四卷 …………………… 2－135
補三國藝文志四卷 …………………… 2－135
補三國藝文志四卷 …………………… 2－135

補三國疆域志二卷 …………………… 1－204
補三國疆域志二卷 …………………… 1－204
補三國疆域志二卷 …………………… 1－204
補三國疆域志二卷 …………………… 1－204
補三國疆域志二卷 …………………… 1－204
補三國疆域志二卷 …………………… 1－204
補三國疆域志二卷 …………………… 1－204
補三國疆域志二卷 …………………… 1－204
補三國疆域志二卷 …………………… 1－204
補三國疆域志二卷 …………………… 1－204
補三國疆域志二卷 …………………… 1－204
補天石傳奇 …………………………… 3－441
補元和郡縣志四十七鎮圖說一卷 …… 1－521
補五代史藝文志一卷 ………………… 2－136
補不足齋詩鈔三卷 …………………… 3－341
補石山房文集四卷 …………………… 3－291
補石草堂詩草一卷 …………………… 3－214
補竹軒文集六卷詩集三卷 …………… 3－400
補竹軒文集六卷詩集三卷 …………… 3－400
補松廬詩錄六卷 ……………………… 3－242
補松廬詩錄六卷 ……………………… 3－242
補拙齋詩集一卷 ……………………… 3－314
補周易口訣義闕卦一卷 ……………… 1－23
補後漢書藝文志一卷考十卷 ………… 2－135
補後漢書藝文志四卷 ………………… 2－135
補後漢書藝文志四卷 ………………… 2－135
補訂湘鄉節孝錄十卷 ………………… 1－306
補訂新譯大方廣佛華嚴經音義二卷
　　………………………………… 2－444
補訂新譯大方廣佛華嚴經音義二卷
　　………………………………… 2－444
補訂新譯大方廣佛華嚴經音義二卷
　　………………………………… 2－444
補訂新譯大方廣佛華嚴經音義二卷
　　………………………………… 2－444
補施洛迦山傳題辭一卷 ……………… 2－461
補晉書經籍志四卷 …………………… 2－135
補晉書經籍志四卷 …………………… 2－135
補晉書藝文志六卷 …………………… 2－135
補晉書藝文志六卷 …………………… 2－135
補晉書藝文志六卷 …………………… 2－135

補晉書藝文志六卷 …………………… 2－135
補晉書藝文志六卷 …………………… 2－135
補晉書藝文志六卷 …………………… 2－135
補晉書藝文志六卷 …………………… 2－135
補晉書藝文志四卷補遺一卷附錄一
　　卷刊誤一卷 …………………… 2－135
補晉書藝文志四卷補遺一卷附錄一
　　卷刊誤一卷 …………………… 2－135
補梅書屋詩草一卷 …………………… 3－193
補過軒四書文一卷 …………………… 3－404
補梁疆域志四卷 ……………………… 1－519
補梁疆域志四卷 ……………………… 1－519
補註洗冤錄集證四卷附刊一卷 ……… 1－481
補註洗冤錄集證四卷附刊一卷 ……… 1－481
補註洗冤錄集證四卷附刊一卷 ……… 1－481
補註洗冤錄集證四卷附刊一卷 ……… 1－481
補註洗冤錄集證四卷附刊一卷 ……… 1－481
補註洗冤錄集證四卷附刊一卷 ……… 1－481
補註洗冤錄集證四卷附刊一卷 ……… 1－481
補註陶淵明集總論一卷 ……………… 3－76
補註陶淵明集總論一卷 ……………… 3－76
補註陶淵明集總論一卷 ……………… 3－76
補註黃帝內經素問二十四卷遺篇一卷
　　………………………………… 2－252
補註黃帝內經素問二十四卷遺篇一
　　卷黃帝內經靈樞十二卷 ……… 2－252
補註黃帝內經素問二十四卷遺篇一
　　卷黃帝內經靈樞十二卷 ……… 2－252
補註黃帝內經素問二十四卷遺篇一
　　卷黃帝內經靈樞十二卷 ……… 2－252
補註銅人腧穴鍼灸圖經五卷 ……… 2－285
補註銅人腧穴鍼灸圖經五卷 ……… 2－285
補註釋文黃帝內經素問十二卷 …… 2－252
補勤詩存二十四卷 …………………… 3－322
補愚詩存一卷 ………………………… 3－321
補園賸稿二卷 ………………………… 3－205
補農書二卷 …………………………… 2－237
補疑年錄四卷 ………………………… 1－303
補遼金元藝文志一卷 ………………… 2－136
補遼金元藝文志一卷 ………………… 2－136
補遼金元藝文志一卷 ………………… 2－136

[道光]補輯石矴廳新志十二卷 ……… 2－37

補學軒詩集十二卷文集外編四卷…… 3－380

補學軒詩集十二卷文集外編四卷…… 3－380

補學軒詩集八卷 ……………………… 3－380

補寰宇訪碑錄五卷 …………………… 2－128

補寰宇訪碑錄校勘記一卷 …………… 2－125

補羅迦室印譜 ………………………… 2－342

[嘉慶]補纂仁壽縣原志六卷末一卷 … 2－36

補續全蜀藝文志五十六卷 ………… 3－39

補續漢書藝文志一卷 ………………… 2－135

補續漢書藝文志一卷 ………………… 2－135

補離遺稿八卷 ………………………… 3－273

[康熙]裕州志六卷 ………………… 2－20

尋古齋集六卷 ………………………… 3－233

畫延年室詩稿四卷詩餘三卷游吳草
一卷新安消夏唱酬草一卷牌舞燈
詞一卷 …………………………… 3－281

畫苑補益 ……………………………… 2－320

畫苑補益 ……………………………… 2－320

畫法叢鈔 ……………………………… 2－320

畫耕偶錄四卷 ………………………… 2－325

畫圖緣全傳四卷十六回 ……………… 3－469

畫學心印八卷 ………………………… 2－326

畫學心印八卷 ………………………… 2－326

畫禪室隨筆四卷 ……………………… 2－322

畫禪室隨筆四卷 ……………………… 2－322

畫禪室隨筆四卷 ……………………… 2－322

畫禪室隨筆四卷 ……………………… 2－322

畫禪室隨筆四卷 ……………………… 2－323

畫禪室隨筆四卷 ……………………… 2－323

犀崖文集二十一卷 …………………… 3－256

強恕齋詩稿節鈔一卷 ………………… 3－281

強學彙編十九卷 ……………………… 1－446

費氏古易訂文十二卷 ………………… 1－25

費氏古易訂文十二卷 ………………… 1－25

費氏古易訂文十二卷 ………………… 1－25

費伯雄先生醫書 ……………………… 2－246

[光緒]費縣志十六卷首一卷 ……… 1－548

巽隱程先生文集四卷 ………………… 3－175

巽隱程先生詩集二卷 ………………… 3－175

疏勒望雲圖題詠一卷 ………………… 3－56

疏勒望雲圖題詠五卷 ………………… 3－57

疏勒望雲圖題詠五卷 ………………… 3－57

疏野堂集十卷 ………………………… 3－369

疏影樓詞 ……………………………… 3－431

疏蘭僊館詩集四卷續集六卷再續集四卷
……………………………………… 3－212

賀長齡行狀 …………………………… 1－316

賀弼試卷 ……………………………… 3－351

[光緒]賀縣志八卷 ………………… 2－32

賀聯珍貢卷 …………………………… 3－351

登西臺慟哭記註一卷冬青樹引註一卷
……………………………………… 3－137

登飛山 ………………………………… 2－332

登高介雅集一卷 ……………………… 3－414

登高介雅集一卷 ……………………… 3－414

登壇必究四十卷 ……………………… 2－224

登壇必究四十卷 ……………………… 2－224

登壇必究四十卷 ……………………… 2－224

登壇必究四十卷 ……………………… 2－224

登壇必究四十卷 ……………………… 2－224

發菩提心論二卷 ……………………… 2－425

[光緒]婺源縣志六十四卷首一卷 …… 2－9

婺學治事文編五卷 …………………… 2－379

婺學治事續編二卷 …………………… 2－379

結一廬朱氏賸餘叢書 ………………… 3－492

結一廬書目四卷宋元本書目一卷 …… 2－139

結一廬書目四卷宋元本書目一卷 …… 2－140

結一廬書目四卷宋元本書目一卷 …… 2－140

結一廬書目四卷宋元本書目一卷 …… 2－140

結一廬遺文二卷 ……………………… 3－212

結水滸全傳七十卷七十回 …………… 3－464

結水滸全傳七十卷七十回 …………… 3－464

絳帖平六卷 …………………………… 2－320

絳帖平六卷 …………………………… 2－321

絳帖平六卷 …………………………… 2－321

絳河笙詞稿一卷 ……………………… 3－434

絳雪園古方選註不分卷 ……………… 2－262

絳雲樓書目二卷 ……………………… 2－142

絳雲樓書目不分卷 …………………… 2－142

絳雲樓書目四卷 ……………………… 2－142

絳雲樓書目四卷………………………… 2－142

385

絳雲樓書目四卷 …………………… 2－142
絳雲樓書目四卷 …………………… 2－142
絳雲樓書目補遺一卷 ……………… 2－142
［光緒］絳縣志二十一卷 ………… 1－539
［光緒］絳縣志十四卷 …………… 1－539
絡緯吟十二卷 ……………………… 3－170
絕妙好詞六卷 ……………………… 3－425
絕妙好詞前編一卷本編一卷續編一卷
　　 …………………………………… 3－426
絕妙好詞箋七卷 …………………… 3－422
絕妙好詞箋七卷 …………………… 3－422
絕妙好詞箋七卷 …………………… 3－422
絕妙好詞箋七卷 …………………… 3－422
絕妙好詞箋七卷 …………………… 3－422
絕妙好詞箋七卷 …………………… 3－423
絕妙好詞箋七卷 …………………… 3－423
絕妙好詞箋七卷 …………………… 3－423
絕妙好辭一卷 ……………………… 3－66
絲帶記寶卷一卷 …………………… 3－449
幾何原本十五卷首一卷 …………… 2－306
幾何原本十五卷首一卷 …………… 2－306
幾何原本十五卷首一卷 …………… 2－306
幾何原本十五卷首一卷 …………… 2－306
幾何原本十五卷首一卷 …………… 2－306
幾何原本十五卷首一卷 …………… 2－306
幾何原本十五卷首一卷 …………… 2－306
幾何原本十五卷首一卷 …………… 2－306
幾何舉隅六卷 ……………………… 2－307
幾社壬申合稿二十卷 ……………… 3－15

十三畫

瑟榭叢談二卷 ……………………… 2－368
瑟譜六卷 …………………………… 2－344
瑟譜六卷 …………………………… 2－344
瑞士刑法典案 ……………………… 1－490
瑞芍軒詩鈔四卷詞稿一卷 ………… 3－297
瑞芍軒詩鈔四卷詞稿一卷 ………… 3－297
瑞芍軒詩鈔四卷詞稿一卷 ………… 3－297
瑞芝山房詩鈔八卷補遺一卷文鈔八
　　卷補遺一卷 …………………… 3－27

瑞芝山房詩鈔八卷補遺一卷文鈔八
　　卷補遺一卷 …………………… 3－27
［同治］瑞州府志二十四卷首一卷 …… 2－10
［嘉慶］瑞安縣志十卷首一卷 …… 2－7
［同治］瑞昌縣志十卷首一卷 …… 2－8
瑞典國挪威國條約 ………………… 1－466
瑞典國挪威國條約 ………………… 1－466
［光緒］瑞金縣志十六卷首一卷 …… 2－13
瑞錦堂詩一卷 ……………………… 3－261
瑞應圖記一卷 ……………………… 2－408
瑞應圖記一卷 ……………………… 2－408
瑜伽施食儀規一卷 ………………… 2－454
瑜伽施食儀觀一卷 ………………… 2－439
瑜伽施食儀觀一卷 ………………… 2－439
瑜伽施食儀觀一卷 ………………… 2－439
瑜伽師地論八十卷 ………………… 2－429
瑜伽焰口施食要集一卷 …………… 2－454
瑜伽觀門焰口全部不分卷 ………… 2－458
填海禽言一卷 ……………………… 2－106
載詠樓重鐫硃批孟子二卷 ………… 1－111
載詠樓重鐫硃批孟子二卷 ………… 1－111
載詠樓重鐫硃批孟子二卷 ………… 1－111
［同治］鄢陵文獻志四十卷 …… 2－19
塤箎集十卷 ………………………… 3－394
塤箎集十卷 ………………………… 3－394
遠西奇器圖說錄最三卷 …………… 2－310
遠西奇器圖說錄最三卷 …………… 2－310
［順治］遠安縣志八卷 …………… 2－24
［同治］遠安縣志八卷首一卷 …… 2－25
遠堂集怡雲詞二卷 ………………… 3－432
遠寄齋詩存一卷 …………………… 3－341
遠遺堂集外文初編一卷續編一卷 …… 3－370
遠遺堂集外文初編一卷續編一卷 …… 3－370
遠遺堂集外文初編一卷續編一卷 …… 3－370
遠遺堂集外文初編一卷續編一卷 …… 3－370
鼓山志十四卷 ……………………… 2－84
鼓山志十四卷 ……………………… 2－84
鼓棹初集一卷二集一卷瀟湘怨詞一卷
　　 …………………………………… 3－428
塘南王先生友慶堂合稿七卷首一卷
　　末一卷 ………………………… 3－156

聖禾鄉農詩鈔四卷 …………………… 3－216
聖年廣益 …………………………………… 2－479
聖宋文選全集三十二卷 ……………… 3－13
聖武記十四卷 …………………………… 1－245
聖武記十四卷 …………………………… 1－245
聖武記十四卷 …………………………… 1－245
聖武記十四卷 …………………………… 1－245
聖武記十四卷 …………………………… 1－245
聖武記十四卷 …………………………… 1－245
聖武記十四卷 …………………………… 1－245
聖武記十四卷 …………………………… 1－245
聖武記十四卷 …………………………… 1－245
聖武記十四卷 …………………………… 1－245
聖武記十四卷 …………………………… 1－245
聖武記十四卷 …………………………… 1－245
聖武記十四卷 …………………………… 1－245
聖武記十四卷 …………………………… 1－245
聖武記十四卷 …………………………… 1－245
聖武記十四卷 …………………………… 1－245
聖武記十四卷 …………………………… 1－245
聖武記十四卷 …………………………… 1－245
聖武記十四卷 …………………………… 1－245
聖武記十四卷 …………………………… 1－246
聖武記十四卷 …………………………… 1－246
聖武記十四卷 …………………………… 1－246
聖武記十四卷 …………………………… 1－246
聖武記十四卷 …………………………… 1－246
聖武記十四卷 …………………………… 1－246
聖武記十四卷 …………………………… 1－246
聖武記十四卷 …………………………… 1－246
聖武記十四卷 …………………………… 1－246
聖武記十四卷 …………………………… 3－533
聖雨齋詩文集十卷 …………………… 3－257
聖門名字纂詁二卷補遺一卷 ……… 1－293
聖門傳詩嫡冢十六卷 ………………… 1－42
聖門樂志一卷 …………………………… 1－425

聖門禮志一卷 …………………………… 1－425
聖祖仁皇帝庭訓格言一卷 ………… 2－207
聖祖仁皇帝庭訓格言一卷 ………… 2－207
聖祖仁皇帝庭訓格言一卷 ………… 2－207
聖祖仁皇帝庭訓格言一卷 ………… 2－207
聖祖仁皇帝庭訓格言一卷 ………… 2－207
聖祖仁皇帝庭訓格言一卷 ………… 2－207
聖祖仁皇帝庭訓格言一卷 ………… 2－207
聖祖仁皇帝庭訓格言一卷 ………… 2－207
聖祖仁皇帝庭訓格言一卷 ………… 2－207
聖祖仁皇帝庭訓格言一卷 ………… 2－207
聖祖仁皇帝御製詩一卷 …………… 3－294
聖祖仁皇帝聖訓六十卷 …………… 1－493
聖訓叢編 ……………………………………… 2－473
聖域述聞二十八卷 …………………… 1－298
聖域述聞二十八卷 …………………… 1－298
聖域述聞二十八卷 …………………… 1－298
聖嘆秘書 …………………………………… 3－518
聖賢年譜一卷或問一卷 …………… 1－318
聖賢像贊三卷 …………………………… 1－328
聖賢像贊三卷 …………………………… 1－328
聖賢像贊三卷 …………………………… 1－328
聖賢像贊三卷 …………………………… 1－328
聖論十六條附律易解一卷 ………… 1－484
聖廟祀典圖考五卷首一卷附一卷 …… 1－304
聖廟祀典圖考五卷首一卷附一卷 …… 1－304
聖廟祀典圖考五卷首一卷附一卷 …… 1－304
聖學入門四卷 …………………………… 2－214
聖學入門書一卷 ………………………… 2－213
聖學知統錄二卷翼錄二卷致知格物
　解二卷 ………………………………… 3－533
聖學宗傳十八卷 ………………………… 1－284
聖學宗傳十八卷 ………………………… 1－284
聖學宗傳十八卷 ………………………… 1－293
聖學淵源錄二卷 ………………………… 1－293
聖諭像解二十卷 ………………………… 2－208
聖諭像解二十卷 ………………………… 2－208
聖諭像解二十卷 ………………………… 2－208
聖諭像解二十卷首一卷 …………… 2－208
聖諭廣訓直解二卷 …………………… 2－207

387

聖蹟圖一卷 …………………… 1－328
聖蹟圖不分卷孟子聖蹟圖一卷 …… 1－329
聖證論補評二卷 …………………… 1－117
聖證論補評二卷 …………………… 1－117
聖證論補評二卷 …………………… 1－117
聖證論補評二卷 …………………… 1－117
聖證論補評二卷 …………………… 1－117
聖證論補評二卷 …………………… 1－117
［同治］鄞縣志七十五卷 ………… 2－5
勤有書堂剩稿一卷 ………… 3－361
勤有書堂剩稿一卷 ………… 3－361
勤斯堂詩彙編十卷 ………… 3－44
蓮子居詞話四卷 ………… 3－435
蓮子居詞話四卷 ………… 3－435
蓮子居詞話四卷 ………… 3－435
蓮子居詞話四卷 ………… 3－435
蓮友齋詩鈔二卷詩餘一卷 ……… 3－195
蓮邦消息一卷 ………… 2－453
蓮因室詞一卷補一卷 ………… 3－433
蓮因室詩集二卷詞一卷 ………… 3－380
蓮花世界詩一卷 ………… 2－555
［乾隆］蓮花廳志八卷首一卷末一卷 …… 2－12
蓮社高賢傳一卷 ………… 1－280
蓮宗九祖傳略一卷 ………… 2－462
蓮洋集一卷 ………… 3－241
蓮洋集二十卷 ………… 3－241
蓮洋集十二卷補遺一卷附錄一卷 …… 3－241
蓮洋集十二卷補遺一卷附錄一卷 …… 3－241
蓮洋集選十二卷 ………… 3－241
蓮峰志五卷 ………… 2－77
蓮湖吟社稿二卷 ………… 3－65
蓮潔詩翰釋文一卷蓮潔詩存一卷蓮
　潔續集一卷南征日記一卷 ……… 3－401
靳文襄公治河方略十卷首一卷 … 2－96
靳德淶鄉試硃卷 ………… 3－357
夢山存家詩稿八卷 ………… 3－178
夢中緣四卷 ………… 3－441
夢白先生集三卷 ………… 3－179
夢白先生集三卷 ………… 3－179
夢白新翻錦香亭全傳三十二卷 …… 3－445
夢因閣詩鈔六卷 ………… 3－305

夢因閣詩鈔六卷 ………… 3－305
夢因閣詩鈔六卷 ………… 3－305
夢東禪師遺集二卷 ………… 2－454
夢陔堂詩集三十五卷 ………… 3－340
夢春廬詞一卷 ………… 3－430
夢迹圖并詩一卷 ………… 3－66
夢痕錄餘一卷 ………… 1－323
夢喜堂詩六卷 ………… 3－386
夢硯齋遺稿八卷 ………… 3－277
夢雲樓分體詩鈔二卷夢雲樓詩鈔一卷
　…………………………………… 3－297
夢窗甲稿一卷乙稿一卷丙稿一卷丁
　稿一卷補遺一卷 ………… 3－427
夢窗甲稿一卷乙稿一卷丙稿一卷丁
　稿一卷補遺一卷 ………… 3－427
夢窗甲稿一卷乙稿一卷丙稿一卷丁
　稿一卷補遺一卷續補遺一卷 … 3－427
夢窗甲稿一卷乙稿一卷丙稿一卷丁
　稿一卷補遺一卷續補遺一卷 … 3－427
夢園書畫錄二十五卷 ………… 2－323
夢園書畫錄二十五卷 ………… 2－323
夢園書畫錄二十五卷 ………… 2－323
夢園叢說內篇八卷 ………… 2－366
夢溪筆談二十六卷 ………… 2－360
夢溪筆談二十六卷 ………… 2－360
夢溪筆談二十六卷 ………… 2－360
夢溪筆談二十六卷補筆談三卷續筆
　談一卷 ………… 2－360
夢溪筆談二十六卷補筆談三卷續筆
　談一卷 ………… 2－360
夢溪筆談二十六卷補筆談三卷續筆
　談一卷 ………… 2－360
夢溪筆談二十六卷補筆談三卷續筆
　談一卷
夢樓詩集二十四卷 ………… 3－193
夢樓詩集二十四卷 ………… 3－193
夢樓詩集二十四卷 ………… 3－193
夢樓詩集二十四卷 ………… 3－193
夢樓詩集二十四卷 ………… 3－193
夢蝶吟初稿一卷續稿一卷 ………… 3－207
夢墨稿十卷首一卷補遺一卷 ………… 3－169

夢蘇齋詩集七卷海上寓公草一卷館
　　課詩檢存一卷 ················ 3－206
夢龕詞一卷 ···················· 3－432
蒼玉洞宋人題名一卷 ············ 2－128
蒼莽獨立樓印選 ················ 2－341
蒼筤初集詩集十卷文集六卷詞一卷
　　附錄四卷 ·················· 3－284
蒼筤初集詩集十卷文集六卷詞一卷
　　附錄四卷 ·················· 3－284
蒼筤初集詩集十卷文集六卷詞一卷
　　附錄四卷 ·················· 3－284
蒼筤集 ······················· 3－520
蒼筤集 ······················· 3－520
[同治]蒼梧縣志十八卷首一卷 ······· 2－32
蒼霞草十二卷 ·················· 3－175
[光緒]蓬州志十五卷 ·············· 2－38
蓬室偶吟一卷 ·················· 3－310
蓬萊閣詩錄四卷 ················ 3－317
[道光]蓬溪縣志十六卷首一卷 ········ 2－34
[光緒]蓬溪縣續志十四卷首一卷 ······ 2－34
蒿庵文集三卷拾遺一卷附錄一卷 ···· 3－313
蒿庵集三卷附錄一卷 ············ 3－313
蒿庵集三卷蒿庵詩集附錄一卷 ····· 3－313
蒿庵詞一卷 ···················· 3－431
[乾隆]蒲州府志二十四卷 ·········· 1－539
[同治]蒲圻縣志八卷 ·············· 2－23
[光緒]蒲城縣新志十三卷首一卷 ···· 1－541
蓉川集四卷首一卷 ·············· 3－179
蓉江詩鈔六卷 ·················· 3－414
蓉洲初集六卷 ·················· 3－365
蓉湖草堂贈言錄不分卷 ·········· 3－55
蓉裳詩鈔八卷 ·················· 3－308
蓉裳詩鈔八卷 ·················· 3－308
蓉轂詩鈔十一卷駢文一卷 ········· 3－329
蓉轂詩鈔十一卷駢文一卷 ········· 3－329
蓉轂詩鈔十一卷駢文一卷 ········· 3－329
蓉轂詩鈔十一卷駢文一卷 ········· 3－329
蓉樓集詠一卷 ·················· 3－25
蒙古史 ······················· 1－261
蒙古史二卷 ···················· 1－261
蒙古史二卷 ···················· 1－261

蒙古回部表不分卷 ·············· 1－276
蒙古通鑑長編八卷 ·············· 1－235
蒙古通鑑長編八卷 ·············· 1－235
蒙古通鑑長編八卷 ·············· 1－235
蒙古通鑑長編八卷補編一卷 ······· 1－235
蒙古游牧記十六卷 ·············· 1－539
蒙古游牧記十六卷 ·············· 1－539
蒙古輿地一卷 ·················· 2－69
[乾隆]蒙自縣志六卷 ·············· 2－40
蒙求補宋十六卷 ················ 2－503
蒙求增輯三卷 ·················· 2－206
蒙泉文集四卷栖芝詩集二卷 ······· 3－302
蒙泉文集四卷栖芝詩集二卷 ······· 3－302
[宣統]蒙陰縣志八卷首一卷 ········ 1－548
蒙經增註一卷 ·················· 2－216
蒙經增註一卷 ·················· 2－216
蒙養釋義一卷 ·················· 2－197
蒙學天文教科書 ················ 2－291
蒙學中國地理教科書 ············ 1－529
蒙學地文教科書 ················ 1－529
蒙學地質教科書 ················ 2－314
蒙學刻本二編 ·················· 3－540
蒙學教授法一卷 ················ 2－216
蒙學教授法一卷 ················ 2－216
蒙學教授法一卷 ················ 2－216
蒙學教授法一卷 ················ 2－216
蒙學教授法一卷 ················ 2－216
蒙學叢書 ······················ 3－505
蒙學叢書初集 ·················· 2－217
蒙學體操教科書一卷 ············ 2－286
蒙學體操教科書一卷 ············ 2－286
蒙學體操教科書一卷 ············ 2－286
蒙學讀本全書七卷 ·············· 3－540
蒙廬詩存四卷外集一卷 ·········· 3－216
蔭園詩鈔十二卷補遺二卷 ········· 3－207
䓪湖書院志略一卷 ·············· 2－60
䓪齋文集不分卷 ················ 3－394
[宣統]蒸里志略十二卷 ··········· 2－1
椿蔭軒古近體詩鈔二卷綠雪堂古文
　　鈔二卷 ···················· 3－279
楳坪詩鈔六卷詠物詩鈔一卷 ······· 3－257

389

禁扁五卷 ……………………… 2－54

禁書總目不分卷……………… 2－144

禁書總目不分卷……………… 2－144

禁書總目不分卷……………… 2－144

楚中文筆二卷……………… 3－246

楚中文筆二卷……………… 3－246

楚中文筆二卷……………… 3－246

楚中文筆二卷……………… 3－246

楚北水利堤防紀要二卷 ……… 2－98

楚北水利堤防紀要二卷 ……… 2－98

楚攸四修司空山志三卷 ……… 2－77

楚刻金景寫本 ………………… 2－123

楚南史贅二卷 ………………… 1－268

楚南先賢志吟五卷 …………… 3－34

楚風補四十八卷前編一卷末編一卷

………………………… 3－36

楚風補四十八卷前編一卷末編一卷

………………………… 3－36

楚紀六十卷………………… 1－268

楚紀六十卷………………… 1－268

楚紀六十卷………………… 1－268

楚國文憲公雪樓程先生文集三十卷

附錄一卷……………… 3－150

楚望閣集六卷……………… 3－418

楚望閣集六卷……………… 3－418

楚望閣詩集十卷…………… 3－418

楚望閣詩集十卷…………… 3－418

楚望閣詩集十卷…………… 3－418

楚望閣詩集十卷…………… 3－418

楚望閣詩集十卷…………… 3－418

［康熙］楚雄府志十卷首一卷 …… 2－40

楚蒙山房禹貢解八卷 ………… 1－33

楚蒙山房集不分卷………… 3－285

楚頌亭詞第四集一卷琴台夢語一卷

………………………… 3－434

楚頌亭詞第四集一卷琴台夢語一卷

………………………… 3－434

楚頌齋詩集八卷詩餘一卷…… 3－268

楚頌齋詩集八卷詩餘一卷…… 3－268

楚頌齋詩集八卷詩餘一卷…… 3－268

楚頌齋詩集八卷詩餘一卷…… 3－268

楚詩紀二十二卷 ……………… 3－36

楚詩紀二十二卷 ……………… 3－36

楚漢諸侯疆域志三卷 ………… 1－517

楚漢諸侯疆域志三卷 ………… 1－517

楚漢諸侯疆域志三卷 ………… 1－517

楚漢諸侯疆域志三卷 ………… 1－517

楚漢諸侯疆域志三卷 ………… 1－517

楚漢諸侯疆域志三卷 ………… 1－518

楚漢諸侯疆域志三卷 ………… 1－518

楚黔防苗四卷 ………………… 1－473

楚燈衡禪師語錄一卷 ………… 2－460

楚騷綺語六卷 ………………… 3－69

楚騷綺語六卷 ………………… 3－69

楚騷綺語六卷 ………………… 3－69

楚辭二卷 ……………………… 3－66

楚辭二卷 ……………………… 3－66

楚辭二卷 ……………………… 3－66

楚辭十七卷 …………………… 3－66

楚辭十七卷 …………………… 3－66

楚辭十七卷 …………………… 3－66

楚辭十七卷 …………………… 3－66

楚辭十七卷 …………………… 3－66

楚辭十七卷 …………………… 3－66

楚辭十七卷 …………………… 3－67

楚辭十七卷 …………………… 3－67

楚辭十七卷 …………………… 3－67

楚辭十七卷 …………………… 3－67

楚辭十七卷 …………………… 3－67

楚辭十七卷 …………………… 3－67

楚辭十七卷 …………………… 3－67

楚辭十七卷 …………………… 3－67

楚辭十七卷 …………………… 3－67

楚辭十七卷 …………………… 3－67

楚辭十七卷 …………………… 3－67

楚辭十七卷附錄一卷 ………… 3－66

楚辭十七卷附錄一卷 ………… 3－66

楚辭十九卷附錄二卷 ………… 3－69

楚辭十卷 …………………… 3－66　　楚辭集註八卷辯證二卷後語六卷 …… 3－68

楚辭八卷末一卷 …………… 3－70　　楚辭集註八卷辯證二卷後語六卷 …… 3－68

楚辭八卷末一卷 …………… 3－70　　楚辭評林八卷 ……………… 3－69

楚辭八卷末一卷 …………… 3－70　　楚辭評註十卷 ……………… 3－70

楚辭八卷末一卷 …………… 3－70　　楚辭評註十卷 ……………… 3－70

楚辭八卷末一卷 …………… 3－71　　楚辭評註十卷 ……………… 3－70

楚辭八卷首一卷 …………… 3－68　　楚辭註辯正序 ……………… 3－71

楚辭八卷首一卷 …………… 3－68　　楚辭補註十七卷 …………… 3－69

楚辭八卷首一卷 …………… 3－68　　楚辭補註十七卷 …………… 3－69

楚辭八卷首一卷 …………… 3－68　　楚辭補註十七卷 …………… 3－69

楚辭八卷首一卷 …………… 3－68　　楚辭疏八卷 ………………… 3－70

楚辭八卷首一卷 …………… 3－68　　楚辭餘論二卷楚辭說韻一卷 …… 3－71

楚辭八卷辯證二卷後語八卷附覽二　　楚辭燈四卷楚懷襄二王在位事蹟考一卷

　　卷總評一卷 ……………… 3－67　　　　……………………… 3－70

楚辭八卷辯證二卷後語八卷附覽二　　楚辭燈四卷楚懷襄二王在位事蹟考一卷

　　卷總評一卷 ……………… 3－67　　　　……………………… 3－70

楚辭八卷辯證二卷後語八卷附覽二　　楚辭燈四卷楚懷襄二王在位事蹟考一卷

　　卷總評一卷 ……………… 3－67　　　　……………………… 3－70

楚辭八卷辯證二卷後語六卷 … 3－67　　楚辭燈四卷楚懷襄二王在位事蹟考一卷

楚辭八卷辯證二卷後語六卷 … 3－67　　　　……………………… 3－70

楚辭八卷辯證二卷後語六卷 … 3－67　　楚辭燈四卷楚懷襄二王在位事蹟考一卷

楚辭天問箋一卷 …………… 3－69　　　　……………………… 3－70

楚辭天問箋一卷 …………… 3－69　　楚辭燈四卷楚懷襄二王在位事蹟考一卷

楚辭天問箋一卷 …………… 3－70　　　　……………………… 3－70

楚辭天問箋一卷………………… 3－551　　楚辭燈四卷楚懷襄二王在位事蹟考一卷

楚辭六卷首一卷 …………… 3－71　　　　……………………… 3－70

楚辭後語六卷 ……………… 3－69　　楚辭燈四卷楚懷襄二王在位事蹟考一卷

楚辭通釋十四卷 …………… 3－70　　　　……………………… 3－70

楚辭通釋不分卷 …………… 3－70

楚辭章句十七卷 …………… 3－66　　楚辭釋十一卷 ……………… 3－71

楚辭章句十七卷 …………… 3－66　　楚辭釋十一卷 ……………… 3－71

楚辭章句十七卷疑字直音補一卷 …… 3－66　　楚辭釋十一卷 ……………… 3－72

楚辭集註八卷 ……………… 3－67　　楚辭釋十一卷 ……………… 3－72

楚辭集註八卷 ……………… 3－68　　楚辭釋十一卷 ……………… 3－72

楚辭集註八卷 ……………… 3－68　　楚辭釋十一卷 ……………… 3－72

楚辭集註八卷 ……………… 3－68　　楚辭釋十一卷 ……………… 3－72

楚辭集註八卷 ……………… 3－68　　楚辭釋十卷 ………………… 3－72

楚辭集註八卷 ……………… 3－68　　楚辭釋十卷 ………………… 3－72

楚辭集註八卷辯證二卷後語六卷 … 3－68　　楚辭辯證二卷 ……………… 3－68

楚辭集註八卷辯證二卷後語六卷 … 3－68

楚辭辯證二卷	……………	3－68
楚辭辯證二卷	……………	3－68
楚辭辯證二卷	……………	3－68
楚辭辯證二卷	……………	3－68
楚辭辯證二卷	……………	3－68
楚辭辯證二卷	……………	3－68
楚辭辯證二卷	……………	3－69
楚辭聽直八卷合論一卷		3－69
楚懷襄二王在位事蹟考一卷		3－70
楚懷襄二王在位事蹟考一卷		3－70
楚懷襄二王在位事蹟考一卷		3－70
楚懷襄二王在位事蹟考一卷		3－70
楚懷襄二王在位事蹟考一卷		3－71
楚寶四十卷外篇五卷		1－284
楚寶四十卷外篇五卷		1－284
楚寶四十卷外篇五卷		1－284
楚寶四十卷外篇五卷		1－284
楚寶四十卷外篇五卷		1－284
楚寶四十卷外篇五卷		1－284
棟亭藏書十二種	…………	3－498
楷法溯源十四卷目錄一卷		2－330
楷法溯源十四卷目錄一卷		2－330
楷法溯源十四卷目錄一卷		2－330
楷法溯源十四卷目錄一卷		2－330
楷體蒙求八卷	…………	1－169
楊大年先生武夷新集二十卷		3－134
楊子書繹六卷	…………	1－34
楊中丞遺稿不分卷	…………	1－506
楊中丞遺稿不分卷	…………	1－506
楊升庵先生夫人樂府詞餘五卷	……	3－428
楊升庵先生批點文心雕龍十卷	…	3－476
楊升庵先生批點文心雕龍十卷	…	3－476
楊升庵先生批點文心雕龍十卷	…	3－478
楊升庵先生批點文心雕龍十卷	…	3－478
楊升庵先生批點文心雕龍十卷	…	3－478
楊升庵先生批點文心雕龍十卷	…	3－478
楊升庵先生長短句四卷	………	3－428
楊升庵先生異魚圖贊四卷	………	2－353
楊氏先媺錄存四卷首一卷	………	1－333
楊氏先媺錄存四卷首一卷	………	1－333

楊氏先媺錄存四卷首一卷	…………	3－43
楊氏全書	…………	3－525
楊氏全書	…………	3－525
楊氏全書	…………	3－525
楊氏易傳二十卷	…………	1－13
楊氏時疫白喉捷要一卷	…………	2－279
楊氏眼科全書一卷	…………	2－279
楊文定公年譜一卷	…………	1－326
楊文節公文集四十二卷首一卷末一卷		
		3－134
楊文節公文集四十二卷首一卷末一卷		
		3－134
楊文節公詩集四十二卷	…………	3－134
楊妙泉詩集二卷	…………	3－358
楊昌浚行狀一卷	…………	1－316
楊昌浚墓碑廖含墓碑	…………	1－316
楊昌浚詩稿一卷	…………	3－358
楊昀鄉試硃卷	…………	3－358
楊忠烈公文集十卷末一卷表忠錄一卷		
		3－177
楊忠烈公文集十卷末一卷表忠錄一卷		
		3－177
楊忠烈公文集十卷末一卷表忠錄一卷		
		3－177
楊忠烈公文集十卷末一卷表忠錄一卷		
		3－177
楊忠烈公文集三卷	…………	3－177
楊忠烈公文集五卷	…………	3－177
楊忠愍公全集四卷	…………	3－178
楊忠愍公全集四卷	…………	3－178
楊忠愍公全集四卷	…………	3－178
楊忠愍公全集四卷	…………	3－178
楊忠愍公集五卷首一卷末一卷		3－177
楊忠愍公集六卷首一卷	…………	3－178
楊忠愍公集四卷	…………	3－177
楊忠愍公集四卷	…………	3－177
楊忠愍公集四卷	…………	3－177
楊忠愍公集四卷	…………	3－178
楊忠愍公集四卷	…………	3－178

楊忠愍公集四卷···········3－178

楊忠愍公集四卷首一卷末一卷·······3－177

楊忠愍公集四卷首一卷末一卷·······3－177

楊忠愍公集四卷首一卷末一卷·······3－177

楊忠愍公集四卷首一卷末一卷·······3－177

楊忠愍公集四卷首一卷末一卷·······3－177

楊忠愍公集四卷首一卷末一卷·······3－177

楊季睿詩集□□卷···········3－359

楊勇愨公奏議十六卷首一卷·······3－359

楊勇愨公詩存一卷···········3－359

楊勇愨公詩存一卷···········3－359

楊勇愨公詩存一卷···········3－359

楊勇愨公詩存一卷···········3－359

楊勇愨公詩存一卷···········3－359

楊勇愨公奏議十六卷首一卷·······1－506

楊勇愨公奏議十六卷首一卷·······1－506

楊勇愨公奏議十六卷首一卷·······1－506

楊勇愨公奏議十六卷首一卷·······1－506

楊莘伯奏議二卷···········1－506

楊恩瓚鄉試硃卷···········3－359

楊椒山先生文集二卷·········3－178

楊慈湖先生詩鈔一卷·········3－118

楊賢慶文華書院課卷·········3－360

楊賢疇文華書院課卷·········3－361

楊龜山文集一卷···········3－134

楊龜山先生集四十二卷首一卷·······3－133

楊龜山先生集四十二卷首一卷·······3－133

楊龜山先生集四十二卷首一卷·······3－133

楊龜山先生集四十二卷首一卷·······3－133

楊龜山先生集四十二卷首一卷·······3－133

楊龜山先生集四十二卷首一卷·······3－133

楊龜山先生集四十二卷首一卷·······3－133

楊龜山先生集四十二卷首一卷·······3－133

楊龜山先生集四十二卷首一卷·······3－133

楊龜山先生集四十二卷首一卷·······3－133

楊瀚先鄉試硃卷···········3－360

楊鐵崖文集五卷古樂府八卷古賦三卷

···········3－150

楊鐵崖先生文集十卷·········3－150

楊鐵崖先生詠史古樂府四卷·······3－151

楊鐵崖先生詠史古樂府四卷·······3－151

楊鐵崖詠史古樂府一卷·······3－151

楞伽阿跋多羅寶經心印四卷·······2－441

楞伽阿跋多羅寶經四卷·······2－426

楞伽阿跋多羅寶經四卷·······2－426

楞伽阿跋多羅寶經四卷·······2－426

楞伽阿跋多羅寶經四卷·······2－426

楞伽阿跋多羅寶經四卷·······2－426

楞伽阿跋多羅寶經四卷·······2－426

楞伽阿跋多羅寶經四卷·······2－426

楞伽阿跋多羅寶經四卷·······2－440

楞伽阿跋多羅寶經四卷·······2－440

楞伽阿跋多羅寶經四卷·······2－440

楞伽阿跋多羅寶經玄義一卷·······2－440

楞伽阿跋多羅寶經玄義一卷·······2－440

楞伽阿跋多羅寶經玄義一卷·······2－440

楞伽阿跋多羅寶經參訂疏四卷·······2－440

楞伽阿跋多羅寶經參訂疏四卷·······2－440

楞伽阿跋多羅寶經註解四卷·······2－437

楞伽阿跋多羅寶經註解四卷·······2－437

楞伽阿跋多羅寶經註解四卷·······2－437

楞伽阿跋多羅寶經註解四卷·······2－437

楞伽阿跋多羅寶經註解四卷·······2－437

楞伽阿跋多羅寶經會譯四卷·······2－434

楞伽阿跋多羅寶經會譯四卷·······2－434

楞伽阿跋多羅寶經講錄四卷附錄一卷

···········2－449

楞嚴摸象記一卷附一卷·······2－450

楞嚴經指掌疏六卷懸示一卷·······2－453

楞嚴經疏解辯證二卷·········2－442

楣㭪談屑一卷···········3－458

楣㭪談屑一卷···········3－458

楣㭪談屑一卷···········3－458

楣㭪談屑一卷···········3－458

槐軒全書···········3－526

槐軒全書···········3－526

槐軒全書 …………………… 3－526
槐軒全書 …………………… 3－526
槐軒雜著四卷 ……………… 3－394
槐軒雜箸四卷 ……………… 3－394
槐軒雜箸四卷 ……………… 3－394
槐卿政蹟六卷附一卷 ……… 1－475
槐卿遺稿六卷附錄一卷政蹟六卷 …… 3－216
槐卿遺稿六卷附錄一卷政蹟六卷 …… 3－216
槐卿遺稿六卷附錄一卷政蹟六卷 …… 3－216
槐雲閣詩鈔十五卷 ………… 3－394
槐雲館試帖一卷 …………… 3－285
槐雲館試帖一卷 …………… 3－285
槐墅詩鈔四卷 ……………… 3－297
槐廬叢書 …………………… 3－492
槐廳載筆二十卷 …………… 1－389
槐廳載筆二十卷 …………… 1－389
槐廳載筆二十卷 …………… 1－389
［同治］榆次縣志十六卷首一卷末一卷
　　…………………………… 1－536
［光緒］榆次縣續志四卷 …… 1－536
［乾隆］榆社縣志十二卷 …… 1－536
［道光］榆林府志五十卷首一卷 …… 1－542
榆園叢刻 …………………… 3－497
榆園叢刻 …………………… 3－497
榆園叢刻 …………………… 3－497
榆園叢刻 …………………… 3－498
嗇庵隨筆六卷末一卷 ……… 2－374
楓南山館遺集七卷末一卷 … 3－292
楓香集一卷 ………………… 3－212
楓窗小牘二卷 ……………… 2－383
槎庵小乘四十一卷 ………… 2－487
槎漢學易三卷 ……………… 1－21
槎漢學易三卷 ……………… 1－21
楹書隅錄五卷續編四卷 …… 2－150
楹書隅錄五卷續編四卷 …… 2－150
楹書隅錄五卷續編四卷 …… 2－150
楹書隅錄五卷續編四卷 …… 2－150
楹書隅錄五卷續編四卷 …… 2－150
楹聯集錦八卷 ……………… 3－64
楹聯集錦八卷 ……………… 3－65
楹聯集錦八卷 ……………… 3－65

楹聯集錦八卷 ……………… 3－65
楹聯集錦八卷 ……………… 3－65
楹聯集韻二卷 ……………… 3－64
楹聯集韻二卷 ……………… 3－64
楹聯集韻二卷 ……………… 3－64
楹聯集韻二卷 ……………… 3－64
楹聯集韻二卷 ……………… 3－64
楹聯集韻二卷 ……………… 3－64
楹聯叢話十二卷 …………… 3－484
楹聯叢話十二卷 …………… 3－484
楹聯叢話十二卷續話四卷 … 3－484
楹聯叢話十二卷續話四卷 … 3－484
楹聯叢話十二卷續話四卷 … 3－484
楹聯叢話十二卷續話四卷續話四卷 … 3－484
楹聯叢話十二卷續話四卷賸話一卷
　巧對錄八卷巧對補錄一卷 …… 3－484
賈子十六卷 ………………… 2－176
賈子次詁十六卷 …………… 2－180
賈氏叢書甲集 ……………… 3－510
賈浪仙詩四卷 ……………… 3－102
賈鳧西鼓詞一卷 …………… 3－447
賈鳧西鼓詞一卷 …………… 3－447
賈鳧西鼓詞一卷 …………… 3－448
賈鳧西鼓詞一卷 …………… 3－448
賈鳧西鼓詞一卷 …………… 3－448
賈鳧西鼓詞一卷 …………… 3－448
感述錄六卷續四卷 ………… 2－191
感遇錄一卷 ………………… 1－266
感舊集十六卷 ……………… 3－18
感舊集十六卷 ……………… 3－18
感舊集十六卷 ……………… 3－18
感應一草亭書□□卷 ……… 2－266
感應篇儒義六卷感應篇古本考一卷 …… 2－472
感應篇儒義六卷感應篇古本考一卷
　　…………………………… 3－550
感應類鈔不分卷 …………… 2－472
感懷百詠一卷續唱百詠一卷 …… 3－265
感懷詩一卷 ………………… 3－188
掔經室一集十四卷二集八卷三集五
　卷四集二卷詩十一卷續集九卷再
　續集六卷外集五卷 ……… 3－245

揅經室一集十四卷二集八卷三集五
　卷四集二卷詩十一卷續集九卷再
　續集六卷外集五卷……………… 3－245

揅經室一集十四卷二集八卷三集五
　卷四集二卷詩十一卷續集九卷再
　續集六卷外集五卷……………… 3－246

揅經室一集十四卷二集八卷三集五
　卷四集二卷詩十一卷續集九卷再
　續集六卷外集五卷……………… 3－246

揅經室一集十四卷二集八卷三集五
　卷四集二卷詩十一卷續集九卷再
　續集六卷外集五卷……………… 3－246

揅經室一集十四卷二集八卷三集五
　卷四集二卷詩十一卷續集九卷再
　續集六卷外集五卷……………… 3－246

揅經室一集十四卷二集八卷三集五
　卷四集二卷詩十一卷續集九卷再
　續集六卷外集五卷……………… 3－246

揅經室文集十八卷……………… 3－245
揅經室詩錄五卷………………… 3－246
揅經室詩錄五卷………………… 3－246
碑別字五卷……………………… 1－169
碑別字五卷……………………… 3－549
碑帖……………………………… 3－538
碑版文廣例十卷………………… 2－124
碑版文廣例十卷………………… 2－124
碑版文廣例十卷………………… 2－124
碑版文廣例十卷………………… 2－124
碑版文廣例十卷………………… 2－124
碑傳集一百六十卷首一卷末一卷…… 1－303
碑傳集一百六十卷首一卷末一卷…… 1－303
碑傳集一百六十卷首一卷末一卷…… 1－303
碑傳集一百六十卷首一卷末一卷…… 1－303
碑傳集一百六十卷首一卷末一卷…… 1－303
碑傳集一百六十卷首一卷末一卷…… 1－303
碑傳集一百六十卷首一卷末一卷…… 1－303
碑傳集一百六十卷首二卷末二卷…… 3－548
碎金詞譜十四卷………………… 3－437
碎金詞譜十四卷………………… 3－437
碎金詞譜十四卷………………… 3－437
碎金詞譜六卷附錄一卷………… 3－437

碎金詞譜六卷附錄一卷………… 3－437
碎金詞譜六卷附錄一卷………… 3－437
碎金詞韻十四卷………………… 3－438
碎金續譜六卷…………………… 3－437
碎金續譜六卷…………………… 3－437
匯纂詩法度鍼三十三卷首一卷… 3－484
匯纂詩法度鍼三十三卷首一卷… 3－484
匯纂詩法度鍼三十三卷首一卷… 3－484
匯纂詩法度鍼三十三卷首一卷… 3－484
匯纂詩法度鍼三十三卷首一卷… 3－484
匯纂詩法度鍼三十三卷首一卷… 3－484
[乾隆]鄂縣新志六卷……………… 1－540
電氣鍍金略法一卷……………… 2－313
電氣鍍金略法一卷……………… 2－313
電氣鍍金略法一卷……………… 2－313
電氣鍍金略法一卷……………… 2－313
電氣鍍臬一卷…………………… 2－313
電氣鍍臬一卷…………………… 2－313
電陽興頌一卷…………………… 3－39
電學十卷首一卷………………… 2－311
電學測算一卷…………………… 2－310
電學綱目一卷…………………… 2－310
雷公炮製藥性解六卷…………… 2－255
雷公炮製藥性解六卷…………… 2－255
雷公炮製藥性解六卷…………… 2－255
雷公炮製藥性解六卷…………… 2－255
雷公炮製藥性解六卷…………… 2－255
雷刻說文四種…………………… 1－143
雷真君親傳活人錄一卷………… 2－269
雷塘庵主弟子記八卷…………… 1－324
雷塘庵主弟子記八卷…………… 1－324
雷塘庵主弟子記八卷…………… 1－324
雷塘庵主弟子記八卷…………… 1－324
雷塘庵主弟子記八卷…………… 1－324
[嘉慶]零志補零三卷……………… 2－47
零陵列女傳三卷………………… 1－306
[光緒]零陵縣志十五卷補遺一卷…… 2－47
[嘉慶]零陵縣志十六卷…………… 2－47
[康熙]零陵縣志十四卷…………… 2－47
損窳詩鈔二卷…………………… 3－295
損齋吟草一卷…………………… 3－354

損齋詩集十二卷⋯⋯⋯⋯⋯	3－396
頓悟入道要門論一卷⋯⋯⋯	2－447
頓悟入道要門論一卷諸方門人參問	
語錄一卷⋯⋯⋯⋯⋯⋯	2－458
裘文達公文集六卷補遺一卷詩集十	
二卷又詩集六卷奏議二卷	3－377
裘文達公文集六卷補遺一卷詩集十	
二卷又詩集六卷奏議二卷	3－377
督河奏疏十卷⋯⋯⋯⋯⋯	1－502
督捕則例二卷⋯⋯⋯⋯⋯	1－483
督銷淮鹽局藥性錄一卷⋯⋯	2－259
督辦安徽牙釐總局公牘一卷	1－453
歲華紀麗四卷⋯⋯⋯⋯⋯	1－508
歲寒堂讀杜二十卷　⋯⋯⋯	3－86
虞氏易禮評議二卷周易古註十七卷	
⋯⋯⋯⋯⋯⋯⋯⋯⋯	1－16
虞文靖公道園全集六十卷⋯⋯	3－151
虞文靖公詩集十卷⋯⋯⋯⋯	3－151
虞初新志二十卷⋯⋯⋯⋯⋯	3－457
虞初新志二十卷⋯⋯⋯⋯⋯	3－457
虞初新志二十卷⋯⋯⋯⋯⋯	3－457
虞初續志十二卷⋯⋯⋯⋯⋯	3－457
虞初續志十二卷⋯⋯⋯⋯⋯	3－457
虞初續志十二卷⋯⋯⋯⋯⋯	3－457
［乾隆］虞鄉縣志十二卷⋯⋯	1－538
虞紹南信札⋯⋯⋯⋯⋯⋯	3－377
虞紹南家書⋯⋯⋯⋯⋯⋯	3－377
虞道園文集一卷⋯⋯⋯⋯⋯	3－151
虞德園先生集二十五卷⋯⋯	3－178
［同治］當陽縣志十八卷首一卷末一	
卷⋯⋯⋯⋯⋯⋯⋯⋯⋯	2－25
［光緒］當陽縣補續志四卷首一卷⋯⋯	2－25
當歸草堂醫學叢書初編⋯⋯	2－243
當歸草堂叢書⋯⋯⋯⋯⋯	3－490
睦州存稿八卷台垣疏稿一卷⋯⋯	3－187
睡餘草堂詩鈔二卷⋯⋯⋯⋯	3－406
睡餘偶筆二卷⋯⋯⋯⋯⋯	1－126
睢陽忠毅錄四卷十六回⋯⋯	3－469
［光緒］睢寧縣志稿十八卷　⋯⋯	1－553
愚一錄十二卷⋯⋯⋯⋯⋯	1－127
愚一錄十二卷⋯⋯⋯⋯⋯	1－127
愚一錄十二卷⋯⋯⋯⋯⋯	1－127
愚一錄十二卷⋯⋯⋯⋯⋯	1－127
愚村詩鈔一卷⋯⋯⋯⋯⋯	3－238
愚村詩鈔一卷⋯⋯⋯⋯⋯	3－238
愚齋東游日記一卷⋯⋯⋯⋯	2－107
暖春書屋試律偶存一卷時文略一卷	
鄉試硃卷一卷滄浪軒小稿一卷⋯⋯	3－190
暖春書屋詩刪三卷⋯⋯⋯⋯	3－190
暗香樓樂府⋯⋯⋯⋯⋯⋯	3－444
路史十六卷⋯⋯⋯⋯⋯⋯	1－272
路史四十五卷⋯⋯⋯⋯⋯	1－271
路史四十五卷⋯⋯⋯⋯⋯	1－271
路史四十五卷⋯⋯⋯⋯⋯	1－272
路史四十五卷⋯⋯⋯⋯⋯	1－272
路史四十五卷⋯⋯⋯⋯⋯	1－272
路史後記十三卷⋯⋯⋯⋯⋯	1－271
愛園叢書⋯⋯⋯⋯⋯⋯⋯	3－522
遣睡雜言八卷⋯⋯⋯⋯⋯	2－375
遣愁集十四卷⋯⋯⋯⋯⋯	3－461
蛾術山房詩鈔四卷⋯⋯⋯⋯	3－279
蛾術堂集⋯⋯⋯⋯⋯⋯⋯	3－515
蛾術堂集⋯⋯⋯⋯⋯⋯⋯	3－515
蛾術編八十二卷⋯⋯⋯⋯⋯	2－384
蛾術編八十二卷⋯⋯⋯⋯⋯	2－385
畹蘭齋文集四卷⋯⋯⋯⋯⋯	3－230
畹蘭齋文集四卷⋯⋯⋯⋯⋯	3－230
畹蘭齋文集四卷⋯⋯⋯⋯⋯	3－230
畹蘭齋文集四卷⋯⋯⋯⋯⋯	3－230
畹蘭齋文集四卷⋯⋯⋯⋯⋯	3－230
畹蘭齋文集四卷⋯⋯⋯⋯⋯	3－230
農政全書六十卷⋯⋯⋯⋯⋯	2－237
農政全書六十卷⋯⋯⋯⋯⋯	2－237
農政全書六十卷⋯⋯⋯⋯⋯	2－237
農政全書六十卷⋯⋯⋯⋯⋯	2－237
農政全書六十卷⋯⋯⋯⋯⋯	2－237
農政全書六十卷⋯⋯⋯⋯⋯	2－237
農政全書六十卷⋯⋯⋯⋯⋯	2－237
農政全書六十卷⋯⋯⋯⋯⋯	2－237
農候雜占四卷⋯⋯⋯⋯⋯	2－238
農候雜占四卷⋯⋯⋯⋯⋯	2－238
農書二十二卷⋯⋯⋯⋯⋯	3－537

農書二十二卷……………………… 3－537
農書三十六卷……………………… 2－236
農桑輯要七卷……………………… 2－236
農桑輯要七卷……………………… 2－236
農桑輯要七卷……………………… 2－237
農務土質論三卷圖一卷…………… 2－241
農務化學問答二卷………………… 2－241
農務化學問答二卷………………… 2－241
農務化學簡法三卷………………… 2－241
農務全書上編十六卷……………… 2－241
農務全書中編十六卷……………… 2－241
農務要書簡明目錄一卷…………… 2－241
農話………………………………… 2－239
農學初級…………………………… 2－241
農學初級…………………………… 2－241
農學津梁一卷……………………… 2－241
農學叢書…………………………… 2－236
農學纂要四卷……………………… 2－238
嗣雅堂詩存五卷…………………… 3－198
罪言存略一卷……………………… 1－503
蜀中名勝記三十卷………………… 2－73
蜀中名勝記三十卷………………… 2－73
蜀中名勝記三十卷………………… 2－73
蜀水考四卷………………………… 2－94
蜀水考四卷………………………… 2－94
蜀秀集九卷………………………… 3－39
蜀秀集九卷………………………… 3－39
蜀典十二卷………………………… 2－73
蜀典十二卷………………………… 2－73
蜀典十二卷………………………… 2－73
蜀故二十七卷……………………… 2－73
蜀高抬貴手七卷首一卷…………… 1－267
蜀雅二十卷………………………… 3－39
蜀景匯考十九卷…………………… 2－74
蜀景匯覽十四卷…………………… 2－73
蜀道紀游□□卷…………………… 2－102
蜀碑記十卷………………………… 2－123
蜀碧四卷附一卷…………………… 1－264
蜀碧四卷附一卷…………………… 1－264
蜀碧四卷附一卷…………………… 1－264
蜀碧四卷附一卷…………………… 1－264

蜀僚問答二卷……………………… 1－441
蜀輏日記四卷……………………… 1－331
蜀輏日記四卷……………………… 1－331
蜀輏日記四卷……………………… 1－331
蜀輏日記四卷……………………… 1－331
蜀輏日記四卷……………………… 1－331
蜀輏日記四卷……………………… 1－331
蜀輏日記四卷……………………… 1－331
蜀輏日記四卷……………………… 1－331
蜀輏日記四卷……………………… 1－331
蜀學編二卷………………………… 1－285
蜀鑑十卷…………………………… 1－240
蜀鑑十卷劄記一卷………………… 3－533
[同治]嵊縣志二十六卷首一卷末一卷
　　　　　　　　　……………… 2－6
嵩山文集一卷詩集十卷…………… 3－269
嵩高志□□卷……………………… 2－84
嵩崖尊生書十八卷………………… 2－250
嵩崖尊生書十八卷………………… 2－250
嵩游草一卷紫雲書院三十六詠一卷
　　新城王氏西城別墅十三詠一卷鎖
　　闈雜詠一卷…………………… 3－225
[乾隆]嵩縣志三十卷首一卷……… 2－21
[乾隆]嵩縣志三十卷首一卷……… 2－21
圓天圖說三卷續編二卷…………… 2－292
圓明園內工則例不分卷…………… 1－508
圓悟佛果禪師語錄二十卷………… 2－459
圓錐曲綫一卷……………………… 2－309
圓錐曲綫說三卷…………………… 2－307
圓錐曲綫說三卷…………………… 2－307
圓錐曲綫說三卷…………………… 2－307
圓覺拈華二卷……………………… 2－453
稗海………………………………… 3－451
稗海………………………………… 3－451
稗海………………………………… 3－451
稗海………………………………… 3－451
稗販八卷…………………………… 2－373
筠心書屋詩鈔十二卷……………… 3－379
筠心書屋詩鈔十二卷……………… 3－379
筠心堂文集十卷詩集四卷外集三卷
　　　　　　　　　……………… 3－307

筠仙詩存一卷‥‥‥‥‥‥‥‥ 3－232
筠州黃檗山斷際禪師傳心法要二卷
‥‥‥‥‥‥‥‥‥‥‥‥ 2－445
筠清館金石錄五卷‥‥‥‥‥‥ 2－113
筠清館金石錄五卷‥‥‥‥‥‥ 2－113
筠清館金石錄五卷‥‥‥‥‥‥ 2－113
筠清館金石錄五卷‥‥‥‥‥‥ 2－113
筠清館金石錄五卷‥‥‥‥‥‥ 2－113
筠清館金石錄五卷‥‥‥‥‥‥ 2－113
筠清館金石錄五卷‥‥‥‥‥‥ 2－113
筠清館金石錄五卷‥‥‥‥‥‥ 2－113
筠清館漢銅印譜‥‥‥‥‥‥‥ 2－340
筠窗輯事二卷‥‥‥‥‥‥‥‥ 3－457
筠僊詩存一卷‥‥‥‥‥‥‥‥ 3－226
筠齋詩錄十卷‥‥‥‥‥‥‥‥ 3－237
節本原富不分卷‥‥‥‥‥‥‥ 2－402
節孝先生文集三十卷‥‥‥‥‥ 3－124
節孝先生文集三十卷‥‥‥‥‥ 3－124
節述陳文恭相國訓俗遺規序目一卷
‥‥‥‥‥‥‥‥‥‥‥‥ 2－208
節慎齋制義一卷‥‥‥‥‥‥‥ 3－195
與古齋琴譜四卷‥‥‥‥‥‥‥ 2－346
與稽齋叢稿十八卷‥‥‥‥‥‥ 3－238
傳法正宗論二卷‥‥‥‥‥‥‥ 2－447
傳律弘範‥‥‥‥‥‥‥‥‥‥ 2－458
傳音字譜一卷‥‥‥‥‥‥‥‥ 1－185
傳音快字一卷‥‥‥‥‥‥‥‥ 1－187
傳音快字一卷‥‥‥‥‥‥‥‥ 1－187
傳音快字一卷‥‥‥‥‥‥‥‥ 3－545
傳音快字簡易編二卷續編一卷‥ 1－185
傳家安樂銘一卷‥‥‥‥‥‥‥ 2－204
傳家寶書三卷‥‥‥‥‥‥‥‥ 3－178
傳硯堂詩存一卷‥‥‥‥‥‥‥ 3－314
傳經表一卷‥‥‥‥‥‥‥‥‥ 1－125
傳經表二卷‥‥‥‥‥‥‥‥‥ 1－121
傳魯堂駢體文二卷‥‥‥‥‥‥ 3－259
傳樸堂詩稿四卷補遺一卷‥‥‥ 3－356
催官篇四卷理氣真詮一卷‥‥‥ 2－414
傷心曲一卷‥‥‥‥‥‥‥‥‥ 3－54
傷暑全書二卷‥‥‥‥‥‥‥‥ 2－262
傷寒九十論一卷‥‥‥‥‥‥‥ 2－270

傷寒九十論一卷‥‥‥‥‥‥‥ 2－270
傷寒九十論一卷‥‥‥‥‥‥‥ 2－270
傷寒九十論一卷‥‥‥‥‥‥‥ 2－270
傷寒九十論一卷‥‥‥‥‥‥‥ 2－270
傷寒九十論一卷‥‥‥‥‥‥‥ 2－270
傷寒九十論一卷‥‥‥‥‥‥‥ 2－270
傷寒附翼二卷‥‥‥‥‥‥‥‥ 2－273
傷寒明理論四卷‥‥‥‥‥‥‥ 2－271
傷寒明鏡一卷‥‥‥‥‥‥‥‥ 2－275
傷寒秘傳一卷‥‥‥‥‥‥‥‥ 2－275
傷寒家秘一卷‥‥‥‥‥‥‥‥ 2－275
傷寒診治一卷‥‥‥‥‥‥‥‥ 2－275
傷寒補天石二卷續二卷‥‥‥‥ 2－271
傷寒論十卷‥‥‥‥‥‥‥‥‥ 2－269
傷寒論三註十六卷‥‥‥‥‥‥ 2－273
傷寒論六卷‥‥‥‥‥‥‥‥‥ 2－270
傷寒論六卷‥‥‥‥‥‥‥‥‥ 2－270
傷寒論六卷‥‥‥‥‥‥‥‥‥ 2－270
傷寒論後條辨十五卷‥‥‥‥‥ 2－274
傷寒論條辨八卷‥‥‥‥‥‥‥ 2－271
傷寒論淺註補正七卷首一卷‥‥ 2－273
傷寒論集註十卷傷寒論集註外篇四卷
‥‥‥‥‥‥‥‥‥‥‥‥ 2－273
傷寒審症表一卷‥‥‥‥‥‥‥ 2－272
傷寒審症表一卷‥‥‥‥‥‥‥ 2－272
傷寒審症表一卷‥‥‥‥‥‥‥ 2－272
傷寒審症表一卷‥‥‥‥‥‥‥ 2－272
傷寒醫訣串解六卷‥‥‥‥‥‥ 2－274
傷寒醫訣串解六卷‥‥‥‥‥‥ 2－274
傷寒證治準繩八卷‥‥‥‥‥‥ 2－271
傷寒懸解十四卷首一卷末一卷‥‥ 2－274
傷寒纘論二卷傷寒緒論二卷‥‥ 2－273
像鈔六卷‥‥‥‥‥‥‥‥‥‥ 1－15
魁果肅公榮哀錄一卷‥‥‥‥‥ 3－53
粵十三家集‥‥‥‥‥‥‥‥‥ 3－509
粵十三家集‥‥‥‥‥‥‥‥‥ 3－509
粵十三家集‥‥‥‥‥‥‥‥‥ 3－509
粵西金石略十六卷‥‥‥‥‥‥ 2－118
粵西得碑記一卷‥‥‥‥‥‥‥ 2－127
粵西隨筆一卷‥‥‥‥‥‥‥‥ 2－73
粵東三子詩鈔十四卷‥‥‥‥‥ 3－39

398

粵東金石略九卷首一卷附二卷⋯⋯⋯ 2－114
粵東皇華集四卷⋯⋯⋯⋯⋯⋯⋯ 3－231
粵東鹿芝館藥丸總彙集一卷 2－258
粵氛紀事十三卷⋯⋯⋯⋯⋯⋯ 1－250
粵垣源源水局議⋯⋯⋯⋯⋯⋯⋯ 1－459
粵匪始末紀略二卷⋯⋯⋯⋯⋯ 1－249
粵匪南北滋擾紀略一卷⋯⋯⋯ 1－249
粵雅堂叢書⋯⋯⋯⋯⋯⋯⋯⋯⋯ 3－492
粵雅堂叢書⋯⋯⋯⋯⋯⋯⋯⋯⋯ 3－492
粵雅堂叢書⋯⋯⋯⋯⋯⋯⋯⋯⋯ 3－492
粵雅堂叢書⋯⋯⋯⋯⋯⋯⋯⋯⋯ 3－492
粵雅堂叢書⋯⋯⋯⋯⋯⋯⋯⋯⋯ 3－492
粵雅堂叢書⋯⋯⋯⋯⋯⋯⋯⋯⋯ 3－492
粵游小志八卷⋯⋯⋯⋯⋯⋯⋯⋯ 2－102
粵游小識七卷⋯⋯⋯⋯⋯⋯⋯⋯ 2－102
粵漢鐵路美商借款條議⋯⋯⋯ 1－460
粵篸朝鮮三種⋯⋯⋯⋯⋯⋯⋯⋯ 2－161
奧國通商稅則條款章程一卷⋯⋯ 1－452
微尚齋詩初集四卷續集一卷⋯ 3－336
微尚齋詩初集四卷續集一卷⋯ 3－336
微尚齋詩初集四卷續集一卷⋯ 3－336
微尚齋詩集初編四卷續集一卷適適
　齋文集二卷⋯⋯⋯⋯⋯⋯⋯⋯ 3－336
微波榭叢書⋯⋯⋯⋯⋯⋯⋯⋯⋯ 3－491
微波榭叢書⋯⋯⋯⋯⋯⋯⋯⋯⋯ 3－491
微波榭叢書⋯⋯⋯⋯⋯⋯⋯⋯⋯ 3－491
微波閣詞一卷⋯⋯⋯⋯⋯⋯⋯⋯ 3－433
微積集證四卷⋯⋯⋯⋯⋯⋯⋯⋯ 2－303
微積溯源八卷⋯⋯⋯⋯⋯⋯⋯⋯ 2－308
微積溯源八卷⋯⋯⋯⋯⋯⋯⋯⋯ 2－308
微積溯源八卷⋯⋯⋯⋯⋯⋯⋯⋯ 2－308
微積溯源八卷⋯⋯⋯⋯⋯⋯⋯⋯ 2－308
微積溯源八卷⋯⋯⋯⋯⋯⋯⋯⋯ 2－308
微積溯源八卷⋯⋯⋯⋯⋯⋯⋯⋯ 2－309
鉗志一卷⋯⋯⋯⋯⋯⋯⋯⋯⋯⋯ 2－414
鉢中草二卷⋯⋯⋯⋯⋯⋯⋯⋯⋯ 3－327
［乾隆］鉛山縣志十五卷 ⋯⋯⋯ 2－9
［同治］鉛山縣志三十卷首一卷⋯ 2－9
會及培禁森林案⋯⋯⋯⋯⋯⋯ 1－479
會心外集二卷⋯⋯⋯⋯⋯⋯⋯⋯ 2－476
［嘉慶］會同縣志十二卷首一卷 ⋯⋯ 2－52

［同治］會昌縣志三十二卷 ⋯⋯⋯⋯ 2－13
會典簡明錄一卷⋯⋯⋯⋯⋯⋯⋯ 1－422
會海大成三十卷⋯⋯⋯⋯⋯⋯⋯ 3－480
［同治］會理州志十二卷 ⋯⋯⋯⋯ 2－38
會試硃卷一卷：光緒己丑科⋯⋯⋯ 3－52
［道光］會寧縣志十二卷首一卷 ⋯⋯ 1－543
會稽三賦四卷 ⋯⋯⋯⋯⋯⋯⋯⋯ 2－71
會稽董文簡公中峰集十一卷首一卷
　附錄三卷中峰制藝一卷⋯⋯⋯⋯ 3－175
會議禁革買賣人口舊習酌擬辦法摺
　⋯⋯⋯⋯⋯⋯⋯⋯⋯⋯⋯⋯⋯ 1－508
愛山詩集八卷⋯⋯⋯⋯⋯⋯⋯⋯ 3－214
愛日堂詩一卷虛室詩一卷小書巢詩
　一卷所宜軒詩一卷枕善居詩一卷
　三十六湖漁唱刪存三集⋯⋯⋯ 3－198
愛日堂詩二十八卷⋯⋯⋯⋯⋯⋯ 3－315
愛日精廬藏書志三十六卷續四卷⋯⋯ 2－148
愛日精廬藏書志三十六卷續四卷⋯⋯ 2－148
愛日精廬藏書志三十六卷續四卷⋯⋯ 2－149
愛日精廬藏書志三十六卷續四卷⋯⋯ 2－149
愛日精廬藏書志三十六卷續四卷⋯⋯ 2－149
愛日精廬藏書志三十六卷續四卷⋯⋯ 2－149
愛日精廬藏書志三十六卷續四卷⋯⋯ 2－149
愛日精廬藏書志四卷⋯⋯⋯⋯⋯ 2－149
愛月軒遺稿一卷愛月軒試帖一卷愛
　月軒雜體一卷 ⋯⋯⋯⋯⋯⋯⋯ 3－47
愛古堂文稿二卷詩稿四卷⋯⋯⋯ 3－214
愛古堂文稿二卷詩稿四卷⋯⋯⋯ 3－214
愛古堂文稿二卷詩稿四卷⋯⋯⋯ 3－214
愛吾廬文鈔一卷⋯⋯⋯⋯⋯⋯⋯ 3－246
亂字草一卷⋯⋯⋯⋯⋯⋯⋯⋯⋯ 3－376
飽蠹軒文集二卷⋯⋯⋯⋯⋯⋯⋯ 3－406
飴山詩集二十卷文集十二卷禮欲權
　衡二卷聲調譜三卷談龍錄一卷⋯⋯ 3－385
飴山詩集二十卷文集十二卷禮欲權
　衡二卷聲調譜三卷談龍錄一卷 3－385
詹元善先生遺集二卷⋯⋯⋯⋯⋯ 3－134
獅山掌錄二十八卷⋯⋯⋯⋯⋯⋯ 2－486
［乾隆］解州全志十八卷首一卷 ⋯⋯ 1－538
解毒集成一卷⋯⋯⋯⋯⋯⋯⋯⋯ 2－277
解毒集成一卷⋯⋯⋯⋯⋯⋯⋯⋯ 2－277

解莊十二卷 …………………… 2－471　　詩比興箋四卷簡學齋詩存一卷 …… 3－486

解冤結法懺一卷 ……………… 2－458　　詩中畫一卷停雲小憩印賸一卷 …… 2－337

解春集文鈔十二卷補遺二卷詩鈔三卷　　詩毛氏傳疏三十卷 ……………… 1－47

　　…………………………… 3－336　　詩毛氏傳疏三十卷 ……………… 1－47

解春集文鈔十二卷補遺二卷詩鈔三卷　　詩毛氏傳疏三十卷 ……………… 1－47

　　…………………………… 3－336　　詩毛氏傳疏三十卷 ……………… 1－47

解脫戒本經一卷 ……………… 2－428　　詩毛氏傳疏三十卷毛詩說一卷 …… 1－47

解深密經五卷 ………………… 2－429　　詩毛氏傳疏三十卷毛詩說一卷 …… 1－47

解深密經五卷 ………………… 2－429　　詩毛氏傳疏三十卷毛詩說一卷 …… 1－47

解深密經五卷 ………………… 2－430　　詩古音繹一卷 ………………… 1－184

解深密經五卷 ………………… 2－430　　詩古微二卷 …………………… 1－49

解學士千家詩講讀二卷 ……… 2－544　　詩古微二卷 …………………… 1－49

解學士文毅公全集十卷 ……… 3－179　　詩古微二卷 …………………… 1－49

試帖仙樣集裁詩十法二卷 …… 3－488　　詩古微二卷 …………………… 1－50

試帖扶輪集八卷 ……………… 3－46　　詩古微十五卷首一卷 ………… 1－50

試帖詩法大全八卷 …………… 3－481　　詩古微十五卷首一卷 ………… 1－50

試帖新擬五卷 ………………… 3－483　　詩古微十五卷首一卷 ………… 1－50

試帖精萃二卷 ………………… 3－50　　詩古微十五卷首一卷 ………… 1－50

試律精粹八卷 ………………… 3－45　　詩古微十五卷首一卷 ………… 1－50

試律標准二卷 ………………… 3－46　　詩古微十五卷首一卷 ………… 1－50

試律叢話八卷 ………………… 3－485　　詩古微十五卷首一卷 ………… 1－50

試畯堂文鈔一卷 ……………… 3－200　　詩古微十六卷 ………………… 1－49

試辦天津縣地方自治章程試辦天津　　　詩句題解韻編八卷 …………… 3－532

　　縣地方自治章程理由書 …… 1－489　　詩句題解韻編匯總不分卷 …… 2－504

試辦遞減科舉註重學堂折 …… 1－432　　詩外傳十卷 …………………… 1－38

詩十九首解 …………………… 3－541　　詩外傳十卷 …………………… 1－38

詩八卷 ………………………… 1－39　　詩民漫詠一卷 ………………… 3－273

詩人玉屑二十卷 ……………… 3－480　　詩考一卷 ……………………… 1－39

詩人玉屑二十卷 ……………… 3－480　　詩考異補二卷 ………………… 1－50

詩人玉屑二十卷 ……………… 3－480　　詩地理考六卷 ………………… 1－39

詩小學三十卷補一卷 ………… 1－44　　詩地理考六卷 ………………… 1－39

詩小學三十卷補一卷 ………… 1－44　　詩地理考略二卷詩地理圖一卷 …… 1－43

詩小學三十卷補一卷 ………… 1－45　　詩地理考略二卷詩地理圖一卷 …… 1－43

詩比興箋四卷 ………………… 3－486　　詩志二十六卷 ………………… 1－42

詩比興箋四卷 ………………… 3－486　　詩刪二十三卷 ………………… 2－545

詩比興箋四卷 ………………… 3－486　　詩序集說二卷 ………………… 1－43

詩比興箋四卷 ………………… 3－486　　詩序補義二十四卷 …………… 1－45

詩比興箋四卷 ………………… 3－486　　詩序辨正八卷 ………………… 1－44

詩比興箋四卷 ………………… 3－486　　詩序辨說一卷 ………………… 1－40

詩比興箋四卷 ………………… 3－541　　詩序辨說一卷 ………………… 1－40

詩比興箋四卷簡學齋詩存一卷 …… 3－486　　詩序辨說一卷 ………………… 1－40

詩序辨說一卷 …………………… 1－40
詩序辨說一卷 …………………… 1－40
詩序辨說一卷 …………………… 1－40
詩序辨說一卷 …………………… 1－41
詩序辨說一卷 …………………… 1－41
詩序辨說一卷 …………………… 1－41
詩序辨說一卷 …………………… 1－41
詩序辨說一卷 …………………… 1－41
詩序辨說一卷 …………………… 1－41
詩序辨說一卷 …………………… 1－41
詩序辨說一卷 …………………… 1－42
詩序辨說一卷 …………………… 1－42
詩序韻語一卷 …………………… 1－49
詩林韶濩二十卷 ………………… 2－555
詩林韶濩選二十卷 ……………… 2－555
詩所八卷 ………………………… 1－44
詩所五十六卷 …………………… 2－546
詩所五十六卷歷代名氏爵里一卷 …… 2－546
詩所五十六卷歷代名氏爵里一卷 …… 2－546
詩所五十六卷歷代名氏爵里一卷 …… 2－546
詩所五十六卷歷代名氏爵里一卷 …… 2－546
詩金聲玉振集一卷 ……………… 1－42
詩法火傳十六卷 ………………… 3－483
詩法火傳十六卷 ………………… 3－483
詩故考異三十二卷 ……………… 1－46
詩音十五卷 ……………………… 1－46
詩音表一卷 ……………………… 1－50
詩紀一百三十卷前集十卷附錄一卷
　　外集四卷別集十二卷 ………… 2－546
詩紀一百五十六卷目錄三十六卷 …… 2－546
詩紀一百五十六卷目錄三十六卷 …… 2－546
詩紀一百五十六卷目錄三十六卷 …… 2－546
詩紀別集六卷 …………………… 2－546
詩倫二卷 ………………………… 2－549
詩倫二卷 ………………………… 2－549
詩書古訓六卷 …………………… 1－119
詩書易札記不分卷 ……………… 1－125
詩問七卷 ………………………… 1－42
詩國風原指二卷 ………………… 1－44
詩舲詩外四卷 …………………… 3－309

詩舲詩錄六卷 …………………… 3－309
詩達詁首卷二卷 ………………… 1－48
詩筏一卷 ………………………… 3－487
詩筏二卷 ………………………… 3－487
詩筏二卷 ………………………… 3－487
詩集傳二十卷詩傳綱領一卷詩圖一
　　卷詩序辨說一卷 …………… 1－39
詩集傳二十卷詩傳綱領一卷詩圖一
　　卷詩序辨說一卷 …………… 1－39
詩集傳二十卷詩傳綱領一卷詩圖一
　　卷詩序辨說一卷 …………… 1－39
詩集傳名物鈔八卷 ……………… 1－42
詩集傳音釋二十卷 ……………… 1－39
詩雋類函一百五十卷 …………… 2－487
詩詞雜俎 ………………………… 2－508
詩詞雜俎 ………………………… 2－509
詩夢鐘聲集一卷 ………………… 3－475
詩夢鐘聲集一卷 ………………… 3－476
詩匯說不分卷 …………………… 1－46
詩傳大全二十卷 ………………… 1－42
詩傳大全二十卷綱領一卷圖一卷 …… 1－42
詩傳大全二十卷綱領一卷圖一卷 …… 1－42
詩傳孔氏傳一卷 ………………… 1－37
詩傳名物集覽十二卷 …………… 1－47
詩傳遺說六卷 …………………… 1－41
詩義鈔八卷 ……………………… 1－48
詩義鈔八卷 ……………………… 1－48
詩義鈔八卷 ……………………… 1－48
詩義標準一百十四卷首一卷 …… 2－548
詩義標準一百十四卷首一卷 …… 2－548
詩義擇從四卷 …………………… 1－45
詩義擇從四卷 …………………… 1－45
詩源撮要一卷 …………………… 3－480
詩準四卷 ………………………… 2－544
詩經八卷 ………………………… 1－39
詩經八卷 ………………………… 1－40
詩經八卷 ………………………… 1－40
詩經八卷 ………………………… 1－40
詩經八卷 ………………………… 1－40
詩經八卷 ………………………… 1－40
詩經八卷 ………………………… 1－40

詩經八卷 …………………… 1－40　　詩經補箋二十卷 …………… 1－50

詩經八卷 …………………… 1－40　　詩經補箋二十卷 …………… 1－51

詩經八卷 …………………… 1－40　　詩經補箋二十卷 …………… 1－51

詩經八卷 …………………… 1－40　　詩經補箋二十卷 …………… 1－51

詩經八卷 …………………… 1－40　　詩經補箋二十卷 …………… 1－51

詩經八卷 …………………… 1－40　　詩經補箋二十卷 …………… 1－51

詩經八卷 …………………… 1－40　　詩經傳註八卷 ……………… 1－44

詩經八卷 …………………… 1－40　　詩經傳註八卷 ……………… 1－44

詩經八卷 …………………… 1－40　　詩經箋釋不分卷 …………… 1－48

詩經八卷 …………………… 1－40　　詩經廣詁不分卷 …………… 1－46

詩經八卷 …………………… 1－40　　詩經精華十卷 ……………… 1－50

詩經八卷 …………………… 1－40　　詩經精華十卷首一卷 ……… 1－50

詩經八卷 …………………… 1－40　　詩經精義四卷首一卷末一卷傳序一卷

詩經八卷 …………………… 1－40　　　　…………………………… 1－47

詩經八卷 …………………… 1－40　　詩經精義集鈔四卷 ………… 1－47

詩經八卷 …………………… 1－40　　詩經類編合考七卷 ………… 1－48

詩經八卷 …………………… 1－41　　詩經繹參四卷 ……………… 1－49

詩經八卷 …………………… 1－41　　詩經繹參四卷 ……………… 1－49

詩經八卷 …………………… 1－41　　詩經體註大全合參八卷 …… 1－43

詩經八卷 …………………… 1－41　　詩經體註大全合參八卷 …… 1－43

詩經八卷 …………………… 1－41　　詩經體註大全合參八卷 …… 1－43

詩經八卷 …………………… 1－41　　詩經體註大全合參八卷 …… 1－44

詩經八卷 …………………… 1－41　　詩經體註大全合參八卷 …… 1－44

詩經世本古義二十八卷首一卷末一卷　詩經體註大全合參八卷 …… 1－44

　　…………………………… 1－42　　詩經體註大全合參八卷 …… 1－44

詩經世本古義二十八卷首一卷末一卷　詩經體註大全合參八卷 …… 1－44

　　…………………………… 1－42　　詩經體註大全合參八卷 …… 1－44

詩經申義十卷 ……………… 1－44　　詩經體註大全合參八卷 …… 1－44

詩經叶音辨訛八卷 ………… 1－188　詩管見七卷首一卷 ………… 1－43

詩經四家異文考五卷 ……… 1－48　　詩疑二卷 …………………… 1－39

詩經四家異文考五卷 ……… 1－48　　詩說二卷 …………………… 1－43

詩經考異一卷 ……………… 1－42　　詩說十二卷 ………………… 1－41

詩經拾遺一卷 ……………… 1－46　　詩說七卷 …………………… 1－44

詩經拾遺一卷 ……………… 1－46　　詩說七卷 …………………… 1－44

詩經音訓不分卷 …………… 1－49　　詩說七卷 …………………… 1－44

詩經音訓不分卷 …………… 1－49　　詩說四卷 …………………… 1－44

詩經恆解六卷 ……………… 1－49　　詩說四卷 …………………… 1－44

詩經原始十八卷首一卷 …… 1－42　　詩說考略十二卷 …………… 1－43

詩經補箋二十卷 …………… 1－50　　詩廣傳五卷 ………………… 1－42

詩經補箋二十卷 …………… 1－50　　詩餘偶鈔 …………………… 3－421

詩餘偶鈔 …………………………… 3－421　　詩韻辨字略五卷 …………………… 1－184
詩餘偶鈔 …………………………… 3－421　　詩韻辨字略五卷 …………………… 1－184
詩餘偶鈔 …………………………… 3－421　　詩韻檢字一卷附韻字辨似一卷 …… 1－185
詩餘偶鈔 …………………………… 3－421　　詩韻題解合璧十卷 ………………… 1－179
詩餘偶鈔 …………………………… 3－422　　詩韻釋要五卷 ……………………… 1－183
詩餘圖譜三卷 ……………………… 3－436　　詩韻釋音五卷 ……………………… 1－186
詩緝三十六卷 ……………………… 1－41　　詩韻釋略五卷 ……………………… 1－177
詩緝三十六卷 ……………………… 1－42　　詩韻釋略五卷 ……………………… 1－177
詩緝三十六卷 ……………………… 1－42　　詩韻釋略五卷 ……………………… 1－178
詩緝三十六卷 ……………………… 1－42　　詩鐘一卷 …………………………… 2－350
詩緝三十六卷 ……………………… 3－542　　詩鐘鴻雪集初編一卷 ……………… 3－476
詩緯集證四卷 ……………………… 1－48　　詩觸六卷 …………………………… 1－49
詩學正宗十六卷 …………………… 2－545　　詩觸六卷 …………………………… 1－49
詩學含英四卷 ……………………… 3－488　　詩觀初集十二卷 …………………… 2－555
詩學含英四卷 ……………………… 3－488　　詩觀初集十二卷二集十四卷 ……… 3－27
詩辨坻四卷 ………………………… 1－43　　誠一堂琴談二卷 …………………… 2－347
詩禪不分卷 ………………………… 2－545　　誠一堂琴譜六卷琴談二卷 ………… 2－347
詩禪室詩集二十八卷 ……………… 3－269　　誠一堂琴譜六卷琴談二卷 ………… 2－347
詩總聞二十卷 ……………………… 3－542　　誠一堂琴譜六卷琴談二卷 ………… 2－347
詩藪內編六卷外編四卷雜編六卷 …… 3－480　　誠一堂琴譜六卷琴談二卷 ………… 2－347
詩雙聲疊韻譜一卷 ………………… 1－188　　誠意伯劉先生文集二十卷 ………… 3－181
詩瀋二十卷 ………………………… 1－46　　誠意伯劉先生文集二十卷 ………… 3－181
詩韻分編五卷 ……………………… 1－185　　誠意伯劉先生文集二十卷 ………… 3－181
詩韻全璧五卷 ……………………… 1－184　　誠齋先生易傳二十卷 ……………… 1－13
詩韻合璧五卷 ……………………… 1－186　　誠齋先生易傳二十卷 ……………… 3－542
詩韻合璧五卷 ……………………… 1－186　　誠齋易傳二十卷 …………………… 1－13
詩韻合璧五卷 ……………………… 1－186　　誠齋易傳二十卷 …………………… 1－13
詩韻合璧五卷 ……………………… 1－186　　話山草堂遺集十卷 ………………… 3－216
詩韻含英六卷 ……………………… 1－187　　話雨樓碑帖目錄四卷 ……………… 2－324
詩韻指岐五卷首一卷 ……………… 1－188　　話雨樓碑帖匯目一卷 ……………… 2－124
詩韻珠璣五卷 ……………………… 1－182　　詳刑古鑒二卷 ……………………… 1－482
詩韻萃珍十卷 ……………………… 1－185　　詳刑要覽四卷 ……………………… 1－482
詩韻萃珍十卷 ……………………… 1－185　　詳刑要覽四卷 ……………………… 1－482
詩韻萃珍十卷 ……………………… 2－500　　詳定各官辦事勤惰分別獎勵懲儆一
詩韻集成十卷 ……………………… 1－182　　　案原詳章程 ……………………… 1－442
詩韻集成十卷 ……………………… 1－182　　詳註分類飲香尺牘四卷 …………… 3－62
詩韻集成十卷 ……………………… 1－182　　詳註初學文範不分卷 ……………… 3－21
詩韻集成十卷 ……………………… 1－182　　詳註聊齋志異圖詠十六卷 ………… 3－462
詩韻瑤林八卷 ……………………… 1－187　　詳註聊齋志異圖詠十六卷 ………… 3－462
詩韻辨字略五卷 …………………… 1－184　　詳解袁先生秘傳相法全編三卷 …… 2－411
　　　　　　　　　　　　　　　　　　　　詳解袁先生秘傳相法全編三卷 …… 2－411

廉石居藏書記二卷⋯⋯⋯⋯⋯ 2－149

廉吏傳十四卷廉蠹一卷⋯⋯⋯⋯ 1－284

廉吏傳續編一卷⋯⋯⋯⋯⋯⋯ 1－297

［道光］廉州府志二十六卷首一卷⋯⋯ 2－32

廉舫先生四種⋯⋯⋯⋯⋯⋯⋯ 1－440

廉舫先生四種⋯⋯⋯⋯⋯⋯⋯ 1－441

廉讓居偶錄二卷⋯⋯⋯⋯⋯⋯ 2－368

痰火顯門四卷⋯⋯⋯⋯⋯⋯⋯ 2－271

痰氣集一卷⋯⋯⋯⋯⋯⋯⋯⋯ 1－475

痰飲治效方三卷⋯⋯⋯⋯⋯⋯ 2－272

［道光］郲州志五卷首一卷⋯⋯⋯ 1－542

［乾隆］靖州志十四卷首一卷末一卷⋯⋯ 2－52

［光緒］靖州直隸州志十二卷首一卷

　末一卷 ⋯⋯⋯⋯⋯⋯⋯⋯ 2－52

靖州鄉土志四卷首一卷 ⋯⋯⋯ 2－68

［康熙］靖江縣志十八卷 ⋯⋯⋯ 1－551

［道光］靖安縣志十六卷首一卷⋯⋯ 2－11

靖逆記六卷⋯⋯⋯⋯⋯⋯⋯⋯ 1－247

靖逆記六卷⋯⋯⋯⋯⋯⋯⋯⋯ 1－247

靖逆記六卷⋯⋯⋯⋯⋯⋯⋯⋯ 1－247

靖逆記六卷⋯⋯⋯⋯⋯⋯⋯⋯ 1－247

靖逆記六卷⋯⋯⋯⋯⋯⋯⋯⋯ 1－247

靖海紀事二卷⋯⋯⋯⋯⋯⋯⋯ 1－247

靖康孤臣泣血錄二卷⋯⋯⋯⋯ 1－258

靖康孤臣泣血錄不分卷⋯⋯⋯ 1－258

靖康紀聞一卷拾遺一卷⋯⋯⋯⋯ 1－258

靖港從善育嬰堂志一卷 ⋯⋯⋯ 2－61

靖港從善育嬰堂續志一卷 ⋯⋯ 2－61

靖節先生集十卷首一卷末一卷 ⋯⋯ 3－76

靖節先生集十卷首一卷末一卷 ⋯⋯ 3－77

靖節先生集十卷首一卷末一卷 ⋯⋯ 3－77

靖節先生集十卷首一卷末一卷 ⋯⋯ 3－77

靖節先生集十卷首一卷末一卷 ⋯⋯ 3－77

靖節先生集十卷首一卷末一卷 ⋯⋯ 3－77

靖節先生集十卷首一卷末一卷 ⋯⋯ 3－77

新化不纏足會草籍一卷⋯⋯⋯⋯ 1－433

新化鄒氏學藝齋遺書⋯⋯⋯⋯ 3－525

［乾隆］新化縣志二十七卷 ⋯⋯⋯ 2－49

［道光］新化縣志三十四卷首一卷⋯⋯ 2－49

新化學田志十卷 ⋯⋯⋯⋯⋯⋯ 2－64

新化學田志十卷 ⋯⋯⋯⋯⋯⋯ 2－64

新化學田志十卷 ⋯⋯⋯⋯⋯⋯ 2－64

新化學田志十卷 ⋯⋯⋯⋯⋯⋯ 2－64

新化學田志十卷 ⋯⋯⋯⋯⋯⋯ 2－64

新化學田志十卷 ⋯⋯⋯⋯⋯⋯ 2－64

新化學田志十卷 ⋯⋯⋯⋯⋯⋯ 2－64

新化學田志十卷 ⋯⋯⋯⋯⋯⋯ 2－64

新化學田志十卷 ⋯⋯⋯⋯⋯⋯ 2－64

新化學田志十卷 ⋯⋯⋯⋯⋯⋯ 2－64

新化學田志十卷 ⋯⋯⋯⋯⋯⋯ 2－64

新化學田志十卷 ⋯⋯⋯⋯⋯⋯ 2－64

新化學田志十卷 ⋯⋯⋯⋯⋯⋯ 2－65

新化學田志十卷 ⋯⋯⋯⋯⋯⋯ 2－65

新化學田志十卷 ⋯⋯⋯⋯⋯⋯ 2－65

新化學田志十卷 ⋯⋯⋯⋯⋯⋯ 2－65

新化學田志十卷 ⋯⋯⋯⋯⋯⋯ 2－65

新刊王太史彙選諸子語類四卷⋯⋯ 2－486

新刊五百家註音辯昌黎先生文集四十卷

　⋯⋯⋯⋯⋯⋯⋯⋯⋯⋯ 3－106

新刊五百家註音辯昌黎先生文集四十卷

　⋯⋯⋯⋯⋯⋯⋯⋯⋯⋯ 3－106

新刊五百家註音辯昌黎先生文集四十卷

　⋯⋯⋯⋯⋯⋯⋯⋯⋯⋯ 3－106

新刊五百家註音辯昌黎先生文集四十卷

　⋯⋯⋯⋯⋯⋯⋯⋯⋯⋯ 3－106

新刊五百家註音辯昌黎先生文集四十卷

　⋯⋯⋯⋯⋯⋯⋯⋯⋯⋯ 3－106

新刊五百家註音辯昌黎先生文集四十卷

　⋯⋯⋯⋯⋯⋯⋯⋯⋯⋯ 3－106

新刊五百家註音辯昌黎先生文集四十卷

　⋯⋯⋯⋯⋯⋯⋯⋯⋯⋯ 3－106

新刊五百家註音辯昌黎先生文集四十卷

　⋯⋯⋯⋯⋯⋯⋯⋯⋯⋯ 3－106

新刊五百家註音辯昌黎先生文集四十卷

　⋯⋯⋯⋯⋯⋯⋯⋯⋯⋯ 3－106

新刊仁齋直指附遺方論二十六卷傷
寒類書活人總括七卷小兒附遺方
論五卷醫脉真經二卷藥象二卷…… 2－241
新刊外科正宗四卷…………………… 2－275
新刊外科正宗四卷…………………… 2－275
新刊外科正宗四卷…………………… 2－275
新刊迂齋先生標註崇古文訣三十五卷
…………………………………… 2－526
新刊西晉王氏脉經大全十卷首一卷 … 2－259
新刊合併官板音義評註淵海子平五卷
…………………………………… 2－406
新刊合併官板音義評註淵海子平五
卷附萬年曆一卷…………………… 2－406
新刊名臣碑傳琬琰之集上集二十七
卷中集五十五卷下集二十五卷…… 1－282
新刊批點古文類鈔十二卷…………… 2－528
新刊批點呂覽二卷…………………… 2－375
新刊希夷陳先生紫微斗數全集八卷
…………………………………… 2－409
新刊宋學士全集三十三卷…………… 3－160
新刊宋學士全集三十三卷…………… 3－160
新刊良朋彙集五卷…………………… 2－263
新刊良朋彙集五卷…………………… 2－264
新刊京本禮記纂言三十六卷 ………… 1－64
新刊性理大全八卷…………………… 2－185
新刊校正策海十六卷………………… 2－504
新刊校正增補圓機詩韻活法全書十四卷
…………………………………… 2－486
新刊校正增補圓機詩韻活法全書十四卷
…………………………………… 2－486
新刊校正增釋合併麻衣先生人相編五卷
…………………………………… 2－412
新刊校正增釋合併麻衣先生人相編五卷
…………………………………… 2－412
新刊校正增釋合併麻衣先生人相編六卷
…………………………………… 2－412
新刊校正增釋合併麻衣先生神相編五卷
…………………………………… 2－412
新刊秘授外科百效全書六卷………… 2－275
新刊秘授外科百效全書六卷首一卷
…………………………………… 2－276

新刊唐荆川先生稗編一百二十卷目錄三
…………………………………… 2－488
新刊唐荆川先生稗編一百二十卷目錄三
…………………………………… 2－488
新刊唐荆川先生稗編一百二十卷目錄三
…………………………………… 2－488
新刊陳眉公先生精選古論大觀四十卷
…………………………………… 2－529
新刊埤雅二十卷……………………… 1－136
新刊黃帝内經靈樞二十四卷………… 3－537
新刊繡像巧合三緣四卷十六回……… 3－447
新刊繡像全圖永慶昇平後傳十二卷
一百回…………………………… 3－469
新刊繡像昇仙傳演義八卷五十六回
…………………………………… 3－470
新刊繡像昇仙傳演義八卷五十六回
…………………………………… 3－470
新刊監本冊府元龜一千卷…………… 2－482
新刊爾雅翼三十二卷………………… 1－134
新刊遵巖王先生集二十五卷………… 3－156
新刊駱子集註四卷…………………… 3－102
新刊臨文便覽全集不分卷…………… 1－168
新刊醫林狀元壽世保元十卷………… 2－248
新刊醫林狀元壽世保元十集十卷…… 2－248
新刊醫林狀元壽世保元十集十卷…… 2－248
新刊醫林狀元壽世保元十集十卷…… 2－248
新刊權載之文集五十卷補刻一卷…… 3－109
新刊權載之文集五十卷補刻一卷…… 3－109
［嘉慶］新田縣志十卷 …………… 2－48
［康熙］新田縣志四卷 …………… 2－48
新民叢報彙編………………………… 1－446
新民叢報選編………………………… 1－446
新出張文襄公事略…………………… 1－314
新出群英大鬧瓊花樓全傳四卷四十回
…………………………………… 3－474
新加九經字樣一卷…………………… 3－545
新安文獻志…………………………… 2－2
新安先集二十卷附錄一卷…………… 3－41
新安先集二十卷附錄一卷…………… 3－41
新安先集二十卷附錄一卷…………… 3－42
［光緒］新安志十卷 ……………… 2－2

新安景物約編不分卷 ················ 2－71

新吾粹語四卷················ 2－201

新吾粹語四卷················ 2－201

新吾粹語四卷················ 2－201

新序十卷················ 2－176

新序十卷················ 2－177

新序十卷················ 2－177

新序十卷················ 2－177

新序十卷················ 2－177

新序十卷················ 2－177

新序十卷················ 2－177

［同治］新昌縣志三十二卷首一卷末一卷

················ 2－10

新制祭器樂器圖式一卷 ············· 1－71

新制靈臺儀象志十六卷 ············· 2－295

新制靈臺儀象志十四卷 ············· 2－295

新知法語一卷················ 2－195

新刻小兒推拿方脉活嬰秘旨全書二卷

················ 2－282

新刻小兒推拿方脉活嬰秘旨全書二卷

················ 2－282

新刻小兒推拿方脉活嬰秘旨全書二卷

················ 2－283

新刻天花藏批評玉嬌梨四卷二十回 ··· 3－471

新刻天花藏批評平山冷燕四卷二十回

················ 3－471

新刻天花藏批評平山冷燕四卷二十回

················ 3－471

新刻天傭子全集十卷 ··············· 3－159

新刻瓦車蓬天賜雙生牙痕記四卷三十回

················ 3－446

新刻月林丘先生家傳禮記摘訓十卷

················ 1－65

新刻玉釧緣全傳三十二卷 ············· 3－444

新刻世史類編四十五卷首一卷 ········· 1－232

新刻世史類編四十五卷首一卷 ········· 1－232

新刻古今原始十五卷 ··············· 2－490

新刻古本劉成美忠節全傳八卷二十

　五回全傳後集六卷三十二回 ······· 3－447

新刻石函玉砂玉尺經全書真機二卷

················ 2－415

新刻出像點板時尚昆腔雜出醉怡情八卷

················ 3－450

新刻全像顯法降蛇海游記傳二卷····· 3－460

新刻批點四書讀本十九卷············ 1－105

新刻武備三場韜略全書一卷戰略一卷

················ 2－226

新刻來瞿唐先生易註十五卷首一卷

　末一卷圖像一卷 ········· 1－13

新刻來瞿唐先生易註十五卷首一卷

　末一卷圖像一卷 ········· 1－14

新刻來瞿唐先生易註十五卷首一卷

　末一卷圖像一卷 ········· 1－14

新刻來瞿唐先生易註十五卷首一卷

　末一卷圖像一卷 ········· 1－14

新刻來瞿唐先生易註十五卷首一卷

　末一卷圖像一卷 ········· 1－14

新刻來瞿唐先生易註十五卷首一卷

　末一卷圖像一卷 ········· 1－14

新刻來瞿唐先生易註十五卷首一卷

　末一卷圖像一卷 ········· 1－14

新刻述異記二卷················ 3－459

新刻昇仙傳演義八卷五十六回····· 3－470

新刻明朝通紀會纂················ 3－533

新刻性理大全七十卷··············· 2－190

新刻南橋會二卷················ 3－449

新刻按鑒演義京本三國英雄志傳六卷

················ 3－466

新刻按鑒編纂開闢衍繹通俗志傳六

　卷八十回················ 3－465

新刻按鑒編纂開闢衍繹通俗志傳六

　卷八十回················ 3－465

新刻按鑒編纂開闢衍繹通俗志傳六

　卷八十回················ 3－465

新刻按鑒編纂開闢衍繹通俗志傳六

　卷八十回················ 3－465

新刻重校秘傳鬼靈經通天竅十卷····· 2－419

新刻重校增補圓機活法詩學全書二
　十四卷 …………………………… 3－480
新刻重校增補圓機活法詩學全書二
　十四卷韻學全書十四卷 …………… 3－480
新刻重校增補圓機活法詩學全書二十卷
　……………………………………… 3－480
新刻重校增補圓機活法詩學全書二十卷
　……………………………………… 3－480
新刻格古論要四卷 ………………… 2－397
新刻校正大字李東垣先生珍珠囊二卷
　……………………………………… 2－255
新刻粉粧樓傳記十卷八十回 ……… 3－468
新刻酒令撮要一卷 ………………… 2－351
新刻書經備旨善本輯要六卷 ……… 1－32
新刻書經備旨善本輯要六卷 ……… 1－32
新刻書經備旨善本輯要六卷 ……… 1－32
新刻陳摶象棋譜二卷 ……………… 2－348
新刻陶顧二會元類編蘇長公全集四
　十卷首一卷 ……………………… 3－144
新刻黃掌綸先生評訂同原錄三集二
　十二卷 …………………………… 3－470
新刻黃掌綸先生評訂同原錄三集二
　十二卷 …………………………… 3－470
新刻黃掌綸先生評訂同原錄三集二
　十二卷 …………………………… 3－470
新刻黃掌綸先生評訂同原錄三集二
　十二卷 …………………………… 3－470
新刻黃掌綸先生評訂同原錄三集二
　十二卷 …………………………… 3－470
新刻黃掌綸先生評訂同原錄三集二
　十二卷 …………………………… 3－470
新刻黃鶴樓銘楹聯詩賦一卷 ……… 3－33
新刻黃鶴樓銘楹聯詩賦一卷 ……… 3－33
新刻異說南唐演義十卷一百回 …… 3－468
新刻逸田叟女仙外史大奇書一百回
　……………………………………… 3－469
新刻清風閘四卷三十二回 ………… 3－469
新刻張太岳先生詩文集四十七卷 …… 3－171
新刻張太岳先生詩文集四十七卷 …… 3－171
新刻張太岳先生詩集六卷 ………… 3－172
新刻張太岳先生詩集六卷 ………… 3－172

新刻萬法歸宗五卷 ………………… 2－408
新刻朝岳神咒 ……………………… 2－458
新刻欽天監淵海子平大全四卷 …… 2－406
新刻欽天監淵海子平大全四卷 …… 2－406
新刻焰口合集 ……………………… 2－458
新刻瑞樟軒訂正字韻合璧二十卷 …… 1－170
新刻詩益嘉言二十二卷 …………… 3－480
新刻繡像花月夢初集八卷五十八回
　……………………………………… 3－447
新刻繡像紅樓夢一百二十回 ……… 3－470
新刻繡像換空箱全傳二十一卷 …… 3－446
新刻繡鞋記四卷 …………………… 3－447
新刻對聯不俗十卷 ………………… 3－64
新刻廣雅十卷 ……………………… 1－137
新刻增集紀難田家五行三卷 ……… 2－237
新刻輪回寶傳一卷 ………………… 3－449
新刻劍嘯閣批評西漢通俗演義傳八卷
　……………………………………… 3－465
新刻劉成美忠節全傳十六卷 ……… 3－447
新刻翰林考正京本李詩評選四卷杜
　詩評選四卷 ……………………… 3－3
新刻臨川王介甫先生詩文集一百卷
　……………………………………… 3－112
新刻鍾伯敬先生批評封神演義十九
　卷一百回 ………………………… 3－465
新刻雙珠球義俠記一卷 …………… 3－447
新刻勸世歌一卷 …………………… 3－449
新刻羅經會要四卷 ………………… 2－416
新刻譚友夏合集二十三卷 ………… 3－186
新刻續千家詩二卷 ………………… 2－555
新定十二律京腔譜十六卷新定考正
　音韻大全一卷 …………………… 3－450
新定九宮大成南北詞宮譜八十一卷
　閏一卷總目三卷 ………………… 3－450
新定九宮大成南北詞宮譜八十一卷
　閏一卷總目三卷 ………………… 3－450
新定三禮圖二十卷 ………………… 1－69
新定三禮圖二十卷 ………………… 1－70
［同治］新建縣志九十九卷首一卷末一卷
　……………………………………… 2－7
新春土地贊語一卷 ………………… 3－449

［康熙］新城縣志十四卷首一卷附新
　　城縣續志二卷 ·············· 1－547
新政真詮 ····················· 2－369
新政真詮 ····················· 2－369
新政真詮一卷 ················· 2－369
新政應試必讀六卷 ············· 3－51
新政應試必讀約鈔 ············· 3－536
新科墨商四編:道光甲午科不分卷
　　 ··························· 3－47
新修本草殘十卷 ··············· 2－254
［乾隆］新修曲沃縣志四十卷 ··· 1－538
新修安徽通志采訪章程錄一卷 ······· 2－71
［嘉慶］新修宜興縣志四卷首一卷 ··· 2－1
［嘉慶］新修荊溪縣志四卷首一卷 ··· 2－1
［同治］新修麻陽縣志十四卷首一卷
　　 ··························· 2－52
新修會典湖北測繪輿地圖章程 ······· 2－72
新修會典湖北測繪輿地圖章程 ······· 2－72
新修會典湖北測繪輿地圖章程 ······· 2－72
新修會典湖北測繪輿地圖章程 ······· 2－72
新修寧鄉縣玉潭書院志十卷首一卷
　　 ··························· 2－59
［順治］新修寧鄉縣志十卷 ····· 2－42
［光緒］新修潼川府志三十卷 ··· 2－34
新訂左傳快讀十八卷首一卷 ····· 1－88
新訂左傳快讀十八卷首一卷 ····· 1－88
新訂左傳快讀十八卷首一卷 ····· 1－88
新訂四書補註備旨十卷 ········· 1－101
新訂四書補註備旨十卷 ········· 1－101
新訂四書補註備旨十卷 ········· 1－101
新訂邵康節先生梅花觀梅折字數全
　　集五卷 ····················· 2－406
新訂邵康節先生梅花觀梅折字數全
　　集五卷 ····················· 2－406
新訂邵康節先生梅花觀梅折字數全
　　集五卷 ····················· 2－406
新訂邵康節先生梅花觀梅折字數全
　　集五卷 ····················· 2－406
新訂崇正辟謬通書十四卷 ······· 2－410
新訂崇正辟謬通書十四卷 ······· 2－410
新訂崇正辟謬通書十四卷 ······· 2－410

新訂痘疹濟世真詮二卷 ········· 2－284
新訂解人頤廣集八卷 ··········· 2－401
新訂詩經備旨附考八卷附圖說一卷
　　 ··························· 1－47
新約聖書:使徒行傳一卷 ········ 2－479
［乾隆］新泰縣志二十卷首一卷 ····· 1－546
新校資治通鑑叙錄三卷 ········· 1－223
新唐書二百二十五卷 ··········· 1－213
新唐書二百二十五卷 ··········· 1－213
新唐書二百二十五卷 ··········· 1－213
新唐書二百二十五卷 ··········· 1－213
新唐書二百二十五卷 ··········· 1－213
新唐書二百二十五卷 ··········· 1－213
新唐書二百二十五卷 ··········· 1－213
新書十卷 ····················· 2－176
新書十卷 ····················· 2－176
新書十卷 ····················· 2－176
新書十卷 ····················· 2－176
新書十卷 ····················· 2－176
新書十卷 ····················· 2－176
新書十卷 ····················· 2－176
新書十卷 ····················· 2－176
新書十卷 ····················· 2－176
新書十卷 ····················· 2－176
新書十卷 ····················· 2－176
新書十卷 ····················· 2－176
新書十卷 ····················· 2－176
新書十卷 ····················· 2－176
新書十卷 ····················· 2－176
新書十卷附錄一卷 ············· 2－176
新書十卷附錄一卷 ············· 2－176
［乾隆］新野縣志九卷首一卷 ········ 2－20
新雅堂奇耦典匯三十六卷首一卷 ····· 2－500
新喻三劉文集六卷首一卷 ········ 3－44
新喻梁石門先生集十卷首一卷末一卷
　　 ··························· 3－170
新喻梁石門先生集十卷首一卷末一卷
　　 ··························· 3－170
［同治］新喻縣志十六卷首一卷 ····· 2－11
新策十六卷末一卷 ············· 2－379

新集古文四聲韻五卷⋯⋯⋯⋯⋯⋯ 1－170
新集古文四聲韻五卷⋯⋯⋯⋯⋯⋯ 1－170
新鈔黃馬告狀岳父害門婿寶卷一卷 ⋯ 3－449
新註二度梅奇說全集四卷四十回⋯⋯ 3－467
新註二度梅奇說全集四卷四十回⋯⋯ 3－467
新註朱淑真斷腸詩集十卷後集七卷
　補遺一卷⋯⋯⋯⋯⋯⋯⋯⋯ 3－114
新補曆法總覽合節鰲頭通書□□卷
　⋯⋯⋯⋯⋯⋯⋯⋯⋯⋯⋯⋯ 2－410
［乾隆］新會縣志十三卷首一卷⋯⋯ 2－29
［道光］新會縣志十四卷首一卷⋯⋯ 2－30
新義錄一百卷⋯⋯⋯⋯⋯⋯⋯⋯ 2－496
新義錄一百卷⋯⋯⋯⋯⋯⋯⋯⋯ 2－496
新斠註地理志十六卷⋯⋯⋯⋯⋯ 1－516
新斠註地理志十六卷⋯⋯⋯⋯⋯ 1－516
新監七政歸垣司臺曆數袖裏璇璣七
　卷首一卷⋯⋯⋯⋯⋯⋯⋯⋯ 2－412
新爾雅二卷⋯⋯⋯⋯⋯⋯⋯⋯ 1－136
新爾雅十四卷⋯⋯⋯⋯⋯⋯⋯ 1－136
新製諸器圖說一卷⋯⋯⋯⋯⋯⋯ 2－310
新製諸器圖說一卷⋯⋯⋯⋯⋯⋯ 2－310
新箋決科古今源流至論前集十卷後
　集十卷續集十卷別集十卷⋯⋯⋯ 2－484
新語二卷⋯⋯⋯⋯⋯⋯⋯⋯⋯ 2－175
新說西游記一百回⋯⋯⋯⋯⋯⋯ 3－464
新齊諧二十四卷⋯⋯⋯⋯⋯⋯⋯ 3－460
［光緒］新寧州志六卷首一卷⋯⋯⋯ 2－31
新寧江公行狀一卷⋯⋯⋯⋯⋯⋯ 1－311
新寧江公行狀一卷⋯⋯⋯⋯⋯⋯ 1－311
新寧江公行狀一卷⋯⋯⋯⋯⋯⋯ 1－311
新寧江公行狀一卷⋯⋯⋯⋯⋯⋯ 1－311
新寧江公行狀一卷⋯⋯⋯⋯⋯⋯ 1－311
新寧江公行狀一卷⋯⋯⋯⋯⋯⋯ 1－311
新寧江公行狀一卷⋯⋯⋯⋯⋯⋯ 1－311
新寧江公行狀一卷⋯⋯⋯⋯⋯⋯ 1－311
新寧江公行狀一卷⋯⋯⋯⋯⋯⋯ 1－312
新寧江公行狀一卷⋯⋯⋯⋯⋯⋯ 1－312
新寧江公行狀一卷⋯⋯⋯⋯⋯⋯ 1－312
新寧江公行狀一卷⋯⋯⋯⋯⋯⋯ 1－312
新寧江公行狀一卷⋯⋯⋯⋯⋯⋯ 1－312
新寧江公行狀一卷⋯⋯⋯⋯⋯⋯ 1－312

新寧江公行狀一卷⋯⋯⋯⋯⋯⋯ 1－312
新寧江公行狀一卷⋯⋯⋯⋯⋯⋯ 1－312
新寧江公行狀一卷⋯⋯⋯⋯⋯⋯ 1－312
［光緒］新寧縣志二十六卷首一卷⋯⋯ 2－30
［光緒］新寧縣志二十六卷首一卷⋯⋯ 2－49
［康熙］新寧縣志十卷⋯⋯⋯⋯⋯ 2－49
［道光］新寧縣志十卷附捐冊一卷⋯⋯ 2－30
［道光］新寧縣志三十二卷首一卷⋯⋯ 2－49
［光緒］新寧縣志稿不分卷⋯⋯⋯⋯ 2－49
新增月日紀古十二卷⋯⋯⋯⋯⋯ 1－510
新增四書備旨靈捷解八卷⋯⋯⋯⋯ 1－106
新增光緒丙申爵秩全覽不分卷⋯⋯⋯ 1－384
新增全圖珍珠塔後傳麒麟豹四卷六十回
　⋯⋯⋯⋯⋯⋯⋯⋯⋯⋯⋯⋯ 3－445
新增命學津梁一卷⋯⋯⋯⋯⋯⋯ 2－412
新增格古要論十三卷⋯⋯⋯⋯⋯ 2－397
新增格古要論十三卷⋯⋯⋯⋯⋯ 2－397
新增格古要論十三卷⋯⋯⋯⋯⋯ 2－397
新增格古要論十三卷⋯⋯⋯⋯⋯ 2－397
新增格古要論十三卷⋯⋯⋯⋯⋯ 2－397
新增笑中緣圖詠四卷七十五回⋯⋯⋯ 3－447
新增海篇真音韻府群玉二十卷⋯⋯⋯ 2－486
新增硃批詳註賦學正鵠十卷 ⋯⋯⋯ 3－21
新增産科達生編三卷⋯⋯⋯⋯⋯ 2－280
新增温熱論三卷⋯⋯⋯⋯⋯⋯⋯ 2－273
新增詩句題解彙編二十二卷⋯⋯⋯ 2－491
新增壽世編良方不分卷⋯⋯⋯⋯⋯ 2－262
新增壽世編良方不分卷⋯⋯⋯⋯⋯ 2－262
新增說文韻府群玉二十卷⋯⋯⋯⋯ 2－486
新增說文韻府群玉二十卷⋯⋯⋯⋯ 2－486
新增說文韻府群玉二十卷⋯⋯⋯⋯ 2－486
新增說文韻府群玉二十卷⋯⋯⋯⋯ 2－486
新增說文韻府群玉二十卷⋯⋯⋯⋯ 2－486
新增精忠演義說本岳王全傳二十卷
　八十回⋯⋯⋯⋯⋯⋯⋯⋯⋯ 3－473
新增賦學正鵠註釋十卷 ⋯⋯⋯⋯ 3－20
新增醫方藥性捷徑合編⋯⋯⋯⋯⋯ 2－246
新增醫書七種⋯⋯⋯⋯⋯⋯⋯⋯ 2－246
新撰日本歷史問答⋯⋯⋯⋯⋯⋯ 2－164

新撰日本歷史問答……………… 2－164
新撰日本歷史問答……………… 2－164
新撰歐羅巴政治史四卷………… 2－166
新鋟希夷陳先生紫微斗數全書四卷 … 2－409
新鋟抱朴子內篇四卷外篇四卷…… 2－468
新鋟異說五虎平西珍珠旗演義狄青
　前傳十四卷一百十二回………… 3－474
新鋟葛稚川內篇四卷外篇四卷…… 2－468
新鋟葛稚川內篇四卷外篇四卷…… 2－468
新論十卷………………………… 2－359
新選古今類腴十八卷……………… 2－489
新選臨場一一見能截搭文法度鍼一卷
　………………………………… 3－45
新樂府詞一卷…………………… 3－356
新編大藏經直音一卷……………… 2－449
新編日本簡明刑法四卷………… 1－490
新編日本簡明刑法四卷………… 1－490
新編玉燕姻緣傳記七十七回…… 3－474
新編古今事文類聚後集五十卷…… 2－484
新編古今事文類聚前集六十卷後集
　五十卷新集三十六卷別集三十二
　卷續集二十八卷遺集十五卷外集
　十五卷………………………… 2－484
新編古今事文類聚前集六十卷後集
　五十卷續集二十八卷別集三十二
　卷外集十五卷遺集十五卷新集
　三十六卷……………………… 2－484
新編古列女傳八卷……………… 1－280
新編古列女傳八卷……………… 1－280
新編古列女傳八卷……………… 1－280
新編目蓮救母勸善戲文三卷…… 3－440
新編四家註解經進珱球子消息賦六卷
　………………………………… 2－411
新編名公翰苑啟雲錦前集十卷後集
　九卷四六啟雲前集八卷後集五卷
　………………………………… 2－541
新編批評繡像後七國樂田演義四卷
　十八回………………………… 3－470
新編青紅顛倒玉牡丹說唱鼓詞四卷
　二十四回……………………… 3－448

新編秘傳堪輿類纂人天共寶十二卷
　………………………………… 2－415
新編評註通玄先生張果星宗大全十卷
　………………………………… 2－411
新編評註通玄先生張果星宗大全十卷
　………………………………… 2－411
新編評註通玄先生張果星宗大全十卷
　………………………………… 2－411
新編評註通玄先生張果星宗大全十卷
　………………………………… 2－411
新編評註通玄先生張果星宗大全十卷
　………………………………… 2－411
新編楊曾地理家傳心法捷訣一貫勘
　輿八卷………………………… 2－415
新編楊曾地理家傳心法捷訣一貫勘
　輿八卷………………………… 2－415
新編楊曾地理家傳心法捷訣一貫勘
　輿八卷………………………… 2－415
新編楊曾地理家傳心法捷訣一貫勘
　輿八卷………………………… 2－415
新編詩學集成三十卷……………… 2－486
新編經史正音切韻指南一卷……… 1－177
新編壽世傳真八卷……………… 2－286
新編算學啟蒙三卷……………… 2－301
新編算學啟蒙三卷……………… 2－301
新編算學啟蒙三卷……………… 2－301
新編算學啟蒙三卷……………… 2－301
新編算學啟蒙三卷……………… 2－301
新編算學啟蒙三卷……………… 2－301
新編篇韻貫珠集八卷……………… 1－177
新編韓湘子九度文公道情全本三卷
　………………………………… 3－444
新編韓湘子九度文公道情全本三卷
　………………………………… 3－444
新輯各國政治藝學全書………… 1－424
新輯時務匯通一百〇八卷……… 1－446
新輯纂圖元亨療馬集六卷………… 2－290
新學偽經考十四卷……………… 1－128
新學偽經考十四卷……………… 1－129
新學偽經考十四卷……………… 1－129

新學僞經考十四卷……………… 1－129
新學僞經考十四卷……………… 1－129
新雕校證大字白氏諷諫一卷 ………… 3－82
新雕校證大字白氏諷諫一卷 ………… 3－82
新雕校證大字白氏諷諫一卷 ………… 3－82
新雕註疏琭琭子三命消息賦三卷 … 2－411
新舊唐書互證二十卷……………… 1－213
新舊唐書互證二十卷……………… 1－213
新舊唐書互證二十卷……………… 1－213
新舊唐書互證二十卷……………… 1－213
新舊唐書合鈔二百六十卷宰相世系
　　表訂譌十二卷 ……………… 1－395
新舊唐書合鈔二百六十卷宰相世系
　　表訂譌十二卷 ……………… 1－395
新舊唐書合鈔二百六十卷宰相世系
　　表訂譌十二卷 ……………… 1－395
新舊唐書合鈔二百六十卷宰相世系
　　表訂譌十二卷 ……………… 1－395
［同治］新繁縣志十六卷首一卷 ……… 2－34
［嘉慶］新繁縣志四十三卷首一卷 …… 2－33
［光緒］新繁縣鄉土志十卷 ………… 2－34
新鍥二太史彙選註釋莊子全書評林
　　十四卷……………………… 2－471
新鍥雲林神彀四卷……………… 2－248
新鍥雲林神彀四卷……………… 2－248
新鍥焦狀元匯選評釋續九子全書…… 2－171
新鍥歷朝古今綱鑑四卷………… 1－232
新蘅詞六卷外集一卷……………… 3－432
新疆外藩紀略二卷 ……………… 2－75
新疆外藩紀略二卷 ……………… 2－75
新疆紀要不分卷 ………………… 2－74
新疆紀略…………………………… 1－545
新疆賦一卷 ……………………… 2－74
新疆賦一卷 ……………………… 2－75
新疆識略十二卷首一卷………… 1－545
新纂氏族箋釋八卷……………… 1－378
新纂氏族箋釋八卷……………… 1－378
新纂氏族箋釋八卷……………… 1－379
新纂氏族箋釋八卷……………… 1－379

新纂氏族箋釋八卷……………… 1－379
新纂氏族箋釋八卷……………… 1－379
新纂氏族箋釋八卷……………… 1－379
新纂氏族箋釋八卷……………… 1－379
新纂氏族箋釋八卷……………… 1－379
新纂氏族箋釋八卷……………… 1－379
新纂事詞類奇三十卷…………… 2－488
新纂門目五臣音註揚子法言十卷…… 2－175
新纂約章大全…………………… 1－466
新鐫入善邇言一卷……………… 2－204
新鐫工師雕斲正式魯班木經匠家鏡
　　三卷靈驅解法洞明真言秘書一卷
　　………………………………… 2－415
新鐫工師雕斲正式魯班木經匠家鏡
　　三卷靈驅解法洞明真言秘書一卷
　　………………………………… 2－415
新鐫工師雕斲正式魯班木經匠家鏡
　　三卷靈驅解法洞明真言秘書一卷
　　………………………………… 2－415
新鐫分類評註文武合編百子金丹十卷
　　………………………………… 2－496
新鐫分類評註文武合編百子金丹十卷
　　………………………………… 2－496
新鐫分類評註文武合編百子金丹十卷
　　………………………………… 2－497
新鐫分類評註文武合編百子金丹十卷
　　………………………………… 2－497
新鐫分類評註文武合編百子金丹十卷
　　………………………………… 2－497
新鐫分類評註文武合編百子金丹十卷
　　………………………………… 2－497
新鐫玉茗堂批點按鑒參補南宋志傳
　　十卷五十回新鐫玉茗堂批點按鑒
　　參補北宋楊家將傳十卷五十回…… 3－465
新鐫古今大雅北宮詞紀六卷南宮詞
　　紀六卷………………………… 3－443
新鐫古今大雅北宮詞紀六卷南宮詞
　　紀六卷………………………… 3－443
新鐫古今大雅北宮詞紀六卷南宮詞
　　紀六卷………………………… 3－443

新鐫古今大雅北宮詞記六卷⋯⋯⋯ 3－450

新鐫全像武穆精忠傳八卷⋯⋯⋯⋯ 3－465

新鐫全像武穆精忠傳八卷⋯⋯⋯⋯ 3－465

新鐫全像通俗演義隋煬帝艷史八卷

 四十回⋯⋯⋯⋯⋯⋯⋯⋯⋯⋯ 3－465

新鐫名公釋義全備墨莊白眉故事六卷

 ⋯⋯⋯⋯⋯⋯⋯⋯⋯⋯⋯⋯ 2－489

新鐫批評繡像列女演義六卷⋯⋯⋯ 3－465

新鐫易經玄備十五卷周易圖說一卷

 ⋯⋯⋯⋯⋯⋯⋯⋯⋯⋯⋯⋯ 1－13

新鐫京板工師雕鏤正式魯班木經匠家

 鏡三卷靈驅解法洞明真言秘書一卷

 ⋯⋯⋯⋯⋯⋯⋯⋯⋯⋯⋯⋯ 2－415

新鐫重訂出像通俗演義西晉志傳四卷

 ⋯⋯⋯⋯⋯⋯⋯⋯⋯⋯⋯⋯ 3－471

新鐫神峰張先生通考辟謬命理正宗

 大全六卷⋯⋯⋯⋯⋯⋯⋯⋯⋯ 2－412

新鐫神峰張先生通考辟謬命理正宗

 大全六卷⋯⋯⋯⋯⋯⋯⋯⋯⋯ 2－412

新鐫校正指明算法二卷⋯⋯⋯⋯⋯ 2－306

新鐫校正指明算法二卷⋯⋯⋯⋯⋯ 2－306

新鐫校正指明算法二卷⋯⋯⋯⋯⋯ 2－306

新鐫陳氏二十四山造葬吉凶起例藏

 書十二卷首一卷⋯⋯⋯⋯⋯⋯ 2－417

新鐫許真君玉匣記增補諸家選擇日

 用通書二卷⋯⋯⋯⋯⋯⋯⋯⋯ 2－406

新鐫許真君玉匣記增補諸家選擇日

 用通書六卷⋯⋯⋯⋯⋯⋯⋯⋯ 2－406

新鐫許真君玉匣記增補諸家選擇日

 用通書六卷⋯⋯⋯⋯⋯⋯⋯⋯ 2－406

新鐫經苑⋯⋯⋯⋯⋯⋯⋯⋯⋯⋯⋯ 1－6

新鐫經苑⋯⋯⋯⋯⋯⋯⋯⋯⋯⋯⋯ 1－6

新鐫經苑⋯⋯⋯⋯⋯⋯⋯⋯⋯⋯⋯ 1－6

新鐫經苑⋯⋯⋯⋯⋯⋯⋯⋯⋯⋯⋯ 1－7

新鐫經苑⋯⋯⋯⋯⋯⋯⋯⋯⋯⋯⋯ 1－7

新鐫經苑⋯⋯⋯⋯⋯⋯⋯⋯⋯⋯⋯ 1－7

新鐫繡像描金鳳十二卷四十六回⋯ 3－445

新鐫增補周易備旨一見能解六卷 ⋯ 1－22

新鐫增補周易備旨一見能解六卷 ⋯ 1－22

新鐫增補周易備旨一見能解六卷 ⋯ 1－22

新鐫增補周易備旨一見能解六卷 ⋯ 1－22

新鐫增補周易備旨一見能解六卷 ⋯⋯ 1－22

新鐫諸子拔萃八卷⋯⋯⋯⋯⋯⋯⋯ 2－398

新鐫曆法便覽象吉備要通書大全二

 十九卷⋯⋯⋯⋯⋯⋯⋯⋯⋯⋯ 2－410

新鐫繪圖描金鳳八卷四十六回⋯⋯ 3－445

新鐫繪圖醒夢錄全傳四卷十六回⋯ 3－474

新譯大日本近世史⋯⋯⋯⋯⋯⋯⋯ 2－163

新譯列國歲計政要不分卷⋯⋯⋯⋯ 2－159

新譯列國歲計政要不分卷⋯⋯⋯⋯ 2－159

新譯列國歲計政要不分卷⋯⋯⋯⋯ 2－159

新體中國歷史□□卷⋯⋯⋯⋯⋯⋯ 1－233

意大利鹽書⋯⋯⋯⋯⋯⋯⋯⋯⋯⋯ 2－241

意大利鹽書⋯⋯⋯⋯⋯⋯⋯⋯⋯⋯ 2－241

意苕山館詩稿十六卷⋯⋯⋯⋯⋯⋯ 3－172

意林五卷補遺一卷⋯⋯⋯⋯⋯⋯⋯ 2－397

意林五卷補遺一卷⋯⋯⋯⋯⋯⋯⋯ 2－397

意林五卷補遺一卷⋯⋯⋯⋯⋯⋯⋯ 2－397

意林五卷補遺一卷⋯⋯⋯⋯⋯⋯⋯ 2－397

意將軍加里波的傳⋯⋯⋯⋯⋯⋯⋯ 1－387

意園文略二卷事略一卷⋯⋯⋯⋯⋯ 3－350

意園文略二卷事略一卷⋯⋯⋯⋯⋯ 3－350

雍正朝上諭⋯⋯⋯⋯⋯⋯⋯⋯⋯⋯ 1－493

雍州金石記十卷餘一卷⋯⋯⋯⋯⋯ 2－112

雍音四卷⋯⋯⋯⋯⋯⋯⋯⋯⋯⋯⋯ 3－40

雍音四卷 ⋯⋯⋯⋯⋯⋯⋯⋯⋯⋯⋯ 3－40

雍音四卷 ⋯⋯⋯⋯⋯⋯⋯⋯⋯⋯⋯ 3－40

慎子一卷⋯⋯⋯⋯⋯⋯⋯⋯⋯⋯⋯ 2－355

慎自怡園吟草□□卷雜草□□卷⋯ 3－264

慎其餘齋文集二十卷⋯⋯⋯⋯⋯⋯ 3－200

慎其餘齋文集二十卷⋯⋯⋯⋯⋯⋯ 3－200

慎其餘齋文集二十卷⋯⋯⋯⋯⋯⋯ 3－200

慎始基齋叢書存四種四卷⋯⋯⋯⋯ 3－554

慎思記一卷訟過記一卷⋯⋯⋯⋯⋯ 2－192

慎思堂文存二卷附錄一卷⋯⋯⋯⋯ 3－286

慎思錄二卷⋯⋯⋯⋯⋯⋯⋯⋯⋯⋯ 2－193

慎詒堂四書十九卷⋯⋯⋯⋯⋯⋯⋯ 1－99

慎餘堂制藝一卷⋯⋯⋯⋯⋯⋯⋯⋯ 3－51

慎盦文鈔二卷詩鈔二卷⋯⋯⋯⋯⋯ 3－202

慎獨處公牘不分卷⋯⋯⋯⋯⋯⋯⋯ 1－477

愷仲詩文集⋯⋯⋯⋯⋯⋯⋯⋯⋯⋯ 3－377

慊齋詩鈔二卷文鈔一卷⋯⋯⋯⋯⋯ 3－395

義川講業錄一卷附一卷················ 2－203

義門先生集十二卷··················· 3－249

義門先生集十二卷家書四卷·········· 3－249

義門先生集十二卷家書四卷·········· 3－249

義門讀書記五十八卷··············· 2－369

義門讀書記五十八卷··············· 2－369

義門讀書記五十八卷··············· 2－369

義門讀書記五十八卷··············· 2－369

義門讀書記五十八卷··············· 2－369

義門讀書記五十八卷··············· 2－385

義門讀書記五十八卷··············· 2－385

義門讀書記五十八卷··············· 2－385

義門讀書記五十八卷··············· 2－385

義和拳教門源流考一卷············· 1－268

義府二卷字詁一卷附錄一卷········· 3－546

義俠好逑傳四卷十八回············· 3－468

義烏朱氏論學遺札一卷············· 3－209

義國條約稅則章程················· 1－452

[同治]義寧州志四十卷首一卷········ 2－8

[同治]義寧州志四十卷首一卷········ 2－8

煎茶閑錄一卷 ···················· 3－57

慈利山水考一卷 ·················· 2－76

慈利山水考一卷 ·················· 2－76

慈利山水考一卷 ·················· 2－76

[同治]慈利縣志十四卷首一卷······· 2－50

[光緒]慈利縣圖志十卷首一卷······· 2－50

慈陵子天人通一卷················· 2－475

慈雲閣詩鈔 ······················ 3－41

慈雲閣詩鈔 ······················ 3－41

慈雲閣詩鈔 ······················ 3－41

慈雲閣詩鈔 ······················ 3－41

慈雲閣詩鈔 ······················ 3－41

慈雲閣詩鈔 ······················ 3－41

慈雲寶卷三卷····················· 3－449

慈悲三昧水懺三卷················· 2－446

慈悲三昧水懺三卷················· 2－446

慈溪黃氏日鈔九十七卷············· 3－551

慈溪黃氏日鈔分類九十七卷········· 2－186

慈溪黃氏日鈔分類九十七卷古今紀

　　要十七卷·················· 2－186

慈溪黃氏日鈔分類九十七卷古今紀

　　要十七卷·················· 2－186

慈溪黃氏日鈔分類九十七卷古今紀

　　要十七卷·················· 2－186

慈溪黃氏日鈔分類九十五卷古今紀

　　要十七卷·················· 2－187

慈溪黃氏日鈔分類九十五卷古今紀

　　要十七卷·················· 2－187

慈溪黃氏日鈔分類九十五卷古今紀

　　要十七卷·················· 2－187

慈溪黃氏日鈔分類九十五卷古今紀

　　要十七卷·················· 2－187

慈溪黃氏日鈔分類九十五卷古今紀

　　要十七卷·················· 2－187

慈溪黃氏日鈔分類古今紀要十九卷

　　························· 2－187

[光緒]慈溪縣志五十六卷 ·········· 2－5

煉石編三卷圖一卷················· 2－315

煉石編三卷圖一卷················· 2－315

煉石編三卷圖一卷················· 2－315

煉石編三卷圖一卷················· 2－315

煉金新語不分卷··················· 2－315

煉金新語不分卷··················· 2－315

[光緒]資州直隸州志三十卷首四卷····· 2－35

資江耆舊集六十卷資江盛事一卷 ····· 3－36

資江耆舊集六十卷資江盛事一卷 ····· 3－36

資江耆舊集六十卷資江盛事一卷 ····· 3－36

資江耆舊集六十卷資江盛事一卷 ····· 3－36

資江耆舊集六十卷資江盛事一卷 ····· 3－36

資江輿頌四卷首一卷末一卷········· 3－36

資江輿頌續集三卷 ················ 3－34

資治通鑑二百九十四卷············· 1－220

資治通鑑二百九十四卷············· 1－220

資治通鑑二百九十四卷············· 1－220

資治通鑑二百九十四卷············· 1－220

資治通鑑二百九十四卷············· 1－220

資治通鑑二百九十四卷············· 1－220

資治通鑑二百九十四卷············· 1－220

資治通鑑二百九十四卷············· 1－220

資治通鑑二百九十四卷 ……………… 1－221
資治通鑑二百九十四卷 ……………… 1－221
資治通鑑二百九十四卷 ……………… 1－221
資治通鑑二百九十四卷 ……………… 1－221
資治通鑑二百九十四卷 ……………… 1－221
資治通鑑二百九十四卷 ……………… 1－221
資治通鑑二百九十四卷 ……………… 1－221
資治通鑑二百九十四卷 ……………… 1－221
資治通鑑二百九十四卷 ……………… 1－221
資治通鑑二百九十四卷 ……………… 1－221
資治通鑑二百九十四卷 ……………… 1－221
資治通鑑二百九十四卷 ……………… 3－547
資治通鑑二百九十四卷目錄三十卷
　　…………………………………… 3－547
資治通鑑二百九十四卷目錄三十卷
　考異三十卷釋例一卷 ……………… 1－221
資治通鑑二百九十四卷目錄三十卷
　考異三十卷釋例一卷 ……………… 1－221
資治通鑑刊本識誤三卷 ……………… 1－223
資治通鑑刊本識誤三卷 ……………… 1－223
資治通鑑目錄三十卷 ………………… 1－221
資治通鑑目錄三十卷 ………………… 1－221
資治通鑑目錄三十卷 ………………… 1－222
資治通鑑目錄三十卷 ………………… 1－222
資治通鑑外紀十卷 …………………… 1－225
資治通鑑外紀十卷目錄五卷 ………… 1－225
資治通鑑外紀十卷目錄五卷 ………… 1－225
資治通鑑外紀十卷目錄五卷 ………… 1－225
資治通鑑外紀十卷目錄五卷 ………… 1－225
資治通鑑外紀十卷目錄五卷 ………… 1－225
資治通鑑外紀十卷目錄五卷 ………… 1－225
資治通鑑考異三十卷 ………………… 1－222
資治通鑑考異三十卷 ………………… 1－222
資治通鑑考異三十卷 ………………… 1－222
資治通鑑考異三十卷 ………………… 1－222
資治通鑑考異三十卷 ………………… 1－222

資治通鑑地理今釋十六卷 …………… 1－223
資治通鑑地理今釋十六卷 …………… 1－223
資治通鑑地理今釋十六卷 …………… 1－223
資治通鑑地理今釋十六卷 …………… 1－223
資治通鑑地理今釋十六卷 …………… 1－223
資治通鑑地理今釋十六卷 …………… 1－223
資治通鑑地理今釋十六卷 …………… 1－223
資治通鑑地理今釋十六卷 …………… 1－223
資治通鑑地理今釋十六卷 …………… 1－223
資治通鑑地理今釋十六卷 …………… 1－223
資治通鑑後編一百八十四卷 ………… 1－229
資治通鑑後編校勘記十五卷 ………… 1－229
資治通鑑紀事本末補不分卷 ………… 1－240
資治通鑑補二百九十四卷 …………… 1－228
資治通鑑補二百九十四卷 …………… 1－228
資治通鑑節要續編三十卷 …………… 1－223
資治通鑑節要續編三十卷 …………… 1－223
資治通鑑綱目五十九卷 ……………… 1－225
資治通鑑綱目五十九卷 ……………… 1－225
資治通鑑綱目五十九卷 ……………… 1－225
資治通鑑綱目五十九卷 ……………… 1－225
資治通鑑綱目五十九卷 ……………… 1－225
資治通鑑綱目五十九卷 ……………… 1－225
資治通鑑綱目五十九卷 ……………… 1－225
資治通鑑綱目全書 …………………… 1－224
資治通鑑綱目前編二十五卷 ………… 1－226
資治通鑑綱目前編二十五卷 ………… 1－226
資治通鑑綱目集覽五十九卷 ………… 1－225
資治通鑑綱目發明五十九卷 ………… 1－225
資治通鑑釋文三十卷 ………………… 1－222
資治通鑑釋文三十卷 ………………… 1－222
資治通鑑釋文三十卷 ………………… 1－222
資治通鑑釋文三十卷 ………………… 1－222
資治新書二集二十卷 ………………… 1－423
資治新書十四卷 ……………………… 1－423
資治新書十四卷二集二十卷 ………… 1－422
資治新書十四卷二集二十卷 ………… 1－423
資治新書十四卷二集二十卷 ………… 1－423
資治新書十四卷二集二十卷 ………… 1－423
滇南四種 ……………………………… 3－519

滇南沈健庵先生遺詩鈔一卷………… 3－217
滇南沈健庵先生遺詩鈔一卷………… 3－217
滇南草本三卷……………………… 2－256
滇南草堂詩話十四卷……………… 3－488
滇海雪鴻集一卷 …………………… 3－40
滇粹一卷………………………… 1－304
滇黔奏議十卷…………………… 1－506
滇黔奏議十卷…………………… 1－506
滇黔奏議十卷…………………… 1－506
滇黔奏議十卷…………………… 1－506
滇黔奏議十卷…………………… 1－506
［光緒］滇繫四十卷………………… 2－40
滇牘偶存一卷…………………… 1－475
漣水漚思□□卷 …………………… 3－38
漣璧書院課藝……………………… 3－51
溥利藥局效驗丸方一卷…………… 2－265
［光緒］溧水縣志二十二卷首一卷 … 1－553
滌新齋詩草一卷覺覺覺齋詩草一卷
　……………………………… 3－187
溪上遺聞集錄十卷 ………………… 2－71
溪州官牘四集……………………… 3－308
溪州官牘四集……………………… 3－308
滄浪小志二卷 ……………………… 2－57
滄浪小志二卷 ……………………… 2－57
滄浪小志二卷 ……………………… 3－29
滄浪亭圖題詠二卷 ………………… 3－56
滄溟先生集十四卷附錄一卷……… 3－162
滄溟先生集十四卷附錄一卷……… 3－162
滄溟先生集十四卷附錄一卷……… 3－162
滄溟先生集十四卷附錄一卷……… 3－162
滄溟先生集三十卷………………… 3－162
滄溟先生集三十卷附錄一卷……… 3－162
滄溟先生集三十卷附錄一卷……… 3－162
滄溟先生集三十卷附錄一卷……… 3－162
滄溟先生集三十卷附錄一卷……… 3－162
潧喜齋宋元本書目一卷…………… 2－143
潧喜齋叢書………………………… 3－501
潧喜齋叢書………………………… 3－501
潧喜齋叢書………………………… 3－501
潧喜齋叢書………………………… 3－501
潧喜齋叢書………………………… 3－501

潧喜齋叢書………………………… 3－501
溯流史學鈔二十卷………………… 1－390
溯流史學鈔二十卷………………… 1－390
塞上吟四卷………………………… 3－18
塞上吟四卷………………………… 3－18
塞上吟四卷………………………… 3－18
塞上吟四卷………………………… 3－18
塞上鴻一卷………………………… 3－451
塞外行軍指掌一卷………………… 2－231
塞垣集六卷………………………… 3－195
塞垣集六卷………………………… 3－195
愙齋集古錄………………………… 3－536
褉農最要三卷……………………… 2－239
福幼遂生合編……………………… 2－284
福幼遂生合編……………………… 2－284
福幼編一卷………………………… 2－283
福幼編一卷………………………… 2－283
福幼編一卷………………………… 2－283
福幼編一卷遂生編一卷…………… 2－283
福幼編一卷遂生編一卷…………… 2－283
福幼編治慢驚方一卷……………… 2－284
［乾隆］福州府志七十六卷首一卷 … 2－13
福建沿海圖說一卷 ………………… 2－13
福建省外海戰船作法不分卷……… 2－231
福建省重刻武英殿聚珍版書目…… 2－151
福建財政沿革利弊說明書:糧米類
　……………………………… 1－451
［雍正］福建通志七十八卷首一卷 … 2－13
福建票鹽志略一卷………………… 1－449
福建藝文志二十一卷……………… 2－143
福建鹽法志二十二卷首一卷……… 1－449
福華堂主人己丑日記……………… 1－492
［同治］福清縣志二十卷圖一卷 …… 2－14
福惠全書三十二卷………………… 1－439
［嘉慶］福鼎縣志八卷 ……………… 2－13
福善明徵錄二卷…………………… 2－203
福源石屋珙禪師山居詩一卷……… 2－456
蕭藻遺書四卷……………………… 3－268
蕭藻遺書四卷……………………… 3－268
蕭藻遺書四卷……………………… 3－268
群玉書院志二卷…………………… 2－60

群書札記十六卷 ················· 2－367　　群經音辨七卷 ················· 1－115

群書札記十六卷 ················· 2－367　　群經音辨七卷 ················· 1－140

群書札記十六卷 ················· 2－367　　群經音辨七卷 ················· 1－140

群書札記十六卷 ················· 2－367　　群經宮室圖二卷 ··············· 1－71

群書札記十六卷 ················· 2－367　　群經宮室圖二卷 ··············· 1－71

群書考索前集六十六卷後集六十五　　　群經宮室圖二卷 ··············· 1－71

　卷續集五十六卷別集二十五卷 ····· 2－485　　群經宮室圖二卷 ··············· 3－543

群書考索前集六十六卷後集六十五　　　群經義證八卷 ················· 1－121

　卷續集五十六卷別集二十五卷 ····· 2－485　　群經識小八卷 ················· 1－119

群書治要子鈔二卷 ··············· 2－397　　群經識小八卷 ················· 3－544

群書治要五十卷 ················· 2－397　　群碧樓書目初編九卷 ··········· 2－141

群書治要五十卷 ················· 2－397　　群賢詩集一卷 ················· 3－23

群書治要五十卷 ················· 2－397　　群學肄言十六卷 ··············· 2－402

群書拾唾十二卷 ················· 2－505　　群學肄言十六卷 ··············· 2－402

群書拾補不分卷 ················· 2－392　　群學肄言十六卷 ··············· 2－402

群書拾補不分卷 ················· 2－392　　群學肄言十六卷 ··············· 2－402

群書拾補不分卷 ················· 2－392　　群學肄言十六卷 ··············· 2－402

群書拾補不分卷 ················· 3－551　　彙刻書目不分卷 ··············· 2－143

群書集事淵海四十七卷 ··········· 2－490　　彙刻書目不分卷 ··············· 2－143

群書疑辨十二卷 ················· 2－391　　彙刻書目不分卷 ··············· 2－143

群雅二集二十四卷 ··············· 3－19　　彙刻書目不分卷 ··············· 2－143

群經凡例不分卷 ················· 1－129　　彙刻書目不分卷 ··············· 2－143

群經平議三十五卷 ··············· 1－122　　彙刻書目不分卷 ··············· 2－143

群經平議三十五卷 ··············· 1－122　　彙刻書目不分卷 ··············· 2－143

群經平議三十五卷 ··············· 1－122　　彙刻書目不分卷 ··············· 2－143

群經平議三十五卷 ··············· 1－122　　彙刻書目不分卷 ··············· 2－143

群經地釋十六卷 ················· 1－121　　彙刻書目不分卷 ··············· 2－144

群經地釋十六卷 ················· 1－121　　彙刻書目不分卷 ··············· 2－144

群經地釋十六卷 ················· 1－121　　彙刻書目不分卷 ··············· 2－144

群經地釋十六卷 ················· 1－121　　彙刻書目不分卷 ··············· 2－144

群經字詁七十二卷檢字一卷 ······· 1－122　　彙纂功過格十二卷首一卷末一卷 ·· 2－475

群經字詁七十二卷檢字一卷 ······· 1－122　　彙纂功過格十二卷首一卷末一卷 ·· 2－475

群經字詁七十二卷檢字一卷 ······· 1－122　　辟邪紀實三卷附一卷 ··········· 2－367

群經字詁七十二卷檢字一卷 ······· 1－122　　辟園唱和集一卷 ··············· 3－60

群經字詁七十二卷檢字一卷 ······· 1－122　　辟疆園杜詩註解五言律十二卷七言

群經字詁七十二卷檢字一卷 ······· 1－122　　　律五卷 ··················· 3－88

群經字詁七十二卷檢字一卷 ······· 1－123　　辟疆園杜詩註解五言律十二卷七言

群經音辨七卷 ················· 1－115　　　律五卷 ··················· 3－88

群經音辨七卷 ················· 1－115　　辟疆園宋文選三十卷 ··········· 3－13

群經音辨七卷 ················· 1－115　　預備立憲京內官制全案 ········· 1－442

群經音辨七卷 ················· 1－115

遜敏堂叢書	1-9	經典略訣不分卷	1-123
遜學齋文鈔十卷詩鈔十卷	3-283	經典釋文三十卷	1-114
遜學齋文鈔十卷詩鈔十卷	3-283	經典釋文三十卷	1-114
遜學齋文鈔十卷詩鈔十卷	3-283	經典釋文三十卷	1-114
遜學齋文鈔十卷詩鈔十卷	3-283	經典釋文三十卷	1-114
遜學齋文鈔十卷詩鈔十卷	3-283	經典釋文三十卷	1-114
遜學齋文鈔十卷詩鈔十卷	3-283	經典釋文三十卷	1-114
遜學齋文鈔十卷詩鈔十卷	3-283	經典釋文三十卷	1-114
經心書院集四卷	3-44	經典釋文三十卷	1-114
經正書院小課四卷	3-47	經典釋文三十卷	1-114
經世挈要二十二卷	3-536	經典釋文三十卷	1-114
經世學引初編一卷	1-514	經典釋文三十卷	1-114
經世學引初編一卷	1-514	經典釋文三十卷	1-114
經史正音切韻指南一卷	1-177	經典釋文三十卷	1-114
經史百家序錄不分卷	1-121	經典釋文三十卷	1-115
經史百家序錄不分卷	1-121	經典釋文三十卷	1-115
經史百家序錄不分卷	1-121	經典釋文三十卷	1-115
經史百家簡編二卷	2-539	經典釋文三十卷	3-544
經史百家簡編二卷	2-539	經典釋文考證三十卷	1-127
經史百家簡編二卷	2-539	經典釋文考證三十卷	1-127
經史百家簡編二卷	2-539	經典釋文序錄一卷	1-115
經史百家簡編二卷	2-539	經律異相二卷	2-443
經史百家簡編二卷	3-551	經脉圖考四卷	2-261
經史百家雜鈔二十六卷	2-539	經咫一卷	1-124
經史百家雜鈔二十六卷	2-539	經咫一卷	1-124
經史百家雜鈔二十六卷	2-539	經咫一卷	1-125
經史百家雜鈔二十六卷	2-539	經訓比義三卷	1-123
經史百家雜鈔二十六卷	2-539	經訓書院課藝四卷經訓書院課藝第	
經史百家雜鈔二十六卷	2-539	三集四卷	3-50
經史百家雜鈔二十六卷	3-540	經訓堂叢書	3-498
經史百家雜鈔二十六卷	3-553	經訓堂叢書	3-498
經史序二卷	1-120	經訓堂叢書	3-498
經史典制文林十二卷	1-128	經效產寶三卷續篇一卷	2-279
經史典奧六十七卷	1-116	經書字音辨要九卷	1-126
經史提綱十七卷	1-127	經書源流歌訣一卷	1-119
經史鈔三十二卷	2-396	經略洪承疇奏對筆記二卷	1-266
經史雜記八卷	2-384	經國堂重訂古文釋義新編八卷	2-532
經史證類大觀本草三十一卷	2-254	經笥質疑易義原則六卷首一卷易義	
經字韻編重俗辨一卷	1-121	附篇四卷首一卷	1-21
經佘耦秒二十卷	2-503	經笥質疑書義原古一卷	1-33
經言拾遺十四卷	1-123	經策通纂	3-493

經詞衍釋十卷補遺一卷 ……………… 1－120
經詞衍釋十卷補遺一卷 ……………… 1－120
經詞衍釋十卷補遺一卷 ……………… 1－120
經絡配四時圖 …………………………… 2－285
經絡歌訣一卷醫方湯頭歌訣一卷 …… 2－249
經絡歌訣一卷醫方湯頭歌訣一卷 …… 2－249
經稗十二卷 ……………………………… 1－126
經傳考證八卷 …………………………… 1－118
經傳考證八卷 …………………………… 1－118
經傳考證八卷 …………………………… 1－118
經傳考證八卷 …………………………… 1－118
經傳繹義五十卷 ………………………… 1－125
經傳釋詞十卷 …………………………… 1－116
經傳釋詞十卷 …………………………… 1－117
經傳釋詞十卷 …………………………… 1－117
經傳釋詞續編二卷 ……………………… 1－123
經義一卷 ………………………………… 3－193
經義一卷 ………………………………… 3－193
經義一卷 ………………………………… 3－193
經義分類萃珍十五卷首一卷 …………… 1－118
經義未詳說十二卷 ……………………… 1－123
經義考三百卷目錄二卷 ………………… 1－119
經義述聞十五卷 ………………………… 1－116
經義述聞十五卷 ………………………… 1－116
經義述聞十五卷 ………………………… 1－116
經義述聞三十二卷 ……………………… 1－116
經義述聞三十二卷 ……………………… 1－116
經義述聞三十二卷 ……………………… 1－116
經義述聞三十二卷 ……………………… 1－116
經義述聞三十卷 ………………………… 3－543
經義莛撞四卷讀經瑣記一卷 ………… 1－128
經義莛撞四卷讀經瑣記一卷 ………… 3－544
經義模範一卷 …………………………… 3－44
經義模範一卷 …………………………… 3－44
經義齋集十八卷 ………………………… 3－388
經義齋集十八卷 ………………………… 3－388
經義雜記三十卷 ………………………… 1－126
經義雜記三十卷 ………………………… 1－126
經綸堂增訂四體書法一卷 ……………… 2－335
經遼疏牘十卷 …………………………… 1－499
經遼疏牘十卷 …………………………… 1－499

經遺堂全集二十六卷 …………………… 3－270
經德堂集二十四卷 ……………………… 3－405
經餘必讀八卷 …………………………… 2－400
經餘必讀八卷續編八卷 ………………… 2－400
經餘必讀八卷續編八卷 ………………… 2－400
經餘必讀八卷續編八卷三集四卷 …… 2－400
經餘必讀八卷續編八卷三集四卷 …… 2－400
經餘必讀八卷續編八卷三集四卷 …… 2－400
經餘必讀續編八卷 ……………………… 2－400
經餘必讀續編八卷 ……………………… 2－400
經課續編八卷 …………………………… 1－122
經學通論 ………………………………… 1－125
經學通論 ………………………………… 1－125
經學通論五卷 …………………………… 1－117
經學通論五卷 …………………………… 1－117
經學通論五卷 …………………………… 1－117
經學通論五卷 …………………………… 1－117
經學通論五卷 …………………………… 1－117
經學提要十五卷 ………………………… 1－127
經學備纂九卷 …………………………… 1－124
經學備纂九卷 …………………………… 1－124
經學質疑六種四十八卷 ………………… 1－104
經學質疑四卷 …………………………… 1－118
經學質疑四卷 …………………………… 1－118
經學質疑錄四書二十卷 ………………… 1－105
經學輯要二十四卷 ……………………… 1－120
經學輯要二十四卷 ……………………… 1－120
經學歷史一卷 …………………………… 1－117
經學歷史一卷 …………………………… 1－117
經學歷史一卷 …………………………… 1－117
經學歷史一卷 …………………………… 1－117
經學歷史一卷 …………………………… 1－117
經學講義二編 …………………………… 3－544
經窺十六卷 ……………………………… 1－127
經窺十六卷 ……………………………… 1－127
經講類典合編 …………………………… 1－128
經濟類考二卷 …………………………… 2－504
經濟類考約編二卷 ……………………… 2－504
經濟類編一百卷 ………………………… 2－489
經濟類編一百卷 ………………………… 2－489
經藝選腴四編不分卷 …………………… 3－47

經韻備字不分卷 ···················· 1－186

經韻備字不分卷 ···················· 1－186

經韻集字析解二卷 ·················· 1－126

經韻集字析解二卷 ·················· 1－126

經韻集字析解二卷 ·················· 1－126

經韻集字析解二卷 ·················· 1－126

經韻集字析解二卷 ·················· 1－170

經韻集字譜一卷 ···················· 1－126

經韻樓集十二卷 ···················· 3－271

經韻樓集十二卷 ···················· 3－271

經韻樓集十二卷 ···················· 3－271

經韻樓集十二卷 ···················· 3－271

經韻樓集十二卷 ···················· 3－552

經韻樓叢書 ························ 3－519

經韻樓叢書 ························ 3－519

經籍跋文一卷 ······················ 2－148

經籍跋文一卷 ······················ 2－148

經籍跋文一卷 ······················ 2－148

經籍跋文一卷 ······················ 2－148

經籍跋文一卷 ······················ 3－549

經籍舉要一卷 ······················ 2－150

經籍舉要一卷附錄一卷 ·············· 2－150

經籍舉要一卷附錄一卷 ·············· 2－150

經籍纂詁并補遺一百〇六卷首一卷

　　·································· 1－119

經籍纂詁并補遺一百〇六卷首一卷

　　·································· 1－119

經籍纂詁并補遺一百〇六卷首一卷

　　·································· 1－119

經籍纂詁并補遺一百〇六卷首一卷

　　·································· 1－119

經籍纂詁并補遺一百〇六卷首一卷

　　·································· 1－119

經籍纂詁并補遺一百〇六卷首一卷

　　·································· 1－119

經籍纂詁并補遺一百〇六卷首一卷

　　·································· 1－119

經籍纂詁并補遺一百〇六卷首一卷

　　·································· 1－119

經籍纂詁并補遺一百〇六卷首一卷

　　·································· 1－120

經籍纂詁并補遺一百〇六卷首一卷

　　·································· 1－120

經籍纂詁并補遺一百〇六卷首一卷

　　·································· 1－120

經籍纂詁并補遺一百〇六卷首一卷

　　·································· 1－120

經籍纂詁并補遺一百〇六卷首一卷

　　·································· 1－120

經籍纂詁并補遺一百〇六卷首一卷

　　·································· 1－120

經籍纂詁并補遺一百〇六卷首一卷

　　·································· 1－120

經籍纂詁并補遺一百〇六卷首一卷

　　·································· 1－120

經籍纂詁一百〇六卷首一卷 ·········· 3－544

經懺集成 ·························· 2－464

經懺集成 ·························· 2－464

經讀考異八卷補一卷句讀叙述二卷

　補一卷 ·························· 1－121

經驗良方三卷 ······················ 2－265

經驗良方三卷 ······················ 2－265

經驗良方□□卷 ···················· 2－265

繡刻演劇六十種 ···················· 3－439

繡刻演劇六十種 ···················· 3－439

繡刻演劇六十種 ···················· 3－439

繡像十美圖四十回 ·················· 3－445

繡像九美圖全傳十二卷七十五回 ······ 3－445

繡像三笑新編十二卷 ················ 3－439

繡像三國演義續編八卷 ·············· 3－466

繡像三國演義續編八卷 ·············· 3－466

繡像玉連環八卷七十六回 ············ 3－444

繡像古今賢女傳九卷 ················ 1－304

繡像古今賢女傳九卷 ················ 1－304

繡像古今賢女傳九卷 ················ 1－304

繡像古今賢女傳九卷 ················ 1－304

繡像四香緣四卷 ···················· 3－441

繡像四香緣四卷三十二卷 ············ 3－444

繡像永慶昇平前傳十二卷九十七回

　　·································· 3－469

繡像再生緣全傳六卷七十八回 ……… 3－474
繡像全本重訂今古奇觀四十卷 ……… 3－464
繡像全圖小五義一百二十四回 ……… 3－467
繡像全圖再生緣全傳二十卷 ……… 3－446
繡像芙蓉洞全傳十卷 …………… 3－446
繡像芙蓉洞全傳十卷 …………… 3－446
繡像宋史奇書十二卷六十六回 ……… 3－447
繡像東周列國志二十七卷一百八回

………………………………… 3－472
繡像東周列國志二十七卷一百八回 … 3－473
繡像東周列國志二十七卷一百八回

………………………………… 3－473
繡像征東全傳四卷四十二回 ……… 3－468
繡像京本雲合奇踪玉茗英烈全像十

卷八十回 …………………… 3－465
繡像飛仙劍俠奇緣四卷三十回 ……… 3－469
繡像素梅姐全傳四卷二十回 ……… 3－472
繡像真本八美圖十卷六十回 ……… 3－446
繡像海上繁華夢初集六卷三十回 …… 3－474
繡像落金扇四卷 ……………… 3－444
繡像落金扇四卷 ……………… 3－445
繡像雲合奇踪五卷八十回 ……… 3－465
繡像夢影緣四十八回 …………… 3－445
繡像夢影緣四十八回 ………… 3－445
繡像新刊玉杯記二卷八回回杯記二

卷八回 ……………………… 3－446
繡像義合資九絲縧全傳十二卷 ……… 3－447
繡像義合資九絲縧全傳十二卷 ……… 3－447
繡像閨門秘術四卷五十回 ……… 3－472
繡像漢宋奇書 ………………… 3－469
繡像漢宋奇書 …………………… 3－469
繡像綺樓重夢六卷四十八回 ……… 3－471
繡像綺樓重夢六卷四十八回 ……… 3－471
繡像綺樓重夢六卷四十八回 ……… 3－471
繡像綠牡丹全傳六卷六十四回 ……… 3－474
繡像綠野仙踪八卷八十回 ……… 3－468
繡像綠野仙踪八卷八十回 ……… 3－468
繡像綠野仙踪八卷八十回 ……… 3－468
繡像劍俠奇中奇四十八回 ……… 3－473
繡像醒世姻緣傳一百回 …………… 3－468
繡像雙珠鳳全傳十二卷八十回 ……… 3－446

繡像繪圖兒女英雄傳八卷四十回 …… 3－467
繡像繪圖第一奇女傳十二卷六十六回

………………………………… 3－474
繡像繪圖雙珠球六卷四十九回 ……… 3－446
繡像續小五義一百二十四回 ……… 3－467
繡鞋記五卷 …………………… 3－449
綏寇紀略十二卷 ………………… 1－246
綏寇紀略十二卷補遺三卷 ……… 1－246
綏寇紀略十二卷補遺三卷 ……… 1－246
綏寇紀略十二卷補遺三卷 ……… 1－246
綏寇紀略十二卷補遺三卷 ……… 1－246
綏寇紀略十二卷補遺三卷 ……… 1－246
綏寇紀略十二卷補遺三卷 ……… 1－246
綏寇紀略十二卷補遺三卷 ……… 1－246
綏寇紀略十二卷補遺三卷 ……… 1－246
綏寇紀略十二卷補遺三卷 ……… 1－246
綏寇紀略十二卷補遺三卷 ……… 1－246
綏寇紀略十二卷補遺三卷 ……… 1－246
［光緒］綏遠志十卷首一卷 ……… 1－539
［同治］綏寧縣志四十卷首一卷 ……… 2－49
彙纂詩法度鍼三十三卷 …………… 2－551
駁五經異義疏證十卷 …………… 1－117
駁毛西河四書改錯二十一卷 ……… 1－108
駁呂留良四書講義六卷 …………… 1－103
駁案新編三十二卷 ………………… 1－488
駁案續編七卷 …………………… 1－488

十四畫

碧山堂詩鈔十六卷黔苗竹枝詞一卷

………………………………… 3－204
碧山堂詩鈔十六卷黔苗竹枝詞一卷

………………………………… 3－204
碧血錄五卷 …………………… 1－295
碧血錄五卷 …………………… 1－296
碧血錄五卷 …………………… 1－296
碧血錄五卷 …………………… 1－296
碧血錄五卷 …………………… 1－296
碧血錄五卷 …………………… 1－296
碧血錄五卷 …………………… 1－296
碧城僊館詩鈔十卷岱游集一卷附錄一卷

………………………………… 3－315

碧城僊館詩鈔八卷 …………………… 3－315

碧津渡志三卷 …………………………… 2－64

碧津渡志三卷 …………………………… 2－64

碧琳琅館珍藏書目四卷 ……………… 2－139

碧雲集三卷 ……………………………… 3－91

碧腴詩草一卷詞一卷 ………………… 3－353

碧衡館文集一卷詩集一卷 …………… 3－259

碧衡館文集一卷詩集一卷 …………… 3－259

碧聲吟館倡酬錄一卷續錄一卷 ……… 3－58

碧聲吟館叢書 ………………………… 3－290

碧螺山館詩鈔八卷 …………………… 3－261

瑤華閣詩草一卷閩南雜詠一卷瑤華

　閣詞一卷補遺一卷 ……………… 3－281

瑤箋四卷 ………………………………… 3－60

嫠孖集十二卷 ………………………… 1－169

嫠孖集十二卷 ………………………… 1－169

嫠孖集十二卷 ………………………… 1－169

趙太史竹岡齋九種 …………………… 3－526

趙氏淵源集十卷 ……………………… 3－43

趙氏淵源集十卷 ……………………… 3－43

趙氏淵源集十卷 ……………………… 3－43

趙文敏公松雪齋全集十卷外集一卷

　續集一卷 ………………………… 3－152

趙文敏公松雪齋全集十卷外集一卷

　續集一卷 ………………………… 3－152

趙文敏公松雪齋全集十卷外集一卷

　續集一卷 ………………………… 3－152

趙文敏公松雪齋全集十卷外集一卷

　續集一卷 ………………………… 3－152

趙文敏公松雪齋全集十卷外集一卷

　續集一卷 ………………………… 3－152

趙文敏公松雪齋全集十卷外集一卷

　續集一卷 ………………………… 3－152

趙文蕭公文集二十三卷 ……………… 3－179

趙文蕭公文集二十三卷 ……………… 3－179

趙松雪書道德經 ……………………… 2－332

趙忠定奏議四卷 ……………………… 1－498

趙忠定奏議四卷 ……………………… 1－498

趙忠定奏議四卷 ……………………… 1－498

趙忠定奏議四卷 ……………………… 1－498

趙忠定奏議四卷 ……………………… 1－498

趙忠毅公閑居擇言一卷 ……………… 2－365

趙忠毅公詩文集二十卷 ……………… 3－179

趙忠毅公僑鶴先生史韻補註四卷 …… 1－195

趙侍御時文一卷古文一卷 …………… 3－384

趙孟頫十札真迹 ……………………… 2－332

趙炳煥拔貢卷 ………………………… 3－385

趙恭毅公自治官書二十四卷 ………… 1－476

趙恭毅公賸稿八卷 …………………… 3－384

趙恭毅公賸稿八卷 …………………… 3－384

趙恭毅公賸稿八卷 …………………… 3－384

趙恭毅公賸稿八卷 …………………… 3－384

趙恭毅公賸稿八卷 …………………… 3－384

趙清獻公集十卷目錄二卷 …………… 3－134

趙清獻公集十卷目錄二卷 …………… 3－134

趙清獻公集十卷目錄二卷 …………… 3－134

趙清獻公集十卷目錄二卷 …………… 3－134

趙清獻公集十卷目錄二卷 …………… 3－134

趙裘萼公賸稿四卷 …………………… 3－384

趙裘萼公賸稿四卷 …………………… 3－384

趙裘萼公賸稿四卷 …………………… 3－384

趙撝叔先生墨迹 ……………………… 2－335

趙徵君東山先生存稿七卷附錄一卷

　………………………………………… 3－152

嘉禾百詠一卷 ………………………… 3－125

［嘉定］赤城志四十卷 ……………… 2－6

［嘉慶］嘉定府志四十八卷首一卷 …… 2－36

嘉定錢氏潛研堂全書 ………………… 3－527

嘉定錢氏潛研堂全書 ………………… 3－527

嘉定錢氏潛研堂全書 ………………… 3－527

嘉定錢氏潛研堂全書 ………………… 3－527

嘉定錢氏潛研堂全書 ………………… 3－527

嘉祐集二十卷 ………………………… 3－139

嘉蔭簃論泉截句二卷 ………………… 2－129

嘉靖以來首輔傳八卷 ………………… 1－283

嘉靖以來首輔傳八卷 ………………… 1－283

嘉慶十年進士登科錄一卷 …………… 1－380

嘉慶元年至光緒十五年館選錄一卷

　附特授改補館職一卷 ……………… 1－380

嘉樹山房集二十卷外集二卷續集二卷

　………………………………………… 3－304

嘉樹堂詩鈔八卷 ……………………… 3－326

[光緒]嘉興府志八十八卷首二卷 ……… 2－4

[道光]嘉興府志六十卷首三卷 ……… 2－4

[咸豐]嘉應州志增補考略四十卷首一卷

………………………………… 2－28

赫胥黎治功天演論二卷………… 2－403

[光緒]臺灣小志一卷…………… 2－16

臺灣外志□□卷 ………………… 2－71

[乾隆]臺灣府志二十五卷首一卷 … 2－16

[道光]臺灣府噶瑪蘭廳志八卷首一卷

………………………………… 2－16

臺灣游草一卷 …………………… 3－359

[嘉慶]臺灣縣志八卷首一卷 …… 2－16

臺灣戰紀二卷 …………………… 1－266

臺灣戰紀二卷 …………………… 3－534

[光緒]臺灣輿圖 ………………… 2－16

臺灣輿圖 ………………………… 2－101

臺灣雜記一卷 …………………… 3－341

臺灣雜記一卷 …………………… 3－341

臺灣雜記一卷 …………………… 3－341

臺灣雜記一卷 …………………… 3－341

臺灣雜詠合刻一卷 ……………… 3－40

穀梁大義述 ……………………… 1－96

穀梁大義述 ……………………… 1－96

穀梁申義□□卷 ………………… 1－96

穀梁范註闕地釋二卷 …………… 1－96

穀梁春秋經傳古義疏十一卷 …… 1－96

壽世青編二卷 …………………… 2－285

壽世經驗靈方一卷 ……………… 2－264

壽世彙編…………………………… 2－243

壽世彙編…………………………… 2－243

壽世彙編…………………………… 2－243

壽世彙編…………………………… 2－243

壽世彙編…………………………… 2－243

壽世編二卷 ……………………… 2－249

壽石齋印譜 ……………………… 2－341

[光緒]壽州志三十六卷首一卷末一卷

………………………………… 2－3

壽花堂詩集八卷 ………………… 3－344

壽松堂藏帖不分卷 ……………… 2－334

壽岩印草 ………………………… 2－342

壽梅山房詩存一卷 ……………… 3－187

壽梅山房詩存一卷 ……………… 3－187

[光緒]壽張縣志十卷首一卷 …… 1－547

[光緒]壽陽縣志十三卷首一卷 … 1－536

[康熙]壽寧縣志八卷 …………… 2－13

[道光]綦江縣志十二卷首一卷 … 2－33

聚學軒叢書………………………… 3－506

聚學軒叢書………………………… 3－506

聚學軒叢書………………………… 3－506

摹古印譜五卷青琅玕館印存一卷 … 2－341

慕萊堂詩文徵存五卷 …………… 3－21

慕萊堂詩文徵存五卷 …………… 3－21

慕萊堂詩文徵存五卷 …………… 3－21

慕萊堂詩文徵存五卷 …………… 3－21

慕萊堂詩文徵存五卷 …………… 3－21

慕善近君子廬重刊韻史二卷…… 1－390

慕善近君子廬重刊韻史二卷…… 1－390

慕善近君子廬重刊韻史二卷…… 1－390

蔣氏四種六十五卷……………… 3－380

蔣氏遺編 ………………………… 3－42

蔣侑石遺書 ……………………… 3－526

蔣國鈞鄉試硃卷 ………………… 3－381

蔣超伯所著書 …………………… 3－526

蔣道林先生文粹九卷 …………… 3－180

蔣給諫奏稿一卷 ………………… 1－506

蔣凝學行狀一卷 ………………… 1－316

蔣耀珪鄉試卷 …………………… 3－382

蔡子洪範皇極名數九卷首二卷 ……… 1－20

蔡子洪範皇極名數九卷首二卷 ……… 1－20

蔡中郎集十卷外紀一卷外集四卷末一卷

………………………………… 3－73

蔡中郎集十卷外集四卷外紀一卷末一卷

………………………………… 3－72

蔡中郎集十卷外集四卷外紀一卷末一卷

………………………………… 3－72

蔡中郎集十卷外集四卷外紀一卷末一卷

………………………………… 3－72

蔡中郎集十卷外集四卷外紀一卷末一卷

………………………………… 3－72

蔡中郎集十卷外集四卷外紀一卷末一卷

………………………………… 3－72

蔡中郎集十卷外集四卷外紀一卷末一卷

　　……………………………… 3－72

蔡中郎集十卷外集四卷外紀一卷末一卷

　　……………………………… 3－72

蔡中郎集十卷外集四卷外紀一卷末一卷

　　……………………………… 3－72

蔡中郎集十卷外集四卷外紀一卷末一卷

　　……………………………… 3－73

蔡中郎集八卷 ………… 3－72

蔡中郎集六卷補遺一卷 …… 3－72

蔡中郎集六卷補遺一卷 …… 3－72

蔡氏九儒書九卷首一卷 …… 3－389

蔡氏九儒書九卷首一卷 …… 3－389

蔡氏九儒書九卷首一卷 …… 3－389

蔡氏九儒書九卷首一卷 …… 3－389

蔡氏月令二卷 ………… 1－62

蔡松坡電訊稿遺墨 …… 2－336

蔡忠烈公遺集不分卷 …… 3－180

蔡忠烈公遺集不分卷續編不分卷 … 3－180

蔡忠烈公遺集四卷 …… 3－180

蔡虛齋先生四書蒙引十五卷 … 1－101

蔡福州外記十卷附錄一卷 …… 2－364

蔡福州外記十卷附錄一卷 …… 2－364

蔗亭梅花集句不分卷 …… 3－56

蔗餘偶筆一卷 ………… 2－366

熙春閣詩草九卷 …… 3－339

熙朝紀政八卷 ………… 1－422

熙朝紀政八卷 ………… 1－422

熙朝紀政八卷 ………… 3－539

熙朝宰輔錄一卷 …… 1－383

熙朝宰輔錄一卷 …… 1－383

熙朝宰輔錄一卷 …… 1－383

熙朝掌故紀略□卷 …… 1－266

熙朝新語十六卷 …… 1－266

熙朝新語十六卷 …… 1－266

熙朝新語十卷 ………… 3－456

熙朝新語十卷 ………… 3－456

［光緒］蔚州志二十卷首一卷 …… 1－532

［乾隆］蔚州志補十二卷首一卷 …… 1－532

［乾隆］蔚縣志三十一卷 …… 1－532

蔚廬文集四卷 ………… 3－418

蔚廬文集四卷 ………… 3－418

蔚廬文集四卷 ………… 3－418

蔚廬文稿一卷 ………… 3－419

蔚廬文稿一卷 ………… 3－419

蔚廬四十五自定詩稿一卷補遺一卷

　　補過精舍詩草一卷蔚廬詩稿一卷

　　蔚廬騷賦銘贊一卷 …… 3－419

蔚廬四十五自定詩稿一卷補遺一卷

　　補過精舍詩草一卷蔚廬詩稿一卷

　　蔚廬騷賦銘贊一卷 …… 3－419

蔚廬詩稿一卷蔚廬騷賦銘贊一卷 … 3－419

蔚廬詩稿一卷蔚廬騷賦銘贊一卷 … 3－419

蝦詞集成一卷補遺一卷 …… 3－53

蓼花齋詩存四卷附錄一卷詩餘一卷

　　詩帖二卷 ………… 3－375

蓼花齋詩存四卷附錄一卷詩餘一卷

　　詩帖二卷 ………… 3－375

蓼花齋詩存四卷附錄一卷詩餘一卷

　　詩帖二卷 ………… 3－375

蓼花齋詩存四卷附錄一卷詩餘一卷

　　詩帖二卷 ………… 3－375

蓼原山房詩鈔八卷 …… 3－292

蓼溪文集二卷續編一卷 …… 3－221

蓼懷堂琴譜不分卷 …… 2－347

蓼懷堂琴譜不分卷 …… 2－347

蓼懷堂琴譜不分卷 …… 2－347

榑洲詞二卷 ………… 3－431

橙園四種 ………… 3－529

槍炮算法從新三卷 …… 2－231

槍炮操法圖說不分卷 …… 2－230

榴實山莊詩鈔六卷試律二卷詞鈔一

　　卷文稿一卷 …… 3－236

榴實山莊詩鈔六卷試律二卷詞鈔一

　　卷文稿一卷 …… 3－236

榕村全書 ………… 3－516

榕村全書 ………… 3－516

榕村全書 ………… 3－516

榕村全書 ………… 3－516

榕村全書 ………… 3－517

榕村全書 ………… 3－517

榕村全書 ………… 3－517

榕村全集四十卷別集五卷 …………… 3 – 224
榕村詩選八卷首一卷 …………… 2 – 550
榕村詩選八卷首一卷 …………… 2 – 550
榕村詩選八卷首一卷 …………… 2 – 550
榕村詩選八卷首一卷 …………… 2 – 550
榕村語錄三十卷 ………………… 2 – 204
榕村譜錄合考二卷 …………… 1 – 324
榕村譜錄合考二卷 …………… 1 – 324
榕南夢影錄二卷 ……………… 3 – 32
榕陰日課十卷 ………………… 3 – 358
榕園全集 ……………………… 3 – 517
榕園詩鈔十六卷首一卷 ………… 3 – 226
榕壇問業十八卷 ……………… 2 – 190
歌麻古韻考四卷 ……………… 1 – 182
歌麻古韻考四卷 ……………… 1 – 182
歌麻古韻考四卷 ……………… 1 – 182
監本四書十九卷 ……………… 1 – 99
監本四書十九卷 ……………… 1 – 99
監本四書十九卷 ……………… 1 – 99
監本四書十九卷 ……………… 1 – 99
監本四書集註十九卷 ………… 1 – 100
監本書經四卷 ………………… 1 – 29
監本詩經五卷 ………………… 1 – 39
[同治] 監利縣志十二卷首一卷 …… 2 – 24
監造中路師範學堂工程公牘二卷 … 1 – 433
監造求忠學堂工程公牘二卷 …… 1 – 433
監造高等學堂工程公牘二卷 …… 1 – 433
監獄訪問錄 …………………… 1 – 490
碩邁園全集十卷 ……………… 3 – 179
畲史一百卷 …………………… 2 – 490
爾雅一切註音十卷 …………… 1 – 135
爾雅十一卷 …………………… 1 – 132
爾雅三卷 ……………………… 1 – 131
爾雅三卷 ……………………… 1 – 131
爾雅三卷 ……………………… 1 – 131
爾雅三卷 ……………………… 1 – 131
爾雅三卷 ……………………… 1 – 131
爾雅三卷 ……………………… 1 – 131
爾雅三卷 ……………………… 1 – 131
爾雅三卷 ……………………… 1 – 131

爾雅三卷 ……………………… 1 – 131
爾雅三卷 ……………………… 1 – 131
爾雅三卷 ……………………… 1 – 131
爾雅三卷 ……………………… 1 – 131
爾雅三卷 ……………………… 1 – 131
爾雅三卷 ……………………… 1 – 131
爾雅三卷 ……………………… 1 – 131
爾雅三卷 ……………………… 1 – 132
爾雅三卷 ……………………… 1 – 132
爾雅三卷 ……………………… 1 – 132
爾雅三卷 ……………………… 1 – 132
爾雅三卷 ……………………… 1 – 132
爾雅三卷 ……………………… 1 – 132
爾雅三卷 ……………………… 1 – 132
爾雅三卷 ……………………… 1 – 132
爾雅三卷 ……………………… 1 – 132
爾雅三卷 ……………………… 1 – 132
爾雅三卷 ……………………… 1 – 132
爾雅三卷 ……………………… 1 – 132
爾雅三卷 ……………………… 1 – 132
爾雅三卷 ……………………… 1 – 133
爾雅正郭三卷 ………………… 1 – 135
爾雅正郭三卷 ………………… 1 – 135
爾雅正郭三卷 ………………… 1 – 135
爾雅正郭三卷 ………………… 1 – 135
爾雅正義二十卷 ……………… 1 – 134
爾雅正義二十卷 ……………… 1 – 134
爾雅正義二十卷 ……………… 1 – 134
爾雅正義二十卷 ……………… 1 – 134
爾雅正義二十卷 ……………… 1 – 134
爾雅正義二十卷 ……………… 3 – 546
爾雅古註斠三卷蘭如詩鈔一卷 …… 1 – 135
爾雅古義二卷 ………………… 1 – 134
爾雅匡名二十卷 ……………… 1 – 135
爾雅匡名二十卷 ……………… 1 – 136
爾雅直音二卷 ………………… 1 – 135
爾雅直音二卷 ………………… 1 – 135
爾雅音義二卷 ………………… 1 – 133

爾雅音義二卷 …………………… 1-133　　爾雅註疏十一卷 …………………… 1-133
爾雅音義二卷 …………………… 1-133　　爾雅註疏十一卷 …………………… 1-133
爾雅音義三卷 …………………… 1-131　　爾雅註疏十一卷 …………………… 1-133
爾雅音義三卷 …………………… 1-131　　爾雅註疏十一卷 …………………… 1-133
爾雅音義三卷 …………………… 1-131　　爾雅註疏十一卷 …………………… 1-133
爾雅音圖三卷 …………………… 1-133　　爾雅註疏十一卷 …………………… 1-133
爾雅音圖三卷 …………………… 1-133　　爾雅註疏十一卷 …………………… 1-133
爾雅音圖三卷 …………………… 1-133　　爾雅註疏十一卷 …………………… 1-133
爾雅音圖三卷 …………………… 1-133　　爾雅註疏十一卷 …………………… 1-133
爾雅音圖三卷 …………………… 1-133　　爾雅註疏十一卷 …………………… 1-133
爾雅音圖三卷 …………………… 3-531　　爾雅註疏考證十一卷 …………… 1-132
爾雅郭注義疏二十卷 …………… 3-531　　爾雅註疏考證十一卷 …………… 1-132
爾雅郭注義疏二十卷 …………… 3-531　　爾雅註疏校勘記十卷 …………… 1-134
爾雅郭註佚存補訂二十卷 ……… 1-136　　爾雅註疏校勘記十卷 …………… 1-134
爾雅郭註佚存補訂二十卷 ……… 1-136　　爾雅註疏校勘記十卷 …………… 1-134
爾雅郭註佚存補訂二十卷 ……… 1-136　　爾雅補郭二卷 …………………… 1-132
爾雅郭註佚存補訂二十卷 ……… 1-136　　爾雅補郭二卷 …………………… 1-135
爾雅郭註補正三卷 ……………… 1-135　　爾雅補註四卷 …………………… 1-134
爾雅郭註補正三卷 ……………… 1-135　　爾雅補註殘本一卷 ……………… 1-135
爾雅郭註補正三卷 ……………… 1-135　　爾雅疏十卷 ……………………… 1-133
爾雅郭註義疏二十卷 …………… 1-134　　爾雅疏十卷 ……………………… 1-133
爾雅郭註義疏二十卷 …………… 1-134　　爾雅疏十卷 ……………………… 1-133
爾雅郭註義疏二十卷 …………… 1-134　　爾雅蒙求二卷 …………………… 1-134
爾雅郭註義疏二十卷 …………… 1-135　　爾雅蒙求二卷 …………………… 1-134
爾雅郭註義疏二十卷 …………… 1-135　　爾雅蒙求二卷 …………………… 1-134
爾雅郭註義疏二十卷 …………… 1-135　　爾雅蒙求二卷 …………………… 1-134
爾雅郭註義疏二十卷 …………… 1-135　　爾雅義疏二十卷 ………………… 3-546
爾雅郭註義疏二十卷 …………… 1-135　　爾雅漢註三卷 …………………… 1-135
爾雅郭註義疏二十卷 …………… 1-135　　爾雅翼三十二卷 ………………… 1-133
爾雅郭註義疏二十卷 …………… 1-135　　爾雅翼三十二卷 ………………… 1-134
爾雅郭註義疏二十卷 …………… 1-135　　爾雅翼三十二卷 ………………… 1-134
爾雅集解十九卷 ………………… 1-136　　爾雅翼三十二卷 ………………… 1-134
爾雅集解十九卷 ………………… 1-136　　爾雅釋文三卷 …………………… 1-133
爾雅集解十九卷 ………………… 1-136　　爾雅釋文三卷 …………………… 3-546
爾雅註疏十一卷 ………………… 1-132　　爾雅釋音三卷 …………………… 1-134
爾雅註疏十一卷 ………………… 1-132　　爾雅釋音三卷 …………………… 1-134
爾雅註疏十一卷 ………………… 1-132　　爾雅釋音三卷 …………………… 1-134
爾雅註疏十一卷 ………………… 1-132　　爾雅釋音三卷 …………………… 1-134
爾雅註疏十一卷 ………………… 1-133　　爾爾書屋詩草六卷 ……………… 3-205

奪命錄一卷奪命續錄一卷 …………… 3－458
臧鏞堂雜著一卷 ………………………… 3－386
摭言十五卷 …………………………… 1－430
摘鈔元明紀不分卷 …………………… 1－395
摘輯李邑侯紀事唱酬諸作一卷 ……… 3－58
摘錄古文精選一卷 …………………… 2－542
摘錄呂新吾先生呻吟語四卷 ………… 2－189
摘錄臨證指南醫案附論一卷 ………… 2－269
蜇雲閣淩氏叢書 ……………………… 1－8
裴光祿年譜四卷 ……………………… 1－326
對山印稿 ……………………………… 2－342
對山印稿 ……………………………… 2－342
對山書屋墨餘錄十六卷 ……………… 2－394
對山書屋墨餘錄十六卷 ……………… 2－394
對山集十九卷 ………………………… 3－170
對景加減表一卷 ……………………… 2－304
對策六卷 ……………………………… 2－389
對策六卷 ……………………………… 2－389
對數表 ………………………………… 2－309
對數表不分卷 ………………………… 2－305
對數表不分卷 ………………………… 2－305
對數表不分卷 ………………………… 2－305
對數表不分卷 ………………………… 2－309
對數簡法一卷續一卷 ………………… 2－305
對聯匯海十四卷 ……………………… 3－63
對聯匯海十四卷 ……………………… 3－63
對聯匯海十四卷 ……………………… 3－63
對聯匯海十四卷 ……………………… 3－63
對聯匯海十四卷 ……………………… 3－63
對嶽樓詩續錄四卷 …………………… 3－201
對嶽樓詩續錄四卷 …………………… 3－201
嘗試語一卷 …………………………… 1－437
賑紀八卷 ……………………………… 1－456
暢園叢書甲函 ………………………… 3－500
閨秀詩選六卷 ………………………… 2－548
閨姓類集儷語四卷 …………………… 2－500
閨鑒撮記詩草一卷 …………………… 3－374
閨川綴舊詩二卷 ……………………… 3－417
聞妙香室詩集十二卷文集十九卷黔
　記四卷 ……………………………… 3－224
聞妙香室詩鈔八卷 …………………… 3－224
聞妙香室詩稿五卷 …………………… 3－362
聞妙香軒集四卷 ……………………… 3－268
聞妙香軒集四卷 ……………………… 3－268
聞妙香軒集四卷 ……………………… 3－268
聞政新編四卷 ………………………… 1－440
聞過齋集四卷 ………………………… 3－148
［乾隆］聞喜縣志十二卷 ……………… 1－538
［光緒］聞喜縣志補四卷 ……………… 1－538
［光緒］聞喜縣志斠三卷首一卷 …… 1－538
閩小紀四卷 …………………………… 2－71
閩小記四卷讀畫錄四卷 ……………… 2－71
閩中吟六集 …………………………… 3－415
閩中沿革表五卷 ……………………… 2－71
閩政領要三卷 ………………………… 1－476
閩政領要三卷 ………………………… 1－476
閩政領要三卷 ………………………… 1－476
閩政領要三卷 ………………………… 1－477
［萬曆］閩都記三十三卷 ……………… 2－13
閩詞鈔四卷 …………………………… 3－426
閩游集一卷哀鳴集一卷續集一卷緯
　餘吟詞草一卷 ……………………… 3－290
閩詩錄五集四十一卷 ………………… 3－32
閩嶠游草二卷 ………………………… 3－194
閩嶠輶軒錄二卷 ……………………… 2－71
閩縣忠義孝悌傳五卷 ………………… 1－301
疎山志略十卷末一卷 ………………… 2－82
蝀景山房草一卷 ……………………… 3－287
蝸隱廬詩鈔二卷 ……………………… 3－219
蝸隱廬詩鈔二卷 ……………………… 3－219
蝸簃弈錄 ……………………………… 2－348
蝸簃弈錄 ……………………………… 2－348
蝸簃弈錄 ……………………………… 2－348
鳴春集一卷 …………………………… 3－291
鳴原堂論文二卷 ……………………… 3－487
鳴原堂論文二卷 ……………………… 3－487
鳴原堂論文二卷 ……………………… 3－487
鳴原堂論文二卷 ……………………… 3－487
鳴原堂論文二卷 ……………………… 3－487
鳴原堂論文二卷 ……………………… 3－487
鳴原堂論文二卷 ……………………… 3－487
鳴原堂論文二卷 ……………………… 3－487
鳴原堂論文二卷 ……………………… 3－487

鳴原堂論文二卷 …………………… 3－554
鳴鶴堂文集十卷 …………………… 3－215
鳴鶴堂文集十卷 …………………… 3－215
鳴鶴堂文集十卷 …………………… 3－215
嘯松樓詩集八卷 …………………… 3－305
嘯亭雜錄八卷續錄二卷 …………… 3－461
嘯亭雜錄八卷續錄二卷 …………… 3－461
嘯亭雜錄八卷續錄二卷 …………… 3－461
嘯亭雜錄八卷續錄二卷 …………… 3－461
嘯雲軒詩集五卷 …………………… 3－354
嘯園叢書 …………………………… 3－501
嘯園叢書 …………………………… 3－501
嘯劍山房詩鈔十四卷試帖秋鐙課草一卷
　　…………………………………… 3－188
嘯餘譜十一卷 ……………………… 3－450
嘯廬樵唱四卷 ……………………… 3－283
嘯廬樵唱四卷 ……………………… 3－283
嘯廬樵唱四卷 ……………………… 3－283
圖史通義一卷 ……………………… 1－514
圖史提綱三卷 ……………………… 1－268
圖史提綱三卷 ……………………… 1－268
圖史提綱三卷 ……………………… 1－268
圖史提綱三卷 ……………………… 1－268
圖史提綱三卷 ……………………… 1－268
圖史提綱三卷 ……………………… 1－268
圖民錄四卷 ………………………… 1－438
圖民錄四卷 ………………………… 1－438
圖民錄四卷 ………………………… 1－438
圖書編一百二十七卷 ……………… 2－488
圖書編一百二十七卷 ……………… 2－488
圖開勝迹六卷 ……………………… 3－55
圖註八十一難經二卷 ……………… 2－253
圖註八十一難經二卷 ……………… 2－253
圖註八十一難經四卷校正圖註脉訣四卷
　　…………………………………… 2－253
圖註八十一難經辨真四卷 ………… 2－253
圖註八十一難經辨真四卷 ………… 2－253
圖註八十一難經辨真四卷 ………… 2－253
圖註八十一難經辨真四卷 ………… 2－253
圖註八十一難經辨真四卷 ………… 2－253
圖註脉訣辨真四卷 ………………… 2－253
圖畫見聞志六卷 …………………… 2－321

圖像三寶太監下西洋通俗演義十六
　　卷一百回 ……………………… 3－466
圖像三寶太監下西洋通俗演義十六
　　卷一百回 ……………………… 3－466
圖像鏡花緣六卷一百回 …………… 3－468
圖繪寶鑒八卷 ……………………… 2－336
圖繪寶鑒八卷 ……………………… 2－336
圖繪寶鑒六卷補遺一卷續補一卷 … 2－336
鄦學齋周禮淺說不分卷 …………… 1－54
鄦學齋諸史札記不分卷 …………… 1－401
鄦齋叢書 …………………………… 3－506
［道光］舞陽縣志十二卷 ………… 2－19
製火藥法三卷 ……………………… 2－232
製火藥法三卷 ……………………… 2－232
製火藥法三卷 ……………………… 2－232
製火藥法三卷 ……………………… 2－232
製火藥法三卷 ……………………… 2－232
製火藥法三卷 ……………………… 2－232
製火藥法三卷 ……………………… 2－232
製火藥法三卷 ……………………… 2－232
種玉山房詩草一卷 ………………… 3－224
種芝堂帳簿 ………………………… 1－492
種烟葉法一卷 ……………………… 2－241
種植匯要一卷 ……………………… 2－238
種棉五種 …………………………… 2－236
種榆仙館印譜 ……………………… 2－342
種榆仙館印譜 ……………………… 2－342
種福堂公選温熱論醫案四卷 ……… 2－269
種福堂公選温熱論醫案四卷 ……… 2－269
稱謂錄三十二卷 …………………… 2－497
稱謂錄三十二卷 …………………… 2－497
稱謂錄三十二卷 …………………… 2－497
稱謂錄三十二卷 …………………… 2－497
箋註陶淵明集十卷 ………………… 3－76
箋註陶淵明集十卷 ………………… 3－76
箋註陶淵明集十卷 ………………… 3－76
箋註繪像第六才子西廂釋解八卷 …… 3－438
箋釋梅亭先生四六標準四十卷 …… 3－117
箋釋梅亭先生四六標準四十卷 …… 3－117
箋釋梅亭先生四六標準四十卷 …… 3－117
箋釋梅亭先生四六標準四十卷 ……… 3－117

算式集要四卷 …………………… 2－307
算式集要四卷 …………………… 2－307
算式集要四卷 …………………… 2－307
算式解法十四卷 ………………… 2－309
算法六卷 ………………………… 2－294
算經十書 ………………………… 2－298
算經十書 ………………………… 2－298
算學初集 ………………………… 2－299
算學書目提要三卷 ……………… 2－306
算學書目提要三卷 ……………… 2－306
算學書目提要三卷 ……………… 2－306
算學蒙求初集二卷 ……………… 2－302
算學新說一卷 …………………… 2－301
算學講義十八卷 ………………… 2－305
管子二十四卷 …………………… 2－217
管子二十四卷 …………………… 2－217
管子二十四卷 …………………… 2－218
管子二十四卷 …………………… 2－218
管子二十四卷 …………………… 2－218
管子二十四卷 …………………… 2－218
管子二十四卷 …………………… 2－218
管子二十四卷 …………………… 2－218
管子二十四卷 …………………… 2－218
管子二十四卷 …………………… 2－218
管子二十四卷 …………………… 2－218
管子二十四卷 …………………… 2－218
管子二十四卷 …………………… 2－218
管子二十四卷 …………………… 2－218
管子二十四卷 …………………… 2－218
管子二十四卷 …………………… 2－218
管子二十四卷 …………………… 2－218
管子二十四卷 …………………… 2－218
管子二十四卷 …………………… 2－219
管子二十四卷 …………………… 2－219
管子二十四卷 …………………… 2－219
管子二十四卷 …………………… 2－219
管子二十四卷 …………………… 2－219

管子二十四卷 …………………… 2－219
管子二十四卷 …………………… 3－550
管子地員篇注四卷 ……………… 3－550
管子地員篇註四卷 ……………… 2－221
管子治略竅言八卷 ……………… 2－221
管子校正二十四卷 ……………… 2－222
管子校正二十四卷 ……………… 2－222
管子校正二十四卷 ……………… 2－222
管子校正二十四卷 ……………… 2－222
管松厓詩不分卷 ………………… 3－387
管帶鎮夏前旗矗邦光告示 ……… 1－478
管情三義賦三卷詩三卷 ………… 3－205
管學大臣張奏定小學堂章程一卷 … 1－431
管窺略十二卷 …………………… 2－405
管窺輯要八十卷 ………………… 2－293
管窺輯要八十卷 ………………… 2－405
管窺輯要八十卷 ………………… 2－405
管窺輯要八十卷 ………………… 2－405
管窺輯要八十卷 ………………… 2－405
管窺輯要八十卷 ………………… 2－405
管韓合刻 ………………………… 2－217
管蠡匯占十二卷 ………………… 2－407
管蠡匯占□□卷 ………………… 2－221
毓秀堂畫傳四卷 ………………… 2－337
儆季雜著 ………………………… 3－524
儆季雜著 ………………………… 3－524
儆季雜著 ………………………… 3－524
儆季雜著五種二十一卷 ………… 3－554
儆居集 …………………………… 3－524
儆居遺書十六種七十五卷 ……… 3－554
銜遠樓詩稿二卷 ………………… 3－260
槃邁文甲三卷文乙二卷 ………… 3－333
槃邁文甲三卷文乙二卷 ………… 3－334
[道光]銅山縣志二十四卷首一卷 … 1－552
銅江唱和草一卷續刊一卷 ……… 3－60
銅官感舊集四卷 ………………… 3－35
銅官感舊集四卷 ………………… 3－35
銅官感舊集四卷 ………………… 3－35
銅官感舊集四卷 ………………… 3－35
銅梁山人詞四卷 ………………… 3－428
銅梁山人詩集二十五卷 ………… 3－194

銅鼓書堂遺稿三十二卷················ 3－269
銅鼓書堂遺稿三十二卷················ 3－269
銅鼓書堂遺稿三十二卷················ 3－269
銅鼓書堂遺稿三十二卷················ 3－270
銅鼓書堂藏印·························· 2－341
銅熨斗齋隨筆八卷···················· 2－368
銅熨斗齋隨筆八卷···················· 2－368
銓叙部湘粵桂銓叙處兩周年紀念特刊
································ 1－442
銓叙部湘粵桂銓叙處兩周年紀念特刊
································ 1－442
銘雀硯齋印存························· 2－342
銀海精微二卷························· 2－278
銀海精微四卷························· 2－278
銀漢槎傳奇二卷······················ 3－442
銀礦指南····························· 2－316
銀礦指南····························· 2－316
鄱陽俟菴先生文集三十卷附錄一卷 ···· 3－148
鄱陽集四卷首一卷拾遺一卷附錄一卷
································ 3－120
鄱陽集四卷首一卷拾遺一卷附錄一卷
································ 3－120
鄱陽集四卷首一卷拾遺一卷附錄一卷
································ 3－120
［同治］鄱陽縣志二十四卷首一卷 ····· 2－9
遯庵詩稿一卷補一卷團綠山房詩餘一卷
································ 3－291
鳳台祇謁筆記一卷···················· 2－103
［光緒］鳳台縣志二十五卷 ··········· 2－3
［乾隆］鳳台縣志二十卷首一卷 ······ 1－538
［乾隆］鳳台縣志二十卷首一卷 ······ 1－538
［光緒］鳳台縣續志四卷 ············· 1－538
鳳池吟稿十卷························· 3－159
鳳池集不分卷························· 3－19
鳳飛樓傳奇二卷······················ 3－441
鳳凰山十卷七十二回·················· 3－447
［道光］鳳凰廳志二十卷首一卷 ······ 2－53
［乾隆］鳳陽縣志十六卷首一卷 ······ 2－2
［乾隆］鳳翔府志十二卷首一卷 ······ 1－541
［乾隆］鳳翔縣志八卷首一卷 ········· 1－541
［光緒］鳳縣志十卷首一卷 ··········· 1－541

鳳巘書院志五卷首一卷末一卷 ········ 2－60
疑仙傳三卷··························· 2－478
疑年錄四卷··························· 1－303
疑年錄四卷··························· 1－303
疑年錄四卷··························· 1－303
疑年錄四卷··························· 1－303
疑年錄四卷··························· 1－303
疑雨集四卷··························· 3－156
疑雨集四卷··························· 3－156
疑雨集四卷··························· 3－156
疑雨集四卷··························· 3－156
疑雨集四卷··························· 3－156
疑雨集四卷··························· 3－156
疑龍經批註校補三卷·················· 2－414
獄燈小稿三卷························· 3－384
語石十卷····························· 2－128
語石十卷····························· 2－128
語石十卷····························· 2－128
語石十卷····························· 2－128
語石十卷····························· 2－128
語石十卷····························· 2－128
語石十卷····························· 2－128
說文二徐箋異························· 1－148
說文二徐箋異························· 1－148
說文二徐箋異························· 1－148
說文五翼八卷························· 1－147
說文五翼八卷························· 1－147
說文五翼八卷························· 1－147
說文分畫易知錄一卷說文分韻易知
錄十卷·························· 1－154
說文分畫易知錄一卷說文分韻易知
錄十卷·························· 1－154
說文分畫易知錄一卷說文分韻易知
錄十卷·························· 1－154
說文引經考二卷······················ 1－150
說文引經考二卷······················ 1－150
說文引經考二卷······················ 1－150
說文引經考二卷······················ 1－150
說文引經考異十六卷·················· 1－151
說文引經考異十六卷·················· 1－151
說文引經考異十六卷·················· 1－151

說文引經考異十六卷 …………………… 3－544
說文引經考證七卷互異說一卷 ……… 3－544
說文引經考證八卷 …………………… 1－155
說文引經考證八卷 …………………… 1－155
說文引經考證八卷 …………………… 1－155
說文引經考證八卷 …………………… 1－155
說文引經例辨三卷 …………………… 1－157
說文引經例辨三卷 …………………… 3－544
說文引經證例二十四卷 ……………… 1－121
說文正字二卷說文原目一卷 ………… 1－148
說文古本考十四卷 …………………… 1－149
說文古本考十四卷 …………………… 1－149
說文古籀補十四卷補遺一卷附錄一卷
……………………………………… 1－150
說文古籀補十四卷補遺一卷附錄一卷
……………………………………… 1－150
說文古籀補十四卷補遺一卷附錄一卷
……………………………………… 1－150
說文古籀補十四卷補遺一卷附錄一卷
……………………………………… 1－150
說文古籀補十四卷補遺一卷附錄一卷
……………………………………… 1－150
說文古籀補十四卷補遺一卷附錄一卷
……………………………………… 1－150
說文古籀補十四卷補遺一卷附錄一卷
……………………………………… 1－150
說文本經答問二卷 …………………… 1－157
說文本經答問二卷 …………………… 1－157
說文本經答問二卷 …………………… 1－157
說文本經答問二卷 …………………… 1－157
說文外編十六卷 ……………………… 1－157
說文外編十六卷 ……………………… 1－157
說文外編十六卷 ……………………… 1－157
說文外編十六卷 ……………………… 1－157
說文字原一卷 ………………………… 1－150
說文字原一卷 ………………………… 1－150
說文字原考略六卷 …………………… 1－150
說文字原集註十六卷說文字原表一
　卷說文字原表說一卷 ……………… 1－158

說文字原韻表二卷 …………………… 1－151
說文字通十四卷說文經典異字說一卷
……………………………………… 1－154
說文字通十四卷說文經典異字說一卷
……………………………………… 1－154
說文字辨十四卷 ……………………… 1－150
說文字辨十四卷 ……………………… 1－150
說文佚字考四卷 ……………………… 1－156
說文佚字考四卷 ……………………… 1－156
說文長箋一百卷首二卷解題一卷 …… 1－146
說文拈字七卷補遺三卷 ……………… 1－146
說文拈字七卷補遺三卷 ……………… 1－146
說文拈字七卷補遺三卷 ……………… 1－146
說文段註訂補十四卷 ………………… 1－146
說文段註訂補十四卷 ………………… 1－147
說文段註校三種 ……………………… 1－143
說文段註校三種 ……………………… 1－143
說文段註校三種 ……………………… 1－143
說文段註撰要九卷 …………………… 1－153
說文染指二編 ………………………… 1－150
說文染指二編 ………………………… 1－150
說文校定本十五卷 …………………… 1－148
說文校議十五卷 ……………………… 1－153
說文校議十五卷 ……………………… 1－153
說文校議十五卷 ……………………… 1－153
說文校議十五卷 ……………………… 1－153
說文校議十五卷 ……………………… 1－153
說文徐氏未詳說一卷 ………………… 1－154
說文部目分韻一卷 …………………… 1－151
說文部目分韻一卷 …………………… 1－151
說文部目分韻一卷 …………………… 1－151
說文部目便讀一卷 …………………… 1－159
說文部目便讀一卷 …………………… 1－159
說文部次便覽一卷 …………………… 1－159
說文部叙一卷 ………………………… 1－146
說文部首韻語一卷 …………………… 1－155
說文部首讀本十四卷 ………………… 1－159
說文部首讀本十四卷 ………………… 1－159
說文部首讀本十四卷 ………………… 1－159
說文部首讀本十四卷 ………………… 1－159
說文部首讀本十四卷 ………………… 1－159

說文通訓定聲十八卷	1-149	說文提要一卷	1-155
說文通訓定聲十八卷	1-149	說文提要一卷	1-155
說文通訓定聲十八卷	1-149	說文提要一卷	1-155
說文通訓定聲十八卷	1-149	說文提要一卷	1-155
說文通訓定聲十八卷	1-149	說文提要一卷	1-155
說文通訓定聲十八卷	1-149	說文提要一卷	1-155
說文通訓定聲十八卷	1-149	說文提要一卷	1-155
說文通訓定聲十八卷	1-149	說文答問疏證六卷	1-159
說文通訓定聲十八卷	1-149	說文答問疏證六卷	1-159
說文通訓定聲十八卷	1-149	說文答問疏證六卷	1-159
說文通訓定聲十八卷	1-149	說文答問疏證六卷	1-159
說文通檢十四卷首一卷末一卷	1-144	說文發疑六卷	1-156
說文通檢十四卷首一卷末一卷	1-144	說文發疑六卷	1-156
說文通檢十四卷首一卷末一卷	1-144	說文發疑六卷	1-156
說文通檢十四卷首一卷末一卷	1-158	說文發疑六卷	1-156
說文通檢十四卷首一卷末一卷	1-158	說文發疑六卷	1-156
說文通檢十四卷首一卷末一卷	1-158	說文統釋自序一卷	3-544
說文通檢十四卷首一卷末一卷	1-158	說文楬原二卷	1-155
說文通檢十四卷首一卷末一卷	1-158	說文楬原二卷	1-155
說文通檢十四卷首一卷末一卷	1-158	說文楬原二卷	1-155
說文通檢十四卷首一卷末一卷	1-158	說文楬原二卷	1-155
說文通檢十四卷首一卷末一卷	1-158	說文楬原二卷	1-155
說文通檢十四卷首一卷末一卷	1-159	說文解字十二卷	1-143
說文通檢十四卷首一卷末一卷	1-159	說文解字十二卷	1-143
說文通檢十四卷首一卷末一卷	3-544	說文解字十二卷	1-143
說文偏旁一卷	1-155	說文解字十五卷	1-143
說文偏旁考二卷	1-150	說文解字十五卷	1-143
說文逸字二卷	1-157	說文解字十五卷	1-143
說文逸字二卷	1-158	說文解字十五卷	1-143
說文逸字二卷	1-158	說文解字十五卷	1-143
說文逸字二卷	1-158	說文解字十五卷	1-143
說文逸字二卷	1-158	說文解字十五卷	1-144
說文逸字二卷	1-158	說文解字十五卷	1-144
說文逸字二卷	1-158	說文解字十五卷	1-144
說文逸字二卷	1-158	說文解字十五卷	1-144
說文逸字辨證一卷	1-149	說文解字十五卷	1-144
說文逸字辨證一卷	1-149	說文解字十五卷	1-144
說文逸字辨證一卷	1-150	說文解字十五卷	1-144
說文逸字辨證一卷	1-150	說文解字十五卷	1-144

說文解字十五卷‥‥‥‥‥‥‥‥‥‥ 1－144　　說文解字通釋四十卷‥‥‥‥‥‥‥‥‥ 1－145

說文解字十五卷‥‥‥‥‥‥‥‥‥‥ 1－144　　說文解字通釋四十卷‥‥‥‥‥‥‥‥‥ 1－145

說文解字十五卷‥‥‥‥‥‥‥‥‥‥ 1－144　　說文解字註三十卷‥‥‥‥‥‥‥‥‥‥ 1－152

說文解字十五卷‥‥‥‥‥‥‥‥‥‥ 1－144　　說文解字註三十卷六書音韻表五卷

說文解字十五卷‥‥‥‥‥‥‥‥‥‥ 1－144　　‥‥‥‥‥‥‥‥‥‥‥‥‥‥‥‥‥ 1－151

說文解字十五卷‥‥‥‥‥‥‥‥‥‥ 1－144　　說文解字註三十卷六書音韻表五卷

說文解字十五卷‥‥‥‥‥‥‥‥‥‥ 1－145　　‥‥‥‥‥‥‥‥‥‥‥‥‥‥‥‥‥ 1－151

說文解字十五卷‥‥‥‥‥‥‥‥‥‥ 1－145　　說文解字註三十卷六書音韻表五卷

說文解字十五卷‥‥‥‥‥‥‥‥‥‥ 1－145　　‥‥‥‥‥‥‥‥‥‥‥‥‥‥‥‥‥ 1－151

說文解字十五卷‥‥‥‥‥‥‥‥‥‥ 1－145　　說文解字註三十卷六書音韻表五卷

說文解字十五卷‥‥‥‥‥‥‥‥‥‥ 1－145　　‥‥‥‥‥‥‥‥‥‥‥‥‥‥‥‥‥ 1－152

說文解字十五卷‥‥‥‥‥‥‥‥‥‥ 1－145　　說文解字註三十卷六書音韻表五卷

說文解字十五卷‥‥‥‥‥‥‥‥‥‥ 1－145　　‥‥‥‥‥‥‥‥‥‥‥‥‥‥‥‥‥ 1－152

說文解字十五卷‥‥‥‥‥‥‥‥‥‥ 1－145　　說文解字註三十卷六書音韻表五卷

說文解字十五卷‥‥‥‥‥‥‥‥‥‥ 1－145　　‥‥‥‥‥‥‥‥‥‥‥‥‥‥‥‥‥ 1－152

說文解字十五卷‥‥‥‥‥‥‥‥‥‥ 1－145　　說文解字註三十卷六書音韻表五卷

說文解字十五卷‥‥‥‥‥‥‥‥‥‥ 3－531　　‥‥‥‥‥‥‥‥‥‥‥‥‥‥‥‥‥ 1－152

說文解字十五卷‥‥‥‥‥‥‥‥‥‥ 3－541　　說文解字註三十卷六書音韻表五卷‥‥ 1－152

說文解字十五卷‥‥‥‥‥‥‥‥‥‥ 3－544　　說文解字註三十卷六書音韻表五卷

說文解字三十卷‥‥‥‥‥‥‥‥‥‥ 1－144　　‥‥‥‥‥‥‥‥‥‥‥‥‥‥‥‥‥ 1－152

說文解字三十卷‥‥‥‥‥‥‥‥‥‥ 1－144　　說文解字註三十卷六書音韻表五卷

說文解字三十卷‥‥‥‥‥‥‥‥‥‥ 1－144　　‥‥‥‥‥‥‥‥‥‥‥‥‥‥‥‥‥ 1－152

說文解字三十卷‥‥‥‥‥‥‥‥‥‥ 1－144　　說文解字註三十卷六書音韻表五卷

說文解字三十卷‥‥‥‥‥‥‥‥‥‥ 1－144　　‥‥‥‥‥‥‥‥‥‥‥‥‥‥‥‥‥ 1－152

說文解字句讀三十卷‥‥‥‥‥‥‥‥ 1－147　　說文解字註三十卷六書音韻表五卷

說文解字句讀三十卷‥‥‥‥‥‥‥‥ 1－147　　‥‥‥‥‥‥‥‥‥‥‥‥‥‥‥‥‥ 1－152

說文解字句讀三十卷‥‥‥‥‥‥‥‥ 1－147　　說文解字註三十卷六書音韻表五卷

說文解字句讀三十卷‥‥‥‥‥‥‥‥ 1－147　　‥‥‥‥‥‥‥‥‥‥‥‥‥‥‥‥‥ 1－152

說文解字句讀三十卷‥‥‥‥‥‥‥‥ 1－147　　說文解字註三十卷六書音韻表五卷

說文解字句讀三十卷‥‥‥‥‥‥‥‥ 1－147　　‥‥‥‥‥‥‥‥‥‥‥‥‥‥‥‥‥ 1－152

說文解字句讀三十卷‥‥‥‥‥‥‥‥ 1－147　　說文解字註三十卷六書音韻表五卷

說文解字句讀三十卷‥‥‥‥‥‥‥‥ 3－531　　‥‥‥‥‥‥‥‥‥‥‥‥‥‥‥‥‥ 1－152

說文解字注十五卷部目分韻一卷‥‥ 3－531　　說文解字註三十卷六書音韻表五卷

說文解字音均表十七卷首一卷‥‥‥ 3－544　　‥‥‥‥‥‥‥‥‥‥‥‥‥‥‥‥‥ 1－152

說文解字校錄十五卷‥‥‥‥‥‥‥‥ 1－157　　說文解字註三十卷六書音韻表五卷‥‥ 1－153

說文解字校錄十五卷‥‥‥‥‥‥‥‥ 1－157　　說文解字註三十卷六書音韻表五卷

說文解字校錄十五卷‥‥‥‥‥‥‥‥ 1－157　　‥‥‥‥‥‥‥‥‥‥‥‥‥‥‥‥‥ 1－153

說文解字部叙傳二卷‥‥‥‥‥‥‥‥ 1－145

說文解字註三十卷六書音韻表五卷
　　　…………………………………… 1－153
說文解字註三十卷六書音韻表五卷
　　　…………………………………… 1－153
說文解字註三十卷六書音韻表五卷
　汲古閣說文訂一卷………………… 1－152
說文解字註三十卷六書音韻表五卷
　汲古閣說文訂一卷………………… 1－152
說文解字註三十卷六書音韻表五卷
　汲古閣說文訂一卷………………… 1－152
說文解字註三十卷六書音韻表五卷
　汲古閣說文訂一卷………………… 1－152
說文解字註匡謬八卷………………… 1－153
說文解字註匡謬不分卷……………… 1－153
說文解字補遺一卷…………………… 1－156
說文解字義證五十卷………………… 1－153
說文解字義證五十卷………………… 1－153
說文解字義證五十卷………………… 1－153
說文解字義證五十卷………………… 1－153
說文解字義證五十卷………………… 3－531
說文解字斠詮十四卷………………… 1－159
說文解字斠詮十四卷………………… 1－159
說文解字篆韻譜五卷附錄一卷……… 1－145
說文解字舊音一卷…………………… 1－156
說文解字舊音一卷…………………… 3－544
說文解字繫傳四十卷………………… 1－146
說文解字繫傳四十卷………………… 1－146
說文解字繫傳四十卷………………… 1－146
說文解字繫傳四十卷附錄一卷……… 1－145
說文解字繫傳四十卷附錄一卷……… 1－145
說文解字繫傳四十卷附錄一卷……… 1－145
說文解字繫傳四十卷附錄一卷……… 1－145
說文解字繫傳四十卷附錄一卷……… 1－146
說文解字繫傳四十卷校勘記三卷…… 1－146
說文解字繫傳四十卷校勘記三卷…… 1－146
說文解字繫傳四十卷校勘記三卷…… 1－146
說文解字繫傳四十卷校勘記三卷…… 1－146
說文解字繫傳四十卷校勘記三卷…… 1－146
說文解字繫傳四十卷校勘記三卷…… 1－146
說文解字繫傳校勘記三卷…………… 1－149

說文解字韻譜十卷…………………… 1－145
說文解字韻譜十卷…………………… 1－145
說文解字韻譜十卷…………………… 1－145
說文新附考六卷說文逸字考二卷…… 1－157
說文新附考六卷續考一卷…………… 1－156
說文新附考六卷續考一卷…………… 1－156
說文新附考六卷續考一卷…………… 1－156
說文新附考六卷續考一卷…………… 1－156
說文新附考六卷續考一卷…………… 1－156
說文新附考六卷續考一卷…………… 1－157
說文新附考六卷續考一卷…………… 1－157
說文新附考六卷續考一卷…………… 1－157
說文新附考六卷續考一卷…………… 1－157
說文新附考六卷續考一卷…………… 1－157
說文經字正誼二卷…………………… 1－154
說文經字正誼二卷…………………… 1－154
說文經字正誼二卷…………………… 1－154
說文經字正誼二卷…………………… 1－154
說文經字正誼二卷…………………… 1－154
說文經字正誼二卷…………………… 1－154
說文經字正誼不分卷………………… 1－159
說文經字考辨證四卷………………… 1－154
說文經字考辨證四卷………………… 1－154
說文經字考辨證四卷………………… 1－154
說文經字考辨證四卷………………… 1－154
說文經字考辨證四卷………………… 1－154
說文經字考辨證四卷………………… 1－154
說文經斠十三卷補遺一卷說文正俗一卷
　　　…………………………………… 1－157
說文管見三卷………………………… 1－151
說文管見三卷………………………… 1－151
說文廣纂一卷………………………… 1－150
說文審音十六卷校記一卷…………… 1－156
說文審音十六卷校記一卷…………… 1－156
說文凝錦錄一卷……………………… 1－157
說文凝錦錄一卷……………………… 1－157
說文凝錦錄一卷……………………… 1－157
說文辨似不分卷續編不分卷音義摘
　要不分卷續編不分卷……………… 1－159

說文辨字正俗八卷 …………… 1－149
說文辨字正俗八卷 …………… 1－149
說文辨字正俗八卷 …………… 1－149
說文辨字正俗八卷 …………… 1－149
說文辨字正俗八卷 …………… 3－531
說文辨疑一卷 ………………… 1－159
說文聲系十四卷 ……………… 1－153
說文聲系十四卷 ……………… 1－153
說文聲系十四卷 ……………… 1－153
說文聲系十四卷 ……………… 1－153
說文聲系十四卷 ……………… 3－544
說文聲類 ……………………… 1－159
說文聲類 ……………………… 1－159
說文聲讀表七卷 ……………… 1－151
說文聲讀表七卷 ……………… 1－151
說文聲讀表七卷 ……………… 1－151
說文舊音補註三卷改錯一卷 … 1－151
說文舊音補註三卷改錯一卷 … 1－151
說文檢字二卷 ………………… 1－148
說文檢字二卷 ………………… 1－148
說文檢字二卷補遺一卷 ……… 1－148
說文檢字二卷補遺一卷 ……… 1－148
說文檢字二卷補遺一卷 ……… 1－148
說文雙聲二卷 ………………… 1－159
說文雙聲二卷 ………………… 1－159
說文繫傳考異二十八卷 ……… 1－149
說文繫傳考異四卷附錄一卷 … 1－149
說文繫傳考異四卷附錄一卷 … 1－149
說文繫傳校錄三十卷 ………… 1－147
說文繫傳校錄三十卷 ………… 1－147
說文繫傳校錄三十卷 ………… 1－147
說文繫傳校錄三十卷 ………… 1－147
說文繫傳校錄三十卷 ………… 3－532
說文韻譜校五卷 ……………… 1－147
說文韻譜校五卷 ……………… 1－147
說文韻譜校五卷 ……………… 1－147
說文韻譜校五卷 ……………… 1－147
說文釋例二十卷 ……………… 3－531
說文釋例二十卷附補正 ……… 1－147
說文釋例二十卷附補正 ……… 1－147
說文釋例二十卷附補正 ……… 1－148

說文釋例二十卷附補正 ……… 1－148
說文釋例二十卷附補正 ……… 1－148
說文釋例二十卷附補正 ……… 1－148
說文釋例二十卷附補正 ……… 1－148
說文釋例二十卷附補正 ……… 1－148
說文釋例二十卷附補正 ……… 1－148
說文釋例二十卷附補正 ……… 1－148
說文釋例二十卷附補正 ……… 1－148
說文釋例二十卷附補正 ……… 1－148
說文釋例二卷 ………………… 1－148
說文釋例二卷 ………………… 1－148
說文釋例八卷 ………………… 1－147
說四書四卷 …………………… 1－105
說玄一卷 ……………………… 2－403
說江一卷 ……………………… 2－91
說江一卷 ……………………… 2－91
說苑二十卷 …………………… 2－177
說苑二十卷 …………………… 2－177
說苑二十卷 …………………… 2－177
說苑二十卷 …………………… 2－177
說苑二十卷 …………………… 2－177
說苑考異一卷 ………………… 2－182
說帖辯例新編□□卷 ………… 1－483
說鬼稽神錄不分卷 …………… 3－459
說郛續四十六卷 ……………… 3－490
說教一卷 ……………………… 2－456
說雲詩鈔五卷首一卷 ………… 3－279
說雅二卷 ……………………… 3－546
說嵩三十二卷 ………………… 2－84
說嵩三十二卷 ………………… 2－84
說鈴 …………………………… 3－493
說鈴 …………………………… 3－493
說鈴 …………………………… 3－493
說鈴 …………………………… 3－493
說鈴 …………………………… 3－493
說詩晬語二卷 ………………… 3－481
說經堂詩草一卷 ……………… 3－361
說經堂詩草一卷 ……………… 3－361
說劍堂著書 …………………… 3－530
說劍堂集四卷 ………………… 3－418

434

說儲八卷二集八卷 …………… 2－365

認真子集三卷附錄三卷 ………… 3－159

誦芬堂文存一卷 ………………… 3－393

誦芬堂詩鈔十卷首一卷二集六卷三集
　六卷四集四卷五集四卷文稿二卷
　　　　　　　　　　　　　　 3－302

誦芬詩略三卷自述百韻詩一卷 …… 3－341

誦沙彌尼律儀式一卷 …………… 2－455

誦清閣集四卷首一卷 …………… 3－204

誦清閣集四卷首一卷 …………… 3－204

塾課小題正鵠三集 ……………… 3－45

塾課小題正鵠三集 ……………… 3－45

塾課小題正鵠三集 ……………… 3－45

塾課古文彙選八卷 ……………… 3－50

廣川書跋十卷 …………………… 2－321

廣川書跋十卷 …………………… 2－321

廣小圃詠一卷 …………………… 3－431

廣元遺山年譜二卷 ……………… 1－321

廣文選八十二卷 ………………… 2－530

廣文選八十二卷目錄二卷 ……… 2－530

廣文選刪十四卷 ………………… 2－529

［乾隆］廣平府志二十四卷 …… 1－534

［光緒］廣平府志六十三卷首一卷 … 1－534

［康熙］廣平縣志五卷 ………… 1－534

廣生編一卷 ……………………… 2－280

廣印人傳十六卷補遺一卷 ……… 2－339

廣弘明集四十卷 ………………… 2－446

廣芝館揀選上藥精製各項大小丸散
　膏丹一卷 …………………… 2－258

［廣西西林］岑氏族譜□□卷 …… 1－344

廣西全省輿圖道里備覽不分卷 … 2－101

［廣西柳州］嚴氏家譜□□卷 …… 1－377

廣西省西林縣貴州省安義鎮民教衝
　突公文 ……………………… 1－478

［雍正］廣西便覽二卷 ………… 2－31

［雍正］廣西通志一百二十八卷首一卷
　　　　　　　　　　　　　　 2－31

［嘉慶］廣西通志二百七十九卷首一卷
　　　　　　　　　　　　　　 2－31

［嘉慶］廣西通志二百七十九卷首一卷
　　　　　　　　　　　　　　 2－31

［道光］廣西通志輯要十七卷首一卷
　　　　　　　　　　　　　　 2－31

廣西試牘不分卷 ………………… 3－48

廣西諮議局第三次報告書 ……… 1－478

廣百論本一卷 …………………… 2－423

廣列女傳二十卷附錄一卷 ……… 1－302

廣列女傳二十卷附錄一卷 ……… 1－302

廣列女傳二十卷附錄一卷 ……… 1－302

廣列女傳二十卷附錄一卷 ……… 1－302

廣列女傳二十卷附錄一卷 ……… 1－302

廣列女傳二十卷附錄一卷 ……… 1－302

廣列女傳二十卷附錄一卷 ……… 1－302

廣列女傳二十卷附錄一卷 ……… 1－302

廣名將傳二十卷 ………………… 1－284

［光緒］廣州府志一百六十三卷 …… 2－27

［光緒］廣安州志十三卷首一卷 …… 2－38

廣志繹五卷 ……………………… 2－101

廣志繹五卷 ……………………… 2－101

廣快書 …………………………… 3－489

廣東文獻初集十八卷二集九卷三集
　十七卷 ……………………… 3－39

廣東水道通考一卷 ……………… 2－94

廣東同官錄一卷 ………………… 1－385

廣東各府州相距里數四至八到程二卷
　　　　　　　　　　　　　　 1－463

廣東省電白縣公文 ……………… 1－478

廣東便覽二卷 …………………… 2－27

廣東致中和丸散彙編一卷 ……… 2－259

［道光］廣東通志三百三十四卷首一卷
　　　　　　　　　　　　　　 2－27

［雍正］廣東通志六十四卷 …… 2－27

廣東新語二十八卷 ……………… 1－141

廣東新語二十八卷 ……………… 1－141

廣東新語二十八卷 ……………… 1－141

廣東圖說九十三卷首一卷 ……… 2－101

廣東圖說九十三卷首一卷 ……… 2－101

廣東廣雅書局書目一卷 ………… 2－152

廣東輿地全圖 …………………… 2－101

廣東輿地圖說十四卷首一卷 …… 2－73

廣事類賦四十卷 ………………… 2－484

廣事類賦四十卷 ………………… 2－484

廣事類賦四十卷 …………………… 2－484
廣事類賦四十卷 …………………… 2－484
廣事類賦四十卷 …………………… 2－484
廣事類賦四十卷 …………………… 2－501
廣事類賦四十卷 …………………… 2－501
廣卓異記二十卷 …………………… 3－455
［同治］廣昌縣志十卷首一卷 …… 2－13
［乾隆］廣昌縣志八卷首一卷 …… 1－534
廣金石韻府五卷玉篇字略一卷 …… 1－170
廣金石韻府五卷玉篇字略一卷 …… 1－170
廣金石韻府五卷玉篇字略一卷 …… 1－170
廣金石韻府五卷玉篇字略一卷 …… 1－170
廣治平略三十六卷續集八卷 …… 2－502
廣治平略三十六卷續集八卷 …… 2－502
廣治平略三十六卷續集八卷 …… 2－502
廣治平略三十六卷續集八卷 …… 2－502
廣治平略三十六卷續集八卷 …… 2－502
廣治平略三十六卷續集八卷 …… 2－502
廣治平略三十六卷續集八卷 …… 2－502
廣治平略三十六卷續集八卷 …… 2－502
廣治平略三十六卷續集八卷 …… 2－502
廣治平略三十六卷續集八卷 …… 2－502
［道光］廣南府志四卷 …………… 2－40
［乾隆］廣信府志二十六卷首一卷 …… 2－8
［乾隆］廣信府志二十六卷首一卷 …… 2－8
［同治］廣信府志十二卷首一卷 …… 2－8
廣唐賢三昧集前編不分卷正編不分
　卷後編不分卷續編不分卷 …… 3－4
廣陵先生文集二十卷拾遺一卷附錄一卷
　　　　　　　　　　　　　　　 3－113
廣陵思古編二十九卷 …………… 3－29
廣陵通典十卷 …………………… 2－70
廣陵通典十卷 …………………… 2－70
廣陵通典十卷 …………………… 2－70
廣陵通典十卷 …………………… 2－70
廣陵通典十卷 …………………… 2－70
廣陵通典十卷 …………………… 2－70
廣陵酬唱集一卷 ………………… 3－59
廣陵詩事十卷 …………………… 3－482
廣陵詩事十卷 …………………… 3－482
廣陵縣王光昇旌孝錄二卷 ……… 3－53
廣清凉傳三卷 …………………… 2－461
廣陽雜記五卷 …………………… 2－377
廣博物志五十卷 ………………… 2－290
廣博物志五十卷 ………………… 2－489
廣博物志五十卷 ………………… 2－489
廣博物志五十卷 ………………… 2－489
廣博物志五十卷 ………………… 2－489
廣博物志五十卷 ………………… 2－489
廣博物志五十卷 ………………… 2－489
廣博嚴淨不退轉法輪經四卷 …… 2－426
廣博嚴淨不退轉法輪經四卷 …… 2－426
廣博嚴淨不退轉法輪經四卷 …… 2－427
廣達生編一卷 …………………… 2－280
廣雁蕩山志二十八卷首一卷末一卷
　　　　　　　　　　　　　　　 2－80
廣雁蕩山志二十八卷首一卷末一卷 …… 2－80
廣雅十卷 ………………………… 1－137
廣雅書局書目一卷 ……………… 2－152
廣雅書局叢書 …………………… 3－502
廣雅書局叢書 …………………… 3－502
廣雅書局叢書 …………………… 3－502
廣雅書院同舍錄不分卷 ………… 1－386
廣雅堂詩集不分卷 ……………… 3－303
廣雅堂詩集不分卷 ……………… 3－304
廣雅堂詩集不分卷 ……………… 3－304
廣雅堂詩集不分卷 ……………… 3－304
廣雅堂詩集不分卷 ……………… 3－304
廣雅堂詩集不分卷 ……………… 3－304
廣雅疏補四卷 …………………… 1－138
廣雅疏補四卷 …………………… 1－138
廣雅疏證十卷 …………………… 1－137
廣雅疏證十卷 …………………… 1－137
廣雅疏證十卷 …………………… 1－137
廣雅疏證十卷 …………………… 1－137
廣雅疏證十卷 …………………… 1－138
廣雅疏證十卷 …………………… 1－138
廣雅疏證十卷 …………………… 1－138

廣雅疏證十卷 …………………… 1－138
廣雅疏證十卷 …………………… 1－138
廣雅疏證十卷 …………………… 1－138
廣雅疏證十卷 …………………… 3－546
廣雅疏證十卷附博雅音十卷 …… 3－531
廣雅碎金四卷附錄一卷 ………… 3－303
廣雅碎金四卷附錄一卷 ………… 3－303
[道光]廣順州志十二卷首一卷末一卷
　　 ……………………………… 2－40
廣湖南考古略三十卷 …………… 2－54
廣湖南考古略三十卷 …………… 2－54
廣湖南詩題尋源三卷 …………… 3－34
廣虞初新志四十卷 ……………… 3－460
廣經室文鈔一卷 ………………… 3－395
廣經室文鈔一卷 ………………… 3－552
廣廣事類賦三十二卷 …………… 2－493
廣廣事類賦三十二卷 …………… 2－493
廣廣事類賦三十二卷 …………… 2－493
廣廣事類賦三十二卷 …………… 2－493
廣廣事類賦三十二卷 …………… 2－493
廣廣事類賦三十二卷 …………… 2－493
廣瘟疫論四卷末一卷 …………… 2－271
廣瘟疫論四卷末一卷 …………… 2－275
廣漢魏叢書 ……………………… 3－489
廣漢魏叢書 ……………………… 3－489
廣漢魏叢書 ……………………… 3－489
廣漢魏叢書 ……………………… 3－489
[道光]廣寧縣志十七卷 ………… 2－31
[光緒]廣德州志六十卷首一卷 …… 2－2
廣學會叢刻八種 ………………… 3－503
廣輿古今鈔二卷 ………………… 1－515
廣輿古今鈔二卷 ………………… 1－515
廣輿記二十四卷圖一卷 ………… 1－516
廣輿記二十四卷圖一卷 ………… 1－516
廣輿記二十四卷圖一卷 ………… 1－516
[同治]廣濟縣志十六卷首一卷 …… 2－22
廣藝舟雙楫六卷首一卷 ………… 2－331
廣藝舟雙楫六卷首一卷 ………… 2－331
[同治]廣豐縣志十卷 …………… 2－9
廣韻五卷 ………………………… 1－176
廣韻五卷 ………………………… 1－176

廣韻五卷 ………………………… 1－176
廣韻五卷 ………………………… 1－176
廣韻五卷 ………………………… 1－176
廣韻五卷 ………………………… 1－176
廣韻五卷 ………………………… 1－176
廣韻五卷 ………………………… 1－176
廣蠶桑說輯補二卷 ……………… 2－238
廣蠶桑說輯補二卷 ……………… 2－238
廣蠶桑說輯補校訂四卷 ………… 2－238
瘞鶴銘考一卷 …………………… 2－125
瘍科選粹八卷 …………………… 2－275
瘍科臨證心得集三卷景岳新方歌一卷
　　 ……………………………… 2－277
瘍醫大全四十卷 ………………… 2－277
瘍醫大全四十卷 ………………… 2－277
瘍醫大全四十卷 ………………… 2－277
瘍醫準繩六卷 …………………… 2－275
瘟疫明辨四卷末一卷 …………… 2－275
瘟疫彙編十六卷首一卷 ………… 2－272
瘦吟樓詩稿四卷 ………………… 3－261
塵思唱和集一卷 ………………… 3－58
塵遠齋賦剩一卷 ………………… 3－412
廖先堂鄉試卷 …………………… 3－383
廖雲漢鄉試硃卷 ………………… 3－383
廖載鄉試硃卷 …………………… 3－383
廖楚璜鄉試卷 …………………… 3－383
[同治]彰明縣志五十七卷首一卷 … 2－34
[乾隆]彰德府志三十二卷首一卷 … 2－17
[康熙]韶州府志十八卷 ………… 2－28
[同治]韶州府志四十卷首一卷 … 2－28
端本堂考正脉鏡不分卷 ………… 2－260
端忠敏公奏稿十六卷 …………… 1－506
端溪先生集八卷 ………………… 3－156
端溪硯史三卷 …………………… 2－352
端溪硯史三卷 …………………… 2－352
適情雅趣十卷 …………………… 2－349
適園文錄一卷 …………………… 3－211
齊山岩洞志二十六卷首一卷 …… 2－81
齊山岩洞志二十六卷首一卷 …… 2－81
齊民要術十卷 …………………… 2－236
齊安堂集一卷 …………………… 2－409

齊東野語二十卷 …………………… 2－360
齊東野語二十卷 …………………… 2－360
齊東野語二十卷 …………………… 2－360
齊東野語八卷 ……………………… 2－360
［乾隆］齊河縣志十卷 …………… 1－546
［乾隆］齊河縣志四十卷首一卷 …… 1－546
齊乘六卷 …………………………… 2－71
齊雲山人文集一卷 ………………… 3－553
齊雲山志五卷 ……………………… 2－80
齊詩遺說考四卷叙錄一卷 ………… 1－48
齊詩翼氏學疏證二卷叙錄一卷 …… 1－48
齊詩翼氏學疏證二卷叙錄一卷 …… 1－48
頹壁重廣一卷 ……………………… 3－35
精刻古今女史十二卷詩集八卷姓氏
　字里詳節一卷 …………………… 2－529
精刻看命一掌金一卷 ……………… 2－411
精刻書經翼七卷 …………………… 1－29
精刻書經翼七卷 …………………… 1－29
精摘梁昭明太子文選崇正編□□集
　……………………………………… 2－523
精選廿四史政治新論二十四卷 …… 1－398
精選中外時務文編四十四卷 ……… 1－424
精選中外時務文編四十四卷 ……… 1－424
精選古今詩餘醉十五卷 …………… 2－546
精選古今詩餘醉□□卷 …………… 3－423
精選名儒草堂詩餘三卷 …………… 3－423
精選良方十六卷 …………………… 2－268
精選黃眉故事十卷 ………………… 2－490
精選黃眉故事十卷 ………………… 2－490
精選詩林廣記四卷 ………………… 3－480
精繪服冕圖一卷 …………………… 1－62
［道光］鄰水縣志六卷首一卷 …… 2－38
鄭工新例一卷 ……………………… 1－471
鄭少谷先生全集二十四卷首一卷 … 3－180
鄭少谷先生全集二十四卷首一卷 … 3－180
鄭少谷先生全集二十卷 …………… 3－180
鄭氏爻辰補六卷 …………………… 1－24
鄭氏佚書 …………………………… 1－7
鄭氏佚書 …………………………… 1－7
鄭氏佚書 …………………………… 1－7
鄭氏佚書二十三種七十九卷 ……… 3－547
鄭氏彤園醫書四種 ………………… 2－246
鄭氏詩箋禮註異義考一卷 ………… 1－46
鄭氏詩譜考正一卷 ………………… 1－42
鄭氏詩譜考正一卷 ………………… 1－42
鄭氏詩譜考正一卷詩考補註三卷 …… 1－42
鄭氏遺書 …………………………… 1－7
鄭氏禮記箋四十九卷 ……………… 3－543
鄭先亨鄉試硃卷 …………………… 3－379
鄭先懋鄉試硃卷 …………………… 3－379
鄭延平年譜一卷 …………………… 1－322
鄭志疏證八卷鄭記考證一卷 ……… 1－117
鄭志疏證八卷鄭記考證一卷 ……… 1－117
鄭志疏證八卷鄭記考證一卷 ……… 1－118
鄭志疏證八卷鄭記考證一卷 ……… 1－118
鄭志疏證八卷鄭記考證一卷 ……… 1－118
鄭志疏證三卷鄭志補遺疏證一卷 …… 1－126
鄭沅鄉試硃卷 ……………………… 3－379
鄭君粹言三卷說文粹言疏證二卷 …… 3－545
鄭苕仙花鳥畫冊 …………………… 2－338
鄭庵所藏泥封一卷 ………………… 2－343
鄭淡泉畫冊 ………………………… 2－338
鄭業敬鄉試硃卷 …………………… 3－379
鄭業敬選拔貢卷 …………………… 3－380
鄭業綸鄉試硃卷 …………………… 3－380
鄭業鴻鄉試硃卷 …………………… 3－380
鄭學錄四卷 ………………………… 1－316
鄭學錄四卷 ………………………… 3－550
鄭齋漢學文編六卷 ………………… 3－417
歟夫文稿四卷古體詩七卷粵東雜詩
　五卷冊子四卷 …………………… 3－231
榮文忠公集四卷 …………………… 3－540
［同治］榮昌縣志二十二卷 ……… 2－37
榮性堂文集八卷 …………………… 3－237
［嘉慶］榮縣志十卷 ……………… 2－35
［乾隆］滎澤縣志十四卷 ………… 2－16
熔經類腋三十卷 …………………… 2－504
熔經鑄史齋印行書目 ……………… 2－152
漢上消閑集十六卷 ………………… 3－22
漢口紫陽書院志略八卷首一卷 …… 2－61
漢口紫陽書院志略八卷首一卷 …… 2－61
漢川圖記徵實 ……………………… 2－21

［同治］漢川縣志二十二卷首一卷 …… 2－21

漢石例六卷 …………………………… 2－128

漢西域圖考七卷 ……………………… 1－518

漢西域圖考七卷 ……………………… 1－518

漢西域圖考七卷 ……………………… 1－518

漢西域圖考七卷首一卷 ……………… 1－518

漢西域圖考七卷首一卷 ……………… 1－518

漢西域圖考七卷首一卷 ……………… 1－518

漢西域圖考七卷首一卷 ……………… 1－518

漢西域圖考七卷首一卷 ……………… 1－518

漢回合璧 ……………………………… 1－142

漢名臣言行錄十二卷 ………………… 1－294

漢名臣傳三十二卷 …………………… 1－296

漢名臣傳三十二卷 …………………… 1－297

漢名臣傳三十二卷 …………………… 1－297

［嘉慶］漢州志四十卷首一卷末一卷

………………………………………… 2－33

漢江紀程一卷金陵東至海門江水考一卷

………………………………………… 2－94

漢字母音釋二卷 ……………………… 1－187

漢字母音釋二卷 ……………………… 1－187

漢志水道疏證四卷 …………………… 2－90

漢志水道疏證四卷 …………………… 2－90

漢志水道疏證四卷 …………………… 2－90

漢宋易學解不分卷 …………………… 1－16

漢事會最二十四卷 …………………… 2－505

漢兩大儒書 …………………………… 2－182

漢制考四卷 …………………………… 1－419

漢制考四卷 …………………………… 1－419

漢制考四卷 …………………………… 1－419

漢官六種 ……………………………… 1－435

漢官六種 ……………………………… 1－435

漢官儀三卷 …………………………… 1－424

漢官儀三卷 …………………………… 1－424

漢官儀三卷 …………………………… 1－424

漢官儀三卷 …………………………… 1－424

漢官舊儀二卷補遺一卷 ……………… 1－435

漢官舊儀二卷補遺一卷 ……………… 1－436

漢官舊儀二卷補遺一卷 ……………… 1－436

漢南紀游一卷游漢南詩一卷 ………… 2－102

漢律輯證六卷 ………………………… 1－480

漢唐事箋十二卷後集八卷 …………… 2－485

漢書人表考校補一卷 ………………… 1－302

漢書引經異文錄證六卷 ……………… 1－198

漢書引經異文錄證六卷 ……………… 1－198

漢書引經異文錄證六卷 ……………… 1－198

漢書引經異文錄證六卷 ……………… 1－198

漢書地理志校本二卷 ………………… 1－517

漢書地理志校本二卷 ………………… 1－517

漢書地理志校本二卷 ………………… 1－517

漢書地理志校本二卷 ………………… 1－517

漢書地理志校本二卷 ………………… 1－517

漢書地理志校本二卷 ………………… 1－517

漢書地理志校本二卷 ………………… 3－549

漢書地理志校註二卷 ………………… 1－517

漢書西域傳補註二卷 ………………… 2－76

漢書西域傳補註二卷 ………………… 2－76

漢書西域傳補註二卷 ………………… 2－76

漢書西域傳補註二卷 ………………… 2－76

漢書鈔九十三卷 ……………………… 1－393

漢書評林一百卷 ……………………… 1－197

漢書評林一百卷 ……………………… 1－197

漢書評林一百卷 ……………………… 1－197

漢書評林一百卷 ……………………… 1－197

漢書評林一百卷 ……………………… 1－197

漢書評林一百卷 ……………………… 1－197

漢書註校補五十六卷 ………………… 1－197

漢書註校補五十六卷 ………………… 1－198

漢書註校補五十六卷 ………………… 1－198

漢書註校補五十六卷 ………………… 1－198

漢書註校補五十六卷 ………………… 1－198

漢書補註一百卷 ……………………… 1－198

漢書補註一百卷 ……………………… 1－198

漢書補註一百卷 ……………………… 1－198

漢書補註一百卷 ……………………… 1－198

漢書補註一百卷 ……………………… 1－198

漢書補註一百卷 ……………………… 1－198

漢書疏證三十六卷 …………………… 1－197

漢書疏證四十卷 ……………………… 1－197

漢書蒙拾三卷 …………………… 1－394
漢書蒙拾三卷後漢書蒙拾二卷 ……… 1－201
漢書蒙拾三卷後漢書蒙拾二卷 ……… 1－201
漢書辨疑二十二卷 ……………… 1－198
漢書辨疑二十二卷 ……………… 1－198
漢書辨疑二十二卷 ……………… 1－198
漢書藝文志一卷 ………………… 2－134
漢書纂不分卷 …………………… 1－393
漢書纂不分卷 …………………… 1－393
［嘉慶］漢陰廳志十卷首一卷 ……… 1－542
漢陽府忠節錄不分卷 …………… 1－292
［嘉慶］漢陽縣志三十六卷首一卷 …… 2－21
［光緒］漢陽縣志校 …………………… 2－21
［光緒］漢陽縣識十卷首一卷 ……… 2－21
漢雋十卷 ………………………… 1－393
漢雋十卷 ………………………… 1－393
漢雋十卷 ………………………… 1－393
漢孽室文鈔四卷補遺一卷 ……… 3－326
漢賈誼政事疏考補一卷 ………… 1－496
漢賈誼政事疏考補一卷 ………… 1－496
漢碑引經考六卷引緯考一卷 ……… 2－124
漢碑引經考六卷引緯考一卷 ……… 2－125
漢碑引經考六卷引緯考一卷 ……… 2－125
漢碑引經考六卷引緯考一卷 ……… 2－125
漢碑引經考六卷引緯考一卷 ……… 2－125
漢碑引經考六卷引緯考一卷 ……… 2－125
漢碑引經考六卷引緯考一卷 ……… 2－125
漢碑引經考六卷引緯考一卷 ……… 2－125
漢碑引經考六卷引緯考一卷 ……… 2－125
漢碑跋不分卷 …………………… 2－128
漢碑徵經一卷 …………………… 2－125
漢詩評九卷 ……………………… 3－480
漢溪書法通解八卷 ……………… 2－324
漢溪書法通解八卷 ……………… 2－324
漢蔡中郎集六卷 ………………… 3－72
漢銅印叢十二卷 ………………… 2－340
漢鄭君年譜一卷 ………………… 1－319
漢學堂叢書 ……………………… 3－500
漢學堂叢書 ……………………… 3－500
漢學商兌三卷 …………………… 2－191

漢學商兌三卷 …………………… 2－192
漢學商兌三卷 …………………… 2－192
漢學商兌三卷 …………………… 2－192
漢學商兌三卷 …………………… 2－192
漢學商兌三卷 …………………… 2－192
漢學商兌三卷 …………………… 3－550
漢學商兌三卷漢學商兌刊誤補義一卷
　　　　　　　　　　　　　　 2－191
漢學商兌三卷漢學商兌刊誤補義一卷
　　　　　　　　　　………… 2－191
漢學商兌贅言四卷附附識一卷 … 2－195
漢學諧聲二十四卷說文補考一卷 … 1－185
漢學諧聲二十四卷說文補考一卷 … 1－185
漢儒通義七卷 …………………… 2－181
漢儒通義七卷 …………………… 2－181
漢儒通義七卷 …………………… 2－181
漢儒通義七卷 …………………… 2－181
漢儒通義七卷 …………………… 3－549
漢隸分韻七卷 …………………… 1－164
漢隸字源五卷碑目一卷 ………… 1－163
漢隸字源五卷碑目一卷 ………… 1－163
漢隸字源五卷碑目一卷 ………… 1－163
漢隸字源五卷碑目一卷附字一卷 …… 1－163
漢隸字源五卷碑目一卷附字一卷 …… 1－163
漢隸字源不分卷 ………………… 1－163
漢隸源流統略歌一卷 …………… 2－335
漢魏二十一家易註 ……………… 1－10
漢魏六朝一百三家集 …………… 2－506
漢魏六朝一百三家集 …………… 2－506
漢魏六朝一百三家集 …………… 2－506
漢魏六朝正史文選二十四卷 ……… 2－529
漢魏六朝百三名家集 …………… 2－506
漢魏六朝百三名家集 …………… 2－506
漢魏六朝百三名家集 …………… 2－506
漢魏六朝百三名家集 …………… 2－506
漢魏六朝百三名家集 …………… 2－506
漢魏六朝百三名家集 …………… 2－506
漢魏六朝百三名家集 …………… 2－506
漢魏六朝百三名家集 …………… 2－506
漢魏六朝百三名家集 …………… 2－506

漢魏六朝名家集初刻 …………… 2 – 506
漢魏六朝名家集初刻 …………… 2 – 506
漢魏六朝名家集初刻 …………… 2 – 506
漢魏六朝名家集初刻 …………… 2 – 506
漢魏六朝志墓金石例三卷唐人志墓
　　諸例一卷 …………………… 2 – 125
漢魏六朝志墓金石例三卷唐人志墓
　　諸例一卷附論一卷 ………… 2 – 125
漢魏六朝諸家文集 ……………… 2 – 506
漢魏石經考三篇 ………………… 3 – 543
漢魏名文乘 ……………………… 3 – 490
漢魏音三卷 ……………………… 3 – 545
漢魏音四卷 ……………………… 1 – 184
漢魏音四卷 ……………………… 1 – 184
漢魏音四卷 ……………………… 1 – 184
漢魏音四卷 ……………………… 1 – 184
漢魏音四卷 ……………………… 1 – 184
漢魏碑刻紀存一卷 ……………… 2 – 113
漢魏遺書鈔 ……………………… 3 – 491
漢魏遺書續鈔十卷 ……………… 2 – 541
漢魏叢書 ………………………… 3 – 490
漢藝文志考證十卷 ……………… 2 – 134
漢鐃歌釋文箋正一卷 …………… 2 – 556
漢鐃歌釋文箋正一卷 …………… 2 – 556
漢鐃歌釋文箋正一卷 …………… 2 – 556
漢鐃歌釋文箋正一卷 …………… 2 – 556
漢鐃歌釋文箋正一卷 …………… 2 – 556
漢鐃歌釋文箋正一卷 …………… 2 – 556
漢鐃歌釋文箋正一卷 …………… 2 – 556
漢鐃歌釋文箋正一卷 …………… 2 – 556
漢鐃歌釋文箋正一卷 …………… 2 – 556
滿洲名臣傳四十八卷 …………… 1 – 296
滿洲名臣傳四十八卷 …………… 1 – 296
滿洲名臣傳四十八卷 …………… 1 – 296
漆室吟八卷 ……………………… 3 – 196
漆室吟八卷 ……………………… 3 – 196
漸西村人初集詩十三卷 ………… 3 – 281
漸西村人初集詩十三卷 ………… 3 – 281
漸西村人初集詩十三卷 ………… 3 – 281
漸西村舍彙刊 …………………… 3 – 495

漸學廬叢書第一集 ……………… 3 – 495
漸學廬叢書第一集 ……………… 3 – 495
漸齋詩鈔一卷 …………………… 3 – 282
漸齋詩鈔一卷 …………………… 3 – 282
漕川宦蹟 ………………………… 1 – 455
漕河圖志八卷 …………………… 2 – 97
漕河禱冰圖詩錄四卷首一卷 …… 3 – 25
漱六山房文集十二卷詩集十二卷 …… 3 – 282
漱石山房印存 …………………… 2 – 340
漱石軒印存四卷漱石軒印集四卷 …… 2 – 343
漱芳居文鈔八卷二集八卷 ……… 3 – 385
漱芳軒合纂禮記體註四卷 ……… 1 – 67
漱芳軒合纂禮記體註四卷 ……… 1 – 67
漱芳軒合纂禮記體註四卷 ……… 1 – 67
漱芳軒合纂禮記體註四卷 ……… 1 – 67
漱芳軒合纂禮記體註四卷 ……… 1 – 67
漱芳軒合纂禮記體註四卷 ……… 1 – 67
[同治]漵浦縣志二十四卷首一卷 …… 2 – 52
[乾隆]漵浦縣志二十卷首一卷末一卷
　　……………………………… 2 – 52
漵詩存一卷 ……………………… 3 – 312
漵詩存一卷 ……………………… 3 – 312
漁古軒詩韻五卷 ………………… 1 – 182
漁舟紀談二卷續談一卷 ………… 2 – 375
漁村詩稿六卷 …………………… 3 – 313
漁洋山人文略十四卷 …………… 3 – 191
漁洋山人文略十四卷 …………… 3 – 191
漁洋山人文略十四卷 …………… 3 – 191
漁洋山人文略十四卷 …………… 3 – 191
漁洋山人文略十四卷 …………… 3 – 191
漁洋山人文略十四卷 …………… 3 – 191
漁洋山人古詩選三十二卷 ……… 2 – 547
漁洋山人古詩選三十二卷 ……… 2 – 547
漁洋山人古詩選三十二卷 ……… 2 – 547
漁洋山人古詩選三十二卷 ……… 2 – 547
漁洋山人古詩選三十二卷 ……… 2 – 547
漁洋山人古詩選三十二卷 ……… 2 – 547
漁洋山人古詩選三十二卷 ……… 2 – 547
漁洋山人古詩選三十二卷 ……… 2 – 547
漁洋山人古詩選三十二卷 ……… 2 – 547

漁洋山人古詩選三十二卷…………… 2－547

漁洋山人古詩選三十二卷…………… 2－547

漁洋山人古詩選三十二卷…………… 2－547

漁洋山人詩問二卷律詩定體一卷…… 3－481

漁洋山人詩集二十二卷續集十六卷

　　………………………………… 3－191

漁洋山人詩集二十二卷續集十六卷

　　………………………………… 3－191

漁洋山人詩集二十二卷續集十六卷

　　………………………………… 3－191

漁洋山人詩集二十二卷續集十六卷

　　………………………………… 3－191

漁洋山人詩集二十二卷續集十六卷

　　………………………………… 3－191

漁洋山人精華錄十卷………………… 3－192

漁洋山人精華錄十卷………………… 3－192

漁洋山人精華錄十卷………………… 3－192

漁洋山人精華錄十卷………………… 3－192

漁洋山人精華錄訓纂十卷目錄二卷

　　………………………………… 3－193

漁洋山人精華錄訓纂十卷目錄二卷

　　漁洋山人自撰年譜二卷 3－193

漁洋山人精華錄訓纂十卷目錄二卷

　　漁洋山人自撰年譜二卷 3－193

漁洋山人精華錄會心偶筆六卷……… 3－192

漁洋山人精華錄箋註十二卷補一卷

　　年譜一卷………………………… 3－192

漁洋山人精華錄箋註十二卷補一卷

　　年譜一卷………………………… 3－192

漁洋山人精華錄箋註十二卷補一卷

　　年譜一卷………………………… 3－192

漁洋山人精華錄箋註十二卷補一卷

　　年譜一卷………………………… 3－192

漁洋山人精華錄箋註十二卷補一卷

　　年譜一卷………………………… 3－192

漁洋山人精華錄箋註十二卷補一卷

　　年譜一卷………………………… 3－192

漁洋山人精華錄箋註十二卷補一卷

　　年譜一卷………………………… 3－192

漁洋山人精華錄箋註十二卷補一卷

　　年譜一卷………………………… 3－192

漁洋山人精華錄箋註十二卷補一卷

　　年譜一卷………………………… 3－192

漁洋山人精華錄箋註十二卷補一卷

　　年譜一卷………………………… 3－193

漁洋山人精華錄箋註摘鈔………… 3－192

漁洋書籍跋尾二卷………………… 2－148

漁洋書籍跋尾二卷………………… 2－148

漁洋詩話二卷……………………… 3－481

漁浦草堂詩集四卷補遺一卷影香詞

　　一卷雪煩詞一卷………………… 3－311

漁浦草堂詩集四卷補遺一卷影香詞

　　一卷雪煩詞一卷………………… 3－311

漁隱叢話前集六十卷後集四十卷…… 3－479

漁隱叢話前集六十卷後集四十卷…… 3－479

漁隱叢話前集六十卷後集四十卷…… 3－479

漁隱叢話前集六十卷後集四十卷…… 3－479

漁磯漫鈔十卷 ……………………… 3－65

演露堂印賞三卷…………………… 2－339

滬游雜記四卷……………………… 2－102

滬寧鐵路英商借款條議…………… 1－460

滬寧鐵路英商借款條議…………… 1－460

賓退錄十卷………………………… 2－362

察哈爾省通志二十八卷首一卷…… 1－531

[康熙]寧化縣志七卷……………… 2－15

[康熙]寧化縣志七卷……………… 2－15

寧古塔紀略一卷 ………………… 2－69

[光緒]寧羌州志五卷……………… 1－542

[乾隆]寧武府志十二卷首一卷 …… 1－536

寧波知府公牘……………………… 1－478

[雍正]寧波府志三十六卷首一卷 …… 2－5

寧都三魏全集……………………… 3－42

寧都三魏全集……………………… 3－42

寧都三魏全集……………………… 3－42

寧都三魏全集……………………… 3－42

寧都三魏全集……………………… 3－42

寧都三魏全集八十三卷首一卷……… 3－541

[乾隆]寧夏府志二十二卷首一卷 … 1－545

寧夏府志節要……………………… 3－534

[宣統]寧陵縣志十二卷首一卷末一卷

　　………………………………… 2－18

寧鄉土橋廟五侯祠老志六卷 ……… 2－56

寧鄉雲山書院志二卷首一卷 ………… 2-59

寧鄉程氏全書 ……………………… 3-530

寧鄉賓興志四卷 …………………… 2-62

寧鄉縣五忠節孝祠志一卷 ………… 2-56

[嘉慶]寧鄉縣志十二卷 …………… 2-42

寧鄉續修河㙟青華二橋冊優免案據

　　　………………………………… 2-62

[嘉慶]寧遠縣志十卷首一卷 ……… 2-48

[光緒]寧遠縣志八卷 ……………… 2-48

[康熙]寧遠縣志六卷 ……………… 1-544

[康熙]寧遠縣志六卷 ……………… 2-48

[乾隆]寧遠縣志續略八卷 ………… 1-544

寧靈銷食錄四卷 …………………… 2-395

蜜梅花館文錄一卷詩錄一卷 ……… 3-354

蜜梅花館文錄一卷詩錄一卷 ……… 3-354

寥天一閣文二卷 …………………… 3-370

寥天一閣文二卷 …………………… 3-370

寥天一閣文二卷 …………………… 3-370

寥天一閣文二卷 …………………… 3-370

寥天一閣文二卷 …………………… 3-370

寥天一齋文稿一卷詩稿一卷 ……… 3-389

寥天一齋文稿一卷詩稿一卷 ……… 3-389

實力教育論 ………………………… 1-435

實其文齋文鈔初集八卷詩鈔六卷制
　藝一卷記一卷完貞伏虎一卷兵部
　公牘一卷 …………………………… 3-342

實其文齋文鈔初集八卷詩鈔六卷制
　藝一卷記一卷完貞伏虎一卷兵部
　公牘一卷 …………………………… 3-342

實其文齋文鈔初集八卷詩鈔六卷制
　藝一卷記一卷完貞伏虎一卷兵部
　公牘一卷 …………………………… 3-342

實事求是之齋經義二卷 …………… 1-118

實事求是齋遺稿四卷 ……………… 3-218

實刻叢編二十卷 …………………… 2-124

實政錄七卷 ………………………… 1-436

實政錄七卷 ………………………… 1-436

實政錄七卷 ………………………… 1-436

實政錄七卷 ………………………… 1-437

實政錄七卷 ………………………… 1-437

實政錄七卷 ………………………… 1-437

實政錄七卷 ………………………… 1-437

實政錄七卷 ………………………… 1-437

實政錄七卷 ………………………… 1-437

實政錄七卷 ………………………… 1-437

實政錄七卷 ………………………… 1-437

實相般若波羅蜜經一卷 …………… 2-432

實修館遺訓前集二卷後集二卷 …… 2-215

實學文導二卷 ……………………… 2-376

實驗小學管理術 …………………… 1-435

肇論略註六卷 ……………………… 2-451

[道光]肇慶府志二十二卷首一卷 …… 2-31

暨陽輿頌一卷 ……………………… 3-30

隨山館詩簡編四卷 ………………… 3-220

隨山館詩簡編四卷 ………………… 3-220

隨方一得草四卷 …………………… 2-303

[乾隆]隨州志十八卷首一卷 ……… 2-27

[同治]隨州志三十二卷首一卷 …… 2-27

隨安詩鈔二卷 ……………………… 3-201

隨村先生遺集六卷 ………………… 3-263

隨軒金石文字未分卷 ……………… 2-114

隨息居重訂霍亂論四卷 …………… 2-271

隨息居飲食譜不分卷 ……………… 2-351

隨庵徐氏叢書 ……………………… 3-505

隨軺筆記四卷 ……………………… 1-463

隨軺筆記四卷 ……………………… 1-463

隨槎錄三卷 ………………………… 1-508

隨槎錄三卷 ………………………… 1-508

隨槎錄三卷 ………………………… 1-508

隨園三十八種 ……………………… 3-519

隨園文鈔二卷 ……………………… 3-280

隨園食單一卷 ……………………… 3-551

隨園詩草八卷附禪家公案頌一卷 …… 3-376

隨園詩話十六卷 …………………… 3-483

隨園詩話十六卷補遺十卷 ………… 3-483

隨園詩話十六卷補遺十卷 ………… 3-483

隨園詩話十六卷補遺十卷 ………… 3-483

隨園詩話十六卷補遺十卷 ………… 3-483

隨園詩話十六卷補遺十卷 ………… 3-483

隨園詩話補遺十卷 ………………… 3-483

隨園詩稿一卷 ……………………… 3-279

隨園圖說一卷 ……………………… 3-281

隨園隨筆二十八卷 ························ 2－371
隨園隨筆二十八卷 ························ 2－371
隨園隨筆二十八卷 ························ 2－371
隨隱漫錄五卷 ···························· 2－394
熊元曜竹冊 ······························ 2－338
熊廷鈞鄉試硃卷 ························ 3－388
熊希齡鄉試硃卷 ························ 3－418
熊南文集六卷 ···························· 3－164
熊漁山文集二卷 ························ 3－179
熊聯甲鄉試硃卷 ························ 3－388
熊鍾陵先生稿一卷 ···················· 3－388
熊襄愍公集十卷首一卷末一卷 ······ 3－179
熊襄愍公集十卷首一卷末一卷 ······ 3－179
熊襄愍公集十卷首一卷末一卷 ······ 3－179
熊襄愍公集十卷首一卷末一卷 ······ 3－179
熊襄愍公集十卷首一卷末一卷 ······ 3－179
熊襄愍公集十卷首一卷末一卷 ······ 3－179
熊襄愍公集十卷首一卷末一卷 ······ 3－179
熊襄愍公集十卷首一卷末一卷 ······ 3－179
熊襄愍公集十卷首一卷末一卷 ······ 3－179
熊襄愍公集四卷 ························ 3－179
熊襄愍公集四卷首一卷 ·············· 3－179
鄧太史評選三國策十二卷 ·········· 1－394
鄧光堅選拔貢卷 ························ 3－392
［乾隆］鄧州志二十四卷首一卷末一卷
　　······························ 2－20
鄧完白篆書 ······························ 2－335
鄧承鼎鄉試硃卷 ························ 3－392
鄧厚庵先生遺書 ························ 3－526
鄧尉探梅詩四卷 ························ 3－30
鄧猶龍鄉試硃卷 ························ 3－392
鄧繼禹鄉試硃卷 ························ 3－393
翠岩室詩鈔二卷 ························ 3－402
翠屏詩社稿十卷 ························ 3－25
翠娛閣評選徐文長文集二卷 ········ 3－169
翠娛閣評選黃貞父先生文集二卷 ··· 3－174
翠娛閣評選屠赤水先生文集二卷 ··· 3－174
翠娛閣評選董思白文集二卷 ········ 3－175
翠娛閣評選鍾伯敬先生合集文集十
　　一卷詩集五卷 ···················· 3－184

翠琅玕館叢書 ···························· 3－500
翠琅玕館叢書 ···························· 3－500
翠琅玕館叢書 ···························· 3－500
翠筦館詩存二卷 ························ 3－387
翠筦館詩存二卷 ························ 3－387
翠筦館詩存二卷 ························ 3－387
翠薇山房數學 ···························· 2－300
翠螺閣詩稿四卷詞稿一卷 ·········· 3－294
綺秋閣文選四卷樂府四卷 ·········· 3－417
綺霞閣古書摘鈔不分卷 ·············· 1－389
綱目萬方全書十三卷 ·················· 2－262
綱鑑正史約三十六卷 ·················· 1－228
綱鑑正史約三十六卷 ·················· 1－228
綱鑑正史約三十六卷 ·················· 1－228
綱鑑正史約三十六卷 ·················· 1－228
綱鑑正史約三十六卷 ·················· 1－228
綱鑑正史約三十六卷 ·················· 1－228
綱鑑易知錄九十二卷 ·················· 1－227
綱鑑摘要不分卷 ························ 1－390
綱鑑擇語十卷 ···························· 1－228
綱鑑擇語十卷 ···························· 1－228
綱鑑擇語十卷 ···························· 1－228
綱鑑擇語十卷 ···························· 1－228
綱鑑總論二卷 ···························· 1－228
綱鑑總論二卷 ···························· 1－229
綱鑑總論二卷 ···························· 1－229
綱鑑總論不分卷 ························ 1－228
綱鑑總論不分卷 ························ 1－228
綱鑑總論不分卷 ························ 1－228
網師園唐詩箋十八卷 ·················· 3－4
維周詩鈔十六卷 ························ 3－353
維揚游草二卷 ···························· 3－222
維摩詰所說經三卷 ···················· 2－425
維摩詰所說經三卷 ···················· 2－425
維摩詰所說經三卷 ···················· 2－425
維摩詰所說經三卷 ···················· 2－425
維摩詰所說經三卷 ···················· 2－425
維摩詰所說經三卷 ···················· 2－425
維摩詰所說經三卷 ···················· 2－425
維摩詰所說經三卷 ···················· 2－425
維摩詰所說經折衷疏六卷 ·········· 2－437

維摩詰所說經無我疏十二卷⋯⋯⋯⋯ 2 – 442

維摩詰所說經註十卷⋯⋯⋯⋯⋯⋯ 2 – 434

維摩詰經二卷⋯⋯⋯⋯⋯⋯⋯⋯ 2 – 421

維摩經玄疏六卷⋯⋯⋯⋯⋯⋯⋯ 2 – 434

維摩經玄疏六卷⋯⋯⋯⋯⋯⋯⋯ 2 – 434

維摩經疏八卷⋯⋯⋯⋯⋯⋯⋯⋯ 2 – 434

維摩經疏八卷⋯⋯⋯⋯⋯⋯⋯⋯ 2 – 435

維摩經疏八卷⋯⋯⋯⋯⋯⋯⋯⋯ 2 – 435

[道光]綿竹縣志四十六卷⋯⋯⋯⋯ 2 – 35

[光緒]綿竹縣鄉土志二卷⋯⋯⋯⋯ 2 – 35

綿津山人詩集二十七卷⋯⋯⋯⋯⋯ 3 – 221

綿津山人詩集二十四卷楓香詞一卷

⋯⋯⋯⋯⋯⋯⋯⋯⋯⋯⋯⋯ 3 – 221

綿綿穆穆之室日記⋯⋯⋯⋯⋯⋯ 1 – 332

綴學堂初稿四卷⋯⋯⋯⋯⋯⋯⋯ 3 – 319

綠夫容閣詩集四卷⋯⋯⋯⋯⋯⋯ 3 – 218

綠野漫吟二卷續編一卷⋯⋯⋯⋯⋯ 3 – 385

綠野漫吟二卷續編一卷⋯⋯⋯⋯⋯ 3 – 385

綠野齋文集四卷⋯⋯⋯⋯⋯⋯⋯ 3 – 399

綠野齋前後合集六卷制藝一卷太湖

詩草一卷⋯⋯⋯⋯⋯⋯⋯⋯⋯ 3 – 399

綠野齋前後合集六卷制藝一卷太湖

詩草一卷⋯⋯⋯⋯⋯⋯⋯⋯⋯ 3 – 399

綠野齋前後合集六卷制藝一卷太湖

詩草一卷⋯⋯⋯⋯⋯⋯⋯⋯⋯ 3 – 399

綠野齋前後合集六卷制藝一卷太湖

詩草一卷⋯⋯⋯⋯⋯⋯⋯⋯⋯ 3 – 399

綠野齋前後合集六卷制藝一卷太湖

詩草一卷⋯⋯⋯⋯⋯⋯⋯⋯⋯ 3 – 399

綠猗軒文鈔二卷駢體文鈔一卷詩鈔二卷

⋯⋯⋯⋯⋯⋯⋯⋯⋯⋯⋯⋯ 3 – 352

綠猗軒文鈔二卷駢體文鈔一卷詩鈔二卷

⋯⋯⋯⋯⋯⋯⋯⋯⋯⋯⋯⋯ 3 – 352

綠猗軒文鈔二卷駢體文鈔一卷詩鈔二卷

⋯⋯⋯⋯⋯⋯⋯⋯⋯⋯⋯⋯ 3 – 352

綠猗軒文鈔二卷駢體文鈔一卷詩鈔二卷

⋯⋯⋯⋯⋯⋯⋯⋯⋯⋯⋯⋯ 3 – 352

綠猗軒文鈔二卷駢體文鈔一卷詩鈔二卷

⋯⋯⋯⋯⋯⋯⋯⋯⋯⋯⋯⋯ 3 – 352

綠猗軒文鈔二卷駢體文鈔一卷詩鈔二卷

⋯⋯⋯⋯⋯⋯⋯⋯⋯⋯⋯⋯ 3 – 352

綠猗軒詩草□□卷⋯⋯⋯⋯⋯⋯ 3 – 352

綠猗軒詩鈔二卷詞鈔一卷⋯⋯⋯⋯ 3 – 352

綠雲山房詩草二卷首一卷終一卷⋯⋯ 3 – 333

綠窗庭課吟卷一卷⋯⋯⋯⋯⋯⋯ 3 – 261

綠蔭軒遺集六卷⋯⋯⋯⋯⋯⋯⋯ 3 – 267

綠槐書屋詩稿三卷⋯⋯⋯⋯⋯⋯ 3 – 313

綠筠軒詩鈔四卷⋯⋯⋯⋯⋯⋯⋯ 3 – 295

綠溪初稿不分卷綠溪詩四卷綠溪語

二卷詠史偶稿一卷綠溪詞一卷⋯⋯ 3 – 357

綠漪草堂文集三十卷⋯⋯⋯⋯⋯ 3 – 372

綠漪草堂文集三十卷外集二卷別集

二卷詩集二十卷研華館詞三卷⋯⋯ 3 – 372

綠漪草堂文集三十卷外集二卷別集

二卷詩集二十卷研華館詞三卷⋯⋯ 3 – 372

綠漪草堂文集三十卷外集二卷別集

二卷詩集二十卷研華館詞三卷⋯⋯ 3 – 373

綠漪草堂文集三十卷外集二卷別集

二卷詩集二十卷研華館詞三卷⋯⋯ 3 – 373

綠漪草堂文集三十卷外集二卷別集

二卷詩集二十卷研華館詞三卷⋯⋯ 3 – 373

綠漪草堂文集三十卷外集二卷別集

二卷詩集二十卷研華館詞三卷⋯⋯ 3 – 373

綠漪草堂文稿一卷⋯⋯⋯⋯⋯⋯ 3 – 373

綠蕉館詩鈔四卷⋯⋯⋯⋯⋯⋯⋯ 3 – 319

綠蘿山莊文集二十四卷⋯⋯⋯⋯⋯ 3 – 267

綠蘿山莊文集二十四卷⋯⋯⋯⋯⋯ 3 – 267

緇門警訓十卷⋯⋯⋯⋯⋯⋯⋯⋯ 2 – 449

緇門警訓十卷⋯⋯⋯⋯⋯⋯⋯⋯ 2 – 449

十五畫

慧山記四卷⋯⋯⋯⋯⋯⋯⋯⋯⋯ 2 – 78

慧山記續編三卷首一卷⋯⋯⋯⋯⋯ 2 – 78

慧日永明智覺壽禪師山居詩一卷⋯⋯ 2 – 456

慧眼山房原本古今文小品八卷⋯⋯⋯ 2 – 538

璜川吳氏經學叢書⋯⋯⋯⋯⋯⋯ 1 – 8

璇璣碎錦三卷⋯⋯⋯⋯⋯⋯⋯⋯ 3 – 230

璇璣碎錦三卷⋯⋯⋯⋯⋯⋯⋯⋯ 3 – 230

璇璣遺述六卷圖一卷⋯⋯⋯⋯⋯⋯ 2 – 293

髯仙詩舫遺稿二卷……………… 3－232
駐粵八旗志二十四卷首一卷……… 1－467
駐粵八旗志二十四卷首一卷……… 1－467
駐粵八旗志二十四卷首一卷……… 1－467
趣陶園集十五卷………………… 3－404
[乾隆]鞏縣志二十卷首一卷…… 2－17
增批輯註東萊博議四卷………… 1－86
增批輯註東萊博議四卷………… 1－86
增批歷史綱鑑補註三十九卷…… 1－227
增刪卜易四卷…………………… 2－408
增刪卜易四卷…………………… 2－408
增刪卜易四卷…………………… 2－408
增刪卜易四卷…………………… 2－408
增刪心傳外科二卷……………… 2－277
增刪心傳外科二卷……………… 2－277
增刪四書朱子大全精言四十一卷… 1－104
增刪佐雜須知一卷……………… 1－441
增刪佐雜須知四卷……………… 1－441
增刪佐雜須知四卷……………… 1－453
增刪算法統宗十一卷…………… 2－301
增刪算法統宗十一卷…………… 2－301
增刪算法統宗十一卷…………… 2－301
增定二十一史韻四卷首一卷末一卷
　續編四卷……………………… 1－195
增定雅俗稽言四十卷…………… 2－383
增定雅俗稽言四十卷…………… 2－383
增定鑑略妥註善本五卷………… 1－232
[光緒]增修甘泉縣志二十四卷首一卷
　　　　　　　　　　　　　 1－550
[光緒]增修甘泉縣志二十四卷首一卷
　………………………………… 1－550
[同治]增修酉陽直隸州總志二十二
　卷首一卷末一卷 ……………… 2－37
增修東萊書說三十五卷圖說一卷… 1－27
增修東萊書說三十五卷圖說一卷 … 1－27
增修河東鹽法備覽八卷首一卷… 1－449
[康熙]增修宜興縣舊志十卷首一卷
　末一卷………………………… 1－553
[同治]增修施南府志三十卷首一卷
　………………………………… 2－25
增修現行常例未分卷…………… 1－455

[同治]增修萬縣志三十六卷首一卷
　………………………………… 2－37
[乾隆]增修醴陵縣志十五卷 …… 2－42
增修籌餉事例并現行常例不分卷…… 1－455
增修籌餉事例并現行常例不分卷…… 1－455
增修籌餉事例條款不分卷…… 1－455
增修籌餉事例條款不分卷籌餉事例
　不分卷增修現行常例一卷…… 1－455
增修籌餉事例條款不分卷籌餉事例
　不分卷增修現行常例一卷……… 1－455
[光緒]增修灌縣志十四卷首一卷 … 2－33
增訂二三場群書備考八卷…… 2－488
增訂二三場群書備考四卷…… 2－488
增訂二論詳解四卷…………… 1－110
增訂三字鑒註釋一卷………… 2－214
增訂五子近思錄十四卷………… 3－537
增訂本草備要六卷醫方集解六卷… 2－256
增訂本草備要六卷醫方集解六卷… 2－256
增訂本草備要六卷醫方集解六卷… 2－256
增訂本草備要六卷醫方集解六卷… 2－256
增訂本草備要六卷醫方集解六卷… 2－256
增訂本草備要六卷醫方集解六卷… 2－256
增訂本草備要六卷醫方集解六卷… 2－257
增訂本草備要六卷醫方集解六卷… 2－257
增訂本草備要六卷醫方集解六卷… 2－257
增訂本草備要六卷醫方集解六卷… 2－257
增訂本草備要六卷醫方集解六卷… 2－257
增訂本草備要六卷醫方集解六卷… 2－257
增訂本草備要六卷醫方集解六卷… 2－257
增訂本草備要六卷醫方集解六卷… 2－257
增訂本草備要四卷醫方集解三卷… 2－256
增訂本草備要四卷醫方集解三卷… 2－256
增訂本草備要四卷醫方集解三卷… 2－256
增訂本草備要四卷醫方集解三卷… 2－256
增訂本草備要四卷醫方集解三卷… 2－257
增訂本草備要四卷醫方集解三卷… 2－257
增訂本草備要四卷醫方集解三卷… 2－257
增訂本草備要四卷醫方集解三卷… 2－257
增訂本草備要四卷醫方集解三卷… 2－257
增訂本草備要四卷醫方集解三卷… 2－257

增訂本草備要四卷醫方集解三卷…… 2－257
增訂本草備要四卷醫方集解三卷…… 2－257
增訂安化縣志二十七卷 …………… 2－50
增訂字學舉隅一卷………………… 1－168
增訂初學行文語類四卷…………… 3－539
增訂初學起講秘訣一卷…………… 3－485
增訂金壺字考一卷………………… 1－141
增訂金壺字考一卷古體假借字一卷
　　…………………………… 1－140
增訂金壺字考一卷古體假借字一卷
　　…………………………… 1－140
增訂金壺字考一集十九卷二集二十
　　一卷補錄一卷補註一卷…… 1－140
增訂金壺字考一集十九卷二集二十
　　一卷補錄一卷補註一卷…… 1－140
增訂金壺字考一集十九卷二集二十
　　一卷補錄一卷補註一卷…… 1－140
增訂春秋世族源流圖六卷春秋女譜一卷
　　………………………………… 1－81
增訂南詔野史二卷 ……………… 2－74
增訂南詔野史二卷 ……………… 2－74
增訂南詔野史二卷 ……………… 2－74
增訂南詔野史二卷 ……………… 2－74
增訂南詔野史二卷 ……………… 2－74
增訂南詔野史二卷 ……………… 2－74
增訂南詔野史二卷 ……………… 2－74
增訂南詔野史二卷 ……………… 2－74
增訂昭明文選集成詳註六十卷首一卷
　　……………………………… 2－523
增訂袁文箋註十六卷補註一卷…… 3－280
增訂格物入門七卷………………… 2－311
增訂格物入門七卷………………… 2－311
增訂格物入門七卷………………… 2－311
增訂格物入門七卷………………… 2－312
增訂格物入門七卷………………… 2－312
增訂格物入門七卷………………… 2－312
增訂格物入門七卷………………… 2－312
增訂徐文定公集五卷首二卷……… 3－169
增訂盛世危言新編十四卷………… 1－443
增訂敬信錄二卷…………………… 2－478
增訂童氏本草備要八卷…………… 2－257

增訂童氏本草備要八卷…………… 2－257
增訂暗室燈二卷…………………… 2－477
增訂暗室燈二卷…………………… 2－477
增訂暗室燈二卷…………………… 2－477
增訂漢魏叢書………………………… 3－490
增訂漢魏叢書………………………… 3－490
增訂漢魏叢書………………………… 3－491
增訂漢魏叢書………………………… 3－491
增訂漢魏叢書………………………… 3－491
增訂漢魏叢書………………………… 3－491
增訂漢魏叢書………………………… 3－491
增訂漢魏叢書………………………… 3－491
增訂漢魏叢書………………………… 3－491
增訂漢魏叢書………………………… 3－491
增訂醫門初學萬金一統要訣二十卷
　　………………………………… 2－247
增訂醫門初學萬金一統要訣二十卷
　　………………………………… 2－247
增訂醫門初學萬金一統要訣二十卷
　　………………………………… 2－247
增訂醫門初學萬金一統要訣二十卷
　　………………………………… 2－247
增訂醫門初學萬金一統要訣二十卷
　　………………………………… 2－247
增訂醫門初學萬金一統要訣二十卷
　　………………………………… 2－247
增訂醫門初學萬金一統要訣八卷首
　　一卷末一卷……………………… 2－247
增訂醫門初學萬金一統要訣八卷首
　　一卷末一卷……………………… 2－247
增訂醫門初學萬金一統要訣八卷首
　　一卷末一卷……………………… 2－247
增訂韻辨摘要一卷………………… 1－186
增訂讀墨一隅不分卷 ……………… 3－46
增壹阿含經五十卷………………… 2－422
增壹阿含經五十卷………………… 2－422
增集人天眼目二卷………………… 2－452
增集人天眼目二卷………………… 2－452

增集人天眼目二卷 ·············· 2 – 452
增集人天眼目二卷 ·············· 2 – 452
增評加批金玉緣圖說一百二十卷 ··· 3 – 471
增評加批金玉緣圖說十二卷首一卷
　　一百二十回 ·············· 3 – 471
增評加批金玉緣圖說十六卷首一卷
　　一百二十回 ·············· 3 – 471
增評童氏醫方集解二十三卷 ······ 2 – 263
增評補像全圖金玉緣一百二十回 ··· 3 – 470
增評補像全圖金玉緣一百二十回首一卷
　　············· 3 – 470
增評補像全圖金玉緣十二卷首一卷
　　百二十回 ·············· 3 – 470
增評補像全圖金玉緣十五卷一百二十回
　　············· 3 – 470
增評補圖石頭記一百二十卷首一卷
　　一百二十回 ·············· 3 – 470
增評補圖石頭記一百二十卷首一卷
　　一百二十回 ·············· 3 – 471
增評補圖石頭記一百二十卷首一卷
　　一百二十回 ·············· 3 – 471
增評醫方集解二十三卷 ·········· 2 – 263
增評醫方集解不分卷 ············ 2 – 263
增註韻蘭賦鈔初集二卷 ·········· 3 – 19
增註韻蘭賦鈔初集二卷二集二卷 ··· 3 – 19
增註類證活人書二十二卷 ········ 2 – 270
增註類證活人書二十二卷 ········ 2 – 270
增註繪圖官場現形記五編六十卷 ··· 3 – 469
增補一夕話六卷 ··············· 2 – 399
增補一夕話六卷 ··············· 2 – 399
增補廿四史約編 ··············· 3 – 532
增補五經備旨萃精 ············· 1 – 4
增補六臣註文選六十卷 ·········· 2 – 519
增補古文合評十二卷 ············ 2 – 531
增補四書義經義式不分卷 ········ 1 – 107
增補四書精綉圖像人物備考十二卷 ··· 1 – 101
增補地理直指原真三卷 ·········· 2 – 416
增補武經集註大全七卷首一卷 ····· 2 – 228
增補事類統編九十三卷首一卷 ····· 2 – 500
增補事類統編九十三卷首一卷 ····· 2 – 500
增補事類統編九十三卷首一卷 ····· 2 – 500

增補事類統編九十三卷首一卷 ········ 2 – 500
增補事類統編九十三卷首一卷 ········ 2 – 500
增補事類統編九十三卷首一卷 ········ 2 – 500
增補事類統編九十三卷首一卷 ········ 2 – 500
增補事類統編九十三卷首一卷 ········ 2 – 500
增補星平會海命學全書十卷首一卷 ··· 2 – 411
增補泰西名人傳六卷 ············· 1 – 387
增補都門紀略不分卷 ············· 2 – 68
增補秘傳痘疹玉髓金鏡錄真本四卷
　　圖像一卷 ················· 2 – 282
增補清史攬要八卷 ··············· 1 – 239
增補清史攬要八卷 ··············· 1 – 239
增補萬寶全書二十卷 ············· 2 – 399
增補註解第六才子書八卷 ········· 3 – 439
增補註解第六才子書八卷 ········· 3 – 439
增補註釋故事白眉十卷 ··········· 2 – 488
增補詩經衍義體註大全合參八卷 ····· 1 – 44
增補箋註繪像第六才子西廂釋解十八卷
　　··············· 3 – 438
增補醫方一盤珠全集十卷 ········· 2 – 263
增補醫方一盤珠全集十卷 ········· 2 – 263
增補醫方一盤珠全集十卷 ········· 2 – 263
增補醫方一盤珠全集十卷 ········· 2 – 263
增補醫方一盤珠全集十卷 ········· 2 – 263
增補醫方一盤珠全集十卷首一卷 ··· 2 – 263
增補醫方一盤珠全集十卷首一卷 ··· 2 – 263
增補醫方一盤珠全集十卷首一卷 ··· 2 – 263
增補醫林狀元壽世保元十集十卷 ··· 2 – 248
增補雙熊夢十五貫二卷 ··········· 3 – 449
增補蘇批孟子二卷 ··············· 1 – 111
增補蘇批孟子二卷 ··············· 1 – 111
增補蘇批孟子二卷 ··············· 1 – 111
增像十美緣圖詠四卷四十回 ········ 3 – 445
增像玉茗堂批點按鑒參補北宋楊家
　　將全傳四卷五十回 ········ 3 – 465
增像全圖西游記二十五卷一百回 ··· 3 – 464
增像全圖清烈傳四十卷一百回 ····· 3 – 474
增像第六才子書五卷首一卷 ······· 3 – 438
增像第六才子書五卷首一卷 ······· 3 – 438
增像第六才子書五卷首一卷 ······· 3 – 438
增像第六才子書五卷首一卷 ······· 3 – 438

增像繪圖雙珠球十二卷四十九回 …… 3－446

增圖小俠五義傳六卷一百二十四回

　　增圖續小五義六卷一百二十四回

　　　　　　　　　　　　 …… 3－467

增廣大題文府初二集合編不分卷 …… 3－46

增廣太平惠民和劑局方十卷增廣和

　　齊局方用藥總論三卷 ………… 2－265

增廣玉匣記通書六卷 …………… 2－406

增廣玉匣記通書六卷末一卷 …… 2－406

增廣玉匣記通書六卷末一卷 …… 2－406

增廣古今人物論三十六卷 ……… 1－397

增廣四書五經典林十二卷 ……… 1－128

增廣四書題鏡味根錄四十八卷 … 1－105

增廣字學舉隅四卷 ……………… 1－169

增廣字學舉隅四卷 ……………… 1－169

增廣字學舉隅四卷 ……………… 1－170

增廣字學舉隅四卷 ……………… 1－170

增廣字學舉隅四卷 ……………… 3－531

增廣尚友錄統編二十三卷 ……… 1－301

增廣尚友錄統編二十三卷 ……… 1－301

增廣尚友錄統編二十三卷 ……… 1－301

增廣註釋音辯唐柳先生集四十三卷

　　別集一卷外集一卷附錄一卷 …… 3－96

增廣註釋音辯唐柳先生集四十三卷

　　別集二卷外集二卷 …………… 3－96

增廣註釋音辯唐柳先生集四十三卷

　　別集二卷外集二卷附錄一卷 …… 3－96

增廣註釋音辯唐柳先生集四十三卷

　　別集二卷外集二卷附錄一卷 …… 3－96

增廣試帖玉芙蓉五卷續集二卷 …… 2－503

增廣試帖詩海三十二卷 ………… 3－50

增廣試律大觀彙編四卷 ………… 3－50

增廣詩句題解彙編四卷附姓氏考一卷

　　　　　　　　　　　　 ……… 2－490

增廣詩句題解彙編四卷續集五卷姓

　　氏考一卷 …………………… 2－490

增廣詩句題解彙編四卷續集五卷姓

　　氏考一卷 …………………… 2－490

增廣詩句題解彙編四卷續集五卷姓

　　氏考一卷 …………………… 2－490

增廣新術二卷 …………………… 2－305

增廣龍舒淨土文十二卷 ………… 2－448

增廣翼教叢編七卷 ……………… 2－380

縠山筆塵十八卷 ………………… 2－363

縠城山館詩集二十卷 …………… 3－153

縠城山館詩集二十卷 …………… 3－153

［同治］縠城縣志八卷 ………… 2－27

縠聲一卷 ………………………… 3－353

蕙西先生遺稿一卷 ……………… 3－254

蕙西先生遺稿一卷 ……………… 3－254

蕙西先生遺稿一卷 ……………… 3－254

蕙雪詞四卷 ……………………… 3－432

蕙廬全集二卷 …………………… 3－256

蕙廬全集二卷 …………………… 3－256

蕺山先生人譜一卷人譜類記二卷 … 2－202

蕺山先生人譜一卷人譜類記二卷 … 2－202

蕺山先生人譜一卷人譜類記二卷 … 2－202

蕺山先生人譜一卷方實村人譜類記二卷

　　　　　　　　　　　　 …… 2－201

邁堂文略一卷 …………………… 3－227

邁堂文略四卷 …………………… 3－227

蕪湖湖南會館事實一卷 ………… 2－65

蕉花園合編桃花源志九卷首一卷 …… 2－63

蕉林詩集不分卷 ………………… 3－295

蕉雨山房詩鈔八卷集唐酌存四卷集

　　句附編一卷 ………………… 3－187

蕉庵琴譜四卷 …………………… 2－346

蕉庵琴譜四卷 …………………… 2－346

蕉鹿居遺稿一卷 ………………… 3－361

蕉鹿居遺稿一卷 ………………… 3－361

蕉鹿居遺稿一卷 ………………… 3－361

蕩平發逆圖記二十二卷首一卷 …… 1－249

樞垣記略二十八卷 ……………… 1－439

樞垣記略二十八卷 ……………… 1－439

樞垣記略二十八卷 ……………… 1－439

樞垣題名一卷 …………………… 1－383

樗伴山房詩草三卷 ……………… 3－375

樗伴山房詩草三卷 ……………… 3－375

樗園銷夏錄三卷 ………………… 2－373

樗繭譜一卷 ……………………… 2－240

樗繭譜一卷 ……………………… 2－240

樗繭譜一卷 ……………………… 2－240

樗繭譜一卷 …………………… 2－240
樓山堂集二十七卷 …………… 3－163
樓山堂集二十七卷 …………… 3－163
樓山堂集二十七卷 …………… 3－163
樓山堂集二十六卷 …………… 3－163
樓山堂遺書 …………………… 3－511
樓外樓訂正妥註第六才子書六卷首一卷
　　　　　　　　　　　　　…… 3－439
樓外樓新輯事文匯函□□卷…… 2－501
樓邨詩集二十五卷 …………… 3－194
樊山公牘三卷 ………………… 1－477
樊山公牘三卷 ………………… 1－477
樊山批判十四卷 ……………… 1－477
樊山批判十四卷 ……………… 1－477
樊山批判十四卷 ……………… 1－477
樊山判牘四卷 ………………… 1－477
樊山全集 ……………………… 3－530
樊山全集 ……………………… 3－530
樊山全集 ……………………… 3－530
樊山全集 ……………………… 3－530
樊山全集 ……………………… 3－530
樊山全集 ……………………… 3－530
樊山政書二十卷 ……………… 1－477
樊山政書二十卷 ……………… 1－477
樊山政書二十卷 ……………… 1－477
樊山政書二十卷 ……………… 1－477
樊川文集二十卷外集一卷別集一卷
　　　　　　　　　　　　　…… 3－88
樊川文集二十卷外集一卷別集一卷
　　　　　　　　　　　　　…… 3－88
樊川文集二十卷外集一卷別集一卷
　　　　　　　　　　　　　…… 3－88
樊川文集二十卷外集一卷別集一卷
　　　　　　　　　　　　　…… 3－88
樊川文集二十卷外集一卷別集一卷
　　　　　　　　　　　　　…… 3－89
樊川詩集四卷外集一卷別集一卷詩
　補遺一卷 …………………… 3－89

樊川詩集四卷外集一卷別集一卷詩
　補遺一卷 …………………… 3－89
樊川詩集四卷外集一卷別集一卷詩
　補遺一卷 …………………… 3－89
樊川詩集四卷外集一卷別集一卷詩
　補遺一卷 …………………… 3－89
樊川詩集四卷外集一卷別集一卷詩
　補遺一卷 …………………… 3－89
樊川詩集四卷外集一卷別集一卷詩
　補遺一卷 …………………… 3－89
樊川詩集四卷外集一卷別集一卷詩
　補遺一卷 …………………… 3－89
樊川詩集四卷外集一卷別集一卷詩
　補遺一卷 …………………… 3－89
樊川詩集四卷外集一卷別集一卷詩
　補遺一卷 …………………… 3－89
樊南文集補編十二卷首一卷 …… 3－92
樊南文集補編十二卷首一卷 …… 3－92
樊南文集補編十二卷首一卷 …… 3－93
樊南文集補編十二卷首一卷 …… 3－93
樊南文集補編十二卷首一卷 …… 3－93
樊南文集詳註八卷 …………… 3－92
樊南文集箋註八卷 …………… 3－92
樊南文集箋註八卷 …………… 3－92
樊南文集箋註八卷 …………… 3－92
樊南文集箋註八卷 …………… 3－92
樊南文集箋註八卷 …………… 3－92
樊南文集箋註八卷 …………… 3－92
樊南文集箋註八卷 …………… 3－92
樊榭山房集十卷續集十卷………… 3－391
樊榭山房集十卷續集十卷文集八卷
　　　　　　　　　　　　　…… 3－391
樊榭山房集十卷續集十卷文集八卷
　　　　　　　　　　　　　…… 3－391
樊榭山房集十卷續集十卷文集八卷
　　　　　　　　　　　　　…… 3－391
樊榭山房集十卷續集十卷文集八卷
　　　　　　　　　　　　　…… 3－391

樊榭山房集十卷續集十卷文集八卷
　集外詩三卷又一卷集外詞四卷集
　外曲一卷集外文一卷 ……………… 3 – 391
樊榭山房集十卷續集十卷文集八卷
　集外詩三卷又一卷集外詞四卷集
　外曲一卷集外文一卷 ……………… 3 – 391
樊榭山房集十卷續集十卷文集八卷
　集外詩三卷又一卷集外詞四卷集
　外曲一卷集外文一卷 ……………… 3 – 391
樊榭山房集十卷續集十卷文集八卷
　集外詩三卷又一卷集外詞四卷集
　外曲一卷集外文一卷 ……………… 3 – 391
樊榭山房集十卷續集十卷文集八卷
　集外詩三卷又一卷集外詞四卷集
　外曲一卷集外文一卷 ……………… 3 – 391
樊榭山房集十卷續集十卷文集八卷
　集外詩三卷又一卷集外詞四卷集
　外曲一卷集外文一卷 ……………… 3 – 391
樊榭山房集外詩不分卷 ……………… 3 – 391
樟亭集三卷附錄一卷 ………………… 3 – 183
敷文書院課藝不分卷 ………………… 3 – 47
敷文書說 ……………………………… 3 – 530
［道光］輶州志六卷 ………………… 1 – 540
暫定小學堂章程一卷 ………………… 1 – 431
暫定小學堂章程一卷 ………………… 1 – 431
暫定小學堂章程一卷 ………………… 1 – 431
暫定各學堂應用書目一卷 …………… 2 – 152
暫定各學堂應用書目一卷 …………… 2 – 152
暫留軒文鈔八卷 ……………………… 3 – 201
暫留軒詩鈔八卷 ……………………… 3 – 201
輪台雜記二卷 ………………………… 2 – 75
輪船布陣十二卷首一卷圖一卷 ……… 2 – 233
輪船布陣十二卷首一卷圖一卷 ……… 2 – 233
輪船布陣十二卷首一卷圖一卷 ……… 2 – 234
輪輿私箋二卷附圖一卷 ……………… 1 – 55
輪輿私箋二卷附圖一卷 ……………… 1 – 55
輪輿私箋二卷附圖一卷 ……………… 1 – 55
輟耕錄三十卷 ………………………… 2 – 364
輟耕錄三十卷 ………………………… 2 – 364
輟耕錄三十卷 ………………………… 2 – 364
輟耕錄三十卷 ………………………… 2 – 364

輟耕錄三十卷 ………………………… 2 – 364
輟耕錄三十卷 ………………………… 2 – 364
輟耕錄三十卷 ………………………… 2 – 364
輟耕錄三十卷 ………………………… 2 – 364
輟耕錄三十卷 ………………………… 2 – 364
甌北年譜一卷 ………………………… 1 – 326
甌北全集 ……………………………… 3 – 526
甌北全集 ……………………………… 3 – 526
甌北集五十三卷 ……………………… 3 – 386
甌北集五十三卷 ……………………… 3 – 386
甌北詩鈔十卷 ………………………… 3 – 386
甌北詩鈔十卷 ………………………… 3 – 386
甌北詩鈔十卷 ………………………… 3 – 386
甌北詩鈔十卷 ………………………… 3 – 386
甌北詩話十卷續詩話二卷 …………… 3 – 487
甌北詩話十卷續詩話二卷 …………… 3 – 487
甌北詩話十卷續詩話二卷 …………… 3 – 488
甌北詩話十卷續詩話二卷 …………… 3 – 488
甌北詩話十卷續詩話二卷 …………… 3 – 488
甌北詩話十卷續詩話二卷 …………… 3 – 488
甌北詩話十卷續詩話二卷 …………… 3 – 488
甌香館集十二卷補遺一卷附錄一卷
　…………………………………… 3 – 337
甌香館集十二卷補遺詩一卷補遺畫
　跋一卷附錄一卷 …………………… 3 – 337
甌香館集十二卷補遺詩一卷補遺畫
　跋一卷附錄一卷 …………………… 3 – 337
甌香館集十二卷補遺詩一卷補遺畫
　跋一卷附錄一卷 …………………… 3 – 337
甌香館集十二卷補遺詩一卷補遺畫
　跋一卷附錄一卷 …………………… 3 – 337
甌鉢羅室書畫過目考四卷首一卷附一卷
　…………………………………… 2 – 324
甌鉢羅室書畫過目考四卷首一卷附一卷
　…………………………………… 2 – 324
甌鉢羅室書畫過目考四卷首一卷附一卷
　…………………………………… 2 – 324
甌鉢羅室書畫過目考四卷首一卷附一卷
　…………………………………… 2 – 324

甌鉢羅室書畫過目考四卷首一卷附一卷

⋯⋯⋯⋯⋯⋯⋯⋯⋯⋯⋯⋯⋯⋯⋯ 2－325

甌鉢羅室書畫過目考四卷首一卷附一卷

⋯⋯⋯⋯⋯⋯⋯⋯⋯⋯⋯⋯⋯⋯⋯ 2－325

［康熙］甌寧縣志十三卷 ⋯⋯⋯⋯⋯⋯ 2－15

歐可雜著六卷詩鈔十四卷 ⋯⋯⋯⋯⋯ 3－414

歐西自治大觀 ⋯⋯⋯⋯⋯⋯⋯⋯⋯⋯⋯ 2－166

歐西自治大觀 ⋯⋯⋯⋯⋯⋯⋯⋯⋯⋯⋯ 2－166

歐西自治大觀 ⋯⋯⋯⋯⋯⋯⋯⋯⋯⋯⋯ 2－166

歐西自治大觀 ⋯⋯⋯⋯⋯⋯⋯⋯⋯⋯⋯ 2－166

歐美政治要義不分卷 ⋯⋯⋯⋯⋯⋯⋯⋯ 1－424

歐美政體通覽 ⋯⋯⋯⋯⋯⋯⋯⋯⋯⋯⋯ 2－157

歐洲十九世紀史一卷 ⋯⋯⋯⋯⋯⋯⋯⋯ 2－167

歐洲十九世紀史一卷 ⋯⋯⋯⋯⋯⋯⋯⋯ 2－167

歐洲史略十三卷 ⋯⋯⋯⋯⋯⋯⋯⋯⋯⋯ 2－166

歐洲史略十三卷 ⋯⋯⋯⋯⋯⋯⋯⋯⋯⋯ 2－166

歐洲史略十三卷 ⋯⋯⋯⋯⋯⋯⋯⋯⋯⋯ 2－166

歐洲史略十三卷 ⋯⋯⋯⋯⋯⋯⋯⋯⋯⋯ 2－166

歐洲東方交涉記十二卷 ⋯⋯⋯⋯⋯⋯⋯ 2－159

歐洲東方交涉記十二卷 ⋯⋯⋯⋯⋯⋯⋯ 2－159

歐洲東方交涉記十二卷 ⋯⋯⋯⋯⋯⋯⋯ 2－159

歐洲東方交涉記十二卷 ⋯⋯⋯⋯⋯⋯⋯ 2－159

歐洲東方交涉記十二卷 ⋯⋯⋯⋯⋯⋯⋯ 2－159

歐洲東方交涉記十二卷 ⋯⋯⋯⋯⋯⋯⋯ 2－159

歐洲財政史 ⋯⋯⋯⋯⋯⋯⋯⋯⋯⋯⋯⋯ 2－166

歐洲財政史 ⋯⋯⋯⋯⋯⋯⋯⋯⋯⋯⋯⋯ 2－166

歐洲財政史 ⋯⋯⋯⋯⋯⋯⋯⋯⋯⋯⋯⋯ 2－166

歐洲歷史攬要四卷 ⋯⋯⋯⋯⋯⋯⋯⋯⋯ 2－166

歐陽中鵠書札 ⋯⋯⋯⋯⋯⋯⋯⋯⋯⋯⋯ 3－389

歐陽文公圭齋集十五卷首一卷附錄一卷

⋯⋯⋯⋯⋯⋯⋯⋯⋯⋯⋯⋯⋯⋯⋯ 3－152

歐陽文公圭齋集十五卷首一卷附錄一卷

⋯⋯⋯⋯⋯⋯⋯⋯⋯⋯⋯⋯⋯⋯⋯ 3－152

歐陽文公圭齋集十五卷首一卷附錄一卷

⋯⋯⋯⋯⋯⋯⋯⋯⋯⋯⋯⋯⋯⋯⋯ 3－152

歐陽文公圭齋集十五卷首一卷附錄一卷

⋯⋯⋯⋯⋯⋯⋯⋯⋯⋯⋯⋯⋯⋯⋯ 3－152

歐陽文公圭齋集十六卷首一卷末一卷

⋯⋯⋯⋯⋯⋯⋯⋯⋯⋯⋯⋯⋯⋯⋯ 3－152

歐陽文公圭齋集十六卷首一卷末一卷

⋯⋯⋯⋯⋯⋯⋯⋯⋯⋯⋯⋯⋯⋯⋯ 3－152

歐陽文公圭齋集十六卷首一卷末一卷

⋯⋯⋯⋯⋯⋯⋯⋯⋯⋯⋯⋯⋯⋯⋯ 3－152

歐陽文公圭齋集十六卷首一卷末一卷

⋯⋯⋯⋯⋯⋯⋯⋯⋯⋯⋯⋯⋯⋯⋯ 3－152

歐陽文公圭齋集十六卷首一卷末一卷

⋯⋯⋯⋯⋯⋯⋯⋯⋯⋯⋯⋯⋯⋯⋯ 3－152

歐陽文忠公五代史鈔二十卷 ⋯⋯⋯⋯⋯ 1－395

歐陽文忠公文集一百五十三卷附錄五卷

⋯⋯⋯⋯⋯⋯⋯⋯⋯⋯⋯⋯⋯⋯⋯ 3－135

歐陽文忠公文鈔十卷 ⋯⋯⋯⋯⋯⋯⋯⋯ 3－136

歐陽文忠公文鈔十卷 ⋯⋯⋯⋯⋯⋯⋯⋯ 3－136

歐陽文忠公全集一百〇五卷 ⋯⋯⋯⋯⋯ 3－135

歐陽文忠公全集一百〇五卷 ⋯⋯⋯⋯⋯ 3－135

歐陽文忠公全集一百〇五卷 ⋯⋯⋯⋯⋯ 3－135

歐陽文忠公全集一百五十三卷附錄五卷

⋯⋯⋯⋯⋯⋯⋯⋯⋯⋯⋯⋯⋯⋯⋯ 3－135

歐陽文忠公全集一百五十三卷附錄五卷

⋯⋯⋯⋯⋯⋯⋯⋯⋯⋯⋯⋯⋯⋯⋯ 3－135

歐陽文忠公全集一百五十三卷附錄五卷

⋯⋯⋯⋯⋯⋯⋯⋯⋯⋯⋯⋯⋯⋯⋯ 3－135

歐陽文忠公全集一百五十三卷附錄五卷

⋯⋯⋯⋯⋯⋯⋯⋯⋯⋯⋯⋯⋯⋯⋯ 3－135

歐陽文忠公全集一百五十三卷附錄五卷

⋯⋯⋯⋯⋯⋯⋯⋯⋯⋯⋯⋯⋯⋯⋯ 3－135

歐陽文忠公全集一百五十三卷首一

卷附錄五卷 ⋯⋯⋯⋯⋯⋯⋯⋯⋯⋯ 3－135

歐陽文忠公全集一百五十三卷首一

卷附錄五卷 ⋯⋯⋯⋯⋯⋯⋯⋯⋯⋯ 3－135

歐陽文忠公全集一百五十三卷首一

卷附錄五卷 ⋯⋯⋯⋯⋯⋯⋯⋯⋯⋯ 3－136

歐陽文忠公全集一百五十三卷首一

卷附錄五卷 ⋯⋯⋯⋯⋯⋯⋯⋯⋯⋯ 3－136

歐陽文忠公全集一百五十三卷首一

卷附錄五卷 ⋯⋯⋯⋯⋯⋯⋯⋯⋯⋯ 3－136

歐陽文忠公全集一百五十三卷首一

卷附錄五卷 ⋯⋯⋯⋯⋯⋯⋯⋯⋯⋯ 3－136

歐陽文忠公全集一百五十三卷首一
　卷附錄五卷 …………………… 3－136
歐陽文忠公全集一百五十三卷首一
　卷附錄五卷 …………………… 3－136
歐陽文忠公集一百三十卷目錄十二
　卷附錄四卷 …………………… 3－135
歐陽文忠公集一百五十三卷附錄五卷
　 ……………………………………… 3－135
歐陽文忠公詩集六卷 …………… 3－136
歐陽文忠公新唐書鈔二卷 ……… 1－394
歐陽文忠公新唐書鈔二卷五代史鈔
　二十卷 ………………………… 1－395
歐陽文忠公新唐書鈔二卷五代史鈔
　二十卷 ………………………… 1－395
歐陽文集五十卷 ………………… 3－135
歐陽永叔集選十六卷 …………… 3－136
歐陽弁元上學務大臣張書 ……… 2－377
歐陽母朱太宜人往生事略 ……… 1－312
歐陽光手書小楷 ………………… 2－335
歐陽先生文粹二十卷 …………… 3－136
歐陽坦齋全集 …………………… 3－390
歐陽杭鄉試硃卷 ………………… 3－389
歐陽述日記 ……………………… 1－332
歐陽述致尚志主人信稿一卷 …… 3－390
歐陽省堂點勘記二卷省堂筆記一卷 … 3－488
歐陽書考十二卷首一卷末一卷 … 2－326
歐遊心影錄 ……………………… 2－379
歐游雜錄二卷 …………………… 2－108
歐游雜錄二卷 …………………… 2－108
歐羅巴通史不分卷 ……………… 2－166
歐羅巴通史不分卷 ……………… 2－166
歐羅巴通史不分卷 ……………… 2－166
歐羅巴通史不分卷 ……………… 2－166
歐羅巴通史不分卷 ……………… 2－166
賢母錄一卷 ……………………… 1－311
賢母錄一卷 ……………………… 1－311
賢良詞一卷樂道詞一卷 ………… 2－217
賢首五教儀開蒙一卷賢首五教斷證
　三覺揀濫圖一卷法界宗蓮花章一
　卷華嚴鏡燈章一卷 …………… 2－455
賢首五教儀開蒙增註五卷 ……… 2－441

賢愚因緣經十三卷 ……………… 2－428
賢愚因緣經十三卷 ……………… 2－428
［光緒］遷江縣志四卷 …………… 2－31
［同治］遷安縣志十八卷首一卷末一卷
　 ……………………………………… 1－532
醉山草堂詩集二卷 ……………… 3－340
醉山草堂詩集二卷 ……………… 3－340
醉山草堂詩集二卷 ……………… 3－340
醉山草堂詩集二卷 ……………… 3－340
醉月居詩鈔一卷詞鈔一卷 ……… 3－355
醉月居詩鈔一卷詞鈔一卷 ……… 3－355
醉竹園左傳鈔四卷 ……………… 1－87
醉吟草六卷 ……………………… 3－393
醉庵硯銘一卷 …………………… 2－351
醉雲樓詩草五卷 ………………… 3－247
憂盛編一卷 ……………………… 3－65
憂盛編一卷 ……………………… 3－65
遼文存六卷附錄二卷 …………… 3－13
遼文存六卷附錄二卷 …………… 3－13
遼文萃七卷遼史藝文志補證一卷西
　夏文綴二卷西夏藝文志一卷 ……… 3－13
遼文萃七卷遼史藝文志補證一卷西
　夏文綴二卷西夏藝文志一卷 ……… 3－13
遼史一百十六卷 ………………… 1－215
遼史一百十六卷 ………………… 1－216
遼史一百十六卷 ………………… 1－216
遼史一百十六卷 ………………… 1－216
遼史一百十六卷 ………………… 1－216
遼史一百十六卷 ………………… 1－216
遼史一百十六卷 ………………… 1－216
遼史一百十六卷 ………………… 3－532
遼史地理志考五卷 ……………… 1－522
遼史拾遺二十四卷 ……………… 1－216
遼史拾遺二十四卷 ……………… 1－216
遼史拾遺二十四卷 ……………… 1－216
遼史拾遺二十四卷 ……………… 1－216
遼史拾遺二十四卷 ……………… 1－216
遼史拾遺二十四卷 ……………… 1－216
遼史拾遺二十四卷 ……………… 1－216
遼史拾遺二十四卷 ……………… 1－216

遼史拾遺二十四卷 ····················· 1－216
遼史拾遺二十四卷 ····················· 1－216
遼史拾遺補五卷 ······················· 1－216
遼史拾遺補五卷 ······················· 1－216
遼史紀事本末四十卷首一卷 ··········· 1－241
遼史紀事本末四十卷首一卷 ··········· 1－241
遼史紀事本末四十卷首一卷 ··········· 1－241
遼史紀事本末四十卷首一卷 ··········· 1－241
遼史紀事本末四十卷首一卷 ··········· 1－241
遼史紀事本末四十卷首一卷 ··········· 1－241
遼史紀事本末四十卷首一卷 ··········· 1－241
遼史紀事本末四十卷首一卷 ··········· 1－241
［雍正］遼州志八卷 ·················· 1－536
遼金元三史語解 ······················· 1－218
確庵先生詩鈔八卷 ···················· 3－319
震川大全集三十卷別集十卷補集八
　　卷餘集八卷 ······················· 3－185
震川大全集三十卷別集十卷補集八
　　卷餘集八卷 ······················· 3－185
震川大全集三十卷別集十卷補編十
　　二卷附錄一卷 ···················· 3－185
震川大全集載評點史記例意一卷劉
　　海峰論文偶記一卷 ··············· 1－399
震川先生文集二十卷 ·················· 3－184
震川先生集三十卷外集十卷附錄一卷
　　······························· 3－185
震川先生集三十卷外集十卷附錄一卷
　　······························· 3－185
震川先生集三十卷外集十卷附錄一卷
　　······························· 3－185
震川先生集三十卷外集十卷附錄一卷
　　······························· 3－185
震川先生集三十卷外集十卷附錄一卷
　　······························· 3－185
震川先生集三十卷外集十卷附錄一卷
　　······························· 3－185
震川先生集三十卷外集十卷附錄一卷
　　······························· 3－185
震川先生集三十卷外集十卷附錄一卷
　　······························· 3－185
震川先生集三十卷別集十卷 ··········· 3－185

震川先生集三十卷別集十卷 ··········· 3－185
震川先生集三十卷別集十卷 ··········· 3－185
震川先生集三十卷別集十卷 ··········· 3－185
震澤先生集三十六卷 ·················· 3－157
震澤長語二卷郢事紀略一卷 ··········· 2－363
撮要錄四卷首一卷 ···················· 2－501
撫子說一卷 ··························· 2－204
撫本禮記鄭注考異二卷 ··············· 3－543
［光緒］撫州府志八十六卷首一卷 ····· 2－11
撫吳公牘五十卷 ······················· 1－475
撫吳草四卷 ··························· 3－327
撫吳草四卷 ··························· 3－327
撫吳草四卷 ··························· 3－327
撫苗備覽二十二卷 ···················· 2－68
撫院札行宣統三年預算案報部冊二卷
　　······························· 1－451
撫掌編□□卷 ························· 3－461
撫湘公牘二卷 ························· 1－475
撫湘公牘二卷 ························· 1－475
撫滇奏疏四卷 ························· 1－500
［光緒］撫寧縣志十六卷首一卷 ······· 1－533
播琴堂詩集十二卷文集六卷 ··········· 3－261
播雅二十四卷 ························· 3－39
劇談錄二卷 ··························· 3－459
鄴中記一卷 ··························· 2－72
［道光］輝縣志二十卷首一卷末一卷
　　······························· 2－17
賞雨茅屋詩集十五卷外集一卷 ········· 3－332
賞雨茅屋詩集十五卷外集一卷 ········· 3－332
賞奇軒四種合編 ······················· 2－320
賦海大觀三十二卷 ···················· 2－541
賦梅書屋詩初集六卷二集三卷三集
　　二卷四集一卷五集一卷 ··········· 3－221
賦梅書屋詩初集六卷二集三卷三集
　　二卷四集一卷五集一卷 ··········· 3－221
賦鈔箋略十五卷 ······················· 2－539
賦鈔箋略十五卷 ······················· 2－539
賦鈔箋略十五卷 ······················· 2－539
賦話十卷 ····························· 3－481
賦話十卷詩話二卷詞話四卷曲話二卷
　　······························· 3－481

454

賦話十卷詩話二卷詞話四卷曲話二卷

　　　………………………………… 3－481

賦彙錄要二十八卷天象補題註一卷賦

　　彙補遺錄要一卷賦彙錄要外集一卷

　　………………………………… 2－539

賦彙錄要二十八卷天象補題註一卷賦

　　彙補遺錄要一卷賦彙錄要外集一卷

　　………………………………… 2－539

賦彙題註八卷 …………………… 2－531

賦學正鵠十卷 …………………… 3－20

賦學正鵠十卷 …………………… 3－20

賦學正鵠十卷 …………………… 3－20

賦學正鵠十卷 …………………… 3－20

賦學正鵠十卷 …………………… 3－20

賦學正鵠十卷 …………………… 3－20

賦學正鵠十卷 …………………… 3－20

賦學正鵠十卷 …………………… 3－20

賦學正鵠十卷 …………………… 3－20

賦學正鵠十卷 …………………… 3－20

賦學正鵠十卷 …………………… 3－21

賦學正鵠十卷 …………………… 3－21

賦學指南十卷 …………………… 3－482

賭棋山莊全集 …………………… 3－527

賜書堂詩稿四卷文稿六卷 ……… 3－289

賜硯堂文集一卷 ………………… 3－347

賜硯堂詩集不分卷萬壽詩冊不分卷

　　………………………………… 3－347

賜硯齋集四卷 …………………… 3－405

賜硯齋題畫偶錄一卷 …………… 3－291

賜硯齋題畫偶錄一卷 …………… 3－291

賜福樓啟事二卷 ………………… 1－475

賜綺堂集二十八卷 ……………… 3－382

賜綺堂集二十卷續詩四卷外編六卷

　　………………………………… 3－382

賜綺堂集十五卷 ………………… 3－382

賜綺堂集十五卷外集二卷續集四卷

　　………………………………… 3－382

賜墨齋詩二卷詞一卷 …………… 3－273

瞑庵詩錄一卷 …………………… 3－210

瞑庵詩錄一卷 …………………… 3－210

瞑庵叢稿一卷 …………………… 3－210

瞑庵雜識四卷 …………………… 2－367

瞑庵雜識四卷 …………………… 2－368

閱微草堂筆記二十四卷 ………… 3－460

閱微草堂筆記二十四卷 ………… 3－460

閱微草堂筆記二十四卷 ………… 3－460

閱微草堂筆記二十四卷 ………… 3－460

閱微草堂筆記二十四卷 ………… 3－460

閱微草堂筆記二十四卷 ………… 3－460

閱微草堂筆記二十四卷 ………… 3－460

閱微草堂筆記二十四卷 ………… 3－460

閱微草堂筆記二十四卷 ………… 3－460

閱微草堂筆記二十四卷 ………… 3－460

閱微草堂筆記二十四卷 ………… 3－460

閱藏知津四十四卷總目四卷 …… 2－451

閱藏知津四十四卷總目四卷 …… 2－451

[咸豐]閬中縣志八卷 …………… 2－37

影山草堂六種 …………………… 3－520

影北宋本二李唱和集一卷 ……… 3－57

影宋咸淳本周易本義十卷易圖一卷

　　………………………………… 1－12

影唐寫本漢書食貨志一卷 ……… 1－442

影唐寫本漢書食貨志一卷 ……… 3－548

影梅庵傳奇二卷 ………………… 3－442

遺山先生文集十四卷 …………… 3－147

遺山先生詩集二十卷 …………… 3－147

遺山先生詩集二十卷 …………… 3－147

遺山先生詩集二十卷 …………… 3－147

遺山先生詩集二十卷 …………… 3－147

遺山先生詩集二十卷 …………… 3－147

遺山先生詩集二十卷 …………… 3－147

遺山先生詩集二十卷 …………… 3－147

遺山先生詩集二十卷 …………… 3－147

遺山詩集考異一卷 ……………… 3－147

遺山詩集考異一卷 ……………… 3－147

遺山詩鈔三卷 …………………… 3－147

遺安老人文存一卷 ……………… 3－371

遺經堂租簿 ……………………… 1－492

蝶庵葺書:篆文 ………………… 2－335

蝶庵詩鈔八卷賦鈔二卷 ………… 3－359

蝶庵賦鈔二卷 …………………… 3－360

蝯叟詩文書札 …………………… 3－249

數目匯考一百二十四卷 ………… 2－500

數典集□□卷 …………………… 2－501

數度衍二十三卷首三卷……………… 2–301
數根術解一卷開方別術一卷………… 2–304
數學表一卷…………………………… 2–302
數學理九卷附一卷…………………… 2–309
數學精詳十一卷首一卷末一卷……… 2–303
數學精詳十一卷首一卷末一卷……… 2–303
數學精詳十一卷首一卷末一卷……… 2–303
數學精詳十一卷首一卷末一卷……… 2–303
數學精詳十一卷首一卷末一卷……… 2–303
數學精詳十一卷首一卷末一卷……… 2–303
數學精詳十一卷首一卷末一卷……… 3–538
嶠雅二卷……………………………… 3–183
墨子十五卷…………………………… 2–355
墨子十五卷…………………………… 2–355
墨子十六卷…………………………… 2–355
墨子十六卷…………………………… 2–356
墨子十六卷…………………………… 2–356
墨子十六卷…………………………… 2–356
墨子十六卷…………………………… 2–356
墨子十六卷…………………………… 2–356
墨子十六卷…………………………… 2–356
墨子十六卷…………………………… 2–356
墨子十六卷…………………………… 2–356
墨子七十一篇三卷…………………… 2–356
墨子七十一篇三卷…………………… 2–356
墨子七十一篇三卷…………………… 2–356
墨子七十一篇三卷…………………… 2–356
墨子佚文一卷………………………… 2–356
墨子佚文一卷………………………… 2–356
墨子佚文一卷………………………… 2–356
墨子佚文一卷………………………… 2–356
墨子閒詁十五卷目錄一卷附錄一卷
　墨子後語二卷…………………… 2–372
墨子閒詁十五卷目錄一卷附錄一卷
　墨子後語二卷…………………… 2–372
墨子閒詁十五卷目錄一卷附錄一卷
　墨子後語二卷…………………… 2–372
墨子閒詁十五卷目錄一卷附錄一卷
　墨子後語二卷…………………… 2–372

墨子閒詁十五卷目錄一卷附錄一卷
　墨子後語二卷…………………… 2–372
墨子閒詁十五卷目錄一卷附錄一卷
　墨子後語二卷…………………… 2–372
墨子閒詁十五卷目錄一卷附錄一卷
　墨子後語二卷…………………… 2–372
墨子閒詁十五卷目錄一卷附錄一卷
　墨子後語二卷…………………… 2–372
墨子閒詁十五卷附錄一卷後語二卷……… 3–538
墨子經說解二卷……………………… 2–373
墨子經說解二卷……………………… 2–373
墨子經說解二卷……………………… 2–373
墨子經說解二卷……………………… 2–373
墨子經說解二卷……………………… 2–373
墨子經說解二卷……………………… 2–374
墨子斠注補正二卷…………………… 3–550
墨子斠註補正二卷…………………… 2–379
墨池瑣錄四卷………………………… 2–323
墨池篇六卷…………………………… 2–320
墨池編二十卷………………………… 2–320
墨池編二十卷………………………… 2–320
墨池編二十卷………………………… 2–320
墨池編二十卷………………………… 2–320
墨池編二十卷………………………… 2–320
墨池編二十卷………………………… 2–320
墨池編二十卷印典八卷……………… 2–320
墨志一卷……………………………… 2–351
墨妙亭碑目考二卷附考一卷………… 2–126
墨妙亭碑目考二卷附考一卷………… 2–126
墨表四卷……………………………… 2–352
墨林今話十八卷……………………… 2–330
墨林今話十八卷……………………… 2–330
墨林今話十八卷……………………… 2–330
墨林今話續編一卷…………………… 2–330
墨林今話續編一卷…………………… 2–330
墨林今話續編一卷…………………… 2–330
墨法集要一卷………………………… 2–351
墨法集要一卷………………………… 2–351
墨法集要一卷………………………… 2–351
墨法集要一卷………………………… 2–351
墨法集要一卷………………………… 2–351

墨香居畫識十卷 …………………… 2-329
墨香居畫識十卷 …………………… 2-329
墨香閣集十三卷首一卷末一卷 …… 3-348
墨香閣集十三卷首一卷末一卷 …… 3-348
墨香閣集十三卷首一卷末一卷 …… 3-348
墨香閣集十三卷首一卷末一卷 …… 3-348
墨香閣集十三卷首一卷末一卷 …… 3-348
墨香閣集十三卷首一卷末一卷 …… 3-348
墨商五編:道光乙未科不分卷 …… 3-47
墨壽閣詩集四卷 ………………… 3-219
墨緣匯觀 ………………………… 2-320
墨樵遺集 ………………………… 3-520
墨齋詩錄一卷 …………………… 3-341
墨蘭譜不分卷 …………………… 2-337
墨蘭譜不分卷 …………………… 2-338
墨蘭譜不分卷 …………………… 2-338
稽中散集十卷 …………………… 3-73
稽古日鈔八卷 …………………… 1-121
稽古日鈔八卷 …………………… 1-121
稽瑞一卷 ………………………… 2-409
稽瑞一卷 ………………………… 2-409
稽瑞一卷 ………………………… 2-409
稽瑞樓書目一卷 ………………… 2-141
稽瑞樓書目一卷 ………………… 2-141
黎氏學易五卷首一卷 …………… 1-24
黎文肅公公牘十卷 ……………… 1-476
黎文肅公遺書 …………………… 3-526
[光緒]黎平府志八卷 …………… 2-39
黎吉雲侍御詩集不分卷 ………… 3-403
黎先溁鄉試硃卷 ………………… 3-403
[嘉慶]黎里志十六卷首一卷 …… 1-549
黎承禮鄉試硃卷 ………………… 3-403
黎墉墓志銘 ……………………… 1-316
黎薇叟手寫詩一卷 ……………… 3-403
稼門文鈔七卷詩鈔十卷 ………… 3-219
稼門府君行述一卷 ……………… 1-312
稼軒集鈔存四卷雜錄詩一卷雜錄文一卷
………………………………… 3-116
稼書先生年譜一卷 ……………… 1-325
稼墨軒文集一卷詩集十卷外集二卷
………………………………… 3-208

篋中詞六卷續二卷 ……………… 3-426
篋外錄一卷 ……………………… 2-378
篋衍集十二卷 …………………… 3-24
篋衍集十二卷 …………………… 3-24
範家集略六卷 …………………… 2-206
範家集略六卷 …………………… 2-206
範家集略六卷 …………………… 2-206
箴言書院志一卷 ………………… 2-59
箴言書院記 ……………………… 2-59
箴言書院學約 …………………… 2-59
箴言錄不分卷 …………………… 2-195
篆文六經 ………………………… 1-1
篆文六經 ………………………… 1-1
篆文周易十卷 …………………… 1-26
篆文周禮六卷 …………………… 1-51
篆文周禮六卷 …………………… 1-51
篆文周禮六卷 …………………… 1-51
篆文周禮六卷 …………………… 1-51
篆文辨訣不分卷 ………………… 2-339
篆林肆考十五卷 ………………… 1-164
篆刻鍼度八卷 …………………… 2-339
篆書周易 ………………………… 1-26
篆楷考異不分卷 ………………… 1-164
篆學瑣著 ………………………… 2-338
篆學瑣著 ………………………… 2-339
篆學瑣著 ………………………… 2-339
牖景錄二卷 ……………………… 3-169
儉德堂讀書隨筆二卷 …………… 2-392
儀鄭堂殘稿二卷 ………………… 3-291
儀鄭堂殘稿二卷 ………………… 3-291
儀鄭堂駢儷文三卷 ……………… 3-201
儀鄭堂駢儷文三卷 ……………… 3-201
儀衛軒文集十二卷外集一卷附錄一卷
詩集五卷遺書三卷大意尊聞三卷
………………………………… 3-188
儀衛軒文集十二卷外集一卷附錄一卷
詩集五卷遺書三卷大意尊聞三卷
………………………………… 3-189
儀衛軒文集十二卷外集一卷附錄一卷
詩集五卷遺書三卷大意尊聞三卷
………………………………… 3-189
457

儀衛軒文集十二卷外集一卷附錄一卷
　　詩集五卷遺書三卷大意尊聞三卷
　　……………………………… 3 – 189
儀衛軒文集十二卷外集一卷附錄一卷
　　詩集五卷遺書三卷大意尊聞三卷
　　……………………………… 3 – 189
儀衛軒詩集五卷……………………… 3 – 189
［康熙］儀徵縣志二十二卷 ………… 1 – 550
［嘉慶］儀徵縣續志十卷 …………… 1 – 551
儀禮十七卷 …………………………… 1 – 55
儀禮十七卷 …………………………… 1 – 55
儀禮十七卷 …………………………… 1 – 55
儀禮十七卷 …………………………… 1 – 55
儀禮十七卷 …………………………… 1 – 56
儀禮十七卷 …………………………… 1 – 56
儀禮十七卷 …………………………… 1 – 56
儀禮十七卷 …………………………… 1 – 56
儀禮十七卷 …………………………… 1 – 56
儀禮十七卷 …………………………… 1 – 56
儀禮十七卷 …………………………… 1 – 56
儀禮十七卷 …………………………… 1 – 56
儀禮十七卷 …………………………… 1 – 56
儀禮十七卷 …………………………… 1 – 56
儀禮十七卷 …………………………… 1 – 56
儀禮十七卷 …………………………… 1 – 56
儀禮十七卷 …………………………… 1 – 56
儀禮十七卷 …………………………… 1 – 56
儀禮正義四十卷 ……………………… 1 – 59
儀禮正義四十卷 ……………………… 1 – 59
儀禮正義四十卷 ……………………… 1 – 59
儀禮正義四十卷 ……………………… 1 – 59
儀禮正義四十卷 ……………………… 1 – 59
儀禮正義四十卷……………………… 3 – 542
儀禮古今文異同疏證五卷 …………… 1 – 60
儀禮古今文疏義十七卷 ……………… 1 – 59
儀禮古今文疏義十七卷 ……………… 1 – 59
儀禮古今文疏義十七卷 ……………… 1 – 59
儀禮古今文疏義十七卷 ……………… 1 – 59

儀禮古今文疏證二卷 ………………… 3 – 542
儀禮古今考二卷 ……………………… 1 – 58
儀禮私箋八卷 ………………………… 1 – 61
儀禮私箋八卷 ………………………… 1 – 61
儀禮私箋八卷 ………………………… 1 – 61
儀禮私箋八卷 ………………………… 1 – 61
儀禮私箋八卷 ………………………… 1 – 61
儀禮私箋八卷 ………………………… 1 – 62
儀禮析疑十七卷 ……………………… 1 – 58
儀禮析疑十七卷 ……………………… 1 – 58
儀禮要義五十卷 ……………………… 1 – 58
儀禮音訓不分卷 ……………………… 1 – 61
儀禮訓解十七卷 ……………………… 1 – 58
儀禮章句十七卷 ……………………… 1 – 58
儀禮章句十七卷 ……………………… 1 – 59
儀禮章句十七卷 ……………………… 1 – 59
儀禮商二卷附錄一卷 ………………… 1 – 61
儀禮喪服輯略一卷喪服雜說一卷 …… 1 – 60
儀禮喪服輯略一卷喪服雜說一卷 …… 1 – 60
儀禮喪服輯略一卷喪服雜說一卷 …… 1 – 60
儀禮喪服輯略一卷喪服雜說一卷 …… 1 – 60
儀禮喪服輯略一卷喪服雜說一卷 …… 1 – 60
儀禮喪服輯略一卷喪服雜說一卷 …… 1 – 60
儀禮集釋三十卷附釋宮一卷 ……… 1 – 57
儀禮集釋三十卷附釋宮一卷 ……… 1 – 57
儀禮註疏十七卷 ……………………… 1 – 56
儀禮註疏十七卷 ……………………… 1 – 56
儀禮註疏十七卷 ……………………… 1 – 56
儀禮註疏十七卷 ……………………… 1 – 57
儀禮註疏十七卷 ……………………… 1 – 57
儀禮註疏十七卷附考證 ……………… 1 – 57
儀禮註疏十七卷附考證 ……………… 1 – 57
儀禮註疏十七卷附考證 ……………… 1 – 57
儀禮註疏校勘記十七卷 ……………… 1 – 58
儀禮註疏校勘記十七卷 ……………… 1 – 58
儀禮註疏詳校十七卷 ………………… 1 – 62
儀禮註疏詳校十七卷 ………………… 1 – 62
儀禮疏五十卷 ………………………… 1 – 57
儀禮疏五十卷 ………………………… 1 – 57
儀禮節略二十卷 ……………………… 1 – 58

儀禮節略二十卷 ……………… 1－58

儀禮節略二十卷 ……………… 1－58

儀禮節貫一卷首一卷末一卷 ……… 1－58

儀禮經集註十七卷 ……………… 1－61

儀禮經註疏正譌十七卷 ……… 1－59

儀禮經傳通解三十七卷 ……… 1－57

儀禮經傳通解三十七卷續二十九卷

　　……………………………… 1－57

儀禮經傳通解三十七卷續二十九卷

　　……………………………… 1－57

儀禮經傳通解三十七卷續二十九卷

　　……………………………… 1－57

儀禮經傳通解三十七卷續二十九卷

　　……………………………… 1－57

儀禮經傳通解三十七卷續二十九卷 ……… 1－57

儀禮經傳通解五十八卷 ……… 1－61

儀禮圖十七卷儀禮旁通圖一卷 … 1－58

儀禮圖十七卷儀禮旁通圖一卷 … 1－58

儀禮圖六卷 ……………………… 1－60

儀禮圖六卷 ……………………… 1－60

儀禮圖六卷 ……………………… 1－60

儀禮圖六卷 ……………………… 1－60

儀禮圖六卷 ……………………… 1－61

儀禮鄭注句讀十七卷監本正誤一卷

　　石本誤字一卷 ……………… 3－542

儀禮鄭註句讀十七卷 ………… 1－61

儀禮鄭註句讀十七卷 ………… 1－61

儀禮鄭註句讀十七卷 ………… 1－61

儀禮鄭註句讀十七卷 ………… 1－61

儀禮鄭註句讀十七卷 ………… 1－61

儀禮鄭註句讀十七卷 ………… 1－61

儀禮鄭註句讀十七卷 ………… 1－61

儀禮鄭註句讀十七卷 ………… 1－61

儀禮鄭註句讀十七卷 ………… 1－61

儀禮鄭註句讀十七卷 ………… 1－61

儀禮鄭註句讀十七卷 ………… 1－61

儀禮鄭註句讀十七卷監本正誤一卷

　　石本誤字一卷 ……………… 1－61

儀禮識誤三卷 ………………… 1－57

儀禮識誤三卷 ………………… 1－57

儀禮識誤三卷 ………………… 1－58

儀禮韻言二卷 ………………… 1－62

儀禮纂要二卷 ………………… 1－61

儀禮纂錄二卷 ………………… 1－58

儀禮釋官九卷首一卷 ………… 1－59

儀禮釋官九卷首一卷 ………… 1－59

儀禮釋官九卷首一卷 ………… 1－59

儀禮釋官九卷首一卷 ………… 1－59

儀禮釋官九卷首一卷 ………… 1－59

儀禮釋官九卷首一卷 ………… 3－543

儀禮釋宮一卷 ………………… 1－57

儀顧堂集二十卷 ……………… 3－323

儀顧堂集二十卷 ……………… 3－323

儀顧堂集二十卷 ……………… 3－323

儀顧堂集二十卷 ……………… 3－323

儀顧堂集二十卷 ……………… 3－552

儀顧堂集十六卷 ……………… 3－323

儀顧堂集十六卷 ……………… 3－323

儀顧堂集十六卷 ……………… 3－323

儀顧堂集十六卷 ……………… 3－323

儀顧堂集十六卷 ……………… 3－323

儀顧堂題跋十六卷續跋十六卷 …… 2－149

儀顧堂題跋十六卷續跋十六卷 …… 2－149

儀顧堂題跋十六卷續跋十六卷 …… 2－149

質園詩集三十二卷 …………… 3－275

質園詩集三十二卷 …………… 3－275

質園詩集三十二卷 …………… 3－275

質疑刪存三卷 ………………… 3－551

質疑錄一卷 …………………… 2－268

質學叢書 ……………………… 3－494

質學叢書 ……………………… 3－494

質盦集二卷 …………………… 3－205

質盦集二卷 …………………… 3－205

質盦集二卷 …………………… 3－205

[同治]德化縣志五十四卷首一卷 …… 2－8

德公園鄉墨不分卷 …………… 3－52

[嘉慶]德平縣志十卷首一卷 …… 1－546

德史譯文匯稿七十卷 ………… 2－167

德州田氏叢書 ………………… 3－509

德州田氏叢書 ………………… 3－509

459

[乾隆]德州志十二卷 …………… 1－546

[光緒]德安府志二十卷首一卷末一卷
　　　　　　　　　　　　　　 2－22

[同治]德安縣志十五卷 ………… 2－8

[康熙]德安縣志十卷 …………… 2－8

德字初桃 ………………………… 1－142

德壯果公年譜三十二卷 ………… 1－326

德相俾斯麥傳 …………………… 1－387

德音堂琴譜十卷 ………………… 2－345

德音堂琴譜十卷 ………………… 2－345

德音堂琴譜十卷 ………………… 2－345

德音堂琴譜字母源流一卷 ……… 2－347

德卿詩鈔一卷 …………………… 3－219

德國工商勃興史 ………………… 2－167

德國水師事宜一卷 ……………… 2－230

德國合盟紀事本末一卷 ………… 2－167

德國合盟紀事本末一卷 ………… 2－167

德國軍制述要一卷 ……………… 1－469

德國陸軍考四卷 ………………… 1－469

德國新刑律草案 ………………… 1－490

[道光]德陽縣新志十二卷首一卷末一卷
　　　　　　　　　　　　　　 2－34

德意志刑法 ……………………… 1－490

[同治]德興縣志十卷首一卷末一卷 … 2－9

衛生要旨一卷 …………………… 2－289

衛生家寶產科備要八卷 ………… 2－279

衛生寶鑑二十四卷補遺一卷 …… 2－247

衛生寶鑑二十四卷補遺一卷 …… 2－247

[嘉慶]衛藏通志十六卷首一卷 …… 2－41

衛藏圖識五卷 …………………… 3－534

衛濟餘編十八卷 ………………… 2－399

徵君男女書科全集 ……………… 2－246

徵君孫先生年譜二卷 …………… 1－324

徵刻唐宋秘本書目一卷 ………… 2－130

徵刻唐宋秘本書目一卷 ………… 2－130

徵刻唐宋秘本書目一卷 ………… 2－130

徵詩錄一卷 ……………………… 3－27

徹悟禪師語錄二卷 ……………… 2－451

磐那室詩存一卷 ………………… 3－306

磐那室詩存一卷 ………………… 3－306

磐園藏賤一卷 …………………… 3－62

盤山志十卷首一卷補遺四卷 …… 2－78

盤山志十卷首一卷補遺四卷 …… 2－78

盤山詩草十卷補錄一卷 ………… 3－390

盤山詩草十卷補錄一卷 ………… 3－390

盤山詩草十卷補錄一卷 ………… 3－391

盤山詩草十卷補錄一卷 ………… 3－391

盤洲文集八十一卷 ……………… 3－120

盤洲文集八十卷 ………………… 3－120

盤洲文集八十卷首一卷末一卷 … 3－120

盤穀詩集二卷 …………………… 3－353

銷釋金剛科儀 …………………… 2－452

鋤經軒雜體詩草一卷 …………… 3－268

劍水袁叔論重訂時文不分卷 …… 3－279

[同治]劍州志十卷 ……………… 2－34

劍南詩鈔不分卷 ………………… 3－127

劍南詩鈔不分卷 ………………… 3－127

劍南詩鈔不分卷 ………………… 3－127

劍南詩鈔不分卷 ………………… 3－127

劍南詩鈔不分卷 ………………… 3－127

劍南詩鈔不分卷 ………………… 3－127

劍南詩鈔不分卷 ………………… 3－127

劍南詩鈔不分卷 ………………… 3－127

劍南詩鈔不分卷 ………………… 3－127

劍南詩鈔不分卷 ………………… 3－127

劍南詩摘鈔 ……………………… 3－127

劍南詩稿不分卷 ………………… 3－127

劍俠傳四卷續四卷圖一卷 ……… 3－463

劍俠傳四卷續四卷圖一卷 ……… 3－463

劍閑齋師門答問一卷 …………… 3－486

劍閑齋師門答問一卷 …………… 3－486

劍霜龕吟稿三卷詩餘一卷鴻影樓詩
　　記一卷附錄一卷補遺一卷 … 3－279

餘冬序錄六十五卷 ……………… 2－363

餘冬錄六十一卷 ………………… 2－363

餘冬錄六十一卷 ………………… 2－363

餘冬錄六十一卷 ………………… 2－363

餘冬錄六十一卷 ………………… 2－363

[乾隆]餘姚志三十二卷 ………… 2－5

餘姚沙地應行清丈理由書一卷 … 1－458

餘姚沙地應行清丈理由書一卷 … 1－458

餘閑詩草二卷文草二卷 ………… 3－397

［同治］餘幹縣志二十卷首一卷 ……… 2－9		劉文清公墨寶 ……………………… 2－335
餘園詩鈔六卷 …………………… 3－363		劉文清墨迹 ………………………… 2－335
餘園詩稿四卷 …………………… 3－323		劉世喬鄉試硃卷 …………………… 3－394
餘園叢稿三卷 …………………… 3－42		劉石庵先生墨迹 …………………… 2－335
餘墨偶談八卷續集八卷 ………… 3－483		劉史三卷 …………………………… 1－333
餘齋多識集：叢書雋□□卷 …… 2－400		劉邦霖鄉試硃卷 …………………… 3－395
膝嘯詩集十卷文集不分卷集唐詩不分卷		劉式和鄉試硃卷 …………………… 3－394
…………………………………… 3－306		劉向說苑二十卷 …………………… 2－177
［道光］滕縣志十四卷首一卷 …… 1－546		劉向說苑二十卷 …………………… 2－177
［道光］膠州志四十卷 ………… 1－548		劉向說苑二十卷 …………………… 2－177
［嘉慶］魯山縣志二十六卷 …… 2－19		劉安榮文華書院課卷 ……………… 3－394
魯公文集十二卷補遺一卷 ……… 3－108		劉壯肅公奏議十卷首一卷 ………… 1－507
魯詩遺說考六卷叙錄一卷 ……… 1－48		劉壯愨公行狀一卷 ………………… 1－316
魯齋遺書十四卷 ………………… 3－150		劉武慎公年譜二卷 ………………… 1－326
劉大司成文集十二卷 …………… 3－182		劉武慎公行狀一卷 ………………… 1－316
劉子全書四十卷 ………………… 3－181		劉武慎公行狀一卷 ………………… 1－316
劉子全書四十卷 ………………… 3－181		劉武慎公行狀一卷 ………………… 1－316
劉子全書四十卷 ………………… 3－181		劉武慎公遺書 ……………………… 3－526
劉子全書四十卷 ………………… 3－181		劉武慎公遺書 ……………………… 3－526
劉子全書遺編二十四卷首一卷 … 3－181		劉武慎公遺書 ……………………… 3－527
劉子新論十卷 …………………… 2－359		劉武慎公遺書 ……………………… 3－527
劉太恭人行述一卷 ……………… 1－317		劉武慎公遺書 ……………………… 3－527
劉中丞奏稿八卷 ………………… 1－506		劉武慎公遺書 ……………………… 3－527
劉中丞奏議二十卷 ……………… 1－506		劉武慎公遺書 ……………………… 3－527
劉中丞奏議二十卷 ……………… 1－507		劉武慎公遺書 ……………………… 3－527
劉中丞奏議二十卷 ……………… 1－507		劉武慎公遺書 ……………………… 3－527
劉中丞奏議二十卷 ……………… 1－507		劉坦齋先生文集十五卷補編一卷 … 3－180
劉中丞奏議二十卷 ……………… 1－507		劉坤一 ……………………………… 1－316
劉中丞奏議二十卷 ……………… 1－507		劉坤一 ……………………………… 1－316
劉中丞奏議二十卷 ……………… 1－507		劉坤一奏諮 ………………………… 1－507
劉中丞集三十三卷 ……………… 3－397		劉其安鄉試硃卷 …………………… 3－395
劉中丞集三十三卷 ……………… 3－397		劉尚毅等致陳浴新信札 …………… 3－63
劉中丞集三十三卷 ……………… 3－397		劉明澍鄉試卷 ……………………… 3－395
劉中丞集三十三卷 ……………… 3－397		劉忠宣公年譜二卷 ………………… 1－322
劉氏家塾四書解論語二十卷 …… 1－110		劉忠宣公遺集六卷 ………………… 3－180
劉氏鴻書一百〇八卷 …………… 2－490		劉忠宣公遺集六卷 ………………… 3－180
劉文成公全集十二卷 …………… 3－182		劉忠宣公遺集六卷 ………………… 3－180
劉文安公文集十五卷首一卷詩集六		劉忠宣公遺集六卷 ………………… 3－180
卷劉文安公呆齋先生策略十卷 …… 3－181		劉忠宣公遺集六卷 ………………… 3－181
劉文清公遺集十七卷應制詩集三卷		劉忠宣公遺集六卷 ………………… 3－181
…………………………………… 3－398		劉忠誠公榮哀錄二卷 ……………… 3－54

劉忠誠公遺集 …………………… 3－527　　劉蕺山先生集二十四卷首一卷 ……… 3－181
劉忠誠公遺集 …………………… 3－527　　劉徵君查學案要一卷 …………… 1－432
劉忠誠公遺集 …………………… 3－527　　劉徵君查學案要一卷 …………… 1－432
劉河間傷寒三書 ………………… 2－271　　劉鋒會試硃卷 …………………… 3－399
劉河間醫學六書 ………………… 2－242　　劉誼行述一卷 …………………… 1－317
劉承孝鄉試硃卷 ………………… 3－395　　劉澐會試硃卷 …………………… 3－398
劉思廉鄉試硃卷 ………………… 3－395　　劉靜修文集一卷 ………………… 3－151
劉信申鄉試硃卷 ………………… 3－395　　劉樹義鄉試硃卷 ………………… 3－399
劉素貞寶卷 ……………………… 3－449　　劉澤榕武闈試卷 ………………… 3－399
劉雪湖梅譜二卷 ………………… 2－353　　劉襄勤史傳稿一卷 ……………… 1－316
劉雪湖梅譜二卷 ………………… 2－353　　劉襄勤史傳稿一卷 ……………… 1－317
劉翊忠鄉試硃卷 ………………… 3－396　　劉襄勤史傳稿一卷 ……………… 1－317
劉翊忠試卷 ……………………… 3－396　　劉禮部集十二卷 ………………… 3－396
劉堯誨先生全集十六卷 ………… 3－182　　劉禮部集十二卷 ………………… 3－396
劉萬杰漣濱坐齋課卷 …………… 3－397　　劉禮部集十二卷 ………………… 3－396
劉葆真太史遺稿二卷 …………… 3－394　　劉禮部集十二卷 ………………… 3－396
劉棫鄉試硃卷 …………………… 3－396　　劉禮部集十二卷 ………………… 3－396
劉集勛會試硃卷 ………………… 3－396　　劉禮部集十二卷 ………………… 3－396
劉集勛殿試卷 …………………… 3－396　　劉麒祥上左宗棠書一卷 ………… 2－377
劉須溪先生記鈔八卷 …………… 3－137　　劉麒祥書牘 ……………………… 1－477
劉鉅鄉試硃卷 …………………… 3－396　　劉鐸鄉試硃卷 …………………… 3－399
劉註七家詩十二卷 ……………… 3－49　　請設官漕局以輔食儲而絕商局書 …… 1－447
劉淵鏡鄉試硃卷 ………………… 3－396　　請復淮水故道圖說一卷 ………… 2－98
劉載林漣濱坐齋課卷 …………… 3－397　　請纓日記十卷 …………………… 1－330
劉槎翁先生集十八卷 …………… 3－182　　請纓日記十卷 …………………… 3－536
劉槎翁先生詩選十二卷 ………… 3－182　　請觀音經疏闡義鈔四卷 ………… 2－447
劉稚川先生稿一卷 ……………… 3－394　　諸山燈乘不分卷 ………………… 2－464
劉廉舫先生吏治三書 …………… 1－440　　諸子平議 ………………………… 2－171
劉廉舫先生吏治三書 …………… 1－440　　諸子平議 ………………………… 2－171
劉廉舫先生吏治三書 …………… 1－440　　諸子考略二卷 …………………… 3－549
劉裔經鄉試硃卷 ………………… 3－397　　諸子通考三卷 …………………… 2－393
劉煥墨蘭寫生冊 ………………… 2－338　　諸子通考三卷 …………………… 2－393
劉福堂軍門戰功紀略一卷 ……… 1－316　　諸子通考三卷 …………………… 3－549
劉墉墨迹 ………………………… 2－335　　諸子匯函 ………………………… 2－171
劉端臨先生遺書 ………………… 3－526　　諸子匯函 ………………………… 2－171
劉端臨先生遺書 ………………… 3－526　　諸子匯函 ………………………… 2－171
劉賓客文集三十卷外集十卷 …… 3－102　　諸子匯函 ………………………… 2－171
劉賓客詩集九卷 ………………… 3－102　　諸子匯函 ………………………… 2－171
劉隨州詩集十卷補遺一卷 ……… 3－102　　諸子詹詹錄二卷 ………………… 2－395
劉蕺山文粹二卷 ………………… 3－181　　諸子粹白四卷 …………………… 3－549
劉蕺山先生集二十四卷首一卷 … 3－181　　諸子粹言二卷 …………………… 2－399

諸子粹言二卷 …………………… 2－399
諸子粹言二卷 …………………… 3－549
諸子褒異集十六卷 ……………… 2－398
諸史考異十八卷 ………………… 1－401
諸史考異十八卷 ………………… 1－401
諸史拾遺五卷 …………………… 1－407
諸史拾遺五卷 …………………… 1－407
諸史拾遺五卷 …………………… 1－407
諸史拾遺五卷 …………………… 1－408
諸史拾遺五卷 …………………… 1－408
諸史拾遺五卷 …………………… 1－408
諸史拾遺五卷 …………………… 1－408
諸史拾遺五卷 …………………… 1－408
諸史將略十六卷 ………………… 2－226
諸史提要十五卷 ………………… 1－388
諸史然疑一卷 …………………… 1－401
［道光］諸城縣續志十三卷 …… 1－548
諸葛丞相集四卷續附一卷 ……… 3－74
諸葛武侯心書一卷 ……………… 2－223
諸葛武侯行兵遁甲金函玉鏡六卷 … 2－409
諸葛武侯行軍要覽不分卷 ……… 2－231
諸葛武侯集四卷首一卷 ………… 3－73
諸葛武侯集四卷首一卷 ………… 3－73
諸葛武侯集四卷首一卷 ………… 3－73
諸葛武侯集四卷首一卷 ………… 3－73
諸葛忠武侯文集六卷首一卷 …… 3－74
諸葛忠武侯文集六卷首一卷 …… 3－74
諸葛忠武侯文集六卷首一卷 …… 3－74
諸葛忠武侯文集六卷首一卷 …… 3－74
諸葛忠武侯文集六卷首一卷 …… 3－74
諸葛忠武侯行兵遁甲金函玉鏡海底
　眼六卷 ………………………… 2－408
諸葛忠武侯行兵遁甲金函玉鏡海底
　眼六卷 ………………………… 2－408
諸葛忠武侯兵法六卷首一卷 …… 2－228
諸葛忠武侯兵法六卷首一卷火攻心
　法一卷 ………………………… 2－228
諸葛忠武侯故事五卷 …………… 1－308
諸葛忠武書十卷 ………………… 1－308
諸葛宗岳史四公文集 …………… 2－507

諸葛宗岳史四公文集 …………… 2－507
諸葛宗岳史四公文集 …………… 2－507
［宣統］諸暨縣志六十卷首一卷 … 2－6
諸蕃志二卷 ……………………… 2－103
諸體評論一卷 …………………… 3－25
諏吉述正二十五卷首一卷 ……… 2－410
諏吉述正二十五卷首一卷 ……… 2－410
諏吉述正二十五卷首一卷 ……… 2－410
諏吉述正二十五卷首一卷 ……… 2－410
諏吉述正二十五卷首一卷 ……… 2－410
諏吉述正二十五卷首一卷 ……… 2－410
諏吉便覽一卷 …………………… 2－410
諏吉便覽一卷 …………………… 2－410
諏吉匯纂六卷 …………………… 2－410
課子隨筆鈔六卷 ………………… 2－212
課子隨筆鈔六卷 ………………… 2－212
課子隨筆鈔六卷 ………………… 2－212
課子隨筆鈔六卷 ………………… 2－212
課子隨筆節鈔六卷 ……………… 2－212
課子隨筆節鈔六卷 ……………… 2－212
論摺匯存：光緒戊戌、己亥、庚子、辛丑
　………………………………… 1－494
論印絕句一卷續編一卷 ………… 2－339
論孟類次十八卷首一卷末一卷大學
　古本一卷中庸會通一卷 ……… 1－105
論書畫雜鈔一卷 ………………… 2－331
論書絕句六十首一卷 …………… 2－331
論畫集刻 ………………………… 2－320
論語十卷 ………………………… 3－543
論語正義二十四卷 ……………… 1－110
論語古訓十卷 …………………… 1－109
論語古訓十卷 …………………… 1－109
論語古訓十卷 …………………… 1－109
論語古註集箋十卷論語考一卷 … 1－110
論語古註集箋十卷論語考一卷 … 1－110
論語古註集箋十卷論語考一卷 … 1－110
論語或問二十卷 ………………… 1－108
論語後案二十卷 ………………… 1－109
論語後案二十卷 ………………… 1－109
論語後案二十卷 ………………… 1－109
論語訓不分卷 …………………… 1－110

論語訓不分卷	……	1－110
論語訓不分卷	……	1－110
論語訓不分卷	……	1－110
論語參註二十卷	……	1－109
論語集註十卷	……	1－109
論語集註本義彙參二十卷首一卷	……	1－109
論語集註旁證二十卷	……	1－109
論語集解義疏十卷	……	1－108
論語註疏二十卷	……	1－108
論語註疏二十卷	……	1－108
論語註疏校勘記二十卷	……	1－109
論語註疏校勘記二十卷	……	1－109
論語註疏解經二十卷	……	1－108
論語註疏解經二十卷	……	1－108
論語註疏解經二十卷	……	1－108
論語註疏解經二十卷	……	1－108
論語註疏解經二十卷	……	1－108
論語註疏解經十卷	……	1－108
論語註疏解經十卷	……	1－108
論語註疏解經四卷	……	1－108
論語話解十卷	……	1－109
論語話解十卷	……	1－109
論語意原四卷	……	1－109
論語廣註二卷	……	1－109
論語鄭氏註十卷	……	1－109
論語類考二十卷	……	1－109
論語類考二十卷	……	1－109
論語類考二十卷	……	1－109
論墨絕句詩一卷	……	2－352
論學小記三卷論學外篇二卷	……	3－550
論衡三十卷	……	2－356
論衡三十卷	……	2－356
論衡三十卷	……	2－356
論衡三十卷	……	2－356
調查延吉邊務報告書	……	1－470
調運齋詩文隨刻十一卷	……	3－408
談天十八卷附表一卷	……	2－294
談天十八卷附表一卷	……	2－294
談天十八卷附表一卷	……	2－294
談天十八卷首一卷附表一卷	……	2－294
談天十八卷首一卷附表一卷	……	2－294
談天十八卷首一卷附表一卷	……	2－294
談天十八卷首一卷附表一卷	……	2－294
談天十八卷首一卷附表一卷	……	2－294
談天十八卷首一卷附表一卷	……	2－295
談天十八卷首一卷附表一卷	……	2－295
談天十八卷首一卷附表一卷	……	2－295
談天十八卷首一卷附表一卷	……	2－295
談天十八卷首一卷附表一卷	……	2－295
談天條辨二卷	……	2－292
談天條辨二卷	……	2－292
談天條辨二卷	……	2－292
談浙四卷	……	1－266
談浙四卷	……	1－266
談浙四卷	……	1－266
談浙四卷	……	1－266
談詩追錄一卷	……	3－226
談藝珠叢	……	3－476
談瀛錄三卷	……	2－106
談瀛錄三卷	……	2－106
談瀛錄三卷	……	2－106
談瀛錄三卷	……	2－106
談瀛錄四卷	……	2－106
摩呵止觀二十卷	……	2－444
摩呵止觀輔行傳弘決十卷	……	2－444
摩呵止觀輔行傳弘決十卷	……	2－444
摩呵般若波羅蜜經三十卷	……	2－425
摩呵僧祇律四十卷	……	2－421
摩圍閣詩二卷詞二卷	……	3－416
摩圍閣詩二卷詞二卷	……	3－416
摩訶般若波羅密多心經一卷	……	2－442
摩訶般若波羅蜜多心經一卷	……	2－442
瘡瘍經驗全書六卷	……	2－275
慶應義塾紀略一卷規則一卷	……	1－433
毅齋王先生文集八卷附錄一卷	……	3－156
毅齋查先生闡道集十卷末一卷	……	3－166
毅齋查先生闡道集十卷末一卷	……	3－166
憫忠草一卷	……	3－409
憫笑不計一卷	……	2－304
憫笑不計一卷	……	2－304
憫笑不計一卷	……	2－304

養一齋文集二十卷詩集四卷賦一卷
　　詩餘一卷……………………… 3－224
養一齋文集二十卷詩集四卷賦一卷
　　詩餘一卷……………………… 3－224
養一齋文集二十卷詩集四卷賦一卷
　　詩餘一卷……………………… 3－224
養一齋文集二十卷詩集四卷賦一卷
　　詩餘一卷……………………… 3－224
養一齋文集二十卷詩集四卷賦一卷
　　詩餘一卷……………………… 3－224
養一齋文集二十卷詩集四卷賦一卷
　　詩餘一卷……………………… 3－224
養一齋集…………………………… 3－526
養一齋集…………………………… 3－526
養一齋集二十五卷首一卷………… 3－389
養心光室詩稿八卷………………… 3－411
養正書屋全集定本四十卷目錄四卷 … 3－293
養正遺規二卷補編一卷…………… 2－213
養正遺規二卷補編一卷…………… 2－213
養正遺規二卷補編一卷…………… 2－213
養正編二卷………………………… 2－197
養生備要九卷末一卷……………… 2－286
養生說一卷………………………… 2－286
養自然齋詩話十卷………………… 3－488
養花軒詩集一卷…………………… 3－286
養花軒詩集一卷…………………… 3－286
養拙書屋詩集不分卷 ……………… 3－27
養拙齋詩十四卷附錄一卷………… 3－194
養知書屋日記不分卷……………… 1－330
養知書屋文集二十八卷詩集十五卷
　　奏議十二卷…………………… 3－300
養知書屋文集二十八卷詩集十五卷
　　奏議十二卷…………………… 3－301
養知書屋文集二十八卷詩集十五卷
　　奏議十二卷…………………… 3－301
養知書屋文集二十八卷詩集十五卷
　　奏議十二卷…………………… 3－301
養知書屋文集二十八卷詩集十五卷
　　奏議十二卷…………………… 3－301

養知書屋文集二十八卷詩集十五卷
　　奏議十二卷…………………… 3－301
養知書屋文集二十八卷詩集十五卷
　　奏議十二卷…………………… 3－301
養知書屋文集二十八卷詩集十五卷
　　奏議十二卷…………………… 3－301
養知書屋詩集十五卷……………… 3－301
養素居詩稿初編一卷續編一卷…… 3－357
養素堂文集三十五卷……………… 3－313
養素堂文集三十五卷……………… 3－313
養晦書堂奏疏八卷………………… 1－506
養晦堂文集十卷…………………… 3－397
養晦堂文集十卷詩集二卷思辨錄疑
　　義一卷………………………… 3－397
養晦堂文集十卷詩集二卷思辨錄疑
　　義一卷………………………… 3－397
養晦堂文集十卷詩集二卷思辨錄疑
　　義一卷………………………… 3－397
養晦堂文集十卷詩集二卷思辨錄疑
　　義一卷………………………… 3－397
養晦堂文集十卷詩集二卷思辨錄疑
　　義一卷………………………… 3－397
養晦堂文集十卷詩集二卷思辨錄疑
　　義一卷………………………… 3－397
養晦堂文集十卷詩集二卷思辨錄疑
　　義一卷………………………… 3－397
養晦堂文集十卷詩集二卷思辨錄疑
　　義一卷………………………… 3－397
養晦堂遺集不分卷………………… 3－398
養雲山館試帖四卷………………… 3－297
養蒙正軌一卷……………………… 1－435
養蒙金鑒二卷……………………… 2－204
養蒙金鑒二卷……………………… 2－204
養蒙金鑒二卷……………………… 2－204
養蒙彝訓一卷……………………… 2－203
養園隨筆二卷……………………… 3－456
養源山房詩鈔六卷………………… 3－285
養源山房詩鈔六卷………………… 3－285

養餘齋詩集初集四卷二集四卷三集六卷
　　………………………………… 3 – 270
養餘齋詩集初集四卷二集四卷三集六卷
　　………………………………… 3 – 270
養默山房詩餘三卷 ………………… 3 – 434
養默山房詩錄九卷詩錄續存三卷 … 3 – 400
養默山房詩韻六卷 ………………… 1 – 188
遵阮本重印十三經注疏并校勘記 …… 1 – 3
遵阮本重印十三經注疏并校勘記 …… 1 – 3
遵阮本重印十三經注疏并校勘記 …… 1 – 3
遵阮本重印十三經注疏并校勘記 …… 1 – 3
[道光]遵義府志四十八卷首一卷 …… 2 – 39
遵巖先生文集四十二卷 …………… 3 – 156
導引書二種 ……………………… 2 – 286
[乾隆]潮州府志四十二卷 ………… 2 – 29
[乾隆]潮州府志四十二卷首一卷 …… 2 – 29
[光緒]潮州鄉土地理教科書 ……… 2 – 29
[光緒]潮陽縣志二十二卷首一卷 …… 2 – 29
[嘉慶]潮陽縣志二十卷 …………… 2 – 29
潭柘山岫雲寺志一卷 ……………… 2 – 55
潛山守禦志二卷外編一卷 ………… 1 – 267
潛夫論十卷 ……………………… 2 – 174
潛夫論十卷 ……………………… 2 – 174
潛夫論十卷 ……………………… 2 – 174
潛夫論十卷 ……………………… 2 – 174
潛夫論十卷 ……………………… 2 – 174
潛夫論十卷 ……………………… 2 – 174
潛夫論十卷 ……………………… 2 – 174
潛夫論十卷 ……………………… 2 – 174
[光緒]潛江縣志二十卷首一卷 …… 2 – 24
[康熙]潛江縣志二十卷首一卷 …… 2 – 24
[康熙]潛江縣志二十卷首一卷 …… 2 – 24
潛虬齋續刻大小題稿不分卷 ……… 3 – 311
潛邱劄記六卷 …………………… 2 – 378
潛邱劄記六卷 …………………… 2 – 378
潛邱劄記六卷 …………………… 2 – 378
潛邱劄記六卷 …………………… 3 – 551
潛采堂書目四種 ………………… 2 – 151
潛研堂文集五十卷詩集十卷續詩集十卷
　　………………………………… 3 – 407
潛研堂文集不分卷 ……………… 3 – 407

潛研堂金石文字目錄八卷 ………… 2 – 117
潛研堂金石文字目錄八卷 ………… 2 – 117
潛研堂金石文字目錄八卷 ………… 2 – 117
潛研堂金石文字目錄八卷 ………… 2 – 118
潛研堂金石文字目錄八卷 ………… 2 – 118
潛研堂金石文跋尾二十卷 ………… 2 – 118
潛研堂金石文跋尾二十卷 ………… 2 – 118
潛研堂金石文跋尾二十卷 ………… 2 – 118
潛研堂金石文跋尾二十卷 ………… 2 – 118
潛研堂金石文跋尾六卷續七卷又續
　　六卷三續六卷 ………………… 2 – 118
潛室陳先生木鍾集十一卷 ………… 2 – 186
潛莊文鈔六卷 …………………… 3 – 188
潛書一卷 ………………………… 2 – 370
潛書四卷 ………………………… 2 – 371
潛書四卷 ………………………… 2 – 371
潛書四卷 ………………………… 2 – 371
潛書四卷 ………………………… 2 – 371
潛書四卷 ………………………… 3 – 550
潛庵文正公家書一卷 ……………… 3 – 334
潛庵先生全集五卷疏稿一卷困學錄
　　一卷志學會約一卷 …………… 3 – 334
潛庵先生遺稿五卷 ……………… 3 – 334
潛庵先生遺稿五卷文正公家書一卷
　　疏稿一卷洛學編五卷 ………… 3 – 334
潛庵先生遺稿五卷志學會約一卷 … 3 – 334
潛庵先生遺稿五卷志學會約一卷 … 3 – 334
潛庵先生擬明史稿二十卷 ………… 1 – 275
潛庵先生擬明史稿二十卷 ………… 1 – 275
潛庵先生擬明史稿二十卷 ………… 1 – 275
潛庵先生擬明史稿二十卷 ………… 1 – 275
潛庵先生擬明史稿二十卷 ………… 1 – 275
潛庵先生擬明史稿二十卷 ………… 1 – 275
潛虛先生文集十四卷 ……………… 3 – 364
潛虛先生文集十四卷 ……………… 3 – 364
潛虛先生文集十四卷年譜一卷 …… 3 – 364
潛虛先生文集十四卷補遺一卷年譜一卷
　　………………………………… 3 – 364
潛園文稿一卷制藝一卷剩稿一卷 …… 3 – 332
潛園文稿一卷制藝一卷剩稿一卷 …… 3 – 332
潛園詩存四卷 …………………… 3 – 304

潛園總集 …………………………… 3－522

潛園雜俎一卷 ………………………… 2－368

潛園雜俎一卷 ………………………… 2－368

潛確居類書一百二十卷 ……………… 2－489

潛學稿十九卷 ………………………… 3－180

潛穎詩二集十卷煮冰詞一集一卷 …… 3－250

潛穎詩十卷文四卷 …………………… 3－250

潛穎詩十卷文四卷 …………………… 3－250

潛穎詩十卷文四卷 …………………… 3－250

潛穎詩十卷文四卷 …………………… 3－250

潛齋尚書賜壽圖一卷附序一卷詩一

　卷楹牓一卷 ……………………… 3－53

潛齋醫書三種 ………………………… 2－243

潛齋醫學叢書 ………………………… 2－243

澗泉日記三卷 ………………………… 2－394

澗泉日記三卷 ………………………… 2－394

澗泉日記三卷 ………………………… 2－394

澂園尚書遺墨詩冊 …………………… 3－287

澂霞閣詩略一卷 ……………………… 3－251

澳門紀略二卷首一卷末一卷 ………… 2－73

[乾隆]澳門記略四卷首一卷末一卷

　…………………………………… 2－29

潘世恩自訂年譜一卷 ………………… 1－326

潘刻五種 ……………………………… 3－496

潘刻五種 ……………………………… 3－496

潘相所著書 …………………………… 3－526

潘相所著書 …………………………… 3－526

潘徐合譜一卷 ………………………… 2－349

潘黃門集六卷 ………………………… 3－77

潘德元手寫詩詞 ……………………… 2－332

潘瀾筆記二卷 ………………………… 2－375

潘瀾筆記二卷 ………………………… 2－375

潘瀾筆記二卷 ………………………… 2－375

潙山警策句釋記二卷 ………………… 2－441

潙山警策句釋記二卷 ………………… 2－441

潙山警策句釋記二卷 ………………… 2－441

潙水校經堂課藝第一集一卷 ………… 3－46

潙寧烈婦劉母胡孺人詩記二卷 ……… 3－55

[乾隆]潼川府志十二卷首一卷 ……… 2－34

潯陽萬氏禮記讀本十卷 ……………… 1－65

澄川子遺稿四卷 ……………………… 3－359

澄川制藝不分卷 ……………………… 3－223

[乾隆]澄城縣志二十卷首一卷 …… 1－541

澄衷蒙學堂字課圖說四卷檢字一卷

　類字一卷 ………………………… 1－175

澄衷蒙學堂字課圖說四卷檢字一卷

　類字一卷 ………………………… 1－175

澄衷蒙學堂字課圖說四卷檢字一卷

　類字一卷 ………………………… 1－175

澄衷蒙學堂字課圖說四卷檢字一卷

　類字一卷 ………………………… 1－175

澄衷蒙學堂字課圖說四卷檢字一卷

　類字一卷 ………………………… 1－175

澄衷蒙學堂字課圖說四卷檢字一卷

　類字一卷 ………………………… 1－175

澄衷蒙學堂字課圖說四卷檢字一卷

　類字一卷 ………………………… 1－175

澄衷蒙學堂字課圖說四卷檢字一卷

　類字一卷 ………………………… 1－175

[嘉慶]澄海縣志二十六卷首一卷 …… 2－29

澄碧齋詩鈔十二卷別集二卷 ………… 3－361

澄懷主人自訂年譜六卷 ……………… 1－325

澄懷主人自訂年譜六卷 ……………… 1－325

澄懷堂詩集十四卷 …………………… 3－319

澄懷園詩選十二卷 …………………… 3－305

澄懷園語四卷 ………………………… 2－212

澄蘭室古緣萃錄十八卷 ……………… 2－325

澄蘭室古緣萃錄十八卷 ……………… 2－325

澄蘭室古緣萃錄十八卷 ……………… 2－325

澄鑒堂琴譜不分卷指法二卷 ………… 2－346

寫竹簡明法二卷 ……………………… 2－338

寫定尚書 ……………………………… 1－32

寫定尚書 ……………………………… 1－32

寫定尚書 ……………………………… 1－32

寫定尚書不分卷 ……………………… 3－542

寫韻樓詩集五卷首一卷 ……………… 3－245

寫韻樓詩集五卷首一卷末一卷 ……… 3－245

窮通寶鑑欄江綱二卷增補月談賦一卷

　…………………………………… 2－410

審判要略三十則 ……………………… 1－483

審看擬式四卷首一卷末一卷 ………… 1－483

審音鑒古錄九種續選五種 …………… 3－451
憨山老人夢遊集五十五卷 …………… 3－182
憨園曲譜十二集 ……………………… 3－451
履園叢話二十四卷 …………………… 2－378
履園叢話二十四卷 …………………… 2－378
履園叢話二十四卷 …………………… 2－378
遲鴻軒所見書畫錄四卷 ……………… 2－330
遲鴻軒所見書畫錄四卷 ……………… 2－330
遲鴻軒詩存一卷文存一卷 …………… 3－359
遲鴻軒詩弃四卷文弃二卷詩續一卷
　文續一卷 …………………………… 3－359
遲鴻軒詩弃四卷文弃二卷詩續一卷
　文續一卷 …………………………… 3－359
選佛譜六卷 …………………………… 2－451
選雅二十卷 …………………………… 3－546
選集漢印分韻二卷 …………………… 2－343
選集漢印分韻二卷 …………………… 2－343
選評歷科程墨十卷 …………………… 3－44
選註六朝唐賦不分卷 ………………… 2－535
選寒光集三卷 ………………………… 3－173
選詩七卷 ……………………………… 2－522
選詩補註八卷 ………………………… 2－545
選詩補註八卷補遺二卷續編四卷 …… 2－545
選樓集句二卷首一卷 ………………… 3－298
選樓集句二卷首一卷 ………………… 3－298
選樓集句二卷首一卷 ………………… 3－298
選賦六卷 ……………………………… 2－522
選擇叢書 ……………………………… 2－403
選學膠言二十卷補遺一卷 …………… 2－538
險異錄圖說合覽二卷 ………………… 1－317
險異錄圖說合覽二卷 ………………… 1－317
駕雲螭室詩錄六卷 …………………… 3－256
豫東事例不分卷 ……………………… 1－455
豫軍紀略十二卷 ……………………… 1－250
豫軍紀略十二卷 ……………………… 1－250
豫章先生遺文十二卷 ………………… 3－131
豫章先賢九家年譜 …………………… 1－318
豫章書院課藝不分卷 ………………… 3－50
豫章叢書 ……………………………… 3－508
樂山堂文鈔八卷詩鈔四卷 …………… 3－332
樂山堂文鈔八卷詩鈔四卷 …………… 3－332

［嘉慶］樂山縣志十六卷 …………… 2－36
［同治］樂平縣志十卷首一卷 ……… 2－9
［道光］樂至縣志十六卷 …………… 2－35
［雍正］樂安縣志二十卷 …………… 1－547
［同治］樂安縣志十二卷 …………… 2－11
樂志堂文集十八卷續集二卷詩集十
　二卷詩略一卷文略四卷 …………… 3－371
樂志堂文集十八卷續集二卷詩集十
　二卷詩略一卷文略四卷 …………… 3－371
樂志堂文集十八卷續集二卷詩集十
　二卷詩略一卷文略四卷 …………… 3－371
樂志堂文集十八卷續集二卷詩集十
　二卷詩略一卷文略四卷 …………… 3－371
樂志堂文集十八卷續集二卷詩集十
　二卷詩略一卷文略四卷 …………… 3－371
［同治］樂昌縣志十二卷首一卷 …… 2－28
樂府正義十五卷原樂一卷 …………… 3－444
樂府詩集一百卷目錄二卷 …………… 2－544
樂府詩集一百卷目錄二卷 …………… 2－544
樂府詩集一百卷目錄二卷 …………… 2－544
樂府詩集一百卷目錄二卷 …………… 2－544
樂府詩集一百卷目錄二卷 …………… 2－544
樂府詩集一百卷目錄二卷 …………… 2－544
樂府詩集一百卷目錄二卷 …………… 2－544
樂府詩集一百卷目錄二卷 …………… 2－544
樂府詩集一百卷目錄二卷 …………… 2－544
樂府詩集一百卷目錄二卷 …………… 2－544
樂律全書 ……………………………… 2－344
樂律全書 ……………………………… 2－344
［同治］樂亭縣志十五卷首一卷末一卷
　……………………………………… 1－533
［乾隆］樂亭縣志十四卷首一卷末一卷
　……………………………………… 1－533
樂師琉璃光如來本願功德經直解二卷
　……………………………………… 2－442
樂書二百卷 …………………………… 2－344
樂善堂全集四十四卷目錄四卷 ……… 3－294
樂善堂全集四十四卷目錄四卷 ……… 3－294
樂善堂全集四十四卷目錄四卷 ……… 3－294
樂善堂全集定本二十二卷 …………… 3－294

樂善堂全集定本三十卷 ………… 3－294
樂善錄十卷 ………………………… 2－360
樂善錄十卷 ………………………… 2－360
樂道堂文鈔五卷古近體詩二卷豳風詠
　　一卷岵屺懷音一卷廣四時讀書樂詩
　　試帖一卷正誼書屋試帖詩存二卷
　　……………………………… 3－263
樂道堂文鈔五卷古近體詩二卷豳風詠
　　一卷岵屺懷音一卷廣四時讀書樂詩
　　試帖一卷正誼書屋試帖詩存二卷
　　……………………………… 3－263
樂游聯唱集二卷 …………………… 3－59
樂園文鈔八卷詩六卷首一卷 …… 3－409
樂園文鈔八卷詩六卷首一卷 …… 3－409
樂園文鈔八卷詩六卷首一卷 …… 3－409
樂經集語二卷 ……………………… 2－344
樂經集語二卷 ……………………… 2－344
樂說二卷 …………………………… 2－347
練川名人畫像四卷附二卷續編三卷
　　……………………………… 1－329
練川名人畫像四卷附二卷續編三卷
　　……………………………… 1－329
練川名人畫像四卷附二卷續編三卷 … 1－329
練川名人畫像四卷附二卷續編三卷
　　……………………………… 1－329
練兵實紀九卷雜集六卷 …………… 2－229
練兵實紀九卷雜集六卷 …………… 2－229
練兵實紀九卷雜集六卷 …………… 2－229
練兵實紀九卷雜集六卷 …………… 2－229
練兵實紀九卷雜集六卷 …………… 2－229
練兵實紀六卷 ……………………… 2－229
練兵實紀雜集六卷 ………………… 2－230
練炮宜知一卷 ……………………… 2－230
練勇芻言五卷 ……………………… 1－467
練鋼要言一卷 ……………………… 2－314
緬甸國志一卷 ……………………… 2－165
緝古算經考註圖草二卷 …………… 2－302
緝古算經圖草二卷 ………………… 2－302
緝古算經圖解三卷音義一卷 ……… 2－303
緝雅堂詩話二卷 …………………… 3－488
緝熙草稿一卷 ……………………… 3－398

緯蕭草堂吟草十二卷 ……………… 3－397
緯蕭草堂詩六卷 …………………… 3－221
緯蕭草堂詩存三卷 ………………… 3－221
編輯外科心法要訣十六卷 ………… 2－276
編輯外科心法要訣十六卷 ………… 2－276
編輯外科心法要訣十六卷 ………… 2－277
編輯外科心法要訣十六卷 ………… 2－277
編譯普通教育百科全書一百編目錄二卷
　　……………………………… 2－399
緣督集十二卷附錄一卷 …………… 3－131
畿輔人物考八卷 …………………… 1－295
畿輔人物考八卷 …………………… 1－295
畿輔水利四案四卷補一卷附錄一卷
　　……………………………… 2－97
畿輔水利志一百卷首一卷 ………… 2－96
畿輔安瀾志五十六卷 ……………… 2－96
畿輔河道水利叢書 ………………… 2－96
畿輔河道水利叢書 ………………… 2－96
［雍正］畿輔通志一百二十卷 …… 1－530
［光緒］畿輔通志三百卷 ………… 1－531
［光緒］畿輔通志三百卷首一卷 … 1－530
［康熙］畿輔通志四十六卷 ……… 1－530
畿輔義倉圖 ………………………… 2－100
畿輔義倉圖不分卷 ………………… 1－456
畿輔叢書 …………………………… 3－506
璞齋集詩六卷詞一卷 ……………… 3－405
璞齋集詩四卷詞一卷 ……………… 3－405
靜用堂偶編十卷續編十卷 ………… 3－274
靜存草堂集七卷 …………………… 3－318
靜志居詩話二十四卷 ……………… 3－481
靜志居詩話二十四卷 ……………… 3－481
靜怡山房書目一卷 ………………… 2－139
靜怡齋約言錄 ……………………… 3－539
靜宜室詩集八卷 …………………… 3－377
靜香書屋詩鈔一卷 ………………… 3－205
靜娛亭筆記十二卷 ………………… 3－457
靜娛亭筆記十二卷 ………………… 3－457
靜娛室偶存稿二卷首一卷末一卷 … 3－224
靜娛室偶存稿二卷首一卷末一卷 … 3－225
靜庵文集 …………………………… 3－553
靜惕堂書目二卷 …………………… 2－142

靜惕堂詩集四十四卷 …………… 3－291

靜遠堂集三卷首一卷 …………… 3－320

靜園八景圖題詠集一卷 ………… 3－57

靜園八景圖題詠集一卷 ………… 3－57

靜園集存五卷 …………………… 3－414

靜園詩鈔前集□□卷 …………… 3－414

靜園詩餘前集一卷靜園詞鈔後集一卷

………………………………… 3－434

靜觀書屋詩集七卷首一卷末一卷 … 3－296

靜觀書屋詩集七卷首一卷末一卷 … 3－296

靜觀樓制藝三卷 ………………… 3－230

靜觀齋詩一卷 …………………… 3－223

駱大司馬奏稿十六卷 …………… 1－507

駱文忠公年譜二卷 ……………… 1－326

駱文忠公年譜二卷 ……………… 1－326

駱文忠公自訂年譜二卷 ………… 1－326

駱文忠公自訂年譜二卷 ………… 1－326

駱文忠公行狀一卷 ……………… 1－317

駱文忠公奏稿十卷 ……………… 1－507

駱文忠公奏稿十卷 ……………… 1－507

駱文忠公奏稿十卷 ……………… 1－507

駱文忠公奏議十六卷續刻四川奏議

　　十一卷 ……………………… 1－507

駱文忠公奏議十六卷續刻四川奏議

　　十一卷 ……………………… 1－507

駱文忠公奏議十六卷續刻四川奏議

　　十一卷 ……………………… 1－507

駱文忠公奏議十六卷續刻四川奏議

　　十一卷 ……………………… 1－507

駱文忠公奏議十六卷續刻四川奏議

　　十一卷 ……………………… 1－507

駱丞集四卷 ……………………… 3－102

駱丞集四卷 ……………………… 3－102

駱丞集註四卷 …………………… 3－102

駱景宙會試硃卷 ………………… 3－406

駱賓王文集十卷 ………………… 3－102

駱賓王集二卷 …………………… 3－102

駱賓王集二卷 …………………… 3－102

駱賓王集二卷 …………………… 3－102

駱臨海集十卷 …………………… 3－102

駱臨海集十卷首一卷末一卷 …… 3－102

駢文正宗不分卷 ………………… 2－539

駢文類纂四十六卷 ……………… 2－542

駢文類纂四十六卷 ……………… 2－542

駢文類纂四十六卷 ……………… 2－542

駢文類纂四十六卷 ……………… 2－542

駢文類纂四十六卷 ……………… 2－542

駢字摘艷五卷 …………………… 2－491

駢字摘艷五卷 …………………… 2－491

駢雅七卷序目一卷訓纂十六卷 …… 1－137

駢雅七卷序目一卷訓纂十六卷 …… 1－137

駢雅七卷序目一卷訓纂十六卷 …… 1－137

駢雅七卷序目一卷訓纂十六卷 …… 1－137

駢雅七卷序目一卷訓纂十六卷 …… 1－137

駢雅七卷序目一卷訓纂十六卷 …… 1－137

駢雅七卷序目一卷訓纂十六卷 …… 1－137

駢雅七卷序目一卷訓纂十六卷 …… 1－137

駢雅七卷序目一卷訓纂十六卷 …… 1－137

駢雅七卷序目一卷訓纂十六卷 …… 1－137

駢雅訓纂十六卷序目一卷補遺一卷 … 3－546

駢儷碎金六卷 …………………… 2－490

駢體文鈔三十一卷 ……………… 2－531

駢體文鈔三十一卷 ……………… 2－531

駢體文鈔三十一卷 ……………… 2－531

駢體文鈔三十一卷 ……………… 2－531

駢體文鈔三十一卷 ……………… 2－532

駢體文鈔三十一卷 ……………… 2－532

駢體文鈔三十一卷 ……………… 2－532

駢體文鈔三十一卷 ……………… 2－532

駢體文鈔三十一卷 ……………… 2－532

駢體文鈔三十一卷 ……………… 2－532

駢體文鈔三十一卷 ……………… 2－532

駢體文鈔三十一卷 ……………… 2－532

駢體文鈔三十一卷 ……………… 2－532

駢體文鈔三十一卷 ……………… 2－532

駢體南鍼十六卷 ………………… 3－45

駢體南鍼十六卷 ………………… 3－45

駢體南鍼十六卷 ………………… 3－45

470

十六畫

撼山草堂遺稿三卷補錄一卷 ………… 3－318

撼山草堂遺稿三卷補錄一卷 ………… 3－318

撼山草堂遺稿三卷補錄一卷 ………… 3－318

撼山草堂遺稿三卷補錄一卷 ………… 3－318

撼山草堂遺稿三卷補錄一卷 ………… 3－318

撼山草堂遺稿三卷補錄一卷 ………… 3－318

撼龍經一卷 ……………………………… 2－414

撼龍經批註校補不分卷疑龍經批註

　　校補三卷 …………………………… 2－414

撼龍經批註校補不分卷疑龍經批註

　　校補三卷 …………………………… 2－414

據梧集一卷 ……………………………… 3－315

操雪篰禪師語錄十五卷 ……………… 2－460

操勝要覽 ………………………………… 3－536

熹平石經殘字一卷 …………………… 1－124

擇吉會要四卷 ………………………… 2－407

壇經 ……………………………………… 2－447

壇經一卷 ………………………………… 2－447

擁書堂詩集四卷 ……………………… 3－314

燕下鄉睉錄十六卷 …………………… 2－395

燕山外史四六傳奇二卷 ……………… 3－442

燕山外史註釋八卷 …………………… 3－472

燕山外史註釋八卷 …………………… 3－472

燕山願學堂宋增補回生集經驗方一卷

　　………………………………………… 2－264

燕子箋記二卷 ………………………… 3－440

燕泉何先生遺稿十卷 ………………… 3－163

燕泉何先生遺稿十卷 ………………… 3－163

燕泉何先生遺稿十卷 ………………… 3－163

燕泉何先生餘冬序錄六十五卷 ……… 2－363

燕泉何先生餘冬序錄六十五卷 ……… 2－363

燕泉何先生餘冬序錄六十五卷 ……… 2－363

燕都日記一卷 ………………………… 1－260

燕游日記二卷 ………………………… 3－231

薛子條貫篇十三卷續篇十三卷 ……… 2－202

薛子條貫篇十三卷續篇十三卷 ……… 2－202

薛氏醫案 ………………………………… 2－242

薛氏醫案 ………………………………… 2－242

薛氏醫案 ………………………………… 2－242

薛氏醫案 ………………………………… 2－242

薛氏醫案 ………………………………… 2－242

薛氏醫案 ………………………………… 2－242

薛氏醫案 ………………………………… 2－242

薛氏醫案三種 ………………………… 2－268

薛文清公全集四十卷 ………………… 3－183

薛文清公讀書全錄類編二十卷 ……… 2－191

薛文清公讀書全錄類編二十卷 ……… 2－191

薛文清公讀書錄八卷 ………………… 2－191

薛文清公讀書錄八卷 ………………… 2－191

薛帷文鈔十四卷 ……………………… 3－243

薛貧貴回窰一卷 ……………………… 3－450

薔蕘編二十卷 ………………………… 2－400

蒼筤花館詞一卷補遺一卷 …………… 3－431

蕭山水利二卷　………………………… 2－97

蕭山寶善堂鍾增補回生集經驗方一卷

　　………………………………………… 2－264

蕭尺木太平山水圖冊 ………………… 2－338

蕭存誠鄉試硃卷 ……………………… 3－406

蕭亭詩選六卷 ………………………… 3－313

蕭敷政鄉試硃卷 ……………………… 3－406

蕭敷訓鄉試硃卷 ……………………… 3－406

蕭選韻繫二卷 ………………………… 1－182

蕭錦忠殿試策 ………………………… 3－406

蕭鑒鄉試硃卷 ………………………… 3－406

翰苑群書十三卷 ……………………… 1－436

翰林七賢分書屈原賦 ………………… 2－333

翰林重考字義韻律大板海篇心鏡二

　　十卷首一卷 ………………………… 1－170

翰林集四卷 …………………………… 3－103

翰林集四卷附錄一卷 ………………… 3－103

翰林楊仲弘詩八卷 …………………… 3－150

翰林學士集一卷 ……………………… 2－557

翰林學士集一卷 ……………………… 2－557

翰林羅圭峰先生文集十八卷 ………… 3－186

翰香閣詩草一卷蔭柏軒詩草一卷凝

　　翠軒詩草一卷 ……………………… 3－290

頤志齋九藝一卷續九藝一卷後九藝一卷

　　………………………………………… 3－187

頤志齋四譜 …………………………… 1－318

頤志齋四譜 …………………… 1－318
頤志齋叢書 …………………… 3－512
頤志齋叢書 …………………… 3－512
頤志齋叢書 …………………… 3－512
頤志齋叢書 …………………… 3－512
頤志齋叢書 …………………… 3－512
頤志齋叢書 …………………… 3－512
頤和園簡明圖說 ……………… 2－57
頤素齋印影不分卷 …………… 2－340
頤情書屋試帖三卷 …………… 3－344
頤情館聞過集守湖稿十二卷 …… 1－475
頤情館聞過集守湖稿十二卷 …… 1－475
頤情館聞過集守湖稿十二卷 …… 1－475
頤巢類稿三卷 ………………… 3－326
頤道堂詩選十九卷文鈔九卷 …… 3－315
頤瑣室詩四卷賓香詞一卷 …… 3－417
頤綵堂文集十六卷劍舟律賦二卷 …… 3－215
頤綵堂詩鈔十卷 ……………… 3－215
頤養詮要四卷 ………………… 2－286
噩夢一卷 ……………………… 2－180
噩夢一卷 ……………………… 2－180
噩夢一卷 ……………………… 2－180
噩夢一卷 ……………………… 2－180
噩夢一卷 ……………………… 2－180
薜荔村舍遺詩一卷 …………… 3－231
薜荔村舍遺詩一卷 …………… 3－231
薜荔村舍遺詩一卷 …………… 3－231
薩天錫詩集三卷 ……………… 3－153
薩天錫詩集三卷 ……………… 3－153
樹人堂讀杜詩二十五卷首一卷 …… 3－86
樹經堂詠史詩八卷 …………… 3－401
樹經堂詠史詩八卷 …………… 3－401
樹經堂詠史詩八卷 …………… 3－401
樹經堂詩初集十五卷續集八卷文集四卷
……………………………… 3－401
樹德堂詩稿 …………………… 3－348
樹蕙背遺詩一卷 ……………… 3－379
樹廬文鈔十卷 ………………… 3－344
樹廬文鈔十卷 ………………… 3－344
樹廬文鈔十卷 ………………… 3－345
橫山詩集 ……………………… 3－415

橫河草堂筆記一卷 …………… 3－247
樸學廬詩初鈔五卷文鈔一卷 …… 3－221
輶軒使者絕代語釋別國方言十三卷
首一卷 ……………………… 1－130
輶軒使者絕代語釋別國方言十三卷
首一卷 ……………………… 1－130
輶軒使者絕代語釋別國方言十三卷
首一卷 ……………………… 1－130
輶軒使者絕代語釋別國方言十三卷
首一卷 ……………………… 1－130
輶軒使者絕代語釋別國方言十三卷
首一卷 ……………………… 1－130
輶軒使者絕代語釋別國方言十三卷
首一卷 ……………………… 3－547
輶軒使者絕代語釋別國方言疏證十三卷
……………………………… 1－131
輶軒使者絕代語釋別國方言箋疏十三卷
……………………………… 1－130
輶軒使者絕代語釋別國方言箋疏十三卷
……………………………… 1－130
輶軒使者絕代語釋別國方言箋疏十三卷
……………………………… 1－130
輶軒使者絕代語釋別國方言箋疏十三卷
……………………………… 1－130
輶軒使者絕代語釋別國方言箋疏十三卷
……………………………… 1－130
輶軒使者絕代語釋別國方言箋疏十三卷
……………………………… 3－547
輶軒語一卷 …………………… 2－208
輶軒語一卷 …………………… 2－209
輶軒語一卷 …………………… 2－209
輶軒語一卷 …………………… 2－209
輶軒語一卷 …………………… 2－209
輶軒語一卷 …………………… 2－209
輶軒語一卷 …………………… 2－209
輶軒語一卷 …………………… 2－209
輶軒語一卷 …………………… 2－209
輶軒語一卷 …………………… 3－550

輶軒語一卷書目答問不分卷 ………… 2－132
輶軒語一卷書目答問四卷 ………… 2－208
輶軒語一卷書目答問四卷 ………… 2－208
輶軒語一卷書目答問四卷 ………… 2－208
輶軒語一卷書目答問四卷 ………… 2－208
輶軒語一卷書目答問四卷 ………… 2－208
輶軒語一卷書目答問四卷 ………… 2－208
輶軒語一卷書目答問四卷 ………… 2－208
輶軒語一卷書目答問四卷 ………… 2－209
輶軒語一卷書目答問四卷 ………… 2－209
輶軒語一卷書目答問四卷 ………… 2－209
輶軒語一卷書目答問四卷 ………… 2－209
輶軒語不分卷 …………………………… 3－536
輶軒語不分卷 …………………………… 3－536
整庵先生存稿二十卷 ………………… 3－186
賴古堂尺牘新鈔二選藏弄集十六卷
　　 ………………………………………… 3－61
賴古堂尺牘新鈔二選藏弄集十六卷
　　 ………………………………………… 3－61
賴古堂尺牘新鈔二選藏弄集十六卷
　　 ………………………………………… 3－61
賴古堂尺牘新鈔二選藏弄集十六卷 …… 3－61
賴古堂印譜四卷 …………………………… 2－341
賴古堂名賢尺牘新鈔十二卷 ……… 3－61
賴古堂別集印人傳三卷 ………… 2－339
賴古堂集二十四卷 ……………… 3－257
賴古堂詩十二卷 ………………… 3－257
賴古堂詩集四卷 ………………… 3－257
賴古堂詩集四卷 ………………… 3－257
融州送別詩鈔一卷 ……………… 3－59
瓢餘小草二卷晉游草一卷粵游草二卷
　　 ……………………………………… 3－277
醒世要錄四卷 …………………… 1－424
醒世姻緣傳一百回 ………………… 3－468
醒世姻緣傳一百回 ………………… 3－468
醒迷錄一卷 ……………………… 2－477
醒園錄一卷 ……………………… 2－351
醒園錄一卷 ……………………… 2－351
醒齋閑話一卷 …………………… 2－371
勵志錄二卷 ……………………… 2－192
歷代三元考二卷 ………………… 1－379

歷代小史一百〇五卷 ………………… 1－252
歷代升祔理學錄六卷 ………………… 1－302
歷代史表五十九卷 ………………… 1－278
歷代史表五十九卷 ………………… 1－278
歷代史表五十九卷 ………………… 1－278
歷代史案二十卷 ………………… 1－401
歷代史略六卷 ………………… 1－196
歷代史略六卷 ………………… 3－547
歷代史論十二卷宋史論三卷元史論一卷
　　 ………………………………………… 1－397
歷代史論十二卷宋史論三卷元史論一卷
　　 ………………………………………… 1－397
歷代史論十二卷宋史論三卷元史論一卷
　　 ………………………………………… 1－397
歷代史論十二卷宋史論三卷元史論一卷
　　 ………………………………………… 1－397
歷代史論十二卷宋史論三卷元史論一卷
　　 ………………………………………… 1－397
歷代史論十二卷宋史論三卷元史論一卷
　　 ………………………………………… 1－397
歷代史論十二卷宋史論三卷元史論一卷
　　 ………………………………………… 1－397
歷代史論十二卷宋史論三卷元史論一卷
　　 ………………………………………… 1－397
歷代史論十二卷宋史論三卷元史論一卷
　　 ………………………………………… 1－397
歷代史論十二卷宋史論三卷元史論一卷
　　 ………………………………………… 1－397
歷代史論十二卷宋史論三卷元史論一卷
　　 ………………………………………… 1－397
歷代史論十二卷宋史論三卷元史論一卷
　　 ………………………………………… 1－397
歷代史論十二卷宋史論三卷元史論一卷
　　 ………………………………………… 1－397
歷代史論四卷 ………………… 1－397
歷代史纂左編一百四十二卷 ………… 1－389
歷代史纂左編一百四十二卷 ………… 1－389
歷代史纂左編一百四十二卷 ………… 1－389
歷代仙史八卷 …………………… 2－479

歷代仙史八卷···············2–479　　歷代名臣言行錄二十四卷···········1–288

歷代仙史八卷···············2–479　　歷代名臣言行錄二十四卷···········1–288

歷代地理志韻編今釋二十卷········1–514　　歷代名臣言行錄二十四卷···········1–288

歷代地理志韻編今釋二十卷········1–514　　歷代名臣言行錄二十四卷···········1–288

歷代地理志韻編今釋二十卷········1–514　　歷代名臣言行錄二十四卷···········1–288

歷代地理志韻編今釋二十卷········3–534　　歷代名臣言行錄二十四卷···········1–288

歷代地理志韻編今釋二十卷皇朝輿　　　歷代名臣言行錄二十四卷···········1–288

　地韻編二卷···············1–513　　歷代名臣言行錄二十四卷···········1–288

歷代地理志韻編今釋二十卷皇朝輿　　　歷代名臣言行錄二十四卷···········1–288

　地韻編二卷···············1–513　　歷代名臣言行錄二十四卷···········1–289

歷代地理志韻編今釋二十卷皇朝輿　　　歷代名臣言行錄二十四卷···········1–289

　地韻編二卷···············1–513　　歷代名臣言行錄二十四卷···········1–289

歷代地理志韻編今釋二十卷皇朝輿　　　歷代名臣言行錄二十四卷···········1–289

　地韻編二卷···············3–548　　歷代名臣言行錄二十四卷···········1–289

歷代地理志韻編今釋二十卷皇朝輿　　　歷代名臣言行錄二十四卷···········1–289

　地韻編二卷圖一卷··········1–514　　歷代名臣奏議三百五十卷··········1–494

歷代地理志韻編今釋二十卷皇朝輿　　　歷代名臣奏議三百五十卷··········1–494

　地韻編二卷圖一卷··········1–514　　歷代名臣奏議三百五十卷··········1–494

歷代地理志韻編今釋二十卷皇朝輿　　　歷代名臣奏議三百五十卷··········1–494

　地韻編二卷圖一卷··········1–514　　歷代名臣奏議選三十二卷··········1–494

歷代地理沿革 ··············2–99　　歷代名臣奏議選三十二卷··········1–494

歷代地理沿革表四十七卷·········1–515　　歷代名臣傳三十五卷············1–291

歷代地理沿革表四十七卷圖一卷·····1–515　　歷代名臣傳三十五卷············1–292

歷代地理沿革圖·············3–534　　歷代名臣傳三十五卷續編五卷·······1–297

歷代地理沿革圖·············3–534　　歷代名臣傳三十五卷續編五卷·······1–297

歷代地理韻編今釋二十卷·········3–534　　歷代名臣傳節錄三十卷···········1–302

歷代臣鑒三十七卷············1–284　　歷代名將事略二卷·············1–305

歷代名人年譜十卷············1–318　　歷代名將事略二卷·············1–305

歷代名人年譜十卷············1–318　　歷代名將事略二卷·············1–305

歷代名人年譜十卷············1–318　　歷代名媛圖說二卷·············1–329

歷代名人書札二卷············3–60　　歷代名賢手札八卷 ············3–60

歷代名人書札二卷 ···········3–60　　歷代名賢列女氏姓譜一百五十七卷

歷代名臣言行錄二十四卷·········1–288　　　···················1–302

歷代名臣言行錄二十四卷·········1–288　　歷代名賢列女氏姓譜一百五十七卷

歷代名臣言行錄二十四卷·········1–288　　　···················1–302

歷代名臣言行錄二十四卷·········1–288　　歷代名賢列女氏姓譜一百五十七卷

歷代名臣言行錄二十四卷·········1–288　　　···················1–302

歷代名臣言行錄二十四卷·········1–288　　歷代名賢列女氏姓譜一百五十七卷

歷代名臣言行錄二十四卷·········1–288　　　···················1–302

歷代名臣言行錄二十四卷·········1–288　　歷代名賢列女氏姓譜一百五十七卷

歷代名臣言行錄二十四卷·········1–288　　　···················1–302

歷代名賢列女氏姓譜一百五十七卷
　　‥‥‥‥‥‥‥‥‥‥‥‥ 1－302
歷代名賢齒譜九卷名媛齒譜三卷‥‥‥ 1－293
歷代名賢齒譜九卷名媛齒譜三卷‥‥‥ 1－293
歷代名賢齒譜九卷名媛齒譜三卷‥‥‥ 1－293
歷代名賢齒譜九卷名媛齒譜三卷‥‥‥ 1－293
歷代名儒傳八卷‥‥‥‥‥‥‥‥‥ 1－291
歷代名儒傳八卷‥‥‥‥‥‥‥‥‥ 1－291
歷代名儒傳八卷‥‥‥‥‥‥‥‥‥ 1－292
歷代名儒傳八卷‥‥‥‥‥‥‥‥‥ 1－292
歷代宅京記二十卷‥‥‥‥‥‥‥‥ 1－516
歷代宅京記二十卷‥‥‥‥‥‥‥‥ 1－516
歷代宅京記二十卷‥‥‥‥‥‥‥‥ 1－516
歷代兵制八卷‥‥‥‥‥‥‥‥‥‥ 1－467
歷代兵制八卷‥‥‥‥‥‥‥‥‥‥ 1－467
歷代兵制八卷‥‥‥‥‥‥‥‥‥‥ 1－467
歷代兵制八卷‥‥‥‥‥‥‥‥‥‥ 1－467
歷代兵制八卷‥‥‥‥‥‥‥‥‥‥ 1－467
歷代君鑒五十卷‥‥‥‥‥‥‥‥‥ 1－284
歷代長術輯要十卷首一卷古今推步
　　諸術考二卷‥‥‥‥‥‥‥‥‥ 2－295
歷代長術輯要十卷首一卷古今推步
　　諸術考二卷‥‥‥‥‥‥‥‥‥ 2－295
歷代服制考原二卷圖一卷‥‥‥‥‥ 1－427
歷代河防統纂二十八卷 ‥‥‥‥‥‥ 2－96
歷代河防類要六卷 ‥‥‥‥‥‥‥‥ 2－96
歷代河防類要六卷 ‥‥‥‥‥‥‥‥ 2－96
歷代沿革表三卷‥‥‥‥‥‥‥‥‥ 1－514
歷代沿革圖 ‥‥‥‥‥‥‥‥‥‥‥ 2－99
歷代沿革圖 ‥‥‥‥‥‥‥‥‥‥‥ 2－99
歷代建元類考不分卷歷代建元考前
　　編不分卷外編不分卷‥‥‥‥‥ 1－422
歷代政治類編十二卷‥‥‥‥‥‥‥ 1－423
歷代政要表二卷‥‥‥‥‥‥‥‥‥ 1－277
歷代政要表二卷‥‥‥‥‥‥‥‥‥ 1－277
歷代政要表二卷‥‥‥‥‥‥‥‥‥ 1－277
歷代政要表二卷‥‥‥‥‥‥‥‥‥ 1－277
歷代政要表二卷‥‥‥‥‥‥‥‥‥ 1－277
歷代政要表二卷‥‥‥‥‥‥‥‥‥ 1－277
歷代政要表二卷‥‥‥‥‥‥‥‥‥ 1－277
歷代相臣傳一百六十八卷‥‥‥‥‥ 1－285

歷代帝王世系圖‥‥‥‥‥‥‥‥‥ 1－279
歷代帝王年表八卷‥‥‥‥‥‥‥‥ 1－279
歷代帝王年表不分卷‥‥‥‥‥‥‥ 1－278
歷代帝王年表不分卷‥‥‥‥‥‥‥ 1－278
歷代帝王年表不分卷‥‥‥‥‥‥‥ 1－278
歷代帝王年表不分卷‥‥‥‥‥‥‥ 1－278
歷代帝王年表不分卷‥‥‥‥‥‥‥ 1－278
歷代帝王年表不分卷‥‥‥‥‥‥‥ 1－278
歷代帝王年表不分卷‥‥‥‥‥‥‥ 1－278
歷代帝王年表不分卷‥‥‥‥‥‥‥ 1－278
歷代帝王年表不分卷‥‥‥‥‥‥‥ 1－279
歷代帝王年表四卷‥‥‥‥‥‥‥‥ 1－278
歷代帝王年表四卷‥‥‥‥‥‥‥‥ 1－278
歷代帝王年表四卷‥‥‥‥‥‥‥‥ 1－279
歷代帝王年表四卷‥‥‥‥‥‥‥‥ 1－279
歷代帝王年表四卷‥‥‥‥‥‥‥‥ 1－279
歷代帝王年表四卷‥‥‥‥‥‥‥‥ 1－279
歷代帝王法帖釋文十卷‥‥‥‥‥‥ 2－328
歷代帝王法帖釋文考異十卷‥‥‥‥ 2－323
歷代帝王法帖釋文考異十卷‥‥‥‥ 2－323
歷代帝王曆祚考八卷音釋一卷‥‥‥ 1－231
歷代紀元部表二卷‥‥‥‥‥‥‥‥ 1－279
歷代紀元匯考八卷續編一卷‥‥‥‥ 1－278
歷代紀年便覽一卷‥‥‥‥‥‥‥‥ 1－278
歷代紀事年表一百卷‥‥‥‥‥‥‥ 1－276
歷代紀事年表一百卷‥‥‥‥‥‥‥ 1－276
歷代高僧集傳三十八卷‥‥‥‥‥‥ 2－464
歷代通鑑纂要九十二卷‥‥‥‥‥‥ 1－227
歷代通鑑纂要九十二卷‥‥‥‥‥‥ 1－227
歷代通鑑纂要九十二卷‥‥‥‥‥‥ 1－227
歷代通鑑纂要九十二卷‥‥‥‥‥‥ 1－227
歷代通鑑纂要九十二卷‥‥‥‥‥‥ 1－227
歷代循吏傳八卷‥‥‥‥‥‥‥‥‥ 1－291
歷代循吏傳八卷‥‥‥‥‥‥‥‥‥ 1－291
歷代循吏傳八卷‥‥‥‥‥‥‥‥‥ 1－292
歷代循吏傳八卷‥‥‥‥‥‥‥‥‥ 1－292
歷代畫史彙傳七十二卷首一卷引證
　　書目一卷總目三卷附錄二卷‥‥‥‥ 2－329
歷代畫史彙傳七十二卷首一卷總目
　　三卷附錄二卷‥‥‥‥‥‥‥‥ 2－329

475

歷代畫史彙傳七十二卷首一卷總目
　　三卷附錄二卷 ………………… 2－329
歷代畫史彙傳七十二卷首一卷總目
　　三卷附錄二卷 ………………… 2－329
歷代畫史彙傳七十二卷首一卷總目
　　三卷附錄二卷 ………………… 2－329
歷代畫史彙傳七十二卷首一卷總目
　　三卷附錄二卷 ………………… 2－329
歷代畫史彙傳七十二卷首一卷總目
　　三卷附錄二卷 ………………… 2－329
歷代畫史彙傳七十二卷首一卷總目
　　三卷附錄二卷 ………………… 2－329
歷代畫像傳四卷 ………………… 1－328
歷代統系錄六卷 ………………… 1－278
歷代統紀表十三卷 ……………… 1－278
歷代節義名臣錄十卷 …………… 1－298
歷代詩鈔不分卷 ………………… 2－551
歷代詩話 ………………………… 3－476
歷代賢儒景行錄二卷 …………… 1－304
歷代賢儒景行錄二卷 …………… 1－304
歷代賦鈔三十二卷 ……………… 2－540
歷代賦話正集十四卷續集十四卷復
　　小齋賦話二卷 ……………… 2－535
歷代儒學存真錄十卷 …………… 1－286
歷代儒學存真錄十卷 …………… 1－286
歷代輿地沿革圖 ………………… 2－99
歷代輿地沿革險要圖 …………… 2－99
歷代輿地沿革險要圖註 ………… 2－99
歷代輿地沿革險要圖說 ………… 2－99
歷代輿地沿革險要圖說 ………… 2－99
歷代輿地圖 ……………………… 2－99
歷代職官表六卷 ………………… 1－441
歷代職官表六卷 ………………… 1－441
歷代職官表六卷 ………………… 1－441
歷代職官表六卷 ………………… 1－441
歷代職官表六卷 ………………… 1－441
歷代職官表六卷 ………………… 1－441
歷代職官表六卷 ………………… 1－441
歷代職官表六卷 ………………… 1－441
歷代職官表六卷 ………………… 1－441
歷代職官表六卷 ………………… 1－441

歷代職官表六卷 ………………… 1－441
歷代職官表六卷 ………………… 1－442
歷代職官表六卷 ………………… 1－442
歷代疆域表三卷 ………………… 1－514
歷代鐘鼎彝器款識法帖二十卷 …… 2－119
歷代鐘鼎彝器款識法帖二十卷 …… 2－119
歷代鐘鼎彝器款識法帖二十卷 …… 2－119
歷代鐘鼎彝器款識法帖二十卷 …… 2－119
歷代鐘鼎彝器款識法帖二十卷 …… 2－119
歷代鐘鼎彝器款識法帖二十卷 …… 2－120
歷代鐘鼎彝器款識法帖二十卷 …… 2－120
歷代鐘鼎彝器款識法帖二十卷 …… 2－120
歷代鐘鼎彝器款識法帖二十卷 …… 2－120
歷代鐘鼎彝器款識法帖二十卷 …… 2－120
歷代鐘鼎彝器款識法帖二十卷 …… 2－120
歷代鐘鼎彝器款識法帖二十卷 …… 2－120
歷代鐘鼎彝器款識法帖二十卷 …… 2－120
歷代鐘鼎彝器款識法帖二十卷 …… 2－120
［乾隆］歷城縣志五十卷首一卷 …… 1－545
歷科狀元圖考全書六卷 ………… 1－379
歷朝二十五家詩錄三十七卷首一卷
　　………………………………… 2－554
歷朝二十五家詩錄三十七卷首一卷
　　………………………………… 2－554
歷朝二十五家詩錄三十七卷首一卷
　　………………………………… 2－554
歷朝二十五家詩錄三十七卷首一卷
　　………………………………… 2－554
歷朝二十五家詩錄三十七卷首一卷
　　………………………………… 2－554
歷朝二十五家詩錄三十七卷首一卷
　　………………………………… 2－554
歷朝二十五家詩錄三十七卷首一卷
　　………………………………… 2－554

歷朝人物志十七卷 ……………… 1－304
歷朝印史四卷 …………………… 2－342
歷朝名媛尺牘二卷 ……………… 3－62
歷朝名媛詩詞十二卷 …………… 2－553
歷朝法華持驗紀二卷 …………… 2－455
歷朝紀事本末 …………………… 1－239
歷朝紀事本末 …………………… 1－239

歷朝紀事本末······························ 1－239
歷朝捷錄百家評林八卷················ 1－398
歷朝詩約選九十二卷···················· 2－555
歷朝詩約選九十二卷···················· 2－555
歷朝詩約選九十二卷···················· 2－555
歷朝詩約選九十二卷···················· 2－555
歷朝詩選要六卷·························· 2－550
歷朝詩選簡全集六卷···················· 2－553
歷朝賦楷八卷首一卷···················· 2－531
歷朝賦楷八卷首一卷···················· 2－531
歷程紀游草一卷························· 3－257
曆象本要一卷···························· 2－293
曆陽典錄三十四卷補編六卷 ·········· 2－71
霍氏世系二卷···························· 1－373
霍亂論二卷······························ 2－264
霍亂論二卷······························ 2－264
霍亂論二卷······························ 2－271
霍亂論二卷······························ 2－271
霍亂論二卷······························ 2－271
頻羅庵遺集······························ 3－520
頻羅庵遺集十六卷······················ 3－295
頻羅庵遺集十六卷······················ 3－295
頻羅庵遺集十六卷······················ 3－295
頻羅庵遺集十六卷······················ 3－295
餐芍華館詩集八卷蕉心詞一卷········ 3－260
餐芍華館遺文三卷隨筆二卷·········· 3－260
餐花室詩稿十卷詩餘一卷·············· 3－410
餐菊齋棋評一卷························· 2－349
餐勝齋詩稿四卷························· 3－407
餐鞠軒詩草一卷························· 3－214
膚齋考工記解二卷······················ 1－52
膚齋考工記解二卷······················ 1－52
［光緒］盧氏縣志十八卷首一卷 ········ 2－21
盧忠烈公集三卷補遺···················· 3－183
盧忠肅公集十二卷首一卷·············· 3－182
盧忠肅公集十二卷首一卷·············· 3－183
盧忠肅公集十二卷首一卷·············· 3－183
盧忠肅公集十二卷首一卷·············· 3－183
盧忠肅公集十二卷首一卷·············· 3－183
盧忠肅公集十卷附一卷················ 3－182
盧照鄰集二卷···························· 3－103

盧溪先生文集五十卷···················· 3－112
盧溪先生文集五十卷···················· 3－113
曉堂哲禪師語錄□□卷················· 2－460
曉夢春紅詞一卷························· 3－433
曉夢春紅詞一卷························· 3－433
曉園吟一卷······························ 3－379
曉讀書齋初錄二卷二錄二卷三錄二
　　卷四錄二卷·························· 2－386
曉讀書齋初錄二卷二錄二卷三錄二
　　卷四錄二卷·························· 2－386
曉讀書齋初錄二卷二錄二卷三錄二
　　卷四錄二卷·························· 2－386
曉讀書齋初錄二卷二錄二卷三錄二
　　卷四錄二卷·························· 2－386
曉讀書齋初錄二卷二錄二卷三錄二
　　卷四錄二卷·························· 2－386
曇華遺稿一卷···························· 3－306
曇陽遺韻六卷首一卷···················· 3－54
曇雲閣詩集八卷附錄一卷外集一卷
　　詞鈔一卷···························· 3－291
曇無德律部雜羯磨二卷················ 2－433
暸言六卷續四卷························· 2－373
暸溪詩話二卷···························· 3－482
器象顯真四卷···························· 2－306
器象顯真四卷···························· 2－306
器象顯真四卷···························· 2－306
戰國策十卷······························ 1－254
戰國策十卷······························ 1－254
戰國策十卷······························ 1－254
戰國策十卷······························ 1－254
戰國策十卷······························ 1－254
戰國策十卷······························ 1－254
戰國策十卷······························ 1－254
戰國策十卷······························ 1－254
戰國策三十三卷························· 1－252
戰國策三十三卷························· 1－252
戰國策三十三卷························· 1－252
戰國策三十三卷························· 1－252
戰國策三十三卷························· 1－252
戰國策三十三卷························· 1－252
戰國策三十三卷························· 1－252
戰國策三十三卷························· 1－252

戰國策三十三卷……………… 1－252　　戰國策去毒二卷編年一卷………… 1－255
戰國策三十三卷……………… 1－252　　戰國策去毒二卷編年一卷………… 1－255
戰國策三十三卷……………… 1－252　　戰國策去毒二卷編年一卷………… 1－255
戰國策三十三卷……………… 1－252　　戰國策去毒二卷編年一卷………… 1－255
戰國策三十三卷……………… 1－252　　戰國策去毒二卷編年一卷………… 1－255
戰國策三十三卷……………… 1－252　　戰國策去毒二卷編年一卷………… 1－255
戰國策三十三卷……………… 1－253　　戰國策去毒二卷編年一卷………… 1－255
戰國策三十三卷……………… 1－253　　戰國策去毒二卷編年一卷………… 1－255
戰國策三十三卷……………… 1－253　　戰國策校註十卷………………… 1－254
戰國策三十三卷……………… 1－253　　戰國策裁註十二卷……………… 1－254
戰國策三十三卷……………… 1－253　　戰國策評苑十卷………………… 1－254
戰國策三十三卷……………… 1－253　　戰國策補註三十三卷…………… 1－255
戰國策三十三卷……………… 1－253　　戰國策選四卷…………………… 1－392
戰國策三十三卷……………… 1－253　　戰國策譚㮣十卷………………… 1－254
戰國策三十三卷……………… 1－253　　戰國策釋地二卷………………… 1－254
戰國策三十三卷……………… 1－253　　戰國策釋地二卷………………… 1－255
戰國策三十三卷……………… 1－253　　戰國策釋地二卷………………… 1－255
戰國策三十三卷……………… 1－253　　還源篇…………………………… 2－469
戰國策三十三卷……………… 1－253　　還粹集四卷……………………… 3－276
戰國策三十三卷……………… 1－253　　還讀齋詩稿二十卷……………… 3－402
戰國策三十三卷……………… 1－253　　嶧桐文集十卷詩集十卷………… 3－395
戰國策三十三卷……………… 1－253　　[乾隆]嶧縣志十卷首一卷　　　 1－547
戰國策三十三卷……………… 1－253　　圜丘壇樂章……………………… 3－538
戰國策三十三卷……………… 1－253　　默記一卷………………………… 2－381
戰國策三十三卷……………… 1－253　　默記一卷………………………… 2－381
戰國策三十三卷……………… 1－253　　默記三卷………………………… 2－381
戰國策三十三卷……………… 1－253　　黔中校士錄不分卷　　　　　　　 3－51
戰國策三十三卷……………… 1－253　　黔南十集………………………… 3－511
戰國策三十三卷……………… 1－253　　黔南會燈錄八卷………………… 2－462
戰國策三十三卷……………… 1－253　　黔南職方紀略九卷……………… 2－38
戰國策三十三卷……………… 1－254　　黔南識略三十二卷……………… 2－38
戰國策三十三卷……………… 1－254　　黔南識略三十二卷……………… 2－38
戰國策三十三卷……………… 1－254　　黔風舊聞錄六卷鳴盛錄十八卷 … 3－39
戰國策三十三卷……………… 1－254　　黔書二卷………………………… 2－38
戰國策三十三卷……………… 1－254　　黔書二卷………………………… 2－38
戰國策三十三卷……………… 1－254　　[雍正]黔陽縣志十卷…………… 2－51
戰國策三十三卷……………… 1－254　　[同治]黔陽縣志六十卷首一卷 … 2－51
戰國策三十三卷……………… 1－254　　[乾隆]黔陽縣志四十二卷首一卷 … 2－51
戰國策三十三卷……………… 1－254　　黔詩紀略三十三卷　　　　　　　 3－40
戰國策三十三卷劄記三卷…… 3－533　　黔詩紀略三十三卷　　　　　　　 3－40
戰國策去毒二卷編年一卷…… 1－255　　黔語二卷………………………… 2－38

積古齋鐘鼎彝器款識十卷⋯⋯⋯⋯⋯ 2－121
積古齋鐘鼎彝器款識十卷⋯⋯⋯⋯⋯ 2－121
積古齋鐘鼎彝器款識十卷⋯⋯⋯⋯⋯ 2－121
積古齋鐘鼎彝器款識十卷⋯⋯⋯⋯⋯ 2－121
積古齋鐘鼎彝器款識十卷⋯⋯⋯⋯⋯ 2－121
積古齋鐘鼎彝器款識十卷⋯⋯⋯⋯⋯ 2－121
積古齋鐘鼎彝器款識十卷⋯⋯⋯⋯⋯ 2－121
積古齋鐘鼎彝器款識十卷⋯⋯⋯⋯⋯ 2－121
積古齋鐘鼎彝器款識十卷⋯⋯⋯⋯⋯ 2－121
積古齋鐘鼎彝器款識十卷⋯⋯⋯⋯⋯ 2－121
積古齋鐘鼎彝器款識十卷⋯⋯⋯⋯⋯ 2－121
積古齋鐘鼎彝器款識十卷⋯⋯⋯⋯⋯ 2－121
積古齋鐘鼎彝器款識十卷⋯⋯⋯⋯⋯ 2－122
積古齋鐘鼎彝器款識十卷⋯⋯⋯⋯⋯ 2－122
積古齋鐘鼎彝器款識十卷⋯⋯⋯⋯⋯ 2－122
積古齋鐘鼎彝器款識十卷⋯⋯⋯⋯⋯ 2－122
積古齋鐘鼎彝器款識十卷⋯⋯⋯⋯⋯ 2－122
積古齋鐘鼎彝器款識十卷⋯⋯⋯⋯⋯ 2－122
積古齋鐘鼎彝器款識十卷⋯⋯⋯⋯⋯ 2－122
積古齋鐘鼎彝器款識十卷⋯⋯⋯⋯⋯ 2－122
積古齋鐘鼎彝器款識十卷⋯⋯⋯⋯⋯ 2－122
積古齋鐘鼎彝器款識十卷⋯⋯⋯⋯⋯ 2－122
積學齋叢書⋯⋯⋯⋯⋯⋯⋯⋯⋯⋯⋯ 3－505
積學齋叢書⋯⋯⋯⋯⋯⋯⋯⋯⋯⋯⋯ 3－505
穆天子傳六卷⋯⋯⋯⋯⋯⋯⋯⋯⋯⋯ 3－461
穆天子傳六卷附錄一卷⋯⋯⋯⋯⋯⋯ 3－461
穆天子傳六卷附錄一卷⋯⋯⋯⋯⋯⋯ 3－462
穆天子傳六卷首一卷末一卷⋯⋯⋯⋯ 3－462
穆天子傳六卷首一卷末一卷⋯⋯⋯⋯ 3－462
穆天子傳六卷補遺一卷⋯⋯⋯⋯⋯⋯ 3－462
穆堂初稿五十卷⋯⋯⋯⋯⋯⋯⋯⋯⋯ 3－228
穆堂初稿五十卷⋯⋯⋯⋯⋯⋯⋯⋯⋯ 3－228
穆堂初稿五十卷⋯⋯⋯⋯⋯⋯⋯⋯⋯ 3－228
穆堂初稿五十卷⋯⋯⋯⋯⋯⋯⋯⋯⋯ 3－228
穆堂初稿五十卷⋯⋯⋯⋯⋯⋯⋯⋯⋯ 3－228
穆堂初稿五十卷⋯⋯⋯⋯⋯⋯⋯⋯⋯ 3－228
穆堂初稿五十卷別稿五十卷⋯⋯⋯⋯ 3－228

穆堂初稿五十卷別稿五十卷⋯⋯⋯⋯ 3－228
穆堂初稿五十卷別稿五十卷⋯⋯⋯⋯ 3－228
穆堂詩文鈔十一卷⋯⋯⋯⋯⋯⋯⋯⋯ 3－228
穆參軍集三卷附錄遺事一卷⋯⋯⋯⋯ 3－137
篤素堂文集十六卷詩集七卷⋯⋯⋯⋯ 3－307
篤素堂文集四卷⋯⋯⋯⋯⋯⋯⋯⋯⋯ 3－307
篤素堂文集四卷⋯⋯⋯⋯⋯⋯⋯⋯⋯ 3－307
篤素堂文集四卷⋯⋯⋯⋯⋯⋯⋯⋯⋯ 3－307
篤素堂文集四卷⋯⋯⋯⋯⋯⋯⋯⋯⋯ 3－308
篤素堂集鈔三卷⋯⋯⋯⋯⋯⋯⋯⋯⋯ 3－307
篤素堂集鈔三卷⋯⋯⋯⋯⋯⋯⋯⋯⋯ 3－307
篤素堂集鈔三卷⋯⋯⋯⋯⋯⋯⋯⋯⋯ 3－307
篤素堂集摘錄一卷⋯⋯⋯⋯⋯⋯⋯⋯ 2－395
篤素堂詩集七卷文集十六卷⋯⋯⋯⋯ 3－307
篤素堂詩集七卷文集十六卷⋯⋯⋯⋯ 3－308
篤素堂詩集七卷文集十六卷⋯⋯⋯⋯ 3－308
篷窗隨筆十四卷續錄二卷 ⋯⋯⋯⋯⋯ 3－65
舉業前模八卷新模八卷首一卷末一
　卷新模續選六卷⋯⋯⋯⋯⋯⋯⋯⋯ 3－482
［光緒］興山縣志二十二卷 ⋯⋯⋯⋯ 2－25
［乾隆］興化府莆田縣志三十六卷首一卷
　⋯⋯⋯⋯⋯⋯⋯⋯⋯⋯⋯⋯⋯⋯⋯ 2－14
［康熙］興化縣志十四卷 ⋯⋯⋯⋯ 1－551
［乾隆］興平縣志二十五卷 ⋯⋯⋯ 1－540
［乾隆］興安府志三十卷 ⋯⋯⋯⋯ 1－542
［同治］興安縣志十六卷 ⋯⋯⋯⋯⋯ 2－9
興家寶一卷⋯⋯⋯⋯⋯⋯⋯⋯⋯⋯⋯ 3－449
［同治］興國州志三十六卷首一卷⋯⋯ 2－22
［同治］興國州志三十六卷首一卷⋯⋯ 2－23
［同治］興國縣志四十六卷首一卷⋯⋯ 2－12
興替寶鑒二十卷一百五十四回⋯⋯⋯ 3－469
興替寶鑒二十卷一百五十四回⋯⋯⋯ 3－469
興替寶鑒二十卷一百五十四回⋯⋯⋯ 3－469
［咸豐］興義府志七十四卷首一卷⋯⋯ 2－39
［光緒］興寧縣志十八卷首一卷末一卷
　⋯⋯⋯⋯⋯⋯⋯⋯⋯⋯⋯⋯⋯⋯⋯ 2－47
［嘉慶］興寧縣志六卷 ⋯⋯⋯⋯⋯⋯ 2－47
［乾隆］興縣志十八卷 ⋯⋯⋯⋯⋯ 1－537
學古退庵印存⋯⋯⋯⋯⋯⋯⋯⋯⋯⋯ 2－341
學古堂日記不分卷⋯⋯⋯⋯⋯⋯⋯⋯ 2－376
學古堂日記不分卷⋯⋯⋯⋯⋯⋯⋯⋯ 2－376

學古堂日記不分卷 …………………… 2－376
學古緒言二十五卷補遺一卷 ………… 3－174
學古齋金石叢書 …………………… 2－109
學生鏡五卷 ………………………… 2－204
學仕遺規四卷 ……………………… 1－440
學仕遺規四卷補四卷 ……………… 1－440
學仕遺規四卷補四卷 ……………… 1－440
學仕遺規四卷補四卷 ……………… 1－440
學仕遺規四卷補四卷 ……………… 1－440
學仕錄十六卷 ……………………… 1－441
學仕錄十六卷 ……………………… 1－441
學忍堂詩詞小草二卷 ……………… 3－328
學易初津二卷 ……………………… 1－19
學易記五卷 ………………………… 1－14
學易記五卷 ………………………… 1－14
學易集八卷 ………………………… 3－137
學典三十卷 ………………………… 1－430
學制統述二卷 ……………………… 1－430
學治一得錄一卷 …………………… 1－483
學治一得錄一卷 …………………… 1－483
學治偶存二卷 ……………………… 1－483
學治臆說二卷 ……………………… 1－437
學治臆說二卷續說一卷說贅一卷 …… 1－437
學治臆說二卷續說一卷說贅一卷 …… 1－437
學治臆說二卷續說一卷說贅一卷 …… 1－437
學治臆說二卷續說一卷說贅一卷 …… 1－437
學治臆說二卷續說一卷說贅一卷 …… 1－438
學治續說一卷說贅一卷 …………… 3－538
學春秋隨筆十卷 …………………… 1－81
學春秋隨筆十卷 …………………… 1－81
學計一得二卷 ……………………… 2－305
學津討原 …………………………… 3－499
學津討原 …………………………… 3－499
學部奏定簡易識字學塾章程一卷 …… 1－432
學部奏酌量變通初等小學堂章程 …… 1－431
學部奏諮輯要 ……………………… 1－432
學海堂二集二十二卷 ……………… 3－21
學海堂二集二十二卷 ……………… 3－21
學海堂二集二十二卷 ……………… 3－21

學海堂二集二十二卷 ……………… 3－21
學海堂二集二十二卷 ……………… 3－21
學海堂三集二十四卷 ……………… 3－21
學海堂三集二十四卷 ……………… 3－22
學海堂三集二十四卷 ……………… 3－22
學海堂三集二十四卷 ……………… 3－22
學海堂三集二十四卷 ……………… 3－22
學海堂四集二十八卷 ……………… 3－22
學海堂四集二十八卷 ……………… 3－22
學海堂志一卷 ……………………… 2－66
學海堂初集十六卷 ………………… 3－21
學海堂課藝不分卷 ………………… 3－50
學宮景仰編八卷首一卷 …………… 1－298
學案一卷 …………………………… 2－188
學案小識十四卷首一卷末一卷 …… 1－294
學案小識十四卷首一卷末一卷 …… 1－294
學案小識十四卷首一卷末一卷 …… 1－294
學案小識十四卷首一卷末一卷 …… 1－294
學案小識十四卷首一卷末一卷 …… 1－294
學案小識十四卷首一卷末一卷 …… 1－294
學案小識十四卷首一卷末一卷 …… 1－294
學案小識十四卷首一卷末一卷 …… 1－294
學案小識十四卷首一卷末一卷 …… 1－294
學案小識十四卷首一卷末一卷 …… 1－294
學案小識十四卷首一卷末一卷 …… 1－294
學書捷訣一卷 ……………………… 2－328
學堂規程 …………………………… 1－432
學堂歌一卷 ………………………… 1－431
學堂歌一卷 ………………………… 2－209
學堂歌一卷 ………………………… 2－209
學堂歌一卷 ………………………… 2－209
學堂歌一卷 ………………………… 2－209
學堂歌一卷 ………………………… 2－209
學堂歌一卷 ………………………… 2－209
學堂歌一卷 ………………………… 2－209
學堂歌一卷 ………………………… 2－209
學堂歌一卷 ………………………… 2－209
學堂歌一卷 ………………………… 2－209
學堂歌一卷 ………………………… 2－210
學堂歌一卷 ………………………… 2－210
學堂歌一卷 ………………………… 2－210

學堂歌一卷 …………………………… 2－210
學堂歌一卷 …………………………… 2－210
學堂歌一卷 …………………………… 2－210
學堂歌一卷 …………………………… 2－210
學堂歌一卷 …………………………… 2－210
學堂歌一卷 …………………………… 2－210
學堂歌一卷 …………………………… 2－210
學堂歌一卷 …………………………… 2－210
學堂歌一卷 …………………………… 2－210
學堂歌一卷 …………………………… 2－210
學堂歌一卷 …………………………… 2－210
學堂歌一卷 …………………………… 2－210
學堂歌一卷 …………………………… 2－210
學堂歌一卷 …………………………… 2－210
學堂歌一卷 …………………………… 2－210
學堂歌一卷 …………………………… 2－210
學堂歌一卷 …………………………… 2－210
學堂歌一卷 …………………………… 2－210
學堂歌一卷 …………………………… 2－210
學堂歌一卷 …………………………… 2－210
學堂歌一卷 …………………………… 2－211
學程十二條一卷 ……………………… 1－432
學詁齋文集二卷 ……………………… 3－402
學詁齋文集二卷 ……………………… 3－402
學詁齋文集二卷 ……………………… 3－402
學詁齋文集二卷 ……………………… 3－402
學道六書六卷 ………………………… 2－194
學道六書六卷 ………………………… 2－194
學統五十六卷 ………………………… 1－301
學統五十六卷 ………………………… 1－301
學統五十六卷 ………………………… 1－301
學統五十六卷 ………………………… 1－301
學蔀通辨前編二卷後編三卷續編三
　卷終編三卷 ………………………… 2－190
學蔀通辨前編三卷後編三卷續編三
　卷終編三卷 ………………………… 2－190
學園詩談八卷續編二卷 ……………… 3－485
學詩詳說三十卷 ……………………… 3－489
學詩詳說三十卷學詩正詁五卷 ……… 1－50

學福齋詩集三十七卷首一卷文集二十卷
　………………………………………… 3－215
學聚堂初稿六卷 ……………………… 3－273
學聚堂初稿六卷 ……………………… 3－273
學聚堂初稿六卷 ……………………… 3－273
學箕初稿二卷 ………………………… 3－339
學算筆談十二卷 ……………………… 2－304
學算筆談十二卷 ……………………… 2－304
學算筆談十二卷 ……………………… 2－304
學齋庸訓一卷 ………………………… 2－372
學齋庸訓一卷 ………………………… 2－372
學藝齋文存八卷詩存二卷詩餘一卷 … 3－378
儒先晤語二卷 ………………………… 2－368
儒行集傳二卷 ………………………… 1－65
儒林外史五十六回 …………………… 3－469
儒林宗派十六卷 ……………………… 1－300
儒林宗派十六卷 ……………………… 1－300
儒林宗派十六卷 ……………………… 1－300
儒林宗派十六卷 ……………………… 1－300
儒林宗派十六卷 ……………………… 1－300
儒林宗派十六卷 ……………………… 1－301
儒林傳擬稿不分卷 …………………… 1－293
儒林瑣記四卷 ………………………… 1－287
儒林瑣記四卷 ………………………… 1－287
儒門事親十五卷 ……………………… 2－247
儒門法語一卷 ………………………… 2－195
儒門法語一卷 ………………………… 2－195
儒門法語一卷 ………………………… 2－195
儒門法語不分卷 ……………………… 2－195
儒門醫學三卷附一卷 ………………… 2－289
儒門醫學三卷附一卷 ………………… 2－289
儒門醫學三卷附一卷 ………………… 2－289
儒雅堂詩集二卷 ……………………… 3－389
儒酸福傳奇二卷 ……………………… 3－443
儒釋道平心論二卷 …………………… 2－448
衡山九老會詩稿四卷首一卷 ………… 3－34
衡山縣丈量冊 ………………………… 1－458
［乾隆］衡山縣志十四卷 …………… 2－45
［康熙］衡山縣志十四卷 …………… 2－45
［道光］衡山縣志五十五卷首一卷 … 2－45
［光緒］衡山縣志四十五卷首一卷 … 2－45

衡山靈山志二卷 …………… 2－77

[康熙]衡州府志二十三卷 ………… 2－44

[乾隆]衡州府志三十三卷首一卷 …… 2－44

[乾隆]衡州府志三十三卷首一卷 …… 2－44

衡州試牘一卷 …………………… 3－49

衡門芹一卷………………………… 2－180

衡岳圖志 …………………………… 2－77

衡陽紫雲峰佛國禪寺通志十四卷 …… 2－55

衡陽節婦傳略六卷 ………………… 1－306

[雍正]衡陽縣志二十四卷 ………… 2－44

[乾隆]衡陽縣志十四卷首一卷 …… 2－44

[嘉慶]衡陽縣志四十卷首一卷 …… 2－44

[同治]衡陽縣圖志十二卷 ………… 2－44

衡陽縣錢糧冊一卷 ………………… 1－492

衡湘稽古五卷 …………………… 2－54

衡湘稽古五卷 …………………… 2－54

衡嶽志八卷 …………………… 2－77

衡齋遺書 …………………… 2－299

錢氏小兒藥證直訣三卷 ………… 2－282

錢孝子寶卷一卷 …………………… 3－449

錢志新編二十卷 ………………… 1－463

錢志新編二十卷 ………………… 2－129

錢志新編二十卷首一卷 ………… 2－129

錢牧翁先生年譜一卷 …………… 3－362

錢牧齋文鈔四卷 ………………… 3－362

錢牧齋文鈔四卷 ………………… 3－362

錢牧齋尺牘三卷補遺一卷 ………… 3－362

錢南園先生遺集五卷 …………… 3－363

錢南園先生遺集五卷 …………… 3－363

錢南園先生遺集五卷 …………… 3－363

錢南園先生遺集五卷 …………… 3－363

錢南園先生遺集五卷 …………… 3－363

錢南園先生遺集五卷 …………… 3－363

錢南園先生遺集五卷 …………… 3－363

錢南園先生遺集五卷 …………… 3－363

錢神志七卷 …………………… 2－128

錢神志七卷 …………………… 2－128

錢陟園考訂資治通鑑綱目五十九卷

…………………… 1－225

錢陟園考訂資治通鑑綱目五十九卷

…………………… 1－225

錢敏肅公奏疏七卷 ………………… 1－507

錢塘遺事十卷 …………………… 1－259

錢幣論一卷 …………………… 1－463

錢寶傳行述一卷 …………………… 1－317

錫子猷將軍墨迹 …………………… 2－335

錫金考乘十四卷首一卷 …………… 1－550

錫金鄉土地理二卷 ………………… 1－550

錫金鄉土歷史二卷 ………………… 1－550

錫穀堂詩五卷 …………………… 3－395

錫慶堂詩集八卷 …………………… 3－354

錦上花四十八回 …………………… 3－445

錦江寓懷錄二卷 …………………… 3－360

錦江詩穎四卷 …………………… 3－32

錦字箋四卷 …………………… 2－500

錦字箋四卷 …………………… 2－501

錦芳醫案初編五卷誠子八則一卷 …… 2－269

錦匣偶存□□卷 …………………… 3－332

錦里新編十六卷 …………………… 1－297

錦里新編八卷首一卷 …………… 1－297

錦香亭四卷十六回 ………………… 3－445

錦繡萬花谷前集四十卷合集四卷續

　　集四十卷 …………………… 2－485

錦箋記二卷 …………………… 3－439

館律分韻初編六卷 ………………… 3－46

館閣試律說註釋二卷 …………… 3－46

館課賦鈔二十卷 …………………… 3－46

館課賦鈔二十卷 …………………… 3－46

雕丘雜錄十八卷 …………………… 2－373

雕菰集二十四卷 …………………… 3－354

雕菰集二十四卷 …………………… 3－354

雕菰樓易學三書 …………………… 1－23

雕菰樓易學三書 …………………… 1－23

鮑文浚鄉試硃卷 …………………… 3－400

鮑紅葉叢書 …………………… 3－503

[光緒]獲鹿縣志十四卷首一卷末一卷

…………………… 1－531

[同治]潁上縣志十二卷 …………… 2－3

潁中顯禪師語錄三卷 …………… 2－460

[乾隆]潁州府志十卷 …………… 2－3

潁濱先生詩集傳十九卷 ………… 1－41

獨秀軒文集一卷 …………………… 3－265

獨持集十卷 ···············3－348

獨笑齋金石考略四卷 ·······2－117

獨笑齋金石考略四卷 ·······2－117

獨笑齋金石考略四卷 ·······2－117

獨學廬外集一卷 ···········3－204

獨學廬初稿詩八卷文三卷 ·····3－204

獨學廬初稿詩八卷文三卷讀左卮言

　　一卷漢書刊訛一卷 ·······3－204

獨學廬初稿詩八卷文三卷讀左卮言

　　一卷漢書刊訛一卷 ·······3－204

獨斷二卷 ················2－380

獨斷二卷 ················2－380

獪園十六卷 ··············3－459

獪園十六卷 ··············3－459

鴛水聯吟五集五卷 ·········3－64

鴛鴦譜六卷 ··············2－490

鴛鴦譜四卷十二回 ·········3－464

謀野集十卷 ··············3－157

諫止和議奏疏四卷 ·········1－495

諧聲補逸十四卷 ···········1－181

諧聲譜二卷 ··············3－546

諧鐸十二卷 ··············3－456

諭旨：光緒九至十年 ········1－494

諮議局章程 ··············1－488

諮議局章程 ··············1－489

諮議局章程暨諮議局議員選舉章程

　　　　　　　　　　　1－488

諮議局章程暨諮議局議員選舉章程

　　·····················1－488

諮議局章程暨諮議局議員選舉章程

　　·····················1－488

諮議局章程暨諮議局議員選舉章程

　　·····················1－488

憑几集一卷 ··············3－187

憑几集目錄 ··············3－187

憑山閣留青集選十卷 ········3－30

憑山閣增輯留青新集三十卷 ····3－24

憑山閣增輯留青新集三十卷 ····3－24

凝香室鴻雪因緣圖記三集 ·····1－386

凝香室鴻雪因緣圖記三集 ·····1－386

凝香室鴻雪因緣圖記三集 ·····1－386

凝園讀易管見十卷 ·········1－25

凝園讀春秋管見十四卷 ·······1－82

凝園讀春秋管見十四卷 ·······1－82

凝齋先生遺集十卷末一卷 ·····3－319

磨盾餘墨一卷 ············3－278

磨庵雜存一卷 ············1－123

磨綺室詩存一卷 ···········3－187

磨綺室詩存一卷 ···········3－187

癉癩魂一卷 ··············3－58

癉癩魂一卷 ··············3－58

塵談拾雅不分卷 ···········2－377

辨正集註備要二卷辨正集註補要二卷

　　·····················2－417

辨正集註備要二卷辨正集註補要二卷

　　·····················2－417

辨正發秘初稿一卷 ·········2－419

辨正圖訣解 ··············2－417

辨字摘要四卷 ············1－141

辨字摘要四卷 ············1－141

辨字摘要四卷 ············1－141

辨陽明病脉證并治全篇一卷 ····2－261

辨學啟蒙不分卷 ···········2－318

辨證奇聞十卷 ············2－251

親屬記二卷 ··············1－140

親屬記二卷 ··············1－140

親屬記二卷 ··············3－546

［同治］龍山縣志十六卷首一卷 ····2－53

［嘉慶］龍山縣志十六卷首一卷 ····2－53

龍川文集三十卷 ···········3－127

龍川文集三十卷 ···········3－127

龍川文集三十卷 ···········3－127

龍川文集三十卷 ···········3－127

龍川文集三十卷補遺一卷附錄二卷

　　札記一卷 ············3－127

龍川文集三十卷辨譌考異二卷 ···3－127

龍川文集三十卷辨譌考異二卷 ···3－128

龍川文集三十卷辨譌考異二卷 ···3－128

龍川文集三十卷辨譌考異二卷 ···3－128

龍川文集三十卷辨譌考異二卷 ···3－128

龍川文集三十卷辨譌考異二卷 ···3－128

［嘉慶］龍川縣志四十二卷 ·····2－28

龍氏賢孝錄一卷 …………………… 1－333
龍文鞭影二卷 ……………………… 2－202
龍文鞭影四卷 ……………………… 2－202
龍文鞭影四卷 ……………………… 2－202
龍文鞭影四卷 ……………………… 2－202
龍文鞭影初集四卷二集四卷 ……… 2－202
龍正翀鄉試硃卷 …………………… 3－405
龍舟會雜劇一卷 …………………… 3－439
龍州雜俎二卷附錄一卷 …………… 1－477
［道光］龍安府志十卷 …………… 2－34
龍虎山志十六卷 …………………… 2－83
龍門子凝道記二卷 ………………… 2－365
［康熙］龍門縣志十六卷 ………… 1－531
［道光］龍岩州志二十卷 ………… 2－15
［道光］龍岩州志二十卷首一卷 … 2－15
龍岡山人文鈔十卷紫藤花室駢體文
　　鈔四卷龍岡山人詩鈔十八卷古今
　　體詩鈔二卷 …………………… 3－262
龍岡山人文鈔十卷紫藤花室駢體文
　　鈔四卷龍岡山人詩鈔十八卷古今
　　體詩鈔二卷 …………………… 3－262
龍岡山人文鈔十卷紫藤花室駢體文
　　鈔四卷龍岡山人詩鈔十八卷古今
　　體詩鈔二卷 …………………… 3－262
龍侍郎奏稿二卷 …………………… 1－507
龍城札記三卷 ……………………… 1－127
龍城贈言二卷首一卷 ……………… 3－57
［光緒］龍南縣志八卷首一卷 …… 2－13
龍威秘書 …………………………… 3－495
龍威秘書 …………………………… 3－495
龍威秘書 …………………………… 3－496
龍威秘書 …………………………… 3－496
［光緒］龍泉縣志十二卷首一卷 … 2－7
龍莊遺書 …………………………… 3－515
龍莊遺書 …………………………… 3－515
龍莊遺書 …………………………… 3－515
龍莊遺書 …………………………… 3－516
龍莊遺書 …………………………… 3－516
龍振甲鄉試硃卷 …………………… 3－405
龍象山徐氏四科試卷合裝一卷 …… 3－52
龍陽節孝祠刊本二卷 ……………… 2－57

［嘉慶］龍陽縣志八卷 …………… 2－51
［康熙］龍陽縣志四卷 …………… 2－51
龍喜社海東尋詩集一卷 …………… 3－26
龍喜社海東尋詩集一卷 …………… 3－26
龍筋鳳髓判四卷 …………………… 2－480
龍筋鳳髓判四卷 …………………… 2－480
龍舒淨土文十卷首一卷末一卷 …… 2－448
龍舒淨土文節略一卷後集一卷補遺一卷
　　　　　　　…………………… 2－448
龍塘唱和詩彙鈔三卷 ……………… 3－60
龍會寺志二卷首一卷 ……………… 2－55
［光緒］龍溪縣志二十四卷首一卷 … 2－14
龍輔女紅餘志二卷 ………………… 3－455
龍圖公案十卷 ……………………… 3－467
龍圖寶卷不分卷 …………………… 3－449
龍潭山志七卷首一卷末一卷 ……… 2－77
龍錫慶書信 ………………………… 3－405
龍壁山房文集八卷 ………………… 3－196
龍壁山房文集八卷 ………………… 3－196
龍壁山房詩草十二卷 ……………… 3－196
龍壁山房詩草十二卷 ……………… 3－196
龍谿王先生全集二十二卷 ………… 3－157
龍谿王先生全集二十二卷附一卷 … 3－157
龍谿王先生全集二十二卷附一卷 … 3－157
龍谿王先生全集二十二卷附一卷 … 3－157
龍谿王先生全集二十二卷附一卷 … 3－157
龍龕手鑒四卷 ……………………… 1－171
龍蟠集十卷 ………………………… 2－540
龍灣上公義渡志九卷 ……………… 2－63
龍灣上公義渡志九卷 ……………… 2－63
劑氣遺書二卷 ……………………… 2－472
憺園文集三十六卷 ………………… 3－287
憺園文集三十六卷 ………………… 3－287
憺園文集三十六卷 ………………… 3－287
憺園全集三十六卷 ………………… 3－287
憶雲詞甲稿一卷乙稿一卷丙稿一卷
　　丁稿一卷删存附補遺一卷 …… 3－432
憶雲詞甲稿一卷乙稿一卷丙稿一卷
　　丁稿一卷删存附補遺一卷 …… 3－432
憶雲詞甲稿一卷乙稿一卷丙稿一卷
　　丁稿一卷删存附補遺一卷 …… 3－432

憶雲詞甲稿一卷乙稿一卷丙稿一卷
　　丁稿一卷删存附補遺一卷 ………… 3 – 432
憶雲詞甲稿一卷乙稿一卷丙稿一卷
　　丁稿一卷删存附補遺一卷 ………… 3 – 432
憶雲詞甲稿一卷乙稿一卷丙稿一卷
　　丁稿一卷删存附補遺一卷 ………… 3 – 432
憶雲詞甲稿一卷乙稿一卷丙稿一卷
　　丁稿一卷删存附補遺一卷 ………… 3 – 432
甑峰先生遺稿二卷 ………………… 3 – 251
甑峰先生遺稿二卷 ………………… 3 – 251
燃藜閣詩鈔四卷 …………………… 3 – 389
營工要覽四卷 ……………………… 2 – 233
營工要覽四卷 ……………………… 2 – 233
[同治]營山縣志三十卷 …………… 2 – 38
營田輯要内篇三卷外篇一卷首一卷
　　……………………………………… 2 – 239
營田輯要内篇三卷外篇一卷首一卷
　　……………………………………… 2 – 239
營田輯要内篇三卷外篇一卷首一卷
　　……………………………………… 2 – 239
營田輯要内篇三卷外篇一卷首一卷
　　……………………………………… 2 – 239
營城揭要二卷 ……………………… 2 – 234
營城揭要二卷 ……………………… 2 – 234
營城揭要二卷 ……………………… 2 – 234
營城揭要二卷 ……………………… 2 – 234
營城揭要二卷 ……………………… 2 – 234
營城揭要二卷 ……………………… 2 – 234
營壘圖說一卷 ……………………… 2 – 236
營壘圖說一卷 ……………………… 2 – 236
營壘圖說一卷 ……………………… 2 – 236
燈社嬉春集二卷 …………………… 3 – 476
澠水燕談錄三卷 …………………… 1 – 385
[乾隆]潞安府志四十卷首一卷 …… 1 – 537
澧州直隸州安福縣爲造齋事上控自
　　理詞訟分造四柱清冊 ………… 1 – 489
澧州津市萬壽宮志十二卷 ………… 2 – 55
澧州學田志四卷首一卷附澧州文廟
　　志一卷 ………………………… 2 – 63
澧州學田志四卷首一卷附澧州文廟
　　志一卷 ………………………… 2 – 63

澧州學田志四卷首一卷附澧州文廟
　　志一卷 ………………………… 2 – 63
澧州學田志四卷首一卷附澧州文廟
　　志一卷 ………………………… 2 – 63
澧志舉要三卷 ……………………… 2 – 67
澧槎唱和詩集二卷 ………………… 3 – 57
澤古齋文鈔三卷補遺一卷 ………… 3 – 235
澤存堂五種 ………………………… 1 – 129
澤存堂五種 ………………………… 1 – 129
澤存堂五種 ………………………… 1 – 129
澤存堂五種五十卷 ………………… 3 – 546
[雍正]澤州府志五十二卷 ………… 1 – 537
澤宮序次舉要二卷附錄一卷 ……… 1 – 294
澤雅堂文集八卷 …………………… 3 – 263
澤農要錄六卷 ……………………… 2 – 238
激書二卷 …………………………… 2 – 375
澹宜草四卷澹宜雜著一卷 ………… 3 – 287
澹香閣詩鈔一卷 …………………… 3 – 226
澹香閣詩鈔一卷 …………………… 3 – 226
澹香閣詩鈔一卷 …………………… 3 – 226
澹香閣詩鈔一卷 …………………… 3 – 226
澹香閣詩鈔一卷 …………………… 3 – 226
澹香閣詩鈔一卷 …………………… 3 – 226
澹香閣詩鈔一卷 …………………… 3 – 226
澹香閣詩鈔一卷 …………………… 3 – 226
澹香齋詠史詩一卷 ………………… 3 – 194
澹香齋詠史詩一卷 ………………… 3 – 194
澹園詩草八卷 ……………………… 3 – 237
澹餘詩略三卷 ……………………… 3 – 220
澹餘詩略三卷 ……………………… 3 – 220
澹靜齋全集 ………………………… 3 – 529
澹盦自娛草二卷 …………………… 3 – 261
濂亭文集八卷 ……………………… 3 – 311
濂亭文集八卷 ……………………… 3 – 311
濂亭文集八卷 ……………………… 3 – 311
濂亭文集八卷 ……………………… 3 – 311
濂亭文集八卷 ……………………… 3 – 311
濂亭文集八卷 ……………………… 3 – 311
濂亭遺文五卷遺詩二卷 …………… 3 – 311
濂亭遺詩二卷遺文五卷 …………… 3 – 311
濂亭遺詩二卷遺文五卷 …………… 3 – 311

485

濂溪志七卷 ·················· 2－60

濂溪志七卷濂溪遺芳集一卷 ······ 2－60

濂溪志七卷濂溪遺芳集一卷 ······ 2－60

濂溪志七卷濂溪遺芳集一卷 ······ 2－60

濂溪志七卷濂溪遺芳集一卷 ······ 2－60

濂溪志七卷濂溪遺芳集一卷 ······ 2－60

濂溪志七卷濂溪遺芳集一卷 ······ 2－60

濂溪志七卷濂溪遺芳集一卷 ······ 2－60

濂溪志七卷濂溪遺芳集一卷 ······ 2－60

濂溪志七卷濂溪遺芳集一卷 ······ 2－60

濂溪志七卷濂溪遺芳集一卷 ······ 2－60

濂溪志七卷濂溪遺芳集一卷 ······ 2－60

濂學前編三卷 ················ 1－300

濂學前編三卷 ················ 1－300

濂學前編三卷 ················ 1－300

濂學前編三卷 ················ 1－300

濂學前編三卷 ················ 1－300

憲法法政要義二卷 ············ 1－488

憲法精理二卷 ················ 1－488

憲政編查館奏城鎮鄉地方自治章程

　并選舉章程摺 ············ 1－489

憲廟朱批諭旨不分卷 ·········· 1－493

寰宇分合志八卷 ·············· 1－195

寰宇分合志八卷 ·············· 1－195

寰宇分合志八卷 ·············· 1－195

寰宇分合志八卷 ·············· 1－195

寰宇訪碑錄十二卷 ············ 2－126

寰宇訪碑錄十二卷 ············ 2－126

寰宇訪碑錄十二卷 ············ 2－126

寰宇訪碑錄十二卷 ············ 2－126

窺妙引十卷 ·················· 2－226

窸言二卷 ···················· 2－379

禪門日誦一卷 ················ 2－458

禪門日誦一卷 ················ 2－458

禪門集要一卷 ················ 2－456

禪門鍛煉說一卷 ·············· 2－453

禪宗正指三卷 ················ 2－457

禪宗永嘉集一卷永嘉證道歌一卷 ···· 2－445

禪海十珍集一卷 ·············· 2－453

禪源諸詮集都序四卷 ·········· 2－445

禪關策進一卷 ················ 2－450

禪關策進一卷 ················ 2－450

禪關策進一卷 ················ 2－450

禪關策進一卷 ················ 2－450

禪關策進一卷 ················ 2－450

閻潛邱先生年譜一卷 ·········· 1－323

避暑錄話二卷 ················ 2－362

避暑錄話二卷 ················ 2－362

避暑錄話二卷 ················ 2－362

避諱錄五卷 ·················· 1－427

隰西草堂詩集五卷文集三卷遁渚唱

　和集一卷 ················ 3－356

隱居通議三十一卷 ············ 2－363

隱居通議三十一卷 ············ 2－363

隱居通議三十一卷 ············ 2－363

隱霞詩鈔七卷 ················ 3－394

縉雲文徵二十卷補編一卷 ······ 3－32

［道光］縉雲縣志十六卷首一卷 ······ 2－7

十七畫

麗�薈錄十四卷爽鳩要錄二卷窺豹

　集二卷榕堂續錄四卷 ·········· 2－377

麗watch薈錄十四卷爽鳩要錄二卷窺豹

　集二卷榕堂續錄四卷 ·········· 2－377

麗watch薈錄十四卷爽鳩要錄二卷窺豹

　集二卷榕堂續錄四卷 ·········· 2－377

環天室古近體詩類選五卷後集一卷

　 ························ 3－417

環天室古近體詩類選五卷後集一卷

　 ························ 3－417

環天室古近體詩類選五卷後集一卷

　 ························ 3－417

環天室古近體詩類選五卷後集一卷

　 ························ 3－417

環天室古近體詩類選五卷後集一卷

　 ························ 3－417

環天室古近體詩類選五卷後集一卷

　 ························ 3－417

環天室古近體詩類選五卷後集一卷

　 ························ 3－417

環天室古近體詩類選五卷後集一卷	… 3 – 417
環地福分類字課圖說八卷	1 – 174
環竹山房詩鈔七卷	3 – 276
環游地球新錄四卷	2 – 103
環游地球新錄四卷	2 – 103
環游地球新錄四卷	2 – 103
環游地球新錄四卷	2 – 103
環溪草堂文集四卷	3 – 366
環谿草堂遺集一卷	3 – 290
匯慧山房詩草□□卷	3 – 241
匯慧山房詩集四卷	3 – 241
匯慧山房詩集四卷	3 – 241
匯慧山房詩集四卷	3 – 241
匯慧山房詩集四卷	3 – 241
匯慧山房詩集四卷	3 – 241
匯慧山房詩集四卷	3 – 241
戴氏三俊集三卷	3 – 42
戴氏家稿輯略詩略五卷	3 – 44
戴氏註論語二十卷	1 – 110
戴氏註論語二十卷	1 – 110
戴東原年譜一卷	3 – 365
戴東原先生年譜一卷	1 – 322
戴東原集十二卷	3 – 365
戴東原集十二卷	3 – 365
戴東原集十二卷	3 – 365
戴東原集十二卷	3 – 365
戴東原集十二卷	3 – 365
戴東原集十二卷	3 – 365
戴東原集十二卷	3 – 365
戴東原集十二卷	3 – 365
戴東原集十二卷	3 – 365
戴東原集十二卷	3 – 365
戴東原集十二卷	3 – 365
戴東原集十二卷	3 – 366
戴東原集十二卷首一卷	3 – 553
戴記舊本大學一卷	1 – 112
戴朝普鄉試硃卷	3 – 365
戴鈞衡集十一卷	3 – 365
戴輔衢會試硃卷	3 – 365
戴簡恪公遺集八卷	3 – 365
蟄存齋草書	2 – 335
蟄雲雷齋叢書	3 – 504
聲律通考十卷	2 – 347
聲律啟蒙二卷	1 – 182
聲律啟蒙撮要三卷	1 – 182
聲畫集八卷	2 – 321
聲調三譜	2 – 514
聲調三譜	2 – 514
聲調三譜	2 – 514
聲調三譜	2 – 515
聲調前譜一卷後譜一卷續譜一卷	3 – 487
聲調前譜一卷聲調後譜一卷	1 – 179
聲調譜拾遺	3 – 541
聲調譜說二卷	3 – 482
聲調譜闡說一卷	3 – 487
聲學八卷	2 – 310
聲學八卷	2 – 310
聲韻考四卷	1 – 188
聲韻考四卷	1 – 188
聲韻考四卷	1 – 188
聲韻考四卷	1 – 188
聲韻考四卷	1 – 188
聲韻訂訛一卷	1 – 188
聲韻訂訛一卷	1 – 188
聲類四卷	1 – 188
聲類四卷	1 – 188
聲類四卷	3 – 545
聰山詩選八卷文集三卷荊園小語一卷荊園進語一卷	3 – 204
聰訓齋語一卷	2 – 212
聰訓齋語一卷	2 – 212
聰訓齋語一卷	2 – 212
聰訓齋語二卷恆產瑣言一卷飯有十二合說一卷	2 – 212
聰訓齋語二卷恆產瑣言一卷飯有十二合說一卷	2 – 212
聯邦志略一卷	1 – 424
[宣統]聯城縣志十二卷首一卷	1 – 547
聯經四卷	2 – 492
[同治]藍山縣志十六卷末一卷	2 – 48
[嘉慶]藍山縣志十六卷末一卷	2 – 48
藍鹿洲先生學規一卷	1 – 430

藏谷山房文存二卷詩存十四卷········· 3－414
藏谷山房文存二卷詩存十四卷········· 3－414
藏谷山房文存二卷詩存十四卷········· 3－414
藏修堂叢書·························· 3－503
藏修堂叢書·························· 3－503
藏書十約一卷······················ 2－134
藏書十約一卷······················ 2－134
藏書十約一卷······················ 2－134
藏書十約一卷······················ 2－134
藏書六十八卷······················ 1－283
藏書六十八卷······················ 1－283
藏書六十八卷······················ 1－283
藏書六十八卷······················ 1－283
藏書六十八卷······················ 1－283
藏書紀事詩七卷···················· 2－134
藏書紀事詩七卷···················· 2－134
藏書紀事詩六卷···················· 2－133
藏書紀事詩六卷···················· 2－133
藏書紀事詩六卷···················· 2－133
藏書紀事詩六卷···················· 2－133
藏書紀事詩六卷···················· 2－133
藏書紀事詩六卷···················· 2－133
藏書紀要一卷······················ 2－130
藏書紀要一卷······················ 2－130
藏書紀要一卷······················ 2－130
藏密廬文稿四卷···················· 3－379
藏暉閣詩十卷······················ 3－290
藏園詩鈔一卷······················ 3－333
藏園詩鈔一卷······················ 3－333
藏園詩鈔一卷······················ 3－333
藏園詩鈔一卷······················ 3－333
藏園詩鈔一卷······················ 3－333
藏園詩鈔一卷······················ 3－333
藏園詩鈔一卷······················ 3－333
藏園詩鈔一卷······················ 3－333
藏園詩鈔一卷······················ 3－333
藏園詩鈔一卷······················ 3－333
藏園詩鈔一卷······················ 3－333
藏輶隨記一卷······················ 1－267

藏輶隨記一卷······················ 1－267
藏輶隨記一卷······················ 1－267
藏輶隨記一卷······················ 1－267
舊五代史一百五十卷目錄二卷······· 1－213
舊五代史一百五十卷目錄二卷······· 1－214
舊五代史一百五十卷目錄二卷······· 1－214
舊五代史一百五十卷目錄二卷······· 1－214
舊五代史一百五十卷目錄二卷······· 1－214
舊五代史一百五十卷目錄二卷······· 1－214
舊五代史一百五十卷目錄二卷······· 1－214
舊史內篇八卷······················ 1－300
舊言集不分卷······················ 3－29
舊雨草堂詩八卷詩餘一卷··········· 3－356
舊雨詩存一卷······················ 3－26
舊約士師記註釋···················· 2－480
舊約全書□□卷···················· 2－479
舊約約書亞註釋···················· 2－480
舊約創世記註釋···················· 2－480
舊唐書二百卷······················ 1－212
舊唐書二百卷······················ 1－212
舊唐書二百卷······················ 1－212
舊唐書二百卷······················ 1－212
舊唐書二百卷······················ 1－212
舊唐書二百卷······················ 1－212
舊唐書二百卷······················ 1－212
舊唐書二百卷······················ 1－212
舊唐書校勘記六十六卷············· 1－213
舊唐書校勘記六十六卷············· 1－213
舊唐書校勘記六十六卷············· 1－213
舊唐書逸文十二卷·················· 1－212
舊唐書逸文十二卷·················· 1－212
舊唐書逸文十二卷·················· 1－212
舊唐書逸文十二卷·················· 1－213
舊唐書疑義四卷···················· 1－213
舊德集十四卷······················ 3－41
舊德集十四卷······················ 3－41
韓子二十卷························· 2－219
韓子二十卷························· 2－221
韓子二十卷附錄一卷················ 2－221

488

韓子二十卷附錄一卷‥‥‥‥‥‥‥‥ 2－221
韓子迂評二十卷附錄一卷‥‥‥‥‥ 2－221
韓子粹言不分卷‥‥‥‥‥‥‥‥‥‥ 3－107
韓子粹言不分卷‥‥‥‥‥‥‥‥‥‥ 3－107
韓子粹言不分卷‥‥‥‥‥‥‥‥‥‥ 3－107
韓子粹言不分卷‥‥‥‥‥‥‥‥‥‥ 3－107
韓五泉詩集二卷附錄一卷‥‥‥‥‥ 3－184
韓氏三禮圖說二卷 ‥‥‥‥‥‥‥‥ 1－70
韓氏醫通二卷目錄一卷‥‥‥‥‥‥ 2－268
韓文四十卷外集十卷遺集一卷‥‥‥ 3－103
韓文四十卷外集十卷遺集一卷‥‥‥ 3－103
韓文四十卷外集十卷遺集一卷‥‥‥ 3－103
韓文百篇編年三卷‥‥‥‥‥‥‥‥ 3－107
韓文起十二卷‥‥‥‥‥‥‥‥‥‥ 3－107
韓文起十二卷‥‥‥‥‥‥‥‥‥‥ 3－107
韓安人遺詩一卷‥‥‥‥‥‥‥‥‥ 3－184
韓非子二十卷‥‥‥‥‥‥‥‥‥‥ 2－219
韓非子二十卷‥‥‥‥‥‥‥‥‥‥ 2－219
韓非子二十卷‥‥‥‥‥‥‥‥‥‥ 2－219
韓非子二十卷‥‥‥‥‥‥‥‥‥‥ 2－219
韓非子二十卷‥‥‥‥‥‥‥‥‥‥ 2－220
韓非子二十卷‥‥‥‥‥‥‥‥‥‥ 2－220
韓非子二十卷‥‥‥‥‥‥‥‥‥‥ 2－220
韓非子二十卷‥‥‥‥‥‥‥‥‥‥ 2－220
韓非子二十卷‥‥‥‥‥‥‥‥‥‥ 2－220
韓非子二十卷‥‥‥‥‥‥‥‥‥‥ 2－220
韓非子二十卷‥‥‥‥‥‥‥‥‥‥ 2－220
韓非子二十卷‥‥‥‥‥‥‥‥‥‥ 2－220
韓非子二十卷‥‥‥‥‥‥‥‥‥‥ 2－220
韓非子二十卷‥‥‥‥‥‥‥‥‥‥ 2－220
韓非子二十卷‥‥‥‥‥‥‥‥‥‥ 2－220
韓非子二十卷‥‥‥‥‥‥‥‥‥‥ 2－220
韓非子二十卷‥‥‥‥‥‥‥‥‥‥ 2－220
韓非子二十卷‥‥‥‥‥‥‥‥‥‥ 2－220
韓非子二十卷‥‥‥‥‥‥‥‥‥‥ 2－220

韓非子二十卷‥‥‥‥‥‥‥‥‥‥ 2－221
韓非子二十卷‥‥‥‥‥‥‥‥‥‥ 2－221
韓非子二十卷‥‥‥‥‥‥‥‥‥‥ 2－221
韓非子集解二十卷首一卷‥‥‥‥‥ 2－221
韓非子集解二十卷首一卷‥‥‥‥‥ 2－221
韓非子集解二十卷首一卷‥‥‥‥‥ 2－221
韓非子集解二十卷首一卷‥‥‥‥‥ 2－221
韓非子集解二十卷首一卷‥‥‥‥‥ 2－221
韓非子集解二十卷首一卷‥‥‥‥‥ 2－221
韓非子集解二十卷首一卷‥‥‥‥‥ 2－221
韓非子集解二十卷首一卷‥‥‥‥‥ 2－221
韓非子集解二十卷首一卷‥‥‥‥‥ 2－221
韓非子集解二十卷首一卷‥‥‥‥‥ 2－221
韓非子集解二十卷首一卷‥‥‥‥‥ 2－221
韓非子識誤三卷‥‥‥‥‥‥‥‥‥ 2－220
韓非子識誤三卷‥‥‥‥‥‥‥‥‥ 2－220
韓非子識誤三卷‥‥‥‥‥‥‥‥‥ 2－220
韓非子識誤三卷‥‥‥‥‥‥‥‥‥ 2－220
韓非子識誤三卷‥‥‥‥‥‥‥‥‥ 2－220
韓非子識誤三卷‥‥‥‥‥‥‥‥‥ 2－220
韓非子識誤三卷‥‥‥‥‥‥‥‥‥ 2－220
韓非子識誤三卷‥‥‥‥‥‥‥‥‥ 2－220
韓非子識誤三卷‥‥‥‥‥‥‥‥‥ 2－220
韓非子識誤三卷‥‥‥‥‥‥‥‥‥ 2－220
韓非子識誤三卷‥‥‥‥‥‥‥‥‥ 2－222
韓昌黎詩集編年箋註十二卷‥‥‥‥ 3－106
韓昌黎詩集編年箋註十二卷‥‥‥‥ 3－106
韓昌黎詩集編年箋註十二卷‥‥‥‥ 3－107
韓昌黎詩集編年箋註十二卷‥‥‥‥ 3－107
韓昌黎詩集編年箋註十二卷‥‥‥‥ 3－107
韓昌黎詩集編年箋註十二卷‥‥‥‥ 3－107
韓門綴學五卷續編一卷談書錄一卷
　　詩學纂聞一卷‥‥‥‥‥‥‥‥ 2－385
［乾隆］韓城縣志十六卷首一卷 ‥‥ 1－541
［嘉慶］韓城縣續志五卷 ‥‥‥‥‥ 1－541
韓南溪四種‥‥‥‥‥‥‥‥‥‥‥ 1－276
韓柳文‥‥‥‥‥‥‥‥‥‥‥‥‥ 2－510
韓柳年譜八卷‥‥‥‥‥‥‥‥‥‥ 1－319
韓柳年譜八卷‥‥‥‥‥‥‥‥‥‥ 1－319
韓柳合刻‥‥‥‥‥‥‥‥‥‥‥‥ 2－510
韓晏合編‥‥‥‥‥‥‥‥‥‥‥‥ 2－171

489

韓筆酌蠡三十卷 …………………… 3－107
韓集點勘四卷 ……………………… 3－107
韓集點勘四卷 ……………………… 3－107
韓集點勘四卷 ……………………… 3－107
韓詩外傳十卷 ……………………… 1－38
韓詩外傳十卷 ……………………… 1－38
韓詩外傳十卷 ……………………… 1－38
韓詩外傳十卷 ……………………… 1－38
韓詩外傳十卷補逸一卷 …………… 1－38
韓詩外傳十卷補遺一卷 …………… 1－38
韓詩外傳十卷補遺一卷 …………… 1－38
韓詩外傳十卷補遺一卷 …………… 1－38
韓詩外傳七卷 ……………………… 1－38
韓詩外傳校註十卷 ………………… 1－45
韓詩遺說考五卷叙錄一卷附錄一卷
　　補逸一卷 ……………………… 1－48
韓詩遺說續考四卷 ………………… 1－50
韓樸存鄉試硃卷 …………………… 3－402
韓魏公集二十卷 …………………… 3－138
隸法彙纂十卷 ……………………… 1－164
隸法彙纂十卷 ……………………… 1－164
隸法彙纂十卷 ……………………… 1－164
隸法彙纂十卷 ……………………… 1－164
隸法彙纂十卷 ……………………… 1－164
隸書正譌二卷 ……………………… 1－164
隸通二卷 …………………………… 1－165
隸經文四卷續隸經文一卷 ………… 1－118
隸經文四卷續隸經文一卷 ………… 1－118
隸經雜著甲編二卷乙編二卷 ……… 1－128
隸篇十五卷續十五卷再續十五卷 … 1－164
隸篇十五卷續十五卷再續十五卷 … 1－164
隸篇十五卷續十五卷再續十五卷 … 1－164
隸篇十五卷續十五卷再續十五卷 … 1－164
隸篇十五卷續十五卷再續十五卷 … 1－164
隸辨八卷 …………………………… 1－165
隸辨八卷 …………………………… 1－165
隸辨八卷 …………………………… 1－165
隸辨八卷 …………………………… 1－165
隸辨八卷 …………………………… 1－165
隸辨八卷 …………………………… 1－165

隸辨八卷 …………………………… 1－165
隸辨八卷 …………………………… 1－165
隸辨八卷 …………………………… 1－165
隸辨八卷 …………………………… 1－165
隸辨八卷 …………………………… 1－165
隸辨八卷 …………………………… 1－165
隸韻十卷碑目一卷考證二卷 ……… 1－163
隸韻十卷碑目一卷考證二卷 ……… 1－163
隸韻十卷碑目一卷考證二卷 ……… 1－163
隸韻十卷碑目一卷考證二卷 ……… 1－164
隸釋二十七卷 ……………………… 2－123
隸釋二十七卷隸續二十一卷 ……… 2－123
隸釋二十七卷隸續二十一卷 ……… 2－123
隸釋二十七卷隸續二十一卷 ……… 2－123
隸釋二十七卷隸續二十一卷 ……… 2－123
隸釋二十七卷隸續二十一卷 ……… 2－123
隸釋二十七卷隸續二十一卷 ……… 2－123
隸釋二十七卷隸續二十一卷 ……… 2－124
隸釋二十七卷隸續二十一卷 ……… 2－124
樨華館文集六卷駢體文一卷詩集四
　　卷雜錄一卷 …………………… 3－377
樨華館文集六卷駢體文一卷詩集四
　　卷雜錄一卷 …………………… 3－377
樨華館文集六卷駢體文一卷詩集四
　　卷雜錄一卷 …………………… 3－377
檢說文難字 ………………………… 3－531
檐曝雜記六卷 ……………………… 2－395
檐曝雜記六卷 ……………………… 2－395
檀几叢書 …………………………… 3－490
檀几叢書 …………………………… 3－490
檀几叢書 …………………………… 3－490
檀几叢書 …………………………… 3－490
檀几叢書 …………………………… 3－490
檀弓一卷 …………………………… 1－65
檀弓記二卷 ………………………… 1－63
檀弓論文二卷 ……………………… 1－68
檀弓辨誣三卷 ……………………… 1－68
樕湖十子詩鈔 ……………………… 2－517
擊鉢吟存稿四卷 …………………… 3－299
臨川先生文集一百卷目錄二卷 …… 3－111
臨川先生文集一百卷目錄二卷 …… 3－111

臨川先生文集一百卷目錄二卷········ 3－111

臨川先生文集一百卷目錄二卷········ 3－111

臨川先生全集錄四卷·············· 3－112

[同治]臨川縣志五十四卷首一卷末一卷

·················· 2－11

臨文便覽二種二卷·············· 1－168

臨汀匯考四卷 ················ 2－71

[康熙]臨兆府志二十二卷············ 1－543

[同治]臨江府志三十二卷首一卷 ····· 2－10

[咸淳]臨安志一百卷附校勘札記三卷

·················· 2－4

[乾道]臨安志十五卷首一卷附校勘

札記一卷················ 2－4

[淳祐]臨安志五十二卷············ 2－4

[嘉慶]臨安府志二十卷············ 2－40

[乾隆]臨汾縣志十卷首一卷末一卷

·················· 1－537

[光緒]臨汾縣志續編十卷 ········· 1－537

[同治]臨武縣志四十七卷首一卷 ····· 2－46

[嘉慶]臨武縣志四十七卷首一卷 ····· 2－46

[光緒]臨朐縣志十六卷 ·········· 1－548

臨陣心法一卷 ··············· 2－231

臨陣傷科捷要四卷圖一卷········· 2－288

臨陣傷科捷要四卷圖一卷········· 2－288

臨陣管見九卷 ··············· 2－236

臨陣管見九卷 ··············· 2－236

[光緒]臨高縣志二十四卷·········· 2－30

[康熙]臨海縣志十五卷首一卷 ······· 2－6

[乾隆]臨清直隸州志十一卷首一卷

·················· 1－547

[同治]臨湘縣志十三卷末一卷········ 2－46

[同治]臨湘縣志十三卷末一卷········ 2－46

[光緒]臨榆縣志二十四卷首一卷 ··· 1－533

[乾隆]臨榆縣志十四卷首一卷 ······ 1－533

[光緒]臨漳縣志十八卷首一卷 ····· 1－535

[乾隆]臨潼縣志九卷圖一卷 ····· 1－540

臨證指南醫案十卷············· 2－269

臨證指南醫案十卷············· 2－269

臨證指南醫案十卷種福堂公選温熱

論醫案四卷··············· 2－269

磵東詩鈔二卷··············· 3－390

磵東詩鈔二卷·············· 3－390

磵東詩鈔二卷·············· 3－390

磵東詩鈔二卷·············· 3－390

磵東詩鈔二卷·············· 3－390

磵東詩鈔二卷·············· 3－390

磵東詩鈔二卷·············· 3－390

磵東詩鈔二卷·············· 3－390

磵東詩鈔十卷·············· 3－390

霜紅龕文四卷·············· 3－354

霜紅龕集十二卷············· 3－354

霞外塵談十卷·············· 2－398

霞外塵談十卷·············· 2－398

霞閣小稿一卷·············· 3－309

擬古樂府二卷·············· 3－160

擬古樂府二卷·············· 3－160

擬古樂府二卷批評補遺記夢一卷····· 3－160

擬兩晉南北史樂府二卷·········· 3－430

擬兩晉南北史樂府二卷·········· 3－430

擬峴臺醼賢醼士錄一卷········· 1－290

擬瑟譜一卷·············· 2－345

擬漢樂府八卷附錄一卷········· 3－165

擬漢樂府八卷附錄一卷········· 3－165

擬請試辦遞減科舉註重學堂俾經費易籌

學堂早設以造真才而濟時艱摺····· 1－432

豳州昭仁寺碑文············· 2－336

豳風廣義三卷············· 2－239

斅清齋試帖六卷············· 3－398

斅清齋試帖六卷············· 3－398

嬰山小園文集六卷··········· 3－313

嬰山小園晚年手定稿五卷········ 3－313

闇墨斯盛集不分卷 ·········· 3－50

闇壇文稿三卷············· 3－231

曙海樓帖············· 2－335

覬顧室詩稿四卷··········· 3－232

覬顧室詩稿四卷··········· 3－232

嶺表錄異三卷 ··········· 2－73

嶺南三大家詩選二十四卷······· 3－38

嶺南三大家詩選二十四卷······· 3－38

嶺南三大家詩選二十四卷······· 3－38

嶺南三大家詩選二十四卷······· 3－38

嶺南三大家詩選二十四卷······· 3－38

嶺南三大家詩選二十四卷······· 3－38

嶺南三大家詩選二十四卷 ……… 3－38　　魏文貞公故事拾遺三卷 ……… 1－309

嶺南三大家詩選二十四卷 ……… 3－38　　魏文貞公故事拾遺三卷 ……… 1－309

嶺南集八卷 ……… 3－252　　魏文貞公故事拾遺三卷 ……… 1－309

嶺南集六卷 ……… 3－373　　魏文貞公故事拾遺三卷 ……… 1－309

嶺南群雅初集三卷二集三卷 ……… 3－39　　魏武帝註孫子三卷 ……… 2－226

嶺南遺書 ……… 3－508　　魏叔子日錄三卷 ……… 3－368

嶺南遺書 ……… 3－508　　魏叔子文鈔十二卷 ……… 3－368

嶺南遺書 ……… 3－508　　魏叔子文鈔十二卷 ……… 3－368

嶺南遺書 ……… 3－508　　魏叔子詩集八卷首一卷 ……… 3－368

嶺南遺書 ……… 3－508　　魏季子文集十六卷 ……… 3－368

嶺南雜事詩鈔八卷 ……… 3－318　　魏晉小說十二卷 ……… 3－451

嶽雪樓書畫錄五卷 ……… 2－324　　魏書一百十四卷 ……… 1－208

嶽雪樓書畫錄五卷 ……… 2－324　　魏書一百十四卷 ……… 1－208

嶽游草一卷 ……… 3－282　　魏書一百十四卷 ……… 1－208

嶽游草一卷 ……… 3－283　　魏書一百十四卷 ……… 1－208

嶽游唱和集一卷 ……… 3－59　　魏書一百十四卷 ……… 1－208

嶽游唱和集一卷 ……… 3－59　　魏書一百十四卷 ……… 1－208

嶽游唱和集一卷 ……… 3－59　　魏書一百十四卷 ……… 1－208

嶽游詩草一卷文草一卷 ……… 3－255　　魏書一百十四卷 ……… 1－208

嶽歸堂合集十卷 ……… 3－186　　魏書一百十四卷 ……… 1－208

嶽麓文鈔十八卷 ……… 3－36　　魏書一百十四卷 ……… 1－209

嶽麓文鈔十八卷 ……… 3－36　　魏書一百十四卷 ……… 1－209

嶽麓文鈔十八卷 ……… 3－36　　魏書一百十四卷 ……… 1－209

嶽麓文鈔十八卷 ……… 3－36　　魏書一百十四卷 ……… 1－209

嶽麓書院同門錄一卷 ……… 2－58　　魏書文鈔十八卷 ……… 1－394

嶽麓書院書目一卷 ……… 2－138　　魏書官氏志疏證一卷 ……… 1－209

嶽麓書院課藝不分卷 ……… 3－46　　魏書官氏志疏證一卷 ……… 1－209

嶽麓書院課藝不分卷 ……… 3－46　　魏書官氏志疏證一卷 ……… 1－209

嶽麓詩鈔三十五卷詞鈔一卷賦鈔三卷　　魏書官氏志疏證一卷 ……… 1－209

　　 ……… 3－36　　魏書官氏志疏證一卷 ……… 1－209

嶽麓詩鈔三十五卷詞鈔一卷賦鈔三卷　　魏書校勘記一卷 ……… 1－209

　　 ……… 3－36　　魏書校勘記一卷 ……… 1－209

嶽麓詩鈔三十五卷詞鈔一卷賦鈔三卷　　魏書校勘記一卷 ……… 1－209

　　 ……… 3－36　　魏書校勘記一卷 ……… 1－209

嶽麓摘稿一卷曉霞詩集一卷 ……… 3－188　　魏書校勘記一卷 ……… 1－209

點勘記二卷 ……… 3－488　　魏書校勘記一卷 ……… 1－209

點勘記二卷省堂筆記一卷 ……… 3－488　　魏書校勘記一卷 ……… 1－209

魏文貞公年譜二卷 ……… 1－319　　魏書校勘記一卷 ……… 1－209

魏文貞公年譜二卷 ……… 1－319　　魏書校勘記一卷 ……… 1－209

魏文貞公故事拾遺三卷 ……… 1－309　　魏鄭公諫錄校註五卷 ……… 1－309

魏文貞公故事拾遺三卷 ……… 1－309　　魏鄭公諫錄校註五卷 ……… 1－309

魏鄭公諫錄校註五卷 …………………… 1 – 309
魏鄭公諫錄校註五卷 …………………… 1 – 309
魏鄭公諫錄校註五卷 …………………… 1 – 309
魏鄭公諫錄校註五卷 …………………… 1 – 309
魏鄭公諫續錄二卷 ……………………… 1 – 309
魏鄭公諫續錄二卷 ……………………… 1 – 309
魏鄭公諫續錄二卷 ……………………… 1 – 309
魏鄭公諫續錄二卷 ……………………… 1 – 309
魏鄭公諫續錄二卷 ……………………… 1 – 309
魏綸先鄉試硃卷 ………………………… 3 – 368
魏鶴山先生渠陽詩一卷 ………………… 3 – 138
輿地沿革表四十卷 ……………………… 1 – 515
輿地沿革表四十卷 ……………………… 1 – 515
輿地沿革表四十卷 ……………………… 1 – 515
輿地沿革表四十卷 ……………………… 1 – 515
輿地沿革表四十卷 ……………………… 1 – 515
輿地沿革表四十卷 ……………………… 1 – 515
輿地紀勝二百卷 ………………………… 1 – 521
輿地紀勝二百卷 ………………………… 1 – 521
輿地紀勝二百卷 ………………………… 1 – 521
輿地紀勝二百卷 ………………………… 1 – 521
輿地紀勝二百卷 ………………………… 1 – 522
輿地紀勝二百卷 ………………………… 1 – 522
輿地經緯度里表不分卷 ………………… 1 – 512
輿地經緯度里表不分卷 ………………… 1 – 512
輿地經緯度里表不分卷 ………………… 1 – 512
輿地廣記三十八卷 ……………………… 1 – 522
輿地廣記三十八卷 ……………………… 1 – 522
輿地廣記三十八卷 ……………………… 1 – 522
輿地廣記三十八卷 ……………………… 1 – 522
輿地學 …………………………………… 1 – 530
輿地講義一卷 …………………………… 1 – 530
輿頌錄□□卷 …………………………… 3 – 54
輿圖總論註釋一卷 ……………………… 1 – 516
黛方山莊詩集六卷詩餘一卷 ………… 3 – 403
儲遁庵文集十二卷 ……………………… 3 – 369
儲遁庵文集十二卷 ……………………… 3 – 369
儲遁庵文集十二卷 ……………………… 3 – 369
儲遁庵文集十二卷 ……………………… 3 – 369
儲遁庵文集十二卷 ……………………… 3 – 369
儲遁庵文集十二卷 ……………………… 3 – 369
儲御史詩集四卷 ………………………… 3 – 109

龜山先生全集四十二卷 ………………… 3 – 133
龜山先生集三十五卷 …………………… 3 – 133
龜山先生集三十五卷 …………………… 3 – 133
龜山先生集四十二卷 …………………… 3 – 133
徽言秘旨不分卷 ………………………… 2 – 344
徽言秘旨不分卷 ………………………… 2 – 344
[嘉慶]徽縣志八卷 …………………… 1 – 544
禦風要術三卷 …………………………… 2 – 318
禦風要術三卷 …………………………… 2 – 318
禦風要術三卷 …………………………… 2 – 318
禦風要術三卷 …………………………… 2 – 318
禦風要術三卷 …………………………… 2 – 318
禦風要術三卷 …………………………… 2 – 318
禦風要術三卷 …………………………… 2 – 318
禦風要術三卷 …………………………… 2 – 318
禦風要術三卷 …………………………… 2 – 318
鍥南華真經三註大全二十一卷 ……… 2 – 471
鍼灸大成十卷 …………………………… 2 – 285
鍼灸大成十卷 …………………………… 2 – 285
鍼灸大成十卷 …………………………… 2 – 285
鍼灸大成十卷 …………………………… 2 – 285
鍼灸大成十卷 …………………………… 2 – 285
鍼灸甲乙經十二卷 ……………………… 2 – 285
鍼灸擇日編集一卷 ……………………… 2 – 285
鍼灸擇日編集一卷 ……………………… 2 – 285
鍼灸擇日編集一卷 ……………………… 2 – 285
鍼砭錄四卷 ……………………………… 2 – 369
鍾山札記四卷 …………………………… 2 – 378
鍾山草堂遺稿八卷 ……………………… 3 – 335
鍾伯敬先生批評漢書一百卷 ………… 1 – 197
鍾伯敬先生遺稿四卷 …………………… 3 – 184
鍾伯敬批點世說新語補二十卷附釋
　名一卷 ………………………………… 2 – 381
鍾英錄四卷 ……………………………… 2 – 416
[同治]鍾祥縣志二十卷補編二卷 …… 2 – 24
爵秩全函二卷 …………………………… 1 – 383
甌甄洞稿五十四卷目錄二卷續稿詩
　部十二卷文部十五卷目錄二卷 …… 3 – 163
鮚埼亭集三十八卷首一卷全謝山先生
　經史問答十卷鮚埼亭集外編五十卷
　……………………………………………… 3 – 208

鮚埼亭集三十八卷首一卷全謝山先生
　經史問答十卷鮚埼亭集外編五十卷
　…………………………………………… 3－209

鮚埼亭集三十八卷首一卷全謝山先生
　經史問答十卷鮚埼亭集外編五十卷
　…………………………………………… 3－209

鮚埼亭集三十八卷首一卷全謝山先生
　經史問答十卷鮚埼亭集外編五十卷
　…………………………………………… 3－209

鮚埼亭集三十八卷首一卷全謝山先生
　經史問答十卷鮚埼亭集外編五十卷
　…………………………………………… 3－209

鮚埼亭集三十八卷首一卷全謝山先生
　經史問答十卷鮚埼亭集外編五十卷
　…………………………………………… 3－209

鮚埼亭詩集十卷 ………………………… 3－208
鮚埼亭詩集十卷 ………………………… 3－208
鮮虞中山國事表疆域圖說一卷 … 1－516
鮮虞中山國事表疆域圖說一卷 … 1－516
鮮虞中山國事表疆域圖說一卷 … 1－516
講舍約說四則 …………………………… 2－214
講書註解論語四卷 ……………………… 1－110
講筵四世詩鈔十卷 ……………………… 3－42
講筵四世詩鈔十卷 ……………………… 3－43
講筵四世詩鈔十卷 ……………………… 3－43
謝氏之會公三房公簿 …………………… 1－492
謝氏摘錄靈素微義不分卷 …………… 2－254
謝玉芝鄉試硃卷 ………………………… 3－400
謝幼槃文集十卷 ………………………… 3－137
謝佐勛拔貢卷 …………………………… 3－400
謝茂秦集一卷 …………………………… 3－183
謝亭集 …………………………………… 3－527
謝宣城詩集五卷 ………………………… 3－78
謝梅莊先生遺集八卷西北域記一卷
　…………………………………………… 3－401
謝康樂集四卷 …………………………… 3－77
謝階樹文鈔 ……………………………… 3－401
謝惠連傳一卷謝惠連集一卷 ………… 3－78
謝程山先生全書六十卷 ……………… 3－183
謝程山全書 ……………………………… 3－527
謝穀堂算學三種 ………………………… 2－300

謝穀堂算學三種 ………………………… 2－300
謝穀堂算學三種 ………………………… 2－300
謝樹爆會試硃卷 ………………………… 3－401
謝濟世文鈔 ……………………………… 3－401
謝疊山公文集五卷首一卷末一卷謝
　疊山公外集三卷 ……………………… 3－137
謝疊山先生文章軌範七卷 …………… 2－526
謝疊山先生文章軌範七卷 …………… 2－526
謝疊山先生文章軌範七卷 …………… 2－526
謝疊山先生文章軌範七卷 …………… 2－527
謝疊山先生文章軌範七卷 …………… 2－527
謝疊山先生文章軌範七卷 …………… 2－527
謝疊山先生文集九卷首一卷 ………… 3－137
謝疊山先生文集九卷首一卷 ………… 3－137
謠語三卷 ………………………………… 2－488
謙受堂集十五卷 ………………………… 3－253
謙益堂詩集一卷 ………………………… 3－251
謙庵詩鈔十一卷 ………………………… 3－314
[光緒]襄陵縣志二十四卷 ………… 1－538
[光緒]襄陽府志二十六卷志餘一卷
　…………………………………………… 2－26
[乾隆]襄陽府志四十卷首一卷 …… 2－26
[同治]襄陽縣志七卷首一卷 ……… 2－27
[同治]應山縣志三十六卷首一卷末一卷
　…………………………………………… 2－21
應元書院課藝不分卷 ………………… 3－50
[光緒]應城志十四卷首一卷 ……… 2－21
療饑良言一卷 …………………………… 2－267
療饑良言一卷 …………………………… 2－268
麋園詩鈔一卷 …………………………… 3－202
麋園詩鈔八卷 …………………………… 3－202
麋園詩鈔八卷 …………………………… 3－202
麋園詩鈔八卷 …………………………… 3－202
鴻苞集四十八卷 ………………………… 2－365
鴻雪因緣圖記三集 …………………… 1－386
鴻雪因緣圖記三集 …………………… 1－386
鴻雪因緣圖記三集 …………………… 1－386
鴻雪聯吟一卷 …………………………… 3－253
鴻慶居士文集四十二卷 ……………… 3－124
鴻慶居士集四十二卷 ………………… 3－124
濠梁集一卷高齋集一卷 ……………… 3－160

濟世養生集一卷養生經驗補遺一卷
　便易經驗集一卷續刊一卷………… 2 - 286
濟北晁先生雞肋集七十卷……… 3 - 124
濟生拔粹方……………………… 2 - 261
濟生和尚編游集□□卷………… 2 - 455
濟春堂丸散膏丹一卷…………… 2 - 259
[道光]濟南府志七十二卷首一卷 … 1 - 545
濟南府製造發放軍械清冊……… 1 - 468
濟急法一卷……………………… 2 - 288
濟陰綱目十四卷………………… 2 - 279
濟陰綱目十四卷………………… 2 - 280
濟陽綱目一百〇八卷…………… 2 - 248
[乾隆]濟陽縣志十四卷首一卷 … 1 - 546
[乾隆]濟源縣志十六卷首一卷末一卷
　…………………………………… 2 - 17
[道光]濟寧直隸州志十卷首一卷末一卷
　…………………………………… 1 - 546
[乾隆]濟寧直隸州志三十四卷首一卷
　…………………………………… 1 - 546
濱竹山房文存一卷詩存三卷詩餘一
　卷春秋說一卷六合一卷……… 3 - 378
[乾隆]濰縣志六卷首一卷末一卷 … 1 - 548
邃庵日記不分卷………………… 1 - 330
邃雅堂集十卷文集續編一卷…… 3 - 272
邃雅堂學古錄七卷……………… 1 - 123
邃雅堂學古錄七卷……………… 1 - 123
邃雅堂學古錄七卷……………… 1 - 123
邃懷堂文集四卷詩集前編六卷詩集後
　編六卷小清容山館詞鈔二卷駢文箋
　註十六卷補箋一卷哀忠集三卷…… 3 - 281
邃懷堂文集四卷詩集前編六卷詩集後
　編六卷小清容山館詞鈔二卷駢文箋
　註十六卷補箋一卷哀忠集三卷…… 3 - 282
邃懷堂文集四卷詩集前編六卷詩集後
　編六卷小清容山館詞鈔二卷駢文箋
　註十六卷補箋一卷哀忠集三卷… 3 - 282
邃懷堂文集四卷詩集前編六卷詩集後
　編六卷小清容山館詞鈔二卷駢文箋
　註十六卷補箋一卷哀忠集三卷… 3 - 282
邃懷堂文集箋註十六卷………… 3 - 282
邃懷堂詩鈔前編五卷後編四卷……… 3 - 281

禮文匯十四卷…………………… 3 - 65
禮文摘要不分卷………………… 3 - 65
禮心編輯要一卷………………… 2 - 472
禮俗權衡二卷…………………… 1 - 427
禮耕堂詩草一卷………………… 3 - 366
禮耕堂叢說一卷史論五答一卷吉貝
　居暇唱一卷…………………… 2 - 370
禮記二十卷……………………… 1 - 62
禮記二十卷……………………… 1 - 62
禮記二十卷……………………… 1 - 62
禮記二十卷……………………… 1 - 63
禮記二十卷附考證……………… 1 - 62
禮記二十卷附考證……………… 1 - 62
禮記二十卷附考證……………… 1 - 62
禮記二十卷附考證……………… 1 - 62
禮記二十卷附考證……………… 1 - 62
禮記二十卷附考證……………… 1 - 63
禮記二十卷附考證……………… 1 - 63
禮記二十卷附考證……………… 1 - 63
禮記四十九卷…………………… 1 - 63
禮記或問八卷…………………… 1 - 67
禮記或問八卷…………………… 1 - 67
禮記省度四卷…………………… 1 - 69
禮記省度四卷…………………… 1 - 69
禮記省度四卷…………………… 3 - 530
禮記音訓不分卷………………… 1 - 69
禮記約編十卷…………………… 1 - 67
禮記訓義擇言八卷……………… 1 - 66
禮記訓纂四十九卷……………… 1 - 66
禮記訓纂四十九卷……………… 1 - 67
禮記訓纂四十九卷……………… 1 - 67
禮記訓纂四十九卷……………… 1 - 67
禮記訓纂四十九卷……………… 1 - 67
禮記訓纂四十九卷……………… 1 - 67
禮記訓纂四十九卷……………… 3 - 543
禮記章句十卷…………………… 1 - 67
禮記章句四十九卷……………… 1 - 65
禮記章句四十九卷……………… 1 - 65
禮記淺說二卷…………………… 1 - 66
禮記淺說二卷…………………… 1 - 66
禮記集註十卷…………………… 1 - 64

禮記集傳十卷 …………………… 1－65　　禮記集說十卷 …………………… 1－65

禮記集解六十卷尚書顧命解一卷 …… 1－68　　禮記集說大全三十卷 ………… 1－65

禮記集解六十卷尚書顧命解一卷 …… 1－68　　禮記註疏六十三卷 …………… 1－63

禮記集解六十卷尚書顧命解一卷 …… 1－68　　禮記註疏六十三卷 …………… 1－63

禮記集解六十卷尚書顧命解一卷 …… 1－68　　禮記註疏六十三卷附考證 …… 1－63

禮記集解六十卷尚書顧命解一卷 …… 1－68　　禮記註疏六十三卷附考證 …… 1－63

禮記集說一百六十卷 …………… 1－63　　禮記疏意二十三卷 …………… 1－65

禮記集說十六卷 ………………… 1－64　　禮記義疏八十二卷首一卷 …… 1－66

禮記集說十六卷 ………………… 1－64　　禮記義疏八十二卷首一卷 …… 1－66

禮記集說十卷 …………………… 1－64　　禮記箋四十六卷 ……………… 1－69

禮記集說十卷 …………………… 1－64　　禮記箋四十六卷 ……………… 1－69

禮記集說十卷 …………………… 1－64　　禮記箋四十六卷 ……………… 1－69

禮記集說十卷 …………………… 1－64　　禮記箋四十六卷 ……………… 1－69

禮記集說十卷 …………………… 1－64　　禮記箋四十六卷 ……………… 1－69

禮記集說十卷 …………………… 1－64　　禮記精義六卷 ………………… 1－69

禮記集說十卷 …………………… 1－64　　禮記鄭讀考六卷 ……………… 1－68

禮記集說十卷 …………………… 1－64　　禮記質疑四十九卷 …………… 1－68

禮記集說十卷 …………………… 1－64　　禮記質疑四十九卷 …………… 1－68

禮記集說十卷 …………………… 1－64　　禮記質疑四十九卷 …………… 1－68

禮記集說十卷 …………………… 1－64　　禮記質疑四十九卷 …………… 1－68

禮記集說十卷 …………………… 1－64　　禮記審義二卷 ………………… 1－69

禮記集說十卷 …………………… 1－64　　禮記釐編十卷 ………………… 1－69

禮記集說十卷 …………………… 1－64　　禮記釐編十卷 ………………… 1－69

禮記集說十卷 …………………… 1－64　　禮記纂言三十六卷 …………… 1－64

禮記集說十卷 …………………… 1－64　　禮記釋註四卷 ………………… 1－65

禮記集說十卷 …………………… 1－64　　禮記體註四卷 ………………… 1－67

禮記集說十卷 …………………… 1－64　　禮部遺集 ……………………… 3－342

禮記集說十卷 …………………… 1－65　　禮書一百五十卷 ……………… 1－72

禮記集說十卷 …………………… 1－65　　禮書一百五十卷 ……………… 1－72

禮記集說十卷 …………………… 1－65　　禮書一百五十卷 ……………… 1－72

禮記集說十卷 …………………… 1－65　　禮書一百五十卷 ……………… 1－72

禮記集說十卷 …………………… 1－65　　禮書一百五十卷 ……………… 1－72

禮記集說十卷 …………………… 1－65　　禮書一百五十卷 ……………… 1－72

禮記集說十卷 …………………… 1－65　　禮書一百五十卷 ……………… 1－72

禮記集說十卷 …………………… 1－65　　禮書通故五十卷 ……………… 1－71

禮記集說十卷 …………………… 1－65　　禮書通故五十卷 ……………… 1－71

禮記集說十卷 …………………… 1－65　　禮書通故五十卷 ……………… 3－543

禮記集說十卷 …………………… 1－65　　禮書綱目八十五卷首三卷 …… 1－72

禮記集說十卷 …………………… 1－65　　禮書綱目八十五卷首三卷 …… 1－72

禮記集說十卷 …………………… 1－65　　禮書綱目八十五卷首三卷 …… 1－72

禮書綱目八十五卷首三卷 …………… 1-72

禮堂經說二卷 ……………………… 1-125

禮堂經說二卷 ……………………… 1-125

禮堂經說二卷 ……………………… 1-125

禮經校釋二十二卷 ………………… 1-60

禮經校釋二十二卷 ………………… 1-60

禮經通論一卷 ……………………… 1-71

禮經通論一卷 ……………………… 1-71

禮經通論二卷 ……………………… 1-70

禮經註箋十七卷 …………………… 1-62

禮經箋十七卷 ……………………… 1-62

禮經箋十七卷 ……………………… 1-62

禮經箋十七卷 ……………………… 1-62

禮經箋十七卷 ……………………… 1-62

禮經箋十七卷 ……………………… 1-62

禮經釋例十三卷 …………………… 1-60

禮箋三卷 …………………………… 1-70

禮說十四卷 ………………………… 1-55

禮說十四卷 ………………………… 1-71

禮說十四卷大學說一卷 …………… 1-71

禮說十四卷大學說一卷 …………… 1-71

禮樂通考三十卷 …………………… 1-71

〔乾隆〕禮縣志十九卷首一卷 ……… 1-544

禮器釋名十八卷 …………………… 1-71

禮器釋名十八卷 …………………… 1-71

禮器釋名十八卷 …………………… 1-71

禮器釋名十八卷 …………………… 3-543

禮闈郵齋詩鈔二卷 ………………… 3-417

禮闈郵齋詩鈔二卷 ………………… 3-417

檗塢詩存十二卷詞存一卷末一卷 …… 3-194

檗塢詩存十二卷詞存一卷末一卷 …… 3-194

檗塢詩存別集四十五卷末一卷 …… 3-194

檗塢詩存續集八卷 ………………… 3-194

彌沙塞部和醯五分律三十卷 ……… 2-426

彌沙塞部和醯五分律三十卷 ……… 2-426

彌陀極樂宮全圖一卷 ……………… 2-458

彌陀懺法三卷 ……………………… 2-453

翼亭雜記一卷 ……………………… 3-319

翼教叢編六卷 ……………………… 2-380

翼教叢編六卷 ……………………… 2-380

翼教叢編六卷 ……………………… 2-380

翼教叢編六卷 ……………………… 2-380

翼教叢編六卷 ……………………… 2-380

翼教叢編六卷 ……………………… 2-380

翼教叢編六卷 ……………………… 2-380

翼教叢編六卷 ……………………… 2-380

翼教叢編六卷 ……………………… 2-380

翼堂文集不分卷 …………………… 3-241

翼雲閣制藝初集不分卷 …………… 3-335

翼經堂四書章句集註十九卷 ……… 1-100

孺廬全集十四卷 …………………… 3-355

孺廬全集十四卷 …………………… 3-355

續溪金紫胡氏所著書目二卷 ……… 2-143

續學堂詩鈔四卷首一卷 …………… 3-292

縹緗新記十六卷 …………………… 2-400

縵雅堂駢體文八卷 ………………… 3-197

縵雅堂駢體文八卷 ………………… 3-197

縵雅堂駢體文八卷 ………………… 3-197

縵雅堂駢體文八卷 ………………… 3-197

總纂升菴合集二百四十卷 ………… 3-177

繆文貞試卷一卷 …………………… 3-184

繆武烈公遺集六卷首一卷 ………… 3-363

繆篆分韻五卷補一卷 ……………… 1-164

繆篆分韻五卷補一卷 ……………… 1-164

繆篆分韻五卷補一卷 ……………… 1-164

十八畫

〔咸豐〕瓊山縣志三十卷首一卷 ……… 2-30

〔道光〕瓊州府志四十四卷首一卷 …… 2-30

〔道光〕瓊州府志四十四卷首一卷 …… 2-30

瓊臺紀事錄一卷 …………………… 3-159

瓊樵日記 …………………………… 1-332

釐定茶釐章程 ……………………… 1-454

釐定湖北通省稅契章程 …………… 1-454

釐定整頓捕務章程八條 …………… 1-474

聶氏痘門方旨七卷醫門方旨摘錄麻
  痲二證一卷 ……………………… 2-282

聶氏遺書 …………………………… 3-528

聶銑敏文集 ………………………… 3-366

聶興禮鄉試硃卷 …………………… 3-366

聶興禮會試硃卷 …………………… 3-366

藕香零拾 ……………………… 3－506
藕香館遺詩一卷 ……………… 3－412
藕絲詞四卷 …………………… 3－429
藝槷六卷 ……………………… 3－488
藝槷六卷 ……………………… 3－488
藝槷六卷 ……………………… 3－488
藝槷六卷 ……………………… 3－488
藝槷六卷 ……………………… 3－488
藝槷六卷 ……………………… 3－488
藝文備覽一百二十卷補詳字義十四篇
……………………………… 1－167
藝文類聚一百卷 ……………… 2－482
藝文類聚一百卷 ……………… 2－482
藝文類聚一百卷 ……………… 2－482
藝文類聚一百卷 ……………… 2－482
藝文類聚一百卷 ……………… 2－482
藝文類聚一百卷 ……………… 2－482
藝文類聚一百卷 ……………… 2－482
藝舟雙楫一卷 ………………… 2－324
藝舟雙楫書論一卷 …………… 2－324
藝芸書舍宋元本書目二卷 …… 2－140
藝芸書舍宋元本書目二卷 …… 2－140
藝芸書舍宋元本書目二卷 …… 2－140
藝芸書舍宋元本書目二卷 …… 2－140
藝芸書舍宋元本書目二卷 …… 2－140
藝芳老人詩存二卷 …………… 3－301
藝芳老人詩存二卷 …………… 3－301
藝芳老人詩存二卷 …………… 3－301
藝芳老人詩存二卷 …………… 3－301
藝芳老人詩存二卷 …………… 3－301
藝芳老人詩存二卷 …………… 3－302
藝芳館詩集一卷 ……………… 3－301
藝芳館詩集一卷 ……………… 3－301
藝芳館詩集一卷 ……………… 3－301
藝芳館詩集一卷 ……………… 3－301
藝芳館詩集一卷 ……………… 3－301
藝芳館詩集一卷 ……………… 3－301
藝芳館詩集一卷 ……………… 3－301
藝苑名言八卷 ………………… 3－488
藝苑捃華 ……………………… 3－504
藝苑捃華 ……………………… 3－504

藝苑零珠六卷附經史總論一卷 ……… 2－492
藝苑叢話十六卷 ……………… 3－486
藝林新編二卷 ………………… 2－331
藝林新編二卷 ………………… 2－331
藝林類擷十六卷 ……………… 3－66
藝風堂文集七卷外篇一卷 …… 3－419
藝風堂文集七卷外篇一卷 …… 3－419
藝風堂文集七卷外篇一卷 …… 3－419
藝風堂文集七卷外篇一卷 …… 3－419
藝風堂文集七卷外篇一卷 …… 3－419
藝風堂文集七卷外篇一卷 …… 3－553
藝風堂文漫存乙丁稿四卷 …… 3－553
藝風堂文漫存癸甲稿四卷 …… 3－553
藝風堂文漫存癸甲稿四卷乙丁稿五
卷辛壬稿三卷 ……………… 3－419
藝風堂文漫存癸甲稿四卷乙丁稿五
卷辛壬稿三卷 ……………… 3－419
藝風堂文漫存癸甲稿四卷辛壬稿三卷
……………………………… 3－553
藝風堂文續集八卷 …………… 3－419
藝風堂文續集八卷 …………… 3－419
藝風堂文續集八卷 …………… 3－419
藝風堂文續集八卷 …………… 3－419
藝風堂文續集八卷外集一卷 ………… 3－553
藝風藏書記八卷 ……………… 2－150
藝風藏書記八卷 ……………… 2－150
藝風藏書記八卷 ……………… 2－151
藝風藏書記八卷 ……………… 2－151
藝華詩草一卷 ………………… 3－341
藝軒雜著一卷 ………………… 3－554
藝海珠塵 ……………………… 3－493
藝海珠塵 ……………………… 3－493
藝海珠塵 ……………………… 3－493
藝海珠塵 ……………………… 3－493
藝海珠塵 ……………………… 3－493
藝雲詞五卷 …………………… 3－431
藝器記珠一卷 ………………… 2－317
藝學十六種策論十七卷 ……… 2－290
藝蘭書屋精選杜詩評註十一卷 ……… 3－87
鞮芬室近詩一卷 ……………… 3－250
藤花吟館詩鈔十卷 …………… 3－295

藤花亭十七種……………………… 3－520
藤花筱舫字學藏本一卷…………… 1－166
藤香館詩删存四卷………………… 3－401
藤香館詩鈔四卷續鈔一卷………… 3－401
藤香館詩鈔四卷續鈔一卷………… 3－401
藤香館詩鈔四卷續鈔一卷………… 3－401
藤香館詩鈔四卷續鈔一卷………… 3－401
藤陰雜記十二卷…………………… 2－396
蘊古樓叢書………………………… 3－490
蘊芳小錄二卷 …………………… 3－19
蘊真居詩集六卷詩餘一卷………… 3－324
蘊真居詩集六卷詩餘一卷………… 3－324
蘊真居詩集六卷詩餘一卷………… 3－324
蘊真居詩集六卷詩餘一卷………… 3－324
蘊經堂小學正文四卷……………… 2－217
藥言一卷藥言剩稿一卷…………… 2－215
藥言二卷…………………………… 2－215
藥言二卷…………………………… 2－215
藥言二卷…………………………… 2－215
藥言二卷…………………………… 2－215
藥言二卷…………………………… 2－215
藥言二卷…………………………… 2－215
藥言補註四卷……………………… 2－215
藥言補註四卷……………………… 2－215
藥物偶記不分卷…………………… 2－259
藥性賦一卷四言脉訣一卷七言脉訣
　一卷神咒并符一卷……………… 2－261
藥師琉璃光如來本願功德經一卷…… 2－430
藥師琉璃光如來本願功德經一卷…… 2－430
藥師琉璃光如來本願功德經一卷…… 2－430
藥師琉璃光如來本願功德經一卷…… 2－430
藥鏡四卷…………………………… 2－247
轉註古音略五卷…………………… 1－178
轉蕙軒駢文稿一卷………………… 3－401
覆正平本論語集解十卷…………… 1－108
覆陳妥酌清理財政章程折………… 1－450
覆瓿集……………………………… 3－522
覆瓿集八卷………………………… 3－159
覆瓿齋試帖二卷…………………… 3－359
覆瓿齋試帖二卷…………………… 3－359

覆諮議局增减全省宣統三年預算總冊
　…………………………………… 1－451
醫方考一卷………………………… 2－262
醫方考八卷………………………… 2－262
醫方便覽一卷……………………… 2－265
醫方捷徑指南全書二卷…………… 2－247
醫方備要一卷……………………… 2－263
醫方集解二十三卷………………… 2－263
醫方集解三卷……………………… 2－263
醫方集解三卷附錄二卷…………… 2－262
醫方集解不分卷…………………… 2－263
醫方湯頭歌訣一卷經絡歌訣一卷…… 2－262
醫方論四卷………………………… 2－265
醫方辨難大成……………………… 2－246
醫方辨難大成……………………… 2－246
醫方叢話八卷……………………… 2－269
醫方雜鈔…………………………… 2－268
醫方雜錄一卷……………………… 2－268
醫言一卷…………………………… 2－269
醫林改錯二卷……………………… 2－248
醫林改錯二卷……………………… 2－248
醫林指月…………………………… 2－243
醫林纂要探源十卷………………… 2－249
醫林纂要探源十卷………………… 2－249
醫林纂要探源十卷………………… 2－249
醫門正軌不分卷…………………… 2－251
醫門法律六卷……………………… 2－250
醫門法律六卷……………………… 2－251
醫門法律六卷……………………… 2－251
醫門法律六卷……………………… 2－251
醫門法律六卷……………………… 2－251
醫門棒喝四卷醫門棒喝二集傷寒論
　本旨九卷………………………… 2－249
醫宗必讀五卷首一卷……………… 2－248
醫宗必讀五卷首一卷……………… 2－248
醫宗必讀五卷首一卷……………… 2－248
醫宗備要三卷……………………… 2－250
醫宗備要三卷……………………… 2－250
醫宗說約五卷首一卷……………… 2－251
醫宗說約五卷首一卷……………… 2－251
醫故二卷…………………………… 3－550

醫級十卷首一卷末一卷…………… 2－251
醫馬良方一卷…………………………… 2－290
醫原二卷……………………………… 2－248
醫效秘傳三卷………………………… 2－269
醫效秘傳三卷………………………… 2－269
醫家心法一卷………………………… 2－249
醫家四要四卷………………………… 2－248
醫理入門一卷………………………… 2－251
醫理略述二卷病理撮要一卷………… 2－287
醫理略述二卷病理撮要一卷………… 2－287
醫貫六卷……………………………… 2－268
醫貫砭二卷…………………………… 2－269
醫經原旨六卷………………………… 2－254
醫經原旨六卷………………………… 2－254
醫經原旨六卷………………………… 2－254
醫醇賸義四卷………………………… 2－265
醫醇賸義四卷………………………… 2－265
醫學十種纂要………………………… 2－244
醫學三字經四卷……………………… 2－249
醫學三字經四卷……………………… 2－250
醫學三字經四卷……………………… 2－250
醫學三字經四卷……………………… 2－250
醫學三字經統編二卷………………… 2－250
醫學五則……………………………… 2－246
醫學六種……………………………… 2－245
醫學心悟六卷………………………… 2－251
醫學心悟六卷………………………… 2－251
醫學指歸二卷首一卷………………… 2－251
醫學從衆八卷………………………… 2－250
醫學從衆八卷………………………… 2－250
醫學答問四卷………………………… 2－249
醫學集成四卷………………………… 2－251
醫學集成四卷………………………… 2－251
醫學尋源易簡錄二卷三指禪脉訣度
　鍼一卷……………………………… 2－250
醫學源流論二卷……………………… 2－249
醫學源流論二卷……………………… 2－249
醫學源流論二卷……………………… 2－249
醫學實在易八卷……………………… 2－250
醫學實在易八卷……………………… 2－250
醫學實在易八卷……………………… 2－250

醫學窮源集六卷……………………… 2－268
醫學輯要四卷………………………… 2－260
醫學闡微不分卷……………………… 2－261
醫錄便覽六卷首一卷………………… 2－266
醫醫醫三卷…………………………… 2－268
醫醫醫三卷…………………………… 2－268
醫壘元戎一卷………………………… 2－275
醫鏡十六卷首一卷…………………… 2－267
醫鏡四卷……………………………… 2－247
擷紅詞館吟鈔二卷…………………… 3－406
豐干拾得詩附一卷…………………… 3－102
豐川春秋原經十六卷………………… 1－78
[同治]豐城縣志二十八卷首一卷…… 2－11
豐順丁氏持靜齋書目一卷…………… 2－139
[光緒]豐潤縣志十二卷 ……………… 1－533
豐豫莊本書不分卷…………………… 2－240
[光緒]豐縣志十六卷首一卷 ………… 1－552
[乾隆]豐縣志十六卷首一卷 ………… 1－552
豐鎬考信錄四卷……………………… 1－404
叢石齋印集…………………………… 2－344
叢桂山莊詩存二卷…………………… 3－248
叢睦汪氏遺書………………………… 3－509
叢睦汪氏遺書………………………… 3－509
叢睦汪氏遺書………………………… 3－509
叢睦汪氏遺書………………………… 3－509
叢睦汪氏遺書………………………… 3－509
叢睦汪氏遺書………………………… 3－509
題珠泉草廬圖詩一卷………………… 3－383
題珠泉草廬圖詩一卷………………… 3－383
題襟館倡和集四卷 …………………… 3－58
瞿忠宣公集十卷……………………… 3－184
瞻闕集虛一卷………………………… 2－370
瞻闕集虛一卷………………………… 2－370
闕存齋古今體詩一卷詞鈔一卷……… 3－200
闕里文獻考一百卷末一卷…………… 1－286
闕里文獻考一百卷末一卷…………… 1－286
闕里文獻考一百卷末一卷…………… 1－286
闕里文獻考一百卷末一卷…………… 1－286
闕里文獻考一百卷末一卷…………… 1－286
闕里文獻考一百卷末一卷…………… 1－286
闕里文獻考一百卷末一卷…………… 1－286

闕里文獻考一百卷末一卷…………… 1－286
闕里文獻考一百卷末一卷…………… 1－286
闕里文獻考一百卷末一卷…………… 1－286
闕里孔氏詩鈔十四卷 ……………… 3－41
闕里述聞十四卷補一卷……………… 1－301
闕里廣志二十卷 …………………… 2－72
闕里纂要四卷 ……………………… 2－72
闕里纂要四卷 ……………………… 2－72
曠視山房小題文不分卷……………… 3－187
曠超一鄉試硃卷……………………… 3－372
曠游偶筆二卷………………………… 2－102
疊字編一卷…………………………… 1－167
蟫史二十卷…………………………… 3－472
蟲鳥吟十卷…………………………… 3－406
蟲鳥吟十卷…………………………… 3－406
蟬雪吟三卷…………………………… 3－214
鵑音一卷白社詩草一卷……………… 3－157
鵑音一卷白社詩草一卷……………… 3－157
鵑唬集一卷…………………………… 3－300
鵑唬集一卷…………………………… 3－300
韞山堂時文全集……………………… 3－540
韞山堂時文初集一卷二集二卷三集一卷
　　……………………………………… 3－386
韞山堂時文初集一卷二集二卷三集一卷
　　……………………………………… 3－387
韞山堂時文初集一卷二集二卷三集一卷
　　……………………………………… 3－387
韞山堂時文初集一卷二集二卷三集一卷
　　……………………………………… 3－387
韞山堂時文初集一卷二集二卷三集一卷
　　……………………………………… 3－387
韞山堂時文初集一卷二集二卷三集一卷
　　……………………………………… 3－387
韞山堂時文集一集一卷二集二卷三
　　集一卷…………………………… 3－386
韞山堂詩集十六卷…………………… 3－386
韞真詩草二卷拾遺一卷……………… 3－228
顓頊曆考附文集一卷………………… 2－295
顓頊曆考附文集一卷………………… 2－295
顓愚和尚語錄三十卷………………… 2－460

［嘉慶］黟縣志十六卷首一卷黟縣續志
　一卷黟縣三志十六卷首一卷末一卷
　　……………………………………… 2－2
簋齋尺牘不分卷……………………… 3－315
簋齋尺牘不分卷……………………… 3－316
簋齋尺牘不分卷……………………… 3－316
簋齋尺牘不分卷……………………… 3－316
簋齋藏古目…………………………… 2－114
簪花閣詩一卷遺稿一卷……………… 3－302
簪花閣詩一卷遺稿一卷……………… 3－302
簪花閣詩一卷遺稿一卷……………… 3－302
簡松草堂詩集二十卷………………… 3－310
簡松草堂詩集二十卷………………… 3－310
簡松草堂詩集二十卷………………… 3－310
簡易明經通譜………………………… 1－381
簡易庵算稿四卷……………………… 2－305
簡莊文鈔六卷………………………… 3－552
簡莊文鈔六卷續編二卷河莊詩鈔一卷
　　……………………………………… 3－323
簡緣詩草一卷………………………… 3－346
鵝湖客話四卷………………………… 2－378
鵝湖客話四卷………………………… 2－378
鵝湖客話四卷………………………… 2－378
鵝湖客話四卷………………………… 2－378
鵝湖游草二卷………………………… 3－401
鵝湖講學會編十二卷………………… 1－432
雙白燕堂文集二卷外集八卷………… 3－325
雙白燕堂集唐詩二卷………………… 3－325
雙白燕堂詩集八卷…………………… 3－325
雙竹齋詩草四卷……………………… 3－188
雙竹齋詩草四卷……………………… 3－188
雙竹齋詩草四卷……………………… 3－188
雙竹齋詩草四卷……………………… 3－188
雙合印寶卷一卷……………………… 3－449
雙池文集十卷………………………… 3－219
雙池文集十卷………………………… 3－219
雙池文集十卷………………………… 3－219
雙池先生年譜四卷…………………… 1－323
雙忠研齋詩餘一卷…………………… 3－428
雙忠研齋詩餘一卷…………………… 3－428

雙佩齋詩集八卷駢體文集一卷文集

　　四卷金陵雜詠一卷 ····················· 3－193

雙桂堂易說二種十六卷 ··············· 1－19

雙桂齋詩集四卷 ······················· 3－290

雙峰先生内外服制通釋九卷 ········ 1－57

雙梧山館文鈔二十四卷 ············· 3－392

雙梧山館文鈔二十四卷 ············· 3－392

雙梧山館文鈔二十四卷 ············· 3－393

雙梧山館文鈔二十四卷 ············· 3－393

雙梧山館文鈔二十四卷 ············· 3－393

雙梧山館文鈔二十四卷 ············· 3－393

雙魚罌齋錄莫子偲集漢碑聯一卷 ······ 3－64

雙清亭題詠三卷雙清亭雅集唱和詩

　　一卷雙清亭再集唱和詩一卷 ········ 3－57

雙清閣袖中詩本二卷 ················· 3－211

雙清影一卷 ··························· 3－442

雙硯齋筆記五卷 ······················· 2－392

雙虞壺齋印存 ························· 2－340

雙節堂庸訓六卷 ······················· 2－204

雙節堂庸訓六卷 ······················· 2－204

雙溪倡和詩六卷 ····················· 3－58

雙鳳奇緣傳二十卷八十回 ·········· 3－471

雙鳳奇緣傳二十卷八十回 ·········· 3－471

雙鳳奇緣傳二十卷八十回 ·········· 3－471

雙綫記六卷 ··························· 3－419

雙藤書屋詩集十二卷試帖二卷 ······· 3－250

邊事匯鈔十二卷續鈔八卷 ··············· 1－389

邊事匯鈔十二卷續鈔八卷 ··············· 1－389

邊事匯鈔十二卷續鈔八卷 ··············· 1－389

邊華泉集八卷集稿六卷 ··············· 3－184

邊華泉詩集七卷 ····················· 3－184

邊備九籌一卷 ························· 1－470

邊壽民蘆雁畫冊 ····················· 2－338

歸方評點史記合筆六卷 ············· 1－399

歸方評點史記合筆六卷 ············· 1－399

歸方評點史記合筆六卷 ············· 1－399

歸方評點史記合筆六卷 ············· 1－399

歸石軒畫談十卷 ····················· 2－330

歸石軒畫談十卷 ····················· 2－330

歸石軒畫談十卷 ····················· 2－330

歸石軒畫談十卷 ····················· 2－330

歸石軒畫談十卷 ····················· 2－330

歸田瑣記八卷 ························· 2－373

歸田瑣記八卷 ························· 2－373

歸田瑣記八卷 ························· 2－373

歸田瑣記八卷 ························· 2－373

歸田錄二卷 ··························· 1－259

歸田錄二卷 ··························· 3－461

歸先生文集三十二卷附錄一卷 ······ 3－185

歸先生文集三十二卷附錄一卷 ······ 3－185

［光緒］歸州志十七卷 ··············· 2－25

［嘉慶］歸州志十卷 ················· 2－25

［光緒］歸州志十卷首一卷 ·········· 2－25

歸安孝女趙瓊卿事略一卷 ·········· 1－316

歸安孝女趙瓊卿事略一卷 ·········· 1－316

［光緒］歸安縣志五十二卷首一卷 ······ 2－5

歸余鈔四卷 ··························· 2－535

歸來集不分卷 ························· 3－203

歸宮詹集四卷 ························· 3－369

歸庵文稿八卷 ························· 3－355

歸硯齋詩存四卷文存一卷 ·········· 3－212

歸愚文續十二卷 ····················· 3－216

歸愚詩鈔二十卷餘集十卷詩餘一卷

　　文鈔二十卷餘集八卷 ············· 3－216

歸愚詩鈔二十卷餘集六卷歸愚文鈔

　　二十卷餘集六卷 ··················· 3－216

歸震川先生尺牘二卷 ················· 3－185

歸震川書牘一卷 ····················· 3－185

歸潛志十四卷 ························· 1－259

歸潛志十四卷 ························· 1－259

歸潛志十四卷 ························· 1－259

歸潛志十四卷 ························· 1－259

歸樸堂詩存四卷 ····················· 3－315

歸樸堂詩存四卷 ····················· 3－315

歸樸堂詩存四卷 ····················· 3－315

歸樸堂詩存四卷 ····················· 3－315

歸樸龕叢稿十二卷 ··················· 3－349

歸樸龕叢稿十二卷續編四卷 ········· 3－349

歸樸龕叢稿十二卷續編四卷 ········· 3－349

歸樸龕叢稿十二卷續編四卷 ········· 3－349

［光緒］鎮平縣志六卷 ··············· 2－20

［康熙］鎮江府志五十五卷首一卷 ··· 1－553

［光緒］鎮安府志二十五卷首一卷 …… 2－32

［乾隆］鎮安府志八卷 ……………… 2－32

［光緒］鎮海縣志四十卷 …………… 2－5

［乾隆］鎮番縣志一卷 ……………… 1－544

［道光］鎮番縣志十卷首一卷 ……… 1－544

翻譯米利堅志四卷 …………………… 2－170

翻譯米利堅志四卷 …………………… 2－170

翻譯米利堅志四卷 …………………… 2－170

翻譯弦切對數表八卷 ………………… 2－305

鯉庭獻壽圖題詠集二卷 ……………… 3－57

謫麐堂遺集文二卷詩二卷 …………… 3－364

謫麐堂遺集文二卷詩二卷 …………… 3－365

謫麐堂遺集文二卷詩二卷 …………… 3－365

謫麐堂遺集文二卷詩二卷補遺一卷

…………………………………… 3－365

謫麐堂遺集四卷 ……………………… 3－553

顏習齋遺書二十七卷 ………………… 3－540

雜阿含經五十卷 ……………………… 2－426

雜體詩鈔八卷 ………………………… 2－550

佤離集一卷 …………………………… 3－51

離騷九歌釋一卷 ……………………… 3－71

離騷九歌釋一卷 ……………………… 3－71

離騷九歌釋一卷 ……………………… 3－71

離騷九歌釋一卷 ……………………… 3－71

離騷九歌釋一卷 ……………………… 3－71

離騷草木史十卷離騷拾細一卷 …… 3－71

離騷草木疏四卷 ……………………… 3－69

離騷草木疏四卷 ……………………… 3－69

離騷草木疏四卷 ……………………… 3－69

離騷草木疏四卷 ……………………… 3－69

離騷草木疏四卷 ……………………… 3－69

離騷草木疏四卷 ……………………… 3－69

離騷草木疏四卷 ……………………… 3－69

離騷集傳一卷 ………………………… 3－69

離騷集傳一卷 ………………………… 3－69

離騷集傳一卷 ………………………… 3－69

離騷集傳一卷 ………………………… 3－69

離騷註一卷 …………………………… 3－71

離騷箋二卷 …………………………… 3－71

顏氏克復堂帳簿 ……………………… 1－492

顏氏家訓二卷 ………………………… 2－359

顏氏家訓二卷 ………………………… 2－359

顏氏家訓二卷 ………………………… 2－359

顏氏家訓二卷 ………………………… 2－359

顏氏家訓二卷 ………………………… 2－359

顏氏家訓二卷 ………………………… 2－359

顏氏家訓二卷 ………………………… 2－359

顏氏家訓二卷 ………………………… 2－359

顏氏家訓二卷 ………………………… 2－359

顏氏家訓二卷 ………………………… 2－359

顏氏家訓二卷 ………………………… 2－359

顏氏家訓七卷 ………………………… 2－359

顏氏家訓七卷 ………………………… 2－359

顏氏家訓七卷 ………………………… 2－359

顏氏學記十卷 ………………………… 2－196

顏氏學記十卷 ………………………… 2－196

顏氏學記十卷 ………………………… 2－196

顏氏學記十卷 ………………………… 2－196

顏氏學記十卷 ………………………… 2－196

顏氏學記十卷 ………………………… 2－196

顏氏學記十卷 ………………………… 2－196

顏氏學記十卷 ………………………… 2－196

顏氏學記十卷 ………………………… 2－196

顏氏學記十卷 ………………………… 2－196

顏氏續修通譜□□卷陋巷志八卷顏

　氏家訓二卷 ………………………… 1－376

顏延年集四卷 ………………………… 3－138

顏料篇三卷 …………………………… 2－312

顏習齋年譜二卷 ……………………… 1－327

顏習齋先生年譜二卷 ………………… 1－327

顏魯公文集十五卷補遺一卷附錄一卷

…………………………………… 3－108

顏魯公文集十五卷補遺一卷附錄一卷

…………………………………… 3－109

顏澤周鄉試硃卷 ……………………… 3－364

燼餘詩草五卷 ………………………… 3－227

瀏東獅山書院志八卷 ………………… 2－58

瀏東獅山書院志八卷 ………………… 2－59

瀏陽上東義舉志要七卷 ……………… 2－61

瀏陽上東義舉志要七卷 ……………… 2－61

瀏陽上東義舉志要七卷 ……………… 2－61

瀏陽上東義舉志要續編□□卷 ……… 2－61

瀏陽文廟丁祭禮樂局規條一卷 ……… 1－429

瀏陽李公[興銳]榮哀錄一卷 ………… 3－53

瀏陽敬學堂志八卷 ………………… 2－59

瀏陽敬學堂志八卷 ………………… 2－59

瀏陽尋氏契簿 …………………… 1－492

瀏陽尋顯邦帳簿 ………………… 1－492

瀏陽縣仙女山墳山糾紛案本印據稿

　　………………………………… 1－489

[同治]瀏陽縣志二十四卷首一卷末

　　一卷 …………………………… 2－42

[康熙]瀏陽縣志十七卷 ……………… 2－42

[康熙]瀏陽縣志十四卷 ……………… 2－42

[嘉慶]瀏陽縣志四十卷首一卷 ……… 2－42

瀏陽縣附生陳謙張星煥聚賭案牘 …… 1－489

瀏陽縣尋姓債務糾紛案卷 ………… 1－489

瀏陽縣尋楊二姓墳山糾紛案牘 …… 1－489

鎏山賸稿二卷 …………………… 3－215

濼源問答十二卷 ………………… 2－385

璧合珠聯集十卷 ………………… 3－64

璧合珠聯集十卷 ………………… 3－64

璧合珠聯集十卷 ………………… 3－64

璧合珠聯集十卷 ………………… 3－64

璧合珠聯集十卷 ………………… 3－64

璧合珠聯集十卷 ………………… 3－64

璧合珠聯集十卷 ………………… 3－64

璧沼集四卷 ……………………… 3－265

璧沼集四卷 ……………………… 3－265

璧沼集四卷 ……………………… 3－265

璧沼集四卷 ……………………… 3－552

[康熙]隴州志八卷首一卷 …………… 1－541

[乾隆]隴州續志八卷 ………………… 1－541

隴首集一卷 ……………………… 3－198

隴闌唱和集一卷 ………………… 3－59

彝經堂詩鈔六卷賦鈔一卷駢文一卷 … 3－198

繞竹山房詩稿十卷詩餘一卷 ……… 3－209

繞竹山房詩稿十卷詩餘一卷 ……… 3－209

繞竹山房續詩稿十四卷 …………… 3－209

繚蘅閣詩鈔一卷 ………………… 3－342

織錦回文圖一卷回文類聚續編十卷

　　………………………………… 2－526

織錦回文圖一卷回文類聚續編十卷

　　………………………………… 2－526

織錦回文圖一卷回文類聚續編十卷

　　………………………………… 2－526

織齋文集八卷 …………………… 3－227

斷易黃金策九卷 ………………… 2－406

斷金集一卷 ……………………… 1－298

騷筏一卷 ………………………… 3－487

騷壇秘語三卷 …………………… 3－480

十九畫

難經不分卷 ……………………… 2－252

難經經釋二卷 …………………… 2－254

擇石齋詩集四十九卷 …………… 3－361

遯齋答問一卷 …………………… 2－379

蘆川詞一卷 ……………………… 3－427

蘆漢鐵路比商借款條議 ………… 1－460

蘆漢鐵路借款合同 ……………… 1－460

[光緒]蘄水縣志二十二卷首一卷末

　　一卷 …………………………… 2－22

[咸豐]蘄州志二十六卷 ……………… 2－22

[乾隆]蘄州志二十卷首一卷 ………… 2－22

[光緒]蘄州志三十卷 ………………… 2－22

勸戒六錄六卷 …………………… 2－395

勸戒近錄六卷勸戒續錄六卷勸戒三

　　錄六卷 ………………………… 2－395

勸戒近錄六卷勸戒續錄六卷勸戒三

　　錄六卷 ………………………… 2－395

勸戒匯鈔十六卷 ………………… 2－214

勸戒纏足鴉片歌一卷 …………… 3－66

勸學篇二卷 ……………………… 2－211

勸學篇二卷 ……………………… 2－211

勸學篇二卷 ……………………… 2－211

勸學篇二卷 ……………………… 2－211

勸學篇二卷 ……………………… 2－211

勸學篇二卷 ……………………… 2－211

勸學篇二卷 ……………………… 2－211

勸學篇二卷 ……………………… 2－211

勸學篇二卷 ……………………… 2－211

勸學篇二卷 ……………………… 2－211

勸學篇二卷 ……………………… 2－211

勸學篇二卷 ……………………… 2－211

勸學篇二卷⋯⋯⋯⋯⋯⋯⋯⋯ 2－211
勸學篇二卷⋯⋯⋯⋯⋯⋯⋯⋯ 2－211
勸學篇二卷⋯⋯⋯⋯⋯⋯⋯⋯ 2－211
勸學篇二卷⋯⋯⋯⋯⋯⋯⋯⋯ 2－211
勸學篇二卷⋯⋯⋯⋯⋯⋯⋯⋯ 2－211
勸學篇二卷⋯⋯⋯⋯⋯⋯⋯⋯ 2－211
勸學篇二卷⋯⋯⋯⋯⋯⋯⋯⋯ 2－211
勸學篇二卷⋯⋯⋯⋯⋯⋯⋯⋯ 2－211
勸學篇二卷⋯⋯⋯⋯⋯⋯⋯⋯ 3－537
覆古介書⋯⋯⋯⋯⋯⋯⋯⋯⋯ 3－489
蘅華館詩錄五卷⋯⋯⋯⋯⋯⋯ 3－200
蘅華館詩錄六卷⋯⋯⋯⋯⋯⋯ 3－200
蘅華館詩錄六卷⋯⋯⋯⋯⋯⋯ 3－200
蘇子美集十卷⋯⋯⋯⋯⋯⋯⋯ 3－139
蘇氏易傳九卷⋯⋯⋯⋯⋯⋯ 1－13
蘇氏易傳不分卷⋯⋯⋯⋯⋯ 1－13
蘇文六卷⋯⋯⋯⋯⋯⋯⋯⋯⋯ 3－143
蘇文忠公海外集四卷⋯⋯⋯⋯ 3－145
蘇文忠公策論選十二卷⋯⋯⋯ 3－143
蘇文忠公集三十卷⋯⋯⋯⋯⋯ 3－140
蘇文忠公詩集五十卷目錄二卷 3－145
蘇文忠公詩集五十卷目錄二卷 3－145
蘇文忠公詩集五十卷目錄二卷 3－145
蘇文忠公詩集五十卷目錄二卷 3－145
蘇文忠公詩集五十卷目錄二卷⋯ 3－145
蘇文忠公詩集五十卷目錄二卷 3－145
蘇文忠公詩集五十卷目錄二卷 3－145
蘇文忠公詩集五十卷目錄二卷 3－145
蘇文忠公詩集五十卷目錄二卷⋯ 3－146
蘇文忠公詩集擇粹十八卷續錄一卷 ⋯ 3－145
蘇文忠公詩編註集成一百〇三卷⋯⋯ 3－144
蘇文忠公詩編註集成一百〇三卷⋯⋯ 3－144
蘇文忠公詩編註集成一百〇三卷⋯⋯ 3－144
蘇文忠公詩編註集成一百〇三卷⋯⋯ 3－144
蘇文忠公詩編註集成一百〇三卷⋯⋯ 3－144
蘇文忠公詩編註集成一百〇三卷⋯⋯ 3－144
蘇文忠公詩編註集成一百〇三卷⋯⋯ 3－144
蘇文忠詩合註五十卷首一卷⋯⋯⋯ 3－146
蘇文忠詩合註五十卷首一卷⋯⋯⋯ 3－146

蘇文忠詩合註五十卷首一卷⋯⋯⋯ 3－146
蘇文忠詩合註五十卷首一卷⋯⋯⋯ 3－146
蘇文忠詩合註五十卷首一卷⋯⋯⋯ 3－146
蘇文忠詩合註五十卷首一卷⋯⋯⋯ 3－146
蘇文忠詩合註五十卷首一卷⋯⋯⋯ 3－146
蘇文忠詩合註五十卷首一卷⋯⋯⋯ 3－146
蘇文忠詩合註五十卷首一卷⋯⋯⋯ 3－146
蘇文忠詩合註五十卷首一卷⋯⋯⋯ 3－146
蘇文忠詩合註五十卷首一卷⋯⋯⋯ 3－146
蘇文嗜六卷⋯⋯⋯⋯⋯⋯⋯⋯ 3－139
蘇老泉先生全集二十卷⋯⋯⋯ 3－139
蘇老泉先生全集二十卷⋯⋯⋯ 3－139
蘇老泉先生全集二十卷⋯⋯⋯ 3－139
蘇米志林三卷⋯⋯⋯⋯⋯⋯⋯ 1－283
蘇米齋蘭亭考八卷⋯⋯⋯⋯⋯ 2－328
蘇米齋蘭亭考八卷⋯⋯⋯⋯⋯ 2－328
［道光］蘇州府志一百五十卷首十卷
⋯⋯⋯⋯⋯⋯⋯⋯⋯⋯⋯ 1－549
［同治］蘇州府志一百五十卷首三卷
⋯⋯⋯⋯⋯⋯⋯⋯⋯⋯⋯ 1－549
［乾隆］蘇州府志八十卷首一卷 ⋯⋯ 1－549
蘇沈良方八卷⋯⋯⋯⋯⋯⋯⋯ 2－262
蘇沈良方八卷⋯⋯⋯⋯⋯⋯⋯ 2－262
蘇長公二妙集二十二卷⋯⋯⋯ 3－144
蘇長公小品二卷⋯⋯⋯⋯⋯⋯ 3－143
蘇長公合作八卷補二卷附錄一卷⋯⋯ 3－143
蘇長公合作八卷補二卷附錄一卷⋯⋯ 3－144
蘇長公合作內外篇不分卷⋯⋯⋯ 3－144
蘇長公表三卷蘇長公啟二卷⋯⋯ 3－143
蘇長公密語十六卷首一卷⋯⋯⋯ 3－143
蘇東坡和陶詩二卷 ⋯⋯⋯⋯⋯ 3－75
蘇東坡詩集二十五卷⋯⋯⋯⋯ 3－143
蘇東坡詩集註三十二卷⋯⋯⋯ 3－141
蘇東坡詩集註三十二卷⋯⋯⋯ 3－141
蘇東坡詩集註三十二卷⋯⋯⋯ 3－141
蘇東坡詩集註三十二卷⋯⋯⋯ 3－141
蘇東坡詩集註三十二卷⋯⋯⋯ 3－141
蘇東坡詩集註三十二卷目錄一卷失
編一卷⋯⋯⋯⋯⋯⋯⋯⋯ 3－141
蘇東坡詩集註三十二卷目錄一卷失
編一卷⋯⋯⋯⋯⋯⋯⋯⋯ 3－141

蘇東坡詩集註三十二卷目錄一卷失
　　編一卷 ……………………… 3－141
蘇東坡詩集註三十二卷目錄一卷失
　　編一卷 ……………………… 3－141
蘇東坡詩集註四卷 ……………… 3－141
蘇東坡詩摘鈔不分卷 …………… 3－141
蘇門六君子文粹 ………………… 2－513
蘇省同官錄不分卷 ……………… 1－385
蘇亭詩話六卷 …………………… 3－485
蘇亭詩話六卷 …………………… 3－485
蘇黃門龍川別志二卷 …………… 1－385
蘇黃風流小品十六卷 …………… 2－513
蘇黃詩詞小簡 …………………… 3－12
蘇許公文集十二卷首一卷 ……… 3－109
蘇庵文錄二卷駢文錄五卷詩錄八卷
　　詞錄一卷 …………………… 3－360
蘇庵文錄二卷駢文錄五卷詩錄八卷
　　詞錄一卷 …………………… 3－360
蘇庵文錄二卷駢文錄五卷詩錄八卷
　　詞錄一卷 …………………… 3－360
蘇庵文錄二卷駢文錄五卷詩錄八卷
　　詞錄一卷 …………………… 3－360
蘇詩分類註釋不分卷 …………… 3－141
蘇詩查註補正四卷 ……………… 3－145
蘇詩補註八卷 …………………… 3－146
蘇詩選二卷 ……………………… 3－147
蘇鄰遺詩二卷 …………………… 3－232
蘇鄰遺詩二卷 …………………… 3－232
蘇鄰遺詩二卷 …………………… 3－232
蘇鄰遺詩二卷 …………………… 3－232
蘇鄰遺詩續集一卷 ……………… 3－232
蘇學士文集十六卷 ……………… 3－139
蘇學士文集十六卷 ……………… 3－139
蘇學士集十六卷 ………………… 3－139
警心圖說十八卷首一卷 ………… 2－217
警心錄十卷 ……………………… 2－204
警石府君年譜一卷 ……………… 1－326
警石府君年譜一卷 ……………… 1－326
警書三卷 ………………………… 2－206
警睡編初集四卷二集四卷 ……… 3－457
藻川堂全集 ……………………… 3－526

藻川堂全集 ……………………… 3－526
藻川堂詩集選六卷 ……………… 3－393
藻川堂詩集選六卷 ……………… 3－393
藻川堂詩集選六卷 ……………… 3－393
藻川堂詩集選六卷 ……………… 3－393
麓山精舍叢書 …………………… 1－510
麓山精舍叢書 …………………… 1－510
麓山精舍叢書 …………………… 1－510
麓山精舍叢書 …………………… 1－510
麓山精舍叢書 …………………… 1－510
麓山精舍叢書 …………………… 1－510
麓山精舍叢書 …………………… 1－510
麓山精舍叢書 …………………… 1－510
麓山精舍叢書 …………………… 1－510
麓山樵人元玉印譜 ……………… 2－342
麓門文續二卷 …………………… 3－283
麓雲仙館詩畫冊 ………………… 2－334
麓雲仙館圖題詠集一卷 ………… 3－57
攀古小廬雜著十二卷 …………… 2－389
攀古樓彝器款識二卷 …………… 2－123
攀古樓彝器款識二卷 …………… 2－123
攀古樓彝器款識二卷 …………… 2－123
繫辭傳論二卷 …………………… 1－22
麗句分類鈔不分卷 ……………… 2－548
麗句集六卷 ……………………… 2－488
麗樓叢書 ………………………… 3－506
礦石圖說一卷 …………………… 2－315
礦石圖說一卷 …………………… 2－315
礦石圖說一卷 …………………… 2－315
礦務叢鈔 ………………………… 2－314
礦務叢鈔 ………………………… 2－314
礦業條規六種 …………………… 1－458
願學堂詩存二十二卷 …………… 3－253
願學堂詩鈔二十八卷 …………… 3－195
願學編二卷 ……………………… 2－201
鄳邑梅岡書院捐簿不分卷 ……… 2－59
鄳邑梅岡書院捐簿不分卷 ……… 2－59
鄳邑梅岡書院捐簿不分卷 ……… 2－59
[乾隆]鄳縣志二十三卷首一卷 …… 2－43
[同治]鄳縣志二十卷首一卷 ……… 2－43
攈古錄二十卷 …………………… 2－113

贈言集三卷 ················ 3－59

曝書亭刪餘詞一卷 ··········· 3－429

曝書亭金石文字跋尾六卷 ···· 2－112

曝書亭集十八卷 ············· 3－212

曝書亭集八十卷 ············· 3－212

曝書亭集八十卷附錄一卷 ···· 3－212

曝書亭集八十卷附錄一卷 ···· 3－212

曝書亭集八十卷附錄一卷 ···· 3－212

曝書亭集八十卷附錄一卷 ···· 3－213

曝書亭集八十卷附錄一卷 ···· 3－213

曝書亭集八十卷附錄一卷 ···· 3－213

曝書亭集八十卷附錄一卷 ···· 3－213

曝書亭集八十卷附錄一卷 ···· 3－213

曝書亭集外詩五卷集外詞一卷集外

　　文二卷 ·················· 3－213

曝書亭集外詩五卷集外詞一卷集外

　　文二卷 ·················· 3－213

曝書亭集外稿八卷 ··········· 3－213

曝書亭集詞註七卷 ··········· 3－429

曝書亭集詞註七卷 ··········· 3－429

曝書亭集詞註七卷 ··········· 3－429

曝書亭集詞註七卷 ··········· 3－429

曝書亭集詞註七卷 ··········· 3－429

曝書亭集詞註七卷 ··········· 3－429

曝書亭集詩註二十二卷 ······· 3－213

曝書亭集詩註二十二卷 ······· 3－213

曝書亭集詩註二十二卷 ······· 3－213

曝書亭集詩註二十二卷 ······· 3－213

曝書亭集詩註二十二卷 ······· 3－214

曝書亭集箋註二十三卷 ······· 3－213

曝書亭集箋註二十三卷 ······· 3－213

曝書亭集箋註二十三卷 ······· 3－213

曝書亭詩箋註十二卷 ········· 3－213

曝書亭詩箋註十二卷 ········· 3－213

曝書雜記二卷 ··············· 2－133

曝書雜記三卷 ··············· 2－133

曝書雜記三卷 ··············· 2－133

曝書雜記三卷 ··············· 2－133

關中金石文字存逸考十二卷首一卷

　　······················· 2－112

關中金石記八卷 ············· 2－116

關中金石記八卷 ············· 2－116

關中金石記八卷 ············· 2－116

關中金石記八卷附記一卷 ···· 2－116

關中奏議十二卷 ············· 1－499

關中書院課士詩第八卷一卷 ·· 3－52

關中書院課解五卷蘭山書院課解一卷

　　······················· 2－372

關中漢唐存碑跋一卷 ········· 2－124

關尹子二卷 ················· 2－464

關尹子二卷 ················· 2－464

關帝文獻會要八卷 ··········· 1－308

關帝心日編十卷 ············· 1－308

關帝明聖真經一卷 ··········· 2－477

關帝明聖真經一卷 ··········· 2－477

關帝明聖真經一卷 ··········· 2－477

關帝聖蹟圖志全集十卷 ······· 1－308

關聖大帝本行明聖真經一卷古佛應

　　驗明聖經解三卷 ·········· 2－477

關聖帝君聖蹟圖志全集五卷 ·· 1－308

關聖帝君聖蹟圖志全集五卷 ·· 1－308

疇人傳四十六卷 ············· 1－293

疇人傳四十六卷 ············· 1－293

疇人傳四十六卷 ············· 1－293

疇人傳四十六卷 ············· 1－293

疇人傳四十六卷 ············· 1－293

疇人傳四十六卷 ············· 3－534

疇人傳四編十一卷 ··········· 1－300

蹶張心法附刀槍法選 ········· 3－537

嚴太僕先生集十二卷 ········· 3－410

嚴太僕先生集十二卷 ········· 3－410

嚴太僕先生集十二卷 ········· 3－410

嚴氏詩輯補義八卷 ··········· 1－49

嚴正基行述一卷 ············· 1－317

嚴正基行述一卷 ············· 1－317

嚴正基等文稿 ··············· 3－408

[乾隆]嚴州府志三十五卷首一卷 ····· 2－4

[淳熙]嚴州圖經八卷 ················ 2－4

嚴陵張九儀地理穿山透地真傳不分卷

················ 2－417

嚴陵張九儀地理穿山透地真傳不分卷

················ 2－417

嚴陵張九儀增釋地理琢玉斧巒頭歌

括不分卷 ········ 2－417

嚴毓泗鄉試硃卷 ················ 3－410

韠園醫學六種 ················ 2－246

韜光庵紀遊集一卷韜光庵紀遊集續

刻一卷韜光紀遊詩冊一卷 ········ 2－530

韜略元機八卷 ················ 2－348

韜略元機八卷 ················ 2－348

韜略元機八卷 ················ 2－348

韜略元機八卷 ················ 2－348

韜略元機八卷 ················ 2－348

羅山遺集 ················ 3－528

羅山遺集 ················ 3－528

羅山遺集 ················ 3－528

羅山遺集 ················ 3－528

羅山遺集 ················ 3－528

羅山遺集 ················ 3－528

羅山遺集 ················ 3－528

羅山遺集 ················ 3－528

羅山遺集 ················ 3－528

[乾隆]羅山縣志八卷 ················ 2－20

羅氏會約醫鏡二十卷 ················ 2－251

羅氏會約醫鏡二十卷 ················ 2－251

羅氏會約醫鏡不分卷 ················ 2－286

羅文恪公遺集百法庸言二卷 ········ 2－197

[光緒]羅平州鄉土志十三卷 ········ 2－40

[光緒]羅田縣志八卷首一卷 ········ 2－22

羅圭峰先生文集三十卷首一卷 ········ 3－186

羅圭峰先生文集三十卷首一卷 ········ 3－186

羅圭峰先生文集三十卷首一卷 ········ 3－186

羅廷幹鄉試硃卷 ················ 3－373

[光緒]羅次縣志四卷首一卷 ········ 2－40

[嘉慶]羅江縣志十卷 ················ 2－35

[嘉慶]羅江縣志十卷 ················ 2－35

[嘉慶]羅江縣志三十六卷 ········ 2－35

[嘉慶]羅江縣志三十六卷 ········ 2－35

羅近溪先生語要一卷 ················ 2－366

羅長裿鄉試硃卷 ················ 3－373

羅長裿殿試卷 ················ 3－373

羅明遠課藝 ················ 3－374

羅忠節公年譜二卷 ················ 1－327

羅忠節公年譜二卷 ················ 1－327

羅忠節公年譜二卷 ················ 1－327

羅忠節公年譜二卷 ················ 1－327

羅忠節公年譜二卷 ················ 1－327

羅忠節公年譜二卷 ················ 1－327

羅忠節公年譜二卷 ················ 1－327

羅忠節公年譜二卷 ················ 1－327

羅念庵先生文錄十八卷附錄一卷續

編二卷 ················ 3－186

羅念庵先生文錄十八卷附錄一卷續

編二卷 ················ 3－186

羅念庵先生文錄補遺二卷 ········ 3－186

[雍正]羅定州志六卷首一卷 ········ 2－31

羅承祺鄉試硃卷 ················ 3－374

羅鄴州遺文一卷 ················ 3－139

羅鄴州遺文一卷 ················ 3－139

羅昭諫江東集五卷 ················ 3－109

羅昭諫集八卷 ················ 3－109

羅昭諫集八卷 ················ 3－109

羅信西墓表一卷 ················ 1－317

羅洋文集一卷詩草一卷 ········ 3－299

羅洋文集一卷詩草一卷 ········ 3－299

羅洋文集一卷詩草一卷 ········ 3－299

羅洋文集一卷詩草一卷 ········ 3－299

羅洋文集一卷詩草一卷 ········ 3－299

羅宣溶鄉試硃卷 ················ 3－374

羅馬志略十三卷 ················ 2－168

羅馬志略十三卷 ················ 2－168

羅馬志略十三卷年表一卷 ········ 2－168

羅馬志略十三卷年表一卷 ········ 2－168

羅馬志略十三卷年表一卷 ········ 2－168

羅浮山志會編二十二卷首一卷 ········ 2－84

羅浮山房詩存八卷 ················ 3－312

羅鄂州小集五卷 ················ 3－139

羅鄂州小集六卷 ················ 3－139

羅鄂州小集六卷 ················ 3－139

羅萬藻文 …………………………… 3－375
羅景山臺灣海防并開山日記一卷 …… 1－472
羅景山臺灣海防并開山日記一卷 …… 1－472
羅景山臺灣海防并開山日記一卷 …… 1－472
羅景山臺灣海防并開山日記一卷 …… 1－472
羅景山臺灣海防并開山日記一卷 …… 1－472
羅湖野錄二卷 ……………………… 2－462
［道光］羅源縣志三十卷首一卷 ……… 2－14
羅經指南撥霧集三卷 ……………… 2－418
羅經指南撥霧集三卷 ……………… 2－418
羅經解三卷 ………………………… 2－416
羅臺山先生四書文一卷 …………… 3－373
羅維垣鄉試硃卷 …………………… 3－375
羅盤心法二卷 ……………………… 2－417
羅豫章先生集十二卷首一卷末一卷
………………………………… 3－138
羅豫章先生集十二卷首一卷末一卷
………………………………… 3－138
羅豫章先生集十二卷首一卷末一卷
………………………………… 3－138
羅豫章先生集十二卷首一卷末一卷
………………………………… 3－138
羅豫章先生集十卷 ………………… 3－138
羅瀛美鄉試硃卷 …………………… 3－376
籀經堂類稿二十四卷 ……………… 3－321
鏡古集五卷 ………………………… 2－398
鏡花緣二十卷一百回 ……………… 3－468
鏡花緣二十卷一百回 ……………… 3－468
鏡花緣二十卷一百回 ……………… 3－468
鏡真山房詩鈔六卷試帖二卷 ……… 3－313
鏡儀居日記不分卷 ………………… 1－330
鏡鏡詅癡五卷 ……………………… 3－550
雞肋編三卷 ………………………… 3－455
雞峰普濟方存三十卷 ……………… 2－262
雞跖賦續刻二十八卷擬古二卷 …… 2－504
雞窗叢話一卷 ……………………… 2－377
辭品六卷 …………………………… 3－435
辭賦標義十八卷 …………………… 2－528
鵬南文鈔十五卷 …………………… 3－268
［光緒］騰越廳志稿二十卷首一卷 …… 2－41
鯤溟先生詩集四卷奏疏一卷 ……… 3－170

鯨華社鐘選二卷附錄一卷 ………… 3－476
譚中丞奏稿十二卷 ………………… 1－507
譚氏家書 …………………………… 3－62
譚文勤公奏稿二十卷首一卷 ……… 1－507
譚文勤公奏稿二十卷首一卷 ……… 1－508
譚文勤公奏稿二十卷首一卷 ……… 1－508
譚文勤公奏稿二十卷首一卷 ……… 1－508
譚文勤公奏稿二十卷首一卷 ……… 1－508
譚文勤公奏稿二十卷首一卷 ……… 1－508
譚文勤公奏稿二十卷首一卷 ……… 1－508
譚文勤公奏稿二十卷首一卷 ……… 1－508
譚世馨行狀一卷 …………………… 1－317
譚紹裘鄉試硃卷 …………………… 3－369
譚紹裳貢卷 ………………………… 3－369
譚筠鄉試硃卷 ……………………… 3－370
譚福泉會試硃卷 …………………… 3－370
譚襄敏公奏議十卷 ………………… 1－499
譚襄敏公奏議十卷 ………………… 1－499
譚襄敏公遺集三卷首一卷末一卷 … 3－186
譚鐘麟行狀一卷 …………………… 1－317
譚鐘麟行狀一卷 …………………… 1－317
譚鑫振殿試卷 ……………………… 3－371
識山館吟草二卷 …………………… 3－415
識小類編八卷 ……………………… 2－495
證治匯補八卷 ……………………… 2－273
證治匯補八卷 ……………………… 2－273
證治匯補八卷 ……………………… 2－273
證俗文十九卷 ……………………… 1－140
證疑備覽六卷 ……………………… 2－387
證學編一卷 ………………………… 2－214
廬山小志二十四卷首一卷 ………… 2－82
廬山志十五卷 ……………………… 2－82
廬山志十五卷 ……………………… 2－82
廬山志十五卷 ……………………… 2－82
廬山志十五卷 ……………………… 2－82
廬山志十五卷 ……………………… 2－82
廬山志十五卷 ……………………… 2－82
廬山志十五卷 ……………………… 2－82
廬山紀事十二卷 …………………… 2－82
廬山蓮宗寶鑑十卷 ………………… 2－448
廬山蓮宗寶鑑十卷 ………………… 2－448

廬山詩草二卷 …………………… 3－338
廬山詩錄四卷 …………………… 3－33
廬山詩錄四卷 …………………… 3－33
廬山詩錄四卷 …………………… 3－33
廬山詩錄四卷 …………………… 3－33
廬州戰守記 ……………………… 3－414
廬陵宋丞相信國公文忠烈先生全集
　十六卷 ………………………… 3－109
廬陵宋丞相信國公文忠烈先生全集
　十六卷 ………………………… 3－109
廬陵宋丞相信國公文忠烈先生全集
　十六卷 ………………………… 3－109
廬陵宋丞相信國公文忠烈先生全集
　十六卷 ………………………… 3－109
廬陵宋丞相信國公文忠烈先生全集
　十六卷 ………………………… 3－109
廬陵宋丞相信國公文忠烈先生全集
　十六卷 ………………………… 3－109
廬陵宋丞相信國公文忠烈先生全集
　十六卷 ………………………… 3－109
廬陵宋丞相信國公文忠烈先生全集
　十六卷 ………………………… 3－109
廬陵宋丞相信國公文忠烈先生全集
　十六卷 ………………………… 3－110
廬陵宋丞相信國公文忠烈先生全集
　十六卷 ………………………… 3－110
廬陵宋丞相信國公文忠烈先生全集
　十六卷 ………………………… 3－110
廬陵宋丞相信國公文忠烈先生全集
　十六卷 ………………………… 3－110
［同治］廬陵縣志五十六卷首二卷補
　編一卷 ………………………… 2－12
［乾隆］廬陵縣志四十五卷首一卷 …… 2－12
廬陽三賢集 ……………………… 3－32
龐公寶卷一卷 …………………… 3－449
龐浚卿遺文初編一卷 …………… 3－371
癡說八卷 ………………………… 2－371
癡說八卷 ………………………… 2－371
癡學八卷 ………………………… 2－375
瓣香遺稿一卷 …………………… 3－329
韻山堂詩集七卷補遺一卷 ……… 3－193

韻切指歸二卷 …………………… 1－182
韻切指歸二卷附宮商角徵羽五音編
　成句讀以便初學讀念法一卷 …… 1－182
韻石齋筆談二卷 ………………… 2－334
韻史二卷 ………………………… 1－390
韻字略十二集 …………………… 1－179
韻字略十二集 …………………… 1－179
韻字略十二集 …………………… 1－179
韻岐五卷 ………………………… 1－180
韻岐五卷 ………………………… 1－180
韻岐五卷 ………………………… 1－180
韻府拾遺一百〇六卷 …………… 2－492
韻府拾遺一百〇六卷 …………… 2－492
韻府拾遺一百〇六卷 …………… 2－499
韻府拾遺一百〇六卷 …………… 2－497
韻府拾遺一百〇六卷 …………… 2－497
韻府拾遺一百〇六卷 …………… 2－497
韻府拾遺一百〇六卷 …………… 2－497
韻府拾遺一百〇六卷 …………… 2－497
韻府拾遺一百〇六卷 …………… 2－498
韻府拾遺一百〇六卷 …………… 2－498
韻府拾遺一百〇六卷 …………… 2－498
韻府拾遺一百〇六卷 …………… 2－498
韻府拾遺一百〇六卷 …………… 2－498
韻府拾遺一百〇六卷 …………… 2－498
韻府拾遺一百〇六卷 …………… 2－498
韻府拾遺一百〇六卷 …………… 2－499
韻府約編二十四卷 ……………… 2－503
韻府萃音十二卷 ………………… 1－188
韻府鉤沈五卷 …………………… 1－187
韻府鉤沈五卷 …………………… 1－187
韻府群玉二十卷 ………………… 2－486
韻府翼五卷 ……………………… 1－185
韻法直圖一卷韻法橫圖一卷辨似一卷
　……………………………………… 1－177
韻香閣詩草一卷 ………………… 3－201
韻軒試帖編年四卷 ……………… 3－290
韻海大全不分卷 ………………… 1－179
韻紫軒謎錄一卷 ………………… 3－476

韻詰五卷韻詰補遺一卷……………… 1－179
韻詰五卷韻詰補遺一卷……………… 1－179
韻補五卷……………………………… 1－175
韻補五卷……………………………… 1－175
韻補五卷……………………………… 1－176
韻補五卷……………………………… 1－176
韻補五卷……………………………… 1－176
韻補五卷……………………………… 1－176
韻補五卷……………………………… 3－546
韻補正一卷…………………………… 1－176
韻補正一卷…………………………… 1－176
韻補正一卷…………………………… 1－176
韻補正一卷…………………………… 1－176
韻補正一卷…………………………… 3－546
韻綜不分卷…………………………… 1－186
韻徵十六卷…………………………… 1－180
韻徵十六卷…………………………… 1－180
韻徵十六卷…………………………… 1－180
韻徵十六卷…………………………… 1－180
韻徵十六卷…………………………… 1－180
韻學五卷韻學臆說一卷……………… 1－179
韻學弟子訓四卷……………………… 1－185
韻學蠡言舉要………………………… 1－179
韻辨附文五卷………………………… 1－180
韻辨附文五卷………………………… 1－181
韻辨附文五卷………………………… 1－181
韻辨附文五卷………………………… 1－181
韻辨附文五卷………………………… 1－181
韻藻四卷……………………………… 1－178
韻藻述五卷…………………………… 1－178
韻藻述五卷…………………………… 1－178
韻譜一卷……………………………… 1－182
韻譜本義十卷………………………… 1－177
懶石聆禪師語錄四卷………………… 2－460
懷小編二十卷………………………… 2－368
［光緒］懷仁縣鄉土志……………… 1－539
懷玉山志八卷首一卷末一卷 ……… 2－82
懷古田舍詩節鈔六卷………………… 3－287
懷古錄三卷…………………………… 3－480
懷白軒詩鈔十卷詞鈔二卷文鈔二卷
　駢體一卷賦鈔一卷……………… 3－323

［乾隆］懷安縣志二十三卷 ………… 1－532
［光緒］懷安縣志八卷首一卷末一卷
　…………………………………… 1－532
懷芬家塾七古詩鈔一卷……………… 2－555
［康熙］懷來縣志十八卷首一卷 …… 1－532
懷星堂全集三十卷…………………… 3－165
懷亭詩錄六卷續錄六卷三錄一卷…… 3－382
懷亭詩錄六卷續錄六卷三錄一卷…… 3－382
懷清堂集二十卷首一卷……………… 3－333
懷葛堂文集八卷外集附錄一卷……… 3－295
懷葛堂文集不分卷…………………… 3－295
懷集縣志□□卷 …………………… 2－31
懷園集李詩八卷集杜詩八卷………… 3－234
［同治］懷寧縣志五十卷紀一卷表四
　卷書十二卷列傳十卷論一卷……… 2－3
懷幽雜俎…………………………… 3－505
懷幽雜俎…………………………… 3－505
懷麓堂全集一百卷…………………… 3－160
懷麓堂全集一百卷…………………… 3－161
懷麓堂全集一百卷…………………… 3－161
懷麓堂全集一百卷…………………… 3－161
懷麓堂全集一百卷…………………… 3－161
懷麓堂全集一百卷…………………… 3－161
懷麓堂詩稿二十卷文稿三十卷詩後稿
　十卷文後稿三十卷文後續稿十卷
　…………………………………… 3－161
懷麓堂詩稿二十卷文稿三十卷詩後稿
　十卷文後稿三十卷文後續稿十卷
　…………………………………… 3－161
類林新詠三十六卷…………………… 2－495
類林新詠三十六卷…………………… 2－495
類林新詠三十六卷…………………… 2－495
類林新詠三十六卷…………………… 2－495
類音八卷……………………………… 1－187
類書纂要三十卷……………………… 2－494
類書纂要三十卷……………………… 2－494
類腋天部八卷地部十六卷人部十五
　卷物部十六卷…………………… 2－495
類腋天部八卷地部十六卷人部十五
　卷物部十六卷…………………… 2－495

類腋天部八卷地部十六卷人部十五
　卷物部十六卷 ……………………… 2－495
類經三十二卷類經圖翼十一卷類經
　附翼四卷 …………………………… 2－253
類經纂要三卷難經摘鈔一卷 ………… 2－254
類經纂要三卷難經摘鈔一卷 ………… 2－254
類箋唐王右丞詩集十卷文集四卷外
　篇一卷年譜一卷唐諸家同詠集一
　卷贈題集一卷歷朝諸家評王右丞
　詩畫鈔一卷 ………………………… 3－80
類箋唐王右丞詩集十卷文集四卷外
　篇一卷年譜一卷唐諸家同詠集一
　卷贈題集一卷歷朝諸家評王右丞
　詩畫鈔一卷 ………………………… 3－80
類篇十五卷 …………………………… 1－163
類篇十五卷 …………………………… 1－163
類篇十五卷 …………………………… 1－163
類篇十五卷 …………………………… 1－163
類選唐詩助道微機六卷 ……………… 3－3
類編增廣黃先生大全文集五十卷 …… 3－131
類聯集錦八卷 ………………………… 2－500
類藻引註□□卷 ……………………… 2－503
類證治裁八卷首一卷附一卷 ………… 2－249
類證普濟本事方十卷 ………………… 2－262
類類聯珠初編三十二卷二編十二卷
　 ……………………………………… 2－492
類類聯珠初編三十二卷二編十二卷 … 2－492
爆藥記要六卷 ………………………… 2－236
爆藥記要六卷 ………………………… 2－236
爆藥記要六卷 ………………………… 2－236
瀚海十二卷 …………………………… 2－529
瀚海十二卷 …………………………… 3－60
瀟湘八景詩 …………………………… 3－341
瀟碧堂集二十卷 ……………………… 3－168
瀕湖脉學一卷脉訣考證一卷奇經八
　脉考一卷 …………………………… 2－260
瀛仙閣詩集四卷 ……………………… 3－357
瀛舟筆談十二卷首一卷 ……………… 2－394
瀛奎律髓刊誤四十九卷 ……………… 2－545
瀛奎律髓刊誤四十九卷 ……………… 2－545
瀛奎律髓刊誤四十九卷 ……………… 2－545

瀛奎律髓刊誤四十九卷 ……………… 2－545
瀛奎律髓四十九卷 …………………… 2－544
瀛奎律髓四十九卷 …………………… 2－545
瀛奎律髓四十九卷 …………………… 2－545
瀛奎律髓四十九卷 …………………… 2－545
瀛奎律髓四十九卷 …………………… 2－545
瀛海探驪集八卷 ……………………… 3－19
瀛寰譯音異名記十二卷 ……………… 1－513
瀛環志略十卷 ………………………… 2－103
瀛環志略十卷 ………………………… 2－103
瀛環志略十卷 ………………………… 2－103
瀛環志略十卷 ………………………… 2－103
瀛環志略十卷 ………………………… 2－103
瀛環志略十卷 ………………………… 2－103
瀛環志略十卷 ………………………… 2－103
瀛環志略十卷 ………………………… 2－103
瀛環志略十卷 ………………………… 2－104
瀛環志略十卷 ………………………… 2－104
瀛環志略十卷 ………………………… 2－104
瀛環志略十卷 ………………………… 2－104
瀛環志略十卷 ………………………… 2－104
瀛環志略十卷 ………………………… 2－104
瀛環志略十卷 ………………………… 2－104
瀛環志略十卷 ………………………… 2－104
瀛環志略十卷 ………………………… 2－104
瀛環志略十卷 ………………………… 2－104
瀛環志略十卷 ………………………… 2－104
瀛環志略十卷首一卷 ………………… 3－535
瀛環志略辨正一卷 …………………… 2－104
瀛環志略辨正一卷 …………………… 2－104
瀛環志略辨正一卷 …………………… 2－104
瀛環志略續集四卷末一卷 …………… 2－104
瀛壖雜志六卷 ………………………… 2－69
瀛壖雜志六卷 ………………………… 2－69
瀛壖雜志六卷 ………………………… 2－69
瀛壖雜志六卷 ………………………… 2－69
瀛壖雜志六卷 ………………………… 2－69
疆村詞四卷 …………………………… 3－434
疆村詞四卷 …………………………… 3－434
疆恕齋公牘 …………………………… 1－476

疆恕齋公牘 ······························· 1 – 476
疆恕齋公牘 ······························· 1 – 476
嬾真子五卷 ···························· 2 – 361
繹史一百六十卷世系圖一卷年表一卷
 ································· 1 – 244
繹史一百六十卷世系圖一卷年表一卷
 ································· 1 – 244
繹史一百六十卷世系圖一卷年表一卷
 ································· 1 – 244
繹史一百六十卷世系圖一卷年表一卷
 ································· 1 – 244
繹史一百六十卷世系圖一卷年表一卷
 ································· 1 – 244
繹史一百六十卷世系圖一卷年表一卷
 ································· 1 – 244
繹史一百六十卷世系圖一卷年表一卷
 ································· 1 – 244
繹史一百六十卷世系圖一卷年表一卷
 ································· 1 – 244
繹史一百六十卷世系圖一卷年表一卷
 ································· 1 – 244
繹史一百六十卷世系圖一卷年表一卷
 ································· 1 – 244
繹史一百六十卷世系圖一卷年表一卷
 ································· 1 – 244
繹史一百六十卷世系圖一卷年表一卷
 ································· 1 – 244
繹史一百六十卷世系圖一卷年表一卷
 ································· 1 – 244
繹史一百六十卷世系圖一卷年表一卷
 ································· 1 – 244
繹史摭遺十八卷 ···················· 1 – 245
繹史摭遺十卷 ······················· 1 – 265
繹史摭遺十卷 ······················· 1 – 265
繹志十九卷 ··························· 2 – 181
繹志十九卷 ··························· 2 – 181
繹志十九卷 ··························· 2 – 181

繹志十九卷 ··························· 2 – 181
繹志十九卷 ··························· 2 – 181
繹志十九卷 ··························· 2 – 181
繹志十九卷 ··························· 2 – 181
繹雅堂詩錄二卷 ···················· 3 – 383
繪水集三卷 ······················· 3 – 29
繪地法原一卷 ······················ 2 – 317
繪地法原一卷 ······················ 2 – 317
繪地法原一卷 ······················ 2 – 317
繪地法原一卷 ······················ 2 – 317
繪林伐材十卷 ······················ 2 – 323
繪風亭評第七才子書琵琶記六卷 ····· 3 – 440
繪像綉香囊全傳七集十四卷 ········· 3 – 447
繪圖七俠五義二十四卷一百二十回
 ································· 3 – 468
繪圖七俠五義二十四卷一百二十回
 ································· 3 – 468
繪圖才子奇緣四卷三十二回 ········· 3 – 473
繪圖巧合奇冤全傳十卷 ············· 3 – 447
繪圖孝義真迹珠塔緣四卷二十四回 ··· 3 – 445
繪圖希奇古怪四卷 ··················· 3 – 459
繪圖希奇古怪四卷 ··················· 3 – 459
繪圖宋史奇書十二卷六十六回 ······· 3 – 447
繪圖珍珠塔後傳麒麟豹四卷六十回
 ································· 3 – 445
繪圖珍珠塔後傳麒麟豹四卷六十回
 ································· 3 – 445
繪圖皆大歡喜四卷二十回 ··········· 3 – 467
繪圖俠義風月傳四卷十八回 ········· 3 – 468
繪圖俠義風月傳四卷十八回 ········· 3 – 468
繪圖後玉蜻蜓四卷 ·················· 3 – 447
繪圖後西廂記四卷首一卷 ··········· 3 – 439
繪圖風流天子傳八卷四十回 ········· 3 – 465
繪圖風流天子傳八卷四十回 ········· 3 – 465
繪圖度世金繩四卷二十回 ··········· 3 – 467
繪圖陰陽鬪異說傳奇十六回 ········· 3 – 474
繪圖孫龐演義四卷二十回 ··········· 3 – 467
繪圖筆生花十六卷三十二回 ········· 3 – 445
繪圖筆生花十六卷三十二回 ········· 3 – 445
繪圖筆生花十六卷三十二回 ········· 3 – 445
繪圖評點女仙外史一百回 ··········· 3 – 469

繪圖評點女仙外史八卷一百回 ……… 3－469

繪圖蒙學三字經歷史圖說 ………… 3－539

繪圖粵東繁華夢二卷四十回 ……… 3－475

繪圖新輯珍珠衫全本二卷 ………… 3－462

繪圖綴白裘十二集四十八卷 ……… 3－450

繪圖綴白裘十二集四十八卷 ……… 3－450

繪圖綴白裘十二集四十八卷 ……… 3－450

繪圖增補萬寶全書二十卷續編五卷 … 2－399

繪圖增像後列國志八卷六十回 ……… 3－474

繪圖蕩平奇妖傳六卷二十回映旭齋增

　訂北宋三遂平妖續傳六卷二十回

　　　　　　　　　　　　……… 3－466

繪圖劍俠飛仙傳六卷四十回 ……… 3－474

繪圖劍俠飛仙傳六卷四十回 ……… 3－474

繪圖劍俠飛仙傳六卷四十回 ……… 3－474

繪圖劍俠飛仙傳六卷四十回 ……… 3－474

繪圖歷代神仙傳十二卷 ………… 2－479

繪圖鴛鴦夢四卷十六回 ………… 3－474

繪圖鴛鴦夢四卷十六回 ………… 3－474

繪圖賽桃源全傳四卷三十回 ……… 3－468

繪圖續今古奇觀六卷三十回 ……… 3－465

繪圖續今古奇觀六卷三十回 ……… 3－465

繪圖續隋唐演義四卷四十回 ……… 3－472

蘭石軒印草 ………………… 2－342

蘭石畫譜 …………………… 2－337

蘭汀存稿八卷附錄一卷 ………… 3－170

蘭竹名冊一卷 ……………… 2－337

［道光］蘭州府志十二卷 ……… 1－543

蘭言集二十四卷 ………………… 3－65

蘭言集十二卷 …………………… 3－27

蘭苕館外史十卷 ……………… 3－457

蘭貞刪餘詩草一卷 …………… 3－214

蘭修館賦稿一卷 ……………… 3－410

蘭修館賦稿一卷 ……………… 3－410

蘭修館賦稿一卷 ……………… 3－410

蘭舫詩遺一卷 ………………… 3－326

蘭雪堂古事苑定本十二卷 ……… 2－503

蘭雪堂古事苑定本十二卷 ……… 2－503

蘭雪堂詩稿不分卷 …………… 3－198

蘭湄幻墨二卷 ………………… 2－350

蘭當詞二卷 …………………… 3－326

蘭當詞二卷 …………………… 3－326

蘭當詞二卷 …………………… 3－326

蘭臺軌範八卷 ………………… 2－249

蘭臺軌範八卷 ………………… 2－249

蘭臺遺稿二卷附錄一卷續編一卷 … 3－346

蘭墅詩存二卷 ………………… 3－316

蘭閨寶錄六卷 ………………… 1－298

蘭蕙同心錄不分卷 …………… 2－354

蘭韻堂詩集十二卷文集五卷 …… 3－215

蘭韻堂詩集十二卷文集五卷 …… 3－215

蘭韻堂詩集十二卷文集五卷 …… 3－215

醴邑東城南華宮志三卷 ………… 2－55

醴陵集十卷 ……………………… 3－78

醴陵集十卷 ……………………… 3－78

［嘉慶］醴陵縣志二十六卷首一卷 …… 2－43

［同治］醴陵縣志十四卷首一卷末一卷

　　　　　　　　　　　　……… 2－43

醴陵縣志捐目 …………………… 2－67

醴陵縣育嬰堂皆不忍堂續紀合編 … 2－62

醴陵縣皆不忍堂紀事十一卷 …… 2－62

醴陵縣皆不忍堂紀事十一卷 …… 2－62

醴陵縣重修北城武廟集義祀新志四卷

　　　　　　　　　　　　……… 2－55

醴陵縣詳定清查保甲章程一卷 …… 1－475

醴陵縣樂輪局紀事四卷 …………… 2－62

醴陵縣樂輪局譜一卷 …………… 2－62

醴陵縣興賢堂志 ………………… 2－62

醴陵縣學宮紀事二卷 …………… 2－59

醴陵縣學宮紀事二卷 …………… 2－59

醴陵縣學宮紀事二卷 …………… 2－59

［同治］酆都縣志四卷首一卷 …… 2－37

［嘉靖］耀州志十一卷 ………… 1－541

鶡冠子三卷 ……………………… 2－470

鶡冠子三卷 ……………………… 2－470

鶡冠子三卷 ……………………… 2－470

鶡冠子三卷 ……………………… 2－470

鶡冠子三卷 ……………………… 2－470

鶡冠子三卷 ……………………… 2－470

二十畫

蠔蠓集五卷 ………………… 3－182

蠏廬詩鈔十卷⋯⋯⋯⋯⋯⋯ 3－198
蠕範八卷⋯⋯⋯⋯⋯⋯⋯⋯ 2－353
蠕範六卷補遺一卷⋯⋯⋯⋯⋯ 2－353
嚶求集四卷⋯⋯⋯⋯⋯⋯⋯ 3－363
嚼梅吟二卷⋯⋯⋯⋯⋯⋯⋯ 3－357
嚼梅吟二卷⋯⋯⋯⋯⋯⋯⋯ 3－357
籌防十二卷⋯⋯⋯⋯⋯⋯⋯ 1－471
籌洋芻議一卷⋯⋯⋯⋯⋯⋯ 2－105
籌洋芻議一卷⋯⋯⋯⋯⋯⋯ 2－105
籌海初集四卷⋯⋯⋯⋯⋯⋯ 1－471
籌海初集四卷⋯⋯⋯⋯⋯⋯ 3－534
籌海圖志四卷⋯⋯⋯⋯⋯⋯ 1－470
籌海圖編十三卷⋯⋯⋯⋯⋯ 1－469
籌海圖編十三卷⋯⋯⋯⋯⋯ 1－469
籌蒙芻議二卷⋯⋯⋯⋯⋯⋯ 1－470
籌蒙芻議二卷⋯⋯⋯⋯⋯⋯ 1－470
籌蒙芻議二卷⋯⋯⋯⋯⋯⋯ 1－470
籌蒙芻議二卷⋯⋯⋯⋯⋯⋯ 1－470
籌蜀篇二卷⋯⋯⋯⋯⋯⋯⋯ 1－443
籌辦湖北各學堂摺一卷⋯⋯⋯ 1－431
籌辦湖北各學堂摺一卷⋯⋯⋯ 1－431
籌辦湖北各學堂摺一卷⋯⋯⋯ 1－431
籌辦湖北各學堂摺一卷⋯⋯⋯ 1－431
籌濟編三十二卷首一卷⋯⋯⋯ 1－457
籌濟編三十二卷首一卷⋯⋯⋯ 1－457
籌濟編三十二卷首一卷⋯⋯⋯ 1－457
籌濟編三十二卷首一卷⋯⋯⋯ 1－457
籌濟編三十二卷首一卷⋯⋯⋯ 1－457
籌濟編三十二卷首一卷⋯⋯⋯ 1－457
籌濟編三十二卷首一卷⋯⋯⋯ 1－458
籌濟編三十二卷首一卷⋯⋯⋯ 1－458
籌濟編三十二卷首一卷⋯⋯⋯ 1－458
籌濟編三十二卷首一卷⋯⋯⋯ 1－458
纂集通覽湘山志二卷⋯⋯⋯⋯ 2－77
纂集通覽湘山志二卷⋯⋯⋯⋯ 2－77
纂圖互註荀子二十卷⋯⋯⋯⋯ 2－173
纂圖互註南華真經十卷⋯⋯⋯ 2－467
覺生詩鈔十卷詠物詩鈔四卷詠史詩
　鈔三卷感舊詩鈔二卷⋯⋯⋯ 3－400
覺生詩鈔十卷詠物詩鈔四卷詠史詩
　鈔三卷感舊詩鈔二卷⋯⋯⋯ 3－400

覺生詩續鈔四卷自訂年譜一卷⋯⋯⋯ 3－400
覺迷要錄四卷⋯⋯⋯⋯⋯⋯ 1－267
覺迷要錄四卷⋯⋯⋯⋯⋯⋯ 1－267
覺迷要錄四卷⋯⋯⋯⋯⋯⋯ 1－268
覺迷要錄四卷⋯⋯⋯⋯⋯⋯ 1－268
覺迷要錄四卷⋯⋯⋯⋯⋯⋯ 1－268
鐔津文集二十二卷⋯⋯⋯⋯ 3－121
鐔津文集十九卷首一卷⋯⋯⋯ 3－121
鐔津文集十九卷首一卷⋯⋯⋯ 3－121
鐔津文集十九卷首一卷⋯⋯⋯ 3－121
鐔墟堂摘稿二十卷⋯⋯⋯⋯ 3－175
鐫地理參補評林圖訣全備平沙玉尺
　經二卷⋯⋯⋯⋯⋯⋯⋯⋯ 2－415
鐫京本賈公圖像水黃牛經合併大全二卷
　⋯⋯⋯⋯⋯⋯⋯⋯⋯⋯ 2－290
鐫眉公陳先生評選莊子南華經雋四卷
　⋯⋯⋯⋯⋯⋯⋯⋯⋯⋯ 2－471
鐫恥集五卷⋯⋯⋯⋯⋯⋯⋯ 3－367
鐫恥集五卷⋯⋯⋯⋯⋯⋯⋯ 3－367
鐫匯附百公帷中啟論書經講義會編
　十二卷⋯⋯⋯⋯⋯⋯⋯⋯ 1－29
鐫愁山館詩草一卷詩餘一卷⋯⋯ 3－277
鐫愁山館詩草一卷詩餘一卷⋯⋯ 3－277
鐘鼎字源五卷⋯⋯⋯⋯⋯⋯ 1－181
鐘鼎字源五卷⋯⋯⋯⋯⋯⋯ 1－181
鐘鼎字源五卷⋯⋯⋯⋯⋯⋯ 1－181
鐘鼎字源五卷⋯⋯⋯⋯⋯⋯ 1－181
鐘鼎字源五卷⋯⋯⋯⋯⋯⋯ 1－181
鐘鼎字源五卷⋯⋯⋯⋯⋯⋯ 1－181
鐙窗瑣話十卷⋯⋯⋯⋯⋯⋯ 3－480
釋毛詩音四卷⋯⋯⋯⋯⋯⋯ 1－47
釋毛詩音四卷⋯⋯⋯⋯⋯⋯ 1－47
釋毛詩音四卷⋯⋯⋯⋯⋯⋯ 1－47
釋毛詩音四卷⋯⋯⋯⋯⋯⋯ 1－47
釋毛詩音四卷⋯⋯⋯⋯⋯⋯ 1－186
釋氏十三經⋯⋯⋯⋯⋯⋯⋯ 2－420
釋氏十三經註疏⋯⋯⋯⋯⋯ 2－420
釋氏四書⋯⋯⋯⋯⋯⋯⋯⋯ 2－420
釋氏安仙科文一卷⋯⋯⋯⋯ 2－458
釋氏宗譜八卷首二卷⋯⋯⋯⋯ 2－462

釋氏書啟一卷	2 – 453
釋氏發奏顯密科文一卷	2 – 458
釋氏蕩穢顯密科一卷	2 – 458
釋氏稽古略四卷	2 – 462
釋氏稽古略四卷	2 – 462
釋氏稽古略四卷	2 – 462
釋氏稽古略四卷	2 – 462
釋氏請聖顯密科文一卷	2 – 458
釋文辯誤十二卷	3 – 547
釋名八卷	1 – 139
釋名八卷	1 – 139
釋名八卷	1 – 139
釋名四卷	1 – 139
釋名四卷	1 – 139
釋名四卷	1 – 139
釋名疏證八卷補遺一卷續釋名一卷	1 – 139
釋名疏證八卷補遺一卷續釋名一卷	1 – 139
釋名疏證八卷補遺一卷續釋名一卷	1 – 139
釋名疏證八卷補遺一卷續釋名一卷	1 – 139
釋名疏證八卷補遺一卷續釋名一卷	1 – 139
釋名疏證八卷補遺一卷續釋名一卷	1 – 139
釋名疏證八卷補遺一卷續釋名一卷	1 – 139
釋名疏證八卷補遺一卷續釋名一卷	1 – 139
釋名疏證八卷續釋名一卷釋名補遺一卷疏證補附一卷	1 – 139
釋名疏證八卷續釋名一卷釋名補遺一卷疏證補附一卷	1 – 139
釋名疏證八卷續釋名一卷釋名補遺一卷疏證補附一卷	1 – 139
釋名疏證八卷續釋名一卷釋名補遺一卷疏證補附一卷	1 – 139
釋名疏證八卷續釋名一卷釋名補遺一卷疏證補附一卷	1 – 139
釋名疏證補八卷續釋名一卷釋名補遺一卷疏證補附一卷	3 – 547
釋字百韻一卷	1 – 141
釋門迎佛顯密科範一卷	2 – 458
釋門真孝錄五卷	2 – 456
釋迦文佛紀略一卷	2 – 463
釋迦如來應化事蹟不分卷	2 – 463
釋迦如來應化事蹟不分卷	2 – 463
釋迦如來應化事蹟不分卷	2 – 463
釋迦如來應化事蹟不分卷	2 – 463
釋迦如來應化事蹟不分卷	2 – 463
釋音一卷	2 – 71
釋音二十五卷	1 – 213
釋音二十五卷	1 – 213
釋教三字經一卷	2 – 440
釋教三字經一卷	2 – 441
釋穀四卷	3 – 547
釋穀四卷	1 – 139
釋穀四卷	1 – 139
釋穀四卷	1 – 139
釋禪波羅蜜次第法門十卷	2 – 444
釋禪波羅蜜次第法門十卷	2 – 444
釋鑒稽古略續集三卷	2 – 462
釋鑒稽古略續集三卷	2 – 462
釋鑒稽古略續集三卷	2 – 462
釋鑒稽古略續集三卷	2 – 462
[同治]饒州府志三十二卷首一卷	2 – 9
饒葆丞文集	3 – 412
饋石齋印存	2 – 339
饋石齋印存	2 – 339
饋石齋印譜	2 – 339
賸存詩草一卷續草一卷進呈集一卷	3 – 399
賸說不分卷讔語續編一卷	2 – 372
鰈硯廬詩鈔二卷聯吟集一卷	3 – 408
護生編一卷	2 – 452
護法論一卷	2 – 448
護法論一卷	2 – 448
懺摩錄一卷	2 – 195
夔一足題詞一卷	3 – 56
[道光]夔州府志三十六卷首一卷	2 – 37
夔門送行詩二卷續編一卷	3 – 26

516

夔夔堂詩略一卷補遺一卷……………… 3－394

［光緒］灌縣鄉土志二卷 ……………… 2－33

［光緒］寶山縣志稿十四卷首一卷 ……… 2－1

寶王三昧念佛直指一卷 ………………… 2－449

寶王三昧念佛直指一卷 ………………… 2－449

寶王三昧念佛直指一卷 ………………… 2－449

寶王三昧念佛直指一卷 ………………… 2－449

寶印集六卷附二卷 ……………………… 3－56

寶存四卷 ………………………………… 3－551

寶刻叢編二十卷 ………………………… 2－124

寶奎堂集十二卷 ………………………… 3－324

寶奎堂集十二卷 ………………………… 3－324

寶韋齋類稿 ……………………………… 3－517

寶韋齋類稿 ……………………………… 3－517

寶韋齋類稿 ……………………………… 3－517

寶韋齋類稿 ……………………………… 3－517

寶韋齋類稿 ……………………………… 3－517

寶韋齋類稿□□卷 ……………………… 3－227

寶素堂時文不分卷 ……………………… 3－378

寶華山志十五卷首一卷 ………………… 2－77

寶華山志十五卷首一卷 ………………… 2－77

寶華山志十五卷首一卷 ………………… 2－77

寶真齋法書贊二十八卷 ………………… 2－320

寶晉英光集六卷 ………………………… 3－114

寶訓八卷 ………………………………… 2－238

寶訓八卷 ………………………………… 3－550

寶書堂詩鈔八卷水蜜桃譜一卷………… 3－379

寶經堂綱鑑易知錄九十二卷明鑑易

　知錄十五卷 …………………………… 1－228

寶寧志八卷 ……………………………… 2－55

寶綸堂文鈔八卷 ………………………… 3－382

寶綸堂文鈔八卷詩鈔六卷 ……………… 3－383

寶綸堂集十卷拾遺一卷 ………………… 3－318

寶綸堂集十卷拾遺一卷 ………………… 3－318

寶綸堂集十卷拾遺一卷 ………………… 3－318

寶綸堂集十卷拾遺一卷 ………………… 3－318

［康熙］寶慶府志二十八卷 …………… 2－45

［乾隆］寶慶府志八十四卷首二卷 …… 2－45

［康熙］寶慶府志三十八卷首一卷 …… 2－45

寶慶府黃草壩土藥統稅局公事持號 … 1－492

寶鴨齋詩草不分卷 ……………………… 3－287

寶鴨齋題跋三卷 ………………………… 2－126

寶鴨齋題跋三卷 ………………………… 2－126

寶鴨齋題跋三卷 ………………………… 2－126

寶鴨齋題跋三卷 ………………………… 2－126

寶鴨齋題跋三卷 ………………………… 2－126

寶鴨齋題跋三卷 ………………………… 2－126

寶鴨齋題跋三卷 ………………………… 2－126

寶鴨齋題跋三卷 ………………………… 2－126

寶藏論一卷 ……………………………… 2－443

寶藏論一卷 ……………………………… 2－443

寶藏興焉十二卷 ………………………… 2－315

寶藏興焉十二卷 ………………………… 2－315

寶藏興焉十二卷 ………………………… 2－315

寶藏興焉十二卷 ………………………… 2－315

［道光］寶應圖經六卷首二卷 ………… 1－551

寶顏堂訂正雨航雜錄二卷 ……………… 2－365

寶顏堂秘笈 ……………………………… 3－490

寶顏堂秘笈 ……………………………… 3－490

寶顏堂續秘笈 …………………………… 3－490

寶彝堂文存二卷 ………………………… 3－354

寶彝堂文存二卷 ………………………… 3－354

寶彝堂文存二卷 ………………………… 3－354

寶彝堂文存二卷 ………………………… 3－354

寶彝堂文存二卷 ………………………… 3－354

寶鏡重圓一卷 …………………………… 3－449

寶氏聯珠集一卷 ………………………… 3－40

寶存四卷 ………………………………… 2－397

寶存四卷 ………………………………… 2－397

寶存四卷 ………………………………… 2－397

寶存四卷 ………………………………… 2－397

寶存四卷 ………………………………… 2－397

寶存四卷 ………………………………… 2－397

響泉集三十卷 …………………………… 3－410

繼雅堂詩集三十四卷 …………………… 3－319

繼雅堂詩集三十四卷 …………………… 3－319

二十一畫

鬘天影事譜四卷………………………… 3－434

權制八卷 ………………………………… 2－229

權制八卷 ………………………………… 2－229

權制八卷 ………………………………… 2－229

權制八卷 …………………… 2－229　　鐵瓶東游草一卷 ……………………… 3－307

權制八卷 …………………… 3－537　　鐵瓶詩鈔九卷雜存二卷 …………… 3－307

權衡一書四十一卷 …………… 2－399　　鐵瓶詩鈔九卷雜存二卷 …………… 3－307

權衡一書四十一卷 …………… 2－399　　鐵瓶詩鈔九卷雜存二卷 …………… 3－307

欀隱庵賸稿一卷 ……………… 3－41　　鐵瓶詩鈔九卷雜存二卷 …………… 3－307

夥軒孔氏所著書 ……………… 3－513　　鐵瓶詩鈔九卷雜存二卷 …………… 3－307

露香書屋詩集十卷 …………… 3－308　　鐵梅叢書 ………………………… 2－517

露瀋園稿四卷定山堂古文小品二卷　　鐵崖先生古樂府十六卷 ………… 3－151

　續集一卷雜序一卷龔端毅公奏疏　　鐵崖詩集三種 …………………… 3－151

　八卷浠川政譜二卷 ………… 3－414　　鐵崖詩集三種 …………………… 3－151

攝大乘論釋四十八卷二論一卷三論一卷　　鐵庵引叢 ………………………… 2－335

　……………………………… 2－430　　鐵琴銅劍樓藏書目錄二十四卷 …… 2－142

攝生衆妙方十一卷 …………… 2－262　　鐵琴銅劍樓藏書目錄二十四卷 …… 2－142

攜雪堂文集一卷詩集一卷對聯一卷　　鐵琴銅劍樓藏書目錄二十四卷 …… 2－142

　罔極編一卷家訓一卷時文一卷試　　鐵琴銅劍樓藏書目錄二十四卷 …… 2－142

　帖一卷 ……………………… 3－235　　鐵琴銅劍樓藏書目錄二十四卷 …… 2－142

攜雪堂文集四卷 ……………… 3－235　　鐵琴銅劍樓藏書目錄二十四卷 …… 2－142

籑喜廬所輯書 ………………… 2－231　　鐵琴銅劍樓藏書目錄二十四卷 …… 2－142

籑喜廬叢書 …………………… 3－501　　鐵琴銅劍樓藏書目錄二十四卷 …… 2－142

儷白妃黃冊一卷 ……………… 3－54　　鐵琴銅劍樓藏書目錄二十四卷 …… 2－142

儷山文集一百卷目錄二卷外集四十卷　　鐵琴銅劍樓藏書目錄二十四卷 …… 2－142

　……………………………… 3－172　　鐵雲藏陶一卷 …………………… 2－343

儷山外集四十卷 ……………… 2－398　　鐵雲藏陶一卷 …………………… 2－343

鐵甲叢譚五卷圖一卷 ………… 2－234　　鐵畫樓詩續鈔二卷 ……………… 3－313

鐵甲叢譚五卷圖一卷 ………… 2－234　　鐵路紀要三卷 …………………… 1－461

鐵甲叢譚五卷圖一卷 ………… 2－234　　鐵路紀要三卷 …………………… 1－461

鐵花山館詩稿八卷 …………… 3－236　　鐵網珊瑚二十卷 ………………… 2－321

鐵厓三種 ……………………… 3－151　　鐵網珊瑚二十卷 ………………… 2－321

鐵厓三種 ……………………… 3－151　　鐵網珊瑚二十卷 ………………… 2－322

鐵厓詠史八卷小樂府一卷 …… 3－151　　鐵網珊瑚二十卷 ………………… 2－322

鐵函齋書跋四卷 ……………… 2－330　　鐵網珊瑚二十卷 ………………… 2－322

鐵冠圖五十回 ………………… 3－469　　鐵網珊瑚二十卷 ………………… 2－322

鐵耕齋印本 …………………… 2－344　　鐵網珊瑚書事八卷畫品五卷 ……… 2－321

鐵耕齋印存 …………………… 2－344　　鐵網珊瑚書品十卷畫品六卷 ……… 2－321

鐵耕齋印存 …………………… 2－344　　鐵網珊瑚書品十卷畫品六卷 ……… 2－321

鐵耕齋印譜 …………………… 2－344　　鐵橋漫稿十三卷 ………………… 3－409

鐵華館叢書 …………………… 3－502　　鐵橋漫稿八卷 …………………… 3－409

鐵華館叢書 …………………… 3－502　　鐵橋漫稿八卷 …………………… 3－409

鐵華館叢書 …………………… 3－502　　鐵橋漫稿八卷 …………………… 3－409

鐵華館叢書 …………………… 3－502　　鐵橋漫稿八卷 …………………… 3－409

鐵華館叢書 …………………… 3－502　　鐵橋漫稿八卷 …………………… 3－409

鐵橋漫稿八卷 …………………… 3-409
鐵橋漫稿八卷 …………………… 3-552
臟腑證治圖說人鏡經八卷附錄二卷 … 2-261
麝塵集一卷 ……………………… 3-205
辯中邊論三卷 …………………… 2-430
辯論三十篇一卷 ………………… 2-413
辯論三十篇一卷 ………………… 2-413
辯論三十篇一卷 ………………… 2-413
辯論三十篇一卷 ………………… 2-413
辯論三十篇一卷 ………………… 2-413
辯論三十篇一卷 ………………… 2-413
辯論三十篇一卷 ………………… 2-414
辯論三十篇一卷 ………………… 2-414
辯論三十篇一卷 ………………… 2-414
顧氏明朝四十家小說 …………… 3-451
顧文康公文草十卷首一卷詩草六卷
　　續稿六卷 …………………… 3-187
顧非熊詩一卷 …………………… 3-109
顧亭林先生年譜一卷 …………… 1-327
顧亭林先生年譜一卷 …………… 1-327
顧亭林先生年譜一卷 …………… 1-327
顧亭林先生年譜一卷 …………… 1-327
顧亭林先生年譜一卷 …………… 1-327
顧亭林先生年譜一卷 …………… 1-327
顧亭林先生詩箋註十七卷集外詩一卷
　　………………………………… 3-411
顧亭林先生詩箋註十七卷集外詩一卷
　　………………………………… 3-411
顧亭林先生詩箋註十七卷集外詩一卷
　　………………………………… 3-411
顧亭林先生遺書 ………………… 3-529
顧亭林先生遺書 ………………… 3-529
顧亭林先生遺書 ………………… 3-529
顧亭林先生遺書 ………………… 3-529
顧亭林先生遺書 ………………… 3-529
顧亭林先生遺書 ………………… 3-529
顧亭林先生遺書 ………………… 3-529
顧亭林先生遺書 ………………… 3-529
顧亭林先生遺書 ………………… 3-529
顧華陽集二卷補遺一卷 ………… 3-109

顧華陽集三卷 …………………… 3-109
顧道穆尺牘一卷 ………………… 3-411
顧鳳翔遺集一卷 ………………… 3-412
顧端文公遺書 …………………… 3-511
顧端文公遺書 …………………… 3-512
顧雙溪集九卷 …………………… 3-411
鶴山文鈔三十二卷 ……………… 3-138
鶴山文鈔三十二卷 ……………… 3-138
鶴山文鈔三十二卷 ……………… 3-138
鶴山文鈔三十二卷 ……………… 3-138
鶴山文鈔三十二卷 ……………… 3-138
鶴山文鈔三十二卷 ……………… 3-138
鶴村三集一卷 …………………… 3-388
鶴林玉露十六卷 ………………… 2-362
鶴林玉露十六卷補遺一卷 ……… 2-362
鶴林玉露十卷 …………………… 2-362
鶴茗詞鈔一卷 …………………… 3-430
鶴茗詞鈔一卷 …………………… 3-430
鶴茗詞鈔一卷 …………………… 3-430
[光緒]鶴峰州志十四卷首一卷 … 2-26
[同治]鶴峰州志十四卷首一卷 … 2-26
[道光]鶴峰州志十四卷首一卷 … 2-26
鶴陽新河紀略一卷 ……………… 1-249
鶴溪文稿不分卷 ………………… 3-198
鶴窠村人初稿一卷賓紅閣艷體詩一卷
　　………………………………… 3-340
鶴壽山房四六文四卷詩集四卷 … 3-222
鶴壽山房四六文四卷詩集四卷 … 3-222
鶴壽山房詩集四卷 ……………… 3-222
鶴銘考補一卷 …………………… 2-126
鶴影山人文集四卷 ……………… 3-264
鶴儕軒詩草八卷 ………………… 3-272
鶴磵詩龕集八卷薲波詞一卷 …… 3-356
鶴歸來傳奇二卷 ………………… 3-443
鶴歸來傳奇二卷 ………………… 3-443
鶴歸來傳奇二卷 ………………… 3-443
續二十家時文稿不分卷 ………… 3-21
續人天寶鑒十卷 ………………… 2-455
續山東考古錄三十二卷首一卷 … 2-71
續山東考古錄三十二卷首一卷 … 2-72
續山東考古錄三十二卷首一卷 … 2-72

[同治]續天津縣志二十卷首一卷 … 1-531
續太平廣記四卷 ························ 3-457
續文獻通考二百五十四卷 ·········· 1-416
續文獻通考三百五十卷 ·············· 3-535
續文獻通考纂二十二卷 ·············· 1-416
續方言二卷 ···························· 1-131
續方言二卷 ···························· 3-547
續方言補一卷 ························· 3-547
續方言補二卷 ························· 1-131
續方言疏證二卷 ······················ 1-131
續刊文廟祀位一卷 ··················· 1-430
續刊文廟祀位一卷 ··················· 1-430
續古文苑二十卷 ······················ 2-535
續古文苑二十卷 ······················ 2-535
續古文苑二十卷 ······················ 2-535
續古文苑二十卷 ······················ 2-536
續古文苑二十卷 ······················ 2-536
續古文苑二十卷 ······················ 2-536
續古文苑二十卷 ······················ 2-536
續古文奇賞三十四卷 ················· 2-529
續古文奇賞三十四卷 ················· 2-529
續古文辭類纂二十八卷 ·············· 2-540
續古文辭類纂二十八卷 ·············· 2-540
續古文辭類纂二十八卷 ·············· 2-540
續古文辭類纂二十八卷 ·············· 2-540
續古文辭類纂二十八卷 ·············· 2-540
續古文辭類纂二十八卷 ·············· 2-540
續古文辭類纂二十八卷 ·············· 2-540
續古文辭類纂二十八卷 ·············· 2-540
續古文辭類纂二十八卷 ·············· 2-540
續古文辭類纂十五卷 ················· 2-534
續古文辭類纂十五卷 ················· 2-534
續古文辭類纂三十四卷 ·············· 2-535
續古文辭類纂三十四卷 ·············· 2-542
續古文辭類纂三十四卷 ·············· 2-542
續古文辭類纂三十四卷 ·············· 2-542
續古文辭類纂三十四卷 ·············· 2-542
續古文辭類纂三十四卷 ·············· 2-542
續古文辭類纂三十四卷 ·············· 2-542
續古文辭類纂三十四卷 ·············· 2-542

續古文辭類纂三十四卷 ·············· 2-542
續四書遺訓後集四卷 ················· 1-107
續考古圖五卷 ························· 2-120
續亘史二十卷 ························· 2-486
續西國近事彙編:同治癸酉至光緒
　丁酉二十八卷 ····················· 2-154
續百川學海 ···························· 3-489
續夷堅志四卷 ························· 3-459
[同治]續伏羌縣志六卷 ··············· 1-544
續名醫類案三十六卷 ················· 2-268
續守寶錄四卷 ························· 1-269
續呂氏家塾讀詩記三卷 ·············· 1-41
續東軒遺集三卷 ······················ 3-275
續東軒遺集三卷 ······················ 3-275
續岡州遺稿八卷 ······················ 3-39
續知不足齋叢書 ······················ 3-495
續知不足齋叢書 ······················ 3-495
續金山志二十卷 ······················ 2-79
續金山志二卷 ························· 2-79
續金山志二卷 ························· 2-79
續金山志二卷 ························· 2-79
續金山志二卷 ························· 2-79
續金瓶梅十二卷六十四回 ·········· 3-467
續刻三水關紀事和詩一卷 ·········· 3-39
續刻畜德錄一卷 ······················ 2-206
續刻麻姑山丹霞洞天志十七卷 …… 2-81
續刻簡易新編新增良方一卷 ········ 2-266
續刻讀史快編七十五卷 ·············· 1-389
[乾隆]續河南通志八十卷首四卷 …… 2-16
[乾隆]續河南通志八十卷首四卷 …… 2-16
續春秋左氏博議二卷 ················· 1-87
續春秋左氏博議二卷 ················· 1-87
續茶經三卷 ···························· 2-351
續香山九老壽言錄一卷 ·············· 3-54
[光緒]續修正安州志十卷 ············· 2-39
[光緒]續修白鹽井志十一卷首一卷
　····································· 2-41
[同治]續修永定縣志十二卷首一卷 …… 2-53
續修西道紀略一卷 ··················· 2-68
[光緒]續修安岳縣志四卷 ············· 2-35
[同治]續修高要縣志稿二卷首一卷 …… 2-31

續修問津院志六卷首一卷末一卷 …… 2-61
[宣統]續修楓涇小志十卷首一卷 …… 2-1
[乾隆]續修臺灣府志二十六卷首一卷
　　………………………………… 2-16
[同治]續修寧鄉縣志四十四卷首一卷
　　………………………………… 2-42
[同治]續修寧鄉縣志四十四卷首一卷
　　………………………………… 2-42
[嘉慶]續修潼關廳志三卷 …… 1-543
[同治]續修羅江縣志二十四卷 ……… 2-35
[光緒]續修廬州府志一百卷首一卷 …… 2-2
續後漢書九十卷………………… 1-273
續後漢書九十卷………………… 1-273
續後漢書九十卷………………… 1-273
續後漢書九十卷………………… 1-273
續後漢書四十二卷義例一卷音義四卷
　　………………………………… 1-272
續後漢書四十二卷義例一卷音義四卷
　　………………………………… 1-272
續後漢書四十二卷義例一卷音義四卷
　　………………………………… 1-272
續後漢書四十二卷義例一卷音義四卷
　　………………………………… 1-273
續客窗閑話八卷………………… 3-456
續客窗閑話八卷………………… 3-456
續原教論二卷…………………… 2-452
續原教論二卷…………………… 2-452
續琉球國志略五卷首一卷………… 2-164
[嘉慶]續掖縣志四卷 …………… 1-548
[嘉慶]續常寧縣志二卷 ………… 2-44
續清涼傳二卷…………………… 2-461
續博物志十卷博異記一卷………… 3-454
[光緒]續雲夢縣志略十二卷首一卷末一卷
　　………………………………… 2-21
[道光]續雲夢縣志略十二卷首一卷末一卷
　　………………………………… 2-21
[光緒]續順寧府志稿三十八卷 ……… 2-40
續集漢印分韻二卷………………… 2-343
續集漢印分韻二卷………………… 2-343
續集漢印分韻二卷………………… 2-343
續集漢印分韻二卷………………… 2-343

續集漢印分韻二卷………………… 2-343
續集漢印分韻二卷………………… 2-343
續集漢印分韻二卷………………… 2-343
續集漢印分韻二卷………………… 2-343
續集漢印分韻二卷………………… 2-343
續復古編四卷…………………… 1-166
續復古編四卷…………………… 1-166
續復古編四卷…………………… 3-531
續富國策四卷…………………… 1-443
續富國策四卷…………………… 1-443
續富國策四卷…………………… 1-443
續補清河一先生詩選二卷 ……… 3-28
續碑傳集八十六卷……………… 1-305
續碑傳集八十六卷……………… 1-305
續碑傳集八十六卷……………… 1-305
續碑傳集八十六卷……………… 1-305
續碑傳集八十六卷首二卷………… 3-548
[光緒]續當湖外志八卷附當湖忠義
　　紀略一卷 …………………… 2-5
續資治通鑑二百二十卷………… 1-229
續資治通鑑二百二十卷………… 1-229
續資治通鑑二百二十卷………… 1-229
續資治通鑑二百二十卷………… 1-229
續資治通鑑二百二十卷………… 1-229
續資治通鑑二百二十卷………… 1-229
續資治通鑑二百二十卷………… 1-229
續資治通鑑二百二十卷………… 1-229
續資治通鑑二百二十卷………… 1-229
續資治通鑑二百二十卷………… 1-229
續資治通鑑二百二十卷………… 1-229
續資治通鑑二百二十卷………… 1-229
續資治通鑑二百二十卷………… 1-229
續資治通鑑二百二十卷………… 1-230
續資治通鑑二百二十卷………… 1-230
續資治通鑑二百二十卷………… 1-230
續資治通鑑二百二十卷………… 3-532
續資治通鑑長編一百〇八卷………… 1-224
續資治通鑑長編五百二十卷………… 1-224
續資治通鑑長編五百二十卷目錄二卷
　　………………………………… 1-224

續資治通鑑長編五百二十卷目錄二卷
　　………………………………… 1－224

續資治通鑑長編五百二十卷目錄二卷
　　………………………………… 1－224

續資治通鑑綱目二十七卷………… 1－226

續資治通鑑綱目二十七卷………… 1－226

續資治通鑑綱目二十七卷………… 1－226

續資治通鑑綱目二十七卷………… 1－226

續資治通鑑綱目二十七卷末一卷… 1－226

續資治通鑑綱目二十七卷末一卷… 1－226

續資治通鑑綱目二十七卷末一卷… 1－226

續彙刻書目十二卷補遺一卷……… 2－144

續經濟考不分卷…………………… 2－248

續疑年錄四卷……………………… 1－303

續疑年錄四卷……………………… 1－303

續疑年錄四卷……………………… 1－303

續廣事類賦三十卷………………… 2－490

續廣事類賦三十卷………………… 2－490

續廣事類賦三十卷………………… 2－490

續廣事類賦三十卷………………… 2－490

續廣達生編五卷首二卷…………… 2－280

續廣達生編五卷首二卷…………… 2－280

續廣達生編五卷首二卷…………… 2－280

續齊諧記一卷……………………… 3－461

[同治]續漢州志二十四卷首一卷 …… 2－33

續漢書辨疑九卷…………………… 1－201

續漢書辨疑九卷…………………… 1－201

續漢書辨疑九卷…………………… 1－202

續漢書辨疑九卷…………………… 1－202

[咸豐]續寧武府志一卷 …………… 1－536

續增刑案匯覽十六卷……………… 1－484

[道光]續增高郵州志不分卷 ……… 1－551

[光緒]續增樂至縣志四卷首一卷 …… 2－35

續編資治宋元綱目大全二十七卷… 1－226

[光緒]續輯均州志十六卷首一卷 …… 2－26

[同治]續輯漢陽縣志二十八卷 ……… 2－21

續嫯言四卷………………………… 2－373

[嘉慶]續興安府志八卷 …………… 1－542

續錦機十五卷補遺六卷…………… 2－377

續藏書二十七卷…………………… 1－283

續藏書二十七卷…………………… 1－283

續藏書二十七卷…………………… 1－283

續藏書二十七卷…………………… 1－284

[同治]續纂江寧府志十五卷 ……… 1－549

[道光]續纂宜興荊溪縣志十卷首一卷
　　……………………………………… 2－1

[同治]續纂揚州府志二十四卷 …… 1－550

[同治]續纂靖安縣志十卷首一卷 …… 2－11

二十二畫

聽月樓遺稿二卷…………………… 3－409

聽竹廬集二卷……………………… 3－378

聽松別館印存……………………… 2－341

聽松樓遺稿四卷附錄一卷………… 3－320

聽松樓遺稿四卷附錄一卷………… 3－320

聽松濤館文鈔二十八卷…………… 3－245

聽松濤館詩鈔十一卷……………… 3－245

聽松濤齋詩鈔一卷………………… 3－207

聽松濤齋詩鈔一卷………………… 3－207

聽松濤齋詩鈔一卷………………… 3－207

聽松濤齋詩鈔一卷………………… 3－207

聽松濤齋詩鈔一卷………………… 3－207

聽松濤齋詩鈔一卷………………… 3－208

聽松廬詩鈔十六卷………………… 3－313

聽松廬詩鈔六卷…………………… 3－313

聽雨山房文鈔六卷………………… 3－393

聽雨軒讀本前集不分卷今集不分卷 …… 3－49

聽春館集四卷首一卷……………… 3－354

聽香室遺稿一卷箸紅詞一卷……… 3－389

聽香閣詩集八卷…………………… 3－269

聽香禪室詩集八卷………………… 3－251

聽香禪室詩集八卷………………… 3－252

聽香禪室詩集八卷………………… 3－252

聽香禪室詩集八卷………………… 3－252

聽香禪室詩集八卷………………… 3－252

聽香禪室詩集八卷………………… 3－252

聽秋山館印譜……………………… 2－341

聽秋軒詩集六卷閨中同人集一卷 …… 3－406

聽桐廬殘草一卷…………………… 3－200

聽訓堂詩草不分卷………………… 3－394

聽雲山館詩鈔十卷………………… 3－260

聽雲仙館儷體文集四卷補編一卷續
　　集二卷 ……………………………… 3 – 333
聽園文存八卷 ………………………… 3 – 313
聽園文存八卷 ………………………… 3 – 313
聽園西疆雜述詩四卷 ………………… 3 – 406
聽園詩鈔十六卷 ……………………… 3 – 198
聽園詩鈔十六卷 ……………………… 3 – 198
聽園讀左隨筆二十卷 ………………… 1 – 88
聽園讀左隨筆二十卷 ………………… 1 – 88
聽園讀左隨筆二十卷 ………………… 1 – 88
聽蕉雨樓外集不分卷 ………………… 3 – 343
聽濤園古文四卷 ……………………… 3 – 292
聽濤園古文四卷 ……………………… 3 – 292
聽彝堂偶存稿二十一卷 ……………… 3 – 237
蘿谷詩六卷南癸詞一卷 ……………… 3 – 378
蘿華山館遺集五卷 …………………… 3 – 300
蘿華山館遺集五卷 …………………… 3 – 300
蘿華山館遺集五卷 …………………… 3 – 300
蘿華山館遺集五卷 …………………… 3 – 300
蘿摩亭札記八卷 ……………………… 2 – 376
蘿摩亭札記八卷 ……………………… 2 – 376
蘿摩亭札記八卷 ……………………… 2 – 376
驚風辨證必讀書 ……………………… 2 – 284
鷗汀漁隱詩集四卷 …………………… 3 – 319
鷗陂漁話六卷 ………………………… 2 – 391
鷗笑集一卷十鞾詞鈔一卷 …………… 3 – 434
鑒欹書屋遺草二卷 …………………… 3 – 349
鑒誠錄十卷 …………………………… 3 – 454
鑒誠錄十卷 …………………………… 3 – 454
襄翠樓詩稿二卷 ……………………… 3 – 322
躧離引蒙不分卷 ……………………… 2 – 298
躧離引蒙不分卷 ……………………… 2 – 298
躧離引蒙不分卷 ……………………… 2 – 298
疊山先生文章軌範七卷 ……………… 2 – 526
疊山先生文章軌範七卷 ……………… 2 – 526
疊山先生文章軌範七卷 ……………… 2 – 526
疊山先生文章軌範七卷 ……………… 2 – 526
疊山先生文章軌範七卷 ……………… 2 – 527
疊山先生註解章泉澗泉二先生選唐
　　詩五卷 ………………………………… 3 – 2
疊雅十三卷 …………………………… 1 – 138

巖下放言三卷 ………………………… 2 – 362
巖居稿八卷 …………………………… 3 – 175
體性圖說一卷 ………………………… 2 – 311
體乾堂虔修諸門應症丸散一卷 ……… 2 – 259
穰梨館過眼錄四十卷續錄十六卷 …… 2 – 328
鑄史駢言十二卷 ……………………… 2 – 495
鑄史駢言十二卷 ……………………… 2 – 496
鑄史駢言十二卷 ……………………… 2 – 496
鑄史駢言十二卷 ……………………… 2 – 496
鑄金論略六卷圖一卷 ………………… 2 – 314
鑄錢工藝三卷附圖一卷 ……………… 1 – 463
鑄錢工藝三卷附圖一卷 ……………… 1 – 463
鑄錢工藝三卷附圖一卷 ……………… 1 – 463
鑄鐵齋詩遺稿八卷 …………………… 3 – 383
鑑止水齋集二十卷 …………………… 3 – 297
鑑止水齋集二十卷 …………………… 3 – 297
鑑止水齋集二十卷 …………………… 3 – 297
鑑止水齋集二十卷 …………………… 3 – 297
鑑止水齋集二十卷 …………………… 3 – 297
鑑止水齋集二十卷 …………………… 3 – 297
鑑止水齋集二十卷 …………………… 3 – 297
鑑止水齋集二十卷 …………………… 3 – 297
鑑止水齋集二十卷 …………………… 3 – 297
鑑古齋日記四卷 ……………………… 1 – 405
鑑古齋日記四卷 ……………………… 1 – 405
鑑古齋日記四卷 ……………………… 1 – 405
鑑古齋日記四卷 ……………………… 1 – 405
鑑古齋日記四卷 ……………………… 1 – 405
鑑古齋日記四卷 ……………………… 1 – 405
矍仙神奇秘譜二卷 …………………… 2 – 344
讀王陽明先生集拙語 ………………… 2 – 195
讀左補義五十卷首一卷 ……………… 1 – 88
讀左傳法不分卷 ……………………… 1 – 90
讀史大略六十卷 ……………………… 1 – 400
讀史大略六十卷 ……………………… 1 – 400
讀史大略六十卷 ……………………… 1 – 400
讀史大略六十卷 ……………………… 1 – 400
讀史大略六十卷 ……………………… 1 – 400
讀史大略六十卷 ……………………… 1 – 400
讀史大略六十卷 ……………………… 1 – 400
讀史大略六十卷 ……………………… 1 – 400
讀史大略六十卷首一卷 ……………… 1 – 400

讀史日記一卷 …………………… 3－548
讀史方輿紀要一百三十卷 ………… 1－527
讀史方輿紀要一百三十卷 ………… 1－527
讀史方輿紀要一百三十卷 ………… 1－527
讀史方輿紀要一百三十卷 ………… 1－528
讀史方輿紀要一百三十卷 ………… 1－528
讀史方輿紀要一百三十卷 ………… 1－528
讀史方輿紀要一百三十卷 ………… 1－528
讀史方輿紀要一百三十卷 ………… 1－528
讀史方輿紀要一百三十卷 ………… 1－528
讀史方輿紀要一百三十卷 ………… 3－534
讀史方輿紀要一百三十卷圖一卷 …… 1－527
讀史方輿紀要一百三十卷圖四卷 … 1－526
讀史方輿紀要一百三十卷圖四卷 … 1－527
讀史方輿紀要一百三十卷圖四卷 … 1－527
讀史方輿紀要一百三十卷圖四卷 … 1－527
讀史方輿紀要一百三十卷圖四卷 … 1－527
讀史方輿紀要一百三十卷圖四卷 … 1－527
讀史方輿紀要一百三十卷圖四卷 … 1－527
讀史方輿紀要一百三十卷圖四卷 … 1－527
讀史方輿紀要一百三十卷圖四卷 … 1－527
讀史方輿紀要一百三十卷圖四卷 … 1－527
讀史方輿紀要一百三十卷圖四卷 … 1－527
讀史方輿紀要二百卷 ……………… 3－534
讀史方輿紀要十卷 ………………… 1－528
讀史方輿紀要十卷 ………………… 1－528
讀史方輿紀要十卷 ………………… 1－528
讀史方輿紀要十卷 ………………… 1－528
讀史方輿紀要十卷 ………………… 1－528
讀史方輿紀要十卷 ………………… 1－528
讀史方輿紀要十卷 ………………… 1－528
讀史方輿紀要十卷 ………………… 1－528
讀史方輿紀要十卷 ………………… 1－528
讀史方輿紀要十卷 ………………… 1－528

讀史方輿紀要十卷 ………………… 1－528
讀史方輿紀要十卷 ………………… 1－528
讀史方輿紀要十卷 ………………… 1－528
讀史方輿紀要節本不分卷 ………… 1－528
讀史四集四卷 ……………………… 1－406
讀史兵略十二卷 …………………… 2－227
讀史兵略十二卷 …………………… 2－227
讀史兵略四十六卷 ………………… 2－227
讀史兵略四十六卷 ………………… 2－227
讀史兵略四十六卷 ………………… 2－227
讀史兵略四十六卷 ………………… 2－227
讀史兵略四十六卷 ………………… 2－227
讀史兵略四十六卷 ………………… 2－227
讀史兵略四十六卷 ………………… 2－227
讀史兵略四十六卷 ………………… 2－227
讀史兵略四十六卷 ………………… 2－227
讀史兵略四十六卷 ………………… 2－227
讀史兵略四十六卷 ………………… 3－537
讀史兵略四十六卷 ………………… 3－537
讀史兵略續編十卷 ………………… 2－227
讀史兵略續編十卷 ………………… 2－227
讀史兵略續編十卷 ………………… 2－227
讀史兵略續編十卷 ………………… 2－227
讀史兵略續編十卷 ………………… 2－227
讀史兵略續編十卷 ………………… 2－227
讀史兵略續編十卷 ………………… 2－228
讀史兵略續編十卷 ………………… 2－228
讀史兵略續編十卷 ………………… 2－228
讀史糾謬十五卷 …………………… 1－400
讀史亭詩集十六卷 ………………… 3－346
讀史提要錄十二卷 ………………… 1－403
讀史筆記十卷 ……………………… 1－195
讀史筆記不分卷 …………………… 1－408
讀史備忘八卷 ……………………… 1－294
讀史碎金六卷 ……………………… 1－401
讀史碎金六卷 ……………………… 1－401
讀史碎金註八十卷 ………………… 1－402
讀史碎金註八十卷 ………………… 1－402
讀史瑣言八卷 ……………………… 1－405

讀史管見三十卷目錄二卷 …………… 1－396
讀史管見三卷 ………………………… 3－536
讀史漫錄十四卷 ……………………… 1－396
讀史論略二卷 ………………………… 1－400
讀史鏡古編三十二卷 ………………… 1－407
讀史鏡古編三十二卷 ………………… 1－407
讀史鏡古編三十二卷 ………………… 1－407
讀史鏡古編三十二卷 ………………… 1－407
讀史鏡古編三十二卷 ………………… 1－407
讀史鏡古編三十二卷 ………………… 1－407
讀史鏡古編三十二卷 ………………… 1－407
讀史鏡古編三十二卷 ………………… 1－407
讀史鏡古編三十二卷 ………………… 1－407
讀四書大全說十卷 …………………… 1－102
讀白華草堂詩初集九卷二集十二卷
　首蓿集八卷 ………………………… 3－341
讀老札記二卷補遺一卷 ……………… 2－478
讀杜小箋二卷二箋二卷 ……………… 3－88
讀杜心解六卷首二卷 ………………… 3－86
讀杜心解六卷首二卷 ………………… 3－86
讀杜心解六卷首二卷 ………………… 3－86
讀杜心解六卷首二卷 ………………… 3－86
讀尚書記一卷 ………………………… 1－32
讀易大旨三卷 ………………………… 1－19
讀易反身錄一卷讀禮小事記一卷 …… 1－19
讀易私記□□卷 ……………………… 1－15
讀易初稿八卷 ………………………… 1－15
讀易初稿八卷 ………………………… 1－15
讀易通解十二卷 ……………………… 1－15
讀易通解十二卷 ……………………… 1－15
讀易通解十二卷 ……………………… 1－15
讀易通解十二卷 ……………………… 1－15
讀易通解十二卷 ……………………… 1－15
讀易筆記二卷 ………………………… 1－15
讀易漢學私記二卷補鈔一卷 ………… 1－21
讀易漢學私記二卷補鈔一卷 ………… 1－21
讀易隨筆三卷 ………………………… 1－17
讀易隨筆三卷 ………………………… 1－17

讀易辨疑四卷 ………………………… 1－17
讀易雜記 ……………………………… 1－26
讀易觀象惺惺錄□□卷 ……………… 1－17
讀法圖存四卷 ………………………… 1－482
讀孟子札記二卷 ……………………… 1－112
讀孟子札記二卷 ……………………… 1－112
讀秋水齋文六卷 ……………………… 3－324
讀秋水齋詩十六卷補遺一卷 ………… 3－324
讀律大要 ……………………………… 1－486
讀律心得三卷 ………………………… 1－440
讀莊子札記不分卷 …………………… 2－475
讀書一得初稿 ………………………… 2－379
讀書日記六卷 ………………………… 2－196
讀書引十二卷 ………………………… 2－367
讀書延年堂古今體詩十七卷 ………… 3－388
讀書延年堂古今體詩十七卷 ………… 3－388
讀書延年堂詩鈔三十卷詩餘一卷文
　鈔十卷補存文鈔一卷試帖輯註四
　卷賦存一卷駢體文存二卷詩續集
　十二卷 ……………………………… 3－387
讀書延年堂詩鈔三十卷詩餘一卷文
　鈔十卷補存文鈔一卷試帖輯註四
　卷賦存一卷駢體文存二卷詩續集
　十二卷 ……………………………… 3－387
讀書延年堂詩鈔三十卷詩餘一卷文
　鈔十卷補存文鈔一卷試帖輯註四
　卷賦存一卷駢體文存二卷詩續集
　十二卷 ……………………………… 3－387
讀書延年堂詩鈔三十卷詩餘一卷文
　鈔十卷補存文鈔一卷試帖輯註四
　卷賦存一卷駢體文存二卷詩續集
　十二卷 ……………………………… 3－388
讀書延年堂詩鈔三十卷詩餘一卷文
　鈔十卷補存文鈔一卷試帖輯註四
　卷賦存一卷駢體文存二卷詩續集
　十二卷 ……………………………… 3－388
讀書延年堂詩鈔三十卷詩餘一卷文
　鈔十卷補存文鈔一卷試帖輯註四
　卷賦存一卷駢體文存二卷詩續集
　十二卷 ……………………………… 3－388
讀書旨要六卷 ………………………… 2－379

讀書作文譜十二卷父師善誘法二卷 ……………………………………… 3－483

讀書作文譜十二卷父師善誘法二卷 ……………………………………… 3－483

讀書作文譜十二卷父師善誘法二卷 ……………………………………… 3－483

讀書所見錄五卷 …………………… 1－20
讀書秋樹根圖題詠一卷 …………… 3－56
讀書秋樹根圖題詠一卷 …………… 3－56
讀書秋樹根圖題詠一卷 …………… 3－56
讀書秋樹根圖題詠一卷 …………… 3－56
讀書後八卷 ………………………… 3－154
讀書後八卷 ………………………… 3－154
讀書紀數略五十四卷 ……………… 2－494
讀書紀數略五十四卷 ……………… 2－494
讀書紀數略五十四卷 ……………… 2－494
讀書紀數略五十四卷 ……………… 2－494
讀書紀數略五十四卷 ……………… 2－494
讀書紀數略五十四卷 ……………… 2－495
讀書紀數略五十四卷 ……………… 2－495
讀書堂杜工部文注解二卷 ………… 3－552
讀書堂杜工部文集註解二卷 ……… 3－87
讀書堂杜工部文集註解二卷 ……… 3－87
讀書堂杜工部文集註解二卷 ……… 3－87
讀書堂杜工部文集註解二卷 ……… 3－87
讀書堂杜工部文集註解二卷 ……… 3－87
讀書堂杜工部文集註解二卷 ……… 3－87
讀書堂杜工部文集註解二卷 ……… 3－87
讀書堂杜工部文集註解二卷 ……… 3－87
讀書堂杜工部文集註解二卷詩集註
　　解二十卷 ………………………… 3－86
讀書堂杜工部文集註解二卷詩集註
　　解二十卷 ………………………… 3－86
讀書堂彩衣全集四十六卷 ………… 3－384
讀書堂彩衣全集四十六卷 ………… 3－384
讀書堂答問一卷 …………………… 1－99
讀書敏求記四卷 …………………… 2－150
讀書敏求記四卷 …………………… 2－150
讀書敏求記四卷 …………………… 2－150
讀書敏求記四卷 …………………… 2－150

讀書敏求記四卷 …………………… 2－150
讀書敏求記四卷 …………………… 2－150
讀書敏求記四卷附補遺一卷 ……… 2－150
讀書敏求記四卷附補遺一卷 ……… 2－150
讀書偶筆二十卷 …………………… 2－376
讀書偶筆二十卷 …………………… 2－376
讀書偶識十卷附一卷 ……………… 1－34
讀書偶識十卷附一卷 ……………… 1－34
讀書偶識十卷附一卷 ……………… 1－34
讀書偶識不分卷 …………………… 2－391
讀書脞錄七卷 ……………………… 2－388
讀書脞錄七卷 ……………………… 2－388
讀書脞錄七卷續編四卷 …………… 3－551
讀書脞錄七卷讀書脞錄續編四卷 …… 2－387
讀書脞錄七卷讀書脞錄續編四卷 …… 2－388
讀書脞錄七卷讀書脞錄續編四卷 …… 2－388
讀書脞錄七卷讀書脞錄續編四卷 …… 2－388
讀書商齋集三十二卷 ……………… 3－318
讀書商齋集詩類七集二十三卷 …… 3－318
讀書筆記一卷 ……………………… 1－400
讀書隨筆不分卷 …………………… 1－32
讀書樂趣八卷 ……………………… 2－399
讀書錄一卷 ………………………… 2－191
讀書錄十一卷續錄十二卷 ………… 2－191
讀書錄十一卷續錄十二卷 ………… 2－191
讀書錄粹語四卷 …………………… 2－191
讀書辨同錄六卷 …………………… 2－394
讀書叢錄二十四卷 ………………… 2－386
讀書叢錄二十四卷 ………………… 2－386
讀書叢錄二十四卷 ………………… 2－386
讀書叢錄二十四卷 ………………… 2－386
讀書叢錄二十四卷 ………………… 2－386
讀書叢錄二十四卷 ………………… 2－386
讀書叢錄二十四卷 ………………… 3－551
讀書雜志八十二卷餘編二卷 ……… 2－384
讀書雜志八十二卷餘編二卷 ……… 2－384
讀書雜志八十二卷餘編二卷 ……… 2－384
讀書雜志八十二卷餘編二卷 ……… 2－384
讀書雜志八十二卷餘編二卷 ……… 2－384
讀書雜志八十二卷餘編二卷 ……… 2－384
讀書雜志八十二卷餘編二卷 ……… 2－384
讀書雜志八十二卷餘編二卷 ……… 2－384

讀書雜志八十二卷餘編二卷⋯⋯⋯ 2－384
讀書雜錄一卷⋯⋯⋯⋯⋯⋯ 1－408
讀書雜識十二卷⋯⋯⋯⋯⋯ 2－390
讀書雜識十二卷⋯⋯⋯⋯⋯ 2－390
讀書雜識十二卷⋯⋯⋯⋯⋯ 2－390
讀書雜釋十四卷⋯⋯⋯⋯⋯ 2－388
讀書雜釋十四卷⋯⋯⋯⋯⋯ 2－388
讀書雜釋十四卷⋯⋯⋯⋯⋯ 2－388
讀通鑑綱目札記二十卷翰馨書屋賦
　餘二卷⋯⋯⋯⋯⋯⋯⋯ 1－226
讀通鑑綱目條記二十卷首一卷⋯⋯ 1－226
讀通鑑論十六卷末一卷宋論十五卷 ⋯ 1－398
讀通鑑論三十卷⋯⋯⋯⋯⋯ 1－399
讀通鑑論三十卷末一卷⋯⋯⋯ 1－398
讀通鑑論三十卷末一卷⋯⋯⋯ 1－398
讀通鑑論三十卷末一卷⋯⋯⋯ 1－398
讀通鑑論三十卷末一卷⋯⋯⋯ 1－398
讀雪山房唐詩鈔三十四卷⋯⋯ 3－9
讀雪山房唐詩鈔三十四卷⋯⋯ 3－9
讀雪山房唐詩鈔三十四卷⋯⋯ 3－9
讀雪山房唐詩鈔三十四卷⋯⋯ 3－9
讀畫齋叢書⋯⋯⋯⋯⋯⋯ 3－504
讀畫齋叢書⋯⋯⋯⋯⋯⋯ 3－504
讀畫齋叢書⋯⋯⋯⋯⋯⋯ 3－504
讀碑小箋一卷存拙齋劄疏一卷⋯ 3－549
讀詩札記八卷 ⋯⋯⋯⋯⋯ 1－46
讀詩知柄二卷 ⋯⋯⋯⋯⋯ 1－49
讀詩商二十八卷 ⋯⋯⋯⋯ 1－47
讀詩商二十八卷 ⋯⋯⋯⋯ 1－47
讀詩商二十八卷 ⋯⋯⋯⋯ 1－47
讀詩鈔說四卷 ⋯⋯⋯⋯⋯ 1－48
讀詩質疑三十一卷首十五卷末一卷
　⋯⋯⋯⋯⋯⋯⋯⋯⋯ 1－50
讀詩質疑三十一卷首十五卷末一卷
　⋯⋯⋯⋯⋯⋯⋯⋯⋯ 1－50
讀經札記四卷⋯⋯⋯⋯⋯⋯ 1－126
讀說文雜識一卷⋯⋯⋯⋯⋯ 1－154
讀說文雜識一卷⋯⋯⋯⋯⋯ 1－154
讀說文雜識一卷⋯⋯⋯⋯⋯ 1－154
讀儀禮記二卷⋯⋯⋯⋯⋯⋯ 3－543
讀選樓詩稿十一卷⋯⋯⋯⋯ 3－195
讀選樓詩稿十卷⋯⋯⋯⋯⋯ 3－195
讀禮小事記一卷⋯⋯⋯⋯⋯ 1－75
讀禮志疑不分卷⋯⋯⋯⋯⋯ 1－71
讀禮志疑不分卷⋯⋯⋯⋯⋯ 1－71
讀禮志疑不分卷⋯⋯⋯⋯⋯ 1－71
讀禮志疑不分卷⋯⋯⋯⋯⋯ 1－71
讀禮志疑六卷⋯⋯⋯⋯⋯⋯ 1－71
讀禮志疑六卷⋯⋯⋯⋯⋯⋯ 1－71
讀禮志疑六卷⋯⋯⋯⋯⋯⋯ 1－71
讀禮通考一百二十卷⋯⋯⋯⋯ 1－72
讀禮通考一百二十卷⋯⋯⋯⋯ 1－72
讀禮通考一百二十卷⋯⋯⋯⋯ 1－72
讀禮通考一百二十卷⋯⋯⋯⋯ 1－72
讀禮通考一百二十卷⋯⋯⋯⋯ 1－72
讀禮通考一百二十卷⋯⋯⋯⋯ 1－72
讀禮通考一百二十卷⋯⋯⋯⋯ 1－72
讀禮通考一百二十卷⋯⋯⋯⋯ 1－73
讀禮叢鈔十六篇⋯⋯⋯⋯⋯ 1－75
讀禮叢鈔十六篇⋯⋯⋯⋯⋯ 1－75
讀禮叢鈔十六篇⋯⋯⋯⋯⋯ 1－75
讀禮叢鈔十六篇⋯⋯⋯⋯⋯ 1－75
讀禮叢鈔十六篇⋯⋯⋯⋯⋯ 1－75
讀騷大例一卷⋯⋯⋯⋯⋯⋯ 3－71
讀騷大例一卷⋯⋯⋯⋯⋯⋯ 3－71
讀騷大例一卷⋯⋯⋯⋯⋯⋯ 3－71
讀鑒繹義三十二卷⋯⋯⋯⋯ 1－406
讀鹽鐵論識語十卷校錄一卷⋯⋯ 2－181
龔大興方書一卷⋯⋯⋯⋯⋯ 2－267
龔自珍文不分卷⋯⋯⋯⋯⋯ 3－414
龔行健鄉試卷⋯⋯⋯⋯⋯⋯ 3－414
龔安節公野古集三卷附錄一卷⋯ 3－187
龔定庵別集一卷詩集定本二卷詞定
　本一卷集外未刻詩一卷集外未刻
　詞一卷⋯⋯⋯⋯⋯⋯⋯ 3－414
龔定庵集外未刻詩一卷⋯⋯⋯ 3－413
龔端毅公奏疏八卷附一卷附錄浠川
　政譜一卷⋯⋯⋯⋯⋯⋯ 1－508
龔端毅公奏疏八卷附一卷定山堂古文
　小品二卷續集一卷詩餘四卷露瀚園
　稿四卷龔端毅公浠川政譜二卷 3－414
竊憤錄一卷續錄一卷⋯⋯⋯⋯ 1－259

二十三畫

驗方新編二十四卷·····················2－267
驗方新編二十四卷·····················2－267
驗方新編二十四卷·····················2－267
驗方新編十八卷······················2－267
驗方新編十六卷······················2－266
驗方新編十六卷······················2－266
驗方新編十六卷······················2－267
驗方新編十六卷······················2－267
驗方新編十六卷······················2－267
驗方新編十六卷······················2－267
驗方新編十六卷······················2－267
驗方新編十六卷······················2－267
曬書堂文集十二卷外集二卷別集一
　卷闈中文存一卷筆記二卷筆錄六
　卷詩鈔二卷時文一卷試帖一卷詩
　餘一卷和鳴集一卷············3－282
顯志堂稿十二卷夢奈詩稿一卷·······3－336
顯志堂稿十二卷夢奈詩稿一卷·······3－336
顯志堂稿十二卷夢奈詩稿一卷·······3－336
顯志堂稿十二卷夢奈詩稿一卷·······3－336
顯志堂稿十二卷夢奈詩稿一卷·······3－336
顯志堂稿十二卷夢奈詩稿一卷·······3－336
顯密圓通成佛心要集二卷···········2－448
顯密圓通成佛心要集二卷···········2－448
顯揚聖教論二十卷···················2－430
顯揚聖教論二十卷···················2－430
鷦寄園賦草一卷首一卷末一卷·······3－287
麟角集一卷 ···························3－80
麟角集一卷 ···························3－80
麟角集一卷 ···························3－80
[光緒]麟游縣新志草十卷首一卷 ···1－541
麟臺故事五卷·························1－436
麟臺故事五卷·························1－436
麟臺故事五卷·························1－436
欒城先生全集錄六卷·················3－147
欒城集五十卷後集二十四卷三集十
　卷應詔集十二卷··············3－147

欒城集五十卷後集二十四卷三集十
　卷應詔集十卷···············3－147
欒城集五十卷後集二十四卷第三集
　十卷應詔集十二卷············3－147
[同治]欒城縣志十四卷首一卷末一卷
　··································1－531
變法奏議叢鈔不分卷·················1－495
變雅堂文集四卷詩集十卷補遺一卷
　··································3－234
變雅堂文集四卷詩集十卷補遺一卷
　··································3－234
變雅堂遺集文八卷詩十卷附錄二卷·····3－234
變雅堂遺集文八卷詩十卷附錄二卷·····3－234
變雅斷章衍義一卷 ···················1－46

二十四畫

觀世音菩薩本行經二卷···············3－448
觀古堂所著書························3－530
觀古堂所著書························3－530
觀古堂書目叢刻······················2－134
觀古堂書目叢刻······················2－134
觀古堂書目叢刻······················2－134
觀古堂書目叢刻······················2－134
觀古堂書目叢刻······················2－134
觀古堂書目叢刻······················2－134
觀古堂彙刻書························3－506
觀古堂彙刻書························3－506
觀古閣泉說一卷······················2－129
觀古閣叢稿二卷······················3－400
觀自得齋印集························2－342
觀自得齋叢書························3－496
觀自得齋叢書························3－496
觀自得齋叢書························3－496
觀我生室彙稿························2－300
觀我生室彙稿························2－300
觀我生室賸稿一卷····················3－372
觀妙齋藏金石文考略十六卷···········2－112
觀妙齋藏金石文考略十六卷···········2－112
觀所緣緣論釋發研一卷···············2－438
觀河集四卷··························3－348

觀河集四卷 ····················· 3－348
觀河集四卷 ····················· 3－348
觀河集四卷 ····················· 3－348
觀省類編三卷 ·················· 2－377
觀香室遺稿四卷 ·············· 3－227
觀香室遺稿四卷 ·············· 3－227
觀香室遺稿四卷 ·············· 3－227
觀香室遺稿四卷 ·············· 3－227
觀香室遺稿四卷 ·············· 3－227
觀音大士救劫仙方一卷 ····· 2－455
觀音真經一卷 ·················· 2－458
觀音濟度本願真經二卷 ····· 2－458
觀象玩占五十卷首一卷 ····· 2－404
觀象居詩鈔二卷 ·············· 3－323
觀象廬叢書 ····················· 3－514
觀象廬叢書 ····················· 3－514
觀聖編十卷經學微言大義錄一卷禹
　貢例表一卷 ·················· 1－119
觀楞伽阿跋多羅福經記十八卷首一卷
　····························· 2－426
觀楞伽阿跋多羅寶經記四卷 ········· 2－426
觀楞伽阿跋多羅寶經記四卷略科一卷
　····························· 2－451
觀楞伽阿跋多羅寶經記四卷略科一卷
　····························· 2－451
觀楞伽阿跋多羅寶經記略科一卷 ······ 2－426
觀楞伽阿跋多羅寶經記略科一卷 ······ 2－426
蠹存二卷 ······················· 2－399
蠹齋先生鉛刀編三十二卷目錄二卷 ··· 3－119
[同治]鹽山縣志十六卷首一卷末一卷
　····························· 1－534
鹽武縣紳士耆民公呈桂陽直隸州稟 ··· 1－492
鹽法隅說一卷 ·················· 1－450
[光緒]鹽城縣志十七卷首一卷 ····· 1－552
鹽鐵論十二卷 ·················· 2－175
鹽鐵論十二卷 ·················· 2－175
鹽鐵論十二卷 ·················· 2－175
鹽鐵論十二卷 ·················· 2－175
鹽鐵論十卷 ····················· 2－174
鹽鐵論十卷 ····················· 2－174
鹽鐵論十卷 ····················· 2－174

鹽鐵論十卷 ····················· 2－174
鹽鐵論十卷 ····················· 2－174
鹽鐵論十卷 ····················· 2－174
鹽鐵論十卷 ····················· 2－174
鹽鐵論十卷 ····················· 2－175
鹽鐵論十卷 ····················· 2－175
鹽鐵論十卷 ····················· 2－175
鹽鐵論十卷 ····················· 2－175
鹽鐵論十卷 ····················· 2－175
鹽鐵論十卷 ····················· 3－550
鹽鐵論集釋十卷 ·············· 3－537
靈石山房詩草一卷續吟草一卷 ······ 3－352
[順治]靈台志四卷 ············ 1－543
靈芝僊館詩鈔十二卷卷秋亭詞鈔二卷
　····························· 3－267
靈芬館詩話續六卷 ············ 3－485
靈芬館雜著二卷 ·············· 3－302
靈岩山人詩集四十卷 ········· 3－328
靈岩奏稿不分卷 ·············· 1－504
靈洲山人詩錄六卷 ············ 3－288
靈洲山人詩錄六卷 ············ 3－288
靈洲山人詩錄六卷 ············ 3－288
靈洲山人詩錄六卷 ············ 3－288
靈洲山人詩錄六卷 ············ 3－288
靈素提要淺註十二卷 ········· 2－254
靈素提要淺註十二卷 ········· 2－254
靈素提要淺註十二卷 ········· 2－254
靈峰草堂集三卷 ·············· 3－318
靈峰蕅益大師宗論十卷 ····· 2－452
靈峰蕅益大師宗論十卷 ····· 2－453
靈峰蕅益大師宗論十卷 ····· 2－453
靈峰蕅益大師宗論十卷首一卷 ······ 2－452
靈峰蕅益大師梵室偶談一卷 ······ 2－451
靈峰蕅益大師選定淨土十要 ······ 2－420
靈峰蕅益大師選定淨土十要 ······ 2－420
靈媧石一卷 ····················· 3－439
靈棋經二卷 ····················· 2－405
靈棋經二卷 ····················· 2－405
[康熙]靈壽縣志十卷末一卷 ····· 1－531
靈樞經九卷 ····················· 2－254
靈樞經九卷 ····················· 2－254

靈隱子六卷 …………………… 3－103

靈壁河渠原委三卷 ……………… 2－98

靈壁縣河防錄一卷 ……………… 2－98

靈寶真靈位業圖一卷 …………… 2－57

靈鶼閣叢書 ……………………… 3－491

靈鶼閣叢書 ……………………… 3－491

靈鶼閣叢書 ……………………… 3－491

靈鶼閣叢書 ……………………… 3－491

靈鶼閣叢書 ……………………… 3－491

靄樓剩覽四卷靄樓逸志六卷 …… 3－458

攬青閣詩鈔二卷 ………………… 3－228

攬青閣詩鈔二卷 ………………… 3－228

鹽尾文八卷 ……………………… 3－191

鹽尾集十卷續集二卷後集二卷 … 3－191

鹽尾集十卷續集二卷後集二卷 … 3－191

蠶桑事宜一卷 …………………… 2－240

蠶桑萃編十五卷首一卷 ………… 2－240

蠶桑萃編十五卷首一卷 ………… 2－240

蠶桑淺說一卷 …………………… 2－239

蠶桑答問二卷續編一卷 ………… 2－237

蠶桑答問二卷續編一卷 ………… 2－238

蠶桑須知一卷 …………………… 2－239

蠶桑樂府一卷 …………………… 3－216

蠶桑輯要一卷 …………………… 2－238

蠶桑輯要一卷 …………………… 2－238

蠶桑輯要一卷 …………………… 2－238

蠶桑輯要合編一卷 ……………… 2－237

蠶桑輯要合編一卷 ……………… 2－237

蠶桑簡編一卷 …………………… 2－240

蠶桑簡編一卷 …………………… 2－240

蠶桑簡編一卷 …………………… 2－240

蠶桑簡編一卷 …………………… 2－240

蠶桑簡編一卷 …………………… 2－240

蠶桑簡編一卷 …………………… 2－240

蠶桑簡編一卷 …………………… 2－241

蠶桑譜二卷 ……………………… 2－238

鷺股詩集不分卷 ………………… 3－166

籬笆屋唱酬錄一卷周母鄒孺人壽聯一卷

　　　　 …………………………… 3－60

[康熙]衢州府志四十卷首一卷 ……… 2－6

讒書五卷 ………………………… 2－359

讒書五卷 ………………………… 2－359

鷹揚奇略武經諸子講義合纂十卷 … 2－231

[同治]贛州府志七十八卷首一卷 …… 2－12

[光緒]贛榆縣志十八卷 …………… 1－553

[同治]贛縣志五十四卷首一卷 …… 2－12

彎文書屋集略八卷 ……………… 3－388

二十五畫

蠻書十卷 ………………………… 1－270

蠻書十卷 ………………………… 1－270

蠻語集一卷 ……………………… 3－434

蠻語詞一卷湘社雅詞一卷十鞭詞鈔

　　一卷十鞭後詞一卷 ………… 3－434

二十六畫

[嘉慶]灤州志八卷首一卷末一卷 … 1－533

灤陽消夏錄六卷 ………………… 3－460

灤陽消夏錄六卷 ………………… 3－460

灤陽續錄六卷 …………………… 3－460

灤陽續錄六卷 …………………… 3－460

二十七畫

鑿石浦志六卷 …………………… 2－94

鸚鵡洲小志四卷首一卷 ………… 2－65

鸚鵡洲小志四卷首一卷 ………… 2－65

二十九畫

鸜砭軒質言四卷 ………………… 3－458

鸑簫集一卷補編一卷 …………… 3－53

三十一畫

灩澦囊五卷 ……………………… 1－265

灩澦囊五卷 ……………………… 1－265